Das Haus Digeon in Frankreich (1096 – 1856)

Charles Philippe Graf Dijon de Monteton

Das Haus Digeon in Frankreich (1096 – 1856)

Eine genealogische Studie im adelsrechtlichen Kontext des Ancien Régime

PL ACADEMIC RESEARCH

Bibliografische Information der Deutschen Nationalbibliothek
Die Deutsche Nationalbibliothek verzeichnet diese Publikation in der Deutschen Nationalbibliografie; detaillierte bibliografische Daten sind im Internet über http://dnb.d-nb.de abrufbar.

Zugl.: Heidelberg, Univ., Diss., 2013

Umschlagabbildung:
Statue von König Heinrich IV. von Frankreich und Navarra (Nicolas Raggi), ein Geschenk aus dem Jahr 1820 von Philippe Comte Dijon de Monteton, Deputierter von Lot-et-Garonne, an die Französische Nationalversammlung, [Palais-Bourbon, Assemblée Nationale, Salle des Conférences, Paris (Photographie, 2014)]

D 16
ISBN 978-3-631-65401-9 (Print)
E-ISBN 978-3-653-04430-0 (E-Book)
DOI 10.3726/ 978-3-653-04430-0

Peter Lang – Frankfurt am Main · Bern · Bruxelles · New York · Oxford · Warszawa · Wien

Diese Publikation wurde begutachtet.

www.peterlang.com

Fiebersinnhaft sündesühnig verlaufen
Glückseimtropfen seufzerleise-wissenstaub gleichwie
regungsfrei Glyphenspiel

Inhaltsverzeichnis

Vorwort

Bei der vorliegenden Schrift handelt es sich um die leicht überarbeitete Fassung meiner im Sommersemester 2013 von der Hohen Philosophischen Fakultät der Ruprecht-Karls-Universität zu Heidelberg angenommenen Dissertation. Sämtliche Fehler und Unzulänglichkeiten liegen in meiner alleinigen Verantwortung.

Manche Leser werden bei der Lektüre möglicherweise kritisch anmerken, daß sie hier in Bezug auf adlige Netzwerkforschung, Elitenwandel oder all das, was das Herz der Geschichtsforschung in der jüngeren Vergangenheit höher schlagen läßt, schlechterdings nicht fündig werden. Diese Einwendungen erübrigen sich jedoch allsamt vor dem Hintergrund, daß diese spannenden Fragen erst dann beantwortet werden können, wenn die Akteure eines etwaigen "Elitennetzwerks" bekannt und quellenbasiert nachweisbar sind. Dies war im Falle des Hauses Digeon nicht möglich, da außer eines knappen Aufsatzes von Lucille Bourrachot aus dem Jahr 1969 (Bourrachot (1969)) und einer nicht wissenschaftlichen Schrift von deutscher Seite (Digeon v. Monteton (1892)) überhaupt keine Ansätze existierten, aus denen sich der französischen Teil der Familie Digeon in seiner Gesamtkohärenz hätte rekonstruieren lassen, geschweige denn eine Stammfolge oder eine Übersicht, aus der sich auch nur rudimentär die Existenz verschiedener Mitglieder des Geschlechts hätte ableiten lassen. Der Arbeit lag also die ureigene Absicht zu Grunde, erst einmal eine Basis dafür zu schaffen, daß eine weiterführende Forschung, welche sich aus dem Offengelegten mit einer gewissen Wahrscheinlichkeit ergeben könnte, überhaupt möglich wird. Bedenkt man, daß der Zutritt zu einigen Privatarchiven zudem äußerst restriktiv war, erhält die Deskription von genealogischen Zusammenhängen eine ganz andere, wertvollere Gewichtung.

Vor der Drucklegung konnten leider drei interessante Aufsätze, die sich thematisch mit der Kirche und dem Schloß von Monteton sowie der schwierigen Situation der Familie Digeon in der Zeit Ludwigs XIV. befassen, keine Berücksichtigung mehr finden, da eine Einarbeitung weitere archivalische Nachforschungen im Ausland erfordert hätte, die auf Grund struktureller Gegebenheiten nicht mehr realisiert werden konnten; umso mehr sei ausdrücklich auf sie verwiesen (Christiaens (2012); Camilli (2012a); Camilli (2012b)).

Niemalen hätte diese Monographie das Licht der Welt erblickt, wofern mir nicht eine Vielzahl von Menschen direkt oder indirekt geholfen hätte. All diesen gebührt mithin mein aufrichtiger Dank, so daß mir sehr am Herzen liegt, sie an dieser Stelle expressis verbis zu nennen:

Zuvörderst geht mein spezieller Dank an die beiden Gutachter: Herrn Professor Dr. Dr. h.c. Dr. h.c. Volker Sellin sowie an Frau Privatdozentin Dr. Susan Richter. Ebenso bin ich Herrn Professor Dr. Bernd Schneidmüller, welcher der Disputation als Prüfer vorsaß, zu Dank verpflichtet.

Daneben danke ich meinem Vater, dem *chef de nom et armes* unseres Hauses, welcher durch seine beständigen Zurufe "zudrehen!", wesentlich zur Vollendung des Buches beigetragen hat, mir dabei aber stets das Gefühl gab, großes Vertrauen in mich zu hegen. Nämliches gilt für seine Schwester, meine verehrte Tante Veronika Keller, die als eine der wenigen stets, fest und unerschütterlich an mich geglaubt hat, da sie darum weiß, daß ein kreativer Schöpfungsprozeß keine rasch zu erledigende Sachbearbeitung verkörpert, wie sie beispielsweise im betriebswirtschaftlichen Alltag gegenwärtig ist.

Eine besondere Stellung nahm auch mein Beichtvater der Hw. Herr Dr. Dr. Johannes Vilar ein, durch dessen geistige Leitung und Gebet ich mich beständig in guter Hut befand.

DesWeiteren unterstützten mich die liebenswürdigen Damen vom Brandenburgischen Landeshauptarchiv in der Auffindung kryptischer Signaturen, ebenso half mir Dr. Maria v.

Loewenich bei der nicht immer einfachen Erschließung der Quellen des Geheimen Staatsarchivs Preußischer Kulturbesitz. Auf französischer Seite möchte ich die Mitarbeiter von den Archives Départementales de la Gironde, den Archives Départementales des Pyrénées-Atlantiques sowie den Archives Départementales Lot-et-Garonne besonders hervorheben, die mir in gänzlich unbürokratischer Weise unter die Arme gegriffen haben. In ganz außerordentlichem Maße, über den verdienten Dienstschluß hinaus und mit bemerkenswerten Engagement wurde mir diese Unterstützung bei den Archives Départementales de la Vendée zuteil, was – so denke ich – nicht dem Zufall geschuldet war.

Fernerhin ist es der äußerst hilfreichreichen Überlassung der Aufzeichnungen zur Nobilitierung von Joseph Dupin durch Madame Veronique Bourgardieu zu verdanken, daß dieser Abschnitt fertiggestellt zu werden vermochte, denn die betreffenden Archivalien sind aus den Archives Municipales de Montségur spurlos verschwunden, was höchlichst bedauerlich ist!

Ganz besonders möchte ich für die Hilfsbereitschaft von Madame Liliane Kressmann danken, deren schönes Schloß Roquepiquet so manchen archivalischen "Schatz" für mich barg. Dieses Entgegenkommen sah ich ebenso wenig als selbstverständlich an, wie das Einverständnis meines geschätzten Cousin, des Grafen Antoine de Virieu, mir Einblicke in unser Hausarchiv zu gewähren, welches sich jetzt im Eigentum seiner Familie befindet. Dies hat mich umso mehr beeindruckt und berührt, da die in Deutschland lebenden Dijon de Monteton in den vergangenen 200 Jahren wenig Anlaß dazu gegeben haben, ihnen die Tür bei ihrer französischen Verwandtschaft zu öffnen. Umso mehr freue ich mich, daß wir nunmehr wieder an die Zeit davor anknüpfen können.

Keineswegs unerwähnt wissen möchte ich die Haltung meines hochgeschätzten akademischen Lehrers Professor Dr. Professor h.c. Dr. h.c. Klaus v. Beyme, der die *clementia Caesaris* besaß, mich als seinen Doktoranden nicht zu verstoßen und weiterhin als Mitglied der "merry gang" zum Tabak- und Brandweinfrühstück zu sich einlud. Dabei drehte er mir auch den sprichwörtlichen Hals nicht um, da ich neben der Arbeit, welche ich ihm noch schulde, die vorliegende vorgezogen habe. Am höchsten schlage ich ihm indes an, daß er zu den wenigen gehört, welche die Eigenarten eines Menschen nicht versuchen in ein Korsett, auch kein Wissenschaftskorsett, zu zwingen. Diese geistige Souveränität und Größe bewundere ich. Dabei lag er mit seinen Einschätzungen bezüglich meiner Person und Vorgehensweise stets richtig, wessentwegen mir sein Ratschlag so ausgesprochenermaßen bedeutsam ist.

> "*Nihil tamen aeque oblectaverit animum quam amicitia fidelis et dulcis. Quantum bonum est, ubi praeparata sunt pectora in quae tuto secretum omne descendat, quorum conscientiam minus quam tuam timeas, quorum sermo sollicitudinem leniat, sententia consilium expediat, hilaritas tristitiam dissipet, conspectus ipse delectet!*" (Seneca DE TRANQUILLITATE ANIMI 1927: VII, 1)

Wie wahr diese Einschätzung Senecas doch ist, durfte ich in vielen fulminanten Momenten mit meinen Freunden und ehemaligen Kollegen vom Institut für Politische Wissenschaft der Ruperta Carola selbst erleben; insofern danke ich dafür Dr. Raphael Bauschke, Dr. Sandra Detzer, Dr. Andreas Heindl, Dr. David Kühn, Tobias Ostheim, M.A., Privatdozent Dr. Ulrich Thiele, Privatdozent Dr. Frieder Wolf und Dr. Stefan Wurster, welche auch nach meinem Fortzug aus dem Neckar-Athen weiter zu mir gehalten haben. Gleiches vermag von Dr. Kilian Schultes gesagt zu werden, welcher dort über eine Dekade mein Nachbar war und mir erhellende Hinweise zu meinem Forschungsvorhaben gab.

Ebenfalls hervorheben möchte ich die Rolle von Dr. Christian Bruder, mit dem ich seit den Tagen, als er mein erster Tutor in Politikwissenschaft war, verbunden bin und der mir in ungezählten Gesprächen in aufrechter Freundschaft zur Seite stand.

Schließlich obliegt es mir, meiner Mutter zu danken, der ich nicht allein meine Existenz verdanke, sondern viel mehr.

Den zweifellos bei weitem größten Dank schulde ich indes meinem mir eigenen, phlegmatischen Gemüt, das mich gütig davor bewahrt hat, stets dann zu Verzweifelungstaten zu schreiten, wenn Ignoranten mich mit ihren Pressfragen zu kuranzen pflegten, wann denn das Buch endlich vollendet sei oder gar ob dessen Fertigstellung noch in ihre Vitalspanne falle. Die damit einhergegangenen, von mir mitnichten erbetenen, Ratschläge, gemäß derer ich nach dem Prinzip 80/20 hätte verfahren sollen, nahm ich zwar zur Kenntnis, nicht aber zur Befolgung. Denn mir dient – entgegen des Zeitgeistes in Wissenschaft und Gesellschaft – der Modellmensch des *homo oeconomicus* lediglich als Erklärungsauxiliar, mitnichten aber als erstrebenswertes Menschenbild. Dafür sind seine Defizite nicht allein aus methodologischer Sicht bei weitem zu groß, sondern vorzüglich auch aus ethischer. Mithin verkannten diese mir vermeintlich wohlmeinend zugetanen Personen meine mir zutiefst am Herzen liegende Intention, schlechterdings nicht – wie gewisse oberfränkische Wettertannen oder deren Adepten unserer Tage – zur Satisfaktion der eigenen Eitelkeit nach akademischen Graden, Würden und Weihen zu streben, sondern nach einem gewissen Erkenntnismehrwert. Ob mir dies in einem überschaubaren Maße gelungen ist oder nicht, stelle ich der kritischen Prüfung anderer anheim.

Rigou, zu St. Nikolaus 2013 a.D. Charles Philippe Dijon de Monteton

"Wer sich nur seiner Vorfahren rühmt, bekennt damit,
daß er einer Familie angehört, die tot mehr wert ist als lebendig."

Neill Lawson zugeschrieben, amerikanischer Jurist (Quelle unbekannt)

1. Einleitung

1.1 Untersuchungsgegenstand und -zeitraum

Vieles, teilweise auch sich perpetuierend Falsches und Unpräzises wurde in den vergangenen Jahren und Jahrzehnten über das Haus Digeon beziehungsweise Dijon de Monteton verfaßt, was allzeit zu Mißverständnissen und Unklarheiten geführt hat: So kann es einesteils auf Grund mangelnder Belegstellen mitnichten als gesichert gelten, daß es sich bei den Digeons um eine Familie handelt, welche originär der Guyenne entstammt, wie beispielsweise im Adelslexikon behauptet wird (Adelslexikon 1974: 488). Anderenteils läuft bereits die Orthographie des Namens (*Digeon* oder *Dijon*) sowie die Titulatur (*Baron, Comte* oder *Marquis*) und die Blasonierung des Wappens (Wappenvogel und Rangkrone) dem Drang nach eindeutiger Einordnung deutlich zuwider (Gotha 1866: 646–648 und GHdA 1957: 75 sowie GHdA 2008: 19). Mit Ausnahme der Herkunft, berühren diese Fragen allesamt die Sphäre des sogenannten Adelsrechts, das heißt eines Rechts, welches allgemein als die Regelung der Zugehörigkeit zum (historischen) Adel, der einzelnen Arten des Führens adliger Namen und Titel sowie heraldischer Fragen aufgefaßt wird (Elverfeldt-Ulm 2001: 11; vgl. grundlegend zum Adelsrecht, v.a. aus deutscher Perspektive: Linsingen 2012).

Da es sich bei der Familie Dijon um ein Geschlecht handelt, dessen Adel originär aus Frankreich stammt, war für selbiges das französische *droit nobiliaire* maßgeblich, da erst Ende des 17. und Anfang des 18. Jahrhunderts einzelne Familienmitglieder aus der Guyenne über die Niederlande nach Preußen emigrierten (Erman 1799: 212–213). Eine einheitlich anerkannte, verbindliche Definition des Adelsrechts existiert aber weder in Deutschland noch in Frankreich. Dies hat möglicherweise eine Ursächlichkeit darin, daß der Adel, als er noch einen Stand oder zumindest eine Körperschaft öffentlichen Rechts darstellte, mit seinen jeweiligen Prärogativen in die einzelnen Rechtsordnungen inkludiert war, was bereits im frühen Mittelalter mit der *Lex Salica* (Pactus legis Salicae 1962 sowie Lex Salica 1969) oder in der Neuzeit im Pariser Gewohnheitsrecht (*Coustume de la prévosté et vicomté de Paris* Brodeau 1669) zum Ausdruck kam. Nach der Supression aristokratischer Vorrechte bestand von staatlicher Seite schlechthin nicht mehr die Notwendigkeit eines kodifizierten Adelsrechts. Demnach existierte ein eigenes, kohärentes Adelsrecht weder in Deutschland, auch wenn einzelnen Rechtsordnungen, Gesetzessammlungen sowie Verfassungsurkunden Passagen oder Abschnitte spezifische, den Adel betreffende Regelungen enthielten, wie beispielsweise im "Allgemeinen Preußischen Landrecht" von 1794 (A.P.L. 1994: Zweiter Teil, 9. Titel, §§ 1–100), im "Edict über den Adel im Königreiche Baiern" als Beilage zur Verfassungsurkunde des Königreichs Bayern von 1818 (E.A.K.B. 1978: 163–164) oder im Adelsbuch Sachsens aus dem Jahr 1902 (Einsiedel 1902) sowie in vereinzelten Gesetzen Österreichs. Noch gab es ein eigenes Adelsrecht in Frankreich, wo gleichsam mehrere Gewohnheitsrechte mit durchaus unterschiedlichen Vorschriften für den Adel Bestand hatten. Zu denken wäre vornehmlich an die Regelungen zur matrilinearen Transmission des Adels und der Titel (*noblesse utérine*) wie sie in der Champagne, in Lothringen und im Barrois gegensätzlich zum übrigen Teil des französischen Königreichs möglich waren (Levesque 1866: 77).

In Frankreich entwickelten diese regionalen Eigenheiten seit dem Erstarken von Zentralismus und Absolutismus bei weitem nicht dieWirkreichweite wie im Deutschen Kaiserreich, wo es durch die föderale Kleinstruktur zu bizarren Verwerfungen zwischen den konkurrierenden Adelsrechtsordnungen kam, wie das Beispiel des Vaters von Harry Graf Kessler anschaulich illustriert: Als dieser von Kaiser Wilhelm I. 1879 in den erblichen Adelsstand erhoben wurde und zwei Jahre später im Fürstentum Reuß den hereditären Grafentitel zuerkannt bekam, hatte dies zur Folge, daß die vier deutschen Königreiche mit Preußen an der Spitze den deutschen Kleinstaaten das Prärogativ auf eigenständige Nobilitierungen in den Grafenstand entzogen (Bülow 1931: 397–398). In der Konsequenz resultierte hieraus eine nachgerade schildbürgerliche Situation, denn die Kesslers durften sich innerhalb des Deutschen Reiches einzig in den kleinen Fürstentümern Reuß als Grafen titulieren, wohingegen es ihnen im übrigen Teil Deutschlands lediglich gestattet war, das "v." im Namen zu führen. Das kleine Fürstentum Reuß stand mit den Schwierigkeiten der Aberkennung seiner Nobilitierungen von Seiten Preußens trotz des in der Reichsverfassung von 1871 verankerten allgemeinen Indigenats (Reichsverfassung 1871: Art. 3) mitnichten allein, wie eine Reihe von Fällen im Herzogtum Sachsen-Coburg und Gotha demonstrieren, welche sich unter der Herrschaft Ernsts II. ereignet haben. Denn auch wenn alle Angehörigen eines jeden Bundesstaates in jedem anderen deutschen Gliedstaat als Inländer behandelt wurden und Zugang zu allen öffentlichen Ämtern hatten sowie in sämtlichen Bürgerrechten den Einheimischen gleichgestellt waren, galt dies für den Adel nicht uneingeschränkt (Dewitz 1991: XXXI). Denn in Preußen kamen nach wie vor die Bestimmungen des bereits oben zitierten "Allgemeinen Preußischen Landrechts" von 1794 zur Anwendung. Darin wird kodifiziert, daß jegliches Ersuchen von Standeserhöhungen bei fremden Staaten und die Führung daraus resultierender Titel verboten waren, respektive von der Anerkennung durch den preußischen Monarchen dependent zu machen waren (A.P.L. 1994: Teil II, Titel 9 § 13 sowie § 118 (Anhang)). An diesem Grundsatz wurde bis zum Ende der Monarchie eisern festgehalten (vgl. weiterführend: Andrian-Werburg 1979).

Zutreffender wäre es demgemäß von "adelsrechtlichen Partikularbestimmungen" zu sprechen, ergänzt um die präzise Angabe des jeweiligen geographischen und historischen Kontextes. Darüber hinaus birgt der allgemein gebräuchliche Terminus "Adelsrecht", sonderheitlich wenn es auf privatrechtlicher Basis in den einzelnen Adelsverbänden in Deutschland und Frankreich noch heutigentags zur Anwendung kommt, nicht allein eine Aporie an begrifflicher Schärfe, sondern auch die Schwierigkeit, daß selbiges im Grunde nichts anderes als eine vereiste Momentaufnahme des – geographisch nicht näher determinierten – geltenden Rechts des letzten Tages der Monarchie verkörpert. Mitnichten ist hier der Raum, um über die mit jedem Tag abnehmende Sinnhaftigkeit der Anwendung eines solchen "Frostrechts", welches sich in letzter Konsequenz als *causa sui* der Rechtsordnung eines zufälligen Germanenstammes, den Saalfranken aus Toxandrien respektive Tournai im Hennegau entpuppt, auf die Gegenwart zu räsonieren, doch kommt einem hierbei unweigerlich Helmut Brunners Satz über die ägyptische Kultur in den Sinn: "Sie standen mit dem Rücken zur Zukunft" (Fikentscher 1975: 113). Denn indem Recht als historisch abgeschlossen betrachtet wird und gleichzeitig als Richtgabe für gegenwärtige Streitfragen fungiert, wird zum einen mit jeder Entscheidung doch eine Rechtsfortentwicklung vollzogen und zum anderen die rechtsphilosophische Einsicht außer Acht gelassen, daß die Idee des Rechts stets eine fortschreitende ist und zu einer immer bewußten und zweckhaften geschichtlichen Triebkraft geworden ist (Radbruch 1973: 184). Was hier prima vista als Paradoxon erscheint, daß nämlich das Recht umweltdependent ist (Sein) und auf diese Weise seine Eigenart (das Sollen) verliert, löst sich dahingehend auf, daß sich die Evolution des Rechts unter Berücksichtigung seiner Eigendynamik als Subsystem des gesellschaftlichen Systems konzeptualisieren läßt. Luhmann hat dies in seinem Systemtheorie mit dem Verhältnis System/Umwelt anschaulich modelliert (Luhmann 1973: 194). Demnach ergibt sich Evolution nie aus sich selbst heraus oder allein durch ein externes Steuerungsbemühen, sondern basiert vielmehr auf einer Komplexitätssteigerung der Subsysteme (neben Recht noch Wirtschaft, Politik und Wissenschaft), womit diese auf die Veränderungen reagieren (Abegg 2006: 407). Die selbstreferentielle Geschlossenheit eines solchen autopoietischen (Sub-)Systems steht indes mitnichten im Widerspruch zu seiner Umweltoffenheit. Das heißt, das Subsystem Recht reagiert durch synallagmatische, strukturelle Kopplungen an die Gesellschaft und die übrigen sozialen Systeme, was am ehesten mit einer "Ko-Evolution" zu beschreiben ist. Am Ort der strukturellen Kopplung, zum Beispiel im rechtswissenschaftlichen Diskurs oder in öffentlichen Gerichtsverfahren, erkennt sich das Recht mithin als System in einer Umwelt evolutorischer Systeme, welche selbst auf das evolutorische System Recht reagieren. Entwicklungen in einem einzelnen System evozieren evolutionsbezogene Suchbewegungen in den verknüpften Systemen, welche permanent ihre eigene systemkonforme Kompatibilität mit der Umwelt neu ausrichten müssen. Um eine solche zu erreichen, vermag das System durchaus Strukturen anderer Systeme, wie vor allem Selektions- oder Stabilisierungskriterien, im eigenen System zu rekonstruieren (Abegg 2005: 446).

In concreto bedeutet dies für das Adelsrecht, daß es zwar als ein historisches Recht angesehen werden muß, es aber nicht als eine in der Vergangenheit abgeschlossene Rechtsordnung betrachtet werden kann, dieweil es durch strukturelle Koppelungen mit seiner Umwelt interagiert und sich dabei evolutioniert, indem es auf gegenwärtige, in der Gesellschaft lebende Vertreter des historischen Adels oder bei Streitfragen zu dessen Zugehörigkeit auf andere Personen Anwendung findet.

Hinzu tritt ein weiterer Faktor, welcher in der bisherigen Betrachtung noch keine hinreichende Beachtung gefunden hat. Der Monarch als Inhaber des Nobilitierungsprärogativs im Mittelalter und der gesamten Neuzeit war zwar zur öffentlichen Durchsetzung seines Willens formalen Notwendigkeiten unterworfen, wie beispielsweise bei Ausfertigungs- und Registrierungsurkunden, in finaler Konsequenz jedoch stand er über jedweden schriftlich fixierten adelsrechtlichen Bestimmungen sowie sämtlichen den Adel betreffenden Gewohnheitsrechten. Mithin oblag in jedem europäischen Adelssystem die letztgültige Entscheidung in Fragen der Zugehörigkeit zum Adel sowie in allen Wappen- sowie Standesfragen dem jeweiligen Herrscher. An diesem Faktum ändert auch nichts, daß es während des 17. und 18. Jahrhunderts zu teilweise divergenten Anerkennungspraktiken unter den einzelnen Landesherren und gegenüber dem Kaiser kam – sonderheitlich im Alten Reich im Gegensatz zur immer stärker werdenden Zentralmacht des Königs in Frankreich (Asch 2008: 16–17). Wie der oben geschilderte Fall des Grafen Kessler offenlegt, sollte diese Pfadabhängigkeit noch bis Ende des 19. Jahrhunderts Fortbestand haben. Insbesondere das Adelsrecht des absolutistischen Frankreichs ist in seiner Substanz nicht zu verstehen, läßt man den Aspekt monarchischer Omnipotenz in allen adelsrechtlichen Fragen außer Acht. Die Beispiele sind Legion, in denen französische Könige sich über jedwede kodifizierte Bestimmungen hinweggesetzt haben – sei es auf prozeduraler, wie bei der Zulassung zum Hofe (*Honneurs de la Cour*), oder auf materialer Ebene, wenn zum Beispiel bestimmte Personen, entgegen aller habituell-rechtlicher Praxis, vom König aus persönlicher Affinität, Merit oder Kalkül direkt in den Adelsstand erhoben wurden, teilweise unter Überspringen mehrerer Ränge. Damit offenbart sich die dem Adelsrecht stets anhaftende Immanenz: die Absolutheit des Monarchenwillens. Somit ist auch erklärbar, wessentwegen selbst das positive Adelsrecht in seiner über tausendfünfhundertjährigen Anwendung nie im Sinne Hegels eine vollständig aufklärerische Fortentwicklung gegenüber allem Zufälligen der Emotionen, des Meinens sowie Rachegelüsten oder Eigensucht genommen hat (Hegel 1833: § 211 (Zusatz)). Indem Hegel versucht, in seiner Auffassung des Geistes Recht und Gesetz, Vernunft und Geschichte, allgemeingültiges Prinzip und willkürliche Setzung, betrachtende Wissenschaft und gestaltende Gesetzgebung zusammenzudenken, unterscheidet er sich – vorwiegend hinsichtlich der Aufgabe und dem Gesetzgebungszweck – deutlich von dem eher romantischen Idealen zugetanen Savigny (Haase 2004: 364–365), was in der bekannten Hegel-Savigny-Kontroverse über die "Rechtsidee" gipfelte (Rothacker 1972: 62–63).

Unter Berücksichtigung der genannten Überlegungen wird das Adelsrecht in der vorliegenden Darstellung als die Ausgestaltung der Rechtsbeziehungen zwischen Staat, Adel und Staatsoberhaupt angesehen, welche in der Grundsubstanz aus der Lex Salica sowie anderen historischen Rechtsquellen schöpft und sich auf adlige Prärogativen, heraldische Fragen sowie die Zugehörigkeit zum Adelsstand erstreckt.

Um das dieser Arbeit zugrundeliegende, spezifisch französische Adelsrecht im Kontext seiner Anwendung nachzuvollziehen, erscheint es sinnstiftend, einige Aspekte der französischen Aristokratie hinsichtlich ihres Wesensgehalts zu beleuchten. Obschon mit dem Ende des Ancien Régime der französische Adel in seiner originären Substanz, das heißt nicht allein als Inhaber diverser, partikularer Vorrechte, sondern auch in seiner Funktion als Träger von Herrschaftsrechten, abgeschafft werden sollte, ist er doch als heterogene Gruppe bis heute existent. Das bedeutet, daß vermittelst eines formalen Aktes positiven Rechts, wie er durch die Versammlung der Generalstände vom 4. August 1789 beschlossen und per Dekret der "Assemblée nationale" vom 19. Juni 1790 in kodifiziertes Recht überführt wurde (Kruse 2005: 16 sowie Heuvel 1988: 33), das Bestehen einer sozialen Entität nicht extinktiert zu werden vermag.

Demzufolge müssen andere Gesetzmäßigkeiten wirken, welche bar aller auswendigen Erkennungszeichen wie Titel, Prestigeobjekte oder Urkunden die Zugehörigkeit zum Adel definieren. Dabei ist zwischen dem adligen Namen als Grundlage für das Selbstverständnis des eigenen Standes, der Übertragung des Namens mit seinen möglichen äußerlichen Zusätzen, die eine Identifikation im Innenverhältnis der Familie erleichtern sowie dem erstmaligen, formalen Erlangen des Adels zu unterscheiden.

Diese differenzierte Betrachtungsweise kennzeichnet jedoch erst den Abschluß einer Jahrhunderte währenden Entwicklung, die sich vom antiken Ideal einer Nobilität in Gestalt eines Adels der Tugend beständig entfernt und bereits im 17. Jahrhundert eine scharfe Kritik an der mangelnden Identität des bestehenden Geburts- (*nobilitas civilis*) mit dem Tugendadel (*nobilitas virtutis*) evoziert hat (Chaussinand-Nogaret 2000; Bleek und Garber 1982: 111 sowie Schalk 1996: 97).

Im Altertum bildete die sogenannte "adelige Abkunft" in Form des "Erbguts" lediglich die Voraussetzung für ein tatenreiches Leben: Stellte sich kein tugendhafter Erfolg ein, so wurde die Echtheit der Nobilität schlechterdings angezweifelt, wie im zweiten Gesang der Odyssee durch die Ermahnung der Athene an Telemach, den Sohn des Odysseus, veranschaulicht (… εἰ δή τοι σοῦ πατρὸς ἐνέσταχται μένος ἠύ, / οἷος χεῖνος ἔην τελέσαι ἔργον τε ἔπος τε. / οὔ τοι ἔπειθ' ἁλίη ὁδὸς ἔσσεται οὐδ' ἀτέλεστος. (Odyssee 2000: II, 271–273)). Demgemäß gibt es im antiken Adelsideal für das durch edle Geburt bedingte potentielle Vermögen allein den Beweis des Tuns innert der für den Menschen festgelegten, individuellen Lebensspanne (Früchtel 2005: 153). Folglich mußte der griechische Adlige beständig durch edle (Helden-)Taten Zeugnis seiner Nobilität ablegen, wollte er seine herausragende Stellung gegenüber den Freien und die Gleichrangigkeit unter den übrigen Edelmännern behalten.

Demnach darf der okzidentale Ursprung des Adels nicht mit der Vorstellung eines auf Geburtsoder Geblütsregeln sich gründenden, monolithischen Stand einhergehen (Böckenförde 2006: 15 (Anm. 5) sowie grundlegend zum antiken Adel Griechenlands Stein-Hölkeskamp 1989). Treffender wäre es, im Falle von Griechenland von einer "führenden Schicht" zu sprechen, welche im Gegensatz zur römischen Nobilität keinen bestimmten Zensus oder eine vorgegebene Ämterlaufbahn zur Erlangung des adligen Standes benötigte. Es ist an dieser Stelle darauf hinzuweisen, daß zwischen Patriziat und Nobilität zu differenzieren ist: Handelt es sich beim Patriziat um einen geschlossenen Stand, schlechthin nicht um eine "juristisch bestimmbare Gruppe" innert des *populus Romanus*, sollte bei der Nobilität eher von einem "Status" gesprochen werden, dessen Prärogativen einen informellen Charakter besaßen und dessen Angehörige sich in einem beständig kompetitiven Raum als Einzelkämpfer bewähren mußten, um auf diese Weise, die anderen *nobiles* übertreffend, der eigenen Sippe (*gens*) zu Ansehen und Einfluß zu verhelfen. Vornehmlich in der Anfangszeit der Republik verfügte diese Gruppe über diverse (hereditäre) Vorrechte, etwa bei der Besetzung bestimmter politischer und religiöser Ämter wie dem *pontifex maximus* oder des "Flamen Dialis". Deren Repräsentanten, wie die Cornelier, Valerier, Julier, Claudier, Aemilier und die Fabier führten ihre edle Herkunft auf die Gründungsgeschlechter Roms zurück.

Dies war für den nichtadligen Teil der Bevölkerung zunächst mitnichten selbstverständlich. Erst als dieser sukzessive eine stärkere Partizipation sowie Inklusion in die politischen Entscheidungsprozesse durchsetzte, was im Jahr 366 v. Chr. bei der Öffnung des Konsulats für die Plebejer durch die *Leges Liciniae Sextiae* zu einem ersten, großen Erfolg in diese Richtung führte und hernach durch weitere legalistische Maßnahmen wie der *Lex Ogulnia* (300 v. Chr.) sowie der *Lex Hortensia* (287 v. Chr.) zusätzlich befördert wurde, kam es schließlich zu einer veritablen Gleichstellung zwischen den beiden antagonistischen Ständen (Hölkeskamp 2004: 73) Demgemäß bildete die Nobilität eine durchaus permeable "classe dirigeante", deren gesellschaftliche Vorrangstellung durchaus von Generation zu Generation aufs Neue unter Beweis gestellt werden mußte (Hölkeskamp 1987: 10). Da Erfolg nicht vererbbar war, waren es gleichergestalt auch die *honores* nicht, so daß, wie eine statistische Untersuchung ergab, während der mittleren und späten Phase der römischen Republik nicht mehr als ein Drittel aller Konsuln einen Vater hatten, der gleichfalls bereits dieses Amt bekleidete und ein zweites Drittel wies in der letzten Generation schlechterdings gar keinen Konsul auf. Der Rest waren, wie kein geringerer als Marcus Tullius Cicero, sogenannte *homines novi* (Beck 2005: 18). Keith Hopkins und Graham Burton haben diesen empirischen Befund, daß die römische Nobilität nachgerade keine geschlossen-homogene Statusgruppe darstellte auf die einprägsame Formel gebracht: "political success did not guarantee political successors" (Hopkins und Burton 1983: 32).

Mithin handelt es sich in Griechenland eher um einen individuellen Eintritt in die Aristokratie, bezogen auf das umfassend tugendhafte Handeln in zumeist kämpferischen Auseinandersetzungen, wo hinwieder in Rom der Leistungsmerit des Einzelnen beim Durchlaufen des *Cursus honorum* im Vordergrund stand. So klar die Vorstellungen und teilweise auch die einzelnen Prozesse hinsichtlich der Erlangung des Status eines *nobilis* geregelt und kodifiziert waren, zu denken wäre nur an die *Lex Villia annalis*, welche das Alter zur Erlangung der höchsten Würden des *Cursus honorum* genau festlegte und ein obligatorisches *biennum* zwischen den kurulischen Magistraten verlangte (Evans und Kleijwegt 1992: 181), so wenig vermag von einem "Adelsrecht" im neuzeitlichen Sinne gesprochen werden: Weder existierte eine Kodifizierung von Gesetzen, welche beispielsweise Verfahrensregeln zur Übertragung des Status auf hereditärer Basis ausdifferenzierten, noch ein über dem Adelsstatus stehender Souverän.

An diesem Befund hatte mit Sicherheit die als soziologischer Solitär zu taxierende spezifische Binnenstruktur der römischen Aristokratie einen nicht geringfügigen Anteil (Flaig 1995: 116–118). Sie wies einen nach Rangklassen geschichteten Adel auf, dessen Mitgliederstellung sich in der verbindlichen – schlechthin indes nicht zwingenden – Hierarchie der bekleideten *offices* widerspiegelte. Als zentrales Distinkionskritierum wirkte ebenso die Ausprägung der römischen Aristokratie als Leistungsadel vermöge eines allgemein akzeptierten Konsenses untereinander bis zur Depravation desselben durch einen übersteigerten Ehrgeiz Einzelner gegenüber allen übrigen – antiken wie neuzeitlichen – Adelsgesellschaften.

So sehr hier prima facie die Differenzen hinsichtlich Realität und Selbstverständnis zwischen antiken und neuzeitlichem Adelsstand hervortreten, eröffnen die zentralen Charakteristika einer Adelsgesellschaft im Altertum – wie zum einen die Erlangung von Vorrechten durch ein Bewähren im kompetitiven Raum, durch Standeskämpfe sowie Besitz, und zum anderen der Bezug zum eigenen Geschlecht als höchstes Identifikationsmoment – ein Erkenntnisvermögen, welches für die Analyse neuzeitlicher Adelskulturen sinnhaft ist, wenn man diese, sich in späteren Jahrhunderten perpetuierenden Grundmerkmale berücksichtigt. Insbesondere das stark ausgeprägte, identitätsstiftende Bekenntnis zur eigenen Familie und Herkunft verkörpert eine epochentranszendierende Besonderheit des Adels und offenbart, sonderheitlich vor dem Hintergrund einer sowohl realen als auch ideellen Übertragbarkeit der im Wettbewerb um Würden und Einfluß erworbenen Vorrechte, wie eng ein genealogisches Bewußtsein, vorwiegend in Frankreich, mit dem Adelsrecht verbunden war und ist (Saint-Martin 2003: 82–83). Dabei ist mitnichten nur an die neuzeitlichen Adelsproben zur Turnierfähigkeit, der Kammerwürde oder den Eintritt in bestimmte (Ritter-)Orden zu denken (Eckert 2008), sondern, wie bereits aufgezeigt wurde, es waren bereits in der Antike bestimmte Ämter allein denjenigen vorbehalten, welche den Nachweis patrizischer Vorfahren erbringen konnten. Darüber hinaus lassen die Ratschläge des Anaximenes von Lampsakos in seiner *Ars Rhetorica ad Alexandrum*, welche lange Zeit als älteste tradierte Theorie der Rhetorik angesehen und irrtümlich dem Aristoteles zugeschrieben wurde (Helmer und Dörpinghaus 2006: 14), erahnen, welch exzellierende Bedeutung die Genealogie (γενεαλογία) bereits im öffentlichen Raum Griechenlands einnahm. Er taxiert die hohe Geburt wie Kraft, Schönheit und Reichtum als außerhalb der Tugenden befindliche Güter und gibt eine detaillierte Vorgehensweise an wie bei jedweder Konstellation von Vorfahren, das heißt bei Personen, welche mit einer Vielzahl von berühmten, weniger bedeutenden oder gänzlich zu vernachlässigenden Ahnen, zu verfahren ist, um als Redner den Betreffenden in einem glänzenden Licht erscheinen zu lassen (Anaximenes ARS RHETORICA 2000: $1440b^{5}$–$1441a^{10}$).

Bemüht man sich nunmehr um eine tragfähige Arbeitsdefinition des Terminus Genealogie, anempfiehlt es sich zunächst die etymologische Radix des griechischen Kompositums "Genealogia" (γενεαλογία) vor Augen zu führen. Sie besteht zum einen aus dem griechischen "Genos" (γένος) respektive seiner poetischen Form "Genna" (γέννα), beide, wie die Verbform für "zeugen" (γένεσθαι) dem archaischen Wortstamm "gen" (γέν) entwachsen, und zum anderen aus "Logos" (λόγος). Wohingegen letztgenanntes Morphem unproblematisch mit "Wissenschaft" ins Deutsche übertragen zu werden vermag, erfordert das Erstgenannte eine genauere Betrachtung: Grundsätzlich wird "Genos" mit "Geschlecht", "Familie", "Abstammung" und "Stamm" übersetzt, was zu einer Traduktion von "Wissenschaft vom (eigenen) Geschlecht" führt. Allerdings greift diese Übersetzung etwas kurz, da darin der ebenfalls in "Genos" enthaltende Aspekt des Werdens, Genesis (γένεσις), wie es seinen Ausdruck in "Geburt", "Ursprung" und "Entstehung" findet, nicht ausreichend berücksichtigt wird. Das Faktum, daß "Genos" und "Genesis" in einem relationalen Verhältnis zueinander stehen und insofern zum Denken in Generationen führen, legte schon Aristoteles in seinen zeugungstheoretischen Überlegungen dar (Nash 1978: 4). So hat er in seinem Buch "Über die Zeugung der Tiere" (περὶ ζοῷν γενέσεως) erstmals in kategorisierender Absicht konstatiert, daß "Genos" einesteils die Differenz des männlichen und weiblichen Geschlechts und mithin die Basis für jedweden Akt der Reproduktion benennt: Das Männliche und das Weibliche werden als *genera* des Tierreichs und als *principa generationis* gekennzeichnet (ἀρχαὶ γενέσεως) (Aristoteles DE GENERATIONE ANIMALIUM 1965: $715a^{18-20}$; $731b^{18-19}$)). Anderenteils führt "Genos" die Kategorie einer klassifikatorischen Taxierung ein. Selbige referenziert dahingehend auf die Zeugung, wofern die Art und Weise dieses Vorgangs mit der Stelle kongruiert, welche die einzelnen Geschöpfe in der Rangordnung einnehmen. Darin schließt sich der Kreis zu den übrigen zoologischen Werken des Aristoteles, wie der "Tierkunde" (Aristoteles HISTORIA ANIMALIUM 2002), "Über die Glieder der Geschöpfe" (Aristoteles DE PARTIBUS ANIMALIUM 1868) und "Über die Zeugung der Geschöpfe" (Willer u. a. 2005: 125–126).

Darüber hinaus hat sich der Stagirit in den fundamentallogischen Reflektionen seiner Metaphysik nicht allein der logischen Genese von Begrifflichkeiten gewidmet, sondern gleichergestalt der biologischen Zeugung des Seienden, indem er die verschiedenen Bedeutungen von "Genos" klar herausgearbeitet hat: Zunächst subsumiert er darunter diejenigen, welche durch eine kohärente Erzeugung (γένεσις συνεχής) dieselbe Form haben, zum Beispiel das Geschlecht der Menschen (γένος ἀνθρώπων). Hernach versteht er unter "Genos" denjenigen, von welchem als dem ersten Bewegenden ausgehend das andere zum Sein gelangt, so beispielsweise die Ionier, welche von Ion als dem ersten Erzeuger (πρώτου γεννήσαντος) abstammen. Letztendlich inkludiert er darunter nicht lediglich männliche Sprößlinge, sondern ausdrücklich auch die weibliche Abstammung (τοῦ θήλεος τὸ γένος), wie sein Beispiel der Nachkommenschaft Pyrrhas illustriert (Aristoteles METAPHYSICA 1963: Δ, 1024a[29–36]). Mithin rückt bei Aristoteles der Aspekt des "Erzeugens" deutlich in der Vordergrund und findet in der Verbindung mit der "Abstammung" seinen breiten Bedeutungshorizont dahingehend, daß darunter alles verstanden wird, was durch gleiche "Form", unabhängig ob männlich oder weiblich, sich durch Erzeugung aufeinander in Abfolge bezieht und von einem ersten Beweger "angestoßen" wurde. Folglich geht die Darlegung von Verwandtschaftsverhältnissen, sofern sie über ein bloße Deskription hinauszeigt, mit einem normativen Grundverständnis einher: Denn die gesamte Abbildung sämtlicher ermittelter Verwandtschaftsbeziehungen, wie sie sich aus der Breite der aristotelischen Begriffsbestimmung von "Genos" in Verbindung mit "Logos" alsWissenschaft ergibt, sonderheitlich wofern ein vollständiges System gleichrangiger Verwandtschaftslinien über mehrere Generationen hinweg abgebildet werden soll, ist weder grafisch noch kognitiv erfaßbar. Demzufolge werden zumeist geschwisterliche Linien nachgeborener Söhne oder Töchter nicht mehr in allen Verästelungen weiter dargestellt, was zwar als dem Sachzwang geschuldet explizierbar erscheint, jedoch eindeutig auf ideologische Aspekte zurückgeführt werden muß, insbesondere dann, wenn die Stabilität von sozialen Strukturen gesichert oder eine historische Persönlichkeit als Ahn in Anspruch genommen wird, indem ein spezifisches Selektionsprinzip der Vererbung wie die matrilineare oder patrilineare Abfolge Anwendung findet (Kellner 2004: 14 (Anm. 37)). Daraus resultiert, daß diese Auswahlkriterien auf weltanschaulichen Prämissen sowie geographischen, sozialen, historischen und kulturellen Rahmenbedingungen beruhen, welche in äußerst differenter Ausprägungsform auftreten können.

Neben diesem retroperspektivischen Aspekt, welcher der Genealogie stets immanent ist, existiert darüber hinaus noch ein teleologisches Moment, welches zumeist wenig Beachtung findet. Es tritt zutage, wenn etwa eine gegenwärtige Einzelperson als das Ergebnis einer "logischen" Abfolge von Ahnen taxiert wird, deren hereditäre Prinzipien sich aus einer primordialen Setzung abgeleitet finden und die ihrerseits vermittelst Dekonstruktion das Ergebnis einer Projektion offenbaren, welche die Entscheidung hinsichtlich bestimmter Selektionsmuster bei der Deskription von Abstammung auf spezifische historische Interessenkonstellationen zurückführt (Mecklenburg 2006: 20–21). Demgemäß müssen stets ergänzende Angaben über die dem Begriff zugeordneten Selektionsprinzipien der Vererbung erfolgen, da anderenfalls eine Kommunikation über genealogische Befunde schwierig bis unmöglich wird. Dieser Überlegungen eingedenk muss auch jegliche moderne Definition von "Genealogie" um vorgenannte Kriterien- und Kontextspezifikationen ergänzt werden. Bereits Mitte des letzten Jahrhunderts bemühte sich Otto Forst de Battaglia um eine wissenschaftlich tragfähige Definition von "Genealogie" als einer Disziplin von "auf Abstammung beruhenden Zusammenhängen zwischen Menschen" (Forst de Battaglia 1948: 10). Zwar kam diese der etymologischen Bedeutungsherkunft des Wortes recht nah und galt lange Zeit, nicht zuletzt durch die Autorität Ahasver v. Brandts (Brandt 2007: 39), für verbindlich, indes von einer Vielzahl von Forschern wurde sie als zu eng empfunden (Henning 2005: 90–91) und führte dazu, daß der seinerzeitige DAGV-Vorsitzende Jörg Füchtner sich dazu befleißigt sah, das Wort "Abstammung" mit "Heirat" zu permutieren, da sie ansonsten "als Hilfswissenschaft einer rassistischen Humangenetik" verstanden werden könnte (Füchtner 1998: 196). Indem Füchtner in vorauseilender Bangigkeit die Realität von Nachkommenschaft aus zwischenmenschlichen Beziehungen auf die Heirat reduziert, ist dieser Definitionsversuch ob seiner eigennormativ übersättigten Intention verengend und mithin für ernsthafte wissenschaftliche Bemühungen als wenig probat zu betrachten. Auch die Proposition von Hermann Metzke, welcher "Genealogie" als "familiengeschichtliche Forschung" definiert, gleichzeitig aber konzediert, daß diese Definition vereinfachend wirken könnte, überzeugt wenig (Metzke 2002: 194). Sie trägt zwar dem zunehmenden Wandel der Forschung von der Personal- zur Sozialgenealogie in gewisser Hinsicht Rechnung, vermag indes nicht den Facettenreichtum verwandtschaftlicher Beziehungen außerhalb des Personenverbundes der eigentlichen Familie terminologisch klar zu fassen.

Möglicherweise ließe sich der aus den vorgenannten Bestimmungsversuchen resultierenden Aporie dadurch die Schärfe nehmen, dass man, unter Verwendung und Aufweitung Forst de Battaglias Definition, "Genealogie" als eine "Wissenschaft der auf Abstammung oder Verwandtschaftsverhältnissen beruhenden Zusammenhänge zwischen Einzelpersonen oder Personengruppen" versteht. Auf diese Weise würde einesteils der etymologischen Grundbedeutung zusamt den aristotelischen Unterscheidungsmerkmalen von "Genos" hinreichend Rechnung getragen, anderenteils durch die Ausweitung auf "Abstammung oder (sic!) Verwandtschaftsverhältnisse" sowie "Einzelpersonen oder (sic!) Personengruppen" der beträchtlichen Breite und Varianz an Untersuchungsgegenständen – im Zuge des zunehmenden Wandels von der Individual- zur Sozialgenealogie – genauer entsprochen werden.

Nun verkörpert die Genealogie als Bestandteil der historischen Hilfswissenschaften keinen isolierten Selbstläufer in der Wissenschaftslandschaft, sondern dient zusamt deren übrigen Fächern wie beispielsweise der Sphragistik, der Heraldik und der Diplomatik, seit dem 18. Jahrhundert den Historikern bei ihrer Interpretation von "Wörter und Sachen" (Jakob Grimm) (Henning 2000: 11). So kommt insbesondere im vorliegenden Fall der Genealogie eine Schlüsselposition zu, denn viele Phänomene und Entwicklungen eines adligen Hauses stehen in einer untrennbaren Kohärenz zu Verwandtschaftsverhältnissen und lassen sich durch eine Analyse derselben nachvollziehen. Zu denken wäre hierbei zum Beispiel an Wappenmodifikationen sowie Namens- und Besitzerweiterungen, welche sich zumeist erst im Licht von Eheschließungen und den dazugehörigen vertraglichen Vereinbarungen explizieren lassen. Diese wiederum sind eingebettet in die seinerzeit Geltung besitzenden "adelsrechtlichen Partikularbestimmungen", so daß sich die historischen Hilfswissenschaften und das Adelsrecht hinsichtlich der Analyse familiengeschichtlicher Phänomene zutiefst relational und ineinandergreifend verhalten.

Demgemäß vermögen adelsrechtliche Bestimmungen und Genealogie in besonders geeigneter Form Erklärungsmöglichkeiten für Befunde innerhalb einer Familie zu liefern, welche sich wie die Digeons über mehrere Jahrhunderte in einem Kontext bewegt haben, der in seiner sozialen, kulturellen und rechtlichen Dimension tiefgreifend vom Adel und dessen Entwicklungen geprägt war.

In concreto bedeutet dies für leitende Intention dieser Abhandlung, daß die zu beleuchtenden kontroversen Befunde multiperspektivisch im Fokus der drei Hauptaspekte "genealogische Beziehungen der Familie", "Heraldik" und "Adelsrecht" analysiert werden:

So soll zunächst der bisherige Kenntnisstand hinsichtlich des französischen Teils der Familie Digeon, wie er von deutscher und französischer Seite abgebildet wurde, rekonstruiert und erstmals einer kohärenten Ordnung sowie einer kritischen Überprüfung nach Maßgabe der französischen Literatur und, wenn möglich, Primärquellen unterzogen werden, so daß diejenigen

Angaben, die sich bisher lediglich auf "Mitteilungen der Familie" stützten (u.a. I.D.A. 1858 sowie Gotha 1893: 159), entweder verworfen oder durch Allegation entsprechender Belegstellen, erhärtet werden. Auf diese Weise soll das Fundament gelegt werden, um inskünftigen weiterführenden Forschungen eine basale Orientierungshilfe zur Hand zu geben.

Ferner wird versucht, den eingangs aufgeworfenen Fragen nach den Wurzeln der Familie, der jeweiligen Etymologie sowie Graphie des Familienamens Digeon und Monteton nachzugehen und die Vielzahl divergenter Wappenbeschreibungen in eine dem französischen Ursprungswappen am ehesten entsprechende und durch Abgleich mit den Primärquellen belegbare Blasonierung zu überführen. Denn sowohl der Familienname als auch das Wappen eines französischen Adelsgeschlechts können nicht isoliert von adelsrechtlichen Bestimmungen sowie dem Kontext, in welchem sich das Geschlecht bewegt, nachvollzogen werden. An die Wappenkontroverse anknüpfend sollen die im Zusammenhang mit der Führung der Rangkrone – in Form der Grafenals auch der französischen Baronskrone – entstandenen Konfusionen, wie sie sonderheitlich auf deutscher Seite ihren Niederschlag fanden, erläutert und aufgelöst werden.

Schließlich sind die Grundzüge des spezifischen Adelsrechts nachzuzeichnen, wie es ausgehend vom Mittelalter bis zum Ende des Ancien Régime im Jahr 1789 Bestand hatte, um auf diese Weise eine Systematik zu erhalten, welche dazu angetan ist, die zentralen Fragen hinsichtlich des Hauses Digeon nach Titelerwerb und -transmission sowie den Sukzessionsrechten, unter besonderer Berücksichtigung des Ältestenrechts und des *chef de nom et armes*, einer Beantwortung zuzuführen. Dabei finden die späteren adelsrechtlichen Entwicklungen wie beispielsweise der neugeschaffene Majoratsadel (vgl. weiterführend: Frain de la Gaulayrie 1909) des ersten Kaiserreichs, der Restaurations-Adel oder der Empire-Adel Napoleons III. keine Berücksichtigung. Einesteils markiert die Abschaffung der Monarchie in Frankreich eine tiefe Zäsur im Adelsrecht, da die klassischen, feudalen (Herrschafts-)Funktionen der Nobilität sowie die damit einhergehenden besonderen Transmissionsmechanismen bei Titeln und Wappen keine Anwendung mehr fanden und die Nobilitierung nach dem Ende der Alten Monarchie lediglich noch mit einer gesellschaftlichen Distinktionsfunktion einherging, die kaum mehr mit politischen Prärogativen verbunden war (Grab 2003: 42–43) und damit eine gesonderte Untersuchung rechtfertigen würde. Anderenteils sind die nach 1789 greifenden adelsrechtlichen Bestimmungen ob des Absterbens des französischen Familienzweiges für das Haus Digeon kaum maßgeblich, sintemal sämtliche Mitglieder der letzten in Frankreich verbleibenden Generation vor 1789 geboren wurden (vgl. Kap. B.6: 699 sowie: Kap. B.10: 703).

Die Lebensdaten der Familienmitglieder grenzen auch den Zeitraum der gesamten Untersuchung ein: Dieserhalb nimmt die Analyse ihren Angang von der ersten urkundlichen Nennung der Digeons im Zusammenhang mit der Teilnahme von Hernaus und Hues de Digon am ersten Kreuzzug unter Gottfried v. Bouillon (1096) in der "Chanson d'Antioche" des "Crusade Cycle" (Nelson 2003) und findet ihren Abschluß mit dem Erlöschen des Zweiges Digeon d'Autramat durch die letzte Namensträgerin in Frankreich, Marie Digeon d'Autramat, am 31. Juli 1856.

Vermittelst dieser Betrachtung durch ein "Kaleidoskop von Perspektiven" (Goertz 1995: 11) erscheint das Haus Digeon mitnichten als isoliertes Phänomen, sondern als Bestandteil weitfassenderer Zusammenhänge wie der wechselvollen Geschichte Aquitaniens und des historischen französischen Adelsrechts. Auf Grund dessen und auch wegen der oben dargelegten Relationalität familiengeschichtlicher Phänomene und der einzelnen historischen Hilfswissenschaften vermag der Familie Digeon gerade hinsichtlich der Entwicklung des Adelsrechts eine paradigmatische Funktion zugesprochen werden. Denn alle Erscheinungsformen des französischen Adels wie des alten Feudaladels (*noblesse d'épée*), des Amtsadels (*noblesse de robe*) und des Briefadels (*noblesse de lettre*) finden sich innerhalb der konfessionell geprägten genealogischen Beziehungen der Digeons wieder, so daß deren familiengeschichtliche Genese als beispielhaft für ein Adelsgeschlecht angesehen werden kann, welches sich ausgehend vom Mittelalter nach der Reformation im protestantischen Milieu der Guyenne sozialisierte.

Jenseits der oben genannten Fragestellungen hinsichtlich des Hauses Digeon, deren Relevanz vornehmlich im regionalen Kontext Südwestfrankreichs und in familienhistorischen Dimensionen zu verorten ist, soll der dritte Teil, welcher erstmals im deutschsprachigen Raum das französische Adelsrecht mit seinen Hauptmerkmalen bis zum Ende der Alten Monarchie darlegt, auch getrennt von der übrigen familienspezifischen Darstellung als Orientierungsübersicht fungieren.

1.2 Forschungsstand und Quellenlage

1.2.1 Entwicklung und gegenwärtiger Stand der Forschung

1.2.1.1 Das Haus Digeon

Von einem Forschungsstand im Sinne der "Summe aller bisherigen Forschung" zu sprechen, erscheint im Fall des Hauses Digeon in Frankreich dahingehend unangemessen, als daß von einer veritablen Erkenntnisgenese basierend auf mehreren Publikationen schlechterdings nicht gesprochen werden kann. Denn bis dato ist lediglich eine Monographie mit dem Titel "Über die Familie Digeon von Monteton" Ende des 19. Jahrhunderts, verfaßt von Otto Digeon v. Monteton, erschienen (Digeon v. Monteton 1892), welche allerdings jeglicher Quellenbelege ermangelt und in welcher der Autor seinen Betrachtungsfokus vornehmlich auf den nach Preußen emigrierten Zweig des Geschlechts gelegt hat. Darüber hinaus sind signifikant antikatholische Tendenzen erkennbar, die sonderheitlich bei der Darstellung der französischen Linie zu dogmatisch motivierten Verkennungen der historischen Tatsachen führten. Zu denken wäre in diesem Zusammenhang an die Mutmaßung, daß Magdeleine du Rège, die Mutter der beiden nach Frankreich ausgewanderten Söhne, Pierre VI. und Jean-Jacques I. Digeon de Monteton, auf Grund ihres vermeintlich katholischen Bekenntnisses enterbt hätte (Digeon v. Monteton 1892: 15). Tatsächlich verhielt es sich indes dergestalt, daß es nach einer Verordnung Ludwigs XIV. aus dem Jahr 1689 den Angehörigen der ins Ausland geflohenen Protestanten nahezu unmöglich gemacht wurde, selbigen deren Erbanteil im Ausland zukommen zu lassen – ohne das im Land verbliebene Vermögen zu gefährden (Bernard 2003: 106 u. 134). Trotz dieser Kalamitäten bietet das Werk durchaus wertvolle Einblicke hinsichtlich des Kenntnisstands des französischen Familienparts und liefert fruchtbringende Hinweise auf die militärische Karriere der beiden oben genannten Emigranten, welche infolge der Zerstörung des Heeresarchivs in Potsdam im April 1945 ansonsten nicht mehr rekonstruierbar gewesen wäre (Zala 2001: 147).

Neben besagter Einzelschrift existiert noch ein Aufsatz von Lucile Bourrachot "Une famille protestante de l'Agenais et ses cousins allemands: les Digeon de Monteton" in den *Annales du Midi* (Bourrachot 1969). Darin legte sie den Betrachtungsschwerpunkt vorwiegend auf die einzelnen Familienmitglieder des Zweiges Digeon de Monteton im protestantischen Milieu des 17. und 18. Jahrhunderts, wobei sie kaum Angaben zu der Rolle der Familie während der Religionskriege und dem eigentlichen "Wirken" als Protestanten in deren Herrschaften machte, wie von Felix Delteil zu Recht moniert wurde (Delteil 1969: 682). Darüber hinaus fanden die übrigen Linien der Digeon hinwieder ebensowenig Berücksichtigung, wie Fragen zur Heraldik oder nach den Ursprüngen des Geschlechts, was schon davor im Forschungsfeld eine Lücke markiert hatte.

Jenseits dieser Einschränkungen fanden in der Analyse erstmals Dokumente Berücksichtigung, welche sich bis dahin durch die Deposition in Privatarchiven und einen restriktiven Zugang einer Auswertung entzogen hatten. Des weiteren wurden die weitverzweigten Handelsbeziehungen – von Bordeaux über die Antillen und Holland bis nach Deutschland – derjenigen Familien konzis nachgezeichnet, welche neben den Kontakten auf geschäftlicher Ebene auch gesellschaftlichen Umgang pflegten. Letzteres führte zur Stiftung von Ehebündnissen, welche für den weiteren Ausbau der gesellschaftlichen Stellung der Digeon de Monteton im Nobilitätsgefüge der Provinz Guyenne von entscheidender Bedeutung sein sollten. Fernerhin berührte die Verfasserin bei der Frage der Nachfolge des letzten Repräsentanten und Oberhaupts der Digeon de Monteton auch die Bedeutung seiner preußischen Cousins, wobei sie jedoch irrtümlich davon ausging, daß keinerlei Sukzessionsabsichten und -rechte bestanden (Bourrachot 1969: 63–64).

Prinzipiell vermögen die von Bourrachot dargelegten Erkenntnisse, die sich fast ausschließlich auf die Auswertung von Primärquellen stützten, als die erste wissenschaftliche Auseinandersetzung mit den genannten Aspekten angesehen zu werden. Die Beschränkung auf vornehmlich archivalische Quellen verwundert indes vor dem Hintergrund, dieweil es durchaus eine Vielzahl von Literatur, insbesondere aus dem Ende des 19. und Anfang des 20. Jahrhunderts, gibt, welche die Familie Digeon tangieren, wenn auch auf Grundlage eines anderweitig gelagerten Forschungsinteresses. Zu denken wäre in diesem Zusammenhang an die allgemeinen Übersichtswerke zum französischen Adel wie dem *Grand Armorial de France* von Henri Jougla de Morenas (Jougla de Morenas 1935: 197), der *Histoire Généalogique et Héraldique des Pairs de France* von Jean Baptiste de Courcelles (Courcelles 1826: 282–283) oder *Dictionnaire des familles françaises anciennes ou notables à la fin du XIXe siècle* von Gustave Chaix d'Est-Ange (Chaix d'Est-Ange 1915: 77–78) sowie an das Répertoire *Les Plus anciennes familles du monde* des Jean-Henry de Randeck (Randeck 1984: 1518). Daneben sind die regionalen Adelskompendien wie der *État de la Noblesse et des Vivants noblement de la Sénéchaussée d'Agenois, 1717* von Jules de Bourrousse de Laffore (Bourrousse 1886: 35–36) oder das *Armorial du Bordelais* von Pierre Meller (Meller 1978: 31 (Bd. 2)) zu nennen sowie die Familiengeschichten derjenigen Geschlechter, mit denen die Digeons verwandtschaftlich verbunden sind, wie die d'Estutt de Solminihac (Guère 1885: 31 u. 38–39; Saint-Saud u. a. 1905: 115, 119–120, 123 u. 150), die Ségur (Saint-Saud 1924: 88–89 u. 109; Martin 1991: 142, 147 u. 174), die Pellet (Cavignac 1967: 298–301), die Virieu (Lôo 2005: 252–253), die Madaillan (Campagne 1900: 303, 342 u. 347), die Bacalan (Campagne 1905: 45, 60–62, 128, 158 (Anm. 2) u. 170), die Lustrac (Lustrac 1940), die Montesquiou (Chérin 1784; Montesquiou-Fezensac 1847; Martin 2005), die Lur (Courcelles 1825b; Lur-Saluces 1855) oder die Gastebois (Maison de Gastebois 1890: 25). Schließlich sind noch die entweder spezifischen Studien zur Geschichte des Protestantismus in der Guyenne (Bourrachot 1992) oder die allgemeinen Darstellungen zu den französischen Glaubensflüchtlingen, in welchen das Haus Digeon häufig figuriert, zu apostrophieren (Haag 1852: col. 898; Douen 1894a: 41, Erman 1799: 212–213). Gerade diese Literatur barg gleichergestalt stets wieder Hinweise auf mit den Digeons in Zusammenhang stehenden Geschlechtern wie den Forcade (N.G.H.N. 1775: 418; O'Gilvy 1860: 169–185; Danty 1978) und Vernezobre (Auswahl: Haag 1859: 470–471; Schneider 1870; Bonnell 1888; Béringuier 1888; Courteault 1906: 43; Passow 1907: 132; Wedel 1908; Gleichen-Rußwurm 1929: 53; Giraud 1966: 34; 197; 206; 211; 227; Rachel und Wallich 1967: 92–93; Chaussinand-Nogaret 1970: 127–128; Kriening 1991; Goulon Sigwalt 1994; Lüthy 1999: 72 (Anm. 34); 303 (Anm. 16); 343; 349; Bem 2004; Palladini 2007: 310).

1.2.1.2 Das historische französische Adelsrecht bis 1789

Wendet man sich nunmehr einer Bestandsaufnahme der Forschung in bezug auf das historische französische Adelsrecht, wie es seit den Anfängen des Frankenreichs bis zum Beginn der Französischen Revolution im Jahr 1789 Bestand hatte, läßt sich ein durchaus bemerkenswerter Befund konstatieren: Zwar sind die Untersuchungen Legion, in welchen adelsrechtliche Aspekte eine gewichtige oder gar zentrale Position einnehmen, indes findet sich von deutscher Seite keine einzige systematische Darstellung des französischen *droit nobiliaire*. Dies läßt sich an einem Exempel aus der historischen Sozialtransformationsforschung, in welcher zumeist auf gesellschaftlichen Aufstieg und Mobilität rekurriert wird, illustrieren: So zeichnet beispielsweise Elisabeth Fehrenbach detailliert in ihrer profunden komparatistischen Analyse des französischen und deutschen Adels im Zeitalter der Revolutionen die Möglichkeiten der Standeserhöhung vermittelst des Ämterkaufes nach und räumt auf diese Weise mit der ideologisch getrübten Schlußfolgerung auf, wie sie sich hartnäckig in der marxistisch orientierte Forschung hielt, vertreten von Autoren wie Albert Soboul (Comninel 1990: 16). Deren Wege erweisen sich als methodisch und logisch inkonsistent, indem sie die jeweiligen Ereignisse allein mit der Kategorie des Klassenkampfes zu erkennen ersuchen, dabei aber übersehen, daß die Kategorie des Klassenkampfes schlechterdings kein Interpretationsmodell verkörpert, sondern vielmehr als Begriff der Phänomenologie des Klassenkampfs inhärent ist und so ein zirkuläres Analyseverfahren zur Folge hat, (Berger 1974: 46), was nicht zuletzt dazu führt, daß sich diese Autoren auf die These versteigen, eine nenneswerte soziale Mobilität von unten nach oben habe es im Frankreich des 18. Jahrhunderts nicht gegeben. Diese Ansichten werden von Fehrenbach durch die Referenzierung von Autoritäten wie Furet und Chaussinand-Nogaret (Furet 1978: 116–118; Chaussinand-Nogaret 1975: 116–118; Chaussinand-Nogaret 2000: 39–41 sowie Malettke 1980) in stringenter Argumentation widerlegt. Trotz dieser kenntnisreich-reflektierenden Vorgehensweise verbleiben indes einzelne Aspekte unberücksichtigt. So behandelt sie zwar neben den Ausprägungserscheinungen, welche häufig zur Erlangung des Adels Anwendung fanden, wie die *noblesse de robe* und die *noblesse militaire* auch recht spezifische in Form der *noblesse graduelle* bei der Bekleidung eines nobilitierenden Amtes, doch fanden einesteils nicht alle Arten der Nobilitierung Berücksichtigung, wie die *noblesse de cloche* (auch *noblesse échevinale* genannt) und der Sonderfall der Eintragung als adliger Bürger von Perpignan (*immatriculation comme citoyen noble*), anderenteils erfolgt auch keine klare terminologische Abgrenzung bezüglich der differenten Übertragungsmodi des französischen Adels (vgl. Kap. 4.4: 429), so wird lediglich der Begriff "noblesse graduelle" verwendet, wohingegen die wesentliche Unterscheidung von "*noblesse personnelle*" und "*noblesse acquise et transmissible*" unterbleibt (Fehrenbach 1997: 173–174).

Darüber hinaus ist zu bemerken, daß die meisten historischen Studien, welche den französischen Adel zum Gegenstand haben, zwar die kulturellen, politischen und soziologischen Aspekte höchlichst umfassend und genau beleuchten (z.B. Asch 2008: v.a. 43–51; Jäger 2003; Demel 1995; Demel 2005: 47–48; Weis 1971), das Adelsrecht hinwieder nur en passant tangieren. Vereinzelt werden darin auch Sachverhalte referenziert, die hinsichtlich ihrer Realitätskongruenz Defizite aufweisen, so beispielsweise wenn Walter Demel fälschlich von der Legitimität des Decrescendo der Titelführung in Frankreich (vgl. Kap. 4.2.2: 440) ausgeht Demel 2005: 50).

Demgegenüber erzeigt sich in Frankreich ein anderes, ungleich umfangreicheres und in sich ausdifferenzierteres Bild des Forschungsstandes. Denn bereits früh setzten sich die Feudalanwälte, die sogenannten *feudistes* (vgl. weiterführend: Vivier 1998: 43 sowie: Mousnier 1979: 534), als Rechtsgelehrte des *droit féodal* mit Kernfragen des Adelsrechts auch aus historischer Sicht auseinander (z.B. Géraud 1680; Salvaing 1731; Ginet 1770 sowie Boutaric 1767). Dabei systematisierten sie die adels- und feudalrechtliche Materie und definierten erstmals die einzelnen Nobilitierungs- und Titeltransmissionsprozedere, indem sie die historische Genese der adelsrechtlichen Bestimmungen nachzeichneten und analysierten (Berthelot du Ferrier 1719: v.a. 494–499). Daneben findet sich gleichergestalt eine Vielzahl von Kommentaren und mit Annotationen versehenen Editionen des "Coutume de Paris" (vgl. Kap. 4.1.2: 412), welches als eines der wenigen schriftlich fixierten Kodifikationen des ansonsten jeder Schriftlichkeit baren französischen Adelsrechts angesehen werden kann (Brodeau 1669; Masson 1703 sowie Langloix 1742). Noch während die sich grundsätzlich auf das Gewohnheitsrecht stützenden adelsrechtlichen Bestimmungen im Ancien Régime Geltung besaßen und zur Anwendung kamen, begann eine geschichtliche Auseinandersetzung und Auswertung derselben. Indem weiland aktuelle und strittige Fragen zu einzelnen Punkten der Klärung bedurften, stützten sich die zu dem jeweiligen Standpunkt hervorgebrachten Argumentationen stets auf einen historischen Regreß. Demgemäß nimmt bereits während des Ancien Régime eine geschichtliche Auseinandersetzung mit dem französischen Adelsrecht ihren Angang.

Abgesehen von dieser Auffälligkeit teilt sich die französische Adelsrechtsforschung in drei Hauptgruppen: zum einen in Gesamtdarstellungen, das heißt in die Synthese und interpretierende Deskription des Adelsrechts und seine unterschiedlichen epochalen Ausprägungen innerhalb der Alten Monarchie, des ersten Kaiserreichs, der Restaurationsmonarchie, des Bürgerkönigtums und des Zweiten Kaisereichs, die einen kohärenten und die Genese des *droit nobiliaire* berücksichtigenden Gesamtzusammenhang zu leisten versuchen. Fernerhin sind es Monographien, die ihre Forschungsintention mehr auf epochale und materiale Einzelaspekte und Phänomene legen und schließlich Arbeiten, welche in prägnant umrissenen Untersuchungen durch eine stringente forschungsleitende Fragestellung dazu angetan sind, einzelne Bausteine zur Rekonstruktion des Adelsrechts in Frankreich zu liefern. Letztgenannten kann damit ein hoher Stellenwert zugesprochen werden, da sie eine veritable Forschungslücke zu schließen vermögen. Innerhalb dieser tripartiten Einteilung ist zunächst als dem ersten Segment zugehörig die grundlegende Darstellung von Godet de Soudé als Einleitung zu seinem "Dictionnaire des ennoblissemens" zu nennen, in welcher er die Grundprinzipien des französischen Adelsrecht mit dem salischen Erbfolgerecht, den einzelnen Hierarchiestufen der Titel und unterschiedlichen Adelsarten *noblesse de robe, noblesse de lettre, noblesse de cloche* und *noblesse d'épée* terminologisch klar umfaßt. Außerdem zeigt er in komparatistischen Ansätzen die elementaren Hauptdifferenzen des französischen Adelssystems gegenüber den deutschen, italienischen und polnischen auf, wobei er auch eine Abgrenzung zu den Adelskulturen der Antike vornimmt (Godet de Soudé 1788: V–XXIV). Hernach kam im Zuge der revolutionären Ereignisse nach 1789 die Adelsrechtsforschung von Frankreich zum vollständigen Erliegen. Erst mit einer inflationären Zunahme von Adels- und Titelusurpationen erwachte das Forschungsinteresse erneut, wobei vor allem auf die strengen Kriterien der Alten Monarchie rekurriert wurde, die besonders dazu geeignet waren, den seit der Revolution generierten "Neuadel" zu taxieren (Hamel 1858). Kurze Zeit später erfolgte die erste systematische Übersicht im "Code de la noblesse française" des Grafen von Semainville, der sich thematisch in den Grundfragen an Godet de Soudé orientiert, diese aber erstmals in einer diachronen Betrachtung systematisiert, wobei der Fokus eindeutig rechtshistorisch angelegt ist (Sémainville 1860). Sein Werk vermag füglich auch als das erste angesehen werden, in welchem die Ausführungen mit Belegstellen aus älteren Rechtsquellen referenziert werden, so zitiert er häufig den "Traité des ordres et simples dignitez" von Charles Loyseau und "Le traité de la noblesse: et de ses différentes espèces" von Gilles-André de La Roque, zwei Quellen, auf die im nachfolgenden noch gesondert einzugehen sein wird.

Hieran anknüpfend folgten eine Vielzahl von rechtshistorischen Übersichtsstudien, welche sich vorwiegend auf die adelsrechtliche Situation nach der Revolution konzentrierten.

Zu nennen wäre die Ausarbeitung von Alfred Levesque "Du droit nobiliaire français au XIXe siècle", der neben einem weit ausgreifenden geschichtlichen Regreß auf die antiken Adelsstrukturen, gefolgt von einer Darstellung des mittelalterlichen Feudalwesens, sich auch aus einer vergleichenden Gesamtschau ausführlich mit kontroversen und spezifischen Fragen des Adelsrechts, wie der *noblesse uterine* und der damit verbundenen Titeltransmission (vgl. Kap. 4.2.2: 432) befaßt. In seiner Quellenarbeit und -referenzierung erreicht er indes nicht annähernd die Tiefe von Semainville (Levesque 1866). Des weiteren ist die gleichergestalt rechtshistorisch angelegte Studie "De la Noblesse et de la législation nobiliaire en France depuis la Révolution" von Charles Rey zu erwähnen, die erstaunlich viele, teilweise auch wortwörtliche (sic!) Anleihen bei Semainville nimmt, welche heutigentags mit an Sicherheit grenzender Wahrscheinlichkeit zum Aberkennen des juristischen Doktorgrades geführt hätten. Dabei erzeigt es sich, daß er dieser Forschungsattitüde die Treue hält, indem er einen recht sparsamen Umgang mit Belegstellen seiner oder fremder Ausführungen pflegt. Und doch sind bestimmte Betrachtungsgegenstände des Buches dahingehend für die weitere Forschung als fruchtbringend zu betrachten, als daß er den historischen und seinerzeitigen Meinungsstreit bei der Behandlung von Themen wie der Stellung ausländischer Adliger oder Fragen nach Güte und Provenienz zum Nachweis der adligen Abkunft in detaillierter Kenntnis der Literatur abwägend diskutiert (Rey 1902). Hierauf aufbauend sollte in noch spezialisierterer Form Henri Cousin in seiner Dissertationsschrift "Des Noms de noblesse et des titres nobiliaires spécialement depuis la Révolution" insbesondere die Stellung des adligen Namens und der Titel seit der Revolution bearbeiten (Cousin 1905). Hernach ebbte das Interesse der Forschung in Frankreich an adelsrechtlichen Fragen und allgemeinen Darstellungen zum *droit nobiliare* erneut für über fünf Jahrzehnte ab, bis Guy und Élisabeth Guérin mit ihrem umfänglichen Übersichtswerk "Législation et jurisprudence nobiliaires" durch eine intensive Quellenauswertung von Adelsbriefen, Dekreten und Gesetzestexten die erste, dem heutigen Wissenschaftsverständnis recht nah kommende Grundlagenausarbeitung publizierten (Guérin und Guérin 1978). Dabei setzten sie ihren Hauptschwerpunkt zwar auch auf den napoleonischen und ihm nachfolgenden Distinktionsadel, doch rekurrierten sie im ersten Drittel des Buches intensiv auf die vorrevolutionären Fundamente der französischen Adelsrealität, wie sie im juristischen Kontext des 18. Jahrhunderts Bestand hatte, und schafften somit erstmalig eine operationalisierbare Terminologie hinsichtlich der Adels- und Titeltransmission. Sie systematisierten den Adelserwerb in bezug auf die nobilitierenden Chargen und wendeten sich darüber hinaus, neben der Auswertung einer Vielzahl von statistischen Befunden, auch den Problemen im französischen Adel seit dem abrupten Ende der Alten Monarchie zu, wie der Frage nach dem Status derjenigen Familien, die zum Zeitpunkt der Supprimation des Adelsstandes zwar bereits Positionen bekleideten, welche den persönlichen Adel (*noblesse personnelle*), aber noch nicht die übertragbare Nobilität (*noblesse acquise et transmissible*) mit sich brachten. Trotz dieser thematischen Breite sowie weitreichenden und sublimen Systematisierung besteht dennoch eine gewisse Aporie in der Stringenz der Darstellung, denn aus den Ausführungen geht schlechterdings nicht hervor, unter welchen Auswahl- und Anordnungskriterien sie erfolgt sind.

Selbst wenn auch die jüngste Gesamtdarstellung zum französischen Adelsrecht "Qu'est-ce que la noblesse?" von Alain Texier nicht ganz frei von diesen formalen Mängeln gesprochen werden kann, verkörpert sie doch die mit Abstand profundeste Ausarbeitung insgesamt (Texier 1988). Indem er sowohl die historischen Fundamente als auch die praktische Anwendung der adelsrechtlichen Bestimmungen mit einer Vielzahl von Quellenbelegen und -analysen von den Anfängen an nachzeichnet und darüber hinaus mit einem adelsrechtlichen Schlagwortregister erschließt, referenziert mit detaillierten Fundstellen, bildet Texier den Forschungsstand nahezu in toto ab. Beredtes Zeugnis hierfür legt nicht zuletzt seine Bibliographie ab, welche mit Fug als die bis dato vollständigste Literatursammlung zum diese Thema taxiert zu werden vermag. Auf diese Weise gelingt es ihm, sämtliche Eigenarten des Adelserwerbs in der Entwicklungskohärenz zusamt den jeweiligen geographischen und historischen Einflußfaktoren herauszuarbeiten, darunter sogar von Teilen der Wissenschaft wenig beachtete wie die "Adelsaneignung qua Überprüfung" *noblesse d'agrégation* (vgl. Kap. 4.2.1: 428).

Jenseits dieses integralen Werkes ist noch auf weitere Arbeiten zu verweisen, so die Studie "Des qualifications nobiliaires'" von Jean-Louis de Tréourret de Kerstrat, der anhand von mehreren Beispielen seinen Betrachtungsfokus maßgeblich auf die prozeduralen Aspekte des Adelsrechts legt und mit einer reichen Quellensammlung fundamentiert (Tréourret de Kerstrat 1997). Genannt seien ferner zwei synoptische Darstellungen, welche das französische Adelsrecht zwar ebenfalls ab ovo behandeln und darüber hinaus in einen europäischen Vergleichskontext einordnen, jedoch in Ermangelung von Literatur- und Quellenhinweisen sowie einer klaren Struktur lediglich in einzelnen Punkten fruchtbringend sind und ansonsten eher einen informativen Gehalt für sich zu reklamieren vermögen (Descheemaeker 1958 sowie Hamoir 1974).

Hinsichtlich des Forschungsstandes zeigen die monographischen Übersichtswerke nicht allein quantitativ, sondern vor allem auch qualitativ ein differentes Bild gegenüber den Gesamtdarstellungen. Denn abgesehen davon, daß das Interesse an bestimmten Aspekten des Adelsrechts – sei es in umfassend oder partiell weiterführender Abhandlungen – in der Vergangenheit nie abriß, weisen die auf einzelne epochale oder materiale Gesichtspunkte beschränkten Einzelschriften bereits früh einen hohen Grad an wissenschaftlicher Reflexion auf. So erhellt Michel Breuil bereits zu Beginn des 20. Jahrhunderts in seiner juristischen Dissertation facettenreich die geschichtliche und rechtliche Dimension des "Particule dite nobiliaire" (Breuil 1903). Gaston de Le Hardy stellt in seinem Werk "Du Principe aristocratique, de la noblesse et des noms patronymiques" das Adelsprädikat in einem weiter gefaßten theoretischen Kontext dar, indem er die grundlegenden Prinzipien des adligen Patronyms epochentranszendierend darlegt (Le Hardy 1912). Gleichermaßen rechtshistorisch setzt sich Marcel de La Bigne de Villeneuve mit der Sphäre der adligen Prärogativen und Privilegien auseinander und rekurrierte dabei insbesondere auf die Differenzen der "dérogances" in sozialer und regionaler Hinsicht (La Bigne de Villeneuve 1977). Darauf basierend erweitert Dominique de La Barre de Raillicourt den Betrachtungswinkel in der Einleitung zu seinem Lexikon "Les Titres authentiques de la noblesse en France" dahingehend, daß er insbesondere die Praxis der Titelverleihung durch die einzelnen Könige seit der Thronbesteigung der Valois nachzeichnet und auf diese Weise zu aufschlußreichen komparatistischen Ergebnissen gelangt (La Barre de Raillicourt 2004: 21–66). Die damit eng verbundenen Fragen nach den Grundelementen der französischen Nobilitierung und ihren spezifischen Entwicklungsstadien werden von Fulcran de Roquefeuil in seinem "Anoblissement et révocation de la noblesse: aux XVIe, XVIIe et XVIIIe siècles" erörtert, wobei er auch die bis dahin von wissenschaftlicher Seite kaum ästimierte Aberkennung des Adels berücksichtigt (Roquefeuil 2005). Ein bei weitem höheres Forschungsinteresse als gegenüber der relativ selten erfolgten Adelsentziehung wurde indes früh dem Phänomen der Adelsusurpation zuteil. Denn im Zuge einer zunehmenden Häufung von Adelsanmaßungen legte Alphonse Chassant bereits 1857 in seinem "Les Nobles et les vilains du temps passé, ou Recherches critiques sur la noblesse et les usurpations nobiliaires" die definitorischen Grundlagen zur Kennzeichnung eines sogenannten "Scheinadels" und unterteilte die Usurpationsformen in bezug auf Titel, Name und Wappen (Chassant 1857). Daß die Beschäftigung mit dem "falschen Adel", das heißt mit Personen, deren Nobilität sich entweder auf einen Akt der Selbstadelung zurückführen läßt oder die nicht in der Lage sind den Nachweis zu erbringen, daß ihr Adel von einer der Monarchien in der französischen Geschichte anerkannt worden ist, durchaus nicht ungefährlich ist, beweist der Vicomte d'E..., welcher sich veranlaßt sah, nur unter Verwendung eines Pseudonyms die Titelusurpation unter historischen und strafrechtlichen Gesichtspunkten darzulegen (Vicomte d'E... 1858). Einige Zeit später erweiterte der Marquis de Magny in seiner Schrift "De la Répression des usurpations de noms et titres de noblesse. Jurisprudence nobiliaire" den rechtsanalytischen Schwerpunkt um eine konstruktive Komponente, indem er durch einen historischen Regreß auf Maßnahmen des Ancien Régime zur Bekämpfung der Adelsanmaßung die seinerzeitigen Möglichkeiten zur Eindämmung des Scheinadels diskutierte (Magny 1869). Die in diesen juristische Übersichtswerken aus der Zeit des 2. Empire abgebildeten Rechtsvorschriften hinsichtlich der widergesetzlichen Titelanmaßung wurden von Joseph Hédouin in seiner Dissertationsschrift "De l'Usurpation des titres nobiliaires" an die juristischen Gegebenheiten der 3. Republik angepaßt und bilden bis heute ein wesentliches Fundament für die rechtliche Bewertung von Adelsusurpationen, da sich im Grundsatz nichts mehr gegenüber der Rechtssituation der 3. Republik geändert hat (Hédouin 1900). Aus derselben Motivation wie der Vicomte de E..., das heißt möglichst unerkannt zu bleiben, verfuhr Jérôme L'Archiviste in seiner Auflistung sämtlicher Namensänderung zwischen 1803 und 1956. Darin figurieren zumeist Personen, die den eigenen Namen durch Zusätze, Streichung oder gar komplette Übernahme eines ausgestorbenen, klangvollen Adelsnamens aus der Zeit des Ancien Régime auf Grund gesellschaftlichen Emporstrebens "aufzubessern" gedachten (Jérôme 1958), so nichtzuletzt auch der Vater von Valéry Giscard d'Estaing, des dritten Staatspräsidenten der Fünften Republik, Edmond, welcher seinen Geburtsnamen "Giscard" um den Nachnamen des berühmten Admiral Charles Henri d'Estaing "okulierte" und damit der Illusion Nahrung gab, es bestünde eine enge verwandtschaftliche Beziehung zwischen den Familien Giscard und d'Estaing (vgl. Kap. 4.3: 444). Abgesehen von diesen rechtshistorischen Abhandlungen sei im Zusammenhang von Adelsusurpationen noch auf die einzelnen Registermonographien verwiesen, welche stets Verzeichnisse von Familien- und Personen beinhalten, die nach Maßgabe der historischen Adelsrechtsbestimmungen nicht autorisiert sind, sich als "adlig" zu bezeichnen oder bestimmte Titel zu tragen (z.B. Dioudonnat 1982; Charondas 2001). Die Ursächlichkeit, wessentwegen in der französischen Adelsrechtsliteratur die Frage nach Usurpationen eine derart zentrale Rolle einnimmt, liegt darin begründet, daß in Frankreich zu keiner Zeit – im Gegensatz zu beispielsweise Preußen, Österreich, Schweden oder Belgien – offizielle Adelsmatrikel existiert haben. Die verschiedenen Untersuchungen und Verfolgungen von Adelsanmaßungen seitens der französischen Krone, die seit dem 15. Jahrhundert in unregelmäßigen Abständen erfolgten, blieben langfristig gesehen, völlig wirkungslos (vgl. 4.3: 442), so daß bis zum heutigen Tage die Dunkelziffer der *fausse noblesse* in ihrer Höhe kaum zu beziffern ist. Folglich wurden seit dem 19. Jahrhundert vermehrt Nachschlagewerke zu den französischen Adelsfamilien gesondert nach Rang- und Provenienzkriterien veröffentlicht, allerdings ohne offiziellen Charakter (z.B. La Chesnaye-Desbois 1863–1876; Delcer de Puymège 1939–1968; Chaix d'Est-Ange 1903–1929; Valette 1989 sowie Du Puy de Clinchamps 2005–2009). Wohl auf Grund der Tatsache, daß der "Marquis-Titel" zunehmend in Mißkredit geriet und besonders häufig usurpiert wurde, versuchte sich der Baron de Woelmont an einer Gesamtaufstellung aller erloschenen und im Jahr 1919 noch blühenden Familien, die den Titel eines Marquis für sich beanspruchen. Dabei trifft er zunächst eine tripartite Einteilung auf der Grundlage des historischen französischen Adelsrechts, wie es in den einzelnen monarchischen Staatsformen Geltung besaß, in rechtmäßige (*droit*), habituelle (*usage*) und mißbräuchliche (*abus*) Titelführung. Diese drei Taxierungsmerkmale appliziert er in einer weiteren Kategorisierung auf den französischen Marquis allgemein, die ausländischen Marquistitel (*titres de création étrangère*), die Höflichkeitstitel (*titres de courtoisie*) sowie die im Ausland naturalisierten Familien, die einen regulären Marquistitel französischen Ursprungs tragen (Woelmont de Brumagne 1919). Die Arbeit Woelmonts stellt jedoch in der Forschungslandschaft lediglich eine erste "Bestandsaufnahme" dar, da sie in Ermangelung jedweder Quellenarbeit und durch eine gewisse Ungenauig- und Unvollständigkeit nicht die wissenschaftliche Güte valider und reliabler Ergebnisse erreicht. So fehlen beispielsweise die Marquisate Pouy-Roquelaure, Théobon und Tombeboeoeuf, undatiert bleibt die Erhebung von Poudenas zum Marquisat und eine beträchtliche Zahl von Einträgen ohne Kommentar.

Solche Defizite formaler Natur haften auch den Bemühungen einzelner Autoren an, wenn etwa sämtliche mit einem Titel versehenen Herrschaften abgebildet (Thiou 2003) oder alle noch fortbestehenden Familien mit einem französischen Baronstitel zum Stichtag des Jahres 1963 aufgeführt werden sollen (La Barre de Raillicourt 1963–1967). Als verfehlt gelten muß auch eine Übersicht zum Papstadel, der strikt von der französischen Nobilität zu scheiden ist (Magny 2004 sowie La Barre de Raillicourt 1962b). Allein dasWerk von Christophe Levantal "Ducs et pairs et duchés-pairies laïques à l'époque moderne (1519–1790)" vermag durch eine immense Literaturund Quellendichte sowie eine stringente Systematik in der Darstellung aller herzoglichen Häuser der alten Monarchie füglich einen integralen Charakter für sich zu reklamieren (Levantal 1996). Jenseits dieser Schriften, sind noch diejenigen zu berücksichtigen, welche ihren Darstellungsschwerpunkt sonderheitlich auf prozedurale und soziologische Aspekte des Adelsrechts legen. Dabei nimmt die Auseinandersetzung mit nobilitierenden Chargen, wie dem *secrétaire du Roi*, mit welchem der sofortige, übertragbare Adel in der Qualität vier adliger Ahnen einherging (vgl. Kap. 4.2.2: 430), eine zentrale Rolle in der Forschung ein. So wurden bereits früh die Anfänge dieses Amtes sowie dessen weitere historische Genese mit der jeweiligen Privilegienstruktur bis zu den letzten Ernennungen von Pierre Robin nachgezeichnet (Robin 1933). Weniger auf dieses Einzelamt als auf die *noblesse de robe* in toto legten François Bluche und Pierre Durye den Hauptschwerpunkt in ihrem mittlerweile als Standardwerk zu taxierenden Buch "L'anoblissement par charges avant 1789" (Bluche und Durye 1962). Sie berücksichtigen darin durch intensives Literatur- und Quellenstudium sämtliche Erscheinungsformen des Amtsadels (*noblesse de cloche, noblesse de chancellerie, noblesse commensale et des dignites* sowie die *noblesse militaire*). Damit stellen sie eine Kategorisierungsordnung auf, welche für die Einteilung von Adelsgeschlechtern der *noblesse de robe* bis heute als grundlegend anzusehen ist. Aus ihren Erkenntnissen hinsichtlich der *noblesse de robe* entwickelten François Bluche und Jean-François Solnon in einer weiterreichenden Ausarbeitung ("La Véritable hiérarchie sociale de l'ancienne France") eine auf das Gesamtgefüge der Gesellschaftsstruktur Frankreichs vor 1789 applizierbare Sozialhierarchie (Bluche und Solnon 1983).

Den sich hieraus ableitenden, weiterführenden Fragen nach Legitimität und Stellenwert der durch ein Amt in den Zweiten Stand erhobenen Familien hat sich Arlette Jouanna in ihren Forschungen zugewandt (Jouanna 1988; Jouanna 1996). Eng verbunden mit der Analyse von Nobilitierungen ist die Verortung der Neugeadelten im strengen Hierarchiegefüge des vorrevolutionären Frankreichs, dem sich in jüngster Zeit zum einen die Bourdieu-Schülerin Monique de Saint-Martin in ihrer umfassenden Monographie "Der Adel" aus eliten-soziologischer Sicht durch kenntnisreiche Regresse auf das Ancien Régime (Saint-Martin 2003) sowie zum anderen Samuel Gibiat in der Abhandlung "Hiérarchies sociales et ennoblissement" in sowohl allgemeiner als auch spezifischer Form, sonderheitlich in Hinblick auf die Stellung der *commissaires des guerres de la maison du roi* zwischen 1691 und 1790, angenommen haben (Gibiat 2006). Gibiat ergänzt damit die in der bereits von François Bluche und Pierre Durye (Bluche und Durye 1962) erörterten allgemeinen Aspekte der Adelung durch den Dienst an der Waffe (*acquisition par le service militaire*) um eine stärkere Fokussierung auf die Aufstiegschancen bürgerlicher Bewerber auf die Offizierslaufbahn und die damit in Zusammenhang stehenden Probleme der Nachhaltigkeit der solchergestalt erlangten *noblesse graduelle*.

Als letzte Gruppe der Forschungsliteratur sind die Einzeluntersuchungen zu nennen, die sich vorwiegend mit partikularen Gesichtspunkten des Adelsrechts befassen, und ob dessen nicht unerheblich zum Vervollständigen des Gesamtzusammenhangs beitragen. So ist beispielsweise auf das Buch "L'anoblissement en France au temps de François Ier" von Jean-Richard Bloch zu verweisen, der sich vornehmlich mit der Analyse der adelsrechtlichen Situation innerhalb der ersten Hälfte des 16. Jahrhunderts auseinandergesetzt hat (Bloch 1978). Die Studie von François Bluche "Les honneurs de la cour" hingegen hat hinsichtlich der Zulassung bei Hofe aufgezeigt, daß die von den Genealogen des Königs verfaßten Gutachten nur einen empfehlenden und informativen Charakter besaßen und mithin für den König in keiner Weise bindend waren (Bluche 1957; sowie: Kap. 4.1.3: 420). Somit würde man den Stellenwert der formalen adelsrechtlichen Bestimmungen unrichtig taxieren, ließe man sich bei seiner Einschätzung lediglich vom kodifizierten Prozedere der phasenweise erfolgten Adelsprüfungen und dem dort zur Anwendung gebrachten Literalsinn leiten. Aus dieser Verfahrenswirklichkeit jedoch den Rückschluß zu ziehen, der "généalogiste du roi" sei gänzliche ohne Einflußmöglichkeiten, sonderheitlich in bezug auf das inhärente adlige Hierarchiegefüge sowie die Aufnahme bei anderen Institutionen wie den Ritterorden und Militärschulen, die streng nach adelsrechtlichen Kriterien verfuhren, ist gänzlich abzulehnen, wie Françoise Berce-Pathie in ihrer Abhandlung "Les généalogistes des Ordres du Roi au XVIIIe siècle" detailreich nachgewiesen hat (Berce-Pathie 1959). Auf dem bedeutendsten Genealogen am französischen Hofe, Bernard Chérin und dessen Tätigkeit liegt der zentrale Fokus der Ausarbeitung "Bernard Chérin, généalogiste des ordres du roi, 1718–1785" von Jean-Yves Belin, der darin die Vorgehensweise bei den adelsrechtlichen Prüfungen der einzelnen Bewerber konzis elaboriert hat (Belin 1993). Komplettiert wird diese Thematik durch die Publikation "Les d'Hozier" von Alain Grolée-Virville über das Gefüge zwischen dem Hofgenealogen und der ihr übergeordneten Behörde, dem *Cabinet des Titres*, welchem der *Juge des Armes de France* vorstand (Grolée-Virville 1978). Darin zeichnet er die Schlüsselfunktion des "obersten Wappenwächters" der französischen Monarchie vornehmlich unter dem Gesichtspunkt adelsrechtlicher Fragen anhand der Familiengeschichte der d'Hozier nach, welche dieses Amt ab 1641 bis zum Untergang der Alten Monarchie bekleideten.

Dieser knappe Abriß von Genese und Stand der Forschung könnte nicht beschlossen werden, wenn nicht auch diejenigen Arbeiten kurze Berücksichtigung fänden, welche sich den inwendigen Nachfolgeregelungen in Verbindung mit der Titeltransmission sowie der Stellung des Chefs des jeweiligen adligen Hauses (*chef de nom et d'armes*) zugewendet haben (vgl. v.a. Kap. 4.1.2: 410 sowie: Kap. 4.2.2: 438). In diesem Fragenkomplex kam dem Erstgeburtsrecht (*droit aînesse*) von jeher eine derart fundamentale Bedeutung zu, daß sich bereits früh maßgebliche Abhandlungen finden, welche sich en detail mit Grundsatz- und Spezialfragen der patrilinearen Erbfolge auseinandersetzen. Hervorzuheben ist an dieser Stelle das Werk "Traittez de la Representation, du Double lien, et de la Regle paterna paternis, materna maternis" von François Guyné, der unter Berücksichtigung des gesamten, seinerzeit in Frankreich Geltung besitzenden Gewohnheitsrechts sowie unter weitreichenden geschichtlichen Regressen nicht nur die väterliche, sondern darüber hinaus auch die weiland kontrovers diskutierte matrilineare Erbfolge erörterte (Guyné 1698). Nach dem Ende des Feudalismus und der zunehmenden Emanzipierung der dem Ältesten nachgeborenen Söhne fand das Ältestenrecht lediglich noch in historischen Übersichtswerken seinen Platz (Bibliothèque Sacrée 1823). Eine erneute wissenschaftliche Auseinandersetzung erfuhr es erst in der jüngeren Vergangenheit der Adelsforschung, so insbesondere in der Untersuchung "Das Erstgeburtsrecht beim Adel" von Herbert Höldrich (Höldrich 1992).

Gemeinhin, wofern der Forschungsstand eines bestimmten Themengebiets apostrophiert wurde, erliegt sowohl der geneigte Leser als auch der Autor dem durchaus Zufriedenheit evozierenden Eindruck, daß die Wissenschaft in einem Entwicklungskontinuum befindlich ist, welches im jeweils jüngst veröffentlichten Beitrag die Summe sämtlich zuvor publizierter Forschungsleistung kumuliert und das Vorrangegangene darob verwirft oder verbessert. Trotz der redlichen Bemühungen von Thomas S. Kuhn (Kuhn 2003), Michel Foucault (Foucault 2003 sowie Foucault 2007) oder Georges Canguilhem (Canguilhem 2001) vermeinen selbst Hochschullehrer, indem sie ihren Studenten beständig den neusten Forschungsstand nahelegen, daß es sich bei diesem – faktisch einem Automatismus gleich – stets auch um den qualitativ besten handelt. Den Absolutheitsanspruch dieser Attitüde zu bezweifeln, bedeutet im Umkehrschluß schlechterdings nicht, man spräche der Geschichtswissenschaft ihren Fortschritt ab. Unbestreitbar hat sie vermittelst immer sublimerer und substanstiellerer methodischer Werkzeuge und auf der Basis einer sich beständig verbreiternden Quellenlage ihr Repertoire an Problemperspektiven und Lösungsansätzen ausgeweitet. Ungeachtet dessen darf jedoch nicht die Gefahr aus den Augen verloren werden, daß der positivistische Wissenschaftsbegriff vermöge eines solchen Trends des permanentes Ansammelns von Fakten, Daten und Analyseergebnissen paralysiert wird. Vor diesem Pferdefuß wurde schon in den 1920er Jahren in Zusammenhang mit einer "Krise des Historizismus" gewarnt (vgl. dazu weiterführend: Troeltsch 1977 sowie: Heussi 1932), wobei sich die diesbezüglichen Schwierigkeiten eher noch potenziert haben, schließlich fanden in der Zeit nach dem Zweiten Weltkrieg trotz eines facettenreichen Kumulierens von Wissen keine essentiellen epistemologischen Innovationen mehr statt, da der positivistische Wissensbegriff zu einem bloßen Sammeln von Daten erstarrt ist (Haas 1996: 36–37).

Dieweil dieser Aporie derzeit nicht Abhilfe zu schaffen ist, erscheint es geboten sich insbesondere das Erkenntnispotential älterer Ausarbeitungen vor Augen zu führen. Denn wie durch den oben skizzierten Abriß des Forschungsstandes hinsichtlich des Hauses Digeon und des historischen Adelsrechts aufgezeigt wurde, findet sich eine Vielzahl von Arbeiten aus dem 19. Jahrhundert, die auch in Werken neueren Datums häufig referenziert werden. Ursächlich war ein in Frankreich nach der Restaurationszeit einsetzendes starkes Interesse an der eigenen, sonderheitlich der Regionalgeschichte, das von ausgebildeten Historikern (z.B. Philippe Tamizey de Larroque) und – durchaus auf einem nicht geringer zu taxierenden Niveau – von interessierten Laien (z.B. Philippe Lauzun), aber auch von Juristen (z.B. Charles Rey, Pierre-Alexandre Comte de Semainville und Henri Cousin) beforscht wurde, letztere vornehmlich mit Augenmerk auf auf das französische Adelsrecht. Jedoch verflachte alsbald das Interesse sowohl an adliger Regionalgeschichte als auch an der des Adelsrechts. Eine Auswertung dieser Studien vermag heutigentags als durchaus instruktiv angesehen werden, kann sie doch mitunter wertvolle, fruchtbringende Impulse für die eigenen Fragestellungen mit sich bringen. Zu denken wäre hierbei beispielsweise an ein Anknüpfen an die höchlichst materialgesättigten Erkenntnisse zur wirtschaftlichen Entwicklung sowie der sozialen Lage verschiedener Wirtschaftszweige und gesellschaftlicher Gruppen Deutschlands, wie sie in der nationalökonomischen Schule Gustav v. Schmollers (Schmoller-Schule) Ende des 19. Jahrhunderts stupend erforscht wurden (Wehler 1980: 65). Jedoch besitzen die aktuellen Veröffentlichungen trotz der immanenten Probleme, einerseits auf Grund ihrer erheblichen Üppigkeit die integrale Dimension der berücksichtigten Forschungsliteratur nicht mehr überschauen zu können und andererseits durch die Selektion bestimmter Fachrichtungen in verengende Pfad- und Tunnelabhängigkeiten zu geraten, den erklecklichen Vorzug gegenüber älteren Untersuchungen, überhaupt über eine Auswahloption zu verfügen und eine der eigenen Problemstellung angemessene und teilweise methodisch weiter entwickelte Forschungsliteratur berücksichtigen zu können. Dieserhalb würde es grundsätzlich der Sinnhaftigkeit entbehren, legte man sein Augenmerk einseitig allein auf die älteren oder die jüngeren Forschungsergebnisse.

Ob dessen sowie auf Grund der Tatsache, daß jede mit Ernst betriebene geschichtswissenschaftliche Abhandlung auf einer Fragestellung basiert und sich nicht darauf beschränken sollte, repetitives Bemühen an immer demselben Gegenstand zu sein, sondern sich vielmehr als Probierstein des Neuen und Andersartigen zu begreifen, muß es als unumgänglich angesehen werden, sich nach Kräften um eine möglichst vollständige Erfassung der offerierten Forschungsleistungen zu bemühen (Borowsky 1989: 83–84). Auf dieser Intention fußt die hier vorgelegte Übersicht des Forschungsstands.

1.2.2 Quellenlage

1.2.2.1 Unveröffentlichte Quellen

Bevor die Offenlegung der in der vorliegenden Arbeit verwendeten unveröffentlichten Quellen erfolgen kann, ist es notwendig, zunächst das darin zur Anwendung kommende Verständnis, was unter "Quelle" zu subsumieren sei, einer Klärung zu unterziehen. Zunächst ist zu annotieren, daß in der Kapitelüberschrift bewußt von der Unterteilung in "ungedruckte und gedruckte Quellen" Abstand genommen wurde, obschon selbige durchaus dem Usus weiter Teile unserer Zunft entspricht. Eine derartige Dichotomisierung, die als Unterscheidungskriterium allein die Verfertigungsart anlegt, verengt den Quellenbegriff. Denn sie setzt sich damit in Opposition zu einer Entwicklung, welche seit circa einhundertfünfzig Jahren beständig von einem exklusiven hin zu einem inklusiven Verständnis von Quellen fortschreitet. So hatte noch Johann Gustav Droysen zwischen *Überresten* und schließlich *Denkmälern* unterschieden: Unter *Überresten* subsumierte er das Material, das aus der Gegenwart, deren Verständnis wir suchen, noch unmittelbar auf uns gekommen ist, wie Bräuche, staatliche, klerikale oder bürgerliche Ordnungen und Gesetze sowie *Quellen*, welche er als diejenige historische Substanz auffaßte, welche in die Imagination der Menschen übergegangen ist und solchergestalt ungeformt tradiert wird – wie Korrespondenzen, Streitschriften und Volkssagen sowie die indirekte Überlieferung, das heißt individuelle Denkwürdigkeiten, worunter die gelehrte, rhetorische und wissenschaftliche Geschichtsschreibung zu zählen ist. In *Denkmälern* hinwiederum erblickte Droysen eine Verbindung zwischen den beiden vorgenannten Gruppen, indem er sie als Überreste verstand, bei deren Hervorbringung die Intention durativer Erinnerung wirkte oder zumindest ihren Anteil hatte, wie zum Beispiel Urkunden, Münzen, Kunstwerke, Medaillen, Inschriften oder Wappen. Demgemäß kommt er zu dem zusammenfassenden Schluß, daß in den Quellen "die Vergangenheiten, wie menschliches Verständnis sie aufgefasst und geformt hat, zum Zweck der Erinnerung überliefert" (Droysen 1868: 14–15) sind. Allerdings überzeugte diese restringierte Quellendefinition sonderheitlich im Hinblick auf den darin manifesten Zweck der Erinnerung nicht zur Gänze, so daß sie von Ernst Bernheim weiter gefaßt wurde; er sah in Quellen "Resultate menschlicher Betätigungen, welche zur Erkenntnis und zum Nachweis geschichtlicher Tatsachen entweder ursprünglich bestimmt oder doch vermöge ihrer Existenz, Entstehung und sonstiger Verhältnisse vorzugsweise geeignet sind." (Bernheim 1908: 252) Abstrakte Tradierungen ohne Zeichenfunktion blieben demnach unberücksichtigt. So schloß er sich der tripartiten Einteilung Droysens nicht an, sondern nahm eine gröbere Differenzierung nach Überresten (z.B. Briefe, Sprache, Akten, Produkte, Zustände und Institutionen etc.) und Traditionen (z.B. die Historiographie) vor (Bernheim 1908: 258–259). Doch auch diese Auffassung von Überresten fand ob ihrer limitierenden Eigenschaften kein einhelliges Votum in der wissenschaftlichen Gemeinschaft, so daß Wilhem Bauer selbige zu Geschichtsquellen im umfassenderen Sinne ausdehnte, als "Tatsachen" benannte und in die Sphäre der Geographie (z.B. klimatische Bedingungen, geographische Verortung), des praktischen Lebens (Ökonomie, Technik), des Willens (Recht, Religion, Bräuche) sowie der geistigen Fähigkeiten (Wissenschaft und Kunst) verortete (Bauer 1961: 158–159). Diese Auffassung des Tatsachenbegriffs wurde schließlich von Paul Kirn in vereinfachter Form auf eine wirkmächtige und äußerst inklusive Definition gebracht: So faßt er unter Quellen grundsätzlich "alle Texte, Gegenstände oder Tatsachen, aus denen Kenntnis der Vergangenheit gewonnen werden kann." (Kirn 1968: 29). Diese Definition findet bis heute einen äußerst breiten, disziplinübergreifenden Konsens (vgl. beispielsweise: Opgenoorth und Schulz 2001: 40; Emich 2006: 62; Saurer 2004: 219 sowie Oexle 2004: 176) und wurde im weiteren Verlauf der Forschung, teilweise aus dem Bedürfnis nach der Erhellung vornehmlich kultureller, sozialer oder mentalitätsgeschichtlicher Fragestellungen, nur marginal modifiziert. So hat Ahasver v. Brandt in Anlehnung an die Definition Bernheims und in der Absicht Bauers Definition weiter zu entwickeln, eine noch sublimere Unterscheidung in Sachüberreste (Gebäude, Kunstwerke sowie Gegenstände des alltäglichen Lebens, Wappen, Münzen und ähnliches) abstrakte Überreste (fortdauernde oder tradierte Institutionen, Rechts- und Verfassungszustände aller Art, Tatsachen der Sprache und der Bräuche) und schließlich schriftliche Überreste (aus der jeweiligen Gegenwart entstandenes privates oder geschäftliches Schriftgut) vorgenommen (Brandt 2007: 56).

Allerdings finden sich auch kritische Stimmen, welche die von Kirn und seinen Nachfolgern veränderte Definition von Quellen nicht mittragen wollen. Zu nennen ist Gerhard Theuerkauf, welcher die Auffassung vertritt, daß die Ausdehnung des Quellenbegriffs auf "Tatsachen" die Grenzen zwischen Quellen als Mittel der Erkenntnis und Tatsachen als Erkenntniszweck verwischen würde. Außerdem verschwömmen die Grenzen zwischen den Quelleninterpretationen einerseits und den Geschichts- sowie Sozialtheorien andererseits, denn auch bei letztgenannten handele es sich um Tatsachen im Sinne Bauers, Kirns und Brandts. Statt dessen proponiert Theuerkauf behufs eines Mehr an Klarheit historischer Erkenntnis, die Quelleninterpretationen zwar in Beziehung zu Geschichts- und Sozialtheorien zu sehen, aber diese nicht mit den Quellen und ihrer Interpretation unscheidbar zu vermischen (Theuerkauf 1997: 17–18). Diese Ansicht Theuerkaufs überzeugt indes aus drei Gründen nicht. Erstens können – je nach Einzelfall – Geschichts- und Sozialtheorien durchaus als Erkenntniszweck fungieren ohne (sic!) dabei in einen Gemengekonflikt als Mittel der Erkenntnis zu gelangen, man denke beispielsweise an die Analyse der Schrift "Neue Ökonomische Politik" von Lenin und Trotzki. Zweitens ist die Trennlinie zwischen den einzelnen Quellentypen ebenfalls nicht immer sichtbar: So können Herodot und Thukydides jeweils füglich als Historiographen ihrer Zeit angesehen werden, dieweil sie Berichte von Geschehnissen ihrer Zeit verfertigt haben. Gleichzeitig waren sie damit aber auch Schöpfer historischer Interpretationen und selbst Verfasser von Quellen, indem sie Generationen von nachfolgenden Historikern sowohl Anhaltspunkte für die Existenz zurückliegender Ereignisse zur Verfügung stellten als auch für die intellektuelle Kultur des Zeitalters, in denen sie schriftstellerisch wirkten, wertvolle Hinweise zur Hand gaben. Die Fälle Legion, in welchen Geschichtswissenschaftler früherer Zeiten Quellen verwendeten, die für die Gegenwart unwiederbringlich verloren sind, wessenthalben die historische Interpretation, welche diese verfaßten, den gegenwärtigen Historikern auch als "Quelle der Quelle", das heißt als einzige Spur des verlorenen Materials dient (Howell und Prevenier 2004: 27). Rufen wir uns eingedenk dessen das 6. Buch der Historien des Polybios in Erinnerung, in dem er seine Anakyklosis-Theorie (πολιτείον ἀναχύχλοσις) hinsichtlich der Verfassungskreislaufs (oder präziser "Regierungsarten-Kreislaufs") schildert und damit – unter anderem – die finale Überlegenheit Roms gegenüber Karthagos expliziert (Polybios HISTORIAE 1962: lib. 6, cap. X), so ist offensichtlich, dass in diesem Fall eine klare Scheidung zwischen "Tatsachen" als Erkenntnismittel und "Tatsachen" als Erkenntniszweck nicht getroffen werden kann. Drittens obliegt es ohnehin stets – auch im Hinblick der Unterscheidung zwischen Tradition und

Überrest – dem Auge des Betrachters, sich durch eine kritische Reflexion über Gehalt und Verwendungsmöglichkeit der jeweiligen Quelle ein Bild zu machen (Sellin 2005: 49). Folglich, wenn jede einzelne Quelle ohnedem einer äußerst sorgfältigen Kritik im Sinne von Prüfung unterzogen werden muß, ist die Gefahr der mangelnden Bewußtseinswerdung von einer nicht mehr scheidbaren Einswerdung von Quelleninterpretationen mit Sozial- und Geschichtstheorien als recht gering zu taxieren. Außerdem bedeutet eine dergestalt unwahrscheinliche Kongruenz von Erkenntniszweck- und mittel schlechthin nicht, daß hieraus überhaupt kein Erkenntnis*wert* erwachsen kann.

Jenseits einer "abstrakt-akademischen Elfenbeintürmeley", welche sich mit Freude darin ergeht, immer neue Kategorien und Einteilungsmuster zu ersinnen, die mitunter zwar das eigene Intellekt saturieren sowie eine Publikation mehr evozieren, haben solche Rabulistiken kaum eine Existenzberechtigung. Aus diesem Grund sind die Überlegungen von Theuerkauf zu verwerfen, und auch die Hyperdifferenzierung Brandts bezüglich der Überreste überzeugt in praxi nicht vollständig. Demnach findet hier die Quellendefinition Kirners Anwendung, ebenso in der Quellenkritik die pragmatische Dichotomisierung in "Überrest" – als dasjenige, was von historischen Begebnissen auf uns gekommen ist, ohne der formalen trisektionalen Einteilung von sachlichen, abstrakten und schriftlichen Überresten Folge zu leisten, da sich dies aus der Beschreibung der Quelle konkludent ergibt – und "Tradition" – als das geschichtliche Material, welches eigens und mit Absicht behufs einer historischen Unterrichtung erstellt wurde (Borowsky 1989: 125).

Insbesondere die Gruppe der Überreste kommt bei den unveröffentlichten Quellen der vorliegenden Arbeit zum Tragen, denn gemäß der Untersuchungsabsicht, einen weiten Analysezeitraum und eine genealogische Gesamtkohärenz im Kontext des historischen französischen Adelsrechts des Ancien Régime zu verwirklichen, flossen vorrangig amtliche Dokumente wie Ehekontrakte, Testamente und Prozeßurkunden sowie private und berufliche Korrespondenz in die Untersuchung ein. Einteilen lassen sich die unveröffentlichten Archivalien in einesteils diejenigen Quellen, welche das Haus Digeon sowie die mit ihm genealogisch oder inhaltlich verbundenen Geschlechter betreffen und anderenteils in Schriftstücke, welche für Darstellung der adelsrechtlichen Bestimmungen herangezogen wurden.

Grundsätzlich erzeigte sich bei den archivalischen Quellen zu den Digeons ein äußerst dispergiertes Bild, denn das Archivgut befindet sich in Frankreich und Deutschland auf zweieinhalb Dutzend Archive verteilt. Dies ist zum einen dem Umstand geschuldet, daß einzelne Vertreter der Zweige Digeon de Boisverdun und Digeon de Monteton nach der Revokation des Edikts von Nantes (1685) über die Niederlande nach Preußen emigriert sind und zum anderen an der spezifischen Archivstruktur Frankreichs (vgl. grundlegend dazu: Hildesheimer 1997). Denn ansonsten wäre bei einer Familie, die sich über mehrere Jahrhunderte in derselben Region etabliert hat, nicht ein solchergestalt dekonzentrierter Archivbestand vorliegend. So befinden sich in den Archives Nationales in Paris unter der *série TT*, welche die Angelegenheiten der französischen Protestanten in sich birgt, eine Reihe wesentlicher, die Digeons in ihrer Eigenschaft als Anhänger des calvinistischen Bekenntnisses mittelbar oder unmittelbar betreffender Dokumente wie Gerichtsurteile, Erlaubnisersuchen zum Verkauf von Gütern sowie Anschuldigungen der unerlaubten Ausübung der "Religion Prétendue Réformée". Daneben sind dort die für die "Honneurs de la Cour" und damit die Darlegung des Adelsrechts relevanten Korrespondenzen der Hofgenealogen, Vorstellungen sowie Erlässe der einzelnen Könige im Hinblick auf die Kriterien des bei Hofe zu präsentierenden Adligen, aufbewahrt (*série M et MM*).

Gleichwohl konnten für die Analyse der adelsrechtlichen Bestimmungen die Briefe der *généalogistes du roi* aus dem *Cabinet des Titres* in der Bibliothèque Nationale de France urbar gemacht werden. Diese Schriftwechsel (*Fonds Chérin et Clairambault*) widerspiegeln vornehmlich die Umsetzung der von den Königen vorgegebenen Ordonnanzen zur Regelung adelsrechtlicher Fragen und illustrieren auf diese Weise die Hierarchiegefüge der Nobilität sowie die besondere Stellung des Monarchen in einer verrechtlichten, aber trotz dessen lebendigen Adelskultur. Darüber hinaus vermochten das Testament von Pierre II. Digeon de Monteton im *Cabinet des Titres* aufgefunden werden *Carrès d'Hozier*, welches im Zuge einer Adelsprüfung vorgelegt werden mußte, sowie eine frühe kolorierte Darstellung des Familienwappens in dem von Charles d'Hozier angefertigten *Armorial général de France* (*Fonds Français*). Somit konnte im Zuge der adelsrechtlichen Recherchen auch genealogisches und heraldisches Material zu den Digeons geborgen werden. Gleichergestalt vermochte zur Veranschaulichung der Anwendung der adelsrechtlichen Bestimmungen der auf den August 1733 zu datierende Adelsbrief von Joseph Dupin , dessen Sohn Jean-François mit Marie Marguerite Digeon d'Autramat den Bund der Ehe eingegangen war, als prozedural formvollendetes Beispiel einer Briefadelung in die Untersuchung einfließen. Dieses Dokument befindet sich in der *série BB* (*Administration communale*) der Archives Municipales de Montségur.

Eng mit dem Adelsrecht verbunden ist – wie bereits an obiger Stelle ausgeführt wurde – der Familienname, so daß die erstmalige Erwähnung des Namens "Monteton", wie er späterhin vom jüngsten Zweig der Digeons ergänzend geführt werden sollte, in den beiden Papstbullen Eugens III. von 1153 sowie Alexanders III. von 1170, vermittelst einer Durchsicht der *Collection Périgord* in der französischen Nationalbibliothek überprüft und für die Bulle Alexanders III. nachgewiesen werden konnte. Bei dieser aus 183 Bänden und circa 51.000 Folia bestehenden Sammlung, welche mit Ausnahme der Bände 20, 21, 22, 108, 109, 111, 112 et 113 allsamt das Périgord betreffen, handelt es sich vornehmlich um Kopien des 17. bis frühen 19. Jahrhunderts von Dokumenten der mittelalterlichen und frühneuzeitlichen *Fonds d'Archives Périgourdins*, die seit der Revolution als verschollen gelten. Damit kommt den maßgeblich durch die Abbés Lespine, Leydet und Prunis kopierten Manuskripten der *Collection Périgord* eine exzellierende Stellung in der Quellenlandschaft der Guyenne zu, da durch sie der Verlust der mittelalterlichen Originalhandschriften teilweise kompensiert zu werden vermag (Lauer 1911: 1–76). Angereichert wird die Collection durch die Bestände der Archives Départementales de la Dordogne, in deren *Collection de Manuscrits* sich beispielsweise biographische Angaben zu genanntem Abbé Lespine finden lassen. Ergänzend wurde für die Klärung der Etymologie des Namens Monteton auch Material aus den *Fonds Latin* hinzugezogen, wobei ein Nachweis der Namensnennung in der Bulle Eugens III. erst durch die Einsichtnahme in die handschriftliche Chronique Jean Tardes zur Kirchengeschichte von Sarlat, welche in der Handschriftensammlung der *Bibliothèque municipale de Toulouse* aufbewahrt wird, erbracht werden konnte.

Neben diesen die Namensherkunft erhellenden Dokumenten floss umfangreiches Quellenmaterial in bezug auf die Digeons aus den umfangreichen, öffentlich zugänglichen Beständen der Archives Départementales de Lot et Garonne in die Untersuchung ein. Einzelne Eheverträge wurden aus der *série B* (*Cours et jurisdictions*) hinzugezogen, sonderheitlich aber die in der *série J* (*Archives d'érudits*) konservierten *Fonds Dubois* Textzeugnisse, darunter auch der Tauschvertrag zwischen dem Grafen Jean-Fréderic de Foix und Ruben de Beraud, wodurch die Baronnie Monteton in den Besitz der Digeons gelangte. Diese Originalurkunden ermöglichten einen Abgleich mit dem durch die Gräfin Marie de Raymond erstellten genealogischen Aufsatz *Généalogie Digeon* in den *Fonds Raymond* (vgl. dazu: Magen und Tholin 1886). Zusätzliches archivalisches Material wurde in Form der aus adelsrechtlicher Sicht wesentlichen Notarskopie von Dezember 1666 des Adelsnachweises für Charles III. Digeon de Boisverdun vor Pierre Dupuy, königlicher Berater und Richter am Présidial von Condom, geborgen. In dieser Hinsicht wesentlich sind auch die wahrscheinlich während des letzten Viertels des 18. Jahrhunderts für Graf Philippe Dijon de Monteton erstellten genealogischen Nachforschungen aus den privaten Archiven der Marquis de Virieu, welche derweil in den Archives

Départementales de l'Isère konserviert werden. Gleichsam zur Erhellung der Lebensumstände der Person Philipp Dijon wurde eine Lehenshuldigung seiner Person aus dem Jahr 1777 für das Marquisat von Poudenas in der *série B* der Archives Départementales des Pyrénées-Atlantiques aufgefunden sowie die notarielle Aktenkundigmachung bezüglich der Orthographie seines Namens in der Weise "Dijon" und nicht "Digeon" vom 13. November 1820, welche in den Beständen der Archives Privées de la Famille de Gervain auf Schloß Roquepiquet aufbewahrt wird. Überdies befindet sich in den Archives Privées de la Famille Dijon de Monteton in Penne d'Agenais ein Brief vom 1. Mai 1831, in welchem er seine preußischen Cousins in die Rechte seines Namens eingesetzt hat. Ebendort liegt auch das für seinen nach Preußen emigrierten Großonkel Jean-Jacques I. Digeon de Monteton tiefgreifende, von König Friedrich Wilhelm I. von Preußen eigenhändig signierte Schreiben, in welchem selbiger der späteren Frau von Jean-Jacques, Jeanne-Gasparde de Vernezobre-Laurieux benamt, die freie Wahl ihres Ehemanns oblassen hat. Die offizielle Sterbeurkunde von Philippe Dijon, wie sie auf den 23. Dezember 1835 ausgestellt wurde, konnte zum verläßlichen Abgleich der bis dahin unverifizierten Datumsangaben aus den Archives Départementales de la Vendée in der *sous série 2 E* (*État Civil*) hinzugezogen werden. Ebenfalls der Ergänzung und gegebenfalls Korrektur bestimmter Lebens- und Sterbedaten dienende Hinweise sowie solche auf Erwerbsvorgänge von Gütern und Herrschaften konnten aus dem Nachlaß von Pierre Meller gewonnen werden, der in seiner Eigenschaft als Verfasser des *Armorial du Bordelais. Sénéchaussées de Bordeaux, Bazas et Libourne* (Meller 1978) eine Vielzahl von Daten hinsichtlich der Adelsfamilien des Bordelais gesammelt hat, die allsamt in den *Fonds Manuscrits* der Archives Municipales de Bordeaux konsultiert zu werden vermögen (vgl. zur Bedeutung des Werkes: Lauzun 1906). Ein Nämliches gilt für die *série GG* (*Cultes, instruction publique, assistance publique*), welche hauptsächlich für die Erforschung der Lebenseckdaten der Anverwandten und Kinder aus der Ehe von Jean-Jacques II. Digeon de Monteton mit Suzanne Pellet fruchtbar gemacht werden konnte. Nämliche Archives fanden auch zur Illustration des Château Trompette noch die *Fonds iconographique* Verwendung.

Einen wesentlich reichhaltigeren Quellenfundus halten die Archives Départementales de la Gironde bereit. Zum einen handelt es sich um den in der *série 9 J* (*Fonds d'Arlot de Saint-Saud*) thesaurierten "Essai Généalogique sur la Maison de Digeon" des Barons de Lanauze, welcher die einzige auf uns gekommene Quelle verkörpert, die eine kohärente und zum Teil mit Belegstellen versehene Genealogie des Gesamthauses Digeon in Frankreich beinhaltet. Zum anderen findet sich in der *série 7 B* (*Fonds des négociants, archives des maisons de commerce en liquidation judiciaire*) als reputierlichem Teil die geschäftliche Korrespondenz zwischen Pierre V. Digeon de Monteton mit seinem seinem Bankier da Silva sowie der darüber hinaus gehende kommerzielle Schriftverkehr zwischen 1735 und 1753. Schließlich enthält die *série E* (*Féodalité, communes, bourgeoisie, familles, notaires*) die Notarsakten, mit deren Hilfe der geschäftliche Erfolg der zuvor genannten Familie Pellet sowie die damit verbundenen sozialen Ambitionen, eine Genealogie zu der hochadligen Familie Narbonne-Pelet zu konstruieren, anschaulich nachgezeichnet werden konnte. Um die von den Pellets gemachten Angaben zu kontrollieren, wurden die nicht klassifizierten *Fonds du presbytère* der Archives Municipales de Millau und darüber hinaus die *Fonds Hulot de Collart* des Ministère de la France d'Outre-Mer ausgewertet. Die Pellets hatten als als Reeder ein transkontinentales Handelsnetz mit engen Beziehungen zu den französischen Kolonien aufgebaut.

Zuletzt sind die deutschen Archive wie das Geheime Staatsarchiv Preußischer Kulturbesitz in Berlin-Dahlem, die Staatsbibliothek zu Berlin Preußischer Kulturbesitz sowie das Brandenburgische Landeshauptarchiv in Potsdam zu nennen, welche, neben einer ansatzweisen Rekonstruktion einzelner militärischer Karrieren, vornehmlich zur Beleuchtung von Fragen der Heraldik im Kontext der von den Digeons geführten Rangkrone sowie der Titelführung aufgesucht wurden. Leitend war – aufgrund der Ansiedlung der letzten Vertreter des Zweiges Digeon de Boisverdun im weiland unter brandenburgischer Herrschaft stehenden Magdeburg sowie zweier Brüder aus der Linie Digeon de Monteton in Preußen – die Annahme, dort Hinweise für die Konservierung oder Veränderung des von Frankreich tradierten Wappens und der Graphie des Namens finden zu können.

Durch diese Vielzahl an nach ihrem Gehalt divergenten sowie in ihrer Lokalisation verstreuten unveröffentlichten Quellen läßt sich die Situation abschließend als dispers-komplex bezeichnen. Der tatsächliche Quellenumfang ist derzeit nicht zu ermessen und diese Aufstellung befindet sich weit davon entfernt, auch nur eine approximative Vollständigkeit für sich zu reklamieren. Auch gelang es kaum, – sonderheitlich die genealogischen Beziehungen der Digeons zwischen dem 12. und 15. Jahrhundert betreffend – ein Kontinuum an Quellen aufzufinden und in einen kritisch-prüfenden Gesamtzusammenhang zu stellen. Gleichwohl könnte der vorliegende Beitrag als Anknüpfungspunkt für weiterführende Untersuchungen zweckdienlich sein.

1.2.2.2 Veröffentlichte Quellen

Die Situation der veröffentlichten Quellen spiegelt ein ähnlich differenziertes Bild wie die bereits an obiger Stelle besprochene Forschungsliteratur wider. Trotz dieser weiten Fächerung kann prinzipiell eine sinnstiftende Einteilung in drei Kategorien vorgenommen werden. Erstens sind Rechtsquellen zu nennen, wie sie zur Exploration der adelsrechtlichen Bestimmungen ausgewertet wurden, zweitens Dokumente, welche zur Erhellung der genealogischen Beziehungen sowie der historischer Zusammenhänge Verwendung fanden, und drittens die "Klassiker", wie sie vornehmlich bei der Vorstellung des Untersuchungsgegenstandes sowie in den wissenschaftstheoretischen Überlegungen im geistesgeschichtlichen Kontext hinzugezogen wurde. Dabei sei auf die grundsätzliche Problematik der "Kanonisierung" von Texten, die zu den sogenannten Klassikern gezählt werden, hingewiesen, da weder eine legitimierte noch eine legitimierbare Instanz existiert, die für Aufnahme und Ausschluß in den besagten Kanon verantwortlich zeichnet (vgl. dazu weiterführend: Ehrlich u. a. 2007). Dieweil dieses Dilemma nicht zu lösen ist, schließen wir uns dem Resultat des bereits von den Griechen vorgenommenen Verfahrens einer Einteilung von Quellen in "Behandelte" (πραττόμενοι), "Eingereihte" (ἐγκριθέντες) sowie "Ausgeschiedene" (ἐκκριθέντες) an (Assmann 2007: 278–279).

Bei der ersten Kategorie finden wir ein umfangreiches Repertoire von Editionen vor, die ihren Ausgang bereits mit den textkritisch gut erschlossenen *Digesta Iustiniani Augusti* (D. 1962) sowie den *Institutiones* des Gaius (Gaius 2004) oder den *Noctes Atticae* von Aulus Gellius (Gellius 1990) nehmen. Gleiches gilt für die *Lex Salica* (Lex Salica 1969) beziehungsweise den *Pactus legis Salicae* (Pactus legis Salicae 1962) aus der Leges-Abteilung der Monumenta Germaniae Historica, welche für das französische Adelsrecht, sonderheitlich in bezug auf die Sukzessionsrechte, die fundamentale Rechtsquelle schlechthin verkörpern. Auf diese Weise konnte ein Kontinuum zwischen diesen Grundlagen des französischen Adelsrecht und den späterhin zu diesem Thema erfolgten wesentlich weiterfassenden und ausdifferenzierteren Abhandlungen aufgezeigt und erörtert werden. Folglich referenzieren Jacques Cujas in seinem *De feudi* (Cujas 1588), Gilles-André de La Roque im einflußreichen *Le traité de la noblesse: et de ses différentes espèces* La Roque de La Lontière 1994 sowie Charles Loysseau in seinen beiden Schriften *Traité des seigneuries* (Loyseau 1608) und *Traité des ordres et simples dignitez* (Loyseau 1613) ausnahmslos auf die salischen Erbfolgegesetze. Diese räumen der patrilinearen Primogenitur ein Vorzugsrecht ein, das als Ältestenrecht (*droit aînesse*) für die Konstituierung des *chef de nom et d'armes* autoritativ sein sollte. Da das Ältestenrecht nach der Revolution von 1789 seine Bedeutung fast vollständig eingebüßt hat, speist es sich vorwiegend aus Quellen der Zeit des Ancien Régime, wie dem *Traité des successions divisé en quatre livres* (Le Brun 1775) von Denis Le Brund oder André Tiraqueaus' *De nobilitate et iure primigeniorum* (Tiraqueau 1559).

Zusätzlich wurden für das tiefere Verständnis der jeweiligen Entwicklungsstadien des französischen Adelsrechts die den Adel betreffenden Ordonanzen des Königs hinzugezogen, wie das Edikt von Blois vom Mai 1579 (Ordonnance de mai 1579 Blois) oder der Code Michaud von 1629 (Code Michaud 1829), welcher es jedem Adligen Frankreich interdizierte, mit einem anderen als dem angestammten Familiennamen zu signieren, da die einzelnen Aristokraten häufig mit dem Namen ihres Hauptgutes, das relativ oft den Besitzer wechselte, wichtige Rechtsdokumente unterzeichnet hatten und dieserhalb eine Zuordnung erschwert wurde, was der Sicherheit im Rechtsverkehr im Wege stand.

Auch die Verfügungen des königlichen Rates vom 15. März 1633, 30. Dezember 1656 und 5. Juli 1664 (Grandmaison 1852: 911) zur Bekämpfung der ausufernden Adelsusurpationen Adelsbeweise zu verlangen, wurden als zentrales Ereignis in der Geschichte des Adelsrechts einer Untersuchung zugeführt; denn da, wie bereits ausgeführt, in Frankreich zu keinem Zeitpunkt Adelsmatrikel existierten – trotz häufiger Anstrengungen in diese Richtung – kamen den weiland erbrachten *preuves* eine bis in die Gegenwart reichende, erhebliche Geltungskraft zu. Jenseits dieser gezielten Steuerungsmaßnahmen besaß das Gewohnheitsrecht, welches sich über ganz Frankreich in einzelnen *coutumes* dispergierte (z.B. das *coutume de l'Agenais* (Ourliac 1962), eine manifeste Stellung. Eine prioritäre Position kam dabei der *Prévoté de Paris* zu, die sich, verbunden mit einem Kommentar aus der Zeit des Ancien Régime, bei Claude-Joseph de Ferrière auffinden ließ (Ferrière 1770). Zum Zweck, diese verschiedenen adelsrechtlichen Vorschriften und rechtsexegetischen Traditionen im Gesamtkontext ihrer Anwendung zu untersuchen, wurde die vom Hofgenealogen Louis-Nicolas-Hyacinthe Chérin editierte *Abrégé chronologique d'édits, déclarations, règlements, arrêts et lettres patentes des rois de France de la troisième race, concernant le fait de noblesse* (Chérin 2002) in die Analyse miteinbezogen. Diesem konkludierenden Kommentar kommt nichtzuletzt darob ein besonderer Stellenwert innerhalb der adelsrechtlichen Quellenlandschaft zu, da er als eines der raren Zeugnisse taxiert werden muß, in denen ein derart hoher Entscheidungsträger reflektierte Einblicke aus seiner Praxiserfahrung gibt. Schließlich wurden noch einzelne historische Gesetzessammlungen als Referenzgeber urbar gemacht. Dabei erwiesen sich sonderheitlich der *Recueil général des anciennes lois françaises, depuis l'an 420 jusqu'à la Révolution de 1789* (R.A.L.F. 1821–1833) unter der Federführung von François-André Isambert und die *Collection complète des lois, décrets, traités internationaux, arrêtés, circulaires* (Duvergier 1834) von Jean-Baptiste Duvergier und Jean-Baptiste Denisart *Collection De Décisions Nouvelles Et De Notions Relatives A La Jurisprudence Actuelle* (C.D.N. 1786) als fruchtbar sowie für die Beleuchtung der adelsrechtlichen Situation nach 1789 der *Code Napoléon* (C.N. 2001).

Teilweise wurden auch vermittelst einer Komparation Differenzen zur adelsrechtlichen Situation in Deutschland aufgezeigt, beispielsweise durch die adelsrechtlichen Bestimmungen in Preußen, wie sie durch das *Preußischen Landrecht* von 1794 (A.P.L. 1994), in Sachsen durch das *Gesetz, die Einrichtung eines Adelsbuches und die Führung des Adels und der Adelszeichen betreffend* (Einsiedel 1902), in Bayern durch das *Edict über den Adel im Königreiche Baiern* (E.A.K.B. 1978) und im Deutschen Reich durch das Inkrafttreten der Reichsverfassung (Reichsverfassung 1871) festgeschrieben wurden. Ferner fand noch die exemplarische Causa des Grafen Kessler aus den autobiographischen *Denkwürdigkeiten. Jugend- und Diplomatenjahre* (Bülow 1931) des Bernhard v. Bülow Berücksichtigung.

Bei der zweiten Gruppe, in welcher vorrangig die genealogischen und historiographischen Quellen zu den Digeons und den ihnen anverwandten Häusern zusammengefaßt sind, kommt zunächst den Editionen des während des 14. Jahrhunderts episch verfaßten *Crusade Cycle* ein gewichtiger Anteil zu, denn die erste Erwähnung zweier am ersten Kreuzzug im Jahr 1096 unter Gottfried von Bouillon patizipierender Mitglieder der Digeons in der Namensvariation “de Digon” findet sich in der *Chanson d'Antioche*. Als die auf dem neusten philologischen und historischen Forschungsstand stehende Edition wurde die Ausgabe von Jan A. Nelson (Nelson 2003) benutzt, eine Weiterentwicklung derjenigen von Paulin Paris (Paris 1848) und Suzanne Duparc-Quioc (Duparc-Quioc 1976). Zusätzliche Nennungen des Namens “de Digon” wurden in weiteren Teilen des Kreuzfahrerzyklus, so in der gleichergestalt von Jan A. Nelson editierten *Chanson de Jérusalem* Nelson 1992 und in den *Jérusalem Continuations* Grillo 1994 mit Kommentierungen von Peter R. Grillo nachgewiesen werden. Grundsätzlich bietet die gesamte Edition des *Crusade Cycle* von Jan A. Nelson eine weit über die bloße Textkritik hinauszeigende, profunde Dokumentation der geschichtswissenschaftlichen Forschung des ersten Kreuzzugs und seiner Auswirkungen.

Weit weniger als diese dem modernen Wissenschaftsstandard höchlichst entsprechende Quellensammlung sind die *Gallia Christiana* (GC 1873) sowie die *Patrologia Latina* (PL 1965) des Abbé Jacques Paul Migne zu taxieren, welche zur Klärung der Etymologie des Namens Monteton konsultiert wurden. Vornehmlich die letztgenannte wurde “mit heißer Nadel” gestrickt, dieweil die darin enthaltenen Schriften allein bereits auf Grund der Quantität von 221 Bänden niemals einer sorgfältigen Textkritik unterzogen zu werden vermochte (vgl. dazu weiterführend: Bloch 1994). Signifikant ist, daß sich Migne in weiten Teilen auf auf die Vorarbeiten der Gallia Christiana stützte und das Textkorpus mancher Papsturkunden in toto übernommen hat. Auf Grund der Tatsache, daß die Papstbulle Eugens III. in den Ausgaben der *Gallia Christina* und der *Patrologia Latina* keine vollständige Auflistung der unter päpstlicher Protektion stehenden Kirchen, darunter auch *Santa Maria de Montetonio*, enthält, wurde die kommentierte Edition des Vicomte Gaston de Gérard der Chronique von Sarlat des Abbé Jean Tarde (Tarde 1887) ausgewertet. Trotz einiger kleiner Ungenauigkeiten bei der Transkription, wie durch Überprüfung des in den unveröffentlichten Quellen apostrophierten Originals von Tardes Chronique evident wurde, bietet diese Edition des Vicomte Gérard nichtzuletzt durch ihre gehaltvollen Kommentierungen eine der bis heute maßgeblichsten Quellen für die Geschichte Sarlats bis zum ausgehenden 17. Jahrhundert.

Ferner wurde in den *Archives Historiques de Département de la Gironde* die erste Erwähnung des Benediktiner Priorats “Montetone” von 1328 (AHDG 1879b) sowie das circa vier Jahrzehnte jüngere Testament des Géraud de Picon (AHDG 1879c), in welchem die Kirche von Monteton erstmals in ihrer heutigen Form genannt wird, aufgefunden. Obzwar diese aus der zweiten Hälfte des 19. Jahrhunderts stammende Edition keinerlei den Text prüfende Annotationen enthält, birgt sie doch einen wesentlichen und reichhaltigen Fundus an bis dahin unerschlossenen Dokumenten. Da die Seigneurie Monteton während des 13. und 14. Jahrhunderts als Teil des Herzogtums Guyenne unter englischem Einfluß stand, wurden gleichfalls die *Foedera, conventiones, litterae, et cuiuscunque generis acta publica* (Rymer und Sanderson 1821) der Briten Thomas Rymer und Robert Sanderson berücksichtigt. Im zweiten Teilband des zweiten Bandes erscheint in zwei Briefen König Eduards II. an Jean de Bouglon, Seigneur de Monteton, aus den Jahren 1325 und 1326 der Name in der Form *Montis Totonis*, was für die weitere Deutung der Etymologie maßgebend werden sollte. Diese Arbeit, welche zwanzig Bände umfaßt und späterhin unter dem Kurznamen *Foedera figurieren* sollte, nahm der königliche Historiograph Rymer 1713, zwanzig Jahre vor seinem Tod auf. Sie wurde zwischen 1704 und 1735 publiziert. Dabei ordnete Rymer die Dokumente nach dem Vorbild von Leibniz' *Codex juris gentium diplomaticus* (Leibniz: CODEX JURIS GENTIUM DIPLOMATICUS 1747) an und vermochte es auf diese Weise alle öffentlichen Dokumenten zu erfassen, welche die Beziehungen zwischen England und anderen Staaten zwischen 1101 und 1654 betrafen. Die letzten fünf Bände wurden von Thomas Sanderson herausgegeben. Dieses füglich als eine "travail pharaonique" zu bezeichnende Unterfangen einer solch umfassenden Sammlung an Primärtexten zu den mittelalterlichen und frühneuzeitlichen Außenbeziehugen Englands hat bis heute kein Substitut gefunden, auch wenn vereinzelt epochen- und themenspezifische Editionen veröffentlicht wurden, die in ihrem modernen, textkritischen Anspruch selbstredend über die Wissenschaftsverhältnisse des 17. beziehungsweise 18. Jahrhunderts hinausweisen (vgl. weiterführend: Zimansky 1956).

Um die weiteren historischen Kontexte des Hauses Digeon zu beleuchten, wurde darüber hinaus auf die *Chroniques* von Jean Froissart (Froissart 1967b), eines aus dem Hennegau stammenden Historiographen der ersten Hälfte des Hundertjährigen Krieges zwischen England und Frankreich (vgl. Zink 2006: v.a. 9–52 und Guenée 2008), sowie auf die *Mémoires authentiques* des Herzogs Jacques Nompar de Caumont (La Grange 1843) zurückgegriffen.

Auf die letzte Kategorie der veröffentlichten Quellen sei hier lediglich selektiv verwiesen: Insbesondere bei der Definitionsfindung zur Genealogie fanden neben einem Werk des Anaximenes (Anaximenes ARS RHETORICA 2000) vorwiegend die naturwissenschaftlichen Abhandlungen von Aristoteles Verwendung (Aristoteles DE PARTIBUS ANIMALIUM 1868; Aristoteles ANALYTICA POSTERIORA 1964; Aristoteles DE GENERATIONE ANIMALIUM 1965 sowie Aristoteles HISTORIA ANIMALIUM 2002). Beim theoretischen Bezugsrahmen wurde in bezug auf die Epistemologie auf Kant (Kant KrV 1973, bei der Frage nach der Objektivität erneut auf Aristoteles (Aristoteles METAPHYSICA 1963; Aristoteles DE ANIMA 1963) sowie ergänzend auf Tacitus (Tacitus ANNALES 1956), Galenus (Galenus DE DIFFERENTIA PULSUM 1824), Diogenes Laertius (Diogenes Laertius VITAE PHILOSOPHORUM 1964), Plotinus (Plotinus ENNEADES 1977; Plotinus ENNEADES 1982), Thomas von Aquin (Aquin SUMMA THEOLOGIAE 1888: Aquin DE ENTE ET ESSENTIA; Aquin DE VERITATE 1986), Descartes (Descartes MEDITATIONEN 1959) und Hegel (Hegel 1968) rekurriert. Des weiteren wurden für die Bearbeitung des adelsrechtlichen *droit d'aînesse* die Schriften von Isaeus (Isaeus ORATIONES 1983) und Tacitus (Tacitus GERMANIA 1971) hinzugezogen.

Betrachtet man zusammenfassend das Gesamtbild der veröffentlichten Quellen, so fällt rasch ins Auge, daß sich deren Hauptanteil vorrangig aus Sammlungen zum Adelsrecht und klassischen Werken zur Heuristik, das heißt der Epistemologie und der Methodik, speist. Dies hat seine Ursache vor allem darin, daß zum einen regionalhistorische Quelleneditionen zur Geschichte des Südwesten Frankreichs generell kaum vertreten sind, und wenn doch, dann eher zu den bedeutenderen Regionen wie dem Bordelais, dessen beträchtliche Bestände von den "Archives départementales de la Gironde" bereits im 19. Jahrhundert in eng umrissenen Teilen editiert wurden. Hingegen die nachgeordneten Regionen mit ihren kleineren Departementalarchiven, wie in Lot-et-Garonne oder den Pyrénées-Atlantiques, weisen kaum eigene Kollektionen auf. Dieser Befund gilt in ganz besonderem Maße für familiäre Geschichtsquellen, welche sich nur äußerst selten in einer textkritischen Edition vereinigt auffinden lassen. Eines der seltenen Beispiel hierfür wären die zwei Bände umfassenden *Documents sur la Maison de Durfort: XIe–XVe siècle* (de Peña 1977), herausgegeben von Nicole de Peña. Mithin besteht auf diesem Gebiet in jedem Fall ein erweiterter Forschungsbedarf.

1.2.2.3 Internetquellen

In den vergangenen zwei Dekaden durchdrang die Nutzung des *Internet* (englisch von *interconnected network*) nicht allein immer breitere Bevölkerungsschichten aller Altersklassen (vgl. zur Geschichte des Internets (Auswahl): Abbate 2000; Naughton 2001 sowie Bunz 2009), sondern entwickelte sich beständig auch zum unverzichtbaren Hilfsmittel für dieWissenschaft (einen guten Rückblick bietet: Hinner 2003). Zu denken wäre in diesem Zusammenhang an die verschiedensten Wissenschaftsdatenbanken, globale Austauschmöglichkeiten mit Kollegen, deutliche Erleichterungen beim Auffinden von Archivgut sowie die Sicherung besonders gefährdeter Quellen, wie mittelalterliche Handschriften, in Internetarchiven, welche zudem auf diese Weise einer breiten Öffentlichkeit zugänglich gemacht werden können. Trotz dieser unzweifelhaften Benedeiungen muß im Einzelfall sorgfältig entschieden werden, ob man sich das Internet zur eigenen Forschung in der Geschichtswissenschaft nutzbar macht, oder ob man darauf Verzicht übt (vgl. hierzu weiterführend Jenks 2001). Denn so komfortabel und einfach das weltumspannende Netz auch sein mag, so ambig verhält es sich doch gegenüber einer der entscheidendsten Säulen im Selbstverständnis unserer Disziplin: der Nachvollziehbarkeit der Erkenntnisgewinnung und der damit verbundenen Kritisierbarkeit der Ergebnisse (Jordan 2009: 38). Denn das Zitieren im "World Wide Web" läßt sich mit der Kartierung eiens Waldes vergleichen, der beständig anwächst und dessen Bäume, auch wenn sie en detail auf der eigenen Karte markiert wurden, beim nächsten Besuch durchaus bereits gefällt, beschnitten oder auf andere Art und Weise modifiziert worden sein können. Auf diese Weise ergibt sich das mißliche Bild, daß man den Baum zwar einmal in der virtuellen Realität gesehen haben mag, nach Weiterreichung der Karte aber ein anderes, unter Umständen sogar gänzlich anderes Gewächs vorfinden kann, was den Sinngehalt der Unterhaltung über die ursprüngliche, nicht mehr nachprüfbare Beschaffenheit des Baumes mitnichten befördert. In concreto bedeutet dies für Belegstellen aus dem Internet, daß bis zum heutigen Tage keine einheitliche Zitationsweise gefunden wurde. Selbst wenn dies eines Tages gelänge, wäre das Kernproblem, die Möglichkeit der permanenten Veränderbarkeit der referenzierten Stelle durch den Autor selbst, den Webmaster oder andere Verantwortliche niemals zu lösen. Daran ändert auch das Bemühen nichts, insbesondere bei den äußerst schnell veralteten und damit häufig bereits nach wenigen Tagen gelöschten "Blogs", bestimmte Internetinhalte eigenständig in Webarchiven zu sichern und auf diese zu verweisen, da sich dann das Authenzitätsproblem (erneut) stellt (vgl. zu den Versuchen, das Problem der Internetzitation einzudämmen unter anderen: Bleuel 2001 sowie Runkehl und Siever 2001). Insofern kann man sich auch nur sehr wundern, daß in fast allen Ratgebern zum Verfertigen einer wissenschaftlichen Arbeit die angelegentlich vorgebrachte Ermahnung zu finden ist, man solle bei jeder Internetzitation auf das Datum des eigenen, letzten Besuches verweisen (z.B. Kornmeier 2007: 135; Esselborn-Krumbiegel 2008: 160 sowie Töpfer 2009: 330). Ein besonders bezeichnendes und für sich sprechendes Exempel der heillosen Konfusion und inwendigen Kontradiktionen – vornehmlich in bezug auf die Datumsangabe bei der Zitation von Internetquellen – sei an dieser Stelle zur Veranschaulichung im Wortlaut aufgeführt:

> "*Bei Internet-Angaben ist es wichtig, sowohl das Datum der letzteren Änderung als auch das Datum des Abrufes anzugeben. Da i.d.R. nicht nachvollzogen werden kann, wann der zu zitierende Text auf die Seite gestellt wurde, sollte für das Erscheinungsjahr des Textes die Jahreszahl aus dem Datum der letzten Änderung übernommen werden. Das Datum des Abrufes 'schützt' den Nutzer davor, daß u.U. bei einem späteren Nachsehen auf der entsprechenden Seite der zitierte Text nicht mehr gefunden wird. ... Findet sich die Quelle nicht mehr, geht der Quellennachweis nicht auf. Im Prinzip sind Veränderungen oder Korrekturen auf Internet-Seiten mit einer neuen Auflage eines Buches vergleichbar. Beides ist jedoch insofern nicht vergleichbar, da die älteren Auflagen eines Buches nach wie vor verfügbar sind.*"
> (Burchert und Sohr 2008: 97)

Zum einen dürfte es schwierig sein, das Datum der letzten Änderung der jeweiligen Internetseite exakt zu ermitteln, da viele Webseitenbetreiber dieses nicht veröffentlichen, zum anderen vermag selbiges, selbst wenn es ermittelbar wäre, schlechterdings nicht automatisch mit dem Erscheinungsjahr des Textes gleichgesetzt zu werden. Auch ist es nicht verstehbar, weswegen der Nutzer durch Angabe des Datums seines letzten Abrufs der jeweiligen Seite davor "geschützt" werden sollte, wenn der zitierte Text auf der Seite plötzlich verschwunden ist. Unklar bleibt, was ist damit gewonnen ist, wenn ich den Zeitpunkt meines letzten Besuchs einer Internetseite angebe, ein Dritter daraus aber lediglich die Erkenntnis gewinnen kann, daß der eventuell mittlerweile verlorene Inhalt zu diesem Datum noch vorhanden war – abgesehen davon, daß eine in der Vergangenheit liegende Zeitangabe schlechterdings nicht überprüft zu werden vermag. Daran ändern weder das Internetarchiv von San Francisco oder die Bibliotheca Alexandrina etwas, welche tagtäglich Momentaufnahmen von Webseiten speichern, dieweil wider eine solche (beileibe auch nicht vollständige) "Archivierung" von Webinhalten Widerspruch eingelegt werden kann. Die Tautologie "*Findet sich die Quelle nicht mehr, ...*" rundet diesen Eindruck der Inkonsistenz in dem gleichen Maße ab, wie der an Radio Eriwan ("im Prinzip") erinnernde Vergleich, daß Veränderungen oder Korrekturen auf Internet-Seiten mit Neuauflagen von Büchern vergleichbar und doch nicht vergleichbar seien.

Den Höhepunkt dieses Kabinetts an wohlgemeinten Eigentümlichkeiten bildet aber fraglos der Ratschlag, die Beweiskraft der zitierten Webseiten durch Ausdrucken, Speichern und gegenseitiges Mailen zu erhöhen (Kornmeier 2007: 136). Diese Anregung verblüfft umso mehr vor dem Hintergrund, daß im Zeitalter der digitalen Bildbearbeitung von diesen Datei- oder Printabbildern keinerlei Gewähr auf Authentizität zu erwarten ist und damit eine veritable Nachprüfbarkeit schlechthin nicht gegeben sein kann. Zusätzlich kommt erschwerend hinzu, daß viele wissenschaftliche Datenbankinhalte durch Registrierungen und Paßwörter geschützt sind, was die Nachvollziehbarkeit zwar nicht im Grundsatz verunmöglicht, aber in vielen Fällen doch erheblich erschwert.

Da hier nicht der Raum ist, um auf noch weitere Defizite des Umgangs mit Internetquellen für Historiker einzugehen, sei an dieser Stelle nur der von Angelika Epple, Peter Haber und Patrick Jucker-Kupper editierte Sammelband genannt, worin sich eine Reihe erhellender Aufsätze unter dem Rubrum "Vom Nutzen und Nachteil des Internet für die historische Erkenntnis" finden lassen (Epple u.a. 2005). Dabei sei der Beitrag von Peter Haber "Google-Syndrom. Phantasmagorie des historischen Allwissens im World Wide Web", welcher darin mit der Suchmaschinenhörigkeit ins Gericht geht, besonders hervorgehoben (Haber 2005).

Eingedenk dieser Einschränkungen hinsichtlich der Verwendung des Internets bei gewissenhaften historischen Forschungsarbeiten, fand selbiges nur zur Illustration von Sachinhalten in Form von Photographien und Karten Verwendung, die für die Ergebnisfindung als solche keinerlei oder lediglich eine deutlich untergeordnete Relevanz besitzen.

1.3 Heuristik

1.3.1 Theoretischer Bezugsrahmen

> *"Mein Freund, die Zeiten der Vergangenheit*
> *Sind uns ein Buch mit sieben Siegeln*
> *Was ihr den Geist der Zeiten heißt,*
> *Das ist im Grund der Herren eigner Geist,*
> *In dem die Zeiten sich bespiegeln."*
> (Goethe FAUST I 2005: V. 575–579)

So decouragierend diese Worte Fausts in Anspielung auf die Johannes Apokalypse (NOVUM TESTAMENTUM 2006: Joh. 5,1) gegenüber dem Famulus Wagner auch intendiert gewesen sein mögen, entbehren sie für die Erkenntnistheorie der Geschichtswissenschaft nicht eines unerheblichen Grans an Wahrheit und damit Ansporns, sich mit diesem Pauschaleinwand auseinanderzusetzen: Denn tatsächlich verhält es sich dergestalt, daß der Gegenstand der

Geschichtswissenschaft eine unsichtbare, nur vermittelst des Gedankens faßbare Bedeutungsentität einer Zeit vorstellt, auf welche die quellengegebenen, bedeutungsaffinen, mithin geschichtsrelevanten Sinnexpressionen dieser Zeit als das Besondere jener allgemeinen Einheit bezogen sind, wie ein Beispiel Gottlob Freges illustriert: Die Bedeutung des Namens "Venus" verkörpert ein Gestirn. Selbiges ist als Abend- und Morgenstern "gegeben". Demgemäß kommen dem Eigennamen "Venus" zwei divergente Sinnbedeutungen zu. Dabei sei annotiert, daß der Gegenstand "Venus" *als solcher* mitnichten "gegeben" ist. Gegeben ist stets allein sein bestimmtes Erscheinungsbild, welches sich in Ort und Zeit zu anderen Himmelskörpern sowie dem jeweiligen Betrachter variant und relational verhält, denn die Venus existiert nie überall zugleich. Unterworfen ist sie lediglich ihrem Bahngesetz, das als eine unsichtbare Relation ihr eigentliches "Sein" ausmacht. Somit gelangt sie erst durch das Einsetzen bestimmter Daten zum Morgen- oder Abendstern, das heißt ihrer eigentlichen Existenz. Darob ist sie nicht erst einmal als solche "gegeben", denn ansonsten wäre sie bloßes Gedankencorpus. Vielmehr vermag man nur bei einer anwesenden "Venus", die auch wirklich als Phänomen zu Tage tritt von einer Existenz im eigentlichen Sinne zu sprechen, denn "als solche" ist sie für uns invisibeles, rein denkbares Gesetz. Dergestalt, das heißt als Bedeutung, wäre sie darüber hinaus das "Allgemeine", das als Identisches hinsichtlich ihrer existenten Präsensweisen, dem Sinn, dem "Besonderen" figuriert (Frege 1892: 27). Es sei an dieser Stelle annotiert, daß das "Allgemeine" und das "Besondere" nicht im Sinne einer strengen, klassischen formalen Logik als klassifikatorischer *conceptus communis* in der Unterordnung der begrifflichen Pyramide aufgefaßt werden. Statt dessen werden die beiden Begriffe, welche als Maximen der forschenden Ratio dienen, transzendent verstanden, das heißt, in der Geschichtsforschung verkörpert der jeweilige Untersuchungsgegenstand eine allein durch Gedanken zu erfassende, invisible Bedeutungseinheit einer Zeit, auf welcher die quellengegebenen, bedeutungsbezogenen, mithin geschichtlich bedeutsamen Sinnäußerungen dieser Zeit als das Besondere jener allgemeinen Einheit bezogen sind. Gegenwärtig aber ist auch hier das Besondere dieser konkreten Geschichte, welches sich offenbart, als das dem Besonderen All-gemeine. (Junker und Reisinger 1974: 39).

Daraus ergibt sich die Frage nach der Relation von wissenschaftlicher Forschung und dem zu untersuchenden Gegenstand in bezug auf das Erkenntnisinteresse. Denn es gehört zu den ureigensten Aufgaben des Historikers aus der Mannigfaltigkeit der Einzelerkenntnisse des quellengegebenen empirischen Sinnes eine Sinneinheit zu ergründen. Nach Kant empfiehlt sich hierfür der Gebrauch der "hypothetischen Vernunft" (Kant KrV 1973: 429). Dieses Prozedere einer forschenden Vernunft basiert auf formallogischen Grundsätzen, da die Vernunft zu diesem nichts inhaltlich hinzufügt. Allerdings verharrt Kant nicht in einem Status der Deskription eines Verfahrens, sondern gibt auch Auskunft zu den Möglichkeitsbedingungen dieser logischen Prozedur. Die dem Verfahren logisch zu Grunde liegende Methodik enthält die der Ordnung des Erfahrungsgebrauchs wesentlichen Prinzipien, welche von Kant als "Prinzipien der systematischen Einheit" apostrophiert werden, welche sich aus der "Mannigfaltigkeit", der "Verwandtschaft" und der "Einheit" zusammensetzen (Kant KrV 1973: 438). Der Historiker ist folglich gehalten, nach Kräften die empirische Breite der auffindbaren Quellen (Mannigfaltigkeit) zu sichten, deren Bedeutungskohärenzen in dem ihnen zugrundeliegenden Sinn zu ergründen (Verwandtschaft) und schließlich die historischen Bedeutungseinheiten zu entwerfen und einer Prüfung zu unterziehen. Entscheidend ist dann die Frage nach dem Erkenntniswert dieser Prinzipien (Junker und Reisinger 1974: 39–40). Ob sich hieraus ein "Objektvitätsproblem" für den Geschichtswissenschaftler auftut, soll im nachfolgenden untersucht werden.

Denn sonderheitlich dann, wofern man sich eines Themas annimmt, welches durch den Nachnamen mit der eigenen Person nicht nur in einer ostentativen und auswendigen Form in

Verbindung steht, sondern auch vermittelst einer inwendigen Interessenlage in Gestalt drängender Forschungsneugier geleitet wird, erscheint die Frage nach der Objektivität nachgerade zwingend. Ist sie es doch, von der man gemeinhin sagt, daß es gilt, sie als höchstes Ziel jeder Art von Wissenschaft zu erlangen, und Wissenschaft überhaupt erst durch die Objektivität ihren Namen verdient sowie schließlich selbst von ignoranten Laien als *conditio sine qua non* für jedwede ernsthafte geschichtliche Auseinandersetzung postuliert wird. Rasch ist man daher mit einem "Vernichtungsurteil" zur Hand, um bestimmte historische Werke zu diskreditieren: So heißt es, diese oder jene Darstellung entbehre der Objektivität und sei darob nichts wert. Eventuell fußt eine solche, mitunter etwas voreilige Beurteilungsweise, auf einem oder gar mehreren Mißverständnissen. Es sei im folgenden versucht, diese einer Auflösung zuzuführen. Denn bevor man sich über einen Gegenstand unterhält, ist es erforderlich, ein einheitliches Verständnis von selbigem zu haben: Ein Quantenphysiker wird seiner Forschung eine andere Begriffsdefinition von Objektivität zu Grunde legen, als ein Historiker (Höfner 2004: 125). Nähern wir uns zunächst rein philologisch der Wortbedeutung von Objektivität, welche nichts anderes meint als "Bezogenheit auf einen Gegenstand", abgeleitet von lateinisch *obiectum*, das "zum Gegenstand gemachte", etwas, worauf der Gegenstand des Interesses, des Denkens und Handelns gerichtet ist (Gadamer 1995: 191). Beläßt man es bei dieser Auffassung, erscheint die Forderung nach Objektivität keinerlei Obstakel in sich zu bergen, und es gäbe keine Probleme, denn kaum jemandem wird es beifallen, dem Historiker abzusprechen, sich mit dem, was ihn interessiert, sprich den Geschehnissen der Vergangenheit, in seiner Forschung zu widmen. Allerdings verhält es sich so einfach nicht: Denn das Objekt als Erkenntnisgegenstand bedarf, um erkannt zu werden, eines Erkennenden, eines Subjekts. Damit gelangen wir zu einer zweiten Bedeutung des Wortes *obiectum*, das als Partizip Perfekt Neutrum von *obicere* ("entgegenwerfen; vorsetzen") auch mit das "Entgegengeworfene" ins Deutsche übertragen werden kann und sich damit auf das Subjekt, das *subiectum* bezieht, welches sich etymologisch auf das Partizip Perfekt Neutrum von *subicere* ("unter etwas liegen") zurückführen läßt und somit als das (einer Aussage oder Erörterung) "Zugrundeliegende" übersetzt zu werden vermag. Mithin stehen Objekt und Subjekt in einer sinnbehafteten Beziehung, da sich das Zugrundeliegende mit dem ihm Entgegengeworfenen auseinandersetzt (Uslar 2005: 61). Wenn der Terminus "objektiv" von nun an dergestalt gefaßt wird, daß wir einen Gegenstand in und für sich selbst prüfend betrachten, ihn von einem jeden anderen Gegenstand wie auch vom betrachtenden Subjekt abstrahieren und wir auf diese Weise zu einer Definition von Objektivität gelangen, welche die Subordination des Geistes unter den Gegenstand der Betrachtung bedeutet, dann muß zunächst geprüft werden, ob eine solche Absonderung des erkennenden Subjekts gegenüber dem erkannten Objekt schlechterdings möglich ist, da wir uns in der Geschichtswissenschaft nicht den Prämissen der Systemtheorie bedienen können, in welcher Objektivität und Subjektivität keine Gegensätze, sondern ähnliche Begriffe verschiedenartiger Systeme sind (Luhmann 2002: 19).

Die Polarität von Subjekt (griech. τὸ ὑποκείμενον) und Objekt (griech. τὸ ἀντικείμενον) tritt bereits in der Physik des Aristoteles zu Tage (Aristoteles PHYSICA 1982: lib. 1, cap. VII) und wurde von ihm in der Kategorienlehre und der Metaphysik zu einem der wesentlichsten Bestandteile seiner Erkenntnislehre elaboriert (Horstschäfer 1998: hier: v.a. 248–380). Seit dem cartesischen Substanzen-Dualismus von *res cogitans* und *res extensa* (Descartes MEDITATIONEN 1959: II, 3), durch welche die neuzeitliche Philosophie die prinzipientheoretische Hinwendung zum denkenden Subjekt vollzogen hat (vgl. dazu weiterführend Kutschera 1993: v.a. 207 seqq.), herrscht eine Kontroverse in der Forschung darüber, ob enweder zwischen dem Objekt und dem Subjekt eine nicht zu überbrückende Differenz bestehe, welche selbst dann existent sei, wofern sich das eigene Ich in einen Autoreflektionsprozeß (das gegenständliche Selbstbewußtsein) begebe, oder die Subjekt-Objekt-Spaltung überwunden werden könne. Besonders dezidiert wird die mental nicht zu unterlaufende Separation zwischen Subjekt und Objekt vom Philosophen Karl Jaspers vertreten (Jaspers 1990: 426; vgl. dazu auch die Annotationen Martin Heideggers: Heidegger 2004). Jaspers argumentiert, daß wir das Sein als etwas uns gegenständlich Gegenüberstehendes perzipieren, auf welches wir selbst wiederum als ein uns gegenüberstehendes Objekt, selbiges meinend, gerichtet sind. Er nennt dieses bewußte Dasein ein "Urphänomen", das uns derart in Fleisch und Blut übergegangen ist, daß wir es selbst kaum mehr bemerken, dieweil wir erst gar nicht danach fragen. Damit ist das, was wir denken und artikulieren immer ein anderes als das Wir. Es ist das, worauf wir, die Subjekte, als auf ein Gegenüberliegendes, die Objekte, gerichtet sind. Daran ändert sich nach Jaspers auch nichts, wenn wir selbst zum Gegenstand unseres Denkens werden, da wir dann ebenfalls zum anderen werden. Wir sind aber zugleich stets als ein denkendes Ich erneut da, welches dieses Denken seiner selbst vollzieht, indes aber selbst nicht angemessen als Objekt gedacht zu werden vermag, da es immer aufs Neue die Voraussetzung eines jeden Objektgewordenseins ist. Auf diese Weise gelangt Jaspers zu seinem Grundbefund des denkenden Daseins unserer selbst, das er als "Subjekt-Objekt-Spaltung" bezeichnet (Jaspers 1991: 46). Auf der anderen Seite existieren eine Vielzahl von philosophischen Bemühungen, welche darum angetan sind, diese Spaltung zu unterlaufen oder zu überwinden. Sie bedienen sich zumeist epistemologischer, ontologischer oder theologisch-philosophischer Prämissen, wie zum Beispiel bei Plotin, der stark gegen die im Buch Lambda der aristotelischen Metaphysik entwickelten Lehre der Subjekt-Objekt-Scheidung – die für Aristoteles jeder Erkenntnisvollzug mit sich bringt und für ihn auch in bezug auf die Selbsterkenntnis Gültigkeit besitzt (Aristoteles METAPHYSICA 1963: Λ, $1074b^{36-38}$) – polemisiert (Plotinus ENNEADES 1982: VI, 7 (38), 37, 1–16). Für Plotin exkludiert das Denken, wie es für den Geist charakteristisch ist, die Idee des absoluten Höchsten, der Vollkommenheit, da der Geist sich seines Erachtens vermittelst des Denkens verwirklicht, indem er sich durch das Gedachte erfüllt; nun vermag indes das Eine als das höchste Vollkommene nicht eines Gegenstandes bedürfen, dieweil es dann bereits Zweiheit, also das Subjekt und das Objekt des Denkens, und mithin nicht mehr eine einfache Einheit wäre (Plotinus ENNEADES 1977: V 2,1,10; V 4,2,4; V 6,2,1). Obschon ein Subjekt und Objekt des Denkens im Einen nicht existent ist, zwingen die ontologische Fassung des Einen sowie seine Verknüpfung mit der Idee der vitalen Fülle Plotin, selbiges mit den Attributen des höchsten geistigen Lebewesens zu charakterisieren. Auf diese Weise gelangt er zu einer zutiefst inkohärenten Deskription der ersten Hypostase, denn einesteils gibt es Belegstellen, welche Zeugnis davon abliefern, daß die Wirksamkeit des Einen als die höchste Stufe des Wissens angesehen werden soll anderenteils schließen andere Abschnitte eine solchergestalt gefaßte Prädikation Gottes aus (Dolidse 2002: 43). Ob dieser Aporien an Konsistenz überzeugt Plotins Versuch, die rationale Differenzstruktur, sonderheitlich in Fragen nach differenten Erkenntnisquellen, durch eine "überrationale Institution" zu überwinden, kaum.

Auch Thomas v. Aquin nimmt sich der Problematik des Verhältnisses von Objekt und Subjekt an, folgt in seiner Argumentation, wie er sie in der Schrift "Über die Wahrheit" (*De veritate*) entwickelt, Plotin indes nicht, sondern vertritt statt dessen die Ansicht, daß, wenn wir eine völlige Objektivität eines Gegenstandes, also eine vollumfängliche Einswerdung des Bewußtseins mit seinem Objekt erreichen würden, wir schlechterdings keine Wahrheit mehr hätten ("*... quamvis formatio quidditatis sit prima operatio intellectus, tamen per eam non habet intellectus aliquid aliud proprium quod possit rei adaequari; et ideo non est ibi proprie veritas.*" Aquin DE VERITATE 1986: q. 1, art. 1, ad 1), denn seines Dafürhaltens nach bedingt die Wahrheit das Objekt und das Subjekt. Letztgenanntes muß etwas Eigenes (*aliquid proprium*) kontribuieren, da man sonst von einer "Angleichung" nicht sprechen kann. Demgemäß ist jede erreichte Wahrheit der Erkenntnis eine Verfremdung, eine Gebrochenheit. Somit bestehen unsere Wahrheiten aus einer Mischung von Ähnlichkeit und Unähnlichkeit. Er zitiert in diesem Zusammenhang den Psalmvers "... *deminutae sunt veritates a filiis hominum.*" (BIBLIA SACRA 2007: Ps. 11,2). Im Fall des Irrtums überwiegt der Teil des *aliquid proprium*. Dieserhalb versucht auch er eine rationale Differenzstruktur, im Telos durchaus mit Plotin kongruent, in letzter Konsequenz zu widerlegen. Denn für ihn verbleibt, solange wir dem Wesen Gottes nicht ansichtig geworden sind, durch unsere defizitäre Erkenntnisfähigkeit ein fundamentaler Unterschied zwischen verum und der veritas bestehen. *Darob impossibile est nobis aliter lucere divinum radium, nisi varietate sacrorum velaminum circumvelatum* (Aquin SUMMA THEOLOGIAE 1888: q. 1, art. 9c). Nach dieser Anlehnung an den Pseudo-Dionysius-Areopagita verbleiben wir stets im Halbdunkel des Innenraums einer Kathedrale (Hoye 1996: 434). Auf diese Weise bedient sich auch der Aquinate einer jenseits der rationalen Faßbarkeit positionierten "Hyperinstitution" (vgl. dazu weiterführend auch seine Schrift: "De ente et essentia" Aquin DE ENTE ET ESSENTIA), so daß wir seinen Ausführungen nur dann Folge leisten können, wofern diese Prämisse zu akzeptieren gewillt sind.

Doch nicht nur das Mittelalter mühte sich an der epistemologischen Scheidung von Objekt und Subjekt ab. Auch in der spekulativen Philosophie ließen es ein Schelling und Hegel nicht unversucht, diese Separation intellektuell zu bezwingen. Dabei geht insbesondere letztgenannter in seiner "Differenzschrift" von einer nicht tragfähigen Interpretation der epistemologischen Kernaussagen des Aristoteles aus (Hegel 1968: 65). Sieht er hierin doch die absolute Identität von Objekt und Subjekt in der Naturphilosophie des Aristoteles antizipiert, die er als vermittelte Subjekt-Identität auffaßt, nämlich dergestalt, daß einesteils das Subjekt, anderenteils das Objekt das jeweils andere in sich birgt, mithin ein jedes der beiden "Subjekt-Objekt" ist (Halfwassen 1999: 174 (Anm. 65)). Dabei drückt der aristotelische Befund, daß das vernünftig Erkennende und Erkannte identisch sind (Aristoteles DE ANIMA 1963: lib. III, $430a^{4-5}$ sowie a^{19-20}, $431b^{22-23}$) eben nicht aus, daß Objekt und Subjekt eine Identität sind; dies ist für Aristoteles – wie bereits aufgezeigt wurde – selbst in bezug auf die Selbsterkenntnis unzutreffend, da das Subjekt mehr als sein Erkennen verkörpert. Vielmehr bezieht der Stagarit seinen Identitätsbefund auf die Gleichheit in der Erkenntnisrelation zwischen dem Subjekt sowie der abstrakten Form des Objekts, welches für ihn ein Objekt "ohne Materie" darstellt (Aristoteles DE ANIMA 1963: $430a^{3}$; $431b^{28}$–$432a^{3}$). Bei Licht betrachtet ist seines Dafürhaltens nach der eigentliche Erkenntnisakt mit dem Akt der entmaterialisierten, das heißt abstrakten Form im Subjekt deckungsgleich und zwar sowohl bei der rationalen als auch der sensualistischen Erkenntnis hinsichtlich der sinnlichen und intelligiblen Formen, wohingegen er wortwörtlich zum Ausdruck bringt, daß Subjekt und Objekt dem Sein nach different sind: οὐδὲ γὰϱ ταὐτὸ τὸ εἶναι νοήσει καὶ νοουμένῳ. (Aristoteles METAPHYSICA 1963: Λ, $1074b^{38}$ sowie: Aristoteles DE ANIMA 1963: $425b^{26-27}$). Es gilt in diesem Kontext zu bedenken, daß es sich bei der Erkenntnis des Objekts mitnichten um einen Teilvollzug der Selbsterkenntnis des Geistes handelt, sondern vielmehr ist diese dependent von jener. Ihr Charakter ist beiläufiger Natur, das heißt in der Art und Weise des die Erkenntnis des Objekts begleitenden Mitwissens: φαίνεται δ' ἀεὶ ἄλλου ἡ ἐπιστήμη καὶ ἡ αἴσθησις καὶ ἡ διάνοια, αὑτῆς δ' ἐν παϱέϱγῳ. (Aristoteles METAPHYSICA 1963: Λ, $1074b^{35-36}$). Daraus folgt für ihn, daß dieses Subjekt-Bewußtsein allein dann zu Tage tritt, wofern sich die Vernunft an einem Objekt entfaltet und damit als tätige gleichergestalt sich selbst erkennbar, das heißt intelligibel wird (αὑτὸν δὲ νοεῖ ὁ νοῦς κατὰ μετάληψιν τοῦ νοητοῦ· νοητὸς γὰϱ γίγνεται θιγγάνων καὶ νοῶν, ὥστε ταὐτὸν νοῦς καὶ νοητόν. Aristoteles DE ANIMA 1963: $1072b^{19-21}$). Somit wird deutlich, daß die Beziehung zwischen Subjekt und Objekt in Gestalt ihres Intelligibelseins die entscheidende Gemeinsamkeit bilden, wodurch die Welt vermittelst der Vernunft und diese auch für sich selbst, erkennbar wird. Denn dieweil gleichfalls die materiellen Dinge etwas Erkennbares (νοητόν) haben, welches in abstrahierter Gestalt in der Vernunft seine Aktualisierung findet, vermag zwischen ihnen und der Vernunft im Akt der Erkenntnis eine deckungsgleiche Relation zu entstehen (Seidel 1995: 105–106). Es sei die Bemerkung gestattet, daß es recht merkwürdig ist, daß Hegel von all diesen Gesichtspunkten keinerlei Notiz nimmt. Dessen Rechnung tragend, schließen wir uns seinen Darlegungen nicht an.

Die Anstrengungen, sich für einen Subjekt-Objekt-Identität ins Mittel zu legen, rissen indes auch nach Hegel nicht ab. Zu nennen wären darob noch die diesbezüglichen Ansätze der Lebensphilosophie um Wilhelm Dilthey und Georg Simmel, welche versuchten, durch einen Rückbezug auf das "Leben", welches ihres Dafürhaltens nach das Gemeinsame von Objekt und Subjekt bildete, die Spaltung zu überwinden und die objektivierte Welt als Selbstverneinung des schöpferischen Lebens zu deuten (Tilich 1991: 104), sowie die metaphysische Prozeßphilosophie von Alfred North Whitehead (vgl. insbesondere zu seiner Subjektskonzeption Fetz 1981: 124, 129, 135–136, 262–264) oder die sich ontologischer Prämissen bedienende Philosophie Nicolai Hartmanns. Selbiger ging davon aus, daß sich weder das Subjekt im Erkennen letztgültig erschöpft noch das Objekt im Erkanntwerden, sondern daß beide Glieder eines realen Seinszusammenhangs sind, der sich als Existenz- und Lebenszusammenhang offenbart und welcher über das in der Empirie respektive im Selbstbewußtsein Gegebene hinausgeht (Hartmann 1965: 205). Selbst wenn man bereit ist, die von Hartmann angelegten ontologischen Voraussetzungen zu konzedieren, so verbleiben doch Zweifel, ob diese Schlußfolgerungen einer genaueren Betrachtung standhalten, wenn das Gegenüberstehen von Objekt und Subjekt ontologisch nach Hartmann nicht grundlegend und das Objektsein für das Seiende nicht charakteristisch ist (Hartmann 1940: 172). Denn die Anverwandlung eines Gegenstandes ist gerade nicht so zu begreifen, als ob dieser dadurch mit dem erkennenden Subjekt identisch geworden sei, dieweil so etwas höchstens im praktischkreatürlichen Verhalten angebracht ist und dann als Assimilation bezeichnet wird. Dagegen geht auf theoretischer Ebene die Anverwandlung dergestalt von statten, daß trotz der vollzogenen Identifizierung das Identifizierte, also das in seiner Spezifikation nunmehr Gewußte, das Andere *des* und *für das* Subjekt ist Hansen (2008).

Zusammenfassend kommen wir hinsichtlich unserer eingangs formulierten Frage, ob die Separation des erkennenden Subjekts vom erkannten Objekt möglich ist, nicht nur zu einem positiven Befund, sondern gelangen darüber hinaus zu der Einsicht, daß die oben skizzierten Ansätze zur Überwindung dieser Spaltung nicht in letzter Konsequenz alle Skandala aus dem Weg räumen, ohne sich geschlossener System auf Grundlage ontologisch, epistemologisch oder theologischphilosophischer Prämissen zu bedienen, und mithin nicht vollständig überzeugen.

Folglich können wir uns nach der Feststellung des Vorhandenseins einer Subjekt-Objekt-Trennung in unserer Eigenschaft als erkennende Subjekte einem operationalisierbaren Verständnis von "Objektivität" zuwenden: Dabei bietet es sich an, zunächst auf die Vorarbeiten des Soziologen Max Weber zu rekurrieren, der in seinem berühmten Aufsatz "Die 'Objektivität' sozialwissenschaftlicher und sozialpolitischer Erkenntnis" dezidiert konstatiert, daß es "keine schlechthin 'objektive' wissenschaftliche Analyse des Kulturlebens oder ... – der 'sozialen Erscheinungen' unabhängig von speziellen und 'einseitigen' Gesichtspunkten, nach denen sie – ausdrücklich oder stillschweigend, bewußt oder unbewußt – als Forschungsobjekt ausgewählt, analysiert und darstellend gegliedert werden" (Weber 1904: 45), gebe. Damit tritt Weber einem insbesondere durch den alltäglichen Wortgebrauch verursachten Mißverständnis entgegen: Daß nämlich Objektivität im Sinne einer Entsubjektivierung und damit einhergehenden Wertfreiheit, wie sie nichtzuletzt auch durch die Autorität des Dudens, der "objektiv" als "sachlich, nicht von Gefühlen und Vorurteilen bestimmt; unvoreingenommen, unparteiisch" (Duden Fremdwörterbuch 2007: 949) bestimmt, in das Bewußtsein der Menschen eingeprägt wird, in bezug auf die wissenschaftliche Arbeit nachgerade unmöglich ist. Da sich Wissenschaft stets *im* Leben und nicht außerhalb dessen manifestiert, setzt

Weber der vorgeblich objektiven Wissenschaft, welche vorgibt, ihre Objektivität auf das Abbilden oder die Rekonstruktion historischer Realität zu beziehen, das Argument entgegen, daß dieser Auffassung von Wissenschaft noch nicht gegenwärtig wurde, daß sie unbewußt oder stillschweigend bestimmte Wertevoraussetzungen verwendet und überhaupt nur zu sinnvollen Ergebnissen gelangen kann, wenn sie diese "Wertsetzung" zu akzeptieren bereit ist (Weber 1904: 56). Selbst der vor allem in den Geisteswissenschaften immer häufiger anzutreffende "Zahlenjongleur", welcher in seinem Eifer den Gehalt der eigenen Hypothesen durch zumeist statistische Methoden als vermeintlich "unantastbar" zu zementieren sucht und peinlichst darum angetan ist, die persönliche Subjektivität "errechnend" zu verschleiern, muß sich jedoch gleichwohl der Erkenntnis beugen, daß der Interpretation des "Seins" stets ein "Sollen" innewohnt. Schließlich erfolgte die Separation von "Sein" und "Sollen", von Wissenssphäre und Sphäre der moralischen Beurteilung, erst in der Neuzeit und verkörpert damit ein entscheidendes Novum des modernen gegenüber dem antiken Denken (vgl. zur Überwindung des "unaufhebbaren" Dualismus von "Sein und Sollen" v.a. bei Kant grundlegend: Ellscheid 1968). Weber nimmt in bezug auf den wissenschaftlichen Arbeitsprozeß eine vermittelnde Position ein, so formuliert er seine These von der Konstituierung der wissenschaftlichen Erkenntnis durch Wertsetzungen. Diejenigen, welche er als "Stoffhuber" tituliert, deren "tatsachengierige[r] Schlund … nur durch Aktenmaterial, statistische Folianten und Enqueten zu stopfen" ist, sind "für die Feinheit des neuen Gedankens … unempfindlich" (Weber 1904: 87) und werden von ihm mit der Desillusionierung eines ans Dümmliche grenzenden Selbstbetrugs eines Fachidioten konfrontiert, der übersieht, "daß er von vornherein kraft der Wertideen, mit denen er unbewußt an den Stoff herangegangen ist, aus einer absoluten Unendlichkeit einen winzigen Bestandteil als das herausgehoben hat, auf dessen Betrachtung es ihm allein ankommt." (Weber 1904: 56) Auf der anderen Seite führt er wider die von ihm als "Sinnhuber" bezeichneten Wissenschaftler ins Feld, daß diese außer Stande wären, die Sphäre des Lebens von der Wissenschaft zu scheiden und beständig mit Gesinnungen anreichern würden (Bruhns 2006: 151). Als exzellierendes Beispiel für einen Historiker, der es besonders kunstvoll verstand, durch die Beziehung bekannter Tatsachen auf bekannte Gesichtspunkte ein wesentliches "Neues" zu schaffen, apostrophiert Weber Leopold v. Ranke (Weber 1904: 87). Die Gefahr, sowohl in die eine oder die andere Kategorie der "Huber" zu verfallen, ließ es Weber angemessen erscheinen, beständig auf den schmalen Grat, welcher Wissenschaft und Wertsetzungen, Wissenschaft und Glaube trennen würde, hinzuweisen. Hieraus resultiert für die Webersche Auffassung von "Objektivität", daß selbige sich durch Werte konstituiert, wobei der Grenzziehung zwischen dem individuellen Werturteil und dem empirisch nachvollziehbaren, das heißt wissenschaftlichen Urteil Rechnung getragen wird. Für die "objektive Gültigkeit" des gesamten Erfahrungswissens bedeutet dies, daß die vorgegebene Realität, welche durchaus spezifisch-subjektiv sein kann, nach Kategorien strukturiert wird, indem diese nämlich sowohl die Voraussetzung unserer Erkenntnis darstellen als auch an die Prämissen des Wertes derjenigen Wahrheit gebunden sind, welche das Erfahrungswissen allein uns geben kann. (Weber 1988: 213). Darob erzeigt sich die "Objektivität" wissenschaftlicher Erkenntnis in der intellektuellen Aufrichtigkeit, mit der über die Setzung der Werte, welche auf der Konstituierung wissenschaftlicher Untersuchungsgegenstände basieren, deliberiert wird (Oexle 1996: 85–86). Von Jürgen Habermas werden diese Wertsetzungen als "erkenntnisleitende Interessen" bezeichnet und treten an die Stelle der für ihn nicht mehr realisierbaren Objektivität (Habermas 1968: 244). Diese Herangehensweise findet sich eindrucksvoll in der Einleitung zu Hans-Ulrich Wehlers "Deutsche Gesellschaftsgeschichte" abgebildet (Wehler 1987: 6–34).

Mithin bleibt für die Geschichtswissenschaft zu konstatieren, daß eine Wertfreiheit stets nur die Gestalt eines Postulats anzunehmen vermag, dieweil kein Fall in der Entwicklung der Geschichtswissenschaft publik geworden ist, in welchem sie als Deskription Geltung für sich reklamieren könnte. Traun, ein derartiger gegenwärtiger Befund liefert für die Faktizität noch nicht den finalen Einwand, doch erzeigt sich bei näherer Betrachtung, daß selbst die Forderung der Wertfreiheit schlechthin nicht desiderabel erscheint; denn selbige ist auch bei einer infinitesimalen Annäherung an dieses Ideal nicht erreichbar (Nagl-Docekal 1982: 234). Außerdem beschnitte sich die Geschichtswissenschaft in einer ihrer wesentlichsten Funktion systematisch selbst, würde sie in diesem chimärenhaften "status postulandi" verharren. Darüber hinaus ist in praxi niemandem geholfen, wenn man sich in Turmstubengelehrsamkeit über die Unüberwindlichkeit der eigenen, werteverhafteten Subjektivität ergeht. Gleiches gilt für einen zu skeptische Ansatz, der jede Form des kreativen Forschens alsogleich im Keim erstickt. Um diese Gefahr wußte bereits die Antike, wenn Galenus von Pergamon in seiner Schrift "De differentia pulsum" die sogenannten "wilden Pyrrhoneer" (ἄγροιχ σπυῤῥωνεῖοι) beschreibt, die nicht einmal ihren eigenen Eindrücken sicher vertrauen und sogar in Abrede stellen, daß ihnen etwas so und so zu sein *scheint* (Galenus DE DIFFERENTIA PULSUM 1824: 710). Für den Historiker kommt aber gerade der Prüfung seiner Eindrücke, die sich zunächst zu einer Vorstruktur seines Geschichtsverständnisses formen, ein gewichtiger Stellenwert zu: Denn insbesondere seine Vorurteile, sein mitgebrachtes Vorwissen sowie die in ihm befindlichen Traditions- und Autoritätselemente müssen einer rationalen Bewußtseinswerdung zusamt einer Reflektion über die eigene Sozialisation zugeführt werden. Mitnichten sollte sich dies indes in einer lediglich negativ-kritischen Selbstbefragung erschöpfen, in welcher Vorurteile nur einseitig auf ihre Herkunft, Legitimation und Gültigkeit überprüft werden, sondern vornehmlich auch in einem positiv-kritischen Sinne (Herbst 2004: 49). Denn selbst wenn uns bereits das Beispiel des Tacitus mahnt stets *sine ira et studio* (Tacitus ANNALES 1956: lib. 1, cap. 1, par. 3) bei unseren Forschungen zu verfahren, folgt daraus schlechterdings nicht, daß wir uns gleich geschichtswissenschaftlichen Autisten zu gebärden haben. Schließlich kann es nicht als sinnstiftend angesehen werden, daß der Historiker die Funktion eines Ersatzbuchhalters einnimmt, der wie ein leidenschafts- und ideenloser, positivistischer Antiquar eine bloße Tatsachenermittlung causa sui vornimmt. Seine originäre Leistung liegt vielmehr darin begründet, daß er in der Lage ist, seine Analysen in eigenständige Urteile zu überführen (Sellin 2005: 214–215). Doch auch wofern man dieser Ianusköpfigkeit Rechnung getragen hat, verbleibt immer noch das Problem der undurchschaubaren Vorurteile, "deren Herrschaft uns gegen die in der Überlieferung sprechende Sache taub macht." (Gadamer 2010: 274) Da sich diese Schwierigkeit in letzter Konsequenz nicht ausmerzen lässt, gilt es, den Umgang mit dem Vorurteil überhaupt zu überdenken, um den eingangs geforderten kritisch-positiven Umgang noch besser nachvollziehen zu können: Es verhält sich nämlich keineswegs so, wie häufig supponiert wird, daß Vorurteile unser Verständnis behindern oder Sumpflichtern gleich in die Irre führen. Sie gehören zum Vollzug des Verstehens selbst, denn "erst die Vorurteile gewähren einen Zutritt zur Sache, da das Vorwissen die Bedingung der Möglichkeit des Verstehens ist." (Grondin 1994: 133). Akzeptiert man diese Erkenntnis, verschwindet auch die uns durch die Aufklärung in das Bewußtsein gepflanzte Grille, eine Sache "vorurteilslos" zu betrachten; eine Phantasmagorie, an die sich die Historische Schule noch lange festgeklammert hat. Bei Licht betrachtet ist auch das Vorurteil der Aufklärung nichts anderes als selbst ein Vorurteil wider das Vorurteil, das darin die Überlieferung, aus der wir kommen und in der wir stehen, entkräftet. Indem Gadamer das Vorurteil rehabilitiert, kritisiert er damit zugleich die Prämissen der Aufklärung. Denn erst selbige hat dem Begriff einen negative, ja pejorative Konnotation gegeben. Dies lag darin begründet, daß nicht die Überlieferung, sondern die Vernunft das Supremat der Autorität innehaben sollte. Dadurch war es nur noch ein kleiner Schritt, das *Vor*urteil zum *Falsch*urteil denaturieren zu lassen. Denn bedingt dadurch, daß das Vorurteil vor der Prüfung aller sachlich zu determinierenden Momente gefällt wird, es sich darob einer rationalen Begründung entzieht, verfügte es nach Maßgabe der Aufklärung eben nicht über die Qualität des Urteils. Hierauf fußte die Diskreditierung des Vorurteils und das beständige Bestreben der Geschichtswissenschaftler, sich vom Anwurf der "vorurteilsbehafteten Vorgehensweise" zu befreien. Letzten Endes ist Rankes Postulat nach Neutralität des Interpreten eine Réplique auf die Diffamierung des Vorurteils durch die Aufklärung (Baberowski 2005: 111–112).

Die Aufklärung fällt in dieser Haltung hinter das Altertum zurück, denn bereits Platon führt exemplarisch, wenn auch zunächst durch einen orphisch-pythagoreischen Mythos, im Menon vor, daß die Möglichkeit des Verstehens durch ein Vorwissen bedingt wird (vgl. dazu weiterführend z.B.: Lee 2001 sowie zum Verhältnis Mythos und Vernunft: Heit 2007: v.a. 223–228). Aristoteles sollte diese Einsicht in seiner Metaphysik dann systematisch entwickeln, wobei er gleichergestalt klar konstatiert, daß "jeder Wissenserwerb über Vorweg-Kenntnisse, entweder von allem oder einigem" (ϰαίτοι πᾶσα μάθνησις διὰ πϱογιγνωσϰομένων ἢ πάντων ἢ τινῶν ἐστί (Aristoteles METAPHYSICA 1963: A, 992b$^{30-31}$)), erfolgt. Noch deutlicher drückt er sich im ersten Satz seiner Analytica Posteriora aus, wenn er sagt, "jedes vernünftige Lehren und Lernen beruht auf vorangegangener Erkenntnis" (Πᾶσα διδασϰαλία ϰαὶ πᾶσα μάθησις διανοητιϰὴ ἐϰ πϱουπαϱχούσης γίγνεται γνώσεως. (Aristoteles ANALYTICA POSTERIORA 1964: 71a$^{1-2}$)) Noch weiter geht letztendlich Epikur: Im zehnten Buch "Vitae philosophorum" des Diogenes Laertios erfahren wir, daß Epikur in seinem "Kanon" gelehrt habe, daß die Kriterien der Wahrheit sich tripartit aus Sinneswahrnehmungen, Vorwissen (πϱολήπψεις) und Gefühlen zusammensetzen würden (ϰϱιτήϱια τῆς ἀληθείας εἶναι τὰς αἰσθήσεις ϰαὶ πϱολήπψεις ϰαὶ τὰ πάθη, … Diogenes Laertius VITAE PHILOSOPHORUM 1964: lib. 10, 31). Er stellt sich in diesem Zusammenhang auf den Standpunkt, daß die Sinneswahrnehmungen und das in Form der Prolepsen gefaßte Vorwissen durch nichts zu widerlegen ist, denn der durch die Sinne gewonnene Eindruck kann weder durch eine Sinnesimpression von gleicher Art, da beide gleichwertig sind, noch durch eine von ungleicher Art entkräftet werden, dieweil sie nicht über dieselben Objekte urteilen. Mithin vermag keiner vom anderen widerlegt zu werden, denn wir halten uns an alle. Dies gilt auch im besonderen Maße für den Logos, das Denken; da alles Denken von den Sinneswahrnehmungen dependent ist (Diogenes Laertius VITAE PHILOSOPHORUM 1964: lib. 10, 31–32). Diese ohne methodische Überlegung manifestierte Prolepsis in Gestalt eines protogedanklichen Gestaltschemas oder Gedankengebildes hat späterhin wahrscheinlich Chrysippos von Soloi bei der Terminologie seiner Sprachphilosophie nicht unerheblich beeinflußt (Franz 1999: 275).

Damit offenbart sich, daß wir trotz der uns auferlegten Beschränkungen hinsichtlich einer uns zwingend immanenten Vorurteilsstruktur im Zuge dieser Bewußtseinswerdung nach dem Grundsatz verfahren sollten, aus Zitronen Limonade zu machen und unsere von der Umwelt allumfänglich geprägten Sinneswahrnehmungen zusamt unserem Vorwissen in eine durative, leidenschaftliche Forschungsneugier in beständiger Eigenreflexion zu verwandeln. Der Anfeindung einer nicht wertfreien Objektivität können wir als Geschichtswissenschaftler ruhigen Gewissens mit dem Hinweis begegnen, daß es schlechterdings in unserer originärsten Absicht liegt (Wert-) Urteile zu fällen und wir es darüber hinaus als denkende Wesen mit Popper halten, der wissenschaftliche Theorien nicht für begründbar, das heißt verifizierbar, wohl aber für nachvollziehbar hielt (Popper 1973: 18). Demgemäß sehen wir die Objektivität unserer wissenschaftlichen Sätze darin erfüllt, daß selbige intersubjektiv einer Nachprüfung zugänglich sind.

Diese Erkenntnis kann gleichergestalt Ansporn sein, durch beständiges, intersubjektives Weiterdenken, nicht den sinistren Heilsversprechungen der Hexe aus Goethes Faust zu erliegen:

"Die hohe Kraft
Der Wissenschaft,
Der ganzen Welt verborgen!
Und wer nicht denkt,
Dem wird sie geschenkt,
Er hat sie ohne Sorgen."
(Goethe FAUST I 2005: V. 2567–2572)

1.3.2 Methodische Vorgehensweise und Aufbau der Arbeit

Die Muse Klio gab ihrer Schutzbefohlenen keinen allgemeinen Methodenkanon zur Hand, auf den ein exklusives Vorrecht zu erheben Letztgenannte berechtigt wäre (Iggers 1997: 146). Doch erzeigt sich diese scheinbare Aporie im Licht genauerer Betrachtung durchaus als Vorteil: Dadurch nämlich, daß die Geschichtswissenschaft ein sich beständig ausweitendes Feld unterschiedlichster Schwerpunktsetzung beforscht, welches Antworten sucht dependent von der jeweiligen forschungsleitenden Fragestellung, die mit einer einheitlichen Methode nie in der gebotenen Ausdifferenziertheit zu leisten wäre, bedient sie sich der Ekklektizistik und vermag mithin flexibel von der ganzen, teilweise auch transdiziplinaren, Breite des Methodenspektrums zu profitieren. Mithin fanden beispielsweise neben der Hermeneutik sowie den einzelnen historischen Hilfswissenschaften wie Genealogie, Heraldik, Diplomatik, Paläographie, Onomastik, Phaleristik, Chronologie, Sphragistik und historischen Geographie gleichsam philologische, statistische sowie soziologische Methodenansätze Anwendung. Entscheidender als dieser zweifelsohne sinnhafte und nutzbringende Methodenpluralismus könnte jedoch die Offenlegung derjenigen Haltung sein, welche der Forscher selbst all diesen handwerklichen Auxilarien gegenüber einnimmt. Die oben dargestellten Ausführungen zur Objektivität müssen in der Offenbarung der eigenen Position bekennend vollzogen werden, sollen sie nicht im Status eines reinen Abstraktums erstarren. Im vorliegenden Fall bietet es sich an, die Position eines "réalisme méthodologique", das heißt eines "elaborierten Objektivismus", wie Sylvain Auroux in seinen historischen Sprachanalysen vorschlägt, einzunehmen (Auroux 1989: 17). Denn im Grundsatz bedeutet dies, daß die eigenen Forschungsergebnisse immer dann als objektiv taxiert werden, wofern sie durch einen Sachbezug, welcher der Überprüfung zugänglich ist, charakterisiert werden können. Dadurch werden sie intersubjektiv valide und dabei zugleich durch eine fortschreitende Forschung potentiell überholbar gemacht (Schmitter 2003: 107–108). Elffers-van Ketel spricht in diesem Zusammenhang auch von einer "sophisticated objectivist alternative" (Elffers-van Ketel 1991: 28), was konzis die Möglichkeit zusammenfaßt, die bereits ausgeführten Überlegungen zur Objektivität in eine gangbare Forschungspraxis zu überführen. Diese könnte beispielsweise zunächst in einer "methodischen Erschließung" des Quellenmaterials ihren Ausgang nehmen, was bedeutet, daß in Kenntnis diverser möglicher Aussagen über einen geschichtlichen Gegenstand sowie verschiedener möglicher Formen, welche ihn abbilden, probabilistische Aussagen eingegrenzt und einige Formen oder eine bestimmte Form der Darstellung angewendet werden (Theuerkauf 1997: 16).

Was den Aufbau der vorliegenden Ausarbeitung betrifft, so scheint er prima facie aus zwei isolierten monolithischen Blöcken zu bestehen: einer familiengeschichtlichen und einer adelsrechtlichen Abhandlung. Bei genauerer Betrachtung offenbart sich jedoch eine Tripartition, die, der eingangs dargelegten Untersuchungsabsicht Folge leistend, alles andere als isoliert voneinander arrangiert worden ist. Denn das Nachzeichnen der Ursprünge sowie der Genese der einzelnen Familienzweige der Digeons im Kontext ihrer genealogischen Beziehungen, gefolgt von dem Versuch der Erhellung hieraus aufgeworfener etymologischer und heraldischer Fragen, entfaltet erst mit der Darstellung des adelsrechtlichen Rahmens, welcher auf die

Gesamtheit des Familienlebens einen erheblichen Einfluß hatte, ein vollumfängliches Verständnispotential.

Folglich nimmt die Ausarbeitung ihren Angang mit der ersten urkundlichen Erwähnung der Familie Digeon, wie sie sich im "*Crusade Cycle*" der französischen Epik in Form der *chansons de geste* findet. Hernach folgt eine Untersuchung der Spuren, wie sie sich erstmalig in der Guyenne auffinden lassen, um im Anschluß daran die Zeit der Konsolidierung des Geschlechts nach Religionskriegen und Adelsaufständen – getrennt nach den drei Hauptlinien Digeon d'Autramat, Digeon de Boisverdun sowie der aus dieser hervorgehenden Digeon de Monteton zu beleuchten. Dabei permittierte es die Quellenlage nicht durchweg, sonderheitlich bei den ersten Generationen der Digeon, jede Individualbiographie vor einem breiteren Hintergrund zu rekonstruieren. Dieserhalb wurde teilweise auf die Anverwandten der Ehefrauen rekurriert, wie zum Beispiel im Fall von Catherine de Verdun, der Schwägerin von Pierre de Digeon, welche als Witwe von Jean II. de Verdun vom mächtigen Haus Armagnac ihrer Baronie Cancon beraubt wurde (vgl. Kap. 2.2: 74). Oder es fanden die Lebensläufe der Lehensherren der Digeons, wie im Fall der Beschreibung des Hauses Caumont, welches nicht nur mit den Digeons in einem verwandtschaftlichen Verhältnis steht (vgl. Kap. B.15: 708), sondern jahrhundertelang eng mit den Belangen vornehmlich des Zweiges Digeon d'Autramat verbunden war, eine besondere Berücksichtigung (vgl. Kap. 2.3.1.1: 84). Auf diese Weise vermochten die vereinzelten Quellenaporien der Digeons dahingehend minimiert werden, daß durch eine Art genealogischen "Brückenschlag" eine Rekonstruktion der jeweiligen Lebensumstände in großen Teilen erfolgen konnte. Demgemäß wird der Terminus der Genealogie, wie er zuvor elaboriert worden ist, weit gefaßt und inkludiert auch matrilineare Verwandtschaftsverhältnisse.

Im zweiten Teil wird der Versuch unternommen, Grundfragen zur Heraldik sowie Etymologie und Graphie der Namen "Digeon" und "Monteton" unter Bezugnahme auf den zuvor behandelten genealogischen Zusammenhang einer Klärung zu unterziehen. Denn durch den Namen eines Geschlechts als Hauptindentifikationsfaktor können wesentliche Hinweise zu verwandtschaftlichen Beziehungen gewonnen werden, die zur Erhellung der genealogischen Gesamtkohärenz beitragen.

Der dritte Part gibt einen kurzen Abriß über die essenziellen Inhalte sowie die Entwicklung des historischen französischen Adelsrechts, wie es bis zum Ende des Ancien Régime zur Anwendung kam. Dieses Kapitel dient vornehmlich als "Referenzgeber" für die unterschiedlichen adelsrechtlichen Erscheinungsformen, wie sie im familienhistorischen Kontext der Digeons auftreten. Diese Anordnung bietet sich nichtzuletzt deswegen an, da einesteils die Option gegeben werden soll, bei einem weniger stark ausgeprägten Interesse an den genealogischen Relationen des Hauses Digeon sich in Überspringung derselben alsogleich der allgemeinen adelsrechtlichen Darstellung zuzuwenden, und anderenteils, dieweil es einer konzisen Untersuchung der ersten beiden Teile nicht zuträglich wäre, wollte man die adelsrechtlichen Bestimmungen in diese inkludieren.

Hernach werden in der Schlußbetrachtung die Ergebnisse der einzelnen Trisektionen in einer analysierenden Gesamtschau unter dem Rubrum der eingangs formulierten Untersuchungsabsichten konkludiert.

Gefolgt von den Quellenverzeichnissen und der Bibliographie finden sich schließlich im Anhang Transkriptionen zu einesteils familiengeschichtlichen Dokumenten, die noch nie zuvor ediert wurden und für das Verständnis der genealogischen Beziehungen der Familie Digeon sowie die adelsrechtlichen Zusammenhänge als besonders wesentlich erscheinen (z.B. Testamente, einen Adelsbeweis, eine Lehnshuldigung etc.). Anderenteils finden sich jeweils eine Papstbulle Eugens III. und Alexanders III., welche zwar in den Papsturkundensammlungen der *Patrologia Latina* von Migne und der *Gallia Christiana* figurieren, aber zum Teil nennenswerte Variationen gegenüber den Kopien von Jean Tarde[1] und dem Abbé Leydet[2] aufweisen. Beispielsweise findet nur in denn beiden letztgenannten Kopien die Kirche *Sancta Maria de Montetonio* Erwähnung, ein Umstand, welcher für die etymologischen Forschungen bezüglich des Familiennamensteils "Monteton" von exzellierender Bedeutung ist.

Grundsätzlich verkörpert die Übertragung der genannten Dokumente den Versuch, die sich in unterschiedlichen Tradierungszuständen befindlichen Urkunden dem heutigen Schriftbild anzupassen. Auf diese Weise sollen besonders für das Verständnis des historischen französischen Adelsrechts relevante Dokumente, welche sich in unterschiedlichen französischen Archiven befinden, durch eine erste, tentative Textkritik erschlossen werden. Quellenarbeit wird hier – weit gefaßt – auch als "Sucharbeit" verstanden, welche dazu angetan ist, weiterführender Forschung einen Grundlagenvorschlag zu unterbreiten (Sellin 2005: 50–51). Darob versteht sich diese Transkription als Vorstufe einer Edition, welche in dem Bewußtsein verfaßt wurde, daß sie trotz weitgehend zeichengenauer Abschrift der Quelle lediglich eine Kopie, mitnichten aber eine Abbildung im Sinne eines Faksimiles zu erstellen vermag (Eckardt u.a. 2005: 28–29). In diesem Zusammenhang ist zu annotieren, daß wie bei französischen Texten der Neuzeit üblich, der Textus receptus, welcher zumeist als notarielle Abschrift auf uns gekommen ist, hinsichtlich Interpunktion und Rechtschreibung nicht an die Gepflogenheiten des gegenwärtigen Sprachgebrauchs angeglichen wurde. Dies geschah mitnichten aus einem mangelnden Bedürfnis nach Emendation, als vielmehr aus der Überzeugung, daß Textkritik nicht mit Textkorrektur im Sinne einer "Ars corrigendi" gleichgesetzt werden sollte, (Vanek 2007: 101) und demgemäß durch eine "orthographische Transkription" dem hier geschuldeten Erkenntnisinteresse weit mehr gedient werden kann, als mit einer nach strengen philologischen Gesichtspunkten verfaßten Textkritik, welche in Ermangelung von Komparationsgrößen wie den zeitgenössischen Originaldokumenten a priori wenig sinnbehaftet wäre.

Trotz dieser Aporie wird bei den vorliegenden Transkriptionen der Versuch unternommen, die bloße Zweiteilung aus "recensio", das heißt eine Prüfung, was als überliefert zu gelten hat und was nicht ohnehin Bestandteil der eigentlichen "emendatio" ist, zu überwinden und zumindest durch eine "examinatio" den Originalgehalt des jeweiligen Dokuments zu untersuchen und gegebenenfalls, wo sich die Ursprünglichkeit durch Verderbnis ("corruptela") allein auf der

Grundlage von Vermutung ("divinatio") rekonstruieren läßt, zu ergänzen, wie sie cum grano salis bereits Paul Maas für die griechischen und lateinischen Autographa anempfiehlt (Maas 1957: 5).

Bezüglich des Apparats folgt die Übertragung den von Hellmut Gutzwiller erstellten Transkriptionsgrundsätzen des Staatsarchivs Solothurn (Gutzwiller 1981: 26). Mithin dichotomisiert sich dieser einesteils in sachliche Anmerkungen, welche mit arabischen Ziffern gekennzeichnet sind und die als Ergänzung von Hinweisen verstanden werden sollen, wie sie im Haupttext keine Berücksichtigung finden konnten, anderenteils in textkritische Annotationen, die mit römischen Ziffern markiert werden. Auf ein litterales Ordnungssystem, wie sonst bei textkritischen Anmerkungen Usus ist, wurde ob der Begrenzung auf 26 Buchstaben verzichtet. Für den Fall daß eine Textpassage auf Grund von Beschädigung oder Ähnlichem nicht rekonstruiert werden konnte, fand dies bei der Bearbeitung Berücksichtigung und wurde kenntlich gemacht. Darüber hinaus fanden nachfolgende Klammerfunktionen Verwendung:

[...]	eine dem Sinngehalt nach zwingend logische, mutmaßliche Ergänzung

1 B.M.T., ms. 729, fol. 18vo–19vo.

2 B.N.F., Collection Périgord, tom. 12, fol. 162vo–163.

<…> Kennzeichnung einer der Sprachsyntax geschuldete interpolierte Stelle

(…) Auflösung einzelner Abbreviaturen im Fließtext

Zur Verdeutlichung der mitunter recht komplexen genealogischen Beziehungen, wurden einige Stammtafeln erstellt, wobei hierbei sonderheitlich diejenigen Geschlechter im jeweiligen zeitlichen Kontext ihrer verwandtschaftlichen Relation zu den Digeons Berücksichtigung fanden, welche durch einschneidende Ereignisse mit den Digeons in einer besonderen Beziehung stehen oder die in der einschlägigen genealogischen Literatur seit langem nicht mehr oder nur unvollständige Behandlung fanden, beziehungsweise deren Genealogie noch keiner Veröffentlichung zugeführt wurde.

So basiert die Stammtafel der d'Anglade auf den Ausführungen von Nicolas Viton de Saint-Allais in dessen *Nobiliare universel de France, ou recueil général des généalogies historiques des maisons nobles de ce royaume* (Viton de Saint-Allais 1816b: 221–229), der, wenn auch nur vereinzelt mit Quellenbelegen, die bis dato umfassendste Genealogie veröffentlicht hat. Den Stammbaum der Familie Beraud – welche erst seit der zweiten Hälfte des 15. Jahrhunderts im Agenais nachweisbar ist und für die Digeons insofern eine der wesentlichsten Allianzen verkörperte, da durch die Heirat Charles II. Digeon de Boisverdun mit Jeanne de Beraud die Baronie Monteton erst in den Besitz der Familie Digeon gelangte, nach welcher sich der Zweig "Digeon de Monteton" bis heute benennt – zu rekonstruieren gestaltete sich kompliziert, da man fast vollständig auf die Hinweise, erneut ohne Quellenreferenz, des Grafen Dienne und Jean Dubois' in deren Kommentar zu einer *Rôle d'une Compagnie d'Hommes d'Armes et d'Archers en Agenais 1580* angewiesen war (Dienne und Dubois 1906: 336–337). Folglich versteht sich der hier erstmals aufgeführte Stammbaum als zu erweiternde, erste Orientierungshilfe. Auch die Stammtafel der französischen Digeons, welche in gedruckter Form noch nie vorlag, vermag keinerlei Vollständigkeit für sich zu reklamieren; denn noch konnten nicht alle Archive in toto konsultiert werden, was zur Folge hat, daß sich viele der Geburts- und Sterbedaten nur approximativ angeben lassen. Die Daten fußen hauptsächlich auf dem "Essai Généalogique sur la Maison de Digeon" des Barons de Lanauze[3] und wurden durch weitere Quellen wie Kirchenregister, Testamente und Adelsbeweise ergänzt oder verbessert. Mithin verstehen sich diese genealogischen Übersichtstafeln allein als versuchsweise "Arbeitsgrundlage", welche durch weitere Nachforschungen komplettiert und möglicherweise korrigiert werden sollten.

Hinsichtlich der Pelets, welche durch die Heirat von Suzanne Pelet mit Jean-Jacques II. Digeon de Monteton den Digeons die bedeutendste Mitgift zusamt der Grafschaft Lasserre und die Coseigneurie mit dem König von Francescas einbrachte, offenbarte sich die Datenlage wesentlich fruchtbringender, denn bedingt durch die von Jean Cavignac im Rahmen seines Werkes *Jean Pellet. Commercant de Gros 1694–1772. Contribution a l'étude du négoce bordelais du XVIIIe siècle* geleisteten Vorarbeiten, konnte auf ein recht umfassender Stammbaum erstellt werden (Cavignac 1967: 278–301). Allerdings bedurften auch die von Cavignac gemachten Angaben bezüglich der Digeons mitunter der Korrektur (so z.B. bei einzelnen Vornamenvertauschungen sowie den Lebens- und Sterbedaten von Marie Rose Dijon de Monteton), welche durch ein gründlicheres Studium der Primärquellen hätten vermieden werden können. Diese ergänzt die Genealogie dieses eng mit den Verduns in Relation stehenden Geschlechts mit einschlägigen Referenzhinweisen, so daß die Illustration der Verwandtschaftsverhältnisse, trägt man der mitunter modesten Quellenlage dieser im Hochmittelalter ihren Angang nehmenden Abstammung Rechnung, recht präzise und umfänglich möglich war.

3 A.D.33, 9 J 60, pp. 15–67.

Ein anderes Bild zeichnet sich bei der Familie Trévey: Ähnlich wie bei den Beraud vermochte die Abstammung des bereits früh mit den Digeon verbundenen und ursprünglich aus der Bretagne stammenden Hauses, dessen Existenz sich gleichsam erst in der zweiten Hälfte des 15. Jahrhunderts in der Guyenne belegen läßt, allein versuchsweise dargestellt werden. Die Angaben beziehen sich fast ausschließlich auf die Erkenntnisse von Jules de Bourrousse de Laffore, wie er sie im *État de la Noblesse et des Vivants noblement de la Sénéchaussée d'Agenois, 1717* der Öffentlichkeit anheim gestellt hat. Die letzte Stammtafel beinhaltet die Deszendenz von Jean I. de Verdun de Hautesvignes, dessen Enkelin Françoise in zweiter Ehe mit Pierre de Digeon, dem ersten im Südwesten Frankreichs belehnten Mitglied des gleichnamigen Hauses, verheiratet war. Auch in diesem Fall ist ein zusammenhängender Stammbaum noch nie verfertigt worden. Der größte Teil der Informationen stammt von Lucien Massip, der in seiner Abhandlung über die Geschichte der Baronie von Cancon maßgeblich zum derzeitigen Wissensstand über die Verduns beigetragen hat (Massip 1891: 117–138). Allerdings bedurfte seine Darstellung dahingehend der Ergänzung, daß er die Einordnung der Verdun in den Kontext ihrer Ursprünge nicht vollständig vorgenommen hatte. So schenkte er der Tatsache keine Beachtung, daß sich die ersten Spuren dieses Geschlechts, das unter dem Namen "de la Perche dit Verdun" (auch: "Verdin") figurierte, nicht im Agenais, sondern im Grenzgebiet zwischen Poitou und dem Pays de Retz in der Südbretagne nachweisen lassen (vgl. Kap. 2.3.2.5: 168).

Die Verwendung älterer, vornehmlich aus dem 19. Jahrhundert stammender Forschungsliteratur ergibt sich aus der Faktizität des Untersuchungsgegenstandes eo ipso. Denn mit dem Aufkommen des Historismus erfuhr insbesondere auch die Regional- und Adelsgeschichte Aquitaniens einen bedeutenden Auftrieb, der sich allerdings mit dem angehenden 20. Jahrhundert wieder verflachte. Vielfach wurde seinerzeit ein bestimmtes historisches Begebnis erstmals nach wissenschaftlichen Standards beforscht, doch blieben die hieraus resultierenden Publikationen bedauerlicherweise Solitäre.

Der in der wissenschaftlichen Arbeit üblichen und auch berechtigten Praxis, Bibliographien in "Literatur" und "Quellenverzeichnis" zu trennen, wurde hier zwar Folge geleistet, doch sei annotiert, daß einer dergestalten Einteilung lediglich ein relativer Sinngehalt zu Grunde liegt, dieweil sie vom Wesen der jeweiligen Benutzung determiniert wird; jedwede Form historischer Literatur vermag, sonderheitlich je länger sie zurückreicht, zur Quelle (im Sinne von Überrest) werden, mithin in einer anderen Art und Weise interpretiert werden, als originär vom Autor intendiert. Beispielsweise wird Courcelles "Histoire Généalogique et Héraldique des Pairs de France" (Courcelles 1826) oder Joseph Noulens "Maisons historiques de Gascogne, Guienne, Béarn, Languedoc et Périgord" (Noulens 1865) strenggenommen als historische Literatur klassifiziert, kann in ihrer Eigenschaft als nicht beabsichtigte Quelle jedoch zur Erhellung der zeitgeschichtlichen Umwelt und Erschließung der Temporalumstände des jeweiligen Autors beitragen: "[...] so schreibt jeder Verfasser einer Weltgeschichte seine eigne mit unsichtbarer Tinte dazwischen, ..." (Paul 1964: 468).

Abschließend sei an dieser Stelle ausdrücklich betont, daß die hier vorgelegte Ausarbeitung ob der beschnittenen Kräfte des Autors lediglich ein tentatives Ergebnis zu liefern im Stande ist, welches allein als Grundlage für etwaige weiterführende Forschung dienen soll. Tiefere Einsichten in die Zeit vor der Ansiedlung der Digeons in der Guyenne sowie detaillierte Zusammenhänge, hauptsächlich hinsichtlich der Rolle, welche die Familie im Zuge des Hundertjährigen Krieges sowie der religiösen Auseinandersetzungen des 16. und 17. Jahrhunderts gespielt hat, bleiben bis zu einer umfassenderen Auswertung der französischen Primärquellen der Verborgenheit anheimgestellt. Eine solche Ausweitung und Fortführung der Untersuchung könnte jedoch – trotz der Aufwandes an Mitteln, Zeit und Mühen, die zahlreichen, über das ganze französische Hexagon verteilten Archive zu konsultieren – lohnend sein.

"Quis est generosus? ad virtutem bene a natura compositus. Hoc unum intuendum est: alioquin si ad vetera revocas, nemo non inde est ante quod nihil est. A primo mundi ortu usque in hoc tempus perduxit nos ex splendidis sordidisque alternata series. Non facit nobilem atrium plenum fumosis imaginibus; nemo in nostram gloriam vixit nec quod ante nos fuit nostrum est: animus facit nobilem, cui ex quacumque condicione supra fortunamlicet surgere. Puta itaque te non equitem Romanum esse sed libertinum: potes hoc consequi, ut solus sis liber inter ingenuos. 'Quomodo?' inquis. Si mala bonaque non populo auctore distineris. Intuendum est non unde veniant, sed quo eant."

(Seneca EPISTULAE MORALES 1995: lib. 5, epist. 44, 5–6)

2. Das Haus Digeon im historischen Kontext

2.1 Ursprünge sowie erste urkundliche Erwähnung

Auf einen ersten und flüchtigen Blick erscheint die Angelegenheit klar vor Augen zu liegen: Würden wir dem Genealogischen Handbuch des Adels Glauben schenken, begönne "mit Pierre de Dijon, 1464–1481, die sichere Stammreihe" (GHdA 1957: 75). Zunächst einmal wäre es recht ungewöhnlich, selbst für das Ende des 15. Jahrhunderts, daß der Stammvater eines Geschlechtes bereits im 17. Lebensjahr von seinem irdischen Dasein abberufen wird, davor aber eine Reihe von Kindern gezeugt hat. Wie im nachfolgenden noch aufzuzeigen sein wird, hat eine genauere Überprüfung ergeben, daß die Angaben nicht korrekt sind (vgl. Anhang: B.4: 697).

Darüber hinaus wird, wie aus einem erbrechtlichen Akt des Jahres 1513 hervorgeht, der Name Pierres nicht "Dijon" sondern "Digeon" geschrieben (vgl. Anhang: A.4: 636: Z. 307), das heißt – wenn wir den Namen tatsächlich als Herkunftsbezeichnung auffassen, was für die damalige Zeit nicht sonderlich unüblich wäre und darüber hinaus durch den Partikel "de" affirmiert wird – würde es sich erklären, daß wir vor dem Jahr 1467 über schlechterdings keine Familienquellen in der Guyenne verfügen. Nun erleichtert der doch recht selten anzutreffende Name "Digeon" die Suche nach einer entsprechenden geographischen Verortung um einiges. Das einzige Dorf, das in Frankreich den Namen Digeon trägt, befindet sich mitnichten in der Guyenne, sondern ca. 750 Kilometer nördlich, ziemlich genau auf der Grenze zwischen der Ile de France, Normandie und Picardie, 40 Kilometer westlich von Amiens und ca. vier Kilometer östlich von Aumale im heutigen Département Somme (80)[4]. Erste Siedlungsspuren lassen sich bis in die Zeit der Gallier zurückverfolgen. Archäologische Funde, vor allem das sogenannte "*mare de la ville*", ein mit großen Quadern gepflasterter Wasserbehälter, geben hiervon Zeugnis ab (Périn 1863: 214, AIDR 1864: 150–151).

Für diese Verortung der Digeons in den Nordosten Frankreichs als deren möglicher Entstammungspunkt spricht neben anderen Aspekten, welche vor allem noch im Zusammenhang mit der Blasonierung des Familienwappens Erörterung finden werden (vgl. Kap. 3.4.1: 390), die innerhalb des Geschlechts über Generationen tradierte Teilnahme dreier Brüdern am ersten Kreuzzug unter Gottfried von Bouillon (um 1060–1100), von denen aber nur einer zurückkehren sollte, der dann – der Erzählung gemäß – zum Urvater des Geschlechts avancieren sollte. Eine genauere Darstellung dieser Legende findet sich im Gotha von 1866 (Gotha 1866: 647). Ungeachtet der Tatsache, daß sich viele adlige Geschlechter nur allzu gerne mit Kreuzfahrern in den eigenen Reihen schmücken und dieses Phänomen sonderheitlich im 19. Jahrhundert eine starke Ausprägung fand, enthält bekannterweise fast jedwede Sage ein Gramm Wahrheit; darüber hinaus zeigt die Empirie, daß sich mündliche Überlieferungen ausgesprochen lange konservieren (vgl. immer noch grundlegend: Vansina 1961 sowie Vansina 1985 und Niethammer 1985. Der Einwand, daß die Kreuzzugsteilnahme allein aus selbstgefälliger Eitelkeit ersonnen sein soll, scheidet insofern als nicht wirklich valides Argument aus, da die Familie bis dato noch nicht mutmaßen konnte, daß ihre Ursprünge aller Voraussicht nach in der Gegend um Aumale zu verorten sind. Darüber hinaus erscheint eine Partizipation am ersten Kreuzzug unter Gottfried von Bouillon als sinnstiftend, alldieweil

4 Die Zahl in Klammern hinter einer geographischen Angabe bezeichnet die jeweilige Ordnungsnummer des administrativ zugehörigen, französischen Départements.

der Aufruf zu diesem durch den Pircarden Pierre d'Amiens gleichsam im Nordosten Frankreichs erfolgte (vgl. weiterführend: Flori 1999). Ansonsten hätte der Verdacht wesentlich näher gelegen, daß das Geschlecht am ersten Befreiungskrieg des Heiligen Landes unter Raimond IV. von Toulouse (um 1041/42–1105) teilgenommen hat, der aus Südwestfrankreich aufgebrochen war und erst später in Konstantinopel zu den übrigen Kreuzfahrerheeren stieß (Abb. 2.1: 48).

So sehr diese Hinweise auch für die Vermutung hinsichtlich einer Teilnahme am ersten Kreuzzug der Familie hinreichend sein mögen, reichen sie indes nicht aus, um daraus einen auf Fakten beruhenden Anspruch auf hohe Wahrscheinlichkeit abzuleiten. Denn mündliche Tradierungen beruhen in gleichem Maße wie schriftliche Repräsentationen auf individuellen Interessenlagen und Motiven, welche wiederum aus persönlichen Intentionen gespeist werden. Folglich könnte im vorliegenden Fall der Zufall oder die Absicht, an einem möglichst weit in der Geschichte zurückliegenden Begebnis partizipiert zu haben, dafür verantwortlich sein, daß in der Familienüberlieferung stets auf den Kreuzzug unter Gottfried von Bouillon rekurriert wurde. Darob ist es dringend geboten, aus einer Quellenkritik die geschichtlichen und metahistorischen Kontextbedingungen zu erforschen, um auf diese Weise zu einer der Reliabilität geschuldeten Aussage über die Plausibilität der Kreuzzugsteilnahme zu gelangen. Demgemäß ist es geboten, auch wenn mündliche Quellen generaliter über keinen niedrigeren Status als schriftliche verfügen und sich durchaus nicht nur konkurrierend sondern auch komplementär zueinander verhalten können, den Spezifika der einzelnen historischen Strukturen in einer gegenüberstellenden Juxtaposition auf den Grund zu gehen (vgl. weiterführend: Vorländer 1990 sowie Spuhler u. a. 1994). In Concreto bedeutet dies hier, eine schriftliche Quelle zu finden, welche den Abgleich mit den mündlichen Überlieferungen erlaubt.

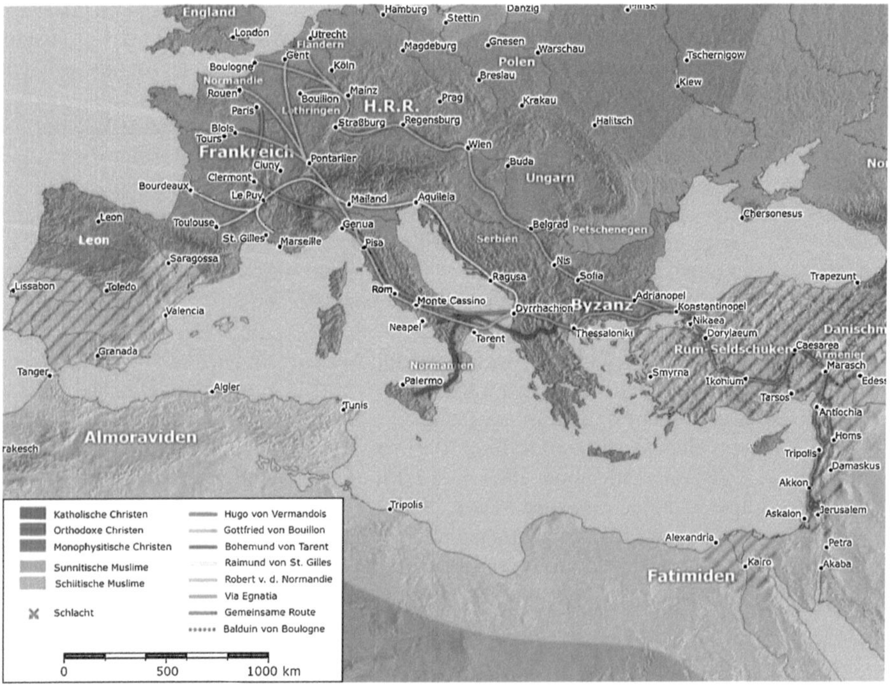

Abb. 2.1: Karte des 1. Kreuzzuges, aus: Martens 2012

Tatsächlich figuriert der Familienname in der Variation "Digon" in der historiographischen Literatur der Kreuzzüge (vgl. zur unterschiedlichen Schreibweise des Namens: Kap. 3.1). Fündig wird man in dem die Hauptquellen zum ersten Kreuzzug und seine Folgezeit repräsentierenden, sogenannten "Crusade Cycle". Dieser beinhaltet die *chansons de geste*, welche in der Forschung zwar noch dem Traditionsstrang der altfranzösischen Epik zugesprochen werden, jedoch mit der Einschränkung, daß das mythologisierende Element zugunsten einer Ereignischronik, die tatsächlich existente Zeitgenossen und deren Taten beschreibt, zurücktritt (Cook 1980: 5–6). Der Epenzyklus beinhaltet ursprünglich miteinander nicht Beziehung stehende Texte, die erst vermöge späterer Redakteure zu ineinandergreifenden Erzählungen gesammelt wurden. Keine der Dichtungen wurde interdependent voneinander tradiert, so daß die dreizehn separaten Sammlungen allsamt in verschiedenen Ordnungen mit unterschiedlichen Texten zusammengefaßt worden sind. Die Manuskripte wurden im Nordosten Frankreichs, aller Wahrscheinlichkeit nach in der Picardie, zwischen 1250 und 1425 abgefaßt (vgl. weiterführend zu den Manuskripten des Zyklus: Myers 1981: XIII–LXXXVIII). Hierfür sprechen die eigentümlichen Phonologien des Werkes, die typische Elemente des Franco-Picard während des dreizehnten Jahrhunderts enthielten (vgl. weiterführend: Gossen 1970). Das Hauptgedicht des Zyklus war der "Chanson d'Antioche", welches als die Basis des historischen Teil des Epos angesehen wird. Das Original ist verloren, doch kam eine Version aus dem 12. Jahrhundert, die von Graindor de Douai bearbeitet wurde, auf uns. Er war es, der darüber hinaus das "Chanson de Jérusalem" editierte und wahrscheinlich selbst das "Chanson des Chétifs" verfaßt hat. Diese Triologie einzelner Gedichte bildete die Grundlage für den Rest des Kreuzfahrtszyklus und orientierte sich weit mehr an den historischen Gegebenheiten als an den sagenhaften Romanzen, die im Zuge der Verbreitung des Werkes hinzugedichtet wurden. Der Protagonist der drei epischen Erzählungen ist Gottfried von Bouillon, um dessen Person in einer romantisch verklärenden Form der Rest des Zyklus arrangiert ist. So werden er und seine Vorfahren mit der Legende des Schwanenritters verklärt, welche dieserhalb als "Naissance du Chevalier au Cygne" den "Crusade Cycle" einleitet. Hernach werden im eigentlich historischen Part, dem "Chanson d'Antioche" der Aufruf, das Gebet sowie Vorbereitungen und Aufbruch zum ersten Kreuzzug dargelegt. Im Anschluß daran erfolgt die Schilderung von der Ankunft in Konstantinopel und die Belagerung und Einnahme von Antiochia am 3. Juno 1098, die mit der Niederlage Kerbogas, des Atabeg von Mosul endete. Dieser zog dann mit seinen *chétifs* (Gefangenen) zum Sultan, wo ihn selbiger des Verrats zeihte; um sich von diesem Verdacht zu befreien, war er gezwungen, sich einem Duell zu stellen, das ein gefangener Kreuzfahrer an seiner Stelle bestreiten mußte. In der wohl phantasievollsten Erzählung des Zyklus kämpften die *chétifs* daraufhin wider den Drachen Sathanas und bezwangen ihn am Ende. Ihre Freilassung erlangten sie indes erst, als in einer dritten Episode Arpin v. Bourges den Sohn Corborans aus verschiedenen Gefahrsituationen befreite. Der Erzähler blendet nunmehr wieder auf Gottfried, der kurz vor Jerusalem steht und die nunmehr Freigelassenen in seine Armee rekrutiert. Cornumarant, der sarazenische Gouverneur von Jerusalem, griff häufig das Lager Bouillons an, wohingegen die Kreuzfahrer die Stadt mehrfach erfolglos bestürmten. Letztendlich fiel Jerusalem in die Hände der christlichen Ritter, doch keiner der Militärführer wollte sich in der Stadt, in welcher der Erlöser Jesus Christus die Dornenkrone trug, zum König krönen lassen. Erst die Deutung eines göttlichen Zeichens zeigte an, daß Gottfried gekrönt werden sollte. In späteren Kämpfen wurde Peter v. Amiens gefangen genommen und Cornumerant getötet. Der Großteil der Manuskripte endet an diesem Punkt. Einige kontinuierten die Erzählung mit der Beschreibung von weiteren Kämpfen und Eroberungen sowie dem Tod Gottfrieds Edgington (1998). Für die Digeons ist zunächst das "Chanson d'Antioche" von Bedeutung. Die hier verwendeten Belegstellen folgen dem vierten Band unter der Editorenschaft von Jan A. Nelson der textkritischen Gesamtausgabe des "Crusade Cyle" Nelson (2003). Damit spiegeln sie die Weiterentwicklung des Forschungsstandes der Ausgaben von Paulin Paris und Suzanne Duparc-Quioc wieder (Paris 1848 und Duparc-Quioc 1976).

> "... *Ustasse de Boulogne, frere au duc de Bouillon,*
> *Et Bauduïns de Mons o le vermel pignon,*
> *Li Loherens* ***Hernaus et Hues de Digon****, ...*"
> [Herv. d. d. A.] (Nelson 2003: V. 10861–10863 (337))

Gleichsam an dieser Textpassage läßt sich ablesen, daß hierbei Kreuzfahrer aus dem Nordosten Frankreichs Erwähnung finden. Denn bei "Ustasse de Boulogne" handelt es sich um Eustach III. aus dem Haus Boulogne. Er war als Graf von Boulogne und Lens der erstgeborene Sohn von Eustach II., unter dessen Befehl der aus flämischen und französischen Kämpfern bestehende rechte Flügel der normannischen Invasionsarmee anläßlich der Schlacht von Hastings (1066) stand, und der heiligen Ida von Boulogne, der Tochter Gottfrieds III. von Niederlothringen, wodurch sie das Herzogtum Bouillon als Aussteuer in die Ehe einbrachte. Eustach III. folgte gleichsam wie sein jüngerer Bruder Baldouin I. v. Boulogne, Graf v. Verdun, der später den Königsthron Jerusalems besteigen sollte und Gottfried v. Bouillon dem Aufruf Papst Urbans II. zur Befreiung des Heiligen Landes (Riley-Smith 1997: 11 sowie weiterführend Murray 2000). Mit "Bauduïns de Mons" ist Balduin II., Sohn des Grafen Balduin VI. von Flandern und dessen Frau Richilde von Hennegau gemeint, der vergeblich gegen Robert I. v. Flandern und dessen Unterstützer, König Philippe I. v. Frankreich, um Flandern kämpfte. Bereits sein älterer Bruder Arnulf III., genannt "der Unglückliche", zog wider seinen Onkel ohne Erfolg zu Felde, wodurch er nach nur einjähriger Herrschaft bei der Schlacht von Cassel (59) 1071 geschlagen wurde und den Tod fand. Zuvor hatte er die Grafschaft Artois gegen militärische Hilfe an Frankreich gegeben.

Aus der Nennung dieser führenden Persönlichkeiten im Umfeld von Gottfried v. Bouillon und den geographischen Wirkstätten wird evident, daß hier ausschließlich Personen aus dem nordöstlichen Teil Frankreichs aufgezählt wurden. Auch die beiden Kreuzfahrer Hernaus et Hues de Digon, die als "Li Loherens" in das damalige Lothringen verortet werden, reihen sich in diese Region ein. Für ein tieferes Verständnis der geographisch-politischen Verhältnisse erscheint es sinnvoll, den Ereignisverlauf bis in die Zeit der beiden genannten Kreuzfahrer zu betrachten. Das Herzogtum Lothringen selbst wurde 959 in zwei Herzogtümer, Niederlothringen und Oberlothringen, geteilt, wobei der Grenzverlauf dazwischen nie eindeutig geklärt wurde. Im vorliegenden Fall erhellt sich nicht, aus welchem der beiden Teile Hernaus und Hues de Digon entstammten. Auf Grund der nordostfranzösischen Herkunft der vorgenannten Mitstreiter liegt jedoch die Mutmaßung nahe, daß es sich wohl nicht um Oberlothringen handelte, welches weiland das Gebiet der heutigen Region Lothringen mit der Saar, Luxemburg sowie Trier, Prüm und Koblenz umfaßte, sondern Niederlothringen, das im Norden an Holland, im Osten an Flandern und im Westen an Westphalen angrenzte. Nachdem zwei westfränkische Karolinger das Amt des jeweiligen Herzogs bekleidet hatten, erfolgten zeitweise Vakanzen des Thrones (1005–1012). Daneben kam es zu Sezessionserscheinungen, die sich in Form von Partikularfürstentümern seit dem frühen 11. Jahrhundert nachweisen lassen, was zu mehren blutigen Waffengängen führte. Erst durch die Schaffung dreier Markgrafschaften (Antwerpen, Ename und Valenciennes) gelang es dem deutschen König, eine Befriedung herzustellen. Vor allem im 11. Jahrhundert besetzten die Grafen von Verdun aus der Dynastie der Ardenne den Thron. Allerdings stellte sich eine Erblichkeit der Krone nicht ein, da der Kaiser diese zu vermeiden trachtete, so daß mehrere Geschlechter den niederlothringischen Thron bestiegen. Im 12. Jahrhundert verfiel das Herzogtum sukzessive.

Nach dem Tod Gottfrieds von Bouillon (1100) verlor auch das Amt des Herzogs in Niederlothringen an Bedeutung und litt unter dem Streit zwischen König Heinrich IV. und seinem Sohn Heinrich V. (vgl. weiterführend: Mohr 1976). Bezeichnenderweise kann die Herkunftsbezeichnung "de Digon" nicht mit dem in damaliger Zeit gleichen Schreibweise burgundischen Dijon identifiziert werden, da diese Stadt zu Zeiten des Gottfried v. Bouillons dem Herzogtum Burgund zugehörig war. Aus den Kommentaren zum Kreuzfahrerzyklus gehen keine weiteren Informationen über das mutmaßliche Brüderpaar und deren Wirken während der Kampagne hervor, so daß eine Einordnung in den genealogischen Gesamtzusammenhang der Digeons derzeit nicht möglich ist. Aus einer singulären Nennung der beiden Namensträger "de Digon" im Rahmen des Kreuzfahrerepos könnte lediglich eine schwache Argumentationsstütze für eine Beziehung zu den Digeons aus Aquitanien abgeleitet werden. Jedoch finden sich noch weitere Belegstellen im "Chanson de Jérusalem" mit dezidierten Hinweisen einesteils auf die Teilnahme von Mitgliedern des Geschlechts Digon und anderenteils auf Beziehungen zu den Caumonts, so daß ein Bezug zu den Digeon in Aquitanien probabel erscheint:

> "...*Bauduins de Biauves et Ricars de Caumont*
> *Herbers li dus de Bales Godeschas et Simon*
> *Et Harpins de Beorges qui estoit mout haus hom*
> *Et Fouciers de Melans et* ***Renaus de Digon*** ..."
> [Herv. d. d. A.] (Nelson 1992: V. 17–20 (App. 24))

Auch hier erscheint durch die Nennung von Baudouin de Beauvais (60) ein Kreuzfahrer aus der Picardie. Entscheidend ist aber, daß Ricars alias Richard de Caumont Erwähnung findet (vgl. Kap. 2.3.1.1: 81). Die Nennung des Namens Caumont allein wäre nicht weiter bemerkenswert, sofern nicht neben Herbert de Bales (Bascles) und seinen Brüdern Godeschas (Godescaus) und Simon, Eudes, Vicomte de Bourges (18), benamt "der Kühne" aus dem Kreise der Chétifs, der an König Philippe I. von Frankreich seine Vicomté sowie die Seigneurie von Dun für 60.000 Solidi verkaufte, um ins Heilige Land zu ziehen (Shepard 2003: 11) sowie Foucier de Melans alias Fouque de Melant (Melant) auch Renaus, oder auch Renaut de Digon, der in einer Variation des Manuskripts auch als "*Hunaus de Dignon*" figuriert, genannt würde (Nelson 1992: 723); eine Identifikation mit obigem "Hernaus de Digon" liegt nahe. Denn wie sich in der weiteren Darstellung erhellen wird, treten die Digeons mit den Caumonts späterhin erneut in Beziehung, da letztgenannte als Barone beziehungsweise Grafen v. Lauzun die ersten Lehnsherren der Digeons im Agenais werden sollten (vgl. Kap. 2.3.1.1: 78).

Die Caumonts taten sich in besonderer Weise während des ersten Kreuzzugs hervor. So erwähnt der Abbé Alis Richard de Caumont expressis verbis im Gefolge von Peter von Amiens und beschreibt dessen Heldentaten vornehmlich im Zusammenhang mit der Befreiung Jerusalems und seiner anschließenden Gefangenennahme (vgl. u.a. Alis 2003: 7, Galent-Fasseur 1997: 31, Weill 1989: 261). Doch bereits eine Generation vor Richard zeichnete sich seine Familie bei der Schlacht von Hastings aus, so wird Geoffroi, Seigneur de Caumont, in einem Brief von König Philippe I. v. Frankreich (Benquet 2001: 29) erwähnt und begründet den englischen Zweig dieses Hauses (vgl. Kap. 2.3.1.1: 81). Es wäre ein Kuriosum, figurierte ein Caumont zusamt mit zwei Brüdern "de Digon" im "Chanson de Jérusalem" und würden die beiden Familien späterhin ein Lehensverhältnis ausgerechnet in der Guyenne begründen, ohne in Verbindung zueinander gestanden zu haben. Folglich kann mit einiger Plausibilität davon ausgegangen werden, daß es sich – trotz der varianten Schreibweise von Digon gegenüber Digeon, Dignon oder Dijon (vgl. hierzu: Kap. 3.1) – um dieselbe Familie handelt.

Die oben skizzierte Überlieferung der Digeonschen Kreuzzugsteilnahme läßt jedoch drei Brüder mit Gottfried von Bouillon ins Heilige Land ziehen, von denen jedoch erst zwei identifiziert wurden. Tatsächlich findet sich ein dritter Kreuzfahrer, Gerars de Digon, in der London-Turin Version der "*Jérusalem Continuations*", welche die Ereignisse nach der Eroberung Jerusalems durch die Kreuzfahrer abbildet. Es entstand in der uns heute vorliegenden Fassung Ende des 13., Anfang des 14. Jahrhunderts in Zentralfrankreich und wurde nach heutigem Forschungsstand von 5 Autoren editiert (Cook und Grillo 1978):

"*...Le ber Thomas du Merle la fiere raison*
Et Geuffroi de Clarvent et ***Gerars de Digon*** [Herv. d. d. A.]
Et Fouques de Melan avec Raimbaut Creton." (Grillo 1994: V. 238–240 (51))

Neben Thomas du Merle , welcher einer Familie entstammte, die sich wie die Caumonts bereits anläßlich der Schlacht von Hastings ausgezeichnet hat und deren Baronie von Rollo, dem ersten Herzog der Normandie errichtet wurde sowie Geuffroi de Clarvent, dessen Herkunftsbezeichnung nicht identifiziert werden kann (Nelson 1985: 507) und Foucier de Melans alias Fouque de Melant (Melant) sowie Raimbaut Creton, wird Gerars de Digon als Kreuzfahrer genannt. Dieser findet noch einmal an spätere Stelle im Zusammenhang mit den Heldentaten von Jehan d'Alis und Boudouin de Biaves Erwähnung:

"*Et dant Je*[han d'] *Alis et son ...*
Baudouin de Biav[és] *qui fu de grant ...*
Pour le serpent q... et se mist en abendon;
Si fu Girars de Blaives et ***Gerars de Digon*** ..." [Herv. d. d. A.]
(Grillo 1994: V. 488–491 (58))

Mithin lassen sich drei Namensträger "de Digon" respektive "de Dignon" im Kreuzfahrerzyklus um Gottfried v. Bouillon nachweisen: Hernaus alias Renaus, Hues und Gerars. Demzufolge erscheint eine Beteiligung am ersten Kreuzzug unter Gottfried von Bouillon aus dem oben dargelegten Gründen zwar wahrscheinlich, allerdings fehlt ein quellenbasierter Konnex zwischen der Teilnahme am ersten Kreuzzug sowie dem Auftreten der Digeon in der Guyenne. Die in diesem Kontext von Lucile Bourrachot eingebrachte Erklärung, der Hundertjährige Krieg (1337–1453) hätte einen Großteil des Archivbestands dieser Zeit zerstört,[5] greift im vorliegenden Fall kaum: Erstens würde dies voraussetzen, daß die Familie bereits dort ansässig war, zweitens hat sich eine Reihe von Privatarchiven durchaus erhalten, so daß zumindest vereinzelt Hinweise auch von zweiter und dritter Seite, wie zum Beispiel durch Nennung in den Genealogien anderer Familien qua Ehebund, vorhanden sein müssten. Bei der Durchsicht der relevanten Literatur konnten selbige indes nicht gefunden werden. Allein ein vereinzelter Hinweis, daß die Digeon bereits circa hundert Jahre vor besagter Eheschließung im Jahre 1467 in Südwestfrankreich ansässig gewesen sein müssen, findet sich – indes bedauerlicherweise ohne Quellenbeleg – bei René Blanc. Dort heißt es:

"*Qui étaient ces DIGEON - On retrouve leur trace en 1345 et les voyons ferrailler avec les Durfort de Duras, et autres fédodaux, contre le comte Derby au coer du Périgord.*" (Blanc 1975: 15)

---

5 A.P.D.M., DM 5, Lucile Bourrachot: Une Famille Protestante de l'Agenais et ses Cousins Allemands: Les Digeon de Monteton, s.d., unveröffentliches Typoskript, S. 2.

Gemäß dieser Darstellung kämpften die Digeons bereits in der Mitte des 14. Jahrhunderts mit der Familie Durfort de Duras gegen die Engländer. Es kann als wahrscheinlich angesehen werden, daß hierbei die Schlacht von Auberoche (24) am 31. Oktober 1345 zu Beginn des Hundertjährigen Krieges gemeint ist, bei welcher sich genannter Graf von Derby auf Seiten der Engländer und Louis de Poitiers-Valentinois, der für die französische Krone focht, gegenüberstanden (DeVries 1996: 189). Mithin ist es grundsätzlich möglich, daß anläßlich dieser kriegerischen Ereignisse auch die ersten Digeons ins Périgord gelangten. Dies vermag insofern eine gewisse Plausibilität für sich beanspruchen, als daß sich die englische Streitmacht vorwiegend aus lokal ansässigen, gasconischen Rittern zusammensetzte, wohingegen die Franzosen ihre Truppen aus der Normandie und Flandern rekrutierten. Dies resultierte daraus, daß Philippe VI. von Frankreich am 24. Mai 1337 die Guyenne und die Grafschaft Ponthieu wie zuvor 1324 das Agenais konfiszierte. Dies geschah unter dem Prätext, daß der damalige König von England, Eduard III. seinen Lehnspflichten nicht nachgekommen sei, kündigte dieser sein Treueverhältnis ihmgegenüber auf. Dies bedeutete faktisch den Eintritt des Kriegszustandes zwischen beiden Königreichen. Danach mußte Philippe im Jahr 1339 die Landung englischer Truppen in Flandern hinnehmen, vermochte aber deren Vordringen bei Saint-Quentin (02) in der Picardie abzuwehren. Zuvor war durch den Erbstreit um das Artois, bei welchem der rechtmäßige Erbe Robert III. von Philippe übergangen wurde und dieser danch im Exil wider die französische Krone konspirierte, das Verhältnis zwischen den beiden Monarchien bereits nachhaltig getrübt (vgl. Kap. 2.3.1.1: 82).

Auch würden sich die, wie im nachfolgenden noch aufzuzeigen sein wird, Verbindungen zwischen den Digeon und der Bretagne gut in den Kontext einfügen, daß einige Zeit nach den geschilderten Ereignissen durch den Tod des Herzogs von Bretagne, Johann III. von Bretagne, 1341 ein Stellvertreterkrieg zwischen England und Frankreich um dessen Nachfolge ausbrach. Demzufolge kam es zu einer Häufung von Truppenbewegungen zwischen Nord und Südwest, bei welcher möglicherweise auch die Digeons partizipiert haben könnten. Schließlich war der Sohn Philippes VI., der künftige Johan II., Herzog der Normandie und ab 1345 Herzog von Aquitanien, weswegen es für den König zunächst vordringlich war, das Gebiet um die Krondomäne zu sichern. Loyale Soldaten waren hierfür indespensabel. Denn in den davon weit abgelegenen südwestfranzösischen Gebieten, die bereits lange Zeit in Form des Herzogtums Guyenne der englische Krone unterstanden, hatte sich der regional ansässige Adel, der rechtlich als Aftervasall durchaus dem französischen König lehnspflichtig war, zunehmend emanzipiert und eigene Herrschaftsentitäten errichtet. Diese Entwicklung läßt sich gut vermöge der Familie Durfort aufzeigen, deren Zweig Durfort-Duras für lange Zeit den Digeon de Monteton als Lehnsherren vorstanden.

Die Durforts waren ein weitverzweigtes und bedeutendes südwestfranzösisches Adelsgeschlecht, dessen Ursprünge sich im 11. Jahrhundert verorten lassen. Gegen Ende des 12. Jahrhunderts und zu Beginn des 13. Jahrunderts sicherte ihnen der Garonnezoll von Clermont-Soubeyran beträchtliche Einnahmen. Darüber hinaus besaßen sie bereits damals mehrere Kirchen der Abtei Moissac sowie ein Vielzahl von Burgen (z.B. Mondenard, Montesquieu, Beaucaire, Clermont-Soubeyran). Das Geschlecht trennte sich in mehrere Zweige, wovon einer als die *Herren von Lacour und Moissaguel*, zumeist nach einer ihren Burgen als *Duras* bezeichnet, hauptsächlich im Agenais und benachbarten Bazadais ansässig war. Vermöge ihres durch Raymond Bernard de Durfort de Duras, Bischof von Périgeux, vermehrten Reichtums und vor allem dank ihrer Verbindung zur Familie *de Got* erlebten die Durforts einen rasanten Aufstieg (de Pêna 1999). Durch die Heirat von Arnaud II. Ende des 13. Jahrhunderts mit Marquèse de Goth (auch: Got), der Nichte Papst Clemens V., wurde die Grundlage dieser Verbindung gelegt (Tholin 1899: 174–175). Aimeri, der erstgeborene Sohn von Arnaud, geriet mitten in die Auseinandersetzungen des Hundertjährigen Krieges.

Gemäß der Lage seiner weitverstreuten Besitzungen und vornehmlich auf Grund des Standortes seiner Festung Duras, im Bazadais (Département Lot-et-Garonne, chef-lieu de canton) unweit der Grenze zum Agenais errichtet, schlug er sich einesteils auf die Seite der Engländer, anderenteils auf die der Franzosen. Er fiel im Jahr 1345 in den Reihen der französischen Ritter, was der Annahme Nährung gibt, daß die Digeon mit den Durforts wider die Engländer zu Felde gezogen wären. Sein jüngerer Bruder, Gaillard I., trat im Zuge dessen vom Klerus in den Laienstand zurück und diente als Offizier den Vertretern des englischen Königs/Herzogs, dann zeitweise wieder dem französischen König. Er verstarb 1357, kurz nach der Unterwerfung unter den Sohn Eduards III., den *Schwarzen Prinzen*. Seine Nachkommen gehörten zur anglo-gasconischen Partei. Gaillard II. stieg zum Seneschall von Aquitanien (1399–1415) auf; Gaillard III. war Prévôt von Bayonne und seit 1413 Seneschall des Landes. Gaillard IV. verteidigte Bordeaux (1447–1453) wider die Franzosen und mußte nach dem französischen Sieg lange Zeit im Exil in England leben, bis ihn Karl VIII. von Frankreich durch *Lettres de rémission* amnestierte und in seine Güter einsetzte. In den folgenden Jahrhunderten brachte das Geschlecht noch eine Reihe exzellierender Persönlichkeiten hervor. Das Schloß Duras mit seinen vier mittelalterlichen Türmen legt heutigentags noch von der Bedeutung der Familie Zeugnis ab, die mit dem Zweig der Herzöge von Durfort-Civrac bis in unsere Tage fortblüht (Dossat 1999).

Ob allerdings, um auf die Aussage von Rene Blanc hinsichtlich des ersten Auftretens der Digeon in der Guyenne zurückzukommen, tatsächlich selbige gegen den Grafen von Derby im Périgord gekämpft haben, vermag derzeit noch keiner gänzlichen Klärung zugeführt zu werden, denn auch wenn die oben dargelegten Gründe für eine nicht unerhebliche Plausibilität sprechen, bleibt trotz das einesteils die Aporie an genealogischen Spuren, vornehmlich in bezug auf die Ehepartner der Digeon bestehen und anderenteils liegt der Verdacht nahe, daß Blanc sich bei seiner Behauptung auf die *chroniques* von Jean Froissart stützt, welcher in seiner Darstellung gegen den Grafen v. Derby im Jahr 1345 auch zwei Brüder namens "*Philippe et Renaud de Dion*" erwähnte, welche mit den Duras gegen die Engländer gekämpft haben und gefangensetzt wurden (Froissart 1967a: XVII). Zwar stammten die Dion (auch: Dyon) aus Brabant und dem Artois, jedoch verköpern sie ein vollständig eigenständiges Geschlecht, welches weder heraldische noch verwandtschaftliche Indizien für eine gemeinsame Abkunft mit den Digeon liefert (vgl. dazu weiterführend: Lainé 1830: 1–24 (de Dion) sowie Borel d'Hauterive 1841a).

Unabhängig von dem quästionierten Sachverhalt, ob die Digeon nunmehr tatsächlich bereits 1345 mit anderen gascognischen Edelleuten wider den Grafen von Derby gefochten haben, drängt sich die Frage auf, wie es sich erklären läßt, daß die Familie überhaupt aus dem französischen Norden in den mehrere hundert Kilometer entfernt gelegene Guyenne gelangt ist. Auch wenn diese Frage derzeit nicht vollständig geklärt werden kann, so lassen sich doch zumindest Hinweise für die Migrationsbewegung in Richtung Süden finden, die eine gewisse Wahrscheinlichkeit für sich zu beanspruchen vermögen. Zu diesem Zwecke könnte es hilfreich sein, noch einmal in die Picardie zurückzublenden und sich die historischen Gegebenheiten bezüglich des Hundertjährigen Krieges skizzenhaft in Erinnerung zu rufen. Wie eingangs bereits dargestellt, befand sich das Dorf Digeon (Abb. 2.2: 55) in der Picardie nur wenige Kilometer von der Grafschaft Aumale (Abb. 2.3: 56) entfernt, die vom 10. bis 13. Jahrhundert zum Herzogtum Normandie gehörte.

Digeon wird auf dieser von Cassini (weiterführend: Pelletier 1990) gezeichneten Karte mit einem "j" geschrieben – wie die Hauptstadt von Burgund; um die Konfusion komplett zu machen, schrieb man selbige wiederum bis in die frühe Neuzeit wie das Dorf in der Picardie mit "ge" (La Marche 1825: 322). Daneben vermag man zu sehen, wie wohlpositioniert es sich an der Straße Richtung Aumale befand.

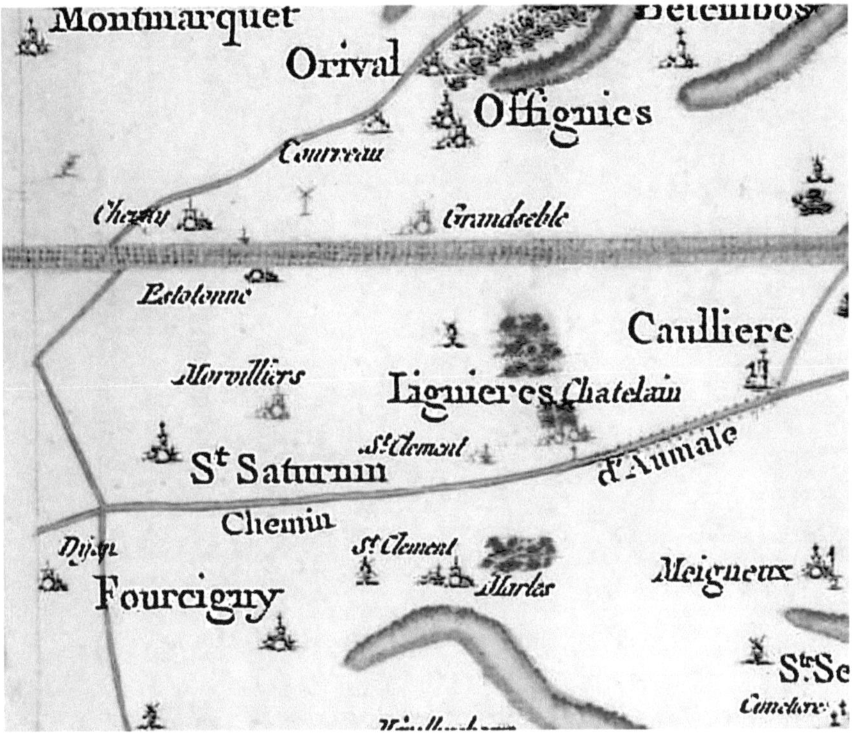

Abb. 2.2: Kartenaussschnitt mit dem Ort Digeon nach Cassini 1:86.400 (Amiens, corrigée 1757), aus: N° 3. Flle 11e – Document cartographique – établie sous l a direction de César-François Cassini de Thury)

Auf dieser Karte wird deutlich, wie wenig auf eine einheitliche Orthographie selbst innerhalb eines Werkes Wert gelegt zu werden schien. Der Ort wird hier "Dijeon" geschrieben. Die Grenzlage zwischen Aumale, beziehungsweise der Normandie und der Picardie ist somit unverkennbar. Das Dorf selbst gehörte lehnsrechtlich erst zur Grafschaft, dann zum Herzogtum Aumale (DHAP 1919: 509 sowie Abb. 2.4: 57). Als Afterlehen war es der Seigneurie von Bois-Robin zugehörig (Semichon 1862a: 16). Dabei schien die wesentliche Bedeutung, die sich vor allem aus der Lage an der Wegkreuzung nach Aumale in östlicher Richtung ergab, noch am Ende des 16. Jahrhunderts beträchtlich gewesen zu sein. Hiervon zeugt eine Transaktionsvertrag vom 23. September 1587 zwischen Marie, der Frau Karls I. von Lothringen, seines Zeichens Herzog von Aumale, und einem gewissen Sieur de Barbin, Seigneur de Bois-Robin. Dieser verzichtete darin auf alles, was ihm an Gütern mit sämtlichen Rechten der Gerichtsbarkeit sowie Erbschaften in Aumale selbst zustand. Im Gegenzug erhielt er die Festung von Digeon (Semichon 1862a: 17).

Auffallend ist ferner die Nähe zur *Abtei Saint Martin d'Auchy*. Dies ist insofern von Belang, als daß die erste urkundliche Erwähnung der Familie in der Schreibweise "de Digeon", mit besagtem Kloster in Verbindung steht. Im *Dictionnaire Historique et archéologique de la Picardie* heißt es nämlich:

"Fiefs non mouvants de la seigneurie: [gemeint ist die Seigneurie Morvillers, Anm. v. A.] *le domaine de l'abbaye d'Aumale. Indépendamment des fiefs que possédait l'abbaye d'Aumale sur la paroisse, elle y*

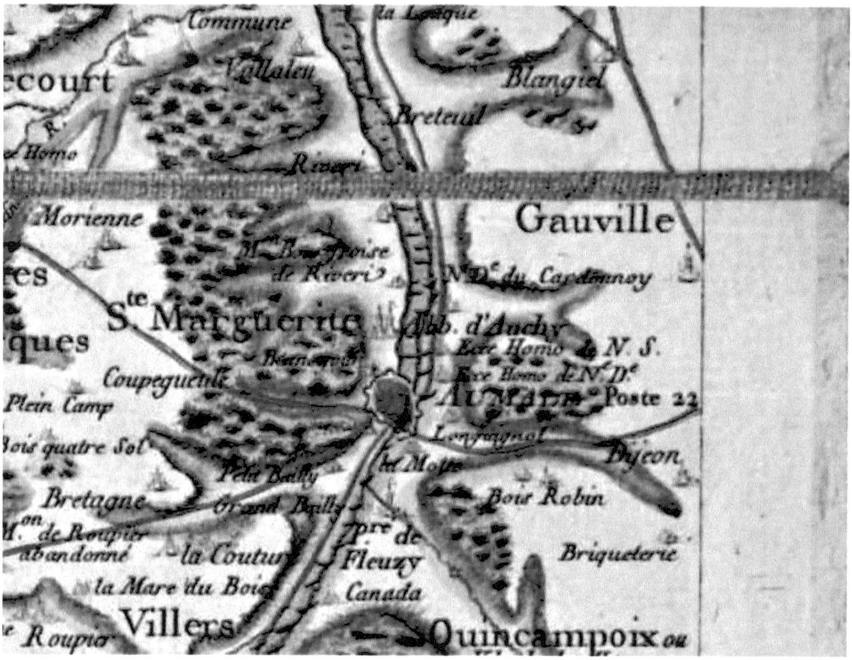

Abb. 2.3: Kartenaussschnitt des Ortes Digeon in der Umgebung von Aumale sowie der Abtei Saint Martin d'Auchy nach Cassini – 1:86.400 (Amiens, corrigée 1757), aus: N° 3. Flle 11e – Document cartographique – établie sous la direction de César-François Cassini de Thury)

> *avait des terres dont on ne peut dire si elles furent rattachées à l'un d'eux. Tel est le cas d'une terre contre le cimetière de Saint-Saturnin, provenant, en 1211, d'un don de* **Richard de Digeon**, [Herv. d. d. A.] *doyen d'Aumale."* (DHAP 1919: 503)

Demnach können wir – nichtzuletzt auf Grund der räumlichen Nähe – mit Sicherheit davon ausgehen, daß die Abtei sowie die Stadt Aumale durch die Funktion Richards de Digeon in Verbindung traten. Das Benediktinerkloster schien sich durch mehrere Befestigungsanlagen und eine konsequente Expansionspolitik zunehmend zu einem wichtigen regionalen Faktor zu entwickeln. Die Amtsbezeichnung des Schenkers wird mit *Doyen* angegeben. In dieser Zeit entwickelten sich zunehmend an der Grenze zur Normandie diese Verwaltungs- und Jurisdiktionsbezerike innerhalb einer Diözese. Dabei ist es interessant zu sehen, seit wann ein solches Amt für Aumale bezeugt ist. Daniel Power hat in seiner Studie herausgearbeitet, daß ein Doyen von Aumale seit 1130 bezeugt ist und dessen Amt vor dem Ende des 12. Jahrhunderts eindeutig fest etabliert war (Power 2004: 122–123). Durch die permanente Bedrohungslage an der Grenze zur Normandie vermag angenommen zu werden, daß diesem Amt während des 12. und 13. Jahrhunderts eine gewisse Bedeutung zukam. Wir erfahren außerdem noch, daß die Abtei im ausgehenden 13. Jahrhundert besonders reichlich mit Schenkungen bedacht wurde (Semichon 1862b: 2–30). Dies ging soweit, daß Papst Honorius III. ihr in einer Bulle das Recht der *Novales* einräumte (Semichon 1862b: 9). Damit war ein Zehntrecht gemeint, daß sich entweder auf neu urbach gemachtes Land erstreckte oder auf Grund und Boden, der bereits vor längerer Zeit urbar gemacht wurde, aber nun neue, dem Zehnt unterworfene Früchte trug (Marion 1976: 401). Fernerhin wird in diesem Zusammenhang offenkundig, daß die Nutznießungsrechte und das Eigentum an Grund nicht zwangsläufig ungeteilt in einer Hand lagen. Denn zusätzlich

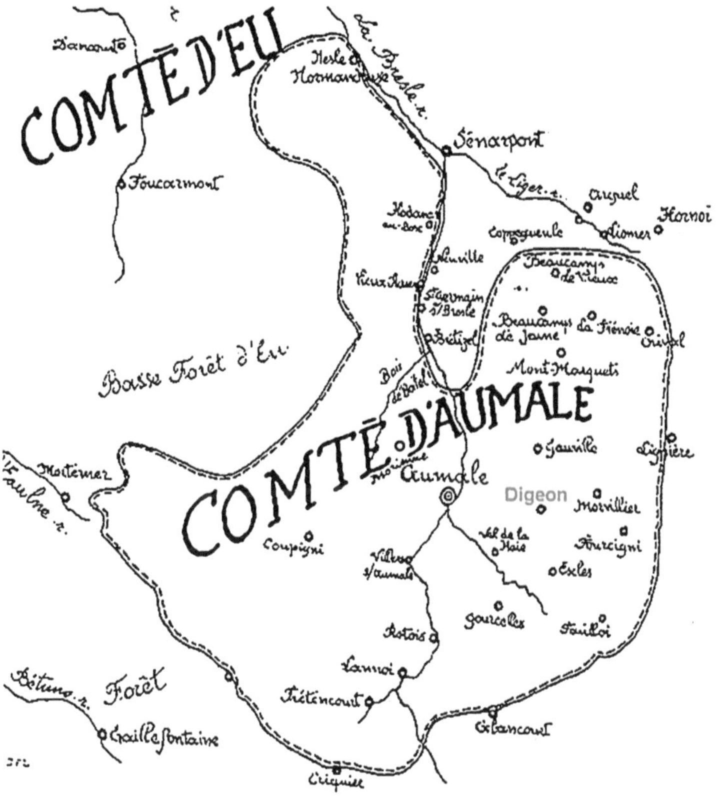

Abb. 2.4: Grafschaft Aumale mit Digeon [Herv. d. d. A.] nach einer Karte des Pays de Caux von 1740, aus: Duquenne 1996: 20

zur Schenkung von Richard de Digeon erhielt die Abtei im selben Jahr von Bernard Marescot, seines Zeichens Ritter, alle Rechte, welche dieser am Land besaß, welches besagter Digeon gegenüber dem Friedhof von Saint-Saturnin dem Kloster schenkte (Semichon 1862b: 6).

Wie die nachfolgende Karte (Abb. 2.5: 58) aufzeigt, eroberten die französischen Könige sukzessive den kontinentalen Teil der Normandie von England zurück. Auch Digeon mit seiner geringen Distanz zu Aumale war hiervon nicht ausgenommen.

Darüber hinaus muß die Situation der picardischen Aristokratie im 13. und 14. Jahrhundert als ausgesprochen schwierig und hoffnungslos angesehen werden. Nach einer Epoche brutaler und hemmungsloser Gewalt, durchzogen von kleinen Privatkriegen und hervorgerufen durch einen ekklatanten wirtschaftlichen Niedergang des grundbesitzenden Adels, unternahm König Ludwig X. (1289–1316) den Versuch, in einer Charte vom 13. Mai 1315 den anarchischen Zuständen Herr zu werden. Zuvor hatten sich die Adligen des Vermandois, Ponthieu und Corbie in einer Liga zusammengeschlossen, um gegen die Krone zu opponieren. So positiv und ambitioniert dieses Vorhaben des Monarchen auch war, es gelangte nie über eine Bekundung seines guten Willens hinaus. Als Ursache können die unterschiedlichen strukturellen Bedingtheiten der Picardie angesehen werden; die baronale Opposition war alles andere als kohärent wie in anderen Teilen des Königreichs, z.B. im Artois oder dem Forez, sondern ungemein diversifiziert, was einen durativen Konflikt beförderte (Fossier 1976: 105). Philippe

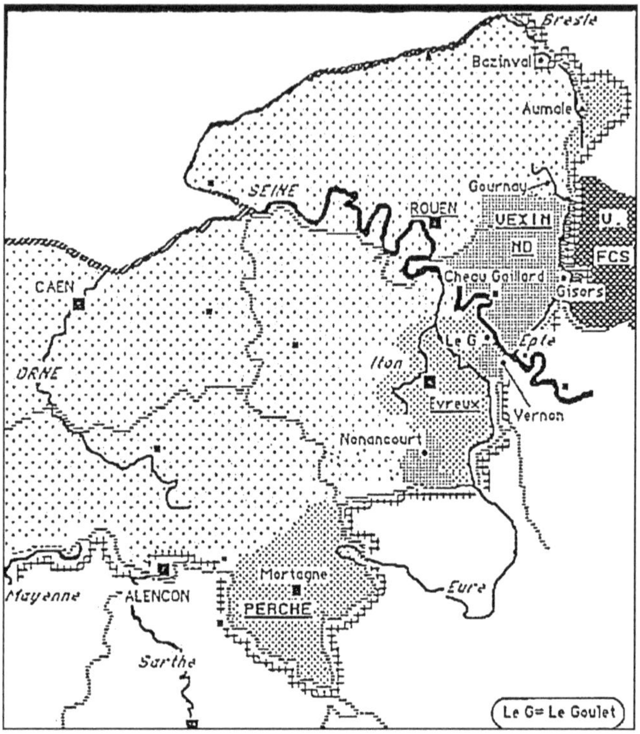

Abb. 2.5: Die sukzessive Eroberung der Normandie durch die Könige von Frankreich (12. bis 13. Jahrhunderts), aus: (Duquenne 1996: 61)

Contamine lokalisiert demnach zwei unterschiedliche Hauptgründe für den dramatischen Niedergang dieser sozialen Schicht: Zum einen die grundsätzlich ablehnende Haltung gegenüber einer notwendigen Integration in das Königreich, zum anderen (und damit eng zusammenhängend) eine verneinende Attitüde hinsichtlich einer Anpassung der landwirtschaftlichen Güter an die veränderten Bedingtheiten der im Aufschwung befindlichen und dringend Kapital bedürfenden Ökonomie (weiterführend: Duby 1962; Genicot 1968).

Als verstärkendes Moment traten zwei gravierende demographische Zäsuren hinzu: Der Bevölkerungsanteil, sonderheitlich der männliche, stieg zwischen 1215–1245 und 1275–1310 massiv an und zog eine noch stärkere Zersplitterung des Grundeigentums nach sich. Die Folge war eine zunehmende Verschuldung, die im besten Fall lediglich zur Aufgabe des Ritterstandes und nicht zum Totalverlust des Gutes als wirtschaftliche Überlebensgrundlage überhaupt führte. Dieserhalb schloß sich eine Art "circulus vitiosus", der einzig den sozialen Abstieg als Konsequenz nach sich zog. Schwierigkeiten, besonders der kleinen Seigneurs, die sich aus dem erhöhten militärischen Materialbedarf Philippe IV. ergaben sowie die einzelnen Konflikte mit der königlichen Justiz spielten wohl gleichergestalt eine gewisse Rolle, doch mitnichten waren sie für einen derartigen Verfall eines Teils der Oberschicht verantwortlich (Contamine 1976a: 126–127). Das Zeitalter des Hundertjährigen Krieges sollte gleichsam nicht zu einer Verbesserung der Gesamtsituation führen. Die Schwarze Pest (1349) und nicht zuletzt die Bauernaufstände im Gebiet um Poix (unweit des Dorfes Digeon), Breteuil und Montdidier, die hunderte von Dörfern und Schlösser in Schutt und Asche legten, zahlreiche Edelleute ermordeten und erst vermöge des Zusammenschlusses einiger Ritter vernichtend geschlagen wurde, sollten die bewegte Geschichte und damit einhergehende Lebensunwirtlichkeit dieser Region kontinuieren (Morelle 1999: 2128). Ungeachtet dieser einzelnen Fakten kann mithin doch eine Hauptverantwortung des Niedergangs in den veränderten wirtschaftlichen Gegebenheiten und der mangelnden Anpassungsbereitschaft und nicht im Konflikt mit dem König beziehungsweise der Stadt gesehen werden. Ein Phänomen, das nicht zum letzten Mal für einen Teil des Adels auch außerhalb Frankreichs schicksalhaft werden sollte.

Leider können wir nicht mit Bestimmtheit behaupten oder gar den Nachweis erbringen, daß diese Entwicklung ursächlich für den geographischen Ortswechsel von der Picardie in die Guyenne für die Familie Digeon gewesen ist, doch spricht einiges, wie dargelegt, für die Plausibilität dieser Hypothese. Was den Zeitpunkt der Übersiedlung betrifft, können wir gleichergestalt keine wirklich valide Aussage treffen, indes mit einiger Wahrscheinlichkeit davon auszugehen ist, daß spätestens der Befehl Philippes IV., die weiland englische Guyenne anzugreifen (1294–1299), als mutmaßliches Datum der Übersiedlung zugrunde gelegt werden kann (Lalou 1999: 2061).

Ein weiteres Herkunftsindiz vermag dem französischen Wappen entnommen zu werden: Die beiden Andreaskreuze finden sich nämlich vornehmlich in der niederländischen sowie nordfränzösischen Heraldik (Kap. 3.4.1: 389).

Der deutlichste Hinweis auf die tatsächlichen Wurzeln findet sich jedoch in den Archives départementales de l'Isère. Dorten befindet sich ein Karton mit der Aufschrift "*Papiers de la famille Digeon d'Artois*", der ein Konvolut von Quellen enthält, die dermalen nicht kommunizierbar sind und mit ziemlicher Wahrscheinlichkeit einen zusätzlichen Erkenntnisgewinn versprechen.

Dieserhalb resultiert aus dem Vorgelegten, daß wir die Behauptung, die Familie stamme ursprünglich aus der Guyenne, bezweifeln müssen.

2.2 Erste Spuren in der Guyenne

Weil wir die Lücke zwischen den Digeons aus Nordfrankreich und denen der Guyenne derzeit nicht vollständig zu schließen vermögen, erscheint ein Blick auf die Ehefrau von Pierre de Digeon, als sinnstiftend, denn laut seines Ehevertrages heiratete er 1467 in Casseneuil Françoise de Verdun.[6] Zunächst denkt man bei "de Verdun" an die berühmte Stadt an der Marne, doch bei näherer Betrachtung wird deutlich, daß die Familie seit dem 15. Jahrhundert in den Grafschaften Rouergue, Foix und Périgord sowie den Herzogtümern Burgund und Normandie ansässig war. Françoise war bereits einmal verheiratet, bevor Sie eine erneute Ehe mit Pierre de Digeon einging (Anhang: B.15: 708). Der Baron de La Nauze schreibt nämlich in seinem genealogischen Essai über die Familie Digeon, daß bei der Aufteilung der Güter Françoise auch eine Halbschwester, benamt Marguerite Dugot, die aus einer ersten Ehe stammte, Berücksichtigung fand. In diesem Schriftstück fand auch deren Sohn Jean de Trévey Erwähnung, was darauf schließen läßt, daß sie mit einem Trévey verheiratet gewesen sein muß.[7] Eine solche Familie "Dugot" läßt sich indes in Aquitanien nicht lokalisieren, vor allem existiert kein adliges Geschlecht dieses Namens. Folglich könnte La Nauze ein Irrtum bei der Transkription der Quelle unterlaufen sein, oder er führt sie ungeprüft als Sekundärzitat an. Eine weitere Möglichkeit der Identifikation des ersten Ehemanns von Françoise de Verdun läge in der Auflösung des Namens "Dugot" in "Le Bigot" (vgl. weiterführend zu dieser Familie: Dubé und Julien-Laferrière 1988). Diese Familie, die ursprünglich aus dem Norden des Königreichs stammte, hatte bereits in der Mitte des

6 A.D.33, 9 J 60, p. 16.
7 Ibid.

17. Jahrhunderts "toutes les marques d'une Maison tres-Noble" (Genealogie Le Bigot 1655: 1). Bei genauerer Betrachtungsweise offenbart sich diese Vermutung hinwider als wenig haltbar; zum einen ist die orthographische Differenz zwischen "Dugot" und "Le Bigot" doch relativ beträchtlich, so daß ein bloßer Übertragungsfehler exkludiert werden kann, zum anderen weist La Nauze selbst in einer Anmerkung darauf hin, daß Courcelles die Tochter von Françoise in seiner Genealogie des Hauses Trévey als Marguerite "du Gua" und nicht "Dugot" bezeichnet.[8] Diesem zu Folge hat Marguerite du Gua am 4. August 1471 Tannequin de Trévey, Ecuyer und Seigneur de Buffrède geehelicht. Einiges spricht dafür, daß Courcelles mit seiner Angabe richtig liegt; denn die Seigneurie du Gua, gelegen in Saint Pey en Barès bei Saint Loubès im heutigen Ambarès (33), gehörte der mächtigen Familie de la Roque, deren Wurzeln bis in die früheste Zeit des Mittelalters zurückreichen (O'Gilvy 1856: 330–336). So ist nach dieser Herrschaft in der neueren genealogischen Forschung zum Haus de la Roque auch ein eigenständiger Zweig "du Gua" benannt worden (Semiotto 2002: 334). Darüber hinaus standen die de la Roques in enger Beziehung zu den Verduns, was die Plausibilität zusätzlich erhöht. Jean, der Vater von Catherine d'Anglade, die mit Jehan II. von Verdun, dem Bruder von Françoise de Verdun, verheiratet war, setzte in seinem Testament vom 12. September 1489 deren Nachfahren im Falle des Ausbleibens legitimer Erben seines Sohnes Pierre als Universalerben ein, für den Fall, daß auch aus dieser Verbindung keine Kinder resultieren sollten, verfügte er, daß seine jüngste Tochter Isabeau, die durch Ehe mit Jean de Naujan verbunden war, seine Nachfolge antreten sollte. Würden auch diese beiden Eheleute kinderlos abberufen werden, investierte er Henri de La Roque, Seigneur du Gua, den nächsten Anverwandten des Hauses d'Anglade als Erben (Drouyn 1876: 120). Bei selbigem handelt es sich um den dritten Sohn von Gaillard II. de la Roque du Gua und der Jeanne de Montferrand, welche er testamentarisch im Beisein von Jean d'Anglade am 25. August 1445 zum Vormund seiner noch minderjährigen Kinder bestellte (Semiotto 2002: 335). Hierbei ist es interessant zu sehen, wie konsequent am Blutsverwandtschaftsprinzip festgehalten wurde, was sich sogar auf die weibliche Deszendenz erstreckte (vgl. Kap. 4.1.2: 414).

Ehe wir uns nunmehr der Familie von Françoise de Verdun zuwenden, erscheint es notwendig, das Manuskript de Lanauze dahingehend zu ergänzen, daß nicht nur sie bereits eine Ehe eingegangen, sondern auch Pierre schon einmal verheiratet war. Wie wir der genealogischen Aufstellung im Kontext des Adelsnachweis für Charles III. Digeon de Boisverdun vom Dezember 1666 entnehmen können, lautete der Name seiner ersten Gemahlin Jeanne de Trévey (vgl. Anhang A.4: Z. 307–309). Demnach stammte, wie im folgenden noch aufzuzeigen sein wird, seine erste Frau aus einem uradligen Geschlecht der Bretagne (vgl. Kap. 2.3.1.1: 78). Ferner erfahren wir daraus, daß Antoine, der erstgeborene Sohn von Pierre de Digeon, nicht aus der Ehe mit Françoise de Verdun, sondern von Jeanne de Trévey entstammt. Hinzu kommt, daß ein wichtiger Zeuge, Simonet de Coursou, Seigneur de Cailhavel, gleichsam wie die Tréveys, als erster Vertreter seiner Familie aus der Bretagne in den Südwesten Frankreichs eingewandert ist (vgl. Anhang: A.4: 636 (Anm. 3 und 4)).

Folglich läßt sich sowohl eine "Spurenlosigkeit" der Digeon in der Guyenne vor der Ansiedelung Pierres de Digeon konstatieren, als auch, daß sich das mittel- und unmittelbare Umfeld der mit den Digeon in Beziehung stehenden Personen, vorzüglich aus nordfranzösischen, respektive der Bretagne stammenden Familien zusammensetzte. Aus diesem Befund resultiert mithin für die Digeons eine nicht unerhebliche Plausibilität hinsichlich deren originärer Abstammung aus dem Norden des französischen Königreichs.

Was die Familie der Ehepartnerin von Pierre de Digeon betrifft, so läßt sich die Spur der Verduns das erste Mal im Jahre 1440 in der Guyenne belegen, als sie unter Jehan I. de Verdun

8 Ibid., p. 67 (Anm. 1).

Abb. 2.6: Karte des Départements Lot et Garonne mit Cancon (1:500.000), aus: SPLAF (2012)

mit der aus militärischer Sicht mächtigen Baronie Cancon (Abb. 2.6: 62) belehnt wird (Massip 1891: 117–118). Die Bedeutung der Burg lag nicht zuletzt darin begründet, daß sie die bereits aus Römerzeiten bestehende wichtige Handelsstraße zwischen Agen (47) und Périgueux (24) kontrollierte und damit die Hoheit über diesen Abschnitt der Handelswege besaß (Gardelles 1981: 108).

Die Ursprünge des Hauses Verdun liegen indessen weitestgehend im Dunkeln. Alfred de Froidefond ging dezidiert davon aus, daß das Geschlecht aus der Périgord stammte, insbesondere, da einige Träger des Namens in den Listen der Bürgermeister von Périgeux zwischen 1316 und 1322 auftauchten (Froidefond de Boulazac 1873: 17). Dawider läßt sich einwenden, daß zwischen der ersten Hälfte des 15. Jahrhunderts und der ersten des 14. eine beträchtliche Zeitspanne liegt, die quellenkundlich nicht überbrückbar ist, und es mithin als unwahrscheinlich angesehen werden kann, daß eine Familie vom Stadtpatriziat in den Feudaladel aufstieg, ohne daß hierfür auch nur eine historische Belegstelle zu finden ist. Als näherliegend erweist sich zunächst das Languedoc als Ursprungsregion, da eine potentielle Ehepartnerin von Jehan I. de Verdun, Marie du Puget de Saint-Alban von dort entstammte (Jougla de Morenas 1939: 390) (vgl. Anhang: B.15: 708). Eine weitere Theorie besagt, daß die Verduns von der alten Familie d'Abzac abstammten, deren Adel die Qualität des immémoriale besitzt (vgl. dazu Kap. 4.1: 406) und damit über das ausreichende Alter für eine solche These verfügen würde; die Hauptannahme einer gemeinsamen Abstammung der d'Abzac und Verdun gründet sich jedoch auf die Tatsache, daß sich Gautounnet d'Abzac, Hauptmann von Castillones, seit 1440 Chef des Hauses d'Abzac, von La Prade und Verdun nannte (Massip 1891: 85). Diese Überlegungen sind indes insofern zurückzuweisen, als daß sich eine solche Herkunftsgleichsetzung nicht allein aus dem recht verbreiteten Namenszusatz "de Verdun" ableiten läßt, welcher im Falle d'Abzacs gleichwohl eine einzelne Herrschaft bedeutet haben könnte. Zudem finden sich bei den Verdun wie auch den Digeon vor dem 15. Jahrhundert überhaupt keine Hinweise auf eine Existenz in der Guyenne, wiewohl die d'Abzac dort nachweislich – und recht detailliert erforscht – bereits seit dem 12. Jahrhundert ansässig sind. Folglich erscheint vor diesem Hintergrund eine gemeinsame Abstammung als wenig wahrscheinlich.

Da diese Erklärungsansätze allsamt nur eine eingeschränkte Überzeugungskraft besitzen, liegt eine weitere Möglichkeit, sich der Ursprungsregion der Verduns anzunähern, darin begründet, den Herkunftsort der ersten Ehefrau von Jehan I., mit welchem die gesicherte Stammreihe des Geschlechts beginnt, einer näheren Betrachtung zu unterziehen. Gemäß der Darstellung von Henri O'Gilvy war dieser mit Marie d'Albano um 1410 in den Stand der Ehe eingetreten (O'Gilvy 1858: 363). Leider fehlt ein entsprechender Quellennachweis, so daß man ihren Namen nur versuchsweise rekonstruieren kann: Möglicherweise läßt sich das im mutmaßlich lateinisch verfaßten Ehekontrakt erscheinende "Albano" zu Puget de Saint-Alban auflösen. Das "Grand Armorial de France" gibt darüber Auskunft, daß die Familie de Puget beziehungsweise Puget de la Marche et de Saint-Alban, ansässig im Languedoc, seit dem 13. Jahrhundert bekannt war, wo sie in dieser Zeit einen Gouverneur von Marseille, einen Kammerherrn der Königin Jeanne sowie seit 1296 zahlreiche "capitouls" von Toulouse stellte (Jougla de Morenas 1939: 390). Dieses Amt ging mit einer Nobilitierung einher (DAF 1835: 257 sowie Kap. 4.2.1: 425). Genaueres erfahren wir aus der "Biographie Toulousaine". Darin heißt es, daß es ursprünglich sogar zwei in der Umgebung von Toulouse ansässige Geschlechter dieses Namens gab. Der Ursprung des ersten, originär im Quercy ansässig, verliert sich im Dunkel der Zeit und beginnt die Filiation 1227, als eines der Familienmitglieder "capitoul de Toulouse" war. Demzufolge stimmen die Aussagen im Kern miteinander überein, sieht man einmal von den abweichenden Jahresangaben hinsichtlich der Bestellung des ersten Bürgermeisters der Kapitale der Midi-Pyrénées ab. Die Familie teilte sich in zwei Stämme und erlosch um 1300; eine Tochter dieses Namens brachte die Güter des Zweiges in die Familie Faudoas ein. Das zweite Geschlecht blühte bis zum Jahr 1434 fort, als eine Marie du Puget, Alleinerbin dieses Hauses, einen Puget de Saint Alban heiratete, unter der Maßgabe, daß er das Wappen der Vorfahren seiner Frau zu übernehmen habe (USGL 1823: 209). Diese letztgenannte Familie soll nach der Theorie von du Rosoy ursprünglich aus der Provence von den gleichnamigen Grafen abstammen, verließ ihre Heimat aber, nachdem ihre Güter ungerechtfertigterweise konfisziert wurden. Wider diese These richtet sich scharf Charles d'Hozier (Courcelles und Viton de Saint-Allais 1820a: 208–209). Diese neue Familie erfuhr die "honneurs" des Magistrats von Toulouse erstmalig mit Bertrand de Puget im Jahr 1437. Interessanterweise spricht das "Grand Armorial de France" davon, daß sich dieser bereits 1427 mit besagter Marie de Puget de Castillonnes [sic!] verheiratete und deren Wappen annahm (Jougla de Morenas 1939: 390). Mithin ergänzen sich die Hinweise an dieser Stelle zu einem probablen Gesamtgefüge, wobei wir nicht genau wissen, wo der Nexus zur Ehefrau von Jehan I. von Verdun, die gleichsam Marie benamt war, liegt. Vielleicht handelt es sich hierbei um eine Tante oder sonstige Anverwandte. Fest steht nur, daß sie circa eine Generation vor der Frau von Betrand de Puget lebte (Anhang: B.15: 708). Trotz dieser Hinweise vermag eine eindeutige Identifizierung der Ehefrau von Jehan I. de Verdun derzeit nicht vorgenommen werden, nicht zuletzt, da eine Familie "d'Albano" in der einschlägigen genealogischen Literatur nicht auffindbar ist. Schließlich könnte es sich bei den "d'Albano" auch um ein nicht-französisches Geschlecht aus Spanien, Italien oder Großbritannien gehandelt haben. Denkbar wäre gleichwohl, daß O'Gilvy den Namen nicht ganz korrekt übernommen hat, so daß es sich bei Marie d'Albano um eine Vertreterin des aus dem Languedoc stammenden und von Simon de Montfort belehnten Haus d'Aban (auch: *d'Abban, Dabban* sowie *d'Abano*) handelte (vgl. dazu: Mahul 1857: 361–362 sowie: La Roque 1972a: 164 (Bd.1)).

Ein ungleich präziseres und aufschlußreicheres Indiz findet sich in der bisher nicht beachteten Verbindung der zweiten Ehefrau von Jehan I. de Verdun, welcher eine Art Schlüsselfunktion hinsichtlich der urspürnglichen Verortung der Verdun zugesprochen werden kann. Denn die ältere genealogische Literatur schwieg sich beständig über die Verbindung von Jehan I. de Verdun und Indie de la Roche-Andry (lat. *de Rupe Chanderici*) aus. Als Tochter von Ybles III. de la Roche-Andry und der Persuye de La Trémoille, Witwe von Jean de Brilhac (auch: *Brillac*), Seigneur de Mons im Loudunois (vgl. zu dieser Familie: Gennes 1865; A.G.T. 1866: 190–191 sowie Beauchet-Filleau und de Chergé 1891: 776–778), und Tochter von Amiel (auch: *Amé*) de La Trémoille – Chevalier, Seigneur de Fontmorand, de Signac, de Pressac und de Vouhec – und der Jeanne de Pocquières (Moreri 1732: 599), darf sie nicht mit ihrer Tante Jude (auch: *Yude*) de La Roche-Andry, Tochter von Ybles II. de La Roche-Andry und der Blanche de Machecoul konfundiert werden, wie dies zeitweise geschah (z.B. Bourloton 1900: 420). Der Grund dieser Verwechselung ist dahingehend recht naheliegend, da sowohl Indie als auch Jude mit einem Helie du Bois verheiratet waren. Letztgenannte schloß mit Helie III. du Bois, Écuyer, Seigneur du Port um 1400 den Bund der Ehe (Viton de Saint-Allais 1876: 28), wohingegen Indie zum ersten Mal vor dem 6. März 1440 mit Helie IV. du Bois, Chevalier, Seigneur des Chastelliers, du Vert et Volvire – mutmaßlich Sohn von Henri III. du Bois – vor den Altar trat (Chaix d'Est-Ange 1906: 78). Bis heute ist die Geschichte des Hauses de La Roche-Andry, welches seinen Stammsitz in der gleichnamigen zum Bistum von Angoulême gehörenden Baronie besaß und zu den alten Geschlechtern des Angoumois gezählt werden kann, da es bereits mit Guillaume de La Roche-Andry, Seigneur de La Roche-Andry, welcher durch eine Schenkungsurkunde, datiert auf das Jahr 1094, die Kirche Mouthiers mit dem dazugehörigen Land der Abtei von Saint-Martial de Limoges vermacht hat (Sénemaud 1860: 462), die Stammreihe beginnt. Die Bindungen zwischen den du Bois sowie den La Roche-Andry sollten sich im weiteren Verlauf der Generationen noch verfestigen, denn Jean I., der einzige Bruder von Indie de la Roche-Andry heiratete um das Jahr 1450 Guyonne du Bois, welche aus der ersten Ehe seines Schwagers Helie IV. du Bois mit Jeanne de Mauvoisin dite Mauvaise hervorgegangen ist. Der gemeinsame Sohn Jean II. de la Roche-Andry sollte die Deszendenz fortzsetzen, wobei sich in dessen Enkelin Charlotte de la Roche-Andry (Abb. 2.7: 64), welche am 9. Juli 1534 mit François I. de Caumont-Lauzun den Lebensbund einging (Jourda 1970: 98 sowie Sazerac de Forge 1845: 57), die Beziehung zum Agenais manifestieren sollte (vgl. Kap. 2.3.1.1: 79 sowie zu ihrer Person weiterführend: Saulnier 1970).

Dank einer Erbvereinbarung vom 14. Mai 1444 können wir einesteils das Datum der Eheschließung von Jehan I. de la Perche dit Verdun mit Indie de la Roche-Andry näher bestimmen, und zum anderen gibt es Aufschluß hinsichtlich der einzelnen Herrschaften, welche dieser im Poitou und Pays de Retz auf sich zu vereinen vermochte. Die vertragliche Nachfolgeregelung betraf das Erbe von Eustache de Machecoul, Chevalier, Seigneur de Velluire et de La Touche, welcher als Sohn von Gérard I. de Machecoul und der Eleonore de Thouars sowie in seiner Eigenschaft als Onkel von Blanche de Machecoul, Großmutter von Indie de la Roche-Andry, ohne Hinterlassung von erbberechtigten, männlichen Nachfahren aus seiner Ehe mit Jeanne le Plessis, verstorben war. Die Machecouls stammten in direkter Linie ab von Peter, Graf von Dreux (auch: Peter von Braine), benamt Mauclerc, welcher ex iure proprio seiner Frau, Alix de Thouars, durch welche sich der Kreis zu den Machecoul wieder schließt, respektive des gemeinsamen Sohnes, Johann I. des Roten, zwischen 1213 und 1237 Herzog von Bretagne sowie Earl of Richmond von 1219 bis 1235 war. Peter von Dreux gehörte als zweiter Sohn des Grafen Robert II. von Dreux und der Yolande von Coucy durch seinen Urgroßvater väterlicherseits, Ludwig VI., zum französischen Herrschergeschlecht der Kapetinger. Peter von Dreux war allerdings nicht nur mit Alix de Thours verheiratet, sondern ging zwei weitere Male den Lebensbund ein: Zum einen heiratete er um 1230 eine nicht näher benante "Nicole"

Abb. 2.7: Charlotte de la Roche-Andry (alias "Madame de Brye"), verheiratet Comtesse de Caumont-Lauzun (Zeichnung von Jean Clouet (1534), Musée Condé (Château de Chatilly, France)

und zum anderen um 1236 Marguerite de Montaigu. Aus dieser Ehe um 1230 geschlossenen Ehe ging Olivier de Braine hervor, welcher durch die Belehnung der Herrschaft Machecoul (vgl. zur Herrschaft: Potier de Courcy 1862: 123) als Olivier I. de Machecoul zum Stammvater des gleichnamigen Geschlechts avancierte (vgl. zu den Machecoul weiterführend: Painter 1969: v.a. 141–143). Sein ältester Sohn Jean I. Machecoul, verheiratet mit Eustachie de Chabot, verkörperte wiederum den Vater des bereits erwähnten Gérad I. Auf diese Weise war Indie de La Roche-Andry mütterlicherseits sowohl mit dem Herzoghaus der Bretagne eng verwandt, als auch über die Machecoul mit dem französischen Herrschergeschlecht. Noch die gegenwärtigen Monarchien von Belgien, Großbritannien, Liechtenstein, Luxemburg, Monaco und Spanien zählen Olivier I. de Machecoul, teilweise in matrilinearer Deszendenz, zu ihren Vorfahren.

Nun läßt sich aus der genannten Vereinbarung, an welcher als Vertragsparteien auf der einen Seite die aus der gemeinsamen Ehe hervorgegangene Tochter Catherine sowie ihre Mann Jean Rabateau, Gerichtspräsident von Poitiers und Gastgeber Jeanne d'Arcs (vgl. weiterführend: Daniel-Lacombe 1895), beteiligt waren, und auf der anderen, als Repräsentanten der nachfolgenden Generation Jean de Toutessans, dessen Frau Clarissa de la Roche-Andry, sowie deren Schwester Indie de la Roche-Andry mit ihrem Ehemann Helie IV. du Bois schlußfolgern (Prouzeau 1972: 349), daß die Ehe von Indie mit Jehan I. de la Perche auf jeden Fall nach 1444 geschlossen worden sein muß. Da eine genaue Datierung derweil nicht möglich ist, vermögen wir dank einer Lehenshuldigung von Jehan I. de la Perche vom 15. August 1451 an Arthur III. v. Bretagne, bekannt als *Connétable de Richemont*, für "*ung viel chastel froust appellé le chastea de Chaille*",[9] das Heiratsdatum zumindest näher einzugrenzen. Denn die Burg von Chaillé war Bestandteil der im Poitou gelegenen Herrschaft von Velluire, welcher als Lehnsherr besagter Connétable de Richemont, in seiner Eigenschaft als châtelain von Mervent, vorstand. Eine nicht zu vernachlässigende Rolle spielten gleichenteils die ehelichen Verbindungen desselben, der sich in erster Ehe am 10. Oktober 1423 in Dijon (21) mit Marguerite von Burgund liierte, ihres Zeichens Herzogin von Guyenne und Witwe des Dauphin Louis, Herzog von Guyenne und Graf von Mortain, sowie in zweiter Ehe am 29. August 1442 in Nerac (47) Jeanne II. d'Albret zur Frau nahm, die Comtesse de Dreux und Tochter von Charles II. d'Albret und der Anne d'Armagnac. Eine dritte Ehe ging er am 2. Juli 1446 mit Catherine de Luxembourg, Tochter von Pierre I. de Luxembourg ein, Comte de Saint-Pol und Brienne, und der Marguerite de Baux (vgl. zu seiner Person grundlegend: Kerhervé 1993 sowie Kerhervé 1999). Durch diese Ehen erklärt sich nicht nur seine Einbeziehung in die innen- und außenpolitischen Auseinandersetzungen des Hunderjährigen Krieges, sondern ebenso die Akkumulierung von Lehen außerhalb seines Stammlandes von Dreux und Étampes, Montfort und Ivry.

Die Seigneurie von Velluire erhielt Jehan I. de la Perche jedoch erst von seiner Frau Indie de la Roche-Andry, woraus resultiert, daß die Heirat zwischen den beiden wahrscheinlich um das Jahr 1450 geschlossen wurde. Daneben besaß er noch die Herrschaften la Touche, Brilhac und Volvire, wie aus einer an ihn gerichteten Lehenshuldigung von Eustache de Boissière vom 2. Januar 1458 hervorgeht.[10] Dieser Besitz sollte jedoch lediglich vorübergehender Natur sein, dieweil bereits Ende des 15. Jahrhunderts die Seigneurien von Veluire, de la Toche und Chaillé von den Brüdern Aymeret und Jean de Thors erworben wurden (Prouzeau 1972: 350). 1575 fielen Chaillé und die Herrschaft Veluire an Mathurin Tiraqueau, der mit Anne Rabateau verheiratet war. Auf diese Weise schließt sich der Kreis wieder zu der Erbauseinandersetzung von 1444, denn der Schwiegervater Jean Rabateau hatte die beiden weiland anderweitig verteilten Lehen wieder zurückgekauft (Bourloton 1900: 420).

Demnach trennten sich die Erben Jehans I. de la Perche von ihren Lehen im Poitou; denkbar ist auch eine nur vorübergehende Belehnung. Denn es liegt die Mutmaßung nahe, daß König Karl VII. diese Lehen mit vertrauten Gefolgsleuten besetzen wollte und dieserhalb Jehan I. de la Perche, zumindest auf Lebzeiten, zum Vasallen des Connétable de Richemont machte. Dessen Bruder Johann VI., Herzog von Bretagne, hatte sich 1427 mit den Engländern verbündet, wodurch Arthur III. kurzzeitig in Ungnade bei Karl VII. fiel (Taylor 2000: 249). Erst in den darauffolgenden Jahren vermochte es die französische Armee, die britischen Feinde aus Beaugency, Patay, späterhin auch aus der Normandie und der Guyenne zu expellieren, so daß eine Reihe von der Krone Frankreichs nicht loyal ergebener Vasallen permutiert werden mußte.

Jehan I. de la Perche konnte sich in dieser Hinsicht des Vertrauens und der besonderen Gunst Karls VII. sicher sein, denn gemäß der *Chronique* (um 1455) von Mathieu d'Escouchy, eines zeitgenössischen Chronisten aus der Picardie (vgl. zur Entstehungsgeschichte und seiner Person: Du Fresne de Beaucourt 1863), eroberte er 1448 die in der Saintonge gelegenen Städte Cognac (16) und Saint-Maigrin (17) durch direkte Erstürmung:

> "*En ce meisme an mil cccc quuarante huit en ensievant la querelle dudit duc de Bretaingne, assez tost apprez la prinse dudit Pont de l'Arche, un gentilhomme du pays de Gascoingne nommé Verdun, de l'adveu et du consentement dudit duc, print d'eschielles les places de Conacq et de Saint Maigrin, ou pays de Bourdelois, dont estoit cappitainne, pour le Roy d'Engleterre, Mondoc de Lanssac; lequel fut prins*

9 A.N., R/1/545*, fol. 44vo.

10 B.N.F., Collection Dupuy, 204, fol. 198.

auprès dudit lieu de Conacq en venant de Bourdeaux, et ne savoit point la prinse des places dessusdictes." (Chronique d'Escouchy 1863: 168)

Demnach hat nach der Einnahme der in der Haute-Normandie befindlichen Stadt Pont de l'Arche (60) Herzog Franz I. von Bretagne, welcher unter Führung seines Onkels, des Connétable de Richemont von der Normandie kommend die englischen Bastionen sukzessive zurückerobert hatte, sein Einverständnis gegeben, daß Jehan I. de la Perche sich der beiden befestigten Plätze Cognac und Saint Maigrin bemächtigte, wobei er Mondot de Lansac gefangennahm und nach Bordeaux transportierte. Dies ist insofern nicht ohne Relevanz, da diesen beiden Städten eine nicht unerhebliche Bedeutung zukam, ob ihrer Lage unweit des Flusses Charente, der Demarkationslinie zwischen den Besitzungen des französischen und des englischen Monarchen, gelegen waren (Legardeur de Tilly 1891: 225 u. 232).

Inhaltlich fast kongruent, ist die Überlieferung dieser kriegerischen Geschehnisse in der um 1455 lateinisch abgefaßten *Reductio Normanie* von Robert Blondel, eines zeigenössischen normanischen Historiographen und Poeten des 15. Jahrhunderts, auf uns gekommen, der ebenfalls die Erstürmung der beiden englischen Städte durch Jehan I. de la Perche rapportiert (vgl. zur Entstehungsgeschichte: Héron 1893):

"*Dum hec feliciter aguntur ob dignum ducis Britonum furorem, quidam nobilis de Vasconia, Verdunus nomine, cum scalarum machinis fortalicia de Cogniaco et de Sancto-Magrino, Burdegalis versus plagam, erepta a barbaris in naturalem Gallorum communitatem retraxit. Ad que regis Anglorum nomine eorum capitaneus, Mondotus de Lansac, a Burdegalis urbe reversurus, adhuc sub manu Anglorum fore arbitrans, in Verduni potestatem captivus decidit.*" (Blondel: Reductio Normanie 1893: 35)

Abgesehen von dem gegenüber der Chronique von Escouchy merklich dezidierterem antienglischen Grundtenor (z.B. "[...] *erepta a barbaris in naturalem Gallorum communitatem retraxit*") fällt auf, daß die Überlieferung ansonsten deckungsgleich ist, was sich besonders deutlich in der Schilderung der Gefangennahme des vom britischen König als Capitaine von Cognac eingesetzten Mondot de Lansac durch Jehan I. de La Perche erzeigt. Zwar gewährte selbigem ein halbes Dezennium später König Karl VII. v. Frankreich einen *lettre de pardon* (Cuttler 1981: 205), doch sollte es bis 1462 dauern, bis die zunächst Jehan I. de la Perche zugeschlagene Seigneurie von Lansac durch einen *lettre patente* König Ludwigs XI. wieder in das Eigentum seines ursprünglichen Besitzers zurückfallen sollte.[11]

Von weiteren Chronisten des 15. Jahrhunderts, deren Schilderung der Eroberung beider Städte durch Jehan I. de La Perche – abgesehen von kleineren Namensvariationen, etwa mit "Bordun" statt "Verdun", so im *Recouvrement de Normendie* (vgl. zur Entstehungsgeschichte: Hellot 1881: v.a. XVIII–XX) von Gilles le Bouvier, dit le heraut Berry (Les Cronicques de Normendie 1881: 105) (vgl. zur Person: Curry 2000: 178–182) – sich kongruent zu den Quellen von Robert Blondel und Mathieu d'Escouchy verhält, erfahren wir darüber hinaus, in welcher Gegend sich dessen Geburtsort verorten läßt. So berichtet Jean Chartier (vgl. zur Person: (Samaran 1926: v.a. 145–149)) in seiner *Chronique de Charles VII*, daß "*un gentilhomme nommé Verdin* [sic!], *natif du pais de Gascongne*" (Chartier 1858: 74) gewesen sei. Allerdings gibt dieser Hinweis lediglich Auskunft darüber, daß Jehan I. de la Perche selbst in der Gascogne geboren wurde, welche nach der Rückeroberung durch König Karl V. von Frankreich um 1400, dem mutmaßlichen Zeitpunkt der Geburt de la Perches nur noch in zwei nicht zusammenhängen Territorialentitäten (Bordeaux, Médoc, Blaye, Castillon, Rions und Buch auf der einen Seite sowie Bayonne, Dax und Saint-Sever auf der anderen) von den

11 A.D.37, E 861.

Engländern kontrolliert wurde. Demnach ist noch keine Aussage darüber getroffen, ob auch die Familie "de la Perche dit Verdun" ein originär aus der Guyenne stammendes Geschlecht verkörpert. Statt dessen existieren eine Reihe von Indizien, die einen Ursprung in der Normandie vermuten lassen:

Zunächst findet sich auf der Makroebene die Verbindung zwischen dem Lehen von Jehan I. de la Perche in der bereits genannten Grafschaft Dreux in der Bretagne und der im Südwesten Frankreichs gelegenen Seigneurie (späterhin Duché d'Albret), zu deren Einflußbereich neben dem Kernland um die Stadt Albret auch beträchtliche Teile des Herzogtums Guyenne gehörten, so die damalige Seigneurie Monteton (vgl. Kap. 2.3.3.1: 183). Arnaud Amanieu d'Albret, Vicomte de Tartas und ab 1382 Graf von Dreux, hatte kurzzeitig auf Seiten der Engländer gefochten, war dann aber ab 1402 endgültig wieder in den Dienst der französischen Krone getreten. Durch sukzessive Rückeroberung von den Briten beherrschter Territorien vermochte er beträchtliche Landgewinne in Aquitanien für sich zu verbuchen (vgl. grundlegend zu den d'Albrets: Levasseur 2006). Auch der erstgeborene Sohn aus seiner am 4. Mai 1368 geschlossenen Ehe mit Marguerite de Bourbon, Tochter von Pierre I. de Bourbon und der Isabelle de Valois, benamt Charles I. d'Albret – Connétable von Frankreich – erhielt durch König Karls VI. von Frankreich die Grafschaft Dreux als Lehen. Seit dem 27. Januar 1400 war er mit Marie de Sully, Dame de Sully et de Craon verheiratet (Dumonteil 1887: 264), durch welche sich der Kreis zu Jehan I. de la Perche wieder schließt, denn diese Dame war die Witwe von Guy VI. de La Trémoille; dieser hinwieder war der Neffe Amiels de La Trémoille, des Vaters von Persuye de La Trémoille, diese wiederum die Mutter der zweiten Ehefrau von Jehan I. de la Perche, der Indie de La Roche-Andry . Charles I. d'Albret fand 1415 in der für Frankreich verheerenden Schlacht von Agincourt (62) (vgl. weiterführend: Barker 2007 sowie, eine andere Forschungsperspektive einnehmend: Curry 2005) am 23. Oktober 1415 den Tod (Curry 2000: 118). Sein ältester Sohn Charles II. d'Albret sollte die Filiation kontinuieren und ebenfalls die bretonische Grafschaft Dreux erhalten. Daneben erbte er die Vicomté von Tartas und die Seigneurie d'Orval. Seine Eheschließung am 28. Oktober 1417 mit Anne d'Armagnac, Tochter von Bernard VII., des Comte d'Armagnac et de Fezensac (welcher zwischen 1414 und 1418 diktatorisch über Paris herrschte), und der Bonne de Berry (Du Fresne de Beaucourt 1885: 234 (Anm. 5)), ließ ihn eine wesentliche Rolle inmitten des Bürgerkriegs zwischen den Bourguignons und Armagnacs einnehmen (vgl. weiterführend: Schnerb 2009 sowie immer noch grundlegend: Avout 1943). Dieser Konflikt sollte für die de la Perche auch noch nach seiner offiziellen Beilegung durch den Vertrag von Arras am 21. September 1435 (dazu immer noch grundlegend: Dickinson 1955) aufgrund der Auseinandersetzung um die Baronie Cancon mit dem Hause Armagnac, wie im folgenden noch aufzuzeigen sein wird, eine ebenso bedeutende Rolle spielen, wie die Tatsache, daß der dritte Sohn von Charles II. d'Albret, benamt Arnaud-Amanieu, zum Begründer des Zweiges der Herren von d'Orval avancieren sollte – und in dieser Eigenschaft an der Kampagne zur Rückeroberung von Bergerac (24) und dem am Ufer der Dordogne gelegenen Gensac (33) aus englischer Hand unter dem Oberkomando von Jean de Châtillon, dit Jean de L'Aigle, Comte de Penthièvre, teilgenommen hatte. Denn nachdem die beiden Städte wieder zur französischen Krone zugehörig waren, teilte sich die Armee: Der eine Teil nahm die Burg von Montfourat ein, heute in Canton Coutras (33) gelegen, die Festung von la Rouquette, seinerzeit der Gemeinde von Port-Saint-Foy (24) zugehörig, sowie die beiden Städte Sainte-Foy-la-Grande (33) und La Roche-Chalais (24) ein, der andere Teil, unter dem Kommando von Arnaud-Amanieu d'Albret, zog in südlicher Richtung gen Bazadais, welches mühelos okkupiert wurde. Die Beziehung zwischen diesem und Jehan I. de la Perche erhellt sich dank einer königlichen Quittung, ausgestellt auf den 14. November 1451, durch welche wir Kunde davon haben, daß de la Perche bei der Expedition der ersten Armee teilgenommen und bei der Einnahme von la Rouqette eine wesentliche Rolle gespielt hat (Du Fresne de Beaucourt 1890: 43 (Anm. 5)). Es ist daher naheliegend, daß Arnaud-Amanieu d'Albret und Jehan I. de la Perche gemeinsam bei der Eroberung von Bergerac und Gensac mitgefochten haben.

Die Eheschließung von Arnaud-Amanieu d'Albret mit Isabelle de La Tour-Auvergne, Tochter von Bertand V., Seigneur de la Tour und Graf von Auvergne sowie Boulogne und der Jacquette du Peschin am 25. November 1457 dürfte sich gleichwohl aus der bereits genannten Beziehung zum Oberbefehlshaber der Militärexpedition Jean de Châtillon, dit Jean de L'Aigle, ergeben haben: Isabelle de La Tour war in erster Ehe mit dessen jüngeren Bruder Guillaume de Châtillon, dit de Bretagne, Vicomte de Limoges, Seigneur d'Avesnes verheiratet (Moreri 1725: 247). Es ist überliefert, daß König Karl VII. sowohl dem Haus d'Albret – und im besonderen Arnaud-Amanieu, den der König in einer Ordonannce vom 18. Februar 1425 als seinen "*son cher et aimé cousin Guillaume de Lebret, sire d'Orval*" (Anselme 1730: 217) bezeichnet hat –, als auch Châtillon eine beträchtliche Anzahl von Lehen für ihre gegen die Engländer geleisteten Dienste übertrug (Levasseur 2006: 388–389). Dadurch, sowie aus der Tatsache, daß der von Arnaud-Amanieu begründete Zweig der Orval durch das Ausbleiben von legitimen männlichen Nachfahren kein Fortbestand beschieden war, resultiert eine gewisse Wahrscheinlichkeit, daß es Lehensaufteilungen und Übertragungen zwischen den Châtillon und d'Albret sowie deren jeweiligen Anverwandten kam. Davon war mutmaßlich auch die Herrschaft Cancon betroffen, denn eine weitere Beziehung zwischen Olivier de Châtillon, dit de Blois, dem ältesten Bruder von Jean de Châtillon und einer unbekannten Partnerin führt auf die Spur dieser Baronie: Nachdem Olivier de Châtillon in Folge des Todes seiner ersten, im Kindesalter mit ihm getrauten Ehefrau, Isabelle von Burgund, Tochter des Herzogs Johann Ohnefurcht (*Jean sans Peur*) und der Margaretha von Wittelsbach-Bayern kinderlos geblieben war, zeugte er, bevor er sich zum zweiten Mal mit Jeanne de Lalaing vermählte, mit einer unbekannten Dame zwei natürliche Töchter namens Balduine und Marguerite de Châtillon-Blois. Letztgenannte heiratete am 22. Januar 1444, versehen mit einer Mitgift von 3.000 Gold-Écu Brandelis de Caumont, Seigneur de Castelnau und von Berbiguièresv (Sohn von Guillaume-Raymond II. de Caumont, Seigneur de Caumont, Samazan, Montpouillan, Castelnau sowie Berbiguères) und der Jeanne de Cardaillac (vgl. Kap. 2.3.3.6: 296 (Alis 2003: 62)). Brandelis de Caumont leistete am 14. Mai 1461 seinen Lehenseid gegenüber Karl VII. für die Herrschaften von Cancon, Hautesvignes, Laperche, Laugnac, Barthèlemy, la Bretonnie, Sainte-Bazeille, Taillebourg, Puchagut etc. (Tamizey de Larroque 1869: 6); zuvor hatte dieser ihm mit dem *lettre patente* vom 12. Mai 1443 seinen Pardon gewährt, da er zunächst für die Engländer gegen die Krone Frankreichs gekämpft hatte. Mithin ist es möglich, daß es zu einem breit angelegten Lehenstausch kam, im Zuge dessen Jehan I. de la Perche, dit Verdun – in seiner Eigenschaft als treuer Gefolgsmann von König Karl VII. – nach seiner Ankunft in der Guyenne zunächst mit der Seigneurie Laperche und schließlich auch mit der Baronie von Cancon belehnt wurde. Dafür spricht nicht zuletzt, daß die Caumont-Lauzun im 14. Jahrhundert und die d'Albrets Anfang des 15. Jahrhunderts die Seigneurie sowie die Burg von la Perche besaßen (Noulens 1864: 291), und in der Person des Neffen von Raymond d'Albret, eines gewissen "Johan Moyhs", wie aus einer Vereinbarung zwischen den d'Albret und dem König von England vom 19. Mai 1383 hervorgeht (vgl. Kap. 2.3.3.1: 185), gleichergestalt über die Herrschaft von Hautesvignes verfügten (AHDG 1862: 281). Demgemäß ist davon auszugehen, daß Jehan I. de la Perche durch seine militärischen Erfolge diejenigen Lehen zugesprochen bekam, welche zeitweilig die wider den französischen König opponierenden Caumont und d'Albret ihr Eigen genannt hatten. Allerdings übte er die Herrschaft darüber zunächst nur interimsweise aus, wie die Lehenshuldigung von Brandelis de Caumont vom 14. Mai 1461 beweist. Denn als die Verduns um das Jahr 1440 die Herrschaft Cancon erhielten, näherten sich die Auseinandersetzungen im Zuge des Hundertjährigen Krieges zwischen England und

Frankreich sowie den jeweiligen Lehensmännern und Gefoglsleuten ihrem Ende. Eine Parallele zur Naturzustandkonzeption von Thomas Hobbes, dem *bellum omnium contra omnes* ist wohl nicht zu weit gefaßt, denn Recht und Gesetz wurden von Briganten und marodierenden Söldnertruppen wie beispielsweise Robert Petit-Loup vollständig kontaminiert und eine staatliche Ordnung war selbst im Rudiment nicht mehr erkennbar (Samazeuilh 1980: 474–475 (Bd. 1)). Folglich kam es auch hinsichtlich der Vasallität und Aftervasallität zu erheblichen Verwerfungen und bewaffneten Konflikten, so daß eine genaue Eigentumsfeststellung noch jahrzehntelange Kämpfe und Prozesse nach sich zog. Als gesichert darf jedoch gelten, daß der zeitweise Verlust der Herrschaft Cancon von König Ludwig XI. für Jehan I. de la Perche auf jeden Fall dahingehend seine Rekompensation erfuhr, als daß ihm durch ein Schreiben des Königs vom 4. Mai 1465 die Herrschaft Gontaud zugesprochen wurde,[12] welche für die Familie Gontaud-Biron namensgebend war (vgl. Kap. 2.3.1.1: 87).

Gleichfalls auf der Mikroebene finden sich Hinweise für eine Herkunft der de la Perches, respektive der Verduns aus dem nördlichen Teil des französischen Königsreichs, genauer der Normandie. Dort läßt sich seit Mitte des 11. Jahrhunderts ein Geschlecht namens Verduns, das zu den ältesten dort ansässigen Adelshäuser gezählt werden kann und welches in der Person von Bertram I. de Verdun nachweislich sowohl bei der Eroberung Großbritanniens bei der Schlacht von Hastings (1066) auf Seiten der Normannen gekämpft hat, dort mit dem Lehen Farnham Royal in Buckinghamshire belehnt wurde und auch bereits am 1. Kreuzzug unter Gottfried von Bouillon (1096) teilgenommen hat (Grab 2003: 424).

Die Anfänge selbst liegen im Dunkeln, teilweise wird in der Literatur davon ausgegangen, daß es von der Stadt Verdun sowie den Grafen von Verdun abstammt, wofür eine in Latein abgefaßte Schenkungsurkunde an das Priorat Thetford in Norfolk aus dem Jahr 1107 spricht, in welcher das Familiemitglied "*Ivo*" als "*Verdunensis*" apostrophiert wird (Dugdale 1970: 149).

Die einzelnen Familienmitglieder haben sich über Großbritannien, wo sie bereits im 12. Jahrhundert in der Gestalt von Bertram II. de Verdun zu mächtigen Baronen in Staffordshire avancierten, (Foss 1870: 690–691 sowie West 1966: 48) sowie Irland und Frankreich verteilt, so daß es zu sehr unterschiedlichen politischen Motivationslagen auch innerhalb der Familie bei Auseinandersetzungen zwischen Frankreich und England kam. Die endgültige Separation der einzelnen Zweige erfolgte bereits, als König Philippe-August von Frankreich sich der Ländereien seines englischen Antagonisten Johann Ohneland bemächtigte und ein inwendiger familiärer Ausgleich bei den Verduns nicht mehr möglich war (Turner 2005: 102–103).

Die französischen Verduns sollten sich ihre Lehen bis ins 18. Jahrhundert im Grenzgebiet zur Bretagne, dem Avranches, wo sie eng mit der Geschichte des Klosters von Mont-Saint-Michel verbunden waren, sowie der Grafschaft Mortain bewahren. Dabei ist besonders die Herrschaft Boucey hervorzuheben, welche das Stammlehen der Hauptlinie der normannischen Verduns darstellte (Pigeon 1981: 421–422). Dieses wurde durch den Verrat von Roland III. de Verdun, dit Le Félon, welcher sich mit den Engländern verbündet hatte, durch den französischen König Philippe VI. konfisziert und der Verräter zusamt seinem Mitverschwörer Nicolas de Grouchy im Dezember 1346 in Paris enthauptet (Plaisse 1994: 53). Die Zuwendung zum englischen Monarchen sollte einen Riß in das Innenverhältnis der Verduns hervorrufen, denn der restliche Part der Familie blieb dem französischen Souverän treu ergeben und nahm auch die Konsequenzen aus dieser Loyalität auf sich, denn die Besetzungen der Normandie durch englische Truppen (1345–1360 und 1415–1450), sollten nicht nur ¾ der Gesamtpopulation der Normandie das Leben kosten (Le Roy Ladurie 2001: 32), sondern auch zu erheblichen Veränderungen hinsichtlich der Lehensverhältnisse und damit der Zusammensetzung der Führungsschicht führen. Demgemäß führten diese tief- und weitgreifenden

12 A.N., JJ 194, Nr. 22.

Landkonfiskationen zusammen mit Steuererhebungen seitens der Engländer zu blutigen Rebellionen der Normannen, welche schließlich 1421 und 1422 eine fast vollständigen Enteignung und Expellation der in der Normandie ansässigen Adelsgeschlechter nach sich zog. In Folge dessen emigrierten viele Familien in die benachbarte und de facto souveräne Bretagne, wo sie durch Herzog Johann VI. Aufnahme fanden. Allein im Monat Februar 1421 fertigten die herzoglichen Kammerherrn Robert d'Espinai und Jean de Mauléon über dreihundert *lettres de naturalisation ou de grace* aus (Le Breton 1880: 103–104), so daß im Laufe der englischen Besatzung mehrere zehntausend Normannen in der Bretagne eine neue Zuflucht und Heimstatt fanden. Allerdings erkannte auch ein Teil des Adels der Normandie den englischen Monarchen als neuen Souverän an und unterwarf sich ihm: Darunter befand sich gleichergestalt die Dame Jeanne Fortescu, Witwe von Jean III. de Verdun, Sohn von Jean II. de Verdun und der Gilette de Creuilly (Desroches 1856: 342). Durch diese Huldigung gegenüber den Engländern erhielt Jeanne Fortescu von König Heinrich V. von England 1419 die konfiszierten Güter ihres Ehemanns zurück (Vautier 1824: 64). Die Fortescu waren wie die Verdun ein anglo-normannisches Geschlecht, deren Repräsentanten sowohl einen englischen als auch einen französisch-normannischen Zweig ausbildeten, so daß die Konfliktlinie der französischen und englischen Politik gleichergestalt durch die gemeinsamen Familienbande verliefen (vgl. zu den Fortescu weiterführend: Lepingard 1894: v.a. 134–135). Dies zeigt sich vorzüglich daran, daß die Fortescus, wie die Verduns, teilweise auf Seiten der Franzosen kämpften. So fiel der Ehemann von Jeanne Fortescu ebenso wie sein Bruder Guillaume de Verdun in der bereits genannten Schlacht von Agincourt (1415). Möglicherweise war für die Rückgabe der Güter an Jeanne Fortescu die einflußreiche Stellung der englischen Fortescu am Hofe Heinrich V. ausschlaggebend. Kinder sind weder aus der ehelichen Verbindung von Jean III. de Verdun noch dessen Bruder Guillaume bekannt, was nicht in letzter Konsequenz bedeutet, daß keine Nachkommen aus beiden Ehen existierten: Sprösslinge wurden zumeist erst in Form von Rechtsakten registriert; zudem wird die Faßbarkeit von Verwandtschaftsverhältnissen durch die erfolgte Migrationsbewegung von der Normandie in die Bretagne zusätzlich erschwert. Es ist darob in diesem Zusammenhang als nicht unwahrscheinlich anzusehen, nicht zuletzt ob der Gleichheit des Vornamens "Jean", daß eine elterliche Relation zwischen Jehan I. de la Perche und dem genannt Jean III. oder Guillaume de Verdun existiert.

Dieserhalb resultiert aus dem Vorgenannten eine gewisse Plausibilität dafür, daß die Vorfahren von Jehan I. de la Perche dit Verdun nicht aus der Guyenne, sondern aus der Normandie stammten, und selbiger im loyalen Dienste gegenüber dem französischen König gegen die englischen Invasoren, welche sich zeitweise der normannischen Lehen seiner Verwandten oder Eltern bemächtigt hatten, zu Felde gezogen ist. Auf Grund dieses militärischen Engagements sind wir über die Dauer und teilweise auch den Umfang des Kriegsdienstes von Jehan I. de la Perche gegenüber Karl VII. und Ludwig XI. von Frankreich unterrichtet. So ist dank eines Gnadenbriefes vom Juli 1455 zugunsten von Jacques Punot, aus Luçon, Soldat in der Kompagnie des Jehan I. de la Perche, der einen gewissen Guillaume Morin umgebracht hatte und im Namen des Königs Karls VII. von Frankreich in Luçon ausgestellt wurde,[13] bekannt, daß Jehan I. de la Perche noch nach der Schlacht von Castillon (1453) weiter der französischen Krone als Offizier diente. Durch eine Begnadigung vom Februar 1461 für Hélie Thibault, welcher einen Müller ermordete, weil dieser sich weigerte das Korn, daß er Raymonnin de Montréjeau, Hauptmann von Blagnac, schuldete, auszuhändigen, sind wir darüber in Kenntnis gesetzt, daß Jehan I. de la Perche, Dienstherr des Hélie Thibault, zu diesem Zeitpunkt der Stadt Bourg-sur-Gironde (33) als Hauptmann im Auftrag des französischen Königs Karls VII. vorstand.[14] Diese Tätigkeit als Militärbefehlshaber liegt nicht zuletzt dieserhalb nahe,

13 A.N., JJ 191, Nr. 123, fol. 65.
14 A.N., JJ 192, Nr. 63, fol. 43.

da Bourg-sur-Gironde nur knapp 3 Kilometer von der ihm zugesprochenen Seigneurie von Lansac entfernt liegt. Der Dienst an der Waffe von Jehan I. de la Perche dit Verdun sollte auch unter dem Nachfolger von Karl VII. andauern: Durch eine Zahlungsanweisung von Ludwig XI. vom 19. August 1468 aus Senlis an Antoine Raguier, welcher an Guérin le Groing (vgl. Kap. 4.1.3: 421), Hauptmann der königlichen Garde, den Sold für die vier Bogenschützen von Jehan I. de la Perche dit Verdun, betreffend,[15] wird ersichtlich, daß der Vorgenannte mindestens zwischen 1448 und 1468 im Dienste der französischen Krone gestanden haben muß.

In seine Zeit als *capitaine* von Bourg-sur-Gironde fällt ein Prozeß, welcher seinerzeit ein beträchtliches Aufsehen erregte: So wurde 1456 vor Jean I. de Bourbon, Generalgouverneur des Königs in Guyenne, zwischen Jean de Palenque, Seigneur de Reignac und Jehan I. de la Perche eine Causa verhandelt, welche brutale Exzesse gegen die Bewohner des Ortes Saint-Loubès (33), der im Hundertjährigen Krieg unter englischer Herrschaft stand, zum Gegenstand hatte. Diesem Verfahren kam nicht zuletzt deshalb eine exzellierende Bedeutung zu, da, nachdem eine Untersuchungskommission vom Seneschall der Guyenne eingerichtet worden war und selbiger in dieser Angelegenheit das Urteil zu sprechen gedachte, Jean de Palanque den Gerichtshof von Bordeaux nicht anerkannte, woraufhin die Angelegenheit vor dem Parlament von Paris verhandelt wurde. Dieser Schritt erwies sich als Fehler von Palenque, denn als die Gerichtsunterlagen in Paris eintrafen, erzeigte sich dem mit dem Fall befaßten Untersuchungskollegium, daß viele der Dokumente gegen gefälschte ersetzt worden und die darin niedergeschriebenen Zeugenaussagen hochgradig manipuliert, beziehungsweise erlogen waren. Nachdem der Skandal bereits ruchbar geworden war, informierte das Pariser Parlament den Gerichtshof von Bordeaux und es trat einer der äußerst seltenen Fälle ein, daß ein *Grands-Jours*, das heißt ein Sondertribunal, mit dem Fall befaßt wurde (nur 1459 trat in Bordeaux ein solches Spezialgericht noch einmal zusammen, vgl. weiterführend: Barckhausen 1869). Dieses entschied schließlich nicht nur den eigentlichen Prozeß um das Massaker der Einwohner von Saint-Loubès zugunsten von Jehan I. de la Perche, sondern verhängte darüber hinaus noch erhebliche Strafen wider Jean de Palenque sowie die an den Dokumentfälschungen beteiligten Notare (Brissaud 1975: 153–154). Dabei evozierte sonderheitlich die Tatsache, daß königlich bestellte Rechtspfleger sich der Urkundenfälschung schuldig gemacht hatten, weitgreifende Empörung. Hinsichtlich der Personalie von Jehan I. de la Perche resultiert daraus nicht nur, daß durch diesen Rechtsstreit ein seinerzeit viel beachteter Justizskandal aufgedeckt wurde, sondern darüber hinaus noch die Tatsache, daß er, wie aus den Prozeßunterlagen hervorgeht spätestens seit 1456 das Amt des Miltärbefehlshabers von Bourg-sur-Gironde innehatte und folglich auch noch in Friedenszeiten seinen Beitrag zur Aufrechterhaltung der französischen Herrschaft in den rezent zurückeroberten Gebieten, leistete.

Bevor wir uns der weiteren Entwicklung der Herrschaft der de la Perche dit Verdun über die die Baronie von Verdun zuwenden, verdient deren Wappen noch eine gesonderte Annotation: So geht Lucien Massip davon aus, daß die Verdun, obschon sie das Wappen der Familie d'Anglade qua Heirat hätten annehmen können (vgl. Kap. 2.2: 73), in ihrem Wappenschild nichts weiter als oberhalb eines Bandes einen Stern mit sechs oder acht Zacken sowie unterhalb dessen drei gekreuzte Münzen trugen (Massip 1891: 118). Möglicherweise ließe sich dadurch auch der Stern im Digeonschen Wappen erklären, da Pierre durch die Heirat mit Françoise de la Perche dit Verdun eine Wappenmehrung erfahren haben könnte (vgl. Kap. 3.4.2: 391). Allerdings müssen die Angaben von Massip mit einem nicht unbeträchtlichen Vorbehalt versehen werden, denn er bezieht sich bei seiner Blasonierung auf eine geographisch nicht näher bezeichnete Steinabbildung, die weder eine farbliche Bestimmung zuläßt, noch eine zweifelsfreie Zuordnung zu der Familie von Jehan I. de la Perche dit Verdun. Statt

15 B.N.F., Ms. fr. 20496, fol. 564.

Abb. 2.8: Wappen der Verdun in der Normandie [eigene Darstellung, basierend auf: (La Chesnaye-Desbois 1869a: 721)]

Abb. 2.9: Wappen der Digeon de Peyrière [eigene Darstellung, basierend auf: Armorial général de France (1696), tom. XIII (Guyenne), B.N.F., ms. fr. 32240]

dessen wäre es auch möglich, da eine gewisse Ähnlichkeit zwischen dem Wappen der Verdun der Noramndie zu demjenigen der Digeon augenfällig ist, daß nach der Eheschließung von Pierre de Digeon mit François de la Perche dit Verdun tatsächlich zu einer Wappenmehrung gekommen ist, dieweil das Kreuzmuster der Verduns sich durchaus auch im Digeonschen Schild nachweisen läßt, wenn man sich die Abstände zwischen den beiden Kreuzen dahingehend verringert vorstellt, daß man sie ineinander übergehen läßt (vgl. zum Wappen der Digeon de Boisverdun und Monteton: Kap. 3.4).

Nicht zuletzt auf Grund dieses Befundes kann festgestellt werden, daß eine Verortung der de la Perche in der Normandie respektive dem Poitou stark probabel ist, sowohl auf Grund der im Vorgenannten dargelegten genealogischen Beziehungen auf der Makro- wie auf der Mikroebene aks auch hinsichtlich der militärischen Biographie von Jehan I. de la Perche.

Trotz der militärischen Position, welche Jehan I. de la Perche nachweislich bekleidete, sowie des Besitzes eigener Soldaten, waren die Eigentumsverhältnisse von Cancon zu dieser Zeit nicht vollständig zugunsten von de la Perche dit Verdun geklärt, da zu dieser Zeit die beiden mächtigen Häuser Armagnac und Caumont um die Besitzrechte der Baronie stritten, so daß die faktische Ausübung der Herrschaft den Verduns anscheinend zunächst versagt blieb. Dies wird besonders daran deutlich, daß für das Jahr 1465 ein gewisser Hauptmann Arnaud de Pechpeyroux, im Namen von Jean V., Graf von Armagnac, sich für die Herrschaft über Cancon verantwortlich zeichnete. Zuvor hatte Ludwig XI., dem Grafen seinen Ungehorsam gegenüber Karl VII. verziehen und ihn wieder in seine Rechte und Herrschaften eingesetzt. Zu diesem Zeitpunkt lebte Jehan I. de la Perche nachweislich noch, wie die bereits aufgeführte königliche Anweisung an Guérin de Groing bezüglich der im Sold de la Perches stehenden Bogenschützen aus dem Jahr 1468 beweist.

Allerdings sollte er hernach nicht mehr lange am Leben sein (vgl. auch (Massip 1891: 119)), denn Lucien Massip läßt ihn in seiner profunden Darstellung über die Geschichte von Cancon durch Jehan II. genannt Jean de La Perche, beerben (Massip 1891: 119). Und tatsächlich läßt sich der Nachweis erbringen, daß auf Jehan I. bald dessen Sohn Jehan II. folgte, da letztgenannter am 6. Mai 1470 König Ludwig XI. von Frankreich den Lehnseid für Cancon schwor.[16]

Jehan II. wiederum heiratete um 1471 Catherine I. d'Anglade, Tochter des mächtigen Jean d'Anglade und der Jeanne de Lalande. Die d'Anglades, deren gesicherte Stammreihe mit Guillaume I. d'Anglade Anfang des 13. Jahrhunderts beginnt, konnten sich bereits früh als eines der führenden Feudalgeschlechter in Aquitanien etablieren und ihren Machteinfluß durch eine geschickte Heiratspolitik ausbauen (vgl. Anhang: B.1: 694). So war der Vater von Jean d'Anglade,

16 B.N.F., Coll. Périgord, tom. 11, fol. 81.

Guillaume Amanieu I. d'Anglade seit 1400 mit Jeanne de Montferrand (Tochter von Bertrand de Montferrand und der Rose II. d'Albret, sowie Schwester des Erzbischofs von Bordeaux, Daniel de Montferrand, der auch Testamentsvollstrecker von Guillaume Amanieu I. d'Anglade wurde) verheiratet (Lainé 1830: 219–220). Er verfügte bereits vor seiner Heirat über eine gute Ausgangsposition, um ein Mitglied einer arrivierten Familie zu ehelichen: Sein Vater Arnaud II., verheiratet in erster Ehe mit Catherine Bouchard d'Aubeterre (vgl. Kap. 2.3.3.7: 317) und in zweiter mit Marguerite de Monlaur, wurde nämlich bereits 1371 vom englischen König, dem er am 9. Juli 1363 in der Kathedrale Saint-André in Bordeaux gehuldigt hatte, zum Gouverneur de Guyenne ernannt worden (La Chesnaye-Desbois 1863a: 521). Diese Gefolgschaft gegenüber dem englischen Monarchen läßt sich gleichwohl aus den genealogischen Verhältnissen explizieren. Denn durch die Heirat von Pierre II. d'Anglade, dem Vater von Arnaud II., mit Rose I. d'Albret, festigten sich die Bindungen zur britischen Krone erheblich, da die d'Albret enge verwandtschaftliche Beziehungen, zum Hause Plantagenêt unterhielten, was vorzüglich durch die Verbindung zwischen Margaret Plantagenêt zu Arnaud Amanieu d'Albret, des Neffen von Rose I. d'Albret begründet wurde (vgl. weiterführend: Wade Labarge 1980).

Die Ehe mit Catherine I. d'Anglade brachte Jehan II. de La Perche demnach nicht nur exzellente verwandtschaftliche Beziehungen und das Wappen der Anglade, – von dem er und seine Nachkommen indes keinen Gebrauch machten – ein, sondern darüber hinaus, da sein Schwager Pierre d'Anglade im Jahr 1493 kinderlos starb und Catherine d'Anglade mithin Universalerbin wurde, auch noch die Herrschaften Anglade, Podensac, Baleyron en Borderleais, Lariveau en Fronsadais und Fronsac (Drouyn 1876: 97–98). Jehan I. hatte neben diesem Sohn indes noch zwei Töchter, wovon die Erstgeborene, Françoise, in erster Ehe einen du Gua und in zweiter Pierre de Digeon heiratete (Anhang: B.15: 708).

Trotz des beträchtlichen Machtzugewinns verabschiedete sich Jehan II. von Verdun stillschweigend von der Seigneurie Cancon, vielleicht, da er sie bei den Armagnacs in zu mächtigen Händen wußte. Dies sollte sich erst ändern, als Jean V. d'Armagnac im Zuge der *Ligue du Bien public* erneut wider den König opponierte und mit den Engländern weitere Intrigen gegen die französische Krone ersann. Doch bereits zuvor war Jean V. kein unbeschriebenes Blatt: Er beschwor einen der größten Skandale der damaligen Christenheit, als er seinem Kaplan unter Androhnung der Todesstrafe befahl, ihn mit seiner leiblichen Schwester Isabelle zu trauen, mit welcher er drei Kinder zeugte (Harris 1994: 15). Über das Ende des Grafen von Armagnac wurde – insbesondere von südfranzösischen Autoren wie Massip, die sich vornehmlich an dem zeitgenössischen Bericht der Begebnisse von Alfonso de Palencia orientierten (Palencia 1904–1908) – bis zur umfassenden Darstellung des Hauses durch Charles Samaran (Samaran 1907), stets ein hochdramatisches, weit mehr auf Legenden oder politisch motivierten Schilderungen beruhendes Bild gezeichnet. Demnach hätte Ludwig IX. darauf bestanden, seinen Widersacher zu töten. Ausgeführt worden sei der Mord nach der Schlacht bei Lectoure durch den Bischof von Albi, Kardinal Jean Jouffroy, denn dieser Prälat sei derart diensteifrig darum bemüht gewesen, dem Ansinnen seines Königs, das Haus Armagnac ein für alle Mal auszurotten, nachzukommen, daß er sogar der legitimen Ehefrau Jeans V., Jeanne de Foix, die sich in anderen Umständen befand, ein Gift verabreichte, daß den Nasciturus abgetrieben hätte. Zwei Tage nach dem Kindesmord sei auch die unglückliche Mutter an den Folgen der Abortion verschieden (Massip 1891: 121). In Wirklichkeit gestalteten sich die Umstände des Ablebens von Jean V. wesentlich undramatischer: Nach der ehrenvollen Kapitulation von Lectoure übergab dieser die Befestigungsanlage an die königlichen Truppen und bezog ein nahe der Kathedrale befestigtes Haus. Am nächsten Tag kam es vor dem Tag zu einem Handgemenge zwischen den Anhängern des Grafen und den königlichen Truppen, in welches der Jean V. schlichtend eingreifen wollte. Bei dieser Gelegenheit wurde er von Pierre le Gorgias durch einen Hieb in die Brust tödlich verletzt (Samaran 1907: 193–194). Auch der Mord an der Leibesfrucht von

Isabelle d'Armagnac sowie die kolportierte perfide Haltung des Kardinals Jouffroy ("*Concebido este iníuco plan por el Rey, buscó quien le perpetrase, y no halló otro más dispuesto à la* ***pérfida maldad que el cardenal de Albi*** [Herv. d.d.A.], *antes de Arras, mediador en el desdichado matrimonio del duque Carlos de Guyena con la supuesta hija de D. Enrique, según dejo más por extenso relatado.*" (Palencia 1906: dc. 2, lib. VI, cap. 9)) gegenüber dem Hause Armagnac läßt sich durch eine quellenfundierte Analyse nicht erhärten, wie Claudia Märtl in ihrer luziden Biographie deutlich nachgewiesen hat (Märtl 1996: 223).

Im Zuge dieser Ereignisse um die Armagnacs und der Wiederherstellung der königlichen Autorität erneute Jehan II. seine Forderungen, die er vermöge seines Großvaters von den Caumonts gegenüber der Herrschaft Cancon ererbt hatte, und wurde daraufhin wieder als Baron von Cancon eingesetzt. Jedoch sollte dieser Zustand nicht lange andauern; nach seinem Tode hinterließ er einen Nachfolger namens Jehan III., der noch nicht großjährig war, und seine Witwe Catherine d'Anglade. Nach dem Tode Ludwigs XI. am 30. August 1483, war der Thronfolger Karl VIII. erst dreizehn Jahre alt, wessenthalben die Generalstände von Tours (1484) dem Bruder des verstorbenen Jean V., Charles I. von Armagnac, die Freiheit und sämtliche konfiszierten Güter zurückgeben konnten. Die Folgen dieser Dezision sollten nicht lange auf sich warten lassen: Eine kleine Armee schlug vor den Toren Cancons ihr Feldlager auf. Selbige wurde von Jean, genannt der Bastard, im Namen Charles I. befehligt (Higounnet 1999: 961).

Besagter Jean forderte nunmehr Catherine d'Anglade auf, die Baronie und das Schloß an den Grafen von Armagnac zurückzugeben. Diese wies die Forderung entschieden zurück und bereitete sich auf die Verteidigung ihres Besitzes vor; allerdings fehlten ihr die dafür notwendigen Mittel und Truppen. Nach kurzer Belagerung fiel Cancon in die Hände der Angreifer und ihr blieb nichts anderes übrig als – allein unter Rettung des eigenen und des Lebens ihres Kindes – unverzüglich in Bordeaux Zuflucht zu suchen. Gänzlich mittellos gelang es ihr dorten dennoch, noch im selben Jahr – 1484 – dank einflußreicher Protektion, einen Titel des Parlamentsgerichtshofs von Bordeaux wider die Beraubung des ihr zustehenden Besitzes zu erwirken. Mit der Ausführung desselben wurde Maître Jacques de Chaussade beauftragt, der sich unverzüglich nach Cancon begab und den Grafen sowie Bastard von Armagnac aufforderte, die Seigneurie und das Schloß sofort an die Dame de Verdun zurückzugeben. Die beiden, umgeben von Spaniern, Basken und weiteren ausländischen Söldnern, weigerten sich und erklärten, daß sie sich einzig einem Richtspruch des Parlaments von Paris zu beugen gedachten. Dieserhalb wurde der Fall vor den Grand Conseil in Paris getragen, das nach einem Jahr der Sichtung sämtlicher Informationen und Prozeduren entschied, die Angelegenheit wieder vor dem Gerichtshof in Bordeaux zu verhandeln und dessen Anordnung genauso wieder zur Ausführung zu bringen, wie er es bereits schon einmal verfügt hatte. Der vorherige Urteilsspruch wurde bestätigt und zu seiner Exekution noch einmal Maître de Chaussade bemüht. Als Reaktion darauf verstärkte Jean d'Armagnac die Befestigungsanlagen Cancons und ließ sich, als der Emmissär kam, nicht blicken. Stattdessen wurde dieser von den Briganten Jeans, des Bastarden von Armagnac beleidigt und mißhandelt, so daß er, um sein Leben zu retten, Hals über Kopf floh, ohne auch nur irgendetwas erreicht zu haben. Darauf ordnete das Parlament von Bordeaux zum dritten Mal die Ausführung des Urteils an, beauftragte aber dieses Mal den Vollstreckungsbeamten Bastien de Rabar mit der heiklen Aufgabe. Er begab sich zwar nach Cancon, doch als er Anstalten machte, sich der Stadtmauer zu nähern, kam ihm aus dem Stadttor eine Schar von mit Knüppeln, Armbrüsten und Musketen bewaffnete Männern entgegen, um ihn totzuschlagen, worauf er sich wieder seinem Reisetroß anschloß und um sein Leben davonlief – gleichergestalt ohne etwas ausrichten zu können (Massip 1891: 122–123).

Nach diesen Begebnissen sah Catherine d'Anglade deutlich, daß der Parlamentsgerichtshof in Bordeaux nichts ins Werk zu setzten vermochte, um ihren Ansprüchen Geltung zu verschaffen. Mithin blieb ihr als einzig erfolgsversprechender Ausweg allein noch der Gang zum König. Dieses Mal sollte ihrem Mühem mehr Erfolg beschieden sein. Nach kurzer Beratung mit seinem Conseil befahl der König den Richtspruch aus Bordeaux zu exekutieren. Dieses Mal wurde der Leutnant des Seneschalls vom Agenais, ein gewisser Pierre Tort, mit der Ausführung betraut. Doch auch er sah sich mit dem renitenten Bastard von Armagnac konfrontiert, der ihn auslachte und verspottete, und er erkannte rasch, daß der massiv befestigte Ort einzig mit einer großen Armee eingenommen zu werden vermochte. Darob zog er – gleichergestalt wie alle Emmissäre vor ihm – unverichteter Dinge ab (Massip 1891: 123–124).

Der König, außer sich vor Wut über diesen Akt des Ungehorsams und der Impertinenz, befahl nunmehr – nach Beratung mit den Prinzen von Geblüt – die totale Extinktion des Hauses Armagnac. So wurde der Bastard für vogelfrei erklärt und sämtliche seiner Güter eingezogen. Das riesige Pergament mit dem königlichen Befehl und einem elf Zentimeter im Umfang zählenden Siegel trägt das Datum des 11. Dezember 1490. Zugestellt wurde es am 7. Januar im darauffolgenden Jahr dem Grafen Charles von Angoulème, der wiederum ein Jahr später, am 11. April kurz vor Ostern auf der Tour durch das Gouvernement seinen Kammerherrn Jean de Saint-Gelais, Baron von Montlieu und Seigneur de Saint-Aulaye mit der Exekution des Befehls Ludwigs XI. beauftragte. Dieser führte ihn derart rigoros aus, daß sich inners von Cancon kein lebendiges Wesen mehr fand, daß zum lärmenden Troß des Bastards von Armagnac zählte. Dieser ward nicht mehr gesehen und ist – der Legende nach – auf einem unterhalb des Schlosses verlaufenden Geheimgang geflohen, während seine Mannen die Herrschaft verteidigten (Massip 1891: 125).

Nach fast neun Jahren eines ruinösen Kampfes wider das hoffärtige und mächtige Haus von Armagnac gelang es der couragierten Dame de Verdun endlich, für ihren Sohn Jehan III. die Baronie zu sichern. Nachdem er die Seigneurie von seiner Mutter erhalten hatte, ließ der inbrünstige Katholik die zerstörte Burg wieder aufbauen und vermochte nach langer Zeit des Krieges und Niedergangs seine Güter wieder zu prosperierenden Herrschaften zu machen. Gemeinsam mit seiner Mutter kaufte er um 1495 für 2,500 Livres das Schloß sowie einen Teil der Herrschaft von Gontaud zurück, welches seinem Vorfahren seinerzeit als wieder einziehbares Lehen verliehen worden war, und sicherte auf diese Weise dessen Fortbestand in der Familie (O'Gilvy 1856: 81).

Im weiteren Verlauf avancierte er zu einem der einflußreichsten und wohlhabendsten Barone des Agenais. Einen wesentlichen Anteil zur Konsolidierung seiner Macht barg vor allem die Eheschließung mit Agnès de Caumont (vgl. Kap. B.15: 708). Bezeichnenderweise handelte es sich bei dieser Caumont um die Enkelin von Brandelis de Caumont, des Lehnsherrn von Jehan I. von Verdun (Kap. 2.2: 69).

Auf diese Weise schloß sich nach zwei Generationen wieder der Kreis zwischen Vasall und Aftervasall. Dies sollte sonderheitlich auch bei den Heiraten der vier Töchter aus dieser Verbindung zum Ausdruck gelangen, die allesamt mit einflußreichen Feudalherren der Guyenne verheiratet wurden. Die älteste, Marie, ehelichte Charles de Montferrand, Vicomte de Castelmoron und Foncaude, Erster Baron von Guyenne (Communay 1889: LVII). Die zweite, Françoise wurde die Frau von Antoine de Montpezat, Baron von Montpezat und Madaillan. Gabrielle schloß mit dem mächtigen François de Fumel, Edelmann und Kammerherr des Königs den Bund der Ehe. Dieser spielte in den religiösen Konflikten seiner Zeit auf Seiten der Katholiken eine wichtige Rolle, bis seinem Leben ein krudes Ende gesetzt wurde, indem ihn ein aufgebrachter Mob wütender Protestanten in Stücke riß (Holt 1995: 50). Dieser Akt der Barbarei bewog die Königin Katharina von Medici, Gabrielle am Weihnachtstag des Jahres 1561 einen Kondolenzbrief an seine Witwe Gabrielle de la Perche dit Verdun zu schreiben:

> *Madame de Fumel,*
>
> *Ayant entendu la mort du sieur de Fumel, votre mari, si cruelle et inhumaine qu'elle a esté, j'en ai porté le deuil et ennui que pouvez penser, tant our avoir le Roy, monsieur mon fils, perdu un bon serviteur, que pour votre respect; et pour cette cause, vous vous pouvez assurer que je tiendrai le main pour faire faire si cruelle et si rigoureuse punition des auteurs d'un si méchant et si malheureux acte, qu'il en sera*

mémoire à jamais; et quant à vous, croyez que tout ce quisera pour le bien de vous et de vos enfants, je vous aurai en telle recommandation que ses services le méritoient. Ayant fait dépêcher le brevet du Roy, de six cents livres de pension pour votre fils pouiné, et ayant pour agréable que vous remettiez entre les mains de votre fils puiné l'abbaye de Bonneval, ainsi que la demandez; et quant à vos filles, envoyez-les moi, et je les prendrai pour estre nourries avec moi comme elles estoient avec la reine ma fille. Priant Dieu, madame de Fumel, vous avoir en sa sainete et digne garde.

Saint-Germain en Laye, le 25ᵉ jour du décembre 1561.

Signé: Caterine (O'Gilvy 1856: 19).

Dieses Schreiben, verfaßt am Vorabend der sogenannten Hugenottenkriege (1561–1598), veranschaulicht die Verschärfung der rivalisierenden Konfessionen und zeigt auf, wie stark der regional ansässige Adel innerhalb dieser Auseinandersetzungen involviert war. Dabei vollzog sich die Trennlinie durch kleine geographische Einheiten und – was besonders schwer wog – auch innerhalb einzelner Familien. Parallelen zur Situation vor dem Dreißigjährigen Krieg im Deutschen Reich vermögen durchaus gezogen werden. Das Ende dieser Bürgerkriege sollte in Frankreich jedoch nicht mit einer territorialen und konfessionellen Zersplitterung enden, unter dem bekannten Rubrum: *cuius regio, eius religio*, sondern in eine nationale Integrität führen, die mit der sukzessiven Entmachtung des Adels einherging (vgl. weiterführend Diefendorf 1991). In Paranthese sei noch angemerkt, daß Gabrielle de Fumel das Angebot, ihre minderjährigen Töchter an den Hof zu Katharina von Medici zu senden, augenscheinlich nicht nachgekommen ist. Statt dessen wurden sie unter die Vormundschaft von Thomas de La Lande gestellt (O'Gilvy 1856: 19). Die letzte Tochter Verduns, Marguerite, nahm Jean de Balaguier zum Mann (d'Aubais und Menard 1759: 54), dessen beide Brüder die Bischöfe von Cahors und Bazas stellten (SLSAA 1850: 140).

Die Schilderung der vorgenannten Ereignisse und Umstände unternahm den Versuch, ein Bild der historischen und politischen Situation zu zeichnen, in welche Pierre de Digeon vermöge seiner Heirat mit Françoise de Verdun eintrat. Leider konnten wir aus dem Vorgenannten nicht entnehmen, welche Rolle er im Konflikt seiner Schwägerin, der Dame de Verdun, mit dem mächtigen Haus Armagnac gespielt hat. Es ist jedoch nicht gänzlich abwegig anzunehmen, daß er sich gegenüber den Belangen der Schwester seiner Frau nicht völlig passiv verhalten hat. Eine weiterführende Forschung erscheint in diesem Zusammenhang angebracht.

2.3 Die Entwicklung der einzelnen Zweige im Zuge von Religionswirren, Anarchie und Aufständen

Nobilitas sola est atque unica virtus.
Saturae, 8, 20
DECIMUS IUNIUS IUVENALIS

2.3.1 Digeon d'Autramat

2.3.1.1 Das Lehen Autramat und die ersten Lehensherren: die Caumont-Lauzun

Nicht nur die Familie Fumel wurde in besagter Zeit des Umbruchs und der Fortsetzung der kriegerischen Auseinandersetzung nach dem Hundertjährigen Krieg direkt in die Religionswirren zwischen Katholizismus und Protestantismus verwickelt, sondern gleichwohl eine Reihe von Aristokraten aus dem Agenais.

Ab diesem Zeitpunkt liegen uns die ersten genaueren und kohärenten Hinweise zur Familie Digeon vor. Dabei vermag vermittelst einer Rekonstruktion der historischen Gesichtspunkte des Geschlechts der Caumonts, welche in ihrer Eigenschaft als Barone von Lauzun die ersten bekannten Lehnsherren der Digeons stellten, ein noch erschöpfenderes Bild gezeichnet zu werden.

Das erste im Agenais anzutreffende Mitglied der Familie, Pierre de Digeon, hatte insgesamt die vier Söhne Antoine, Brandelis, Louis und Guillaume, von denen drei das Erwachsenenalter erreichten. Der Älteste, Antoine, welcher 1490 zum Heerbann gerufen wurde, stammte von der ersten Frau Jeanne de Trévey und erhielt die Herrschaft Autramat, wodurch er der Begründer des Zweiges "Digeon de Autramat" werden sollte. Der nachgeborene Brandelis ging aus der zweiten Ehe des besagten Pierre mit Françoise de la Perche dit Verdun hervor und wurde der Stammvater der "Digeon de Boisverdun", woraus schließlich die "Digeons de Monteton" ihren Anfang nehmen sollten. Antoine de Digeon vollzog am 22. August 1494 eine Transaktion vor einem gewissen Brousse, Notar in Lauzun, mit Marguerite de la Roque du Gua und Tannequin de Trévey, ihrem Mann, hinsichtlich der Sukzession seiner Mutter Jeanne de Trévey. Am 11. September 1521 verfaßte er sein Testament zu Gunsten seines Sohnes Arnaud.[17] Leider wissen wir kaum etwas über die Herrschaften Autramat (heutige Gemeinde Bourgougnague (47), vgl. Abb. 2.10: 79), Boisverdun (derzeit im Besitz der Grafen de Richemont, Gemeinde Tombeboeuf (47)) und Boisdomains, die unter den Söhnen von Pierre de Digeon aufgeteilt wurden: Mithin wäre es interessant, in Erfahrung zu bringen, welche Herrschaften sich bereits bei Eheschließung mit der jeweiligen Ehefrau von Pierre de Digeon im Besitz der Familie befanden und ob die eine oder andere Seigneurie möglicherweise als Mitgift dazugelangte.

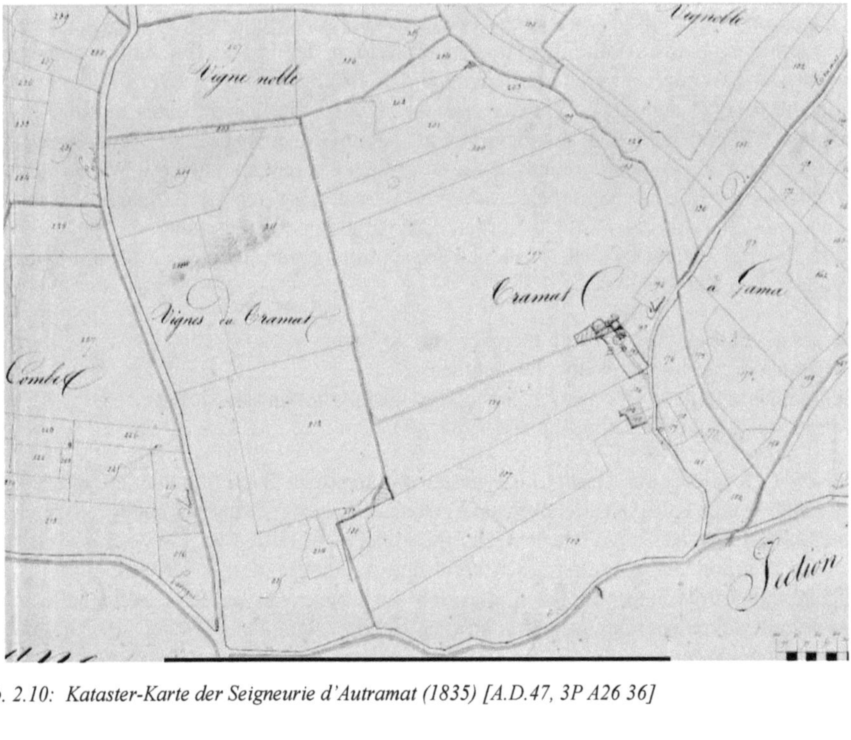

Abb. 2.10: Kataster-Karte der Seigneurie d'Autramat (1835) [A.D.47, 3P A26 36]

17 A.D.33,9 J 60, p. 17.

Vom Baron de Lanauze erhalten wir Kunde, daß es sich bei Autramat um ein altes Lehen handelt, das im 13. Jahrhundert "Outremer" hieß. So ist beispielsweise ein Lehenseid vom 16. April 1298 des Guillaume d'Outremer, Damoiseau, gegenüber Pierre de Gontaud, Seigneur de Biron und Lauzun, überliefert.[18] Père Anselme spezifiziert die Bedingung für die (After-) lehensgabe an Outremer noch detaillierter: "[...] *un bon repas, pour cing hommes d'honneur & de parage*." (Anselme 1733a: 299). Heutigentags mag dies als Nichtigkeit vorkommen, doch in einer Zeit, in der Mißernten und kriegerisch bedingte Hungersnöte sich häufig ereigneten, erscheint diese Forderung in einem anderen Licht.

Hinsichtlich der Söhne Louis und Guillaume, den Seigneurs de Boisdomains, ist gleichwohl nichts Näheres auf uns gekommen (vgl. zu diesen Ausführungen: Anhang: B.4: 697). Jedoch wissen wir, daß der Sohn von Antoine, Arnaud, in seiner Eigenschaft als Coseigneur d'Autramat (zusamt den Tréveys) bis zum Hofverwalter von François I. de Caumont, Baron, dann Graf von Lauzun, avancierte und von letztgenanntem mehrfach ausgezeichnet wurde.

Seit grauester Vorzeit gehörte die Herrschaft Lauzun zur Familie Caumont, die, wie bereits ersichtlich wurde, schon in den Auseinandersetzungen mit den Armagnacs eine wirkmächtige Position einnahm. Sie gehörte zusammen mit den Durforts (vgl. Kap. 2.1: 53), Gontauds, Allemans, Madaillans und Fumels (vgl. Kap. 2.2: 76) zu den ältesten Adelsgeschlechtern Südfrankreichs, sich bereits beim ersten Kreuzzug auszeichnete und ihren ununterbrochenen Angang mit Carlo I. de Caumont (um 1050) nahm. Als Stammhaus gilt die Festung und das Schloß im gleichnamigen Ort Caumont, gelegen am linken Gestade der Garonne, nahe der heutigen Unterpräfektur Marmande im Département Lot-et-Garonne (47). Für die Haltbarkeit dieser Annahme spricht durchaus eine gewisse Plausibilität, nicht zuletzt, da die Nähe des Orts Caumont zu den übrigen im Laufe der Zeit erworbenen Herrschaften, wie La Force (24), augenscheinlich ist, doch sollte nicht übersehen werden, daß in Frankreich noch heute neben Caumont-sur-Garonne acht weitere gleichnamige Dörfer existieren : zwei Caumonts in der Normandie, drei in den Midi-Pyrenäen, ein weiteres in Aquitanien, eines in Nord-Pas-de-Calais und schließlich eines in der Picardie [sic!]. Auf Grund der belegten Teilnahme an den Feldzügen zur Eroberung Britanniens sowie den ersten Eheschließungen mit Frauen aus nordfranzösischen Familien, scheint gleichwohl die Mutmaßung gerechtfertigt, daß die Caumonts erst späterhin ihr Wirkzentrum vom Norden nach Aquitanien verlagerten.

Kein Zweifel besteht indessen, daß sich die Familie gegen Ende des 12. Jahrhunderts in vier Äste geteilt hat:

1. Seigneurs de Caumont, spätere Herzöge von La Force;
2. Seigneurs de Berbiguières und de Montbeton;
3. Seigneurs de Lauzun (für unsere Darstellung vorrangig von Bedeutung);
4. Seigneurs de Saint-Bazeille (Lauzun 1984: 44).

Bei dieser Gelegenheit sei darauf hingewiesen, daß in einem solch frühen Stadium der Familiengeschichte eine völlig zweifelsfreie und genaue Erfassung sämtlicher über Frankreich verstreuter Mitglieder der Caumonts schlechterdings nicht zu leisten ist. Letzte Auskünfte über das finale "Warum" der geographischen Verortung sind mithin derzeit nicht möglich.

Gemeinhin würde man mutmaßen, daß sich die Wappen der einzelnen Zweige kaum bis gar nicht unterscheiden, man denke nur an vergleichbare Familien wie die Durfort-Duras und Durfort-Civracs (Meller 1978: 73 (Bd. 2)). Indes weisen die Caumontschen Schilde beträchtliche Differenzen auf.

18 A.D.33, 9 J 60, p. 67.

Dieser Umstand würde keiner weiteren Beachtung bedürfen, sofern sich darin nicht auch Hinweise für die Digeons und deren Herkunft finden ließen. Während der jüngere Zweig der Caumont-Lauzun das tradierte Wappen mit einem diagonal verlaufenden Band (vgl. Abb. 3.10(a): 389) beibehalten hat, so erhielt das von Richard de Caumont drei *fasces* (vgl. Abb. 3.10(d): 389): Der Legende zufolge, habe Richard I. damit an die zwei Tötung zweier sarazenischer Riesen, benamt Estugalas und Golias, anläßlich seiner Teilnahme am ersten Kreuzzug unter Gottfried v. Bouillon erinnern wollen. Richard ergänzte zusätzlich ob dieses Begebnisses seinen Vornamen mit *Nompar*, um so zu unterstreichen, daß er gleichsam einen derart "nichtgleichen" Kampf auf sich zu nehmen vermochte (Lauzun 1984: 45). Die Einordnung Richards in die Gesamtgenealogie des Hauses Caumont erscheint für Père Anselme, der in seiner Eigenschaft als Hofgenealoge Ludwigs XIV. äußerst präzise und nur unter Verwendung von Originaldokumenten eine noch heutigentags wertvolle Genealogie der Caumonts erarbeitet hatte, nicht ganz unproblematisch (weiterführend zu Père Anselme: Saint-Aulaire (1889)), da er explizit darauf verwies, daß sich Belege für die Existenz von Richard I. de Caumont nicht auffinden ließen (Anselme 1728: 467). Auch wenn sich die Sage, welche den Ursprung des von Generation zu Generation tradierten Vornamens "Nompar" erhellt, zeitlich nicht in die Genealogie einfügen läßt, da Richard um 1100 gelebt hat und die Caumonts erst seit Nompar I. (um 1170–1230) diesen Namen regelmäßig führen, so ist die historische Existenz und Kreuzzugsteilnahme Richards unbestritten (vgl. Kap. 2.1: 52).

Erst mit dem Austausch der drei *Fasces* in drei goldene Leoparden aus dem Wappen Großbritanniens im Jahr 1366 sollte der älteste Stamm der Caumont La Force sein bis heute gebräuchliches Schild erhalten, wobei angemerkt sei, daß auf Befehl des Königs von Frankreich der Ecu statt der (britischen) Heroldsfarbe "gueules" (vgl. Kap. 3.4.1: 389) das französische "azur" Verwendung finden sollte (vgl. Abb. 2.11: 80). Auch auf die Gefahr hin, daß die uns aus einer Manuskriptnotiz von Charrié übermittelte anekdotenhafte Legende über kaum einen nennenswerten Wahrheitsgehalt verfügt, so ist für die Digeons der Hinweis entscheidend, daß "[...] *la branche des Caumont de Picardie les anciennes armes* [...]" (zit. n. Lauzun 1984: 45) beibehalten hat. Demnach scheint eine Verbindung zwischen den Caumonts und den Digeons in der Picardie als möglich.

Nach Abbé Alis, welcher wie Père Anselme die Genealogie des Geschlechts mit Carlo I. beginnen läßt, war selbiger der Vater von Geoffroi, Seigneur de Caumont, erwähnt in einem Brief von König Philippe I. aus dem Jahr 1079. Er begleitete Wilhelm den Eroberer nach Großbritannien und nahm an der berühmten Schlacht bei Hastings (1066) teil. Durch seine in der Schlacht unter Beweis gestellte Treue begründete er in Cherlton Clifton Camville (wahrscheinlich von ursprünglich "Caumontville"), gelegen in der Grafschaft Somersetshire, den englischen Zweig der Familie, der erst nach dem Tod Guillaume II. 1338 in Ungnade fiel.

Abb. 2.11: Wappen der Caumonts, Herzöge von La Force, aus: (Lauzun 1984: 45)

Abb. 2.12: Wappen der Caumont-Lauzuns, aus: (Lauzun 1984: 45)

Geoffroi heiratete Harcourt de Lillebonne, wodurch er die Herrschaft Lillebonne erhielt, die im heutigen Département Seine-Maritime ca. 150 Kilometer von Amiens liegt. Sein Sohn Carlo II. wiederum ehelichte Gilfenda Raymond de Toulouse, wodurch sich möglicherweise die Besitzungen der Caumonts in Aquitanien begründet oder zumindest vergrößert haben dürften. Wie vom Abbé Alis überliefert, zeichnete er sich zusamt seinem Bruder oder Cousin Richard I. auf besagtem ersten Kreuzzug aus, was gegen Père Anselms Zweifel an der Existenz spricht (Alis 2003: 5–7). Die Heldentaten von letztgenanntem trugen in der bereits dargelegten poetisch-historischen Fassung der ersten Kreuzzugsereignisse im "Crusade Cycle" (vgl. Kap. 2.1: 51) bereits zu Zeiten des frühen Ancien Régime nicht unwesentlich zum Ruhm der Caumonts bei. Beredtes Zeugnis verkörpert der *Salle des Croisades* im Château de Versailles, wo sich auch das Wappen der Caumonts wiederfinden läßt.

Auf Carlo II. sollte sein Sohn Dodon (um 1130), Seigneur de Caumont, folgen, der eine Urkunde des Grafen v. Toulouse zum Bau einer Brücke über die Garonne signierte. Mit seiner Person läßt sich ein Wirken des Geschlechts im südwestfranzösischen Raum erstmals nachweisen (Anselme 1728: 468). Sein Sohn Sanchez unterstützte im Jahr 1136 den Bischof von Agen bei dessen Auseinandersetzung mit dem Oberhirten von Bazas um die Herrschaft von Casteljaloux, wobei es zur Belagerung und schließlich Vernichtung von Bazas kam. Auf diese Weise vermochte die Vorrangstellung der Caumonts im Agenais weiter ausgebaut zu werden (Alis 2003: 12). Möglicherweise erhielten sie im Gegenzug – sozusagen als Belohnung – das Lehen von Monteton, das sie dann mit der gleichnamigen Burg späterhin befestigten (vgl. Kap. 3.3: 375).

Die Fortsetzung der Stammreihe erfolgte durch Richard II., wobei sich mit seiner Nachkommenschaft eine erste Teilung der Familie in zwei Äste vollzog. Sein erstgeborener Sproß Bec sollte den Zweig der künftigen Herzöge von La Force begründen, der nachgeborene Nompar wiederum den der Herren (spätere Grafen bzw. Herzöge) von Lauzun (Alis 2003: 12–13). Nach der Teilung des Erbes von Richard fiel "la terre de Lauzun" an Nompar I., denn er wird ob einer Zuwendung, welche er zusammen mit seinem Bruder Bec der Gramontenser-Priorie von Mérignac bei Miramont-d'Agenais (47) zuteil werden ließ, in der Schenkungsurkunde als Seigneur de Lauzun qualifiziert (Anselme 1728: 477). Aus diesem Schenkungsakt vermag gut ersehen zu werden, daß sich das Geschlecht als regionaler Machtfaktor etabliert hatte, wovon nicht zuletzt auch die beträchtliche Anzahl von Herrschaften Zeugnis gibt, welche auch der nachgeborene Nompar I. in seiner Person vereinigen konnte: Seigneur de Puymiclan, Saint-Barthélemy, Puydauphin und Tombbeoeuf, Coseigneur von Monviel und Virazeil und schließlich Vicomte de Monbahus (Lauzun 1984: 47). Leider ist an dieser Stelle nicht der Raum, um der weiteren Entwicklung der Caumont-Lauzun en detail nachzugehen, doch sollte ein Schnittpunkt zwischen einer Caumont und einer Person namens Digeon im Artois nicht unerwähnt bleiben. So erreicht uns durch das "Dictionnarie Historique et Archéologique" des Départements Pas-De-Calais (62) von folgendem Begebnis Nachricht:

> "*Humières dépendait avant la Révolution du baillage et de la recette d'Hesdin; le 18 avril 1334, Isabelle de Caumont, dame de Queux, manda à Jean de Digeon, gouverneur d'Artois, de payer à Mathieu Doré 28 livres à prendre sur la terre d'Humières.*" (Haigneré 1884: 162)

Abgesehen davon, daß Dame Isabelle de Caumont gänzlich zahlungsunfähig war und ob ihrer Obligationen sogar inhaftiert wurde, gibt diese Textpassage doch Auskunft über die Existenz einer Familie Caumont und Digeon in der nördlichen Grafschaft Artois. Originär war das Artois der karolinischen Herrschaft in Form einer Grafschaft anteilhaftig, wobei es 898 von Graf Balduin II. in die Grafschaft Flandern eingegliedert wurde. 1180 teilte Philipp von Elsass als Graf von Flandern das Artois gegen seine Nichte Isabelle von Hennegau in Hinblick auf ihre Heirat mit dem französischen König Philippe II. Auguste aus. 1190 starb Isabelle und Philipp behielt das Artois, gab es aber mit dem Frieden von Péronne am 2. Januar 1200 wieder heraus. Nach der vernichtenden Niederlage in der Schlacht von Bouvines (1214) zwischen Frankreich auf der einen und England, Flandern, Boulogne und den Welfen auf der anderen, fiel das gesamte Artois an die französische Krone. 1237 wurde das Land dann für Robert I., einen Enkel Philipps und Isabelles, in den Rang einer französischen Comté erhoben. 1384 geriet es nach dem Tod Ludwigs II. von Flandern in den Herrschaftsbereich von Burgund. Dort verblieb es bis zum Tode Karls des Kühnen von Burgund und gehörte daraufhin zum Besitz der spanischen Habsburger. Erst 1659 sollte es wieder an die französische Krone fallen (vgl. weiterführend: Derville (2002)). Diese wechselhafte Zugehörigkeit der Provinz zu den einzelnen Anrainerstaaten expliziert indes noch nicht, wessentwegen es dort im Jahr 1324 einen Gouverneur namen "Jean de Digeon" gegeben hat. Dafür bedarf es eines etwas genaueren Blickes auf die Herrschaftsstrukturen Artesiens sowie der Pfalzgrafschaft Burgund (seit dem 14. Jahrhundert auf französisch la Franche-Comté). Robert III. (1287–342), Enkel Roberts II. und der Amicia von Courtenay (1250–275), Erbin oder Herrin von Conches-en-Ouche, Sohn von Philippe von Artois (1269–298) und Blanka von Bretagne (1270–327), genannt Blanka von Deux, verlor nach dem Tode seines Großvaters seine Erb- und Herrschaftsansprüche, da er Opfer einer Intrige der Schwester seines Vaters, Mathilde von Burgund, wurde, die behauptete, es exisiterten keinerlei Beweise für die gültige Eheschließung seiner Eltern. Die Folge war ein sich fortschleppender Prozeß, welchen Robert III. letztendlich verlor, wobei angemerkt sei, daß das endgültige Urteil von König Philipp VI. maßgeblich durch die burgundischen Verbündeten der Gräfin Mathilde beeinflusst worden war. Sie war nämlich seit 1291 mit Otto IV., Pfalzgraf von Burgund verheiratet. Mithin machte sich Mathilde in einem Akt *aus eigenem Recht (de son propre chef)* zur Gräfin von Artois. Die Regierungsgeschäfte für die Grafschaft wurden indes von ihrem Mann Otto IV. von Burgund wahrgenommen. Gleiches gilt für ihre Tochter Jeanne, die als Jeanne II. v. Artois den zukünftigen König Philippe V. heiraten sollte sowie deren Enkelin Jeanne III. von Artois, die 1318, erst zehnjährig, mit Eudes IV., Herzog von Burgund, vermählt wurde und nach dem Tod ihrer Mutter von 1330–347 Gräfin d'Artois aus eigenem Recht war (vgl. weiterführend: Boehm (1979)). Die tatsächliche Herrschaftsausübung lag indes nicht in der Hand der Gräfin, sondern wurde vermöge ihres Ehemannes oder eines Beauftragten wahrgenommen. Daher erklärt es sich auch, weswegen in obiger Textstelle Jean de Digeon für das Jahr 1334 als Gouverneur erscheint. Denn durch die Eheschließung mit Eude IV. von Burgund brachte Jeanne III. das Artois mit in die Ehe ein. Somit war sie seit dem Tod ihrer Mutter im Jahre 1330 Gräfin von Artois aus eigenem Recht und ihr Mann als Graf von Artois bestellte einen Gouverneur seines Umfelds und Vertrauens zur Administration der Herrschaft. Dabei fiel die Wahl auf "Jean de Digeon", der allerdings nur im Artois so genannt wurde (zur unterschiedlichen Schreibung der Stadt vgl. Kap. 3.1: 371). In seiner Heimat hieß er Jean Aubriot entstammte einer wohlhabenden bürgerlichen Familie, die in Burgund seit langer Zeit bekannt war und sich vornehmlich im Handel einen guten Namen gemacht hatte. Er selbst übertrat, nachdem er sich zunächst mit seinem Bruder Guillaume im väterlichen Handelsbetrieb engagiert hatte, in den geistlichen Stand, wurde Kanoniker des Stifts von Beaune, dann von der Kathedrale von Langres. Ab diesem Zeitpunkt zog er qua seiner intellektuellen und moralischen Begabung die Aufmerksamkeit des Herzogs Robert II. und seiner Frau Agnès von Frankreich auf sich, die ihm die Erziehung ihrer beiden Söhne Hugues und Eudes anvertrauten. Nach dem Tode Robert II., folgte ihm der ältere Hugues als Hugues V., welcher bereits 22 jährig 1315 verschied. Ihm sukzedierte wiederum sein jüngerer Bruder, bereits erwähnter Eudes IV. auf dem burgundischen Herzogsthron nach. In seinen Diensten erlangte Jean Aubriot alias "Jean de Digeon" glänzende Ämter: 1331 empfing er den Titel eines "Secrétaire du Duc", dann eines Erzdiakon des Dijonnais, daraufhin wurde er zum Interimsgouverneur des Artois und Boulonais ernannt, erhielt den Rang eines "Maître des Comptes" und schließlich avancierte er 1335 zum Kanzler von Burgund. Verbunden mit diesem Amt war es eine der wirkmächtigsten administrativen und judikativen Funktionen des gesamten Herzogtums. Nach dem Tode seines Herzogs fungierte er als einer der Testamentsvollstrecker und erhielt 100 livres aus dessen Vermächtnis (Perier 1908: 9–11). Sein Neffe, Hugues Aubriot, sollte als Vogt von Dijon (1360–367) und Paris (1367–381) dem Ruhm seines Onkels nacheifern (vgl. weiterführend: Perier (1908) sowie (Guenée 1991: 121–125)). Ob möglicherweise ein Sproß dieser Familie Digeon mit Herzog Eudes IV., der 1346 in der Guyenne wider die Engländer gekämpft hatte, sich dort dauerhaft ansiedelte, vermag allein gemutmaßt werden. Dawider vermag indes füglich eingewendet werden, daß die Familie schlechthin kaum den eigentlichen Familiennamen "Aubriot" abgelegt haben wird, ohne daß dies in irgendeiner Form (zumindest im Innenverhältnis) bekannt geworden wäre. Mithin kann zusammenfassend davon ausgegangen werden, daß "Jean de Digeon" keinerlei verwandtschaftliche Beziehung zur hier behandelten Familie Digeon unterhielt.

In welcher Relation die Caumonts aus der Region Pas-de-Calais zu denen aus der Normandie respektive dem Agenais standen, vermag zu diesem Zeitpunkt nichts mit Bestimmtheit gesagt zu werden. Von Daniel Haigneré erfahren wir, daß die belegbare Stammreihe der Caumonts aus dem Artois mit Ursus de Caumont ihren Ausgang nahm, der 1148 eine Charte des Grafen Bernard d'Hesdin unterzeichnete. Gleichsam erscheint er im Zusammenhang mit seinen beiden Brüdern Guy und Henri, welche allesamt mit beträchtlichen Schenkungen zum Reichtum der Prämonstratenser von Dommartin beigetragen haben. Einer der Nachkommen, benamt Hugues de Caumont, Ritter und Seigneur des gleichnamigen Ortes sowie von Beauval, war im Verbund mit seinen Vasallen nicht minder großzügig wie seine Altvorderen und errichtete 1292 die Kapelle von Saint-Nicolas de Rapoy in Queux (heute Quoeux-Haut-Mainil (69)). Diese Herrschaft erhielt oben erwähnte Isabelle Caumont wahrscheinlich von einem ihrer Vorfahren, die zuletzt über die zur Baronie erhobene Herrschaft Caumont verfügten. Obzwar wir vermöge der uns überlieferten Wachsabbildungen nicht in der Lage sind, die Farben zu bestimmen, ist doch auch nur eine strukturelle Ähnlichkeit zum Wappen der Caumonts aus der Normandie sowie dem Agenais nicht vorhanden (Haigneré 1875: 196–197). Somit kann eine verwandtschaftliche Beziehung, gleichwohl wie im Falle der oben ausgeführten Familie Aubriot aus Burgund, in bezug auf die Digeon aus dem Agenais tendenziell exkludiert werden.

Bevor wir uns nach diesem Exkurs ins Artois nunmehr wieder der Genealogie der Digeons in der Guyenne zuwenden, sollten wir noch einen Moment hinsichtlich einiger Aspekte, die für den weiteren Verlauf der Familiengeschichte von Relevanz sein sollten, bei ihren Lehnsherren aus dem Agenais verweilen. Obschon sich der genaue Zeitpunkt sowie die letztgültigen Ursachen für die mutmaßliche Umsiedlung der Digeons in den Südwesten und die Verwandschaftsgrade zu ihren nördlichen Angehörigen derzeit nicht bestimmen lassen, vermögen doch die Einflußfaktoren, die seitens der Caumonts bezüglich der Konfesssion wahrscheinlich auf sie einwirkten, nachgezeichnet werden.

Bei dieser Gelegenheit ist es von Interesse zu sehen, daß das Aufkommen der reformatorischen Gedanken Luthers, Zwinglis und vor allem Calvins zu einer tiefen Spaltung innerhalb der Familie Caumont führte. Dies ging soweit, daß der ältere Zweig La Force protestantisch wurde, sich in den Religionskriegen auszeichnete und in der Massakernacht von Saint-Barthélemy vom 24. auf den 25. August 1572 einen hohen Blutzoll zahlen mußte (weiterführend: Haag 1852: 252–279 sowie: Alis (2003)), wohingegen derjenige der Caumont-Lauzun eine streng loyale Haltung zur katholischen Kirche einnahm. Doch verblieb es nicht bei einem passiven Status der nebeneinander divergent existierenden Positionen, sondern es kam gleichwohl zum blutigen Schlagabtausch zwischen den Familienmitgliedern:

Bereits erwähnter François I. de Caumont (vgl. Kap. 2.3.1.1: 79), der Ururgroßvater des berühmten Antonin de Lauzun (seit 1692 Herzog von Lauzun), der mit seiner von Ludwig XIV. nicht gebilligten Hochzeit mit Anne Marie Louise de Bourbon-Orléans, Herzogin von Montpensier (gen. *La Grande Mademoiselle*) einen veritablen Skandal evoziert hatte (dazu weiterführend: Petitfils (1987)), machte sich trotz seines hohen Alters (er hatte das 60. Lebensjahr bereits überschritten) auf, für Blaise de Montesquiou, Seigneur de Montluc, ins Feld zu ziehen, der ihn in seinen berühmten *Commentaires* über die Besetzung seines Schlosses Caumont beschreibt (Montluc 1870: 152). In einem Brief an Karl IX. vom 11. Dezember 1562 versichert François I. de Caumont selbigem seine unbedingte Treue bei der Protektion der Stadt Bergerac und berichtet von rebellischen und protestantischen Umtrieben in Sainte-Foy. Die besondere Stellung von Lauzun schien sich auch im persönlichen Umgang mit seinem König niedergeschlagen zu haben, da Karl IX. nachweislich am 4. August 1565 in Schloß von Lauzun diniert und übernachtet hat. Zwei Jahrzehnte später sollte auch der zukünftige Heinrich IV. gastliche Bewirtung und Herberge dort finden (Lauzun 1984: 67–68 u. 71). Das Treueverhältnis wies jedoch nicht allein eine Einseitigkeit auf, da Karl IX. seinen Gefolgsmann mit der Erhebung seiner Baronie Lauzun zu einer Grafschaft (*érection de la terre*, vgl. dazu: Kap. 4.2.1: 425) im Jahr 1570 entlohnen sollte (La Chesnaye-Desbois 1864a: 876). Nicht zuletzt in dieser Biographie zeigt sich eine Haltung, die durchaus als "königstreu" taxiert werden kann obschon sich auch der Sohn von François I. de Caumont, Gabriel, gegen den Katholizismus wandte und im Verbund mit seinen Vater gegen die königlichen Truppen kämpfte, was gleichsam im Kommentar Montlucs Erwähnung fand (Montluc 1870: 302 u. Anm. 1). Allerdings schienen sich die Caumont-Lauzun später nicht mehr dem Protestantismus zugewandt zu haben, sondern sind wieder der katholischen Kirche ergeben gewesen, was zu einer Entschärfung ihrer Situation führte.

Das Land indes kam nicht zur Ruhe, die religiösen Konflikte eskalierten weiter und das Haus Lauzun verblieb fürderhin sowohl der französischen Krone als auch dem König von Navarra gegenüber treu ergeben, wie ein Brief vom 26. Dezember 1584 an Gabriel de Caumont bezüglich der kriegerischen Umtriebe des Sieur de Gervain, Baron de Roquepiquet, beweist (Lauzun 1984: 74). Verheiratet war Gabriel I. de Caumont mit Charlotte deMadaillan d'Estissac, die als Mitgift unter anderen die Seigneurie Monteton in die Ehe brachte, womit diese wieder an einen Zweig der Familie Caumont fiel (vgl. Kap. 3.3: 375 sowie Kap. 2.3.3.1: 186). Die Familie Madaillan d'Estissac erlosch im Jahr 1585 im Mannesstamm und der Titel fiel qua Eheschluß von Claude de Madaillan d'Estissac an François IV. Comte de la Rochefoucould (La Chesnaye-Desbois 1865: 552). Es sei in diesem Zusammenhang noch einmal ausdrücklich darauf vergewiesen, daß die Seigneurie d'Estissac keinesfalls mit der in der gleichnamigen, in der Champagne befindlichen konfundiert werden darf (Campagne 1900: 215).

Der Gabriel I. sukzedierende François II. de Caumont, Graf von Lauzun, Marquis von Puyguilhelm und anderen Orten, verheiratet mit Catherine de Gramont, erlebte eine kurze Phase der Beruhigung seiner Umgebung nach dem Erlaß des Edikts von Nantes, das den Hugenotten eine beschränkte religiöse Toleranz ermöglichte, sie tatsächlich aber zu einem Fremdkörper beziehungsweise Bürgern zweiter Klasse im Staat werden ließ, dieweil sie *de jure* von den katholischen Kirchenpfründen und *de facto* von den staatlichen Besitzständen exkludiert wurden. Es nimmt sich dieserhalb nicht wunder, daß sich die Anzahl der Hugenotten ab 1598 von weiland 10% zu marginalisieren begann (vgl. weiterführend: Diefendorf 1991 und Holt 1995). Sonderheitlich die Aristokratie des Südens und Südwestens von Frankreich fühlte sich in ihrem bisherigen Wirkfeld beschnitten, was nach der Ermordung Heinrichs IV. durch die Hand Ravaillacs zu einemWiederaufflammen blutiger Kämpfe führen sollte (Beiderbeck 2005). Auch das Agenais wurde erneut von bürgerkriegsähnlichen Kämpfen und Rebellionen regionaler Aristokraten heimgesucht, so daß sich der Graf von Lauzun zusammen mit seinem Schwager Gramont gezwungen sah, noch immer der katholischen Religion treu ergeben, seine Herrschaft am 23. Dezember 1613 zu verteidigen. Nachdem zwei Jahre später die einberufenen Generalstände erfolglos den Versuch unternommen hatten, auf diplomatischer Ebene einer Eskalation des Konflikts vorzubeugen, kam es innert der Familie Caumont zur Zerreißprobe: Der Südwesten fiel in den darauffolgenden Jahren in einen Zustand des Bürgerkriegs mit einer ungezählten Zahl von lokaler Kampfherde. Besonders exzellierten in diesem Zusammenhang die Einnahme der Protestantenhochburg Clairac (47) am 5. August 1621, die mißlungene Belagerung von Montauban (47), das einem Heer von 20.000 Mann unter der Führung des Herzogs von Luynes Widerstand leisten konnte und schließlich der Fall der kleinen Stadt Monheurt (47) im Dezember. Montauban, Tonneins (47) und Sainte-Foy-la-Grande (33) verblieben als einzige Städte der Reformierten unbezwungen. Vornehmlich in Sainte-Foy formierte sich durch den Gouverneur, Charles de Rochefort de St-Angel, Marquis de Théobon unverbrüchlicher Widerstand. Er forderte in einem Brief an die Delegierten der *Generalversammlung aller Reformierten Kirchen in Frankreich*, die permanent in La Rochelle tagte, daß die Deputierten der Guyenne schnellstmöglich in das Krisengebiet zurückkehren sollten, darunter die beiden Brüder Henry-Nompar und Jean des Marquis Caumont de la Force (zum Marquis de la Force vgl.: Anselme 1728: 472), welcher das Oberhaupt der Reformierten Kirche in der Guyenne repräsentierte (Bertin-Roulleau 1994: 120).

Kurze Zeit nach diesen Auseinandersetzungen sollte im Januar 1622 der Duc d'Elboeuf (eigentlich Karl II. v. Lothringen, vgl. Montgomery-Massingberd 1977: 85) von Eymet und Bergerac kommend, mit der Belagerung des Schlosses von La Force beginnen, nachdem er am 2. Januar von seiner Belagerung der kleinen Stadt Gensac (47) ablassen mußte, ohne sich zum Kampf zu stellen. Zu diesem Zeitpunkt schienen sich die Familienbande zwischen dem Zweig Lauzun und La Force wieder angenähert zu haben, denn sowohl François II. als auch sein Sohn Gabriel II. versuchten in einem Brief an hohe Offiziere, d'Elboef von seinem Vorhaben abzubringen, das Stammschloß der La Force zu belagern. Die Begründung mutet ausgesprochen interessant an, da mitnichten politische oder gar familiäre Gründe aufgeführt, sondern stattdessen auf den zivilen Charakter des Wohnhauses rekuriert wurden: "[…] *que c'est une maison particulière, un lieu de plaisance qui ne fait point la guerre et que cela est de conséquence à mettre toutes leurs maisons en peril.*" (La Grange 1843: 239) In einer Zeit von Kämpfen und Verwüstungen auf die Vergnügungseigenschaften des Schlosses hinzuweisen, mag prima vista kurios erscheinen, entpuppt sich dann jedoch als durchaus sinnstiftend, sofern man bedenkt, daß die beteiligten Offiziere gleichsam um ihre eigenen Schlösser fürchten mußten, da mit einer Vergeltung von protestantischer Seite durchaus zu rechnen war. Der Herzog von Elboeuf indes blieb unnachgiebig und bestand darauf, das Schloß in seine Hände zu bekommen, dieweil seines Dafürhaltens nach allein auf diese Weise eine Befriedung der Provinz gewährleistet werden konnte. Darob trug es sich zu, daß der Marquis von La Force über Sainte-Foy-la-Grande am 30. Januar 1622 gegenüber dem Feldlager von Elboeuf sein Stammschloß erreichte. In der folgenden Nacht kam es zum Gefecht, wobei sich die Historiographen über den Ausgang desselben uneins sind. Gemäß Samazeuilh, der sich auf Vignolles bezieht, dauerten die Kämpfe bis zum Morgen an und es war zunächst nicht ersichtlich, welcher der beiden widerstreitenden Seiten obsiegt hatte. Erst späterhin sollte sich d'Elboeuf der Festung La Force bemächtigen. Nach den *Mémoires* des Herzogs von la Force haben sich die Katholiken kämpfend zurückgezogen, ohne den Sieg davonzutragen (Samazeuilh 1980: 375 (Bd. 2)). Auch in der Darstellung von Philippe Lauzun entschied sich das Schlachtenglück zunächst zu Gunsten des Marquis de la Force, der die königlichen Truppen, unter denen sich auch der Graf von Lauzun und sein Sohn befanden, zurückschlug und Elboeuf zwang, in Bergerac Zuflucht zu suchen (Lauzun 1984: 81). Letztgültige Gewissheit über den tatsächlichen Verlauf der Kämpfe kann im Rahmen dieser Ausarbeitung nicht erlangt werden, da hierfür eine gründliche

Analyse der Primärquellen erforderlich wäre, doch vermag man die Behauptung aufzustellen, daß eine höhere Plausiblität für einen recht knappen Ausgang der Berlagerung spricht und eine Okkupation des Schlosses La Force als abwegig zurückgewiesen werden kann, auch wenn die *Mémoires* des Marquis de La Force als nicht völlig frei von tendenziöser Schilderung erscheinen. Die Tatsache, daß sich die königliche Streitmacht zügig nach Bergerac zurückzog, stützt diese Vermutung. Ohne Zweifel kann resümiert werden, daß den Katholiken zunächst keine durative Besetzung des Herrschaftsgebiets von La Force möglich war.

Wenig später verschied François II. von Caumont. Er hinterließ die beiden Söhne Gabriel II., der bereits oben Erwähnung fand, und Elie, genannt Vicomte de Lauzun, welcher kinderlos bleiben sollte, sowie die Tochter Charlotte. Deren Ehebündnis ist für die Familie Digeon nicht unwesentlich, da sie am 23. Juno 1611 mit Frédéric de Foix, Graf von Gurson und Fleix, vermählt wurde. Ihre Mitgift war die Seigneurie Monteton, die von König Heinrich IV. (durch die Allianz Albret-Foix Vetter von Frédéric de Foix), vermöge einer *érection de terre* (vgl. Kap. 4.2.1: 425) zur Baronie erhoben wurde. Die Verbindung zwischen Heinrich IV. und Monteton erklärt sich nicht zuletzt dadurch, daß Frédéric de Foix gleichergestalt die Seigneurie von Lévignac (47) besaß, die in der unmittelbaren Nachbarschaft von Monteton gelegen war (Blanc 1975: 14 sowie Bourrachot 1969: 56). Es ist belegbar tradiert, daß sich der junge König von Navarra und künftige Heinrich IV. von Frankreich dort des Öfteren aufhielt, so zum Beispiel zwischen dem 13. und 15. August 1580 (Berger de Xivrey 1843: 564). Späterhin (1618) sollte Jean-Frédéric de Foix Comte de Curson et du Fleix, Großseneschall der Guyenne, in einem Transaktionsgeschäft mit Ruben de Beraud die Baronie Monteton gegen die Seigneurie de la Serpan und eine Summe von 50.000 livres eintauschen (vgl. Kap. A.3: 617 sowie Kap. 2.3.3.1: 178).

Doch kehren wir zur den kriegerischen Ereignissen um den Marquis de la Force zurück: Die Revanche seitens Elboeufs sollte nicht lange auf sich warten. Mit einer gestärkten königlichen Armee unter seiner Führung von 12.000 Bewaffneten hub er im März 1622 zum Gegenschlag auf La Force an. Er marschierte direkt nach Tonneins, wo die Reformierten ihr Hauptquartier aufgeschlagen hatten, und begann mit der Belagerung der Stadt. Unter den Angreifern befand sich den Geschichtsschreibern zufolge der Graf von Lauzun, womit wahrscheinlich der junge Gabriel II., treu ergeben wie sein Vater der katholischen Kirche, gemeint sein dürfte, denn das fortgeschrittene Alter seines Vaters läßt es als kaum möglich erscheinen, daß dieser an einer solch großen militärischen Unternehmung partizipiert hätte.

Nach einem erbitterten Kampf wurde Tonneins eingenommen, gebrandschatzt und dem Erdboden gleichgemacht, obschon dies den Klauseln der Kapitulationsvereinbarungen zuwiderlief. Doch die materielle Verwüstung war nicht der gravierendste Verlust. Neben vielen Toten und Verletzten mußte La Force auch selbst einen beträchtlichen Blutzoll zahlen. Sein sechster Sohn Jean, der Baron von Montpoullian, (Anselme 1728: 472) tödlich am Kopf blessiert, vermochte nicht aufs Pferd zu steigen, wollte Tonneins aber erst verlassen, bis gewährleistet war, daß sich seine Soldaten aus der Gefahrenzone zurückziehen konnten und die Kapitulation ordnungsgemäß vollzogen wurde. Schließlich wurde er auf einer Trage nach Clairac gebracht, wo er kurze Zeit darauf verstarb (Samazeuilh 1980: 386 (Bd. 2)). Die Folge war die Kapitualition der Protestanten gegenüber der königlichen Macht. Als Kompensation seiner Unterwerfung sowie als Entschädigung für sein verlorenes Amt als Gouverneur des Béarn erhielt Jacques Nompar de Caumont de la Force den Herzogstitel, 200.000 livres sowie den Marschallsstab (Lauzun 1984: 83 sowie Samazeuilh 1980: 386 (Bd. 2)).

Als Konsequenz aus dem erfolglosen Ringen um die Vorherrschaft der Konfessionen zog sich Gabriel II. zur Verwaltung seiner Güter nach Lauzun zurück und widmete sich daneben vornehmlich karitativen Tätigkeiten, dieweil das Land und vor allem dessen Bevölkerung auf Grund der sechs Jahrzehnte andauernden Kämpfe schwer gezeichnet war. Einer seiner herausragendsten Verdienste waren 1623 die Ansiedlung eines Konvents der *Récollets*, eines

Ablegers des Franziskanerordens. Die *Récollets* gingen aus der Bettelordensbewegung hervor und unterhielten in Frankreich bis zu ihrer Auflösung während der Französischen Revolution 2.534 Klöster (weiterführend: Meyer (1997)).

Möglicherweise führten die Ereignisse um die Belagerung von Tonneins und die überschaubare Sinnhaftigkeit eines familieninternen Konflikts seitens der Caumonts zu einer stärkeren Annäherung im Innenverhältnis. Erste Anzeichen waren bereits im Versuch François' II. de Caumont zu erkennen, das Stammschloß seiner Vettern La Force vor der Zerstörung durch die eigenen, katholischen Soldaten zu bewahren. Vollzogen und besiegelt wurde dieser Prozeß der gegenseitigen Konvergenz anläßlich der zweiten Eheschließung Gabriels II. im Juno 1630 mit Charlotte de Caumont de la Force, der Tochter Henry Nompars – bereits im Zusammenhang mit dem Marquis de Théobon erwähnt (vgl. Kap. 2.3.1.1: 85) – und der Grace-Angelique-Therese Arazola d'Ognates. Henry-Nompar war der Vater von neun Kindern, darunter der berühmte Antonin, Herzog von Lauzun (vgl. Kap. 2.3.1.1: 84). Trotz dieser Vielzahl an Nachkommen entsprossen daraus keinerlei legitime männliche Kindeskinder, so daß mit dem Tod Antonins der Zweig der Caumont-Lauzun im Mannesstamm erlosch. Der Titel des "Duc de Lauzun" fiel dem Mann seiner Nichte, Charles Armand de Gontaud, duc de Biron, zu (Anselme 1728: 480–481).

Interessant bei dieser historischen Genese zweier über Generationen entzweiter Familienzweige im Kontext der Nationalpolitik ist die Tatsache, daß eine Eheschließung als Festigungsband tiefverwurzelte Gegensätze nachhaltig zu überwinden half, und daß sich die Protagonisten, obzwar fast ein Jahrzehnt zuvor Kontrahenten auf dem Schlachtfeld, in die Beziehung von Schwiegervater und Schwiegersohn begaben. Selbst der Vater des Schwiegervaters, der ehemalige Führer der Protestanten des Agenais, Jacques-Nompar de Caumont, Herzog von La Force erlebte noch die Hochzeit seiner Enkelin Charlotte.

Hinsichtlich der der Hochzeit von 1630 folgenden Jahrzehnte mutet unser Tradierungsschatz äußerst gering an. So besitzen wir beispielsweise keinerlei Kenntnis darüber, ob und welche Rolle Gabriel II. im Dreißigjährigen Krieg gespielt haben könnte. Erst mit erneuten Kriegshandlungen, welche durch die "Fronde" hervorgerufen wurden, setzt die Überlieferung wieder ein. Um die Ursachen für diese Aufstände zu finden, die später unter dem Begriff der Fronde in die Geschichte eingehen sollten, muß bis in die Regierungszeit Ludwigs XIII. zurückgegangen werden. Sein Minister, der seit 1624 amtierende Kardinal Richelieu, setzte sich als eines der Hauptziele seiner Wirktätigkeit, die Zentralgewalt der Krone zu stärken. Zu diesem Zwecke gestaltete er eine dezidierte Außenpolitik und beschnitt vor allem die partikularen Sonderrechte des (Land-)adels, sonderheitlich im Bereich der Finanzen, dieweil ansonsten sein finales Ziel, eine hegemoniale Stellung Frankreichs auf dem euopäischen Kontinent, ohne entsprechend solide Finanzen schlechthin nicht zu verwirklichen gewesen wäre. Bis dahin oblag das Einziehen der Steuern den einzelnen Provinzgouverneuren, die sich fast allesamt aus dem alten, hohen Adel rekrutierten. Dieses Verfahren hatte sich indes als ineffektiv erwiesen. Mithin entschied Richelieu, das System dahingehend zum Vorteil der Monarchie zu wenden, daß er den Gouverneuren Intendanten zur Seite stellte, die sämtliche Vollmachten der Steuerbeitreibung besaßen. Zunächst waren diese nicht als Surrogat der Gouverneure vorgesehen, doch entwickelte sich durch ihre Institution eine Macht des Faktischen, wessenthalben die sogenannten "Bureaux des finances", welchen bis zu diesem Zeitpunkt die komplette finanzielle Administration der Provinzen oblag, nach und nach freigesetzt wurden. Dieser Vorgang war im August 1642 abgeschlossen und bedeutete für den dort beschäftigten Amtsadel nicht allein einen massiven Verlust des Ansehens, sondern kam einer finanziellen Existenzbedrohung gleich. Es nimmt sich dieserhalb nicht wunder, daß sich in ihm ein dezidierter Gegner der Politik des Kardinalministers formierte (Bercé 1996: 137–139).

Neben diesen Schwierigkeiten in der Finanzadministration traten weitere fiskalische Probleme auf. Die ansteigenden Staatsexpensarien, verursacht durch die französische Intervention im Dreißigjährigen Krieg (1618–648) sowie den Französisch-Spanischen Krieg (1635–659), machten ein Anheben der sogenannten *Taille* erforderlich, der einzigen von der Krone direkt eingezogenen Steuer (vgl. zu den französischen Militärausgaben: Bonney 1997: 135). Eine alternative Ausweitung der Besteuerungspraxis hätte einesteils zu viel Zeit gekostet und zum anderen innere Aufstände riskiert, wie sie auch tatsächlich vereinzelt 1639 in der Normandie in Gestalt von Bauernrevolten, die vermittels des Militärs niedergerungen werden mußten, Realität wurden. Weiland machte der Militärhaushalt mit 42 Millionen livres 54% des Gesamtstaatsetats aus (Bercé 1996: 136).

In dieser innen- wie außenpolitisch angespannten Situation unternahm ein Teil des französischen Adels den Versuch, unter Ausnutzung der schwachen Position, in der sich die Monarchie im Zusammenhang der geschilderten Ereignisse befand, die alten Feudalrechte wiederzuerlangen und die Vetokompetenz der Parlamente in ihrer alten Form zu restaurieren (vgl. zu den Feudalrechten: Mondenard (1879)). Es kam daher unter der Regentschaft Annas von Österreich, der Mutter des noch nicht großjährigen Ludwigs XIV., welche die Regierung an den allseits unbeliebten Nachfolger Richelieus, Kardinal Mazarin abgegeben hatte, ab 1648 zu Aufständen, die vorwiegend noch auf das Gebiet der Ile de France beschränkt blieben. Die tatsächliche Fronde begannen als Aufstand des Volkes von Paris am 6. August 1648 und firmieren heute als sogenannte "Fronde parlementaire". Die Massen setzten sich für die Freilassung einiger hoher Richter ein, die zuvor die Finanzpolitik Mazarins heftig und coram publico kritisiert hatten. Der Aufstand wurde schließlich von der Armee unter dem Oberbefehl des Fürsten Condé niedergeschlagen (vgl. weiterführend zu den Condés: Béguin (1999)). Dessen Motiv, der bedrängten königlichen Familie Hilfe angedeihen zu lassen, bestand in dem Wunsch, das Portefeuille Mazarins zu erhalten. Als sich dieser indes nicht bewahrheiten sollte, wechselte er die Seite und wiegelte andere Repräsentanten des Hochadels auf, wider den König und seine regierenden Minister zu opponieren. Daraufhin ließ Mazarin ihn und weitere renitente Aristokraten verhaften. Dies war der Auftakt für eine Vielzahl von Adligen, Truppen in den Provinzen zusammenzuziehen: Ab diesem Moment spricht man von den sogenannten "Fronde des Princes" (Collins 1995: 71–72). Auch die Guyenne nahm sich davon nicht aus: Nach der Flucht der Frau Condés nach Bordeaux, wo sie mit Enthusiasmus durch den Adel der Provinz empfangen wurde, nicht zuletzt auf Grund des Ingrimms, den man gegen den verhaßten Gouverneur der Guyenne, den Herzog von Épernon empfand, konstituierte sich ein Sammelbecken des Widerstands gegen Mazarin und die Krone schlechterdings (Beik 1997: 225): Allen voran der Graf von Lauzun sowie die beiden Marquis von Duras und Castelmoron. Gabriel II. trat dezidiert für die Sache der Fürsten ein und zog seine durchweg protestantischen Cousins, die Caumonts-La Force, die Théobons, die Durforts als auch den mächtigen Marquis de Lusignan sowie eine beträchtliche Zahl der "Grand Seigneurs" des Agenais mit sich. Von diesen oppositionellen Umtrieben erhielt Mazarin durch einen Brief des Herzogs von Épernon Kunde, datiert vom 17. September 1650:

> *"[...] L'on m'advertit aussy que M. le comte de Lauzun, sous prètexte de faire un régiment pour son fils, s'assure de quantité de monde dans ses terres, sans doute pour se joindre à M. de La Force."* (AHDG 1871 u. 1872c: 538, vgl. zur Adressierung und Datierung des Briefes: Lauzun 1984: 85)

Durch vorliegendes Schreiben wird nicht nur signifikant erkennbar, daß Lauzun eine bedeutende Rolle bei der Organisation des Widerstandes spielte, sondern gleichwohl jedwede Feindschaft zwischen ihm und demjenigen, welchem er bei der Belagerung von La Force entgegentrat, zerstoben ward und sich nunmehr sogar in ein veritables Bündnis permutiert hatte. Die Bemühungen von Gabriel II. weiteten sich nachweislich noch aus, dergestalt daß er sowohl mit den Konsuln von Agen als auch den Offizieren des Seneschalls des Agenais konferierte, um das weitere Agieren in Planung zu setzen. Diese Aktionen wurde gleichsam vermittelst eines klandestinen Netzes dem Kardinal hinterbracht (AHDG 1864: 291).

Über die Motive dieses sich bereit mit Gabriel II. Vater und dessen Brief an Elboeuf vollziehenden Sinneswandels vermag nur spekuliert zu werden. Mit Sicherheit darf in diesem Zusammenhang eine gewisse Einflußnahme seiner streng zur reformierten Kirche haltenden Ehefrau nicht unterschätzt werden, selbst wenn er – rein formal – Zeit seines Lebens in der Una Sancta verblieb. Wenn die Gründe für Konflikte im 16. Jahrhundert noch religiös motiviert waren, so nahmen zunehmend politische Ursachen eine dominierende Stellung ein. Somit läßt sich die These aufstellen, daß sich die Fronde maßgeblich an der veränderten Fiskalpolitik und einer Beschneidung der Macht des Provinzadels entzündeten. Folglich wurde aus einer zunächst konfessionell-religiösen Auseinandersetzung ein Kampf um die Entscheidung zwischen Feudalmonarchie mit schwachem König auf der einen Seite und absolutistischer Monarchie mit politisch relativ einflußlosem Adel auf der anderen (vgl. weiterführend: Couyba 1900).

Nachdem die Regierung als Maßnahme zur Deeskalation Condé freigelassen und zum Gouverneur der Guyenne ernannt hatte, ging als Konsequenz dieser Ereignisse Mazarin ins Exil zum Kölner Erzbischof nach Brühl (1651). Trotz dessen beruhigte sich mitnichten die Lage zwischen dem Fürsten Condé und der Regentin Anna von Österreich, so daß jeder, auf seine Position beharrend, versuchte, seine Stellung zu festigen. Daher wurde von Seiten Condés der Marquis de Lusignan mit Verhandlungen in Spanien beauftragt, während er selbst sich Agens bemächtigte; die Truppen von La Force nahmen Bergerac, Dôme und Montauban ein und der Graf von Lauzun erhielt den Auftrag, Marmande zu besetzen. Nach der Verbannung des Kardinals zerstritt sich die Opposition in der Stadt recht rasch und Condé verließ seinesteils Paris, um weitere potentielle Aufständler in seine Gefolgschaft aufzunehmen. Ferner schaltete er sich höchstselbst in die Verhandlungen mit den Spaniern ein, um diese für einen Angriff auf Paris zu gewinnen. Schließlich gelang es ihm wirklich mit spanischer Unterstützung 1652 die Hauptstadt des französischen Königreichs einzunehmen, doch sollte sich bald die Bürgerschaft wider ihn erheben, so daß er Anfang 1653 nach Spanien flüchten mußte (Treasure 2003: 242–243). Mit dem Verlust ihrer zentralen Integrationsfigur erodierte der Widerstand und es war für den zurückkehrenden Mazarin ein Leichtes, die letzten renitenten Opponenten niederzuringen. Auch im Agenais sollte dem Aufruhr lediglich eine kurze Dauer beschieden sein. Nachdem sich der Graf von Lauzun der Armee Condés angeschlossen hatte, begann der Graf von Harcourt mit einer Art "Strafexpedition" und durchzog vom 12. bis 25. Mai 1652 die Ländereien von Lauzun mit Beschlagnahmungen von 2.500 Rationen Brot pro Tag. Einige Monate nach diesem Überfall vereinigten sich am 24. September 1652 die Armeen dreier königlicher Generäle, um nach der erfolglosen Belagerung von Villeneuve-sur-Lot (47), das als einzige Stadt im Agenais unbeugsam gegenüber dem König geblieben war, einen erneuten Vorstoß zu wagen. Gerneral Plessis-Bellière marschierte über Saint-Pastour (47), wohingegen der Graf v. Lislebonne und der Marquis de Sauveboeuf , die ihr Feldlager in Montignac (47), unweit von Lauzun aufgeschlagen hatten, beschlossen, den dortigen Grafen für seine Treue gegenüber Condé zu bestrafen (Lauzun 1984: 86). Lauzun, konfrontiert mit einer solch beträchtlichen militärischen Gegnerschaft, schickte nach Hilfe zu Marchin. Dieser eilte seinem Verbündeten zur Unterstützung und es kam schließlich zum Schlagabtausch zwischen beiden Verbänden, wobei die beiden Generäle des Königs die Flucht ergriffen, 50 königliche Soldaten den Tod fanden, darunter einige Hauptleute und letztendlich 30 Gefangene, mehrheitlich Offiziere, gemacht wurden (Couyba 1900: 438). Trotz dieses Sieges, entschied sich der Krieg in finaler Konsequenz zu Gunsten des Königs, so daß sich Lauzun schließlich in sein Schicksal fügte und der Krone unterwarf. Zurück blieb eine kampfesmüde, trostlose und ausgeblutete Provinz. Gabriel

II. starb am 26. Januar 1660, ein Jahr vor der Thronbesteigung des weiland dreiundzwanzigjährigen Ludwigs XIV., der mit einem ausgeklügelten System von Ehrenbezeugungen, finanzieller Abhängigkeit und Hierarchisierung einen zur Staffage degradierten Hof- und Amtsadel schuf, welcher ihm – im Gegensatz zur alten Provinzaristokratie – treu ergeben war. Mithin ging ein Äon in der französischen Adelskultur zu Ende und ein neuer brach an.

2.3.1.2 Zwischen Besitzkonsolidierung und Religionskonflikten

Kehren wir nach der Darstellung der historischen Genese des Hauses Caumont zu den Digeons des Agenais zurück. Arnaud de Digeon war mit Catherine de Saint-Martin verheiratet, die wiederum in zweiter Ehe Etienne I. de Chadois zum Mann nahm (zur Familie Chadois: Froidefond de Boulazac 1891: 38–39 (Bd.1)).[19] Die Familie Saint-Martin stammte ursprünglich aus dem Périgord und war dort seit Mitte des 15. Jahrhunderts bekannt (Meller 1978: 205 (Bd. 3)). Aus dem Bund mit Etienne I. gingen vier Söhne und eine Tochter, Charlotte, hervor. Diese heiratete mit Vertrag vom 26. Juli 1565 Gabriel de Gastebois, Seigneur de Marignac (47), Sohn von Gaston de Gastebois und der Gabrielle de Bruch de Preignac (vgl. zur Familie Gastebois: Kap. 2.3.2.1: 124).

Arnaud machte am 22. Februar 1553 eine Kostenaufstellung für seine Lehen. 30 Jahre später setzte er vor dem Notar Aubin seinen Enkel Etienne, welcher nach dem Tod seiner beiden erwachsenen Söhne Gabriel und Jean als einziger männlicher Nachkomme übrig blieb, als Universalerben seiner Güter ein (vgl. Anhang: B.4: 697).[20] Von den Söhnen Arnauds gingen nur die beiden Ältesten, Gabriel und Jean, Ehebündnisse ein. Letztgenannter heiratete als Seigneur de La Tour Catherine d'Ardit.[21] Die Zuordnung des Namens d'Ardit ist nicht völlig unproblematisch, da eine solche Familie in Aquitanien nicht exisitert. Zunächst findet man den Hinweis auf einen gewissen Raimond d'Ardit, Vogt von Forcalquier in der Provence, der im Jahr 1261 anläßlich einer kirchlichen Rechtsangelegenheit figuriert (Fisquet 1868: 61). Eine anverwandte Relation erscheint ob der geographischen, vor allem aber wegen der zeitlichen Diskrepanz unwahrscheinlich, da sich weitere Spuren einer Familie d'Ardit in der Guyenne schlechterdings nicht finden lassen. Als plausibler vermag die Verbindung zum Geschlecht der Bourgoin(g) angesehen werden (vgl. z.B. Drouyn 1880: 600). Selbiges führte als Titel den eines Seigenurs d'Ardit [sic!], la Roque, les Granges, Litterie (bei Gensac (47)) (Meller 1978: 157 (Bd.1)). Aus diesem Ehebündnis entsprossen drei Töchter, darunter Henrie, die mit einem Marbotin verheiratet war, womit sich der Kreis zu den Verduns wieder schließen sollte (Anhang: B.15. 708). Denn Jeanne, die Schwester von Françoise de Verdun, welche in zweiter Ehe Pierre de Digeon geheiratet hatte, ging mit Jean (Giovanni) Marbottino-Tornaquinci, vierter des Namens, in Lauzun am 20. Januar 1440 vor dem Notar Jean Hiérald den Bund der Ehe ein. Von seinem Schwiegervater Jehan I. de la Perche dit Verdun erhielt er das Gut la Grande Vergne (Abb. 2.13: 92), in unmittelbarer Nachbarschaft zu Autramat gelegen und die Mutter der Braut sollte die Domaine de Montagnac als Mitgift beisteuern, deren Lage sich derzeit nicht eindeutig lokalisieren läßt, da es mehrere gleichnamige Seigneurien im Südwesten Frankreichs gab (O'Gilvy 1858: 362–363).

Die Marbotins, weiland Marbottini et Tornaquinci, nahmen seit dem 11. Jahrhundert einen distinguierten Rang in Florenz ein und sind seit dem 15. Jahrhundert im Agenais belegt. Sie firmieren unter den Titeln Barone von Conteneuil, Lège und Sauviac.

---

19 A.D.33, 9 J 60, p. 19.
20 Ibid.
21 Ibid.

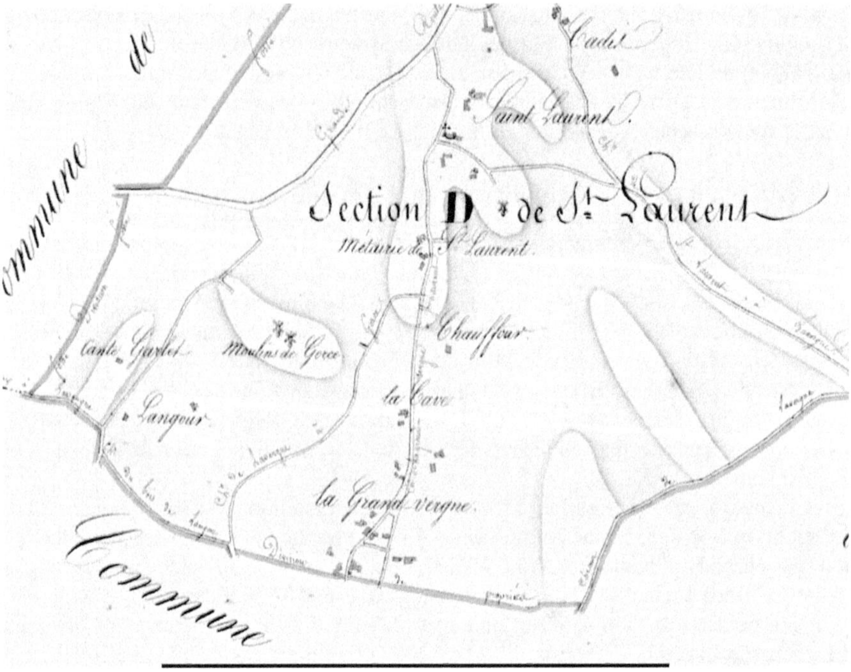

Abb. 2.13: Kataster-Karte der Domaine de Grande Vergne (1835) [A.D.47, 3P A26 30]

Die beiden jüngeren Schwestern von Henrie, Marie und Marguerite, waren mit einem de Curson sowie Richard verheiratete, so daß sich ihr Vater Jean veranlaßt sah, seinen älteren Bruder Gabriel als Erben einzusetzen. Auch hier wird evident, wie wesentlich das Festhalten am Prinzip der patrilinearen Blutsverwandtschaft für die damalige Zeit doch war (vgl. Kap. 4.2.2: 438).

Der älteste der Söhne Arnauds, Gabriel benamt, verlor sein Leben im Jahr 1562 alsogleich bei Ausbruch der Religionskriege anläßlich der Belagerung von Angers.[22] Da er den Rang eines Hauptmanns der Infanterie bekleidete, liegt die Vermutung nahe, daß er um 1530 geboren sein muß. Das Todesdatum läßt sich genauer bestimmen, als von Lanauze angegeben. Die Protestanten bemächtigten sich durch Verrat in der Nacht vom 5. auf den 6. April der Stadt, wessentwegen er entweder an diesem Tag oder kurz davor gefallen sein muß (Mourin 1856: 28). Die in diesem Zusammenhang einhergehenden Akte der Barbarei und Zerstörung ließen auch den großen Genfer Reformator Théodore de Bèze schlechthin nicht unberührt:

> "*En Anjou l'on s'est porté avec une incroyable furie Même si les catholiques étaient vainqueurs, ils ne pourraient réparer en cent* [...] *ans, le dégât fait en deux heures, dans cette ville d'Angers* [...]" (zit. n. Carrière 1936: 389).

Man vermag heute noch das Ausmaß der gewaltsamen Verwüstung erahnen, wenn er schreibt, daß die Katholiken – selbst wenn sie siegreich sein sollten – in einhundert Jahren nicht wieder aufzubauen vermöchten, was in zwei Stunden der Vernichtung anheim fiel. Lange sollten die Hugenotten die Stadt jedoch nicht besetzt halten können, da sie bereits nur wenige Monate

22 A.D.33, 9 J 60, p. 21.

später am 6. Mai 1562 von den königlichen Truppen zurückerobert wurde, welche ihren Gegnern in puncto Krudität kein Iota nachstanden (Janssen 1969: 56).

Für die Familienforschung wesentlicher stellt sich die Frage dar, auf welcher Seite Gabriel Digeon d'Autramat kämpfte. Prima facie wäre man geneigt, den Hauptmann Digeon sofort bei den Protestanten zu verorten. Doch erhellt uns Lanauze lediglich, daß er bei "bei der Belagerung von Angers" sein Leben ließ, über die näheren Umstände indes schweigt sich der Baron aus. Bedenkt man, daß François I. de Caumont-Lauzun noch im fortgeschrittenen Alter mit seinen Cousins, den Caumont-La Force, wider die Hugenotten zu Felde zog (vgl. Kap. 2.3.1.1: 79) und ihm sein Sohn ein Gleiches tat, verfestigt sich die obige Vermutung, daß Digeon d'Autramat gegen die Katholiken kämpfte, denn es wäre sehr eigentümlich, wofern sein Lehensherr de Caumont-Lauzun in die Schlacht wider die Katholische Kirche zöge und der Sohn seines Vasallen Arnaud de Digeon, Leiter seiner Hofverwaltung und mehrfach von ihm selbst ausgezeichnet, das Schwert auf der gegenerischen Seite gegen ihn erhübe. Diese Vorstellung mutet recht bizarr an, wessenthalben davon auszugehen ist, daß Gabriel Digeon d'Autramat mit Wissen und Billigung seines Vaters zusamt des gemeinsamen Lehnsherrn in den Krieg gegen die Katholiken zog und die Digeons der reformierten Religion auf diese Weise die Treue hielten (vgl. Kap. 2.3.1.1: 84). Grundsätzlich wäre es zwar möglich gewesen, daß sich Gabriel de Digeon gegen seinen Lehnsherrn gewandt hätte, sintemal das Lehnsprinzip in seiner ursprünglichen Form in stetig fortschreitendem Maße konterkariert wurde, wie weiter unten noch zu zeigen sein wird (vgl. Kap. 2.3.1.2: 94), doch hätten sich die Digeons in eine doppelte und unmittelbare Gefahr begeben, da sie dann ihren Lehensherrn und den König von Frankreich gegen sich gehabt hätten, was bei einer Niederlage mutmaßlich die Vernichtung der Existenz zur Folge gehabt hätte. Näheres zu der Frage, wann die Digeons genau zur calvinistischen Konfession übertraten, muß weiteren Forschungen vorbehalten bleiben.

In diesem Zusammenhang war gleichergestalt die Wahl der Ehefrau nicht zu unterschätzen. Gabriel de Digeon war mit Catherine de Chadois verheiratet,[23] welche demselben Geschlecht entstammte, wie der zweite Mann ihrer Schwiegermutter, Etienne I. de Chadois (vgl. Anhang: B.4: 697). Die Chadois waren überzeugte Protestanten, wie die Verzeichnisrollen der Gläubigen in der Kirche von Saint Barthélemy im heutigen Arrondissement von Marmande (47) beredtes Zeugnis liefern (Lagarde 1861: 338 sowie Froidefond de Boulazac 1891: 38 (Bd.2)). Unter Umständen war auch der Einfluß Catherines in nicht zu unterschätzendem Maß dafür verantwortlich, daß Gabriel bei der Belagerung von Angers auf Seiten der Hugenotten kämpfte. Eine Parallele wäre möglicherweise im Ehebündnis Gabriel II. de Caumont-Lauzun und Charlotte de Caumont-La-Force zu erblicken, die ihren Mann wieder der reformierten Religion annäherte (vgl. Kap. 2.3.1.1: 87). Catherine de Chadois begünstigte in ihrem Testament vom 2. November 1570 ihren einzigen Sohn Etienne.

Dieser bewies am 28. Juno 1607 vor den *Commissaires des francs-fiefs* seine *Noblesse d'extraction* (vgl. dazu: Kap. 4.1: 406). In Ermangelung von einheitlichen Adelsmatrikeln sowie angesichts einer Vielzahl von Usurpationen adliger Güter und Titel kam diesen von König Heinrich IV. bestimmten Kommissaren in adelsrechtlicher Hinsicht eine besondere Bedeutung zu (vgl. weiterführend: Magny (1869)). Grundsätzlich verstand man unter dem *fief* jedwede Art von adligem Erbe, sei es ein Feudal- oder Allodialbesitz. Erst zur Zeit der Kreuzzüge begannen Bürgerliche mit dem Erwerb von Adelsgütern, ließen sich aber von den ansonsten üblichen Lehnsdiensten freistellen (daher: *feuda franca*, erstmals durch Ordonnanz von 1275 als große Ausnahme belegt). Sie erhielten damit das sogenannte *droit de franc-fief*. Als Gegenleistung mußten sie indes an den König eine Abgabe in Form einer Steuer entrichten. Dieses Recht, geschuldet auf alle Erbanteile

23 Ibid.

und Rechte, die als "adlig" besessen wurden, wie die Ausübung der Justiz (niedere, mittlere und hohe) oder das Einziehen von Feudalabgaben etc. belief sich im Umfang auf den Wert der Einkünfte eines Jahres aus besagtem Lehen seit der Akquisition. Danach wurde die gleiche Summe alle 20 Jahre fällig (Texier 1988: 512). Adlige, die vom Lehnsdienst und den finanziellen Abgaben befreit waren, besaßen sogenannte *feuda honorata* (Freilehen oder Ehrenlehen). In bewegten Zeiten der französischen Geschichte, in denen das oberste Prinzip des gesamten Feudalwesens, die Treue, zu depravieren drohte und veritable Sanktionen gegenüber einem Verstoß wider dieselbe kaum mehr zu befürchten waren, schien es dem Lehnsgeber meist genug zu sein, schlechterdings über Vasallen zu verfügen und keine Äquivalenzleistung mehr zu fordern (Held 1864: 486–487). Damit denaturierte das Lehen zunehmend, büßte seine originären Funktionsmechanismen ein und wurde quasi amortisiert, denn "*non est verum feodum, de quo census annuus prœaestatur*" (Warnkönig u. a. 1848: 374). Infolgedessen versuchte man deren Anzahl durch Maßnahmen wie die *Démembrements de fief* einzudämmen. Lange Zeit galt die Befreiung vom *droit de francs-fiefs* als wichtiges Kriterium des Adels (Texier 1988: 512). Auf Grund der seit dem Spätmittelalter einsetzenden sozio-ökonomischen Strukturveränderungen, welche teilweise synchron verliefen, verlor die Unterscheidung zwischen sozialem Status der Person und Grundbesitz zunehmend an gegenseitiger Dependenz und mithin an Bedeutung (vgl. weiterführend: Schmale 1986: 57–65). Festzuhalten bleibt, daß Etienne de Digeon den Nachweis seines alten Adels zu erbringen im Stande und mithin von oben beschriebener Steuer an den König befreit war.[24]

Mit dem Vertrag vom 8. Januar 1591, vorgelegt durch den Notar Bacot, heiratete er Louise de Trévey.[25] Der Ehekontrakt wurde im Schloß von Frémauret in der heutigen Gemeinde von Roumagne (47) signiert (vgl. Abb. 2.14: 94). Sie war die Tochter des Jean de Trévey und der verstorbenen Burgine de Bouillaguet. Zu deren Familie konnten leider keine näheren Hinweise gefunden werden.

Abb. 2.14: Das Château de Frémauret, Gesamtansicht um 1950 (Postkarte: Edition Narbo, 61, Allée St-Agne, Toulouse)

24 A.D.33, 9 J 60, p. 22.
25 A.D.47, Série B 30, fol. 3.

Hingegen ist uns die Familie Trévey bereits im Zusammenhang mit der Aufteilung der Güter von Françoise de Verdun und ihrer Tochter Marguerite de la Roque du Gua, die aus einer ersten Ehe stammte, bekannt; Marguerite war Halbschwester der vier Söhne aus Françoise de Verduns Ehe mit Pierre de Digeon. In dem entsprechenden Schriftstück fand auch Marguerites Sohn Jean de Trévey Erwähnung, was darauf schließen läßt, daß Marguerite de la Roque du Gua mit einem Trévey verheiratet gewesen sein muß. Tatsächlich findet sich ein Ehekontrat für den 4. August 1471 zwischen Marguerite du Gua und Tannequin de Trévey (Bourrousse 1885: 291).

Vermöge der engen Bindungen zwischen den Digeons und Tréveys lohnt ein etwas genauerer Blick auf die Hintergründe dieses Geschlechts (vgl. Anhang: B.16: 709). Die Tréveys stammten nämlich – ähnlich wie wahrscheinlich die Digeons – nicht aus dem Agenais. Ihre Wurzeln sind vielmehr in der Bretagne zu verorten, wo Tannequin de Trévey, der Vater von Jean und erster Vertreter seiner Familie in der Guyenne, um das Jahr 1440 in St Pierre de Plouguerneau geboren wurde. Der Name *Trévey* korrespondiert mit dem gleichnamigen bretonischen Ort *Trévehy* (heute: *Tréveil* (29)), weiland Pfarrgemeinde Plouenan im Bistum Léon. Doch gab es zum Zeitpunkt der Übersiedlung Tannequins keinen Seigneur de Trévey. Eine Kohärenz findet sich indes im Wappen besagter Familie, das mit dem der Familie "Le Barbu" auch farblich identisch ist (vgl. Abb. 2.15: 95).

Die Le Barbus sind ein berühmtes adliges Haus in der Bretagne, das bereits im Mittelalter eine Vielzahl von Offizieren und Bischöfen hervorbrachte. Sie firmierten im Jahr 1381 als Seigneurs de Quilliou, de Trévehy [sic!], de Tromenec, de Kerenez und de Coëtangal. Folglich befand sich dermalen die Herrschaft Trévehy im Besitz der Le Barbus. Um das Jahr 1400 heiratete Yves de Le Barbu, Sohn von Jehan – Seigneur de Quilliou – und der Constance de Penmarch, die Marguerite de Kerasquer, welche ihm zwei Töchter schenkte:

1. Constance, Dame de Trévehy und
2. Adelice, Dame de Tromenec, verheiratet mit Guillaume Simon

Es hat demnach den Anschein, daß es zu dieser Zeit nur noch eine weibliche Trägerin des Namens "de Trévehy" gab. Im Jahr 1436 geht Constance mit Jehan de Kerouzéré, Sohn von Eon de Kerouzéré, "*président universel de Bretagne*", den Bund der Ehe ein. Die Kerouzérés werden zu den besonders illustren Geschlechtern der Bretagne gezählt, da sich ihr Kriegsruhm sowie ihre Macht bereits im Mittelalter manifestierte. Sowohl die Le Barbus als auch die Kerouzérés waren untereinander gut bekannt, da sie in den Listen des herzoglichen Schatzmeisters regelmäßig auftauchten (Courcy 1859: 23).

Abb. 2.15: Wappen der Le Barbu und Trévey (eigene Darstellung, basierend auf: Briant de Laubrière 1844: 336)

Über ein Jahrhundert später, im April 1545, wird ein Nachfahre Tannequins de Trévey, Arnaud (nicht, wie Jacques Peragallo meint, dessen Vater "Jean" (Bourrousse 1885: 291)), auf Betreiben des Grafen von Lauzun veranlaßt, die Rechtmäßigkeit und Art seines Adels unter Beweis zu stellen. An dieser Stelle wäre der Terminus "Adelsprobe" durchaus angebracht. Beim Grafen von Lauzun handelte es sich, wie bereits aus der obigen Darlegung zu entnehmen ist, um den katholischen François I. de Caumont-Lauzun (vgl. Kap. 2.3.1.1: 84). Über die Motive des Grafen vermag allein spekuliert zu werden. Vielleicht stieß er sich an dem protestantischen Umfeld der Tréveys und sah in den noch nicht gefestigten Wurzeln der Familie eine Möglichkeit, deren Adelsqualität in Frage zu stellen, was dazumals einer Existenzvernichtung gleichgekommen wäre. Wie weiter unten noch zu zeigen sein wird, sollte es nicht bei dieser einen Attacke der Lauzuns wider die Tréveys bleiben.

Mit der Klärung der offenen Adelsfrage betraute man eine juristische Untersuchungskommission. Kurz darauf trafen sich in der herzöglichen Vogtei von Léon dreizehn Notabeln, die als Zeugen herangezogen wurden, um über die Adelsqualität von Arnaud de Tréveys Auskunft zu geben. allesamt bestätigten sie die *noblesse immémoriable* des Hauses von Trévehy und einige unter ihnen sagten darüber hinaus aus, davon gehört zu haben, daß einer der jungen männlichen Abkömmlingen der Trévehys die Bretagne verlassen habe, um an den Kämpfen in der Gascogne zu partizipieren, dabei durch seinen Waffendienst Berühmtheit erlangte und schließlich eine Familie gründete. Unter den Zeugen fanden sich Yves Le Barbu, Seigneur de Kermois, der Priester Pierre Le Barbu, Guillaume Simon, höchstwahrscheinlich der Enkel des Seigneur de Tromenec und der Adelice Le Barbu. Besonders interessant ist jedoch die Erwähnung zweier Söhne von Vincent de Kerouzéré, Seigneur de Tredatmon, de Trevéhy [sic!] und de Kerouzéré. Kurioserweise bescheinigte die Kommission den alten Adel Tannequins de Trévey ohne auch nur eine einzige Angabe zu seinen Vorfahren zu machen (Peragallo 1987: 269). Allerdings sollte nicht übersehen werden, daß sich Arnaud de Trévey kaum überzeugendere Bürgen für seinen alten bretonischen Adel wünschen konnte, schließlich waren nicht nur zwei Le Barbus und ein Simon darunter, sondern gleichsam der damalige Seigneur de Trévehy, Vincent de Kerouzéré, höchstselbst. Es wäre ein eigentümlicher Zufall, wenn Tannequin de Trévey in keiner Beziehung zu den vorgelegten Familien der Le Barbus und Kerouzérés stünde; die Namensgleichheit des Lehens und das Wappen sind als zu starke Indizien dafür anzusehen. Was die von Jacques Peragallo monierten mangelnden Abstammungsnachweise betrifft, so sollte nicht übersehen werden, daß das mutmaßliche Geburtsdatum Tannequins genau in die Endzeit des Hundertjährigen Krieges fiel (um 1450). Folglich herrschte eine ubiquitäre Aporie an Schriftlichkeit – so auch wohl im Falle des jungen Trévey, der damals die Bretagne verließ; zudem wäre es kaum wahrscheinlich, dass er die Familiendokumente mitgeführt hätte. Daher ist anzunehmen, daß die Kommissionsverantwortlichen Gründe hatten, sei es im Vertrauen auf das gewichtige Wort der Le Barbus und Kerouzérés, denen man kein Meineid für einen herkunftslosen Unbekannten zutraute, oder weil es tatsächlich noch Unterlagen gab, die zuvor konsultiert wurden und sich unter Umständen noch in den Archiven der Bretagne auffinden lassen. Auf jeden Fall geht aus dem Vorgelegten hervor, daß man sich seiner noch in der Bretagne erinnerte und keinen Zweifel zu hegen schien, seine altadelige Abkunft qua gewichtiger Zeugen zu belegen.

Diese ziemlich eindeutige Stellungnahme hinsichtlich der Adelsqualität der Tréveys aus dem Agenais sollte indes mitnichten lange unangefochten bleiben. Genau acht Jahrzehnte später ließ es der Graf von Lauzun erneut nicht unversucht, den Adel besagter Familie in Zweifel zu ziehen, dieses Mal jedoch in Gestalt seines Enkels, Gabriel II. de Caumont-Lauzun. Wie bereits aufgezeigt wurde, kämpfte er in den Religionskriegen erbittert selbst gegen seine eigenen Verwandten, die La Force, und belagerte mit den königlich-katholischen Truppen deren Schloß, auch wenn er zusammen mit seinem Vater versucht hatte, den Angriff noch abzuwenden (vgl. Kap. 2.3.1.1: 86). Dennoch sollten seine Bemühungen vergeblich sein, da das Parlament von Bordeaux mit dem Beschluß des 7. März 1628 dem Beklagten Jean III. de Trévey, gleich seinem Großvater Arnaud, die Eigenschaft zusprach *noble d'extraction*, das heißt von altem, nicht nobilitierten Adel zu sein (vgl. Kap. 4.1: 406). Ferner drohte dem Grafen Lauzun eine Geldstrafe von 10.000 Livres im Falle eines erneuten Bestreitens der adligen Abkunft der Tréveys (Bourrousse 1885: 291). Obschon die Motive Lauzuns auch in diesem Falle nicht zur Gänze evident und nachweisbar sind, so ist die Wahrscheinlichkeit als ausgesprochen hoch zu taxieren, daß es im Rahmen der Religionskonflikte zu Spannungen zwischen den beiden Familien gekommen war. Denn die Schwester Jeans III. de Trévey, Marie, war mit Gédéon de Commarque verheiratet, welcher aus der protestantischen Linie Beaumanoir dieses Rittergeschlechts stammte, das zu den ältesten des Périgord gezählt wird (Haag 1853: 14). Darüber hinaus schien die Heirat im protestantischen Milieu seiner Cousine Louise mit Etienne de Digeon keinen veritablen Beitrag zur Verbesserung der Relationen mit dem Haus Caumont-Lauzun geleistet zu haben.

Doch wenden wir uns wieder den Digeon d'Autramat zu, deren Etablierung im Agenais sich kontinuierlich vollzog. Die genannte Louise de Trévey schenkte ihrem Mann zwei Kinder: Pierre I. und Catherine, welche durch ihre Ehe mit Antoine Le Roy, Seigneur du Tourret und Anne de Trévey, dessen zweite Frau, in eine alte Familie aus dem Bordelais einheiratete, die ihre Filiation auf das Jahr 1474 zurückführte und als Seigneurs de la Placette, la Broue, Villotes, Tourret, Sain-Just, la Barthe, la Nauze, Pontet, Champeau, Gamage, Lespy, Courtebotte und Beauséjour über beträchtlichen Einfluß in der Guyenne verfügte. Neben zahlreichen Offizieren und Rittern vom Orden Saint-Louis stellte sie im 18. Jahrhundert auch einen Bürgermeister von Rauzan. Durch Eheallianz war sie mit den Solminihacs, den Meynards, den de Géraut de Langalerie, de la Chapelle, de Ponet etc. verbunden (Meller 1978: 193 (Bd. 3)). Die Mutter des Bräutigams war demnach eine Trévey, wobei ihre Verortung in der Genealogie bis dato noch nicht zu leisten war. Möglicherweise handelt es sich um eine Schwester oder Cousine von Louise. Ihre Kinder standen nach dem Tod des Vaters ab 1632 unter der Vormundschaft ihres Cousins François Le Roy und Onkels mütterlicherseits, Pierre I. de Digeon d'Autramat. Selbiger war neben seiner Eigenschaft als Seigneur d'Autramat auch Offizier und zog als Hauptmann in einem Regiment des Marquis de Castelnau de la Force in den Krieg, wobei er in Lothringen fiel. Kurz bevor er seinen Dienst aufnahm, verfügte er am 11. Mai 1631 vor Monteil, Notar in Lauzun, daß der Anteil seiner Güter seinem ältesten Sohn Jean übereignet werde. Dieser habe wiederum seine beiden Brüder Charles und François als Erben einzusetzen.[26]

Beim Marquis de Castelnau handelte sich um Henri-Nompar de Caumont de La Force, welcher bereits an obiger Stelle im Zusammenhang mit den Religionskriegen und den Kämpfen seines Vaters, Jacques-Nompar, wider die Katholiken Erwähnung fand (vgl. Kap. 2.3.1.1: 85). Behufs einer genaueren Erfassung der äußeren Umstände und einer ungefähren Datierung des Todes von Pierre de Digeon d'Autramat, ist es sinnstiftend, sich die militärischen Stationen seines Regimentskommandeurs im historischen Kontext näher anzusehen:

- Zu Angang seiner militärischen Karriere erhielt der Marquis eine Kompanie Leicht-Berittener und nahm mit ihr an den Kämpfen im Béarn im Jahre 1620 teil;
- daraufhin partizipierte er 1622 an der Erstürmung von Tonneins sowie der Niederlage von Sainte-Foy-la-Grande (vgl. Kap. 2.3.1.1: 86);
- im Jahr 1625 kämpfte er in der Picardie und
- eilte 1629 den Truppen in Casai zu Hilfe;

26 A.D.33, 9 J 60, p. 24.

- 1630 nahm er in der Schlacht von Carignan Stadt und Schloß von Saluces, das Forts von Saint Pierre sowie das Schloß von Bresol ein,
- anschließend folgte im Winter 1631 die Eroberung von Vic und Moyenvic,
- ein Jahr später die Einnahme von Privas, die Niederlage des Vicomte de Lestranges bei Montpellier und das Niederringen des Herzogs d'Elboeuf in Remoulins und
- schließlich 1633 die Eroberung von Lothringen, verbunden mit der Erringung von Épinal und Nancy;
- hierauf folgend 1634 die Erstürmung von Haguenau, Saverne, Lunéville, Bitche und la Mothe sowie die Unterstützung der königlichen Truppen im Dezember in Heidelberg und Philippsburg;
- 1635 ereignete sich die Niederlage des Herzogs von Lothringen im Elsaß sowie die Zerstörung von Speyer und Vaudémont,
- die Eroberung von Crobie 1636 und alsdann
- die endgültige Niederlage 1637 des Herzogs von Lothringen nach mehreren Schlachten.
- Im Zuge dieses Erfolges wurde der Marquis am 15. März 1638 zum Feldmarschall ernannt und deckte unter dem Kommando seines Vaters Jacques-Nompar die Belagerung von Saint-Omer.
- Zuletzt trug er noch zum Sieg am 8. Juli 1638 bei Picolomini bei und deckte als letzte militärische Tat seiner Karriere die Belagerung von Catelet, bevor er zur selben Zeit wie sein Vater den Dienst in der Armee quittierte (Courcelles 1822b: 69).

Es sei an dieser Stelle auf das bemerkenswerte Faktum hingewiesen, daß trotz dieser recht hohen soldatischen Präsenz Henri-Nompar de la Force erst in seinem 96. Lebensjahr 1678 verschied. Besonders auffallend ist jedoch die Tatsache, daß obschon er mit seinem Vater und Bruder gegen die Katholiken zu Felde zog, er in den darauffolgenden Schlachten für König und Land sogar unter Kardinal Richelieu gegen Protestanten kämpfend sein Leben zu geben bereit gewesen wäre.

Was Pierre I. Digeon d'Autramat betrifft, läßt sich sein militärischer Werdegang dank seines letzten Willens rekonstruieren. Da das Testament auf den 11. Mai 1631 datiert und mit dem Hinweis versehen ist, daß er selbiges kurz vor seinem Kriegsauszug verfaßte, vermag davon ausgegangen zu werden, daß er an der Eroberung von Vic und Moyenvic mitgekämpft hat. Die beiden kleinen Orte wurden im Dreißigjährigen Krieg von kaiserlichen Truppen zu Festung und Hauptverwaltung des Hochstifts Metz ausgebaut. Dem vorausgegangen waren Unregelmäßigkeiten in der Thronfolge Lothringens, da Heinrich II. von Lothringen nur eine Tochter Nicole hinterließ, in Lothringen aber, wie überall, die männliche Erbfolge galt. Deren Mann Karl IV. wollte sich nach dem Tode Heinrichs II. 1624 nicht mit einer Stellung als "Herzogsgemahl" zufrieden geben. Zuvor hatte Franz II. von Vaudémont, Karls Vater, aus vorgenannten Gründen die Herrschaftsrechte für sich beansprucht, was ihm die Generalstände am 21. Nobember 1625 auch konzedierten. Fünf Tage später trat er zugunsten seines Sohnes zurück. dieweil nun Ludwig XIII. diese Umtriebe Karls nicht billigte und darüber hinaus die französische Politik darauf ausgerichtet war, die Ostgrenzen an den Rhein zu verschieben, mußte Karl IV. nach Verbündeten Ausschau halten, die er in den Engländern und exilierten französischen Hugenotten fand. Im September 1629 verließ Jean-Baptiste Gaston de Bourbon, Herzog von Orléans, auf Grund seiner Gegnerschaft zu Richelieu ohne Erlaubnis Ludwigs XIII. dessen Königreich und fand in Lothringen Asyl, was zusätzlich die Beziehungen zwischen beiden Ländern belastete. Insgeheim unterstützte Karl die Gegner des Kardinals und gewährte ihnen auch Zuflucht vor staatlichen Repressalien und Übergriffen. Als im Frühjahr 1631 die Schweden unter Gustav Adolf in Deutschland landeten, entsendete Karl ein Heer zur Unterstützung der Reichstruppen, da Lothringen weiland ein Lehen des Heiligen Römischen

Reiches Deutscher Nation war. Genau zu diesem Zeitpunkt setzte Richelieu zum Gegenschlag an. Die Aktion war gut vorbereitete, denn die Truppen in Moyenvic waren mitnichten auf einen Angriff vorbereitet. Mithin kapitulierte die kaiserliche Garnision am 27. Dezember 1631. Karl wurde daraufhin gezwungen, einen Vertrag unterzeichnen, in dem er versicherte, keine Bündnisse mehr mit den Feinden des Königs von Frankreich einzugehen (Petry 2006: 93). Nach diesen Begebnissen war Pierre I. de Digeon d'Autramat wohl mit dem Marquis de Castelnau in den Süden nach Montpellier gezogen, um dorten gegen den Vicomte de Lestranges zu Felde zu ziehen und im Anschluß daran den Herzog d'Elboeuf zu bezwingen.

Karl IV. hatte inzwischen seine mit Ludwig XIII. getroffene Vereinbarung gebrochen, was zur erneuten französischen Invasion 1633 und seiner Abdankung zugunsten seines Bruders Nikolaus Franz führte.

Auch an dieser Rückeroberung patizipierte das Regiment von Castelnau. Im Folgejahr war es damit betraut, die widerständigen Städte Haguenau, Saverne, Lunéville, Bitche und la Mothe einzunehmen sowie im Dezember 1634 die französischen Truppenteile, die zwischenzeitlich Heidelberg und Philippsburg besetzt hatten, zu unterstützen.

Als Karl IV. ein zweites Mal im Jahr 1635 das Wagnis auf sich nahm, sich seines Herzogtums zu bemächtigen, wurde das Regiment wieder Richtung Lothringen abgezogen und stellte sich zum Gefecht (vgl. eine genaue Darstellung der Kämpfe: Bardy (1854)). Der Herzog unterlag aufs Neue, entkam und begann erneut, nun vom Ausland aus seinen Kampf wider die Invasoren aufzunehmen. Dabei errang er trotz des schwachen Engagements seiner Bündnispartner Österreich und Bayern eine Reihe von Schlachterfolgen, was ihn dazu befähigte, abermalen mit Frankreich in Verhandlungen zu treten, welches ihm vermöge des Vertrages von Saint-Germainen-Laye (78) am 2. April 1641 als Herzog restituierte. In dieser Vereinbarung wurde allerdings festgehalten, daß Lothringen ein französisches Protektorat würde und er Abstand von Allianzen mit Österreich zu halten habe (vgl. weiterführend: Poull 1991).

Hinsichtlich der Digeons ergibt sich hierbei die Schlußfolgerung, daß Pierre I. de Digeon d'Autramat anscheinend beim erneuten Einfall des Herzogs Karl IV. in dessen Stammland ums Leben kam, da sein Sohn Jean im Jahr 1635 in die Güter und Position seines Vaters instituiert wurde und überliefert ist, daß Pierre auf jeden Fall in Lothringen starb.[27] Demnach war er an den Verwüstungen von Speyer und Vaudémont mutmaßlich nicht beteilligt.

Die Ehe schloss Pierre I. mit Constance de Montard (auch: Moutard), Tochter des Jean de Montard, Sieur de Campagnac, de Margnac, le Bue etc. und der Madeleine de Bardon de Ségonzac (vgl. Anhang: B.5: 698). Die Montards erlitten später das Schicksal so vieler französischer Familien, deren gesamtes Archiv im Zuge der revolutionären Verwüstungen den Flammen zum Opfer fiel. Mithin sind uns allein wenige Fakten über dieses alte, ursprünglich aus dem Poitou stammende Geschlecht bekannt, deren erster Repräsentant Pierre de Montard Anfang des 15. Jahrhunderts ins Périgord einwanderte und mit Hélène d'Abzac verheiratet war. In ihrer neuen Heimat folgte das Geschlecht häufig dem Heerbann und diente erfolgreich in der königlichen Armee (Froidefond de Boulazac 1891: 357 (Bd.1) sowie Courcelles 1822: 231).

Auch die Mutter von Constance de Montard entstammte einer im Périgord alteingessenen Familie der *Noblesse d'extraction* (vgl. Kap. 4.1: 406). Die Bardon de Ségonzacs, welche das gleichnamige Schloß Ségonzac (24) bewohnten, traten vermutlich als "de Bardons" erstmals im 14. Jahrhundert in der heutigen Gemeindes Saint-Cyprien (24) in Erscheinung und nahmen nachweislich bereits Anfang des 16. Jahrhunderts am Ban und Arrière-Ban der Sénéchaussée de Périgord teil (Audierne 1857: 7). Außerdem waren sie in der benachbarten Provinz Angoumois reputierlich vertreten, vor allem durch Michel de Bardon, Écuyer, welcher mit seiner

27 Ibid.

Kompagnie unter dem Kommando Louis de Sancerres, Marschall von Frankreich, diente. Im Jahr 1375 wurde ihm eine Bestätigung seines Lohnes ausgefertigt, welchen er für sein Engagement auf Seiten des Königs von Frankreich im Krieg wider die Engländer in Flandern, der Saintonge, dem Angoumois, dem Limousin und dem Périgord erhalten hatte.[28]

Von den drei Söhnen Pierres I. blieb der älteste, Jean II., der am 24. Mai 1665 starb, unverheiratet, gleichsam wie sein jüngster Bruder François, so daß das Erbe an den Zweitgeborenen Charles fiel.[29]

Somit wurde er der nächste Seigneur d'Autramat und – wahrscheinlich als Aussteuer seiner Mutter Constance in die Familie gekommen – Seigneur de Boisvert. Das ebenso benamte kleine Schloß läßt sich noch heute in der Gemeinde Lavergne (47), Canton Lauzun, auffinden. Gleichergestalt wie sein Großvater Etienne war er gezwungen, Beweise seiner adligen Abkunft *d'extraction* zu erbringen. Darob wies er, assistiert von seinem Anwalt Maître Jean Brousse, im Jahr 1666 seine Adelstitel vor Pierre Dupuy, Conseiller und Anwalt des Königs, nach, indem er sich auf seinen vierten Urahn, Antoine de Digeon, bezog. Am 26. April 1667 erhielt er von diesem die Bestätigung seiner *Noblesse d'extraction*.[30] Daraus wird ersichtlich, daß das ökonomische Interesse sowohl von Seiten des Feudalherren als auch des Königs beträchtlich war, da ein solcher administrativer Aufwand in einer Zeit, in welcher reinen Formalakten relativ wenig Bedeutung zugemessen wurde, dieweil zumeist andere, vordringlichere Schwierigkeiten des politischen Alltags pressierten, schlechthin nicht zu unterschätzen ist.

Dreizehn Jahre später heiratete Charles per Vertrag vom 16. Mai 1680, vorgelegt durch den königlichen Notar Thouron und in Anwesenheit des leiblichen Cousins der Braut, Jean de Condé, Écuyer, Sieur de la Mothe, Marguerite, die Tochter des Messire Pierre de Chapelle, Burgvogt von Bergerac. Auffallend ist die Tatsache, daß Charles zum Zeitpunkt des Ehebündnisses relativ alt gewesen sein muß. Legt man das Datum des Testaments seines Vaters Pierre I. vom 11. Mai 1631 zu Grunde, so dürfte er mindestens 50 Jahre, wahrscheinlich sogar älter gewesen sein, als er den Bund der Ehe mit Marguerite de la Chapelle einging, was für die damalige Zeit bei einer Erstvermählung nicht alltäglich war. Bemerkenswert ist auch auch die Herkunft seiner Schwiegermutter, Elix de Vassal de la Tourette. Deren Familie kann füglich zu den ältesten des Périgord gezählt werden. Diese sehr alte Familie, welche ursprünglich aus dem Quercy stammte und deren Stammreihe im 14. Jahrhundert seinen Ausgang nahm, brachte die Marquis de Rignac, la Vassaldie, Montviel, die Comtes de Péchaurier, Saint-Gily, die Vicomtes de Rignac, le Boulonnais, die Barone de Marsac, Cadillac, Purecet, la Vassaldie sowie die Siegneurs de Vaillac, Fraissinet, Vers, Loupiac, la Tourette, Bastes, la Queysie, Nozac, Mazières, Fonlanon, la Barde hervor. Beweise ihres alten Adels lieferte sie 1666 und 1698 und nahm bei den Adelsversammlungen von Bordeaux, Périgueux, Agen und Nérac im Jahr 1789 teil. Zu den herausragenden Ämtern, die sie bekleideten, zählten zwei Kardinäle, ein Erzbischof (1445), Großprioren, Ordensritter, Feldmarschälle, Oberste, Magistrate von Bordeaux sowie Pagen und ein Deputierter. Alliiert waren sie mit den Familien d'Abzac (1615), Prévost de Traversay, de Touchebeuf (1443), de Saint-Astier (1593), de Born (13..), de Taillefer (1370), d'Angoulême (12..), de Durfort, de Lard, de Montesquiou, de Fumel, de Gontaud und de Montalembert. Laut des Registers der Kirche Notre-Dame von Bourgougnague verschied "*dans la communion des fidelles*" Marguerite de la Chapelle am 15. Mai 1730 in Lauzun und wurde vier Tage später in der nämlichen Kirche beigesetzt.[31]

---

28 Näheres zu dieser Familie findet sich in den A.D.33 9 J 166 und 317.

29 A.D.33, 9 J 60, p. 24.

30 A.D.47, fonds de Raymond, tom. 13, unpag.

31 A.D.47, E Sup. 1454 (Bourgougnague).

2.3.1.3 Weitere Lehensexpansion bis zum Niedergang nach 1789

Mit Pierre II., dem einzigen Sohn, der aus dieser Ehe hervorging, konsolidierte sich der Einfluß der Digeons im Gebiet um Lauzun. So gehörte ihm neben anderen Seigneurien Autramat, la Catusse und la Souque. Um letztgenannte führte er einen langwierigen Prozeß wider Charles-Armand de Gontaud, Herzog von Biron, Pair und Erster Marschall von Frankreich. Selbiger, der uns bereits begegnet ist, war vermöge der Nachfolgeregel von Antonin de Caumont-Lauzuns, erster Herzog von Lauzun, als dessen Erben eingesetzt worden (vgl. Kap. 2.3.1.1: 87). Die Digeons verloren den Rechtsstreit indes, denn mit dem Urteil des Seneschall-Gerichtshofs des Agenais vom 11. Februar 1745 wurde Pierre II. verurteilt, den Rückkaufvertrag für la Souque zugunsten des Herzogs von Biron auszufertigen. Am 20. August 1752 wurde er abberufen und einen Tag später in der Kirche von Bourgougnague seiner letzten Ruhestätte übereignet. Diese Kirche sollte für über ein Jahrhundert die maßgebliche Grabstätte vieler Digeon d'Autramat werden.

Seine Frau Jeanne Deschamps, Tochter des Sieur François Deschamps und der Demoiselle Françoise Moureau, mit welcher er am 20. Mai 1724 durch eigenhändige Unterschrift in Monségur (33), anerkannt am 30. desselben Monats, den Lebensbund einging, schenkte ihm am 2. April 1755 zunächst die Tochter Marie Marguerite sowie ein Jahr später, am 25. April 1726, einen Sohn, Louis-Joseph. Eine weitere Tochter namens Marie Marguerite "la cadette" wurde nach ihrer Geburt am 4. September 1727 im Kindesalter abberufen. Marie Marguerite ging mit Jean-François Dupin den Ehebund am 15. November 1756 ein und wurde im Testament ihrer Mutter vom 19. August 1762 als Universalerbin von deren Mitgift – einer Vielzahl von Fronhöfen – bedacht.[32]

Die Dupins waren eine alteingesessene Familie, die zunächst Kaufleute und Magistrate in Monségur gestellt hatten, bis sie in Gestalt von Joseph Dupin, dem Vater des Ehemanns von Marie Marguerite, am Parlament von Bordeaux zum ersten Mal zu Advokaten avancierten. Selbiger empfing im August 1733 durch die Administration Ludwig XV. den Adelsbrief (vgl. Anhang: A.7: 648). Dabei handelt es sich um eine typische "*noblesse de lettres*" (vgl. Kap. 7: 427 sowie 4.2.2: 430), welche dem Begünstigten nicht nur Adelsprivilegien verlieh, sondern ihn selbst und seine Nachfahren männlichen und weiblichen Geschlechts, die aus einer legitimen Verbindung hervorgingen, mit den Blutsadligen ohne Einschränkung des Grades gleichsetzte und damit die Eigenschaft der *noblesse héréditaire* verlieh (vgl. Tab. 4.5: 431). Darüber hinaus vermag diese Nobilitierung nicht nur unter materialen sondern auch aus formalen Gesichtspunkten als paradigmatisch taxiert werden (vgl. Anhang: 4.2.2: 437). Denn das Dokument wurde am 27. November 1733 nicht nur mit der genauen Blasonierung des Wappens und der eigenhändigen Signatur Louis-Pierre Hoziers, dem "Juge des armes" des französischen Königreichs (vgl. Kap. 2.3.1.3: 111), versehen, sondern des Weiteren am 16. Januar 1734 vom Gerichtshof in Bordeaux, am 18. Mai 1734 vom *Cour des Aides et Finances de Guienne* sowie am 10. Juli 1734 vom "Hotel de Ville de Bordeaux" gegengezeichnet.[33] Schließlich erfolgte am 3. Oktober noch eine Registrierung in der Gemeinde von Monségur selbst,[34] wodurch das Verfahren seit der Ausfertigung in Versailles nach über einem Jahr seinen finalen Abschluß fand. Folglich handelt es sich bei der Nobilitierung Joseph Dupins auf Grund der fünffachen Registrierung bei jeder erforderlichen Instanz um ein formal höchlichst korrektes Prozedere.

Die Person des Bruders von Marie-Marguerite, Louis-Joseph, markiert den Wirkungszenit des ältesten Familienzweiges der Digeons in Frankreich. Unter anderen führte er als Titel

32 A.D.33 3 E 17233.
33 A.D.33 1 B 45, fol. 19, 20.
34 A.C.M. BB 19, pp. 171–173.

den eines Seigneurs d'Autramat, la Souque, la Catusse, Pechalbet sowie den des Barons von Fonroque. Auf welche Weise genau die Seigneurie Pechalbet, gelegen in der Gemeinde Agnac (47), in den Besitz der Familie gelangte, das heißt qua Kauf oder Erbschaft, kann derzeit nicht mit Bestimmtheit gesagt werden (vgl. Abb. 2.17: 104 sowie Abb. 2.16: 103).

Das Land und die Baronie von Fonroque (24), welche dem Marquisat von Puyguilhem (24) zugehörig war (vgl. Kap. 2.3.1.1: 85), erwarb er mit dem Akt vom 22. Mai 1784 für die Summe von 55.000 Livres von Marcel Michelet, Seigneur de Boissière, Doktor der Medizin, im Auftrag von Alexandre-Jean-Marie de Larralde (heute: Larrard), Seigneur de Larralde, Leutnant in den Gardes Françaises, Chevalier des Ordens St. Louis (vgl. zur Familie Larrard: (O'Gilvy 1858: 220–226) sowie (La Chesnaye-Desbois 1867: 512)). Dieser Kauf beinhaltete die hohe, mittlere und niedere Gerichtsbarkeit mit sämtlichen feudalen Ehren- und Nutznießungsrechten. Die Bastide Fonroque war eine Gründung des englischen Königs Eduard

Abb. 2.16: Das Château de Pechalbet aus der Vogelperspektive [eigene Photographie (2008)]

Abb. 2.17: Das Château de Pechalbet in der Vorderansicht [eigene Photographie (2008)]

I. aus dem Jahre 1284 und befand sich fast während des ganzen Mittelalters genau an der Grenze zur französischen Guyenne. Als natürliche Begrenzung diente der Fluß Dropt. Noch heute sind dank einer Reihe von Mauerresten die typische Grundstruktur einer Bastide gut erkennbar.

Die Seigneurie und das Schloß von Pechalbet befand sich auf der gegenüberliegenden, weiland englischen Seite, keine zwei Kilometer von der Bastide Eymet enfernt, die wiederum am 28. Juno 1270 durch Alphonse v. Poitiers, Graf von Toulouse und Bruder Ludwigs IX. (des Heiligen) gegründet worden war. Zur Geschichte Pechalbets sind lediglich wenige Quellen auf uns gegekommen. Weit klarer liegt seine etymologische Herkunft vor uns. Die erste Silbe des Wortes, "Pech", führt sich zurück auf das Lateinische *podium, -ii n.*, [vgl. griech. τό πούς], was am besten mit "(terrassenartige) Erhöhung, Hügel" übersetzt werden kann. In der Entsprechung der Langue d'Oc in Form von "Pui" oder "Puy" hat sich das Ursprungswort noch in vielen geographischen Bezeichnungen gehalten, so z.B. bei Puyguilhelm, Puch, Pech Bardot, Fresprech etc. Betrachtet man die Lage dieser Orte, so befinden sie sich ausnahmelos auf einer höher gelegenen Position, sei es ein kleiner Hügel oder eine größere Erhebung. Bezüglich der zweiten Silbe "-albet" gibt es zwei Theorien. Die eine besagt, daß – wie im Fall der Gemeinde von Agnac (47) (von *Agnacius*) zu welcher Pechalbet zugehörig ist – der Name sich aus der lateinischsprachigen Epoche von *Albetius* ableitet, dem mutmaßlichen ersten Besitzer. Eine andere führt den Ursprung auf das präkeltische *alba* zurück, was soviel bedeutet wie "Festung oder Villa". Damit ergeben sich zwei mögliche Herleitungen von Pechalbet:

1. *Festungshügel* oder
2. *Hügel des Albetius* (vgl. weiterführend: Dauzat und Rostaing (1963)).

Schwieriger gestaltet sich die Rekonstruktion der eigentlichen Geschichte des Gebäudes. Es ist davon auszugehen, daß während des bewegten 12. und 13. Jahrhunderts die Mauern des Wehrhofes befestigt wurden, um die Bewohner vor dem Eindringen von Briganten und marodierenden Söldnern zu schützen. Aus dieser Zeit ist nur noch der Donjon erhalten, der heute als Eingang fungiert, sowie der Eckturm und einige Schießscharten in der Hoffassade. Am 22. August 1377 ereignete sich zu deren Fuße eine Schlacht zwischen Engländern und Franzosen, in welcher John de Fulton, der englische Seneschall der Gascogne, gefangen genommen und erst gegen Zahlung von 30.000 Francs wieder in die Freiheit entlassen wurde (Froissart 1967b: XX–XXIII). Wer genau der Eigentümer in dieser Epoche war, kann derzeit nicht festgestellt werden. Überliefert ist lediglich, daß die Mauern der Festung Katharer, Templer und schließlich Protestanten beherbergte und diese sich als Besitzer abwechselten. Der erste uns namentlich bekannte Seigneur war Jean de Parreau Mitte des 15. Jahrhunderts. Diese Familie sollte von dessen Sohn Mathurin, über jeweils dessen Nachfahren Pierre, Pierre Charles, André und François Louis bis zum Beginn des 18. Jahrhunderts dieses Schloß in ihrem Besitz halten. In einer steuerrechtlichen Angelegenheit, datiert auf den 7. August 1733, wendete sich François Louis de Parreau an das *bureau de finances en Guyenne*,[35] so daß davon ausgegangen zu werden vermag, daß mit dessen Tode im Jahr 1758, welcher zeitlebens unverheiratet und kinderlos verblieben war, die Seigneurie von Pechalbet schließlich in den Besitz von Louis Joseph Digeon d'Autramat überging. Für diese Mutmaßung spricht nicht zuletzt auch die Tatsache, daß seine ersten beiden Kinder, Jean-François I. und Henrie Anne, im Gegensatz zu ihren jüngeren Geschwistern noch nicht im Château de Pechalbet geboren

35 A.D.33, C 4154.

wurden (vgl. Anhang: B.6: 699). Somit ist der Angabe von Charbonneau zuzustimmen, welcher diesen ab 1759 als Eigentümer von Pechalbet benennt (Charbonneau 1979: 192).

Die Wege der Familien Parreau und Digeon kreuzten sich bereits zu einem früheren Zeitpunkt, als Pierre I. Digeon d'Autramat zusammen mit Jean Médard de Paraud [sic!], Seigneur de Pechalbert [sic!], als Zeuge bei einer finanziellen Transaktion, datiert auf den 4. Juli 1645, fungierte (Bourrousse 1885: 290–291). Ein Teil der Parreaus scheint – wie die Digeons – als Protestanten das Königreich in Richtung Preußen oder Holland verlassen zu haben, nachdem bereits drei ihrer Mitglieder den Tod in der Sankt Bartholomäusnacht gefunden hatten und sie bereits im Vorfeld der Revokation des Edikts von Nantes (1685) erheblichen staatlichen Repressionen ausgesetzt waren: So kam es zu einem langen Prozeß, da die Diözese von Agen Pierre Charles im Jahr 1664 angezeigt hatte, in seinem Château de Couyssels (auch: *Coissel* und *Coyssel*, vgl. dazu: Moulenq 1991: 292–295), gelegen in der ehemaligen Gemeinde Saint-Julien (82), öffentlich den Cultus der protestantische Religion zu praktizieren (Tamizey de Larroque 1875: 443–446). Der Klerus forderte dabei, die Ausübung der R.P.R. zu verbieten und darüber hinaus den protestantischen *temple* im Chateau bis auf die Grundmauern zu zerstören. Dieser Forderung wurde schließlich mit dem Erlaß des Staatsrates vom 20. Dezember 1672 stattgegeben (Drion 1855: 129).

Zuvor war es nach den Religionskriegen und den kurzen Auseinandersetzungen der Fronde zunächst ruhiger in der Region geworden. Die Ummantelung der kleinen Grenzfeste wurde von den damaligen Herren abgetragen. Bis auf den oben erwähnten Eckturm, der ursprünglich mit Zinnen behaftet war und den ein Rundgang mit den übrigen Türmen verband, ist von den ehemaligen Wehrbauten nichts mehr übrig geblieben. Allein die gewaltigen, mehrstöckigen und bis tief in den Berg ragenden Gewölbekeller, in denen bei einer Öffnung in den 1950er Jahren mittelalterliche Waffen gefunden wurden, künden noch Zeugnis von der einstigen Schutzfunktion des Gebäudes (Charbonneau 1979: 190–192).

Lange sollte sich Louis-Joseph als neuer Herr von Pechalbet jedoch nicht an seinem Besitz erfreuen. Genau dreißig Jahre nach der mutmaßlichen Akquisition brach in Frankreich 1789 die Revolution aus. Zuvor hatte er mit dem Akt vom 13. April 1782 Guillaume Salbaing, Richter in Cancon, mit dem Verkauf der Herrschaft La Souque beauftragt, welche ihm augenscheinlich trotz der gerichtlichen Niederlage seines Vaters mit dem Herzog von Gontaud-Biron noch zu gehören schien. Außerdem ernannte ihn Ludwig XV. zum ersten Bürgermeister von La-Sauvetat-de-Caumont (47; heute: La-Sauvetat-du-Dropt, Aloy 1880: 106). Insofern nimmt es nicht wunder, daß er rasch als Ziel der Revolutionäre ausersehen war. Kurz bevor ihn die Mörder zur Guillotine führen wollten, warnte ihn ein Bauer und er konnte im sprichwörtlich "letzten Moment" durch einen Sprung aus dem Fenster auf einem Pferd Richtung Spanien entkommen. Dieserhalb findet sich sein Name zusammen mit dem seiner Söhne auf den Emmigrationslisten, wie aus den Akten der Verwaltung der Nationalgüter hervorgeht.[36] Fünf Jahre später, aus dem Exil zurückgekehrt, wählten ihn die Bürger zum Bürgermeister von Agnac, was aufzeigt, daß er dieses Amt auch in einer freien und gleichen Wahl erwerben konnte. Er wurde, wie aus seiner Sterbeurkunde hervorgeht, betagt mit 81 Jahren am 26. März 1807 gegen 1 Uhr Mittags in seinem Schoß Pechalbet abberufen.[37] Demnach vermochte es die Familie, den Besitz Pechalbet auch über die Revolution hinwegzuretten. Der weitere Verbleib der Ländereien und des Schlosses von Autramat ist bis dato unbekannt. Die Entschädigung von zwei Meierhöfen sowie einer Mühle durch das Gesetz vom 27. April 1825 in Höhe von rund 20.500 Francs an seine überlebendenen Erben Charles-Armand, Jean-François II., Anne Geneviève, Marie und Adéläide Marie. sollte er nicht mehr miterleben.[38]

36 A.D.47, 1 Q 129.

37 A.D.47, 4 E 3–4 (Agnac, Sépultures, An XI–1812).

38 A.D.47, 1 Q 315.

Verheiratet war er durch den Vertrag vom 21. März 1755 mit Anne-Henriette de Carbonnier, Tochter des François de Carbonnier, Écuyer und der Dame Anne de Bavil.[39] Bei der Hochzeit waren Jean V. de Trévey, Seigneur de Pascalet und Cousin des Ehemanns sowie Henrie de Carbonniere, Tante der Braut, und Michel François de Carbonnier, Seigneur de Péloulet, ihr Cousin, anwesend. Sie verschied, gemäß ihres Todeszertifikats, fünf Jahre vor ihrem Mann, ebenfalls im Château von Pechalbet gegen 2 Uhr Nachmittags am 21. März 1802 im Alter von 69 Jahren.[40] Bei Betrachtung der verwandtschaftlichen Beziehungen sind die engen Bindungen zu den Tréveys signifikant, welche sich anscheinend seit dem 16. Jahrhundert erhalten hatten (vgl. Anhang: B.16: 709).

Die Carbonniers, deren Familie nicht mit derjenigen der Carbonnières zu konfundieren ist, welche sich im Bas-Limousin seit dem Jahr 1070 belegen lassen und die nachweislich von einer weiblichen Linie der Vicomtes de Comborn, Fürsten von Aquitanien, abstammen (Froidefond de Boulazac 1891: 129 (Bd.1)), entsprossen gemäß Alfred de Boulzac ursprünglich aus dem Poitou und waren sowohl im Agenais als auch im Perigord seit dem 13. Jahrhundert bekannt. Durch eine Substitution des Namens, Wappens, Titels und der Güter des Seigneur de Roffignac, Marquis de Marzac, im 17. Jahrhundert tragen die Carbonniers den Titel des Marquis de Marzac, einige von ihnen haben ihrem Nachnamen "de Roffignac" beigefügt und das eigene Wappen um das dieser Familie ergänzt (Froidefond de Boulazac 1891: 128 (Bd.1)). Vom adelsrechtlichen Standpunkt aus handelt es sich bei der Führung des Titels "Marquis" sowie der Wappenmehrung durch das der Roffignacs um einen *actu propio*, der auf keiner Rechtsgrundlage, sondern allein auf der eigenen Setzung des damaligen Chefs der Familie Carbonniers basierte. Im sprichwörtlich "letzten Moment" veranlaßten die Carbonniers zweihundert Jahre nach der Aneignung dann allerdings doch noch eine Bestätigung ihres Titels "Marquis de Marzac" durch den Präsidenten der Französischen Republik, datiert auf den 18. Januar 1874. Sehr lange sollte die nunmehr offizielle Anerkennung jedoch nicht währen: Der letzte Repräsentant, Armand, fiel am 1. Mai 1917 im Zuge der Kämpfe des Ersten Weltkrieges, womit die Familie im Mannesstamm erlosch (Woelmont de Brumagne 1919: 27).

Nach den Erkenntnissen von Pierre Meller war das Geschlecht seitens seiner Ursprünge bürgerlicher Herkunft und ließ sich seit dem 14. Jahrhundert in Castillonnès (47) nachweisen. Einigkeit herrscht indes bei den Titeln, Ämtern und Allianzen. So führten die Carbonniers den Titel eines Marquis de Marzac, Baron de Carbonnier, Seigneurs de Verdon, la Fleunie, Malacoste, Lisse, le Bois de Saint-Pére, Autiré, Lucassière, la Rouveau, Saint-Martin, Fompeyre. Die Carbonniers erbrachten ihre Adelsbeweise 1666 und partizipierten sowohl an den Heeresbannen in der Sénéchaussée des Périgords als auch an den Generalständen des Adels von Agen und Périgord (vgl. Kap. 2.3.2.1: 120). Sie brachte Bürgermeister und Gouverneure von Castillonnès hervor, des Weiteren einen General, einen Oberstleutnant sowie einen Oberst und weitere Offiziere, einen Abgeordneten in der Nationalversammlung, Pagen der Königin, Ritter des Ordens St. Louis, einen Bürgermeister von Bergerac. Durch Heirat verbunden war die Familie mit den Geschlechtern de Lesparres (14..), de Vernhios (1447), de Durfort (1572), de Bavie (1779), de Cours (1668), de Roffignac (1659), de Gironde (1688), d'Abzac (1741) etc. (Meller 1978: 201 (Bd. 1) sowie Froidefond de Boulazac 1891: 128 (Bd.1)).

Der Ehe war ein reicher Segen von 10 Kindern beschieden (vgl. Anhang: B.6: 699). So hatte das Ehepaar neben den beiden bereits oben erwähnten Söhnen Jean-François I. und Charles Armand Antoine noch Jean-François II. und Antoine, daneben die Töchter Henrie Anne, Anne I. Marie, und Anne II.

---

39 A.D.47, B 172.

40 A.D.47, 4 E 3–3 (Agnac, Naissances, Mariages, Sépultures, An IV–An X).

Jean-François I. wurde am 7. November 1756 in der Kirche von Bourgougnague getauft. Als Taufpaten wählte man den Messire François de Carbonnier, an besagtem Tag vertreten durch Jean IV. de Trévey, und die Tante seiner Mutter, Henrie de Carbonnier aus.[41]

Er emigrierte mit seinen beiden Brüdern während der Revolution und kehrte nach deren Ende nach Pechalbet zurück, wo er am 1. September 1804 (14. Fructidor des Jahres XII) kinderlos verschied.[42]

An Charles Armand Antoine Antoine vollzog man das Sakrament der Taufe in Agnac an seinem Geburtstag, dem 28. Spetmber 1761. Gehalten wurde er über das Taufbecken von Charles Armand Antoine de Trévey.[43] möglicherweise Sohn von Jean IV. Mit Verweis auf den Paten ist klar ersichtlich, von wem der Taufname stammt. Neben ihm wird eine Antoinette de Carbonniere als Patin genannt. Louis Nicolas Chérin, Sohn des bekannten Hofgenalogen Bernard Chérin und wie sein Vater ein exzellenter Feudalrechtler und Zensor des Königs, stellte ihm am 16. Februar 1782 einen Adelsnachweiszertifikat aus, damit er im Rang eines Sous-Lieutenant seinen Militärdienst antreten konnte.[44] Bei Ausbruch der Revolution war er Offizier im Regiment de Bauvoises. In den folgenden Wirren verließen er und sein Bruder das für sie lebensgefährlich gewordene Land und kehrten erst unter Restauration zurück. Am 8. November 1815 wurde er durch Diplom zum Ritter des Königlichen Militärordens Saint Louis ernannt. Dieser Orden, gegründet von Ludwig XIV. zu Ehren des Heiligen Ludwig, bestand bis zur Revolution und hernach bis 1830 (vgl. Abb. 2.18: 107). Voraussetzung war eine mindestens zehnjährige Armeezugehörigkeit und der katholische Glaube, wobei dieses Kriterium im Falle der Digeons anscheinend nicht ganz so restriktiv gehandhabt worden zu sein scheint (vgl. Kap. 2.3.3.2: 196 und 199 sowie zum Orden St. Louis weiterführend: Colnat 1979 sowie Colleville und Saint-Christo 1925).

Dank seiner Eheschließung besitzen wir Kenntnis über den Ort des Exils. Der Calvinist Charles Armand heiratete am 5. September 1795 in Erlangen – nach katholischem Ritus – eine

Abb. 2.18: Der königliche Militärorden Saint Louis, basierend auf: (Gritzner 2000: 80)

41 A.D.47, E Sup. 1455 (Bourgougnague, Baptêmes, Mariages, Sépultures, 1724–741).

42 A.D.33, 9 J 60, p. 31.

43 A.D.47, 4 E 3-3 (Agnac, Baptêmes, Mariages, Sépultures, 1744–790).

44 B.N.F., Fonds Chérin, 1.

Deutsche, Marie Marguerite Modeste Niderehe, Tochter des Jean Baptiste Niderehe und der Marie-Madeleine Mauritz. Erlangen war als Zufluchtsort mitnichten zufällig gewählt, da es für französische Emmigranten, sonderheitlich für diejenigen unter ihnen, die protestantischen Glaubens waren, eine sichere Zuflucht bot. Der Traditionsstrang der Reformation vermag bis zu deren frühen Anfängen zurückverfolgt zu werden. Bereits 1528 predigte in dem seit 1402 zu Hohenzollern gehörigen Erlangen der erste lutherische Pfarrer. Nach der Aufhebung des Edikts von Nantes öffnete der damals an der Regierung befindliche Markgraf Christian-Ernst von Brandenburg-Bayreuth 1686 die Grenzen seines Fürstentums, um den französischen Glaubensflüchtlingen Asyl zu gewähren. Von dieser Maßnahme versprach er sich einen ökonomischen Aufschwung seines in Folge des Dreißigjährigen Krieges ausgebluteten Herrschaftsgebiets. Doch nicht nur die Hugenotten wurden von der liberalen Konfessionspolitik des Landesfürsten angezogen, auch Lutheraner und Deutsch-Reformierte zog es in die Stadt an der Regnitz. Somit wuchs die Anzahl der Neukömmlinge stetig an, so daß bald das maximale Fassungsvermögen überschritten wurde. 1698 lebten dort über 1.000 Hugenotten und ca. 300 Deutsche, so daß man eine Neustadt gründete, welche zu Ehren des weitsichtigen Monarchen Christian-Erlang benamt wurde. Nach dem Tode Ludwigs XIV. sollte sich die Situation der französischen Protestanten nicht verbessern, wessentwegen eine Rückkehr in die Heimat zunehmend in unerreichbare Ferne rückte. Insofern begann eine veritable Integration erst nach 1715. Dieser Prozeß sollte rund zwei Generationen umfassen, so daß 1822 der letzte französischsprachige Gottesdienst gefeiert wurde. Ab dem Ende des 18. Jahrhunderts vollzog sich eine Reihe von Änderungen im Hinblick auf die politische Zugehörigkeit Erlangens. Karl Alexander von Brandenburg-Ansbach und Brandenburg-Bayreuth verkaufte am 16. Januar 1791 in einem Geheimvertrag seine beiden Fürstentümer an das Königreich Preußen. Angebahnt wurden die Vertragsverhandlungen von dem seit 1790 im Amt befindlichen Minister Karl August Freiherr von Hardenberg. Mit dem Ende des Heiligen Römischen Reiches Deutscher Nation und dem Sieg Napoleons fiel das Gebiet 1806 an das französische Kaiserreich und wurde 1810 zum neu geschaffenen Königreich Bayern geschlagen (Yardeni 1986: 155–156).

Demnach bot Erlangen auf Grund der sprachlichen, kulturellen und konfessionellen Bedingtheiten eine gute Anlaufstelle für die Digeons aus Pechalbet. Es ist anzunehmen, daß auch die Brüder von Charles-Armand, Jean-François I. und Jean-François II., sich gleichfalls dort ansiedelten, denn auch Elisabeth Digeon de Monteton hatte sich vor dem revolutionären Terror in die preußische Exklave in Bayern geflüchtet, wie an späterer Stelle noch aufzuzeigen sein wird (vgl. Kap. 2.3.3.8: 340).

Auf Grund des akzidentiellen Charakters der Einreise in die Stadt an der Regnitz kann füglich gemutmaßt werden, daß es sich bei der Eheschließung zwischen Charles-Armand und Marie Marguerite um eine auf Liebe gefußte Heirat gehandelt haben wird. Schließlich waren nicht allein Ort und Land des gegenseitigen Kennenlernens mitnichten planbar gewesen, auch der religiöse Hintergrund der beiden Familien konnte kaum größer sein. Erstmals seit der Reformation nahm, in der Person von Charles-Armand, ein Mitglied der Digeons, seit Jahrhunderten dem Calvinismus zugetan, eine Katholikin zur Frau, noch dazu in einer Stadt, die als "Hugenottenstadt" und "Evangelisches Zentrum Bayern" in die Annalen einging. Wir können insofern sicher sein, daß die Braut der römisch-katholischen Konfession angehörte, da ihr Vater Jean Baptiste nicht nur Konsul des Städtchens Bernkastel an der Mosel (heute: Bernkastel-Kues) war, sondern außerdem noch das Amt eines Hofrats des Fürsterzbischofs Clemens Wenzeslaus von Trier bekleidete. Dieser bot als Onkel Ludwigs XVI. einer großen Anzahl von französischen Emmigranten eine Bleibe, wessentwegen sein prächtiger Hof in Koblenz zu einem Zentrum des französischen Royalismus avancierte. Mit dem Frieden von Lunéville am 9. Februar 1801 verlor er den linksrheinischen, größeren Teil seines Kurfürstentums und schließlich 1803 auch dessen Rest sowie das Fürstbistum Augsburg und die Fürstpropstei Ellwangen.

Es ist durchaus möglich, daß sich Charles-Armand und Marie Marguerite in Koblenz während des ersten Koalitionskrieges kennenlernten und dann im Zuge des Friedens von Basel, als Spanien und Preußen 1795 aus dem Krieg wider Frankreich austraten, ins preußische Erlangen zogen. Wie aus der am 20. September 1807 erfolgten Registrierung seiner Ehe in seiner Heimatgemeinde Agnac, unter Vorlage der in lateinischer Sprache verfaßten katholischen Heiratsurkunde aus Erlangen, hervorgeht, kehrte das Ehepaar noch vor Ende der Resturationszeit nach Frankreich zurück.[45] Seine Frau verschied auf dem Familienschloß Pechalbet am 7. September 1839 mit 68 Lebensjahren.[46] Ziemlich genau sieben Jahre später, am 21. September 1846 wurde auch Charles-Armand im fortgerückten Alter von 80 Jahren abberufen, ohne legitime Nachkommen zu hinterlassen.[47] Mit ihm starb der ältere Zweig der Familie Digeon im Mannesstamme aus (vgl. Kap. 4.1.2: 410 sowie Anhang: A.13: 691).

Der Lebensweg seines etwas jüngeren Bruders Jean-François II. verlief in weitgehend ähnlichen Bahnen. Geboren wurde er am 9. Februar 1763 im Gegensatz zu seinen älteren Geschwistern im Château von Autramat. Einen Tag später vollzog man die Taufe in der Kirche von Bourgougnague. Unter den Paten finden wir den älteren Bruder Jean-François I. sowie seine Großtante Henrie de Carbonnier.[48] Ein Jahr später als sein älterer Bruder, am 5. Juli 1783, sollte auch er für den Eintritt in die Armee von Chérin ein Adelsnachweiszertifikat erhalten.[49] Wie bereits dargelegt, emigrierte auch er bei Ausbruch der Revolution und erhielt bei seiner Rückkehr nach Frankreich am 8. Novemver 1815, wie Charles Armand, den Orden St. Louis. Am 14. Dezember 1841 ging er ohne Nachkommen und unverheiratet in Fontagranne, in der Gemeinde von Puyguilhem (24), heim.[50]

Dem jüngsten der vier Brüder, Antoine, sollte nur ein kurzes Leben beschieden sein. Geboren am 26. November 1774 im Château de Pechalbet und drei Tage später im Gotteshaus von Saint-Saturnin d'Agnac von seinen Geschwistern und Paten Anne I. und Charles Armand Antoine über das Taufbecken gehalten,[51] starb er noch vor Vollendung seines zweiten Lebensjahres am 2. Oktober 1776 im Château d'Autramat. Am Folgetag begrub man ihn in der Kirche von Bourgougnague.[52]

Gleichergestalt im Kindesalter sollte die älteste der Schwestern, Henrie Anne, zu Grabe getragen werden. Geboren am 12. Januar 1758 zu Pechalbet und zwei Tage später in Saint-Saturnin zu Agnac getauft,[53] überlebte sie das erste Lebensjahr nicht und fand bereits am 16. Oktober 1758 den Tod. Noch am selben Tag überführte man ihre sterblichen Überreste nach Bourgougnague, wo sie in der dortigen Kirche begraben wurde.[54]

Auch der gleichnamigen Schwester Anne I. war mit 36 Jahren eine eher kurze Lebensspanne vergönnt. Sie verschied unverheiratet am 14. Brumaire des Jahres VII (4. November 1798), um 9 Uhr morgens auf Pechalbet.[55]

---

45 A.D.47, 4 E 3–3 (Agnac, Mariages, An XI-1812).
46 A.D.47, 5 E 3 (Agnac, Tables décennales, 1802–892).
47 A.D.47, 5 E 3 (Tables décennales).
48 A.D.47, E Sup. 1455 (Bourgougnague, Baptêmes, Mariages, Sépultures, 1762–769).
49 B.N.F., Fonds Chérin, 1.
50 A.D.24, 5 E 336/4.
51 A.D.47, 4 E 3–3 (Agnac, Baptêmes, Mariages, Sépultures, 1744–790).
52 A.D.47, E Sup. 1455 (Bourgougnague, Baptêmes, Mariages, Sépultures, 1775–780).
53 A.D.47, 4 E 3–3 (Agnac, Baptêmes, Mariages, Sépultures, 1744–790).
54 A.D.47, E Sup. 1455 (Bourgougnague, Baptêmes, Mariages, Sépultures, 1757–766).
55 A.D.47, 4 E 3–3 (Agnac, Naissances, Mariages, Sépultures, An IV–An X).

Der ebenfalls ungebunden gebliebenen Schwester Marie sollte hingegen eine entscheidende Rolle zufallen. Geboren am 29. August 1768 auf Pechalbet und noch am selben Tag in der Kirche von Agnac getauft, kaufte sie während der Emigration ihrer Brüder das besagte Schloß sowie die Ländereien zurück und vermachte es posthum ihren Nichten, den Ségur-Bouzelys (vgl. Kap. 2.3.1.3: 112).[56] Als letzte weibliche Repräsentatin des Zweiges der Digeon d'Autramat wurde sie am 31. Juli 1856 im Schloß von Pechalbet abberufen.[57]

Die dritte Tochter, welcher der Name Anne II. zuteil wurde, starb am 6. September 1772 gleichergestalt im Kindesalter, indem sie nicht über den 7. Monat hinauswuchs. Am folgenden Tag setzte man sie "*en presence de beaucoup des gens*" in der Kirche von Bourgougnague bei.[58] Ein anderes Schicksal sollte indes Anne Geneviève beschieden sein, die am 28. April 1770 das Licht der Welt im Château de Pechalbet erblickte[59] (Abb. 2.19: 110) und mit 29 Jahren, am 10. Frimaire des Jahres VIII (1. November 1799), Henry-Thèrése Davach (auch: d'Avach) de Thèze-Delphin in Agnac heiratete.[60]

Späterhin lebte das Ehepaar in Auvillar (82). Sie verschied dort hochbetagt, gemäß ihrer Sterbeurkunde, am 6. Januar 1848 in ihrem Haus in der Rue de la Fortune.[61] Ihr Bräutigam war der Sohn von Jean Charles Davach de Thèze-Delphin und der Françoise de Vedel de Malhes.[62] Von Gustave Chaix d'Est-Ange erfahren wir, daß die Davachs seit langer Zeit und ehrenvoll im Agenais bekannt waren. Ihre lückenlose Filiation beginnt mit einem Jean Davach, der zur Zeit Ludwigs XIII. in Astaffort (47) lebte und die Seigneurien von Thèze und Dunes im Condommois besaß. Er heiratete 1633 Madeleine de l'Istre, welche ihm die Seigneurie Delphin als Mitgift einbrachte. Aus diesem Bündnis gingen drei Söhne hervor, von denen der Älteste die Linie weiterführte, der zweite wanderte als *Gentilhomme* des Herzogs von Anjou nach Spanien ab, wo er die spanische Deszendenz

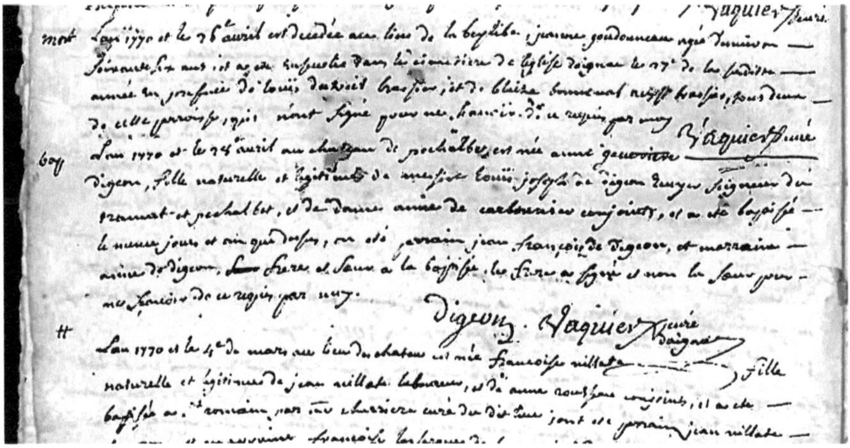

Abb. 2.19: Geburts- und Taufeintrag von Anne Geneviève Digeon d'Autramat (1770) [A.D.47, E Sup. 1444]

56 A.D.33, 9 J 60, p. 33.
57 A.D.47, 5 E 3 (Agnac, Tables décennales, 1802–892).
58 A.D.47, E Sup. 1455 (Bourgougnague, Baptêmes, Mariages, Sépultures, 1770–774).
59 A.D.47, E Sup. 1444 (Agnac, Baptêmes, Mariages, Sépultures, 1744–775).
60 A.D.47, 4 E 3-3 (Agnac, Tables décennales, An IV–An X).
61 A.D.82, 6 E 008–28 (Auvillar, Déces, 1848).
62 A.D.33, 9 J 60, p. 33.

begründete. Der Dritte wurde Ahnvater der Herren von Saint-Philippe im Agenais und de Beauregard im Armagnac. Deren letzter Repräsentant, Julien de Davach partizipierte noch 1789 an den Adelsversammlungen in Agen (Mondenard 1889: 431) und denen des Armagnacs (Bastard d'Estang 1862: 7). Philippe Davach, Seigneur de Thèze und ältester Sohn Jeans I., siedelte sich in Auvillar (82), in der Nähe von Montauban an. Aus seiner Ehe mit Jeanne de Menet ging der Sohn Andronic hervor, Écuyer, Kapitän in einem Regiment in Beauvaisis, der 1715 mit Gabrielle de Carmentran die Ehe einging und 1752 in Auvillar verstarb. Aus dieser Heirat entsprossen zwei Söhne, Bernard und besager Jean Charles, der Vater des Bräutigams von Anne Geneviève Digeon.

Bezüglich der adelsrechtlichen Taxierung der Davach bemerkt Chaix d'Est-Ange, daß die Familie nie Gegenstand einer Adelsprüfung war. Bemerkenswert ist daran insbesondere, daß eine solche selbst bei der Eintragung des Wappens im Jahre 1696 in das *Armorial général de France* von Charles René d'Hozier, dem jüngeren Sohn des berühmten Pierre d'Hozier, nicht erfolgte. Die d'Hoziers stellten über zwei Jahrhunderte die bedeutendsten Genealogen und Heraldiker Frankreichs. Das *Armorial général* bildet mit 60.000 Familiennamen und 35 nach den alten Provinzen des Reiches geordneten Bänden ein bis heute wesentliches und wertvolles Nachschlagewerk. Es geht auf einen Erlaß König Ludwigs XIV. vom November 1696 zurück, daß ein jeder, gleich ob natürliche oder juristische Person, der ein Wappen zu tragen wünschte, sich gegen eine Zahlung in das von d'Hozier erstellte Opus einzutragen hatte (Édit royal Nov. 1696). D'Hozier ernannte einen Assistenten, Adrien Vannier, der den Titel *Directeur du Traité des armoiries* erhielt und am 20. Nobember 1696 vom Königlichen Finanzkonzil mit der Einnahme der Gebühren mandatiert wurde (Gut 2002: 52 sowie Tab. 2.1: 111).

Die 160 Portfolios alphabetisch sortierter genealogischer Aufzeichnungen und 175 Bände, welche die Dokumente der einzelnen Familien enthalten, befinden sich heute in der Bibliothèque Nationale de France. Es sei angemerkt, daß zwar fast, aber mitnichten alle wappentragenden Familien dieser Zeit in Frankreich erfaßt sind. Gründe hierfür finden sich zum einen in der mangelnden Bereitschaft, dem offenbaren Ansinnen des Königs zu folgen, eine zusätzliche Einnahmequelle für den Bau des Schlosses von Versailles zu erschließen, andererseits schlicht in der Eitelkeit, zu dem besonderen Personenkreis zu gehören, welcher sich nicht unter des Königs Macht zu beugen gedachte, respektive ihn mithin nicht als Richter über das eigene Wappen anerkennen wollte. In dieser Haltung gelangten durchaus noch Ressentiments wider die königliche Stellung und eine aristokratische Attitüde zum Vorschein. Die Arbeit von Charles René d'Hoziers als *Juge d'Armes* wurde von seinem Neffen, Louis-Pierre d'Hozier kontinuiert, der seinesteils das *Armorial général, ou registre de la noblesse de France* (1738–768) in zehn Bänden verfaßte, das mit dem Werk seines Oheims nicht konfundiert werden darf (vgl. weiterführend: Grolée-Virville 1978).

Grundsätzlich kann die Adelsqualität der Davachs auch ohne die ansonsten übliche Überprüfung im 17. Jahrhundert kaum in Abrede gestellt werden, da eine solche rein formalistischer Natur wäre. Die Familie besaß nachweislich Lehen und lebte definitiv "noblement". Das zeigt sich zum einen an ihrer Teilnahme an den Adelsversammlungen im Zuge der Revolution als auch an den Familien, mit denen sie durch Ehe verbunden war. So sind beispielsweise die Chadois, die Bresolles und die Mengin-Fondragons zu nennen, deren ritterbürtiger Adel auf das 12. Jahrhundert zurückzuführen ist (Viton de Saint-Allais 1814: 304). Trotzdem erhielt Jean Charles Davach de Thèze-Delphin 1771 eine abschlägige Antwort bei dem Versuch, einen seiner Söhne auf eine der bekannten Militärschulen zu schicken (vgl. weiterführend: Geoffray 2004: 183–184). Nach der Aufforderung, die vorgeschriebenen Adelskriterien nachzuweisen, beschied ihm das zuständige *Cabinet des Ordres du Roi* im Jahre 1773, daß die von ihm eingereichten Beweise unzulänglich seien (Chaix d'Est-Ange 1914: 144). Da der Eintritt in eine solche militärische Schulungsinstitution ausgesprochen erheblich für das Fortkommen

Table. 2.1: Kostenübersicht für die Eintragung in das Armorial général (1696) von Charles René d'Hozier [eigene Darstellung, basierend auf: (A.G.T. 1866: 38)]

Eintragungsgegenstand	**Gebühr (in Livres)**
persönliches Wappen	20
Provinzwappen	300
höherrangige Städte (z.B. mit (Erz-)Bischofssitz)	100
andere Städte	100
Herzogtümer und Pairien	50
Grafschaften und Marquisate	40
Vizegrafschaften, Baronien und Vidamien	30
Seigneurien mit der Hohen, Mittleren und Niederen Gerichtsbarkeit	20
Seigneurien mit der Mittleren- und Niederen-Gerichtsbarkeit	10
Seigneurien (ohne Gerichtsbarkeit)	5
Erzbischofssitze, religiöse Orden und Universitäten	100
Bischofssitze, Domkapitel und Abteien	50
andere Kapitel, Priorate und Konvente	25
andere religiöse Körperschaften	15
Körperschaften höherer Manufakturen	100
Gemeinde- und Berufskörperschaften, Manufakturen in Städten	50
andere Körperschaften, Manufakturen und Gemeinden	26

des jeweiligen Kadetten war, scheidet die Möglichkeit der nur oberflächlichen Bearbeitung des Antrages seitens der Davachs aus. Ferner kann davon ausgegangen werden, daß sich der in letzter Konsequenz verantwortliche Bernard Chérin, der bereits den Digeons ein Adelszertifikat für den Militärdienst ausgestellt hatte (vgl. Kap. 2.3.1.3: 106), sorgfältig mit der Causa Davach auseinandergesetzt haben wird, da das Prozedere zwei Jahre umfaßte. Mithin läßt sich die Nachweisbarkeit in Zweifel ziehen, nicht aber die *de facto* Qualität des Adels, die zur damaligen Zeit in praxi nicht mehr von einer usurpierten zu unterscheiden war.

Zurückkehrend zu den Digeons, verbleibt nur noch, den Lebensweg der jüngsten der Töchter Louis-Josephs, Adéläide Marie, zu schildern. Geboren am 4. November 1777, heiratete sie am 18. Ventose des Jahres X (9. März 1802) Guillaume de Chadois.[63] Damit verstärkten sich die Bande zwischen den Familien Digeon und Chadois, die bereits über 250 Jahre zuvor mit der zweiten Eheschließung von Catherine de Saint-Martin und der Heirat deren zweiten Sohns Gabriel Digeon d'Autramat begründet wurden (vgl. Kap. 2.3.1.2: 90 u. 93). Guillaume war der Sohn von Etienne III. de Chadois und der Marie de Charlot. Die Charlots de la Peyrère und de Fongrave, domiziliert in der Nähe von Castillonnès, erbrachten ihre Adelsnachweise 1716 und 1718 (Meller 1978: 228 (Bd. 1)). Das Paar hatte zwei Söhne, die im Kindesalter verstarben, und eine Tochter, Coralie Marie Catherine, die am 26. November 1828 den Louis-Isaac de Ségur, Vicomte de Ségur-Bouzely, ehelichte, Sohn des Mathieu de Ségur und der Marguerite-Rose-Antoinette de Chanceaulme de Fonroze.[64] In erster Ehe war Louis-Isaac mit Françoise de Rochon de Wormezelle verheiratet.

Das Ehepaar besaß vier Töchter, zwei von diesen, Laure und Rosamée starben im Kindesalter. Marie-Louise-Assely heiratete in Agnac am 30. April 1850 François-Amédée Durif

63 A.D.47, 4 E 3–3 (Agnac, Naissances, Mariages, Sépultures, An IV–An X).
64 A.D.33, 9 J 60, p. 33–34.

de Cressac und strab 1901. Léonie wurde 1913 abberufen. Die beiden überlebenden Töchter erhielten von ihrer Mutter Coralie Schloß und Land von Pechalbet zu gleichen Teilen. Léonie ehelichte in Mescoulès am 17. Januar 1860 Paul de Chadois, Sohn des Pierre-Ambroise-Alfred de Chadois, Cousin ersten Grades von Guillaume de Chadois und der Marie-Noémie Davach de Thèze, welche die Großnichte von Henry-Thèrése Davach de Thèze-Delphin war.

Anhand dieser verwandtschaftlichen Beziehungen werden nicht nur die ausgesprochen engen Bindungen zwischen den Familien Digeon, Chadois und Davach über Generationen hinweg signifikant, sondern es zeigt sich auch, daß im Zuge eines zunehmenden Erosionsprozesses der alten Ordnung im Laufe dreier Revolutionen die Verknüpfung der Familienbande eher zu- als abnahm. Obzwar damit eine stark traditionelle Milieubindung manifestiert wurde, ging Paul de Chadois politisch einen ganz anderen Weg: Früh begann er eine militärische Karriere, nahm mit 30 Jahren seine Demission, um zu heiraten und sich auf sein Gut zurückzuziehen. Im Zuge des Deutsch-Französischen Krieges schloß er sich wieder der Armee seines Vaterlandes an und exzellierte in der Schlacht von Coulmiers am 9. November 1870, wo er, die Truppen unter dem königlich-bayrischen General der Infantrie von der Tann bezwingend, zum Kriegshelden avancierte. Als Auszeichnung für seine Tapferkeit wurde er in die französische Ehrenlegion aufgenommen. Erneut verabschiedete er sich vom Militär, um sich ganz der Politik widmen zu können. Zwar kandidierte er für die Royalisten, und schaffte es, Deputierter des Départements Dordogne zu werden, fühlte sich aber Zeit seines Lebens den republikanischen Ideen verbunden, denen er bis zu einem Tod am 20. Juli 1900 treu blieb. Politisch bekämpfte er sowohl den Boulangismus als auch die Konservativen unter Mac-Mahon (Martin 1991: 143). Léonie de Ségur, die Enkelin der Adéläide Marie, deren Brüder ob ihrer royalistischen Haltung zu Rittern des St. Louis ernannt wurden, war demnach mit einem nicht nur überzeugten, sondern auch engagierten Republikaner verheiratet. Vier Jahre nach seinem Ableben errichtete man ihm zu Ehren ein Denkmal in Bergerac, eine Skulptur von Faget, die vom damaligen Landwirtschaftsminister eingeweiht wurde. Deutsche Besatzungstruppen schmolzen das Kunstwerk 1941 ein.

Pirou, phot., rue Royale

Abb. 2.20: Photographie des Paul de Chadois [Privatarchiv Chadois, Paris], um 1880

Betrachtet man nun abschließend den Zweig der Autramats, fällt vornehmlich die vier Jahrhunderte umfassende regionale und religiöse Verankerung ins Auge. Diese geographische und soziale Kontinuität verkörpert indes weit mehr als ein bukolisches Dasein auf den Gütern, fernab vom politischen Geschehen in Paris. Auf einen genaueren Blick hin, wird darin eine sich im historischen Kontext widerspiegelnde Haltung eines großen Teils des südwestfranzösischen Landadels protestantischer Konfession offenbar, dessen Bezugspunkt mitnichten der ruinversprechende katholische Hof in Versailles war, sondern eine tendenziell antimonarchische Attitüde und Unabhängigkeit. Dieses Verhalten speiste sich aus den Faktizitäten einer Epoche, deren Wurzeln in die anarchistischen Verhältnisse des Mittelalters und den Hundertjährigen Krieg hinabreichen, und welche sich in den Religionskämpfen bis hin zu den Fronden fortsetzten. Allerdings zöge man einen zu voreiligen Schluß, sofern man die Digeons in einer Dichotomisierung zwischen oppositionellem und königstreuem Adel klar verorten würde. Wie nämlich aufgezeigt wurde, folgten die Digeon d'Autramats mit Antoine 1490 durchaus dem Heerbann ihres Königs Karl VIII. (vgl. Kap. 2.3.1.1: 78). Erst das Aufkommen der Lehren Luthers und Calvins sollten hier eine Zäsur bedeuten. So verstarb Gabriel bei der Belagerung von Angers. Aber auch die Hinwendung zu einem bestimmten Lehnsherrn kann für die Digeons nicht durchweg bejaht werden. Zwar diente Arnaud dem Baron von Lauzun zu Beginn des 16. Jahrhunderts noch als Hofverwalter, doch mit der zunehmenden Denaturierung des Lehenssystems und einer zeitgleich einhergehenden Mehrung der eigenen Herrschaften emanzipierten sich die Digeons zunehmend. Gleichwohl riß die Verbindung zwischen den Digeons und Caumonts mit Pierre I., der als Hauptmann unter Henri-Nompar de Caumont de La Force diente, nie ab. Auch hier manifestiert sich, daß eine grundsätzliche Bereitschaft, für den König in den Krieg zu ziehen und die Interessen Frankreichs zu verteidigen, vorhanden war.

Die Tatsache, daß die Digeon d'Autramat nicht, wie einige ihrer Cousins – die Digeon de Boisverdun —, nach Holland, Preußen, England oder die Schweiz emigrierten, vermag derzeit nicht eindeutig erklärt zu werden, doch könnte ein Hinweise in der sehr überschaubaren Anzahl von in Frage kommenden männlichen Familienmitgliedern zu finden sein; denn von den Söhnen Pierres I., starb der Älteste, Jean II., bereits 1665, das heißt vor der Aufhebung des Edikts von Nantes; der Jüngste, François, wäre prinzipiell als potentieller Religionsflüchtling zu taxieren, doch war er bei besagter Revokation des Toleranzedikts wahrscheinlich bereits in sein sechstes Lebensjahrzent eingetreten, obzwar uns sein genaues Geburts- oder Sterbedatum nicht bekannt ist. Ein solches Alter läßt eine Auswanderung in der damaligen Zeit zwar nicht unmöglich, doch als relativ unwahrscheinlich erscheinen – außer, es wäre unmittelbar Gefahr in Verzug gewesen, wofür es keine Indizen gibt. Vielleicht wurde er auch schon vor dem Jahr 1685 abberufen. Der mittlere Sohn Charles, der die Filiation als Universalerbe seines Vaters fortsetzten sollte, hatte die Verantwortung über die Seigneurien Autramat und Boisvert sowie seinen Sohn Pierre II., der nach der Heirat am 15. Mai 1685 geboren wurde. Folglich lagen das Edikt von Fontainebleau am 18. Oktober 1685 und die Eheschließung zeitlich eng beieinander. All dies zusammengenommen sind – selbst unter ausgesprochen ungünstigen Kontextbedingungen für Protestanten in Frankreich – valide Gründe für einen Verbleib in der Heimat. Ob diese jedoch wirklich hinreichend sind, um dieserhalb eine Auswanderung auszuschließen, darf füglich bezweifelt werden. Weitere Faktoren, die einer Erforschung derzeit nicht zugänglich sind, müßten Berücksichtigenung finden. So wäre es notwendig, zu untersuchen, ob die Ehefrau von Pierre II. sowie sein Vater Charles überhaupt noch am Leben waren, um, wie bei den Digeon de Boisverdun, die Sachwaltung sowie die Vormundschaft über die minderjährigen Kinder übernehmen zu können. Aber selbst wenn dies der Fall gewesen wäre, ist damit noch nicht gesagt, daß sich das damalige Oberhaupt der Digeon d'Autramat dazu entschieden hätte, die Verantwortung über seine Linie aufzugeben und alles zurückzulassen und selbige auf eine angeheiratete Frau oder einen nahen Verwandten zu übergeben. Das wäre mit nicht unerheblichen Risiken verbunden gewesen, wie die Beispiele der Boisverdun und d'Estutt de Solminihac im Nachfolgenden anschaulich illustrieren werden (vgl. Kap. 2.3.2.5: 157 sowie 175).

Auch Pierre II. fand sich mit der Situation konfrontiert, daß er nur einen (überlebenden) Sohn, Louis-Joseph sein Eigen nennen sollte. Er mußte sich – seinerseits einziger Sohn – mit der Vergrößerung und Wahrung seines Besitzes vor allem gegenüber dem mächtigen Herzog von Biron, Charles Armand de Gontaud-Biron, befassen (vgl. Kap. 2.3.1.1: 87). Diese Entwicklung erreichte mit Louis-Joseph ihren Höhepunkt, als dieser neben Pechalbet die Baronie von Fonroque mit der hohen, mittleren und niederen Gerichtsbarkeit erwarb. Damit sollte der Zweig der Autramats seine höchste Machtausdehnung im Agenais und der Süddordogne erlangen. Seit der Zeit von Pierre I. sind keine soldatischen Engagements der Digeon d'Autramat mehr bekannt. Dies ist insofern von Belang, als daß nach der Auswanderung der Digeon de Monteton die Gefahr bestand, daß sich Cousin wider Cousin, wie bei den Digeon de Boisverdun und Digeon de Monteton, im Krieg gegenüberstanden (vgl. Kap. 2.3.2.4: 161). Erst, als sich der Erosionsprozeß des Ancien Régimes abzeichnete, bemühten sich die Söhne Louis-Josephs um den Dienst in der französischen Armee – ohngeachtet sich ihre Situation als französische Protestanten dermalen noch nicht grundlegend geändert hatte. Erst mit dem Toleranzedikt Ludwigs XVI. vom 17. Oktober 1787, mit welchem der Zivilstatus der Protestanten mit Berufseinschränkungen im Rechtsund Erziehungswesen wiederhergestellt wurde, war eine mehr oder minder freie Berufsausübung auch im Armeesektor möglich (Schlüter 2001: 252).

Mit dem Zusammenbruch der alten Ordnung wurde der älteste Familienzweig zwar zeitweise entwurzelt, doch blieb der Erhalt des Familienguts auch über die Revolutionsepoche hinaus ein integraler Bestandteil der Familienpolitik. Selbst wenn vom Prinzip der arrangierten Ehe im protestantisch-regionalen Milieu mit Charles-Armand und dessen Heirat mit der Tochter eines katholisch-kurtrierischen Hofrats eindeutig abgewichen wurde, blieb immer ein höchstes Leitziel: die familiäre Kontinuität.

2.3.2 Digeon de Boisverdun und Digeon de La Roque

Γίγνωσε χαιρόν.
PITTAKOS VON MYTILENE

2.3.2.1 Eine Mitgift als Aufstiegsgrundlage: die Herrschaft Boisverdun

Dieser Grundsatz widerspiegelt sich auch in der jüngeren Linie der Digeons, die von Brandelis, dem gemeinsamen Sohn von Pierre de Digeon und der Françoise de la Perche dit Verdun begründet wurde (vgl. den Stammbaum, Anhang: B.7: 700). Er erhielt, wie bereits im vorigen Kapitel dargelegt, von seinen Eltern die Herrschaft von Boisverdun. Diese Seigneurie sollte für zweihundert Jahre als Stammsitz des gleichnamigen Zweiges fungieren (vgl. Abb. 2.21: 116). Boisverdun, mittellateinisch "Berdu", fand bereits in den Lehnshuldigungen an den Grafen v. Toulouse, Alphonse v. Poitiers, aus dem Jahr 1259 Erwähnung:

> "*Ego R. B. de* ***Berdu*** [Herv. d. d. A.] *pro me et fratribus meis et parcionariis confiteor vobis magistro Bono Toseti, judici Agenensi pro illustri domino comite Tolosano et de mandato nobilis viri Guilhermi de Balleolis senescalli Agennensis et Caturcencis, nos tenere in feudum a domino comite* ***Autas Vinhas*** [Herv. d. d. A.] *cum suis pertinenciis, et propter hoc debemus domino comiti obulum aureum de acaptamento: – Item tenemus locum de* ***Berdu*** [Herv. d. d. A.] *cum pertinenciis, et propter hoc debemus facere marcam argenti de captamneto. Debemus eciam pro predictis eodem, et, juramentum fidelitatis faciens,*

Abb. 2.21: Das Château de Boisverdun nach dem Umbau Anfang des 19. Jahrhunderts durch den Vicomte Gustave de Richemont [eigene Photographie (2008)]

juro vobis, nos predicto domino comiti vitam et membra, honorem et fidelitatem perpetuo servaturos. Hujus rei sunt testes magister W. Scriba, et magister P. Amelii." (Tholin und Fallieres 1897: 15–16).

Zunächst erscheint die Bezeichnung Boisverdun aus der Urkunde nicht klar ersichtlich zu sein. Durch die Abbreviatur eines Teils des Namens in der Form "R. B." bleibt nämlich die genaue Identität des huldigenden Lehnsmannes prima facie im Ungewissen. Allerdings kann angenommen werden, daß das "B." als Abkürzung für "Boscus", lateinisch für "Wald", im Französischen "Bois", figurierte. "Berdu" wurde durch das gasconische "B" wider das lateinische "V" zu "Verdu", beziehungsweise im Nominativ zu "Verdun" (Guillaumie 1927: 27–28). Daraus ergibt sich "Boscus de Berdu", was für die Auflösung des Namens in "Bois-Verdun" spricht. Mithin vermag mit gutem Fug davon ausgegangen werden, daß die erste uns bekannte namentliche Erwähnung des Lehens "Bois-Verdun" auf das Jahr 1259 fällt. Dieses auf uns gekommene Textzeugnis birgt indes noch eine Reihe weiterer Hinweise hinsichtlich der Person des besagten R. Boscus de Berdu. Bei seinem Lehnseid war er nicht alleine, sondern leistete ihn zusammen mit seinen Brüdern und Mitteilhabern, über die nichts auf uns gekommen ist. Bekannt hinwieder ist der Name des Magistrats Bon Toset, der im Auftrag von Guilherm de Balleolis, Seneschall von Agenais und Gascogne, den Lehnseid entgegennahm. Er stammte aus dem Geschlecht der Tolzet, zugehörig zu den ratsfähigen Geschlechtern, das heißt, der Elite der Stadt Montaubaun, dessen Cognomen in der ersten Hälfte des 13. Jahrhunderts fast ununterbrochen in den dortigen Jahreskonsulslisten verzeichnet ist (Feuchter 2007: 148 (Anm. 189)). Bezeichnend ist aber, daß besagter Bon Toset als Konsul der Stadt Montaubaun im Jahr 1258, ein Jahr vor der Lehnshuldigung, zusammen mit einem "Marti de Berdu" geführt wird (Feuchter 2007: 536). Damit liegt nicht nur die Annahme nahe, daß es sich bei Marti de Berdu um einen Verwandten, unter Umständen um einen der im Dokument genannten Brüder von R. Boscus de Berdu handelt, sondern läßt auch Rückschlüssse zur Herkunft dieser Verduns zu: Da die Familie bereits vor 1259 ihren Namen trug, vermag angenommen werden, daß die

Bezeichnung für "Bois-Verdun" auf das gleichnamige Geschlecht zurückgeht. Indessen kann nicht ausgeschlossen werden, daß auch Verdun-sur-Garonne (82), welches nur 25 Kilometer von Montauban befindlich ist, als ursprünglicher Namensgeber der Familie Verdun fungiert hat, da es nicht zuletzt älter als Bois-Verdun zu sein scheint (vgl. zur Geschichte von Verdun-sur-Garonne weiterführend: GHVG 2001).

Daneben figuriert in der Lehenshuldigung gleichwohl die Herrschaft Hautesvignes (47) in Form von "Autas Vinhas". Dabei handelt es sich um die Gascognische Entsprechung von "Altis Vineas", was die latinisierte Form von Hautesvignes verkörpert (Morvan 2004: 157). Dieser Ort ist eine der kleinsten Gemeinden des Départements Lot-et-Garonne, welches nur 13 Kilometer von Boisverdun gelegen ist. Tamizey de Larroque geht in seiner Darstellung der Geschichte Hautesvignes' von einer urkundlichen Ersterwähnung der Herrschaft durch die Zubilligung von Einkunftserträgen aus Hautesvignes im Jahr 1270 durch Alphonse v. Poitiers an die Frau des Grafen v. Périgord aus (Tamizey de Larroque 1869: 2). Diese muß auf Grund der Existenz der Lehnsurkunde von 1259 als zu spät angesetzter Zeitpunkt berichtigt werden.

Fernerhin wird im Jahr 1279 eine Burg erwähnt, die dem König von England als Herzog von Guyenne unterstand (Gardelles 1981: 145); weil diese Festung in der Lehnshuldigung nicht apostrophiert wird, ist sie entweder von der eigentlichen Herrschaft getrennt worden und damit nicht im Besitz der Verduns gewesen oder wurde erst nachhero erbaut, was durchaus einige Plausibilität für sich beanspruchen kann, da die Gascogne mit Vertragsschluß von Paris (1259) dem König von England zugesprochen wurde und es dessen Absicht oblag, seine Herrschaft durch den Neubau verschiedener Wehranlagen zu festigen. Nicht zuletzt auf die Größe der Besitzungen läßt der Text Schlußfolgerungen zu: Mußte für den Besitz Boisverdun eine Silbermark entrichtet werden, wurde für Hautesvignes vom Grafen von Toulouse ein Goldobulus eingefordert. Noch heutigentags ist erkennbar, daß es sich bei Hautesvignes um die größere und bedeutendere Stätte handelte.

In diesem Zusammenhang liegt die Überlegung nahe, daß sich die Grafen von Toulouse durch treue Vasallen wie den Verduns ihren Einfluß vermittelst der Belehnung von Herrschaften wie Boisverdun oder Hautesvignes gegenüber England sichern wollten. Folglich müßte es sich bei den Verdun de Hautesvignes des Agenais um eine alteingesessenes südfranzösisches Geschlecht gehandelt haben. Allerdings kann daraus nicht die Schlußfolgerung gezogen werden, daß die Familie Verdun, welche das Lehen Boisverdun besaß, mit derjenigen, welche Mitte des 15. Jahrhunderts mit der Seigneurie de la Perche belehnt wurde, und sich gleichfalls Verdun nannte, identisch ist. Im Gegenteil: Es darf bestritten werden, daß hier eine Besitzkontinuität über zwei Jahrhunderte hinweg vorliegt, da ansonsten die gesonderte Lehenserteilung von Ludwig XI. an Jean II. de la Perche dit Verdun kaum notwendig gewesen wäre (vgl. Kap. 2.2: 73). Überdies kann als Indiz für die Existenz zweier unterschiedlicher Geschlechter de la Perche dit Verdun, und Verdun de Hautesvignes gewertet werden, daß sich keinerlei Konnex zwischen der im Poitou, respektive dem Pays de Retz (vgl. Kap. 2.3.2.5: 168), und der im Agenais belehnten Familie nachweisen läßt. Zudem weist die zweite Eheschließung von Jehan I. de la Perche mit Indie de la Roche-Andry eher auf einen nördlichen Ursprung der de la Perche dit Verdun hin (vgl. Kap. 2.2: 61).

Für die Digeons ist dies insofern von besonderem Belang, als daß die Familie von Françoise de La Perche dit Verdun, die das Lehen von Boisverdun als Mitgift in die Ehe mit Pierre de Digeon einbrachte, gleichergestalt aller Plausibilität nach noch nicht lange im Südwesten Frankreichs belehnt war und sich eine Besitzkontinuität nach den Verduns de Hautesvignes erst durch den gemeinsamen Sohn Brandelis, welcher die Herrschaft Boisverdun von seiner Mutter erben sollte, etablieren konnte.

Dieser machte 1513 eine Aufstellung seines Besitzes im Verbund mit seinen drei Brüdern Antoine, Louis, Guillaume sowie seiner Halbschwester Marguerite. Hieraus wird ersichtlich, daß die Familie noch als einheitliche Entität agierte. Dies mag vor allem der Notwendigkeit geschuldet gewesen sein, daß das Geschlecht in der Guyenne noch über keine allzu lange Lehnstradition verfügte und auf diese Weise als einheitlicher Machtfaktor auftreten konnte. Über Brandelis ist uns nicht sehr viel Gesichertes überliefert; es ist lediglich bekannt, daß er von den Erben des Pierre Laylis am 20. Januar 1499 eine Huldigung (*reconnaisance féodale*) für die Mühle von Postz erhielt (vgl. zu diesem Rechtsakt: Dalloz u. a. 1857: 402–403). Auch bei seiner Ehefrau herrscht nicht durchweg Klarheit. So gibt der Baron de Lanauze den Name mit Marguerite *des Ecuyers*[65] an, im Großteil der deutschen Quellen, unter anderem der Familiengeschichte von Otto Digeon v. Monteton, heißt sie *des Escuyiers* (Digeon v. Monteton 1892: 11). Ein Blick auf die Archivquellen erhellt – trotz der weiland üblichen orthographischen Variationen – die Schreibweise des Namens: Denn auf uns ist beispielsweise das synallagmatische Testament von François des Escuyers, Seigneur de Gandillac und de Berissac im damaligen Gerichtsbezirk von Tombeboeuf und seiner Ehefrau der Hélène de Carbonières aus dem Jahr 1554 gekommen.[66] Folglich lautete die korrekte Namensform "des Escuyers".

Bei den Carbonnières handelt es sich nicht um diejenige Familie, welche bereits im Zusammenhang mit der Ehefrau von Louis-Joseph Digeon d'Autramat, Anne-Henriette de Carbonnier, Erwähnung fand (vgl. Kap. 2.3.1.3: 105). Demnach hatten die des Escuyers in ein ausgesprochen altadliges Geschlecht eingeheiratet, deren Geschichte Parallelen zu einer Vielzahl von Familien aufweist, die sich erst im Zuge des Hundertjährigen Krieges im Südwesten ansiedelten. Denn auch wenn die lückenlose Filiation der Carbonnières mit Rigald, Baron de Carbonnières in der Gemeinde des Goules (19) im Limousin beginnt, der um das Jahr 1070 Urie, Tochter von Archambaud II., Vicomte de Comborn et de Rotberge de Rochechouart, Enkelin des Vicomte de Turenne, heiratete, gelangten sie erst nach dem Ehekontrakt vom 18. Mai 1417 von Jean II. de Carbonnieres mit Jeanne de Salignac (La Chesnaye-Desbois 1864a: 683–691) ins Périgord.

Ganz ähnlich verhielt es sich auch mit der ersten nachweislichen Heirat der des Escuyers. Am 5. November 1416 ehelichte Philippe des Escuyers, Tochter [sic!] des Ithier des Escuyers, Damoiseau de Cherval, den Aymeric de Briançon, Sohn des Arnaud I. de Briançon, Herr des Schlosses von Briançon in der Gemeindes Verteillac. Die Briançons oder auch Brianssons und Brianson gehörten zu den illustresten Häusern Frankreichs und entstammten der Dauphiné. Mit Laurent de Brançon, Rektor der Universität von Valence im Jahr 1156, wurde die Familie erstmals urkundlich erwähnt. Auf Grund der signifikanten Wappenähnlichkeit mit dem burgundischen Haus *Brancion*, das dort seit dem Beginn des 11. Jahrhunderts nachgewiesen werden kann, geht ein Teil der Forschung davon aus, daß die Briançons aus dem Périgord von diesem abstammen (O'Gilvy 1856: 163–165 sowie Froidefond de Boulazac 1891: 111 Bd. (1). Auch Gustave de Chaix d'Est-Ange schließt sich ob der Similarität des Wappens dieser Ansicht an (Chaix d'Est-Ange 1914: 68).

Anscheinend gab es auch ein gleichnamiges Château *des Escuyers* im Périgord, wobei es heutigentags nicht mehr auffindbar ist (Rosen 2002: 258). Möglicherweise war es der Stammsitz der gleichnamigen Familie.

Die *des Escuyers* dürfen indes nicht mit einem Geschlecht, das *D'Escudier* benamt war, verwechselt werden. Selbiges läßt sich zwar seit dem 14. Jahrhundert in der Nähe von Auberoche (24) belegen, wurde aber erst 1596 durch ein Capitoulat nobilitiert (Froidefond de Boulazac 1891: 189–190 Bd. (1)).

Aus der Ehe von Brandelis und Marguerite gingen drei Söhne hervor: Hugues, Arnaud und François. Letzterer verstarb als Seigneur des Boisdomains kinderlos, machte am 13. Mai 1555

---

65 A.D.33, 9 J 60, p. 35.
66 A.D.47, Fonds Dubois, 5 J 178.

eine Aufstellung seines Besitzes und wies noch 1605, gegen Lebensende, das Alter seines Adels nach. Er hatte die Domäne von Boisdomains, die sich in der Pfarrei von Tombebœuf (47) befand und späterhin in den Besitz des Sieur de Meilloux übergehen sollte, von seinem Onkel Guillaume geerbt. Die weiblichen Erben dieses Besitzes wurden am 7. Februar 1598, vertreten von Charles I. Digeon de Boisverduns als Oberhaupt seines Familienzweiges, in mehreren Anhörungen gegen ihre Pächter aufgeführt.[67] Mit François starb der Zweig der Digeon de Boisdomains nach nur zwei Generationen aus.

Sein älterer Bruder Arnaud sollte den Ast der Digeon de La Roque begründen. Wahrscheinlich erhielt er die Seigneurie de La Roque oder Anteile derselben aus der Mitgift der ersten Ehe seiner Großmutter François de Verdun mit einem de La Roque du Gua (vgl. dazu Kap. 2.2: 60).

Aus seiner Ehe mit Anthonie Delzons entsprossen drei Kinder: François, Anne I. und Françoise.[68] Die Identifizierung der Familie Delzons ist mitnichten unproblematisch. Denn die Art und Weise, den Namen zu schreiben, divergierte im Laufe der Jahrhunderte stark: So entdeckt sich in der genealogischen Literatur unter dem betreffenden Schlagwort schlechthin nur der Eintrag eines im Ersten Empire nobilitierten General Delzons. Statt dessen wird man beispielsweise im *Grand Armorial de France* von Henri Jougla de Morenas unter "Deshons de Favols" fündig (Jougla de Morenas 1935: 180). Denn in einem Rechtsstreit zwischen einem Pierre de Bilhon und François de Delzons, Seigneur de Favols, figurierte auch "Delshons" als Graphie.[69] Auf Grund der genannten Schreibvariationen liegt die Vermutung nahe, daß die Familie ursprünglich aus der Auvergne stammt, genauer aus der Gegend um Aurillac, da dort bis heute Delzons verortet werden können. Außerdem tauchten sie im Nobiliaire d'Auvergne von Jean Baptiste Bouillet auf, welcher uns Auskunft darüber gibt, daß die Delzons (oder auch d'Ulzons) durch Heirat mit einer Familie de la Roque de Montal die gleichnamige Seigneurie la Roque qua Heirat erwarben (Bouillet 1851: 434–435). Diese de la Roques stammten gleichwohl aus Aurillac, wobei ihr Ursprung auf das Haus von Roquenatou, einer Variation des Namens la Roque, in der Gemeinde Marmanhac (15) zurückgeführt wird, das dort nachweislich seit Mitte des 11. Jahrhunderts angesiedelt ist (Déribier du Chatelet 1856: 137). So vordergründig paßgenau diese Spuren sich zu einem konsistenten Bild zusammenzufügen scheinen, weisen sie trotzdem nicht zum Geschlecht Delzons, das auch noch in andere Zweige des Hauses Digeon eingeheiratet hat (vgl. Kap. 2.3.2.3: 143). Denn durch die seinerzeit recht variantenreiche Graphie wurde der Name, unter welchem die Familie bis heute bekannt ist, verschleiert. Tatsächlich lautet er nämlich: "des Homs", in manchen Quellen auch "del(s) Homs", was bei einer verbundenen Schreibung und einem Majuskel als Anfangsbuchstaben dann zu dem mehrdeutigen "Delzons" führte (Bourrousse 1886: 47). Über die "des Homs", Seigneurs de Favols, de Bias etc. selbst ist wenig bekannt, außer, daß sie originär aus dem Quercy entstammen und bereits im Jahr 1302 mit mehreren Herrschaften in der Sénéchaussée de Lauzerte (46) bei Cahors belehnt waren und dieserhalb problemlos ihren Adel bei den Untersuchungen durch Pellot und seinem Nachfolger La Gendre nachzuweisen vermochten. Auf Grund der Tatsache, daß die Familie eine Vielzahl von Malteserrittern hervorgebracht hat, darunter auch den Zweig der "de Favols" (Froidefond de Boulazac 1891: 267–268 (Bd. 1)), ist es bemerkenswert, daß sie mehr als einmal eine eheliche Verbindung mit den protestantischen Digeons eingingen (vgl. Kap. 2.3.2.3: 143). So war Françoise des Homs mit François de Digeon verheiratet, wobei eine genaue Zuordnung des

67 A.D.47, Fonds Dubois, B 578.

68 A.D.33, 9 J 60, p. 35–36.

69 A.D.47, Fonds Dubois, 5 J 43.

Letztgenannten derzeit nicht möglich ist. Möglicherweise handelt es sich um die zweite Ehefrau von François Digeon de La Roque.[70]

Mithin kann als probabel angenommen werden, daß die Seigneurie de la Roque nicht durch die Heirat von Arnaud mit Anthonie des Homs alias Delzons in den Besitz der Digeons überging, sondern aus der Erbmasse von Françoise de Verdun stammte. Die beiden Töchter von Arnaud, Anne I. und Françoise, starben unverheiratet nach 1604, da sie in einem Akt vom 11. Oktober a.e. durch ihre Mutter mit der Apanagezahlung von je 5 Sols begünstigt wurden. Ferner verfügte diese, daß alle ihre Güter inklusive der Seigneurie von La Roque in das Eigentum ihrer Enkelin Percille, der einzigen überlebenden Tochter ihres Sohnes François Digeon de La Roque und der Marguerite de Labat übergehen sollte. Dieser im Château de La Roque vollzogenen Schenkung wohnten als Zeugen neben den oben genannten Personen gleichwohl Charles I. Digeon de Boisverdun, Renaud I. de Lidon, Seigneur de St. Leger und Antoine de Boulet, Écuyer und Ehemann von Percille Digeon de La Roque bei.[71]

Über das Leben und Wirken von François Digeon de la Roque ist kaum etwas überliefert, doch findet sich sein Name als "Seigneur de la Roque Bois-Verdun" auf der Liste der auf Befehl König Heinrichs II. zum Heeresbann (frz. "ban" bzw. "arriere-ban") in Agen verpflichteten Adligen vom 28. Februar und 16. März 1557 (Bourrousse 1881: 420). François half dem Seigneur de Combebonnet, zusamt den Herren von Sardepur, Trevey, Lauzun und François de la Lande, Coseigneur de Monbiel, ein leichtes Kriegspferd für den König bereitzustellen.

Ursprünglich war die Verpflichtung zum Heeresbann eine feudale Einforderung, welche speziell auf den Lehnsherrn entfiel. Erst seit Anfang des 17. Jahrhunderts war sie zu einer Auflage geworden, welche alle Adligen betraf. Während im 14. Jahrhundert die militärischen Verpflichtungen des Volkes in einen Steuerbetrag umgewandelt wurden, dienten die weiterhin bestehenden militärischen Verpflichtungen der Adligen dazu, ihre fiskalische Immunität zu rechtfertigen. Die Nichterfüllung der militärischen Pflicht des Adels und die spätere Assoziation mit dem Privileg der finanziellen Immunität veranlaßte die Regierung schließlich dazu, im Gegenzug für die Entlastung der Adligen vom vorgeschriebenen Dienst, diese der persönlichen Steuerpflicht zu unterwerfen. Das Erlöschen dieses Anspruchs in den 1690er Jahren fiel mit der Einführung der Kopfsteuer zusammen. Früher stand es in der Macht der Regierung, die sich verweigernden Adligen aus ihrem Stand zu entfernen beziehungsweise zu denobilitieren. Bereits 1579, 1591, 1595 und 1597 drohten königliche Edikte mit dem Verlust von Adelsstatus sowie von Lehnsgütern, im Falle einer Weigerung dem Heeresbann zu folgen. Indessen verschwanden die gesetzlichen Regelungen, ohne jemals die gewünschte Wirkung evoziert zu haben. Obzwar einige Adlige auf Grund ihrer Armut vom Dienst enthoben wurden, nahm man davon Abstand, die Nichterfüllung in den meisten Fällen zu ahnden oder belegte die Übertretung der Vorschrift lediglich mit einer Geldbuße. Mithin läßt sich zusammenfassend sagen, daß die Haltung der französischen Regierung gegenüber Adligen, die gegen die Dienstverpflichtung verstoßen hatten, über Jahrhunderte eher als nachlässig und tolerant taxiert werden muß. In praxi wurde die Erfüllung der Obliegenheiten eher zu einem Mittel, den adligen Status zu erlangen, als ihn zu bewahren. Zu Beginn des 17. Jahrhunderts akzeptierten die Bestimmungen betreffend den angenommenen Adel auch einen Familiendienst im *ban* und *arrière-ban* als ausreichenden Beweis der Adelszugehörigkeit, sofern dieser über mehrere Generationen abgeleistet wurde (Bush 1988: 87–88).

Im vorliegenden Fall bestand die Obligation zum aktiven Militärdienst in ihrer originären Form noch fort und die Adligen des Agenais folgten dem Aufruf ihres Königs. Somit geht

70 A.D.47, Fonds Dubois, 5 J 30.

71 Die Genealogie der Lidons, stützt sich auf ein bislang nicht gesichtetes Konvolut einzelner Familiendokumente in den A.D.47, Fonds Dubois, 5 J 22 und 626.

aus der Aufstellung nicht nur hervor, daß die Bande zwischen den Tréveys und Digeons nach wie vor Bestand hatten, sondern es erhellt sich fernerhin, welche finanzielle Belastung die Ausstattung eines sogenannten "cheval léger" darstellte. Damit läßt es sich erklären, daß die Kosten hierfür hälftig vom Seigneur de Combebonnet und hälftig von den übrigen fünf Herren zu gleichen Teilen getragen wurden. Selbst die bedeutendsten Feudalherren des Agenais und der Gascogne, wie zum Beispiel die Caumonts, Lauzuns oder Estissacs, stellten nicht mehr als fünf Pferde (Bourrousse 1881: 419). Der Heeresbann war als Dienst (*service d'ost*) "pro defensione regni" von allen Lehnsinhabern, ungeachtet dessen, wem sie formal unterstanden, abzuleisten. Im geschilderten Fall ist anzunehmen, daß der Heeresbann im Zuge der Feindseligkeiten zwischen Spanien und Frankreich, die Anfang 1557 in der Picardie entbrannten, zusammengerufen wurde (Sutherland 1984: 158).

Was die Frau von François, Marguerite de Labat, betrifft, so entstammte sie einer in der Saintonge, Libournais und Médoc ansässigen Familie, die ihre Filiation zu Anfang des 15. Jahrhunderts beginnt und mit den Familien Ségur (1490), de la Vermondie, d'Agyuedouce durch Eheschluß verbunden ist (Meller 1978: 244 (Bd. 2)). Neben Percille hatte das Ehepaar noch drei weitere Töchter, Jeanne, Anne II. und Judith, die allesamt das Jahr 1604 nicht lebend erreichten.[72] Abgesehen von der letztwillentlichen Dispositionen der Anthonie des Homs wurde der Ehekontrakt von Percille und ihrem Mann Antoine de Boulet, Écuyer und Bewohner der Stadt von Auvillars, gleichsam am 11. Oktober auf La Roque signiert.[73] Über die Familie des Bräutigams "de Boulet" ist uns kaum etwas überliefert. Bereits die Identifikation, zu welchem der einzelnen Geschlechter "Boulet" er zu zählen wäre, daß heißt, ob er ein Boulet de Bonneuil, Boulet de La Broue et du Coudray oder Boulet de Colomb war, scheitert an der unzureichenden Quellenlage. Hinwiederum wurde das "Livres de Raison" eines Enkels von Hélëne de Digeon de Boisverdun und Joseph de Lidons aufgefunden, das Aufschlüsse über die Lebensdaten von Antoine de Boulet gibt:

> *"[...] le lundy matin 3 febvrier M. de Boulet de la Roque est dessedé."* (Tamizey de Larroque 1893: 45)

Der Eintrag findet sich unter dem Jahr 1653, wessentwegen das Todesdatum sich mit dem 3. Februar 1653 identifizieren läßt. Des Weiteren ist auffallend, daß er seinem Namen den der Seigneurie de la Roque, die er durch die Heirat mit Percille Digeon de la Roque erwarb, anfügte, was weiland in Frankreich und Spanien üblich war. Allein von den biographischen Eckpunkten wäre es prinzipiell auch denkbar, daß hier ein Sohn aus dieser Ehe gemeint war, schließlich hätte er knapp 50 Jahre alt sein können. Doch ist nichts von männlichen Nachfahren aus dieser Verbindung bekannt.

Weiland war es in französischen Adelsfamilien Usus, eine Art Familienagenda zu führen, die ihren Ausgang als Haushaltsführungsbuch, in welchem sämtliche Vorräte, Einkäufe sowie für das Führen eines Gutes beziehungsweise einer Seigneurie oder ähnlichem notwendigen Ein- und Ausgaben verzeichnet waren. Späterhin trat der chronistische Aspekt in den Vordergrund, was dazu führte, daß auch sämtliche Taufen, Eheschließungen und Todesakte aufgeführt wurden, weshalb sie gerade für das quellenarme 17. Jahrhundert ausgesprochen wertvolle Zeugnisse bieten (Reichardt 1985: 74). Philippe Tamizey de Laroque hat zwei dieser aus dem 17. Jahrhundert stammenden Hauschroniken herausgegeben: Die erste setzt sich aus genealogischen, familienhistorischen und autobiographischen Teilen der Familie Boisvert zusammen und umschließt einen Zeitraum von 1650 bis 1677. Die zweite Chronik, die zunächst als

72 A.D.33, 9 J 60, p. 36.
73 Ibid.

Domestikenbuch angelegt war, beinhaltet die Spanne von 1650 bis 1664. Dem Editor gelang es indes nicht, den Vornamen des Lidon auszumachen, der als dessen Verfasser fungiert. Er gibt uns allein Auskunft über einen N. Lidon, genannt der "Capitaine" de Savignac, wohnhaft in seinem Château de Saint-Leger in der Baronie de Montastruc (47), dessen Onkel väterlicherseits Mörder von Pierre Baron de Boisse-Pardaillan war (Tamizey de Larroque 1893: VII–VIII (1)). Dieser französische Feldmarschall, zunächst selbst einer der führenden Hugenotten, übergab 1621 die ihm in seiner Eigenschaft als Gouverneur anvertrauten Städte Sainte-Foy-la-Grande (33) und Monheurt (47) an König Ludwig XIII. Während einer Reise zum Hof, wo er dem Protestantismus abzuschwören gedachte, eroberten sein ältester Sohn, der Marquis de Mirambeau und sein Schwiegersohn, Charles Marquis de Théobon die beiden protestantischen Hochburgen zurück (vgl. Kap. 2.3.1.1: 85). Nachdem er über diese familiären Umtriebe unterrichtet wurde, kehrte er unverzüglich zurück, um sich dieser neuen Herausforderung zu stellen. Allerdings wurde er in Gensac (vgl. Kap. 2.3.1.1: 86) von besagtem Onkel des Capitaine de Saint-Léger alias Savignac d'Eynesse und den seinigen als Verräter massakriert (Courcelles 1822: 423–424 sowie Petitot 1822: 348). Er selbst war niemand, der einem bewaffneten Konflikt aus dem Weg ging; 22 Duelle sind mit seiner Beteiligung tradiert, bei denen er allesamt seine Gegner tötete (Saint-Saud 1924: 90). Zunächst verdächtigte man seinen Sohn des Mordes, doch ging man der Sache nicht mehr weiter nach, da dieser im Jahr darauf, 1622, zum Katholizismus konvertierte (Martin 1991: 148). Die Brüder Haag bringen in ihrem Werk "La France Protestante" einige Erhellung in den Kontext der einzelnen Verwandtschaftsverhältnisse: Pierre de Boisse-Pardaillan war mit Marie de Ségur durch das Ehesakrament verbunden, weswegen er den Namen dieser Baronie dem seinigen hinzufügte (vgl. zu den Ségur-Pardaillans: Kap. 2.3.2.2: 125). Wie noch aufzuzeigen sein wird, sind die Digeons nicht nur über die Ségur-Bouzely (vgl. Kap. 2.3.1.3: 112) engstens mit dem Haus Ségur durch diverse Heiraten verbunden, denn Peyronelle, die Schwester des Vaters von Marie de Ségur war die erste Ehefrau von Jean I. Digeon de Boisverdun (vgl. Kap. 2.3.2.2: 125). Seine einzige Tochter Jeanne verheiratete Boisse-Pardaillan mit dem Marquis de Théobon (Haag 1853: 544–545). Seinen ältesten Sohn ließ er die Ehe mit Magdelaine de Pons schließen, welche diesem das Marquisat von Mirambeau einbrachte (Haag 1858: 289). Mit der Heirat einer de Pons, die einer der ältesten sowie mächtigsten Familie der Saintonge entsproß – welche ihre lückenlose Abstammung auf das Jahr 1160 zurückführen konnte und mit den Toulouse (11..), Comminges (1114), d'Angoulêmes (12..), Turennes (1265), Périgords, Levis, d'Albrets (1319), Foix, Rohans et al. alliiert war (Meller 1978: 132 (Bd.3)) –, verfestigten sich die Bande im protestantischen Umfeld zusätzlich (Haag 1858: 297–294). In einer gleichsam besonders stark der reformierten Kirche zugetanen Familienstruktur bewegten sich die Lidons: Hélëne de Digeon de Boisverdun gebahr ihrem Mann Joseph de Lidon, Sohn des Guinot de Lidon und der Marguerite de Gervain und Gouverneur von Monflanquin, die beiden Söhne Renaud I., der bereits oben im Zusammenhang mit der Transaktion der Anthonie des Homs Erwähnung fand und den ebenfalls apostrophierten Capitaine de Saint-Léger. Trotz ihres Alters und diversen Ehebündnissen mit regional bedeutenden Familien finden sich zu ihnen lediglich sehr vereinzelt gedruckte Hinweise, die keine vollständig genaue Rekonstruktion der Genealogie erlauben (Ducas 1843: 98) sowie Dubois 1910: 367).

Renaud I. de Lidon heiratete mit Vertrag vom 7. Juli 1587 im adeligen Haus von Pechegris, Gerichtsbezirk von Gavaudun (47), die Magdeleine de Vivans (auch: Vivan*t*), Tochter des berühmten Heerführers Geoffroy I. de Vivans – Seigneur de Doissac, Berater im königlichen Staatsund Privatrat von Navarra, Gouverneur des Périgord, Limousin und Domme sowie von Caumont – und der Jeanne de Cladech de Péchaut, dame de Castelvieil (Lafont 1999: 14 sowie Magen 1887: 93). Die Vivans vermögen ihre lückenlose Filiation seit 1480 zu belegen und führten die Titel eines Marquis de Nallac, Comte de Pouyac, Vicomte de Panjas, Baron de Bagat, Seigneurs de Pressac etc. Ferner waren sie mit den Familien Ratevoult (14..), Marquessac (150.), Fumel (1587), Touchebeuf (1584), Caumont (1644) et al. verbunden (vgl. zur genauen Genealogie: (Woelmont de Brumagne 1931–1935: 378–385)).

Magdeleine gebar ihrem Mann vier Töchter und zwei Söhne: Jean, gestorben 1664, und Renaud II., nach 1664 verschieden. Jean ehelichte 1643 Marie de Pons de St. Maurice. Es sei annotiert, daß keinerlei verwandtschaftliche Relation zu der vorgenannten Familie der Ehefrau des Marquis de Mirambeau besteht, wobei auch deren Konfession fest im Glauben Calvins wurzelte (Haag 1858: 294). Die Pons de St. Maurice, Marquis dieses Ortes sowie Barone von Saint-Laurent, la Motte und Seigneurs de Villandraut, Montclar, Mouleydier, Mespoulet, Castelnau de Cernès, Cazeneuve, Balisac und Grignols, zählt man gleichermaßen zu den ältesten Familien des Périgord und Bazadais. Sie haben einen Botschafter in Schweden, einen *Maître de la garde robe* des Herzogs von Berry, zwei Generalleutnants und weitere Offiziere, einen Ritter des Saint-Esprit sowie mehrere von Saint-Louis hervorgebracht. Mit den Familien Cossé-Brissac (1638), de Gontaud, de Clermont, de la Cropte, de Montesquiou, d'Abzac, de Ségur (1638) sowie de Rochefort-Théobon und Rohan-Chabot waren sie vermöge des Bandes der Ehe verknüpft (Meller 1978: 132 (Bd. 3)).

Durch eine Bemerkung über den Tod seines Bruders Jehan löst sich unter Zuhilfenahme vorgenannter Genealogie gleichsam die Urheberschaft des "Livres de Raison" auf:

> *"Le mecredy 23 du mois d'avril 1664, noble Jehan de Lidon, escuyer, sieur de St-Leger, mon frere, revenant de Bourdeaux, environ les neuf heures du soir, est dessedé da sa maison d'Aynesse, en la juridiction de Sainte-Foy-la-Grand en Agenais, et ensepveli sur le soir le jeudy 24 avril 1664."* (Tamizey de Larroque 1893: 71)

Mithin verbleibt als möglicher Verfasser nicht, wie Gregory Hanlon fälschlicherweise angibt, ein Nicolas de Lidon, sondern nur noch der andere Bruder, Renaud II., der allem Anschein nach unverheiratet starb (Hanlon 1989: 226 (Anm. 29)). Wahrscheinlich hat er sich von der französischen Abbreviatur N... für "Name unbekannt" (Nomen Nescio) zu dem Vornamen Nicolas verleiten lassen.

Rekurrierend auf die Digeon de Boisverdun, steht als ältester Sohn von Brandelis noch die Darstellung Hugues aus, welcher die Filiation mit seinen drei Söhnen Jean I., Charles I., Jacques und der Tochter Hélëne kontinuierte. Zu letztgenannter ist noch nachzutragen, daß sie durch das Testament ihres Mannes Joseph de Lidon, verfaßt auf dem Château de St. Léger im Gerichtsbezirk von Montastruc, die Nutznießung seiner Güter erhielt; neben der Berücksichtigung seiner übrigen Kinder, benennt er Renaud I. als Universalerben. In gleicher Weise verfuhr auch dessen Mutter Hélëne, welche in ihrer auf den 26. Dezember datieren letztwilligen Verfügung, vorrangig ihren Erstgeborenen Renaud I. bedachte, jedoch auch dessen Bruder Jean, Seigneur de Savignac, dessen Tochter Marguerite und ihre Nachkommen sowie ihre beiden Töchter Suzanne, verheiratet mit dem Sieur du Dodier, und Marie d.Ä., Ehefrau des seinerzeit bereits verschiedenen Noël de Sangosse, nicht unberücksichtigt ließ.[74] Auf Grund dieses letzten Willens haben wir füglichen Anlaß zu der Annahme, daß es sich bei dem "Capitaine" de Saint-Léger um denjenigen handelt, welcher in oben beschriebener Auseinandersetzung den Baron de Boisse-Pardaillan umbrachte.

Hugues de Digeon, Seigneur de Boisverdun, heiratete am 18. Feburar 1548 Catherine d'Auzanneau, die zahlreiche Um- und Anbaumaßnahmen am Lehnsgut Boisverdun vornahm (Bourrachot 1969: 56). Die Herkunftsbestimmung der Frau ist nicht unproblematisch, da sich in der einschlägigen Literatur nur wenig über diese adlige Familie auffinden läßt. Auch über die Eltern

74 A.D.47, B 47.

und Anverwandten der Braut ist kaum etwas bekannt, so schweigt sich der Baron de Lanauze hierüber in seinem genealogischen Essay aus.[75] Allerdings erhellt sich die Abstammung durch eine Notiz zu den französischen Parlamentariern von Fleury Vindry. Darin wird für den Zeitraum zwischen 1550 und 1590 ein Mitglied des Parlaments von Bordeaux, "*Jean Auzaneau, sieur de Gastebois*", seit 27. November 1571 dessen Präsident, genannt (Vindry 1910: 51). Nun löst sich der Nachname Catherines auf, denn zumeist trifft man nur auf die Herkunftsbezeichnung "de Gastebois", welche erst mit der Belehnung der gleichnamigen Herrschaft aufkam und schließlich den eigentlichen Familiennamen "Auzaneau" beziehungsweise "Auzanneau" verdrängte. Nach Lucile Bourrachot war besagter Jean Auzaneau der Vater Catherines, was anhand der Lebensdaten möglich wäre. Nimmt man ein Geburtsdatum von circa 1510 an, wäre er bei der Heirat seiner Tochter 1548 ungefähr 38 Jahre alt gewesen und später, im fortgeschrittenen Alter, am 14. September 1590 in Cruseau (33) heimgegangen (Bourrachot 1969: 56).

Vermittelst des Zusatzes "de Gastebois" vermag das Geschlecht der Auzanneaus näher verortet zu werden: So befindet sich die Seigneurie Gastebois (47) lediglich 1,7 Kilometer von Lauzun und 5,8 Kilometer von Bougounague entfernt. Damit liegt eine Bekanntschaft sowohl mit den Digeon d'Autramat als gleichermaßen mit den Digeon de Boisverdun nahe. Darob verwundert es nicht, daß auch die Digeon zwanzig Jahre später in das Haus Gastebois ausgeheiratet haben: Der Sohn von Gaston de Gastebois, Antoine II. benamt, der zwischen dem 29. August 1570 und dem 5. Februar 1572 im Regiment Caumont-Lauzun diente (Vindry 1901: 114), hatte nämlich in seiner Eigenschaft als Seigneur de Marignac (47) am 26. Juli 1568 Charlotte Digeon d'Autramat, die Tochter von Arnaud und Catherine de Saint-Martin geehelicht (vgl. Kap. 2.3.1.2: 90). Als Ahnvater der Gastebois aus der Guyenne wird ein Antoine I. de Gastebois als "*vir egregius et nobilis*" aufgeführt, welcher am 10. Mai 1478 dem Baron von Lauzun huldigte für alle seine Güter, die er in der Jurisdiktion von Lauzun sein Eigen nannte (Froidefond de Boulazac 1891: 230 Bd. (1)). Demzufolge läßt sich eine deutliche Parallele zu den Digeons verorten, die fast zeitgleich den Lauzun ihre Lehnspflichten gelobten und von denen sich vor dem Ende des 15. Jahrhunderts gleichermaßen keine Belegstellen im Südwesten Frankreichs nachweisen lassen (vgl. Kap. 2.3.1.1: 79). Froidefond de Boulazac gibt expressis verbis an, daß das Geschlecht der Gastebois zur sogenannten *Noblesse d'epée*, das heißt alten Ursprungs (vgl. Kap. 4.1: 406) gehört, das heißt ohne jemals nobilitiert worden zu sein; es erbrachte seine Adelsbeweise am 13. Dezember 1666 vor dem Indendanten Pellot sowie 1782 vor Chérin. Sämtliche Titel wurde von d'Hozier am 21. Feburar 1698 bestätigt (vgl. zu den Adelszertifikaten Kap. 2.3.1.3: 106). Die Familie stellte mehrere hochdekorierte Offiziere, von denen sonderheitlich Antoine III. de Gastebois, als Militärgouverneur von Sainte-Foy (33), Eymet (24) und Bergerac (24) diente sowie als *Maître d'Hotel* des Königs unter Ludwig XIV. exzellierte. Daneben stellte die Familie sieben Ritter des Ordens *Saint-Louis* und zwei Offiziere in den Kompanien des Königs von Navarra anno 1553 (Froidefond de Boulazac 1891: 230 (Bd.1) sowie: Meller 1978: 149 (Bd. 2)).

Nach derzeitigem Wissensstand scheint es indes noch eine zweite Familien zu geben, die fast auf das Jahr genau ebenfalls in den Annalen figuriert und die definitiv nicht aus der Guyenne hervorgegangen ist. Diese darf demgemäß schlechthin nicht mit ersterer konfundiert werden. Im Gegensatz zur Vorgenannten fand bei dieser eine Nobilitierung durchaus statt. Vindry spricht nämlich von einem "Thiébaut Gastebois" als erstem Vertreter, welcher in seiner Eigenschaft als Soldat König Renés I., Herzog von Lothringen und Bar, am 4. September 1479 seine *lettres de noblesse* erhielt. Sohn Etienne, verheiratet mit Claudine Girault du Cray, war Seigneur de Serceuil und de Sanzotte in der Champagne, was eine Verortung in diese Gegend

75 A.D.33, 9 J 60, p. 38.

permettiert (A.D.N.F. 1867: 152–153). Tatsächlich stammen diese Gastebois, wie auch die Girault du Cray (vgl. zu diesen weiterführend: (La Chesnaye-Desbois 1866: 301–313)), aus dem Nordosten Frankreichs, genauer der Gegend um Langres, und hatten sich dann, teils auch von Burgund aus, in die Dienste der französischen Könige gestellt (Vignier 1877: 54–55). Folglich existierten zumindest zwei verschiedene Familien, welche den Namen Gastebois trugen: eine im Périgord und eine in Lothringen, beziehungsweise in der Champagne. Jougla de Morenas indes stellt – etwas verwirrend – in seinem *Grand Armorial de France* die Gastebois des Périgord dinjenigen der Champagne gegenüber (Jougla de Morenas 1939: 114). Bei letztgenannten verweist er auf die Auzaneau de Gastebois, die er als eigenes, obschon gleichsam aus dem Périgord stammendes Geschlecht aufführt (Jougla de Morenas 1934: 298). Auffallend sind in diesem Zusammenhang die drei unterschiedlichen Wappen, die sämtlich voneinander divergieren, was jedoch kein hinreichend starkes Indiz für eine unterschiedliche genealogische Abkunft darstellt (vgl. dazu z.B. das Wappen der Digeon d'Autramat vs. Digeon de Boisverdun oder Monteton, beziehungsweise Caumont de la Force vs. Caumont de Lauzun). Nun wäre es grundsätzlich möglich und nicht sonderlich ungewöhnlich, daß zwei Geschlechter gleichen Namens in derselben Gegend ansässig waren. Doch muß es ob der zeitlichen Nähe von zwei Dezennien, die zwischen der Heirat der Digeon d'Autramat und Digeon de Boisverdun mit den Gastebois lagen, als unplausibel angesehen werden, daß es innert dieses relativ kurzen temporären Intervalls zu einer Eheschließung von zwei unterschiedlichen Geschlechtern, die indes denselben Nachnamen trugen, in ein und dieselbe Familie gekommen wäre. Eine Auflösung dieses Änigmas könnte sich in der Manuskriptensammlung des Cabinet de d'Hozier und Chérin befinden.[76]

2.3.2.2 Verankerung im protestantischen Uradel: die Beziehungen zum Haus Ségur

Der jüngste der Söhne von Hugues Digeon de Boisverdun, Jacques I. starb kinderlos. Der älteste, Jean I., heiratete als erster Digeon in das Haus de Ségur-Pardaillan ein durch sein Ehebündnis mit Peyronelle de Ségur-Pardaillan (auch: Pardailhan). Auf Grund der Tatsache, daß die Digeons mehrfach durch Eheband mit den Ségurs verbunden waren und sich ihr jeweiliger biographischer Kontext in den historischen Zeitumständen deutlich widerspiegelt, legitimiert sich an dieser Stelle, nicht zuletzt um gleichsam einen tieferen Eindruck in das soziale Umfeld der beiden Familien zu erlangen, ein genauerer Blick auf deren Herkunft und Genese.

Der Familienzweig der Ségur-Pardaillans bestand von 1494 bis 1629 und nahm seinen Ausgang von den Ségur de Puchagut-Pressac, die wiederum direkt auf die Urlinie der Seigneurs de La Salle im Rauzan rekurrierte (vgl. dazu weiterführend: Ségur-Cabanac 1908: 16–26). Von dort begann Mitte des 12. Jahrhunderts mit Raymond I. de Ségur die ununterbrochene Filiation. Es folgte eine Teilnahme am 7. Kreuzzug von Guillaume-Raymond I. de Ségur-Rauzun, der in mehreren Rechtsakten Ende des 13. Jahrhunderts Erwähnung findet. Drei Generationen hierauf begründete Raymond VII. besagten Zweig der Ségur-Puchaguts (Martin 1991: 21–23). Er heiratet vor 1525 Mathilde (oder Mathive) de Clayrac, Captale de Puchagut, Dame de Pardaillan, welche ihm diese Seigneurien als Aussteuer mit in die Ehe brachte. Einer seiner Söhne, Jean II., schloß den Bund des Lebens mit Jeanne de Grailly, deren einer Sohn, Pierre II., schließlich der Stammvater der Ségur-Pardaillans-Seyches wurde. Dieser, genannt Peyroton, Chevalier, Baron de Seyches (47), Herr von Pardaillan (47), heiratete in erster Ehe eine

76 B.N.F., Série M, Cabinet des Titres: Cabinet de d'Hozier: mss fr. 31226 à 31562 sowie Coll. Chérin: mss fr. 31563 à 31776.

Frau, deren Name bis heutigentags unbekannt geblieben ist. Die Unkenntnis ihres Namens expliziert sich möglicherweise aus der Tatsache heraus, daß die Ségur-Pardaillan sich erst seit Pierre II. in toto im Agenais angesiedelt hatten. Es ist nicht zu unterschätzen, daß ihre Herrschaften nunmehr dem Bistum Bazas und nicht mehr dem von Bordeaux zugehörig waren, denn damit änderte sich auch die Zuständigkeit der Kirchenbucheinträge. Besagte erste Frau brachte außer Saint-Pardon (47), das noch für die Digeons von Relevanz sein sollte, wohl keine weitere Seigneurie mit in die Ehe (Saint-Saud 1924: 84).

Die zweite Frau des Baron de Seyches, Marguerite de Comborn, Tochter des Vicomte Jean II. de Comborn und der Jeanne de Maignelais entsproß einem berühmtem Hause, das bereits im Zusammenhang mit den Carbonnières genannt wurde (vgl. Kap. 2.3.1.3: 105).

Sie war die Witwe von Jean de Tersac, Seigneur de Ligonnés in der Auvergne und des Herzogs von Bourbon-Montpensier Kanzler, welchen sie am 4. Juno 1499 geheiratet hatte (Courcelles 1828: 1 (Additions et Corrections)).

Dieweil Pierre II. de Ségur-Pardaillan bereits im Februar 1494 vom Baron de Seyches in seine Rechte als Nachfolger investiert wurde, spricht einiges dafür, daß er bereits vor diesem Datum verheiratet war, da sein Vater ihm eine Aussteuer mit auf den Weg gab (Saint-Saud 1924: 85). Weil er seine zweite Frau erst 1517 geehelicht hatte, spricht einiges mit einer gewissen Plausibilität dafür, daß seine sechs Kinder Bernard, Gaston, Léonarde, Marthe, Isabeau I. und Isabeau II. allesamt aus der ersten Verbindung hervorgingen. Anhand der Heiratspolitik, vermittelst derer er seine Kinder verehelichte, demonstriert sich anschaulich, wie sehr die Ségur-Pardaillan daran interessiert waren, ihre lokale Verwurzelung im Agenais zu festigen. Diese Form der Verankerung und die damit einhergehende Akzeptanz bei den bereits sei Generationen ansässigen Geschlechtern qua Eheschluß hatte nicht nur eine machtpolitische Dimension, sondern sicherte die ökonomische Grundlage für die nachgeborenen Kinder (Saint-Martin 2003: 219). Nämliches konnte bereits bei den Tréveys und den Digeons beobachtet werden, die gleichsam unmittelbar nach ihrer Ansiedlung in der Guyenne Frauen aus den dort arrivierten Familien ehelichten (vgl. u.a. Kap. 2.3.1.1: 78 u. 95).

Doch wenden wir uns, bevor wir uns mit Bernard I. de Ségur-Pardaillan, welcher die Stammfolge kontinuieren sollte, beschäftigen, zunächst seinen nachgeborenen Geschwistern zu. Gaston, der Zweitälteste, erhielt wahrscheinlich von seinem Vater die Seigneurie de Saint-Pardon (47). Über ihn ist kaum etwas bekannt, so bleibt auch der Name seiner Frau im Ungewissen. Uns wurde lediglich tradiert, daß er 1534, im Verbund mit seinem Bruder Bernard I., und seiner Schwester Marthe einen Prozess führte, welcher am 14. Oktober 1534 durch eine Entscheidung von König François I. dem *Grand Conseil* überstellt wurde. Er selbst hatte nur eine Tochter, Françoise.

Die älteste Tochter Léonarde wurde durch Vertrag vom 11. Februar 1523 mit Romain Brun verheiratet, Écuyer, Seigneur aus dem altadligen Hause de Montguyon, gelegen in der Gemeinde d'Anglade (47) im Blayais (vgl. weiterführend: (Chaix d'Est-Ange 1908: 266)). Ein Repräsentant dieses Geschlechts, Guillaume Brun, wurde 1378 in seiner Eigenschaft als Erzdiakon de Blaye von Papst Clément VII. zum Erzbischof von Bordeaux ernannt (Julg 2004: 105).

Die Schwester Léonards, Marthe benamt, heiratete ebenfalls einen Edelmann aus der unmittelbaren Nachbarschaft der Güter ihres Vaters: François de Bonnal, Baron d'Allemans. Allemans sur Dropt (47) grenzt unmittelbar an die Seigneurie von Seyches und Monteton an, so daß fast der gesamte südöstliche Teil des Duraquois zum Einflußgebeit der Ségurs gehörte. Wenige Jahre nur nach der Heirat verschied ihr Mann im Jahr 1534, was ihr Anlaß zur einer erneuten Verbindung gab. In zweiter Ehe nahm sie Parceval de Benquet zum Mann. Wir besitzen allein Kunde von ihrer Existenz durch ein Dokument, das bereits weiter oben zitiert wurde, und den Prozeß zum Inhalt hat, welchen sie und ihre Brüder 1539 zusammen mit ihrem Schwager, Pierre de Bonnal, Seigneur d'Allemans, führten. Selbiger hatte ihr für 6.000 Livres das adlige Haus von Saint-Avit verkauft, welches noch für die Digeons Bedeutung erlangen sollte.[77] Dieser Verkauf verkörperte im Grunde nichts anderes als eine Umschichtung ihrer Mitgift.[78] Die zweijüngste der Schwestern, Isabeau I., heiratete am 1. Juno 1533 Pierre de Chauveron, Herr von Dussac, Sohn von Robert und der Marguerite de Gontaud-Biron. Damit war ein erneutes Verbündnis mit dem ausgesprochen einflußreichen Haus Chauveron besiegelt (Courcelles und Viton de Saint-Allais 1821: 146–147). Dies lag nicht zuletzt daran, daß die Mutter des Bräutigams dem Geschlecht der Gontaud-Birons entsproß, das bereits Erwähnung fand (vgl. Kap. 2.3.1.1: 87 sowie 101). Dementsprechend üppig gestaltete sich ihre Mitgift, die von ihrem ältesten Bruder Bérard bereitgestellt wurde. Einzig ihr Testament, das auf den 3. Februar 1583 datiert ist, gibt Aufschluß über ihre Lebensdaten. Demzufolge vermag es als nicht unwahrscheinlich angesehen zu werden, daß es sich bei ihr um dieselbe Person handelt wie Isabeau II. Denn gemäß den Hochzeitsdaten wäre es durchaus möglich, daß Isabeau I. 1541 eine zweite Ehe mit Betrand de Lanes, Seigneur de Montolieu, eingegangen ist (Saint-Saud 1924: 85–86).

Damit ist die Schilderung der Kinder Pierres II. fast abgeschlossen, so daß allein noch der älteste Sohn Bernard I. oder besser auch Bérard de Ségur, Chevalier, Baron de Pardaillan und de Seyches, welcher die Stammreihe fortsetzten sollte, aussteht.

Er heiratete am 10. Mai 1519 Pernelle alias Peyronelle de Tersac, Tochter aus der ersten Ehe seiner Stiefmutter Marguerite de Comborn mit Jean de Tersac, Seigneur de Ligonnès. Sie schien verwitwet gewesen zu sein, doch besitzen wir keine Kenntnis über den Namen ihres ersten Ehemanns. Hinwiederum ist bekannt, daß Bérard sich ein zweites Mal verheiratete, da die Kinder aus erster Ehe späterhin die Legimitiät des zweiten Heiratsbündnisses anzweifelten. Maßgeblich für deren Argumentation waren religiös-konfessionelle Fragen, deren Inhalt darzulegen hier nicht Raum ist. Der Graf von Saint-Saud mutmaßt in seiner Geschichte des Hauses von Ségur, daß es sich bei dieser zweiten Frau um Jeanne de Cousinier handelte, Tochter von Thomas de Cousinier, Generalstaatsanwalt im Parlament von Bordeaux, verheiratet mit Nicole du Puy (Saint-Saud 1924: 86). Über sein Leben ist wenig auf uns gekommen, doch spiegelt ein Jagdprozeß, den er 1550/51 wider Jean de Guilloche führte und wessenthalben er solange ins Gefängnis mußte, bis ein gewisser Pierrebuffière eine Kaution für ihn hinterlegte, die angespannte Situation und das wenig ausdifferenzierte Rechtssystem wider, das maßgeblich zur Austragung von Privatfehden instrumentalisiert wurde. Kurz vor ihm war gleichermaßen sein Sohn Bernard II. im Gefängnis gewesen. Parallelisieren ließe sich diese Praxis des autonomen Eigenrechts auf Fehdeführung mit der Situation des Deutschen Reiches vor der Konstitutierung des Territorialstaats und der Einführung des Ewigen Landfriedens von 1495 (Reinle 2003: 178).

Sein Testament verfaßte Bérard de Ségur am 28. Februar und 2. März 1564, vermittelst dessen sich sein Todesdatum auf diese Zeit eingrenzen läßt. Somit erlebte er zwar noch den Ausbruch der Hugenottenkriege (1562–598) aber nicht mehr deren Ende und den hohen Blutzoll, welchen seine Söhne darin zu zahlen hatten. Schließlich sollten sie unmittelbar an den Geschehnissen dieser Konflikte partizipieren.

Beide Heiraten Bérards brachten den Ségur-Pardaillans mit insgesamt 22 Nachkommen einen reichen Kindersegen, welcher die Filiation für die nächsten Generationen sicherte. Aus seiner ersten Ehe mit Marguerite de Condorm gingen die Söhne Jean I., Pierre I. und Jacques sowie die Töchter Jeanne und Charlotte hervor.

77 A.D.47, Fonds Dubois, 5 J 153.
78 A.D.47, Fonds Dubois, 5 J 484 (Notes de M. l'abbé Dubois).

Mit der Darlegung der einzelnen Kinder Peyrotons widerspiegelen sich nicht nur die Lebensumstände einer dezidiert der protestantischen Religionslehre verpflichteten Familie, sondern gleichwohl erhellt sich die Praxis der Transmission von Titeln respektive Herrschaften wie sie in der französischen Adelskultur gegenwärtig war (vgl. Kap. 4.2.2: 428).

Der älteste Jean, stets Pardaillan der Älteste genannt, erhielt von seinem Vater die Baronie de Seyches sowie die Seigneurie de Bastide. Nach dem Ableben seines Vaters teilte er sich mit seinen Brüdern als Coseigneur die Ausübung über die Herrschaft von Pardaillan. In einer Erklärung vom 13. August 1566 vereinbarte er mit seinen Brüdern Bernard und Joachim eine Zahlung an ihre Tante Marie de Gontaud, welche ihre Schwägerin Anne Brun dieser schuldete (Saint-Saud 1924: 89). Verheiratet war Jean mit Madeleine de Lavergne, Schwester von Charlotte, Dame de Thébon, die gleichergestalt wie die zweite Frau ihres Schwiegervaters, Jeanne de Cousinier, einer Familie des alten Amtsadels entsproß (Meller 1978: 328–329 (Bd. 2)). Aus dieser Ehe gingen zwei Söhne hervor, die, ohne die Großjährigkeit zu erreichen, abberufen wurden, sowie eine Tochter Marie, die bereits an obiger Stelle durch ihren Eheschluß mit Pierre d'Escodeca-Boisse Erwähnung fand und durch den Tod der Brüder ihres Vaters, die Baronie Pardaillan und die Seigneurie de Bastide ihrem Mann als Mitgift einbrachte (vgl. Kap. 2.3.2.1: 122). In diesem Zusammenhang fällt auf, daß die Verteilung der Güter als Aussteuer oder Erbanteil allein in der Eigenkompetenz des *chef de nom et d'armes* oblag (vgl. Kap. 4.1.2: 410). Ermordet wurde Jean unter den Augen seines Freundes Henri IV. anläßlich der Bartholomäusnacht am 24. August 1572 in den Korridoren des Louvre (weiterführend: Jouanna 2007 sowie Armaillé 1865: 39). Wie bereits bei den Caumont La Force aufgezeigt wurde (vgl. Kap. 2.3.1.1: 84), wird im Nachfolgenden deutlich, in welchem besonderen Maße diese Nacht auf so unterschiedliche Bereiche wie Heiratspolitik, Bündnisstruktur und generelle Lebensausrichtung der Ségur-Pardaillan Wirkung zeigte.

Der Zweitgeborene, Pierre I., Baron de Ligonnès, Coseigneur de Pardaillan führte gemäß den höfischen Verfahrensquellen und sonderheitlich laut eines Briefes Heinrich III. vom 4. April 1582, einen Prozeß gegen Laurès de Maugiron, Erbe von Jeanne L'Hermite. Diese, Ehefrau von Antoine de Montberon, Herr von Mortagne, hatte eine Tochter, Marie de Montberon, zuerst Nonne in Fontevrault, welche, säkularisiert durch den Bischof von Poitiers, schließlich Pierre I. de Ségur heiraten konnte. Nach nur drei Jahren Ehe verschied sie um das Jahr 1570. Die Montberons waren ein ursprünglich aus dem Angoumois stammendes, uraltes Geschlecht, das sich bereits früh durch besonderen Einsatz für die Katholische Kirche hervorgetan hatte. Der wohl berühmteste Ahn ist Guillaume de Montberon, der es als Bischof von Périgeux auf eine Amtsdauer von 20 Jahren, 11 Monaten und 3 Tagen brachte, bis er am 9. Februar 1081 verstarb (Froidefond de Boulazac 1891: 361 (Bd. 1) sowie Guigue 1857–1858). An dieser Stelle fällt auf, daß trotz tobender Religionskriege eine Heirat mit einer ehemaligen Nonne aus sehr katholischem Hause durchaus von beiden Seiten möglich und sogar ausdrücklich erwünscht war. Demgemäß rangierten noch vor konfessionellen Belangen die familienpolitischen Präferenzen und Überzeugungen des jeweiligen Familienoberhaupts. Nachdem Pierre I. *gentilhomme de la chambre du roi* von Heinrich III. von Frankreich wurde, machte er sein Testament in Seyches am 29. April 1590. Er war sehr reich, denn er hatte von Heinrich IV. 20.000 Livres erhalten. In seiner letztwillentlichen Verfügung vermachte er seinem Neffen, Bernard I. de Ségur du Puch, alles was, er ihm schuldete, sowie 1.000 Écus zusätzlich, seinem Neffen Gédéon 500 Livres, seinen Schwestern Catherine, Charlotte, Jeanne, etc. Die beiden Neffen verstarben ohne legitime männliche Nachkommen (Saint-Saud 1924: 90–91).

Der dritte Sohn, Jacques, war gleichermaßen Coseigneur von Pardaillan, zugleich aller Wahrscheinlichkeit nach auch Botschafter im Dienste Frankreichs. Bereits 1542 wurde er aus religiösen Gründen, da er der protestantischen Konfession angehörte, verhaftet. Sein Testament wurde gegeben zu Châteaudun und datiert auf den 14. Juno 1569. Acht Tage hernach verschied er. Möglicherweise erhielt er im Zuge des dritten Religionskriegs (1568–70) in der blut- und verlustreichen Schlacht von Jarnac (16) am 13. März 1569 so schwere Verwundungen, daß er es als geboten erachtete, seinen Nachlaß zu regeln. Das Gefecht von La Roche-l'Abeille (87) am 24. Juno 1569 erlebte er nicht mehr (Thompson 2005: 376).

Die älteste der beiden Töchter der ersten Ehe von Bérnard II., Jeanne, wurde im Testament ihres Bruders Jacques genannt, von dem sie 1000 Livres erbte. Im Nachlaß ihres anderen Bruders Pierre I. wurde sie noch einmal mit der Summe von 500 Écus berücksichtigt. Am 12. März 15. heiratete sie Pierre de Choupes, Gouverneur von Loudun. "De Choupes" figuriert als einer der bedeutendsten Soldaten seiner Zeit, neben Vicomte de Turenne, Condé, Caumont La Force, Du-Plessis-Mornay, Madaillan, Foix-Candale etc. (Mézeray 1845: 532).

Die Jüngste, Charlotte, war Miterbin der vorgenannten Schwester. Sie verfaßte ihr Testament am 7. Februar 1597. Zuvor hatte sie am 3. Juli 1573 im Verbund mit ihren Brüdern Pierre I. und Jacques sowie ihrer älteren Schwester Jeanne eine wichtige Vereinbarung getroffen gegenüber Madeleine de Lavergne, Witwe von Cahrlottes ältesten Bruders Jean I., in welcher übereingekommen wurde, daß man das Schloss von Pardaillan hälftig teilen würde: Den einen Teil sollte die Witwe bewohnen, der andere wurde den vier Miterben übereignet. Dabei enthält der Kontrakt eine interessante Klausel, dergestalt, daß damit der Fall geregelt wurde, dass die Witwe des verstorbenen Baron de Pardaillan angemessen zu entschädigen sei, sollten die Miterben deren "letzte vorgebliche Heirat" streitig machen und diesen Rechtsstreit gewinnen.[79] Anhand der Formulierung "vorgeblich" (*prétendu*) zeigt sich, daß die Kinder aus erster Ehe mit Peyronelle de Tersac die Rechtmäßigkeit der zweiten Heirat zumindest in Zweifel gezogen haben. Indessen ist nichts darüber bekannt, daß die Kinder aus der Ehe mit Jeanne de Cousinier das genannte Abkommen prozessual angefochten hätten.

Die Anzahl der Kinder, welche die letztgenannte Ehefrau ihrem Mann Bernard II. schenken sollte, überstieg mit 17 diejenige der ersten bei weitem:

Bérard III., Joachim, Lazare, Tobie, Ogier, zwei weitere Brüder, Jean II., Marguerite, Catherine I., Anne, Peyronelle und Catherine II. sowie zwei weitere namentlich nicht bekannte Töchter.

Der aus der Vermählung als Ältester hervorgegangene Bérnard III., *gentilhomme de la chambre du roi*, Baron de Seyches, de La Laoubière, de Blanquefargue, de La Barrière, de Marcilliac und Seigneur von Camenes, de Romefort, de Levynan, du Puch etc. erhielt den größten Teil dieser Baronie und der Seigneurien aus der Mitgift seiner Frau, Anne Brun; diese war Tochter des Jean Brun, genannt de Puch und der Souveraine de Olivier, die er am 3. Februar 1545 ehelichte. Das mächtige und im Blayais seit dem Mittelalter ansässige Geschlecht der Bruns de Puch ist uns bereits durch die Heirat der Léonarde de Ségur-Pardaillan mit Romain Bruns begegnet (vgl. Kap. 2.3.2.2: 126). Ein weiterer Part ging aus dem übrigen Erbe seines Vaters in den Besitz Bernard III. über. Des Weiteren sprach ihm Heinrich II. 1554 die Einkünfte aus seiner Seigneurie von Blaye zu. Diese Herrschaft war bereits im 16. Jahrhundert für seinen bedeutenden Weinanbau bekannt. Damit stand er, was für die damalige Zeit nicht selbstverständlich war, einem beträchtlichen Vermögen vor und konnte seinen Einfluß als überzeugter Protestant geltend machen. Darin liegt auch die Tatsache begründet, daß er sich bereits früh in religiösen Angelegenheiten engagierte und sich nicht zuletzt deswegen später sein Name auf der Liste der zum Tode Verurteilten fand. Dieser Einsatz zugunsten der Reformierten hinderte ihn indes nicht, seine Kinder zwischen 1567 und 1578 unter die Vormundschaft des Bischofs von Sárlat, François II. de Salignac-Fénelon zu stellen. Dieser genoß bei seinen Zeitgenossen

79 A.D.33, Fonds Sicault, 3 E 11120.

vermöge seiner Frömmigkeit und seines Einsatzes gegenüber den Belangen der Armen einen ausgezeichneten Ruf, litt aber gleichwohl an den protestantischen Ausschreitungen in seiner Diözese (Lainé 1844a: 25).

Mit seinem Testament von 22. Januar 1567, das er im Verbund mit seiner Frau Souveraine verfaßte, bestimmte Bernard III., daß ihm sein Sohn Bernard I. de Ségur du Puch nachfolgen sollte, der gleichsam auf Grund des Testaments seines Vaters von seinem Großvater begünstigt wurde (vgl. Kap. 2.3.2.2: 128). Seine übrigen Geschwister Gédeon, Seigneur de Saugnac, der von Jean-Jacques de Madaillan ermordet wurde, sowie die beiden Schwestern Anne I. und Anne II. erhielten die ihnen zustehenden, relativ geringen Anteile des väterlichen Erbes. Rätsel gibt die Taufe des jüngsten Sohnes Antoine auf, der allerdings schon im Kindesalter abberufen wurde. Ihn hielt am 1. Mai 1564 der Erzbischof von Bordeaux, Antoine Prévost de Sansac, über das Taufbecken (Saint-Saud 1924: 90). Auf Grund des Faktums, daß es sich bei Bérard III. auch 1564 auf jeden Fall um einen Protestanten gehandelt haben muß, erscheint eine derartige Taufe kaum sinnstiftend, sintemal der Erzbischof de Sansac dafür bekannt war, daß er sich energisch wider den sich ausbreitenden Protestantismus in seinem Einflußbereich stellte (Devienne d'Agneaux 1862: 95). Möglicherweise wollte der Vater des Täuflings gerade durch einen derart prominenten Vorgang der Spende des ersten Sakraments seine vermeintliche Loyalität zur Katholischen Kirche unter Beweis stellen, um keinen unnötigen Verdacht auf sich und seine Verbündeten zu ziehen. Schließlich war erst kurz zuvor der erste Religionskrieg (1562–563) mit dem Friedensedikt von Amboise zu einem Ende gelangt, was eine Kräfterekonvaleszenz auf beiden Seiten zur Folge hatte (Schilling 2005: 229).

Fünf Jahre nach der katholischen Taufe durch den Erzbischof von Bordeaux figuriert der Name Bernards III. im Verbund mit denen seiner Brüder auf der Liste der 579 zum Tode verurteilten Protestanten. In diesem Dokument wurden ohne Unterschied, Ordnung und Einteilung sowohl Adlige als auch Bürgerliche, Arbeiter, Hauptleute, Minister, Richter, Unteroffiziere etc. aus dem Bordelais, der Saintonge, dem Agenais, dem Angoumois und des Périgords aufgeführt. Bemerkenswert ist die Tatsache, daß alle in Abwesenheit gerichtet wurden. Dabei war man ausgesprochen kreativ in der Wahl der Hinrichtungsart: Die Adligen wurden dazu verdammt, auf einem Gitterrost aufgehängt zu werden, um dann ihre Wappen, die an den Schweif eines Pferdes befestigt wurden, zerbrechen und verbrennen zu sehen. Allesamt, ob adlig oder nicht, verurteilte man zur Dekapitation, wobei die Häupter jeweils auf einer Lanze an den Stadttoren aufgespießt werden sollten. Außerdem sollten die Körper gevierteilt und auf sogenannte "Verbrechergabeln" aufgespießt werden. Neben der physischen Strafe war darüber hinaus noch eine pekuniäre Pönale vorgesehen. So sollten die verurteilten Protestanten für sämtliche Kosten des Prozesses aufkommen und die Reparaturkosten für alle Schäden an den Kirchen und anderen Gebäuden, welche sie zerstört hatten, übernehmen. Des Weiteren mußten alle geraubten Reliquien durch den Marktwert ersetzt werden. Alle Lehen und übrigen Güter wurden zur Konfiskation ausgeschrieben, die Dörfer, Schlösser und Häuser, welche sich in ihrem Besitz befanden, sollten dem Erdboden gleichgemacht werden. Schließlich bestimmte man, daß die Verurteilten für die Errichtung dreier Kreuze in Bordeaux, Pons und Saintes, versehen mit einer Bronzetafel mit der Zusammenfassung dieses Parlamentsurteils von Bordeaux, zu bezahlen hätten (AHDG 1871 u. 1872b: 399–400). Trotz dieser formalen Verurteilung lebte Bernard III. noch bis mindestens 1571, was ein Testamentsnachtrag vom 15. Juli 1571 beweist. Kurz darauf scheint er verschieden zu sein. Über seine näheren Todesumstände ist schlechthin nichts bekannt (Martin 1991: 147).

Der nachgeborene Joachim, welcher der Stammvater des Zweiges der Ségur-Cabanac werden sollte, war unter anderem Seigneur der Baronie de Marcillac (24), circa 20 Kilometer nordöstlich von Rodez (12) gelegen. Daneben war er zusamt seinen Brüdern Coseigneur de Ligonnès und durch seine Frau Seigneur du comtau de Cabanac, de Blanquefargue und Grand-Puch. Wessenthalben die Ségur-Cabanacs statt des Titels eines Comte den eines Vicomte de Cabanc führten, kann derweil nicht geklärt werden, und hatte bereits den Grafen von Saint-Saud vor eine nicht lösbare Frage gestellt (Saint-Saud 1924: 92). Joachims Name findet sich gleichermaßen wie der seines älteren Bruders Bérard III. auf der Liste der 579 zum Tode verurteilten Protestanten (AHDG 1871 u. 1872b: 400). Trotz der Tatsache, daß sein Leben auf französischem Territorium damit verwirkt war, reüssierte er wie seine Brüder am Hofe des Königreichs Navarra. So wurde er gleichfalls *gentilhomme de la chambre du roi* und darüber hinaus *sénéchal d'Albret*, womit er eine leitende Funktion in der Verwaltung und Rechtsprechung seines Amtsbezirkes übernahm (vgl. weiterführend zum *sénéchal* Dupont-Ferrier (1974)). Schließlich stieg er sogar, indem er seinem jüngeren Bruder Jean II. nachfolgte, zum *panetier du roi*, dem Brotmeister des Königs, auf. Mit dieser Aufgabe bekleidete er eines der sechs Hofämter (*métiers*) und gehörte damit zu den höchsten Würdenträgern des kleinen Königreichs Navarra (vgl. weiterführend zum *panetier*: (Lot und Fawtier 1958: 67–70)). Verheiratet war er seit dem 1. März 1546 mit der Schwester der Frau seines älteren Bruders Bérard, Catherine Brun de Puch, Tochter des Jean Brun, genannt de Puch und der Souveraine de Olivier. Diese hatte als Tochter des Arthur de Souveraine, Seigneur de Cabanac und Bürgermeister von Bordeaux im Jahr 1538, die gleichnamige Herrschaft den Ségurs als Aussteuer eingebracht. Aus der Verbindung entsproßen lediglich ein Sohn, Pierre, sowie eine Tochter, Isabeau benamt. Joachim sollte die sonderheitlich für seine Familie verheerende Bartholomäusnacht nicht mehr miterleben. Mitte Juli 1572 wurde er abberufen (Saint-Saud 1924: 93).

Wenige andere Geschlechter mußten in genannter Nacht am 24. August 1572 einen solchergestalt hohen Blutzoll entrichten, wie die Ségurs. Fünf Mitglieder fielen ihr zum Opfer: Lazare, Tobie und Ogier, der am 6. März 1570 in Abwesenheit zum Tode verurteilt wurde sowie zwei weitere namentlich nicht bekannte Brüder (Courcelles 1828: 2 (Additions et Corrections)).

Indessen gelang es Jean II., der "junge Pardaillan" genannt, welcher bereits im Zusammenhang mit den Hofämtern seines Bruders Joachim Erwähnung fand, der Nacht von Saint-Barthélemy zu entfliehen. Er taucht ebenfalls auf der Liste der 579 zum Tode Verurteilten auf (AHDG 1871 u. 1872b: 400). In Navarra indes hatte er die Ehre, sowohl Oberintendant des Könighauses zu sein als auch Chef des königlichen Rates. Bei zwei Angelegenheiten fungierte er auch als Botschafter fungierte, 1583 und 1585 in England, Dänemark, Schweden und Deutschland, als Heinrich IV. versuchte, eine Allianz zwischen den protestantischen Monarchen zu schmieden (Martin 1865: 528). Hinsichtlich seiner Frau gibt es Zweifel: Courcelles nimmt an, dass er mit einer Belgierin verheiratet war, wohingegen Saint-Saud mutmaßt, daß er Marguerite de Goyas ehelichte, Tochter von Guyot und der Jeanne Dubois. Dabei bezieht er sich auf ein Dokument vom 30. Mai 1592, in dem sowohl Jean II. Ségurs als auch seine Frau genannt werden (Saint-Saud 1924: 93). Möglicherweise ging er auch zweimal eine Heirat ein.

Die älteste der Töchter von Bernard II. und Jeanne de Cousinier, Marguerite, heiratete nach 1557 Jean Ricard Gourdon de Genouillac, genannt de Vaillac, Ordensritter, Hauptmann des Château-Trompette in Bordeaux (vgl. Abb. 2.22: 132). Dieser wurde ebenso des Hugenottentums wie der Zugehörigkeit zu *La Sainte Ligue* verdächtigt (Saint-Saud 1924: 88). Letztgenannte Mitgliedschaft erscheint vor dem Hintergrund der Tatsache, daß die Ricards durch das Stellen mehrerer Bischöfe von Tulle, Kanoniker von Cahors und *abbés commendataires* von Blaye engstens mit dem katholischen Milieu verbunden waren, ausnehmend wahrscheinlich und plausibel. Jedoch wird ihm das protestantische Umfeld seiner Frau mitnichten verborgen geblieben sein, wessenthalben er mit Sicherheit zumindest eine tolerante Haltung gegenüber den neuen Religionslehren eingenommen haben muß. Anderenfalls wäre es kaum zum Ehebund gekommen. Die Ricards waren schlechterdings bereits im 16. Jahrhundert in Aquitanien

Abb. 2.22: Rekonstruktion des Château Trompette (Aquarelle von A. Haon, um 1927) [A.M.B. XXI L 177]

ein Machtfaktor: Die späteren Marquis de Vaillac und *premiers barons de Guyenne* hatten die Nachfolge der Barone de Montferrand und Cancon übernommen (vgl. Kap. 2.2: 73 seqq.) und waren daneben noch Barone von Miremagne, Capdenac sowie Seigneurs de Coudon, Genouillac, Brusax, Ausac, Boisset, la Begorce, Uch, Acier, Reilhac, Casseneuil, Moullinet und Pùynard. Ursprünglich stammten sie aus dem Quercy, wohin sie ihre lückenlose Filiation seit dem Jahr 1352 zurückverfolgen können. Durch ihre Heiraten mit den Häusern d'Aubusson, Salignac, Foix, Durfort, Levis etc. festigten sie ihre regionale Vorrangstellung (Meller 1978: 167 (Bd. 3)). Mithin nimmt es nicht wunder, daß Jean Ricard in seiner Eigenschaft als de facto Befehlshaber über Bordeaux figuriert in einem Brief Michel de Montaignes an den Marschall de Matignon, den Gouverneur der Guyenne. Der Verfasser der "Essays" hatte Sorge, daß Ricard zusammen mit Jacques d'Escars de Merville, dem ansässigen Oberbefehlshaber der königlichen Truppen und späteren Widersacher seiner Wiederwahl zum Bürgermeister von Bordeaux im Jahr 1583, den Versuch eines Militärputsches unternehmen könnte (Fontana 2008: 105).

Seine Frau Marguerite starb bereits 1573. Ihre Tochter, Charlotte de Genouillac, führte einen Prozess mit ihrer Tante, Madeleine de Lavergne, Witwe Jeans I., der ihr die Hälfte seiner Herrschaft von Issan (33) im Médoc und ein Viertel des Anspruchs auf die *bégueyrière* überlassen hatte, welche sie über den alten und neuen Markt von Bordeaux besaß. Dabei handelt es sich um ein *droit de plaçage*, das heißt, es mußte eine Gebühr für sämtliche auf dem Markt zum Verkauf angebotene als auch veräußerte Waren entrichtet werden. Darüber hinaus beinhaltete es das Recht, für die Stände, auf denen die feilgebotenen Gegenstände befindlich waren, einen Mietzins einzunehmen (Devilleneuve 1850: 519–521). Dies war für die beiden Märkte von Bordeaux, selbst wenn man nur ein Viertel der eingenommenen Summe zu Grunde legt, eine beträchtliche Einnahmequelle.

In gleichsam finanziell abgesicherten Verhältnissen lebte die jüngere Schwester Catherine I., da sie als Miterbin ihrer Halbbrüder Pierre I. und Jacques in deren Nachlaß bedacht wurde. Sie verheiratete sich mit René d'Ages, Seigneur de Thouars (79) und von Saint-Magne

(33), *gentilhomme de la chambre du roi* Chevalier des Ordens St. Michel und Mundschenk Heinrich II. (Souza Filho 2005: 122–123). Catherine bekam fernerhin 3.000 Livres durch ihren Anteil an der Seigneurie Mothe-de-Saint-Sulpice (24) zugewiesen. Ihr Mann René hatte diese Herrschaft verkauft, da ihm daran gelegen war, sämtliche Anteile an der Baronie von Saint-Magne zu erhalten, von der er nur einen Teil besaß, da der Rest verkauft war. Sein Vater Pierre, der Ehemann von Philippe de Saint-Gelais, hatte nämlich das Familienvermögen nur medioker verwaltet (vgl. weiterführend Gaillard (2007)). Bereits verwitwet, machte Catherine ihr Testament am 3. Februar 1597.

Mit Peyronelle, die gleichermaßen in den Testamenten ihrer Halbbrüder Pierre I. und Jacques erwähnt wurde, schließt sich wieder der Kreis zu den Digeons. Wie bereits oben erwähnt, heiratete sie zunächst Jean I., Seigneur de Boisverdun und Sohn von Hugues und Catherine Auzaneau. Die Ehe mit Jean I. blieb kinderlos, wobei unbekannt ist, ob die Ehe geschieden wurde oder Jean I. vorzeitig zu Tode kam. So kann auch nicht mit Bestimmtheit gesagt werden, ob sich sein Name auf der Liste der zum Tode verurteilten Protestanten befand; dortselbst läßt sich nur ein "Jean Pigeon" auffinden (AHDG 1871 u. 1872b: 404). Möglicherweise handelt es sich um eine orthographische Ungenauigkeit. Als gesichert vermag jedoch zu gelten, daß Peyronelle am 12. Dezember 1587 in zweiter Ehe André de Meslon (geboren 1560), Ordensritter, Seigneur de Saillant etc., Sohn von Pasquier und von Marguerite Albert, zum Mann nahm. Dieser gehörte zu den herausragenden Offizieren des Königs von Navarra, der am 18. Mai 1560 Monségur einnahm und von Henri IV. in dessen Briefes häufig besonders belobigt wurde, was darin zum Ausdruck kam, daß dieser seine Briefe mit "Votre meilleur amy, Henry" enden ließ (B.H.F. 1893: 612). Peyronelle gebahr ihm eine Tochter namens Marguerite, welche in Testament ihres Vaters vom 23. März 1593 genannt wird. Ihre Mutter starb am 4. März 1592 (Martin 1991: 147).

Von ihren übrigen Schwestern ist wenig auf uns gekommen: Außer dem Namen ist von Anne nichts bekannt. Nur zu Catherine II., die man "Catherine die Junge" nannte, ist durch ein Testament, in welchem sie als Mitvermächtnisnehmerin ihres Bruders Pierre genannt wird, Näheres tradiert. Sie heiratete qua Ehevertrag von 1584 Jean-Jacques de Bure, Hauptmann, *gentilhomme de la chambre du roi*, Sohn von Jean, Gouverneur von Sainte-Livrade (47), und Jeanne d'Hebrard (Dienne und Dubois 1906: 331–332). Courcelles gibt, ausgesprochen vag, die Namen der Ehemänner der beiden namentlich nicht weiter bekannten Töchter mit "Martin" oder [sic!] "Moulin" sowie "de Castres" an (Courcelles 1828: 2 (Additions et Corrections)).

2.3.2.3 Ehe als Integrations- und Aufstiegsfaktor innerhalb des Adels der Guyenne

Ähnlich opak bleibt auch der Name der ersten Ehefrau von Charles I. Digeon de Boisverdun, Écuyer, Seigneur de Boisverdun, Saint-Pardon, Peyrière etc.: Eine Identifikation des Familiennamens der Michelle Dautha, mit welcher er am 21. März 1583 vor dem Notar Lapoujade, den Bund der Ehe einging (vgl. Anhang: A.4: 631 Z. 107–108), ist zum derzeitigen Zeitpunkt nicht zu leisten. Der Baron de Lanauze nennt ein anderes Datum, den 6. März 1583, indes sonders einer Nennung der Quelle, so daß wir uns den seinerzeit anläßlich des Adelsnachweises für Charles III. Digeon de Boisverdun gemachten Angaben anschließen.[80] Demnach handelt es sich möglicherweise um einen Übertragungsfehler und die richtige Graphie müßte "Danta(n)" oder "d'Anta(n)" lauten. Geschlechter dieses Namens existieren zwar, vornehmlich in der Normandie und Champagne, doch ist eine Namensträgerin Michelle oder gar eine Verbindung

80 A.D. 33, 9 J 60, p. 42.

zu den Digeons nicht nachzuweisen. Gleichergestalt bei der zweite Frau von Charles I., Jacquette de Chabans, ist die eindeutige Zuordnung zu einem bestimmten Haus nicht unproblematisch. Denn bei der Familie "de Chabans", welche seit dem 13. Jahrhundert auf dem gleichnamigen Schloß lebte und seine lückenlose, adlige Filiation seit dem Jahr 1257 im Zuge der Adelsbeweise vor dem Intendanten Pellot (1667) zu belegen vermochte und 1402 einen *Grand-Panetier de France* unter Karl VI. hervorgebracht hatte (Froidefond de Boulazac 1891: 139–140 (Bd.1)), läßt sich eine "Jacquette" als Tochter nicht auffinden (Courcelles 1828: 1–44 sowie La Chesnaye-Desbois 1864a: 963–966). Möglich wäre, daß es sich bei Jacquette jedoch um Jacquette de Courilleau (auch: "Courrillaud" Meller 1978: 281 (Bd.1)) handelt, die mit Lancelot de Calvimont am 17. Mai 1623 den Bund der Ehe einging und diesem drei Kinder schenkte. Lancelot entstammte einem im 11. Jahrhundert erstmals urkundlich apostrophierten und im Périgord seit dem Ende des 13. Jahrhunderts etablierten und schließlich im Bordelais ansässigen Geschlecht, das von O'Gilvy zu den herausragendsten Häusern der Guyenne gezählt wurde und sich in mehrere Zweige aufteilte, darunter auch denjenigen der Seigneurs "de Chabans", welcher mit Jean II. de Calvimont, Seigneur de Chabans und de La Labenche seinen Angang nahm (O'Gilvy 1856: 181–194). Denn zu jener Zeit entsprach es durchaus dem Usus, mit dem Namen seines Hauptlehens, welches meist als Namensgeber für einen Familienzweig fungierte, zu signieren und diesen hauptsächlich zu verwenden, so daß der eigentliche Familienname zunehmend schwieriger bis kaum noch als Identifikationsmerkmal Verwendung fand. Auf Grund der hieraus resultierenden, mangelnden Rechtssicherheit sah sich die Regierung im Falle der Eheschließung zwischen Jacquette de Couilleau und Lancelot de Calvimont dazu veranlaßt, durch Anwendung des Artikels 201 des Codes Michaud Maßnahmen dagegen zu ergreifen (vgl. Kap. 4.1.1: 409). Folglich wäre es nicht abwegig, wenn Jacquette als verwitwete oder geschiedene "de Chabans" am 17. Juno 1630 mit Charles I. Digeon de Boisverdun den Bund der Ehe einging. Auf Grund des zu diesem Zeitpunkt recht fortgerückten Alters des Bräutigams liegt er Rückschluß nahe, daß dessen Kinder aus der 47 Jahre früher erfolgten Verbindung mit Michelle Dautha stammten.

Bevor wir uns diesen Abkömmlingen zuwenden, erscheint es geboten, zunächst die biographischen Eckdaten Charles I. vorwiegend im Hinblick auf den adelsrechtlichen Kontext zu beleuchten: Am 29. Mai 1605 erhielt er zusamt seinem Cousin dritten Grades, Etienne Digeon d'Autramat, sowie seiner Cousine zweiten Grades Percille Digeon de La Roque durch das Urteil von Monsieur de Netz (vgl. zu seiner Person: Lezeau 2007: 241 (Anm. 17)), Berater des Königs am "Cour des Aydes" in Paris und Deputierter des Agenais für die Reform der Kopfsteuer (*taille*, vgl. dazu: Kap. 4.1: 405) eine Bestätigung der Adligkeit (*nobilité*) ihrer Ländereien (vgl. zur *nobilité* weiterführend: Anonymus 1789). Auch hier divergiert die Datumsangabe von de Lanauze, welcher statt des 29. den 21. Mai 1605 nennt.[81]

Dieser Bescheid, welcher zweifellos vorrangig eine wesentliche finanzielle Dimension barg, zeigt neben der Tatsache, daß die Zweige Autramat, de La Roque und Boisverdun zu dieser Zeit noch in engem Kontakt standen, wie wesentlich es für die adelsrechtliche Taxierung der einzelnen Herrschaften war, ob es sich nun um ein bürgerliches oder adliges Gut handelte. Auf diese Weise war es nämlich im Zuge der Kopfsteuer auch retroperspektivisch möglich, genau festzustellen, ob ein Bürgerlicher ein Gut oder eine Herrschaft, welche ehemals in adligem Besitz befindlich war, erworben hat und daraus einen adligen Anspruch erhob, obschon er eigentlich als *roturier* zur Zahlung der Kopfsteuer obligiert war (Greengrass 2007: 377). Mithin fungierten die dort von staatlicher Seite angestellten Untersuchungen als "adelsrechtliche Nagelproben". So erfahren wir auch von weiteren für das Nachweisen des Adels wesentliche

81 vgl. A.D. 33, 9 J 60, p. 41.

Indizien, wie der erwiesenen Teilnahme der Digeons am Heeresbann (vgl. Anhang: A.4: Z. 148–149, sowie zum Heeresbann: Kap. 2.3.2.1: 120). Augenfällig ist fernerhin, daß sich das gesamte Prüfungsverfahren bis zur Ausfertigung des Urteils über mehrere Wochen erstreckte und nicht allein aufgrund der Validität einzelner Dokumente entschieden, sondern auch der dritte Stand in die Entscheidungsfindung inkludiert wurde: Demgemäß bestätigten die Konsuln und maßgeblichsten Einwohner des Gerichtsbezirks von Tombeboeuf (47) in einer Deklaration von 22. April 1605, daß die Herren von Boisverdun sowie ihre Vorfahren und die Vorbesitzer ihrer Herrschaften niemals der Kopfsteuer unterworfen waren.[82] Dieses Prozedere vermag durchaus als bemerkenswert angesehen werden, da in französischen Lehens- und Adelsangelegenheiten die Partizipation des dritten Standes fast nie vorgesehen war.

Als Ergebnis dieser Untersuchung hinsichtlich der *nobilité* seiner Seigneurien wurde Charles I. mit dem Urteil des 11. März 1606 von der Obligation freigestellt, die Gebühren für die *francs fiefs* (vgl. Anhang: A.4: Z. 154–161), das heißt diejenigen Lehen zu bezahlen, welche von Bürgerlichen erworben wurden, und die durch die Entrichtung einer bestimmten Summe die allein dem Adel auferlegten und mit dem Besitz des *fief* gemeinhin verbundenen Heeresverpflichtungen kompensieren sollten (vgl. zu den *francs fiefs*: Kap. 2.3.1.2: 94). Dementsprechend konnte er am 14. Dezember 1623 vor André Charon (vgl. Anm. 2: 632), Generalleutnant von Bergerac und deputierter Kommissar des Königs für die Annahme von Lehenshuldigen, seinen Lehensverpflichtungen nachkommen. Somit greifen die einzelnen fiskalischen und ökonomischen Überprüfungsmaßnahmen des Staates wie *nobilité* oder die Gebührenbefreiung der *francs fiefs* in adelsrechtlichen Dimensionen eng ineinander. Genau hierin liegt ein Erklärungsmoment dafür, daß es in Frankreichs – trotz diverser Anstrengungen – nie einheitliche Adelsmatrikel gab. Denn auf Grund der Tatsache, daß das französische Lehenssystem zusamt den unterschiedlichen steuerlichen und wirtschaftlichen Kontrollmechanismen, wer beispielsweise als Adliger von der Zahlung der Kopfsteuer befreit war, bis 1789 Bestand hatte, war die Erstellung eines gesamtfranzösischen Adelsverzeichnisses abgesehen von einer gewissen erleichternden Informationsbeschaffung, obsolet.

Abgesehen von diesen administrativen Bereichen, unterhielt Charles I. enge Kontakte zu verwandten Familien, sonderheitlich den Tréveys. Demgemäß war er bei der Eheschließung von Jean III. de Trévey, Seigneur de Buffrède mit Charlotte de Gordièges (auch: Go*u*rdièges), Tochter von Jean de Gordièges und der Antoinette de la Tour am 5. Dezember 1593 als Trauzeuge zugegen (vgl. Anhang: B.16: 709).[83]

Über die Familie der Braut ist wenig auf uns bekommen. Bekannt ist lediglich, daß es zwei Familien gleichen Namens gab: Eine entstammte ursprünglich aus dem Rouergue (Barrau 1860: 500) und eine andere aus dem Languedoc (Bouillet 1848: 188). Auf Grund der äußerst engen verwandtschaftlichen Beziehungen zu dem Geschlecht der "de Pellegrue" sowie zu einer Reihe weiterer in der Guyenne ansässiger Familien wie den Madaillan, den Lusignans, den Mellets und den Fumels liegt die Mutmaßung nahe, daß es sich bei der Rose Charlotte de Gordièges um eine Vertreterin des Hauses aus dem Languedoc handelt. Als Stammvater wird ein Bonnet de Lacombe, der um das Jahr 1400 geboren wurde und dessen Seigneurie Gordièges wahrscheinlich namensgebend für die weiteren Stammreihe wurde (de Peña 1977: 976–977 (Bd. 2)). Marie de Fumel, der Schwägerin von Jean de Trévey und Charlotte de Gordièges, war verheiratet mit deren Bruder Pierre In ihr schließen sich wieder die genealogischen Verbindungen zu den Digeons, denn Marie de Fumel ist die Tochter von Joseph François de Fumel und der Armoise de Lomagne; Erstgenannter wiederum ist der Sohn von François de Fumel und der Gabrielle de Verdun (vgl. Kap. 2.2: 76), die wiederum die Großnichte von

82 A.D.33, 9 J 60, p. 41.
83 A.D.33, 9 J 60, p. 42.

Françoise de Verdun, der zweiten Ehefrau von Pierre de Digeon war (vgl. Anhang: B.15: 708). Circa zwei Jahrzehnte später sollte Charles I. Digeon de Boisverdun erneut bei einer Hochzeit eines Trevey zugegen sein, dieses Mal von der jüngeren Linie Trévey de Forest (auch: Forêt). Antoine de Trévey, Seigneur de Forest bevollmächtigte Charles I. im adligen Haus de la Forest, Gemeinde von Iffour (47), Gerichtsbezirk von La Sauvetat de Caumont (seit 1789: La Sauvetat-du-Dropt (47)) ihn bei der Hochzeit seines Sohnes Jean IV. mit Madeleine de Pins (romanisch: de Piis) zu vertreten. Diese Familie ist ein Abkömmling der "Pinos" aus Spanien und der deutschen Fürsten von Thann-Waldburg (*Thann* zu frz. *pin* (Pinie) oder *sapin* (Tanne), vgl. dazu die ausführliche Darstellung mit zahlreichen Literaturempfehlungen von O'Gilvy 1858: 313–327). Bereits Ende des 8. Jahrhunderts wurde den Vorfahren der de Pins in Spanien, die dort bereits einen der neun Titel eines Barons von Catalonien innehatten, von Karl dem Großen das Recht der Gleichrangigkeit mit den Fürsten seines Reiches zuerkannt ("*Quos etiam viros Principes appelari jussit.*" Mariana 1619: lib. IX, fol. 371). In der Guyenne läßt sich das Geschlecht erstmals Anfangs des 12. Jahrhunderts mit Guillaume Odon de Pins nachweisen. Dieser gilt auch als der Stammvater der dort ansässigen Zweige, wie die *Taillebourg*, *Curton et Fortal*, *Ambrus* etc. (Andrieu 1885: 173 (Anm. 1)). Die Geschichte dieses Hauses ist in weiten Teilen, sonderheitlich der im Südwesten Frankreich ansässigen Äste, bis heute spärlich erforscht. Dies überrascht vornehmlich vor dem Hintergrund, daß es wenige Geschlechter gibt, die sich über derart lange Zeitintervalle in drei verschiedenen Ländern mit den ältesten und einflußreichsten Familien verbunden haben und die bereits Mitte des 19. Jahrhunderts von Genealogen, wie zum Beispiel Amédée Boudin, zu den herausragendsten Häusern der französischen Monarchie gezählt wurden:

> *"Les origines de la maison des Pins, ou de Piis, vont se confondre, dès les commencements de la monarchie française, avec celles de plus illustres et de plus antiques races."* (zit. n. O'Gilvy 1858: 40)

Leider ist der Name der Eltern von Madeleine de Pins derzeit nicht ermittelbar und eine Zuordnung zu einem bestimmten Ast der weitverzweigten Familie unmöglich, doch vermögen durch die außergewöhnlich alte Abkunft der de Pins Rückschlüsse zu den Tréveys dahingehend gezogen werden, daß Zweifel an der Adelsqualität der Tréveys, wie sie weiland von François I. de Caumont-Lauzun supponiert wurden, auf Grund der frühen Verbindung zu einem so alten Haus wie den Pins kaum möglich gewesen wäre, hätte es sich beim Adel der Tréveys nicht mindestens um eine *noblesse d'epée* gehandelt (vgl. Kap. 2.3.1.2: 96).

Jenseits der privat-freundschaftlichen Beziehungen begegnete Charles I. Digeon de Boisverdun seinen Anverwandten auch auf der prozessualen Ebene: 1605 führte er einen Prozeß gegen Bernard IV., den Sohn des bereits oben erwähnten Bernard III. de Ségur-Pardaillan (vgl. Kap. 2.3.2.2: 130).[84] Ein erstes Testament errichtete er am 21. Januar 1610. Zehn Jahre später, 1620 verfaßten er und seine Frau Michelle Dautha eine letztwillige Verfügung, welche von ihm 1640 erneut geändert wurde. Durch die Testamentöffnung am 4. August 1640 läßt sich sein Todeszeitpunkt auf dieses Jahr festsetzen.[85] Diese häufigen Testamentsänderungen erklären sich nicht zuletzt aus der zwingenden Notwendigkeit einer gesicherte Nachfolgeregelung. Denn die sechs Söhne Charles I. Jean II., Pierre I., Charles II., Henri, Balthazard, und Jacques II. aus seiner Ehe mit Michelle Dautha waren 1640 verschieden. So lebten von den ehemals sechs Töchtern Jeanne, Marie, Esther, Charlotte, Anne, Catherine nur noch vier. Um die Erfordernisse der Sukzessionsmodalitäten zu den einzelnen Herrschaften zu erhellen, ist ein Blick auf die einzelnen Eheverbindungen und etwaigen Todesumstände der Kinder angezeigt:

---

84 A.D.47 B 213.

85 A.D.33, 9 J 60, p. 43.

Nach den Regeln der Erstgeburt (vgl. dazu: Kap. 4.1.2: 410 sowie 415 und 410) wurde dem ältesten Sohn Jean II. der größte Teil des Familienbesitzes übertragen. Demgemäß erhielt er die Seigneurien Boisverdun und Saint-Pardon zugesprochen. Die Ehe schloß er am 5. April 1614 mit Anne de Lustrac, Tochter des Jean d.J. de Lustrac und der Marthe de Montesquiou de Devèze auf dem Stammsitz der Familie des Brautvaters im Château de Canabazès, unweit von Montflanquin (47) gelegen.[86]

Wie es den Gepflogenheiten der Zeit entsprach, wurde Jean II. in seiner Eigenschaft als direkter Erbe der Hauptgüter seines Vaters im Vergleich zu seinen jüngeren Brüdern mit einer Ehefrau aus besonders arriviertem Hause verheiratet. Denn die Lustracs gehören zu den alteingesessenen und exzellierenden Häusern Aquitaniens, deren Archivbestände zwar durch die kriegerischen Auseinandersetzungen im Rahmen des Hundertjährigen Krieges sowie der darauffolgenden religiösen Auseinandersetzungen deutlich dezimiert wurden, doch lassen sich ihre Spuren bis Anfang des 13. Jahrhunderts in der Gegend um Penne d'Agenais (47) nachweisen, wo sie durch die Gründung eines Klarissen-Konvents – durch Pierre de Lustrac – erstmals urkundlich Erwähnung fanden (Henry 2007: 16). Durch ihre Alianzen mit den de Durfort, Pellegrue, Galard und Fumel sowie weiteren einflußreichen Geschlechtern konnten die Lustrac ihre Vormachtstellung im Agenais ausbauen, wobei besonders der Erwerb der Herrschaft von Fronsac eine gesonderte Beachtung verdient. Diese im Jahr 1551 von Heinrich II. von Frankreich zur Grafschaft erhobenen Vicomté gelangte durch die verwandtschaftlichen Beziehungen von Jacques d'Albret, Marschall de Saint-André, an seinen Cousin Antoine d.J. de Lustrac, Sohn des Antoine d.Ä. de Lustrac und der Catherine de Durfort verheiratet seit 1524 mit Françoise de Pompadour, in den Besitz der Lustrac (vgl. weiterführend: Soulé 1942). Nachdem die Tochter von Antoine d.J. in zweiter Ehe am 10. August 1568 mit Geoffroy de Caumont, Patenonkel des bereits erwähnten Geoffroy I. de Vivans verheiratet wurde, ging die 1555 zum Marquisat avancierte Herrschaft Fronsac in das Eigentum der Caumont über. Geoffroy de Caumont war apostolischer Protonotar, Prior von Brive, Abt von d'Uzerche de Vigeois und de Clairac und blieb trotz dieser kirchlichen Ämter Protestant. (vgl. Kap: 2.3.2.1: 122) Die aus dieser Verbindung hervorgegangenen Tochter Anne de Caumont verheiratete sich am 5. Februar 1595 in dritter Ehe mit François d'Orléans-Longueville, Comte de Saint-Paul und de Château Thierry, Sohn von Léonor d.Ä. d'Orléans-Longueville, Herzog von Longueville und der Marie de Bourbon. Auf Grund der Tatsache, daß François d'Orléans-Longueville und König Heinrich IV. von Frankreich Vettern waren, wurde Fronsac im Jahr 1608 zum Herzogtum erhoben. Allerdings sollte den beiden Eheleuten nur ein Sohn Léonor d.J. geschenkt werden, welcher 18jährig bei der Belagerung von Montpelllier am 3. September 1622 getötet wurde. Damit war der Herzogtitel nach dem Verscheiden des Vaters seit 1631 vakant und sollte erst an den bekannten Kardinal und Premierminister, Jean Armand Duplessis, Herzog von Richelieu, im Jahr 1634 erneut verliehen werden (Forsyth de Fronsac 1903: 58–59).

Die oben skizzierte Erbfolge bezüglich der Herrschaft von Fronsac besitzt insofern auch eine nicht unerhebliche Relevanz für die Lustrac de Canabazès. Sie stammten von François de Lustrac, ab, Begründer des Zweiges de Canabazès und Saint-Pardoux sowie jüngerer Bruder von Antoine d.Ä., und hätten darob prima vista bei Erlöschen von dessen Dezendenz im Mannesstamm nach den salischen Erbfolgeregelungen durchaus Ansprüche auf das seinerzeitige Marquisat de Fronsac anmelden können (vgl. Kap. 4.1.2. 414). Diese Anrechte vermögen allerdings nur im Falle einer Verwandtschaft durchgesetzt zu werden, welche auf einer ehelichen Abstammung fußt. Dies ist im Falle des Sohnes von François de Lustrac de Canabazès, Jean dem Älteren, indessen nicht gegeben. Er enstammt nämlich aus einer Verbindung seines

86 A.D.47, B 41.

Vaters, über welche nichts Näheres bekannt ist. Gleichergestalt wissen wir nichts darüber, ob François de Lustrac Canabazès je verheiratet war. Fest steht indes, daß König Franz I. von Frankreich Jean d.Ä. nach dem Tod des Vaters im Jahr 1514 legitimiert hat (vgl. zur Legitimation Kap. 4.2.2: 433).[87] Möglicherweise war für diesen Schritt maßgeblich, daß François de Canabazès ansonsten keine weiteren Erben besaß und sich der König die treue Ergebenheit des begünstigten Jean d.Ä. durativ zu sichern gedachte. Im Gegensatz zu seinem Vater ist die Identität der Frau von Jean d.Ä. de Lustrac bekannt: Er heiratete am 22. September 1519 Anthonie de Luc, Tochter von Olivier de Luc, Seigneur de La Martinie. Die Hochzeit fand statt auf dem zwischen Canabazès und Lustrac situierten Schloß La Martinie, bei Monségur. Zur Person der Mutter von Anthonie liegen uns keine Angaben vor. Da die Eheschließung fünf Jahre nach dem Tod des Vaters von Jean d.Ä. erfolgte, konnte sich dieser nicht mehr für seinen Sohn verwenden, um eine Braut aus vermögender und einflußreicher Familie zu finden. Denn die de Luc, welche originär aus Sainte-Foy d'Anthé (47), Gerichtsbezirk von Tournon d'Agenais (47) stammten, gehörten zu den kleineren landbesitzenden Adelsgeschlechtern des Agenais. Auch wenn sie Nachbarn der Lustrac waren, kann von einer Ebenbürtigkeit im Hinblick auf das Alter und die Heiratsallianzen des Geschlechts sowie dessen Verdienste um die Krone nicht ausgegangen werden. Hochwahrscheinlich war der Makel der Unehelichkeit – trotz königlicher Anerkennung – als Obstakel für eine bedeutendere Partie mitursächlich.

Dies ist nicht zuletzt dieserhalb erwähnenswert, da der aus dieser Verbindung hervorgegangene Sohn Anthoine mit einer Partnerin aus einem äußerst alteingesessenen Haus den Bund der Ehe eingeganen war. Am 15. September 1543 heiratete er Jeanne de Pellegrue d'Aspremont, Tochter von François de Pellegrue d'Aspremont und der Jeanne de Manas. Die Pellegrues erhielten die Seigneurie d'Aspremont in der zweiten Hälfte des 14. Jahrhunderts durch die Heirat von Guillaume d.Ä. de Pellegrue, Seigneur d'Eymet, mit Jeanne d'Aspremont, Tochter des Arnaud-Raymond d.J. de Roquecor d'Aspremont, Seigneur de Roqucor (82) und Miramont (82), und der Marqueze de Faudoas (Moulenq 1991: 287).

Die Roquecor d'Aspremont traten bereits am 7. August 1243 in Erscheinung, als Arnaud-Raymond d.Ä. beschwor, den zwischen König Ludwig IX. und dem Grafen Raimund VII. von Toulouse vereinbarten Frieden zu respektieren (Andrieu 1893: 212 (Bd. 1)). Gleichsam stellten sie den ersten Bischof der von Papst Johannes XXII. zum Bistum erhobenen Benediktinerabtei von Sarlat (vgl. Kap. 3.3. 376), den Benediktinermönch und Abt von Gaillac (81), Raymond-Bernard de Roquecor d'Aspremont, trat am 2. Juli 1318 durch die Bulle "In amore virtutum", adressiert an König Philippe V. von Frankreich, sein neues Amt als Hirte von Sarlat an und bekleidete es fast sieben Jahre bis zum 29. November 1324 (Tarde 1887: 344–346).

Aus der Heirat von Anthoine de Lustrac de Canabazès und Jeanne de Pellegrue d'Aspremont ging schließlich Jean d.J. hervor, der am 17. Mai 1584 auf dem Château de Marsac im Armagnac mit der bereits apostrophierten Marthe de Montesquiou de Devèze den Lebensbund einging. Damit heiratete eines der ältesten und angesehensten Häuser der Gascogne bei den Lustrac ein (vgl. zur direkten Aszendenz der Lustrac-Canabazès: Martin 2005: 194). Die Montesquiou stellen abgesehen von der Tatsache, daß sie ihre Filiation in ununterbrochener Linie auf Raimond-Aimeri, Baron de Montesquiou im Jahr 1050, zurückführen, welcher mit äußerst hoher Wahrscheinlichkeit der zweite Sohn von Aimeri I. Comte de Fezensac im Jahr 983 war, eine veritable Besonderheit im adelsrechtlichen Kontext der alten französischen Monarchie dar: Denn es ist kaum ein anderer Fall bekannt, in welchem die Genealogie eines Hauses dergestalt mit Beweisen aus Chroniken und Urkunden belegt worden ist, wie im Fall der Montesquiou. So bat 1777 Marquis Anne-Pierre de Montesquiou König Ludwig XVI.

87 B.N.F., Ms. fr. 22237, fol. 2.

um Erlaubnis, seinen Namen um den Zusatz "Fesenzac" zu erweitern, da es sich hierbei um die tatsächliche Ursprungsbezeichnung seines Hauses handeln würde. Die Grafen Fezensac gingen aus dem Haus der Erbherzöge der Gascogne hervor: Garcie-Sanche, genannt "le Courbé" (der Krumme), Herzog der Gascogne im Jahr 904, hatte seinem zweitgeborenen Sohn Guillaume-Garcie die von Karl dem Großen begründete *comté* de Fezensac zugesprochen. Sein Urenkel war wahrscheinlich der besagte Aimeri I. de Fezensac. Damit vermochten die Montesquiou ihre Wurzeln vermutlich sogar noch weiter in das Dunkel der frühen Jahrhunderte zurückverfolgen. Ob sie jedoch tatsächlich durch eine weibliche Deszendenz auch König Clothar II., König von Soissons im Jahr 584 und 613 schließlich über Gesamtfrankreich, zu ihren Vorfahren zählen können, bleibt derzeit strittig (vgl. dazu weiterführend: Settipani 2004). Nachdem diese Genealogie unter Hinzuziehung zahlreicher Originalurkunden von Bernard Chérin mehrere Jahre sehr sorgfältig überprüft worden war und die Ergebnisse durch deren Publikation einer breiten Öffentlichkeit zugänglich gemacht wurden (Chérin 1784), permittierte Ludwig XVI. allen Mitgliedern der Familie, sich fortan "Montesquiou-Fezensac" zu nennen und räumte dem *chef de nom et d'armes* das Recht ein, sich in Nachfolge seiner illustren Ahnen als "comte de Fezensac" zu bezeichnen. Der Entscheidung des Monarchen war ein Erlaß des Parlaments von Paris vom 31. Juli 1783 vorausgegangen, welcher damit ausdrücklich vom Souverän konfirmiert wurde (Courcelles 1827: 21–22). Demgemäß gehören die Montesquiou zu einem der wenigen Geschlechter, deren Alter und Stammfolge in einer derart höchstinstanzlichen Prüfung dem gesamten Königreich öffentlich gemacht wurden. Doch auch in späteren monarchischen Staatsformen wie auch in der Adelskultur setzte sich der Aufstieg dieses Hauses, welches schon zuvor neben acht Marquistiteln gleichergestalt eine Vielzahl weiterer Baronien sowie Grafschaften und Seigneurien sein Eigen nannte, darüber hinaus den Titel eines Fürsten von Chabanais und Cambrai besaß und sogar einen Kardinal stellten (1350), fort: 1815 und 1821 wurden zwei Montesquiou in den Herzogsstand erhoben, 1818 avancierten sie zu Granden von Spanien und 1814, 1815 sowie 1841 wurde jeweils ein Montesquiou zum Pair von Frankreich erhoben. Des Weiteren zeichneten sie sich als Bischöfe, Offiziere, Senatoren, Admiräle, Minister und Feldmarschälle aus, darunter der berühmte Blaise de Montluc (Bourrousse 1879: 7–10). Entsprechend ihrer Anciennität und ihres Ranges im Sozialgefüge des Alten Königreichs gingen sie fast ausschließlich Verbindungen zu den ihnen weitestgehend ebenbürtigen Häusern ein, wie den de Galard, de Foix, de Lomagne, de Toulouse-Lautrec, d'Astarac, de Maillé, de Rohan, den Rochechouart, de Talleyrand, de Narbonne, de Gontaud, de Clermont d'Amboise und de Comminges (vgl. weiterführend: Martin 2005). Aus diesen breit gefächerten ehelichen Verbindungen resultierten eine Vielzahl unterschiedlicher Zweige, darunter auch der von Devèze, welchem die genannte Marthe de Montesquiou , Schwiegermutter von Jean II. Digeon de Boisverdun, angehörte.

Grundsätzlich ist wenig von diesem Teil der Familie Montesquiou auf uns gekommen und die Forschung hat sich seit Mitte des 18. Jahrhunderts auch nicht mehr verstärkt mit selbigem auseinandergesetzt. Als gesichert gilt hinwieder, daß die Montesquiou-Devèze aus dem Zweig der Seigneurs de Marsac hervorgegangen sind: Roger de Montesquiou, dritter Sohn von Arsieu IV. verheiratete sich mit seiner Cousine Jeanne de Montesquiou, Tochter von Raimond-Aimeri de Montesquiou-Barthe , deren Sohn Jean hinwiederum ging am 24. November 1473 mit Bertrande de Devèze, Tochter von Jean de Devèze und der Jeanne de Mauléon, den Bund der Ehe ein. Die Filiation sollte durch den gemeinsamen Sohn Antoine, Baron de Marsac und Devèze und dessen Frau Françoise d'Espagne, Tochter von Arnaud d'Espagne, Seigneur de Durfort, fortgesetzt werden. Der aus dieser Verbindung geborene Bernard, heiratete schließlich Hélène de Voisins und wurde der Vater von Marthe de Montesquiou-Devèze (Moreri 1759a: 717). Hélène de Voisins war die Tochter des Maffre de Voisins (Baron d'Ambres, Covicomte de Lautrec, Sohn von Jean III. de Voisins, Baron de Ambres, Brametourre sowie Covicomte de

Lautrec) und der Hélène de Levis, Tochter von Jean, Seigneur de Mirepox und der Marguerite d'Archiac. Letztgenannte entstammte derselben Familie, welche fast ein halbes Millenium später als eine der ganz wenigen Geschlechter per Präsidialdekret 1961 einen republikanischen Adelstitel in Form des *duc* zuerkannt bekam (vgl. Kap. 4.1: 407). Der Vater von Hélène de Voisins, der bereits erwähnte Maffre, war seit dem 6. Januar 1517 mit Jeanne de Crussol, Tochter von Jacques de Crussol und der Simonne, Vicomtesse d'Uzès, verheiratet (d'Aubais und Menard 1759: 52). Die *vicomté* d'Uzès von Jeannes Neffen, Antoine de Crusoll, sollte 1565 zur *duché* erhoben werden. Darüber hinaus wurde diesem der Ehrentitel *premier duc de France* verliehen, was ihm den ersten Rang über alle weltlichen Herzöge einnehmen und im Protokoll direkt nach den Prinzen von Geblüt rangieren ließ (Levantal 1996: 939).

Die Familie von Hélène de Voisins hat sich nach dem gleichnamigen Stammsitz in der Nähe von Paris benannt und stammt von einem Ritter, benamt Pierre, ab, welcher Simon de Montfort auf dessen Kreuzzug wider die Albigenser im Jahr 1209 begleitet hatte. Dessen Nachfahren ließen sich daraufhin durativ auf Grund der dorten gemachten Eroberungen und zugeteilten Lehen im Languedoc nieder. Ihren Einfluß konnten die Voisins durch eine Erbschaft vergrößern, welche Jean I. de Voisins, Seigneur de Consolens am 22. Januar 1418 per Testament der Brunissende de Toulouse-Lautrec, *vicomtesse en partie* de Lautrec und Dame d'Ambres, zugesprochen wurde. Er erhielt mithin die Baronie Ambres sowie einen Teil der *vicomté* von Lautrec. An dieser Vizegrafschaft zeigt sich eines der wenigen Beispiele, bei denen ein Lehen – entgegen der üblichen Regel – divisibel war und auch in Teilen qua letztwillentlicher Verfügung transmittiert werden konnte (vgl. Kap. 4.2.2: 438).

Betrachtet man die genealogischen Beziehungen väter- und mütterlicherseits von Anne de Lustrac, Ehefrau von Jean II. Digeon de Boisverdun, so fallen vornehmlich die engen verwandtschaftlichen Verknüpfungen zu den uradeligen Geschlechtern in der Guyenne und dem Languedoc auf. Folglich lassen sich anhand der gesellschaftlichen Verortung des jeweiligen Ehepartners Rückschlüsse auf eine etwaige Ebenbürtigkeit ziehen, da die Milieubindung Anfang des 17. Jahrhundert in Frankreich noch recht stark ausgebildet war und Heiraten zwischen altadligen Häusern und Familien der *noblesse recent* selten waren und nur dann vorkamen, wenn für die Erstgenannten erhebliche ökonomische Vorteile daraus resultierten. Dies war indes weder bei den Lustrac de Canabazès noch den Digeon de Boisverdun der Fall.

So viel Wissen wir über die Vorfahren von Anne de Lustrac besitzen, so wenig ist über die ihren Mann Jean II. Digeon de Boisverdun sowie seine Brüder auf uns gekommen. So steht lediglich fest, daß Charles II., der jüngere Bruder von Jean II. Digeon de Boisverdun, im mutualen Testament seiner Eltern von 1620 die Herrschaft St. Pardon (47) erhalten sowie, durch seine Heirat mit Jeanne de Beraud, Begründer des Zweiges Digeon de Monteton werden sollte. Ihm werden wir uns bei der Darstellung der Digeon de Monteton gesondert zuwenden (vgl. Kap. 2.3.3.1: 178). Seinem älteren Bruder Pierre I. wurden im Zuge der besagten letztwillentlichen Verfügung von 1620 die Güter seiner Mutter, welche diese im Gerichtsbezirk Castillones besaß, übereignet. Die drei jüngeren Brüder hinwieder – Henri, Balthazard und Jacques II. – sind allesamt vor 1640 verschieden, da sie im Testament ihres Vaters von 1640 keine Erwähnung mehr finden. Möglicherweise starben sie bereits vor 1614, da lediglich von Jacques II. tradiert wurde, daß er bei der Eheschließung des Erstgeborenen Jean II. im April 1614 zugegen war. Auf diese Weise begrenzt sich auch der Kreis derjenigen, welcher 1620 aus der Hand des Grafen v. Lauzun das Collier des Ordens von Saint Michel empfangen haben könnte, auf Jean II. und seinen Bruder Jacques II. (Lambert 1862: 124). Auf Grund seiner militärischen Tapferkeit, auf welche im Folgenden noch zu rekurrieren sein wird, liegt die Vermutung nahe, daß es sich bei dem Dekorierten um den Ältesten, sprich Jean II. gehandelt haben könnte.

Was die übrigen Geschwister konzerniert, so verstarben sowohl Pierre I. als auch Henri, Balthazard und Jacques sowie eine ältere Schwester namens Jeanne nach derzeitigem

Kenntnisstand unverheiratet. Über die Todesumstände der vier ledigen Söhne Charles I. vermag nur gemutmaßt werden: Möglicherweise starben sie auf Grund der kriegerischen Auseinandersetzungen bereits während der letzten Hugenottenkriege oder sie fanden 1621 beziehungsweise 1622 bei den Aufständen des zumeist protestantischen Adels im Südwesten Frankreichs den Tod (gut zusammengefaßt von: Lafage 2001). Insbesondere die letzte Vermutung entbehrt nicht einer gewissen Plausibilität, denn wie dem *Mercure François* von 1622 zu entnehmen ist, wurden anläßlich der Belagerung von Faubourg de Taillebourg, einem Vorposten von Saint-Jean-d'Angély (17), an welcher auch der Schwiegervater von Jean II. Digeon de Boisverdun, Jean d.J. de Lustrac teilnahm (Martin 2005: 191), im Mai 1621 zwei Soldaten des Corps Boisverdun bei Barrikadenkämpfen erschossen (Richer 1622: 516). Wenig später sollte bei der Erstürmung der Stadt der "Capitaine Boisverdun" neben dem Comte de Montreuel, als einer der Hauptleute des Regiments von Navarre, getötet werden (Susane 1851: 32; Demiau 1890: 32; vgl. zum genauen Verlauf der Kämpfe: Massiou: 259–277). Dieses Regiment, welches zwischen 1589 und 1890 bestand und sich im 16. und bis zur Mitte des 17. Jahrhunderts fast ausschließlich aus Protestanten rekrutierte, firmierte zunächst unter dem Namen der *Gardes du roi de Navarre*. Es wurde 1589, nach der Vereinigung des Pyrenäenkönigreichs mit Frankreich unter Heinrich IV., den französischen Streikräften angeschlossen (Susane 1851: 3). Diese Tatsache erscheint vor dem Hintergrund, daß sich innerhalb der Befestigungsmauern von Saint-Jean-d'Angély eine Vielzahl protestantischer Edelleute unter Benjamin de Rohan-Soubise, nachmaliger Herzog und Pair von Frontenay, auf Geheiß der Deputierten der vereinigten protestantischen Kirchen von La Rochelle zurückgezogen hatten, alles andere als selbsterklärend. Allerdings zeigt sich durch dieses Aufweichen der konfessionellen Gräben zu Gunsten einer politisch motivierten Bildung von Konfliktparteien eine Verlagerung der Auseinandersetzung zwischen der unter Ludwig XIII. erstarkende Macht des Königs und dem opponierenden Adel, welche ab 1648 bis 1653 in die Fronde münden sollten (vgl. dazu weiterführend: Kettering 1986 sowie: Salmon 2002). Dieser auf der makropolitischen Ebene ausgetragene Konflikt zwischen Adel und Krone, der sich kausal in ein breites Spektrum aus religiösen, ökonomischen und soziologischen sowie juristischen Faktoren aufgliedern läßt, fand seinen Niederschlag auch bei der Belagerung von Saint-Jean-d'Angely. Der Herold Ludwig XIII. forderte den Kommandanten der Stadt, den erwähnten Benjamin de Rohan-Soubise unmißverständlich auf, sich dem Befehl des Königs zu unterwerfen:

> *Benjamin de Rohan, lui dit le héraut, le roi, votre souverain seigneur et le mien, a résolu d'entrer dans la place que vous commandez, et je viens, de sa part, vous sommer de lui en ouvrir les portes. Si vous refusez d'obéir à l'ordre qu'il vous donne par ma bouche, sachez que j'ai charge de vous déclarer criminel de lèse- majesté et déchu, vous et votre postérité, du privilége de noblesse.* (Massiou: 263)

Bezeichnenderweise droht der König dem renitenten Aristokraten Rohan die ultimative Sanktion des französischen Adelsrechts in Form der Majestätsbeleidigung an und den damit verbundenen Verlust aller adligen Privilegien (vgl. Kap. 4.4: 446). Auf diese Weise unterstrich der König seinen Supremat über den in Saint-Jean-d'Angely befindlichen Adel, indem er sich nicht nur als Spitze der Lehenspyramide präsentierte, sondern expressis verbis die adligen Privilegien nennt, deren Erteilung und Entzug allesamt von seinem Gutdünken dependent waren. Auf Grund der komplexen machtpolitischen Struktur sowie der volatilen Bündnissysteme, die – wie bereits im Zusammenhang der Darstellung des Zweiges Digeon d'Autramat und den Caumont-Lauzun sowie den Caumont de la Force dargestellt wurde (vgl. Kap. 2.3.1.1: 85) – selbst zu kriegerischen Auseinandersetzungen im Innenverhältnis einzelner Adelshäuser führten, war es dem französischen Monarchen kaum möglich, ein auf rein konfessionelle

Zugehörigkeit basierendes Feindbild zu generieren. Die Loyalität zur Krone und die in ihren Diensten erworbenen Meriten stellten für Ludwig XIII. bei der Besetzung von Offiziersstellen gravierendere Parameter dar, als das auswendig gelebte Bekenntnis, wie sich am Beispiel der Nachfolge des genannten Capitaine de Boisverdun im Jahr 1622 zeigt:

> *Le Roy sortant de la Messe, apperceut le Lieutenant dudit Capitaine de Bois-verdun, tué à la prise du fauxbourg, auquel il donna la compagnie; plusieurs l'auoient demandée, & cestuycy l'eut sans la demáder: Sa Majesté luy dit, qu'il y auoit 25 ans qu'il seruoit dans le Regiment; & qu'encores qu'il fust de la Religion pret. ref. le recognoissant homme de bié & de courage, il estoit raisonnable qu'il euit ceste charge que ses longs seruices luy auoient acquis.* (Richer 1623: 520)

Demnach scheinen einige Personen in der Umgebung des Königs irritiert gewesen zu sein, daß dieser ausgerechnet einen protestantischen Edelmann zum Nachfolger des Hauptmanns von Boisverdun bestimmt hatte. Es nimmt von diesem Ende her nicht wunder, daß im "Mercure Francois" expressis verbis betont wird, wie vernünftig die Entscheidung des Königs auf Grund der langen Dienstzeit und der Tapferkeit des neu ernannten Kompagnieführers war.

Darüber hinaus ist in diesem Zusammenhang interessant, daß bereits die zeitgenössische Historiographie in ihrer Bewertung der Nachfolgeentscheidung des Königs einen nicht unbedeutenden Akt sah, der zwei Effekte nach sich zog:

> *Sçachant que Bois-verdun Capitaine auoit esté tué, & plusieurs luy en ayans demandé la Charge, bien que son Lieutenant fust Huguenot, il la luy bailla: Ce fut vn coup qui eut deux effets d'importance. le premier, que n'aportant point de distinction de Religion en la gratification des Charges, il faisoit voir que ce n'estoit qu'à la rebellion qu'il faisoit la guerrè; le second, que ceux qui auoient seruy auec probité & bon courage, se pouuoient promettre les auantages d'vn just accroissemcnt de leur fortune. Il ne la point cecy à ce Lieutenant luy donnant la charge de Capitaine. Il luy fit sçauoir que ses leruices & son bon courage la luy auoient acquise.* (Bernard 1646: 287)

Dabei erfahren wir, daß die Besetzung der begehrten Charge einesteils auf der unbedingten Treue des Kriegers zu seinem König fußte: Der Konflikt hatte sich an der Insubordination gegenüber der Krone entzündet. So wurde als auswendiges Zeichen gesetzt, daß man selbst hugenottische Soldaten mit Offiziersrängen bedachte. Anderenteils wird deutlich, daß die Trefflichkeit im Kampf sich gleichwohl auf die Mehrung des eigenen Vermögens positiv auszuwirken vermochte. Auf diese Weise konnte Ludwig XIII. mit einer für ihn günstigen dreifachen Wirkung rechnen: Denn erstens sicherte und erhöhte ihm diese Entscheidung zugunsten der Protestanten deren Loyalität; zweitens setzte er damit ein klarer Signal nach außen, daß er allein wider Aufständische, welche die Integrität des Königreichs gefährdeten, zu Felde zog und drittens, daß die Kompetition im Innenverhältnis zu einer Erhöhung der Kampfanstrengungen führte, da diese evident belohnt wurden.

Bemerkenswert ist schließlich noch der Umstand, daß keiner der beiden Chronisten der Tatsache Rechnung trug, daß der "Capitaine de Boisverdun" gleichergestalt der reformierten Religion zugehörig war und nicht nur sein ihm nachfolgender Leutnant. Es spricht einiges dafür, daß dies aus Unkenntnis geschah, da die Analyse ansonsten anders ausgefallen wäre.

In diesem Zusammenhang ist bedauerlich, daß uns derzeit weder der genaue Name des auf diese Weise beförderten Offiziers noch der des Capitaine de Boisverdun zu ermitteln möglich ist. Theoretisch kämen alle Söhne von Charles I. Digeon de Boisverdun, das heißt Jean II., Pierre I., Henri, Balthazard und Jacques II. in Frage, mit Ausnahme von Charles II., da dieser mit Vertrag vom 27. April 1623 Jeanne de Beraud, Tochter von Ruben Beraud, Baron de Monteton und Seigneur de La Serpan, geehelicht hat, ergo zwei Jahre nach der Erstürmung von Saint-Jean-d'Angely noch am Leben war.

Ungleich genauer ist unsere Kenntnis hinsichtlich der Ehepartner der Töchter Charles' I. Digeon de Boisverdun, welche ohne Exzeption aus dem protestantischen Milieu Aquitaniens stammten. Sonach ehelichte Marie mit Vertrag vom 13. August 1606 den Écuyer Antoine d.J. de Badet, Sohn von Antoine d.Ä. de Badet, Seigneur de Bellissac. Über die Mutter des Bräutigams ist nach derzeitigem Wissensstand nicht bekannt, so daß eine konfessionelle Verortung nicht möglich ist. Ausdrücklich jedoch weist der Baron de Lanauze in seinem Manuskript darauf hin, daß es sich bei Antoine d.J. de Badet (auch: *Badetz* und *Badech* geschrieben (Mazet 1898: 485)) um einen bekennenden Protestanten handele.[88] Hieraus vermögen jedoch noch keine Rückschlüsse hinsichtlich des Konfession des Gesamthauses Badet gezogen werden. Denn nur Weniges ist von diesem sehr alten und seit vielen Jahrhunderten mit den einflußreichen Familien des Béarn verwandtschaftlich verbundenen Geschlechts bekannt. Mithin fehlen uns detaillierte Kenntnisse über die genealogischen Verbindungen, so daß in diesem Zusammenhang noch erhöhter Forschungsbedarf besteht. Zu den wenigen gesicherten Fakten gehört, daß die Badet sich im 14. Jahrhundert in zwei Hauptäste aufteilten: den der Badet-Lucq und den der Badet-Monein, welcher auch unter dem Namen Badet-Plaisance firmierte (Planté 1889–1890: 91 (Anm. 2)). Selbiger gehörte seit der Reformation dem Protestantismus an (Jaurgain 1879: 169). Nach Paul Raymonds *Dictionnaire topographique du Département des Basses-Pyrénées* verkörperte das der vicomté Béarn zugehörige Lehen Monein (64) (béarnais: Monenh) den Stammsitz des Geschlechts (Raymond 1863: 115). Diese Behauptung darf auch insofern nicht in Zweifel gezogen werden, als daß sich im *Cartulaire* der *Église collégiale de Saint-Seurin de Bordeaux* eine Restitutionsurkunde an Arnaud de Badetz (um 1110–143) auffinden läßt, in welcher Zensusund Sukzessionsfragen "*... in loco qui vocatur Bazes dominibus ibidem existentibus*" (C.E.S.B. LXCII 1897) apostrophiert werden, der prima facie mit der gleichnamigen Ortschaft Bazet (65) im Département Hautes-Pyrénées identisch ist, denn sowohl Badet als auch Monein finden sich in einer Aufstellung der Seigneurien, welche mit dem Recht versehen waren, in die Stände des Béarn einzutreten (Bertier 1973: 231). Dort heißt es außerdem, daß Tristan de Badet seine Tochter Anne, Dame de Badet, mit Germain de Munein (sic!) verheiratet habe, wodurch die beiden Herrschaften in der Person des genannten Germain während der ersten Hälfte des 16. Jahrhunderts vereinigt wurden.

Die jüngere Schwester von Marie Digeon de Boisverdun, Esther benamt, schloß den Lebensbund am 12. Oktober 1609 mit Bertrand des Homs, Écuyer, Seigneur de Favols, Sohn des zum Zeitpunkt der Eheschließung bereits verstorbenen Hermand des Homs und der Louise de Chanier. Der Bräutigam war derselben Familie zugehörig wie Anthonie des Homs, die bereits oben erwähnte Ehefrau von Arnaud Digeon de La Roque (vgl. Kap. 2.3.2.1: 119). In diesem Zusammenhang ist zu annotieren, daß die Herrschaft und das Château de Favols durch Heirat des Vaters von Hermand des Homs, benamt Bernard des Homs, mit Françoise de Montratier, Dame de Favols, zu den des Homs kam. Zu Louise de Chanier, der Mutter des Ehemanns von Esther de Digeon de Boisverdun, liegen keinerlei Erkenntnisse vor, so daß eine genealogische Zuordnung derzeit nicht möglich ist.

Auch Charlotte Digeon de Boisverdun, die jüngere Schwester von Esther, heiratet in ein sich dezidiert als protestantisch bekennendes Haus ein. Mit dem Vertrag vom 27. November 1618 ehelichte sie in erster Ehe Ruben de Beraud, den Vater ihrer Schwägerin Jeanne, welche, wie noch aufzuzeigen wird, mit Charlottes Bruder Charles II. Digeon de Boisverdun den Lebensbund eingehen sollte. Für Ruben de Beraud (vgl. zu seiner Genealogie: Anhang: B.3: 696) fungierte Isaac de Madaillan aus dem Zweig du Cauze als Trauzeuge (Campagne 1900: 303). Bedingt dadurch, daß wir auf Ruben de Beraud im Zusammenhang mit der Analyse

88 A.D.33, 9 J 60, p. 43.

des Zweiges Digeon de Monteton noch gesondert eingehen werden (vgl. Kap. 2.3.3.1: 178), wenden wir uns an dieser Stelle der Person des zweiten Mannes von Charlotte Digeon de Boisverdun zu, dem Baron de Virazeil und Seigneur de Tiregan, Jean de Belrieu de Virazel d.J., welchen sie nach dem gewaltsamen Tode ihres ersten Gatten am 3. Mai 1629 heiratete. Die Filiation der Familie von Jean d.J. de Belrieu de Virazel, die seit dem Hochmittelalter im Périgord ansässig war, setzt gemäß den Gebrüdern Haag mit Guillaume de Belrieu ein. Dessen Sohn Arnauld findet im Jahr 1289 in einem Rentenverschreibungsakt Erwähnung. Die Filiation setzt sich fort bis zu Jean d.J. de Belrieu de Saint Dizier, gestorben 1852, und ging schließlich mit dem Ehebund dessen einziger Tochter mit Louis de Brugière in dessen Geschlecht auf (Meller 1902: 5 (Anm. 5)). Eugène und Emile Haag führen ohne konkrete Referenzgabe "einige Heraldiker" an, die den Belrieu diese alte Stammfolge absprechen, da es sich bei ihrem Wappen (vgl. dazu: Froidefond de Boulazac 1891: 72 (Bd.1)), um ein sprechendes handele (Haag 1888: col. 877 (Anm. 1)). Diese Einschätzung spiegelt den Mitte des 19. Jahrhunderts vorherrschenden, mangelnden Kenntnisstand heraldischer Formen wieder und offenbart, daß es sich bei der Heraldik weiland um eine noch nicht vollständig ausgebildete historische Hilfswissenschaft handelte. Denn der Rückschluß, daß alte Wappen sämtlich durch einfache Heroldsbilder (*pièces héraldiques*) charakterisiert sind, ist unrichtig, da bereits viele der ältesten europäischen Wappen gemeine Figuren (*meuble*) aufweisen (vgl. zu den Unterschieden: Kap. 3.4.1: 388), die häufig in einem visuell manifestierten Sinnzusammenhang zu der jeweils wappentragenden Familie stehen (z.B. die Häuser Castilien, Noailles, Mailly, Montpezat etc.). Darüber hinaus war bereits früh bekannt, daß sich fast jedes Wappen in seiner finalen Bestimmung als ein "redendes Wappen" (*armes parlantes*, respektive *arma cantantia* oder *arma loquentia*) bezeichnen läßt, da kaum eine Wappenabbildung von der Namenskohärenz des jeweiligen Geschlechts "entkoppelt" ist (Court de Gébelin 1781: 150–157 sowie Boutell 1863: 88).

In bezug auf die Genealogie der Belrieus muß festgehalten werden, daß diese bis dato als wenig gesichert gelten muß und mithin noch ein hoher Erforschungsbedarf vor allem serieller Quellen besteht. Zwar gab es bereits Anfangs des 17. Jahrhunderts verwandtschaftliche Nachforschungen von staatlicher Seite durch André Charon, welcher 1623 den Lehenseid von Charles I. Digeon de Boisverdun in Empfang nahm (Dumont 1976: 3), doch als verbürgt vermag zunächst lediglich gelten, daß sich nach der Eheschließung von Jean d.Ä. de Belrieu, Vogt von Bergerac, am 5. Oktober 1515 mit Agnes de Frontas die Familie in zwei Äste dividiert hat: denjenigen, welcher durch den erstgeborenen Jean de Belrieu d.Ä. de Saint-Dizier und denjenigen des zweitgeborenen Jacques d.Ä. de Belrieu de Virazel, verheiratet mit Marguerite Lecomte. Von letztgenanntem stammt mutmaßlich auch Jean d.Ä., der Vater des oben genannten Ehemanns von Charlotte Digeon de Boisverdun, benamt Jean de Belrieu de Virazel d.J., ab. Drei Kinder gingen daraus hervor: Marguerite, Jacques d.J. und Marie. Letztgenannte war seit dem 22. Mai 1667 mit Eléazer de Luxe, Vicomte de Montbazillac, durch die Ehe verbunden. Über die Ehen von Marguerite und Jacques d.J. Belrieu de Virazel ist nichts Näheres bekannt. Bei Jacques d.J. ist dafür womöglich die Tatsache ursächlich, daß er durch die zunehmenden Verfolgungen seiner protestantischen Konfession, entweder im Vorfeld oder unmittelbar nach der Widerrufung des Edikts von Nantes, nach Irland auswanderte und im Jahr 1720 in Dublin verstarb. Er gehörte demnach zu der protestantischen Minderheit Irlands, die sich als französische Glaubensflüchtlinge der britischen Reformation in Irland anschlossen. Möglicherweise verließ er Frankreich im Jahr 1690 in Richtung der irischen Insel, da seine Tochter Marianne mit Hector François Chataigner de Cramahé, dem Adjudanten (*aide de champ*) von Henri de Massue (Marquis de Ruvigny, nachmaliger Earl of Galway und Mitglied des *Privy Council of the United Kingdom*), verheiratet war. Dieser verließ nämlich 1690 Frankreich, da er das Angebot Ludwigs XIV., nach erfolgreichen Geheimverhandlungen über ein Abkommen zwischen diesem und Karl II. von England. als General der Hugenotten seinem Vater nachzufolgen und in seinem Heimatland zu bleiben, ablehnte. Statt dessen begab er sich unter Wilhelm III. von Oranien als Generalmajor in englische Dienst und nahm am Pfälzischen sowie Spanischen Erbfolgekrieg gegen Frankreich teil (Lee 1936: 248).

Dies ist insofern bemerkenswert, als daß Pierre IV. Digeon de Monteton, nachweislich im Pfälzischen Erbfolgekrieg auf Seiten Frankreichs gekämpft hat, wie aus einem Schreiben seiner Witwe Magdeleine Durège an König Ludwig XV. im Rahmen der Verkaufsgenehmigung ihres Gutes Saint-Sernin zur Mitgiftaustattung ihrer Töchter zu entnehmen ist (vgl. Anhang: A.8: 652 Z.: 19–20). Demnach standen sich die Nachfahren zweier aus dem dezidiert protestantischen Milieu stammender Geschlechter als Soldaten und Angehörige derselben Konfession kämpfend gegenüber. Dieser prima vista paradoxe Befund erklärt sich vornehmlich aus einer Tatsache, die von der modernen Forschung bisher mitnichten gebührend Beachtung fand. Es verhielt sich nämlich regelmäßig ganz und gar nicht so, daß Hugenottenfamilien in toto, sonderheitlich grundbesitzende Adelsgeschlechter, gemeinsam nach dem Widerruf des Toleranzedikts von Nantes in mehreren Wellen ins protestantische Ausland übergesiedelten. Vielmehr muß in eienr Analyse, die einen Zeitraum von mehreren Generationen berücksichtigen sollte, den genealogischen Beziehungen auf der Mikroebene, das heißt denen des Individuums sowie des Familienverbandes Rechnung getragen werden. Denn Heiraten und mithin das Verwandtschaftsgefüge im Verbund mit akzidentiellen außenpolitischen Ereignissen, wie Friedens- und Beistandsabkommen oder Kriegserklärungen, bieten ein weites Forschungsfeld dafür, wie heterogen und kompliziert die Akteurskonstellationen in militärischer und diplomatischer Hinsicht im 17. und 18. Jahrhundert auf französischer Seite waren. Denn es war durchaus keine Seltenheit, daß sich Protestanten, in Gestalt von Cousins verschiedener Grade, Onkels und Neffen oder gar Brüdern, bei kriegerischen Auseinandersetzungen mit Frankreich gegenüber standen, da ein Teil der Familie (meist die Deszendenz des Erstgeborenen), im französischen Heimatland verblieb, um den mitunter jahrhundertelang tradierten Grundbesitz als Familienvermögen trotz politischer Repressalien für die Kinder und Kindeskinder zu thesaurieren. Eingedenk dieser Überlegungen könnte sich für die oben genannte Forschung der französischen Hugenottenemigration nach Irland ein fruchtbringender Ansatz ergeben, wenn man auf französischer Seite aus genealogisch-familiengeschichtlicher Perspektive die Beziehungen der einzelnen Entscheidungsträger bei der Ansiedlung untersucht, sintemal die neuere Forschung von einer weit reservierteren Haltung der *Church of Ireland* gegenüber den französischen Calvinisten ausgeht, als es bei der älteren Literatur der Fall war (Hylton 2005: v.a. 173). Unter Umständen könnte ein Erklärungspotential darin liegen, daß neben den vordergründigen und naheliegenden Integrationsschwierigkeiten sich ein gewisses Mißtrauenspotential aus den nie zur Gänze abgerissenen Verbindungen der protestantischen Einwanderer zu den Angehörigen in Frankreich, dem erklärten Feind der Iren, speiste.

Auch die jüngere Schwester von Charlotte, Anne II. Digeon de Boisverdun trat durch ihre Heirat mit Jean de Polastron am 16. Juli 1629 in ein in Teilen protestantisches Geschlecht ein, welches originär der Grafschaft Armagnac entstammt und dort durch seine Verdienste bereits seit dem 13. Jahrhundert Erwähnung findet. Im Laufe der nachfolgenden Jahrhunderte siedelte es sich durch Heiraten und militärische Eroberungen in der Guyenne und im Languedoc an, wo es die Zweige Montepezat, Maurens, Puiminet, du Mona und de La Hillière ausbildete (La Roque 1972b: 262). Dabei ist interessant zu sehen, daß auch hier eine konfessionelle Trennlinie die Familie durchzog. Denn der Ast de La Hillière stellte zwischen 1570 und 1724 insgesamt 18 Malteserritter, darunter zwei Kommandeure des Ordens,[89] wohingegen die Linie

89 A.N. MM 817 sowie 813, p. 409.

du Mona, wozu auch Jean de Polastron gehörte, im 16. Jahrhundert zum Protestantismus konvertierte (Thezan 1868: 122). Begründer dieses Zweiges war Assalt de Polastron über dessen Ehefrau nichts überliefert ist. Sein älterer Bruder Bernhard sollte die ältere Linie der Polastron kontinuieren, von welcher Yolande de Polastron, die am 7. Juli 1767 mit Jules Comte de Poliganc, Sohn von Héracle-Louis, Vicomte de Polignac und der Diane de Mazarin nachmaliger Erster Duc de Polignac, den Lebensbund einging. Sie galt neben der Fürstin von Lamballe als engste Freundin und Vertraute von Königin Marie-Antoinette, wessenthalben sie zur *gouvernante des enfants royaux* ernannt wurde und eine Reihe weiterer Gunstbezeugungen vom Königspaar erhielt (vgl. weiterführend: Colas Des Francs 2008). Demgemäß kann der Rückschluß gezogen werden, daß sich die älteste Linie der Polastrons definitiv zum Katholizismus bekannte. Möglicherweise begann die konfessionelle Separierung im Innenverhältnis des Geschlechts mit dem ältesten Sohn von Assalt de Polastron du Mona, Arnaud Guillaume, der erstmals um 1520 Soubirane de Goth ehelichte, welche aus derselben Familie stammte wie die bereits oben erwähnte Marquèse de Goth, Nichte Papst Clemens' V. (vgl. Kap. 2.1: 54). Aus dieser Verbindung ging der erstgeborene Bernhard hervor, welcher kinderlos verstarb. In der zweiten Ehe mit Marguerite de Vinhale wurde François d.Ä. geboren, der durch seine um 1560 geschlossene Verbindung mit Hélène de Buisson der Vater von François d.J. wurde, der wiederum seit 1599 mit Suzanne de Luppé, Tochter von Jean de Luppé und der Marguerite de Morlhon verheiratet war und in zweiter Ehe Isabeau Doux geehelicht hatte. Aus dem ersten Eheverhältnis stammt der genannte Jean, Ehemann von Anne II. Digeon de Boisverdun.

Die Adelsqualität der Polastron wurde bereits im 17. und 18. Jahrhundert einer genauen Überprüfung unterzogen. Davon gibt die Beurteilung durch Nicolas-Pascal de Clairambault, dem *généalogiste du Roi* in der Zeit zwischen 1716 und 1758 (vgl. Tab. 4.2: 416), beredtes Zeugnis:

> "*La filiation certaine de messieurs de Polastron d'aujourd'hui se remonte, à plus de 300 ans, c'est-à-dire depuis l'an 1415. Avant et depuis ce temps-là, leurs services sont mentionnés dans les guerres des nos rois. Ils ont produit beaucoup de chevaliers de l'ordre de Saint Jean de Jérusalem dit de Malte.*"[90]

Demnach vermochten die Polastrons nicht ihre adlige Abkunft vor dem Jahr 1400 zu belegen, sondern verpaßten das für die Erlangung der "Honneurs de la Cour" erhebliche Datum um 15 Jahre (vgl. Kap. 4.1.3: 416). Gleichwohl betrachtete Clairambault trotz dieser, nach streng formalistischen Kriterien unzureichenden Qualifikation, den familienhistorischen Gesamtkontext und die nachweislichen Verdienste der Familie vor 1400 sowie die beträchtliche Anzahl durch sie gestellter Malteserritter, so daß Ihnen fünfmal die Ehre zuteil wurde (1738, 1752, 1771, 1778 und 1780)[91] bei Hofe zugelassen zu werden (vgl. dazu: La Chesnaye-Desbois 1870: 11–12 sowie La Plagne-Barris 1896: hier: v.a. 249–251). Unabhängig von den genannten Meriten dürfte ein Umstand die Erlaubnis, sich im höfischen Umfeld des französischen Königs aufhalten zu dürfen, deutlich befördert haben, welcher indes bei dem Hofgenealogen mit keinem Wort Erwähnung findet: Denn durch die Eheschließung des gemeinsamen Sohnes von Jean de Polastron und Anne II. Digeon de Boisverdun, benamt Charles Paul, mit Anne de Bourbon-Lavedan traten die Polastrons und Digeons in eine blutsverwandtschaftliche Beziehung zum regierenden Königshaus Frankreichs. Anne war die Tochter von Gédéon de Bourbon-Lavedan, Baron de Basian, Begründer des Zweiges der Bourbon-Lavedan-Basian, und Anne Louise d'Alba Denn Jeanne Louise d'Albret (Tochter von Jean d'Albret, Vicomte de Tartas, und der Catherine de Rohan) zeugte mit Jean II. einen Sohn namens Charles de Bourbon, genannt

90 B.N.F. Collection Clairambault, 159.
91 A.N. MM 817 sowie 813, p. 409.

der Bastard de Bourbon. Jean II., Comte de Clermont, dann Duc de Bourbon und d'Auvergne, war Sohn von Charles I. Duc de Bourbon und der Agnes de Bourgogne. In erster Ehe offiziell verheiratet war er mit Jeanne de France, Tochter von Karl VIII., König v. Frankreich, und der Marie d'Anjou, in zweiter Ehe mit Catherine d'Armagnac, Tochter von Jacques d'Armagnac (Duc de Nemours, ein Cousin ersten Grades von Jean V. d'Armagnac, mit welchem Catherine d'Anglade, Schwägerin von Pierre de Digeon, den Kampf um die Baronie von Cancon aufnahm (vgl. Kap. 2.2: 74) und der Louise de Anjou. Seine dritte Ehe ging er mit Jeanne de Bourbon ein, Tochter Jean VIII. de Bourbon, Graf von Vendôme und Isabelle de Beauvau. Charles der Bastard de Bourbon galt als Stammvater des unehelichen Zweiges Lavedan des Hauses Bourbon und wurde später zum Baron de Chaudes-Aigues et de Malause, Seigneur de la Chauffée, d'Estain, de Bouconville sowie conseiller und chambellan du Roi, sénéchal de Toulouse und de Bourbonnais ernannt. Darüber hinaus wurde es ihm gestattet das Lilienwappen der Bourbonen zu führen (Eschavannes 1844: 86), jedoch mit der Einschränkung versehen, daß er nicht – wie es alleiniges Prärogativ des Königshaus als des ältesten Zweiges der Familie – die "armes pleines", das heißt, das volle Wappen zu tragen dürfe, sondern das mit einem zweifachen Bruch versehene Wappen als Signum der doppelten Unterlegenheit. Zur Begründung hieß es, bei den Bourbon-Lavedan handele es nicht nur um eine nachgeborene, sondern gleichergestalt auch um eine uneheliche Linie des Hauses Frankreich (vgl. Kap. 4.1.2: 415).

Der Name Lavedan wurde durch die Eheschließung des ältesten Sohnes von Charles de Bourbon, Hector mit Louise de Lion im Jahre 1489, welche die Vicomté Levedan als Mitgift in die Ehe einbrachte, namensgebend. Als er in der Schlacht von Pavia am 24. Februar 1525 fiel, ging der Titel des Vicomte de Lavedan an seinen jüngeren Bruder Jean, Baron de Malause und de Barbazan, verheiratet ab 1489 in erster Ehe mit Antoinette d'Anjou und ab 1539 mit Françoise de Silly über. Der zweitjüngeste Bruder und Ururgroßvater von Anne de Bourbon-Lavedan, Gaston de Bourbon-Lavedan erhielt die Seigneurie Bazian und setzte als Stammvater die Linie Bazian durch den Lebensbund mit Suzanne de Castéja fort. Da er nie die Vizegrafschaft Lavedan besaß, wäre es präziser bei seiner Filiation von den "Bourbon-Bazian" zu sprechen. Viel ist von dieser natürlichen Nebenlinie der Bourbonen nicht auf uns gekommen. Möglicherweise ist dies der Tatsache geschuldet ist, daß sie sich seit Jean de Bourbon-Bazian, Baron de Bazian (Seigneur d'Audenge und Lacanau, verheiratet mit Françoise de Saint-Martin und Sohn des genannten Gaston de Bourbon-Bazian) zum Protestantismus bekannte. Vielleicht liegt in der für die Bourbonen ungewöhnlichen Konfession ein Erklärungshinweis, wessenthalben Clairaumbault es nicht für nötig befunden hat, diese Eheschließung zu apostrophieren. Über das Erlöschen des Hauses Bourbon-Lavedan war bis in das erste Quartal des 19. Jahrhunderts kaum etwas überliefert (so z.B. Archaintre 1825: 465–466). Erst durch spätere Arbeiten erfahren wir, daß der letzte Vertreter der Bourbon-Lavedan vom Stamme der Barone de Bazian, Louis d.J. de Bourbon-Lavedan, verheiratet 1725 in der Diözese von Auch mit einem Demoiselle Dalies, Tochter eines Parlamentsrats von Toulouse, im Jahr 1726 kinderlos verschied. Er war Sohn von Louis d.Ä. de Bourbon-Lavedan und der Anne Garisson, Zuvor hatte er testamentarisch verfügt, daß seine Frau als "dame seigneuresse" die Herrschaft sowie die Länderein von Bazian zugesprochen bekommen sollte (La Plagne-Barris 1896: 252).

Die letzte der Töchter von Charles I. Digeon de Boisverdun, Catherine, verband sich durch Eheschluß mit einem Geschlecht, über welches fast kaum etwas bekannt ist, respektive welches sich nicht in aller Eindeutigkeit identifizieren läßt. Sie heiratete an einem nicht genau überlieferten Datum Antoine de La Clergerie, Seigneur de La Lande. Auf Grund der Eheschließung des aus dieser Verbindung hervorgegangenen Sohnes Charles d.Ä. de La Clergerie, am 17. September 1659 mit Antoinette de Paloque, Tochter von Jean-Louis, Seigneur de Paloque, und der Clemence de Fargues sind wir in der Lage, das mumaßliche Hochzeitdatum auf die Zeit um 1640 einzugrenzen. Charles d.Ä. de La Clergerie starb 1717. Die de La Clergerie tauchen unvermittelt in der Guyenne auf und haben über ihre Ursprünge keinerlei Anhaltspunkte hinterlassen, was zunächst auf eine Familie neueren Adels hinweisen würde. Daher wurde teilweise gemutmaßt, daß es sich bie Ihnen um einen Zweig des alten Hauses "de Lalande" handelt, da die Herrschaften La Lande und la Tour bei diesem ebenso figurieren (Meller 1978: 277 (Bd. 2)) wie bei den Clergerie (Campagne 1905: 167). Für diese These spräche, daß die Schwester von Antoine de La Clergerie, Catherine, welche mit Antoine de Boulède verheiratet war, ausdrücklich als Schwester von Martial de Lalande genannt wurde. Allerdings ist dieses Indiz allein noch nicht hinreichend für eine eindeutige Identifikation der "La Lande" mit den La Clergerie, da die Elimination des eigentlichen Familiennamens zugunsten desjenigen der jeweiligen Herrschaft ein beliebte und Verwirrung stiftende Eigenheit des französischen Adelssystems war (vgl. Kap. 4.1.1: 409), wie ein Prozeß zwischen Jean Sarrau, Sieur de Boynes und Martial de La Clergerie, Sieur de Lalande gegen Jeanne Cheval von 1673 beweist.[92] Demnach war Martial de Lalande eindeutig dem Geschlecht der Clergerie zugehörig. Ob es sich bei diesem nun um dasjenige handelt, welches von Froidefond de Boulazac in seinem *Armorial de la Noblesse du Périgord* als ursprünglich aus dem Périgord entstammend genannt wird, vermochte bisher nur gemutmaßt werden (Froidefond de Boulazac 1891: 43 (Bd.2)). Allerdings bieten zwei Militärrollen (dort genannt "Montres" von lat. *monstrare*, *Monstrancia*, was im *Glossarium mediae et infimae latinitatis* von Du Cange als *Militum recensio* – eine Revue von Soldaten – übersetzt wird, damit diese in Friedenszeiten erfaßt werden konnten Du Cange 1954a: col. 530c) aus der Kompanie von Blaise de Montesquiou-Montluc (vgl. Kap. 2.3.1.1: 84 sowie Kap. 2.3.2.3: 139) signifikante Anhaltspunkte für eine Identität der beiden von Meller und Froidefond de Boulazac getrennt behandelten Geschlechter. So taucht auf der ersten Aufstellung der Soldaten unter dem Kommando von Montluc vom 10. März 1568 unter den Bogenschützen ein "*Jehan de La Clergerie, s^r de la Lande, de la jurisdiction de Montflanquin, senechausée d'Agenois*" (Magen 1882: 375) auf, welcher in der zweiten Rolle vom 20. September 1569 erneut zunächst unter den *archiers* geführt wird, indes durch Imbertou Servat ersetzt wurde, da man den Erstgenannten zum *homme d'armes* beförderte (Magen 1882: 383). Dort erhielt er als "*Jehan de la Clergerie, seigneur de la Clergerie, en Périgord, cy devant archier*" (Magen 1882: 380) den vakanten Posten von Arnauld de Larroque, genannt la Sobolle. Daraus resultiert, daß es sich einesteils bei allen drei Nennungen des Namens "Jehan de la Clergerie" durch die serielle Bezugnahme, um ein und diesselbe Person handelt, anderenteils, daß diese mit verschiedenen Herkunftsbezeichnungen sowohl im Agenais als auch Périgord lokalisiert zu werden vermag. Mithin kann es nicht zuletzt auf Grund der Tatsache, daß die Seigneurie La Clergerie im Süden des Périgord und La Lande im Norden des Agenais situiert ist, als recht wahrscheinlich angenommen werden, daß es sich bei den Inhabern der genannten Herrschaften um ein gemeinsames Geschlecht handelt.

Zur Familie Digeon schließt sich der Kreis gleichfalls über die zweite Militärrolle, denn dort findet sich als Substitut für Augier de Cazemajor, welcher die Beförderung zum *homme d'armes* empfing, "*Bernard Dijon, dict la Roque, de Tombeboeuf*" (Magen 1882: 384). Eine genaue Verortung des Genannten im genealogischen Gesamtkontext der Familie Digeon ist derzeit nicht zu leisten, da sein Name in den übrigen aufgefundenen Quellen nicht erscheint. Als gesichert kann lediglich gelten, daß er vom Zweig der Digeon de La Roque stammt. Legt man ein approximatives Geburtsdatum um das Jahr 1550 zu Grunde, könnte es sich um einen Bruder von François Digeon de La Roque gehandelt haben (vgl. Anhang: B.7: 700). Ferner vermag aus der Tatsache, daß die Clergeries und Digeons zusammen in einer Kompagnie

92 A.D.47, E 763.

unter dem Kommando von Blaise de Montluc gedient haben, der Rückschluß gezogen werden, daß diese spätestens im Herbst 1668 im Rahmen des Zweiten Hugenottenkrieges gegen die Protestanten zu Felde zogen und sich mit hoher Wahrscheinlichkeit an den Schlachten von Jarnac (März 1569) und Moncontour (Oktober 1569) beteiligten (Carroll 1998: 133). Demgemäß läßt sich in dieser frühen Phase der Reformation zumindest für den Zweig Digeon de La Roque nachweisen, daß die Loyalität zum französischen König eine höhere Priorität besaß als die eigene konfessionelle Zugehörigkeit. Unter Umständen bietet diese Festellung auch Anhaltspunkte für die oben formulierte Vermutung, daß auch die Digeon d'Autramat während der religiösen Auseinandersetzungen in den Reihen der Katholiken gestanden haben könnten (vgl. Kap. 2.3.1.2: 92).

Dies wäre vor dem Hintergrund, daß sich durch die weitere familienhistorische Entwicklung sowohl die de La Clergeries wie gleichergestalt das Hauses Digeon als dezidiert protestantische Familien taxieren lassen, die stets im reformierten Milieu ihre Ehepartner suchten, durchaus bemerkenswert. Das erzeigt sich nicht zuletzt durch die Eheschließung eines jüngeren Charles de La Clergerie, seigneur de Laval mit Marguerite de Bacalan. Diese Marguerite ist, gemäß der "Histoire des Bacalan du XVe au XXe" von Maurice Campagne, die Tochter von Etienne de Bacalan und Marie d.J. de Lidon (Campagne 1905: 167), ihrerseits wiederum die Urenkelin des bereits oben erwähnten Joseph de Lidon und Hélène Digeon de Boisverdun (vgl. Kap. 2.3.2.1: 123). Möglicherweise handelt es sich beim Bräutigam um einen Sohn von Charles d.Ä. und damit Enkel von Antoine de La Clergerie und Catherine Digeon de Boisverdun.

Damit ist die Betrachtung der Kinder Charles I. abgeschlossen. Die männnliche Linie der Digeon de Boisverdun wurde durch den Sohn des Erstgeborenen von Jean II., Charles III. Digeon de Boisverdun kontinuiert. Dieser war bereits mit dem Adelsbeweis von 1666, welchen er als Oberhaupt des Zweiges Digeon de Boisverdun erbringen mußte, in Erscheinung getreten (vgl. Anhang: A.4: 628). Als Erstgeborener, welcher dazu bestimmt war, die Familientradition fortzuführen, heiratete er eine Partnerin aus einem besonders reputierlichen Geschlecht: So trat er durch den Vertrag, geschlossen im Château de Cambes am 4. Juno 1644 (nicht 1664 wie fälschlicherweise bei Bourrousse 1885: 294),[93] worin eine Mitgift von 40.000 Livres vereinbart wurde, mit Brandelize de Timbrune de Valence Tochter von Julien de Timbrune de Valence und der Isabeau de Benquet de Pellegrue, vor den Altar. Die Genealogie der Timbrune ist zwar in ihren Anfängen, besonders aber ab dem 18. Jahrhundert gut bekannt (La Chesnaye-Desbois 1876: 16–19), doch mangelt es bis dato an einer kohärenten Studie, welche die Familiengeschichte sonderheitlich im 16. und 17. Jahrhundert beleuchtet. Originär stammte das Geschlecht nicht aus dem Südwesten Frankreichs, sondern es läßt sich erstmals in der Picardie und dem Boulonais, respektive dem Gebiet der Diözese von Boulogne verorten, wo das Schloß und die Herrschaft von Timbrune gelegen war. Dieser Besitz (ursprünglich: *Thiembronne*), heute im Département Pas-de-Calais (62) in der Region Nord-Pas-de-Calais, circa 15 Kilometer nördlich von Frugès im Kanton Fauquembergues befindlich, bildete eine von zwölf Baronien des Boulonais und Artois, welche, wie man der "Histoire de Calais" von LeFebvre entnehmen kann, durch Karl den Großen geschaffen wurde. Verbunden ist das Haus seit seinen Anfängen im 12. Jahrhundert mit den Grafen von Guînes und Ardres, wessenthalben es bereits früh einen distinguierten Rang unter dem hohen Adel des Landes einnahm (Lefebvre 1766: 428–429 (Bd.1)). Dies lag nicht zuletzt daran, daß die Comté von Guînes zu den ersten großen Grafschaften gezählt wird, welche bereits in karolingischer Zeit hereditär wurden (dazu immer noch grundlegend: Ganshof 1977). Vermutlich war das Land seit dem 7.

93 A.D.47, B 63, fol. 175.

Jahrhundert Teil der Grafschaft Flandern, die das Gebiet zwischen den Flüssen Somme und Schelde umfaßte. Gesichert gilt, daß Walbert, Graf von Arques das gesamte Territorium, welches er in Guînes besaß, an den heiligen Bertin, den Apostel der Region Saint-Omer und Gründer der späterhin nach ihm benannten Abtei Saint-Bertin, übergab. Die erste urkundliche Erwähnung des Namens in der Form *Gisna*, aus welcher sich die heutigentags verwendete Bezeichnung *Guînes* entwickelte, stammt vom 11. Oktober 807, als eine gewisse Lebtrude durch eine Urkunde den Mönchen der genannten Abtei ihre Besitzungen am Gisnerlet, dem Fluß durch Guînes, benamt *Wasconingwalla*, aus welchem sich das jetzige *Walle* entwickelte, schenkte (vgl. zur Etymologie: Milis (1978)). Die weitere Entwicklung der Grafschaft Guînes widerspiegelt die heftigen militärischen Auseinandersetzungen, vornehmlich während des 11. und 13. Jahrhunderts zwischen den Königen von Frankreich und den Grafen von Flandern wider, wodurch sie schließlich zerrieben wurde (vgl. zu dieser Epoche v.a. Chanteux-Vasseur 1935: 57–64). So mußte Arnoul III., 12. Graf von Guînes, als er am 12. Juli 1253 in der Schlacht von Walcheron in Gefangenschaft geriet, um freigelassen zu werden, seine Grafschaft an König Philippe IV. v. Frankreich verkaufen, was 1285 erfolgte. Zwar erhielt die Enkelin Arnouls III., Johanna v. Guînes, Ehefrau von Jean II. de Brienne, Graf v. Eu, zehn Jahre später einen Teil der Besitzungen ihres Großvater wieder zurück, worauf ihr Mann den Titel eine Grafen v. Guînes annahm, indes endete die Herrschaft des Hause Brienne circa ein halbes Jahrhundert später endgültig, als Rodolphe II. v. Brienne, Graf v. Eu, und Connétable von Frankreich, nach seiner Rückkehr aus vierjähriger englischer Gefangenschaft am 18. November 1350 auf Befehl König Johanns II. verhaftet und einen Tag später enthauptet wurde (Ganshof 1931 sowie Lambertus Ardensis 2001). Die frühen Relationen zwischen den Grafen von Guînes und den Timbrune zeigten sich bereits an Guy de Timbrune, mit welchem die erste urkundliche Erwähnung dieses Geschlechts erfolgte: Er erscheint als Zeuge eines Rechtsakts von 1170, in dem Baudoin II., Graf v. Guînes, und sein Sohn Arnoul I., eine Kaution auf Grundlage einer Vereinbarung übergeben, die zwischen dem Abt und den Mönchen von St.-André d'Ardres auf der einen und Guillaume Brédenarde auf der anderen Seite getroffen wurde (Chesne 1631: 69 (Bd. 2)).

Fünf Jahre später beginnt die sichere Stammreihe der Timbrune mit dem Chevalier Clerembault, als dieser im Jahr 1175 eine Schenkung an die Abtei von St. Bertin durch Guillaume, Kastellan von St. Omer, unterzeichnete. Mit den Ehen der beiden Kinder von Clerembault verfestigten sich die auswendigen Verbindungen zwischen den Häusern Guînes und Timbrune zu Blutsbanden: Die Tochter Adelis wurde mit Manasses de Guînes, einem jüngeren Sohn des bereits genannten Baudoin II. und der Chretienne d'Ardres vermählt. Ihr Bruder Guillaume, Seigneur de Timbrune heiratete seine Schwägerin, Mahaud de Guînes, gleichergestalt Tochter von Baudoin II. Drei Generationen nach diesen Heiraten sollte die älteste Linie der Timbrune im Mannesstamm erlöschen. Um das Jahr 1290 gelangte die Baronie Timbrune durch die Heirat von Jeanne de Timbrune mit Jean de Bournel (Seigneur de Puisieux, Urgroßvater von Guillaume de Bournel, Seigneur de Lambercourt, *grand maître de l'artillerie de France* im Jahr 1473) zu den Bournels, welche bis zu ihrem Absterben im 19. Jahrhundert eine große Anzahl von Offizieren im Dienste Frankreichs gestellt hatten (Courcelles 1827: 305). Die männliche Nachkommenschaft der Timbrune konservierte sich jedoch noch einige Jahrhunderte in Gestalt von Guillaume I. de Timbrune, Vertreter eines jüngeren Zweiges, durch dessen Emigration in die Guyenne während der Kämpfe des Hundertjährigen Krieges. Dieser junge Seigneur diente zunächst in einer Kompagnie von Raoul, Comte de Marle, Capitaine-Commandant des Agenais und der Guyenne im Jahr 1398. Ein Jahr später wurde er zum Capitaine-Gouverneur der Stadt und der Burg von Puymirol (47) im Agenais befördert. Dabei geschah die Übernahme dieser Funktion nicht zufällig, da er im Jahr 1400 mit Bertrand de Saint-Pierre-Laval, Tochter und einzige Erbin von Rattier, Capitain-Châtellain der Stadt von Puymirol den Bund der Ehe eingegangen war. Wahrscheinlich war diese Tätigkeit sowie die mutmaßlich nicht geringe Mitgift seiner Braut dem zuträglich, daß er die gleichfalls im Agenais befindliche Herrschaft von Valence durch Kaufvertrag von 1403 erwerben konnte. Selbige sollte für den in Aquitanien ansässigen Teil der Familie Timbrune namenskonstituierend sein. Der aus dieser Verbindung hervorgegangene Sohn Guillaume II., Seigneur de Valence, Teyrac, Fontenilles, Saint-Pierre-Laval, Castet etc., heiratete Mondine de Ligardes, Tochter des Seigneur de Ligardes im Condomois. Die Nachkommenschaft, welche diese Ehe gründete, war zahlreich, so daß die Timbrune sich qua Heirat mit vielen Häusern Südwestfrankreichs, wie den Bouzet, den Castelbajac, Béarn, Mauléon, d'Entragues, Hautpoul, Grossolles-Flamarens, Crussol-d'Amboise, Gontaud-Biron, Levis-Mirepoix etc. verbinden konnten (La Chesnaye-Desbois 1876: 17–18). Die Allianzen mit den genannten Geschlechtern, welche zu den prestigeträchtigsten der gesamte Guyenne gehörten, lassen Rückschlüsse in bezug auf die soziale Stellung zu, welche diese Familie, trotz der seinerzeit nicht sonderlich lang zurückliegenden Neuansiedelung in Aquitanien, innegehabt haben mußte. Hierfür nicht unerheblich maßgeblich war höchstwahrscheinlich die oben skizzierte Verwandtschaft zu den Grafen von Guînes. Folglich vermochten es die Timbrune an ihrer gesellschaftlichen Verortung im Hierarchiegefüge der südwestfranzösischen Nobilität quasi nahtlos anknüpfen. Diese Taxierung fand gleichfalls in offizieller Form ihre Anerkennung als Bernard Chérin seine Einschätzung im Zusammenhang mit der Gewährung der *Honneurs de la Cour* formulierte:

> "[Cette maison] *est connue dans l'Agenois depuis 1398. Elle prouve invinciblement sa filiation par titres originaux depuis la même époque de 1398. Elle a eu des possessions assez considérables, s'est constamment bien alliée, a des services dans les derniers temps et compte actuellement quatre maréchaux de camp.*"[94]

Hierin gelangt neben der expliziten Bestätigung, bereits vor dem geforderten Jahr 1400 seine adelige Filiation lückenlos nachweisen zu können (vgl. Kap. 4.1.3: 416), das Anerkenntnis zum Ausdruck, neben erheblichem Grundbesitz auch über gute Eheallianzen zu verfügen sowie treue Dienste in vergangener und gegenwärtiger Zeit für die Krone Frankreich geleistet zu haben. Mithin nimmt es nicht wunder, daß die "Honneurs" sowohl für das Jahr 1778 als auch 1785 problemlos gewährt wurden.[95] Wie bereits darauf hingewiesen wurde, ist das Wissen um die genealogischen Zusammenhänge des 16. und 17. Jahrhunderts in bezug auf die Timbrune dürftig. Demnach ist es derzeit lediglich möglich, die Vorfahren väterlichenteils von Brandelize de Timbrune bis zu deren Großeltern zurückzuverfolgen. So ging ihr Vater, der bereits apostrophierte Julien aus der Verbindung von Emmanuel I. de Timbrune de Valence, Seigneur de Castels, und der Brandelize de Béon du Massez hervor. Henri O'Gilvy gibt in seinem sehr ausführlichen Artikel zu dem Haus Béon ihren Namen mit Cécile alias Marthe an, wobei er sich dabei – selbst nicht ganz sicher – wie auch bei den Namen ihrer Vorfahren auf Chérin bezieht (O'Gilvy 1860: 324). Allerdings erscheint der Vorname Brandelize ein Mehr an Plausibilität für sich zu reklamieren, da es durchaus Usus war, seine Kinder nach der eigenen Mutter zu benennen, wie dies augenscheinlich im Fall der Tochter von Julien de Timbrune der Fall war. Darob folgen wir hierin, gleichfalls wie bei den vorangegangenen Generationen, den Ausführungen von Fourny in seiner "Histoire genealogique de la maison de Faudoas" (Du Fourny 1724: 220–221). Hierin zeigt sich auch, daß die Groß- und Urgroßmütter der Brandelize de Béon von der Vaterseite aus den Häusern Castelbajac und Montesquiou-Déveze kamen, wodurch sich die Beziehungen zu den Lustrac

94 B.N.F., Fonds Chérin, 197.
95 A.N. MM 817 sowie A.N. MM 812, p. 483.

und Digeon wieder schließen (vgl. Kap. 2.3.2.3: 138). In diesem Zusammenhang sei zu den Béon vermerkt, daß man den Ursprung von selbigen im souveränen Grafenhaus von Béarn im 12. Jahrhundert supponiert. Der Wahrheitsgehalt dieser Mutmaßung läßt sich jedoch bis dato in letzter Konsequenz nicht nachweisen, auch wenn eine Vielzahl von Indizien dafür spricht (dazu sehr detaillreich: O'Gilvy 1860: 265–337 sowie: La Chesnaye-Desbois 1863b: 909–913). Es gilt indes als gesichert, daß es sich bei Arnaud-Guillaume, Seigneur de Béon um den Schwager von Roger-Bernard I., souveräner Graf v. Foix, gestorben 1188, handelt. Daraus resultierend kann er zugleich als der Onkel von Raymond-Roger, Comte de Foix, angesehen werden, welcher Richard I., genannt Löwenherz, und König Philippe Auguste von Frankreich auf dem dritten Kreuzzug 1191 begleitet hatte, wie ein Rechtsakt von 1204 beweist (O'Gilvy 1860: 265). Auf Grund solcher Ursprünge mit einem souveränen Feudalgeschlecht im 12. Jahrhundert gelangt Bernard Chérin bei seiner Eignungsbeurteilung für die Zulassung bei Hofe zu einer äußerst unmißverständlichen Analyse:

> "*Maison originaire de Béarn, répandue dans les provinces voisines qui, à l'exception des charges de la Couronne réunit tous les caractères de la haut noblesse, c'est-à-dire l'ancienneté, les possessions et les alliances.*"[96]

Der qualifizierende Ausdruck "haut noblesse" findet sich in den Stellungnahmen des *généalogiste du roi* nur selten, da diejenigen, welche die *Honneurs* am Hofe empfingen, ohnehin eine selektierte und qua dessen bereits herausgehobene und mithin höhere Stellung im Ranggefüge des französischen Adels einnehmende Gruppe waren. Ohne Zweifel kam bei dieser Bewertung dem Umstand eine nicht unerhebliche Rolle zu, daß die Béon in eine Ehebeziehung zu einem imperialen und königlichen Hause, den Luxembourg-Ligny, traten. Letztgenannte sind der in Frankreich naturalisierte jüngere Zweig des deutschen Hauses Limburg-Arlon, dessen ältere Linie als Haus Luxembourg neben den Habsburgern die meisten römisch-deutschen Kaiser und Könige stellte (vgl. weiterführend: Hoensch 2004). Den Höhepunkt ihres Prestiges erlangten die Luxembourg-Ligny, als François de Luxembourg 1581 zum Duc de Piney und Pair von Frankreich ernannt wurde. Sein Sohn Henri nannte sich "Duc de Luxembourg et de Piney", das heißt, er stellte den Herzogtitel seinem eigenen Familiennamen vor, was eine in Frankreich durchaus gültige Praxis war (vgl. z.B. die de Podenas Kap. 3.4.2: 393) und mithin eine de facto Standeserhöhung des angestammten Namens bedeutete, auch wenn dies vom Monarchen nicht primär intendiert war. Allerdings ist der übrige Namensbestandteil jenseits des eigenen Geschlechternamens gleichfalls Teil desselben, so daß es eine geänderte Reihenfolge der einzelnen Teile allein unter äußerst eng gefaßten formalistischen Gesichtspunkten zu beanstanden wäre.

Besagter François de Luxembourg-Piney war der jüngere Bruder von Jean IV., 1557 Comte de Brienne, de Ligny etc., welcher mit Guillemette de La Marck-Bouillon, den Bund des Lebens geschlossen hatte. Guillemette de La Marck-Bouillon war Tochter von Robert IV. de La Marck (Duc de Bouillon, Prince de Sédan, Marschall von Frankreich) und der Françoise de Brézé, diese hinwiederum Tochter von Louis, Seneschall der Normandie, und Diane de Poitiers. Neben fünf weiteren Kindern, gebahr Guillemette de La Marck-Bouillon eine Tochter Louise, welche in erster Ehe Georges d'Amboise d'Aubigoux, Baron de Cazaubon und in zweiter Bernard III. de Béon du Massès, Marquis de Bouteville, ehelichte. der seinesteils in erster Ehe per Vertrag vom 1. Januar 1572 Gabrielle de Marast zur Frau genommen hatte. Das genaue Datum der Heirat von Bernard III. mit Guillemette de La Marck-Bouillon ist nicht auf uns gekommen, vermag aber um 1580 angesetzt zu werden.

96 B.N.F., Fonds Chérin, 3.

Die Nachfahren von Bernard III. sollten auf Grund dieser Verbindung das Recht erhalten, ihrem Namen Béon mit dem de Luxembourg zu verbinden, da man den illustren Namen Luxembourg nicht vollständig untergehen zu lassen gedachte (O'Gilvy 1860: 334): Die Nachkommenschaft von Jean IV. de Luxembourg-Piney war ohne männlichen Nachfolger geblieben und auch die übrigen vier Hauptlinien des Gesamthauses Luxembourg sukzessive erloschen. Bernard III. war darüber hinaus der jüngere Bruder von Jean-Pierre de Béon du Massès, und damit der Onkel von Brandelize. In diesem Zusammenhang liegt die Vermutung nahe, daß die Brüder Jean-Pierre und Bernard III. de Béon durchaus in ihren Konfessionen divergierten, da es einesteils als nahezu unmöglich angesehen werden kann, daß eine Ehe mit einer Vertreterin aus dem Hause Luxembourg geführt zu werden vermochte, ohne sich dabei zum Katholizismus zu bekennen. Mit dem Aufkommen der innerfranzösischen Religionskriege ab 1562 hätte dieses zu erheblichen Verwicklungnen geführt, selbst wenn das Bekenntnis zur reformierten Kirche Frankreichs nur einen klandestinen Charakter gehabt hätte. Anderenteils wäre der Ehebund mit einem Timbrune-Valence für eine Nichtprotestantin gleichergestalt als ziemlich unwahrscheinlich zu erachten, sintemal die Digeon de Boisverdun in dieser Zeit besonders drauf achteten, allein Ehepartner reformierten Glaubens vor den Altar zu führen. Dieses erzeigt sich auch in der Person der Ehefrau von Julien de Timbrune de Valence, Isabeau Benquet de Pellegrue. Denn die Pellegrues, welche uns bereits in Gestalt von Guillaume d.Ä. und Jeanne d'Aspremont, begegnet sind (vgl. Kap. 2.3.2.3: 138), waren seit der Reformation dem Protestantismus zugehörig. Das lag nicht zuletzt an der Tatsache, daß die Pellegrue spätestens seit 1354 durch Gilbert de Pellegrue, Seigneur d'Eymet, die Herrschaft über die Stadt von Eymet (47) innehatten. Dieser Stadt waren bereits 1270 durch Alphonse v. Portiers, Bruder von Ludwig IX. die selben Privilegien gegenüber dem König gewährt worden, wie sie Bordeaux, Bergerac oder Périgeux genossen, das heißt zum Beispiel die freie Wahl eigener Konsuln, die Befreiung von der *taille* (vgl. Kap. 4.1: 405) sowie das Recht eigene Steuern zu erheben, von Steuersubventionen zu profitieren sowie eigene Richter zu bestimmen (vgl. Kap. 2.3.1.3: 102; Higounet 1978: 179 sowie Bercé 1974: 424 (Anm. 61)). Diese starke Autonomie setzte sich auch unter Karl IX. fort, als Eymet den Calvinismus adaptierte und seine Befestigungsanlagen verstärkte, um den Angriffen der Katholiken zu widerstehen. Die Pellegrues, die sich der Verteidigung ihrer Lehen verschrieben hatten, kämpften dementsprechend auch mit Soldaten aus Eymet in den Reihen der Verteidiger von La Réole, welches bereits kurz nach Ausbruch des ersten Religionskrieges 1562 heftigen Attacken von Blaise de Montluc ausgesetzt war. Folglich griff Montluc auch mehrfach Eymet an, das zusamt seinen Herren eine bedeutende Rolle auch in den nachfolgenden religiösen Konflikten des 16. Jahrhunderts spielte (Ducourneau 1842: 185). Dabei liegt die Mutmaßung nahe, daß die Digeons de la Roque, welche – wie bereits aufgezeigt wurde – vermutlich in der Armee Montlucs auf Seiten der Katholiken kämpften (vgl. Kap. 2.3.2.3: 148), damit ebenfalls gegen die Pellegrues zu Felde zogen. Circa zwei Generationen später sollten sie in Gestalt der Mutter von Brandelize de Timbrune de Valence, Isabeau Benquet de Pellegrue, die Anverwandten von Charles III. Digeon de Boisverdun werden (vgl. Anhang: B.9: 702).

Die konfessionellen Konfliktlinien innerhalb der eigenen Familie sind jedoch nicht nur bei den Digeons und den Timbrunes zu beobachten. Auch die verwandtschaftlichen Beziehungen der Pellegrues waren davon nicht frei – und teilweise schon vor der Reformation angelegt. Denn die Blutsbeziehungen zu den Ségur, den Salignac de la Mothe-Fénélon, Montferrand, Fumel, Foix, Caumont de Lauzun, Arpajon etc. waren durchaus dazu angetan, daß sich Familien, die durch Eheband verbunden waren, auch in militärischen Auseinandersetzungen feindlich gegenüberstanden. Dies wurde bereits offenbar, als sich mit besagtem Guillaume d.Ä. de Pellegrue der alte Zweig des Geschlechts vom jungen scheiden sollte. Der Name seiner ersten Ehefrau ist unbekannt; aus seinem zweiten Ehebündnis mit Jeanne d'Aspremont, ging der

Sohn Bertrand hervor. Durch seine Heirat mit Catherine de Durfort, Tochter von Jean-Bertrand de Durfort und Alpaïs de Beauville, Dame de La Mothe-d'Anthéder, sollte Guillaume d.Ä. de Pellegrue den Zweig der Seigneurs de Roquecor und de Miramont begründen, aus welchem auch die Schwieger von Charles III. Digeon de Boisverdun, Isabeau de Benquet de Pellegrue hervorgehen sollte.

Mit den Durforts schließt sich der Kreis zu der Familie de Goth, aus welcher Papst Clemens V. hervorging. Seine Nichte, Marquèse, die bereits Erwähnung fand (vgl. Kap. 2.1: 54), war die Ururgroßmutter von Catherine de Durfort. Allerdings standen auch die Pellegrues in einer verwandtschaftlichen Beziehung zum gascognischen Papst. Dieser bezeichnete Arnauld de Pellegrue in seinem Testament, welches durch einen Anfechtungsprozeß seines Nachfolgers Johannes XXII. auf uns gekommen ist, als seinen Neffen (vgl. dazu: Weiß 2008 sowie: Ehrle 1889). Seit dem 15. Dezember 1305 zum Kardinaldiakon von Santa Maria in Portico Octaviae ernannt, diente er dem Papst in verschiedenen Missionen als Legat in Italien, aber auch als Heerführer der päpstlichen Armee. So hatte er 1309 die Venezianer in der Schlacht von Francolino besiegt und damit die Stadt Ferrara für den Apostolischen Stuhl zurückerobert, worauf ihm Clemens V. nach seiner Rückkehr nach Frankreich einen fulminanten Empfang in Avignon bereitete (Menache 1998: 145). Er sandte ihn daraufhin erneut erneut nach Italien, um die Krönung Heinrichs VII. am 29. Juno 1312 zum römischen Kaiser vorzubereiten (Vitae paparum Avenionensium 1916: v.a. 55–98 und dazu die Anmerkungen der Vita Clementis: Vitae paparum Avenionensium 1927: 128–129 sowie: Guillemain 1962: 236). Schließlich partizipierte er nach dem Tode Clemens V. zwischen 1314 und 1316 an der Konklave, welche Johannes XXII. als Nachfolger auf dem Stuhle Petri bestimmen sollte (immer noch grundlegend: Caillet 1975), Johannes XXII. erhob späterhin die Abtei Sarlat zum gleichnamigen Bistum erheben sollte (vgl. Kap. 3.3: 376). Diese guten Verbindungen zur Kurie untermauerten sowohl die finanzielle als auch die soziale Stellung der Pellegrues nachhaltig, so daß sich deren Ehepartner zunehmend aus den führenden und alteingesessenen Geschlechtern der Guyenne rekrutierten. Dies illustriert sich vornehmlich an der älteren Linie der Pellegrues, die mit den Nachfahren von Guillaume d.Ä. aus der Verbindung mit der bereits oben apostrophierten, unbekannten Ehefrau die Linie der Herren von Eymet kontinuierten.

Guillaume d.J. heiratete am 20. April 1519 Jeanne d.J. de Caumont de Lauzun, Tochter von Arnaud Nompar, Baron de Lauzun und der Catherine de Castelnau. Die Bande der Caumont und Pellegrue waren bereits im 14. und 15. Jahrhundert gefestigt, als ein anderer Guillaume de Pellegrue, genannt der Mittlere, am 12. November 1464 Jeanne d.Ä. de Caumont de Lauzun, Tochter von Jean Adam Nompar de Caumont, Baron de Lauzun und der Jeanne de Goth zur Frau nehmen sollte. Mit diesem verwandtschaftlichen Hintergrund war es den Pellegrues möglich – ähnlich wie die Timbrunes de Valence – in ein königliches Haus einzuheiraten: Aus dem Ehebündnis zwischen Guillaume d.J. und Jeanne de Caumont entsprossen zwei Töchter, wessenthalben die ältere Linie der Pellegrue d'Eymet mit ihnen im Mannesstamm erlosch. Die jüngere, Philippe wurde mit einem de Colonges, Seigneur de Bourdeilles vermählt, wohingegen die ältere, Louise 1534 mit Germain-Gaston de Foix, Comte de Gurson aus dem Zweig der Vicomtes de Meilles, den Lebensbund einging und diesem die Baronie von Eymet als Mitgift einbrachte (La Chesnaye-Desbois 1869b: 571). Die Grafschaft Foix mit ihrer gleichnamigen Hauptstadt Foix umfasste vom 11. bis in das 16. Jahrhundert weitestgehend das Gebiet des heutigen Département Ariège (09) und wurde Ende des 10. Jahrhunderts durch Roger I., gestorben 1012, Seigneur de Foix und Graf von Cominges und Couserans, beherrscht. Roger I. war ältester Sohn von Arnaud I. von Comminges-Couserans aus einer Seitenlinie des Hauses Carcassone. Durch eine geschickte Heirats- und Außenpolitik zwischen den Großmächten Frankreich und Arragon gelang es den Grafen von Foix ihren Herrschaftsbereich aus den verlustreichen Kämpfen des Hundertjährigen Krieges weitestgehend herauszuhalten und durch das Erlangen einer Vielzahl von Souveränitätsrechten den eigenen Machtbereich zu augmentieren (vgl. dazu Pailhès 2006 sowie Pailhès 1996). Diese Entwicklung zog sich trotz des Aussterbens der Foix im Mannestamme 1398 vermittelst der Übernahme ihres Namens und Wappens durch das Haus Grailly bis Mitte des 15. Jahrhunderts fort und erreichte ihren Höhepunkt in der Person von François Phébus de Foix , welcher der einzige Sohn von Gaston de Foix, Fürst von Viana, und der Madeleine von Frankreich, der Schwester des französischen Königs Ludwig XI., war. Als sein Großvater väterlicherseits 1472, Gaston IV. von Foix, verschied, fielen ihm im Alter von nur fünf Jahren dessen Herrschaften und Titel zu, nämlich der eines Comte de Foix, Co-Prince de Andorre, Vicomte de Béarn, Comte de Bigorre und Pair von Frankreich. Nach dem Tod seiner Großmutter väterlicherseits Eleonore von Navarra im Jahr 1479, erbte er von dieser die Krone des Königreiches Navarra. Jedoch sollte er nur vier Jahre hernach 1483 abberufen werden, wessenthalben die Königswürde auf seine Schwester Katharina überging (vgl. weiterführend: Boissonnade 1893).

Es ist in diesem Zusammenhang zu bemerken, daß in Navarra nicht die salische Primogenitur, anders als im größten Teil der übrigen französischen Lande, galt (vgl. Kap. 4.1.2: 414), sondern der Titel und die Herrschaft auch über die weibliche Erbfolge transmittiert zu werden vermochte. Möglicherweise wäre es daher sinnstiftend, im Falle Navarras von einer "semisalischen Primogenitur" zu sprechen: Das heißt, sämtliche Titel vererben sich an den ältesten Sohn; ist dieser tot, an dessen ältesten männlichen Sproß, und so weiter. Sollte der älteste Sohn hinwider nicht für Erben sorgen können, geht die Vererbungslinie auf den zweitältesten über. Sollten gar keine männlichen Nachkommen vorhanden sein, tritt an die Stelle der Männer die weibliche Primogenitursukzession und schließlich die der kollateralen Familienzweige (vgl. Kap. 4.1.2: 410). So übertrug Katharina durch ihre Heirat mit Jean d'Albret die Krone auf das Haus d'Albret, welches gleichergestalt das Wappen der Foix in sein eigenes integrierte, nicht aber seinen Namen abänderte, so daß der aus der gemeinsamen Verbindung geborene Sohn sich stets Henri II. d'Albert nannte. Nachdem er sich 1526 mit Margarete, der Schwester König Franz' I. von Frankreich und Witwe des Herzogs Karl IV. von Alençon verheiratet hatte, sollte das einzige gemeinsame Kind als Jeanne III. den navarresischen Königsthron besteigen, wobei hierbei erneut die semisalischen Sukzessionsrechte zur Anwendung kamen. Jeanne verheiratete sich mit Antoine de Bourbon aus einer Nebenlinie des Hauses Capet. Dies sollte bedeutsam werden, da der gemeinsame Sohn Heinrich, welcher nach dem Tod des letzten männlichen Valois' in Gestalt von Heinrich III., als Heinrich IV. in Personalunion über Frankreich und Navarra herrschen sollte, dieweil in der französischen Monarchie bedingungslos am rein salischen Erbfolgerecht auch beim Aussterben des Geschlechts im Mannesstamm festgehalten wurde. Mithin vereinigte er das Foix bei seiner Thronbesteigung 1589 mit der neu entstandenen Krone. Auf diese Weise läßt sich der Nachweis erbringen, daß die Pellegrues über die Mutter Heinrichs IV. zu dessen Vorfahren zu zählen sind.

Die Verbindung zwischen den Foix und Pellegrues sollte jedoch noch weitere Implikationen nach sich ziehen, welche sich auch auf die Digeons de Monteton auswirken sollten. Aus der Ehe zwischen Louise de Pellegrue und Germain-Gaston de Foix-Gurson entsproß der gemeinsame Sohn Louis, welcher sich mit einer Cousine aus der Linie der Foix-Candale verheiratete. Deren bereits im Zusammenhang mit den Digeon d'Autramat erwähnter Sohn Fréderic erhielt durch seinen Lebensbund vom 23. Juno 1611 mit Charlotte de Caumont-Lauzun die Baronie von Monteton (vgl. Kap. 2.3.1.1: 86) und veräußerte sie 1618 an Ruben de Beraud in einem Tauschvertrag gegen die Herrschaft La Serpan sowie die Zahlung von 50.000 Livres, wessentwegen die Baronie über dessen Tochter Jeanne, verheiratet mit Charles II. Digeon de Monteton an die Digeons fiel (vgl. Kap. 2.3.3.1: 178).

Doch kehren wir nach dieser Betrachtung der verwandtschaftlichen Verflechtungen der Schwiegermutter von Charles III. Digeon de Boisverdun wieder zu den Timbrunes zurück.

Bei diesen wurde nach dem Aussterben des ältesten Zweiges die Frage nach der Sukzession aufgeworfen, welche bereits seinerzeit aus adelsrechtlicher Sicht kontrovers diskutiert wurde, denn basierend auf einem Testament vom 30. September 1489 von Guillaume de Timbrone, Seigneur de Valence, respektive Guillaume II., welcher mit dem Sohn des ersten in die Guyenne ausgewanderten Timbrune zu indentifizieren ist, leitete das Haus Sorbier – auf welches im Nachfolgenden noch zu rekurrieren sein wird – (vgl. Kap. 2.3.3.7: 309) einen Nachfolgeanspruch ab. Allerdings waren diese Bemühungen von Seiten der Sorbiers etwas verfrüht und damit überambitioniert. Denn obzwar das Testament von Guillaume II. de Timbrune klar die Nachfolge innert seiner Familie unter dem Primat des männlichen Blutsverwandtschaftsprinzip geregelt hatte, starben die Timbrune indes tatsächlich erst mit dem Tod des General Cyrus-Marie-Alexandre Comte de Timbrune de Valence (vgl. ausführlich zu seiner Person: Bellecombe 1915) am 4. Februar 1822 (nicht 1823 wie fälschlicherweise bei Sorbiers de La Tourrasse u. a. s. a.: 33) endgültig aus (Broglie 2003: 26), so daß frühestens dann die letztwillige Verfügung ihre Rechtswirkung hätte entfalten können. Zum Universalerben bestimmte Guillaume II. zunächst seinen Enkel Bernard II. de Timbrune, Sohn von Bernard I., gefolgt von seiner Enkelin Jeanne de Timbrune, Ehefrau von André de Sorbier de la Tourrasse. An dritter Stelle im Testament figurierte schließlich der aus der letztgenannten Ehebeziehung geborene Sohn Charles de Sorbier, unter der Bedingung, daß die Sorbiers den Namen und das Wappen der Timbrunes übernehmen.[97] Dies hinderte die Brüder Joseph de Sorbier, Seigneur de la Tourrasse, und François de Sorbier, Chevalier de Tourrasse, nicht, bereits Ende des 18. Jahrhunderts abusiv das Wappen der Timbrunes in ihr eigenes zu inkludieren, ohne dem Wunsch den Namen Timbrune zu adaptieren nachzukommen (Sorbiers de La Tourrasse u. a. s. a.: 33). Unter Umständen waren für dieses nicht geringe Interesse, sich in die Sukzession der Timbrunes de Valence zu begeben, mitursächlich, daß den Sorbier daran gelegen war, ihren veritabel nachweislichen Filiationsursprung aus dem Jahr 1434 mit dem weit länger zurückreichenden, belegbaren Anfängen der Timbrunes aus der Picardie aufzuwerten (Valette 1989: 180).

Diese Kontroversen sollten jedoch nicht die einzigen im Zusammenhang mit den Timbrunes bleiben. Denn auch die bereits am 19. Juno 1648 wieder geschiedene Ehe zwischen Charles III. Digeon de Boisverdun und Brandelize de Timbrune de Valence sollte eine Reihe von gerichtlichen Auseinandersetzungen nach sich ziehen, welche sich bis zu einem finalen Rechtsakt des 13. August 1660 hinzogen.[98] Die Umstände, welche zu dieser Ehedissolution geführt haben, sind durch die derzeitige Archivsituation leider nicht ergründbar. Es wäre entweder möglich, daß es sich um ein persönliches Zerwürfnis handelte oder aber, daß die sich zunehmend verschärfenden Repressionen wider die französischen Protestanten diesen Schritt zur Konservierung des Familienvermögens notwendig erscheinen ließen. Denn die Thesaurierung der ererbten Familienwerte bildete die wichtigste Voraussetzung für die durative wirtschaftliche Existenz eines Geschlechts. Dieserhalb war Charles III. Digeon de Boisverdun beständig versucht, das Erbe seiner Väter, auch durch gerichtliche Auseinandersetzungen mit seinen protestantischen Anverwandten, zu erhalten, wie ein Prozeß zwischen dem Ehemann seiner Tante Charlotte Digeon de Boisverdun und Jean d.J. de Belrieu aufzeigt.[99] Den Früchten dieser Bemühungen sollte indes keine lange Perseveranz beschieden sein, denn die Situation im Innenverhältnis der Familie war nicht dazu angetan, eine weitere Fortdauer zu gewährleisten. Die kurze Ehe von Charles III. und Brandelize de Timbrune schien kinderlos geblieben zu sein. Jedoch besaß er noch einen jüngeren Bruder, Jean III., in dessen Namen sowie in dem

97 B.N.F. Ms. fr. 30.833, fol. 10.
98 A.D.33, 9 J 60, p. 46–47.
99 A.D.47, B 802.

seiner Kindern er den Adelsbeweis von 1666 für sein Haus erbrachte. – In diesem Kontext ist darauf zu verweisen, daß der Baron de Lanauze in seinem genealogischen Essay diesen Jean III. zum Sohn von Charles III. machte,[100] was sich durch die Urkunde des Adelsnachweises widerlegen und richtigstellen läßt (vgl. Anhang: A.4: 628 Z. 12–14). Bezeichnenderweise erwähnt er bei diesem Nobilitätsnachweis zwar die Hochzeit mit Brandelize de Timbrune zusamt dem genauen Datum, jedoch mit keiner Silbe, daß die Ehe zum Zeitpunkt des Nachweises (1666) bereits seit 18 Jahren geschieden worden war (vgl. Anhang: A.4: 628 Z. 52–57). Es liegt dabei die Vermutung nahe, daß es nicht opportun erschien, auf diesen in der damaligen Zeit durchaus noch mit einem Stigma behafteten Umstand gesondert hinzuweisen, da vornehmlich die Zertifizierung der Abstammung im Vordergrund stand. Jean III. Digeon de Boisverdun hatte eine Jeanne de Courbin geehelicht. Das genaue Heiratsdatum sowie Informationen über die Familie der Frau sind nicht aufzufinden. Folglich liegt der Rückschluß nahe, daß sie einem bürgerlichen Geschlecht entstammte, oder daß de Lanauze ein Übertragungsfehler beim Namen unterlief.[101]

2.3.2.4 Erste Emigration (1685) und preußisches Exil

Ungleich mehr ist hingegen über die Kinder aus dieser Heirat bekannt. So entsproß daraus eine Tochter namens Isabeau und ein Sohn Pierre III. Digeon de Boisverdun. Letztgenannter war noch bei der Eheschließung seiner Schwester mit Jean d.Ä. d'Estutt de Solminihac am 21. November 1684 zugegen und leistete 1683 den Lehenseid für seine Güter,[102] jedoch spätestens im September des folgenden Jahres, mit dem Inkrafttreten des Edikts von Fontainebleau, emigrierte er gen Preußen. Auf diese Weise war nicht nur sein Erbe verwirkt (Bernard 2003: 106 u. 134), sondern gleichergestalt die Möglichkeit, auf die Aufteilung des nicht unbeträchtlichen Besitzes zu Gunsten seiner Vettern ersten Grades einzuwirken. Diese, die d'Estutt de Solminihac, blieben nach einigen Prozessen, welche die Digeons de Monteton wider sie führten, alleinige Eigentümer des Nachlasses von Charles III. Digeon de Boisverdun.[103]

Auf Grund der Zerstörung des Heeresarchivs in Potsdam im April 1945 läßt sich der militärische Werdegang von Pierre III. kaum mehr in toto rekonstruieren (Zala 2001: 145). Trotzdem sind einige Fragmente aus diversen gedruckten Offiziersmatrikeln des 19. und frühen 20. Jahrhunderts auf uns gekommen, welche zumindest Anhaltspunkte liefern, wie sich die militärische Karriere von Pierre III. Digeon de Boisverdun vollzogen haben könnte. Dabei ist bemerkenswert, daß sich die früheste Erwähnung eines Boisverdun im "Kurbrandenburgischen Kriegs-Etat für das Jahr 1688" nicht in Person von Pierre, sondern eines "Charles de Boyverdun" nachweisen läßt, welcher expressis verbis unter den Offizieren des reformierten Bekenntnis "*so alß Grands Musquetaires nach und nach commandiret worden und indeßen folgende Pensiones bekommen*" (Mülverstedt 2006: 621 sowie dazu korrigierend: Jany 1905a und Jany 1905b), apostrophiert wurde. Es ist mit einigem Fug davon auszugehen, daß es sich bei "Charles de Boyverdun" um einen jüngeren Bruder von Pierre III. handelte. Denn zieht man die französischen Quellen hinzu, ergibt sich durch die Aufstellung der flüchtigen Protestanten und der beschlagnahmten Einkünfte ihrer Güter aus dem Jahr 1685, daß Isabeau, Pierre III. und Charles IV. de Boisverdun eine Untersuchung hinsichtlich der rechtlichen Situation der Nachfolge des auf 226.866 Livres bezifferten Nachlasses von Charles III. Digeon de Boisverdun eingeleitet haben, um zumindest eine Ertragsprovision aus den Besitzungen ihres

100 A.D.33, 9 J 60, p. 47–48.
101 A.D.33, 9 J 60, p. 48.
102 A.D.33, C 2334.
103 A.D.33, 9 J 60, p. 49.

Onkels zu erhalten. Ausdrücklich wird dabei darauf hingewiesen, daß bereits vor der Flucht von Pierre III. sein Cousin Henri Digeon, Seigneur de Peyrière und späterhin de Monteton (vgl. Kap. 2.3.3.2: 190) einen Prozeß um das reputierliche Erbe geführt hatte.[104] Folglich war Pierre III. bereits 1685 nachweislich ausgewandert, wohingegen seine beiden Geschwister noch in der Guyenne verblieben waren. Wie sich vermuten läßt, blieb Charles IV. auch noch 1686 im Agenais, denn es findet sich ein "Monsieur de Boisverdun" in der Liste der im Gerichtsbezirk von Gontaud Neukonvertierten vom 13. August 1686 (Tamizey de Larroque 1897: 429 (LX)). Über die Motivation, aus welcher diese Konversion erfolgte, läßt sich gleichfalls nur spekulieren. Möglich ist, daß er damit taktisch agierte und auf diese Weise versuchte, seine Chancen in den gerichtlichen Auseinandersetzungen zu verbessern. Lange hielt er sich jedoch, wofür die obige Pensionszahlung aus dem Jahr 1688 spricht, nicht in Südwestfrankreich auf. Denn um eine Anspruch auf Sold zu erlangen, mußte er mindestens bereits ein Jahr gedient haben, so es als wahrscheinlich anzusehen ist, daß er sehr bald nach seinem Konfessionswechsel in eine durch Ordre vom 3. November 1687 von Kurfürst Friedrich Wilhelm von Brandenburg errichtete Compagnie der *Grands Mousquetaires à cheval*, bestehend aus je 110 eingewanderten französischen Offizieren, eintrat. Diese Truppenkörper, welche nur bis 1688 Bestand hatten, waren nach dem Muster der Elitetruppen, wie sie weiland bereits in Frankreich mit besonderen Beziehungen zum Monarchen Bestand hatten, aufgestellt worden (Mülverstedt 2006: 75–76). Ob Charles IV. nun vor seinem älteren Bruder Pierre III. in Preußen in Stellung ging, dieweil dieser vielleicht zunächst in Holland Dienst nahm, wie viele hugenottische Auswanderer in direkter Reaktion auf die Revokation des Ediktes von Nantes (vgl. dazu weiterführend: Glozier und Onnekink 2007), läßt sich zum derzeitigen Zeitpunkt nicht mit Bestimmtheit sagen. Die nächste eruierbare Station auf seinem militärischen Werdegang findet sich 1701 bei den Ansbacher Dragonern, wo er als "de Boyverdun le Cadet" im Grad eines Königlich Preußischen Capitain (entspricht dem Rang eines Hauptmanns) geführt wurde (Bardeleben 1909: 403). Nachdem die *Grand Mouquetaire* 1688 aufgelöst wurde, wäre es möglich, daß er hernach in das am 24. April 1689 aus einer Dragoner-Kompanie – dem Kurfürsten von Brandenburg vom Markgrafen Georg Friedrich von Ansbach überlassen – ins "Ansbacher Regiment" überwechselte, welches 1713 in "1. Brandenburgisches Dragoner Regiment Nr. 2" umbenannt wurde und das bereits früh – zwischen 1689 und 1697 – in die Kämpfe gegen Frankreich in Bonn, Neerwinden, Huy, Naumur und Bonnef sowie den Spanischen Niederlanden verwickelt war (vgl. weiterführend: Soehlke 1896). Nachdem die Truppe im Frühjahr 1689 mit der brandenburgischen Armee wider Ludwig XIV. gezogen waren, nahmen sie an der Belagerung von Bonn teil. Weitere kriegerische Auseinandersetzungen sollten folgen, wie die Einnahme von Huy (1694) und die Belagerung von Naumur (1695). Obzwar wir den genauen Zeitpunkt des Regimentseintritt von Charles IV. Digeon de Boisverdun nicht kennen und mithin nur vermuten können, daß er an den apostrophierten Gefechten beteiligt war, so wissen wir doch, daß die "Ansbacher Dragoner" zwischen 1696 und 1705 in keine Kampfhandlungen verwickelt waren, da sich die Truppenstärke nach den auszehrenden Kämpfen erst wieder regenerieren mußte und zudem einige Zeit nötig war, um den korrekten Ausbildungsstand der neu rekrutierten Soldaten zu gewährleisten. Jedoch sollte sich dies im August 1706 ändern, als die Ansbacher auf Seiten des kaiserlichen Herres in die Kampfhandlungen des Spanische Erbfolgekriegs (1701–714) eingriffen. Demgemäß partizipierte es vom 23. Juli bis zum 22. August an der Belagerung von Menin, im Juli 1708 von Oudenaarde, ein Jahr später im September in Malplaquet, im April bis Juno 1709 bei der Belagerung von Douay, kurz darauf im August bis Anfang September von Bouchain und schließlich im November von

104 A.N. TT 230 4.

Aire (Gieraths 1964: 216). Da Charles IV. nicht nur in der Rangliste von 1701 sondern auch in der von 1703 und 1707 als Capitain auftaucht (Bardeleben 1909: 412 u. 426), liegt die Vermutung nahe, daß er höchstwahrscheinlich an den ersten Kampagnen teilgenommen hat. Jedoch finden sich nach 1707 keine Hinweise mehr auf weitere Stationen hinsichtlich der Militärkarriere von Charles IV., so daß die Entwicklung seines Werdegangs vorerst opak bleibt. Erst 1721 finden wir den Namen "Mr. de Boyverdun", der sich mutmaßlich auf ihn bezieht, wieder, ausgewiesen als 56jähriger "Lieutnant Colonel", zusamt einer Ehefrau, einer Tochter und fünf Bediensteten auf der "Role des François Refugiez à Magdebourg" vom 31. Dezember 1721 (Tollin 1889: 243). Diese Altersangabe würde auf das Geburtsjahr von Charles IV., 1665 zutreffen. Ungeklärt bleibt indes, wessenthalben sich sein Name erst über drei Jahrzehnte nach der evidenten Indienststellung bei der preußischen Armee auf einer relativ späten Flüchtlingsliste auffinden läßt. Sein Name ist darüber hinaus mit einem Stern gekennzeichnet, das heißt, dieser fand sich auf der 1703 erstellten Flüchtlingsliste in Magdeburg noch nicht. Nun könnte es sein, daß er, nachdem sich nach 1707 kein Anhaltspunkt mehr für eine Existenz seiner Person in den Regimentslisten auffinden läßt, daß zwischen diesem Zeitpunkt oder kurz danach bis 1721 im Ausland gedient hat und auch dorten befördert wurde. Denn in den Matrikeln von 1713 figuriert lediglich sein älterer Bruder Pierre III. als Obrist (Z.R.P.H. 1891: 33). Als gesichert gilt jedoch, daß der Dienstrang eines "Obristwachtmeisters" (Major) derjenige war, mit welchem er zuletzt in der Rangliste im Kürassier-Regiment du Portail Nr. 12, genannt "Leopold v. Anhalt-Dessau", in Magdeburg geführt wird (Nes 2009). Möglicherweise wurde er vor 1721 zum Oberstleutnant befördert, um dann schließlich – wie sein älterer Bruder – als Oberst seinen Dienst zu quittieren.

Da die Boyverdun ebenso wie die Dohna und die Villeneuve eine Loge in der Französischen Kirche zu Magdeburg besaßen, welche beim Tode von Charles IV. vom Presbyterium mit schwarzem Tuch und Flor ausgeschlagen wurde, vermögen wir es, das Datum seines Verscheidens zu rekonstruieren. Denn seine Frau bedankt sich nicht allein für diese Aufmerksamkeit, sondern erstattete dem Ältestenrat am 12. Dezember 1729 die getätigten Kosten von 3 Thalern und 21 Groschen (Tollin 1894a: 59). Mithin läßt sich das Ableben von Charles IV. Digeon de Boisverdun auf die Zeit zwischen November und Dezember 1729 datieren. Nun ist es bis dato nicht möglich, den Namen seiner Ehefrau zu bestimmen, doch könnte möglicherweise der Hinweis von Otto Digeon v. Monteton in seiner Familienchronik ein Indiz darauf liefern, denn er geht, wenn auch irrtümlich, davon aus, daß Pierre III. Digeon de Boisverdun der Sohn eines anderen Pierre und einer Marquise de Langalerie war (Digeon v. Monteton 1892: 32). Da dies von französischer Seite, wie oben ausgeführt, unzutreffend ist und Pierre III. sowie Charles IV. Brüder aus der Ehe von Jean III. und Jeanne Courbin waren, wäre es indes dennoch nicht abwegig, daß es sich bei der Ehefrau von Charles IV. um eine Dame aus dem Geschlecht der Gentils de Langallerie gehandelt haben könnte. Zum einen lassen sich familiäre Bindungen zu den Digeons anläßlich der Heirat von Jean-Jacques II. Digeon de Monteton und Suzanne Pellet nachweisen, bei welcher seitens des Bräutigams drei Gentils de Langallerie den Ehekontrakt signiert haben,[105] zum anderen sind Familienmitglieder der Langallerie gleichergestalt um 1685 aus ihrer Heimat emigriert, was sich an deren berühmtesten Repräsentanten, Phillippe de Gentil zeigt, Marquis de Langallerie und Erster Baron der Saintonge (vgl. dazu: Haag 1856: 515–516; Rotenhan 1895; Losch 1934; O'Connor 1996 sowie O'Connor 1999).

Die Spur seines älteren und zuerst ausgewanderten Bruders Pierre III. nimmt ihren Angang in Brandenburg etwas später als bei Charles IV. Aus einer skizzenhaften Regimentsgeschichte

105 A.D.47, Généalogie Digeon par la Comtesse de Raymond, fonds de Raymond, tom. 13, fol. 8.

des bereits oben erwähnten “1. Brandenburgisches Dragoner Regiment Nr. 2” von Gustav Lehman, der bereits 1889 die äußerst dürftige Quellenlage, die seiner Ausarbeitung zu Grunde lag, bedauerte, erfahren wir, daß Pierre dort, Ansbacher Dragoner wie sein jüngerer Bruder, allerdings rund zehn Jahre früher, mit Patent vom 22. Januar 1691 zum Capitain avancierte (Lehmann 1889: 804 (Anm. 10) u. 805). Seine Beförderung ist möglicherweise durch die 1691 vollzogene Aufstockung um vier Kompagnien zu explizieren. Zehn Jahre hernach findet sich sein Name – wie auch zum ersten Mal in diesem Regiment der seines jüngeren Bruders – bereits im Range eines Obristwachtmeister (Major) bei den Ansbacher Dragonern (Bardeleben 1909: 403). Auch 1703 wird er noch als “Major” gelistet, wobei er am 11. Juli 1705 die Beförderung zum Obristleutnant erhielt, worunter er etwas später in der Rangliste von 1707 geführt wurde (Bardeleben 1909: 426). Möglicherweise waren die bis Ende 1710 andauernden Kampfhandlungen dafür ursächlich, daß seine Avancierung zum Obristen bereits am 5. Februar 1712 erfolgte, wie es die Kollektanen des Ordensrates König tradieren.[106] Als Oberst gab er dann zusamt seiner Schwadron im Ansbachischen Draginerregiment auf dem Leichenzugs anläßlich der Trauerfeierlichkeiten um König Friedrich I. von Preußen im Februar 1713 dem Monarchen, unter welchem er rund ein Vierteljahrhundert gedient hat, sein letztes Geleit (Gütther 1750: 462).

Es sei in diesem Zusammenhang darauf hingewiesen, daß Bardeleben in seinen Regimentslisten den Namen “Montredon” als einen orthographischen Fehler ansieht und davon ausgeht, daß es sich um Vertreter des Zweiges Digeon de Monteton gehandelt haben muß (Bardeleben 1909: 401; 410 u. 424), welche, dieser Ansicht zu Folge, mit den Boisverduns zeitgleich in preußische Dienste getreten seien. Dies ist indes unrichtig. Denn einesteils wissen wir aus einem Brief von Magdeleine du Rège, der Witwe von Pierre Pierre IV. Digeon de Monteton an König Ludwig XV., auf welchen im Folgenden noch zu rekurrieren sein wird, daß ihr Mann nachweislich bei der französischen Armee stationiert war und anderenteils ist eine Familie Montredon klar als Hugenotten identifizierbar. Dieses sehr alte Geschlecht stammt aus dem Languedoc und leitet seinen Namen etymologisch aus *mons rotundus* (“runder Berg”) her (La Roque 1972a: 355–357 (Bd. 1)).

Wann genau Pierre III. Digeon de Boisverdun seinen Abschied als aktiver Soldat einreichte, vermag derzeit nur der Mutmaßung anheimgestellt werden, es ist jedoch davon auszugehen, daß er nicht mehr lange nach dem Tode Friedrichs I. seinen Dienst versah, da er zu diesem Zeitpunkt bereits 54 Jahre alt war. Seine exakten Lebensdaten sind dank der Überlieferung in der “Geschichte der französischen Colonie von Magdeburg” von Henri Tollin durch seinen Epitaph unter dem Gewölbe der Französischen Kirche in Magdeburg auf uns gekommen, bevor die Kirche während des Zweiten Weltkrieges der Zerstörung zum Opfer fiel:

Ici Repose en Dieu
Pierre Digeon de Boisverdun
ecuier, chevalier, Colonel de Dragons
en sevice de Sa Majeté le Roy de
Prusse, né à Boisverdun en Guienne
le 16. Juin MDCLVIII
décédé
à Magdebourg le 13. Juin MDCCXLIII
agé de LXXXV ans.
D'heureuse Mémoire” (Tollin 1889: 263)

106 SBB-PK, Ms. boruss. fol. 314, p. 43–62.

Demgemäß vermögen wir die Militärkarriere von Pierre III. Digeon de Boisverdun im Licht seines Alters zu betrachten. Dabei fällt ins Auge, daß er in der Zeit zwischen seinem 43. und 54. Lebensjahr einen relativ raschen Aufstieg vom Major zum Oberst vollzog, was seine Ursache durchaus in den guten Karrierechancen während des ersten Jahrzehnts der neu erlangten preußischen Königswürde gehabt haben könnte (Neugebauer 2001: 61 (Anm. 6)). Allerdings nahm diese Entwicklung ab, so daß der ausländische Teil des Offizierkorps mit dem Tod Friedrich I. nur noch 12 Prozent umfaßte (Hahn 1991: 182). Dies war von ehemals rund 30 Prozent in den Jahren 1688/89 eine signifikante Abnahme (Kloosterhuis 1995: 129 sowie weiterführend: Schmitter 2003). Darüber, wessenthalben ihm die Beförderung in den Generalsrang indes letztlich versagt blieb, lassen sich nur Mutmaßungen anstellen. Eine Möglichkeit wäre die veränderte Personalpolitik des neuen Königs Friedrich Wilhelm I., welcher inländische Adlige verstärkt motivierte in seine Armee einzutreten und einen erheblichen Teil der in seinen Augen doch recht ungeeigneten Offiziere ausländischer Provinienz aus seinem Dienst entfernte, was er auch nicht unterließ, in seinem politischen Testament von 1722 apodiktisch als Ratschlag an seinen Nachfolger zu formulieren ("[...] *wo aber mein Successor es nicht so machet und hauffen auslender als oberofficir in sein dinst nimet so wierdt er durch die auslendische officier nicht so guht gedienet werden und seine wassallen werden außer lande dienen* [...]" Küntzel und Haas 1911: 78).

Vordringlicher als die Klärung der Soldatenlaufbahn erscheint indes die Frage, ob die in Frankreich verbliebenen Cousins aus der Linie Digeon de Monteton den beiden Brüdern Digeon de Boisverdun auf dem Schlachtfeld gegenüber standen. Es spricht einiges dafür, daß dies der Fall war, da wir vermöge eines Briefes aus dem Jahr 1732 (das genaue Datum ist nicht ermittelbar) von Magdeleine du Rège, der Witwe von Pierre Pierre IV. Digeon de Monteton und Cousin zweiten Grades der beiden Gebrüder Boisverdun, an König Ludwig XV. erfahren, daß ihr Mann 24 Jahre dem König als Gendarme bei den *Gendarmes de la garde* gedient hatte, und sie ausdrücklich darauf hinweist, daß er im Zuge dessen auch an den Kämpfen während des Französisch-Pfälzischen Erbfolgekrieges (1688–697) beteiligt gewesen sei (vgl. Anhang: A.8: 652 Z. 129–131) Auch wenn es in diesem Kabinettskrieg keine einzige Feldschlacht auf deutschen Boden gab, so waren doch sowohl die *Grands Mousquetaires à cheval*, bei welchen Charles IV. nachweislich stationiert war, als auch die Ansbacher Dragoner, bei denen später beide Boisverdun dienten, an den Belagerungen und kriegerischen Auseinandersetzungen gegen Frankreich vollumfänglich beteiligt (vgl. weiterführend: Ortenburg und Fiedler 1986 sowie Plassmann 2000). Dieser Befund überrascht nicht zuletzt dieserhalb, da es sich hierbei einesteils um eine relativ enge Verwandtschaft des zweiten Grades handelte und anderenteils keine tatsächlich konfessionellen Divergenzen existierten, denn die Digeons de Monteton blieben, wie noch aufzuzeigen sein wird, gleich ihren Vettern Boisverdun stets dem Protestantismus ergeben. Außerdem begab sich der erste Auswanderer des Zweiges Digeon de Monteton, Jean-Jacques I. direkt nach seiner Ankunft in Preußen zu seinem Cousin vierten Grades Pierre III. Digeon de Boisverdun nach Magdeburg (Bourrachot 1969: 59). Folglich müssen sich die Beziehungen zwischen den Zweigen Boisverdun und Monteton nach den Prozessen um die Nachfolge von Charles III. Digeon de Boisverdun entweder verbessert haben oder diese gerichtlichen Auseinandersetzungen hatten lediglich einen vordergründigen Charakter, um einer Konfiskation der protestantischen Güter durch den Staat zuvorzukommen. Im familiären Innenverhältnis wäre dann kein wirkliches Zerwürfnis existent gewesen.

Damit besteht hierbei ein maßgeblicher Unterschied zu den innerhäuslichen Kämpfen, wie sie bereits im Zusammenhang mit den beiden Zweigen Caumont de La Force und Caumont de Lauzun dargestellt wurden (vgl. Kap. 2.3.1.1: 86), denn bei diesen hatten sich bis zur ehelichen Vereinigung der Linien in den Personen von Gabriel II. im Juno 1630 und Charlotte de Caumont de la Force (vgl. Kap. 2.3.1.1: 87) katholischer versus protestantischer Cousin in dezidiert konfessioneller Überzeugung auf Leben und Tod in der Schlacht gegenübergestanden. Zwar waren die verwandtschaftlichen Beziehungen der Caumont de La Force und der Caumont de Lauzun im Vergleich zu den Digeon de Boisverdun und Digeon de Monteton wesentlich weitläufiger, da die Teilung der beiden Familienäste weit früher erfolgt war, doch dies ändert an dem grundlegenden Befund des Kriegs gegen gleiches Blut nichts. Nun oblag die Entscheidung einer Teilnahme an den innerfranzösischen Religionskämpfen stets bei dem jeweiligen Landadligen, so daß es den Lauzun und Caumont im Grundsatz frei stand, auf wessen Seite sie kämpften. Dies war bei den ausgewanderten Digeon de Boisverdun und den zunächst in der Guyenne verbliebenen Vertretern des Zweiges Digeon de Monteton nicht mehr möglich, da die Konflikte zwar gleichergestalt von den Offiziercorps auf freiwilliger Basis, jedoch von staatlichen Armeen ausgetragen wurden. Demnach kommt ihnen der Gehalt von Söldnertruppen zu, denen es weder im Falle der Monteton noch den Boisverdun möglich gewesen wäre, auf die jeweiligen Politiken ihres Landesherrn Einfluß zu nehmen. Den Boisverdun hätte lediglich die Möglichkeit offen gestanden, Brandenburg, welches ihnen eine religiöse Zuflucht und Perspektive in bezug auf seine Militärkarriere gab, gleich nach Ausbruch des Französisch-Pfälzischen Erbfolgekrieges wieder zu verlassen, was angesichts der konfiszierten Gütern in Frankreich eine nicht unerhebliche Bedrohung der wirtschaftlichen Existenz bedeutet hätte und die Digeons de Monteton hätten darüber hinaus ihrem König, welchem sie seit Jahrhunderten in unverbrüchlicher Treue gedient haben, die Gefolgschaft versagen müssen, was im Falle von Pierre IV. bedeutet hätte, daß dieser seinen Dienst in der Leibgarde Ludwigs XIV. hätte quittieren müssen, um sich auf seine Güter zurückzuziehen, die ohnehin durch sein verborgenes protestantisches Bekenntnis bedroht waren. Die Alternativen wären in beiden Fällen mit einem existentiellen Risiko einhergegangen, welches sich für die in Frankreich zurückgebliebenen Montetons als gravierender erwiesen hätte, da davon das Vermögen des Gesamthaus betroffen gewesen wäre.

So reichhaltig und multiperspektivisch die Geschichte der hugenottischen Offiziere in fremden Diensten von französischer und deutscher Seite, sonderheitlich auch in der jüngeren Vergangenheit, beforscht worden ist (sehr gute Auswahl bei: Glozier und Onnekink 2007), so wenig bis gar nicht wurde dem Aspekt der veritablen oder camouflierten Sollbruchstelle der Konfessionen innerhalb eines Familienverbandes und den daraus resultierenden Konsequenzen für beide Seiten in ihren jeweiligen Ländern Rechnung getragen. Die Exploration der Folgen, vor allem für den in Frankreich verbliebenen Familienteil, könnte eine gesonderte, womöglich paradigmatische Untersuchung rechtfertigen. Denn es wäre interessant zu sehen, welche intrinsische Motivlage dazu geführt hat, daß einige calvinistische Offiziere sowie Offiziersanwärter die freie Religionsausübung in ihrer Muttersprache mit einem Krieg gegen die eigenen, klandestin gebliebenen protestantischen Verwandten, im Extremfall die eigenen Brüder, eintauschten. Der Fall der Digeons ist hierbei mitnichten ein Solitär. Schließlich sollten eine Reihe von in Frankreich verbliebenen Geschwistern und Anverwandten der Refugiés (z.B. die d'Estutt, Belrieu, Timbrune-Valence, Montesquiou etc.) versuchen, die wirtschaftliche Substanz des ererbten Hausvermögens zu konservieren, um den Fortbestand der tradierten Familientraditionen und das eigene Überleben des Gesamtgeschlechtes zu sichern. Möglicherweise verkörpert die wirtschaftliche Perspektive der nachgeborenen Söhne einen nicht unerheblichen Erklärungsfaktor für deren Übersiedlung. Denn wie im nachfolgenden noch auszuführen sein wird, sollte bei den Digeon de Monteton auch der Fall Wirklichkeit werden, daß in einer Phase, in welcher die Virulenz der staatlichen Repressalien bereits in einer Deklimax befindlich war, zwei Brüder, die keine Aussicht auf den Erbteil des Erstgeborenen hatten, nach Preußen auswandern sollten (vgl. Kap. 2.3.3.3: 208): Nach den salischen Erbfolgegesetzen waren in Frankreich Realteilungen des Hausvermögens äußerst unüblich (vgl. Kap. 4.1.2: 410 sowie: 415), sintemal die Ausstattung der Töchter mit einer Mitgift ebenfalls aus diesem zu bestreiten war. Mithin war Magdeleine Durége auch gezwungen, einen Teil ihrer Güter, genauer das nicht an ein Lehen gebundene Gut de Saint-Sernin, zu veräußern und in dem oben zitierten Brief an König Ludwig XV. die Erlaubnis zu diesem Verkauf einzuholen. Dabei erfahren wir auch, daß ihr ältester Sohn, Pierre V. zunächst seit dem 6. Januar 1709 als Cornette im Kavallerieregiment d'Heudicourt (dazu: Lehr 1901: 224–225) gedient hatte und seit dem 6. Oktober 1714 als "lieutenant reformé à la suite" im "regimant de Lorraine" seinen Dienst verrichtete (vgl. Anhang: A.8: 652 Z. 137–139). Eingedenkt der Tatsache, daß dessen jüngere Brüder Jean-Jacques I. und Pierre VI. zum Zeitpunkt des Abfassens des Schriftstücks bereits über ein Jahrzehnt als Offiziere in preußischen Diensten standen, hätte sie als Mutter damit rechnen müssen, daß, wäre es in dieser Zeit zu erneuten Kampfhandlungen zwischen Frankreich und Preußen gekommen, ein nicht unerhebliches Risiko bestanden hätte, daß sich die drei Brüder auf Leben und Tod gegenübergestanden hätten. Hieraus läßt sich der Schluß ziehen, daß das wirtschaftliche Überleben des männlichen Individuums, zusamt der religiösen Freiheit sowie eine durch den Artikel 12 des Potsdamer Edikts vom 29. Oktober (alter Zeitrechnung) respektive 8. November (neuer Zeitrechnung) 1685 garantierte Gleichstellung der adligen Flüchtlinge in allen "*Ehre[n], Dignitäten, Praerogativen*" (vgl. dazu Mylius 1738: LXV sowie: Kloosterhuis 1995: 95–96) mit dem einheimischen preußischen Adel und damit verbundenen Aufstiegschancen, hauptmaßgeblich dafür gewesen ist, daß eine Auswanderung gegenüber einer mutmaßlichen Perspektivlosigkeit in Frankreich als der gangbarere Weg erschien. Die von preußischer Seite zusätzlich geschaffenen Anreizstrukturen, wie zollfreie Immigration, Erleichterungen beim Kauf von Immobilien, Bauholzzuweisungen sowie der kostenlose Erwerb von Bürger- und Meisterrechten und eine Befreiung von Abgaben mit Ausnahme der Akzise in einem Zeitintervall von ungefähr sechs bis zwölf Jahren waren für die französischen Aristokraten, abgesehen vom Privileg der calvinistischen Gemeindebildung und zugesicherten Religionsfreiheit, kaum von Belang, da sie bereits über ähnliche oder weitreichendere Prärogativen in Frankreich verfügten und beispielsweise Meisterbriefe für sie nur eine recht begrenzte Nutzreichweite aufwiesen. Die Tatsache, daß die mit den französischen Besitzungen verbundenen Sukzessionen auch fast ein halbes Jahrhundert nach der Aufhebung des Edikts von Nantes noch eine Rolle in den vermögensrechtlichen Dispositionen der Flüchtlinge spielten, erzeigt sich an einer testamentarischen Verfügung von Charles de Monains, Oberstleutnant im Dragonerregiment zu Magdeburg, welche dieser am 24. Mai 1737 zu Gunsten von Pierre III. Digeon de Boisverdun traf und das am 28. Februar 1738 verkündet wurde, worin er selbigem alle seine Güter vermachte, ausgenommen diejenigen, welche er im Königreich Frankreich sein Eigen nennen könnte (Tollin 1887: 326). Die Begünstigung sollte indes nur für die Lebenszeit von Pierre III. Gültigkeit besitzen, hernach setzte der Oberstleutnant seinen Neffen als Universalerben ein. Umgekehrt verfügte Pierre III., daß, sollte er vor seinem Freunde sterben, dieser seinen gesamten Besitz erben sollte. Da die beiden befreundeten Militärs ihre Güter in gemeinschaftlicher Verwaltung über lange Zeit in recht fahrlässiger Weise bewirtschaftet hatten, war es nach dem Ableben von Pierre de Monains erforderlich, daß Pierre III. eine detaillierte Aufstellung seines gesamten Eigentums erstellte. Darin kamen eine Reihe von Obligationen und Schuldforderungen zu Tage, so hatte beispielsweise Monains einem der königlichen Prinzen eine Summe Geldes geliehen, welches seit dem 1. Juno 1729 bis zum 1. Juno 1738 mit Zinsen auf 7.252 Thaler und 12 Groschen angewachsen war. Insgesamt bezifferte sich der Nachlaß mit Silbergegenständen und Möbeln auf 22.353 Thaler und 8 Groschen (Tollin 1894b: 116–117). Dieser Betrag verkörperte seinerzeit eine reputierliche Summe. Dank des Kaufvertrages des Rittergutes Priort, welches der Schwiegervater des 30 Jahre nach ihm nach Magdeburg emigrierten Cousins Jean-Jacques I. Digeon de Monteton für selbigen kaufen sollte, besitzen wir eine Vergleichsgröße hinsichtlich der Kaufkraft (zu den Schwierigkeiten einer solchen Umrechnung, vgl.: Voigtlaender 1994).

Dieses circa 18 Kilometer zwischen Potsdam und Spandau gelegen Allodialgut wurde 1742 für den Betrag von 34.000 Reichsthalern zuzüglich 250 Thalern Schlüsselgeld erworben und umfaßte 2.000 Morgen Land zusamt den grundherrschaftlichen Rechten sowie der damit verbundenen Gerichtsbarkeit (Digeon v. Monteton 1892: 28 sowie Fidicin 1860: XIX, 43–44 (II. Der Kreis Ost-Havelland)). Dies läßt eine Taxierung als mittelgroße Länderei zu (vgl. Abb. 2.23: 165).

Folglich entsprach der approximative Gegenwert der Erbschaft von Charles de Monains einem kleineren Gut. Dies ist insofern aufschlußreich, dieweil es aus dem Gehalt eines Offiziers, selbst eines Oberstleutnants nachgerade unmöglich gewesen wäre, ein derartiges Vermögen zu kumulieren und zwar in der Form, daß es als Überschußkapital noch dazu verwendet werden konnte, um einem Sohn des Königs sowie einer Reihe weiterer Personen einen Kredit zu gewähren; denn das Jahresgehalt eines preußischen Obristleutnants betrug ungefähr 2.800 Thaler (Büsch 1962: 120). Berücksichtigt man dann noch die typische Zeit der Beförderungen im militärischen Curriculum der ersten Hälfte des 18. Jahrhunderts, gelangt man zu dem Schluß, daß dies cum grano salis gleichergestalt für den Werdegang Pierre III. Digeon de Boisverdun zutreffend war und höchstwahrscheinlich ebenso für den befreundeten Obristleutnant Pierre de Monains: Gemeinhin erreichte man erst nach 15 Jahren den Rang eines Capitain, verblieb darin normalerweise 8 Jahre, bis man zum Major avancierte, eine Charge, welche man sodann zumeist 6 Jahre bekleidete, ehe man nur 2 Jahre als Obristleutnant verbrachte, worauf dann häufig eine Dauer von 6 Jahre als Oberst folgte (Endres 1993: 105) Somit muß das Vermögen außerhalb der militärischen Karriere zu den Monains gelangt sein. Eine similare Vermutung liegt auch für die finanziellen Verhältnisse von Pierre III. nahe, denn die zeitgenössischen Quellen bescheinigen ihm eine "*Zuflucht aller Hülfsbedürftigen*", da er Geld "*mit reichen Händen*" verlieh und weder die geliehenen Summe zurückforderte noch die Zinsen anmahnte (Tollin 1894b: 115). Auch läßt sich seine monetäre Stellung an der Tatsache ablesen, daß er 1724 einem Mann, welcher einen Garten benötigte aber über keinen nennenswerten Besitz verfügte, ihm sein Haus mit Park, das er zwischen Krökenund Ulrichstor in Magdeburg besaß, entgeldfrei überließ. Daneben erfahren wir, daß er im Zuge seiner Schlichter- und Vermittlertätigkeit bei der großen Auseinandersetzung zwischen der Wallonischen und Französischen Kirche 1727 in beiden reformierten Gotteshäusern eine Loge besaß (Tollin 1894b: 115–116). Dies alles läßt auf einen recht aufwendigen und generösen Lebensstil schließen, welcher ebenfalls mitnichten aus seinem Soldatensalär zu bestreiten gewesen wäre. Darob liegt die Vermutung nahe, daß es ihm gelang, einen Teil seines in Frankreich beträchtlichen Vermögens, möglicherweise über klandestine Umwege, nach Preußen zu transferieren. Wie kompliziert dies gewesen sein muß, zeigt sich nicht zuletzt daran, daß Ludwig XIV. bereits im Zuge der einsetzenden Repressalien wider die einheimischen Protestanten es diesen im August 1669 durch ein Edikt bei Todesstrafe – 1685 in lebenslange Galeerenstrafe permutiert – sowie der Konfiskation aller ihrer Güter interdiziert hat, ins Ausland zu fliehen, wobei die auswanderungsgewillten Anhänger der reformierten Kirche den Versuch unternahmen, ihrem Verlust an Eigentum vermittelst Scheinverkäufen an Verwandte oder Freunde Vorschub zu leisten, um dann nach einem Abklingen der Verfolgungen ihre Güter wieder zurückzuerhalten. Hierauf reagierte der Monarch mit der *Déclaration du 14 juillet 1682*, welche sämtliche Veräußerungskontrakte für futil erklärte, welche Protestanten innerhalb eines Jahres vor ihrer Emigration abgeschlossen haben sollten. Allerdings wurde diese rigide Vorgehensweise mit der *Déclaration du 7 septembre 1682* dahingehend abgemildert, daß die Verkäufe von Eltern und Großeltern zu Gunsten von Kindern, die ob ihrer Verheiratung einer Mitgift bedurften sowie von Veräußerungen, welche zur Tilgung von Schulden erfolgten, ausdrücklich gestattet wurden. Das Edikt von Fontainebleau vom 18. Oktober 1685 sollte im Artikel 10 diese Bestimmungen konfirmieren, wobei es im 9. Artikel allen ins Ausland Emigrierten eine

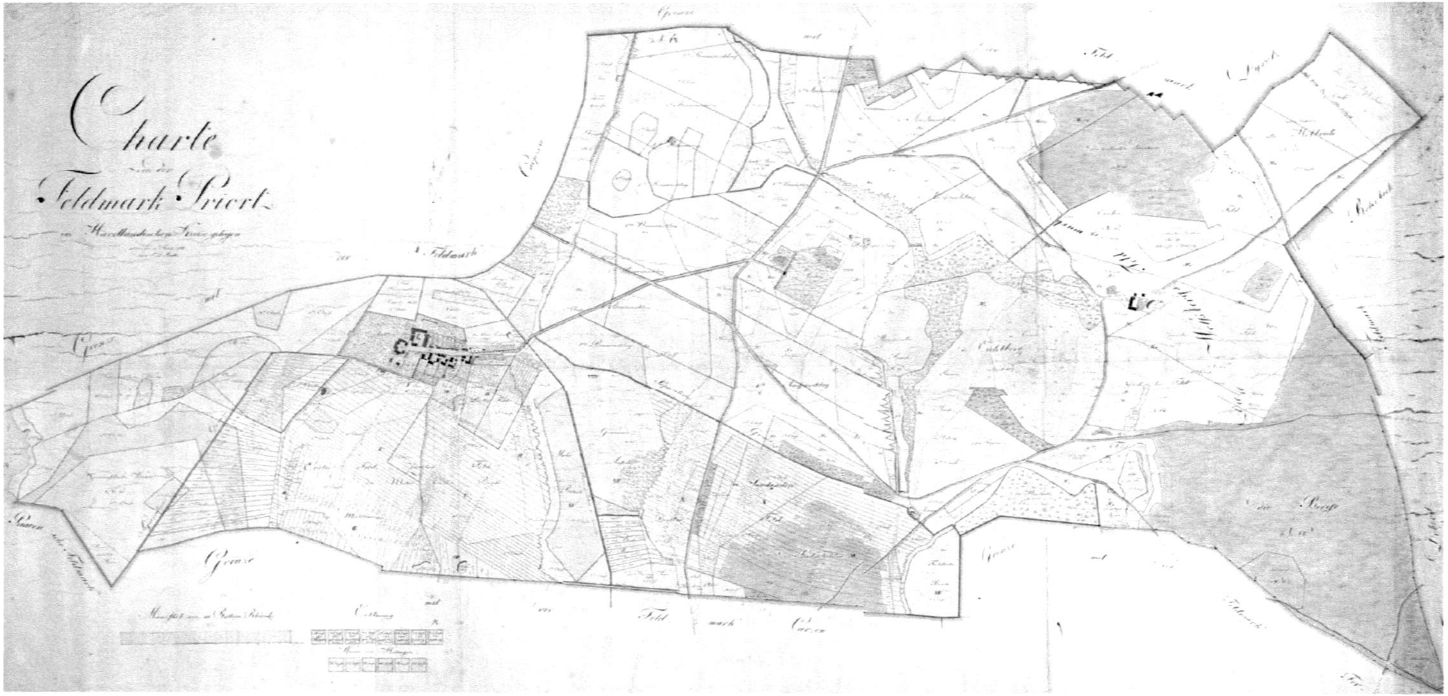

Abb. 2.23: *Karte der Feldmark Priort (1811) [BLHA Potsdam, Rep. 24, OH, Karte 102 G, Archivphotographie 2012]*

viermonatige Frist konzedierte, in welcher sie zurückkehren und ihre Güter vollumfänglich wieder in Besitz zu nehmen vermochten (vgl. Bernard 2003: 54–55 genauer bei: Pillorget 1985: 56–57. Von letztgenanntem Angebot haben weder Pierre III. noch sein Bruder Charles IV. Digeon de Boisverdun Gebrauch gemacht, doch traf die Ausnahmeregelung vom Erlaß des 7. September 1682 ziemlich paßgenau auf Pierre III. zu: Denn nach dem Tode seines Vaters Jean III. trat er als *chef de nom et armes* (vgl. Kap. 4.1.2: 410) an dessen Statt und hatte demgemäß die Verfügungsgewalt über die Familiengüter, die er mutmaßlich teilweise in liquide Mittel überführte und teilweise als direkte Mitgift für seine Schwester Isabeau aufwendete. Bei deren Hochzeit am 21. November 1684 war er, wie bereits oben ausgeführt, noch zugegen (Saint-Saud u. a. 1905: 115), so daß er seine Güter höchstwahrscheinlich davor verkauft hatte und mithin die Bestimmungen der Jahresfrist des auf den 18. Oktober 1685 datierten Edikts von Fontainebleau in seinem Fall griffen. Grundsätzlich wäre es als weiterführendes Forschungsvorhaben interessant, von französischer Seite den Versuch einer Gesamtrekonstruktion des Eigentumstransfers mit sämtlichen rechtlichen Auseinandersetzungen im Kontext der vornehmlich wider den Besitz der Hugenotten gerichteten Repressionspolitik der Regierung zu unternehmen. Diesem Fall käme dabei unter Umständen ein paradigmatischer Charakter hinsichtlich des reformierten französischen Adels in preußischen Militärdiensten, bei dem ein Geschlecht nicht in toto auswanderte, zu.

Die erbrechtlichen Auseinandersetzungen um den Nachlaß von Charles III. Digeon de Boisverdun fanden nämlich mitnichten ihr finales Ende im 17. Jahrhundert, sondern zogen sich etliche Jahre bis zu Lebzeiten der nächsten Generation hin. Denn der gemeinsame Sohn Henry aus der Ehe von Isabeau Digeon de Boisverdun und Jean d.Ä. d'Estutt de Solminihac welcher nach dem Tod seines Vaters unter der Vormundschaft von Hilaire Cantinon stand, erhielt am 28. Juno 1706 auf Grund eines Berufungsgesuchs vom Seneschall des Agenais vom 21. August 1704 einen Bescheid, der ihn in seinen Eigentumsrechten aus der Nachfolge von Charles III. Digeon de Boisverdun bestätigte – gegen Pierre IV. Digeon, Baron de Monteton, Paul de Gervain, dessen Ehefrau Henriette Digeon de Monteton sowie deren minderjährige Schwestern Anne-Victoire und Jeanne Digeon de Monteton.[107] Diese Entscheidung überrascht vor dem Hintergrund weniger, daß der junge Solminihac von seinem Vormund Henri d'Augeard, seines Zeichen *président à moutier* (*moutier* hat u.a. die Bedeutung einer schwarzen Samtmütze mit einer breiten goldenen Tresse, welche bei offiziellen Angelegenheiten getragen wurde; vgl. dazu: Ideler und Nolte 1825: 245 sowie zum Amt: Bluche 1960: 92), das heißt Präsident der Großen Kammer des Parlaments von Bordeaux, unterstützt wurde. Dabei schließt sich hier mit der Ehefrau von Henri d'Augeard der Kreis zwischen den Digeon de Boisverdun und den Belrieus wieder, da letztgenannter mit Catherine de Belrieu de Virazel den Bund de Lebens eingegangen war. Bei dieser handelte es sich wiederum um die Schwester von Marianne de Belrieu de Virazel, welche mit dem oben apostrophierten Hector François Chataigner de Cramahé vor den Altar getreten war. Deren gemeinsame Großmutter väterlicherseits war Charlotte Digeon de Boisverdun (vgl. Kap. 2.3.2.3: 145). Die Prozeßführung läßt indes keine Aussage darüber zu, ob es sich bei diesem rechtlichen Konflikt um ein "vordergründiges" Manöver zur Thesaurierung des Familienvermögens vor dem Zugriff, das heißt der Zwangsverwaltung des französischen Staates, handelte, oder ob tatsächlich Besitzkontroversen im Innenverhältnis der Familie zu den Rechtsstreitereien geführt haben, mithin die Solminihacs die durch Emigration geschwächte Position des Digeon de Boisverdun zur eigenen Bereicherung ausnutzten. Für die letzte Mutmaßung spricht jedoch nur eine geringe Plausibilität, da, wie noch aufzuzeigen sein

107 A.D.33, 9 J 60, p. 49–50.

wird, es nach besagten Erbstreitigkeiten noch zu zwei weiteren Heiraten zwischen den Digeon de Monteton und den d'Estutt de Solminihac gekommen ist.

2.3.2.5 Das Haus d'Estutt als Erbe und Kontinuitätsgarant

Sowohl aus der Tatsache, daß insgesamt drei weibliche Vertreter des Hauses Digeon innerhalb eines Saeculums bei den d'Estutt de Solminihacs einheirateten und es sich dabei jeweils um personell recht kleine Geschlechter handelte, als auch aus dem Umstand, daß sich die d'Estutt erst durch ein das Adelsrecht betreffendes Begebnis "selbst finden" mußten, rechtfertigt eine genauere Betrachtung dieser Familie.

Da der Name d'Estutt unauflöslich mit dem Solminihac verbunden ist und die d'Estutt über zwei Jahrhunderte davon ausgingen, daß ihr tatsächlicher Familienname Solminihac (auch häufig in der orthographischen Varianz: "Solvignac", "Solminhac", "Solmihac", "Solmanha", "Solmaigna", "Solminiaco", "Solompnhac" und "Solmignac") lautet, scheint es geboten, zunächst auf die Ursprünge der Solminihacs zu rekurrieren. Deren erste urkundliche Apostrophierung sowie Filiation nimmt ihren Angang mit Mathieu de Solminihac, Damoiseau, welcher sich wohnhaft im Sarladais nachweisen läßt, wo er 1194 eine Schenkung an die Abtei von Grandmont zusamt zwei Söhnen vornahm (Lacombe 1999: 36). Er ist es auch, der den ältesten Zweig, den sogenannten *branche primordiale* (1194–491) des Geschlechts begründete. Für die d'Estutt de Solminihac sollte vornehmlich die Person von Guy de Solminihac, seines Nachfahren in der achten Generation eine besondere Bedeutung zukommen. Dieser war der Sohn von Raymond III. de Solminihac und einer unbekannten Frau. Von dessen jüngerem Bruder Pons (oder Ponce bzw. Poncet) sollte der jüngere Zweig des Hauses Belet hervorgehen, von welchem über weitere Verästelungen die noch heute lebenden Solminihac abstammen. Dank seines Ehekontrakts, der die Ehe mit der "*nobilia Claudia de Selerio*" (alias de Casenac) besiegelte, datiert zu Montfaucon (24) am 9. Dezember 1471 – "[...] *datum in loco de Montefalcone die nona mensis decembris anno Domini millesimo quadringentesimo septuagesimo primo* [...]" (Guère 1885: 28) –, sind wir darüber unterrichtet, daß Guy de Solminihac neben zwei Brüdern, Bertrand, welcher kinderlos im jungen Alter verschied, und François, der gleichergestalt zeitlebens ohne legitime Nachkommen blieb, noch eine Schwester namens Jeanne besaß. Da zu Lebzeiten keiner seiner Söhne über erbberechtige Sprößlinge verfügte, war es notwendig, daß Guy de Solminihac in seinem Testament vom 14. September 1491 als Chef seines Hauses die Nachfolge und damit verbunden das Familienerbe festsetzte.[108] Zunächst bat er darum, in der Kirche Sainte-Marie de Beynac an der Grablege neben seinem Vater Raymond III. beigesetzt zu werden, wobei die Trauerfeierlichkeiten in Anwesenheit von 50 Kaplänen abgehalten werden sollten. Im Folgenden bestimmte er gemäß den salischen Erbfolgesetzen den Erstgeborenen Bertrand zum Universalerben (vgl. Kap. 4.1.2: 410), auf ihn sollte der jüngere François folgen, der außerdem sofort nach dem Hinscheiden des Vaters die Summe von 3.000 Pfund zustünde. Sollte auch er ohne Erben versterben, wäre die Schwester Jeanne Erbin des gesamte Besitzes des ältesten Zweiges der Solminihac. Des weiteren verfügte er, daß sie unabhängig davon 4.000 Pfund bekommen sollte sowie die Kleider, welche für ihre Hochzeit vorgesehen waren. Nicht nur die beträchtliche Zahl von Klerikern sowie die in liquiden Mitteln auszuzahlenden Nachlaßsummen für die nachgeborenen Kinder, die in der Nominaleinheit Livres in der damaligen Zeit noch einen erheblich höheren Silbergegenwert aufwiesen als in den späteren Jahrhunderten, erzeigen die arrivierte soziale Stellung von Guy de Solminihac, sondern insbesondere die Wahl der Testamentsvollstrecker:

108 B.N.F., Collection Périgord, tom. 167, fol. 19.

Zu diesem Amt hatte er seinen beiden Neffen, Jean aus dem einflußreichen Haus Marqueyssac (vgl. dazu: Gibert 1996: 67–68) sowie Bardin de Cannhac zusamt Martial de La Roque bestimmt. Angemerkt sei, daß in Frankreich, abgesehen von einer Ausnahme, nie Livres-Münzen geprägt wurden; diese Einheit diente vielmehr einzig als Rechen- und Wertbasis des auf dem karolingischen Münzsystem aufbauenden französischen Silbermünzsystems. Die Erstgenannten waren außerdem dazu vorgesehen, im Falle einer nachkommenlosen Ehe seiner Tochter Jeanne, die Nachfolge als Erben anzutreten. Bei Bardin de Cannhac handelt es sich mit an Sicherheit grenzender Wahrscheinlichkeit um einen Vertreter aus dem äußerst mächtigen Geschlecht der Cugnac (was eine Namensvariation von "Cannhac" verkörpert). Diese besaßen Anfang des 14. Jahrhunderts 120 Gerichtsbezirke sowie Lehen, welche mit der Kirchenhoheit verbunden waren, und zählten über 200 Adlige zu ihren Vasallen, weshalb ihnen ein über die Guyenne hinausgehender Machtfaktor zukam (vgl. zur Genealogie: (Hozier und d'Hozier de Sérigny 1868: 567–587)). Die Überlegung, Bardin de Cannhac mit den Cugnac zu identifizieren, gründet sich auch auf die nachweisbare Beziehung der Cugnac zu Martial de La Roque, Seigneur de Saint-Pompon, vulgo"Saint-Pleinpont". Denn dieser war als Bruder von Marguerite de La Roque, welche mit Vertrag, geschlossen in Saint-Pompon (24) am 28. Mai 1464, Jean II. de Cugnac heiratete und zusamt ihrem Bruder die Vormundschaft der aus dieser Verbindung entstammenden Kinder übernahm, verwandtschaftlich mit den Cugnac verbunden (Viton de Saint-Allais 1820: 180). In diesem Kontext findet sich gleichergestalt eine Relation zu den Verduns, denn die Cugnac waren auch mit diesen durch Heirat verbunden: Eine N.N. de Cugnac war mit einem N.N. de Verdon (sic!) verheiratet, was aus einer Transaktion vom 12. November 1461 zwischen Gaston de Verdon, Enkel der Vorgenannten, und Arnaud-Raimond de Saintour sowie dessen Frau Louise de Cugnac resultiert (Viton de Saint-Allais 1820: 175–176). Hinzu kommt ein weiterer Anknüpfungspunkt zu den Verdun: Dadurch, daß die Cugnac vermöge eines Vorfahren von Jean II. de Cugnac, Jacques, welcher in zweiter Ehe mit Jeanne de Gironde de Montcléra, Tochter von Jean de Gironde, Seigneur de Montcléra, und der Françoise de Champagne-la-Suze, verheiratet war, unterhielten sie ein verwandtschaftliches Verhältnis zu dem Hause Champagne-la-Suze. Die Letztgenannte war wiederum die Enkelin von Pierre de Champagne, Seigneur de la Suze, verheiratet mit Marie de Laval-Montmorency, Tochter von Thibaud de Laval, Seigneur de Loué, Chambellan von König Karl VI., und der Jeanne de Maillé-Brezé, Mutter von Brandelis de Champagne, comte de la Suze, Chambellan des Königs und Gouverneur des pays d'Anjou, und du Maine (Viton de Saint-Allais 1820: 182 (Anm. 2)). Dieser wiederum diente zusammen mit Jean I. de la Perche dit "Verdun", Vater der oben erwähnten Françoise de Verdun 60), unter Karl VI. und seinem Nachfolger Karl VII. in den Befreiungskriegen an der Seite Jeanne d'Arcs gegen die Engländer, bis Jean I. de la Perche als Leutnant in die Kompanie des Marschalls von Lohéac eintrat (Contamine 1972: 423). Selbiger, dessen eigentlicher Name André de Laval-Montfort, Seigneur de Lohéac, lautet, stammte ebenfalls aus dem Hause Laval und war seit 1451 mit Marie de Montmorency-Laval, genannt Marie de Retz, der einzigen Tochter von Gilles de Rais und Witwe des Admirals Prigent de Coëtivy, verheiratet. Durch diese Eheschließung wurde er als Vormund seiner Frau der Nachfolger seines berüchtigten Schwiegervaters. Da jedoch seine Heirat kinderlos blieb, fiel die Baronie an Réne de Rais, den Bruder des kruden Gilles (vgl. dazu: Vincent und Binns 1926; Wolf 1980; Benedetti 2003).

An diesem Geflecht von Beziehungen fällt nicht nur der Befund auf, daß es generell mit der Rückeroberung der Guyenne durch die französische Krone zu weitverzweigten, beträchtlich über die ansonsten regional sehr beschränkte Wahl der Ehepartner hinausgehenden Heiraten kam, sondern auch, daß Guy de Solminihac, indem er seine beiden Neffen und den – nicht mit diesen verwandten – Martial de La Roque zu Testamentsvollstreckern bestimmte. So konnte er davon ausgehen, daß seine beiden Neffen nicht zu einer Übervorteilung seiner drei eigenen

Kinder schreiten konnten, womit den reinen Blutsbanden eine protektierende Schranke auferlegt wurde. Zusätzlich sicherte Guy de Solminihac sein vor dem Notar Jean Rochon vereinbartes Testaments mit den Zeugenbekundungen des oben genannten Jean de Marquessac, des Aymeric de Beynac, des Aymeric de Luco (d.h. "Lur") und des Jean Astruc ab (Saint-Saud u. a. 1905: 29). Mit Ausnahme des letztgenannten zählten alle zu den exzellierendsten Häusern des Sarladais und Périgord. So gehörten die Beynacs zu den vier Geschlechtern, die den mit besonderen Prärogativen verbundenen Ehrentitel eines "*premier baron du Périgord*" trugen (Froidefond de Boulazac 1891: 100 (Bd. 1)), die bereits apostophierten Marqueyssac standen ihnen hinsichtlich ihrer Stellung wenig nach und das Haus "Lur" konnte für sich eine ununterbrochene adlige Abstammung seit dem Ende des 10. Jahrhunderts reklamieren (vgl. weiterführend: Courcelles 1825b sowie Lur-Saluces 1855). Leider ist derzeit nicht möglich, die genauen verwandtschaftlichen Beziehungen der beiden Neffen von Guy de Solminihac zu seiner Familie zu erhellen.

Umso besser ist der verwandtschaftliche Kontext des Ehemanns von Guys Tochter Jeanne de Solminihac bekannt, die für die d'Estutt de Solminihac in toto eine Schlüsselposition einnimmt: Sie heiratete vor 1513 Michelet d'Estutt (auch in der Varianz, mitunter im selben Dokument: "Estut", "Stud" oder "Micheau Estève"), Seigneur d'Assay im Berry. Durch seine Frau wurde er auch Seigneur de Solminihac. Das genaue Datum ist in Ermangelung des Ehekontrakts, welcher bereits Ende des 18. Jahrhunderts gesucht wurde, derzeit nicht bestimmbar. Die Vermutung, daß die Heirat vor 1513 begangen wurde, gründet sich auf die Tatsache, daß die gemeinsamen Kinder sich ab diesem Zeitpunkt "de Solminihac" nannten. Courcelles gibt in seiner Genealogie der d'Estutt das Datum unbelegt und unbegründet mit 1514 an (Courcelles 1826: 310). Michelet d'Estutt hatte um 1470 das Licht der Welt erblickt als Sohn von Thomas d'Estutt, und der Agnès Le Roy, die wiederum Tochter des verstorbenen Jacques II. Le Roy und dessen zweiter Frau Mathurine Briseformée, Witwe von Jean Racault war (Chaix d'Est-Ange 1915: 22). Die Vermählung von Michelets Eltern fand am 5. September 1476 statt. Seine Mutter entstammte einem Geschlecht, welches uns möglicherweise bereits im Zusammenhang mit den Digeon d'Autramat durch die Heirat von Catherine Digeon d'Autramat mit Antoine Le Roy, Seigneur du Tourret, begegnet ist (vgl. Kap. 2.3.1.2: 97). Es könnte durchaus sein, daß einer der acht Söhne, auf den Graf Toulgoët-Tréanna in seiner Genealogie der Le Roy nicht weiter rekurrierte (Toulgoët-Tréanna 1895: 278–279), aus dem Berry in die Guyenne emigrierte, als sich dorten nach der Rückeroberung durch Frankreich neue Möglichkeiten für einen königstreuen Edelmman ergeben hatten und ein Anlaufpunkt in Gestalt der d'Estutts seit der Eheschließung mit Agnès bestand.

Diese war bereits die zweite Frau von Thomas d'Estutt, wobei der Name seiner ersten Gemahlin unbekannt ist. Möglicherweise stammte diese aus Schottland; die über ihre Identität Auskunft gebenden Akte könnte in den kriegerischen Auseinandersetzungen bis 1453 untergegangen sein, wofern die Heirat vor Ende des Hundertjährigen Krieges erfolgte. Die weitere Aszendenz von Thomas d'Estutt ist nicht mit Quellen belegt, sondern gründet sich auf die Genealogie, wie sie bei La Chesnaye-Desbois dargelegt ist (La Chesnaye-Desbois 1865: 607). Dieser geht davon aus, daß die französischen d'Estutt von Jean I. Stutt de Laggan abstammen, Écuyer und Neffe von Geoffroy Stutt, einer der schottischen Barone, die 1296 ihren Treueeid dem englischen König Eduard I. schworen, möglicherweise im Zusammenhang mit dem Aufstand, der 1296 mit französischer Unterstützung von John Balliol angeführt und zwei Jahre später am 22. Juli 1298 von Eduard I. in der ersten Schlacht von Falkirk gegen William Wallace niedergeschlagen wurde (vgl. dazu: Simpkin 2008: 78–11 sowie zu den Quellen: Gough 1888). Deren erste urkundliche Erwähnung ist die Zeugenschaft eines Stud, genant Studvils anläßlich eines Vertragsschluß zwischen Richard I., König v. England und William I, benamt der Löwe, König von Schottland. Der Urenkel von Jean I. Stutt de Laggan, Gaultier (oder Walter I.), seit 1433 mit Anne Briseformée verheiratet (Hervé 1901: 209), wird als Vater von Thomas d'Estutt d'Assay und dessen Brüder Walter II., Guillaume und Jean d.Ä. genannt. Der Marquis de la Guère gibt in seiner Abhandlung "Génèalogie de la Maison de Stutt" als Wohnort von Gaultier Stutt de Laggan die Grafschaft "Koxbourg" (gemeint ist wohl "Roxburghshire" im Süden von Wales) und als Ehepartnerin Elisabeth de Herries, Tochter von John de Herries de Jerrégales (korrekt: "Herries of Terregles") und der Jeanne Bruce de Clackmannan, an (Guère 1885: 6). Insbesondere an der Letztgenannten offenbart sich ein sehr feste Verankerung der sogenannten Stutt de Laggan in den schottischen Hochadel, denn in der Person von besagter Jeanne Bruce of Clackmannan findet sich die Nachkommenschaft von König Robert the Bruce, da sein Enkel Sir Thomas Bruce, der erste Baron von Clackmannan war. Der aktuelle, Chief des Clans der Bruce führt seine Aszendenz auf eben diesen Thomas Bruce of Clackmannan zurück.

Es sei in diesem Kontext annotiert, daß es die französische Umschrift derzeit nicht erlaubt, eine Familie Stutt de (oder of) Laggan in der schottischen Peerage oder Gentry zu identifizieren. So ist gleichergestalt die Übertragungen der übrigen englischen Geschlechternamen nicht immer eindeutig. Auch finden sich weder zu Zeiten von Guère noch in der aktuellen genealogischen Forschungsliteratur zur schottischen Aristokratie Hinweise auf die Stutt de Laggan oder ihre Relationen zu einzelnen schottischen Familien, so beispielsweise zum mächtigen Hause Herries (z.B. Grose 1789: 139–142; Anderson 1867: 472–475; Lodge 1859: 476–478 sowie aus neuerer Zeit: Bannerman 2005: 219–222; Burke 2001: 693–697). Allerdings darf nicht übersehen werden, daß die Heirat von Gaultier Stutt de Laggan mutmaßlich im ersten Viertel des 15. Jahrhunderts erfolgte und zu dieser Zeit die Existenz aller Töchter mitnichten stets tradiert wurde, sonderheitlich meist dann nicht, wofern sie nicht auf rechtskraftentwickelnden Dokumenten wie Testamenten figurierten. Demgemäß wäre es vorschnell, würde man die Existenz der Stutt de Laggan gänzlich in Zweifel ziehen. Denn dafür sind die historischen und genealogischen Angaben, wie sie bei Guère und La Chesnaye-Desbois aufgeführt sind, im Detail zu paßgenau mit den von britischer Seite publizierten Stammfolgen (z.B. bei den Herries: Bullock 1962: 1–3). Mithin wäre es ein Ansatz für weitere Forschungsvorhaben, den Konnex zwischen dem französischen und dem schottischen Teil der Familie zu finden. Insbesondere die in Großbritannien befindlichen Archive, welche hinsichtlich dieser Frage noch nicht konsultiert wurden, könnten sich als fruchtbringend erweisen.

Von den Söhnen von Gaultier Stutt de Laggan, welche allesamt um das Jahr 1419 nach Frankreich zogen, um unter dem Befehl von John Stewart, 3. Earl of Buchan, Connétable de France, in der neu gegründeten und bis zur Abdiktion Karl X. Bestand habenden *Garde Écossaise* (vgl. dazu: Brown 1998 und immer noch grundlegend: Forbes-Leith 1882) dem Dauphin und späteren König Karl VII. zu Hilfe zu eilen, sollte lediglich Thomas, der Zweitgeborene über ausreichend männliche Nachkommen verfügen, um die Stammfolge fortzuführen (Contamine 1992: 18–21). Zwar hatte der Älteste, Walter II. aus seiner Ehe mit der bereits oben erwähnten Ehefrau von Jacques II. Le Roy, Mathurine Briseformée, einen Sohn Jean d.J., der zwar kurzzeitig die Herrschaft d'Assay als Erbschaft innehatte, allerdings im Jahr 1476 verschied, ohne verheiratet gewesen zu sein, und von seinen Onkels väterlicherseits beerbt wurde, bis nach dessen Abberufung der gesamte Besitz an Thomas fiel. Möglicherweise ist er mit dem Jean identisch, welcher eine Tochter heute unbekannten Vornamens hatte, die einen Gilbert (oder Guillebert) Cunningham ehelichte. Das Todesdatum von diesem Jean Stud wird bei Francisque Michel mit 1468 angegeben wird (Michel 1862: 248). Als dieser nach seiner zweiten Eheschließung mit einer Französin zum Alleinerben der Seigneurie d'Assay in Burgund wurde, war es bereits im 15. Jahrhundert notwendig einen sogenannten "lettre de naturalisation" zu erhalten, den er in einem Gesuch an Ludwig XI. erbat[109] und dem selbiger

109 Archives Privées de la Famille d'Estutt de Assay (Château Tharoiseau, Yonne): Demande de lettres de naturalité par Thomas Stutt, Seigneur d'Assay en Berry (1473).

im Februar 1474 entsprach, woraufhin dieser Rechtsakt am 10. März in der "Chambre du comptes" zu Paris registriert wurde und zum konstituierenden Beweis für eine adlige Existenz der d'Estutt auf französischem Boden werden sollte (diese Einbürgersurkunde im Wortlaut bei Guère 1885: 153–154). Denn der bloße Besitz eines adligen Gutes respektive einer Seigneurie wie im Falle der d'Estutt die Herrschaft d'Assay, war mitnichten ein hinreichender Nachweis für eine rechtmäßige Zugehörigkeit zum Zweiten Stand, was dann in der Ordonnance de Blois von 1579 auch kodifiziert werden sollte (vgl. Kap. 4.2.1: 425). Dieser Vorgang ist auch deswegen bemerkenswert, da er in einer Phase fiel, als die traditionell guten Verbindungen zwischen Frankreich und Schottland kurzzeitig erkaltet waren (Livingstone und Witzel 2005: 5–6). Denn Ludwig XI. war der erste französische König bis 1560, welcher die Manifestation des alten schottisch-französischen Bündnisses, die sogenannte *auld alliance* (vgl. dazu weiterführend: Bonner 1999 sowie MacDougall 2001), nicht mehr formal erneuert hat. Dieses wohl älteste Militärbündnis Europas geht vermutlich bis auf William I, zurück und fand seine erste schriftliche Fixierung am 23. Oktober 1295 in Paris während der Regierungszeit von John Balliol und dem französischen König Philippe IV. Die Allianz sollte noch über ihr Ende im Kontrakt von Edinburgh (1560) bis 1903 eine Wirkmacht dahingehend entfalten, als daß jeder schottische Bürger gleichzeitig auch bürgerliche Rechte in Frankreich besaß (Ichijo 2004: 114). Allerdings sei an dieser Stelle annotiert, daß der von Ichijo und auch ansonsten sehr häufig in der Literatur verwendete Begriff "citizenship" respektive nationalité, insbesondere um darin ein Fanal oder eine Antizipation des vermeintlichen Ideals einer modernen Europäische Union herbeizujubilieren, recht unglücklich gewählt ist, da er den Blick auf den seinerzeitigen Sinngehalt der Vereinbarung verbaut. Denn im 15. Jahrhundert ist es nicht möglich von einem Nationalstaat zu sprechen, geschweige dem daraus ein modernen Paß- und Staatsangehörigkeitsrecht ableiten zu wollen. Folglich sind hier, wenn von einem "mutual citizenship" gesprochen wird, vornehmlich bestimmte "Untertanenrechte" wie der Erwerb, der Weiterverkauf oder die Vererbung von Gütern sowie die damit einhergehenden seigneuralen Prärogativen und das Recht, in beiden Armeen den Heeresdienst zu leisten, gemeint, die den Einwohnern Schottlands und Frankreichs gegenseitig gewährt wurden. Jedoch galt dies nicht uneingeschränkt und auf unbefristete Dauer, sondern war zumeist von der Einzelfallentscheidung des jeweiligen französischen Monarchen abhängig (Sahlins 2004: 173). Dieserhalb wäre es besser, da zudem der Begriff des "Staatsbürgers" erst im 19. Jahrhundert eine definitorische Kontur erhielt und auch Adlige im strengen Wortsinn "Untertanen" waren, von einer "individuellen und temporär befristeten rechtlichen Gleichstellung in Dienst- und Eigentumsverhältnissen" zu sprechen, als von einer im Diktum des modernen Sprachgebrauch irreführenden "Staatsbürgerschaft" (dazu grundlegend: Haller 1814).

Neben dieser Verleihung der französischen *lettres de naturalité* sind noch eine Reihe von weiteren Dokumenten von Thomas d'Estutt tradiert. Dabei handelt es sich zumeist um Prozeßakten wie zur Auseinandersetzung mit Pierre Anquetilz, Seigneur de Courcelles, um die bereits apostrophierte Seigneurie d'Assay und die damit verbundenen Fragen hinsichtlich der mittlere und hohen Gerichtsbarkeit, welche am 19. und 20. Dezember 1477 vor dem Leutnant der Vogtei des Berry an seinem Amtssitz in Concoursault (18) verhandelt wurden.[110] Insbesondere aus der Tatsache, daß es hierbei um nicht nur den bloßen Landbesitz einer Herrschaft, sondern gerade um die Ausübung der hohen Gerichtsbarkeit ging, die einzig von Adligen ausgeübt zu werden vermochte, resultiert einerseits zweifelsfrei, daß Thomas d'Estutt die

110 Archives Privées de la Famille d'Estutt de Assay (Château Tharoiseau, Yonne): Enquête sur la propriété de la seigneurie d'Assay les 19 et 20 décembre 1477 entre Thomas d'Estutt, Seigneur d'Assay et Pierre Anquetilz, Seigneur de Courcelles devant le lieutenant du baili de Berry.

Seigneurie von Assay von seinem älteren Bruder Walter II. auf Grund von dessen Aporie an männlichen Nachkommen erhalten hat. Andererseits belegt sie deutlich die Eigenschaft einer adligen Existenz vor dem Jahr 1474 – auch auf französischem Boden. Die von Régis Valette in seinem "Catalogue de la noblesse française" vorgenommene Taxierung der d'Estutt mit dem Jahr 1474 als "ancienne extraction" (er folgt darin mit kleinen Abweichung der allgemein üblichen Einteilung (vgl. Tab. 4.1: 406)) greift daher eindeutig zu kurz (Valette 1989: 81). Dadurch, daß er sich bei seiner Einteilung von einem übersteigerten Rigorismus leiten läßt, wie seine eigentümlichen Ausführungen über das "Principe de noblesse daté" beredtes Zeugnis abgeben (Valette 1989: 16), gelangt er zu Ergebnissen, die allen Wahrscheinlichkeiten zuwider laufen und die Realität ins Bizarre verzerren. So ist es zum Beispiel nicht haltbar, das adlige Abstammungsalter der Häuser Caumont de La Force mit dem Jahr 1528 auf *extraction* (d.h. nach 1500 bis 1600) zu kategorisieren (Valette 1989: 57), da auf Grund von den kämpferischen Ereignissen wie dem Hunderjährigen Krieg, den Religionsauseinandersetzungen sowie der Fronde und nicht zuletzt der Französischen Revolution der auf Dokumenten einer Familie allein basierende Nachweis häufig verunmöglicht wurde; wohl ist es jedoch möglich, durch archivalische Quellen der alliierten Geschlechter eine Herkunft mit hoher Probabilität zu belegen. Mit abwägenden Mutmaßungen muß nolens volens auch Valette operieren, denn eine völlige Gewißheit, wie er durch seine Vorgehensweise der "filiation prouvée rigoureuse" vermeint zu erlangen, entspringt auch den von ihm zitierten Quellen nicht, da diesem Anspruch allein die modernen Methoden der DNA-Analyse gerecht würden. Mit seinen hybriden Prinzipienansprüchen plaziert er sich nicht nur außerhalb einer langen Reihe reputierlicher Genealogen (vgl. dazu: Kap. 2.3.1.1: 84), sondern auch jenseits der Faktizität und der daraus resultierenden Logik: Denn wie möchte er im Falle der Caumont dann die kontinuierliche Sukzession der Güter erklären, welche die Familie nachweislich (sic!) seit dem Hochmittelalter besaß und die nach ehernen Gesetz der salischen Erbfolge erfolgten (vgl. Kap. 4.1.2: 410 sowie: 4.1.2: 410)? Demgemäß erscheint es sinnstiftender, ein adliges Haus im Gesamtkontext seiner genealogischen Beziehungen zu beleuchten und sich nicht, nach Zweigen isoliert, der kategorischen Fahndung nach möglichst lückenlosen schriftlichen Abstammungsfolgen zu verschreiben, die man dann einem numerischen Ordnungsschema unterwirft. Zwar ist es nachvollziehbar und legitim, daß es Valette in seiner Aufstellung darum geht, sämtliche noch blühenden Geschlechter des französischen Adels zu katalogisieren, indes darf dies nicht auf Kosten der Kohärenz des Gesamtkontextes geschehen. Schließlich kommt er dadurch auch zu Fehlern auf der materialen Ebene: So ist es unrichtig, wenn er nur dem ausgestorbenen Zweig d'Estutt de Tracy die Honneurs de la Cour (vgl. dazu Kap. 4.1.3) bescheinigt (Valette 1989: 81) und die Zulassung der d'Estutt de Solminihac bei Hofe am 8. Mai 1786 in Person des Marquis d'Estutt de Solminihac einfach verschweigt (Flavigny 1873: 797 sowie mit Abweichung im Datum: Toulgoët-Tréanna 1895: 279).

Das genaue Todesdatum von Thomas d'Estutt ist nicht auf uns gekommen, Guère gibt es lediglich approximativ mit "nach 1480" an, da um diese Zeit die Kinder unter der Vormundschaft ihrer Mutter standen (Guère 1885: 10). Was die männliche Nachkommenschaft von Thomas d'Estutt d'Assay aus seiner zweiten Ehe mit Agnès Le Roy betrifft, so ging daraus, neben Michelet, dem bereits erwähnten Ehemann von Jeanne de Solminihac als Zweitgeborenem und Begründer des primordialen Zweiges der d'Estutt de Solminihac, noch Berault, der Erstgeborene und präsumptive Erbe, welcher jedoch wie sein etwas jüngerer Bruder Jean ohne Nachkommenschaft starb, und François, welcher als vierter Sohn den bis heute fortblühenden Zweig der d'Assay kontinuieren sollte, und schließlich Alexandre, von welchem die Linie der d'Estutt de Tracy ihren Angang nahm, hervor. Zur letztgenannten Linie gehört auch der berühmte Antoine Louis Claude d'Estutt de Tracy, der Begründer der "Ideologie", einer einheitlichen Wissenschaft der Vorstellungen und Wahrnehmungen (*science qui traite des idées ou perceptions*, dazu grundlegend: Lorenz 1994 sowie zur Biographie: Harris 2008), auf welchen im Zusammenhang mit den Honneurs de la Cour und der "Wiederauffindung" des Verwandtschaftsverhältnis zwischen den d'Estutt de Solminihac und de Tracy noch zu rekurrieren sein wird (vgl. Kap. 2.3.3.8: 347).

Bei dieser Aufgliederung der einzelnen Familienzweige ist besonders interessant zu sehen, wie die bis dahin stets dem Ältesten als Erbe vorbehaltene Herrschaft Assay an den Zweitgeborenen fiel und die Seigneurie von Tracy dem dritten der überlebenden Brüder zugesprochen wurde. Damit trat eine Verschiebung nach den Kriterien der Größe und Bedeutung zu Gunsten des Erbes der Jeanne de Solminihac ein, welche mit Solminihac zweifellos die bedeutendste Herrschaft in die Ehe einbrachte.

Folglich muß an dieser Stelle der Einschätzung des Grafen Saint Saud, welcher zu dem Schluß kommt, daß die Familie d'Estutt "*n'avait droit à ce nom* [g.i. Solminihac] *que par les femmes*" (Saint-Saud u. a. 1905: 99), widersprochen werden. Angesichts der oben ausgeführten klaren testamentarischen Verfügungen, welche Guy, der Vater von Jeanne de Solminihac, in seiner Eigenschaft als *chef de nom et armes* (vgl. Kap. 4.1.2: 410) zu Gunsten ihres Ehemanns Michelet d'Estutt d'Assay getroffen hatte, besaßen die d'Estutt nicht allein das tatsächliche Eigentum an der Herrschaft von Solminihac sondern darüber hinaus durchaus ein Recht, das sich nicht nur auf die bloße Heirat einer Tochter unter vielen gründet. Vielmehr war durch das Oberhaupt des Gesamthauses Solminihac höchstselbst autorisiert, den alten Namen Solminihac in ihrem fortzuführen, wie es verbreiterter Usus im Mittelalter und der frühen Neuzeit war und was sich gleichergestalt an den Beispielen der bereits behandelten Geschlechter wie den Carbonnier, d'Anglade, Foix oder Timbrune-Valence aufzeigen läßt. Außerdem gehörte es bis zum Inkrafttreten des Artikels 201 des Codes Michaud (Code Michaud 1829) zu einer jahrhundertelangen Tradition des französischen Adels, daß man den eigentlichen Familiennamen für denjenigen der maßgeblichsten Seigneurie aufgab, was zu mannigfachen Konfundierungen, sonderheitlich im Rechtsverkehr, Anlaß gab (vgl. Kap. 4.1.1: 409). Dies führte im Falle der d'Estutt de Solminihac sogar soweit, daß sie sich zweihundert Jahre nur noch "de Solminihac" nannten und überhaupt keine Kenntnis mehr über ihren tatsächlichen Geschlechtsnamen hatten und damit dem Irrtum oblagen, bei den Solminihacs ihre genealogischen Ursprünge zu sehen (vgl. Kap. 2.3.3.8: 347).

Um die auf Michelet folgenden Generationen der d'Estutt de Solminihac darzustellen und auszuwerten, vermag hier leider nicht Raum gegriffen zu werden, es sei aber angemerkt, daß seine Nachfahren eine Reihe von Heiratsverbindungen zu den Vivans und Belrieus eingingen, was die Bekanntschaft zwischen den d'Estutt de Solminihac und Digeon erklären kann. So läßt sich die darstellende Analyse des Zweiges der Digeon de Boisverdun mit der Betrachtung der Person des bereits oben erwähnten Jean d.Ä. d'Estutt de Solminihac, Ehemann von Isabeau Digeon de Boisverdun, der letzten in Frankreich lebenden Vertreterin ihrer Linie, terminieren. Er ging aus der am 26. Mai 1660 geschlossenen Verbindung seines Vaters Louis d'Estutt de Solminihac mit Henrye de Bergues hervor. Louis d'Estutt de Solminihac, Seigneur de Bouniagues, de Mazères et de la Baume, war im Jahr 1653 Hauptmann in einer von acht Kompanien eines Regiments der *cavalerie étrangère*, unter dem Kommando eines Oberst de La Roque-Cusson. Henrye de Bergues entstammte der Ehe von Jean-Jacques de Bergues, chevalier und maréchal de camps et armèes des Königs, Seigneur de Faux, Mons und Banes, und der Dame Sérène de Larmandie. Die Bergues gehören zu den alten Geschlechtern der Picardie, welche in den Jahren 1191, 1205 und 1218 mehrere Kreuzritter stellten. Ein Teil der Familie emigrierte Mitte des 14. Jahrhunderts in die Guyenne, wo sie jahrhundertelang in verschiedenen Zweigen fortblühte und unter anderem einen Großprior von Aquitanien stellte, weswegen sie der katholischen Kirche zugerechnet werden darf (Magny 1858: 243–244). Möglicherweise änderte sich jedoch die Konfessionszugehörigkeit einiger Vertreter der Bergues im Zuge der aufkommenden Reformationslehren.

Auch die Schwieger von Louis d'Estutt de Solminihac stammte aus einem alteingessenen und seit 1133 bekannten Haus des Périgord, welches Ende des 13. Jahrhunderts mit Bertrand I. de Larmandie die Filiation beginnt. Durch Bertrand IV., der 1560 Françoise de Bourbon, Tochter des schon apostrophierten Jean de Bourbon, Vicomte de Lavedan (vgl. Kap. 2.3.2.3: 146), ehelichte, wurde es mit dem französischen Königshaus blutsverwandt. Wie die Bergues stellten sie eine Reihe von Klerikern, darunter auch einen Bischof von Sarlat (Viton de Saint-Allais 1818: 294 (Anm. 1)). Ähnlich den Digeons und eine Vielzahl anderer Familien haben auch die d'Estutt de Solminihac den Nachweis ihres Adels nach Zweigen getrennt erbracht (vgl. Anhang: 4.3: 443). Mithin ließ Louis in der Darstellung seiner Titel und Abkommenschaft zusamt seinem Cousin Charles, Seigneur de Messac, seinen adligen Stand am 11. Dezember 1666 in Sarlat vor einem Monsieur de la Brousse, Subdelegierten des Intendanten Pellot, beurkunden. Sein genaues Sterbedatum ist nicht auf uns gekommen, demgemäß wissen wir nicht, ob er sich in seiner Eigenschaft als Protestant in fremde Dienste begab, um für seine Konfession zu kämpfen, oder ob er bei einer der Kampfeshandlungen im Zuge des Holländischen Krieges (1672–678) auf Seiten Frankreichs den Tod fand. Der ungefähre Zeitpunkt seiner Abberufung vermag dahingehend eingegrenzt zu werden, daß die Prokuration über seine noch minderjährigen Kinder sowie die komplette Administration seiner Güter am 25. Mai 1673 in einem formalen Akt, beurkundet vor Vergniaud, königlicher Notar, an seine Frau übergab und sich diese in ihrem Testament vom 15. Januar 1683 vor Chalvet als Witwe bezeichnete. Darin regelte sie die Versorgung ihrer Kinder sowie die Mitgift ihrer Tochter Marie im Speziellen und bekannte sich ausdrücklich zur protestantischen Religionszugehörigkeit. Sie verstarb wie ihr Mann, ohne die Hochzeit ihres ältesten Sohnes am 21. November 1684 mit Isabeau Digeon de Boisverdun noch miterlebt zu haben, wie aus der Öffnung ihres Testaments am 4. Dezember a.e. durch den Leutnant der Sénéchaussée von Bergerac hervorgeht (Guère 1885: 29). Trotzdem ist davon auszugehen, daß sie Kenntnis von der Verbindung besaß und diese wohl auch billigte. Neben Jean d.Ä. und Marie, die mit einer Mitgift von 12.000 Pfund versehen, am 15. Juli 1685 Gracien de Rossannes (auch: "Roussanes" oder "Rossannes" oder "Rossanes"), Écuyer und Seigneur de Monat, Sohn von Pierre de Rossanes und der Suzannes de Villebois heiratete, hatte sie noch eine weitere Tochter, welche nach ihrer Schwiegermutter Sérène benamt, jedoch bereits vor der Mutter abberufen wurde. In dem am 21. November 1684 vor Fecquet, königlicher Notar, bei den Belrieus im Château de Virazel (47) geschlossenen Ehekontrakt vereinbarte man neben einer Mitgift der Braut von 12.000 Pfund, die an die genannte Schwester des Bräutigams, als deren Aussteuer sozusagen "weitergereicht" wurde, ausdrücklich, daß die Zeremonie nach protestantischem Ritus zu erfolgen habe. Demnach waren auch die d'Estutts de Solminihac bekennende und überzeugte Calvinisten, die, wie die Digeons und andere Geschlechter der Guyenne, von der Religionspolitik Ludwigs XIV. in besonderem Maße betroffen waren.

Mithin nimmt es nicht wunder, daß Jean d.Ä., wie sein Schwager Pierre III., nach der Revokation des Edikts von Nantes ins Ausland emigrierte. Dabei läßt es sich nicht mit Bestimmtheit sagen, wohin er ging, jedoch spricht einige Plausibilität dafür, daß er, gleich dem Bruder seiner Frau, gen Preußen zog. Dort figuriert nämlich der Name Solminihac, wie der von Pierre III. und Charles IV. Digeon de Boisverdun, im Range eines Leutnants in der Rangliste der Ansbacher Dragoner der Jahre 1701, 1703 und 1707 (Bardeleben 1909: 403, 412,426). Nun wäre es auch möglich, daß es sich hierbei um einen Vertreter der Solminihac handelte, die von Pons de Solminihac, welcher den noch blühenden, jüngeren Zweig der Solminihac begründete (vgl. Kap. 2.3.2.5: 167), abstammten, doch ist dieser durchweg katholisch geblieben, was sich anhand der Biographie des seliggesprochenen Bischofs von Cahors (46), Alain de Solminihac (vgl. zu seiner Person (Auswahl): Mazeau 1980; Dumoulin 1981 sowie Petot 2009) deutlich nachweisen läßt. Demgemäß erschien der Militärdienst in einem sich hauptsächlich aus aus Frankreich geflohenen protestantischen Edelleuten rekrutierenden Regiment in Preußen äußerst unwahrscheinlich. Indes findet sich der entscheidende Nachweis für die Identität des genannten Solminihac im bereits im Zusammenhang mit den Brüdern Boisverdun zitierten "Kurbrandenburgischen Kriegs-Etat für das Jahr 1688" (vgl. Kap: 2.3.2.4: 157). Dort taucht nämlich der Name Jean de Solminihac direkt hinter dem von "Charles de Boyverdun" auf (Mülverstedt 2006: 621). Zieht man zusätzlich in Betracht, daß der einzige lebende Namensträger der d'Estutt der Solminihac, welcher ebenfalls Jean benamt war, vermag man mit an Sicherheit grenzender Wahrscheinlichkeit davon ausgehen, daß Jean d.Ä. d'Estutt de Solminihac zusamt seinen beiden Schwagern Pierre III. und Charles IV. unmittelbar nach Inkrafttreten des Edikts von Fontainebleau am 18. Oktober 1685 seine Heimat verließ, um in Preußen als Soldat zu dienen (bei dem genannten Jean handelt es sich um einen Onkel von Jean d.Ä., den selbiger, um einer vollständigen Konfiskation seiner Güter keinen Vorschub zu leisten, die Seigneurie de La Baume übertragen hatte). Denn auf der Hochzeit seiner Schwester Marie mit Gracien de Rossane am 15. Juli 1685 war Jean d.Ä. noch zugegen (Guère 1885: 31). Wie sein Vater zwölf Jahre zuvor, übertrug Jean d.Ä. vor seiner Auswanderung die gesamte Sachwaltung des Hausvermögens sowie die Vormundschaft der gemeinsamen Kinder, auf seine Frau. Zuvor war im Ehevertrag neben der Mitgiftsumme noch die Sukzession hinsichtlich seiner Seigneurien und Güter vereinbart worden. So verfügte Jean d.Ä., daß die Ehehälfte aller seiner Güter an die männlichen Nachkommen fallen sollte. Im Falle daß er niemanden von diesen gemeinsamen Nachkommen auswählen sollte, überläßt er die Wahl seiner Frau. Sollte niemand von beiden eine Auswahl treffen, dezidierte er, daß der etwaige ältester Sohn seine Nachfolge antreten sollte. Im Falle, daß aus der Heirat nur Töchter resultieren sollten, reduzierte er die Schenkung auf ein Drittel mit denselben Konditionen wie im Fall der Söhne. Unabhängig davon, sprach er seiner Frau einen Pflichtteil von 3.000 Pfund sowie den Nießbrauch seiner Güter unter der Maßgabe zu, die gemeinsamen Kinder standesgemäß zu versorgen und zu unterhalten. Im Gegenzug machte ihm seine zukünftige Frau eine Schenkung von 1.500 Pfund (Saint-Saud u. a. 1905: 115). Prima vista wäre man geneigt, diesen testamentarischen Dispositionen nichts ungewöhnliches zu attestieren, dieweil sie ob ihres patriarchalischen Charakters durchaus der Logik des französischen Adelsrechts folgten (vgl. Kap: 4.1.2: 410 sowie: 414), jedoch im Licht des kurzen Zeitabstandes zwischen der Eheschließung und der Auswanderung von Jean d.Ä. und den sehr ähnlichen Vorkehrungen, die sein ebenfalls emigrierter Vater getroffen hatte, liegt die Vermutung nahe, daß es bereits zum Zeitpunkte der Heirat feststand, daß Jean d.Ä. Frankreich für längere, auf jeden Fall unbestimmte Zeit, verlassen sollte. Denn normalerweise würde man annehmen, daß solch detaillierte Sukzessionsrechte eher in einem Testament als einem Ehekontrakt getroffen werden. Folglich könnte man daraus den Schluß ziehen, daß es eine sehr individuelle Entscheidung von Jean d.Ä. war, seiner Heimat den Rücken zuzukehren, wobei er sich doch dem Erhalt des Hausvermögens und der Kontinuität seines Geschlechts traditionell verpflichtet sah. Allerdings beinhaltete dieser Entschluß gleichergestalt das Risiko, daß seine Frau mit einem – gegen den ausdrücklichen Willen des Königs im Ausland lebenden Ehemann – in allen sich anbahnenden Konflikten auf sich alleine gestellt war. So nutzte der bereits erwähnte Onkel väterlicherseits, Jean, die Absenz ihres Mannes, um seinen Forderungen gegen ihn hinsichtlich des Erbteils seines verstorbenen Vaters Isaac, der wiederum der Großvaters von Jean d.Ä. war, vor der Sénéchaussée von Bergerac durchzusetzen. Erst in einem Vergleich vom 3. Juli 1698, veranlaßt in der Innenstadt von Bouniagues (24) vor Pigeard, königlicher Notar, einigten sich beide Parteien dahingehend, daß der Anspruch des Onkels in Höhe von 1.000 Pfund rechtmäßig sei, wobei sich dieser verpflichtete, Henry d.Ä., seinem Neffen und Sohn von Isabeau Digeon de Boisverdun, die Hälfte davon abzugeben. Neben Henry d.Ä., dem einzigen Sohn, ging aus der Heirat von Isabeau und Jean d.Ä. noch die am 11. Mai 1686 geborene Tochter Marie hervor. Da es im Zuge der Mitgiftverhandlungen für ihre Hochzeit, geschlossen mit Vertrag vom 17. August 1701 mit Pierre de Saint-Ours, Seigneur de Clermont, de Termandou, de la Baume und de Bouniagues, Hauptmann in einem Dragonerregiment in Saint-Sernin (47) und Sohn von Samuel de Saint-Ours, sowie mutmaßlich der Charlotte d'Estutt de Solminihac,[111] zu Auseinandersetzungen in bezug auf ihre ebenfalls 12.000 Livres betragende Mitgift kam, war Isabeau am 5. Oktober 1704 schließen gezwungen, einen Vergleich mit ihrem Schwager Gracien de Rossane zu schließen, wobei die genannte Summe erst am 8. November 1715 tatsächlich der Aussteuer von Marie zufließen sollte. Die Ehe schien indes nicht glücklich gewesen zu sein, da es zwischen Marie und ihrem Ehemann in finanzieller Hinsicht zu Zerwürfnissen gekommen war, die schließlich im Ersuchen von Marie d'Estutt de Solminihac ihren finalen Ausdruck fanden, die Abteilung ihrer in die Ehe eingebrachten Güter vom Vermögen ihres Mannes zu beantragen.[112] Aktenmäßig trat Isabeau Digeon de Boisverdun letztmalig anläßlich der Heirat am 8. November 1715 von Marie-Olympe de Ségur, Tochter von François de Ségur, Seigneur de Grand-Puch, einem aus der Linie "Cabanc" hervorgeganenen Zweig (vgl. Kap: 2.3.2.2: 130 sowie: Saint-Saud 1924: 105–107), und der Dame Marianne de Mazière, mit ihrem am 9. Mai 1687 geborenen Sohn Henry d.Ä., der zuvor mit fünfzehn Jahren am 14. Mai 1702 als Fähnrich in ein Marine-Infanterieregiment eingetretenen war. Bei der Vertragsschließung ließ sie sich jedoch von Henri d'Augeard, Präsident der Großen Kammer des Parlaments von Bordeaux, der bereits mit der Erbauseinandersetzung ihres Großonkels Charles III. Digeon de Boisverdun in Erscheinung getreten war (vgl. Kap. 2.3.2.4: 166), vertreten. Es ist davon auszugehen, daß sie kurze Zeit hernach abberufen wurde und es somit quästioniert ist, ob sie die Geburt ihrer sieben Enkel noch miterlebt hat. Von diesen sollte der älteste Sohn Pierre die Deszendenz fortführen, wobei das Schicksal des Zweitgeborenen, der nach seinem Vater ebenfalls Henri benamt war, eine kurze Anmerkung rechtfertigt, da er, wie sein Vater und die Verwandtschaft mütterlicherseits, den Soldatenberuf ergriff und in der Fremde seinen Dienst versah. So kämpfte er, welcher ursprünglich einem Regiment des Béarn zugeteilt war, während des "Siebenjährigen Krieges in Nordamerika" (1754–762, in der anglokanadische Historiographie auch: *French and Indian War*) unter dem Kommando von François Gaston de Lévis auf Seiten Frankreichs gegen die Briten und deren indianischen Verbündeten, wie die Irokesen, Catawbas und Cherokees. Sowohl Guère als auch Saint-Saud geben übereinstimmend Kunde, daß er "[…] *tué en 1760 à l'attaque de Québec.*" (Guère 1885: 34; Saint-Saud u. a. 1905: 117). Möglicherweise ist dabei die Schlacht von Sainte-Foy am 28. April 1760 gemeint, bei welcher die Briten unter General James Murray mit großen beidseitigen Verlusten besiegt wurden. Die Kämpfe bei Sainte-Foy zählen mithin, abgesehen von der Schlacht von Carillon 1758, zu den blutigsten kriegerischen Auseinandersetzungen auf kanadischem Boden (Brumwell 2002: 267). Als gesichert hingegen gilt, daß er zwei Jahre zuvor einer der Offiziere war, welche die Kapitulationsbedingungen nach der erfolgreichen Belagerung des Forts Niagara im US-Bundesstaat unterzeichneten (Broadhead 1858: 992 sowie weiterführend: Dunnigan 1996). Demgemäß setzte sich die soldatische Tradition auch bei den Enkeln von Isabeau Digeon de Boisverdun fort.

Dieser Befund an Kontinuität liegt bei einer abschließenden Betrachtung der Linie Boisverdun zwar ebenfalls vor, indes nicht uneingeschränkt. Denn mit der Emigration der beiden Brüder Pierre III. und Charles IV. Digeon de Boisverdun sowie der Weitergabe sämtlicher Güter, darunter die namensgebende und mehr als zweihundert Jahre im Familienbesitz befindliche Seigneurie von Boisverdun, fand der ununterbrochene genealogische Fortgang sein Ende. Doch diese Entscheidung des Oberhauptes der Digeon de Boisverdun barg nicht allein den Abbruch der Filiation, sondern war auch mit einer adelsrechtliche Dimension dahingehend verbunden, daß der als jüngerer aus der Linie Boisverdun hervorgegangene Zweig Monteton nunmehr in die adelsrechtliche Autonomie entlassen wurde. Das heißt, er trat zwar nicht die materielle Nachfolge an, wohl aber die adelsrechtliche.

111 B.N.F., Collection Périgord, tom. 163, fol. 30.
112 A.D.24, B 1837 u. 2126.

Dabei läßt sich sonderheitlich in bezug auf die adelsrechtliche Einordnung der Digeon de Boisverdun und Monteton durch den Adelsnachweis vom Dezember 1666 eine klare Verortung vornehmen, da den Digeon darin attestiert wird, daß sie "*ont tousiours vesqu noblem(en)t et rendu leurs services à la couronne avec fidelité dans touttes les ocasions qui se sont offertes*" (Anhang: A.4: 628 Z. 40–44). Dieser amtlichen Bestätigung zufolge, haben die Digeons nie anders als adlig gelebt, so daß das genaue Datum ihrer Nobilitierung im Dunkel der Zeit verschwimmt und nach derzeitigem Forschungsstand nicht mehr ermittelbar ist. Folglich ist eine paßgenaue Taxierung der Adelsqualität, das heißt, ob es sich bei den Digeon nunmehr um eine *Noblesse d'extraction féodale* oder *Noblesse d'extraction chevaleresque* handelt, nicht zu leisten; amtlich gesichert ist auf jeden Fall eine *Noblesse d'extraction ancienne* (vgl. Tab. 4.1: 406), wobei es als äußerst unwahrscheinlich angesehen werden kann, daß die Digeons erst in der Person von Pierre de Digeon in den Adelsstand erhoben wurden, da eine Eheschließung mit dem mächtigen Hause de la Perche dit Verdun im strengen Hierarchiegefüge des Ancien Régime nur denkbar war, wenn der Bräutigam einen alten Adel vorweisen konnte. Denn betrachtet man die Heiratsallianzen der Verduns, fällt deutlich ins Auge, daß dort kein Geschlecht vertreten ist, dessen Adel nicht mindestens ritterlichen Ursprungs ist, wie sich anhand der Familien Caumont, de la Roque, d'Anglade und Valette-Toulouzac erzeigt (vgl. Anhang: B.15: 708).

Vergleicht man nun die Entwicklung der Linie Boisverdun mit der vorher geschilderten d'Autramat, so fällt zunächst der sehr unterschiedliche Angang ins Auge, der sich bei den Boisverdun vorzüglich in einer Reihe von Eheverbindungen niederschlägt, die im Vergleich zum älteren Stamm d'Autramat im Ranggefüge der alten französischen Monarchie als höher zu taxieren sind. Zu denken wäre in diesem Zusammenhang sonderheitlich an die Ségur, Montesquiou, Ferrand und Polastron. Hinzu tritt ein quantitativer Aspekt, der es den Digeon de Boisverdun mit zwölf überlebenden Kindern in der fünften Generation ermöglicht hat, weitreichende verwandtschaftliche Beziehungen zu knüpfen (vgl. Anhang: B.8: 701). Diese boten dann ein zureichendes Referenzpotential für die Anbahnung weiterer Ehen und trugen darüber hinaus nicht unerheblich zur Verfestigung der Stellung im Adelsgefüge der Guyenne bei.

Neben diesen Differenzen zwischen den Linien Autramat und Boisverdun findet sich jedoch eine entscheidende Gemeinsamkeit, die ob der frühen Separation und damit verbundenen vollständigen Autonomie der beiden Äste Ende des 15. Jahrhunderts (vgl. Anhang: B.4: 697) keineswegs selbstverständlich war: das Bekenntnis zum Protestantismus. Obschon die konfessionelle Zugehörigkeit der d'Autramat in den ersten Generationen während und nach den reformatorischen Umbrüchen nicht vollständig geklärt ist, was sich insbesondere in der Person von Gabriel Digeon d'Autramat erzeigte, der möglicherweise am katholischen Bekenntnis festgehalten hatte (vgl. Kap. 2.3.1.2: 92), blieben diese, wie die Digeon de Boisverdun, am Ende ausschließlich im hugenottischen Milieu verwurzelt, so daß man zu einem recht eindeutigen Befund der religiösen und milieuspezifischen Endogamie bei beiden Zweigen gelangt.

Mon cœur est un luth suspendu;
Sitôt qu'on le touche il résonne.
Le Refus
Pierre Jean de Béranger

2.3.3 Digeon de Monteton

2.3.3.1 Die Baronie Monteton als integraler Bestandteil des Hausvermögens

Wie pfadabhängig die genealogischen Beziehungen in Hinsicht auf den Protestantismus sein sollten, zeigt sich besonders an dem aus der jüngeren Linie Boisverdun hervorgegangenen Ast der Digeon de Monteton. Denn Charles II. Digeon de Boisverdun, Seigneur de Peyrères, heiratete eine Frau, deren Familie dezidiert vom Protestantismus geprägt war und diese Konfession auch in finaler Konsequenz verteidigte. Am 27. April 1623 ehelichte er Jeanne de Beraud, Tochter von Ruben de Beraud, der bereits seit dem 27. November 1618 in zweiter Ehe mit der Schwester des Vaters von Charles II., Charlotte Digeon de Boisverdun, durch eine Ehe verbunden war (vgl. Kap. 2.3.2.3: 143), und der Peyronne Decazes.

Von dem einzigen und älteren Bruder dieser ersten Frau von Ruben Beraud, François Decazes mit Namen, sollten in direkter Linie auch Elie Louis Decazes (vgl. Abb. 2.24: 178) abstammen, der die Nachfolge von Joseph Fouchè als Polizeiminister antreten und mit 38 Jahren zum jüngsten *président du Conseil des ministres* der Geschichte Frankreichs ernannt werden sollte. Nach einer Intrige endete sein kometenhafter politischer Aufstieg, und er wurde von Ludwig XVIII. zum erblichen Herzog von Decazes und mit Diplom vom 14. Juno 1818 durch den dänischen König auch zum Herzog von Glücksberg (dazu: A.D.N.F. 1911: 77) ernannt (vgl. weiterführend: Langeron 1960 sowie Yvert 1991).

Wie bei anderen Geschlechtern lassen sich die Ursprünge der Berauds derweilen nicht vollständig erhellen. So vermag ihre ununterbrochene Filiation erst mit Jean I. de Beraud, verstorben um 1490, nachgewiesen zu werden (vgl. zum Stammbaum: Anhang: B.3: 696). Demnach bildet der Hundertjährige Krieg, wie bei den Carbonnier und d'Estutt, eine Zäsur, die Belegstellen

Abb. 2.24: Élie Louis, duc Decazes et duc de Glücksberg, Lithographie von François Le Villain, um 1815 [Bibliothèque Nationale, Paris, Collections du département des Estampes et de la photographie, Série QB-370 (81) - FT 4, fol. 36]

außerhalb der Guyenne und vor dem 15. Jahrhundert derzeit nicht zuläßt. Möglicherweise sind die Beraud im Zuge der Auseinandersetzungen Frankreichs und Englands Ende des 14. oder Anfang des 15. Jahrhunderts zunächst über die Dauphiné in die Auvergne emigriert, da sich dort ein Jean de Beraud, Seigneur de Corbières, verheirate mit Béatrix de Bar, Tochter von Bertrand, Seigneur de Bar, im Jahr 1455 nachweisen läßt, welcher dort das Haus der Beraud de Bar begründet hat, um später dann gen Aquitanien überzusiedeln (Audigier 1894: 440).

Ruben de Beraud, machte als protestantischer Edelmann während der religiösen Unruhen der zweiten Hälfte des 16. Jahrhunderts Karriere, so daß er als Gouverneur von Meilhan (47) unter König Heinrich IV. sowie unter Ludwig XIII. diente. Seine Parteinahme für die Calvinisten verwundert vor dem Hintergrund seiner Familiengeschichte kaum, denn als Sohn von Anne de Luns erbte er jene Güter, welche der Familie seiner Mutter zunächst qua staatlicher Konfiskation genommen worden waren. Dies hatte seine Ursache darin, daß Philippe de Luns, die Tante väterlicherseits von Anne de Luns, die unter dem Namen "demoiselle de Graveron" als Märtyrerin durch ihre besonders krude Hinrichtung am 17. September 1557 auf der Place Maubert in Paris in die protestantische Kirchengeschichte eingegangen ist (zu den Einzelheiten: Leonard 1966: 112–113 sowie Elwood 2008: v.a. 157, von deutscher Seite: Henry 1853). Die Bezeichnung "demoiselle" wurde in diesem Zusammenhang nicht korrekt gewählt und war wahrscheinlich nur ihrem jugendlichen Alter von 23 oder 24 Jahren geschuldet, denn einige Jahre zuvor war sie die Frau von Jehan II. Le Berthon, Sohn von Jehan I., Seigneur de Graveron sowie La Signie und der Isabeau Gentillot geworden.

Die Le Berthon waren eine alteingesessene Familie, welche bereits am 20. Januar 1473 durch den Eheschluß von Jean-François Le Berthon mit Catherine II. d'Anglade in ein angeheiratetes Verwandtschaftsverhältnis zu den Digeon traten (vgl. Anhang: B.2: 695). Sie läßt sich gleichergestalt tief im protestantischen Milieu lokalisieren, was insbesondere an den Heiratsallianzen des 16. Jahrhunderts abzulesen ist: So war beispielsweise Jeanne, als einzige Schwester von Jehan II. seit dem 29. März 1529 mit Pierre de Briançon verheiratet, welcher einem Geschlecht entstammte, welches uns bereits mit den Escuyers begegnet ist. Denn sein Großvater Aymeric de Briançon, hatte am 5. November 1416 Philippe des Escuyers geheiratet (vgl. Kap. 2.3.2.1: 118). Die Bande zwischen den Digeons de Monteton und den Briançons sollten sich Mitte des 18. Jahrhunderts weiter festigen, als Louis III. de Briançon, der Ururenkel von Pierre de Briançon, mit Magdeleine Victoire II. Digeon de Monteton vor den Traualter trat (vgl. Kap. 2.3.3.6: 296).

Nun wäre es indes verkürzt, würde man den Blutzeugentod und die damit verbundenen Konfiskation der Güter der de Luns als isoliertes, wenn auch paradigmatisches Phänomen aus der Anfangszeit der reformatorischen Bestrebungen in Frankreich betrachten. Die Geschehnisse in Paris bildeten nämlich nur den Schlußpunkt einer Verkettung von Ereignissen, deren Ursprünge in der französischen Provinz, genauer in der Süd-Dordogne zu verorten sind. Denn gemäß den Angaben der *Histoire des persecutions, et martyrs de l'Eglise de Paris. Depuis l'An 1557* (La Roche Chandieu 1563) von La Roche-Chandieu, eines Augenzeugen der Ausschreitungen wider die Protestanten in Paris und gut unterrichteten Kenners der protestantischen Glaubenskreise, die sich auch in einem Kapitel der erweiterten Ausgabe der *Histoire des Martyrs* von Johan Crespin aus dem Jahr 1564 (Crespin 1564) wiederfinden (hier zitiert in der kommentierten Edition von 1887: Crespin 1887), erblickte Philippe de Luns in Gase (im Text von La Roche-Chandieu häufig auch *Gasé* gelesen), in der Pfarrei des heutigen Lunas (24), das Licht der Welt (Crespin 1887: 565). Dieser Ort unweit der Protestantenhochburg Sainte-Foy-la-Grande (33) und der ebenfalls dezidiert calvinistischen Seigneurie de La Force (24), deren Herren, wie bereits dargelegt wurde, trotz Todesgefahr Hugenotten blieben (vgl. Kap. 2.3.1.1: 84), war höchstwahrscheinlich auch für den Familiennamen "de Luns" ursächlich (vgl. grundlegend zu den de Luns: Schwérer 1912). Dementsprechend lagen die Besitztümer des Geschlechts in dieser Region und weckten nicht zuletzt auch die Begehrlichkeiten der angrenzenden Feudalherren, vornehmlich die von Germain Gaston de Foix, comte de Gurçon und Fleix, Marquis de Trans. Dieser mächtige Seigneur, dessen Schloß Fleix nur vier Orte von Graveron entfernt situiert war, erbte durch die Mitgift seiner Mutter, Anne de Villeneuve-Trans, das Marquisat de Trans, welches das königliche Prärogativ einschloß, sich als "*premier Marquis de France*" bezeichnen zu dürfen, und ihn über die anderen Marquis in Frankreich erhob (vgl. zum adelsrechtlichen Aspekt: Magny 1869: 128 sowie Woelmont de Brumagne 1919: 155). Er ist uns bereits im Zusammenhang mit den Pellegrue begegnet, da er 1534 mit Louise de Pellegrue den Bund des Lebens eingegangen war (vgl. Kap. 2.3.2.3: 138), nach deren Tod fand er 1555 in Marguerite Bertrand, Dame de Mirebeau sowie Tochter von Jean Bertrand, und der Jeanne de Barras eine neue Ehefrau (vgl. ausführlich zu seiner Person und Rolle in den Religionskriegen: Gardeau 1954 sowie Gardeau 1956).

Durch seine zweite Ehe erlangte Germain Gaston de Foix in der Person seines neuen Schwiegervaters einen äußerst mächtigen Verbündeten für sein Vorhaben: Jean Bertrand, der bis dahin das Amt des *prémier président du Parlement de Paris* bekleidete, wurde nämlich durch die Fürsprache Diane de Poitiers von König Heinrich II., nachdem der Kanzler Guillaume Poyet in Ungnade gefallen war, am 22. Mai 1551 zum Siegelbewahrer (*garde des sceaux de France*) ernannt. Diese Charge existierte zwar bereits seit dem Mittelalter, wurde jedoch erst von Heinrich II. mit den Rechten und Pflichten des Kanzlers versehen, denn die großen *offices* der Krone wurden etwa seit der Mitte des 16. Jahrhunderts, auf Lebenszeit vergeben. Nach dem Prozeß wider Poyet wurde es notwendig, die Funktion des Siegelbewahrers vom Amt des Kanzlers zu trennen, was in concreto bedeutete, daß man dem Kanzler sein wichtigstes Machtmittel nahm, das heißt das Siegel (*reprenait les sceaux*) und die damit verbundenen Aufsicht über die Justiz, das Versenden der königlichen Dokumente sowie das Präsidium im königlichen Rat, was nach dem Prozeß wider Poyet die Maßnahme erforderlich werden ließ, einen Siegelbewahrer zu ernennen. Damit blieb dem König künftig ein Ausweg offen, wenn es zu einem Vertrauensbruch zwischen ihm und seinem Kanzler kommen sollte. In concreto bedeutete das, daß man dem Kanzler als (*reprenait les sceaux*) sein wichtigstes Machtmittel, das Siegel nahm – und die damit verbundene Aufsicht über die Justiz, das Versenden der königlichen Dokumente sowie das Präsidium im königlichen Rat. Auf diese Weise behielt der Kanzler nur noch den Titel seines Amtes, nicht aber mehr die Funktion. Genau diese Konstellation war ausschlaggebend, daß das Amt des *garde des sceaux de France* ausdrücklich für Jean Betrand geschaffen wurde und dieser bis zum Tode Heinrichs II. am 10. Juli 1559 de facto *chancellier de France* war (Barbiche 1993: v.a. 367–372 sowie 382–383). Seine Machtstellung gründete sich jedoch noch auf einen zweiten Faktor: Kurz nach dem Tod seiner Frau trat er, wie sein Bruder Pierre Bertrand, in den geistlichen Stand ein und wurde am 16. Dezember 1555 zum 44. Bischof der Diözese Saint-Bertrand de Comminges (31) ernannt. Rund anderthalb Jahre später, am 5. Juli 1557, berief man ihn als apostolischen Administrateur in das vakant gewordene Erzbistum Sens. Ein Vierteljahr zuvor hatte ihn Papst Paul IV. zum Kardinal erhoben (Setton 1984: 678).

Ausgestattet mir diesem nicht unerheblichen Einfluß, sowohl auf katholischer Seite als auch in der Administration des französischen Königreichs, war es für ihn nicht weiter schwierig, die Güter der de Luns nach der Verurteilung und Hinrichtung von Philippe an seinen Schwiegersohn, den Marquis de Trans, Germain-Gaston de Foix, zu übereignen, der ausdrücklich um die Besitzübertragung gebeten hatte, wie Pierre de la Place in seinen *Commentaires de l'état de la religion et de la république sous les rois Henri & François seconds & Charles neuvième* von 1565 dargelegte (Place 1836: 4). Vorausgegangen waren diesem Schritt noch die Ereignisse in der Provinz, in welchen es zwischen 1553 und 1559 zu gewalttätigen Ausschreitungen gegen die Protestanten, so auch dem Stadtpatriziat von Sainte-Foy-la Grande

(33) kam, so daß das junge Ehepaar Le Berthon de Graveron ab 1553 in einem unauffälligen Unterschlupf in der Metropole von Paris lebte. Allerdings engagierten sich die Eheleute dort gleichwohl als Hugenotten, was sich daran erzeigt, daß der Sire de Graveron als einer der ersten *surveillants* (späterhin *Presbyter* genannt) in das neu entstandene Konsistorium von Paris gewählt wurde. Lange konnte er diese Aufgabe indes nicht wahrnehmen, da er im März 1557 infolge einer Fiebererkrankung verstarb und dadurch seine erst 23 oder 24 Jahre alte Frau schutzlos zurücklassen mußte (Morize 1959: 32–33). In Anbetracht der sich nach dem Tod von Jehan II. Le Berthon Bahn brechenden Ereignisse kann es jedoch nicht als sicher angesehen werden, daß er sein und das Leben seiner Frau hätte schützen können. Denn nach der Niederlage in der Schlacht von Saint-Quentin (02) am 10. August 1557, verfiel die Bevölkerung von Paris in eine Art "Schockstarre", welche zu einer äußerst angespannten Grundstimmung führte (dazu: immer noch grundlegend: Koß 1914). Diese anschwellende Agressivität fand einen Höhepunkt am 4. September, als eine Gruppe von circa 400 Calvinisten einen klandestinen Gottesdienst in einem Haus, genannt "la Maison du Patriarche", das sich gegenüber dem Collège du Plessis, wo sich heute die Sorbonne befindet, feierte und eine aufgebrachte Menge ihren Haß auf die dort versammelten Hugenotten entlud, so daß die Stadtwache auf den Plan gerufen wurde, die sofort dazu überging, die dergestalt gestellten Protestanten zu verhaften (Szczech 2009: 96). Zwar vermochte der größte Teil von ihnen zu entkommen, doch Madame de Graveron befand sich neben weiteren adligen Damen unter den 128 verhafteten, so daß ihr die Hinrichtung unter zuvorigem Herausschneiden der Zunge als "*putain de Satan*" am 27. September 1557 nicht erspart blieb (Bost 1961: 67).

Die offen zur Schau gestellte Habgier des Marquis de Trans erschien jedoch auch in den Augen der Zeitgenossen und sogar seiner Freunde indezent und degoutant zugleich. Dies läßt sich nicht zuletzt dadurch nachweisen, daß selbst der mit ihm befreundete Michel de Montaigne Anstoß daran nahm (Morize 1959: 35), der sich schließlich dazu veranlaßt sah, dieser Grundattitüde des Marquis ein literarisches Denkmal in *Les Essais de messire Michel, seigneur de Montaigne* von 1580 zu setzten (Eyquem de Montaigne 2007: liv. 2, cap. 8). Doch auch in der Realpolitik fanden die Begehrlichkeiten von Germain-Gaston de Foix keine nachhaltige Durchsetzungsmöglichkeit, denn Katharina de Medici selbst veranlaßte, wohl beeinflußt durch die Toleranzlehre des Michel L'Hospital, Nachfolger von Jehan Bertrand als veritabler Kanzler, und die Fürsprache des Admiral de Coligny, daß die enteigneten Güter an die Mutter, Anne Dupuy sowie den Bruder François von Philippe de Luns zu restituieren seien:

> "*Don faict par ledict seigneur* [Charles IX] *à Agnès Dupuy, paouvre damoiselle, vefve de feu Hervé de Lungs (sic!), et à François Bertrant et Jehan de Lungs, leurs enfants mineurs, de tous et chacuns les biens, tant meubles que immeubles, qui furent et appartindrent à feue Philippe de Lungs, fille dudict feu Hervé et ladicte Dupuy, confisquéz audict seigneur par sentence confirmée par arrest de la court de Parlement à Paris, ayans esté ladicte Philippe exécutée à mort, pour cause d'hérésie, ledict don faict en faveur de pitié et aulmosne pour aider à la dict vefve à se nourrir et à entretenir aux estudes les dicts mineurs, ses enfans.*
> *Du XIII*e *du dict mois de janvier,* [1560, 1561 n.s.] *en faveur de Monsieur l'Admiral, la dicte dame Reyne, mère du Roy, présente.*"[113]

Dieses Schreiben, welches wir hier in der Transkription von Paul Bondois wiedergeben (Bondois 1924: 120), besitzt fraglos für den geschichtlichen Gesamtkontext lediglich eine begrenzte Relevanz, jedoch veranschaulicht dieser Einzelfall die temporär liberale und von Empathie geprägte Protestantenpolitik von Katharina von Medici. Was die Datierung des Schriftstücks betrifft, welche Bondois mit 1560 oder 1561 angibt, so spricht einiges dafür,

113 B.N.F., Ms. fr. 3942, fol. 56vo.

Abb. 2.25: *Chateau de Monteton vor dem Brand, um 1945 [unbekannte Photographie]*

daß es sich wohl um das Jahr 1561 handeln muß. Denn Coligny kam nicht vor dem 13. Januar 1560 nach Blois, wo zu diesem Zeitpunkt der französische Königshof weilte. Dort versuchte der hugenottische Admiral, sich von seinem Posten als Gouverneur der Picardie entbinden zu lassen, der zunehmend einen nicht unerheblichen Tribut von seinen Kräften forderte. Die Demission wurde ihm schließlich gewährt und trat am 20. Januar in Kraft (Delaborde 1879: 412–413). Folglich kann es als sehr unwahrscheinlich angesehen werden, daß er in dieser Zeit seinen Einfluß bei der Königinmutter geltend machte, um sich für die Belange der de Luns zu verwenden, zumal der Befehl zur Rückgabe bereits auf den 13. Januar datiert und mit Sicherheit nicht sofort, das heißt am Tag selbst, ausgefertigt wurde. Dafür kann ihm keine hinreichende Bedeutungsschwere zuerkannt werden.

Nach dieser gnadenbedingten Rückgabe war das Familienvermögen der de Luns vor den Zudringlichkeiten des Hauses Foix geschützt. Demgemäß erscheint es fast schon als eine Ironie der Geschichte, daß sich fast genau 50 Jahre nach den Ereignissen in Paris am 5. Januar 1618 der Großneffe der Philippe de Luns, Ruben de Beraud, und der Enkel von Germain-Gaston de Foix, Comte de Gurçon und Fleix, Fréderic de Foix, Großseneschall der Guyenne, in dessen Burg in Fleix (86) trafen (vgl. zu seiner Person Gardeau 1966: v.a. 164–169), um einen Tauschvertrag zu besiegeln (vgl. Abb. 2.26: 184). Über die Hintergründe sowie die intrinsische Motivation der jeweiligen Vertragspartei ist leider nichts bekannt. Als gesichert gilt nur, daß bei diesem Rechtsakt Ruben de Beraud 50.900 Livres zusamt der Seigneurie von Le Serpan (47) an den Grafen von Gurson und Fleix veräußerte und im Gegenzug das Schloß von Monteton (vgl. Abb. 2.25: 182) sowie die dazugehörige Baronie mit der niederen, mittleren und hohen Gerichtsbarkeit erhielt (vgl. Kap. A.3: 617).

Erstmalig tritt La Serpan, von welcher man heute noch die Reste einer kleinen, auf einer Anhöhe befindlichen Festung sieht, als *maison noble*, das heißt als adliger Sitz, am 10. September 1475 in Erscheinung, als es von Jean de Pellegrue und Madeleine de Larroque an Pierre de Garennes und Geramine de Miles, Ehefrau des Vorgenannten, belehnt wird. Rund ein halbes Jahrhundert später, im Juli 1527 gelangte es, in der Person von Arnaud de Beraud, Capitaine von Lévignac, zu den Berauds. Dieser deklarierte, daß er die Nachfolge von Germine de Miles angetreten habe, und leistete den Lehenseid auf den König mit der Übergabe eines Paars Handschuhe (*paire de gants* vgl. zu den Lehenssymbolen in Frankreich: Aubin 1989: 89). Den Status einer Seigneurie erhielten die Länderein um das *maison noble* im Jahr 1604 als das *Conseil du Roi* das Gut als *noble* klassifizierte (Saint-Saud 1898: 188–189). Dies war nicht zuletzt auch für die Veräußerung relevant, da Le Serpan damit von der Kopfsteuer (*taille*, vgl. dazu: Kap. 4.1: 405) befreit war und zum Heeresbanndienst hinzugezogen werden konnte (vgl. dazu Kap. 2.3.2.1: 120). Damit erhöhte sich nicht nur der Preis, sondern gleichergestalt auch die Attraktivität für den Erwerber.

Mit dem Kauf der Baronie von Monteton gelang es Ruben de Beraud, in den höheren Feudaladel aufzusteigen, da die Baronie mit dem Sitz eines Gerichtsbezirks verbunden war, welcher auch die Blutsgerichtsbarkeit beinhaltete. Damit war Monteton eine von sechs Baronien im Agenais, welche mit diesem Gerichtsprivileg ausgestattet waren (Mondenard 1879: 96–97).

Allerdings läßt sich derzeit nicht rekonstruieren, ab wann Monteton eine *jurisdiction* wurde und ab wann die damit höchstwahrscheinlich verbundene Erhebung zur Baronie in Form einer *érection de la terre* erfolgte (vgl. dazu: Kap. 4.2.1: 425). Betrachtet man jedoch die Besitzabfolge der Herrschaft Monteton, ohne daß hier der Raum wäre, diese in extenso darzulegen, so läßt sich zumindest der Zeitpunkt, in welchem die Erhebung wahrscheinlich erfolgte, einkreisen. Die erste Urkunde, welche über einen Besitzer des mit einer Burg befestigten Ortes Aufschluß gibt, ist eine Lehenshuldigung von Anissan II. de Caumont, an Alphonse v. Poitiers, Graf v. Toulouse, aus dem Jahre 1259, welche uns noch im Zusammenhang mit der etymologischen Herkunft des Namens Monteton begegnen wird (vgl. Kap. 3.3: 375). In dieser

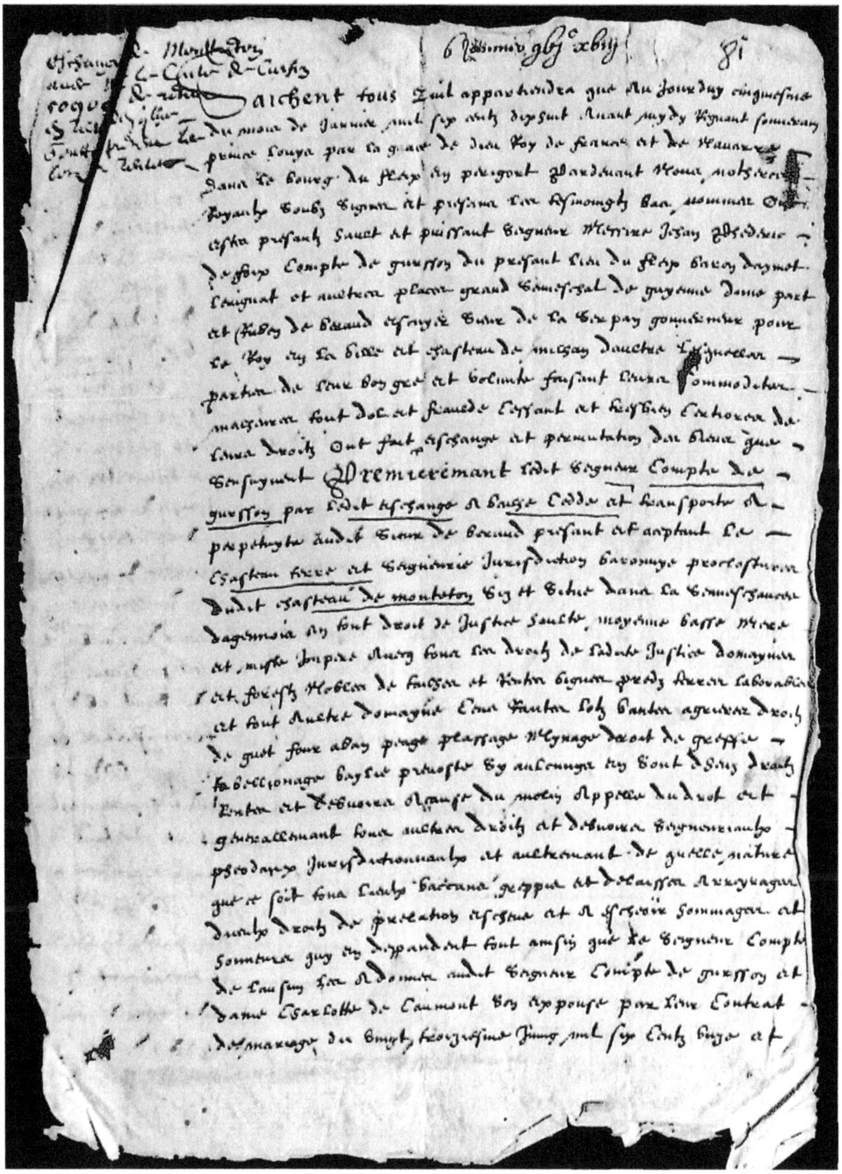

Abb. 2.26: Tauschvertrag (Notarskopie) der Baronie Monteton gegen die Seigneurie de La Serpan sowie 50.900 Livres zwischen Ruben de Beraud und Jehan Frédéric de Foix, comte de Gurson vom 5. Januar 1618 [A.D.47, Fonds Dubois, 5 J 153, eigene Photographie 2010]

Hommage wird noch nicht von einer *Seigneurie* sondern lediglich von einem *castro de Monteto* gesprochen (Tholin und Fallieres 1897: 12). Möglicherweise gehörten die um das *castrum* befindlichen Ländereien zu anderen Herrschaften. Denn keine drei Jahrzehnte später figurierten drei Besitzer: Renaud de Monteton, der sich erstmals nach dem Ort bennent, indem er sich als “*damoiseau de Monteton*” bezeichnet (Marboutin 1917: 408), sowie Arnaud d’Aymerie und Bernard de Taillecavat (Blanc 1975: 8). Insbesondere die Besitzungen des Letztgenannten schienen sich in der unmittelbaren Nachbarschaft von Monteton befunden zu haben, wie aus dem Tauschvertrag von Ruben de Beraud und Fréderic de Foix hervorgeht (vgl. Anhang: A.3: 617: Z. 185). Demgemäß existierten auch verschiedene Stränge von Anteilsübertragungen, so daß die Familien Breuil, Bouglon, Lamothe, d’Albret und Fargues sich als Eigentümer im 14. Jahrhundert abwechselten oder ergänzten, was nicht zuletzt durch die wechselhaften Allianzen und kriegerischen Auseinandersetzungen im Rahmen des Hunderjährigen Krieges bedingt war. Als erster *dominius Montis Totonis* wird Jean de Bouglon in zwei Briefen des englischen Königs Eduards II. aus dem Westminster-Palast vom 18. März 1325 und 25. Februar 1326 genannt (Rymer und Sanderson 1821: 133, 151–152). Folglich kann ab diesem Zeitpunkt davon ausgegangen werden, daß Monteton den Status einer *Seigneurie* besaß. Der genannte Bouglon, dessen Geschlecht mit hoher Wahrscheinlichkeit aus dem Hause Caumont hervorgegangen ist (Courcelles 1826: 117), war als Mitglied des königlichen Rats der Gascogne ein treuer Gefolgsmann des englischen Königs, der ihn bereits 1320 als Vasall im Krieg gegen Schottland zu den Waffen gerufen hatte (A.D.N.F. 1881: 138). Es sei an dieser Stelle auf den das Adelsrecht betreffenden Umstand hingewiesen, daß seit dem 19. Jahrhundert eine Familie Bouglon existiert, welche sich abusiv “de Bouglon” nennt und ihren eigenen bürgerlichen Stammbaum an die ausgestorbenen Bouglon des Mittelalters und der frühen Neuzeit, “angehängt” hat (Charondas 2001: 5). Auf diese Weise verfuhr sie nach ähnlichem Pattern wie seinerzeit die Pellet, auf welche im Folgenden noch zu rekurrieren sein wird (vgl. Kap. 2.3.3.7: 302). Dieserhalb handelt es sich hierbei um eine klassische Usurpation des Adelsstandes, wie sie seit dem Ende des 19. Jahrhunderts besonders häufig zu beobachten ist (vgl. dazu ausführlich Kap. 4.3: 442)

Bei genauerer Betrachtung der Besitzverhältnisse von Monteton erzeigt sich, daß während des Hundertjährigen Krieges insbesondere die d’Albret eine dominierende Rolle über Monteton einnahmen (vgl. weiterführend: Levasseur 2006). Denn in den einzelnen Bündnissen figuriert häufig der Name d’Albret (oder älter auch *Labrit*) in Verbindung mit Monteton: So beispielsweise bei einem Bündnis zwischen Guillaume Sans, Seigneur de Pommiers mit Bernard Ezi II. d’Albret vom 13. Mai 1358, bei welchem als Zeuge ein *lo noble home mossen Ramon de Farguas, cavoy, senhr. de Monteton* fungierte (Lewis 1985: 65) oder bei einer Waffenstillstandsvereinbarung zwischen König Richard II. von England und Raimond d’Albret, Seigneur de Taillecavat vom 19. Mai 1383, aus welchem hervorgeht, daß Monteton von einem *capitain* verwaltet wurde (AHDG 1862: 279).

Wie lange genau das mächtigen Hauses d’Albret einen Besitzanteil an der Seigneurie de Monteton innehatte, vermag derzeit nicht ermittelt werden. Als gesichert kann jedoch angenommen werden, daß ein Teil davon und später wohl die Gesamtheit an die Familie Madaillan d’Estissac fiel. Diese trat nämlich durch die Ehe von Géralde de Madaillan-Lesparre, Tochter von Bernard I. de Madaillan-Lespaare und der Sébelie de Lunatz, die Nachfolge der Bouglons als Eigentümer von Monteton an, denn Géralde überließ – bedingt durch die Kinderlosigkeit ihrer Ehe – alle von ihrem Mann ererbten Güter ihrem Bruder Bernard II. de Madaillan-Lesparre, Seigneur de la Barde en Médoc. Dieser besaß ferner die Seigneurie de la Barde en Périgord, de Madaillan, de Cussac, de Listrac, de Montignac, de Cambes, de Thouars, de Corroyan, de Condat, de Barbanne, de Saint-Disant, de Bouglon etc. und spielte als Seneschall des Agenais eine wichtige Rolle für den König von England (Campagne 1900: 200–201). Der Sohn Lancelot sollte durch seine Heirat mit Jeanne d’Estissac, verheiratet in erster Ehe am 4. Mai 1407 mit Bertrand de Goth, Seigneur de Puyguilhem und Ururgroßneffe von Papst Clemens V. (vgl. Kap. 2.1: 54), den Zweig der Madaillan d’Estissac begründen. Denn Amaury Fergant d’Estissac, der Bruder von Jeanne verfügte mit dem Akt vom 22. März 1458, daß sein Wappen und sein Name von Jean, dem Sohn von Jeanne d’Estissac und Lancelot de Madaillan fortgeführt werden sollte. Somit erklärt es sich, daß seine Nachfahren bis zu ihrem Erlöschen, fast ausschließlich den Namen d'Estissac führten (La Chesnaye-Desbois 1868a: 715).

Der Besitz der Seigneurie Monteton verblieb beim Haus d'Estissac bis hin zum Enkel von Jean de Madaillan d'Estissac, Louis benamt. Dieser war als Sohn von Bertrand de Madaillan d'Estissac und der Catherine de Chabot-Jarnac, Tochter von Jacques de Chabot und der Madeleine de Luxembourg, während des 16. Jahrhunderts Besitzer von Monteton (Grillon des Chapelles 1864: 155). Aus diesem Eigentumsverhältnis erklärt sich auch die Tatsache, wessentwegen das Château von Monteton (vgl. Abb. 2.25: 182) während der Religionskriege des 16. Jahrhunderts in katholischem Besitz befindlich war. Denn Louis de Madaillan d'Estissac war nicht erst seit seiner Ernennung zum Gouverneur von Aunis und La Rochelle ein dezidierter Anhänger des Katholizismus (Robbins 1997: 97–98 sowie). Auch hatte der Onkel väterlicherseits, Geoffroy de Madaillan d'Estissac, Bischof von Maillezais, sich nach dem frühen Tod des Vaters seiner Erziehung angenommen und seinen katholischen Glauben entscheidend geprägt. Als Lehrer für seinen Neffen suchte er keinen Geringeren als François Rabelais aus (Plattard 1968: 36). Aus diesem Lehrer-Schülerverhältnis erklärt sich auch, daß sich Rabelais einige Male in Monteton aufhielt (Boulenger 1942: 59). Denn zwischen 1524 und 1527 reiste er nicht allein im Zusammenhang mit der Einladung des Kardinals Antonio della Rovere zu einem Treffen mit dem Humanisten Jules-César Scaliger nach Agen, sondern erkundete nachweislich das ganze Agenais (vgl. ausführlich dazu: Santi 1921: v.a. 42–51): Er machte zusamt seinem Schützling nicht nur in Monteton, sondern auch in Saussignac, Monclard und Cahuzac Station (Lambert 1990: 348 (beachte auch die Karte)).

Nachdem Louis de Madaillan d'Estissac die Großjährigkeit erreicht hat, nahm der in erster Ehe Anne de Daillon du Lude zur Frau, Tochter von Jacques de Daillon, Seigneur und Baron de Lude, Vorgänger seines Schwiegersohnes als Gouverneur von La Rochelle, und der Jeanne d'Illiers, (Candé 1906: 149). Aus dieser Ehe gingen kein männlicher Sproß, sondern lediglich die Töchter Jeanne, Suzanne und Charlotte hervor. Erstgenannte war mit François de Vendôme, Vidame de Chartres, Prince de Chabanois, letzter Nachkomme der alten Grafen von Vêndome, verheiratet. Die Verbindung blieb kinderlos, wessentwegen die Deszendenz der Vêndome mit seinem Tod 1560 erlosch. Die zweite Tochter, Suzanne, trat zweimal vor den Altar: Zum ersten Mal mit Jacques de Balaguier und in zweiter Ehe mit Antoine de Levis. Charlotte schließlich heiratete Gabriel II. de Caumont-Lauzun, Sohn von François I. und Charlotte de la Roche-Andry (vgl. Anhang: A.4: 628 Z. 227) am 30. März 1560 (vgl. zu seiner Person: 2.3.1.1: 85). Als Mitgift brachte die Braut neben 20.000 Livres Tournois, die Seigneurie von Pauliac im Agenais sowie die Seigneurie Monteton in die Ehe ein (Lauzun 1984: 70).

Allerdings erzeigten sich die Mitgiftvereinbarungen keineswegs als so unstrittig, wie es den Anschein haben könnte, denn nach dem Tod von Anne de Daillon de Lude, heiratete Louis de Madaillan d'Estissac ein zweites Mal: Louise de Béraudiere du Rouhet, Tochter von Philippe de Béraudiere du Rouhet, Seigneur d'Ursay, Marquis d'Ille-Jourdain, Kommandant des Heerbanns des Poitou, und Louise de La Guiche (vgl. zu dieser Familie: Fourmont 1864: 259–266). Louise de Béraudiere, bekannt unter dem Namen *La belle Rouhet*, schenkte nicht nur als Maitresse des Königs von Navarra, Antoine de Bourbon, Ehemann von Jeanne III. d'Albret (vgl. Kap. 2.3.2.3: 155), einem Sohn das Leben, den späteren Charles de Bourbon und späteren Erzbischof von Rouen, sondern nach dem Tod ihres Geliebten ebenso auch ihrem zweiten Mann, Louis de Madaillan d'Estissac: So erblickte im Jahr 1563 der Stammhalter der Madaillan d'Estissac, Charles das Licht der Welt. Ein Jahr später folgte die Tochter Claude. Kurz darauf verschied Louis d'Estissac, wobei er in seinem Testament eine klare materielle Bevorzugung seiner zweiten Frau sowie der mit ihr gemeinsam gezeugten Kinder verfügt hatte. Dies zog langwierige Erbschaftsprozesse nach sich, die erst mit einem Erlaß des Parlaments von Bordeaux am 6. August 1575 ihr Ende fanden (Trinquet 1956: 32–32). Gemäß dieser Verfügung blieb Monteton bei den Caumont de Lauzun, wobei Louise de la Béraudiere keineswegs leer ausging. Denn durch ihr couragiertes Fechten in eigener Sache erlangte sie die Hochachtung von Montaigne. Jedoch sollten die den gerichtlichen Auseinandersetzungen geschuldeten Mühen hinsichtlich der Konservierung des Hausvermögens zugunsten ihres Sohnes Charles nur von kurzer Dauer sein. Denn am 8. März 1586 fand dieser, welcher 1580 Montaigne noch auf dessen Reise nach Italien begleitet hatte, in einem der vielbeachtetsten Duelle des 16. Jahrhunderts als Sekundant (sic!) von Claude Descars, Prince de Carency, den Tod (Campagne 1900: 252–254)). Damit erlosch der Zweig der Madaillan d'Estissac, wobei der Name d'Estissac im Hause de La Rochefoucould konserviert werden sollte. Die jüngere Schwester von Charles, Claude de Madaillan d'Estissac war am 27. März 1587 mit dem Protestanten François IV. de La Rochefoucauld, Comte de La Rochefoucauld, Prince de Marcillac, vor den Altar getreten (Boase 1928: 246 sowie: A.D.N.F. 1861: 306).

Diese Übertragung des Hausvermögens der d'Estissac auf die de la Rochefoucauld, änderte an den Eigentumsverhältnissen hinsichtlich der Seigneurie von Monteton nichts, so daß sie sich seit März 1560 im Besitz des Zweiges des Caumont de Lauzun befand und damit erneut katholischen Lehensmännern zueigen war. Mithin liegt die Mutmaßung sehr nahe, daß auch Monteton in den acht Hugenottenkriegen zwischen 1562 und 1598 erheblich in Mitleidenschaft gezogen wurde. Denn bereits zu Beginn des ersten Hugenottenkrieges begannen paramilitärische Einheiten, an deren Spitze, mit Unterstützung von Jeanne III. d'Albret Symphorien de Durfort, Seigneur de Duras stand (vgl. zu den Durfort de Duras Kap. 2.1: 53), große Teile des Pays de Dropt in der Nord-Guyenne zu verwüsten (Bryson 1999: 130, 146 sowie Brunet 2009: 184–185).

In die Zeit des achten Hugenotten- beziehungsweise Thronfolgekrieges (1585–1598) fiel auch die Eheschließung zwischen François II., dem erstgeborenen Sohn von Gabriel I. de Caumont-Lauzun und Charlotte de Madaillan d'Estissac: Dieser heiratete am 16. März 1592 Catherine de Gramont, Tochter des Philibert de Gramont, Comte de Guiche, und der Diane d'Andouins. Diese, auch bekannt unter dem Namen *la belle Corisande*, verstand es, als eine von zwei Frauen König Heinrich IV. von Frankreich und Navarra als *maitresse en titre* zwischen 1583 und 1590 über einen längeren Zeitpunkt an sich zu binden. Diese Nähe, zuerst zum navarresischen und ab 1594 zum französischen König, besitzt für die Frage, wann Monteton mutmaßlich zur Baronie erhoben wurde, dahingehend Relevanz, dieweil dafür die Zustimmung respektive die Veranlassung durch den französischen Monarchen gegeben sein mußte, denn Monteton lag nicht auf navarresichem sondern auf französischen Staatsgebiet. Nun wäre es naheliegend zu vermuten, daß Monteton nach der genannten Heirat der Tochter der ehemaligen königlichen Mätresse und vor allem nach der Krönung Heinrich IV. 1594 zur Baronie erhoben wurde, da dieser – trotz kurzzeitiger Unstimmigkeiten und dem Ende der Affäre 1590 – nachweislich bis 1597 freundschaftlichen Kontakt mit ihr unterhielt (vgl. dazu weiterführend: Ritter 1959 sowie Jaurgain 1907). Dieser These steht jedoch der auf den 23. Juno 1611 datierte Ehekontrakt von dem bereits genannten Fréderic de Foix und der Charlotte de Caumont-Lauzun, der einzigen Tochter aus der Verbindung zwischen Catherine de Gramont und François II. de Caumont-Lauzun, entgegen. Darin wird Monteton ausdrücklich als Seigneurie bezeichnet.[114] Nun wäre es zwar grundsätzlich möglich, daß der Notar, welcher den Ehevertrag aufsetzte, in bezug auf den Rang der Seigneurie unpräzise war, jedoch ist dies vor dem Hintergrund der sonst recht genauen Angaben hinsichtlich der hohen, mittleren und niederen Gerichtsbarkeit als äußerst unwahrscheinlich zu taxieren. Folglich ist davon auszugehen, daß die *érection* zur Baronie zwischen dem Ehevertrag vom 23. Juno 1611 und dem Tauschkontrakt vom 6. Januar 1618 erfolgt sein muß, da im Zusammnehang mit Monteton

114 A.D.47, B 1405.

expressis verbis vom "*chasteau, terre et segneurie, juridiction, **baronnye***, [Herv. d. d. A.]" (Anhang: A.3: 617: Z. 18) die Rede ist. Damit fiele dieser Rechtsakt entweder mitten in die Regentschaft der Maria de Medici, da der Thronfolger Ludwig XIII., nach der Ermordung seines Vaters Heinrich IV. 1610 noch nicht großjährig war, oder in die Zeit zwischen dessen Machtergreifung nach der Ermordung von Concino Concini, des Günstlings Marias de Medici am 24. April 1617. Bedenkt man jedoch, daß zwischen diesem Ereignis und dem Aufsetzen des Tauschvertrages im Januar 1618 nur rund acht Monate lagen, in welchen zudem beim zuständigen Parlament von Bordeaux die *érection* auch noch registriert werden mußte (Sémainville 1860: 759; 772–773), erscheint das mögliche Zeitfenster als recht klein, sintemal es als recht unwahrscheinlich anzusehen ist, daß der von der Relevanz doch recht untergeordnete Akt der Statuserhöhung einer Seigneurie zu den vordringlichsten Vorhaben des jungen Königs gehörte. Es wäre an anderer Stelle lohnenswert zu untersuchen, durch welche Beziehungen und Motive die Erhebung während der Minderjährigkeit Ludwig XIII. veranlaßt wurde.

Unabhängig von dieser speziellen Frage vermag konstatiert zu werden, daß Monteton spätestens ab 1618 als Baronie in Erscheinung trat und Charles II. Digeon de Boisverdun, Seigneur de Peyrères, sowie seine Nachkommen seit dem Eheschluß am 27. April 1623 mit Jeanne de Beraud den Namen "Digeon de Monteton" führten.

Denn diese hatte ihren Vater nur drei Jahre nach dem Kauf der Baronie beerbt: Am 29. Juno 1621 fand Ruben de Beraud in der Nähe seines Schlosses Monteton durch Meuchelmord von der Hand des Marquis de Montal, Jean Jacques Descars, Baron de Merville, den Tod. Dieser entstammte demselben Geschlecht, wie Claude Descars, Prince de Carency, welcher zusamt Charles de Madaillan d'Estissac bei dem oben beschriebenen Duell den Tod gefunden hatte (vgl. zum Haus Descars: A.P.N.F. 1845: 148–151). Der von seiner Witwe sowie seiner Tochter angestrengte, sich lange hinziehende Prozeß verlief ergebnislos, da sich Descars auf die Position zurückzog, er sei von dem Protestanten Beraud angegriffen worden und habe dieserhalb in Notwehr, das heißt um einen gegenwärtigen, rechtswidrigen Angriff von sich und seinen Begleitern abzuwehren, gehandelt.[115] Es wäre mit Sicherheit lohnenswert die gesamten Prozeßakten unter der Fragestellung zu untersuchen, welche Rechtsmittel einer protestantischen Familie in der ersten Hälfte des 17. Jahrhundert zur Hand gegeben waren und vor allem ob es überhaupt möglich war, in einem Verfahren, das von einer anticalvinistischen Staatsräson getragen wurde, einen Mord zu sanktionieren.

Bei der Eröffnung des Nachlasses von Ruben de Beraud zeigte es sich, daß er nicht nur als Soldat und Verwalter seiner Güter tätig war, sondern gleichergestalt im größeren Rahmen Geld verliehen hatte: So entdeckte man in seinen Unterlagen eine Aufstellung von 455 Schuldforderungen, welche einen Gesamtbetrag von 43.000 Livres beinhaltete. Zählt man die Baronie von Monteton dazu, welche kurz nach dem Tode seiner Tochter Jeanne auf 90.000 Livres taxiert wurde, ergibt sich ein Gesamterbe von 133.000 Livres. Bedingt dadurch, daß Jeanne Beraud nach dem Verscheiden ihres Mannes Charles II. Digeon erneut, dieses Mal mit Charles de Vins, Seigneur de Maurival, welchem sie sieben Kinder schenkte, den Lebensbund einging, kam es zu langwierigen Erbschaftsauseinandersetzungen zwischen den Digeons und den de Vins.[116] Jeanne hatte in ihrem Testament nämlich verfügt, daß ihr erstgeborener Sohn aus erster Ehe, Pierre II. Digeon de Monteton die Baronie Monteton erhalten und an zweiter Stelle Joseph de Vins, sein Halbbruder,Seigneur de la Flurie, als Erbe nachfolgen sollte. Da jedoch die Ehe Pierres II. kinderlos blieb, setzte er seinen jüngeren Bruder Henri Digeon de Monteton als Erbbegünstigten ein, so daß dieser seine Ansprüche gegen die Enterbung durch seine Mutter gegenüber dem Seigneur de la Flurie geltend machte und final auch durchzusetzen vermochte. Es zeigt sich

115 A.D.47, Fonds Dubois, 5 J 153.
116 A.D.47, B 825 u. B 999 sowie Fonds Dubois 5 J 154.

hier erneut, wie dezidiert das salische Erbfolgegesetz unter besonderer Berücksichtigung des Ältestenrechts die Erbfolge zugunsten der Kinder aus der ersten Verbindung regelte (vgl. Kap. 4.1.2: 410). Dieser Prozeß fand nicht zuletzt ob seines paradigmatischen Charakters Einzug in die Kommentare der Rechtsentscheide des Parlaments von Guyenne (C.R.P.G. 1769: 236).

2.3.3.2 Dames de Monteton zwischen Widerstand und Arrangement

Obwohl sich die Situation der Protestanten in Frankreich mit dem Regierungsantritt Ludwigs XIV. zunehmend verschlechterte, hielten die Digeon der reformierten Konfession unverbrüchlich die Treue. Diese Gesinnung spiegelte sich auch in sämtlichen verwandtschaftlichen Relationen, welche sich ausnahmslos aus dem streng protestantischen Milieu rekrutierten, wider: Jeanne de Beraud und Charles II. Digeon de Boisverdun besaßen neben einer Tochter Charlotte noch die zwei bereits genannten Söhne Pierre II. und Henri, von welchen der Erstgenannte Anne de Briquemaut heiratete.

Die Ursprünge der Briquemault sind bis heute nicht eindeutig geklärt. So lassen sich Teile der Familie erstmals im Sancerrois, Burgund und der Champagne verorten. Als gesichert gilt jedoch, daß sie im 16. Jahrhundert sowie zu Beginn des 17. Jahrhunderts eine nicht unbedeutende Rolle in der protestantischen Partei spielten, denn François de Briquemaut, Seigneur de Beauvais und Ruère, der Urgroßvater von Anne de Briquemault war zusammen mit seinem Freund, Admiral Coligny, einer der herausragendsten Heerführer der Protestanten während des ersten Religionskrieges (vgl. ausführlich zu seiner Person: Haag 1847: 130–136). Zwar entkam er dem Massaker der Bartholomäusnacht, wurde jedoch zwei Monate später hingerichtet (Potter 2001: 316 (Anm. 29) mit weiterführenden Literaturhinweisen).

Ähnlich konsequent handelte Anne de Briquemault, indem sie sich als Witwe und Dame de Monteton bereits vor dem Erlaß des Edikts von Fontainebleau standhaft weigerte, dem protestantischen Glauben abzuschwören. Infolgedessen bekam sie nicht unerhebliche Schwierigkeiten seitens der katholischen Kirche, die in eine Anzeige und gerichtlichen Auseinandersetzung der Priesterschaft der Diözese von Agen vom 20. Juno 1682 mündete, welche sie beschuldigte, unerlaubte Gottesdiente der *Réligion Prétendue Réformée* in ihrem Schloß Monteton zu zelebrieren.[117] Dem war ein Memorandum vom 2. Mai 1682 vorangegangen, in welchem die protestantische Religionsausübung sämtlicher adliger Grundbesitzer, nach Diözesen geordnet, anklagend dargestellt wurde:

> "*La dame de Monteton fait aussy faire ledit exercice dans son chateau de Monteton depuis plusieurs années. L'on y fait le presche tous les dimanches, et fort souvent l'on y appelle d'autres ministres que le sieur Bourrée, qui estoit leur ministre ordinaire. L'on y fait aussy des baptesmes, des mariages, et la cene, et l'ons s'y sert d'une cloche.*" (Société des Archives Historiques de la Gironde 1874: 495)

Demgemäß ist anzunehmen, daß sie in Folge dieser Prozesse und staatlicher Zwangsmaßnahmen bereits vor 1685 in die Schweiz floh und die formale Revokation des Toleranzedikts von Nantes nicht mehr abwartete. Sie folgte darin einem Teil ihrer Familie nach, der kurze Zeit später nach Brandenburg weiterzog und in dem eine Reihe von Mitgliedern Karriere in der preußischen Armee machten. In diesem Zusammenhang ist besonders Henri de Briquemault, Seigneur de Saint-Loup (Jailliot 1904: 14–15), General in Diensten des Kurfürsten Friedrich Wilhelm von Brandenburg (vgl. zu seiner Person Boulliot 1830: 143–146), zu nennen.

Der Bruder von Anne de Briquemault, Marc-Auguste de Briquemault, der in erster Ehe am 10. August 1684 mit Claude de Caumont de La Force, Tochter von François Nompar und

117 A.N. TT 256 A 10, fol. 230–236.

Marguerite de Viçose, verheiratet war, emigrierte mit seiner ersten Frau nach England (Boysson 1920: 22). Am 8. Juli 1694 heiratete er in zweiter Ehe Radegonde d'Orléans-Rothelin, Tochter von Henri d'Orléans, Marquis de Rothelin, und Gabrielle-Eléonore de Montault. Diese natürliche Linie des Hauses Orléans-Longueville (vgl. Kap. 2.3.2.3: 137) bekannte sich zur reformierten Kirche und wurde durch die Ehe von Johanna von Baden-Hochberg, letzte Vertreterin der zähringischen Nebenlinie der Markgrafen von Hochberg-Sausenberg, mit Louis II. d'Orléans-Dunois, der sich Marquis de Rothelin (nach der im Badischen gelegenen Herrschaft Rötteln) nannte, begründet (vgl. dazu weiterführend: Seyssel 2009: v.a. 129 sowie: Garnier 1999: v.a. 343). Es ist bermerkenswert, daß bis dato keine kohärente Darstellung der Briquemaults oder ihrer exzellierendsten Familienmitglieder existiert, obschon vieles in bezug auf ihre Ursprünge sowie die Rolle, die sie in den Religionskriegen und der darauffolgenden Flucht spielten, opak geblieben ist. Eine detaillierte Untersuchung könnte indes fruchtbringend sein, da die Briquemaults, wie nur wenige andere Geschlechter, die wechselvolle Geschichte der französischen Protestanten in führender Position und in verschiedenen Exilländern von Anbeginn an widerspiegeln.

Kurz nach ihrer Flucht in die Schweiz verschied Anne de Briquemault 1687 in Lausanne, ohne je wieder in ihre Heimat zurückgekehrt zu sein. Die Erbsituation, die sie nach ihrer Flucht zurückließ, war ausnehmend kompliziert und unübersichtlich. Denn sie hatte ein Viertel aller Güter, die sie besaß, ihrer neu bekehrten Schwester Louise vermacht. Diese letztwillige Verfügung geschah auf freiwilliger Basis und nicht, wie die Forschung lange Zeit vermeinte, auf Grund einer intriganten Absicht sowie dem Verlangen der in Frankreich verbliebenen Anverwandten, sich an den Gütern der geflohenen Familienmitglieder schadlos zu halten. So supponierte Douen in seinem Werk "La rèvocation de l'édit de Nantes à Paris", Marc-Auguste und Louise de Briquemault, hätten sich an dem Vermögen der Anne de Briquemault bereichert (Douen 1894b: 494).

Louise de Briquemault, machte ihren Anteil gegen Henri Digeon de Monteton vor Gericht geltend. Zuvor hatte dieser, nachdem Monteton sowie sämtliche Herrschaften, von welchen Anne de Briquemault Nutznießung genoß, am 12. Juno 1686 für zunächst zwei Jahre konfisziert wurden, seine diesbezüglichen Nachfolgerechte unter dem Verweis reklamiert, daß er die Emigration seiner Schwägerin in die Schweiz verurteile und von seinem Bruder Pierre II. als Universalerbe eingesetzt worden wäre. Zudem hätte die Frau seines Bruders mehrere Schuldverschreibungen, die ihm zustünden und auf die er Anspruch erhebt. Die geschwächte Situation, in welcher sich Henri Digeon de Monteton auf Grund der Prozesse und seiner unmittelbaren Nähe zu geflüchteten Protestanten befand, wurde von seinem Halbbruder Joseph de Vins ausgenutzt, denn auch er strengte einen Prozeß gegen ihn an, da er behauptete, daß ihm ein Drittel der Länderein von Monteton gehörten. Zudem sei während seiner Minderjährigkiet eine Übereinkunft mit Pierre II. Digeon de Monteton getroffen worden, daß dieser ihm 57.447 Livres zahle. Nach einem Urteil des Parlaments von Guyenne, das erst nach der Auswanderung der Anne de Briquemault rechtskräftig wurde, stünden noch 10.000 Livres aus. Darüber hinaus forderte er 1.500 Livres Provision aus den Nutznießungsrechten, die sich aus seinem Anteil an Monteton ergäben. Daneben meldeten noch weitere Angehörige von Schwagern und Schwägerinnen Anne de Briquemaults, darunter Jean du Robein de Parrau, sowie Jacquette de Vassal de la Tourette, Ansprüche an (Baradat de Lacaze 1892: 325–326).

Die Vielzahl der aus den Prozessen resultierenden Forderungen, so beispielsweise auch die rund 18.000 Livres, welche Marguerite de Castelnau (verheiratet mit Jean Pierre de Belrieu, Seigneur de La Borie) Pierre II. Digeon de Monteton schuldete, aber nie zurückzahlte (Ribadieu 1881: 125 u. 128), wären eine plausible Erklärung, wessentwegen die Digeons de Monteton Anfang des 18. Jahrhunderts finanziell angeschlagen waren. Es war daher mitnichten sicher, daß die Digeon die Baronie und das Erbe von Pierre II. Digeon de Monteton halten konnten. Diese Situation erhielt noch eine zusätzlich Verschärfung dadurch, daß Pierre II. Digeon de Monteton selbst ohne überlebende männliche Kinder blieb. Umso vordringlicher erschien eine klare Nachfolgeregelung: Pierre II. Digeon de Monteton traf daher am 29. Mai 1674, kurz bevor er in die Schlacht zog, seine letztwillige Verfügung, welcher dank einer konkludierenden (*copie informent*) von d'Hozier auf uns gekommen ist. Darin erschien die Erbfolge klar zu Gunsten seines *frère germain* Henri geregelt (vgl. Anhang: A.5: 638: Z. 18), wobei in diesem Zusammenhang auffällt, daß Pierre II. zwar für den Fall, daß auch dieser ohne Nachkommen verscheiden sollte, die Vorkehrung traf, daß ihm zwar die "*m(essi)re de S(ain)t Perdon*," seine Vettern ersten Grades Charles III. und Jean III. Digeon de Boisverdun (Söhne von Jean II., dem Bruder seines Vaters Charles II.; vgl. Anhang: B.8: 701), nachfolgen sollten, aber auf jeden Fall zusamt Charles d.Ä. de La Clergerie, seinem Cousin ersten Grades aus der Ehe seiner Tante Catherine Digeon de Boisverdun mit Antoine de La Clergerie (vgl. Anhang: A.5: 638: Z. 19–21) sowie Kap. 2.3.2.3: 147).

Dies ist insofern bemerkenswert, da Pierre II. Digeon de Monteton damit dem althergebrachten und ansonsten strikt üblichen Prinzip der exklusiven Konservierung des Hausvermögens innerhalb des patrilinearen Verbandes seines Hauses nur zum Teil entsprochen hat (vgl. Kap. 4.1.2: 415). Denn mit dieser testamentarischen Anordnung wäre die Sukzession der Digeon de Monteton auch auf die Nachkommen einer ausgeheirateten Tante väterlicherseits gefallen, was einer strengen und konsequenten Anwendung des salischen Erbfolgegesetzes nicht entsprach. Denn es gehörte zu einem der unverbrüchlichen Prinzipien desselben, daß gemäß des gemeinsamen Ursprungs – (*souche*) – die anderen Zweige unter Bevorzugung der Hauptlinie, sollten noch weitere vorhanden sein, das Erbe des erloschenen Parts anzutreten hatten, bevor die weiblichen Verbindungen Berücksichtigung gefunden hätten. Das heißt, daß bei einem vollständigen Erlöschen der Digeon de Monteton und Boisverdun, die Digeon d'Autramat als ältestem Zweig die Sukzession übernommen hätten (vgl. Kap. 4.1.2: 414). Eine Erklärung für seine Zurückhaltung, die Cousins Digeon de Boisverdun in toto als Nachfolger im Falle einer Kinderlosigkeit seines Bruders zu investieren, findet sich möglicherweise darin, daß Pierre II. Digeon de Monteton einige Rechtsstreitigkeiten mit seinem Cousin Charles III. Digeon de Boisverdun unterhielt, wobei er sämtliche seiner Ansprüche und Forderungen wider ihn testamentarisch auf seinen Bruder und Universalerben Henri übertrug (vgl. Anhang: A.5: 638: Z. 48–55)

Neben diesen Sukzessionsregelungen traf Pierre II. Digeon de Monteton noch weitere Verfügungen zu Gunsten seiner Anverwandten, von denen sonderheitlich diejenige zum Vorteile seiner Halbschwester Jeanne de Vins in Höhe von 4.000 Livres auffällig ist, da Jahre zuvor heftige gerichtliche Auseinandersetzungen zwischen den Digeon und de Vins geführt wurden.

Weniger überraschend erscheint vor diesem Hintergrund die Gabe von 1.000 Livres an seine leibliche Schwester Charlotte Digeon de Monteton, (vgl. Anhang: A.5: 638: Z. 41–46). Geboren im Jahr 1626, hatte sie mit dem Ehekontrakt vom 22. August 1645, geschlossen vor Roussil, *notaire royal* in Cambes (47) Gabriel II. de Ferrand, Seigneur de Griffon und Sohn von Henri, Seigneur de Veyran (vgl. zu seiner Person: Levoir und Pirez 1994: 75) und de Griffon, und der Jeanne de Ferrand, geehelicht.[118] Die Ferrands gehörten zu den ältesten Geschlechtern der Region Bordelais und Bazadais. Bereits 1088 läßt sich ihre Existenz in der Person von "Willelmus Ferran" anläßlich einer Reparaturakte, die Kirche von Saint Seurin betreffend, erstmalig nachweisen (C.E.S.B. XXVI 1897). Jedoch setzt ihre ununterbrochene, belegbare Filiation erst Anfang des 13. Jahrhunderts ein. Aus dieser Zeit sind besonders Pierre de Ferrand, welcher im Jahr 1281 als Bürgermeister von Saint-Emilion figuriert, sowie Bertrand de Ferrand, der am 8. Juli 1355, zusamt dem Seneschall der Guyenne, dem

118 B.N.F., Carrés d'Hozier, MF 254, fol. 125.

Bürgermeister von Bordeaux sowie weiteren Würdenträgern bei einem Gastmahl auf Einladung von Pierre de La Mothe, Bruder des Erzbischofs von Bordeaux, zugegen war, hervorzuheben ("… *dominus Bertrandus Ferrandi … et quidam alii nobiles*." AHDG 1881). Diese frühe Verortung im gehobenen Bereich der Hierarchie des südwestfranzösischen Adels, wurde jedoch erst Anfang des 14. Jahrhunderts durch den Erwerb der Baronie und des Schlosses von Mauvezin in Mauvezin-sur-Gupie (47) durativ gefestigt (vgl. ausführlich zu den Ferrands und Mauvezins die äußerst profunde Darstellung des Abbé Alis Alis 1887: v.a. 372–373 sowie 409–411). Diese Verwurzelung spiegelte sich auch in den Eheallianzen der Ferrands wider, die sich in acht Jahrhunderten fast mit sämtlichen Geschlechtern der Region verbunden haben (vgl. zu den einzelnen Familien: Meller 1978: 108–109 (Bd. 2)).

Leider ist es derzeit nicht möglich, mit Bestimmtheit Aussagen darüber zu treffen, welchem Bekenntnis die einzelnen Zweige der Ferrands angehörten, dieweil das gesamte Familienarchiv, das sich im Anfang des 20. Jahrhunderts abgebrannten Château de Mauvezin befand, höchstwahrscheinlich untergegangen ist. Als gesichert vermag jedoch zu gelten, daß die Hauptlinie in der ersten Zeit der Religionskriege katholisch blieb, da die Ferrands 1577 bei der Belagerung von Marmande (47) durch Heinrich IV. wider diesen auf Seiten der Katholiken kämpften (Alis 1887: 164 sowie: Tamizey de Larroque 1872: 73–76). Demgemäß könnte es sich solchergestalt wie bei den Digeon oder Caumont verhalten haben (vgl. Kap. 2.3.1.1: 86), daß nämlich die einzelnen Linie nicht nur unterschiedlichen Glaubenrichtungen angehörten, sondern sich dieserhalb auch offen im Kampfe gegenüberstanden. Indes darf hieraus nicht der übereilte Schluß gezogen werden, das Haus hätte sich in toto zur calvinistischen Religion bekannt, da es sich durchaus so wie bei den Digeon oder Caumont verhalten haben könnte (vgl. Kap. 2.3.1.1: 86), daß die einzelnen Linie nicht nur unterschiedlichen Glaubenrichtungen angehörten, sondern sich dieserhalb auch offen im Kampfe gegenüberstanden. Zudem ist es als sehr unwahrscheinlich anzusehen, daß Charlotte Digeon de Monteton bei einer äußerst dezidiert protestantischen Verwandtschaft in eine katholisches Geschlecht ausgeheiratet hätte, denn obzwar ihre Lebensspanne nicht mehr direkt in die kriegerischen Auseinandersetzungen zwischen Hugenotten und Katholiken fiel, so war das 17. Jahrhundert in Frankreich dennoch stark von den religiösen Gegensätzen und einer zunehmenden Verschlechterung der Situation der Protestanten geprägt. Abberufen wurde Charlotte Digeon de Monteton im Alter von 50 Jahren knapp ein Dezenium vor der Aufhebung des Ediks von Nantes. Begraben wurde sie in der Kirche von Saint Sauveur am 11. November 1676. Ihr Mann Gabriel II. überlebte sie um mindestens zwei Jahrzehnte, da er sein Wappen noch im Jahr 1698 registrieren ließ (Huet 1895: 49–50).

So detaillreich wir über die genealogischen Beziehungen der Ferrand ins Bild gesetzt sind, so dürftig sind unsere Informationen hinsichtlich der Ehefrau von Henri Digeon de Monteton, der durch den Vertrag vom 15. Juli 1664 mit Elisabeth-Charlotte de Mehée de Castillon in den Stand der Ehe eingetreten war.[119] Zwar wissen wir, daß sie die Tochter von Joseph de Mehée, Seigneur de Montpezat, und der Marthe de Lespinasse war, allerdings ist es bis dato nicht möglich gewesen, den Konnex zwischen den Mehée de Castillon aus der Süddordogne und denjenigen, die seit Jahrhunderten im Angoumois in der Gegend um Saint-Jean-de-Angely (17) angesiedelt waren (vgl. zu diesen im 17. Jahrhundert B.S.A.S.A. 1886b), aufzuzeigen. In Saint-Jean-de-Angely stellten bereits 1411 Jehan Méhé, Chevalier, einen Magistrat und Bürgermeister (B.S.A.S.A. 1886a: 65). Über die Ahnenreihe dieses Teils der Familie, der unter dem Namen Méhée de Lestang figuriert, sind wir nicht zuletzt dank des Adelsbeweises informiert, den die neunjährige Elisabeth Méhée d'Anqueville (zu ihrem Werdegang:

119 A.D.47, Fonds Dubois, 5 J 154.

La Chesnaye-Desbois 1868b: 583) 1694 vor Charles René d'Hozier erbringen mußte, um in das 1684 per Dekret von Ludwig XIV. gegründete, prestigeträchtige *Maison Royale de Saint-Louis in Saint-Cyr* bei Versailles (78), aufgenommen zu werden (abgedruckt in: Tricoire 1890: 387–390). Obschon die dortige Edukation freigeistiger als in den Klöstern gestaltet war, vollzog sich die religiöse Unterweisung doch im römisch-katholischen Glauben. Demzufolge schickten protestantische Eltern des französischen Landadels ihre Kinder kaum auf diese Lehranstalt. Somit liegt die Mutmaßung nahe, daß es sich bei den Méhée de Lestang um ein katholisches Geschlecht handelte, wohingegen die Méhée de Castillon sehr wahrscheinlich dem protestantischen Glauben zugehörig waren, denn bei der Hochzeit von Elisabeth-Charlotte de Mehée de Castillon waren Guy Aldonce Marquis de Durfort-Duras, verheiratet mit Elisabeth de La Tour d'Auvergne, sowie Jean de Rochefort Saint-Angel, Capital de Puychagut und Marquis de Théobon, zugegen. Dank des Marquis de Théobon ist dies auch in der Kapelle in Villeneuve de Puychagut (heute: Villeneuve-de-Duras (47)) festgehalten, in welcher die letzten protestantischen Taufen der Familie Digeon stattfanden (Bourrachot 1969: 57).

Aus der Ehe mit Henri Digeon sind neben dem einzigen Sohn Pierre IV. noch drei weitere Töchter hervorgegangen, die vornehmlich mit Ehemännern aus dem eigenen verwandtschaftlichen Umfeld verheiratet wurden. Die älteste, Henriette, heiratete am 30. Januar 1696 Paul de Gervain, Seigneur de Roquepiquet (SAHG CIX 1868; vgl. zu Schloß und Herrschaft von Roquepiquet: Dubois 1919 sowie Abb. 2.27: 193). Dieser war als Sohn von Jean de Gervain, Seigneur de Roquepiquet, und der Marie de Bousquet de Lafaurie, über dessen Vater Gabriel de Gervain, Seigneur de Roquepiquet, und Marie de Beraud, Tochter von Ruben de Beraud und der Charlotte Digeon de Boisverdun bereits mit den Digeons verwandt. Ihre jüngere Schwester Jeanne ehelichte am 29. November 1707 Jacquelin d'Estutt de Solminihac, Seigneur de Massec und de Labilhac, Sohn von Charles und Jeanne de Gervain, der Schwester des genannten Jean de Gervain (Saint-Saud u. a. 1905: 123). Jacquelin d'Estutt de Solminihac sollte in zweiter Ehe mit einer Magdeleine Durège vor den Altar treten, welche jedoch nicht mit derjenigen identisch zu sein scheint, mit welcher Pierre IV. am 3. April 1690 den

Abb. 2.27: Château de Roquepiquet (Südseite), um 1915 [Postkarte unbekannter Provinienz]

Lebensbund eingegangen ist, da sie sich in ihrem kurz vor ihrem Ableben abgefaßten Testament stets als "*veuve de messire Pierre Digeon*" bezeichnete (Anhang: A.8.1: 658: Z. 2). Wäre sie noch mit Jacquelin d'Estutt de Solminihac verheiratet gewesen, wäre diese Formulierung unzutreffend. Jacquelin stammte aus einem Zweig der d'Estutts de Solminihac, welcher in der Genealogie von Guère vollständig fehlt (Guère 1885: 24). Sein Großvater Jacques d'Estutt de Solminihac, der dritte Sohn von Charles d'Estutt de Solminihac und Seigneur de Bouniagues, und der Françoise de Griffon, begründete als Seigneur de Labilhac, La Chapelle und Castang den Ast des Hauses d'Estutt de Labilhac (vgl. Kap. 2.3.2.5: 173). Verheiratet war er mit Marthe de Belrieu, welche jedoch als Tochter von Jean d.J., Rat am Gerichtssitz von Bergerac, und Isabeau de Saulière, nicht aus der Linie der oben behandelten Belrieu de Virazel stammt (vgl. Kap. 2.3.2.3: 144).

Die jüngste Tochter von Henri Digeon de Monteton, Anne-Victoire könnte aus einer zweiten Ehe von Henri stammen. Denn sofern man den 31. Januar 1714, das Datum ihrer im Château Ballet (vgl. Abb. 2.28: 195), Gemeinde Pompiac (47), mit Pierre d'Abzac, Seigneur de Ballet, geschlossenen Hochzeit in Betracht zieht, liegt dieses circa 18 Jahre vor dem ihrer älteren Schwester Henriette. Nun wäre es grundsätzlich nicht auszuschließen, wenn auch sehr ungewöhnlich für das 17. Jahrhundert, daß entweder Anne-Victoire bei ihrer Eheschließung oder ihre Mutter bei der Niederkunft in einem fortgerückteren Alter befindlich gewesen wären. Allerdings findet sich im Manuskript des Baron de Lanauze ein Hinweis auf eine zweite Ehefrau von Henri.[120] Er gibt deren Namen jedoch unvollständig mit "de Fonpeyre ?" an. In der Tat führte ein Teil der Méhée den Namen "Méhée de Fonpeyre", indes ist, wie bei den Méhée de Castillon, eine genealogische Einordnung in den Kontext des Gesamthauses Méhée leider nicht möglich, wenngleich eine Verbindung aufgrund der geographischen Nähe von Fonpeyre (Gemeinde: Saint-Magne-de-Castillon (33)) und Castillon als höchlichst wahrscheinlich anzusehen ist.

Abb. 2.28: Château du Ballet bei Castillonnès, um 1900 [Postkarte unbekannter Provinienz]

120 A.D.33, 9 J 60, p. 54.

Wesentlich klarer läßt sich die Person von Pierre d'Abzac de Ballet genealogisch identifizieren, dessen Familie uns bereits im Zusammenhang mit der Frage nach den Ursprüngen des Hauses Verdun begegnete (vgl. Kap. 2.2: 61) und zu welcher die Digeons über den Lebensbund von Pierre I. Digeon d'Autramat mit Constance de Montard (auch: Moutard), eine verwandtschaftliche Relation unterhielt (vgl. Kap. 2.3.1.2: 100). Die Ursprünge des ritterbürtigen Geschlechts Abzac vermögen erstmals im Périgord nachgewiesen werden, wo es drei Orte gibt, die heutigentags in der Orthographie "d'Ajac" sowie "Ajat" figurieren und welche auf die gemeinsame etymologische Radix "Abzaco", wie die Familie Abzac im Mittelalter geschrieben wurde, zurückzuführen sind. Von einer dort situierten Burg hat das Geschlecht einen mit Sicherheit grenzender Wahrscheinlichkeit seinen Namen bezogen (Viton de Saint-Allais 1872: 190–191). Auch wenn die erste urkundliche Erwähnung des Namens bereits im 11. Jahrhundert mit N.N. d'Abzaco sowie am 17. Juno 1158 mit Helie d'Abzac erfolgte, beginnt die ununterbrochene, belegbare Filiation gemäß den Urkunden für die Honneurs de la Cour (1781 und 1787; vgl. Kap. 4.1.3) mit Hugues d'Abzaco, Coseigneur der Kastellanie von Clarens im Jahr 1287 (Bluche 1957: 31). Bereits Mitte des 13. Jahrhunderts existierten mehrere Zweige des Geschlechts, die bis auf 24 anwachsen sollten. Im 15. Jahrhundert bildete sich mit Olivier d'Abzac, Sohn von Aimar, Seigneur de Montastruc, und Guilemette de Boniface, die Linie de la Douze heraus, aus welcher alle weiteren Äste hervorgehen sollten. Auch einer der exzellierendsten Repräsentanten des Geschlechts, der seit dem 20. Juno 1494 als Erzbischof von Narbonne amtierende Pierre d'Abzac, Sohn von Gui, genannt Guinot II. d'Abzac de la Douze und der Agnès de Montlouis, stammte davon ab. Dabei ist bemerkenswert, daß der spätere Erbzbischof als ältestes von zwölf Geschwistern für eine geistliche Laufbahn ausgewählt wurde. Möglicherweise spielte dabei eine besondere wissenschaftliche Befähigung und Neigung eine nicht unerhebliche Rolle, die sich auch in seinem Ausbildungswerdegang widerspiegelte: 1427 geboren, studierte er nämlich bereits in jungen Jahren an der Universität von Poitiers, wo er seinen Doktorgrad erwarb und ab 1459 lehrte. Nachdem er in den Benediktinerorden eingetreten war, stieg er dort rasch auf, bis er schließlich seinem Mentor, dem Kardinal Amanieu d'Albret, nach dessen Tod am 25. September 1465 als Abt des Klosters Saint-Marie de la Grasse im heutigen Département Aude nachfolgte (Pailhès 2000: XXXVII). Dort reetablierte er die Regel des Heiligen Benedikt, was wahrscheinlich dafür ursächlich war, daß Raimond de Vialat ihm sein Buch *Hommes illustres de l'ordre de Saint-Benoit* widmete.[121] Außerdem verteidigte er das Kloster für König Louis XI. von Frankreich gegen König Johann II. von Aragon und trug späterhin zur Freundschaft der beiden Monarchen bei. Bei Ludwig XI. gewann er beträchtlich an Ansehen und Einfluß, woraufhin dieser Pierre d'Abzac in seinen Staatsrat berief. In Folge dessen fungierte er in einer Vielzahl von diplomatischen Missionen für die Krone Frankreichs, so in den Verhandlungen für den Frieden von Arras (1482) zwischen Ludwig XI. und dem Erzherzog Maximilian von Österreich hinsichtlich des Herzogtums Burgund. Zuvor hatte ihn Papst Sixtus VI. 1480 zum Bischof von Rieux ernannt, bis ihn Papst Innozenz VIII. 1488 zum Bischof von Lectoure (32) ernannte (Hozier 1741: 8–9). Doch auch im säkularen Bereich setzte Pierre d'Abzac seine diplomatischen Missionen fort, da er nach dem Tode Ludwigs XI. auch von dessen Sohn Karl VIII. in den Staatsrat berufen wurde. So wurde er dazu ausgewählt, mit Charles d'Angoulême die Prinzessin Marguerite von Flandern (auch: Marguerite d'Autriche) an den Erzherzog von Österreich zu übergeben (vgl. zur Person der Marguerite von Flandern weiterführend: Kruzik 2010). Der Höhepunkt seiner Karriere sollte dem Bischof von Lectoure zuteil werden, als ihn der König 1493 zum Nachfolger von Robert de Croismare als Erzbischof von Rouen designierte. Allein Papst Alexander VI.

121 A.N. M 742.

entschied dagegen und ernannte ihn ein Jahr später zum Erzbischof von Narbonne. Verstorben ist Pierre d'Abzac am 23. Mai 1502 in seinem Stammschloß la Douze, in dessen Kirche er – folgt man dem Epitaph der Kathedrale von Lectoure – auch begraben wurde (Migne 1851: 278 sowie Vic und Joseph Vaissète 1872: 256).

Die hier grob skizzierten Lebensstationen des Erzbischofs Pierre d'Abzac und seine besondere Treue gegenüber dem Papst kontrastieren in erheblichen Maße mit denen seiner, wenn auch nicht direkten, Nachfahren. Denn sein jüngerer Bruder Guillaume sollte der Ahnvater des Stammes der d'Abzac, Marquis de Mayac werden, aus denen auch Pierre d'Abzac de Ballet hervorging. Selbiger besaß, wie der Kirchenfürst unter seinen Ahnen, eine tiefe Verankerung im Glauben, allerdings in der calvinistischen Konfession, wie eine Begebenheit anläßlich einer Ordensverleihung illustriert: Der Ehemann von Anne-Victoire hatte sich in einer Vielzahl von Kämpfen zu Anfang des Spanische Erbfolgekriegs (1701–714) unter dem Kommando von Philippe de Bourbon, Herzog von Vêndome und Großprior des Malteserordens, ausgezeichnet, so daß dieser ihn mit dem Kreuz des Ordens von Saint-Louis dekorieren wollte (vgl. Abb. 2.18: 107). Allerdings erklärte Pierre d'Abzac ihm, daß er sich zwar sehr geehrt fühlte, diese Auszeichnung indes zurückweisen müsse, dieweil er ein bekennender Protestant sei und das bei der Verleihung zu leistende Gebet nicht zu sprechen vermöge. Die Antwort des Herzogs von Vendôme ist nicht nur im Kontext der seinerzeitigen Repression wider die Protestanten bemerkenswert, sondern vornehmlich hinsichtlich seiner Amtsfunktion als unter dem Hochmeister des Malteserordens stehender geistlicher Distriktsvorstand in Frankreich: "*Je vous fais chevalier et vous dispense du serment.*" (Courcelles 1828: 75 Anm. (1)). Auf Grund der Tatsache, daß Pierres Ehe mit Anne-Victoire kinderlos blieb, setzte er in seinem am 14. Januar 1750 aufgesetzten Testament als Universalerben seinen Cousin ersten Grades mütterlicherseits, Pierre d'Abzac, Seigneur de la Boissière ein. Da diese letztwillige Verfügung am 27. November 1756 geöffnet wurde, können wir davon ausgehen, daß er wahrscheinlich kurz zuvor abberufen worden war. Die Wahl des mütterlichen Verwandten war nicht willkürlich oder allein auf Symapathie gegründet, sondern entsprach den Möglichkeiten, denn Henri d.Ä. d'Abazc de Ballet, der einzige Bruder seines Vaters, welcher Kinder besaß, war unmittelbar nach der Revokation des Edikts von Nantes – wie die Belrieu (vgl. Kap. 2.3.2.3: 144) – gen Irland emigriert. Damit war eine Vermögensübertragung, auch auf erbrechtlicher Grundlage, unmöglich geworden, was sich insbesondere an Marie d'Abzac, der Frau von Henri d.Ä. d'Abzac zeigte, denn diese wurde von ihrem Vater Isaac im Jahr 1692 "*pour être sortie du royaume sans la permission du roi*" enterbt (Courcelles 1828: 76). Der Zweig der d'Abzac von Irland etablierte sich dort längerfristig und stellte vor der Revolution mit Henri d.J. d'Abzac einen Professor für protestantische Theologie an der Universität von Dublin (Haag 1856: 164).

Wie die übrigen Kinder von Henri Digeon de Monteton, sollte auch sein einziger Sohn und Nachfolger als Baron von Monteton, Pierre IV. im protestantischen Milieu seine Frau suchen, denn mit dem Kontrakt vom 3. April 1690 ehelichte er Magdeleine Durège, Tochter von Pierre d.J., Seigneur de la maison noble de Vidasse (vgl. Abb. 2.29: 197) et du Ribet, und der zum Zeitpunkt der Hochzeit bereits verstorbenen Jeanne Dailhe.[122] Pierre Durège hatte im Namen seines Onkels Pierre d.Ä. Durège, Seigneur de Picournel am 26. November 1670 für das maison noble von Durége seinen Lehenseid gegenüber dem Erzbischof von Bordeaux abgegeben (SAHG CII 1871–1872: 234). Von Pierre d.Ä., der mit Madelaine d'Alba verheiratet war, teilten sich durch seine Söhne die weiteren Äste der Durège ab: Daniel Durège, Sieur de Bellevue sollte den Zweig der Beaulieu begründen, Isaac den der Durège de Blanquerie und der jüngste Sohn Jean den der Durège-Ribet (auch: Rivet).

122 A.D.47, B 108.

Abb. 2.29: Chateau de Vidasse an der Dordogne aus der Vogelperspektive, um 2000 [unbekannter Photograph]

Die Durèges gehörten zu den alteingessenen protestantischen Familien, deren Name sich vom gleichnamigen Dorf Durège im seinerzeitigen Gerichtsbezirk Gensac (33) ableitete und die bis zu ihrem Erlöschen im Mannesstamm im 19. Jahrhundert dort ansässig war (Guinodie 2004: 25). Dabei zahlten auch die Durèges im Bekenntnis für ihren Glauben einen Blutzoll, denn ein "Durech de Belleveue", dessen Vorname bedauerlicherweise nicht auf uns gekommen ist, wurde mit dem Gerichtsurteil vom 1. März 1692 wegen verbotener Teilnahme an protestantischen Glaubensversammlungen und damit Zuwiderhandlung gegen den Erlass König Ludwigs XIV. zum Schaufahren in einem Sturzkarren durch die Vororte von Gensac zum Platz vor dem Justizpalais mit anschließender Strangulation und Hängen am Galgen verurteilt.[123] Möglicherweise handelte es sich um einen weiteren Onkel oder Cousin des Vaters von Magedeleine Durège.

Bei einer zusammenfassenden Betrachtung der einzelnen Nachkommen von Henri Digeon de Monteton fällt deutlich die signifikant endogame Heiratspolitik ins Auge, denn sämtliche Ehepartner entstammten dem protestantischen Milieu des in der Region um Bordeaux ansässigen Adels, so daß sich spätestens seit diesen Heiratsallianzen von einer pfadabhängigen Ehepartnerwahl gesprochen werden kann.

Pierre IV. und seine Frau Magdeleine lebten vorwiegend in der Burg Monteton, die 1715 im Stil der Zeit in ein Schloß umgebaut wurde, wobei die mittelalterliche Grundsubstanz des 13. Jahrhunderts konserviert wurde. In ihrer Ehe wurden sechs Kinder geboren und nicht, wie von Otto Digeon v. Monteton unrichtigerweise behauptet (Digeon v. Monteton 1892: 13), nur Pierre V., Pierre VI., und Jean-Jacques I., sondern auch noch drei Mädchen namens Marie-Elisabeth, Madeleine Victoire I. und Jeanne.

123 A.N. TT 244 13, fol. 227.

Die Erstgenannte ehelichte mit Vertrag vom 15. Januar 1713 Jean-Jacques d.Ä. Cournuaud (auch: Cornuaud) de Fonbourgarde, Seigneur de Soula, de Fonbourgade und de La Bassecour, gleichergestalt Sproß eines sich dezidiert zum Calvinismus bekennenden Geschlechts, dessen größter Familienteil bereits früh nach Preußen emigriert ist.[124] So spielte sein Onkel väterlicherseits, Joël Cournuad de Fonbourgade, Seigneur de Soula, der in Pujols in der Nähe von Villeneuve-sur-Lot (47) zur Welt gekommen war, eine nicht unbedeutende Rolle in brandenburgischen Militärdiensten, nachdem er trotz hervorragender Angebote seitens des französischen Staats nicht bereit war, seinem protestantischen Glauben abzuschwören und unmittelbar nach der Aufhebung des Edikts von Nantes emigrierte (Brianson 1985: 310). Der Kurfürst Friedrich Wilhelm von Brandenburg empfing ihn mit Wohlwollen und übergab ihm im Range eines Obersten das Kommando eines Bataillons, welches fast ausschließlich aus geflüchteten Franzosen bestand und dessen Garnison nach Brandenburg verlegt wurde. Einige Zeit später verband der Kurfürst, der nach dem Beispiel des Fürsten von Oranien eine Kadettenkompanie gebildet hatte, diese mit dem Bataillon von Cornuaud. Damit ergab sich zusamt den Bataillonen von Briquemault und Varennes bereits 1686 eine reputierliche Anzahl von circa 1.100 französischstämmigen Soldaten in preußischen Diensten (Asche 2007: 187 sowie weiterführend: Schmidt und Schnitter 1985 und Schnitter 1986). Joël Cournuad de Fonbourgade zeichnete sich in verschiedenen Kämpfen und Schlachten in Frankreich, Spanien von vor allem in Savoyen aus, so daß er bis zum Generalleutnant avancierte (Reyer 1855: 182). Dabei geriet er indes auch in diplomatische Verwicklungen, so beispielsweise als er vom nachmaligen König Friedrich Wilhelm I. gebeten wurde (vgl. zur brieflichen Korrespondenz zwischen Friedrich Wilhelm I. und Joël Cournuad de Fonbourgade Drouyn 1880: 700–702), die Interessen des Hauses Brandenburg anläßlich der Liebesheirat zwischen dem Oberkommandierenden der preußischen Truppen, dem Titularmarkgraf Karl-Philipp von Brandenburg-Schwedt und der italienischen Witwe Gräfin Katharina Salmour, eine geborene Marchesa di Balbiano, zu wahren (dazu immer noch grundlegend: Neigebaur 1856 sowie Friedländer 1881).

Der jüngerer Bruder von Joël Cournuad de Fonbourgade, Jean I., blieb in Frankreich, ohne jedoch dem Protestantismus abzuschwören, und heiratete Isabeau de Charles. Aus der Ehe entsprossen die vier Söhne Joseph, Jean II., Etienne und Jean-Jacques d.Ä. sowie die beiden Töchter Marguerite, verheiratet mit Daniel Grenier, Écuyer, Sieur de Nabineau, und Magdeleine, die den Ehebund mit Théophile Daulède, eingegangen war. Joseph, Jean II. und Etienne traten in den preußischen Militärdienst ein, lediglich der jüngste, der genannte Ehemann von Marie-Elisabeth Digeon de Monteton, Jean-Jacques d.Ä., verblieb, wie sein Vater, in Frankreich, um die Konfiskation des Familieneigentums zu verhindern (Haag 1853: 64–65). Darin läßt sich eine klare Parallele zu anderen protestantischen Familien wie den Ségur, den d'Estutt de Solminihac oder den Bacalan sowie den Digeon de Monteton erkennen, bei welchen gleichergestalt ein Teil der Familie in Frankreich verblieb, um die wirtschaftliche Grundlage des Geschlechts zu thesaurieren und die im Ausland befindlichen Familienmitglieder finanziell zu unterstützen. Anderenfalls wäre es schwierig gewesen, mit dem frugalen Soldatensalär in fremder Dienststellung ein standesgemäßen Lebens zu bestreiten (vgl. Kap. 2.3.2.4: 164).

Demgemäß verhielt sich der Werdegang von Jean-Jacques d.Ä. different zu der rein soldatischen Karriere seiner älteren Brüder. Als Universalerbe und Nachkomme einer langen Reihe von königlichen Notaren und Juristen, studierte an der Universität von Cahors Jurisprudenz und graduierte dort, wie bereits sein Vater 43 Jahre zuvor, am 7. April 1693 zum Baccalaureus und am 14. Mai 1694 zum Licentiatus der Rechtswissenschaften. Allerdings sollte es nicht bei einer rein wissenschaftlichen Edukation bleiben, denn nach dem Erhalt seiner universitären Diplome

124 A.D.33, 9 J 60, p. 59.

ließ er sich zum Offizier ausbilden und avancierte zu einem Regimentshauptmann in der Normandie, wo er darüber hinaus mit dem Orden vom Saint-Louis ausgezeichnet wurde (vgl. Abb. 2.18: 107). Damit reiht er sich wie Charles Armand Digeon d'Autramat und Pierre d'Abzac, in die Reihe derjenigen Protestanten ein, die trotz der imperativen Vorgabe, katholischen Glaubens sein zu müssen, mit diesem Orden ausgezeichnet wurden. Unbeschadet dieser partiellen Zugeständnisse an die Protestanten auf militärischem Gebiet, waren selbst noch zur Zeit der Abberufung von Jean-Jacques d.Ä. die Restriktionen wider die *Réligion Prétendue Réformée* deutlich spürbar. Denn als dieser am 27. Mai 1757 in seinem Château La Bassecour verstarb, weigerte sich der Pfarrer von Saint-Pey-de-Castets (33) unter dem Vorwand, er sei der Sohn von Eltern protestantischer Eltern, ihn in das Totenregister seiner Pfarrei zu schreiben. Möglicherweise lag der tatsächliche Grund der ablehnenden Haltung des Geistlichen darin, daß sich Jean-Jacques d.Ä. selbst stets im geheimen zur reformierten Kirche bekannt hatte. Aus der Ehe mit Marie-Elisabeth Digeon de Monteton wurden, neben dem erstgeborenen Jean-Jacques d.J., ein weitere Sohn, Jean-Pierre benamt geboren. Dieser war seit dem 28. Februar 1786 verheiratet mit Adéläide-Ketty Bonnaffé, Tochter des in Bordeaux tätigen Reeders François Bonnaffé und der Jeanne Boyer (Guillot de Suduiraut 1999: 194–195). Jean Pierre de Fonbourgade diente zunächst im selben Regiment wie sein Vater in der Normandie und fiel dann 1760 als französischer Offizier im Zuge des Siebenjährigen Krieges in der Schlacht von Kloster Kampen 1760 (Pajol 1886: 97–98). Dies ist insofern bemerkenswert, da der dritte, in der Darstellung von Leo Drouyn nicht erwähnte Sohn, dessen Vorname nicht auf uns gekommen ist, Frankreich verlassen und sich, wie die Brüder seines Vaters, in preußischen Militärdiensten ausgezeichnet hatte. Anschließend ist er zusamt seiner Ehefrau, einer Demoiselle de Pénavayre, nach Holland emigriert (Chaix d'Est-Ange 1913: 140). Dieser Schritt erklärt sich möglicherweise daraus, daß die beiden Brüder vermeiden wollten, sich auf dem Schlachtfeld gegenüberzustehen. Über etwaige Nachkommen besitzen wir ebenso wenig Kenntnis wie über die Namen der gemeinsamen Töchter aus der Ehe von Jean-Jacques d.Ä. mit Marie-Elisabeth Digeon de Monteton.

Der älteste Sohn Jean-Jacques d.J. ließ die renitente Haltung des Geistlichen, der sich wider die Inskription seines Vaters in das Totenregister vewahrt hatte, nicht auf sich beruhen und veranlaßte die Einrichtung einer Untersuchungskommission, welche am 16. Juno 1760 bestätigte, daß sein Vater am Tag nach seinem Ableben nach katholischem Ritus begraben worden ist (Drouyn 1880: 719). Mit den Schwierigkeiten hinsichtlich des Begräbnisses seines Vaters sollten die Obstruktionen wider Jean-Jacques d.J. ihr Ende indes noch nicht gefunden haben, da sein Adelsstatus von einigen Bauern angezweifelt wurde. Erisapfel war in dieser Beziehung die Befreiung von der Gebühr für die *franc fief*, welche den adligen Status öffentlich und amtlich, insbesondere vor der königlichen Finanzbehörde machte (vgl. Kap. 2.3.1.2: 94). Daraufhin veranlaßte Jean-Jacques d.J. 1772 eine Untersuchung zur Klärung seines adligen Standes, bei der zwei königliche Notare, ein Milizoffizier sowie der Sieur Jean Royre, Richter im Gerichtsbezirk von Pujols (47), jeweils Herren im fortgeschrittenen Alter, als Zeugen fungierten und versicherten, daß sein Großvater Jean I. immer die Privilegien des Adels genossen hatte und 1721 in seinem Haus Parisien im Pfarrsprengel Pujols verschieden war. Außerdem bezeugten sie, daß sein Vater Jean-Jacques d.Ä. 1757 in seinem Schloß von La Bassecour im Jahr 1757 gestorben war. Diese Aussagen wurden von Bernard Mercier, Pfarrer von Saint-Pey-de-Castets und Jérôme du Carpe gegengezeichnet. Doch auch wenn diese Zeugnisse in sich schlüssig erschienen, überzeugten sie die Fiskalbehörde nicht, so daß Jean-Jacques d.J. für das Jahr 1773 gezwungen war, die Gebühr der *franc fief* in Höhe von 2.299 Livres zu entrichten. Vielleicht war die Auswahl der Bürgen zu eng aus dem eigenen Umfeld und hinsichtlich der Sozialhierarchie des Ancien Régime zu rangniedrig gewählt, denn am 20. August 1774 präsentierte er eine weiteres Zertifikat, das fast ausschließlich von engen Verwandten, wie den Herren Langalerie de Geraud, de Melet, de Sauvin, Daulède, Vassal-Montviel und

Rabar signiert wurde und attestieren sollte, daß sein Vater und sein Großvater gemäß sämtlichen privaten und öffentlichen Akten der Vergangenheit stets adlig gelebt haben ("*toujours vécu noblement*"). Damit zielte er auf die Erlangung des Adels qua Überprüfung (*noblesse d'agrégation*) ab, das bedeutet aus adeslrechtlicher Sicht, daß das betreffende Geschlecht bei einer Untersuchung einen adligen Lebensstil pflegte (*vivre noblement*) und vom ortsansässigen Adel akzeptiert wurde (vgl. dazu: Kap. 4.2.1: 428). Jedoch war auch diese Darlegung seines adligen Standes nicht ausreichend, so daß er sich schließlich am 2. April 1775 veranlaßt sah, seine Einlassungen direkt an den König zu adressieren, nachdem er seinesteils Anzeige gegen die Bauern wegen Verleumdung erstattet hatte. Dabei legte er erneut sämtliche genealogische Dokumente vor, angefangen von seiner Taufurkunde, aus welcher hervorging, daß er am 20. (nicht wie von Leo Drouyn behauptet am 2. (Drouyn 1880: 722)) in der Kirche Saint-Pey-de-Castets das Taufsakrament erhalten hatte und sein Vater in diesem Dokument nachweislich den Titel *Éscuyer* führte.[125] Dies entsprach zwar den Tatsachen, da Jean-Jacques d.Ä. darin tatsächlich als *escuier* betitelt wird (vgl. Abb. 2.30: 200), doch nimmt es nicht wunder, daß die Beweiskraft des Taufpapiers hinsichtlich des Adelsstandes von den seinerzeitigen Behörden als recht gering taxiert wurde, da der Titel eines *Éscuyer* äußerst häufig usurpiert wurde und sogar unberechtigterweise in notariellen Akten Einzug hielt (Brioist u. a. 2002: 116). Mithin änderte daran auch der Nachweis seiner Ehe vom 2. März 1752 nichts. Erst als er durch einen Brief des französischen Kriegsministers Étienne-François de Choiseul d'Amboise, Herzog

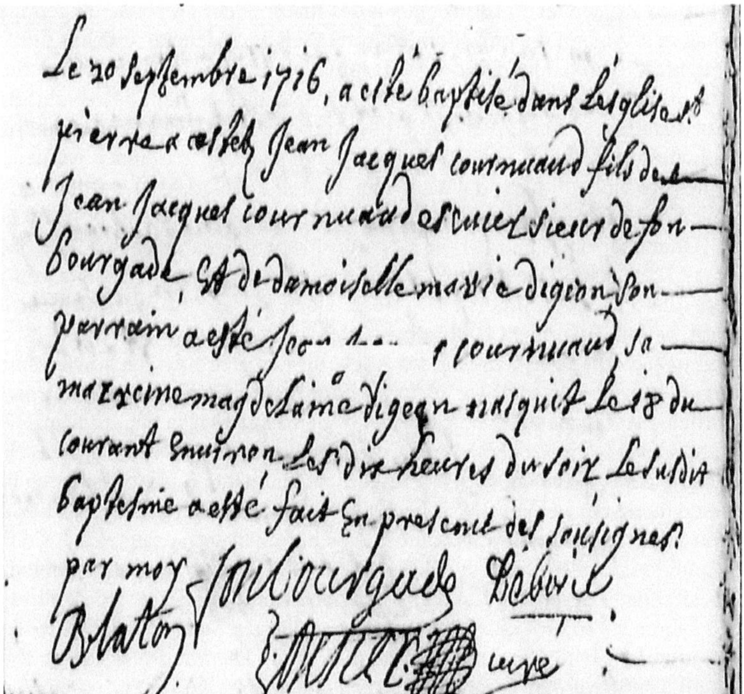

Abb. 2.30: Taufbucheintrag von Jean-Jacques d.J. Cournuaud de Fonbourgade im Kirchenbuch von Saint-Pey (20. September 1716) [A.D.33, E DEPOT 5297 (GG 14), eigene Photographie 2009]

125 A.D.33, E DEPOT 5297 (GG 14).

von Choiseul-Stainville und Pair von Frankreich vom 7. März 1761 auf Grund seiner im Waffendienst für Frankreich zugezogenen Verletzungen und sein daraus resultierendes Ausscheiden aus der Armee eine Gratifikation vom König in Höhe von 500 Livres, änderte die Situation für ihn, denn Leo Drouyn vermutet, daß die Angelegenheit damit ihre Bewandtnis hatte und Jean-Jacques d.J. als Adliger anerkannt wurde. Diese These erscheint nicht zuletzt recht plausibel, da keine Hinweise gefunden wurden, daß die Gebühr für die *franc fief* seiner Güter seitdem geleistet wurde. Die Schwierigkeiten, welchen ihm beim Nachweis seines adligen Standes begegneten, überraschen im Licht dessen, daß sein Großvater durch einen sogenannten *lettre de noblesse* von Ludwig XIV. nobilitiert worden war (vgl. Kap. 4.2.1: Nr. 7: 427). Denn mit dem Edikt vom März 1696 wurden von Ludwig XIV. 300 Adelsbriefe ausgegeben, die von verdienstvollen Persönlichkeiten, zumeist Rechtsanwälten, Notaren und Großkaufleuten, gekauft werden konnten. Jean I. erwarb ein solchen für 1.200 Livres, so daß er im Dezember 1704, versehen mit einem genau bezeichneten Wappen (Guérin und Guérin 1978: 244), in den Zweiten Stand erhoben wurde. Die Kopie des vom König unterzeichneten sowie vom Kanzler Louis Phélypeaux de Pontchartrain gegengezeichnete Rechtsakts wurde am 30. Dezember bei Charles René d'Hozier registriert. Darin heißt es ausdrücklich, daß sich die Nobilitierung auch auf seine geborenen und ungeborenen Kinder erstreckte ("... *avec ses enfants mâles et femelles, nés et à naître*, ...") (Drouyn 1880: 717). Den Erhalt der 1.200 Livres quittierte man am 25. Mai 1712 und registrierte diesen Zahlungsbeleg in der *contrôle général des finances* zusamt dem Nobilitierungsbrief am 25. Juno 1713, wobei selbiger gleichergestalt am 22. Januar 1717 im bureau des finances der Guyenne eingetragen wurde. Mithin vermag in bezug auf die prozedurale Korrektheit der Adelung durchaus die Attribution "hieb- und stichfest" Verwendung finden (vgl. zum Nobilitierungsverfahren auch die Standeserhöhung von Joseph Dupin, Kap. 2.3.1.3: 101). Wessenthalben nun diese Nobilitierung qua *lettre patente* nicht hinreichende Persuadierungskraft gegenüber den Finanzbehörden besaß, könnte möglicherweise durch eine gesonderte Untersuchung ergründet werden. Denkbar wäre, daß eines der vielen Edikte, die nach dem 31. Juli 1696 erlassen wurden und sämtliche Briefadelungen seit 1600 aufhoben, wiedereinsetzten und zum Teil mit bis zu 6.000 Livres besteuerten (Grandmaison 1852: 481–482), dafür ursächlich war, daß sich Jean-Jacques d.J. am 28. Mai 1777 entschloß, *secretaire du roi* in der Kanzlei des Parlaments von Nancy zu werden (Seréville und Saint-Simon 1977: 465). Denn dieses Amt war mit dem einzigartigen Prärogativ verbunden, einem Blutsadligen gleichgestellt zu werden, das heißt es zog die sofortige und unbedingte Anerkennung des Adels für den Betreffenden sowie sämtliche seiner Nachkommen nach sich und war nicht an bestimmte Fristen des Innehabens gebunden (vgl. ausführlich dazu: Kap. 4.2.2: 428 sowie 430). Obzwar es sich bei der Kanzlei in Nancy um eine relativ kleine Kammer handelte, dürften sich die Kosten, dort die Charge eines *secretaire du roi* bekleiden zu können, auf insgesamt nicht über 60.000 Livres belaufen haben, legt man die Zahlen für den Erwerb einer solchen Position von Bordeaux zu Grunde (vgl. Kap. 4.1: 434). Mit dem Bekleiden dieses Amts war die Zugehörigkeit Jean-Jacques d.J. Cournuaud de Fonbourgade und seiner Familie zum Adelsstand zwölf Jahre vor dem Untergang des Ancien Régime unbestreitbar. Dieserhalb mutet es nicht ohne Ironie an, daß er sich im fortgerückten Alter von 77 Jahren als Aristokrat zusamt seinem 31jährigen Sohn Jean III. unter den Opfern des Revolutionsterrors fand, denn mit dem Urteil vom 1. Thermidor des Jahres II der Revolution (29. Juli 1794) wurden er sowie sein genannter Sohn von der *commission militaire révolutionnaire* zum Tode verurteilt und hingerichtet (Vivie 1877: 366). Trotz dieses Blutzolls sollte sich die Stammreihe der Cournuaud de Fonbourgade noch zwei weitere Generationen kontinuieren bis sie am 30. März 1868 in Jean-Jacques-Henri im Mannesstamm erlosch.

Auch mit der zweiten Tochter von Magdeleine und Pierre IV., Madeleine Victoire I. benamt, wurde das bei den Digeon de Monteton vorherrschende Selektionsmuster, fast ausschließlich

Partner protestantischer Konfession zu ehelichen, mit hoher Wahrscheinlichkeit durchbrochen; denn Madeleine Victoire I. heiratete durch den Vertrag vom 29. Juno 1734 am 15. Juli a.e. in der Kirche Sainte Eulalie in Bordeaux Jean-Baptiste-François I. de Vassal-Montviel, Écuyer, Seigneur de Barraut etc., Sohn von François II. de Vassal, Generalmajor der Küstenwache und seit 1715 Adelsmagistrat von Bordeaux, und der Marie La Fargue (Woelmont de Brumagne 1927: 1024). Nicht nur durch die Tatsache, daß die Trauungszeremonie nicht, wie bei den Digeon de Monteton in dieser Generation üblich, in der Kirche von Pessac-sur-Dordogne (33) gefeiert wurde, ist es wahrscheinlich, daß der Bräutigam sowie sein Vater nicht der calvinistischen Glaubensgemeinschaft angehörten, obschon sich der Familienname La Fargue häufig in den protestantischen Taufregistern von Bordeaux auffinden läßt. Möglich wäre, daß zumindest die Mutter des Bräutigams der reformierten Religion angehörte (Meller 1902: z.B. 29, 31, 36, 38, 39, 47 etc.) und sich darüber hinaus auch die Familien der direkten weiblichen Vorfahren von Jean-Baptiste-François I. de Vassal-Montviel, wie die Pellegrue und die d'Augeard, in Teilen dezidiert zum Protestantismus bekannten.

Allerdings sind dies prima vista nur Hinweise auf ein mögliches reformiertes Bekenntnis des Zweiges Montviel im Gesamthaus Vassal, das sich anläßlich der großen Recherche nach Adelsusurpatoren 1666 (vgl. Kap. 4.3: 443) in 30 Zweige gliederte (nicht jedoch, wie John Burke irrig annimmt, auch in den englischen Ast der *Vassall de Milford*, der keine verwandtschaftlichen Relationen mit dem französischen Adelshaus Vassal aufweist Burke 1833: 499–502). Bei näherer Betrachtung indes kam einem Geschlecht in der Ahnenreihe von Jean-Baptiste-François I. de Vassal-Montviel eine Schlüsselposition zu, dem des Homs, welcher uns bereits im Kontext mit Arnaud Digeon de La Roque und Anthonie des Homs sowie Esther Digeon de Boisverdun und Bertrand des Homs begegnet ist (vgl. dazu: Kap. 2.3.2.1: 119 sowie 143). Denn durch die Eheschließung des Ururgroßvaters von Jean-Baptiste-François I., Bertrand de Vassal de la Tourette, Seigneur de Dondas etc. mit Marguerite des Homs (auch: *Delzons* vgl. dazu Kap. 2.3.2.1: 119), Dame de Montviel, gelangte die gleichnamige Herrschaft zu dem Zweig Vassal de la Tourette, wodurch dieser die gleichnamige Linie der Vassal-Montviel begründete (Courcelles 1825b: 91). Die des Homs waren, wie oben aufgezeigt, treue Anhänger der katholischen Kirche, wessentwegen es als folgerichtig angesehen werden kann, daß sich durch diese Heirat eine Pfadabhängigkeit hin zum Glauben der Una Sancta entwickelte. So erzeigte sich der Einsatz für die katholische Sache nicht nur in der Person des Sohnes von Bertrand de Vassal-Montviel, Jean III., der zunächst als Regimentshauptmann unter Marschall Antoine de Roquelaure diente, welcher Anteil an der Konversion Heinrich IV. zum Katholizismus hatte (Daussy 2002: 267) und eine nicht unerhebliche Rolle in den Fronde-Kriegen seitens der Königstreuen spielte sowie ferner auf Geheiß Ludwigs XIII. am 25. Juli 1621 bei der Besetzung der Stadt Caumont beteiligt war (vgl. dazu ausführlich Kap. 2.3.1.1: 85 sowie Vignolles 1869: 45–46 (Anm. 2) und Aubigné 1999: 87–88 u. 178–179). Dieser Einsatz zeigte sich vornehmlich auch an Jean III. de Vassal de la Tourette-Mazières, des Ururgroßonkels von Jean-Baptiste-François I. de Vassal-Montviel und Sohns von Antoine de Vassal, Seigneur de la Tourette, und der Jeanne de Pellegrue. Jean III. war zunächst für eine geistige Laufbahn vorgesehen und wirkte als Priester und Großerzdiakon von Sarlat, bis er am 21. Juli 1586 laisiert wurde "*pour le service du roy et la religion catholique*" (Tarde 1887: 309 (Anm. 1)). Bereits drei Jahre später, am 23. Juno 1589, sollte er als glühender Anhänger der Liga im Zuge der Religionskriege die Stadt Sarlat an der Spitze einer beträchtlichen Streitmacht von den Protestanten zurückerobern (Roumejoux 1902: 394 sowie weiterführend zu der Erstürmung von Sarlat: Tarde 1887: 388–389 (Note X)). Nach diesem Erfolg betraute ihn Emmanuel de Savoie, Marquis de Villars, Generalleutnant der Guyenne, mit einem Kommando über 400 Infanteristen "*pour s'opposer aux mauvais et pernicieux desseins des ennemis de la religion catholique*" (Courcelles 1825a: 106). Erst 1595, drei Jahre vor dem vollständigen Ende der Hugenottenkriege, zog er sich im

Range eines *mestre de champ* (entspricht dem eines Oberst) aus der soldatischen Aktivitas zurück und wurde vom neuen König Heinrich IV. mit besonderen Ehren bedacht, wie eine persönliche Einladung des Königs vom 21. März 1595, ihn nach Lyon zu begleiten, beweist:

> "*Monsieur de La Tourette, ayant commandé au seigneur de Bourdeille, sénéchal et gouverneur de mon pays, le Périgord, de me venir trouver dans quelques jours, pour me faire service en mon voyage de Lyon, et d'amener avec lui le plus de Noblesse qu'il pourra, je vous ai bien voulu faire cette lettre pour vous prier de le vouloir accompagner en meilleur équipage que vous pourrez, et vous me ferez service trèsagréable que je vous recognoitray à votre contentement: priant Dieu, Monsieur de La Tourette, qu'il vous ait en sa saincte et digne garde. – Escript à Paris, etc.*" (zit. n. O'Gilvy 1858: 135)

Dieses Schriftstück gibt jedoch nicht nur Aufschluß über das Ende der soldatischen Karriere von Jean III. de Vassal de la Tourette-Mazières, sondern erzeigt auch, daß es dem König augenscheinlich besonders daran gelegen war, nicht nur protestantischen Adel, sondern auch Vertreter seiner ehemaligen katholischen Feinde in seinem Gefolge zu wissen, da es bei seinem Besuch im September 1595 in Lyon insbesondere darum ging, den fragilen Frieden zwischen den beiden widerstrebenden Konfessionen zu festigen und auf diese Weise seine Entspannungspolitik voranzutreiben (Lignereux 2003: 180).

Jenseits dieses Lebensweges von Jean III. gibt es noch weitere Indizien, welche es als plausibel erscheinen lassen, daß die Vassal-Montviel stets dem katholischen Glauben die Treue hielten. Denn der aus der Ehe von Jean-Baptiste-François I. de Vassal-Montviel und Madeleine Victoire I. Digeon de Monteton geborene einzige Sohn Jacques, Vicomte de Boulonnais, heiratete mit Marie-Gratienne Raoul de Beaumarais am 16. Oktober 1768 in Rions (33) eine Vertreterin aus einem dezidiert katholischen Haus. Diese war als Tochter von Charles Raoul de Beaumarais und der Dorothée de la Borde gleichergestalt die Nichte von Anne-Thécle-Françoise Raoul de Beaumarais, welche das Amt einer Großpriorin des Malteserordens im Hospital von Saint-Marc in Martel (46) im Quercy bekleidete, und hatte damit die Nachfolge von Marie de La Rochefoucauld angetreten (Viton de Saint-Allais 1839: 221). Auch der neben sechs weiteren Geschwistern, von denen einer katholischer Priester wurde, erstgeborene Sohn aus der Verbindung, Jean-Baptiste-François II. de Vassal-Montviel, Offizier in einem Regiment des Limousin unter Oberst François Henri, Comte de Virieu, und Ehemann von Elisabeth Digeon de Monteton (vgl. Kap. 2.3.3.8: 334), sollte, wie sein Vater, eine Ehefrau katholischer Konfession ehelichen: Élisabeth-Delphine de Fumel-Montaigu. Die Tochter von Louis-François de Fumel-Montaigu und der Jeanne Marie-Françoise de Montlezun vereinigte als letzte Repräsentantin der Fumel-Montaigus das Hausvermögen ihres Zweiges mit dem Château de Bonaguil auf sich. Sie stammte zudem in direkter Linie von der bereits im Zusammenhang mit den Tréveys (vgl. Kap. 2.3.2.3: 135) genannten Armoise de Lomagne de Montaigu und dem Joseph-François de Fumel, zweiter Sohn von François de Fumel und der Gabrielle de Verdun, ab. Gabrielle de Verdun hatte von Königin Katharina von Medici einen Kondolenzbrief erhalten, nachdem ihr Mann von Protestanten massakriert worden war (vgl. Kap. 2.2: 76).

Auf Grundlage dieser zahlreichen und validen Indizien, vermag für die Vassal-Montviel eine starke Verortung im katholischen Milieu konstatiert zu werden, obwohl durch die Wahl mancher Ehepartner protestantischen Glaubens wie den La Fargue oder Digeon de Monteton keine vollständige Konfessionshomogenität vorliegt. Dieser Befund überrascht jedoch nicht allein von katholischer Seite, sondern vielmehr auch aus der Perspektive der Brautmutter, Magdeleine Durège, welche auf Grund ihres eigenen familiengeschichtlichen Hintergrunds höchstwahrscheinlich einen Schwiegersohn ihres eigenen Bekenntnisses präferiert hätte. Eine Erklärung bietet möglicherweise das Bedürfnis, eine katholische Ehe einzugehen, damit diese Verbindung als Referenz bei etwaigen Kalamitäten in bezug auf die protestantische Konfession hätte angegeben werden können. Dies konnte nicht zuletzt vor dem Hintergrund hilfreich sein, daß die Vassal in der französischen Armee einen einflußreichen Stand besaßen: Sie stellten 1735 nicht weniger als 80 Offiziere aller Ränge, das heißt vom einfachen *cadet-gentilhomme* bis hin zum *lieutenant-général* (Michaud 1827: 553). Darüber hinaus muß der finanziell angeschlagenen Situation, in welcher Magdeleine Durège sich als verwitwete Frau befand, Rechnung getragen werden, denn um die Mitgift ihrer drei Töchter zu bestreiten, mußte sie erhebliche Verbindlichkeiten eingehen, die sich im Jahr 1732 auf über 70.000 Livres beliefen (vgl. Anhang: A.8: 652 Z. 26 sowie die Aufstellung en Detail: Z. 60–87), somit das bürgerliche Gut (*bien roturier*) Saint-Sernin (47) verkaufen und dafür eine formale Erlaubnis einholen. Auch wenn ein direkter Adressat nicht angegeben ist, so ist es doch als sehr wahrscheinlich anzusehen, daß es sich bei der angefragten Behörde um das *Secrétariat d'État de la Religion prétendue réformée* handelte, welches insbesondere mit den Vermögensangelegenheiten der französischen Protestanten betraut war (Barbiche 2001: 204). Dabei kam der Witwe die Fürsprache von Claude Boucher zugute, ihr hinsichtlich ihrer religiösen Zuverlässigkeit einen *très bonne conduite* (Z. 31) attestierte und ausdrücklich die Hauptsorge der staatlichen Stellen in bezug auf einen Transfer des Verkaufserlöses ins Ausland zerstreute, indem er auf die besondere Eindringlichkeit der Gläubiger verweist, mit der diese ihren Forderungen hervorbrachten (Z. 37–38). Trotz seiner befürwortenden Haltung, besteht er jedoch gegenüber Magdeleine Durège auf der Einhaltung zweier Konditionen: Einesteils sollte ihm der Verkaufskontrakt vorgezeigt werden, damit er über die Zahlungsmodalitäten unterrichtet ist und ersehen kann, daß die von ihr gemachten Angaben hinsichtlich der Verbindlichkeiten und der Mitgift der drei Töchter der Wahrheit entsprechen. Anderenteils insistierte er auf der Vorlage von Zahlungsquittungen, damit gewährleistet war, daß die Kreditoren auch tatsächlich befriedigt wurden (Z. 46–54). Wie der Schuldenaufstellung zu entnehmen ist (Z. 60–87), fungierten als Darlehensgeber vornehmlich Verwandte der Digeon de Monteton wie die Clergerie (Z. 62) und d'Augeard (Z. 66), die sich zusamt einem nicht näher benannten *particulier* (Z. 72) mit insgesamt circa 22.500 Livres engagierten. Diese Summe wäre wahrscheinlich für die Witwe de Monteton ohne Verkäufe noch bedienbar gewesen, allein die Aussteuer der drei Töchter, die mit je 19.000 Livres veranschlagt wurde (Z. 77–79), machte den Verkauf von Saint-Sernin wohl zwingend erforderlich. Dabei kam ihr zwar augenscheinlich zupass, daß die älteste Tochter, Marie-Elisabeth Digeon de Monteton bei der Heirat mit Jean-Jacques d.Ä. Cournuaud de Fonbourgade am 15. Januar 1713 in Vidasse bereits 12.000 Livres in die Ehe eingebracht hatte (Z. 80–83), jedoch standen dem immer noch offene 45.000 Livres gegenüber. Diese Summe hätte mutmaßlich den Kreditrahmen – auch unter Berücksichtigung des zu erwarteten Kauferlöses des Gutes – gesprengt, da dieses zunächst auf einen Wert von 20.000 Livres taxiert wurde (Z. 96). Allerdings profitierte sie von der guten Reputation, welche die Likörweine von Bergerac (24) genossen, zu deren Anbaugebiet auch die Gegend um Sainte-Foy-sur-Dordogne (24) gehörte, so daß sie einen Käufer fand, welcher ihr insgesamt das Doppelte des Wertes, ergo 40.000 Livres, bot, davon 35.000 Livres zahlbar über einen Zeitraum von sieben Jahren mit Zinsen und die restlichen 5.000 Livres zinslos (Z. 101–105). Bedenkt man, daß ihr verstorbener Ehemann, Pierre IV. Digeon de Monteton, die Länderei für 18.000 Livres verkaufen wollte (Z. 97), hat sich Magdeleine Durège an dieser Stelle als erfolgreiche Geschäftsfrau erwiesen. Trotz dieses Erfolges verblieb immer noch eine Restschuld von über 30.000 Livres, die sowohl von Magdeleine Durège als auch ihrem in Frankreich verbliebenen ältesten Sohn Pierre V. getragen werden mußten. Allerdings waren die Obstruktionen durch das vielversprechende Kaufgeschäft mitnichten behoben, dieweil neben der Erlaubnis des Herzogs von Duras, dessen Herzogtum das bürgerliche Gut Saint-Sernin zugehörig war, noch weitere Genehmigungen erforderlich waren (Z. 144). Folglich entschied sie, sich vermittelst eines Briefes direkt an Ludwig XV. zu wenden. Darin verwies sie nicht nur auf die militärischen Dienste ihres Mannes und ältesten Sohnes (Z. 129–131 u. 136–139), sondern verabsäumte es auch nicht, (Z. 144–145) zu versichern, daß "*l'employ de cest argent seroit employé selon les ordonnences de vostre Majesté*" (Z. 145). Auf diese Weise griff sie am Schluß ihres Schreibens diesen äußerst wesentlichen vermögensrechtlichen Aspekt auf, der bereits vor der Revokation des Edikts von Nantes die *Déclaration du 7 septembre 1682* evoziert hatte, welche die Immobilienveräußerungen durch Eltern sowie Großeltern zu Gunsten von Kindern, die auf Grund ihrer Verheiratung eine Aussteuer benötigten, sowie von Verkäufen, welche zur Tilgung von Verbindlichkeiten erfolgten, ausdrücklich permittierte. An diesem gut dokumentierten Vorgang erzeigt sich, welche exzellierende Bedeutung der Vermeidung von Vermögenstransfers ins Ausland durch Protestanten beigemessen wurde (vgl. Kap. 2.3.2.4: 164).

Jenseits dieser individuellen Verhältnisse auf der Mikroebene fällt noch ein zweiter Befund hinsichtlich des Hauses Vassal ins Auge. Vergleicht man es mit dem Haus d'Abzac, das geographisch nicht weit entfernt, gleichergestalt mit ihm verwandt und an Anzahl von Individuen ähnlich groß sowie ebenfalls fest im Katholizismus verwurzelt war und zudem – mit Pierre d'Abzac de la Douze – einen Erzbischof von Narbonne gestellt hatte (vgl. Kap. 2.3.3.2: 196), fällt auf, daß dieses durchaus in Teilen zur sogenannten *Religion prétendue réformée* konvertierte. Die Tatsache, daß der Protestantismus bei den Vassals dennoch nicht Fuß fassen konnte, liegt möglicherweise in den längerfristig wirkenden Strukturen, die bereits sehr früh mit der Ernennung eines Vassal durch Papst Innozenz II. im Jahr 1134 zum Kardinaldiakon von Sant'Eustachio und anschließend von Santa Maria in Aquiro ihren Angang nahmen. Doch sollte dieser Rang kein Solitär bleiben, denn die Vassals stellten mit Fortanier de Vassal noch einen zweiten Kardinal: Dieser wurde 1342 zunächst zum 18. Generalminister des Franziskanerordens gewählt, sechs Jahre später zum Erzbischof von Ravenna und 1351 zum Patriarch von Grado ernannt. Dieses kirchliche Jurisdiktionsgebiet wurde 1451 durch Papst Nikolaus V. supprimiert und an seiner Stelle zusamt mit den Bistümern Castello sowie Venedig als Patriarchat Venedig reetabliert (Oppermann 2009: 1260). Am 23. Dezember 1356 ernannte ihn Papst Innozenz VI. für seine geleisteten Dienste schließlich zum Kardinal (Albe 1903: 300). Es sollte jedoch nicht nur bei diesen beiden Karrieren in der katholischen Kirche bleiben, denn mit Geoffroi de Vassal ging ein weiterer Prälat aus der Familie hervor. Zunächst verfolgte er als Präsident des Parlaments von Paris und in verschiedenen Beratergremien des Königs eine zivile Laufbahn, bis er am 10. Oktober 1440 als Erzbischof von Vienne investiert wurde, um vier Jahre später mit dem Umzug des Episkopalsitzes nach Lyon der dortigen Erzdiözese vorzustehen. Dorten vermachte er auch testamentarisch sämtliche seiner Güter den Armen (Courcelles 1825a: 38). Des Weiteren brachten die Vassals mehrere *chanoines-comtes* von Saint-Claude, Äbte, Äbtissinnen, Stiftsherren sowie eine große Anzahl Malteserrittern hervor (Courcelles und Viton de Saint-Allais 1820a: 430), so daß sonderheitlich die Letztgenannten für ein starkes Kontinuum auch nach der Reformation sorgten, was mithin konfessionell pfadweisend wurde; ein Umstand der bei den d'Abazc nicht zum Tragen kam, dieweil der geistliche Beruf dort eher die Ausnahme bildete (vgl. dazu die genaue Stammfolge: Courcelles 1828: 1–126).

Die jüngste der drei Töchter von Magdeleine und Pierre IV., Jeanne sollte mit ihrem Ehemann Pierre d.Ä. de Bacalan, im Gegensatz zu ihrer älteren Schwester Madeleine Victoire I., den Traditionsstrang der Wahl protestantischer Heiratspartner kontinuieren. Denn Pierre d.Ä. de Bacalan stammte als Sohn von Samuel d.J., Seigneur de La Barthe und Maugarnit, und Marie-Anne de Bacalan aus einer seit langem der protestantischen Konfession zugetanen Familie. Demgemäß hat auch der Vater von Marie-Anne, Jean-Jacques de Bacalan, Seigneur de Maugarnit mit Jeanne Balaran (nicht: *Bacalan*, wie er in einigen Aktenkopien fälschlich tradiert wurde Haag 1846: 218) eine Protestantin, die aus einer alten hugenottischen Familie aus Castres (81) im Haut-Languedoc stammend am 6. Juli 1686 förmlich in der Kirche Saint-Étienne in der Gemeinde Ruch (33) vor dem dortigen Pfarrer François Réges und zwei königlichen Räten dem Protestantismus auf Grund der französischen Repressionspolitik wider die Hugenotten abschwor (Drouyn 1881: 303) Jean-Jacques de Bacalan und seine Frau besaßen als einziges überlebendes Kind die besagte Tochter Marie-Anne, so daß diese mit einer nicht unerheblichen Mitgift ausgestattet wurde, darunter die Herrschaft von Maugarnit, welche auf diese Weise dem Hausvermögen der Bacalan erhalten blieb.

Merkwürdigerweise ist über die Ursprünge dieses Geschlecht, das über vierhundert Jahre bis zu seinem Erlöschen Mitte des 19. Jahrhunderts seine Spuren in der südwestfranzösischen Adelsgesellschaft hinterlassen hatte, kaum etwas bekannt. Maurice Campagne vermutet, daß die Bacalan in Gestalt von Jean de Bacalan aus der Auvergne in die Guyenne emigriert waren. Alleine seine Nachforschungen in sämtlichen Archives Départementales, welche die historische Provinz Auvergne abbilden, blieben erfolglos (Campagne 1905: XI). Daraus kann der Rückschluß gezogen werden, daß – supponiert man, daß Campagne sorgfältig recherchiert hat – die Bacalan nicht aus der Auvergne, sondern wie viele andere Familien auch, im Zuge des Hundertjährigen Krieges aus einer der nördlichen Provinzen in den Südwesten Frankreichs eingewandert waren.

Die Beziehungen zu den Digeon sind bei den Bacalan besonders vielfältig und bereits früh auszumachen. Schließlich heiratete Anfang des 15. Jahrhunderts Judith de Bacalan, die Tochter des besagten Filiationsgründer Jean de Bacalan, Pierre Le Berthon, zweiter Sohn des Jean-François Le Berthon und der Catherine II. d'Anglade, welche bereits im Zusammenhang mit der Verbindung zwischen den de Luns und den Le Berthon Erwähnung gefunden haben (vgl. Kap. 2.3.3.1: 179). Somit wurde über die Schwägerin von Catherine II. d'Anglade, Françoise de Verdun und deren zweiten Mann Pierre de Digeon erstmals eine Verwandtschaft zwischen den Le Berthon und Digeon begründet (vgl. Anhang: B.15: 708). Hernach findet sich auch über die Nachkommen von Hélène Digeon de Boisverdun und Joseph de Lidon (vgl. Kap. 2.3.2.1: 123) eine erneute Verwandtschaftsrelation zwischen den Digeon und Bacalan. Deren Enkel Jean de Lidon, Seigneur de Saint-Léger, verheiratet mit N.N. Dupuy du Barrail, verheiratete seine einzige Tochter Marie im Jahr 1669 mit Etienne de Bacalan. Dessen Verkauf einiger Güter in der Region Entre-deux-Mers (33) an Ezéchiel du Mas, Comte de Mélac, Generalleutnant der Armeen des Königs und Gouverneur von Landau, evozierte einen nicht unerheblichen Prozeß zwischen diesem und dem Godefroy Maurice de La Tour d'Auvergne, Herzog von Bouillon (Campagne 1905: 161).

Auch über die Durèges bestand eine Verwandtschaft der Bacalan zu den Digeon de Monteton, denn Isabeau Durège, die Schwester von Magdeleine Durège heiratete mit Vertrag vom 31. Oktober 1697 Jean-Jacques d.J. Géraud, Seigneur de Langallerie, Sohn von Jean-Jacques d.Ä. und der Jeanne de Bacalan (Hozier und d'Hozier de Sérigny 1868: 756).

Demgemäß sind familiäre Beziehungen bereits mindestens zwei Jahrhunderte vor dem Ehebündnis zwischen Jeanne Digeon de Monteton und Pierre d.Ä. de Bacalan nachzuweisen, wobei es als sehr wahrscheinlich anzusehen ist, daß neben den weiland üblichen Kriterien wie sozialer Stand, Höhe der Mitgift, Alter der Ehepartner et al. (vgl. dazu weiterführend: Frayssenge 1990: 12 sowie: Walch 1998: v.a. 16–18) der Zugehörigkeit zur reformierten Kirche Frankreichs ein herausragendes Gewicht zukam.

Aus der Ehe von Jeanne Digeon de Monteton und Pierre d.Ä. de Bacalan gingen zwei Kinder hervor: die Tochter Madeleine de Bacalan, verheiratet seit dem 28. September 1763 mit Hilaire de Fonvielle, Chevalier, Seigneur de Moncuq, Mensignac, Monboucher und Sohn von Jean-Elie de Fonviell, sowie der Dame Marthe Duprat und der Sohn Pierre d.J. de Bacalan, welcher durch seine Heirat am 11. November 1771 mit Jeanne-Rose d'Alphonse die Deszendenz kurzzeitig fortsetzen sollte. Letztere war Tochter von Jean-Baptiste d'Alphonse, Sproß eines korsischen Adelsgeschlechts, Chevalier, Marquis de Patrice-Romain, Seigneur de Gassies, Laspeyrières und anderer Orte sowie ehemaliger Conseiller am Parlament von Bordeaux, und der Marguerite d'Alphonse, Seigneuresse de Gramages, Grabes und anderer Orte. Nur zwei Jahre nach seiner Hochzeit verschied Pierre d.J. de Bacalan, unter Zurücklassung einer einzigen Tochter namens Adélaide-Marguerite de Bacalan, und wurde am 10. September 1773 in der Kirche von Sainte-Foy-la-Grande (24) begraben. Seine Witwe verheiratete sich am 22. Mai 1778 mit Ignace de Montaut erneut (Meller 1909: 107). Adélaide-Marguerite de Bacalan, die letzte des Zweiges der Bacalan de Maugarnit sollte durch einen Dispens hinsichtlich der Konsanguinität zweiten Grades am 9. Dezember 1790 den Lebensbundmit ihrem Cousin ersten Grades, Pierre-Henri de Fonvielle de Monléal eingehen (Campagne 1905: 63–64). Auf diese Weise sollte das Hausvermögen der Bacalan-Maugarnit in den Besitz der Fonvielle übergehen und vermochte mithin innert der Blutsverwandtschaft konserviert werden, bis diese durch den Tod von Henri-Antoine-Joseph de Fonvielle am 17. März 1864 im Mannesstamm erlöschen sollten.[126]

So genau wir über die Nachkommen der Kinder von Jeanne Digeon de Monteton und Pierre d.Ä. de Bacalan im Bilde sind, so wenig wurde über das genaue Datum sowie den Ort der Eheschließung zwischen den beiden tradiert, so daß Maurice Campagne lediglich die Mutmaßung äußern konnte, die Heirat hätte um 1735 stattgefunden (Campagne 1905: 60). Jedoch bringt ein Blick in das Kirchenbuch des Kirchspiels von Saint-Vincent de Pessac-sur-Dordogne (33), welches in spiritueller Hinsicht eng mit den Digeon de Monteton verbunden war, Aufklärung, da dort sämtliche Taufen der Kinder von Madeleine Durège vollzogen wurden. Somit ist dort ersichtlich, daß der Lebensbund der beiden am 21. August 1736 geschlossen wurde.[127] Demgemäß lag Campagne mit seiner Schätzung gar nicht so falsch.

Hinsichtlich der drei Söhne von Madeleine Durège und Pierre IV., fanden sowohl Jean-Jacques I. und Pierre VI., die ihren beiden Onkel dritten Grades Digeon de Boisverdun nach Preußen nachfolgten, bereits Erwähnung (vgl. Kap. 2.3.2.4: 163).

2.3.3.3 Zweite Emigration (um 1715) und neue Heimat in Preußen

Der 1698 geborene Pierre VI., blieb zeitlebens ledig, verstarb am 29. Juli 1750 "*nach einem kurzen Anfall von hefftigen Seiten-Stechen an einem Schlagflusse zu Neiß im 54sten Jahre seines Alters*" und wurde am 31. Juli a.e. in der Frauenkirche zu Brieg (Schlesien) begraben (N.G.H.N. 1751: 956). Er war seinem jüngeren Bruder Jean-Jacques I. nach Preußen nachgefolgt, so daß seine Spur dorten im Jahr 1721 nachweisbar ist. Hernach diente er als Fähnrich im Regiment Anhalt zu Fuße des "alten Dessauers" in Halle, 1736 stand er als Capitain beim Kröcherschen Feldbataillon und vier Jahre später verrichtete er als Oberst im Regiment von Jung-Treskow seinen Dienst (Zedlitz-Neukirch 1830: 208), bis er schließlich auf Grund seiner besonderen Verdienste als Nachfolger des Obersten Baron de Saint-Surin, welcher gleichergestalt aus einer hugenottischen Familie entstammte, am 20. November 1749 zum Kommandanten des Forts Preußen an der Neiße ernannt wurde und in dieser Funktion seinen militärischen Werdegang beendete.[128] Als Universalerben setzte er gemäß eines Bestätigungsschreibens, datiert auf den 4. September 1750, von Etienne Du Trossel, Berater des Königs der höheren französischen Gerichtsbarkeit und Richter der französischen Kolonie zu Berlin mit seinem Testament vom 25. Juno 1738 seinen jüngeren Bruder Jean-Jacques I. Digeon de Monteton ein.[129]

Über die Gründe, wessentwegen er seinem jüngeren Bruder Jean-Jacques I. nachfolgte und nicht, wie es prima vista plausibler erschienen wäre, als erster emigrierte, vermag nur spekuliert zu werden. Otto Digeon v. Monteton zufolge lag seine intrinsive Motivation Frankreich

126 A.D.24, 5 E 221/18.
127 A.D.33, E DEPOT 3129 (GG 3).
128 GStA PK, IV. HA, Rep. 1, Nr. 82.
129 BLHA, Rep. 23 A, C 2380.

zu verlassen darin begründet, daß er dazu ausersehen war, Marie-Rose de Ségur-Boirac, die Schwester der Ehefrau seines ältesten und in Frankreich verbliebenen Bruders Pierre V. zu heiraten, was er strikt ablehnte (Digeon v. Monteton 1892: 14). Dieser Hinweis ist umso entscheidender, dieweil er jenseits von religiösen Beweggründen eine gänzlich neue Perspektive auf die Emigrationsmotive offenlegt.

In ähnlichen Bahnen, lediglich vier Jahre früher, verlief die Militärkarriere seines jüngeren Bruders Jean-Jacques I., der am 24. Juno 1701 das Licht der Welt erblickt hatte, zunächst zusamt seinem Bruder Pierre VI. die Akademie von Sainte-Foy-la-Grande besuchte, hernach kurzzeitig in der französischen Armee diente, um dann fünfzehnjährig Frankreich über Amsterdam nach Preußen zu verlassen (vgl. zu den mutmaßlichen Beweggründen seiner Emigration: Kap. 2.3.3.6: 295). Gemäß eines von ihm auf der Reise verfaßten Briefes an seine Angehörigen reiste er von Amsterdam zunächst fünf Tage – wahrscheinlich per Schiff – nach Hamburg, von wo er weiter nach Magdeburg zog (Bourrachot 1969: 58). Dort fand er nach aller Wahrscheinlichkeit zunächst bei einem seiner Onkel dritten Grades, Pierre III. oder Charles IV. Digeon de Boisverdun Aufnahme. Lange hatte er sich im Kreise der Verwandtschaft indes nicht aufgehalten, denn bereits 1717 versah er seinen Dienst als Cornette bei dem neu errichteten Dragonerregiment unter Generalmajor Heinrich Jordan v. Wuthenau (vgl. zum Regiment: Kähler 1898 sowie: Voigt 1986: 149–150). Die weiteren Stationen spiegelten das seinerzeitige Curriculum eines preußischen Offiziers wider (vgl. Kap. 2.3.2.4: 164): Am 6. Juli 1728 berief man ihn zum Stabs-Capitain, eine Charge, die er fast 13 Jahre innehatte, bis er am 12. Januar 1741 zum Oberst-Wachtmeister (Major) berufen wurde und sich in dieser Funktion bei der Schlacht bei Chotusitz am 17. Mai 1742 eine Verwundung zuzog. Nach einer kurzen Wiederaufnahme seines Dienstes und seiner Beförderung am 23. Oktober 1745 zum Oberst quittierte er am 6. November 1745 aus gesundheitlichen Gründen seinen aktiven Militärdienst und lebte noch fast zwei Dekaden in Berlin, bis er am 19. April 1765 zu Berlin abberufen wurde, wobei er in der Kirche seines Allodial-Rittergutes Priort die letzte Ruhestätte fand (Tollin 1894b: 114).

Die Grundherrschaft Priort hätte sich bei einem Kaufpreis von 34.000 Reichsthalern auch ein sehr avancierter preußischer Offizier niemals leisten können, welcher aus seiner alten Heimat ausgewandert, allein auf den überschaubaren Sold zum Bestreiten seines Lebensunterhalts angewiesen war (vgl. Kap. 2.3.2.4: 163). Lediglich den besonderen Umständen seiner Heirat ist es geschuldet, daß Jean-Jacques I. Digeon de Monteton in den Kreis des grundbesitzenden Adels von Preußen Aufnahme fand (Schiller 2003: 519 (Anm. 4)).

Denn obschon in der ersten Hälfte es 18. Jahrhunderts Liebesheiraten in der europäischen Adelsgesellschaft alles andere als die Regel waren und erst im Zuge der ausgehenden Romantik das Postulat erhoben wurde, daß nicht Pflicht, sondern Liebe die Basis eines gemeinsamen Lebens bilden sollten, entschied François Mathieu Baron de Vernezobre de Laurieux, Erbherr auf Chatelard, Herr auf Hohenfinow, Tornow, Sommerfelde, Polßen, Brahomow, Krieschow, Milckersdorf und Briesen, Königlicher Geheimer Rat und Träger des Ordens de la générosité, verheiratet mit seiner Cousine Marie-Henriette Vernezobre, die Wahl des Ehepartners seiner vier Töchter durch deren Herz entscheiden zu lassen. Dieses Ideal brach sich nicht zuletzt durch das literarische Schaffen von Jean-Jacques Rousseau in *Julie oder Die neue Heloise* (1761) oder in *Paul und Virginie* von Bernardin de Saint-Pierre (1788) oder noch später auch in Deutschland durch *Lucinde* (1799) von Friedrich Schlegel Bahn. Diese Attitüde war auch der jüngsten, Jeanne-Gasparde eigen, so daß sie niemals ihrer Seele und Gemüt durch eine Vernunftehe oder gar Zwangsheirat Tort angedeihen lassen wollte. Allerdings ging die Fortschrittlichkeit des Brautvaters mitnichten mit der des preußischen Königs Friedrich Wilhelm I. kongruent, welcher seine patriarchialische Attitüde gerne auch bis hin in die Eheangelegenheiten seiner Offiziere auslebte, so daß sich François Mathieu de Vernezobre einem apodiktischen

Veto des Monarchen konfrontiert sah. Der König höchstselbst verfolgte nämlich andere Pläne, hatte er doch die Hand der jüngsten Vernezobre, welche nicht nur als eine ausgesprochene Beauté galt, sondern darüber hinaus auch aus monetären Gründen zu einer der begehrtesten Partien Preußens gezählt wurde, seinem Capitain de Forcade, einem gleichergestalt emigrierten Sproß einer Hugenottenfamilie, die allerdings später in Deutschland in der Person des preußischen Richters und Reichstagsabgeordneten für das Zentrum Friedrich v. Forcade de Biaix seit 1861 katholisch werden sollte (Ormond 1993: 582), versprochen (Schneider 1870: 7).

Weil vornehmlich von deutscher Seite seit der Auswanderung eines Teiles der Familie nach Frankreich eine ganze Reihe von Unrichtigkeiten und Mißverständnissen zu den Forcades de Biaix verfaßt wurden, erscheint es gerechtfertigt, einige der daraus resultierenden Fehlinformationen durch das Heranziehen französicher genealogischer Literatur einer Korrektur zu unterziehen. Zunächst müssen die vier Geschlechter, die unter dem im Béarn und der Gascogne sehr verbreiteten Namen "Forcade" (mit variierender Graphie: *Fourcade, de La Forcade* und *de La Fourcade*) im Südwesten Frankreichs figurierten, voneinander gesondert werden. Dabei sind zunächst die "Forcades" oder "de la Forcades" zu nennen, welche zum alten Adel von Toulouse gehörten. Noch bis Anfang des 20. Jahrhunderts wiesen sie Nachkommen in England auf, da Louis-Joseph de Laforcade nach Ausbruch der Revolution von 1789 durch seine Heirat mit Anne Johnston dorten die Deszendenz kontinuiert hatte (vgl. weiterführend: Villain 1911)

Dann sind die Forcades de la Grézére et de la Roquette zu nennen, eine Familie, welche heutigentags noch fortblühend ist und ihre Ursrpünge im Béarn in der Stadt Orthez (64) vermutet. Als Stammvater dieses Geschlechts wurde lange Zeit durch die von O'Gilvy im dritten Band seines *Nobiliaire de la Guyenne* getätigten Ausführungen, ein Jean I. de Forcade, Écuyer, geboren in Orthez im Béarn um das Jahr 1440, angenommen; sein Testament machte er am 21. Juli 1505 (O'Gilvy 1860: 173–174). Allein O'Gilvy präsentiert hier eine Genealogie, welche anhand der tradierten Daten nicht stimmen kann. So hätte seiner Ansicht nach Jean I. die vier Söhne François, Gaston, Arnaud und Raymond gehabt, von denen der Zweitgenannte, welcher die Linie fortsetzen sollte, laut Testament seines Vaters, bereits vor 1505 mit Guionne de Cotso verheiratet gewesen wäre. Dies erscheint insofern nicht möglich, da der aus dieser Verbindung angeblich hervorgegangene Sohn Jean II. vom Bischof von Bazas am 20. Juno 1639 die Erlaubnis erhielt, in der gleichnamigen Kirche begraben zu werden (Chaix d'Est-Ange 1922: 310). Selbst wenn man bei Jean II. de Forcade eine außergewöhnlich lange Vitalspanne supponierte, wäre dies schlechterdings unmöglich gewesen. Ungeachtet dieser nicht zusammenpassenden Abstammung, vermag als gesichert angenommen werden, daß von Jean II. die beiden Söhne Jean III. und Étienne jeweils eigene Äste begründeten. Insbesondere der Fall des Erstgeborenen ist aus adelsrechtlicher Sicht nicht uninteressant, da hier der klassische Fall einer Aberkennung (im Sinne von *dérogenance* vgl. dazu Kap. 4.4: 446) der adligen Privilegien vorliegt. So wurden Jean II. de Forcade die adligen Vorrechte entzogen, da er seine offizielle Korrespondenz als "marchand" und "fermier" signierte, beides Berufsbezeichnungen, die einem Aristokraten nicht anstanden. Beide Söhne erlangten mit einem *lettre de relief de dérogeance* im Juli 1651 von König Ludwig XVI. eine Wiedereinsetzung in ihre *noblesse d'extraction ancienne* (vgl. Tab. 4.1: 406), die auch am 27. Mai 1656 am Cour des aides de Guyenne registriert wurde (vgl. zum Wortlaut: O'Gilvy 1860: 175). Dies hatte zur Folge, daß Pierre Dupuy, Subdelegierter Kommissar von Claude Pellot, Intendant der Guyenne, bei den zu erbringenden Adelsbeweisen vom 29. Juli 1666 das Testament von Jean I. de Forcade von 1505 akzeptierte und lediglich verfügte, daß die Forcade in der Person von Louis, Seigneur de Caubeyran, Sohn von Jean II. und Mathieu, Seigneur de la Grèzère, Sohn von Étienne, eine Zahlung von 180 Livres für die Wiederlangung des Adels für ihre Väter von 1651 zu leisten hätten. Allerdings wurde diese Entscheidung von Claude Pellot höchstselbst wieder revidiert, da er die Beweise hinsichtlich der Filiation von Jean I. als Fälschung ansah und dieserhalb mit dem Urteil vom 6. Dezember 1667 die Herren Forcade auf Grund der Ursurpation des Adels zu einer Geldstrafe verurteilte (Chaix d'Est-Ange 1922: 311). Indes sollte auch diese Dezision keinen finalen Charakter haben, da es den Forcades drei Jahrzehnte doch gelang, durch den Richtspruch von Louis Bazin de Bezons (vgl. zu seiner Person: Caillet 1998: v.a. 17–19), dem Nachfolger von Pellot, am 5. April 1697 als adlig anerkannt zu werden. Ausschlaggebend war wohl der *lettre de relief de dérogeance* von 1651, der expressis verbis einen alten Adel bescheinigte. Obschon die näheren Umstände, die dieser Entscheidung zu Grunde lagen, noch durch eine intensive Sichtung und Interpretation der archivalischen Quellen erhellt werden müßten, fällt auf, daß das Edikt vom August 1664, welches alle Adelsbriefe oder Wiederverleihungen beziehungsweise Bestätigungen des Adels seit 1611 wiederrief (Migne 1852: 918), augenscheinlich keine Anwendung gefunden hat. Eine Erklärung hierfür wäre, daß die Forcades, wie bereits im Fall der Cournuaud de Fonbourgade aufgezeigt (vgl. Kap. 2.3.3.2: 201), die Möglichkeit des Edikts vom März 1696, in welchem von Ludwig XIV. 300 Adelsbriefe an verdienstvolle Persönlichkeiten emittiert wurden, für sich in Anspruch genommen haben. Final wurde der adlige Status kurz vor Ende des Ancien Régime im Jahr 1785 durch einen *lettre patente* von König Ludwig XVI. im Jahr 1785 zementiert, welcher unter Berücksichtigung der Tatsache stets *vecu noblement* (vgl. Kap. 4.2.1: 428) sowie durch eine Vielzahl von Offizieren der Krone treu gedient zu haben, entscheidungsgebend war und schließlich die Voraussetzungen schuf, 1938 in die A.N.F. aufgenommen zu werden (Valette 1989: 85).

Ohne die weiteren Etappen des Ringens um die Anerkennung des Adels der Forcades de la Grézére et de la Roquette nachzeichnen zu können, so resultiert aus dem bisher Dargestellten doch einesteils, daß das negative Stigma der temporären Aberkennung des Adels im Verbund mit den häufigen Revokationen zuvor erlassener Nobilitierungs- und Konfirmationsedikte eine starke Wirkmacht entfaltete, welche die Adelsqualität als eher "dürftig" taxieren läßt; anderenteils vermag daraus ersehen werden, wie gründlich und engmaschig die Kontrolle hinsichtlich der Adelsusurpationen sowohl im 17. und 18. Jahrhundert waren. Die Überprüfungen fungierten dabei nicht nur als Selbstzweck und Einnahmequelle des Staates, sondern die Betreffenden mußten auch von sich aus aktiv werden, um beispielsweise die Zulassung zur Militärakademie oder die Befreiung von der *franc fief* (vgl. Kap. 2.3.1.2: 94) zu erlangen.

Ähnliche Schwierigkeiten mit der Akzeptanz ihrer Nobilität wies auch die dritte Familie Forcade, genauer "de la Forcade de Tauzia et du Pin", auf. Selbige ist seit dem 16. Jahrhundert in dem kleinen bei Agen (47) gelegenen Dorf La Plume nachweisbar und reklamierte für sich den Anspruch, auch aus dem im Beárn gelegenen Ort Orthez zu stammen. Die Beweise ihrer Filiation sind jedoch bereits bei den Adelsuntersuchungen 1666 und 1696 durch Charles de La Cour de Beauval, Subdelegierter von Louis Bazin de Bezons, als unzureichend angesehen worden, so daß der *chef de nom et armes* (vgl. Kap. 4.1.2: 410), Armand de la Forcade, im März 1700 bei König Ludwig XIV. vorstellig wurde und um die Bestätigung seines alten Adels bat (O'Gilvy 1860: 183). Diesem Wunsch wurde entsprochen, obschon er nicht in der Lage war, ausreichende Belege seiner altadligen Herkunft zu liefern. Demgemäß wurde diese "Bestätigung" wie auch bereits bei den vorgenannten Forcade der *lettre de relief de dérogeance* als eine Neunobilitierung angesehen. Eigentlich wäre auch diese royalen Huldbezeugungen unter die Kategorien gefallen, welche mit dem Edikt von August 1715 (*Edit du Roy, de suppression, tant des annoblissemens par lettres, que des privileges de noblesse accordez depuis le premier janvier 1689 aux officiers soit militaires, ou de judicature, police & finance*) widerrufen wurde (sehr ausführlich dazu: Gibiat 2006: 153–156): Welche Gründe jedoch ursächlich waren, daß trotz dessen der adlige Stand der "de la Forcade de Tauzia" erhalten blieb, müßte in einer gesonderten Analyse erhellt werden.

Alle der drei bisher skizzierten Geschlechter Forcade weisen einige, nicht unerhebliche Gemeinsamkeiten auf: Zum einen trugen sie allesamt eine Grafenkrone in ihrem Wappen, obschon sich ein solches Recht nirgendwo heraus hätte ableiten können, was als ein erneutes Indiz für den zunehmenden Rangkronenmißbrauch in Frankreich gewertet zu werden vermag (vgl. dazu Kap. 3.4.2: 392). Darüber hinaus vermeinten sie, im Ort Orthez ihre kommune Originalität verorten zu können, wofür es ebenso wenige valide Hinweise gibt, wie daraus resultierend an die Filiation der dort seit dem 12. Jahrhundert ansässigen ritterlichen Familien anknüpfen zu können (vgl. dazu: Monlezun 1846: 252–253 sowie Noulens 1866: 104), denn sie waren lediglich in der Lage, ihre Stammfolge frühstens ab dem 16. Jahrhundert, und dies teilweise lückenhaft, nachzuweisen. Zum anderen bekannten sie sich allesamt zur römisch katholischen Konfession, da keine Indizien aufzufinden sind, die einen Wechsel zur sogenannten *Religion prétendue réformée* erkennen ließen. Des Weiteren mußten sie jeweils um die staatliche Anerkennung hinsichtlich ihres adligen Standes ringen, welcher ihnen zwar final gewährt wurde, indes nicht hinreichend war, durch Eheallianzen mit alteingessenen und seit vielen Jahrhunderten im adligen Sozialgefüge etablierten Häusern ihrer Nobilität den Grundsoupcons der Anmaßung vollständig zu benehmen.

Anders verhielt es sich bei der vierten, den Namen Forcade tragenden Familie: den Forcades de Biaix: Obzwar bei diesen gleichfalls kein gemeinsamer Ursprung zu den anderen adligen oder notablen Geschlechtern namens Forcade zu konstatieren ist, finden sich keine Indizien, daß ihre Adelsqualität in Frankreich je angezweifelt worden wäre. So nimmt es nicht wunder, daß sie sofort nach ihrer Auswanderung nach Preußen als adlig anerkannt wurden und dort die Namensführung "v. Forcade de Biaix" nicht beanstandet wurde (GHdA 2004: 122). Näheres hinsichtlich eines genaues Datums oder eines formalen Anerkennungsbeschlusses erfährt man auch von den Bearbeitern des Adelslexikons merkwürdigerweise nicht. In der Ausgabe von 1974 wird dort fernerhin die Behauptung aufgestellt, daß es sich um ein aus Spanien ins Béarn immigriertes Geschlecht handelt, welches mit "*Charles de Forcade, Seigneur de Biaix, Königlich französischer Schatzmeister, um 1600 beginnt*" (Adelslexikon 1975: 323). Nun finden sich weder Beweise für ein Ursprung in Spanien, noch für einen Charles de Forcade, Seigneur de Biaix, welcher als Schatzmeister für die französische Krone tätig gewesen sein soll. Tatsächlich verhält es sich so, daß die Filiation mit Jean de Forcade, *fermier de monnaies de Béarn et Navarre*, Königlicher Münzherr von Béarn und Navarra, ihren Angang nahm. Ein Schatzmeister (*trésorier*) verkörperte eine gänzlich andere Tätigkeitsfunktion und war darüber hinaus nicht mit dem Regal der Münzhoheit betraut. Denn nur dergestalt läßt es sich erklären, daß der genannte Jean de Forcade am 30. August 1658 in den Ständen des Béarn unter der Nobilität in seiner Eigenschaft als Seigneur de Rontignon, das weiland ein wirtschaftlich prosperierendes Zentrum des Protestantismus in der Nähe von Pau war, figurierte (Eurich 2007: 132). Es überrascht daher mitnichten, daß auch die Forcade de Biaix bekannte Protestanten in der Region um Pau waren (Desplat und de Mazerolles 2005: 82). Ein Jahr später, am 19. Juno 1659 betitelt sich Jean de Forcade in der Ständeversammlung des Béarn als "*Seigneur de la maison noble de Biaix*", welches, unweit von Pau (64) situiert, am 20. September 1524 durch *lettre patente* von König Heinrich II. von Navarra zugunsten des bis dahin bürgerlichen Kanzlers von Navarra, Pierre de Biaix (vgl. zu seiner Person: Dartigue-Peyrou 1934: 30), zur Seigneurie erhoben wurde (Raymond 1999: 30) (Courteault 1906: 43 (Anm. 2)). Hinweise, daß Biaix je in den Rang eines Marquisats versetzt wurde, aus welchem sich ein Recht für die Forcade hätte ableiten lassen, sich als Marquis zu betiteln, wie von deutscher Seite häufig unrichtig angenommen (z.b. Zedlitz-Neukirch 1837: 390; Priesdorff 1937b: 114 sowie bis heute Schnitter 2007: 153), finden sich auch bei einer sehr gründlichen Auswertung der zur Verfügung stehenden Quellen und Literatur schlechterdings keine (so vor allem auch nicht bei Woelmont Woelmont de Brumagne (1919)). Folglich handelte es sich in der Rezeption des 18. Jahrhunderts höchstwahrscheinlich um einen bloßen "Höflichkeitstitel" (*titres de courtoisie*, vgl. dazu: Kap. 4.1.3: 422), da es im Frankreich des endenden 17.

und angehenden 18. Jahrhunderts durchaus an den europäischen Höfen, Frankreich inkludiert, Usus wurde, daß sich Adlige, die von Haus aus keinen angestammten Titel führten, entweder selbst als "Marquis" vorstellten oder dergestalt präsentiert wurden. Dies bürgerte sich in einer solch inflationären Form ein, daß selbst plumpe Hochstapler sich dieses doch relativ hohen französischen Adelstitels bedienten, so daß er dermaßen in Verruf geriet, daß veritable Aristokraten, die ihn mit gutem Fug hätten tragen dürfen, gegen Ende des Ancien Régime fast keinen Gebrauch mehr davon machten (vgl. ausführlich dazu: Chassant 1857: 217–219).

Statt eines Marquisats, das strenggenommen aus mindestens drei Baronien und drei Kastellaneien oder zwei Baronien und sechs Kastellaneien bestehen müßte (Mousnier 1974: 373), zeigt die französische Literatur ein gänzlich anderes Bild der Seigneurie von Biaix: So wurde dieses Lehen mitnichten zu einer höherrangigen Herrschaftseinheit augmentiert, sondern man präzisierte vielmehr mit dem Brevet von 1717 die seit über einem Jahrhundert bestehende Teilung der Herrschaft in administrativer Hinsicht. Denn es existierten zwei unabhängig voneinander agierende adlige Häuser von Biaix: das *maison noble* von "Biaix de la ville de Pau", welches sich dichter an der Stadt Pau befand und "Biaix du faubourg de Pau", das etwas weiter vom Stadtzentrum entfernt gelegen war. Wann genau die Separation der beiden Seigneurien erfolgte, vermag derzeit nicht mit letzter Bestimmtheit gesagt zu werden, doch wird sie spätestens mit der Nobilitierung von "Biaix de la ville" vollzogen worden sein, als ein Monsieur de Séris, Seigneur de Pardies vom *lieutenant géneral de Béarn* am 25. April 1608 die Berechtigung erhielt, nach erfolgter Huldigung dieses Lehen bei den Ständeversammlungen als adlig zu repräsentieren. Nachdem es von den Séris an Adrien de Larroque verkauft wurde, der am 21. August 1629 seine Lehenshuldigung schwor, wechselte es zu einem anderen Larroque, der am 3. August 1637 durch diese Herrschaft seinem König huldigte und es im Jahr 1650 an Jean de Lanusse veräußerte, welcher es wiederum an Gratien de Turon, Seigneur de Beyrie verkaufte. Dieser war es, durch den der oben genannte Jean de Forcade per Kaufvertrag vom 18. Februar 1659 für 6.000 Livres Besitzer des Lehens wurde. Nach dem Tod von Jean de Forcade am 9. November 1684, der kurz zuvor, wahrscheinlich um seinen Besitz zu thesaurieren, dem Protestantismus abgeschworen hatte, figurierte am 16. November 1684 ein Pierre de Forcade als Eigentümer von "Biaix de la ville" (Bertier 1973: 245). Möglicherweise handelte es sich um einen jüngeren Bruder von Jean, der als Coseigneur fungiert hatte. Diesen Angaben von Bertier kommt eine valide Bedeutung zu, da er für seine Ausarbeitung ausschließlich Primärquellen ausgewertet hat. Demgemäß ist die Aussage von Chaix d'Est-Ange in seinem *Dictionnaire des familles françaises anciennes ou notables à la fin du XIXe siècle*, wonach der Sohn von Jean de Forcade, Isaac, bereits am 18. November als Seigneur de Biaix (ville) die Nachfolge antrat, zwar nicht in toto zu verwerfen, indes müßte sie noch einmal einer gesonderten Prüfung unterzogen werden (Chaix d'Est-Ange 1913: 316).

In bezug auf die Geburt des genannten Isaac de Forcade de Biaix ist augenfällig, daß Jean de Forcade erst am 23. Dezember 1659 Madeleine de Lanne aus der Stadt Pau ehelichte,[130] Isaac indes bereits am am 13. September 1659 als Bastard in der protestantischen Kirche von Morlàas in der Nähe von Pau getauft worden war.[131] Durch die nachträgliche Heirat seiner Eltern wurde er legitimiert, was nicht unerheblich für die Konservierung seines Erstgeburtsrechts sein sollte (vgl. Kap. 4.1.2: 414), denn sein jüngerer Bruder Jean (Quirin) sollte am 16. Dezember 1663 in Pau geboren werden (Danty 1978: 270). Dieses Datum läßt sich in Ermangelung der Kirchenbücher aus dieser Zeit nicht mehr in letzter Konsequenz überprüfen, so nennt Priesdorff den 14. Dezember 1663 (Priesdorff 1937b: 114), doch spricht einiges dafür, daß zumindest die Jahresangabe stimmt, da sein Name unter den Fähnrichen des Großen

130 A.D.64, Registres paroissiaux et d'état civil, Rontignon.
131 A.D.64, Registres paroissiaux et d'état civil, GG 16.

Kurfürsten in den Milizen von Frankfurt an der Oder, die bei der Erstürmung der ungarischen Hauptstadt Ofen am 2. September 1686 kämpften, unter den Blessierten figurierte (Glasenapp 1897: 210), was durchaus dem Dienstgrad eines fast Zwanzigjährigen entsprach (vgl. zu seinem weiteren militärischen Werdegang: Priesdorff 1937b sowie (Danty 1978: 270–271))

Folglich ist aus dem Dargelegten ersichtlich, daß die deutsche Fachliteratur stets irrtümlich in bezug auf die Filiation von Jean (Quirin) de Forcade de Biaix davon ausging, daß er der "*Urenkel des königlich französischen Schatzmeisters Charles de Forcade, Marquis de Biaix und der Marie, Marquise de Lonz, Comtesse de Sansons, Enkel des französischen Oberstlieutenants im Regimente-Navarra, Philippe de Forcade, Marquis de Biaix und der Charlotte de Navailles, und Sohn des französischen Feldmarschalls Jacques de Forcade, Marquis de Biaix und der Philippae d'Espalungue, Baronne d'Arros*" (Zedlitz-Neukirch 1837: 390, außerdem: Priesdorff 1937b: 114) gewesen sei.

Ohne, daß man eine veritable Absicht in letzter Konsequenz beweisen könnte, so liegt doch eine gewisse Vermutung nahe, daß hier der Versuch unternommen wurde, der eigenen Herkunft mehr Glanz zu verleihen, als es die Wirklichkeit in Form der Abstammung von reputierlichen Magistraten und arrivierten Bürgern vermocht hätte. Denn auch wenn die Namen "Charles" oder "Philippe" in keiner französischen Genealogie erscheinen, war die Berufsbezeichnung von "Schatzmeister Frankreichs" nicht gänzlich falsch, wohl aber, wie oben aufgezeigt wurde, übertrieben, ein Nämliches gilt für das Nichtberechtigung des Führens des Marquis-Titels oder die nicht existenten hohen militärischen Ränge des vermeintlichen Großvaters und Vaters von Jean Quirin de Forcade, welchem möglicherweise daran gelegen war, durch die Abstammung von einem französischen General und hohen Offizier die eigene Militärkarriere zu befördern. In diesem Zusammenhang ist allerdings auch zu annotieren, daß die Angaben in bezug auf die Eheschließung von Jacques de Forcade mit einer Tochter aus dem Geschlecht der d'Espalungue nicht gänzlich erfunden sind. Tatsächlich verhielt es sich nämlich dergestalt, daß Marthe-Catherine de Forcade, Tochter des genannten Isaac de Forcade, Seigneur de Biaix (ville), Anwalt im Parlament von Navarra, und der Dame Claire de Lalane am 9. Februar 1727 den Baron Henry III. d'Espalungue, Baron d'Arros, Cogseigneur de Saint-Abit et Seigneur de la *domengeadure* (adliges Haus oder laisierte Abtei, vgl. dazu Bidot-Germa 2008: 61) de Minvielle, Sohn von Henry II., und Jeanne de Viron, alias Biron (sic!), Tochter von Pierre de Viron, alias Biron, Doktor der Medizin und der Marie de Colomiès, geheiratet hat (Dufau du Maluquer 1893: 471–474). Außerdem findet sich in der Person des jüngeren Bruders von Marthe-Catherine, Jean-Jacob de Forcade de Biaix auch der Vorname "Jacques" in der abgewandelten, bei den Protestanten Frankreichs durchaus üblichen, biblischen Form "Jacob", indes nicht als Feldmarschall, sondern als Anwalt am Parlament von Navarra. Indem er Jeanne de Dufau de Biaix, die Tochter von Noé de Dufau de Biaix, welcher von der Witwe des Parlamentspräsidenten von Casaux mit Vertrag vom 10. Mai 1710 die Herrschaft Biaix (faubourg) erwarb, vor den Altar führte, vermochte er die beiden Teile von Biaix in seiner Person zu vereinen (vgl. ausführlich zu den Besitzverhältnissen von Biaix (faubourg) Bertier 1973: 246). Es sei an dieser Stelle noch darauf hingewiesen, daß die Familie Dufau de Biaix nicht mit den bekannteren Dufau (auch: de Dufau) de Maluquer konfundiert werden darf, die zwar durch die zweite Heirat von David de Dufau mit Marie Dufau (de Biaix) 1655 erstmals in eine verwandtschaftliche Beziehung getreten sind, aber ansonsten über keinerlei genealogische Gemeinsamkeiten verfügen (Chaix d'Est-Ange 1915: 321). Die einzige Nachkommin aus der Ehe von Jean-Jacob de Forcade de Biaix und Jeanne Dufau, Marie-Jeanne, heiratete 1741 Pierre de Casamajor, Rat am Parlament von Navarra, verkaufte 1761, vier Jahre vor dem Tod ihres Mannes, die Herrschaft Biaix (ville) an Jean de Vergés (Chaix d'Est-Ange 1922: 316). Über den weiteren Verbleib der Seigneurie Biaix (faubourg) ist nichts weiteres bekannt. Somit endete in der zweiten Hälfte des 18. Jahrhunderts die Filiation der Forcade de Biaix in ihrer angestammten Heimat Frankreich durch das Erlöschen im Mannesstamm.

Jedoch sollte das Geschlecht durch die 1697 geschlossene Ehe des in Preußen eingewanderten Jean (Quirin) v. Forcade de Biaix mit Juliane, Freiin von Hohnstädt a.d.H. Erdeborn (auch: *Hohnstedt*), Tochter des aus dem Schwäbischen stammenden Generalmajors Quirin v. Hohnstädt und der Maria Magdalena Streif v. Löwenstein (Kneschke 1863: 444), welche zwei Söhne, Friedrich Wilhelm Quirin und Isaak hervorbrachte, bis zum heutigen Tag fortblühen. Jean (Qurin), welcher die hohe Gunst des Soldatenkönigs Friedrich Wilhelm I. genoß, terminierte seine militärische Karriere im Range eines Generalleutnants und in der Funktion des Stadtkommandanten von Berlin, wobei er darüber hinaus mit dem "Hohen Orden des Schwarzen Adlers" dekoriert wurde (Erman 1799: 119–120; Priesdorff 1937c sowie Schnitter 2007: 153). Der ältere (Pierre Danty bezeichnet ihn irrtümlich als den jüngeren, Danty 1978: 271, vgl. zum Stammbaum: Harms 1993: 169), am 10. Februar 1698 in Berlin geborene Friedrich Wilhelm Quirin sollte in seine Fußstapfen treten und gleichfalls eine reputierliche Militärkarriere absolvieren, welche an Wirkmacht die seines Vaters sogar noch übertreffen sollte (vgl. dazu: Heilmann 1972: 30–32). An sämtlichen Kampfhandlungen war er während seiner aktiven Dienstzeit beteiligt und zeichnete sich insbesondere bei der Schlacht von Leuthen und dem Treffen bei Soor aus (dazu immer noch grundlegend: Stabenow 1901). König Friedrich II. von Preußen schrieb seiner Tapferkeit einen Teil des Sieges in Sorr zu. Auch anekdotenhaft wurde auf die Tapferkeit dieses Soldaten hingewiesen, so erzählte man sich, als 1746 der mittlerweile zum Oberst avancierte Forcade bei der Cour im Berliner Stadtschloß auf Grund einer Fußblessur am Fenster lehnte, daß Friedrich der Große ihm selbst einen Stuhl mit den Worten brachte: "*Mein lieber Oberst v. Forcade, ein so braver und würdiger Mann, als Er ist, verdient sehr wohl daß auch der König selbst ihm einen Stuhl bringe.*" *(Preuss 1834: 400). Das seinerzeit geflügelte Wort:* "*tapfer wie Forcade*" fand darin höchstwahrscheinlich seinen Ursprung. Die Gunstbeweise des Königs rissen jedoch auch hernach nicht ab: So übernahm er ein Jahr später 1747 die Patenstelle seines Sohnes Friedrich Heinrich Ferdinand Leopold von Forcade de Biaix und schenkte dem Täufling die Dorstei Neuenrade. Ein weiteres Jahr darauf erhielt Forcade 1748 das Infrantrieregiment Nr. 23, dem bereits sein Vater als Chef vorgestanden hatte, und wurde aus diesem Anlaß zum Generalmajor befördert. Eine letzte Rangerhöhung wurde ihm zuteil, als er am 10. Februar zum Generalleutnant aufstieg und nach der Schlacht bei Leuthen, wie sein Vater, den Schwarzen Adlerorden erhielt. Nach dem Frieden von Hubertusburg demissionierte Forcade aus dem aktiven Dienst und empfing von König Friedrich II. neben einem großzügigen Geldgeschenk noch die Ernennung zum Chef-Präsidenten der *Collegii Sanitatis* (Nicolai 1779: 264–265; Wilke 1997: 332). Einen letzten Beweis seiner Huld erhielt die Witwe des am 23. März 1765 Verstorbenen durch einen auf den 10. April 1765 datierten Brief (vgl. zur Datierung: Naumann 1782: 524), der noch einmal, neben einer monetären Zuwendung von 1.500 Ecu auch die mitfühlende, persönliche Ästimierung des Monarchen über den Verlust eines seiner fähigsten und treuesten Soldaten zum Ausdruck brachte (vgl. für den Brief im französischen Wortlaut sowie editorische Anmerkungen: Friedrich II. 1851: IV, 133, basierend auf: Guibert 1787: 230–231). Auf diese Weise vermag konstatiert zu werden, daß der seltene Fall eingetreten war, daß sich die gegenseitige Wertschätzung der Väter auch auf die Söhne übertrug.

Diese protegierte Stellung seitens des preußischen Königshauses hatte einen nicht unerheblichen Einfluß auf die Möglichkeit der Forcades als ernstzunehmende Brautwerber aufzutreten. Dergestalt erklärt sich auch die besonders schwierige Konstellation, in welcher sich der Baron von Vernezobre als Brautvater ausgesetzt sah, indem, wie bereits ausgeführt, kein geringerer als der König von Preußen in eigener Person um die Hand einer seiner Töchter anhielt, welche allesamt keinerlei Neigung gegenüber dem Bräutigam in spe hegten. Was jedoch stets in der Literatur verabsäumt wurde, möglicherweise weil man es als eine unwesentliche Petitesse ansah, war nachzuweisen, welches Mitglied der Forcades denn tatsächlich im Herbst 1736 beabsichtigte, mit den Vernezobre durch Ehe verbunden zu werden. Da der um die Zuneigung der oben genannten Jeanne-Gaspade buhlende Forcade stets nur mit seinem Dienstgrad apostrophiert wurde, lag es prima facie nahe, diesen mit dem Sohn des bekannteren Generalleutnant Friedrich Wilhelm Quérin v. Forcade de Biaix (z.B. Schneider 1870: 7; Bonnell 1888: 71) oder gar mit diesem selbst (Digeon v. Monteton 1892: 27) zu identifizieren, was jedoch aus zwei Gründen als nicht sinnstiftend erscheint. Erstens verheiratete sich Friedrich Wilhelm Quérin bereits am 7. Oktober 1727 im französischen Dom zu Berlin mit Maria, Tochter des Generalmajors Louis de Montolieu de Saint-Hippolyte und einer unbekannten Frau (La Roque 1972a: 368–369 (Bd.1)), welche ihm insgesamt 23 Kinder gebar, von denen elf überleben sollten. Damit scheidet er als potentieller Bräutigam aus. Legt man nun eine eheliche Geburt zu Grunde, wäre der älteste Sproß zum fraglichen Zeitpunkt der Brautwerbung höchstens acht Jahre alt. Zweitens kommt hinzu, daß das Verhältnis zwischen dem abgewiesenen Forcade und der weiland begehrten Baronesse Jeanne-Gasparde de Vernezobre offenkundig in eine lebenslange Freundschaft einmündete, denn diese vertraute Jahre später demjenigen, welcher ihre Familie in nicht unerhebliche Aufruhr gebracht hat, ihren einzigen, erst sechzehnjährigen Sohn Louis-Fréderic Digeon v. Monteton an (vgl. Anhang: B.12: 705), als dieser in das Düringshofensche Regiment eintrat. In einem Brief, datiert auf den 18. Oktober 1768 aus Frankfurt an der Oder, versichert er der Mutter, daß er sich um ihren Sohn kümmern werde und Louis-Fréderic mit der Zulage von 18 Thalern im Monat "très honnette" sein Auskommen bestreiten könnte (Digeon v. Monteton 1892: 29–30). Dieser Hinweis ist entscheidend, denn es wird offenbar, daß sich der seinerzeitige Brautwerber vermittelst seiner Stellung in der Lage befand, den jungen Digeon v. Monteton zu protegieren. Zunächst würde man prima vista auch hier an den Generalleutnant Friedrich Wilhelm Quérin v. Forcade de Biaix denken, doch dieser war bereits, während der genannte Brief abgefaßt wurde, seit über drei Jahren verschieden, wessenthalben nur noch ein Forcade in Frage kommt, welche sowohl zum Zeitpunkt der einseitigen Liebschaft 1736, als auch während der Korrespondenz im Oktober 1768 in einem vertrauten Verhältnis zu Jeanne-Gasparde de Vernezobre gestanden haben kann: Isaak v. Forcade de Biaix. Dieser wurde gemäß eines Nachrufs und einer Todesanzeige, wie sie sich im *Journal politique ou Gazette des Gazettes* findet, am 21. Januar 1775 in seinem 70. Lebensjahr durch einen Schlaganfall abberufen (J.P. 1775: 70). Die *Fortgesetzten Neue Genealogisch-Historische Nachrichten* geben hinwieder das 71. Lebensjahr an, doch ordnen sie ihn auch irrig als Neffen von Jean (Quirin) v. Forcade de Biaix ein (N.G.H.N. 1775: 418), wessentwegen man dazu tendieren könnte, dem *Journal politique* eine höhere Verlässlichkeit zuzusprechen. Jedoch weisen beide Dokumente nicht den selben offiziellen Charakter auf wie die Matrikel der Pommerschen Ritterschaft, in deren amtlicher Auflistung sämtlicher Vasallen des Saatziger und Freyenwaldeschen Kreises von 1756 die Angaben zu finden sind, daß Isaak de Forcade 55 Jahre alt sei und bereits 34 Jahre in königlichen Diensten gestanden habe (Klempin und Kratz 1863: 426). Aus diesen recht präzisen Daten resultiert, daß er im selben Jahr zur Welt kam, wie der nachmalig erfolgreiche Brautwerber Jean-Jacques I. Digeon de Monteton, der zu diesem Zeitpunkt gleichergestalt den Rang eines Hauptmanns bekleidete. Überhaupt schien die Beförderung im Vorfeld der kriegerischen Auseinandersetzungen der beiden Schlesischen Kriege recht schleppend gewesen zu sein, denn Jean-Jacques I. Digeon de Monteton hatte sich beim neuen König Friedrich II. v. Preußen über ein zu langsames *avancement* beklagt, was seitens des Monarchen in einem zwar sehr huldvollen und liebenswürdigen Brief aus Berlin vom 11. Dezember 1740 zur Kenntnis genommen wurde, indes für diesen zunächst keineswegs Anlaß einer Beförderung gab und er sich eine genauere Erklärung des Rangerhöhungswunsches von seinem Hauptmann erbat (zum Wortlaut des Briefes Digeon v. Monteton 1892: 35). Allerdings sollte Jean-Jacques I. dann doch fast vier Wochen nach der abschlägigen Réplique des Königs am 12. Januar 1741 zum Major avancieren (vgl. zu seinem militärischen Werdegang Kap. 2.3.3.3: 208). Über die genauen Umstände dieses Aufstiegs sind wir leider nicht unterrichtet. Die Rangbeförderung von Forcade sollte dann schließlich vier Jahre später am 28. August 1745 erfolgen, so daß daraus der Rückschluß gezogen werden kann, daß, legt man als Geburtsjahr 1701 zu Grunde, beide im Herbst 1736 ungefähr 35 Jahre zählten und das Alter zur Beförderung zum Obristwachtmeister (Major) bei 40, respektive 45 Jahre lag, was seinerzeit durchaus nicht unüblich war (vgl. dazu: 2.3.2.4: 164). Hinzu kommt, daß, wenn man die weiteren persönlichen Belange von Isaak de Forcade, nachdem sich seine Pläne, mit der Familie Vernezobre in ehelicher Gemeinschaft vereint zu werden, nicht realisieren ließen, betrachtet, sich diese durchaus zu einer sinnhaften Kohärenz zusammenfügen. Denn bedingt dadurch, daß man in der Literatur von irrigen Zuordnungen in bezug auf seine Person ausging, sah man es als nachrangig an, der Frage nachzugehen, was aus dem abgewiesenen Forcade wurde. Dieser, wie bereits in Anfängen skizziert, verfolgte bis 1757 eine militärische Laufbahn, bei welcher er kontinuierlich zum Rang eines Oberstleutnant befördert wurde und im Zuge seiner Bitte um Demissionierung im März desselben Jahres den Rang eines Oberst zugesprochen bekam (vgl. zum militärischen Werdegang: N.G.H.N. 1775: 418). Demgemäß verließ er die Armee kurz nach Ausbruch des Siebenjährigen Krieges – aus welchen Gründen vermag derweil bedauerlicherweise nicht festgestellt zu werden. Zuvor hatten sich seine Ambitionen auf eine wohlhabende Heiratspartie durchaus erfüllt: Eine erste Ehe ging er mit Anna Elisabeth Cantenius ein, welche 1731 für 28.000 Taler von der Familie Borck die Güter Barsewitz und Gollin, zwei Afterlehen des Johanniterordens, widerkäuflich erworben und nach deren Tode Forcade durch die Entscheidung der Ordensregierung in Sonnenburg vom 24. Januar 1765 die lehensrechtliche Einwilligung erhalten hatte, im Besitz dieser beiden Gutshöfe bleiben zu dürfen (Brüggemann 1784: 258, dazu auch etwas ungenauer: Schulz 1984: 120–121). Hieraus expliziert es sich, warum sein Namen, wie oben ausgeführt, in den Matrikeln der Pommerschen Ritterschaft figurierte. Nach seinem Tode fielen die beiden genannten Besitzungen an seine zweite Frau, Catharine v. Eickstedt, welche er als Tochter von Georg, Oberstleutnant der schwedischen Cavallerie, Erbherr uf Rothen-Clempernow, Book, Mewege und Gorckow in Vorpommern und auf Bristow, Glasow und Grube in Mecklenburg, sowie der Margarethe Dorothee v. Vieregg am 21. Februar geheiratet hatte. Catharine war in erster Ehe mit ihrem am 6. April 1756 verschiedenen Cousin Alexander Ernst v. Eickstedt, königlich dänischen Oberst, den Bund des Lebens eingegangen (Eickstedt 1860: 235).

Im Zusammenhang mit seiner ersten Eheschließung fällt noch ein weiterer Gesichtspunkt auf, der sich in den Kontext der Heiratsangelegenheit zwischen den Vernezobres und König Friedrich Wilhelm I. von Preußen einfügt: Da selbiger die Erwartungen als Brautwerber nicht zu erfüllen vermochte, liegt die Mutmaßung äußerst nahe, daß er sich in Form der Nobilitierung der ersten Ehefrau von Isaak v. Forcade, Anna Elisabeth Cantenius, für die Enttäuschung erkenntlich zeigte. Diese Standeserhöhung erfolgte am 3. September 1737 (Hellbach 1825: 212; Kneschke 1860: 214 mit ausführlicher Wappenbeschreibung: Zedlitz-Neukirch 1836: 349). Daraus läßt sich ableiten, daß, wenn König Friedrich Wilhelm I. schließlich Jeanne-Gasparde mit seinem Schreiben vom 18. Dezember 1736 die finale Erlaubnis erteilt hatte, sich einen Ehemann ihrer Wahl zu nehmen (vgl. Abb. 2.39: 284), die Hochzeit mit hoher Wahrscheinlichkeit kurz hernach gefeiert wurde. Anderenteils kann daraus geschlossen werden, daß das Zeitfenster zwischen der Nachricht von den gescheiterten Vermittlungsbemühungen des Souveräns, dem Kennenlernen einer neuen Heiratskandidatin sowie dem Anbahnen der Eheschließung bis hin zur Erhebung in den Zweiten Stand, durchaus paßgenau fast neun Monate umfaßt haben könnte. Darüber hinaus sollte die Karriere von

Isaak v. Forcade de Biaix nach seinem Ausscheiden aus dem aktiven Militärdienst trotz seines fortgerückten Alters im Jahr 1757 noch kein endgültiges Ende gefunden haben. Denn das in seine Person gesetzte Vertrauen von Friedrich II. führte während der Hochzeitsvorbereitungen des Thronfolgers Friedrich Wilhelm II. mit Elisabeth Christine Ulrike von Braunschweig-Wolfenbüttel, 1765 zur Ernennung von Forcade zum Hofmarschall des Kronprinzen (Meier 2007: 59–60). Demzufolge hatte Louis-Fréderic Digeon v. Monteton in ihm einen einflußreichen Protegé, der ihm bei seinem Eintritt in das Regiment Düringshofen hilfreich zur Seite zu stehen vermochte. Späterhin sollte er in das preußischen Infanterie Regiment Nr. 24 ("Prinz Leopold von Braunschweig") eintreten, mit welcher er im Zuge des Bayrischen Erbfolgekrieges (1778–779) in Weimar stationiert wurde. Bei dieser Gelegenheit fand er auch Erwähnung in einem Gutachten Johann Wolfgang v. Goethes, welches dieser im Auftrage seines Landesherrn Herzog Carl August von Sachsen-Weimar hinsichtlich der von Preußen geforderten Truppenwerbung im Winter 1778 verfaßt hatte ("[...] *der Leutnant von Monteton trifft wohl vor Ende des Monats nicht wieder ein; dadurch scheint man eine kleine Frist zu gewinnen, die man ja wohl zu nutzen hat.*" Goethe 1950: 54). Am 26. Dezember 1778 sollte Louis-Fréderic Digeon v. Monteton dann eine abschlägige Antwort von Goethe in Empfang nehmen, daß Sachsen-Weimar aus verschiedenen Gründen nicht in der Lage sei, preußische Rekrutierungen auf seinem Territorium zu dulden (Tümmler 1956: 91).

Als krönenden Abschluß seiner Laufbahn wurde Isaak v. Forcade de Biaix noch mit einer der höchsten Auszeichnungen, welche die preußische Krone zu vergeben hatte, dem von Friedrich II. gestifteten *Orden Pour le Mérite* für seine über ein halbes Jahrhundert geleisteten, treuen und ersprießlichen Dienste, im Oktober 1774 dekoriert. Verbunden war dieses Zeichen der Anerkennung mit einer reputierlichen Pension sowie einem eigenhändigen Schreiben des Königs (Schnackenburg 1887: 26).

Somit läßt sich zusammenfassend sagen, daß es der Familie Forcade de Biaix im Ganzen gelungen war, bruchlos in die preußische Adelsgesellschaft aufgenommen zu werden, und deren Mitglieder es im einzelnen vermochten, sich durch eine militärisch-administrative Tätigkeit im preußischen Dienst hohe Meriten und ein nicht unerhebliches Ansehen zu erlangen.

2.3.3.4 Die Familie Vernezobre als Nucleus für den Neuanfang in Preußen

Daneben widerspiegelt dieser Befund den fast schon banalen Schluß, daß man zu allen Zeiten normalerweise zunächst etwas für ein Land geleistet haben muß, bevor einem Beförderungen oder gar Standeserhebungen zuteil wurden. So selbstverständlich dies auch anmuten mag, so wird anhand von François Mathieu de Vernezobre de Laurieux aufzuzeigen sein, daß selbst diese Regel nicht gänzlich frei von Ausnahmen ist. Seiner Person kam eine Schlüsselposition in den genealogischen Beziehungen der Digeon de Monteton zu, da diese ohne seine wohlwollende Unterstützung sowohl in bezug auf die Liebesheirat seiner Tochter Jeanne-Gasparde, als auch hinsichtlich der vollständigen Kostenübernahme für das Rittergut Priort kaum so unmittelbar nach ihrer Auswanderung Aufnahme in den Kreis des grundbesitzenden preußischen Adels gefunden hätten.

Dieweil hier nicht der Raum ist, die Familiengeschichte der Vernezobres in toto darzulegen, soll diese nur in dem Umfang Ausführung erfahren, wie sie für den vorliegenden Untersuchungsgegenstand und vor allem das Verständnis der spezifischen genealogisch-sozialen sowie, daraus resultierend, der adelsrechtlichen Situation dieses Geschlechts maßgeblich ist. Die Familie von François Mathieu de Vernezobre-Laurieux gehörte, wie die beiden Brüder Pierre III. und Charles IV. Digeon de Boisverdun, zu denjenigen französischen Emigranten, welche unmittelbar nach der Aufhebung der Toleranzedikte von Nantes (1685) ihrer alten Heimat den Rücken zukehrten. Ursprünglich stammten sie, wie viele andere Protestanten, aus dem

Süden Frankreichs, genauer aus dem Ort Villemagne im Languedoc. Der kleine Marktflecken, der im heutigen Département Herault im Kanton Méze (34) befindlich ist, wies lange Zeit enge Verknüpfungen mit dem alten Zisterzienser-Kloster von Valmagne, gelegen in der Diözese von Agde (34) auf, wobei man ihn bereits im 17. und 18. Jahrhundert neben *Villemagne* auch *Villeveyrac* nannte. Schließlich hat sich bis in unsere Tage die letztgenannte Bezeichnung durchgesetzt, wessentwegen er nicht, blickt man auf aktuelle Karten, mit den gleichnamigen Ortschaften Villemagne-l'Argentière (34) oder dem im Département Aude situierten Villemagne bei Labécède-Lauragais (11) konfundiert werden darf. Brigitte Müller-Heynen gibt in ihrem Aufsatz "Zur Familiengeschichte der Vernezobres in den Französischen Kolonien von Königsberg (Pr.) und Danzig" als Ursprungsort das rund 20 Kilometer von Villeyrac gelegenen Dorf Nebian (34) an, wobei sie sich auf die schriftliche Tradierung innert der Familie beruft, wie sie sich in den Aufzeichnungen von Jean Baptiste Vernazobres belegen lassen. Demnach gibt es immer noch Mitglieder der Familie, die seit 1566 ohne Besitzerwechsel in ihrem angestammten Hause in Nebian domiziliert sind (Müller-Heynen 1994: 35). Auch wenn diese Überlieferung durchaus aufschlußreich ist, so vermag sie einen letztgültigen Beweis für eine gemeinsame Abstammung ob der filiativen Lücken nicht zu erbringen, denn wie bei vielen anderen Familiennamen auch, sind trotz einer geographischen Nähe mitnichten sämtliche Namensträger miteinander in einem gemeinsamem verwandtschaftlichen Ursprung zu verorten. Daran ändert auch nichts, daß der Name trotz orthographischer Variationen, wie *Vernazobre(s)*, *Vernizobre* oder *Vernesobre(s)*, in den Kirchenbüchern und amtlichen Dokumenten im Laufe der Jahrhunderte erscheint und durchaus ein und dasselbe Geschlecht in verschiedenen Schreibweisen bezeichnen kann. Edouard Sigwalt bemerkt demgemäß gänzlich zu Recht, daß es sich beim Familienname Vernezobre zunächst um einen Beinamen handelte, der von Personen, die über keinerlei Verwandtschaftsrelation verfügten, etwa zur gleichen Zeit adaptiert wurde und schließlich im Zuge der Vererblichkeit desselben als Name des jeweiligen Geschlechts fungierte (Goulon Sigwalt 1994: 111). Es ist insofern auch nicht möglich, mit Sicherheit davon auszugehen, daß der in einer Auflistung der Konsuln und kommunalen Siegelbevollmächtigten im Lodève im Jahr 1369 genannte Guilhelm Vernazobre mit denjenigen Vernezobre in einer Verbindung steht, die kurz nach 1685 Frankreich verließen. Deren genealogischen Ursprünge lassen sich dahingehend rekonstruieren, daß es als gesichert angesehen werden kann, daß sie in ihrer Eigenschaft als Händler bereits unmittelbar nach der Reformation den protestantischen Glauben annahme und dann zwei Linie herausbildeten, von denen die eine Anfang des 17. Jahrhunderts zu der protestantischen Hochburg nach Nîmes zog, wo der Kaufmann Joshua Vernezobre im Jahr 1617 verstarb. Die andere verblieb in ihrer angestammten Heimat im Languedoc. Der Sohn aus der am 14. November in Nîmes geschlossene Ehe von Joshua und Suzanne de Causargues (Kriening 1991: 151), benamt Michel Vernezobre, sollte die Tradition des Händlerberufs kontinuieren. Einer seiner Söhne, Emanuel I., schlug am Vorabend der Revokation des Edikts von Nantes eine geistliche Laufbahn ein und wurde protestantischer Kleriker.

Von den in Villemagne zurückgebliebenen Vernezobres findet sich in Salomon I. Vernezobre, lokaler Steuereinnehmer und Neffe von Joshua Vernezobre, eine erste Spur. Verstorben im Jahr 1658, war er mit Isabel Fizeaux verheiratet, welche ihm die vier Söhne Jean I., Mathieu I., welche beide nach Paris ziehen sollten, sowie Salomon II. und Isaac gebahr (Bem 2004: 187). Die Stammfolge, welche Otto Kriening hier angibt, divergiert von der von Bem. Er macht irrtümlich Salomon II. zum Vater der vier Söhne und gibt die Filiation um eine Generation versetzt an (Kriening 1991: 153). Die starke Verwurzelung im protestantischen Milieu zeigt sich im aktiven Engagement von Salomon I. als *ancien* der protestantischen Kirche von Villemagne, eine Funktion, in welcher er 1682 an einem Trauergottesdienst partizipierte und zwei Jahre später, am 12. Oktober 1684, zusamt anderen Presbytern durch den französischen

Staatsrat aufgerufen wurde, auf Grund eines Antrag des *syndic du clergé* der Diözese von Agde, erneut Beweise für das Recht auf freie Religionsausübung zu präsentieren. Aus dieser Amtsbekleidung von Salomon I. Vernezobre läßt sich deutlich ableiten, daß er nicht mit dem Salmon Vernezobre (auch: *Vernazobre*, die Graphie divergiert hier) gemein ist, welcher am 18. April 1682 auf der Beerdigung seiner 14 Tage zählenden Tochter zugegen war. Obwohl der Name der Ehefrau nicht tradiert ist, vermag daraus abgeleitet werden, daß sich Salomon I. zu diesem Zeitpunkt bereits in einem fortgerückten Alter befand und mithin mitnichten als Vater eines so jungen Kindes in Frage kommt. Demgemäß müßte es sich bei dem trauernden Vater um seinen Sohn Salomon II. gehandelt haben. Dieser verließ seine Heimat trotz der 1685 einsetzenden Persekutionen nicht und wurde durch die Ehe mit Esther de Donnadille (auch: *Donnet*) am 6. Dezember 1689 Vater von Jean II., der wiederum später aus seinem Vaterland in Richtung Ostpreußen emigrieren sollte, wo er am 14. März 1763 verschied. Den Bund der Ehe ging dieser zweimal ein, einmal am 13. März 1716 mit seiner Cousine Marie Anne Vernezobre (geboren zu Königsberg am 6. Januar 1698, gestorben dortselbst am 11. Februar 1727), Tochter seines Onkels Mathieu I. Vernezobre und der Anne Fournier, und ein zweites Mal am 5. Februar 1732 mit Marianne du May (gestorben am 12. August 1746), Tochter des Louis du May, welcher originär aus der Bretagne stammte (Goulon Sigwalt 1994: 112–113).

Der älteste der Söhne von Salomon I. Vernezobre, Jean I., zog nach Paris, wo er im protestantischen Tempel von Nanteuil-lès-Meaux (77) am 11. Oktober 1682 mit Marie Chedhomme vor den Traualtar trat. Noch kurz vor Inkraftreten der Bestimmung des Edikts von Fontainebleau ließ er seine älteste Töchter Marie am 22. April 1685 in der protestantischen Kirche von Charenton bei Paris (heute: *Charenton-le-Pont*), die rund sechs Monate hernach von katholischer Seite dem Erdboden gleich gemacht wurde, taufen (vgl. dazu Spicer 2003: 175). Über diese Tochter ist nichts weiter bekannt. Als gesichert vermag indes zu gelten, daß Jean I. sowie sein Bruder Mathieu I. in der *impasse des Bourdonnais* von Paris (heute: 1. Arrondissement) als Kaufleute tätig waren. Einer von beiden unterschrieb am 14. Dezember 1685 als "*négociant de la quatrième categorie*" (Douen 1894a: 390) vor Jean-Baptiste Colbert, Marquis de Seignelay, seine Widerrufung der protestantischen Irrlehren und gehörte damit zu einem Vertreter von 300 *familles notables*, welche ihrem reformierten Glauben aus Furcht vor Repressalien abschworen. Jean-Baptiste Colbert, gleichnamiger Sohn des berühmten Finanzministers und Begründer des Merkantilismus, vertrat in den Sitzungen des Staatsrats die oppositionelle Auffassung, daß eine Totalverbot des Protestantismus auf Grund der zu erwarteten Auswanderung zu einer erheblichen Schwächung der französischen Wirtschaft führen würde, vermochte sich aber nicht wider Ludwig XIV. sowie den Kanzler und Großsiegelvewahrer François-Michel Le Tellier, Marquis de Louvois, durchzusetzen (Bernard 2003: 21 v.a. auch Anm. 1).

Zu einer Auswanderung sollte es auch bei den beiden Kaufmannsbrüdern Vernezobre kommen, so emigrierte der jüngere, Mathieu I., im Frühjahr 1686 nach Königsberg in Ostpreußen. Höchstwahrscheinlich dieserhalb geben die Brüder Haag ihn als denjenigen an, der sein evangelisches Bekenntnis ablegte, da er auf diese Weise wesentlich leichter ausreisen konnte (Haag 1859: 470). Zudem vermutet Bem, daß der ältere von beiden gerade erst Vater einer neugeborenen Tochter geworden war und eine Emigration demgemäß besonders schwierig gewesen wäre. Möglicherweise glaubte Jean I., daß er seine calvinistische Konfession in der Anonymität einer Großstadt wie Paris klandestin zwar, aber relativ unbehelligt würde ausüben können (Bem 2004: 188). Allerdings könnte man auch vom genauen Gegenteil ausgehen, daß ein Verbleib in Paris ohne Abjuration des Protestantismus in dieser kritischen Phase der Verfolgung als absolut vitalbedrohend einzuordnen war und darob Jean I. als Katholik in Paris zurückblieb. Für diese These spricht nicht zuletzt, daß die überlebenden gemeinsamen Kinder von Jean I. und Marie Chedhomme, Jean Anne, Louis, Jean Marie und Marie Henriette bis auf die letztgenannte in der französischen Hauptstadt wohnhaft blieben und teilweise in den französischen Staatsdienst traten. Jean Anne, dessen Geburtsdatum unbekannt ist, jedoch nach 1685 angenommen werden kann, heiratete mit Vertrag vom 1. September 1715 Geneviève Nicolas, Tochter von Guillaume Nicolas, Anwalt am Parlament von Paris, und der Geneviève Thérèse Chastelain. Geneviève starb am 15. März 1748 zu Paris. Von Beruf war der auch *Jean Vernezobre l'ainé* genannte Jean Anne, wie bereits sein Vater, zunächst Kurzwarenhändler, wechselte dann aber das Metier und wurde Bank-, Handels- und Finanzmakler. Seinen Abschluß fand die Karriere mit Vertrag von 22. Juno 1719 durch den Erwerb des Amts eines *conseiller du roi* (vgl. Abb. 4.1: 434), welches er bis zu seinem Tod am 14. März 1763 innehatte. Daraus läßt sich durchaus die Annahme ableiten, daß dies ohne eine zumindest auswendige Konversion und ein Bekenntnis zum Katholizismus kaum möglich gewesen wäre. Außerdem vermag an diesem Beispiel anschaulich erzeigt zu werden, daß es einem Kaufmann nach wenigen Generationen des Arrivierens gelingen konnte, sozial aufzusteigen und ein Staatsamt zu erwerben (Gibiat 2006: v.a. 404–407). Die Charge des *conseiller du roi* barg durch das Edikt von 1715 für den Adel ersten Grades die Möglichkeit der Transmission auf die nächste Generation (Diderot und d'Alembert 1779: 825; vgl. dazu auch die Übersicht: Tab. 4.4: 429). Allerdings hätte die Perpetuierung des Adels in Form des Adels zweiten Grades vorausgesetzt, daß ein Sohn dem Vater in seiner Amtsfunktion nachgefolgt wäre, was im Falle von Jean Anne Vernezobre indes ausblieb. Aus der Ehe mit Geneviève Nicolas resultierte zwar, neben einer Tochter, benamt Geneviève Charlotte, welche ledig blieb und in Paris am 27. März 1787 verschied, noch ein am 12. Juli 1719 geborenen Sohn namens Jean Nicolas. Dieser jedoch entschied sich zu einem gänzlich anderen Beruf als den eines Staatsdieners oder Händlerers. Jean-Nicolas Vernezobre ging einer kreativ-künstlerischen Tätigkeit nach und wurde – wie seine Frau Marguerite Desbois, die er mit Vertrag vom 23. Mai 1751 geheiratet hatte – Maler (Bellier de La Chavignerie 1885: 661). In dieser Eigenschaft fand er als Stilleben-Spezialist am 15. Oktober 1750 Aufnahme in die *Histoire de l'Académie de Saint Luc* (vgl. zu dieser Konkurrenzinstitution zur *Académie royale de peinture et de sculpture* weiterführend: Guiffrey 1915). Aus seiner Ehe gingen drei Söhne hervor. Er selbst verstarb betagt zu Paris am 2. April 1789. Dank eines Pastellporträts von Maurice Quentin de La Tour, welches sich heute im *Musée Antoine Lécuyer* in Saint-Quentin (02) befindet, sind wir über sein Aussehen trefflich im Bilde (vgl. Abb. 2.31: 221).

Über den jüngeren Sohn von Jean I. Vernezobre, Louis, ist wenig bekannt, außer daß er einer der ersten war, welche nachweislich bereits vor 1713 den Namen "*de Laurieux*" führten. Jedoch läßt sich kein Anhaltspunkt dafür finden, daß es sich dabei um eine Ortsbezeichnung oder gar eine Seigneurie handelte. Folglich ist als wahrscheinlich anzusehen, daß der Namenszusatz "*de Laurieux*" aus Gründen des sozialen Prestiges gewählt wurde. Auch auf Grund seiner beiden Eheschlüsse, zunächst mit Claude Mouquin (vor 1715) und dann mit Denise Enée Bidault (um 1715), läßt sich keine Berechtigung zur Führung der genannten Namenserweiterung finden. Fernerhin ist nicht bekannt, aus welcher seiner Ehen die beiden Kinder Jean Louis und Géneviève hervorgingen. Möglicherweise war Louis Vernezobre auch derjenige, welcher aus Motiven der eigenen Unterrichtung mehrere Zeugnisse protestantischer Standfestigkeit im Glauben vom Ende des 17. und Anfang des 18. Jahrhunderts kopierte, darunter einen mutmaßlich aus dem Jahr 1689 stammenden Brief des Märtyrers David de Caumont de la Force, Baron de Montbeton, welcher im Alter von über siebzig Jahren zu lebenslangem Galerendienst verurteilt wurde (abgedruckt in: Weiss 1885: 466–471).

Als letztes Kind von Jean I. Vernezobre ist die Schwester von Louis zu nennen: Marie Henriette, die am 2. Februar 1692 zu Paris geboren wurde und gemäß ihrer Signatur auf dem Ehevertrag vom 1. September 1715 zur Hochzeit ihres ältesten Bruders Jean Anne in Paris zugegen war (Goulon Sigwalt 1994: 116–117). In ihrer Begleitung befand sich ihr Ehemann

Abb. 2.31: Jean Nicolas Vernezobre, Malermeister nach einem Gemälde von Maurice Quentin de La Tour (Pastell, nicht signiert, nicht datiert, Museum Antoine Lécuyer, Saint-Quentin (02))

und Cousin ersten Grades François Mathieu Vernezobre de Laurieux, im Hochzeitskontrakt als *marchand banquier* bezeichnet, auf welchen nachfolgend noch zu rekurrieren sein wird.

Im Gegensatz zu seinem älteren Bruder Jean I., verblieb Salomon II. nicht in der französischen Hauptstadt, sondern emigrierte nach Rußland. Dieses Land eignete sich für die hugenottischen Religionsflüchtlinge insofern besonders gut, da Zar Peter der Große eine Politik der ökonomischen und kulturellen Restauration verfolgte (vgl. dazu immer noch grundlegend: Kämmerer 1978). Folglich war es einesteils für den russischen Staat eine Chance, gut ausgebildete und disziplinierte Einwanderer zu erhalten, die durch das gewährte Religionsasyl eine erhöhte Loyalität versprachen, anderenteils barg die neue Heimat für die Flüchtlinge eine sowohl wirtschaftliche Perspektive als auch die persönliche Chance, ihren Glauben in Freiheit und Toleranz zu praktizieren (Nolte 1969: v.a. 95–110). Die Parallelen zu Preußen hinsichtlich der gegenseitigen Anreizstrukturen von Staat und Einwanderern sind prima facie signifikant, jedoch so prosperierend die äußerlichen Gegebenheiten auch zunächst erschienen, so belastend wirkten sich die inwendigen Strukturen wie die Leibeigenschaft, das Fehlen eines Bürgerstandes und die insolide Handels- und Finanzmoral sowie eine durchaus andere Auffassung der Arbeitsmoral auf die kaufmännischen Kontextbedingungen im russischen Zarenreich aus (Kämmerer 1978: 90).

Die meisten nach Rußland geflohenen Protestanten reisten nicht direkt aus dem französischen Mutterland ins Zarenreich, wo seit 1686 in Moskau und seit circa 1700 in Sankt

Petersburg evangelische Kongregationen bestanden. Ihre Reiseweg führte sie vielmehr zumeist über das ostpreußische Königsberg oder das polnische Danzig, wo sie bei zuvor ausgewanderten Freunden und Familienangehörigen eine erste Zwischenstation zu machen vermochten. Als Ziel wählte sich Salomon II. jedoch weder Moskau noch Sankt Petersburg, die neue Hauptstadt des zaristischen Rußland, sondern den arktischen Hafen von Archangelsk, welcher sich oberhalb der Mündung der Nördlichen Dwina in das Weiße Meer befindet und der weiland die Hauptstadt des nördlichsten und am dünnsten besiedelten Gouvernements des europäischen Rußlands umfaßte. Derzeit ist es leider nicht möglich, sein genaues Ankunftsdatum zu benennen, doch muß er sich länger in Frankreich aufgehalten haben als sein Bruder Mathieu I., da der aus der Ehe mit seiner Cousine Esther Donnet hervorgegangenen älteste Sohn Jean II. 1689 noch in Villemagne das Licht der Welt erblickte. Neben einer nicht näher bestimmbaren Zahl von Töchtern schenkte ihm seine Frau einen zusätzlichen Sohn, Franz benamt. Über den Todeszeitpunkt von Salomon II. ist nichts näheres bekannt, so daß er sich nur sehr ungefähr mit 1720 angeben läßt.

Margrit Schulte Beerbühl geht in ihrer Darstellung *Deutsche Kaufleute in London. Welthandel und Einbürgerung (1600–818)* davon aus, daß sich ein Salomon Vernezobre ab 1724 von Archangelsk nach Sankt Petersburg zurückgezogen habe (Schulte Beerbühl 2007: 301). Sie bezieht sich bei dieser Angabe auf eine Untersuchung von Erik Amburger zur Familie *van Brienen* aus dem Jahr 1936 (Amburger 1936). Dies ist zwar korrekt, doch nicht präzise, denn bei dem von Schulte-Beerbühl apostrophierten Salomon handelte es sich nicht um Salomon II. Tatsächlich existierte aber noch ein Salomon III., welcher der jüngste Sohn des schon genannten Mathieu I. Vernezobre war. Salomon III. war demnach seinem Onkel Salomon II. 1715 nach Archangelsk nachgefolgt, der ihm half dort ansässig zu werden, und wo er höchstwahrscheinlich in die Lehre ging. Spuren einer geschäftlichen Tätigkeit von Salomon III. Vernezobre als Kaufmann finden sich demnach seit 1715, wobei sich anfänglich ein gewisser geschäftlicher Erfolg durch seine Bemühungen eingestellt zu haben scheint, da er bereits 1718 in Moskau als Hofbesitzer in der Deutschen Vorstadt (*Nemezkaja sloboda*) und Mitglied der holländischen Kaufmannsgesellschaft figurierte. Es ist jedoch als wahrscheinlich anzusehen, daß er wegen einer Forderung über 1973 Rubel gegenüber dem Fürsten Alexej Michailowitsch Tscherkasski, ob welcher er 1719 und 1721 direkt beim preußischen König Friedrich Wilhelm I. intervenierte (Amburger 1936: 22–23), in nicht unerhebliche wirtschaftliche Schwierigkeiten geriet.

Möglicherweise war diese Beschwerde beim preußischen König mit dafür ursächlich, daß sein älterer Bruder Mathieu I. ein eher angespanntes Verhältnis zu ihm unterhielt, wie der holsteinische Kammerjunker v. Bergholz berichtete, welcher ihn und seine Frau 1722 in Sank Petersburg besucht hatte. Der genannte Wegzug von Petersburg im Jahr 1724 erklärt sich dahingehend, daß er ab 1724 als Direktor des staatlichen Walfangmonopols an der Küste der Halbinsel Kola in der heutigen Oblast Murmansk, tätig war, obschon er noch im selben Jahr noch dem russischen Senat Pagenlivreen aus Samt im Gesamtwert von 570 Rubel geliefert hatte. In Fernostskandinavien sollte ihm jedoch kein Erfolg zuteil werden, da er dorten auf Grund geringer Fangergebnisse sowie hoher Expensarien durch mangelhaft ausgerüstete Schiffe und Besatzungen ein beträchtliches Defizit in Höhe von circa 26.600 Rubel in der Staatskasse zu verantworten hatte, was die Folge nach sich zog, daß man sein Gehalt von drei Jahren nicht auszahlte und ihn schließlich 1732 demissionierte. Ursächlich war hierfür der Bericht der Barons Peter Pavlovich Šafirov (vgl. zu seiner Person: Israel 2006: 302) an den russischen Senat, der als Präsident des Kommerzkollegiums selbst mit der Gründung einer Kompanie beauftragt worden war; allerdings empfahl Šafirov dem Senat gleichwohl, Vernezobre endlich das ihm zustehende Traktament in Höhe von 300 Rubel auszuzahlen (Kämmerer 1978: 86–87), was allerdings genauso wenig geschah, wie eine durch Bittschriften angelegentlich geforderte Wiedereinsetzung in seinen Posten. Über die Zeit nach seinem unfreiwilligen Weggang aus Kola ist nichts tradiert. Die Überlieferung setzt erst wieder ein, als er gegen Ende seines Lebens begann, mit dem mächtigen Grafen Peter Ivanovič Šuvalov, Cousin ersten Grades von Iwan Iwanowitsch Šuvalov, des Geliebten von Kaiserin Elisabeth von Rußland und Förderer der Aufklärung sowie Begründer der Universität in Moskau und der Petersburger Kunstakademie (Alexander 1990: 113–115), Geschäfte zu machen und durch dessen Protektion er schließlich 1748 Direktor über dessen Walfang-, Öl-, Fischtran- und Stockfischmonopol im Weißen- und Eismeer mit Sitz in Archangelsk wurde (Amburger 1986: 100 sowie: Roberts 2004: 24). Seit 1721 wurden in Rußland durch Peter den Großen nämlich ökonomische Maßnahmen in Form von Handelsmonopolen, die vorzüglich die Verwertung und den Vertrieb beinhalteten, wieder eingeführt, so daß der Graf Ivanovič Šuvalov seit 1752 auch das Holzmonopol für Nordrußland besaß. Die russische Nationalökonomie wurde mithin in ein patrimoniales Wirtschaftsunternehmen transformiert, was für die nächsten Jahrzehnte und Jahrhunderte pfadweisend werden sollte (Fenster 1983: 23).

Salomon III. starb wohl um 1750; ein Hinweis, daß er wahrscheinlich noch 1748 unter den Lebenden weilte, liefert ein von Pierre Louis Le Roy verfaßter Bericht von 1769, in dem von vier auf einer wüsten Insel bei Ost-Spitzbergen gestrandeten russischen Seeleuten, die von einem Handelsschiff eines altgläubigen (pej. russ. *Raskolnik*) Kaufmanns aus Archangelsk am 15. August 1749 gerettet wurden, die Rede ist und in dem Salomon III. Vernezobre geraten wurde, sein Schiff, statt in *Nowaja Semlja*, in Spitzbergen überwintern zu lassen, was dieser nach einigem Zögern schließlich in die Tat umsetzte (Le Roy 1769: 69; vgl. dazu auch die Übertragung ins Englische in dem von Edmund Burke editierten *Annual Register* von Joseph Banks: Le Roy 1778: 159). Es verwundert in diesem Zusammenhang nicht, daß der von einer in Frankreich religionsverfolgten Minorität abstammende Salomon III. mit einem Handelskollegen freundschaftliche Beziehungen unterhielt, dessen "altorthodoxe" oder auch "altrituell" genannte, schismatische Glaubensrichtung ebenfalls seit ihrer Abspaltung 1667 heftigen Prosekutionen und zehntausenfachen Hinrichtungen ausgesetzt war (dazu grundlegend: Hauptmann 2005).

Vor diesem Begebnis hatte Salomon II. doppelt mit einer Tradition der Vernezobre gebrochen: Zum einen beendete er die Endogamie, nur Nachfahren von Hugenotten zu Ehepartnern zu wählen, indem er die Deutsche Anna Elisabeth Zimmermann zur Frau nahm, und zum anderen schloß er sich nicht der französischen, sondern der deutschen reformierten Kongregation in Moskau an (Bem 2004: 191–192).

Über die beiden aus der ehelichen Verbindung von Salomon II. Vernezobre hervorgegangenen Söhne Franz und Jean II. ist nicht viel bekannt. Der Erstgenannte unterstützte seinen Vater bei dessen Ausübung als Aufseher des Handelsmonopols von Graf Šuvalov unterstützte (Kämmerer 1978: 87). Im Gegensatz zu seinem Cousin Salomon III., der von Königsberg nach Rußland gegangen war, verhielt es sich bei Jean II. genau gegenteilig: Er kehrte seiner russischen Heimat den Rücken zu, um in den Seidenhandel seines Onkels Mathieu I. in Königsberg einzusteigen. Seinen verwandtschaftlichen Verbindungen zu Danzig sollte dabei ein nicht unerheblicher Anteil zukommen, so daß er wirtschaftlich sehr erfolgreich wurde. So positiv sich seine geschäftlichen Belange entwickelten, so trist offenbarte sich sein Familienleben, denn aus seinen beiden bereits dargelegten Ehen, darunter mit seiner Cousine ersten Grades Marie Anne Vernezobre, Tochter von Mathieu I. Vernezobre, die, 1698 geboren, bereits 1727 wieder verschied, sowie mit Marianne du May, sollten insgesamt sechs Kinder erwachsen, von welchen jedoch nur eine Tochter Marianne, geboren nach 1732, sowie die beiden Söhne Jean III. und, am 12. Februar 1745 zur Welt gekommen, Salomon V. das Erwachsenenalter erreichte. Dieser Letztgenannte studierte zunächst Theologie in Berlin, wurde indes sehr früh 1764 im Alter von 19 Jahren abberufen und fand die letzte Ruhestätte in seiner Universitätsstadt. Sein Vater Jean II. verbrachte die letzten Lebensjahre bis zu seinem Tode am 13. März 1763 an der Seite seiner Tochter Marianne, verheiratet seit dem 23. September 1749 mit seinem Geschäftspartner und Königsberger Kaufmann Johann Christian Cruse, der dortselbst 1784 starb (Gause 1968: 188). Wie wir dank eines Schul-Manuskripts wissen, war er der 1719 in Wehlau geborene Sohn des Kaufmanns Georg Christoph Cruse und der Anne Pöhling . Dort besuchte Johann Christian Cruse auch die ansässige Lehranstalt und stiftete daselbst 1760 aus Dankbarkeit gegen Gott für den hier genossenen Schulunterricht und den in Königsberg erlangten Reichtum ein Schulinstitut. Dabei erfahren wir fernerhin, daß er

> "[...] *zuletzt auf des Rector Stolzenberg Classe durch gute Anführung zur Religiosität, guten Conduite und in den Schul-Wissenschaften so ausgebildet wurde, daß er, da er aufs Comtoir des Commercien-Raths Wenisobre in Königsberg zu Erlernung der Kaufmannschaft gegeben wurde, so gute Aufnahme fand und sich beliebt machte, daß er in der Folge sein Schwiegersohn durch Verheyrathung an seine einzige Tochter und sein Erbe der Handlung, auch nach seinem [des Schwiegervaters!] Tode den Rang eines Commercien-Raths erhielt.*" (Fischer 1931: 13 (Anm. 5))

Folglich bahnten sich die Beziehungen zu den Vernezobre bereits in seiner Lehrlingszeit an und führten schließlich zur Weiterführung des Handelskontors seines Schwiegervaters. Allerdings verwundert diese Geschäftssukzession vor dem Hintergrund, daß Jean II. durchaus einen präsumtiven Erben in Jean III. hatte, welcher mit Catherine Elisabeth le Coq, – deren Mutter, eine in Amsterdam geborene Fizeaux, aus dem Verwandtschaftskreis der Vernezobres stammte – am 19. August 1763 in Berlin vor den Traualtar getreten war. Zwar starb Jean III. bereits sieben Jahre nach seinem Vater, Anfang Januar 1770 (Müller-Heynen 1994: 43), jedoch finden sich keine Hinweise, wessentwegen sein Vater ihn nicht die Nachfolge seines Handelsgeschäfts hätte antreten lassen sollen. Möglicherweise erwuchsen aus der Ehe keine oder lediglich weibliche Nachfahren, was eine Übertragung des Geschäfts verunmöglicht, beziehungsweise massiv erschwert hätte. Aus dem Lebensbund von Johann Christian Cruse und Marianne Vernezobre ist hinwieder ein Sohn namens Carl Wilhelm Kruse verbürgt, der sich in einem Brief vom 25. Oktober 1798 zwecks der Bewerbung auf eine Professur an einer für die deutschen Provinzen im russischen Reich neu zu gründenden Universität an seinen akademischen Lehrer Immanuel Kant wandte und von diesem "*ein Zeugnis der guten Anwendung*" (Kant 1922: 259) seiner Studienjahre erbat. Dabei drang er bei dem großen Königsberger Philosophen um rasche Erledigung seines Ansinnens, was sich indes im Nachhinein als unbegründet erwies, da es zu der geplanten Universitätsgründung nicht kommen sollte und er Lehrer am akademischen Gymnasium im kurländischen Mitau bleiben sollte, wo er auch eine Familie gründete. Demnach fand die Handelstradition der Familie in seiner Person ein Ende. Allerdings sollte er sich in Form seines zwei Bände umfassenden Opus Magnum "Curland unter den Herzögen" (Cruse 1971) ein fortdauernderes Andenken bewahren, als er es durch eine Handelskarriere mutmaßlich zu erreichen vermocht hätte: Auf sein Werk bis in unsere Tage wird bis heute referenziert (u.a. Bues 2001: 23; Auerbach 2003: 149 sowie Mesenhöller 2005: 319).

Auf Grund der mangelnden Numerierung der einzelnen Jean Vernezobre bei Bem und Müller-Heynen besteht die Gefahr, Marianne Vernezobre mit der Schwester von Jean II. zu identifizieren (Bem 2004: 192; Müller-Heynen 1994: 42–43). Dies kann jedoch insofern nicht zutreffend sein, da dann der genannte Johann Christian Cruse nicht als der Schwiegersohn von Jean II. Vernezobre aufgeführt worden wäre, sondern als Schwager. Darüber hinaus müßte die Angabe des Jahres 1814 als ihr Todesjahr zum Rückschluß auf ein nachgerade biblisches Alter führen, legt man ein Geburtsdatum ihrer vermeintlichen Brüder Franz und Jean II. um 1690 zu Grunde. Darüber hinaus sind wir über den aus zwei Ehen von Jean II. erwachsenen Kindersegen recht genau unterrichtet: So brachte seine erste Frau zwei Kinder zur Welt; ein namentlich nicht bekanntes sowie einen Mathieu, die beide im Alter von zwei oder knapp zwei Jahren verstarben. In der zweite Ehe wurden neben Jean III. (geboren am 22. Januar 1738, verstorben am 6. Januar 1770), noch weitere Kinder, Salomon IV., der nachmalige Theologiestudent

Salomon V. und die genannte Marianne geboren, wobei deren Geburtsdatum mit dem 11. Mai 1754 von Otto Kriening nicht korrekt angegeben wurde, da die Mutter, Marianne du May, zu diesem Zeitpunkt bereits fast acht Jahre tot war, und sie selbst nachweislich bereits fünf Jahren mit Johann Christian Cruse im Ehestand verbunden war (Kriening 1991: 154). Möglicherweise ist der Geburtstermin mit dem 11. Mai 1734 anzugeben. Ob es sich tatsächlich so verhält, wie Erik Amburger vermeint, daß neben Franz und Jean II. Vernezobre noch ein dritter Sohn namens Jacques aus dem Eheschluß von Salomon II. und Esther Donnet entspross, der als Beamter in Sankt Petersburg in den russischen Staatsdienst trat und dessen mutmaßliche Tochter Elisabeth mit Abraham van Brienen den Bund der Ehe einging (Amburger 1964: 129), vermag zwar nicht in toto exkludiert werden, aber Bem gibt uns statt dessen darüber Auskunft, wenn auch, wie Amburger, nicht mit vollständigem Beleg, daß Jacques der jüngste der fünf Söhne von Mathieu I. war (Bem 2004: 188). Er referenziert dabei auf Müller-Heynen, die jedoch Jacques Vernezobre nicht expressis verbis erwähnt (Müller-Heynen 1994: 36–37). Dennoch schließen wir uns der Aussage von Bem an, dieweil uns die Geburtsdaten von Jean III. und Salomon IV. für eine Tochter im geschätzten heiratsfähigen Alter von 20 Jahren als zu spät erscheinen. Denn legt man das Jahr 1738 zu Grunde, in welchem Jean III. geboren wurde, hätte eine Tochter frühestens um 1760 zur Welt kommen und sich um 1780 mit Abraham van Brienen ehelich verbinden können. Der Tod von Abraham van Brienen wird aber von Amburger selbst in dessen Familiengeschichte der van Brienen mit November 1792 und einem Alter von fast oder schon über neunzig Jahren tradiert (Amburger 1936: 21), was es als ungemein unplausibel erscheinen läßt, er hätte sich in so fortgerücktem Alter erstmalig mit einer circa sechs Dekaden jüngeren Frau in den Ehestand begeben. Wenn auch diese Überlegung nicht als vollständig hinreichendes Gegenargument angesehen zu werden vermag, so können die zwischen 1752 und 1766 erfolgten Geburten der vier Söhne von Abraham van Brienen und Elisabeth Vernezobre als ausreichend valides Argument angesehen werden (DGB 1992: 384), daß eine derart späte Heirat nicht erfolgt sein kann und mithin eine Vaterschaft von dem um 1696 geborenen Jacques Vernezobre mit einer mutmaßlich um 1730 geborenen Tochter Elisabeth mehr Sinnhaftigkeit für sich zu reklamieren im Stande ist.

Der dritte der Söhne von Salomon I. Vernezobre und der Isabel Fizeaux, Isaac, wählte im Vergleich zu seinen Brüdern ein anderes Land als Refugium zur Ausübung seines Glaubens. Er ging in das weiland mehrheitlich protestantische Danzig, eine evangelische Exklave im ansonsten dezidiert katholischen Polen, was prima vista für einen französischen Glaubensflüchtling nicht die erste Wahl zu sein schien, denn 90 Prozent aller Protestanten in Danzig waren kulturell stark preußisch geprägt, und ein großer Flüchtlingszustrom aus Frankreich fand nicht statt (Tighe 1990: 40). Auf einen zweiten Blick hin muß die besondere Situation der in Danzig befindlichen Lutheraner und Calvinisten berücksichtig werden, denn dort besaßen die Protestanten ein breites Spektrum an Privilegien, welche sie sich sukzessive seit dem Gleichstellungsprivileg von König Sigismund August von Polen aus dem Jahre 1557 erworben hatten. Diese Vorrechte führten dazu, daß eine lutheranische Majorität sogar die Religionsausübung der Katholiken im Danziger Stadtgebiet stark einschränkte (Bömelburg 1995: 50). Trotz dieser vermeintlich hervorragenden Vorbedingungen für Religionsflüchtlinge entbrannten bereits Ende des 16. Jahrhunderts heftige Kämpfe zwischen den beiden unterschiedlichen protestantischen Konfessionen, welche in die anticalvinistischen Aufstände von 1584, 1587 und 1590 einmündeten, welche gleichergestalt mit machtpolitischen Fragen um die Vorherrschaft in der wohlhabenden Handelsstadt eng verbunden und teilweise auch durch soziopolitische und -kulturelle Divergenzen bedingt waren. Der stets schwelende Konflikt, der sich bis in die 1670er Jahre des 17. Jahrhunderts hinzog, führte zu einer kontinuierlichen Schwächung der Konfession von Calvin, so daß zu diesem Zeitpunkt nur noch 6 Prozent der Einwohner Danzigs sich zu ihr bekannten (sehr profund dazu: Bogucka 2006: v.a. 525–527 sowie weiterführend zu den

Konfessionskontroversen Müller 1997 sowie: Bem 2002). An diesem Befund änderten auch die hernach einsetzende Einwanderung einiger weniger Gruppen von Handelsagenten, Kaufleuten und Handwerkern aus England und Frankreich fast nichts, obzwar seit 1688 eine französische Kolonie mit einer eigenen Kirchengemeinde existierte, die ihre Gottesdienste zunächst in einer Lagerhalle und anschließend in der reformierten Kirche von Peter und Paul zelebrierte. Die Gemeinde fand indes keine Aufnahme in den französischen *Consistoire* (Dölemeyer 2006: 95) und verfügte auch sonst über keinen besonderen Legalstatus oder gar eine Rechtsautonomie mit eigener Judikatur, wie sie beispielsweise in Königsberg, Berlin oder Magdeburg Wirklichkeit waren (Kleger 2006: 125). Aus diesen Gründen läßt sich der Rückschluß ziehen, daß – durch die nicht ideale Situation der französischen Calvinisten – für Isaac Vernezobre eher ökonomische Gründe, das heißt der Aufbau eines Stützpunktes an diesem wichtigen Handelspunkt im Weichseldelta, für seine Ansiedelung aussschlaggebend waren. Denn alle vier Brüder waren im Handel tätig: Isaac selbst in Danzig, Jean I. in Paris, Salomon II. in Archangelsk und Mathieu I. in Königsberg. Auf diese Weise vermochten es die Geschwister auf der Grundlage vertrauter familiärer Bindungen einen nicht unerheblichen Handelsvorteil zu generieren.

Aus der Ehe mit Mary Raynaud sollten zwei Söhne, Pierre I. und David geboren werden, über deren Lebensbilder wir nur sehr spärlich unterrichtet sind. Als gesichert vermag lediglich zu gelten, daß sie das Bankiersgewerbe ausübten. Pierre I. heiratete seine Cousine Elisabeth Gouim, sein Bruder David trat im Jahr 1741 mit Louise du May in Königsberg vor den Traualtar. Es ist als durchaus wahrscheinlich anzusehen, daß es sich bei dieser Dame um eine jüngere Schwester oder Nichte der bereits erwähnten Marianne du May handelte. Aus der Ehe von David gingen zwei Söhne und aus der von Pierre I. elf Kinder hervor. Letztgenannter wurde irrtümlich von Wolfgang v. Oettingen in dessen Edition der Reise des Künstlers Daniel Chodowiecki von Berlin nach Danzig im Jahr 1773 als als derjenige identifiziert, welcher von diesem porträtiert wurde (Chodowiecki 1923: 58). Tatsächlich zeigt die Zeichnung Chodowieckis (vgl. Abb. 2.32: 228) David Vernezobre, das heißt den Onkel von Pierre II. Denn der Künstler schreibt in seinem Tagebuch selbst, er habe am "*26. Juno um halb 10 Herrn David Vernesobre*" (Chodowiecki

Abb. 2.32: Der Kaufmann David Vernezobre nach Daniel Chodowiecki auf dessen Reise nach Danzig am 26. Juno 1773 (Feder in Braun, Tusche, laviert Chodowiecki 1994b: 66)

1994a: 40 sowie Franke 1919: 59) in Vormundschaftsangelegenheiten eines Verwandten namens Lainé seine Aufwartung gemacht. Dank Kazimierz Bem sind wir auch dahingehend unterrichtet, daß Pierre I. Vernezobre 1768 verschied (Bem 2004: 192). Nun besaß er zwar noch einen Sohn Pierre II., doch muß eine Vornamensvertauschung von Chodowiecki fast vollständig ausgeschlossen werden, da dieser in seinen diarischen Aufzeichnungen zweimal expressis verbis von "David Vernezobre" spricht ("[…] *sie möchte* [sc. die Mutter], *daß ich Herrn* ***David*** [Herv. d. d. A.] *Vernesobre oder Herrn Eichmann frage, aber wie zufällig, wie groß das Vermögen des jungen Lainé ist &* […]" Chodowiecki 1994a: 39). Unverständlicherweise schreibt Willi Geismeier, der Herausgeber der Reiseerinnerungen Chodowieckis, in seinen Annotationen "*David Vernesobre* – Pierre Vernezobre, ein aus Frankreich stammender Danziger Kaufmann" (Chodowiecki 1994a: 157–158 (Anm. 99)). Abgesehen davon, daß nicht er, sondern eher sein Vater aus Frankreich stammte, vermag nicht erklärt zu werden, wessentwegen Geismeier diese offensichtlich schwach begründete Zuordnung vornimmt (so auch: Bem 2004: 194 und: Müller-Heynen 1994: 45). Auch bei der direkten Erläuterung des Bildes gebraucht er selbst, entgegen den Ausführungen von Chodowiecki, den unrichtigen Vornamen "Pierre" und geht fälschlicherweise davon aus, daß "Pierre Vernezobre" zunächst in der französischen Kolonie von Berlin gelebt habe (Chodowiecki 1994b: 66).

In der Charakterisierung, welche Chodowiecki uns von David Vernezobre künstlerisch gibt, erscheint dieser als gebrochener, älterer Mann, der sehr wahrscheinlich auf Grund seines finanziellen Ruins ein äußerst moroses Erscheinungsbild abgegeben haben muß. Dieses persönliche Schicksal hatte seine Ursache höchstwahrscheinlich darin, daß die ein Jahr zuvor erfolgte Teilung Polens (1772) für Danzig die negativ-existentielle Folge mit sich brachte, daß die Stadt von ihrem für den Handel lebenswichtigem Hinterland fast vollständig abgeschnitten worden war und Preußen durch eine rigide Zollpolitik einen zusätzlichen, ruinösen Tribut einforderte (Bömelburg 1995: 378). Sehr anschaulich wurde diese depravierte Grundstimmung Danzigs in Johanna Schoppenhauers "Jugendleben und Wanderbilder" festgehalten:

> "*Die große Wohlhabenheit, zu der die Einwohner durch Fleiß, Sparsamkeit und ihre den Handel so sehr begünstigende Lage im Verlauf von Jahrhunderten gelangt waren, ließ im Innern ihrer Häuser die Folgen desselben nicht gleich fühlbar werden, und wie ein an unheilbarer Auszehrung Leidender anfangs in glücklicher Unbewußtheit dem Grabe zusinkt, so gingen auch sie, ohne eine Ahnung davon zu haben, dem jammervollen Loose des langsamen Verarmens entgegen.*" (Schoppenhauer 1839: 107)

Es nimmt darob nicht wunder, daß die Vernezobres schließlich Danzig den Rücken kehrten, so daß sich nach 1800 keinerlei Spuren in den Kirchenbüchern der dortigen französisch-reformierten Kirche mehr auffinden lassen. Jedoch vermag als gesichert zu gelten, daß Pierre Louis, der Sohn von David und Louise du May, Ende des 18. Jahrhunderts nach Warschau zog. Dorten fand er zusamt seiner Ehefrau Juliana du Bois rasch Aufnahme in der reformierten Kirche, wo auch sein ältester Sohn Edouard Charles das Taufsakrament erhielt. Gleiches gilt für den nachgeborenen Guillaume Louis. Allerdings gab es dort keine eigene, französisch-reformierte Gemeinde, so daß sich die dort geborene Generation kaum mehr mit dem französischen Ursprungsland der Familie zu identifizieren schien. Denn es ist tradiert, daß Edouard Charles nur mehr die Sprachen deutsch und polnisch verstand und demnach der Muttersprache seiner Vorväter nicht mehr mächtig war. Am deutlichsten fand diese veränderte Selbstidentifikation ihren Ausdruck im seinem militärischen Werdegang: So diente Edouard Charles, nachdem das von Napoleon I. als Pufferstaat gegenüber seinen Gegnern Rußland und Österreich geschaffene Herzogtum Warschau nach dem Wiener Kongreß in der vierten polnischen Teilung (Kongreßpolen) dem russischen Zaren als Königreich Polen mit eigener Verfassung und Armee zugesprochen wurde (vgl. dazu weiterführend: Senkowska-Gluck 1971), in den Reihen der polnischen Truppen. Als diese sich 1830 gegen die russische Fremdherrschaft erhoben, beteiligte er sich an allen großen Kämpfen, so auch in der berühmten Schlacht von Ostroleka (vgl. zum Schlachtverlauf: Horsetzky 1894: 243–244), wo er schwer verwundet schließlich für seine Tapferkeit mit dem Orden *Virtuti Militari*), der bis heute höchsten Militärauszeichnung Polens (vgl. dazu: Wesolowski 1992 sowie Jeziorowski und Luczak 1993), dekoriert wurde. Nach dem Niederschlagen der Erhebung floh er gemäß der Darstellung von Bem 1832 nach Frankreich (Bem 2004: 195). Dieser Befund erscheint jedoch zweifelhaft vor dem Hintergrund, daß er sich nachweislich in die Militärdienste des am 4. Mai 1832 gegründeten Kantons Basel-Landschaft begab. Dort war er gemäß des Chronisten Pfarrer Johann Peter Aebli, zusamt mit fünf weiterem polnischen Landsmännern maßgeblich an dessen Sieg in der Schlacht an der Hülftenschanz am 3. August 1833 bei Frenkendorf gegen den separierten Kanton Basel-Stadt (der weiland zunächst noch unter dem Namen "Basel-Stadtteil" figurierte) beteiligt (Aebli 1833: 73–74). Infolgedessen erfolgte am 26. August 1833 die bis zum heutigen Tag fortwirkende kodifizierte Trennung des Kantons Basel, wobei Edouard Charles Vernezobre in Anerkennung seiner Dienste zusammen mit Hypolit Mieroslawski das Gemeindebürgerrecht im Kanton Basel-Landschaft erhielt. Eine Ehrenbürgerschaft wurde ihm indes vom Landrat auf Betreiben des genannten Historiographen Aebli verweigert (Leuenberger 1996: 47). Derzeit ist es nicht möglich, mit letzter Sicherheit zu sagen, ob Edouard Charles von seinem Gemeindebürgerrecht tatsächlich Gebrauch gemacht hat, oder ob er, wie viele seiner polnischen Landsleute, nach Frankreich weiterzog und dorten Kontakt mit seinen noch lebenden Verwandten nahm.

Sein Bruder Guillaume Louis, der als Handschuhmacher in Warschau tätig war, zog höchstwahrscheinlich durch den wirtschaftlichen Niedergang, den Polen in dieser Zeit nahm, sowie die im Zuge der Russifizierung veränderte politische Situation wieder zurück nach Königsberg, von wo seine Familie ein Jahrhundert zuvor in den Osten Europas aufgebrochen war. In dieser Stadt schloß er sich auch wieder der französisch-reformierten Gemeinde an und verstarb daselbst nach 1846. Eine seiner Töchter namens Anna, war noch 1904 als Bewohnerin der ostpreußischen Stadt in der *Französischen Straße* registriert und galt als die letzte Vernezobre Europas (Bem 2004: 196).

Es ist hierbei interessant zu sehen, daß sich sowohl Edouard Charles, der mehrfach sein Leben für den polnischen Freiheitskampf riskiert hatte, als auch sein älterer Bruder Guillaume Louis, welcher den größten Teil seines Lebens in Polen verbracht hatte, sich doch wieder ihrer Ursprünge besannen und einesteils ganz nach Frankreich zurückkehrten und anderenteils die lange Tradition in der Königsberger Französischen Kirche kontinuierten, welche dort unmittelbar mit der Aufhebung des Edikts von Nantes (1685) ihren Angang genommen hatte. Auch wenn der Handschuhmacher Guillaume Louis Vernezobre auf Grund einer ökonomisch depravierten Lage nicht mehr viel mit den wohlhabenden und aufstrebenden Kaufleuten seiner Familie, die Ende des 17. Jahrhunderts nach Ostpreußen gezogen waren, gemein hatte, so bewies er wie sie seinerzeit neben einer geographischen Mobilität eine nationalindependente, extrem starke Verwurzelung und Identifikation mit der protestantischen Kirche.

Am deutlichsten war diese Hinwendung zur reformierten Kirche fraglos bei Emanuel I. ausgeprägt, dem am 15. November 1661 in Nîmes geborenen und oben bereits erwähnten Sohn von Michel Vernezobre und dessen zweiter Ehefrau Alix Depôns, der über die Schweiz nach Darmstadt emigriert war, um dort die Kinder des Landgrafen Ernst Ludwig von Hessen-Darmstadt und dessen Ehefrau Dorothea Charlotte (vgl. dazu auch den an sie gerichteten Brief von Emanuel I. Vernezobre Abb. 2.33: 230) in Fremdsprachen zu eduzieren (Bem 2004: 188).

Auf welchen Zeitpunkt exakt seine Auswanderung aus Frankreich zu datieren ist, vermag zum gegenwärtigen Zeitpunkt nicht gesagt zu werden. Angesichts dessen, daß bereits 1679 die offene Verfolgung der französischen Protestanten – ab 1681 auch mit den gefürchteten Dragonaden – erfolgte sowie immer drastischere Einschränkungen der reformierten Konfessionsausübung zu Tage traten, welche es mit dem *Arrest du 17 mai 1683* protestantischen Pastoren

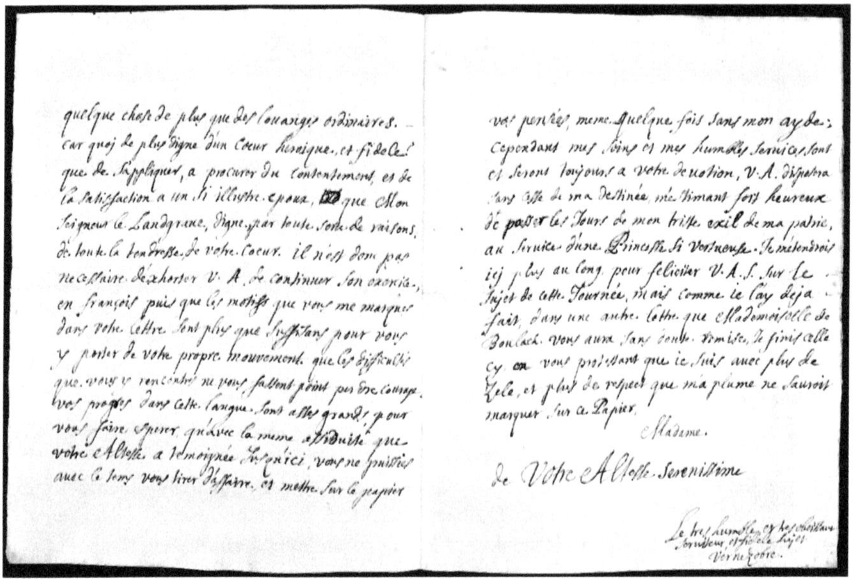
quelque chose de plus que des louanges ordinaires.
car quoy de plus digne d'un Coeur heroique, et fidele!
que de s'appliquer, a procurer du contentement, et de
la satisfaction a un si illustre epoux, [illegible] que Mon
seigneur le Landgrave, digne par toute sorte de raisons,
de toute la tendresse de votre Coeur. il n'est donc pas
necessaire d'exhorter V. A. de continuer son exercice,
en françois puis que les motifs que vous me marquez
dans votre lettre sont plus que suffisans pour vous
y porter de votre propre mouvement. que les difficultés
que vous y rencontrés ne vous fassent point perdre courage.
vos progrés dans cette langue sont assés grands pour
vous faire esperer qu'avec la meme assiduité que
votre Altesse a temoignée jusqu'ici, vous ne puissiés
avec le temps vous tirer d'affaire, et mettre sur le papier
vos pensées meme quelque fois sans mon ayde;
Cependant mes soins et mes humbles services sont
et seront toujours a votre devotion, V. A. disposera
sans cesse de ma destinée, m'estimant fort heureux
de passer les Jours de mon triste exil de ma patrie,
au service d'une Princesse si vertueuse. Je m'etendrois
icy plus au long pour feliciter V. A. S. sur le
sujet de cette Journée, mais comme je l'ay deja
fait, dans une autre lettre que Mademoiselle de
Bonlach vous aura sans doute remise, je finis celle
cy en vous protestant que je suis avec plus de
Zele, et plus de respect que ma plume ne sauroit
marquer sur ce Papier,
Madame.
de Votre Altesse Serenissime
Le tres humble, et tres obeissant
serviteur, et fidele sujet
Vernezobre.

Abb. 2.33: Brief von Emanuel I. Vernezobre an die Landgräfin Dorothea Charlotte von Hessen-Darmstadt, um 1700 (HStAD, D 4, Nr. 376/4)

untersagte, an denjenigen Orten wohnen zu bleiben, an welchen die Ausübung der *Religion prétendue réformée* interdiziert war (Pilatte 1885: 136–137), spricht einiges dafür, daß die Auswanderung zwischen 1679 und 1683, spätestens aber 1685 erfolgt sein muß, als den protestantischen Pastoren, welche nicht konvertieren wollten, nur noch 14 Tage bis zur Ausreise aus dem französischen Königreich blieben (vgl. zur Konfessionspolitik Ludwig XIV. weiterführend die luzide Darstellung von Duchhardt 1985a). Ob Emanuel I. allerdings tatsächlich bereits als Pastor Frankreich verließ, oder sich erst hernach in einer der großen evangelischen Hochburgen durch ein Studium der Theologie zum protestantischen Kleriker hatte ausbilden lassen, vermag genauso wenig mit Bestimmtheit angegeben zu werden, wie das genaue Datum seiner Indienststellung am hessischen Hofe in Darmstadt. Verbürgt ist hinwieder die exakte Rezipienz als *ministre* (vgl. zur genauen seinerzeitigen Funktion: Halter 2002) zusamt dem berühmten Pastor La Porte des Cevennes am 16. Oktober 1692 in der Kirche zu Basel (Haag 1859: 471). Orientiert man sich an den Lebensdaten der drei jüngsten Kinder des Landgrafen Ernst Ludwig, Dorothea Sophie, Ludwig VIII. sowie Karl Wilhelm (Franz 2005: 105), die allesamt im Abstand von zwei Jahren zwischen 1689 und 1693 das Licht der Welt erblickten, käme ein Engagement als Pädagoge für die Fürstenkinder frühestens um das Jahr 1695, eher indes später in Frage. Als unbestritten vermag sein Eintritt in den Stand der Ehe gelten, welchen er am 17. April 1699 in Bessungen, welches 1888 von Darmstadt eingemeindet wurde (nicht: Nîmes, wie von Böhm 2010: 258 (Anm. 21), fälschlicherweise und unbelegt angenommen) mit Lavinie (auch: Lavinia) de Bermont de Roussait, Tochter von Alexandre und Magdelaine de Bonty, vollzog (Kriening 1991: 152–153). Über die Familie der Braut, welche 1662 in Gap (05) in der Dauphiné geboren wurde, wissen wir wenig. Fraglos handelte es sich bei ihr um ein Geschlecht, das, wie die Vernezobres, nicht zuletzt ob der Verfolgungen ihres protestantischen Glaubens Frankreich den Rücken zugekehrt hatte, doch ist ihre adlige Herkunft, wie sie unter anderen Bem konstatiert, äußerst quästioniert (Bem 2004: 188). Zwar existierten in Frankreich zwei adlige Familien Bermont (auch in der Variation: Bermond), die jedoch aus der Franche-Comté und Provence, nicht aber der Dauphiné stammen und keinerlei Hinweise auf einen Abkömmling namens Alexandre bergen, der eine Magdelaine de Bonty heiratete, liefern (Courcelles und Viton de Saint-Allais 1821: 60–61 sowie: Lainé 1829: 1–18 (de Bermont)). Überhaupt scheint die Orthographie der Namen nicht gesichert zu sein, denn Tarnogrocki gibt in seiner Lebensbeschreibung von Emanuel I. den Namen von dessen Schwiegermutter mit "Madelaine de Boutis" an und verweist zudem darauf, daß Emanuel I. beim Zeitpunkt des Todes seiner Frau am 23. Januar 1715 nicht in der Lage war, deren Alter genau zu benennen. So gibt er an, daß sie "ungefähr 53" Jahre alt geworden sei (Tarnogrocki 1882: 23). Diese kuriose Tatsache, daß er sich nicht in der Lage sah, die Lebensspanne seiner eigenen Frau zu beziffern, läßt die Mutmaßung Raum greifen, daß er höchstwahrscheinlich auch die Namen seiner Schwiegereltern lediglich nach mündlicher Überlieferung aufgeschrieben hat. Denn beispielsweise hat es zu keiner Zeit den Namenszusatz "de Roussait" in Frankreich, nach derzeitigem Wissenstand, nicht gegeben. Wesentlich plausibler erscheint die Möglichkeit, daß es sich wohl um das Wort "Toussaint" gehandelt haben muß. Demgemäß ist auch davon auszugehen, daß der Namenshauptbestandteil "Bermont" in differenter Form (z.B. "Beaumont", "Baermont", "Baarmont", "Barmont", "Beermont") figurierte. Tatsächlich existierte eine hugenottische, wenn auch nicht adlige Familie Bermont, welche originär aus Aspres im Bistum Gap in der Dauphiné stammte und zunächst im Schweizer Echallens im Waadtland Zuflucht fand, bis sie später nach Genf weiterflüchtete (S.V.G. 1923: 52). Möglicherweise handelte es sich bei dieser um das Geschlecht der Frau von Emanuel I., denn es ist nicht gänzlich zu exkludieren, daß er die Familie seiner Frau bei seinem Aufenthalt in der Schweiz kennenlernte.

Fünf Jahre nach dem Eheschluß zwischen ihm und seiner Frau Lavinie de Bermont, endete im Jahr 1704 sein Engagement für das Haus Hessen, und er trat die Stelle des Pastors der französisch-reformierten Kirche in Potzlow in der Uckermark an (Muret 1885: 221). Welche Gründe hierfür ausschlaggebend waren, entzieht sich dem derzeitigen Wissensstand. Dieses Amt sollte er fast zehn Jahre bekleiden, obschon er sich wohl bereits spätestens nach sieben Jahren nach einem anderen Ort seines spirituellen Wirkens umgesehen haben muß, da 1711 eine Tätigkeit als Pfarrer in Hammelspring (auch: Lammspring) im Ruppiner Land, wo gleichfalls eine französische Kirche existierte, im Gespräch war, doch trat Emanuel I. Vernezobre diese Stelle nie an (Tollin 1895: 16).

Bemerkenswert erscheint in diesem Zusammenhang, daß die einzige Tochter, Marie Anne Henriette Vernezobre, mutmaßlich direkt nach der Trauung noch in Darmstadt-Bessungen geboren worden sein soll. Die Mutter hätte – legt man dem oben genannten Todeszeitpunkt mit 53 Jahren zu Grunde– zum Zeitpunkt der Geburt das 40. Lebensjahr fast erreicht, was für eine Erstlingsschwangerschaft ebenso ungewöhnlich ist, wie ein Eintritt um das 38. Lebensjahr in den Ehestand, was den fast zwingenden Rückschluß zuläßt, daß Lavinie de Bermont bereits einmal verheiratet gewesen sein könnte. Ihre Tochter Marie Anne Henriette sollte, nach Bem und Kriening, den Geheimen Rath und Major Joachim Bernhard d.J. von der Osten auf Wartin ehelichen (Bem 2004: 192; Kriening 1991: 153).

Im Gegensatz dazu wurde Marie Anne Vernezobre im überwiegenden Teil der Literatur beständig als Tochter des unten noch eingehender zu betrachtenden François Mathieu apostrophiert (u.a. Hesekiel 1873: 221 sowie: Rachel und Wallich 1967: 95 (Anm. 3)). Kriening führt sie in seiner genealogischen Studie zu den Vernezobre sie sogar zweimal mit unterschiedlichen Vätern auf, zum einen als "*Marie-Anne* [Herv. d. d. A.] *Henriette*", Tochter Emanuels I. und Ehefrau von "*Joachim Bernhard* [Herv. d. d. A.] *von der Osten, conseilleir privé du major von der Osten et Wartin*", und zum anderen unter dem Namen "***Marianne*** [Herv. d. d. A.] *Henriette*" als Tochter des Baron François Mathieu de Vernezobre-Laurieux und Frau von "*Joachim* ***Berndt*** [Herv. d. d. A.] *von der Osten et Wartin*" (Kriening 1991: 153u. 155). Nun gab es zwar in der Tat zwei Personen mit Namen "Joachim Bernd (sic!) von der Osten" auf Wartin (vgl. dazu: Brüggemann 1779: 236 sowie Sieber 1959: 78–79), einmal den Landrat Joachim Bernd von der Osten d.Ä. (Schmoller und Stolze 1908: 446), welcher das Allodial-Rittergut mit Vertrag vom 12. März 1699 von dem Geschlecht Eickstedt vollständig übernahm, und sodann dessen Sohn, den am 12. Dezember 1757 zu Schwedt an der Wassersucht verstorbenen preußischen Geheimen Rat Joachim Bernd d.J. (Ranft 1759: 611), der wiederum das Gut Wartin für 50.000 Thaler mit Kontrakt vom 8. Juno 1735 seinem älteren Bruder Carl abkaufte (Berghaus 1865: 1728). Allerdings liegt hier bei Kriening sehr naheliegend eine Verwechselung oder gar ein gravierender Irrtum vor, da es als nahezu ausgeschlossen gelten kann, daß zwei namensgleiche Töchter Vernezobre Vater und Sohn von der Osten geehelicht haben. Denn auch wenn die Lebensdaten von Marie Anne Henriette Vernezobre und Joachim Bernd d.J. von der Osten, welche mit einem Geburtsdatum um 1700 einzuschätzen sind, im Bereich des Möglichen hinsichtlich einer Hochzeit liegen, und auch die räumliche Nähe zwischen Strasburg in der Uckermark, wo Emanuel I. Vernezobre seit 1713 eine Pfarrstelle innehatte, und Wartin mit einer Entfernung von lediglich 22 Kilometer gegeben war sowie schließlich das Haus des Geheimrats Joachim Bernd d.J. von der Osten darüber hinaus als ausgewiesen "ernst-fromm" galt (Goltz 1853: 70), so bleibt doch unter der Maßgabe der ständischen Gesellschaft der ersten Hälfte des 18. Jahrhunderts die Tatsache bestehen, daß Marie Anne Henriette Vernezobre die Tochter eines bürgerlichen Pfarrers und Joachim Bernd d.J. von der Osten der Sohn eines Allodial-Rittergutbesitzers war, wenn auch der zweite, versehen aber mit allen Ehrenrechten der Standschaft auf Provinzial-, Landund Kreistagen des Patronats sowie der polizeiobrigkeitlichen Gewalt. Auch muß berücksichtigt werden, daß ein zweitgeborener Sohn 1735 in der Lage war 50.000 Thaler aufzubringen, um von seinem älteren Bruder ein Gut zu übernehmen. Damit lag der Wert des Gutes noch einmal beträchtlich über den 34.000 Thalern, welche zum Kauf des mittelgroßen Allodial-Rittergutes Priort acht Jahre später aufgebracht wurden (vgl. Kap. 2.3.2.4: 163), was den Rückschluß zuläßt, daß dieser Betrag mutmaßlich allein durch Erbschaft oder Heirat, mitnichten aber durch ein Gehalt aufzubringen war.

Da es für erstgenannte Annahme keinerlei Hinweise gibt, erscheint die zweite Möglichkeit als die wahrscheinlichere, und tatsächlich findet sich die genannte Marie Anne Henriette de Vernezobre-Laurieux, Tochter des Baron François Mathieu und der Marie Henriette Vernezobre, als die veritable, eine äußerst üppige Mitgift in die Ehe einbringende Ehefrau des Joachim Bernd d.J. von der Osten. Aus diesem Vermögenshintergrund vermag es sich gleichergestalt zu explizieren, wessentwegen der junge Ehemann in die Position gesetzt wurde, das besagte Rittergut zu erwerben, schließlich hatte der Schwiegervater François Mathieu auch bei seiner jüngsten Tochter Jeanne-Gaspard den Kaufpreis von Priort für seinen Schwiegersohn Jean-Jacques I. in toto übernommen (vgl. Kap. 2.3.3.3: 208). Selbst wenn für die These der Kaufpreisübernahme der letzte Beweis derweil nicht zu liefern ist, so vermag doch durch die letztwillige Verfügung François Mathieus de Vernezobre-Laurieux seine Vaterschaft gegenüber Marie Anne Henriette zivilstandsrechtlich zweifelsfrei belegt zu werden, denn darin heißt es:

> "*J'institue et nomme mes heritiers Universels de tous les biens etc. mes Enfans et petits Enfans ci-après nommés, Scavoir* [...] *Marie Anne Henriette Baronne de Vernezobre Epouse du Sieur Joachim Berend von der Osten, Conseiller Privé du Roy.*" (Passow 1907: 245, vgl. zur Genealogie der Vernezobres de Laurieux: Passow 1907: Stammtafel (unpag.))

Demgemäß vermag es exkludiert zu werden, daß Marie Anne Henriette die Tochter des Pfarrers Emanuel I. Vernezobre war, und wir müssen dieserhalb den Befund von Bem und Kriening einer Korrektur unterziehen. Ob Emanuel I. nun eine Tochter mit gleichlautenden Namen besaß, vermag als eher unwahrscheinlich taxiert werden, dieweil die Auffälligkeit zu Marie Henriette, dem Vornamen der Mutter, recht frappant ist.

Die falsche Zuordnung könnte schließlich auch daraus resultieren, daß Emanuel I., nachdem dieser, aus nicht näher bekannten Umständen von Potzlow übersiedelnd, am 26. Februar 1713 seine Pfarrstelle – in Vakanzvertretung bereits 1712 – in Strasburg in der Uckermark angetreten und zwei Jahre später seine Frau Lavinie verloren hatte, noch einmal mit Dorothea Charlotte Constantin, geboren 1690 in Wesel als Tochter von Jacques Constantin und der Louise Trouillard, vor den Traualter trat. Aus dieser Ehe gingen neben Emanuel II., Claude und Otto, Jeanne Catherine, Louise sowie François Henri noch eine Marie hervor, welche am 24. April 1729 das Licht der Welt erblickte und am 27. April 1754 in Rothenklamppenow nordöstlich von Pasewalk den Johann Wilhelm Cossart, dortiger Gutsverwalter derer von Eickstedt (vgl. dazu: Schleinert 2001: 140–141 sowie weiterführend: Eickstedt 1860: 729–763), ehelichte (Kriening 1991: 153). Vielleicht hat der gemeinsame Vorname "Marie" sein Maß zur Verwirrung und Falschzuordnung von Marie Anne Henriette geleistet. Daneben läßt sich sonderheitlich an der Tätigkeitsbeschreibung von Johan Wilhelm Cossart noch einmal deutlich das soziale Milieu der beiden Eheleute ablesen, welches zwar dem gehobenen Bürgertum, nicht aber dem Adel gleichgestellt war und sich insofern in die obige Darstellung von einpaßt.

Otto Tarnogrocki, welcher uns in seinem Zitat aus dem Protokollbuch der französischreformierten Kirche wissen läßt, daß Emanuel I. "*mit seiner **ganzen*** [Herv. d. d. A.] *Familie von Potzlow nach Strasburg*" (zit. n. Tarnogrocki 1882: 23, unrichtig aufgeführt bei: DHV 1980: 17) übersiedelte und folglich mindestens ein Kind aus erster Ehe im Jahr 1713 am Leben gewesen sein muß, da die Formulierung ansonsten nicht sinnstiftend wäre, nennt von den sieben oben erwähnten Sprößlingen aus dem Ehebund mit Dorothea Charlotte Constantin lediglich die drei im Säuglingsalter verstorbenen und in das Totenregister der Kirche in Strasburg eingeschriebenen Kinder Otto, Jeanne-Catherine und François Henri, zu dessen Taufpaten sein Onkel zweiten Grades François Mathieu und dessen Ehefrau zählten, welche sich jeweils durch einen Repräsentanten vertreten ließen, wundert sich aber gleichzeit, wessentwegen gerade die Taufen der Kinder des ansässigen Pfarrers nicht in das dafür vorgesehene Register von diesem eingetragen wurden und kommt zu dem Schluß, daß es als ausgeschlossen angesehen werden muß, daß die Pfarrerskinder nicht oder an einem anderen Ort getauft wurden und es folglich Emanuel I. als nicht notwendig angesehen hat, sie zu inskribieren, obschon dieser ansonsten stets höchlichst sorgfältig in seinem Eintragungen gewesen zu sein scheint (Tarnogrocki 1882: 23–24). Dieser vermeindliche Widerspruch löst sich sehr wahrscheinlich dahingehend auf, daß, entgegen der Annahme von Tarnogrocki, die Namen der Kinder des Pfarrers Vernezobres wohl durchaus in Kirchenbüchern figurierten, allein nicht in denen von Strasburg, sondern von Prenzlau, welches nur 30 Kilometer von Strasburg entfernt lag und wo er am 15. Januar 1716 seine Ehefrau Dorothea Charlotte Constantin geehelicht hatte. Zu diesem Zeitpunkt war er bereits seit fast drei Jahren Pfarrer in Strasburg und muß es aus nicht näher zu ermittelnden Gründen, möglicherweise weil sich dorten Verwandtschaft seiner Frau befand, vorgezogen haben, daß seine Kinder zwar in Strasburg zur Welt gekommen sind, aber in Prenzlau getauft wurden. Nach langer Krankheit und vierjähriger schwerer Agonie, durch welche er seine Wohnstatt nicht mehr zu verlassen im Stande war, verschied Emanuel I. Vernezobre am 10. März 1746 im Alter von über 84 Jahren. Seine zweite Frau folgte ihm vier Jahre später am 2. Juno 1750 nach (Kriening 1991: 153). Von den drei überlebenden Kindern, erreichte der von Tarnogrocki nicht erwähnte Claude, geboren am 29. Januar 1719, die Vollendung seines 19. Lebensjahres nicht, sondern starb am 10. September 1737, so daß die Deszendenz einzig vom erstgeborenen Sohn, Emanuel II. benamt, kontinuiert wurde. Dieser, welcher am 14. Dezember 1716 zur Welt gekommen war, studierte zunächst an der Universität in Frankfurt an der Oder, wo er am 1. Oktober 1734 als "*Emanuel Vernezobre Strasburgensis Marchicus*" immatrikuliert wurde (Fridländer 1888: 339). Durch die letzten beiden Worte erhärtet sich die obige These, daß sein Geburtsort tatsächlich Strasburg in der Uckermark war, da die neuen

Studenten nicht mit dem jeweiligen letzten Wohnort, sondern stets ihrem Geburtsort in die universitären Verzeichnisse eingetragen wurde. Dies erzeigt sich auch in der circa vier Jahre später erfolgten Immatrikulation seiner beiden Cousins zweiten Grades, Mathieu II. und dessen Bruder Friedrich Wilhelm, Söhne von François Mathieu. Mathieu II., der, wie noch im nachfolgenden zu zeigen sein wird (vgl. Kap. 2.3.3.4: 264), nachweislich am 15. April 1720 in Paris geboren wurde, fand am 28. Oktober 1737 als "*Mattheus liber baro de Vernezobre Parisiensis*" (Fridländer 1888: 348) Aufnahme in die Universität. Dessen Bruder Friedrich Wilhelm, der am 8. Juli 1721 ebenfalls in der französischen Hauptstadt zu Welt kam (irrig hierzu: Kriening 1991: 155, der Berlin als Geburtsstätte angibt), da er selbige zu diesem Zeitpunkt noch nicht mit seiner Mutter verlassen hatte (vgl. Kap. 2.3.3.4: 256), wurde als "*Fridericus Guilielmus liber baro de Vernezobre Prisiensis*" eingeschrieben Fridländer 1888: 348.

Das genaue Studienfach von Mathieu II. läßt sich den Studentenmatrikeln leider genauso wenig entnehmen, wie das von Emanuel II., doch liegt die Mutmaßung nahe, daß sein Schwerpunkt im Fach der Philologie lag. Einesteils edierte er eine korrigierte Übersetzung von "Les Fables imitées d'Esope par Phèdre" (1748) zusamt Henri Benard in Dresden, welche seit 1750 unter dem Titel "Les Fables imitées d'Esope par Phèdre revues et corrigées à l'usage de la Compagnie de Gentilshommes Cadets de Saxe" (Vernezobre und Benard 1750) bei Frédéric Hekel ebenfalls in Dresden erschien (Schwab 1822: 741–742). Anderenteils verfaßte er in seiner Eigenschaft als "*maître de langue française à l'Académie noble de Dresde*" (Haag 1859: 471) ein Französischlehrbuch für seine Schüler in der Kadettenanstalt zu Dresden (vgl. zu dieser adligen Ausbildungsanstalt, immer noch grundlegend: Meschwitz 1907), publiziert 1766 unter dem deutschen Titel "Academische Uebungen in der französischen Sprache, nach ihren Anfangsgründen und den Regeln ihrer Wortfügung nebst hinzugesetzten deutschen Aufgaben, die nach den gegebenen Regeln ins Französische zu übersetzen sind" (Vernezobre 1766), seit 1776 unter französischem Titel "Cours Académique De La Langue Françoise. Ouvrage Théoretique Et Pratique, Comprenant un Systême complet des Règles de la Grammaire, avec des Thêmes instructifs en Langue allemande, pour être traduits en françois, d'après les Règles qui les précédent" (Vernezobre 1776). Dieses Buch erfuhr insgesamt fünf Reeditionen: 1788, 1798, 1802 und 1816 Stengel 1976: 101 (vgl. dazu auch: Saint-Gérand 2005). Über eine geschlossene Ehe und Kinder ist hinsichtlich seiner Person nichts weiter bekannt, wessenthalben davon auszugehen ist, daß mit Emanuel II. Vernezobre die Deszendenz von Michel Vernezobre im Mannesstamm erlosch.

Als letzter der Söhne von Salomon I. und Isabel Fizeaux ist auf den erstgeborene Mathieu I. zu rekurrieren, welcher bereits mehrfach im Kontext seiner Brüder Erwähnung fand. Seiner Person kommt für den preußischen Zweig der Vernezobres eine Schlüsselrolle zu, da er als dessen Begründer zu gelten hat, denn im Gegensatz zu seinem Bruder Jean I. verblieb er nach der Revokation des Edikts von Nantes (1685) nicht in Frankreich und schwor seinem protestantischen Glauben auch nicht ab (vgl. Kap. 2.3.3.4: 219). Seine Ankunft in Königsberg vermag auf die ersten Monate des Jahres 1686 datiert zu werden, wobei der genaue Fluchtweg, das heißt ob er über die Niederlande oder – wie Emanuel I. – die Schweiz nach Ostpreußen emigrierte, vermag zum derzeitigen Zeitpunkt nicht genau ermittelt werden. Es spricht jedoch eine gewisse Plausibilität dafür, wie Müller-Heynen bemerkt, daß ihn sein Fluchtweg über Holland führte, da die ostpreußische Regierung in einem Dokument vom 8. Juno 1686, welches im Zusammenhang mit seinem preußischen Bürgerrecht stand, darauf verweist, daß man in den Niederlanden "[...] *von denen so Ihn kennen, eines gültigen Zeugnüsses gewärtig ist.*"[132] (Müller-Heynen 1994: 36). Nimmt man an, daß diese Referenz

132 GStA PK XX. HA EM 74 a Nr. 29, fol. 51.

nicht aufgeführt worden wäre, wenn sie nicht in zeitnaher Relation zu Mathieu I. Vernezobre gestanden hätte, verbleibt als Aufenthalt zwischen Oktober 1685 und Frühjahr 1686 nur Holland. Bezüglich der Erlangung der neuen Niederlassungsgenehmigung, welche ihm mit dem Paragraphen 3 des Toleranzedikts vom 29. Oktober 1685 (jul., respektive 8. November 1685 (greg.)) des Kurfürsten Friedrich Wilhelm von Brandenburg ausdrücklich zugebilligt wurde ("*Nous avons ordonné, qu'aussi tost que quelque uns des dits François y arriveront, ils y soyent bien receus, & que l'on convienne avec eux de tout ce qui sera necessaire pour leur établissement, leur donnant au reste une liberté & mettant à leur propre gré & plaisir de se déterminer pour telle Ville & Province de nos Etats qu'ils jugeront leur convenir le plus.*" Mylius 1750: 44), offenbarten sich für Mathieu I. nicht unerhebliche Obstakel, da ihm sowie seinem Landsmann Pierre Jouhanneau aus Bergerac (24) im Périgord, die sofortige Erteilung des Bürgerrechts von den Köngisberger Stadtoberen verweigert wurden, so daß er bereits am 2. Mai 1686 durch ein diesbezügliches Ersuchen (vgl. Abb. 2.34: 236) an den Kurfürsten Friedrich Wilhelm von Brandenburg Spuren bei der ostpreußischen Administration hinterließ.[133]

Es sei an dieser Stelle angemerkt, daß die Datumsangabe nach dem gregorianischen Kalender (auch: *stilo novo, reformato* oder *Gregoriano*) genannt werden, welcher in den protestantischen Staaten des Heiligen Römischen Reiches erst am 18. Februar 1700 (jul.) eingeführt wurde und damit die julianische Datumsabgabe (auch: *stilo vetere* oder *antiquo*) schließlich abgelöst hat, so daß in Preußen zwischen 1582 und 1700 zwei Zeitrechnungen exisistierten, die – wie im vorliegenden Fall der Korrespondenz mit den Königsberger und ostpreußischen Behörden – im 17. Jahrhundert häufig als Bruch geschrieben wurden, wobei der Nenner zumeist den "Neuen Stil" des Kalenders bezeichnete (vgl. dazu: (Grotefend 2007: 25)).

Dieser Umstand paßt sich gut in die Erkenntnisse von Ulrich Niggermann ein, welcher in seiner Studie über "Immigrationspolitik zwischen Konflikt und Konsens. Die Hugenottenansiedlung in Deutschland und England (1681–697)" konstatiert, daß es lediglich in Königsberg Schwierigkeiten bei der Aufnahme der französichen Religionsflüchtlinge, und dabei besonders von Unverheirateten, in das städtische Bürgerrecht gegeben habe, so benennt er auch expressis verbis die Kausa Vernezobre (Niggemann 2008: 391 (Anm. 136)), wohingegen bei den übrigen provinzialen Zentralregierungen keinerlei Probleme auftraten. Die drei Königsberger Magistrate beriefen sich dabei auf Gewohnheitsrecht, wonach lediglich im Stand der Ehe befindlichen Neuankömmlingen das Bürgerrecht erteilt werde (Niggemann 2008: 391). Dazu wurde ein Berufsnachweis sowie Urkunden, welche die legitime Geburt bezeugten, gefordert, welche jedoch von Vernezobre als Religionsasylant unmöglich zu beschaffen waren, was er auch dezidiert zu Protokoll gab.[134] Folglich vermag sein Geburtsdatum lediglich approximativ mit 1652 bestimmt werden (Kriening 1991: 154; Müller-Heynen 1994: 37 sowie Bem 2004: 188). Daneben verwies Mathieu I. Vernezobre vor der ostpreußischen Regierung auf seine wirtschaftliche Situation, welche es auf Grund seiner Flucht nicht gewährte, eine Ehefrau zu ernähren, wessentwegen er sich noch etwas Zeit auserbat, bis er zu einer Verheiratung werde schreiten können.[135] Da sich Vernezobre und Jouhanneau nicht alleine mit diesen Obstruktionen konfrontiert sahen, sondern etliche *réfugiés* vor ganz ähnlichen Aporien standen, die geforderten Dokumente zu erbringen, nimmt es nicht wunder, daß die ostpreußische Regierung anordnete, "[…] *die beyde aus Frankreich geflüchtete Kaufleute Pierre Johanneau und Vernezobre de Laurieux ohne Verzug zum Bürger Recht zu admittieren.*"[136] Auffallend ist

133 GStA PK XX. HA EM 74 a Nr. 29, fol. 44.
134 GStA PK XX. HA EM 74 a Nr. 29, fol. 47.
135 GStA PK XX. HA EM 74 a Nr. 29, fol. 49.
136 GStA PK XX. HA EM 74 a Nr. 29, fol. 51.

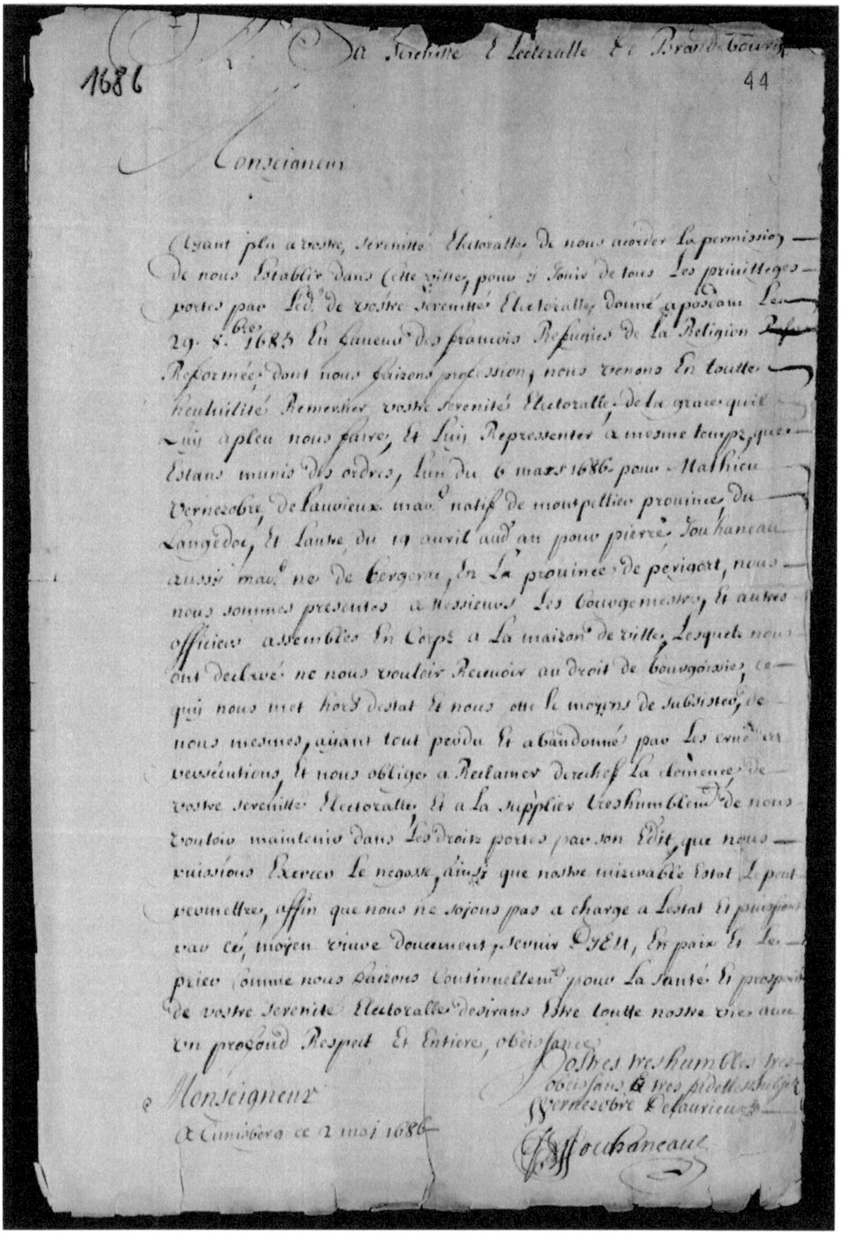

Sa Serenitte Electoralle de Brandebourg

1686 44

Monseigneur

Ayant plu a vostre Serenitte Electoralle de nous accorder la permission de nous establir dans cette ville pour y jouir de tous les privileges portés par led. de vostre Serenitte Electoralle donné a postdam le 29. 8bre 1685 en faveur des françois Refugiés de la Religion Reformée dont nous faisons profession, nous venons en toutte heumilitté Remercier vostre Serenité Electoralle de la grace quil luy a pleu nous faire, et luy Representer a mesme temps que estans munis des ordres, l'un du 6 mars 1686 pour Mathieu Vernezobre de Laurieux marc.d natif de montpellier province du Languedoc, et l'autre du 19 avril aud. an pour pierre Jouhaneau aussi marc.d né de Bergerac en la province de perigort, nous nous sommes presentés a messieurs les bourgemestres et autres officiers assemblés en corps a la maison de ville, lesquels nous ont declaré ne nous vouloir Recevoir au droit de bourgeoisie, ce qui nous met hors destat et nous otte le moyens de subsister, de nous mesmes, ayant tout perdu et abandonné par les cruelles persecutions, et nous oblige a Reclamer derechef la clemence de vostre Serenitte Electoralle et a la supplier treshumblement de nous vouloir maintenir dans les droits portés par son Edit, que nous puissions exercer le negosse, ainsi que nostre miserable estat le peut permettre, affin que nous ne soyons pas a charge a lestat et puissions par ce moyen vivre doucement, servir DIEU, en paix et le prier comme nous faisons continuellement pour la santé et prosperité de vostre Serenitte Electoralle desirans estre toutte nostre vie avec un profond Respect et entiere obeisance

Monseigneur

Vostres treshumbles tres obeissans et tres fidelles subjets
Vernezobre Delaurieux
Jouhaneau

A Cunisberg ce 2 may 1686

Abb. 2.34: Bürgerschaftsersuchen von Mathieu I. Vernezobre und Pierre Jouhanneau an den Kurfürsten Friedrich Wilhelm von Brandenburg (GStA PK XX. HA EM 74 a Nr. 29, fol. 44)

bei diesem Schriftstück, daß sich Mathieu I. bereits mit dem Namenszusatz "*de Laurieux*" schmückte, für dessen Führungsberechtigung es ebenso wenige Hinweise gibt, wie im Falle seines bereits erwähnten Neffen Louis Vernezobre de Laurieux (vgl. Kap. 2.3.3.4: 221); auf jeden Fall läßt sich festhalten, daß Mathieu I. nachweislich das erste Familienmitglied war, das seinen Namen um den vermeintlichen Herkunftsort, respektive das Pseudoadelsprädikat, "de Laurieux" erweiterte. Seine ökonomische Situation änderte sich spätestens, als ihm zusamt drei weiteren französischen Kaufleuten am 25. November 1686 das sehr wertvolle Privileg zuteil wurde, für die Dauer von sechs Jahren sämtliche Arbeiter für die Bänderherrstellung exklusiv zu beschäftigen:

> "*Une concession datée du 25 Novembre 1686, accorde à MM Paul Laforgue de Bordeaux, Matthieu Vernezohre de Villemagne en Languedoc, Pierre de l'Isle & Louis Chamaret, le privilège d'employer pendant l'espace de six années pour la fabrication des rubans, tous les Rubaniers réfugiés de la Prusse, avec défense à ces derniers de travailler pour d'autres fans leur consentement.*" (Erman 1786: 120)

Damit griff eine Arbeitskräfteregulierung über das Verbot, anderwärts als bei den vier genannten Kaufmännern in der Bänderherrstellung zu arbeiten, wodurch sich ein temporär befristetes, Teilmonopol ergab. Selbiges wußte Vernezobre augenscheinlich gut zu nutzen, denn ihm wurde ein prosperierendes Geschäftsgebahren attestiert (Reyer 1855: 245), so daß er bereits zwei Jahren später die Errichtungsbewilligung einer eigenen "Krahmer Bud" am Fuße des Königsberger Schloßberges beantragen konnte, wie aus einer Bittschrift vom 12. August 1688 hervorgeht, welche er zusamt einem Damenschneider namens Jeremie Bitaubé abgefaßt hatte (vgl. zu diesen administrativen Vorgängen erstmalig und ausführlich: Müller-Heynen 1994: 35–37).[137] Dieser geschäftliche Erfolg führte schließlich dazu, daß er nur drei Jahre nach seiner Ankunft in Ostpreußen im Stande war, sich am 27. November 1689 zu verehlichen und mit Anne Fournier vor den Traualtar zu treten (DGB 1992: 386). Sein Frau, die gleichsam zu den Religionsflüchtlingen gezählt zu werden vermag, stammte im Gegensatz zu Mathieu I. nicht aus dem Languedoc, sondern aus Châlons-sur-Saône (71) in Burgund, wo sie am 30. August 1668 geboren worden war. Näheres zu ihren Familienhintergründen oder ihrer Vita ist bis zu ihrem Eintritt in den Ehestand mit Mathieu I. Vernezobre nicht auf uns gekommen. Im Laufe der circa 17 Jahre dauernden Beziehung schenkte sie ihrem Mann insgesamt acht Kinder, von welchen zwei namentlich nicht bekannte bereits in Kinderjahren verschieden. Demgemäß hinterließ Mathieu I. bei seinem Tod, welcher ihn mit ungefähr 54 Jahren am 9. März 1706 in Königsberg ereilte, fünf Söhne: François Mathieu, Abraham, Salomon III., Daniel und Jacques sowie eine Tochter Marie Anne, die bereits im Zusammenhang als Ehefrau ihres Cousins I. Grades Salomon II. apostrophiert wurde (vgl. Kap. 2.3.3.4: 224). Alle sechs Sprößlinge hatten zu diesem Zeiptunkt die Großjährigkeit, das heißt das 25. Lebensjahr, noch nicht erreicht (vgl. zur Volljährigkeit in Preußen im 18. Jahrhundert: Köbler 2010: 59–60). Möglicherweise war dieser Umstand, neben ihrem noch nicht sonderlich weit fortgerückten Alter ein Grund dafür, daß sie sich in zweiter Ehe mit dem französischen Geheimrat Charles d.J. Rebotier (auch: *Reboutier* und *Rebottier*), Seigneur de Longueuzière, geboren am 3. September 1677 zu Saint-Jean-de-Garonnenque (30) (heute: Saint-Jean-du-Gard) im Languedoc, verband.

Dessen Familie, welche aus zahlreichen Mitgliedern bestand, war, wie die Vernezobres, von jeher dem Protestantismus entschieden zugeneigt, so daß sie in fast jeder Generation des 17. und 18. Jahrhunderts einen Pastor hervorbrachte, deren bedeutendster Repräsentant Elias, der als zwei Jahre jüngerer Bruder des genannten Charles d.J. kurz vor dem 3. August 1679 geboren wurde und über Schwabach im Fürstentum Anspach nach England emigrierte. Dort machte er eine nicht unerhebliche Karriere als protestantischer Kleriker und Rektor der Kirche zu Axbridge in Somerset, wo er schließlich nach 45 Dienstjahren im Alter von 88 Jahren am 19. Dezember 1765 verschied (vgl. zu seiner Person: Fry 1894). Charles d.Ä. Rebotier, Seigneur de Longueuzière, geboren 1644 in Saint-Jean-de-Garonnenque,

137 GStA PK XX. HA EM 74 a Nr. 29, fol. 69.

verheiratet mit Marguerite Pérédez, war der Vater von Elias und Charles d.J. und figurierte noch zusammen mit seinen Brüdern in der Liste der Neukonvertierten vom 17. November 1686 (Viel 1882: 276–277), nachdem er bereits zuvor am 8. Oktober 1685 seinem protestantischen Glabuen abgeschworen hatte (Salvaire 1997: 74 (Anm. 41)), verließ dann aber kurze Zeit später seine französische Heimat in Richtung Berlin, wo er 1732 abberufen wurde. Demgemäß war Charles d.Ä. seinem Sohn Charles d.J. nicht nach Königsberg nachgefolgt, wo dieser bis zur Hochzeit von Marie Anne Vernezobre am 31. März 1716 in seinem Haus in der Burgfreiheit mit Jean II. Vernezobre verblieb, um hernach mit seinen beiden 1709 und 1711 geborenen Töchtern aus der Ehe mit Anne Fournier endgültig nach Berlin überzusiedeln, wo er 1745 sein Leben beschloß (Erman 1799: 248).

In der Literatur wird Charles d.J. häufig als Adliger qualifiziert (z.B. Müller-Heynen 1994: 39). Möglicherweise ist diese Bewertung jedoch zu voreilig und damit unzutreffend, dieweil sie auf Annahmen beruht, die über keine hinreichende Validität verfügen. Es spricht einiges dafür, daß William Henry Ward mit seinem Aufsatz "The Family of Rebotier" (Ward 1924) als Erster zu dem Resultat gelangte, daß es sich bei den Rebotiers um ein dem historischen Adel zugehöriges Geschlecht handele. Dabei läßt er die Deszendenz mit dem Landbesitzer Guillaume Rebotier beginnen, der 1559 Françoise Drullons ehelichte und in der Regierungszeit von König François I. von Frankreich mit bestimmten Feudalrechten bedacht worden sei. Den ersten klaren Beweis zur Zugehörigkeit zum Adel sieht Ward im Besitz der Seigneurie Sueilhes in der Person von Pierre d.J. Rebotier, dem Enkel des besagten Guillaume. Daneben leitet er aus dem Eigentum des Schlosses von Sueilhes, über dessen Eingangstor zwar nicht das Wappen der Familie Rebotier ragt, aber dessen sie sich zusamt dem Wappenspruch "Toujours ferme", ergänzt um "*Calme sous l'orage*", bemächtigten, sowie aus einer durch den Indendanten des Languedoc, de Bernage, signierten Urkunde von 1708, welche "the Robotier" in ihren "*droits de noblesse*" mit dem Titel "*Écuyer*" angeblich bestätige, ab, daß die Rebotier dem Zweiten Stand des französischen Königreichs zugehörig wären (Ward 1924: 383–384). So sinnstiftend diese Ausführungen, leider sämtlich ohne Quellenbelege, prima facie auch erscheinen mögen, so nähren sie bei näherer Betrachtung doch nicht unerhebliche Zweifel. Denn der bloße Besitz einer Seigneurie sowie das Bewohnen eines Schlosses waren im Ancien Régime noch nicht hinreichend, einen adligen Status zu begründen. Zwar war es grundsätzlich möglich, durch einen gewissen, über einen längeren Zeitraum gepflegten adligen Lebensstil (*vivre noblement*) die sogenannte *noblesse d'agrégation* (vgl. Kap. 4.2.1: 428), das heißt den Adel durch die Nichtbeanstandung zwischen zwei Untersuchungen gegen die Usurpation von Adelstiteln, zuerkannt zu bekommen, jedoch ist es dann als sehr ungewöhnlich zu taxieren, wenn ein Geschlecht das Wappen eines Geschlechts, dessen Schloß es bewohnt, einfach übernimmt, die Wappendivese modifiziert und dann seinen *droits de noblesse* urkundlich bestätigt bekommt. Des Weiteren gab es im Jahr 1708 keinen Intendanten des Languedoc des Namens Bernage. Erst im Mai 1718 begann Louis de Bernage seine Amtsgeschäfte als Intendant dieser Provinz (Vic und Joseph Vaissète 1876: 922). Nun ist es nicht auszuschließen, daß Ward versehentlich die Zahlen bei seiner Angabe vertrauscht hat, doch auch dann kommt der Umstand hinzu, daß noch bis 1718 Adelsuntersuchungen im Languedoc durchgeführt wurden (La Roque 1972a: 32–33 (Bd.1)), es jedoch als ungewöhnlich anmutet, daß der neue Intendant gleich zu Anfangs seiner nur sieben Monate im Jahr 1718 umfassenden Amtstätigkeit eine Adelsbestätigung an die Vertreter der Rebotier ausfertigte, da dies normalerweise lange Prüfungsprozesse vorausgesetzt hat. Besonders atypisch erscheint fernerhin, daß die Adelserkennung an "the Rebotier" erfolgt sein soll, wo doch nach dem eigenen Bekunden von Ward selbst, die Familie "extremely numerous" gewesen sei (Ward 1924: 384). Denn Zertifikate, welche als Adelsnachweis dienten, wurden nie an eine Familie in toto erteilt, schon gar nicht an eine zahlreiche, sondern, wie sich am Beispiel der Digeon de Boisverdun und Monteton nachweisen läßt, einzelnen, genau mit Namen genannten Familienmitgliedern, um eine eindeutige Identifizierung zu gewährleisten (vgl. Anhang: A.4: 628). Allerdings vermag eine vollständige Klarsicht nur durch Auffindung und Prüfung des referenzierten Dokuments der Adelsanerkennung durch Louis de Bernage erreicht werden. Bis dahin vermag man sich nur auf die derzeit greifbaren Hinweise stützen. So wird beispielsweise in einer Zahlungsquittung über 200 livres durch Antoinette de Saint-Bonnet, Witwe des "***noble*** [Herv. d. d. A.] *Pierre de Ranchin, sieur de Saint-Quentin*," an "*Pierre Reboutier, sieur de Sueilhes, docteur en droits, habitant de Saint-Jean de Gardonnenque*"[138] vom 16. November 1658 Pierre d.J. Rebotier nicht als Adliger, hinwieder Pierre de Ranchin ausdrücklich als "noble" genannt. Es handelt sich hier augenscheinlich um den Sohn eines weiteren Pierre Rebotier, denn bereits 1607 tritt ein Pierre d.Ä. Reboutier, Sieur de Sueilhes in der Funktion eines *juge seigneurial* in Erscheinung (Poton 1996: 249), was insofern bemerkenswert ist, als daß das Amt des Richters in der Herrschaft wahrscheinlich vom Vater auf den Sohn übertragen wurde, da Charles d.Ä. Reboutier, der mutmaßliche Enkel von Pierre d.Ä. später ebenfalls als *juge seigneurial et baili de la seigneurie* fungierte (Salvaire 1997: 10). Bei der geannten Seigneurie, an welcher die verschiedenen Rebotiers das Richteramt innehatten, handelte es sich fraglos um Saint-Jean de Gardonnenque selbst. Diese befand sich von 1546 an über ein Jahrhundert im Besitz des uradeligen Geschlechts, Saint-Bonnet, bis Henri de Saint-Bonnet die Herrschaft mit der hohen, mittleren und niederen Gerichtsbarkeit am 17. Dezember 1652 für 27.200 lives an Edouard Carlot veräußerte. Demnach war das Amt des *juge seigneurial* eine Charge, die von einem Rebotier als Rechtskundigem ausgefüllt wurde. Daraus jedoch den Rückschluß zu einer Zugehörigkeit zur *noblesse de robe* zu ziehen, greift zu weit (Ward 1924: 384). Denn mitnichten konnte jeder Richter einer kleinen Seigneurie für sich in Anspruch nehmen – auch nicht nach gewissen Fristen der Amtsinhaberschaft – in den Amtsadel Aufnahme zu finden. Dies setzte in aller Regel eine Tätigkeit im Rechtswesen der großen souveränen Gerichtshöfe, den *parlements* voraus (vgl. Kap. 4.2.1: Nr. 7: 427). An gleicher Stelle und in ähnlicher Weise verkennt Ward, daß man aus einer bloßen Teilnahme als Charles de Seuilhes de Caladon in der Funktion eines Adjudanten des Marschalls François de Franquetot, Duc de Coigny, oder als Rebotier, der unter König Philipp V. von Spanien diente, schlechterdings nicht als Repräsentant des ritterbürtigen Adels, der *noblesse d'epée*, zu qualifizieren ist. Weder wurde hierbei der erforderliche zeitliche Nachweis erbracht, noch richtet sich die Einteilung nach Einzelpersonen, sondern stets nach dem Gesamtgeschlecht im historischen Kontext (vgl. dazu: Kap. 4.1: 406). Überhaupt ist es schlechthin nicht evident, daß die von Ward supponierten Absammungsverhältnisse tatsächlich der Realität entsprechen, denn er benennt keine kohärente Genealogie der Rebotiers oder liefert Belege, die eine Deszendenz von besagtem Ahnherrn Guillaume Rebotier nachvollziehbar machen. Demensprechend schwierig gestaltet sich auch eine Überprüfung der greifbaren Eheallianzen der Rebotiers, welche zumeist weitere Indizien für einen adligen Status liefern. Weder sind die von Ward genannten "Viagnols", noch die "Caladons" (Ward 1924: 384), noch die Pérédez, zu denen besagte Marguerite Pérédez gehörte, als adlige Familien identifizierbar. Und schließlich handelte es sich ebenso wenig bei Anne Fournier, respektive Anne Vernezobre um ein Mitglied des Zweiten Standes. In dieses Bild reiht sich die von Ward selbst annotierte Tatsache, daß die Familie Rebotier in keinem einzigen Nachschlagewerk zum französischen Adel geführt wird (Ward 1924: 384). Auch wenn das Fehlen eines Geschlechts in den *Dictionnaires* des französischen Adels mitnichten ausreichend ist, ihm den Nobilitätsstand abzusprechen, gesellt sich dieses Faktum doch zu einem Gefüge, das Zweifel am

138 A.D.30, E 617.

Vorhandensein der Adelsqualität evoziert. Daran ändert auch die Tatsache nichts, daß es in einer Auflistung der Edelleute, welche an den Versammlungen zur Wahl der Deputierten für die Generalstände in Montpellier teilnahmen, einen "David de Rebotier de Monturargues, Seigneur de Fons sur Lussan" gibt (La Roque und de Barthélemy 1865: 30; Bligny Bondurand 1908: 318 sowie zur Seigneurie von Fons sur Lussan: Albiousse 1906: 196–197). Denn eine Verbindung zwischen David de Rebotier zu Charles d.Ä. oder Charles d.J. läßt sich genauso wenig herstellen, wie eine Aussage darüber treffen, wann die Rebotiers de Fons-sur-Lussan den Adelsstand erlangt haben, da es durchaus möglich wäre, daß die Nobilitierung erst im Laufe des 18. Jahrhunderts erfolgte. Dies wird auch in Zukunft schwierig werden, dieweil das Familienarchiv der Rebotiers de Fons-sur-Lussan den Flammen der Revolution zum Opfer fiel (Rouvière 1974: 208 (Anm. 4)). Diese Frage würde demnach eine gesonderte Untersuchung auf der Grundlage einer umfassenden Recherche in öffentlichen Archiven rechtfertigen. Anhand der vorgebrachten adelsrechtlichen Untersuchungskriterien vermag zusammenfassend die Adelseigenschaft von Charles d.J. Rebotier zwar nicht dezidiert bestritten, aber doch in Zweifel gezogen werden.

Nach diesem kurzen Exkurs zur Familie des Stiefvaters der Kinder von Anne Fournier wenden wir uns wieder deren Kindern, Abraham und Daniel Vernezobre, zu. Die beiden nachgeborenen Brüder von François Mathieu gingen nach Vollendung ihrer Adoleszenz von Königsberg zunächst nach Amsterdam, wo sie um 1710 bei ihren Cousins Fizeaux (vgl. Kap. 2.3.3.4: 219) eine Ausbildung zu Bankkaufleuten absolvierten. Die Tradition der Vernezobre, häufiger Verwandte und gleichzeitig auch Geschäftspartner zu heiraten, wurde von den beiden nach Holland emigrierten Brüdern Vernezobre vollumfänglich fortgesetzt. So trat Abraham am 14. August 1721 mit seiner im Jahr 1703 in Amsterdam geborenen Cousine Madeleine Sophia Fizeaux vor den Traualtar, und sein jüngerer Bruder Daniel tat es ihm vier Jahre später nach, als er die jüngere Schwester seiner Schwägerin, die 1705 geborene Henriette Fizeaux zur Ehefrau nahm. Interessant ist hierbei gleichergestalt zu sehen, daß die Brüder sich auch gegenseitig als Paten ihrer Kinder einsetzten; so übernahm François Mathieu mit seiner Frau die Patenschaft über die Kinder von Daniel und selbiger wurde Pate der Sprößlinge seines Bruders Abraham. Bezeichnenderweise wurde Abraham erst nach seiner Hochzeit vermittelst eines guten Leumundszeugnis der reformierten Gemeinde zu Berlin ein vollwertiges Mitglied der *Nouvelle Eglise Wallonne* von Amsterdam, wo er schließlich am 29. November 1721 empfangen und rezipiert wurde. Demnach liegt der Verdacht nahe, daß die Hochzeit eine nicht unerhebliche Voraussetzung für eine mit allen Rechten behaftete Mitgliedschaft in der Neuen Wallonischen Kirche war. Er schien sich jedoch rasch einen reputierlichen Namen in seiner neuen Gemeinde gemacht zu haben, da er die Gelder, welche für den Kirchenbau der neu etablierten französisch-reformierten Glaubensgemeinschaft in Sankt Petersburg von den Konsistorien der reformierten und der französischen Gemeinde in Frankfurt am Main gespendet wurden, in Empfang nehmen durfte (Dalton 1865: 39).

Ihn hielt es jedoch nicht lange im niederländischen Mutterland, obschon seine fünf Kinder aus der Ehe mit seiner Cousine Madeleine Sophia Fizeaux noch allesamt in der Neuen Wallonischen Kirche getauft wurden, sondern er emigrierte mit seiner Familie in das Gebiet von Niederländisch-Guyana, in die Berbice Kolonie (Douen 1894a: 390), welche seit dem Jahr 1621 neben den Kolonien Pomeroon, Essequibo (inklusive Demerara) zum Handelsmonopol-Gebiet der Niederländischen Westindien-Compagnie gehörte (vgl. dazu weiterführend: Heijer 1994). Als 1674 im Zuge des Friedens von Westminster auch noch die Provinz Suriname per Vertrag den Niederlanden zugeschlagen worden war, firmierte das gesamte Gebiet der genannten Kolonien gleichergestalt unter dem Namen "Niederländisch-Guayana" (Davenport und Paullin 2004: 241–243). Dort beteiligte er sich an der aufstrebenden Kolonialwirtschaft, indem er die sogenannte “Magdalenaburg Plantage”, gelegen am Ufer des oberen Canje, nicht weit von der Grenze zu Suriname, erwarb. Bem gibt diesen Sachverhalt auch wieder, indes etwas ungenau, indem er darauf verweist, daß die Cousins, die Fizeaux, gleichergestalt Besitzer einer Plantage namens “La Providence” auf der gegenüberliegenden Seite des Flußes gewesen seien (Bem 2004: 191). Dadurch könnte der Eindruck entstehen, daß die genannten Besitzverhältnisse bereits zu Anfang des ökonomischen Engagements der Vernezobres und Fizeaux dergestalt bestanden hätten. Tatsächlich verhielt es sich indes so, daß gemäß einer Aufstellung, nach welcher 1740 insgesamt 20 Plantagen in der Kolonie Berbice existierten, 16 davon in der Hand von französischen Religionsflüchtlingen. Abraham nannte zunächst die “Monbijoux” sein Eigen, den Fizeaux gehörte “Remoncourt” und die genannte “La Providence” befand sich im Besitz eines gewissen Testas (Landré 1888: 285; vgl. dazu auch: Kalff 1930: v.a. 323). Folglich bestanden anfänglich, auf jeden Fall bis 1740, andere Besitzverhältnisse als von Bem angegeben Für die weitere Veränderung der Besitzverhältnisse war die Entwicklung ursächlich, welche die Kolonie Verlauf der zweiten Hälfte des 18. Jahrhunderts genommen hat (vgl. dazu grundsätzlich: Bosman 1994). Am 23. Februar 1763 kam es zu einem großen und berühmten Aufstand, dem allerdings bereits in den Jahren 1749, 1751, 1752, 1756 und 1762 mehrere kleinere Insurrektionen vorausgegangen waren (Postma 1990: 216), unter der Führung des Sklaven “Cuffy” (auch: “Kofi”), welcher auf der “Lilienburg” Plantage gehalten wurde. Die Sklavenrebellion selbst nahm ihren Angang ausgerechnet auf der “Magdalenaburg Plantage”, welche sich zu dieser Zeit im Besitz der Witwe von Abraham Vernezobre befand und die höchstwahrscheinlich nach ihr benannt worden war; Abraham Vernezobre war zu diesem Zeitpunkt bereits dreizehn Jahre (1750) tot, verschieden in Amsterdam. Den Ausschreitungen, welche auf etlichen Plantagen sowie sonderheitlich auf der von Magdalenaburg (vgl. dazu: Netscher 1888 sowie: Goslinga 1985: 468; 482) mit Morden, Brandschatzen des Mansions und Notzucht einhergingen, vermochte schließlich nach erheblicher Mühwaltung mit vereinter Hilfe durch die Nachbarkolonien, da in Berbice selbst fast keine Truppen stationiert waren, Einhalt geboten werden. Noch heute gedenkt der Staat Guyana an diese Begebnisse, indem er den 23. Februar als Nationalgedenktag feiert und das Konterfei von Cuffy auf der 1-Dollar Münze der einheimischen Währung von 1970 abgebildet hat. Es nimmt darob nicht wunder, daß diese inwendigen kolonialen Kalamitäten von Berbice dazu führten, daß viele der einstmaligen Pioniere ein gesteigertes Interesse entwickelten, sich von ihren dortigen landwirtschaftlichen Betrieben schnellstmöglich zu trennen, da die ökonomische Attraktivität durch die weiterhin instabile Lage sowie ein Höchstmaß an notwendigen Investitionen in die Sicherheit, den Wiederaufbau sowie in weitere Anschaffungen zu tätigen, um fürderhin wettbewerbsfähig zu sein, gegen Null tendierte. Schließlich war ein Versicherungswesen im modernen Sinne noch nicht im Ansatz entwickelt, so daß eindeutig die Risikoaversion überwog, weitere liquide Mittel in diese kolonialen Unternehmungen zu stecken und statt dessen eine rasche Kapitalisierung der Immobilien – wenn auch mit ganz erheblichen Verlusten – angestrebt wurde. Zu diesem Zweck versuchte man, die einzelnen Plantagen vermittelst Auktionen zu veräußern. Demgemäß ist aus den Überlieferungen dieser Versteigerungen aus dem Jahr 1772, das heißt neun Jahre nach Ausbruch der Sklavenrebellion ersichtlich, daß “Magdalenaburg” zusamt “Amsterdam” für 14.000 Gulden versteigert werden sollten; als diese Summe bei weitem nicht erreicht wurde, kaufte sie ein Fizeaux für 6.000 Gulden, welcher zwischenzeitlich Direktor der Sozietät von Berbice geworden war (vgl. zur Organisation dieser Sozietät: Shahabuddeen 1978: v.a. 9–10). In ganz ähnlicher Weise verhielt es sich auch bei den Vernezobre-Plantagen “Monbijoux” und “Franzenburg”, deren Wert auf 24.000 Gulden ästimiert und selbst für 14.000 Gulden nicht verkauft zu werden vermochten (Luzacs 1789: 284–285). Höchstwahrscheinlich wurden beide Pflanzungen späterhin weit unter Wert “verschleudert”. An dieser Stellte geht aus den genannten Tradierungen fernerhin hervor, daß die Plantage "La Providence" erst 1779 durch die Fizeaux von der Witwe des Jean Testas erworben wurde, wodurch sich der eingangs skizzierte Kreis zu Bems Darlegung wieder schließt. Demnach läßt sich konstatieren, daß die Vernezobre nicht nur "Magdalenaburg", sondern noch drei weitere Plantagen besaßen, ergo zeitgleich mit den Fizeaux Grundbesitzer in der Kolonie Berbice waren, die Pflanzung "La Providence" indes erst nach dem Verkauf von "Magdalenaburg" in das Eigentum der Fizeaux geriet. "*Magdalena Sophia Fiezeaux Weduwe van Abraham Vernezobre*" selbst erlebte die Verkaufsbemühungen ihres Sohns und Erben Charles Abraham (gestorben nach 1776), indes nicht mehr mit, da sie bereits 1767 abberufen und am 26. Juno 1767 in der Wallonischen Kirche zu Amsterdam beigesetzt worden war (Nederlandische Mercurius 1767: 22). Daß die Vernezobre als Plantagenbesitzer selbst nicht zu Schaden kamen, lag vorzüglich daran, daß Charles Abraham, verheiratet mit seiner Cousine ersten Grades Madeleine Sophia Vernezobre, Tochter von Daniel und Henriette Fizeaux, die Kolonien verlassen hatte, da seine 1728 in London geborene Frau dort um das Jahr 1758 verschieden war. Es spricht eine nicht geringe Plausbilität dafür, daß Madeleine Sophia der bis 1765 anhaltenden pandemischen mit hohem Fieber behafteten Dysenterie zum Opfer fiel (Postma 1990: 216). Zuvor hatte sie noch um das Jahr 1755 einem Sohn namens David John I. das Leben geschenkt. Der relativ jung Witwer gewordene Charles Abraham sollte der endogamen Ehepartnerwahl seiner Verwandten und Vorfahren treu bleiben, indem er erneut eine Hugenottennachfahrin zur Frau nahm: Im Jahr 1760 heiratete er die 31 jährige, am 8. Oktober 1729 zu Vlissingen geborene Maria Elisabeth Chaufepié, Tochter des französischen Pastors Jakob Georg Chaufepié und der Maria Anna Bardon, welche ihm die beiden Töchter Sophia Maria und Anna Charlotta schenkte (B.W.N. 1799: 280). Über Charles Abraham ist ansonsten relativ wenig auf uns gekommen aus der Zeit, nachdem er seine Plantagen erheblich unter Wert veräußert hatte. Bekannt ist lediglich ein Eintrag vom 15. Mai 1768 in der Amsterdamer Hugenottenkartei, wonach er nach New York emigriert sei (Müller-Heynen 1994: 40). Allerdings erfolgte die Übersiedelung nachweislich früher, nicht 1764, wie von Chalmont angegeben (B.W.N. 1799: 280)), sondern wohl bereits um 1760, da er mit Beschluß des Legislativ-Rats der Provinz New York vom 20. Oktober 1764 zusamt 15 weiteren Personen naturalisiert und damit zu "*His Majesty's Leige Subjects and Settlers in this Colony*" (State of New York 1864: 844) wurde (Senate of the State of New York 1861: 1560). Es fällt in diesem Kontext auf, daß sein Name in den zitierten Akten als "Christopher Abraham Vernezobre" figuriert: Eine bloß fehlerhafte Übertragung des Vornamens "Christopher" statt "Charles" erscheint bei einer so gründlichen Prüfung der Personenstandsdaten, wie im Rahmen einer Einbürgerung zu erwarten, als ausgesprochen ungewöhnlich. Dieser Befund vermag derweil einer Aufklärung bedauerlicherweise nicht zugeführt zu werden.

Opak bleibt gleichergestalt seine Tätigkeit in New York. Tardiert ist lediglich, daß er nicht lange dort verblieb, sondern er sich spätestens 1773, wahrscheinlich aber früher, nach London begab, wo er in dritter Ehe – mit seinem Onkel Daniel als Trauzeuge – am 27. April 1773 in der St. Helen's Church Bishopgsgate Rebecca Dobson zur Frau nahm (Bannerman 1904: 201). Die letzte Kunde, die wir von seinem ökonomischen Engagement haben, ist datiert auf das Jahr 1776, wo er in einer Aufstellung der *Prerogative Wills of Ireland* als Kaufmann aus Waterford in Irland genannt wird (Vicars 1897: 467). Demnach müssen wir das Todesdatum 1775, welches von Bem genannt wird (Bem 2004: 194), korrigieren.

Über seine dritte Frau vermag ebenso wenig etwas rapportiert zu werden, wie über die Lebensumstände seines Sohnes aus erster Ehe, David John I., welcher seine gesamte Vitalspanne über im Vereinigten Königreich von Großbritannien verbrachte und erstmals das strenge Heiratskontinuum, allein Vertreterinnen hugenottischen Glaubens zu ehelichen, durchbrach, indem er eine nicht näher bekannte Britin anglikanischen Glaubens zur Frau nahm, die ihm drei Kinder schenkte, höchstwahrscheinlich allesamt Mädchen. Eine von diesen, Hannah

Vernezobre-Burke, heiratete sogar mit einen Gläubigen der römisch-katholischen Kirche und sollte die letzte Repräsentatin der Vernezobres Großbritanniens sein.

Die beiden Töchter von Charles Abraham sollten Zeit ihres Lebens unverheiratet in ihrer angestammten Heimat, den Niederlanden, verbleiben. Nach einem Umzug von Amsterdam nach Utrecht gehörten sie der dortigen Wallonnischen Kirche an, wo Anna Charlotta testamentarisch ihr kleines Vermögen dem Wallonischen Hospiz vermachte (Bem 2004: 194–195).

Es ist an diesem Beispiel der Nachfahren von Charles Vernezobre interessant zu sehen, wie stark die Integrationskraft der Gesellschaft, sonderheitlich in Großbritannien, hinsichtlich der Hugenottenabkömmlingen ihre Wirkmacht entfaltete (vgl. dazu weiterführend: Barrett 2001 sowie Gwynn 2001). Möglicherweise kamen hier zwei Punkte besonders zum Tragen: Einesteils eine zunehmende Bedeutungslosigkeit von spirituellen und dogmatischen Differenzen gegenüber der majoritären anglikanischen Kirche sowie anderenteils eine generell stark zunehmende, durch die Auklärung bedingte Säkularisation, welche die sublimen glaubensspezifischen Divergenzen innert des Protestantismus in nicht unerheblichem Maße relativierte. Diese Thesen gelten jedoch nur für Aspekte der einzelnen evangelischen Glaubensrichtungen untereinander, nicht für Heiraten zwischen Gläubigen der *Una Sancta* mit Mitgliedern – nach deren Auffassung – schismatischer oder häretischer Gruppierungen. Derohalben muß Bem, der an vorgenannter Stelle davon ausgeht, daß die eheliche Verbindung von Hannah Vernezobre-Burke mit einem Katholiken die Vorfahren zwar geschockt haben dürfte, indes in ihrer Zeit (ca. Mitte des 19. Jahrhunderts) kaum mehr eine überdurchschnittliche Signifikanz aufwies, entgegengehalten werden, daß interkonfessionelle Ehebündnisse um 1850 gerade auch in Großbritannien zu erheblichen Verwicklungen und Obstakeln führte. Denn der Konflikt mit dem mehrheitlich katholischen Irland war bereits damals virulent (vgl. die Bemühungen von Daniel O'Connell den *Act of Union* von 1801 rückgängig zu machen, dazu: Geoghegan 2008). Zum anderen darf nicht übersehen werden, daß zu diesem Zeitpunkt immer noch der *Corpus Iuris Canonici* der Katholischen Kirche in Kraft war, in welchem vorzüglich durch den zweiten Teil des *Decretum Gratiani*, der das Eherecht en detail zum Inhalt hatten, äußerst restriktive Beschränkungen für sogenannte Mischehen (*matrimonia mixta*, vgl. dazu: Decretum Gratiani 1879: C. XXVIII, q. 1, c. 16) existierten (zu den theologischen Obstruktionen aus katholischer Sicht: Lawler 2002: v.a. 118–139). Auch wenn es prinzipiell unter gravierenden Auflagen möglich war, von diesen Vorgaben einen Dispens zu erhalten, so vermag füglich von einer erheblichen "Signifikanz" gesprochen werden.

Im Gegensatz zu Abraham Vernezobre, versuchte der jüngere Bruder Daniel sein Glück nicht in den niederländischen Kolonien, sondern emigrierte bereits einige Jahre vor der Hochzeit mit seiner Cousine Henriette Fizeaux im Jahr 1725 nach London, wo er mit Urkunde vom 17. Februar 1725 (Shaw 1923: 181) naturalisiert wurde. Zuvor hatte er – sehr wahrscheinlich bei einem Verwandten oder engen Handelspartner seines Vaters – zusamt seinem Bruder Abraham und seinen beiden Cousins Pierre I. und David eine Ausbildung zum Bank- und Handelskaufmann absolviert. Danach ist er für die Hochzeit noch einmal in die Niederlande zurückgekehrt. Augenscheinlich führten ihn seine wirtschaftlichen Unternehmungen relativ zeitnah nach Rußland, wo er höchstwahrscheinlich mit seinem Bruder Salomon III. Handelsbeziehungen unterhielt, da er bereits 1727 genötigt wurde, in die *Russia Company* (auch: *Muscovy Company* oder *Muscovy Trading Company*) einzutreten, weil er in deren Monopolbereich Geschäfte getätigt hatte (Schulte Beerbühl 2007: 301). Dem seinerzeitigen Wirtschaftsverständnis entsprechend, existierten eng umrissene Handelsbereiche, welche vermittelst staatlicher Konzessionen an zumeist inländische Handeslvereinigungen veräußert wurden. Man wollte auf diese Weise einer vorzüglich fiskalischen, kaum kontrollierbaren Ausbreitung von Einzelunternehmungen entgegenwirken (vgl. zur *Russia Company* weiterführend: Willan 1968 sowie: Kaplan 1995: v.a. 7 (Anm. 11) mit fruchtbringender Bibliographie).

Trotz der unterschiedlichen Länder, welche die Brüder Vernezobre als Sitz ihre geschäftlichen Operationen gewählt hatten, lassen sich nicht nur gemeinsame Vorlieben bei der Wahl von Ehepartnern aus der eigenen Familie erkennen, sondern auch ein deutliches Interesse an den sich neu erschließenden Märkten und ökonomischen Betätigungsfeldern der sogenannten "Neuen Welt". Im Falle von Daniel Vernezobre waren es die weiland im britischen Besitz befindlichen Kolonien in Nordamerika. So entschied er sich, eine Unternehmung zusamt dem Herzog von Montague sowie einer Reihe weiterer vermögender Persönlichkeiten zur Besiedelung der Region um Purrysburg in South Carolina zu unterstützen. Um die logistischen Aufwendungen für den Transport der Siedler sowie deren Ausrüstungen und Verpflegung für die Investoren aus dem Mutterland attraktiv zu machen, garantierte der Stadtgründer Jean-Pierre de Pury, welcher als Protestant aus dem in der Schweiz gelegenen, damals preußischen Fürstentum Neuchâtel stammte, den Geschäftsleuten eine Landrekompensation von 20.000 *acres*, was einer Fläche von 8.000 Hektar entspricht. Allerdings schien es zwischen Pury und den Autoritäten von South Carolina zu Mißverständnissen bezüglich des genauen Inhalts der Absprachen zu Gunsten der Finaciers gekommen zu sein, denn selbige erhielten zunächst keine territoriale Entschädigung für ihre Auslagen, da Landerwerb gemäß der Auffassung der Verantwortlichen in South Carolina an die Bedingung der Hauptwohnsitznahme geknüpft war (Smith 1909: 203–204 sowie: Waterhouse 1989: 157). Dieser Haltung folgte Daniel Vernezobre nicht unwidersprochen und ließ im Juli 1735 durch seinen Agenten James Delas eine Petition an die Handelskammer von South Carolina einbringen, damit seine Expensarien mit dem zugesicherten Land entschädigt würden. Darin begründet er seinen Anspruch dadurch, daß er 1734 einem Herrn, welcher beabsichtigte, in Purrysburg zu siedeln, mehrere seiner Leute unter der Voraussetzung überließ, daß er als Gegenleistung einen Anteil am Siedlungsland erhielt. Des Weiteren hätte er ihm beim Transport von Eisenwerkzeug mit drei Sklaven und weiteren Hilfsleistungen unterstützt, so daß ihm insgesamt Kosten in Höhe von 1.000 Pfund Sterling entstanden seien, was seinerzeit eine beachtliche Summe dargestellte (Tepper 1979: 100). Die Kammer beschied seinen Antrag indes mit der Begründung, daß er kein Einwohner von South Carolina sei und darob kein Anrecht auf Siedlungsland besitze, nicht positiv. Statt dessen wurden ihm jedoch 2.000 *acres* in der Township von Purrysburg zugesprochen (Migliazzo 2007: 194). Damit erhielt er immerhin ein Zehntel des gesamten zu verteilenden Landes, was ihn zu einem der reputierlichsten Landeigentümer machten (vgl. zu den einzelnen Rekompensationen die Tabelle von Migliazzo 2007: 70–90). Aus der Petition und dem Prozedere um die Entschädigung wird ersichtlich, daß Daniel Vernezobre wenig Neigung besaß, seinen Lebensmittelpunkt in die Kolonien zu verlagern. Dafür war der Standort seines Handelshauses in London von zu zentraler Bedeutung. Selbiges ließ sich unter dem Namen *Vernezobre, Daniel & Son* dort bis 1781 nachweisen, wobei er seine geschäftliche Adresse häufig wechselte, so zog er nach zehn Jahren in der *New Broad Street* im Jahr 1748 zum *Spital-Square*, einem Ballungspunkt der französischen Seidenweber, wobei er dorten auch nicht lange verblieb, sondern neue Geschäftsräume in der *Coleman Street* anmietete. Aus diesen Umzügen läßt sich ersehen, daß sein Hauptgeschäftszweig höchstwahrscheinlich auf dem Seidenhandel lag und seinen familiären Banden nach Köngisberg, Paris und Sankt Petersburg darob eine ganz erhebliche Bedeutung zukam, wobei seine Handelsrelationen sich darüber hinausgehend über Genua und Nantes bis Lissabon erstreckten. Doch auch dies sollte nicht seine letzte Geschäftsstatt sein, denn bevor er 1778 im hohen Alter verstarb, verheiratete er sich, wobei seine Tochter Ester und sein zweiter Sohn David John II. als Trauzeugen fungierten, am 22. April 1775 in der St. Helen's Church Bishopgsgate mit der Witwe eines Hugenotten, Henriette Madeleine Saulnier (Bannerman 1904: 202; nicht wie Bem schreibt: "Saulvier" Bem 2004: 191; † vor dem 19. November 1791; vgl. zu ihrem Testament: North 2007: 362) und leitete im selben

Jahr die geschäftliche Übergabe des Handelshauses an David John II. Vernezobre (nicht: "John Daniel" wie von Schulte-Beerbuehl angegeben) von der *Great St. Helen's* Nummer 16 ein (Schulte Beerbühl 2007: 301). Neben diesem Sohn schenkte ihm seine Frau Henriette Fizeaux insgesamt elf Kinder, Charles Daniel, Anne, Magdelaine Sophie, Henriette, Catherine Marie, Jean Daniel, Charlotte, Eunice, David John II., Catherine Elisabeth und Ester benamt. Mit Ausnahme der jüngsten Tochter Ester (Colyer-Fergusson 1916: 209), wurden allesamt in der französischen Kirche Saint-Martin Orgar in London getauft, von denen indes nur sieben überleben sollten, darunter David John II. und Jean Daniel, der zeitlebens unverehelicht blieb und zusamt seinem Vater sowie seinen fünf Schwestern ein zurückgezogenes Leben in London führte (die präzisen Geburts- und Taufdaten finden sich in: Minet und Minet 1935: 15–20). Dabei schien er über eine nicht unerhebliche Reputation innerhalb der französischen Gemeinde verfügt zu haben, da er am 8. Januar 1777 zum Direktor des Französisch-Protestantischen Hospitals in London gewählt wurde (French Protestant Hospital 1876: 54), welches neben der Krankenpflege auch gleichergestalt die Funktionen eines Seniorenheims für bedürftige und verdiente Persönlichkeiten der hugenottischen Gemeinde übernahm (vgl. zu dieser Einrichtung: Vigne 2002). Bezeichnenderweise sollte eine Schwester Catherine fast zweieinhalb Jahrzehnte später im Jahr 1814 einen Aufnahmeantrag in dieser Institution stellen, in der ihr Bruder als Leiter wirkte. Leider ist es derzeit nicht möglich, eine genauere Identifikation, um welche der beiden Schwestern dieses Namens es sich handelte, vorzunehmen, da weder eine Altersangabe erfolgte noch das Geburtsdatum angegeben wurde (Marmoy 1977: unpag.). Folglich kommen sowohl Catherine Marie als auch Catherine Elisabeth in Frage. Anhand dieser Begebenheit vermag der Rückschluß gezogen zu werden, daß es um die finanziellen Verhältnisse der Londoner Vernezobre gegen Ende des 18. respektive Anfang des 19. Jahrhunderts nicht sonderlich wohl bestellt war. Möglicherweise war neben der Tatsache, daß aus dem Vermögen von Daniel Vernezobre sowohl seine Witwe bis zu ihrem Tode als auch die unverheirateten Töchter sowie mutmaßlich ebenso der älteste, ledig gebliebene Sohn Jean Daniel appanagiert werden mußten, vorzüglich der Umstand, daß sich David John II. wie seine Cousins nach Rußland begeben hatte und dort mit seinen geschäftlichen Unternehmungen bankrott ging, dafür verantwortlich, daß das Handelshaus Vernezobre in nicht unerhebliche ökonomische Schwierigkeiten geriet. Legen wir sein Geburtsdatum mit dem 13. Dezember 1736 zu Grunde, war David John II. zum Zeitpunkt des geschäftlichen Ruins circa 28. Jahre alt. Hinzu kommt, daß er vor seiner Abreise nach Rußland eine Engländerin namens Catherine Brect heiratete, wofür er in aller Regel der Fälle mindestens das 21. Lebensjahr vollendet haben müßte. Folglich können wir seine Ansiedlung in Sankt Petersburg frühestens um das Jahr 1758 datieren. Da eine Überfahrt mit einem oder mehreren Kleinkindern von London bis nach Sankt Petersburg seinerzeit nicht sonderlich praktikabel und überdies mühsam gewesen sein dürfte, ist es als plausibel anzusehen, daß die zwölf aus dieser Ehe erwachsenen Kinder allesamt in Rußland das Licht der Welt erblickten und auch dort das Taufsakrament erhielten (Bem 2004: 193). Über das weitere Schicksal dieser Nachkommen von David John II. Vernezobre ist nichts Näheres zu ermitteln. Aus Vorgenanntem vermag darüber hinaus abgeleitet werden, daß Catherine Brect bis zur Geschäftsübergabe und Rückkehr nach London 1775 fast jedes Jahr in anderen Umständen befindlich gewesen sein muß. Dies besitzt insofern eine gewisse Relevanz, da David John II. nach seinem Bankrott 1764 von den russischen Behörden inhaftiert wurde und erst durch eine Kaution eines namentlich nicht näher bekannten Vetters, des Major Vernezobre, bei welchem es sich möglicherweise um einen Sohn seines Onkels Jacques gehandelt haben könnte, in Freiheit entlassen wurde, sich jedoch am 27. Februar 1765 über die weiland schwedische Grenze nach Finnland flüchtete – seine wahrscheinlich schwangere Frau mit den Kindern zurücklassend.

Die russische Staatsmacht fahndete daraufhin mit einem Steckbrief nach ihm, welcher ein recht genaues Bild seines Aussehens liefert:

> "*Seine Positur ist nicht höher als etwas über 1½ Elle, hat schwarze Haare, die er oft unter einer peruque gekähmt, oft ohne peruque trägt, etwas finnig und schwarz roth im Gesichte, eine krumme Naase und krumme nach vorwartz eingebogene Füße hat.*" (zit. n. Amburger 1936: 23)

Daraufhin wurde er schließlich auf den Åland Inseln aufgegriffen und dem Wunsch seiner Verwandten gemäß nach Rußland ausgeliefert (Amburger 1936: 23). Wie sich seine Situation sowie die seiner Familie weiter gestaltete, ist nicht tradiert, wobei es als recht faßbar einzustufen ist, daß er als polizeibekannter Flüchtling Rußland kaum mit mehreren Kinder gen Großbritannien hätte verlassen können, ehe nicht zuvor alle Strafen bezahlt sowie sämtliche Verbindlichkeiten gegenüber seinen Gläubigern beglichen worden wären. Da er als gänzlich mittellos einzustufen war, mußte für den Lebensunterhalt seiner Familie sowie die Schulden folglich der Vater in London aufkommen. Als wichtiges Indiz hierfür dient das Testament von Daniel Vernezobre, aus welchem hervorgeht, daß er eine Hypothek auf das Haus seines Sohnes David John II. in Sankt Petersburg besaß (North 2007: 362).

Die weitere Spur der Nachkommenschaft von David John II. verliert sich in England, wobei es möglich ist, daß es sich bei "*David John Vernezobre* [...], *Batchelor*", welcher am 15. Mai 1794 in der St. Helen's Church Bishopsgate mit der Brittin Nelly Sulliven den Ehebund einging (Bannerman 1904: 210), um einen Sohn von David John II. handelte.

Trotz dieses Rückzugs der englischstämmigen Vernezobres aus Rußland finden sich dorten bis ins 19. Jahrhunderte noch Namensträger. So wird im russischen Staatskalender der Jahres 1823 noch ein Beamter zwölfter Klasse bei der Administration der Wasserstraßen in Promiso an der Wolga namens Richard (Davidovitsch) Vernezobre genannt, jedoch ist dessen Filiation derzeit nicht rekonstruierbar (DGB 1992: 386). Möglicherweise stammt dieser von Jacques Vernezobre (ca. 1696–ca. 1750) ab, dem jüngsten der fünf Söhne von Mathieu I. und Anne Fournier, welcher bereits im Zusammenhang mit Abraham van Brienen und Elisabeth Vernezobre, seiner mutmaßlichen Tochter, Erwähnung fand (vgl. Kap. 2.3.3.4: 225). Über Jacques Vernezobre ist fast nichts auf uns gekommen, so sind wir lediglich über seine erste berufliche Station unterrichtet: Demnach arbeitete er ab 1718 als Translateur im neugegliederten russischen Justizkollegium (vgl. zu dieser Institution: Amburger 1966: v.a. 169–170) von Sankt Petersburg (Amburger 1936: 22).

Wenden wir uns nun der für das Schicksal der nach Preußen emigrierten Digeons de Monteton so maßgeblichen Person des François Mathieu Vernezobre, des erstgeborenen Sohnes von Mathieu I. und Anne Fournier zu. Die recht weitführende Schilderung der genealogischen Beziehungen der Vernezobres notwendig, um dessen Lebensumstände in die Gesamtkohärenz seines Geschlechts einordnen und damit vorzüglich auch eine Überprüfung dessen vornehmen zu können, was seinerzeitige Quellen über ihn geschrieben haben.

Als gesichert vermag zunächst zu gelten, daß der am 16. November 1690 zu Königsberg geborene François Mathieu erst nach dem Tod seines Vaters Mathieu I. 1706 die im Samland gelegene Heimatstadt verließ. Bereits hinsichtlich seiner Abkunft machen die zeitgenössischen Berichte über ihn unrichtige Angaben, indem sie die Behauptung aufstellen, er stamme nicht aus Paris, respektive dem Languedoc, sondern aus Burgund, so zum Beispiel Barthélemy Marmont du Hautchamp in seiner sechsbändigen *Histoire du système des finances*, das sich hauptsächlich mit den Ereignissen um die Wirtschaftskrise John Laws beschäftigt (Marmont du Hautchamp 1739a: 208). Dieser Unrichtigkeit bezüglich der Herkunft von François Mathieu Vernezobre wurde bis in die aktuelle Literatur hinein vollständig ungeprüft übernommen (z.B. Giraud 1966: 198 sowie Haudrere 2005: 66 (Bd.1)). Trotz der genannten Aporien sowie ihres unübersehbar hostilen, fast schon an Insultationen grenzenden Grundtenors, speziell wider Vernezobre, wie bereits Hugo Rachel und Paul Wallich in ihrem Werk "Berliner Grosskaufleute und Kapitalisten" zutreffend bemerkt haben (Rachel und Wallich 1967: 90), vermag die Darstellung Hautchamps wohl als die wesentlichste und früheste Quelle sonderheitlich im Hinblick auf das berufliche Wirken und die Ausbildung von François Mathieu taxiert zu werden. Die von Hautchamp vorzüglich gegen ihn so plakativ vorgebrachten Antipathien – Law selbst sowie dessen Mitarbeiter werden durchaus differenziert betrachtet – müssen fast schon eine persönliche Ursache aufweisen, da er in einer Nachfolgearbeit, die ihm vier Jahre später unter dem Titel *Histoire générale et particulière du visa* ein eigenes Kapitel (Marmont du Hautchamp 1743: 154–159) widmet. Bereits die Formulierung der Kapitelüberschrift "Histoire *abregée de* Vernezobre *dit* de Laurieu" sowie der Kursivdruck weisen eine ausgesprochen absprecherische Attitüde auf, da auf keinen Fall der Eindruck entstehen sollte, es handle sich um einen Adligen, sondern vielmehr um eine überambitionierte Person, die sich gerne den Anschein des Adels gibt. Möglicherweise resultiert die Behauptung, François Mathieu stamme ursprünglich aus Burgund, daraus, daß seine Mutter, Anne Fournier, wie bereits aufgezeigt wurde, aus Châlons-sur-Saône (71) gebürtig war. Dieser irrigen Angabe hinsichtlich seiner Herkunft kontinuierte sich bis in die aktuelle Literatur und wurde dabei teilweise auch noch fälschlich präzisiert, indem beispielsweise Guy Chaussinand-Nogaret in seiner Abhandlung "Les Financiers de Languedoc au XVIIIe siècle" behauptet, sein Geburtsort wäre Clermont-Lodève (heute: Clermont-l'Hérault (34)), weil dort im 18. Jahrhundert ein Zweig der Vernezobres subsistierte, der Tuch fabrizierte (Chaussinand-Nogaret 1970: 127 (Anm. 2)). Über den weiteren Lebensweg sind wir vollständig auf die Angaben von Hautchamp angewiesen, so daß ein Abgleich mit anderen Quellen kaum möglich ist, wohl aber, dank des Gesamtkontextes des Geschlechts Vernezobre, Plausbilitäten abgewogen werden können. Hautchamp gemäß, begab sich François Mathieu zunächst in Berlin bei einem Kaufmann Mercier in eine harte aber gründliche Ausbildung, wo er auf Grund seiner dort erworbenen Kenntnisse und Fähigkeiten in doppelter Buchführung sowie im Umtausch mit Fremdwährungen recht rasch eine Anstellung in Paris fand (Marmont du Hautchamp 1739a: 208–209). Betrachtet man den Werdegang seiner beiden jüngeren Brüder Abraham und Daniel Vernezobre, die nach Vollendung ihrer Jugend um 1710 von Königsberg zunächst nach Amsterdam zur Ausbildung im Kaufmanns- und Bankgewerbe bei ihren Cousins, den Fizeaux, zogen, im Verbund mit der Tatsache, daß die Familie um seine Mutter Anne Fournier und ihren zweiten Ehemann Charles d.J. Rebotier erst nach dem Eheschluß der Tochter Annes aus erster Ehe, Marie Anne, am 31. März 1716 nach Berlin übersiedelten, erscheint eine Ausbildungsstelle bei einem Berliner Kaufmann als recht unwahrscheinlich. Mithin überrascht es nicht, daß Hautchamp seine Angaben in der später erfolgten "Histoire *abregée de* Vernezobre" dahingehend korrigiert, daß er nach mehreren Umzügen über Holland nach Sachsen ging, wo er in Dresden bei dem Händler Mercier eine Ausbildung in der Eigenschaft als "*Garçon apprentif de Boutique*" absolvierte, wo er die ruchlosesten Dienste hätte verrichten müssen (Marmont du Hautchamp 1743: 154). Folglich verortet Hautchamp den Händler Mercier nicht mehr in Berlin, sondern in Dresden. Auch wenn Sachsen trotz der Konversion Kurfürst August des Starken, welcher den Grundsatz *cuius regio, eius religio* nicht zur Anwendung brachte und durch das Religionsversicherungsdekret von 1697 seinen Untertanen versicherte, daß sein Übertritt für selbige folgenlos bliebe, für französischen Glaubensflüchtlinge ein prinzipiell mögliches Aufnahmeland darstellte, lag das Attraktivitätspotential für hugenottische Händler – mit Ausnahme des Leipziger Messegeschäfts – indes im signifikant geringen Bereich, ob massiver konfessioneller Ressentiments gegenüber den Calvinisten im Urland der Reformation sowie eine deutliche Schlechterstellung gegenüber einheimischen Kaufleuten (Dölemeyer 2006: 155–156). Zudem finden sich keinerlei familiäre Bindungen der Vernezobre nach Sachsen, was eine dortige Ausbildung oder Tätigkeit bei einem Geschlecht, das dergestalt auffallend auf verwandtschaftliches Zusammengehörigkeitsgefühl bedacht war und dieses auch auslebte, als sehr ungewöhnlich erscheinen lassen muß. Als wesentlich paßgenauer anzusehen wäre es, daß François Mathieu, wie seine jüngeren Brüder, von Königsberg nach Amsterdam übergesiedelt war, dort seine erste Unterweisung im Kaufmannsund Bankengewerbe erhielt und sich im Anschluß daran zum Bruder seines Vaters, Jean I., nach Paris zur Vertiefung seiner Kenntnisse begab. Für diese These spricht nicht zuletzt, daß Jean I., wie auch sein Sohn Jean Anne, in Paris als Kurzwarenhändler tätig waren (vgl. Kap. 2.3.3.4: 220), und das französische Wort *mercier*, welches zwar als Eigenname figuriert, aber diesen eben auch Berufsstand bezeichnet. Möglicherweise hat Hautchamp in der Lebensbeschreibung von François Mathieu auf Grund mangelnder Kenntnisse der inwendigen Familienverhältnisse der Vernezobres die Berufsbezeichnung von Jean I. mit einem vermeintlichen Nachnamen gleichgesetzt. Es erscheint hierbei durchaus bemerkenswert, daß der Sohn eines Religionsflüchtlings, welchem die Benedeiungen seines Status in Preußen zuteil wurden, circa drei Dekaden später wieder in die Stadt, in welcher am 14. Dezember 1685 sein Vater Mathieu I. vor Jean-Baptiste Colbert einen Widerrufung "der protestantischen Irrlehren" mit seiner Unterschrift besiegeln mußte (vgl. Kap. 2.3.3.4: 219), zurückkehrte und überdies dort tätig wurde. Möglich war diese Rückkunft ins Land König Ludwigs XIV. nicht nur, da er bei den französischen Behörden nicht als "Verräter" am Vaterland und Insurrektor wider den Willen des Königs registriert war, sondern nicht zuletzt auch deswegen, da ob seiner Geburtsstadt Köngisberg personenstandsrechtlich als Ausländer behandelt wurde. Es ist durchaus wahrscheinlich, daß er nach dem Ende der Ausbildung bei seinem Onkel um das Jahr 1712 zunächst eine Anstellung als Kontorist (*commis*) bei dem berühmten Pariser Banker Jean Galdy fand, welcher bereits um 1674 als Bankier in Lyon und Paris in Erscheinung getreten war (vgl. zu seiner Person und Familie: Lüthy 1999: 72 (Anm. 33)), wobei sich dessen finanzielle Situation solchergestalt schlecht entwickelte, daß er kurze Zeit nach dem Eintritt von François Mathieu in sein Geschäft, bankrott ging (Marmont du Hautchamp 1743: 155). Es fällt in diesem Zusammenhang deutlich auf, daß Hautchamp seine Angaben, welche er höchstwahrscheinlich "par renommée" erhielt, weitreichend gegenüber der Abhandlung des Jahres 1739 einer Korrektur unterzog, denn dort spricht er noch von einem "Sieur Goltz", der ein berühmter, aus Lyon stammender Bankier in Paris gewesen und welcher von Vernezobre so lange in unziemlicher Weise durch Untätigkeit und Nebengeschäfte in eigener Sache geschädigt worden sei, bis dieser beschlossen habe, nur noch auf eigene Rechnung zu arbeiten und den Dienst bei "Goltz" zu quittieren (Marmont du Hautchamp 1739a: 209). Offenkundig war Hautchamp mit den Gegebenheiten dieser Zeit vor Ort mitnichten vertraut, sonst hätte er sich nicht so gravierend mit dem Namen des berühmten Pariser Bankers Galdy geirrt und darüber hinaus behauptet, daß Vernezobre aus rein egoistischer Profitgier gekündigt habe. Bedingt dadurch, daß der Ruin Galdys seinerzeit ebenso bekannt war, wie die Tatsache, daß Vernezobre zunächst bei ihm in Stellung gegangen war, mußte er diese Passage verbessern.

In die Zeit des Bankrotts fällt auch die Heirat von François Mathieu mit seiner Cousine ersten Grades Marie Henriette Vernezobre, Tochter von Jean I. und der Marie Chedhomme. Demzufolge ehelichte François Mathieu, wie seine Brüder Abraham und Daniel, eine Cousine und Tochter seines "Lehrherren". Leider vermag das genaue Datum der Hochzeit derzeit nicht ermittelt zu werden, aber dank des vorliegenden Geburtsdatums der ältesten Tochter, Marie-Antoinette, 30. August 1714 (Goulon Sigwalt 1994: 155), kann 1713 als Ehejahr füglich supponiert werden. Nachdem François Mathieu seine Tätigkeit bei Galdy nicht kontinuieren konte, versuchte er sich in der Selbständigkeit als sogenannter "banquier agioteur" (vgl. zu diesem Begriff im zeitimmanenten Kontext des 18. Jahrhunderts: Höfer 1986: 53), das heißt, er handelte wie viele der kleinen Bankkaufleute, die von Platz zu Platz zogen mit Geldbillets und königlichen Effekten, welche emittiert wurden, um vorzüglich die hohen Kosten des

Spanischen Erbfolgekrieges zu kompensieren (vgl. zur wirtschaftlichen Situation Frankreich in dieser Zeit weiterführend: Terrier 1998). Allerdings führte die mangelnde Deckung der staatlichen Schuldverschreibungen nach dem Tod Ludwigs XIV. am 1. September 1715 zum wirtschaftlichen Ruin von François Mathieu. Ob es sich nun dergestalt verhielt, wie Hautchamp behauptet, daß er mit seiner Frau und seinen beiden Kleinkindern, Marie-Antoinette und der am 11. September 1715 geborenen Marie Anne Henriette, fast Hungers gestorben wäre (Marmont du Hautchamp 1739a: 209) und nur in einem Stall Zuflucht gefunden hätte (Marmont du Hautchamp 1743: 156), darf angesichts der Tatsache, daß sich die Familie seines Onkels und Schwiegervaters in Gestalt von Jean I. Vernezobre in Paris befand und er sicherlich dort hätte Zuflucht finden können, bezweifelt werden. Marie Anne Henriette wurde bereits im Zusammenhang ihrer Ehe mit Joachim Bernd d.J. von der Osten apostrophiert (vgl. Kap. 2.3.3.4: 232).

Als gesichert vermag angesehen zu werden, daß die insolvente Lage von François Mathieu sich erst meliorierte, als er am 2. Mai 1716 eine Anstellung bei der *Banque générale*, unmittelbar nach deren Gründung durch den schottischen Ökonomen John Law of Lauriston, fand, wahrscheinlich in der Eigenschaft als *commis*. Der Gründungszweck dieses Kreditinstituts resultierte vornehmlich daraus, daß der auf Grund der Minderjährigkeit König Ludwigs XV. die Staatsgeschäfte innehabende Prinzregent Philippe von Orléans und Freund John Laws, die gewaltige Schuldenlast Frankreichs durch Annahme von dessen Vorschlägen sanieren wollte. Das Konzept von Law sah vor, daß die *Banque générale* umlaufenden Staatsanleihen gegen Banknoten, welche durch Gold, Silber sowie – als Neuerung Immobilien – gedeckt waren, eintauschen sollte. Die Ideen für eine Nationalbank stammten aus der Zeit, als Law in Schottland die Debatten im Vorfeld um den Einigungsvertrag (*Treaty of Union* 1707) zur Errichtung der Einheit Großbritanniens verfolgte und diese geldtheoretischen Überlegungen in seiner Schrift *Money and Trade Considered. With a Proposal for Supplying the Nation with Money* (Law 1705) nierderlegte. Allerdings wäre es nicht zutreffend, ihn als Ahnvater des "Papiergeldes" zu titulieren, wie es häufig geschah und bis in die jüngste Vergangenheit noch geschieht, denn bereits Anfang des 17. Jahrhunderts emittierte die Bank von Amsterdam Papierbanknoten, wobei sie präzise dafür Sorge trug, daß stets eine hinreichende Deckung von Münzgeld vorhanden war (Allen 2001: 160–161). Darüber hinaus versuchte die 1656 gegründete *Stockholm Banco* als Privatbank Papiergeldnoten ("*kreditivsedlar*") zur Erhöhung der Geldzirkulation auszugeben, indes mit sehr überschaubarem Erfolg (vgl. dazu: Lindgren 1968). Die Novität von Law lag in der Intention begründet, durch eine Deckung der neuen Papiergeldnoten – zusätzlich zu der bis dahin üblichen Edelmetallsekurität – anhand von Immobilienvermögen zusamt dessen inskünftigen Ertragsperspektiven einer Deflation Vorschub zu leisten und auf diese Weise die Ökonomie Frankreichs mit ausreichenden liquiden Mitteln zu versorgen. Im Grundsatz war dieser Ansatz zur Sanierung der Staatsfinanzen nicht von der Hand zu weisen. Spätere Ökonomen bedienten sich genau dieser Steuerungsinstrumentarien, um Zahlungsmittel in vacuo zu erschaffen und die Liquidität zu befödern. Neben einer Reihe weiterer Faktoren war die Zweckentfremdung der neugeschaffenen Zahlungsmittel eine der Hauptfehler im System von Law (Schumpeter 2008: 122). So bestand beispielsweise das Kapital der neuen, weiland noch privaten Bank zu drei Vierteln aus größtenteils wertlosen Staatseffekten, wobei die Öffentlichkeit nach und nach – nicht zuletzt auf Grund der Protektion des Prinzregenten – Vertrauen zu den neuen Zahlungsmitteln schöpfte. Allerdings stellte sich der tatsächlich erhoffte rasche Erfolg einer veritablen Verbesserung der Staatsfinanzen nicht ein, so daß Law, welcher der *Banque générale* vorstand, beschloß, im August 1717 aus der alten Westindienkompanie (*Compagnie des Indes Occidentales Françaises*) die *Compagnie de la Louisiane ou d'Occident* (kurz: *Compagnie d'Occident* oder *Mississippi-Kompanie*) auf Aktienbasis zu gründen, welche dank des Regenten mit erheblichen Privilegien ausgestattet wurde. Demgemäß besaß sie für 25 Jahre ein Handelsmonopol zwischen dem französischen Mutterland und dem Gebiet des Mississippi sowie den Antillen. Bis 1720 wurden noch eine ganze Reihe weiterer, teilweise auch kleinerer Handelsgesellschaften (z.B. die *Compagnie des Indes orientales*, die *Compagnie de Chine* sowie die *Compagnie d'Afrique*) mit dem seit 4. Dezember 1718 in staatlichem Besitz befindlichen und in *Banque Royale* umbenannten Kreditinstituts verbunden, die als Gesellschaft unter dem Namen *Compagnie des Indes (perpétuelle)* firmierte (vgl. dazu grundlegend: Haudrere 2005). Zunächst wurden von der *Compagnie d'Occident* 200.000 Aktien mit einem Nennwert von 500 Livres pro Aktie ausgegeben, welche mit den alten Staatsschuldscheinen erworben werden konnten. Da sich anfänglich indes nur ein recht mediokrer Erfolg einstellte, änderte sich dies erst, als die genannte Umwandlung der Privat- in die Staatsbank erfolgte, welche autorisiert war, ohne Limitation Banknoten zu emittieren, im Verbund mit dem Lancieren des Gerüchts eines raschen Anstiegs der Aktien sowie einer künstlichen, temporären Ausgabenverknappung derselben, die das Kaufinteresse der Händler und Spekulanten evozierte, so daß der Nennwert der Aktien erstmals erreicht wurde. An die Spitze der Gesellschaft wurde erneut Law als Direktor berufen Hinzu trat der Umstand, daß weitere 50.000 Anteilsscheine der neu unter der *Compagnie des Indes (perpétuelle)* vereinigten Handelssozietäten in Umlauf gebracht wurden, deren Nennwert gleichwohl 500 Livres lautete. Als Erwerbskondition derselben galt jedoch, daß man zuvor einen um das Vierfache höheren Betrag an alten Aktien der Westindienkompagnie gekauft hatte. In der Folge wurden immer weiter Aktien ausgegeben, so im Mai 1719 nochmals 50.000 zu 500 Livres, sowie hohe Dividenden ausgeschüttet, was dem Spekulationsfieber weitere, reiche Nahrung gab, wodurch die Anteilsscheine das Zehnfache des Nennwertes erreichten. Als noch einmal eine Tranche von 300.000 Aktien ausgegeben wurden und die Kurse beim Zenit der "Börsen-Hausse" einen Wert von 20.000 Livres erreichten, hatte Law die Kontrolle über sein System weitestgehend verloren und vermochte keinen Einfluß mehr über die weitere Ausgabe von Wertpapieren zu übernehmen (Rahlf 1999: 12). Hernach entsprach für viele Anleger das Verhältnis der eingesetzten Mittel nicht mehr der erwarteten Rendite, da zunehmend evident wurde, daß die französischen Kolonien nicht mal im Ansatz in der Lage waren, die in sie gelegten Gewinnhoffnungen zu erfüllen. Dieserhalb dauerte es nicht mehr lange und die sogenannte "Mississippi-Blase" platzte schließlich. Das sublime System von Law begann im Februar 1720 zu kollabieren, da sich der Vertrauensverlust der Aktien durch die Verschränkung der Staatsbank mit den Handelskompagnien rasch auch auf das Papiergeld erstreckte und es zu einer tumult- und chaosartigen Flucht in Sachwerte und Immobilien kam (vgl. zum Zusammenbruch ausführlich: Murphy 1997: v.a. 230–292 sowie die detaillierte Bibliographie von Faure 1977: 687–721). Wie fundamental erschütternd sich dieses finanzielle "Cannae" des französischen Staates im Bewußtsein der Zeitgenossen eingebrannt hat und wie lange seine Wirkung im kollektiven Gedächtnis – nicht nur der Franzosen – fortwirken sollte, erscheint an dieser Stelle bemerkenswert. Zu denken wären beispielsweise an die bedeutsame, zeitkritische Verarbeitung, wie sie im *Fragment d'un ancien Mythologiste* der *Lettres Persanes* des Barons de Montesquieu zum Ausdruck kam, worin dieser Law, ohne dessen Namen expressis verbis zu nennen als einen Magier und Illusionisten beschreibt (Montesquieu LETTRES PERSANES 1954: lett. CXLII). Noch drastischer formuliert es Antoin E. Murphy in seiner Einleitung zur "Histoire du systême de John Law (1716–720)". Von Nicolas Dutot, einem Augenzeugen der Geschehnisse um die ökonomische Staatskrise und selbst Unterkassierer der *Banque Royale* (Murphy 2006: 110), ist tradiert, daß die Person John Laws von den Zeitgenossen teilweise als die eines "Mephistopheles der Finanzen" wahrgenommen wurde. Diese Identifikation Laws mit dem Teufel beziehungsweise, daß Frankreich durch Law unter dem Einfluß Luzifers gestanden habe, deckt sich mit einem Schmähepigramm, welches unter dem Titel "*Il meurt et va chez Lucifer*":

"Belzebuth engendra Law;
Law engendra Mississippi;
Le Système engendra le papier;
Le papier engendra la banque;
La banque engendra le billet;
Le billet engendra l'action;
L'action engendra l'agio;
L'agio engendra le registre;
Le registre engendra le compte;
Le compte engendra le bilan général;
Le bilan engendra zéro;
à qui tout puissance d'engendre fut ôtée." (zit. n. Dutot 2000: XII)

Daß dieses ökonomische Trauma auch noch Anfang des 19. Jahrhunderts als Motiv für die menschliche Hypris und Gier Einzug in das literarische Wirken hielt, zeigt sich nicht zuletzt daran, daß es als nicht unwahrscheinlich anzusehen ist, daß die genannten Höllenattributionen sowie -metaphern, die im vorliegenden Gedicht in der Form des Teufelsnamens Beelzebub auftreten, auch Johann Wolfgang v. Goethe bei der Ausarbeitung seines "Faust. Der Tragödie zweiter Teil in fünf Akten" in der Zeit von 1825 bis Sommer 1831 inspiriert haben:

Canzler:

"Zu wissen sey es jedem, der's begehrt:
Der Zettel hier ist tausend Kronen werth.
Ihm liegt gesichert, als gewisses Pfand,
Unzahl vergrabnen Guts im Kaiserland.
Nun ist gesorgt, damit der reiche Schatz,
Sogleich gehoben, diene zum Ersatz."
(Goethe FAUST II 1970: V. 6057–6062)

Schatzmeister:

Das Alphabet ist nun erst überzählig,
In diesem Zeichen wird nun jeder selig.

Kaiser:

Und meinen Leuten gilt's für gutes Gold?
Dem Heer, dem Hofe gnügt's zu vollem Sold?
So sehr mich's wundert muß ich's gelten lassen.
(Goethe FAUST II 1970: V. 6081–6085)

Denn es kann nicht als Zufall angesehen werden, daß die Papiergeldschöpfung im Mummenspiel des Faust II in einem "Flammengaukelspiel" realisiert wird und dabei karnevalistische Maskeraden sowie wirtschaftliche Manipulativkräfte einen unheilvollen Bund eingehen, wobei beiden der Drang zur Illusionierung des Menschen gemein ist. Das Resultat dieser Illusionen vollzieht sich dann im vierten Akt, wenn aus dem Papiergeldschwindel die Destruktion des Reiches, die hybride Megalomanie des Kaisers und schließlich in der totalen Käuflich- und Verkäuflichkeit von allem und jedem hervorgeht (Kaiser 1994: 28).

Der oben grob skizzierte Verlauf der französischen Krise um John Law bildet den Orientierungsrahmen, in welchem François Mathieu Vernezobre sich aus seiner insolventen Situation befreite und es schließlich vermochte, wirtschaftlich zu reüssieren. Über die genauen Umstände, wodurch er bei Law kurz nach dessen Gründung der *Banque générale* eine Anstellung fand, sind keinem Angaben auf uns gekommen (die oberflächliche und belegstellenaporetische Darlegung des Schillerurenkels Alexander Freiherr von Gleichen, gen.

Rußwurm, ändert an diesem Befund gleichwohl nichts: Gleichen-Rußwurm 1929). So berichtet Hautchamp anfänglich, daß Vernezobre durch einen alten Schweizer Freund, "Erliholtzer" benamt, der als Unterkassierer (*Sous-Caissier*) der Kurfürsten von Bayern tätig war, vor dem Hungertod bewahrt worden sei, wobei er diesen Freundschaftsbeweis seinem Wohltäter späterhin mit schwärzestem Undank vergolten habe, nachdem dieser seinesteils in finanzielle Schwierigkeiten geriet und Vernezobre sehr wohlhabend geworden war (Marmont du Hautchamp 1739a: 209–210). Diese Anschuldigungen hält Hautchamp zwar noch vier Jahre später aufrecht, spricht dann aber nur noch von einem "ancien ami, Suisse de Nation", der ihm in dieser schwierigen Zeit ausgehalten habe (Marmont du Hautchamp 1743: 156). Ob nun der besagte Schweizer Freund der Anstellung von Vernezobre hilfreich zur Seite stand, kann nach derzeitigem Wissensstand nicht ermittelt werden. Auch fand sich in der Literatur kein Hinweis auf einen (*Sous-Caissier*) "Erliholtzer" im Dienste des bayerischen Kurfürsten. Wesentlich wahrscheinlicher erscheint es in diesem Zusammenhang, daß Law, welcher die Funktionsweisen, Strukturen und Besonderheiten der Bank von Amsterdam bei seinen Aufenthalten zwischen 1695 und 1705 in Holland äußerst genau studiert hatte (Murphy 2007: 68), dort auf jeden Fall mit der Familie Fizeaux, bei der François Mathieu sowie seine beiden Brüder Daniel und Abraham ihre Banklehre absolviert haben, in direkter oder indirekter Form in Kontakt getreten sein muß, möglicherweise nach 1706 auch mit den Vernezobre selbst.

Betrachtet man das Personal der *Banque général* sowie der *Compagnie des Indes* etwas genauer, findet sich durchaus ein Konnex nach Bayern, nämlich über den Schweizer Bankier Jean-Daniel Kolly, welcher sich in Paris niedergelassen hatte und die Funktion eines Kammerherrn der Finanzen des Kurfürsten von Bayern innehatte (Giraud 1966: 188–189). Denn es gab eine Reihe von Vertretern ausländischer Monarchen am Hof von Frankreich, welche ihren jeweiligen Landesherrn in ökonomischen Angelegenheiten vollumfänglich vertraten und deren Interessen wahrten (Giraud 1966: 34). So wäre in diesem Zusammenhang noch der Schweizer Jean Le Chambrier, Gesandter des Königs von Preußen zu nennen oder Maximilian Emanuel Baron de Seimoeni, welcher vom Fürstbischofs von Köln nach Paris entsendet worden war (vgl. zu der Rolle der Kurfürsten von Bayern und Köln vor allem im Hinblick auf die Finanzierung des Spanischen Erbfolgekrieges (1701–714) ausführlich Lüthy 1999: 263–274). Dieserhalb ist die von Guy Chaussinand-Nogaret aufgeworfene Frage, ob Vernezobre möglicherweise die Funktion eines Mandatar des bayerischen Fürsten wahrgenommen habe, zu negieren (Chaussinand-Nogaret 1970: 127 (Anm. 2)).

Folglich wäre es prinzipiell auch möglich gewesen, daß es sich bei dem Schweizer Freund, welcher François Mathieu in dessen Notlage beigestanden hatte, um Jean-Daniel Kolly gehandelt haben könnte. Ob dieser nun tatsächlich auch die Stellung Vernezobres als Kommis bei der *Banque générale* vermittelte, vermag dermalen in letzter Konsequenz nicht ergründet zu werden, jedoch steht fest, daß ihm bereits sehr früh, das heißt 1717 oder sogar bereits 1716 eine sehr vertrauensvolle Aufgabe übertragen wurde, die er ohne Protektion oder zumindest einen verbürgten Leumund kaum hätte erreichen können. So nennt John Law selbst in seinem *Mémoire sur la Banque génerale* von 1717 den Namen des "Sr. Vernezobre" expressis verbis bei der Beschreibung seiner Tätigkeitsfunktion als stellvertretender Schatzmeister ("treasurier suppléant") neben der des "Directeur" und des "Inspecteur" (Law 1934: 16). Mithin bestand die Aufgabe von François Mathieu Vernezobre gemäß den Ausführungen von Law vorzüglich darin, die Zahlungsbelege der Staatseffekte zu kontrollieren und mit dem Siegel der Bank zu versehen (vgl. dazu auch: Dutot 2000: 120, 124, 132). Es sei hierorts darauf hingewiesen, daß es zwar ein inwendiges Kontrollgremien der Bank aus den genannten Funktionsträgern gab, jedoch Law nicht dazu verpflichtet war, die Geschäftsbücher einem unabhängigen Dritten zur Kontrolle vorzulegen (Lüthy 1999: 303 (Anm. 16)).

Neben seiner bloßen inhaltlichen Funktion in der *Banque général* wird fernerhin ersichtlich, daß Vernezobre sich entweder innert weniger Monate das Vertrauen von John Law erworben hatte, oder, was anhand der exponierten Vertrauensstellung dieser Tätigkeit als *treasurier* bei weitem plausibler erscheint, bereits seit längerem besaß. Das wiederum gibt der Vermutung Nahrung, daß die Bekanntschaft zwischen den beiden aus einer gemeinsamen Zeit in einem ähnlichen Berufsumfeld in Amsterdam herrührt. Die nicht unerhebliche Konfidenz von Law gegenüber François Mathieu Vernezobre fand ihren Ausdruck, als er Vernezobre, der ab 1718 zum *trésorier* der *Banque Royale* avancierte, seit Anfang 1719 auch zum Generaleinnehmer *receveur général* der *Compagnie des Indes* ernannte, kurz nach deren Gründung (Giraud 1966: 198). Mithin ist das von Hautchamp genannte Datum des 13. September 1719 hinsichtlich seiner Ernennung zum Generaleinnehmer der indischen Handelskompagnie unpräzise und als zu spät anzusehen (Marmont du Hautchamp 1739a: 211). Damit herrschte eine nicht unerhebliche Ämterverschränkung, die es dem jeweiligen Inhaber derselben ermöglichte, wichtige Informationen im Vorfeld zu erwerben. Darob ist es – trotz der persönlichen Injurien – als recht paßgenau zu werten, wie Hautchamp die Art und Weise beschreibt durch welche François Mathieu zu seinem "sagenhaften" Wohlstand gelangt ist. So habe er vermöge seiner Positionen bereits rechtzeitig von den Vorhaben der Leitung der Bank sowie der *Compagnie des Indes* Kunde erhalten und sein Wissen ausgenutzt, das heißt er sei, wie Hautchamp sich ausdrückt, gleichzeitig Gast und Hotelier gewesen ("*il étoit l'Hôte & l'Hôtellerie*"), und konnte dann unter geliehenem Namen weit mehr Aktien zeichnen, als ihm gemäß den Statuten der Bank und der Gesetzeslage erlaubt waren. Dabei halfen ihm die Gehilfen sowie Kassierer der *Banque Royale*, insbesondere dann, wenn die Wertpapierkurse gestiegen waren und er seine Aktienpakete veräußern und in Goldmünzen tauschen wollte. Dies sei ihm umso leichter gefallen, da seine Verkäufe in der Menge untergingen und ihm seine Wertpapiere durch Bargeld ersetzt worden waren. Das von den Mitarbeitern und Kollegen in Vernezobre gesetzte Vertrauen hätte auf deren eigenem Vorteilsdenken basiert, da sie gehofft hätten, daß er als guter Freund ihre eigenen Aktiensubskriptionen aussortieren und aufbewahren würde, bis diese in die avisierte Höhe gestiegen wären und dann hätten verkauft werden können (Marmont du Hautchamp 1739a: 212).

Indes war in den Subskriptionsgesetzen ausdrücklich festgeschrieben, daß Vernezobre nur an diejenigen Leute Aktien der einzelnen Handelskompagnien emittieren durfte, die ein Zehntel des Preises in Papiergeld oder gegen Bankquittungen zahlten und welche die neun restlichen Zehntel in staatlichen Schuldverschreibungen zu entrichten hatten, wobei es Vernezobre strengstens verboten war, diesen Anteil entweder in Münzen oder Banknoten entgegen zu nehmen, ausgenommen war davon lediglich das Rückgeld. Nach Hautchamp war Vernezobre ganz besonders in die Position gesetzt, widergesetzlich Gold- oder Silbermünzen anzunehmen, und sogar Kapital daraus zu schlagen, da es Leute gab, die auf Grund ihrer starken Ambition Geld zu verdienen wenig darauf achteten, die Intentionen von Vernezobre bei dessen Protektion zu hinterfragen. Dadurch vermochte er ohne Schwierigkeiten diejenigen Vergünstigungen zu bewilligen, die sich vorteilhaft auf deren Vorhaben auswirkten: So setzte er die Wertpapiere, die er für die einzelnen Interessenten beschaffte und welche er in sein Subskriptionsregister eingetragen hatte, rasch in Bargeld um. Dies lässt sich unschwer daran erkennen, daß es ihm wesentlich leichter als sämtlichen anderen Mitglieder der Mississippi-Kampagnie fiel, mit Gold zu bezahlen (Marmont du Hautchamp 1739a: 213). Es sei an dieser Stelle darauf hingewiesen, daß Hugo Rachel und Paul Wallich in ihrer Darstellung "Berliner Großkaufleute und Kapitalisten. Die Zeit des Merkantilismus 1648–806" ein andere Vorgehensweise von François Mathieu Vernezobre bei der Schaffung seines ökonomischen Erfolges bei Hautchamp herauslesen: So habe er bei der Emission neuer Aktien der Bank Staatskassenscheine, welche lediglich zu 50 % notierten, bei der Einzahlung mit pari angenommen (Rachel und Wallich 1967: 91). Allerdings finden sich für diese Lesart bei Hautchamp keinerlei Belegstellen.

Kongruenz mit Hautchamp besteht jedoch in der Darlegung der Realisierung seiner Gewinne, welche sich schließlich auf 50 Millionen Livres (seinerzeitigen Inflationsgeldes) beliefen. Demnach hätte Vernezobre insofern kluge Voraussicht obwalten lassen, da er diese nicht wie die meisten seiner Ko-Hasardeure in Waren und Immobilien angelegte, sondern das Gold, welches er bei der Bank als deren Schatzmeister einnahm, dieser gegen inflationäres Papiergeld wieder abgenommen und – trotz des strikten Verbots Edelmetalle sowie andere Pretiosen zu besitzen – Juwelen sowie auf Finanzplätze in London und Amsterdam lautende Schuldverschreibungen gekauft habe (Marmont du Hautchamp 1739b: 41).

Bezeichnenderweise schweigt sich Hautchamp in der *Histoire générale et particulière du visa* über die genauen Modalitäten der Vernezobreschen Wohlstandsgenerierung aus und spricht nur vom Erfolg seiner Spekulationen, dem erfolgreichen Außerlandesschaffen seiner Gewinne nach Amsterdam und London sowie den daraus resultierenden Verdächtigungen gegen seinen Chef John Law, welcher dadurch unter den Soupçon geriet, sich über seinen *trésorier* ein Auslandsvermögen schaffen zu wollen (Marmont du Hautchamp 1743: 157–158), doch ist es als zwingend anzusehen, daß ein dergestalt reputierliches Vermögen wie das von François Mathieu Vernezobre nicht innerhalb von fünf Jahren nach einem Bankrott zu erwirtschaften war, wenn dabei nicht in erheblichen Maße Gebrauch von internem Wissen sowie einer doppelt gelagerten Funktion als *trésorier* der Staatsbank sowie Generaleinnehmer der mit ihr engstens verbundenen *Compagnie des Indes* gemacht wurde. Außerdem paßt die Wahl der auf die Wechsel lautenden Orte gut zu seinen Brüdern Daniel und Abraham, von denen erstgenannter in London und der zweite in Amsterdam als Bankkaufleute tätig waren.

Ob es sich darüberhinaus tatsächlich solchergestalt verhalten hat, daß er, wie ihm von Hautchamp durchaus maliziös supponiert wurde, ein beträchtliches Gut in der Umgebung von Paris durch einen Strohmann seines Vertrauens habe ankaufen lassen, um einer späteren, möglichen Konfiskation zu entgehen, sowie ein großes Haus in der rue Gaillon angemietet habe, welches er mit großen Vorräten, vor allem vielen Klaftern Brennholz, ausstatten ließ, sowie elegante Möbel und eine nicht allzu teure, obschon recht schicklich Kutsche erwarb, um seine spätere Flucht zu verschleiern, als er "*comme un fantôme*" unter Zurücklassung seiner Dienerschaft aus Paris verschwand (Marmont du Hautchamp 1739b: 40), vermag derzeit weder bestätigt, noch verworfen werden. Hinweise auf den Erwerb einer Seigneurie Châtelard seitens Vernezobre lassen sich gleichwohl derzeit nicht auffinden. Es gibt jedoch Anhaltspunkte, daß sein Cousin Jean Anne (dabei handelt es sich nicht um den Bruder von François Mathieu wie von Haudrère fälschlich angenommen) ein Gut in der Nähe von Paris erworben hatte (Haudrere 2005: 80 (Bd. 1)). Mithin wäre es denkbar, daß Hautchamp diesen Umstand wider Vernezobre instrumentalisierte und ihm daraus ein sogenanntes "Strohmanngeschäft" unterstellte.

Für Hautchamps Überzeichnung und unwahre Darstellung der Begebnisse um François Mathieu Vernezobre, die dem Verdacht einer persönlichen Abneigung zusätzliche Nahrung geben, existieren nämlich drei weitere widerlegende Indizien. So beschuldigten die Liquidatoren der *Banque Royale*, nachdem das System mit der Rückkehr zur Edelmetallwährung am 17. Juli endgültig implodiert war, François Mathieu Vernezobre der Veruntreuung von Geldern aus den Einnahmekonten. Jedoch ergab eine gründliche Überprüfung, daß die 1.008.700 Livres an Einnahmen für 150 Millionen Aktien vorhanden und korrekt abgerechnet waren. Darob wurde er samt und sonders von sämtlichen juridischen Vorwürfen entlastet (Lüthy 1999: 349 (Anm. 38) sowie Haudrere 2005: 84–85).

Des weiteren verhielt es sich mitnichten solchergestalt, daß er ausschließlich Gewinne aus seinen geschäftlichen Unternehmungen gezogen habe, denn er gründete im Februar 1720 zusamt dem genannten Jean-Daniel Kolly eine der letzten Handelsgesellschaften, so daß zwei auf deren Namen lautende Konzessionen erteilt und die Sozietät auf den Namen "colonie de Sainte-Reyne" beziehungsweise "colonie de Sainte-Reyne und de Vernezobre" eingetragen wurde. In den Aktenverzeichnissen der Gesellschaft findet sich unter den sieben Mitgliedern auch der Name René-Louis, 2. Marquis d'Argenson, welcher der Sohn des ab 1717 amtierenden Präsidenten des Finanzkonseils und Siegelbewahrers von Frankreich, Marc-René de Voyer de Paulmy, 1. Marquis d'Argenson, war. Dieser Umstand vermag als ein Vertrauenszeugnis der kolonialen Aktivitäten John Laws gewertet werden, was allerdings auch umgekehrt Kritiker auf den Plan rief, welche der engen Verknüpfung mit dem französischen Staatsapparat kritisch gegenüber standen. Unter Umständen lag darin auch die Ursache begründet, warum er in den weiteren Dokumenten der Gesellschaft der Name von René-Louis d'Argenson nicht mehr figurierte und nur sechs Mitglieder aufgeführt wurden. Denn gemäß des eingebrachten Gesellschaftskapitals von 350.000 Livres brachte jeder Kommanditist einen Anteil von 50.000 Livres ein, was logischerweise sieben Teilhaber vorsieht. Mithin fungierte d'Argenson höchstwahrscheinlich als stiller Sozietär. Dabei ist es evident, daß die jeweiligen Kommanditisten einander persönlich gut bekannt und teilweise auch freundschaftlich verbunden waren, denn gegenseitiges Vertrauen war nicht zuletzt die entscheidende Basis dafür, daß die Handelskompagnie anfänglich von Vernezobre, Jean-Daniel Kolly sowie Jean Lamy, Bürger von Paris, geführt wurde und dabei sämtliche Entscheidungen hinsichtlich der Einstellung des Personals und der Vorbereitung der kolonialen Unternehmung in ihren Händen lagen. Darüber hinaus war es vornehmlich Kolly, der die führende Rolle sowohl bei den Verhandlungen mit der *Compagnie des Indes*, der Führung sämtlicher Bücher als auch bei der Korrespondenz sowie Verwaltung der Kolonie einnahm. Diese Führungsposition Kollys erzeigte sich auch vorzüglich daran, daß er als einziger die Charge des Schatzmeisters der Kompagnie innehatte und sämtliche Kommandisten ihren Gesellschaftskapitalanteil in seine Hände legen mußten. Daraus wird ersichtlich, daß Kolly inWirklichkeit als Generalbevollmächtigter der Gesellschaft fungierte und sich aus dieser sowie der De-facto-Geschäftsführertätigkeit in weiteren Handelsgesellschaften die Solidarität expliziert, die der "colonie de Sainte-Reyne" insbesondere bei der Organisation des Nachschubs vom französischen Mutterland aus nach Louisiana zuteil wurde (Giraud 1966: 197–198). Betrachtet man diese sehr dominante Stellung von Kolly, liegt die Mutmaßung nahe, daß die Konzeption der Handelsgesellschaft Sainte-Reyne wohl eher auf eine stille Teilhaberschaft der einzelnen Gesellschafter ausgelegt war und der Name Vernezobre lediglich am Anfang als Namensgeber figurieren sollte. Wann genau sich François Mathieu aus dieser geschäftlichen Unternehmung zurückzog, vermag nicht genau ermittelt werden. Giraud vermutet, daß dies spätestens mit dem Einsetzen der Revisionskontrollen im Januar 1721, nachdem John Law im Dezember 1720 das Königreich Frankreich fluchtartig über Dänemark in Richtung Venedig verlassen hatte, erfolgt sei (Giraud 1966: 206), denn fast keine der circa zweihundert kleineren Handeslkompagnien hätte länger als Oktober oder November 1721 Bestand gehabt, mit Ausnahme derjenigen des Herzogs von La Force, dessen Unternehmung bis zum Januar 1721 durchhielt (Giraud 1966: 199). Allerdings setzt Giraud das Ausscheiden Vernezobres aus der Gesellschaft als zu spät an, wie sich anhand seiner Ausreise aus Frankreich im nachfolgenden noch aufzeigen lassen wird. Es ist in diesem Kontext als auffällig zu betrachten, daß Vernezobre sich erst so spät, das heißt im Februar 1720, an der Gründung einer Handeslsozietät beteiligte, denn der überwiegende Teil der vielen kleinen Kompagnie wurde in den Jahren 1718 und 1719 etabliert. Außerdem mußte er sich zwingend in seiner Funktion als *trésorier* der *Banque Royale* und *receveur général* der *Compagnie des Indes* darüber im klaren sein, daß die Unternehmung schlechterdings nicht mit geschäftlichem Erfolg gekrönt sein würde. Möglicherweise bat John Law seinen Mitarbeiter darum, in der Phase des Zusammenbruchs noch einmal Sicherheit in der Außendarstellung zu demonstrieren, indem von führenden Persönlichkeiten der Bank und der *Compagnie des Indes* eine weitere Handelssozietät ins Leben gerufen wurde. Für Vernezobre und die beteiligten Kommanditisten barg diese nach außen mit Sicherheit wahrgenommene Gründung die Möglichkeit dem Verdacht eines Rückzugs oder gar eines Verlassenes von Frankreich Vorschub zu leisten. Dabei hielt sich Vernezobres Verlust von 50.000 Livres Kapitaleinlage – denn das gesamte Kapital der Handeslgesellschaft von 350.000 Livres war innert weniger Monate durch die Schwierigkeiten der Kolonisation, sonderheitlich am Anfang der Unternehmung, aufgebraucht (Giraud 1966: 209) –, gemessen an den Gewinnen aus seinen anderweitigen Spekulationsgeschäften, in deutlichen Grenzen. Mithin liegt der Verdacht nahe, daß es sich bei der "colonie de Sainte-Reyne" auf Grund der inwendigen Organisation der einzelnen stillen Teilhaber sowie des fast schon zu späten Zeitpunkts der Gesellschaftsgründung um ein Schein- respektive Alibigeschäft gehandelt haben muß.

Als drittes und gravierendstes Indiz für die Überzeichnung der Begebenheiten um Vernezobre durch Hautchamp dient schließlich ein Brief vom 19. Februar 1722 von Law an François Mathieu Vernezobre:

> *Je n'etait pas content de vous, Monsieur, parce-que vous ne m'avez pas consulté sur votre intention de quitter la France. Mais comme je suis rentré dans mon état de particulier, je ne vous veu point du mal. Au contraire, je vous souhaitte succès dans vos entreprises.* (zit. n. Rachel und Wallich 1967: 92 (Anm. 1))

Demgemäß war Law über die Ausreise von Vernezobre mitnichten informiert und alles andere als erfreut, so daß es durchaus als probabel anzusehen ist, daß dieser Umstand im unmittelbaren Gefolge der Begebnisse ein schlechtes Licht auf Law warf. Die Tatsache, daß er ihm dennoch verzieh, läßt sich neben dem Faktor einer menschlichen Größe noch dadurch erklären, daß der Brief auf den 22. Februar 1722 datiert ist, woraus resultiert, daß Law bereits einen gewisser Abstand zu den turbulenten Ereignissen des Jahres 1720 gewonnen hatte und er sich, nachdem er sein gesamtes Vermögen der *Compagnie des Indes* übereignet hatte, im Exil befand und guter Hoffnung war, bald wieder nach Frankreich zurückkehren zu können (Murphy 1997: 318–319).

Was den Wegzug von Vernezobre aus der franzöischen Hauptstadt betrifft, schweigt sich Hautchamp als Quelle vollständig aus. Dank der diarischen Aufzeichnungen der weiland bekannten Pastell-Porträtistin Rosalba Carriera, welche diese während ihres Aufenthalts in Paris zwischen April 1720 und 1721 erstellte, sind wir jedoch recht genau über den Zeitpunkt seiner Übersiedlung im Bilde. Sie Künstlerin, die in täglichen kurzen Notizen die Geschehnisse des Zusammenbruchs der französischen Wirtschaft und des Systems von Law aus ihrem Alltag heraus abbildete, unterhielt hervorragende Kontakte zur Pariser Gesellschaft und zum französischen Hochadel, dessen größter Teil bei ihr Porträt saß, darunter auch die Königsfamilie sowie der Prinzregent Philippe d'Orleans, welcher sie sogar in ihrem Atelier aufsuchte. Auch die gesamte Familie John Laws gehörte zu ihren Bekannten, dem sie des öfteren in der *Banque Royale* einen Besuch abgestattet und in dessen Haus sie mehrfach mit seiner Lebensgefährtin zu Abend diniert hatte (Carriera 1793: 54). Mit Sicherheit wird er sie in seinem venzianischen Exil häufiger besucht haben, nicht zuletzt, da er dort als Kunsthändler tätig war. Auch wenn Carriera die Flucht von Mathieu François Vernezobre in ihrem Tagebucheintrag vom 25. November 1720 nicht expressis verbis apostrophiert, so spricht sie doch von einer "Diminuzione delle monete" und schlug, um in der *Banque Royale* zu verharren, auch eine Einladung von Madame de la Carte zum Ball aus (Carriera 1793: 58). Derjenige, der als erster Herausgeber der Beschreibung ihres Aufenthalts in Paris im Jahr 1793 fungierte, Giovanni Vianelli, versah zwar auch diesen Eintrag mit Annotationen, die sich vornehmlich auf uneditierte Briefe und weitere Dokumente von Carriera gründeten (Carriera 1865: 8), doch rekurrierte er nicht weiter auf die ökonomischen Ereignisse dieses Tages. Dies besorgte fast sieben Jahrzehnte später erst der Übersetzer und Editor der französischen Ausgabe, Alfred Sensier, der neben einer tiefgehenden Quellenbewertung gleichergestalt die Angaben von Rosalba Carriera in den historischen Kontext einordnet und mithin auch die Flucht Vernezobres für den 25. November 1720 anmerkt und kommentiert, allerdings ohne explizite Quellenangaben zu machen (Carriera 1865: 256). Gleiches gilt leider ebenso für die jüngste Ausgabe der Erinnerungen Rosalbas, die von Xavier Douroux herausgegeben und annotiert wurde (Carriera 1997). Demgemäß taxiert er die Ausreise Vernezobres ebenfalls auf Mitte oder Ende November, da sich der Volkszorn immer stärker gegen Law und dessen Familie richtete (Carriera 1997: 53), indes findet sich kein Hinweis darauf, womit er die Datumsangabe begründet.

Trotz dieser Aporien vermag als sehr wahrscheinlich davon ausgegangen werden, daß sich der Weggang Vernezobres aus Frankreich spätestens um den 25. November 1720, das heißt circa drei Wochen vor der Flucht Laws aus Paris am 13. Dezember 1720, vollzogen haben wird, denn betrachtet man die Abfolge der Ereignisse seit der Entwertung sämtlicher Banknoten am 1. November 1720, in denen die Situation für die in die Geschäfte der *Banque Royale* und der *Compagnie des Indes* involvierten Personen immer pressierlicher wurde, nicht zuletzt, da es bereits Anfang November 1720 zu offenen Aufständen und Gewaltausschreitungen in Paris, Lyon und Straßburg gekommen war und sich die Öffentlichkeit immer mehr auf die Suche nach Schuldigen für den wirtschaftlichen Kollaps machte, wurde es immer schwieriger, den zunehmenden staatlichen Gegenmaßnahmen zu entgehen, wie dem Verbot ohne ausdrückliche Genehmigung Frankreich zu verlassen, um einen Transfer von Gold und Wertgegenständen durch sogenannte *réaliseurs* zu verhindern (vgl. zu den einzelnen staatlichen Lenkungsversuchen weiterführend: Faure 1977 sowie: Cellard 1996).

Eine weitere Quelle läßt sich hinsichtlich der Art und Weise der Außerlandesbringung des kummulierten Vermögens von François Mathieu Vernezobre auswerten. Unter der Bezeichnung eines Chevalier de Piossens, dessen Vorname und wahre Identität bis heute nicht bekannt ist, wird in divergierenden Versionen tradiert, daß man sich nicht annehmen dürfe, daß Vernezobre zwanzig Millionen Livres durch Bankwechsel außer Landes geschafft habe. Vielmehr habe es sich dergestalt verhalten, daß die *Compagnie des Indes*, in Ermangelung eigener Schiffe, gedachte, einige Boote in Holland zu kaufen, um ihren Handel beginnen zu können. Nun habe sei es aber schwierig gewesen, Wechselbriefe für den Ankauf aufzutreiben, so daß eine Summe von 20 Millionen Livres in barem Gold in die Niederlande transportiert werden mußte. Dieser Gelegenheit hätte sich Vernezobre bedient und dieselbe Summe in gleichartigen Werten aus der Kasse der Indischen Handelsgesellschaft entnommen und auf denselben Wagen, mit denen das veranschlagte Gold nach Holland geschafft werden sollte, transportiert und auf diese Weise vor dem Zugriff des französischen Behörden in Sicherheit gebracht. Des Weiteren habe er für den Moment seines Rückzuges den Zeitpunkt gewählt, in welchem Law in Ungnade fiel; als Vernezobre diesen außer Landes wähnte, habe er ihm einen Rechenschaftsbericht über seine geschäftliches Gebahren übersandt und sei unmittelbar danach verschwunden, so daß ihn die Regierung oder die *Compagnie des Indes* diesbezüglich nicht mehr befragen konnte. Er sei dann nach Berlin gegangen, wo er, um dafür rekompensiert zu werden, Frankreich dergestalt ausgeraubt zu haben, mit dem Schwarzen Adlerorden dekoriert worden sei (Piossens 1749: 254). Versucht man nun, Gehalt und Validität dieser Quelle zu bestimmen, muß man die Ausführungen in der Version von 1749 zunächst mit der Erstauflage des Jahres 1729 kommparieren. Dabei fällt auf, daß sich die Angaben zur Kapitalflucht von Vernezobre dort mitnichten finden (Piossens 1729). Folglich muß der Abschnitt, der Vernezobre behandelt, erst in der erweiterten Fassung des Abbé Nicolas Lenglet Du Fresnoy von 1749, das heißt 29 Jahre nach den tatsächlichen Ereignissen, hinzugefügt worden. Dabei ergänzte er die einige Jahre zuvor publizierte Darstellung von Hautchamp, welcher ihm mutmaßlich bekannt war, um die Fluchtdetails von Vernezobre. Allerdings erscheinen diese bei einer genaueren Überprüfung nicht als sonderlich stimmig und valid, da zum einen keine Hinweise auf einen

Schiffskauf in Holland durch die *Compagnie des Indes* in Höhe von 20 Millionen Livres auffindbar sind und des Weiteren Frankreich selbst über eine beträchtliche Flotte verfügte, auf welche die Handelsgesellschaft Zugriff hatte, so daß ein Kauf von Schiffen in den Niederlanden als wenig probabel erscheint. Zum anderen ist es als erwiesen anzusehen, daß François Mathieu Vernezobre von sämtlichen Anschuldigungen hinsichtlich eines Fehlverhaltens seinerseits in bezug auf die Kassenführung und damit verbundene, etwaige Unregelmäßigkeiten in toto entlastet wurde (vgl. Kap. 2.3.3.4: 255). Hinzu kommt, daß ein primitiver Diebstahl von 20 Millionen Livres aus der Kasse der Handelsgesellschaft John Law, der nahezu sein gesamtes Vermögen als Rekompensation des durch ihn mitverursachten Schadens der *Compagnie des Indes* übertrug, ihn in seinem Brief vom 22. Februar 1722 kaum dazu veranlaßt haben dürfte, dem ehemaligen Vertrauten und Kommis Vernezobre Erfolg bei seinen weiteren geschäftlichen Unternehmungen zu wünschen.

Über die Gründe, wessentwegen Nicolas Lenglet Du Fresnoy Vernezobre die unrechtmäßige Aneignung von Vermögensgegenständen unterstellt, läßt sich lediglich spekulieren. Es gilt jedoch das, was Roche von sämtlichen französischen Chronisten (so auch Hautchamp), die sich Anfang und Mitte der 18. Jahrhunderts mit der Schilderung der Ereignisse um das Lawsche System auseinandergesetzt haben, aussagt, nämlich daß deren Perzeption sehr wenig quellenbasiert und von starken persönlichen Eindrücken durchfärbt ist (Roche 1998: 460). Folglich sind die individuellen Lebensumstände sowie die jeweiligen politischen und weltanschaulichen Positionen in die Wertung ihrer Überlieferung auf jeden Fall miteinzubeziehen (vgl. dazu weiterführend: Segal 1980: v.a. 24–30). In bezug auf Lenglet Du Fresnoy, der als Abbé und Historiker maßgeblich daran beteiligt war, die Verschwörung von Cellamare um Louise Bénédicte de Bourbon, Herzogin von Maine gegen den Prinzregenten Philippe d'Orléans aufzudecken (Lombard 1969: 137), vermag die These einer nicht unerheblichen patriotischen Grundattitüde aufgestellt zu werden, wie sich an der Selbstcharakterisierung von Lenglet Du Fresnoy aufzeigen läßt: "*Je veux être franc Gaulois dans mon style, comme dans mes actions.*" (Michault 1761: 54).

Außerdem verfügte er als Mitarbeiter an der *Encyclopédie* von Denis Diderot und Jean-Baptiste d'Alembert neben freiheitlichen auch über hochstehende moralische Ideale (vgl. für eine knappe biographische Übersicht: Brien 1932). Demgemäß ist es als naheliegend anzusehen, daß er den Transfer von in seinen Augen französischen Vermögens und das damit verbundene Absetzen von Vernezobre nach Preußen, wo dieser mit Orden und Ehrenbezeugungen empfangen wurde und in dem eine soldatische Rohheit herrschte, die der französischen Kultur als Ausdruck der Verweichlichung skeptisch bis absprecherisch gegenüberstand, als höchlichst unpatriotischen Akt oder sogar als Verrat gewertet haben wird und es daher mit der Überprüfung der historischen Faktenlage nicht sonderlich genau genommen haben wird. Diese Vorgehensweise erhält eine spezielle Kontur dadurch, daß er selbst eine historische Methodenlehre unter dem Titel *Méthode pour étudier l'histoire* (Lenglet Du Fresnoy 1713) publizierte.

Diese Ungenauigkeit findet ihren Niederschlag – wie bei Hautchamp – nicht zuletzt auch in der unrichtigen Zuordnung des Ordens, der Vernezobre verliehe wurde. Dabei handelte es sich mitnichten um den Schwarzen Adlerorden, sondern, nicht ohne Grund, wie im nachfolgenden noch aufzuzeigen sein wird, um den *Orden de la Générosité*, neben dem Schwarzen Adlerorden das höchste Ehrenzeichen, welches der preußische Staat seit 1685 (oder 1687; die Datierung ist nicht unumstritten) zu vergeben hatte. Es legte dem Träger die Verpflichtung auf, sich der Generosität zu befleißigen (vgl. dazu weiterführend: Wohlbrück 1827).

Auf Grund dieser aporetischen Quellenlage kann derzeit nicht mit letzter Bestimmtheit gesagt werden, ob Vernezobre sich tatsächlich von Paris erst nach Holland oder direkt nach Berlin begab. Betrachtet man die Ausreisewege anderer "realiseurs", wäre auch Genf eine Möglichkeit gewesen, eine Stadt, zu der Vernezobres auf Grund seiner geschäftlichen

Tätigkeit (z.B. durch Jean-Daniel Kolly oder Pierre Cramer), gleichfalls gute Kontakte unterhielt. Jedoch erscheint Holland auf Grund seiner geographischen Nähe zur französischen Hauptstadt und bedingt dadurch, daß der Bruder von Vernezobre, Daniel, dorten domiziliert war, als Fluchtland wahrscheinlicher. Außerdem wäre es schwieriger gewesen, eine Reise nach Berlin wegen der vielen Transitstaaten und der damit einhergehenden komplexen Einreisemodalitäten klandestin von Frankreich aus vorzubereiten, als Weg in die Niederlande. Es darf nämlich nicht übersehen werden, daß Vernezobre sich auf Grund seiner unmittelbaren eigenen Erfahrungen mit Wechseln, respektive Banknoten, wahrscheinlich nicht dazu verstiegen hatte, seine realisierten Spekulationsgewinne vollständig in Bankschuldverschreibungen anzulegen. Somit sah er sich womöglich mit der nicht ganz unwesentlichen Schwierigkeit konfrontiert, neben seiner Frau, Dienstboten und fünf zwischen einem Viertel und fünf Jahren alten Kleinkindern zu reisen sowie große Mengen an Edelmetallen oder Bargeld zu transportieren, was mit einem gewissen Restrisiko verbunden war, welches mit jedem Staat, den er auf seiner Flucht passierte, anstieg.

So wenig Gesichertes über die genauen Fluchtmodalitäten auf uns gekommen ist, umso deutlicher läßt sich ablesen, daß der Wegzug des François Mathieu Vernezobre einen gehörigen Lärm schlug, welcher noch Jahrzehnte nach dem eigentlichen Ereignis ein literarisches Echo hinterließ. So berichtet fast sechs Dezenien nach den tatsächlichen Ereignissenfast sechs Dezenien nach den tatsächlichen Ereignissen Louis-François-Armand de Vignerot du Plessis, Herzog von Richelieu in seinen "Mémoires" von der kühnen Gewinnrealisierung und Flucht Vernezobres aus Frankreich (Richelieu 1793: 27), und in Holland veröffentliche ein anonymer Verfasser ein fiktives Gespräch zwischen Maria Josepha von Österreich, Gemahlin Friedrich August III. von Polen und Sophie Dorothea von Braunschweig-Lüneburg, Witwe des preußischen Königs Friedrich Wilhelm I. sowie Ludwig Wilhelm Johann Maximilian, Graf von Ostein und Bruder des Kurfürsten von Mainz, Johann Friedrich Karl Graf von Ostein, in welchem die Geschehnisse um die Erlangung des sagenhaften Wohlstands von Vernezobre auf der Grundlage der Schilderung von Marmont de Hautchamp in dessen Buch *Histoire du système des finances. Sous la minorité de Louis XV*. rapportiert werden Anonymus 1758: 587.

Die unmittelbaren Auswirkungen der Nachricht von der Flucht Vernezobres, welche in der aufgeheizten Stimmung höchstwahrscheinlich in teilweise (über-)grellen Farben gezeichnet wurde, waren tatsächlich aber so beträchtlich, daß nachweislich auch der preußischen König Friedrich Wilhelm I. in Berlin Kunde davon erhielt. So wurde von Jean Henri Samuel Formey, einem Theologen, Historiker und Philosophen sowie ebenfalls Mitarbeiter an der *Encyclopédie*, in seinen *Souvenirs d'un citoyen* überliefert (vgl. zu seiner Person weiterführend: Wenneker 2001), daß der Soldatenkönig dem Prediger Tornet höchstselbst eine Gratifikation von 200 Écu gewährt habe, wofern er Vernezobre zur Ansiedlung in seinen Staaten bewegen könne (Formey 1789: 75). Bezieht man das berühmte Kostenbewußtsein des preußischen Monarchen mit ein, offenbart sich ein hohes intrinsisches Interesse des Königs, den wohlhabenden Vernezobre und damit eine reputierliche Summe Kapitals in sein zu diesem Zeitpunkt durch rigideste Sparpolitik im wirtschaftlichen Niedergang befindliches Königreich anzusiedeln (Lottes 2006: 18). Da François Mathieus Vernezobre gebürtiger Preuße war, er dort seine Religion frei auszuüben im Stande war und darüber hinaus in Berlin seit der Vermählung seiner Schwester Marie Anne Vernezobre mit Jean II. Vernezobre auch die gemeinsame Mutter Anne Fournier mit ihrem zweiten Mann Charles Rebotier d.J. lebte, bot sich die Stadt an der Spree als neues Domizil seiner Familie durchaus an. Jedoch wären diese Faktoren auch in ihrer Summe wohl nicht hinreichend gewesen, eine sehr zügige Umsiedlung seiner Familie nach Berlin zu vollziehen, denn Verwandtschaft und freie Religionsausübung hätte er gleichergestalt in Großbritannien, genauer in London bei seinem dort ansässigen Bruder Abraham vorfinden können. Entscheidend waren wohl die Avancen, welche König Friedrich Wilhelm I.

ihm bot und die seinen kometenhaften sozialen Aufstieg begründeten: In einem aus adelsrechtlicher Sicht beispiellosen und damit einzigartigen Akt, erhob ihn der König von Preußen mit der Nobilitierungsurkunde vom 7. Januar 1721 in den erblichen Freiherrenstand. Normalerweise war es undenkbar, daß jemand in den Adelsstand – gleiches gilt im übrigen auch für die Verleihung eines Ordens – erhoben wurde, ohne, abgesehen von seiner bloßen Präsenz, auch nur das Geringste für sein Land oder seinen König geleistet zu haben. Es ist dieserhalb nur folgerichtig, daß die Begründung der Verleihung des Freiherrenstandes nicht einfach zu formulieren war, woraus sich die gewählte Form erklärt:

> "*Wir* [...] *ein Allergnädigstes Gefallen tragen, denen, welche, durch Wollanständige Sitten undt Tugendthafften Wandel sich vor Anderen dinstinguiren undt Verdientmachen, solche Zeichen und Merkmahle der Ehren und Unserer Ihnen zugetragenden Königlichen Hulde undt Gnade zustifften, deren nicht allein Sie auf Ihre Lebenszeit, sondern auch Ihre Nachkommen, so lange deren einige vorhanden, sich zu erfreuen haben mögen, Undt Wir dan, ausz erheblichen Uhrsachen, insonderheit aber in Consideration der rühmlichen Qualitäten, womit Unser Geheimer Rath und Angebohrener, Preußischer Unterthan Franciscus, Mattheus Vernezobre de Laurieux begabet, undt wegen der nützlichen undt erspieszlichen Dienste so Wir von Ihm erwarten, auch zur Bezeugung Unser vor Ihn habenden besonderen Königlichen propension, ausz eigener Bewegnüß resolviret, vorgedachter Vernezobre nebst Seiner in Frankreich gebohrenen Ehegnossin und allda mit derselben erzeugeten Kindern, bestehnd in einem Sohn und Vier Töchtern, welche seine Ehegattin undt Kinder, Wir auch naturalisiret und in Allen Stücken Unseren Angebohrenen Unterthanen gleich gemachet, in den Freyherrlichen Standt Unseres Erb-Königreichs Preußen zu setzen undt zu erheben, Sie auch der Schaar, Gesell- undt Gemeinschafft Unserer und Unseres Erb-Königreichs Freyherren undt Baronessen, zuzufügen, zuzugesellen undt zuvergleichen ebener Gestalt, alsz ob solcher Freyherrliche Standt, Nahme und Titul, von Ihren Vier, Acht, undt Sechzehn Ahnen Vätter- undt Mütterlicher Seits Ihnen erblich angebohren währe. Wir setzen, erheben, würdigen und erhöhen auch mehrbesagten den Von Vernezobre, undt dessen Ehegattin, wie auch alle Ihre Ehelichen Leibes-Erben undt deren Nachkommen, in absteigender linie, hierdurch, und krafft dieses offenen Brieffes, in den Standt, Ehre, undt Würde Unserer, undt Unseres Königreichs Freyherren und Baronessen, fügen Sie zu derselben Schaar, Gemeinundt Gesellschafft, undt geben Ihnen die Freyheit, sich von nun an undt zu ewigen Zeiten, so lange von Ihnen Jemandt übrig ist, sich, respective, Freyherren undt Baronessen von Vernezobre de Laurieux, gegen Uns, Unsere Nachkommen, undt sonst Jeder Männiglich in was Würde, Standt, oder Wesen Sie seyn zu nennen undt zu schreiben.*" (Passow 1907: 240–241)

Den preußischen Souverän kostete dieser Verleihungsakt nur ein wenig Pergament, Tinte und Siegelwachs. Für Vernezobre selbst bedeutete die Nobilitierung indes die Konsolidierung in gesellschaftlicher Hinsicht, indem er zusamt seiner Familie in den erblichen Freiherrenstand erhoben und nicht nur mit sämtlichen Baronen der preußischen Monarchie gleich gestellt wurde. Zusätzlich verlieh man ihm mit der Gleichrangigkeit mit Geschlechtern, die sechzehn adlige Ahnen aufweisen konnten, eine altaristokratische Herkunft, die nicht unerheblich dazu beitrug, seinen durchaus mancherorts geschmähten "Neureichtum" sowie das Stigma des "Parvenü" aus "Kramerbudverhältnissen" zu kaschieren. Außer dieser den sozialen Rang betreffenden Verfügung brachte die Urkunde noch den kollateralen Effekt mit sich, daß die Ehefrau von Françios Mathieu Vernezobre sowie sämtliche bis zu diesem Zeitpunkt in Frankreich geborene gemeinsame Kinder naturalisiert und damit zu preußischen Untertanen erklärt wurden. Nach dem während des 18. Jahrhunderts in Preußen noch dominanten Territorialprinzip erhielten die im Ausland geborenen Ehepartner und Kinder nämlich keineswegs bei einer Ansiedlung in Preußen automatisch den Untertanenstatus, auch wenn der Vater Preuße war (vgl. dazu grundlegend: Grawert 1973). In jedem Fall wird hierbei der Unterschied zu den anfänglichen Schwierigkeiten im Frühjahr 1686 deutlich, die Mathieu I. Vernezobre, der Vaters von François Mathieu hatte, als sich dieser – gleichfalls aus Paris kommend – mit der renitenten Weigerung der Königsberger Administration, ihm das Bürgerrecht ihrer Stadt zuzubilligen, konfrontiert sah (vgl. Abb. 2.34: 236).

Diese Standeserhöhung, man vermag sie füglich als "erster Klasse" zu werten, evozierte nicht allein einen sozialen Aufstieg, sondern mit selbiger war des Weiteren noch die vereinfachte Möglichkeit verbunden, adligen Grundbesitz zu erwerben (zur Entwicklung der Lehenspraxis: Schiller 2003: 41). Somit wurde die Investition in Grundherrschaften und Landbesitz in der ersten Hälfte des 18. Jahrhunderts als lukrative Kapitalanlage angesehen, mit welcher eine gewissen Sicherheit und zumeist auch ein guter Ertrag sowie Ansehen und Reputation in der agrarisch geprägten Adelskultur Preußens einherging (vgl. dazu: Schissler 1980). Mithin nimmt es nicht wunder, daß es eine der ersten Maßnahmen nach der Ankunft Vernezobres in seiner neuen Heimat war, im großen Stil Güter und Ländereien zu erwerben, von welchen er gegen Ende seines Lebens über ein halbes Dutzend besaß (vgl. Kap. 2.3.3.3: 208). So ließ König Friedrich Wilhelm I. bereits am 11. Februar 1721 durch einen Pagen die von seinen Räten gefertigten Taxen von Hohenfinow und Tornow aus der Kanzlei abholen, um die Ankaufspläne von Vernezobre zu verwirklichen (Passow 1907: 134). Auch wenn diese Ergänzung über den Untersuchungszeitraum hinausweist, sei doch angemerkt, daß die im Freiherrendiplom apostrophierte Zusicherung, sich "*zu ewigen Zeiten, so lange von Ihnen Jemandt übrig ist* [...] *Freyherren undt Baronessen von Vernezobre de Laurieux,* [...] *zu nennen undt zu schreiben*" keinen Bestand hatte, denn so solitärhaft die Verleihung des Freiherrenstandes für noch nicht geleistete, aber zu erwartende Verdienste für Preußen war, so besonders ist die Tatsache des Verlustes des Adelsstandes fast 150 Jahren nach deren Erlangung einzuordnen. Denn dem direkten Nachfahren von François Mathieu Vernezobre in fünfter Generation und letztem männlichen Sproß der Vernezobre-Laurieux, dem am 21. März 1842 zu Prenzlau geborenen Clemens Friedrich Robert, Premierleutnant im Schlesischen Füsilier-Regiment Nummer 38 in der Kurmark, wurde 1867 (nicht 1875 wie im Deutschen Geschlechterbuch unrichtig behauptet (DGB 1992: 391), so auch im "Gotha" (Gotha 1927: 726)) der erbliche Adelsstand auf Grund des Delikts der Urkundenfälschung entzogen. Dabei wurde er zusätzlich aus dem Offizierscorps ausgestoßen und zu einem Jahr Festungshaft verurteilt.[139] Nach Verbüßen seiner Strafe siedelte er sich kurzzeitig in Glatz in Österreich an und schiffte sich noch 1868 nach New Orleans in die Vereinigten Staaten ein, wo sich seine Spur verliert (Von-Maszewski 1997: 128). Die ältere genealogische Literatur schweigt sich über den Adelsverlust – möglicherweise aus Rücksicht auf noch lebende Anverwandte – aus (vgl. z.B. Kneschke 1870: 374).

Wendet man sich wieder der Person von François Mathieu Vernezobre selbst zu und betrachtet den zeitlichen Abstand zwischen seinem Wegzug Ende November 1720 aus Paris und der Ausfertigung des "Diploma Baronatus" am 7. Januar 1721, fällt sogleich auf, daß zwischen den beiden Ereignissen lediglich wenige Wochen lagen. Eine solche "Nobilitierung in Zeitraffer", noch dazu eine derart Außergewöhnliche, konnte nur realisiert werden, wofern der König von Preußen selbst ein starkes Eigeninteresse an der Angelegenheit hatte. Aus der Formulierung in der Nobilitierungsurkunde "[...] *Unser vor Ihn habenden besonderen Königlichen propension, ausz eigener Bewegnüß resolviret*" läßt sich eine solche klar belegen. Dieserhalb ist es als folgerichtig anzusehen, daß er eigens den Prediger Tornet damit beauftragte und im Erfolgsfall mit einer Gratifikation versah, den kapitalschweren Vernezobre in sein Königreich zu holen.

Neben diesen individuellen und sozialen Folgen, die der Fortgang von Vernezobre mit sich brachte, fällt noch ein Aspekt ins Auge, dem zu Beginn des 18. Jahrhundert eine wesentliche Bedeutung zukam: Denn es ist als besonders bemerkenswert anzusehen, daß der Sohn von Mathieu I. Vernezobre, welcher beim amtierenden französischen Polizei- und Finanzminister Jean-Baptiste Colbert d.Ä. seinem protestantischen Glauben abgeschworen hatte, um nach der

139 GStA PK I. HA Rep. 100 Nr. 3750.

Revokation des Edikts von Nantes 1685 Frankreich zu verlassen, fast dreieinhalb Dekaden später mit dem Sohn des seinerzeitigen Generalleutnants der Polizei d'Argenson eine Handelsgesellschaft gründete. Am gravierendsten in diesem Zusammenhang erscheint fraglos die Tatsache, daß zum Zeitpunkt, als François Mathieu bei seinem in Paris verbliebenen Vaterbruder Jean I. Vernezobre in die Bank- und Handelslehre ging, noch derjenige französische König als Ludwig XIV. regierte, welcher die Religion seiner Vorväter heftig bekämpft und verfolgt hatte. Als interessant ist gleichergestalt die Tatsache zu bewerten, daß François Mathieu Vernezobre nur wenige Jahre vor dem aus Frankreich nach Preußen emigrierten Jean-Jacques I. Digeon de Monteton, welcher bereits 1717 in preußischen Armeediensten stand, über Holland in umgekehrter Richtung aufgebrochen war, um sein Glück zu suchen. Der Fall der aus Frankreich ausgewanderten Vernezobres und insonderheit der Lebensweg von François Mathieu liefert fast schon einen paradigmatischen Beleg für die Schlußfolgerungen von Klaus Weber, daß die Händler, von diesem im höchsten Maß die Seehändler, zu der weit weniger aus religiösen Motiven bedrängten Gruppe innerhalb der Hugenotten gehörten, im Vergleich zu der den *Dragonaden* ausgelieferten Landbevölkerung (Weber 2010: 154), so daß selbst der mit der Protestantenmission in La Rochelle betraute berühmte Erzbischof François de Salignac de La Mothe-Fénelon als Hauptgrund für die Auswanderung ökonomische Schwierigkeiten ansah und weniger religiöse Beweggründe (Duchhardt 1985a: 49). Darob geht die neuere Forschung auch davon aus, daß es unrichtig wäre, die protestantischen Religionsflüchtlinge aus Frankreichs pauschal als die Phalanx der besonders Glaubenstreuen und standhaft Rechtschaffenen zu betrachten, welche allein aus tiefgläubiger Liebe zu ihrer Religion den größten Teil ihrer Besitzungen sowie ihre Heimat aufgaben (z.B. Duchhardt 1985b: 4; Schunka 2005: v.a. 559–564 sowie Klingebiel 2005: 13–14). Vielmehr setzte sich die Entscheidung für oder gegen einen Verbleib im Vaterland aus multifaktoriellen Erwägungen zusammen, in welchen fraglos die Sicherung sowie der prosperierende Ausbau der eigenen wirtschaftlichen Existenz die herausragendste Stellung eingenommen haben wird. Es wird deswegen neuerdings von "Migrationsoptionen" gesprochen, welche die zur Auswanderung Gewillten gegenüber den aus einem Verbleib in der Heimat resultierenden Konsequenzen abgewogen hätten. Mithin entlarvt sich das etwas larmoyante Bild "des" Glaubensflüchtlings, respektive *réfugie* wie sich die französischen Emigranten selbst bezeichneten, als ein idealisierendes, nicht wirklichkeitsgetreues Eigenkonstrukt (Niggemann 2008: 50). Gerade im Falle der Vernezobres, bei denen einer der Brüder unmittelbar nach dem Erlaß des Edikts von Fontainebleau in Paris blieb, war nicht viel Besitz verloren, da sich Mathieu I. eine komplett neue Existenz mit einem Grundkapital in Ostpreußen aufbauen konnte und keine Immobilien oder gar Ländereien in Frankreich konfisziert worden waren.

In bezug auf die beiden über dreißig Jahre nach der Revokation des Edikts von Nantes ausgewanderten Brüder Jean-Jacques I. und Pierre VI. Digeon de Monteton war die Situation darüber hinaus dergestalt, daß sie selbst ob ihrer Religion nicht unmittelbar verfolgt wurden, ihr Vater Pierre IV. Digeon de Monteton sogar zwei Dekaden als Gendarm der königlichen Garde unter Ludwig XIV. gedient hatte (vgl. Anhang: A.8: 652: Z. 129–130) und ihr Besitz in nichts als dem eigenen Leben bestand, denn als nachgeborene Söhne hatten sie ohnehin kaum Anspruch auf einen nennenswerten Erbteil (vgl. dazu: Kap. 2.3.3.6: 294); zudem war die Familie nach dem Tod des Vaters derart verschuldet, daß die Mutter, wie bereits dargelegt, den König um Erlaubnis bitten mußte, das Gut Saint-Sernin zu verkaufen, um die Mitgift ihrer drei Töchter aufbringen zu können (vgl. Anhang: 2.3.3.2: 203). Fernerhin liegt der Verdacht nahe, daß sich Pierre VI. einer ihm sehr unliebsamen Ehe mit einer Ségur entziehen wollte und daher den Weg nach Preußen zu seinem Bruder Jean-Jacques I. wählte, obschon dieser der drei Jahre jüngere Bruder war (vgl. Anhang: B.10: 703). Füglich vermögen wir, unter Berücksichtigung der Gesamtkontextes sowie vorzüglich einer dergestalt depravierten ökonomischen und privaten Situation, in welcher sich die beiden Brüdern Digeon de Monteton befanden, ihnen eine rein auf religiöser Motivlage basierende Auswanderungsentscheidung abzusprechen.

Betrachten wir den weiteren Verlauf der Ansiedlung des nunmehr als Baron François Mathieu de Vernezobre-Laurieux figurierenden, arrivierten Geschäftsmannes, wird ersichtlich, daß er keine vier Wochen nach Ausfertigung seines *Diploma Baronatus* mit Kaufvertrag vom 1. Februar 1721 das Palais Montargues in der Burgstraße 25 zu Berlin für 15.000 Thaler, in bar entrichtet, erwarb (Lüdicke 1933: 475). Dieser Stadtpalast war seinerzeit das einzige Gebäude, welches ein Palais *entre-cour-et-jardins* darstellte, das heißt der Wohnkörper (*corps der logis*) befand sich auf der Mittelachse der Gesamtanlage zwischen Ehrenhof (*cour d'honneur*) und Garten (*entre cour et jardin*) (Köhler 1997: 141). Es ist als sehr wahrscheinlich anzusehen, daß Vernezobre dieses Haus als Wohnstatt wählte, da sein Baustil am meisten der französischen Architektur huldigte. Daneben bewohnte er noch das Palais das "Schutzjuden" Daniel Itzig, ein Gebäudekomplex, welcher 1859 von dessen Urenkel Friedrich Hitzig zur Berliner Börse umgebaut werden sollte. Ein weiteres Haus in Berlin besaß er noch an der Neuen Promenade, was den deutlichen Rückschluß zuläßt, daß er bereits anfangs seines Aufenthalts in Preußen einem für die Zeit des Soldatenkönigs untypischen, recht aufwendigen Lebensstil huldigte (Schneider 1870: 6).

Kurze Zeit darauf erfolgte der bereits im Februar durch den König selbst vorangebrachte Ankauf der Güter Hohenfinow und Tornow, welche mit Vertrag vom 9. April 1721 für 90.000 Thaler vom Hof- und Legationsrat Karl Ludwig v. Börstell erworben wurden (vgl. den Kaufvertrag im Wortlaut bei: Passow 1907: 88–94). Nach circa zwei Monaten erfolgte die Übergabe in besonders feierlicher Form am 12. Juno 1721 in Anwesenheit der ehemaligen Eigentümer v. Börstell sowie sämtlicher Untertanen, die nach einer kurzen Ansprache des Etatministers Christoph v. Katsch aus ihrem bisherigen Pflichtverhältnis entlassen und darauf ihrem neuen Herrn Vernezobre durch Untertaneneid – die Männer mit ausgestreckten Fingern, die Frauen mit Auflegung ihrer rechten Hand auf die linke Brust – verpflichtet wurden. Bei dieser Gelegenheit waren gleichergestalt der deutsche Pfarrer von Hohenfinow und die Mitglieder der französischen Kirchengemeinde von Tornow sowie deren französischer Geistlicher Jacques Barbeyrac, Bruder des berühmten französisch-schweizerischer Juristen, Rechtshistorikers und bedeutenden Vertreters des Naturrechts Jean Barbeyrac, anwesend (Palladini 2007: 310). Letzterer widmete François Mathieu de Vernezobre-Laurieux sein Werk "Recueil de discours sur diverses matières importantes" (Barbeyrac 1731). Leider sind sämtliche Schriftstücke, welche über das genaue Verhältnis des neuen preußischen Barons zu Jean Barbeyrac hätten Auskunft geben können, durch Kriegseinflüsse der Zerstörung anheim gefallen (Othmer 1970: XII). Hohenfinow blieb über ein Säkulum im Besitz der Familie Vernezobre-Laurieux, bis es auf Grund der Eröffnung des Konkurses auf dem Gutskomplex am 17. April 1828 fünf Jahre später für 167.000 Taler an den Freiherr Konstantin von Jakobi-Kloest verkauft wurde.[140] Von staatlicher Seite mit Aufsicht und Abwicklung betraut, führte der Enkel von Jean-Jacques I. Digeon de Monteton, Karl August Friedrich, in seiner Eigenschaft als Brandenburgischer Ritterschaftsrat, den Verkauf im Namen von Friedrich Ludwig Vernezobre de Laurieux durch. Der Käufer blieb nur circa zwanzig Jahre Eigentümer und veräußerte es am 24. Juli 1855 mit beträchtlichem Gewinn für 400.000 Taler an Felix von Bethmann-Hollweg, den Vater des nachmaligen Reichskanzler Theobald von Bethmann Hollweg, welcher ein Jahr nach Erwerb am 29. November 1856 dort das Licht der Welt erblickte und am 2. Januar 1921 daselbst abberufen wurde (Gutsche 1973: 14).

140 BLHA, Rep. 37, Hohenfinow, Nr. 3.

Zurückkehrend in das 18. Jahrhundert, läßt sich konstatieren, daß die Folgejahre nach der Übereignung der beiden Herrschaften von deren Verwaltung sowie der weiteren Konsolidierung und Augmentierung des Vernezobreschen Besitzes geprägt waren. Seine Herrschaft wird auf der primärquellenbasierten Darstellung von Siegfried Passow alles andere als "gütig", sondern vielmehr äußerst streng, teilweise sogar mit Zwangsmaßnahmen und absolut wenig empathievoll gegenüber seinen Untertanen beschrieben (Passow 1907: v.a. 132–135). Trotz dessen kommt Passow zu dem Schluß, daß er nicht als brutaler, leuteschindender Tyrann, das heißt bar der Gesetze und mithin willkürlich regierte, sondern diese äußerst eng zu seinem eigenen Vorteil auslegte, was sich mit einer dynastischen Rücksichtslosigkeit verband (Passow 1907: 143). Vielleicht sollte man zusätzlich zu diesem Befund noch der Reflektion Raum geben, daß François Mathieu selbst keinerlei Erfahrung mit der Verwaltung von Gütern und dem Dasein eines preußischen Junkers besaß, da seine soziale Herkunft nicht in der des grundbesitzenden Adels zu verorten ist und er möglicherweise dieserhalb eine gewisse Unsicherheit und Angst vor Autoritätsverlust mit einem hohen Maß an Härte zu kompensieren gedachte. Brutalität und rohe Gewalt vermag ihm nur einmal im bezug auf das Kirchspiel in Polssen bei Angermünde attestiert werden: Diese Herrschaft hatte Vernezobre 1733 erworben und dabei gemäß einer um 1759 erstellten Beschreibung der dortigen Kirche durch Pfarrer Dehne veranlaßt, daß alle Überbleibsel aus vorreformatorischer Zeit zu zerstören seien, so heißt es darin: "[...] *der erste Patron von der jetzigen Familie hat ein Mißfallen daran gehabt, alle Kruzifixe, Bilder und Bildsäulen, womit gewöhnlicherweise die alten Kirchen ausgezieret sind, hat er verbrennen, den steinernen Altar abbrechen und einen hölzernen hinsetzen lassen.*" (zit n. Passow 1907: 143). Prima vista überrascht eine solche aggressive Haltung eines sogenannten protestantischen "Religionsflüchtlings" nicht, betrachtet man jedoch den individuellen Werdegang von Vernezobre, der unbehelligt im seinerzeit ausschließlich katholischen Frankreich sein beträchtliches Vermögen zu erwerben vermochte, erscheint diese vehemente Rohheit wider seine eigene, protestantische Kirche, unverständlich.

Jenseits der Sorge über seinen erworbenen monetären und Immobilienbesitz, nahm im Leben des Barons Vernezobre das Familienleben eine exzellierende Stellung ein, so daß ihm an einem reichen Kindersegen ganz vorzüglich gelegen war. Also gebahr ihm seine Frau Marie Henriette Vernezobre, neben den bereits genannten Kindern Marie-Antoinette und Marie Anne Henriette, noch die beiden Töchter Marie-Anne sowie die oben schon apostrophierte Ahnmutter der preußischen Digeon de Monteton, Jeanne Henriette Gasparde, geboren am 21. Dezember 1718 in Paris, sowie Mathieu II., der am 15. April 1720 gleichergestalt noch zu Paris das Licht der Welt erblickte. Dazu kamen noch drei weitere Söhne, die allesamt in Berlin geboren wurden, so am 7. August 1721 Friedrich Wilhelm, der seinen Vornamen nach dem des preußischen Königs erhielt, welcher auch sein Pate werden sollte, sodann Ernst Christian, am selben Tag wie sein Bruder Mathieu II., nur drei Jahre später, am 15. April 1723, und schließlich Johann Anton, dessen Geburt auf den 10. September 1724 zu datieren ist (Gotha 1927: 725–726 sowie im Abgleich und in Ergänzung sowie Korrektur dazu: Kriening 1991: 155). Folglich schenkte ihm seine Frau insgesamt acht Kinder, vier Töchter und vier Söhne, wobei die beiden letzten recht früh starben. Der jüngste, Johann Anton, Cornette im Regiment des Prinzen Georg von Hessen Darmstadt starb am 20. Mai 1744 im Alter von nur zwanzig Jahren. Ein Jahr später, am 15. Januar 1745 fand der ein Jahr ältere Leutnant Ernst Christian den Tod. Was seine Schwestern betrifft, so heiratete die Erstgeborene Marie-Antoinette 1733 den Landrat und königlich-preußischen Oberstleutnant a.d. Julius Ulrich v. Buggenhagen, Herr auf Schlagtow und Papitz. Indes sollte die Ehe keinen durativen Bestand haben, dieweil Marie-Antoinette bereits im Alter von fünfundzwanzig Jahren am 10. September 1737 in Frankfurt an der Oder der Tod ereilte (Tollin 1896: 25). Ein Jahr zuvor hatte sie noch dem gemeinsamen Sohn Julius Ernst das Leben geschenkt, der späterhin zum

Präsidenten der Kriegs- und Domänenkammer Kleve und dann zum preußischen Kammerpräsidenten und Staatsminister avancieren sollte. In Kleve hat er unter anderem den Schlossgarten an der Schwanenburg und gegenüber dem Kurhaus die "Neue Plantage" sowie den Forstgarten, anlegen lassen. Darüber hinaus veranlaßte er in der Schwanenburg die Einrichtung des Antiquitätensaals, dessen seinerzeit angelegte Sammlung 1820 für den Grundstock des heutigen Rheinischen Landesmuseums Bonn herangezogen wurde (Klapheck 1915: 38–39 sowie Becker 2006: 29). In seiner Person schließt sich wieder der Kreis zu den Digeon de Monteton, denn Julius Ernst verheiratete sich am 10. Dezember 1767 mit seiner Cousine ersten Grades Marie-Angélique Henriette Digeon de Monteton, die ihm den 1768 geborenen Sohn Julius Heinrich schenkte (vgl. zu ihrem Wirken weiterführend: Marzin 2001: 64).

Die zweite Tochter von François Mathieu und Marie Henriette Vernezobre, Marie Anne Henriette, fand als Ehefrau von Joachim Bernd d.J. von der Osten, bereits im Zusammenhang mit der Verortung im Verwandtschaftsgefüge von Emanuel I. Vernezobre Erwähnung (vgl. Kap. 2.3.3.4: 232). Die dritte der Schwestern, Marie-Anne, ging gleichwohl wie ihre beiden älteren Schwestern mit einem Vertreter des grundbesitzenden und ämterbekleidenden Adels den Lebensbund ein. So heiratete sie 1733 Gustav Friedrich v. Normann, Herr von Jamitzow, Hofmarschall des Markgrafen Albrecht v. Brandenburg-Schwedt sowie herzoglich-holsteinischer Geheimrat. Leider ist über ihn Näheres und Genaueres nicht auf uns gekommen. Auf die mehrfach im Kontext der Eheobstakel aufgeführte jüngste Tochter Jeanne-Gasparde wird noch im Folgenden zu rekurrieren sein. Von den beiden überlebenden Söhnen verheiratete sich zwar der jüngste Friedrich Wilhelm mit einem nicht näher bekannten Fräulein von Kottwitz, die ihm neben einem im Alter von vier Jahren verschiedenen, namentlich unbekannten Sohn noch die beiden Töchter Johanna Luise sowie Henriette Wilhelmine Auguste gebahr (Gotha 1927: 726). Seine Deszendenz erlosch demgemäß im Mannesstamm. Das Eheleben des ältesten Sohns, Mathieu II., welcher die Deszendenz kontinuieren sollte, wies im Gegensatz zu seinen Geschwistern deutlich mehr Brüche auf, da er insgesamt vier Mal den Lebensbund einging. Das erste Mal mit Johanna Marie Luise v. Geuder, Tochter des markgräflich-brandenburgischen Hofmarschalls und Kanzlers des Johanniterordens Johann Georg v. Geuder, genannt Rabensteiner, und der Sophia Charlotte von der Groeben a.d.H. Lichterfelde (Zedlitz-Neukirch 1839: 179 sowie Kneschke 1861: 503, wobei die Ehe rechtskräftig am 8. August 1750 geschieden wurde (Passow 1907: 151). Am 2. März 1751 heiratete er Baronesse Amalie Henriette v. Coceji, Tochter des preußischen Großkanzlers und Ritters des schwarzen Adlerordens Samuel Baron v. Coceji, und der Johanna Charlotte v. Beschefer (Zedlitz-Neukirch 1836: 370). Der Vater von Samuel Baron v. Coceji, Heinrich, war ein berühmter Jurist und Nachfolger des Barons Samuel v. Pufendorf an der Universität Heidelberg (Klesmann 2007: 28). Nach nur sechs Jahren verschied Amalie v. Coceji, wessenwegen Mathieu II. zum dritten Mal vor den Altar trat. Dieses Mal mit Sophie Charlotte Eleonore Baronesse v. Rheinfahrt, über deren weiland im hessischen Dienst stehendes Geschlecht kaum etwas überliefert ist. Nach ihrem frühen Tod im Jahr 1761 heirate Mathieu II. zum letzten Mal die am 2. Dezember 1739 geborene Karoline Albertine Luise v. Forcade de Biaix, Tochter des bereits genannten Generalleutnants Friedrich Wilhelm Quérin v. Forcade de Biaix und der Maria de Montolieu de Saint-Hippolyte (Priesdorff 1937a: 354 sowie Kap. 2.3.3.3: 215).

Mithin schloß sich auf fast schon ironische Weise der Kreis zu der Liebesverbindung zwischen Jeanne-Gasparde de Vernezobre-Laurieux und Jean-Jacques I. Digeon de Monteton, denn auf diese Weise kam es doch noch zu einem Eheschluß zwischen den Familien Vernezobre und Forcade. Demgemäß ehelichte der Neffe von Jeanne-Gasparde die Nichte ihres abgewiesenen Verehrers Isaak v. Forcade de Biaix, was den Beweis liefert, daß die beiden Geschlechter auch jenseits der Person von Jeanne-Gasparde und dem genannten Isaak in Verbindung gestanden haben müssen (vgl. Kap. 2.3.3.3: 215.

2.3.3.5 König Friedrich Wilhelm I. v. Preußen als verschmähter Brautwerber

Diese eheliche Fügung führt uns auch wieder zu den Anfangsjahren der Vernezobres in ihrer neuen preußischen Heimat, wo François Mathieu in hoher Gunst des Königs Friedrich Wilhelm I. stand sowie überhaupt über gute Kontakte zum königlichen Hause unterhielt, und der Liebesbeziehung zwischen Jean-Jacques I. Digeon de Monteton und Jeanne-Gasparde, in der die Forcade keine unwesentliche Rolle spielten. Auch wenn in den vergangenen Jahrhunderten sehr viel zu den schicksalhaften Umständen und Widerfahrnissen dieser Ehe geschrieben wurde (z.B. Schneider 1870; Anonymus 1864; Bonnell 1888 dazu ergänzend: Béringuier 1888; Borrmann 1893: 306–307; Wedel 1908 sowie Consentius 1911: 38–40), so hat auch die neuste Forschung einen Aspekt aus dem Fokus verloren (Sievers 1954: 118–227 sowie: Mertens 2003: 213–219 u. 471–476), welcher eigentlich bereits prima vista eine besondere Beachtung verdient hätte: Nämlich wessentwegen Friedrich Wilhelm I. von Preußen so dezidiert gegen die freie Wahl eines Ehemanns von Jeanne-Gasparde de Vernezobre eingestellt war und die Angelegenheit nicht dem Innenverhältnis der Familie Vernezobre obließ? Seine Haltung allein mit der ihm zugesprochenen Strenge, seiner Einmischungssucht in die inneren Angelegenheiten seiner Untertanen sowie dem bereits im Vorfeld für die Vernezobres eingegangenen Heiratsversprechen zu erklären, greift bei näherer Betrachtung ebenso zu kurz, wie die Überlegung, dem Monarchen wäre ein Vorteil daraus erwachsen, die wohlhabende Braut mit einem relativ unbedeutenden Offizier zu vermählen; denn der Kontroverse über die Eheanbahnung ging ein weiteres, einschneidendes Begebnis voraus, welches zu einer nachhaltigen Trübung des Verhältnisses zwischen dem preußischen König und François Mathieu Vernezobre geführt hatte: Denn um seine ersten, wenig elaborierten und reflektierten Fluchtpläne zusamt seinem Pagen Peter Karl Christoph von Keith realisieren zu können, lieh sich der nachmalige König Friedrich II. von Preußen als Kronprinz durch sein Schreiben vom 11. Juli 1729 die Summe von 5.000 Thalern zu 5% Zinsen von François Mathieu Vernezobre, welche ihm nach Unterzeichnung einer Schuldberechnung am 14. Juli 1729 ausgezahlt wurden (Passow 1907: 138). Es ist zu vermuten, daß diese Kreditnahme im Vorfeld der Gespräche mit Keith bezüglich der geplanten Absentierung aus den Fängen des despotischen Vaters steht, welche der nachmalige Friedrich II. mit diesem am 28. Mai 1730 im Lager von Zeithain aufgenommen hatte, als er mit seinem Vater zum Hofe August des Starken gereist war (Ahnert 1982: 61). Mit dieser Aushilfe in den kronprinzlichen Geldverlegenheiten brachte sich Vernezobre in eine äußerst prekäre und überdies gefährliche Situation. Denn nach der aufgedeckten Fluchtabsicht vom 4. auf den 5. August 1730 aus dem Dorfe Steinsfurt bei Sinsheim, in welche neben dem genannten Keith auch der Premierleutnant Hans Hermann v. Katte verwickelt war, begann der Soldatenkönig am 12. August 1730, als dieser wieder in Wesel angelangt und sich auf preußischen Territorium befand, mit dem Verhör seines renitenten Sohnes. Da diese Verhöre bei weitem nicht das vom Monarchen gewünschte Erkenntnisinteresse befriedigten, kam es zu weiteren strengen Befragungen, bis der Kronprinz schließlich am 3. September auf die Feste Küstrin verlegt wurde, wo mit der weiteren Untersuchung der Generalauditeur-Lieutenant Christian Otto Mylius beauftragt wurde (vgl. zu seiner Person ausführlich: Wolff 2006 sowie immer noch grundlegend: Eisenhart 1886). Dieser mußte demnach am 16. September 1730 in seiner neuen Funktion zur größten und längsten Befragung des kronprinzlichen Arrestanten schreiten. Die 185 Fragen wurden teilweise vom König höchstselbst entworfen und mußten von Kronprinz Friedrich auf das Peinlichste genau beantwortet werden. Die 34. Frage betraf auch François Mathieu Vernezobre und sollte ihn zeitweise als vermeintlichen Fluchtkomplizen schwer belasten:

> "*34. Ob er nicht aber dennoch Seinen König, seinen Vater, seinen Landesherrn, und seinen Kriegsherrn mit Lügen vorgegangen und gesagt, daß er nichts mehr schuldig wäre, als an Splitgerben und Daum, da*

er doch dem Vernesobre 5000 Thl. und dem Montolieu 2561 Thl. wegen der Vaiselles, und dem Marquis de Lerrand 1000 Thl. zu der Zeit schon schuldig gewesen?

Ja, aus Furcht habe er das übrige nicht gesagt.

Ob er den Vernesobre zu sich rufen lassen oder demselben ein Billet geschickt?

Er wisse es so eigen nicht mehr noch auch wie hoch die Summe gewesen. Ihm wird der Brief pag. 310 vorgelegt, zu dessen Inhalt er sich bekennt." (Hinrichs 1936: 94)

Hieraus war ersichtlich, wie angelegentlich dem für sein Mißtrauen bekannten König daran gelegen war, nach Möglichkeit sämtlicher Hintermänner, Fluchthelfer und eventuell auch Verschwörer, die dem Kronprinzen zur Seite gestanden hatten, habhaft zu werden. Demgemäß überrascht es auch nicht, daß, wie den Berichten des braunschweigischen Legationsrats und Residenten am preußischen Hof, Wilhelm Stratemann, zu entnehmen ist, François-Mathieu de Vernezobre bereits am 9. September 1730 durch einen Ober- sowie zwei Unteroffiziere auf seinem Gut Hohenfinow unter Hausarrest gestellt wurde und auf Anordnung des Königs seines geliehenen Capitals verlustigt gehen und darüber hinaus zur Strafe dieselbe Summe in den Wiederaufbau der durch Blitzschlag am 29. Mai 1730 schwer beschädigten Sankt Petri Kirche zu Berlin-Cölln (vgl. dazu: Koziol 1965: 32–33 sowie die zeitgenössischen Quellen: Reinbeck 1730: 32 sowie Schönemann 1730), welche Friedrich Wilhelm I. besonders am Herzen lag, investieren sollte (Wolff 1914: 161). Folglich befand sich Vernezobre ab dem 9. September in der Position eines Arrestanten mit einem relativ ungewissen Schicksal, da die Reaktion des Königs als völlig unberechenbar einzustufen war. Schließlich war es nicht abzusehen, was der Kronprinz zu Protokoll gegeben hat und welche Schlüsse der Souverän aus der vorhandenen Schuldverschreibung zog. Die Lage des unter Gutsarrest stehenden Barons dürfte sich erst mit dem Votum von Mylius in dessen Brief an Friedrich Wilhelm I. vom 24. September 1730 geändert haben:

"*Ew. K. M. Ordre zufolge habe sofort von dem p. Vernezobre beigehenden Original-Wechsel abgefordert, derselbe Mir auch solchen ohne Weigerung zugestellt: wobey er mich gefraget, ob er noch nöthig sei hier zu bleiben vor der Commission sich zu gestellen, indem er wegen des, in der Nachbarschaft Hohen-Finow einreißenden Viehsterben, dahin zu retournieren wünschte. Ob nun wohl kein Verhör desselben weiter nöthig, so habe ihm doch keine Bescheid ohne Ew. p. Majestät Special-Ordre geben können. –* [...] *Der p. Vernezobre hat nichts mehr, als diesen Wechselbrief in Händen.*

Berlin, den 24. Sept. 1730 *Mylius*" (Preuss 1832a: 154–155).

Demzufolge mußte sich François Mathieu Vernezobre wahrscheinlich ab dem großen Verhör des Kronprinzen am 16. September eine längere Zeit vor der vom König unter dem Vorsitz von Mylius eingesetzten Untersuchungskommission (vgl. zu dieser Schmidt 1966: v.a. 21–23) in Küstrin verantworten und jederzeit bereithalten, auf etwaige, neu aufgeworfene Fragen Rede und Antwort zu stehen. Somit ist die Darstellung lediglich eines relativ bequemen "Hausarrests" auf Hohenfinow nicht vollständig, sondern diente nur einer ersten Maßnahme zur Festsetzung Vernezobres, um eine mögliche Flucht auf jeden Fall verhindern zu können. Eine solche wäre angesichts des erworbenen Grundbesitzes sowie seiner beträchtlich vergrößerten Familie ohnehin nur schwer realisierbar, zudem ruinös und mithin kaum wahrscheinlich gewesen. Ferner fällt auf, daß Vernezobre ob eines Viehsterbens in der Nachbarschaft um die Genehmigung sich zu exkulpieren bittet. Da er eine recht ähnliche Formulierung in einem circa sechs Jahre später in Zusammenhang mit der Eheaffäre seiner Tochter Jeanne-Gasparde verfaßten Brief (vgl. Kap. 2.3.3.5: 272) gebraucht, darf dieser Grund der Absentierung füglich als vorgeschobener qualifiziert werden, da das Auftreten eines Viehsterben ausgerechnet um oder in Hohenfinow immer zur "rechten" Zeit als äußerst unwahrscheinlich anzusehen ist.

Noch am selben Tag erhielt Christian Otto Mylius von seinem Monarchen aus Wusterhausen die strenge Order, den drei genannten Kreditoren Vernezobre, Montlieu und Lerrand wirklich alle Wechselbriefe abzufordern und an ihn zu übersenden (im Wortlaut: (Preuss 1832a: 155) sowie konkludierend: Muret 1885: 275); über den von Vernezobre geäußersten Wunsch nunmehr zu seinem Gute Hohenfinow zurückkehren zu dürfen, macht er keine Angaben. Es liegt die Mutmaßung nahe, daß Friedrich Wilhelm I. sämtliche ihn und das Haus Preußen in seinen Augen komprommitierende Beweise an sich zu bringen gedachte, was deutlich aus der 38. Interrogation des oben geannten großen Verhörs hervorgeht:

> "*38. Ob es nicht auch in solchen Puncten gewesen, welche Sr. Königl. Maj. Willen zuwider gelaufen zur größten blâme des Vaters, daß sein Kind fremde Puissancen um Geld betteln müssen, als wenn sein Vater kein Geld hätte?*" (Hinrichs 1936: 94)

Die Tatsache, daß dieser Vorfall, welcher den König derart in Rage versetzt hatte, ohne wirklich gravierende Sanktionen wider François Mathieu Vernezobre verlief, ist neben der entlastenden Aussage von Mylius sowie der höchstwahrscheinlich glaubhaften Darstellung, daß er von den Fluchtplänen des Kronprinzen schlechterdings nicht die geringste Ahnung gehabt habe, sondern sich vielmehr gerne habe anheischig gemacht, den Mitgliedern der königlichen Familie aus finanziellen Engpässen zu helfen, geschuldet gewesen (Schneider 1870: 6–7). Hier ist Schneider in seiner Schlußfolgerung etwas zu voreilig, denn die Tatsache, daß es Vernezobre besser erging als dem Kammerherrn Baron Friedrich Karl v. Montolieu de Saint-Hippolyte (Volz 1924: 208 (Anm. 1)), liegt im königlichen Edikt des 22. Januar 1730 begründet, welches es ausdrücklich verbot, an minderjährige Kinder, vor allem Mitglieder des königlichen oder markgräflichen Hauses, Geld zu verleihen (Mylius 1738). Wider dieses hatte nämlich Montolieu verstoßen, da er sein Geld nach dem Erlaß dieser Verfügung verlieh, so daß er gezwungen wurde, 1.000 Dukaten Strafe in die Rekrutenkasse zu zahlen sowie seines an den Kronprinzen verliehenen Kapitals verlustigt ging. Nachdem die Untersuchungen in bezug auf seine Person fortdauerten, entzog er sich denselben durch einen klandestinen Weggang aus Berlin am 13. April 1731, so daß der König am 10. Juno 1731 seinem Generalfiskal Johann Tobias Wagner befahl, Montolieu "[…] *als einem frevlen, muthwilligen und boshaft geflüchteten Banqueruttmacher, Anderen zum Beispiele, den Prozeß zu machen und sein Bildniss an den Galgen heften zu lassen.*" (Preuss 1832b: 64). Es bleibt zu vermuten, daß Vernezobre, wenn ihm auch kein solch hartes Schicksal zuteil geworden wäre, er doch mit ganz erheblichen Sanktionen, die über eine monetäre Bestrafung hinausgegangen wären, hätte rechnen müssen. Daß dies nicht geschah, lag vorzüglich daran, daß Vernezobre sein Geld bereits am 14. Juli 1729, das heißt circa ein halbes Jahr vor dem besagten Erlaß dem Kronprinzen ausgezahlt hatte und dies dank des Datums auf dem Schuldschein auch nachzuweisen im Stande war. Die Schuldenaffäre nahm für den Kreditor Vernezobre, wenn auch spät, noch ein gedeihliche Wende, denn der nachmalige König Friedrich II. von Preußen hatte seine Verbindlichkeiten ihm gegenüber mitnichten vergessen und wies in einem eigenhändigen Schreiben vom 4. Januar 1748 an, daß die mit Zinsen auf 9.500 Thaler erwachsenen Schulden an den Baron de Vernezobre-Laurieux zu bezahlen seien (Passow 1907: 138). Der König reagierte damit auf eine aktenkundige Schuldberechnung von 1747, in welcher Vernezobre sich auf die persönliche Zusage Friedrich II. berief ("[…] *wie Höchst S. Maj. mir solche durch das Schreiben vom 11. Juli 1729 zu entrichten gnädigst versprochen haben.*" Granier 1895: 225).

Betrachtet man dieses Ereignis zusammenfassend unter Berücksichtigung der spezifischen Natur von Friedrich Wilhelm I., welcher in Fragen der Insubordination oder Untergrabung seines königlichen Willens nicht nur mit aller ihm zu Gebote stehenden Härte verfuhr, wie das Schicksal des Premierleutnants Hans-Hermann v. Katte in aller Deutlichkeit erzeigt, sondern darüber hinaus in diesen Belangen ein sehr gutes Gedächtnis besaß, sonderheitlich dann, wenn seinem ausdrücklichen Wunsch Widerstand entgegengebracht wurde. Daraus wird ersichtlich, daß man dieses in Ungnadefallen Vernezobres, auch wenn der Buchstabe des Gesetzes durch das erst später erlassene Schuldenverbotsedikts an Minderjährige auf seiner Seite stand, nicht isoliert von der Abweisung des königlichen Wunsches, daß Jeanne-Gasparde de Vernezobre-Laurieux den Capitain Isaak v. Forcade de Biaix ehelichen sollte, ansehen darf. Um die Gesamtkohärenz besser nachvollziehen zu können und damit zum Verständnis der Gründung des preußischen Zweiges der Digeon de Monteton beizutragen, erscheint es zweckdienlich und gerechtfertigt, hier die Briefkorrespondenz zwischen Friedrich Wilhelm I. und François Mathieu Vernezobre sowie den übrigen Beteiligten darzulegen, sintemal diese sich in ihrem größtenteils französischen Originalwortlaut nur in der Familienchronik der Digeon v. Monteton, einem längst vergriffenen und nur in sehr wenigen deutschen Bibliotheken vorhanden Werk, auffinden läßt. Mithin irrt Melanie Mertens in ihrer ansonsten luziden Darstellung zu den Berliner Barockpalästen, wenn sie die Behauptung aufstellt, daß der "[...] *Briefwechsel zwischen dem Baron Vernezobre und König Friedrich Wilhelm I. einzig durch den über lange Strecken zitierenden Aufsatz von Louis Schneider zum Palais des Prinzen Albrecht überliefert*" (Mertens 2003: 24) sei.

Insonderheit die vorgestellte Affäre der in der Perzeption Friedrich Wilhelms I. insubordinaten und verräterischen Darlehensgabe von Vernezobre an seinen wenig geliebten Sohn, den Kronprinzen, vermag – trotz des zeitlichen Abstands von sechs Jahren – als "Nagelprobe" für den Gehorsam seines französischstämmigen Untertanen angesehen werden, denn wie aus dem ersten Brief des Königs an Vernezobre aus Wusterhausen vom 1. November 1736 hervorgeht, bat der Capitain Forcade den König höchstselbst um die Hand einer der Töchter des Barons von Vernezobre:

"*Monsieur, Comme je me fais un plaisir de vous marquer, que j'ai de l'attention au l'établissement de vos enfants, j'ai aggrée la très humble demande de mon capitaine Forcade, qui souhaite d'être allié avec vous le mariage d'une de vos filles. Il me sera agréable, si vous y donnerez votre consentement, et je vous ferai toujours voir que je suis votre bien affectionné Roi*

Fr. Guillaume

Wusterhausen, le 1. Nov. 1736
Au Baron de Vernezobre"

Es fällt hierbei auf, daß der König in seinem Brief einesteils noch liebenswürdig formuliert, daß ihm angenehm sei, wofern Vernezobre sein D'accord für die Heirat gäbe und anderenteils den Namen der betreffenden Tochter nicht spezifiziert. Eingedenk der obigen Ausführungen waren indes nur zwei von diesen noch ledig, denn, wie oben aufgezeigt, hatte Marie Anne de Vernezobre bereits 1733 den Lebensbund mit Gustav Friedrich v. Normann geschlossen, und Marie-Antoinette hatte sich gleichfalls im Jahr 1733 mit Julius Ulrich v. Buggenhagen, verbunden. Mithin verblieben nur noch Marie Anne Henriette und Jeanne-Gasparde übrig. Schneider versteigt sich bei seiner Auswertung des Briefes in die falsche Schlußfolgerung, daß es sich bei dem genannten Hauptmann Forcade um einen Sohn des Obersten Friedrich Wilhelm Quirin v. Forcade handelte (Schneider 1870: 7), doch konnte oben der Beweis erbracht werden, daß dies unmöglich ist und wir ihn mit Isaak, Sohn der Freiin Juliane v. Hohnstädt und des Jean (Quirin) v. Forcade de Biaix, identifizieren müssen, der sich der hohen Wertschätzung Friedrich Wilhelms I. versichert sein konnte. Dergestalt ist es weit plausibler, daß er für seinen Sohn vorsprach und den König mit der Bitte als Brautwerber zu fungieren anging, als den Hauptmann im königlichen Tabakskollegium oder bei der Jagdgesellschaft zu vermuten (Schneider 1870: 7).

Wie aus der zwei Tage später erfolgten Antwort Vernezobres hervorging, wußte dieser ziemlich genau, auf welche seiner Töchter der Capitain sein Werben gerichtet hatte:

"*Sire*

Je rends très humble grace à Votre Majesté de celle, qu'elle veut bien me faire en s'interessant pour ma famille. J'ai dabord proposé à ma fille le capitaine de Forcade: elle m'a répondu, qu'elle n'avoit nulle inclination pour lui et aussi peu, qu'en avaient eû ses soeurs, ce que le capitaine de Forcade d'ignore point, puis qu'il avait aparament engagé son Altesse royale Monseigneur le Margrave Frederich de Schwedt à m'ecrire en sa faveur, comme elle a fait il y a quelque tems sur ce sujet. Je suis persuadé et convaincû des bontés de Votre Majesté et qu'Elle voudra bien laisser à ma fille le choix de son établissement puis qu'il n'y a personne, qui soit avec un plus profond respect

votre très humble et
très obéissant serviteur
et sujet
V. (Vernezobre)."

Hohenfinow, 3me Novembre
1736

(zit. n. Digeon v. Monteton 1892: 23)

Ganz augenscheinlich hatte Isaak v. Forcade bereits bei einer der anderen Töchter versucht, sein Eheglück zu finden und sich bei dieser Gelegenheit der Fürsprache des Markgrafen Friedrich Heinrich von Brandenburg-Schwedt aus der preußischen Sekundogenitur Schwedt-Wildenbruch bedient. Es vermag kein Zufall zu sein, daß Vernezobre hier den Namen und die vergeblichen Freiwerberbemühungen des meist nur "Markgraf v. Schwedt" genannten Cousins von Friedrich Wilhelm I. apostrophiert, denn die Meinung des Letztgenannten über seinen zeitweise als Mündel anvertrauten Verwandten war äußerst gering. Dies fand seinen Niederschlag besonders darin, daß er 1733 derart über dessen Unordnung und miserable Führung bezüglich seines ihm seit 1711 als Chef anvertrauten Infanterie-Regiments Nr. 12 in Rage geriet, daß er ihn für einige Wochen kurzerhand gefangensetzen ließ (vgl. dazu weiterführend: Geiseler 1998). Wahrscheinlich hoffte Vernezobre darauf, daß der König nicht willens war, nunmehr für seinen wenig geschätzen Vetter ins Mittel zu springen und als dessen Substitut um die Hand einer der Vernezobre-Töchter anzuhalten. Daß es gänzlich anders kam, könnte in dem letzten Satz des Briefes von François Mathieu Vernezobre begründet sein: Indem er sich nämlich fast schon selbstsicher davon überzeugt zeigt, daß der Souverän seiner Tochter die Wahl ihres Ehepartners eigenständig überlassen würde. Genau damit traf er beim König indes einen neuralgischen Punkt. Denn es ist allgemein hinlänglich bekannt, wie erbarmungslos er seine Heiratswünsche gegenüber anderen und vorzüglich wider den Willen seiner eigenen Kinder durchgesetzt hatte, so daß diese ein Leben lang davon geprägt waren (vgl. dazu anschaulich: Walter 1981). Die deutliche Antwort Friedrich Wilhelms I. aus seinem Schloss Kossenblatt ließ nicht lange auf sich warten:

"*Monsieur de Vernezobre. J'ai vû par votre lettre du 3me de ce mois, que l'inclination de votre fille ne semble pas répondre au vûes, que j'ai de la voir mariée au capitaine de Forcade. Mais comme c'est un brave officier, et que Vous même n'avez rien à redire à cette alliance. Je crois votre fille trop sage, pour vouloir résister à mes volontés et aux Votres, ainsi j'attens d'elle une résolution digne de son ésprit etant votre bien affectionné Roy*

Fr. Guillaume

à Cossenbladt, le 7me Nov. 1736
Au Baron de Vernezobre." (zit. n. Digeon v. Monteton 1892: 23)

Anhand dieser Formulierungen wird deutlich, daß der König die Haltung der Vernezobre Tochter als insurrektiv sowie klar gegen sich bezieht und eine Willenskongruenz hinsichtlich seiner und der Person des Vaters einfach voraussetzt, indem er eine unmißverständliche Drohung bei etwaigem Ungehorsam ausspricht. Die rationale Ebene wird nur en passant gestreift, daß nämlich der Capitain Forcade ein tapferer Offizier sei. In der Weltsicht des preußischen Monarchen schien dieser Umstand den Heiratskandidaten hinlänglich zu qualifizieren, wobei diesen ansonsten wohl nicht mehr sehr viel auszuzeichnen vermochte, wessen sich wahrscheinlich auch Friedrich Wilhelm I. bewußt gewesen sein dürfte, da er davon spricht, daß der Brautvater "eigentlich" nichts gegen diese Verbindung einzuwenden habe. Läßt man die menschlichen und persönlichen Eigenschaften von Forcade außen vor, dieweil diese für den preußischen Souverän ohnehin nicht die geringsten Entscheidungsparameter bildeten, waren die vernunftbasierten Attribute bei Isaak v. Forcade recht spärlich gesät. Außer eines durch Wertschätzung mit dem König verbundenen, erfolgreichen preußischen Offiziers als Vater verfügte er über keinerlei reputierlichen familiären Hintergrund, denn sein Geschlecht besaß weder Vermögen, noch Grundbesitz, zudem war sein Name in Preußen noch recht neu und als untitulierter, ausländischer Adliger rangierte er im Sozialgefüge des Königreichs nicht sonderlich weit oben, so daß man ihn schlechterdings nicht als eine "Partie" für die Tochter eines der wohlhabendsten Untertanen Friedrich Wilhelm I. zu taxieren vermag. Diese Umstände sprechen dafür, daß es dem König wohl weit mehr um die Durchsetzung seines persönlichen Willens, als um die Sache an sich ging. Denn bei Licht betrachtet, wäre Forcade nicht der Bräutigam gewesen, für den ein Monarch ansonsten so dezidiert Fürsprache zu halten geneigt wäre, sintemal nach derzeitiger Quellenlage nicht erkennbar ist, welcher Vorteil ihm daraus hätte erwachsen können.

Spätestens nach dieser deutlichen Willensbekundung des preußischen Monarchen muß es Vernezobre gegenwärtig gewesen sein, daß er und seine Tochter sich nunmehr in ernsthaften Schwierigkeiten befanden. Wessentwegen er glaubte, mit einem nochmaligen Schreiben, den für seine einmal gefaßten, unumstößlichen Entschlüsse schon weiland bekannten König umstimmen zu können, erschließt sich zunächst nicht:

Sire,

"Je demanderais avec un trés profond respect à Votre Majesté la permission d'aller me mettre à Ses pieds pour lui porter les raison solides, qu'a ma fille, de ne pas accepter le capitaine Forcade, mais la mortalité de mon bétail et de ma bergerie, de même que l'inondation de l'Oder dans mes prairies de Brouch (Oder-Bruch) me met dans la triste nécessité, de rester encore quelques jours ici, pour faire réparer le dommage et les batimens ainsi je prens la liberté de Lui envoyer la lettre cy jointe, que ma fille ose présenter à Votre Majesté, jespere, qu'Elle la fera jouir aussi bien que moi et ma famille de Sa grace et de la protection, qu'Elle ma accordée lossqu'Elle à souhaité mon établissement dans les etats.

Je suis avec un très profond respect

Sire
Hohefinow, le 9me Nov. 1736

v.t.h. et
ob. serv. et sujet
V."

(zit. n. Digeon v. Monteton 1892: 23)

Sonderheitlich die Beischließung eines eigenhändigen Schreibens seiner Tochter, welches leider nicht auf uns gekommen ist, verwundert anläßlich der bereits damals nicht apokryphen Tatsache, daß der König Willenserklärungen von Frauen meist nur akustisch zur Kenntnis nahm (Bellenbaum 1999: 1123). Daß er die Gründe der Abneigung dem König nicht selbst darlegen und erläutern möchte, begründet er mit einem Viehsterben. Augenscheinlich wird ein solches von ihm gerne angeführt, wofern er selbst verhindert ist oder zu sein wünscht, wie seine Begründung im Rahmen des Kronprinzenproesses vermuten läßt (vgl. Kap. 2.3.3.5: 268).

Hinsichtlich des Begleitschreibens geht Schneider davon aus, daß sie darin ihre Liebe zu einem Herrn von der Osten bekennt, welcher aus dem Regiment von Kalckstein entlassen worden sei, und der König daraufhin in seiner abermals ungemein deutlichen Antwort sowohl der Tochter als auch dem Baron Vernezobre unmißverständlich zu erkennen gibt, daß er diesen Heiratsaspiranten einer so guten Partie nicht für würdig erachtet (Schneider 1870: 9). Tatsächlich ging der Souverän aber noch weiter, indem er die von ihm gewünschte Heirat fünf Tage nach dem Abfassen von Vernezobres Brief kurzerhand befahl:

"*Monsieur de Vernezobre! Pour répondre à la votre du 9me de ce mois, je vous dirai, qu'il ne convient pas à Votre fille, de réfuser sa main à un brave officier, qui se présente mûni de ma recommandation. Le capitain de Forcade est honnet homme et plus digne, d'entrer dans votre famille que le de Osten, qui a été chassé du Regiment de Kalkstein, ainsi je vous ordonne en Souverain, de donner Votre fille au sûsdit de Forcade. Je suis votre bien affectionné Roy*

à Cossenbladt
ce 14^em^ Nov. 1736 — *Fr. Guillaume*
Au Baron de Vernezobre." (zit. n. Digeon v. Monteton 1892: 24)

Die heftige Reaktion des Königs auf den Offizier von der Osten sowie seine dezidierte Ablehnung, spricht zwar dafür, daß Jeanne-Gasparde womöglich ihre Liebe gegenüber einem Edelmann dieses Namens gestanden hat; solange jedoch der von ihr an den König gerichtete Brief nicht auffindbar ist, gibt es für diese These keine quellengestützte Evidenz, wessentwegen wir nicht mit Sicherheit zu sagen vermögen, ob diese Annahmen stimmen. Da indes Marie Anne Henriette mit Joachim Bernd d.J. von der Osten, tatsächlich einen Repräsentanten dieses Geschlechts geheiratet hatte – und zum Zeitpunkt des Eintreffens des ersten Briefes des Königs am 2. November mit diesem nicht nur, wie Passow schreibt "schon so gut wie verlobt" (Passow 1907: 144) war, sondern tatsächlich bereits in den Stand der Ehe eingetreten war –, ist es als recht unwahrscheinlich anzusehen, daß ihre Schwester Jeanne-Gasparde sich gleichfalls mit einem von der Osten durch Liebe verbunden fühlte. Es wäre also auch denkbar, daß die mit Sicherheit noch nicht lange zurückliegende Hochzeit zwischen Marie Anne Henriette und dem Joachim Bernhard d.J. von der Osten der Stein des Anstoßes war und der König diesen in seiner Eigenschaft als jemanden, der aus seinem Regiment verjagt worden war, als völlig ungebührlich und unwürdig für die Hand einer Vernezobre ansah. Dann hätte der König in der Tat einen in seinen Augen validen Grund besessenen, dafür Sorge zu tragen, daß eine andere Tochter des Barons de Vernezobre dieses Mal einen "anständigen Offizier" zum Mann erhält.

Vorzüglich diese Tatsache der Eheaschließung zwischen der älteren Vernezobre-Schwester und dem ausgedienten von der Osten läßt es als ausgeschlossen erscheinen, es habe sich bei der von Forcade erwählten Herzensdame um die Erstgenannte gehandelt, sintemal deren jüngere Schwester Jeanne-Gasparde augenscheinlich noch nicht durch ein auswendiges Eheversprechen gebunden war und sich Isaak v. Forcade wohl niemals um die Gunst einer Dame bei seinem König bemüht hätte, die bereits verheiratet war und deren Herz definitiv bereits einem anderen gehörte. Außerdem wäre es als wenig probabel anzusehen, daß sich ausgerechnet zwischen dem Capitain v. Forcade und Jeanne-Gasparde eine über drei Jahrzehnte erstreckende Freundschaft entwickelt hätte, von welcher, wie bereits dargelegt (vgl. Kap. 2.3.3.3: 215), auch noch ihr einziger überlebender Sohn profitieren sollte. Den endgültigen Beweis, daß es sich nur um Jeanne-Gaspard gehandelt haben kann, deren Hand Isaak v. Forcade begehrte, lieferte François Mathieu Vernezobre selbst, indem er nämlich das Aktenkonvolut, in welchem sich die gesamte Korrespondenz zwischen ihm und der mit brisanten Heiratsangelegenheit beteiligten Personen befand, mit nachfolgendem Hinweis versah:

"*L i a s s e contenant les pièces, qui feront connaitre le procédé du capitaine de la Forcade, qui a une compagnie de grenadiers dans le Regiment de Sydow, et qui a voulu employer l'autorité du Roi, pour obtenir parforce une de mes filles en mariage, sans m'avoir jamais consulté là dessus, non plus que ma fille, qui avait 'une aversion insurmontable' pour cet homme injuste.*
N.B. que je n'avais plus qu'une fille a marier, qui est ma cadette. On verra, que cette la cause, pour la quelle j'ai bati und hôtel à la Friedrich Stadt sourtant par la pièce Nr. VI qui est une lettre du colonel Derschau à son excellence de Marschal." (zit. n. Digeon v. Monteton 1892: 22)

Abgesehen davon, daß sich Forcade wohl sehr ungeschickt bei der Brautwerbung gegenüber den Vernezobre verhalten hatte und es wohl nicht einmal für nötig befand, persönlich um die Hand der begehrten Dame anzuhalten, die ganz evident wenig Neigung ihm gegenüber empfand, verweist Vernezobre darauf, daß er zu diesem Zeitpunkt nur eine unverheiratete Tochter, nämlich die jüngste, sprich Jeanne-Gaspard, besaß und er allein aus diesem Grund das Stadtpalais in der Friedrichstadt erbaute. Es könnte bei der Lektüre dieser Aktenaufschrift fast der Eindruck entstehen, daß es diesem "homme injuste", wie ihn Vernezobre bezeichnet, fast gleichgültig war, welche seiner Töchter er zur Frau nahm, da er diese auch vor dem König nicht näher bezeichnet hat, wie der die Korrespondenz einleitende Brief desselben vom 1. November 1736 beweist. Fast könnte man vermeinen, daß eine persönliche Aversion zwischen Forcade und dem Baron Vernezobre bestanden hatte und Erstgenannter durch das Erzwingen der Heirat durch königliche Autorität beabsichtigte, François Mathieu an einer sehr empfindlichen Stelle, der Familie, Schaden zuzufügen.

Hinsichtlich des Briefes vom 9. November 1736 fällt schließlich noch ins Auge, daß Vernezobre, sicherlich nicht ohne Bedacht, in seinem letzten Satz an die ihm vom König höchstselbst zugebilligte Gnade- und Schutzversprechung, welches ihm dieser im Vorfeld der Ansiedlung in seinem Staat zugesichert hat, erinnert. Die Wirkung sowohl dieser Rückblende auf die seinerzeitige Zusage des preußischen Monarchen als auch das Handschreiben von Vernezobres Tochter evozierten wohl keine positive Wirkung, ob nun, wie von Schneider berichtet, durch ein erneutes abschlägiges Schreiben des Souveräns oder durch dessen beredtes Schweigen.

Auch wenn uns die letzten Gründe des Vernezobreschen Schreibens vom 9. November 1736 verborgen bleiben, ist es nicht abwegig anzunehmen, daß er damit in gewissen Weise versuchte, sich ein wenig Zeit zu verschaffen. Denn auch nach der Expedition seines Briefes war er keineswegs untätig: Er wandte sich nämlich an den Kriegsminister und engen Vertrauten des preußischen Souveräns Samuel v. Marschall, welcher damals als Vizepräsident des von Friedrich Wilhem I. eingerichteten Generaldirektoriums unter dem Titel Wirklicher Geheimer Finanz-, Kriegs- und Domänenrath fungierte, damit dieser ihm behilflich sei, den König doch noch umzustimmen. Marschall, dessen Bekanntschaft zu Vernezobre möglicherweise durch dessen Ankauf von Hohenfinow herrührte, da er mit einer Caroline Marianne v. Börstell verheiratet war (Straubel 2010: 307), fragte seinerseits bei dem für den Ausbau der Friedrichstadt beauftragten Generaladjudanten Oberst Christian Reinhold v. Derschau um Ratschlag an (vgl. zu seiner Person und Werdegang: Bleckwenn 2000: 86). Dieser, als in seinen Methoden durchaus als nicht lange fackelnd und rabiat beschriebener Obrist wußte als Vorsitzender der Baukommission rasch einen Weg, der allen Beteiligten als vorteilhaft und mithin gangbar erschien (Pabsch 1998: 9 sowie zu seinem Wirken: Demps 2007: 37). Sonderheitlich er selbst hegte ein nicht unerhebliches Interesse daran, daß die 1734 nach seinem Mitarbeiter, dem Bürgermeister Johann Jacob Koch benannte Straße, welche auf die Wilhelmstraße zulief, an deren Kreuzung einen würdigen Abschlußbau erhielt. Derschau – wie Vernezobre – ursprünglich aus Königsberg stammend, stand bei Friedrich Wilhelm I. in hoher Gunst und war ständiger Gast in dessen Tabakskollegium (Gause 1965: 432). Daß er somit besonders geeignet war, beim König "den richtigen Ton" zu treffen und zunächst Erfolg hatte, beweist sein nachfolgender Brief vom 21. November 1736 an den Minister von Marschall, den dieser dem Baron Vernezobre übermittelte:

> *"Des wirklichen geheimen Etats und Kriegsministers Herrn von Marschall Excellenz habe in ergebenster Nachricht zu melden die Ehre, daß mit Seiner Königlichen Majestät wegen des Hausbaues der Baron de Vernezobre gesprochen und haben Höchstdieselben mir geantwortet, daß, wenn der Vernezobre einen Plan von dem zu erbauenden Hause an Sr. Königl. Majestät einschicken würde, welcher die Approbation Sr. Königl. Majestät haben und finden dürfte, so soll er von dem Prätendenten seiner Tochter befreiet sein, welcher des Herrn von Köppen [sic!] Excellenz Hause nichts nachgiebt, denn was hilft dem Vernezobre das viele Geld, wenn er es nicht will zur Zierde der Stadt mit anwenden. Je suis de coeur et d'âme tout a Vous*
>
> *v. Derschau"*
>
> (zit. n. Digeon v. Monteton 1892: 25)

Diesen Zeilen gemäß, vermochte er den preußischen Souverän davon zu überzeugen, von seinen Heiratsvermittlungsbemühungen Abstand zu nehmen, unter der Maßgabe, daß François Mathieu Vernezobre ein Palais errichten würde, welches an Pracht, Größe und Schönheit dem in der Leipziger Straße 5 erbauten Stadtschloß des zweiten Départements des Generaldirektoriums Franz Wilhelm v. Happe (hier unrichtig als "Köppen" von Otto Digeon v. Monteton transkribiert) in nichts nachstehen durfte. Diese Haus wurde zwischen 1735 und 1737 vom Architekten Friedrich Wilhelm Dietrichs konstruiert und breitete sich mit einem brillenförmigen Grundriß, wobei der *Corp de Logis* das Bindeglied der beiden als Seitenflügel fungierenden Karrees verkörperte, auf einer Länge von 122 Metern der Straße entlag aus und wies eine schloßartige Risalit- und Flügelstruktur zum Garten hin auf (Mertens 2003: 395). Dessen Baupläne dürfte der preußische Monarch vor Augen gehabt haben. Damit waren die Maßstäbe für Vernezobre äußerst hoch angesetzt und es wurde spätestens zu diesem Zeitpunkt signifikant, wie ungemein monetär aufwendig der avisierte Bau werden sollte. Indessen sollten sich die Kosten für Vernezobre mitnichten nur auf die unmittelbaren Bauexpensarien beschränken – den Grund und Boden stellte der König zur Verfügung, – sondern darüber hinaus lieh Vernezobre dem Minister von Marschall etliche zehntausend Taler zur Finanzierung seines eigenen Vorhabens: der Errichtung eines Stadtpalais in der seinerzeitigen Wilhelmstraße Nr. 8 (Mertens 2003: 57). Leider ist derweil nicht zu ermitteln, wann genau und zu welchen Konditionen Vernezobre sein Geld an Marschall verlieh, da letztgenannter jedoch bereits mit 50.000 Talern beim König selbst in der Obligation stand und mit dem Bau 1737 begonnen wurde (vgl. dazu weiterführend: Demps 1994), erscheint der Rückschluß zulässig, daß die Vernezobresche Finanzierungsleihgabe in einem engen Kausalzusammenhang zu den gefälligen Bemühungen steht, welche Marschall ihm bei seinen Heiratsobstakeln mit dem preußischen Souverän erwies. Jenseits dieser auf geschäftlichen und semioffiziellen Belangen beruhenden Relation liegt die Mutmaßung nicht fern, daß Marschall und Vernezobre eine gesellschaftliche Wahrnehmung verband, deren Gemeinsamkeiten nicht unerheblich sind. Denn auch der Adel Marschalls war in Preußen mitnichten das, was man "alteingessessen" nennt. Vielmehr verband ihn zum König bereits seit dessen Wirkungszeit in Königs-Wusterhausen eine Freundschaft, die ihren Ausdruck nicht zuletzt darin fand, daß dieser, als er bereits König war, den Adel der Familie Marschall 1717 formal in Preußen anerkannte. Diese Entscheidung war jedoch nicht allein durch eine persönlichen Sympathie des Königs begründet, sondern ihr lag ein offenes Patent der schottischen Heroldskammer von 1709 mit Abstammungstafeln zu Grunde (Kneschke 1865: 140). Gemäß der darin apostrophierten genealogischen Belege entsproß v. Marschall dem schottischen Geschlecht der "Marshall v. Keith", das in doppelter Hinsicht mit dem königlichen Hause Stuart verwandt war (Kneschke 1865: 146). Fernerhin ging daraus hervor, daß sich eine Linie im 17. Jahrhundert im ostpreußischen Königsberg niedergelassen hatte, wo Samuel v. Marschall geboren wurde (nach anderen Quellen: Danzig Neugebauer 1993: 79). Nach seinem Jurastudium in Halle an der Saale wurde dieser als Postmeister in Wusterhausen an der Dosse tätig (vgl. weiterführend zu seiner Person: Spiegelberg und Bickhardt 2004). Ob sich diese Verwandtschaft zu den schottischen Marshalls tatsächlich durch die bei Knetschke erwähnte "Königsberger-Linie" zweifelsfrei belegen läßt, ist einer Überprüfung derzeit nicht zugänglich. Jedoch waren Marschall und Vernezobre die Abkunft aus einer Kaufmannsfamilie sowie die Herkunft aus Königsberg gemeinsam (Vehse 1851), welche sie im übrigen auch mit Derschau gemein hatten. Beide entsprossen einem formal bürgerlichen Milieu und arbeiteten sich durch eigenen Fleiß und Geschick und ohne Standesprotektion – trotz einer angeblich altadeligen Abstammung – empor, möglicherweise nicht unerhebliche Gründe für eine gegenseitige Wertschätzung. So wurden nämlich gleichergestalt die Ursprünge des Geschlechts der Vernezobres noch im Gothaischen Handbuch der Freiherrlichen Häuser von 1927 als "angeblich altadelig" (Gotha 1927: 724) qualifiziert. Bezeichnenderweise finden sich zwischen den Marschalls und Vernezobres auch in ihrem Niedergang Parallelen, indem die ersten Generationen das Vermögen erwirtschafteten und die darauffolgenden zum Niedergang des Familienbesitzes nicht unerheblich beitrugen (Straubel 2010: 307).

Was den oben zitierten, von Derschau an Marschall gerichteten Brief vom 21. November 1736 betrifft, so muß dessen Inhalt sogleich an den Baron Vernezobre übermittelt worden sein, denn dieser schrieb nur einen Tag später an seinen König und brachte in diesem Schreiben seine unverhohlene Freude über dessen Sinneswandel zum Ausdruck:

> *"Sire.*
>
> *Votre ministre d'Etat de Marschal m'adit, que je ferois bien du plaisir à Votre Majesté, si je batissois une maison à la Friedrich-Stadt, ce que je ferai fort volontier, pour lui marquer mon zéle et mon obéissance en tout ce qui dépend de mois. Je me donne aussi tous les soins, pour éléver mes enfans dans ces sentimens, afin qu'ils puissent s'employer un jour utilement au service de Votre Majesté. J'espère aussi, qu'Elle me fera la grace, de laisser à ma fille le choix d'un mari, attandu la repugnance invincible, qu'elle a pour le capitaine de Forcade.*
>
> *Je suis avec un tris* [sic!] *profond respect etc.*
> *Berlin, 22me Novembre 1736* *V."*
> (zit. n. Digeon v. Monteton 1892: 25)

Es fällt auf, wie dichotom Vernezobre hier seinen Brief aufgebaut hat: Einesteils bekundet er seine Freude, ein Haus in der Friedrichstadt bauen zu lassen und versichert Friedrich Wilhelm I. darüber hinaus seines Eifers und Gehorsams. Dabei liegt ihm ebenso daran, besonders darauf zu verweisen, daß er auch seine Kinder in diesen seinem König ergebenen Grundsätzen zu erziehen gedenkt. Fast schon kurioser- und vorzüglich kontradiktorischer Weise bedingt er sich anderenteils im nächsten Satz die königliche Gnade aus, daß seine Tochter ob der unüberwindlichen Abneigung wider den Hauptmann Forcade, der Freiheit unbenommen sein sollte, sich nach eigenem Gutdünken einen Ehemann wählen zu dürfen. Auf der einen Seite ist es nachvollziehbar, wenn Vernezobre die Bitte um Lossprechung von der Verpflichtung, seine Tochter mit dem Offizier Forcade vermählen zu müssen, gesondert und vorzüglich zur besseren Signalwirkung am Ende des Schriftstücks unterbringt, indes vermag der widersprüchliche Bezug zum Gehorsam der Kinder, welchen die Tochter dem Könige ja gerade dann nicht erbietet, wenn sie sich seinem Willen in der vorliegenden Heiratsangelegenheit unkonform verhält, allein damit expliziert werden, daß sich François Mathieu in einer nervenaufreibenden Zwangslage befand und dieserhalb in der Korrespondenz mit seinem obersten Herrn wenig Geschick bewies. Es nimmt mithin nicht wunder, daß dieser Schlußsatz des Schreibens dem gestrengen Preußenkönig fast schon wie eine Provokation erschienen sein muß. Demgemäß liegt die Schlußfolgerung nahe, daß der König nicht so schnell von seinem eingelegten Vorwort für Forcade abrücken wollte, wie sein Brief an den Generalmajor Christoph Wilhelm v. Kalckstein vom 2. Dezember 1736 bezeugt:

> *"Mein lieber Generalmajor von Kalkstein!*
>
> *Es hat der Hauptmann von Forcade eine eheliche Liebe auf die Tochter des Baron von Vernezobre geworfen, weswegen ich mein Vorwort eingelegt; ob sich nun gleich der Vater damit entschuldigt, daß seine Tochter ganz keine Neigung zu dem Forcade habe, dahero er lieber ein Haus aus der Friedrich-Stadt bauen will, um diese Mariage zu decliniren, so will ich doch aus bewandten Ursachen den Effekt meines eingelegten Vorworts absolute haben, zumahlen gedachter Kapitain ein honeter Officier ist, wowieder er nichts einzuwenden hat. Also befehle ich euch, in meinem Namen für ihn bei dem Vernezobre die ordentliche Anwerbung zu thun und ihn dahin zu disponiren, daß er sich hierinnen meinem Willen conform erweise. Ich bin p.*
>
> *Potzdam, den 2. December 1736.* *V.* [sic!] *Guilaume."*
> (zit. n. Digeon v. Monteton 1892: 26)

Es wird sich wohl kaum um einen Zufall gehandelt haben, daß ausgerechnet der nachmalige Generalfeldmarschall v. Kalckstein, der kurz zuvor am 5. November 1736 die Oberaufsicht über die Berliner Charité übertragen bekam und darüber hinaus als Vorsitzender einer Kommission zur Schlichtung von Werbungsstreitigkeiten zwischen den Regimentern der preußischen Armee fungierte, von Friedrich Wilhelm I. zum Emissionär in der Vernezobreschen Heiratsaffäre ernannt wurde (vgl. zu seiner Person überblicksartig: Preußische Generalstab 1836: 23). Damit erhält die Möglichkeit, daß sich Jeanne-Gasparde Vernezobre in einen verabschiedeten, in Ungnade gefallenen Offizier des seit dem 29. März 1729 unter Generalmajor v. Kalcksteins Befehl in der unteren Berliner Friedrichstadt stehenden königlich-preußischen Regiments Nr. 25, genannt v. Kalckstein (vgl. dazu Gieraths 1964: 85–91), verliebte, neue Nahrung. Mithin ist auch die These von Schneider zu verwerfen, daß der König nur um sich selbst keine abschlägige Antwort auf sein voreilig positiv kommuniziertes Brautwerben einzuhandeln, Kalckstein vorgeschickt habe (Schneider 1870: 11). Gegen diese These spricht einesteils deutlich, daß die Anwerbung im Namen Friedrich Wilhelm I. erfolgen sollte. Anderenteils widerspricht die äußerst klare Anweisung des Souveräns an seinen General, daß er die Wirkung seines eingelegten Vorworts absolut haben wolle. Denn wenn der Soldatenkönig seinen Willen ohne Wenn und Aber realisiert zu sehen gedachte und dies auch noch als doppelten Befehl an Kalckstein und Vernezobre schriftlich fixiert, vermag eine solche Vehemenz keinesfalls als bloß formales Inempfangnehmen einer previsibel abschlägigen Antwort des Brautvaters gewertet werden. Zudem würde es mitnichten sinnstiftend sein, wenn er Kalckstein expressis verbis schreibt, daß es ihm gänzlich gleichgültig sei, daß sich Vernezobre durch einen Hausbau in der Friedrichstadt von der Verpflichtung zu dieser von ihm höchstselbst so sehr gewünschten Ehe loszukaufen gedenkt. Schließlich konnte sich der General nur an das halten, was er schwarz auf weiß von seinem König als Befehl ausgefertigt bekam. Ansonsten hätte die schriftliche Weisung jeder Sinngrundlage entbehrt. Eine mögliche Erklärung für die gewandelte Haltung des Königs wäre in dessen Streben nach Eigennutzenmaximierung zu suchen. Demnach wäre es denkbar, daß er Kalckstein als jemanden vertraute, der bereits seit 1718 als Coedukator seines ältesten Sohnes, des Kronprinzen, in dessen Konflikt mit ihm sehr vermittelnd gewirkt hatte und unter Umständen besonders dazu geeignet war, die negativen Eigenschaften des entlassenen Offiziers in aller Deutlichkeit darzulegen und ihn darüber hinaus doch noch von den guten Eigenschaften Forcades zu überzeugen. Denn, wenn der preußische Souverän seinen Palaisbau zur Verschönerung der Friedrichstadt und dazu die Einwilligung der Vernezobre-Tochter in die unliebsame Ehe bekommen wollte, war ihm wohl gegenwärtig, daß dies mit roher Gewalt alleine nicht zu bewerkstelligen sei, was explizieren würde, daß er seine Hoffnungen auf den ausgleichenden, diplomatischen Kalckstein setzte. Welche Reaktion genau die Brautwerbung Kalcksteins bei Vernezobre hervorrief, kann derweil nicht erhellt werden. Als gesichert vermag lediglich gelten, daß es François Mathieu doch noch gelungen ist, den König für seinen Plan einzunehmen und von der befohlenen Hochzeit abzubringen, wie sein Brief (Konzept) an denselben vom 15. Dezember 1736 den Beweis liefert:

> "*Sire.*
>
> *Votre colonel de Derschau m'a remis le plan, que Votre Majesté a eu la grace d'aprouver de la maison, je batirai à la Friedrich-Stadt pour marquer à Votre Majesté le zéle, que j'ai de satisfaire à sa volonté el* [sic!] *m'attirer Ses bonnes graces, Jespère qu'elle me fera celle, de laisser à ma fille la liberté de choisir un mari, en lassurant, qu'elle n'enprendra jamais un, qui soit désagreable à Votre Majesté. Je suis avec und très profond respect etc.*
>
> *Berlin, den 15. December 1736* V."
> (zit. n. Digeon v. Monteton 1892: 26)

Hieraus wird ersichtlich, daß zwischen den beiden Briefen von Friedrich Wilhelm I. an Christoph Wilhelm v. Kalckstein und Vernezobre fast zwei Wochen vergangen waren und es allem Anschein nach zwischenzeitlich Oberst v. Derschau gelang, nicht zuletzt dank des wohl mittlerweile aus Paris eingetroffenen Bauplans, den König doch noch von dem Mehrwert eines prächtigen Gebäudes und damit einer *belle vue* vom Ende der Kochstraße auf die Wilhelmstraße zu überzeugen. Dieser Vorteil hätte mit einer relativ unbedeutenden Hochzeit zwischen zwei französischstämmigen Flüchtlingen kaum aufgewogen werden können. Sonderheitlich zwei Aspekte werden hierfür den Ausschlag gegeben haben. Einesteils erklärte sich François Mathieu damit einverstanden, mit einem relativ schäbigen Bauplatz, der zwischen Handwerks- und Kleinbürgerhäusern befindlich war, Vorlieb zu nehmen, dieweil auf dem ursprünglichen Palastquartier nördlich der Leipziger Straße kein Raum mehr zur Verfügung stand (vgl. Ostwald 1924: 47 auch zur geologisch schlechten Beschaffenheit des Baugrunds: Streckfuß 1886: 358). Anderenteils mußte der Bauplan von so außergewöhnlich glanzvollem Aufputz und Kostbarkeit geprägt gewesen sein, daß eine Ablehnung desselben den ureigensten Interessen des Königs diametral entgegengewirkt hätte. Und tatsächlich hielt die Realität höchstwahrscheinlich einen Vergleich mit dem vorgezeichneten Bau stand. Denn das Haus des Baron Vernezobre verkörperte das einzige Privatpalais im barocken Berlin, in welchen auf den Böden des Gartensaals und des Verstibüls sowie den Stufen der Haupttreppe Pirnaer Sandsteinplatten verlegt und in sehr großem Maße ausgearbeiteter Marmor verbaut wurde (vgl. Abb. 2.36: 281).

Die übrigen Materialien, vor allem aber inwendigen Ausmaße selbst der Vorzimmer von je 90 Quadratmetern sowie die aus Boiserievertäfelungen, Spiegeln und Supraporten bestehende Innenausrichtung waren gleichfalls dazu angetan, im ansonsten recht kargen Berlin für Aufsehen zu sorgen (vgl. zu kunstgeschichtlichen Einordnung sehr profund: Mertens 2003: 213–219 u. 471–476). In diesen Zusammenhang paßt auch die häufig kolportierte Anekdote, daß, als der Soldatenkönig das vollendete Palais zur Erstbesichtigung besuchte, ihn François Mathieu beflissen gefragt haben soll, ob denn alles zu seiner vollsten Zufriedenheit vonstatten gegangen sei oder ob gar noch etwas fehle. Daraufhin soll ihm dieser sarkastisch geantwortet haben: "*Rien qu'une potence, mon cher, pour Vous y pendre.*" (zit. n. Sievers 1954: 125). Überhaupt lehnte sich der Bau sehr deutlich an den eines *Hotel particulier* der Regence-Zeit, der Zeit Ludwigs XV. an. Mithin erscheint die Vermutung von Melanie Mertens plausibel, daß es sich bei dem bis dato unbekannten Architekten des Palais Vernezobre um Claude Mollet oder jemanden aus dessen Umkreis gehandelt haben könnte, da dieser nicht nur für Louis Henri de La Tour d'Auvergne, den Comte d'Evreux, sondern auch für John Law selbst tätig gewesen war und Vernezobre nachweislich auch noch lange nach seiner Ansiedlung in Preußen gute Kontakte zu seinen Pariser Geschäftsfreunden unterhalten hatte (Mertens 2003: 219).

Aus den dargelegten beiden Aspekten ist es also nur folgerichtig, daß sich der König doch mit dem Vernezobreschen "Handel" einverstanden erklärte und er – sehr selten in seiner Regentschaft – nicht seinen originären Willen gegenüber einem Untertanen durchzusetzen vermochte. Dementsprechend kurz angebunden fiel das Erwiderungsschreiben (vgl. Abb. 2.39: 284) des preußischen Monarchen aus:

> "*Pour répondre à Votre lettre du 15. de ce mois je vous dirai, que je sois satisfait du plan de la maison, que vous allez batir à la Friedrich-Stadt. Je laisse aussi à Votre fille la liberté de se choisir un mari, etant*
>
> *à Berlin le 18. Decembre 1736* — *votre bien affectionné Roi*
> (zit. n. Digeon v. Monteton 1892: 26) — *Fr. Guillaume*"

Damit wurde mit nur zwei Sätzen der Heiratsstreit zwischen Friedrich Wilhelm I. und François Mathieu de Vernezobre-Laurieux beigelegt und es konnte Anfang 1737 mit dem Bau begonnen werden, welcher zwei Jahre später seine Vollendung fand. Dabei zogen sämtliche Beteiligte aus der Angelegenheit einen Nutzen: Der Minister Samuel v. Marschall hatte Vernezobre einen erheblichen Gefallen getan und wurde von diesem höchstwahrscheinlich durch eine bereitwillige Kreditgabe für sein eigenes Bauvorhaben entlohnt, Christian Reinhold v. Derschau konnte eine wüste, brachliegende Fläche in wenig attraktiver Lage durch eine glanzvolles Haus bebauen lassen und damit dem Wunsch des Königs zur Verschönerung und

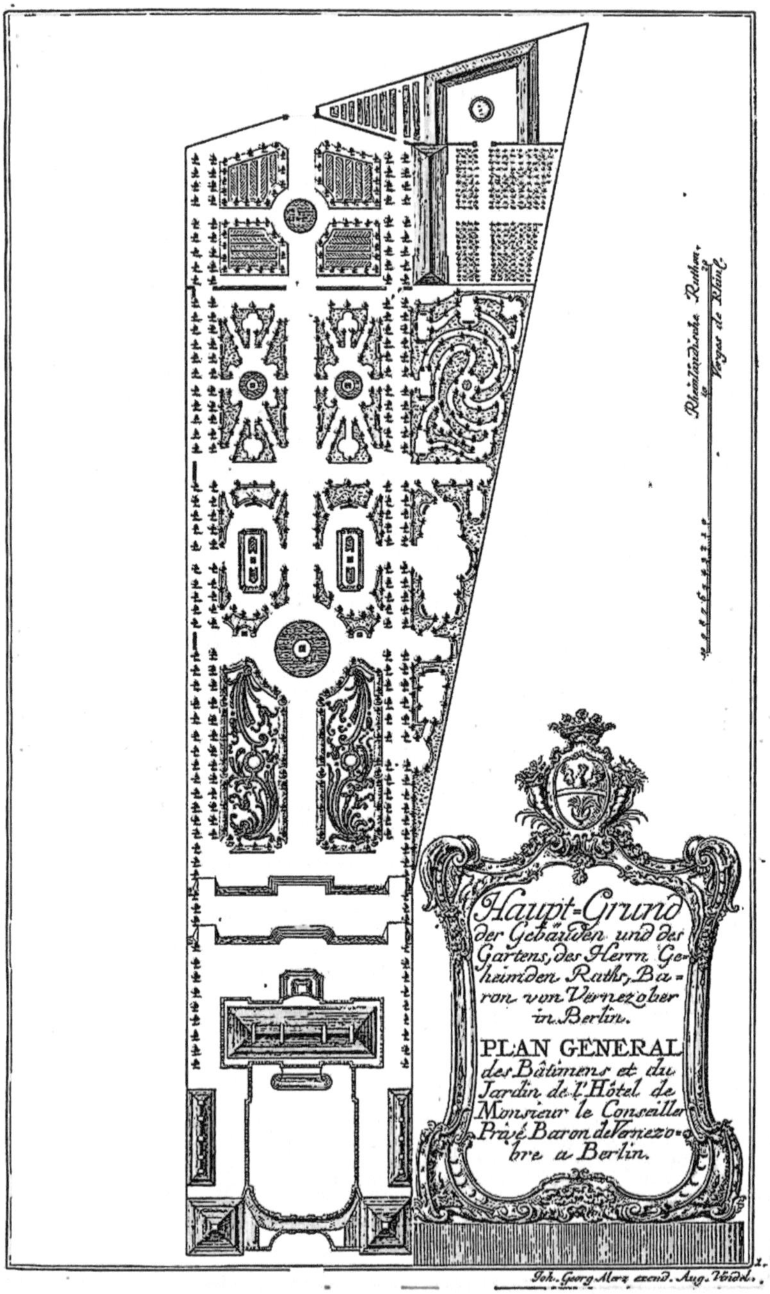

Abb. 2.35: *Das Palais Vernezobre (Hauptgrundriß), nachmalig Prinz-Albrecht-Palais [erbaut 1737–739], Berlin (Palais Vernezobre 1739)*

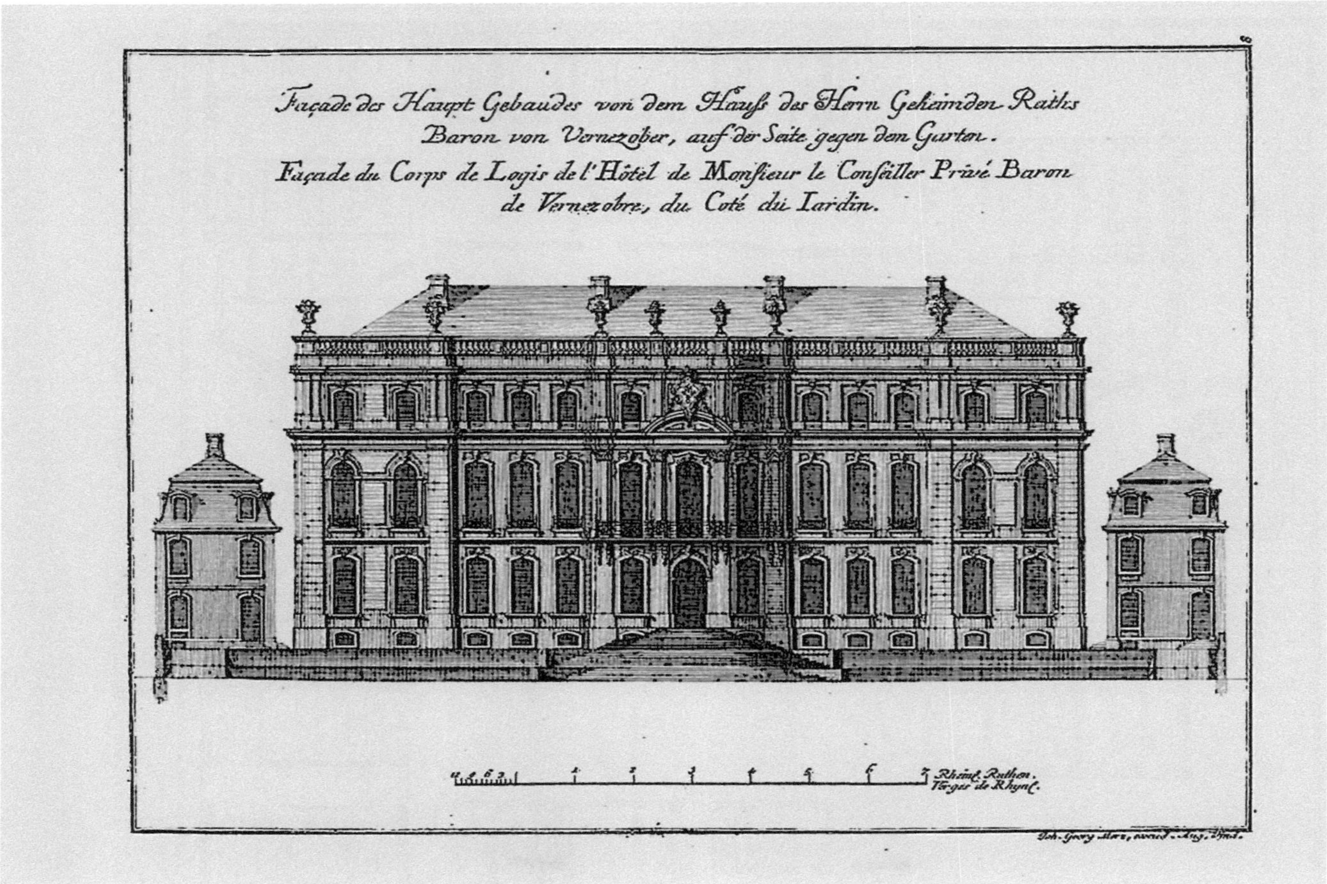

Abb. 2.36: Das Palais Vernezobre (Hauptfaçade, Gartenseite), Berlin (Palais Vernezobre 1739)

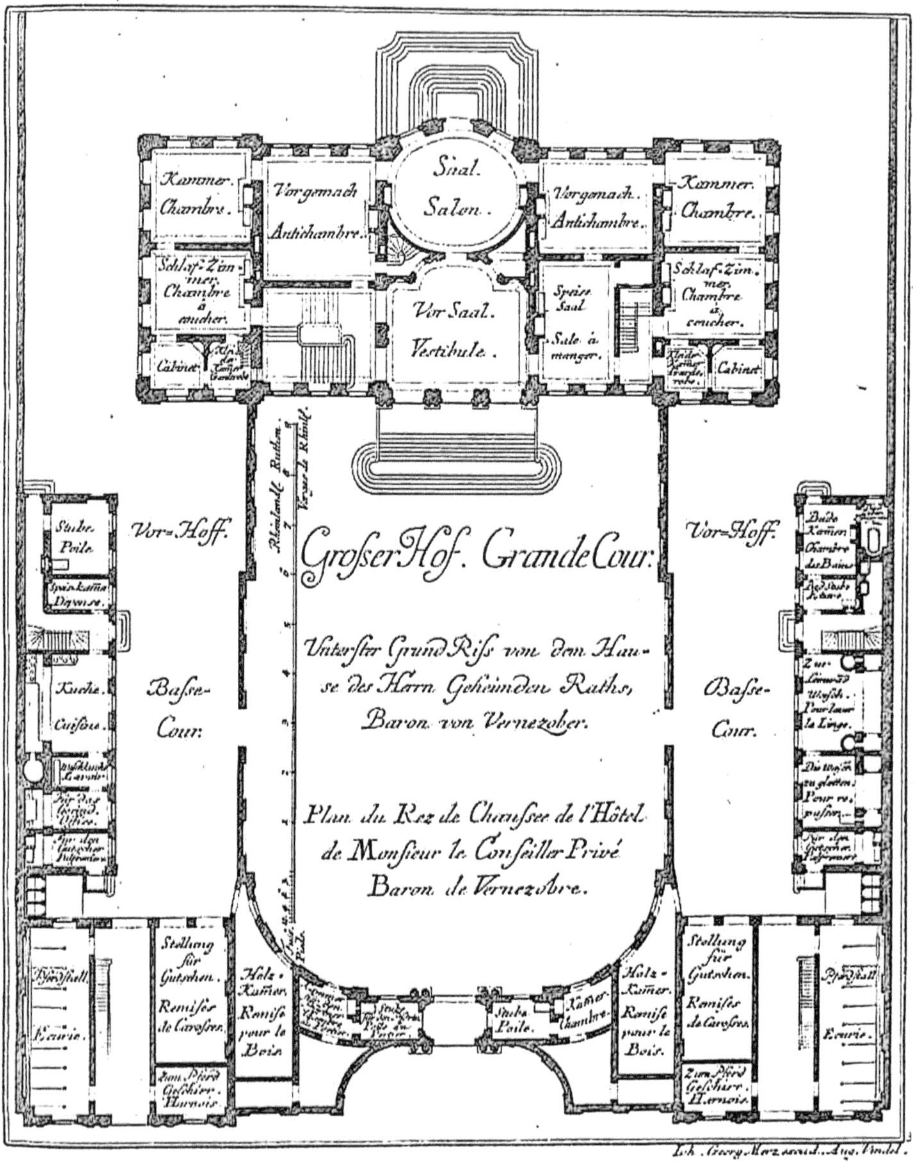

Abb. 2.37: Das Palais Vernezobre (Parterre), Berlin (Palais Vernezobre 1739)

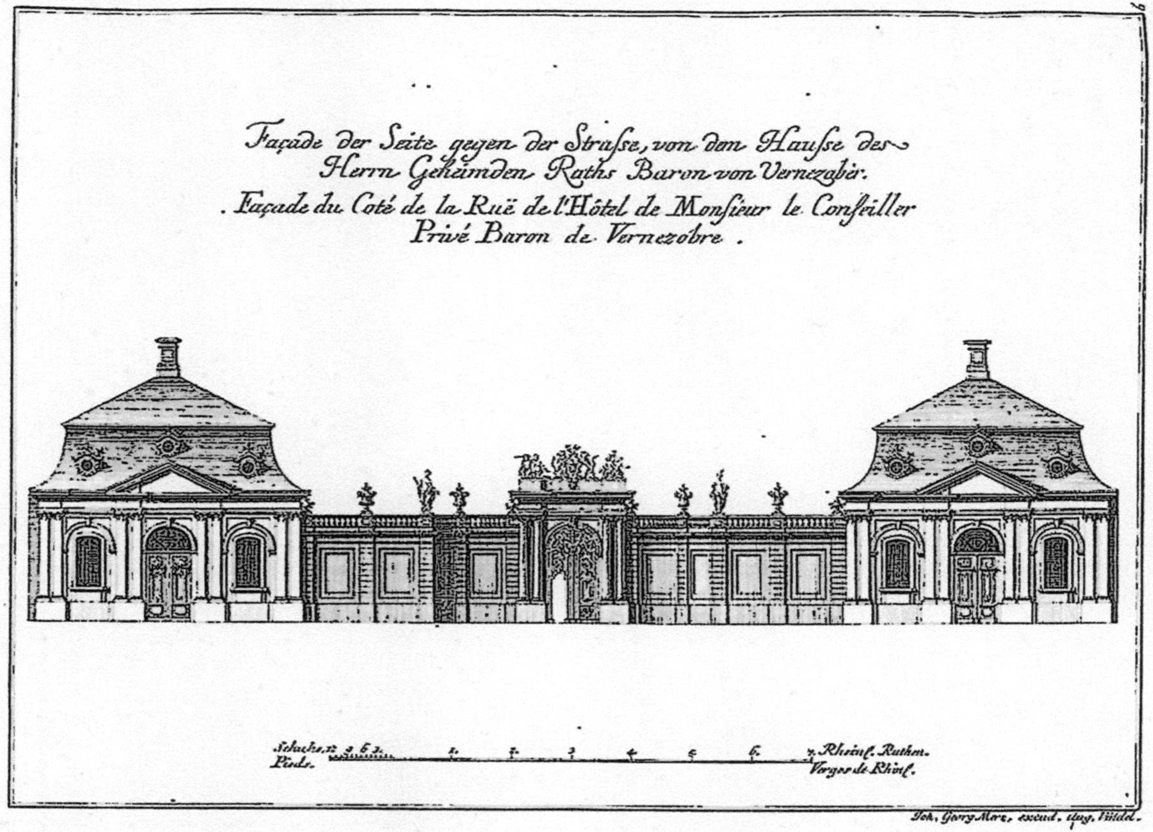

Abb. 2.38: Das Palais Vernezobre (Straßenfaçade), Berlin (Palais Vernezobre 1739)

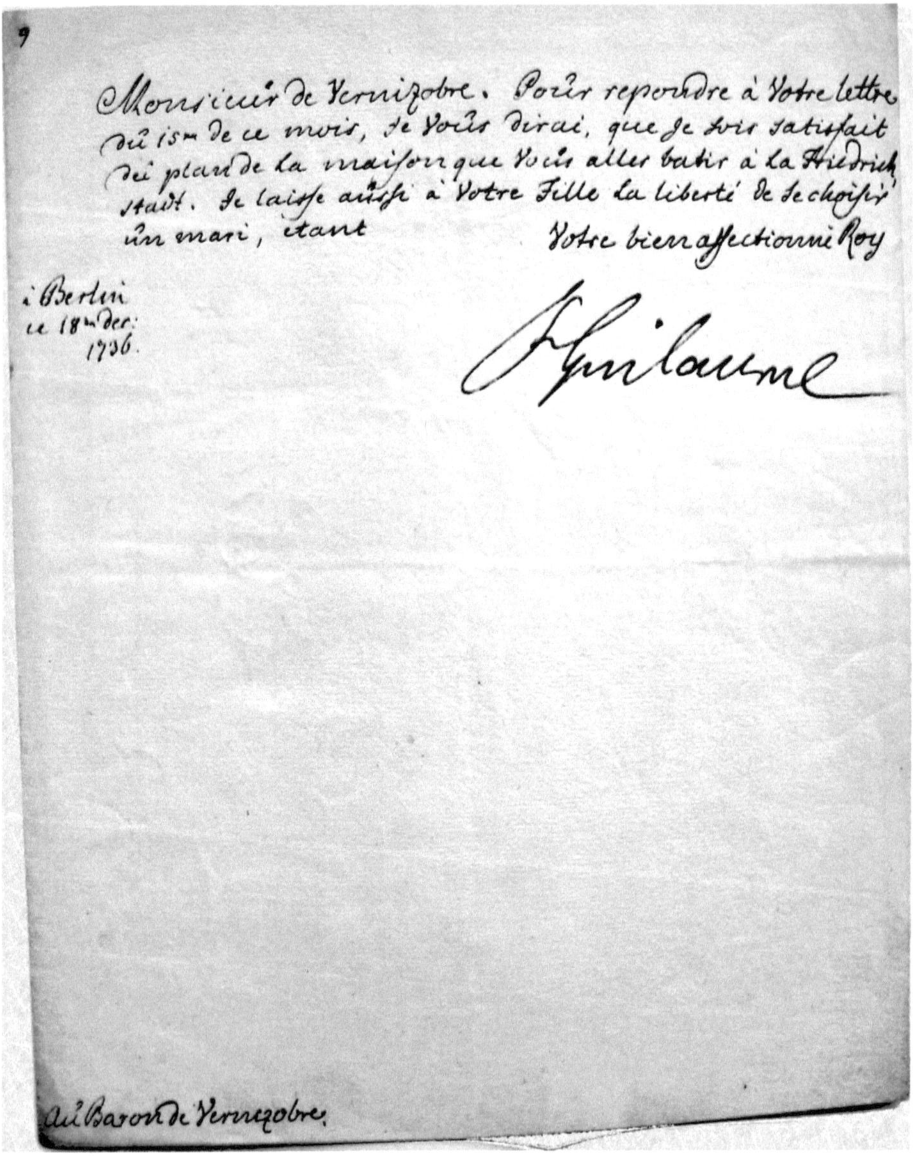
9

Monsieur de Vernezobre. Pour repondre à Votre lettre du 15me de ce mois, je vous dirai, que je suis satisfait du plan de la maison que vous allez batir à la Friedrich stadt. Je laisse aussi à Votre Fille la liberté de se choisir un mari, étant

Votre bien affectionné Roy

F Guillaume

à Berlin ce 18me Dec: 1736.

Au Baron de Vernezobre.

Abb. 2.39: Brief mit eigenhändiger Unterschrift des Königs Friedrich Wilhelm I. von Preußen an den Baron de Vernezobre vom 18. Dezember 1736 (A.P.D.M. DM 2)

stadtbaulichen Erschließung der Friedrichstadt nachkommen und dem preußische Souverän ist es schließlich gelungen allein durch seinen Willensverzicht ohne einen einzigen Kreuzer aufwenden zu müssen, eines der weiland exzellierendsten Palais in Berlin errichten zu lassen. Dem Vater der Braut wider Willen war selbst am meisten gedient, daß der familiäre Frieden wieder hergerichtet war und seine Tochter nicht in das Unglück eines ungewollten Ehebundes getrieben wurde. Eine für die damalige Zeit ausgesprochen rar anzutreffen Attitüde, die mit seiner anonsten konservativ-dynastisch gelebten Lebenssicht nicht unbedingt kongruent ging. Und selbst Isaak v. Forcade de Biaix vermag nicht als der große "Verlierer", welcher mit mutmaßlich sehr gemischten Gefühlen am Stadthaus des Geheimrats Vernezobre vorübergeschritten sein muß, wie Louis Schneider vermeint (Schneider 1870: 12), bewertet zu werden, denn es darf nicht übersehen werden, daß der Soldatenkönig ihm durch sein nicht eingehaltenes Ehevorwort durchaus eine Gefälligkeit schuldete, die in Form der Nobilitierung seiner Frau Anna Elisabeth Cantenius, kurze Zeit hernach eingelöst worden sein dürfte (vgl. Kap. 2.3.3.3: 217). Seinen endgültigen Abschluß fand die Korrespondenz zwischen Friedrich Wilhelm I. und seinem Untertan allerdings erst, als dieser in einem förmlichen, aber gegenüber dem zukünftigen Schwiegersohn sehr wohlwollenden Schreiben (Konzept) vom 31. März 1737 den König um dessen Einverständnis bat, seine Tochter mit dem "Capitain de Monteton" verheiraten zu dürfen:

> *"J'ai promis sous le bon plaisir de Votre Majesté ma fille au capitaine Baron de Monteton du Regiment de Dragons du Prince Eugene de Dessow, lequel est actullement en recrûe: le Capitaine conformement aux ordres du Votre Majesté a ecrit a son chef afin de demander la permission de Votre Majesté de se marier; je la supplie aussi très humblement en qualité de père, de vouloir bien me donner Son gracieux consentement pour ce mariage, etant, comme je le serai toute ma vie, avec uns très profond respect*
>
> *Berlin le 31. mars 1737.*
>
> *Votre très humble et très abéissant*
> *serviteur et sujet*
> *V."*
> (zit. n. Digeon v. Monteton 1892: 27)

Daraus ist ersichtlich, daß der Vater dieses Mal selbst an den König herantritt, um die möglicherweise noch verbleibenden Mißhelligkeiten zwischen sich und dem Souverän endgültig zu beseitigen. Denn indem er bei seinem Souverän die Genehmigung einholt, sein Tochter Jeanne-Gasparde mit dem auf "Werbung" für sein Dragonerregiment Prinz Eugen v. Dessau befindlichen Jean-Jacques I. Digeon de Monteton verheiraten zu dürfen, ist ihm sicherlich bewußt gewesen, daß der Soldatenkönig wider diesen Heiratsprätendenten nichts einzuwenden hatte, denn auch der besagte Capitaine de Monteton war dem König als "braver Offizier" bekannt, wurde er doch vom Regimentskommandeur Prinz v. Dessau als "vorzüglicher Offizier dem König bezeichnet" (Kähler 1898: 34). Dies geschah im Dezember 1733 als Jean-Jacques I. die erledigte Schwadron des Major v. Krosigk erhielt. Mithin nimmt es nicht wunder, daß König Friedrich Wilhelm I. seine Réplique vom 2. April 1737 deutlich liebenswürdiger als die vorangegangenen abfaßte und dabei recht versöhnlich wirkte:

> *"Monsieur le Baron de Vernezobre, ayant appri par votre lettre du 31 de Mars, que vous voules marier votre fille au capitaine de Monteton f'y donne très volontiers mon consentiment; je suis votre bien affectionné Roi*
>
> *Fr. Guillaume*
> *Potsdam, 2me d'avril 1737*
> *Au Baron de Vernezobre"*
> (zit. n. Digeon v. Monteton 1892: 27)

Der König legte mit diesem Brief, in welchem er sein Einverständnis für die angefragte Ehe gab, den Grundstein für den preußischen Zweig des Hauses Digeon. Die Tatsache, daß zwischen dem Angang der Korrespondenz am 1. November 1736 und dem 31. März des folgenden Jahres, in welchem bereits die Heiratsabsicht beschlossen war, nur fünf Monate lagen, gibt der Vermutung Nahrung, daß sich Jeanne-Gasparde Vernezobre und Jean Jeacques I. Digeon de Monteton bereits kennengelernt hatten und dieserhalb der königliche Wunsch zur Zwangsverheiratung mit Isaak v. Forcade mitten oder nicht unweit der Phase der gegenseitigen Annäherung seinen Einschlag fand. Dies läßt auch das erwähnte Beischreiben im Brief ihres Vaters an den König vom 9. November 1736, dessen Inhalt opak bleibt und worin sie angeblich ihre Liebe zu einem Herrn von der Osten darlegte, in ein anderes Licht rücken. Denn selbst für die damalige Zeit wäre eine Hochzeitsanbahnung mit einem gänzliche neuen Bräutigam innnert nicht einmal fünf Monaten recht ungewöhnlich gewesen, sintemal, wenn man die Belgeitumstände berücksichtigt. Möglicherweise hatte bereits ein zartes Band bestanden und François Mathieu Vernezobre wollte aus Höflichkeit sowie Ehrerbietung, aber auch aus einer gehörigen Portion Kalkül seinem König nicht mitteilen, daß sich Jeanne-Gasparde in den Hauptmann Jean-Jacques I. Digeon de Monteton verliebt habe, denn dann wäre nach einem Veto des Königs, vielleicht sogar mit einer vernichtenden Begründung, die angestrebte Heiratspermission kaum mehr zu bekommen gewesen.

Gegen Ende seines Lebens schient sich François Mathieu Vernezobre zunehmend den Naturwissenschaften zugewandt zu haben, wie zum Beispiel aus mehreren an den französischen Naturforscher René Antoine Ferchault de Reaumur gerichteten Briefen zwischen Juno 1744 und Dezember 1745 hervorgeht.[141] Auch mit dem berühmten Mathematiker Leohnhard Euler stand er in einem persönlichen Bekanntheitsverhältnis, so daß wir vermöge der nicht unerheblichen Korrespondenz zwischen selbigem und seinem Freund Johann Kaspar Wettstein, Kaplan und Bibliothekar des Fürsten von Wales, gut hinsichtlich des Lebensendes des französischstämmigen Barons im Bilde sind. Kennengelernt haben dürften sie sich im Zuge dessen, daß Leonhard Euler 1741 von Friedrich II. von Preußen an die Königlich-Preußische Akademie der Wissenschaften in Berlin berufen wurde (Calinge 2007: 19). Wie aus einem Brief Eulers an Wettstein, verfaßt in Berlin am 4. März 1747 hervorgeht, war es der Letztgenannte, welcher den Kontakt zu den Vernezobres hergestellt hatte:

> "[...] *Après avoir écrit cela, je me suis rendu chez le baron de* ***Vernezobre*** [Herv. d.d.A.] *quoique je ne l'ai jamais vu auparavant, pour lui porter le compliment dont vous m'avez chargé; je ne vous puis exprimer la joie que Mr le baron, et en particulier Madame, ont temoigné sur les nouvelles de votre état; j'ai été obligé de dîner là pour être témoin des coups qu'on a bu à votre santé: on m'a chargé de vous mander les plus obligeans compliments, et outre cela une infinité de politesses que je ne me trouve pas en état d'exprimer: plus grandes que vous vous les figurerés, plus vous approcherez de la verité.* [...]" (Juškevič 1976: 268)

Demgemäß waren das Ehepaar, und besonders die Baronin Marie Henriette de Vernezobre-Laurieux, Wettstein freundschaftlich ausgesprochen zugetan. Daneben wird ersichtlich, daß im Frühjahr 1747 noch keine auffälligen Krankheitsbilder erkennbar waren, da Euler diese ansonsten beim gemeinsamen Abendessen im Hause Vernezobre fraglos bemerkt und seinem Freund davon Kunde übermittelt hätte. Kurze Zeit war Euler erneut zu einem Abendessen zu Gast bei den Vernezobres, wie aus seinem Schreiben vom 27. Juno 1747 hervorgeht, und wieder wurde er auf das Herzlichste empfangen und damit beauftragt, im Namen der Eheleute Vernezobre Grüße an Wettstein schriftlich zu übermitteln (Juškevič 1976: 272). Hernach herrschte augenscheinlich eine längere Zeit kein Kontakt zwischen Leonhard Euler und den

141 A.A.S., 69 J 66/132.

Vernezobres, denn fast auf den Tag ein Jahr später, am 29. Juno 1748, rapportiert Erstgenannter an seinen Freund Wettstein, daß vor ein paar Monaten sowohl die Frau als auch die Mutter des Barons am selben Tag verstorben seien und Vernezobre in einem Brief an Wettstein diesem seinerseits darüber Mitteilung gemacht habe, wobei er glaube, daß Wettstein seine Nachricht wohl nicht erhalten habe (Juškevič 1976: 278). Damit bestätigt sich die im größten Teil der genealogischen Literatur zu den Vernezobres gemachte Angabe vom doppelten Todesfall am selben Tag (Gotha 1927: 725; Kriening 1991: 154 sowie Goulon Sigwalt 1994: 117). Daß es sich, wie dort angegeben, tatsächlich um den 17. Februar gehandelt hat, an dem Marie Henriette Vernezobre und François Mathieu Vernezobre, Anne Fournier abberufen wurden, vermag damit zwar in letzter Form nicht nachgewiesen zu werden, doch spricht die Zeitangabe "vor ein paar Monaten" plausibel für diese zeitliche Verortung. Fast vier Monate später erreichte Wettstein ein Brief vom 19. Oktober 1748 in welchem ihm Mitteilung überbracht wurde, "*Monsieur le Baron de* ***Vernezobre*** [Herv. d.d.A.] *est trés dangereusement malade de l'hydropsie et il n'y a guère espérance qu'il survivra encore quelques jours*: [...]" (Juškevič 1976: 279–280). Bevor sich der Zustand verschlechterte, hatte Euler noch die besten Grüße und Wünsche von Wettstein übermittelt, und Vernezobre ließ diese von ihm in gleicher Weise erwidern. Tatsächlich sollte sich die Einschätzung des großen Mathematikers als richtig erweisen. Einen Tag nach Abfassen des Schreibens verschied François Mathieu de Vernezobre-Laurieux im Alter von knapp 58 Jahren (Passow 1907: 148). Mithin nicht am 20. November, wie August Trinius im ersten Band seiner "Märkischen Streifzüge" behauptet (Trinius 1887: 70). Augenscheinlich starb er also an Wassersucht (*hydropisis*), deren Ursache heutigentags meist in einer Herzinsuffizienz vermutet wird (Weil und Schunkert 2006: v.a. 11–13).

Auffallend ist rückblickend, daß François Mathieu sowie seine Frau mit einer Reihe von Wissenschaftlern wie Barbeyrac, Wettstein und Euler verkehrten, wobei der Kontakt zu den mathematischen Geistesgrößen aus Basel auch in der zweiten Generation der Vernezobres – in der Person von Mathieu II. – nicht abriß, denn wir erhalten in einer sehr aufführlichen Reisebeschreibung Informationen über Hohenfinow und seinen Eigentümer durch die Hand von Johann III. Bernoulli (Bernoulli 1781: 237–254), Enkel des berühmten Johann I. Bernoulli, welcher seinerzeit der Lehrer von Leonhard Euler gewesen war. Auf diese Weise erklärt sich wahrscheinlich auch die Bekanntschaft und mithin der Besuch auf dem Landgut von Mathieu II. Vernezobre, der damals mit der genannten Karoline Albertine Luise v. Forcade de Biaix, in vierter Ehe verheiratet war.

Was die weitere, wechselvolle baugeschichtliche Entwicklung des Palais Vernezobre betrifft, so ist hier nicht der Raum, diese in extenso darzulegen. Es sei dieserhalb vorzüglich auf die bereits zitierte Literatur verwiesen. Als Schlaglichtperspektive sei nur erwähnt, daß es nach dem Tode von François Mathieu am 20. Oktober 1748 an seinen ältesten Sohn Mathieu II. fiel und bereits zwei Jahre später – aus unerklärlichen Gründen – *sub hasta* geriet. Hernach bewohnte es zeitweise auf Geheiß Friedrichs II. der osmanische Gesandte Achmet Resmi Effendi, bis es schließlich nach mehreren Besitzerwechseln 1830 in das Eigentum des Prinzen Albrecht v. Preußen geriet, von welchem es seinen endgültigen Namen erhalten sollte. Dieser ließ es auch durch Karl-Friedrich Schinkel im Stil der Zeit umbauen (Hesekiel 1873: 221). Das Haus Hohenzollern blieb auch noch nach dem Tode des Prinzen Albrecht im Besitz des Stadthauses und vermietete es Anfang der 1930er Jahre an den nationalsozialistischen Machtapparat, so daß es vornehmlich dadurch traurige Berühmtheit erlangte, daß es ab November 1933 zum Hauptquartiers der Geheimen Staatspolizei und des Reichssicherheitshauptamtes sowie zum Dienstsitz Reinhard Heydrichs denaturiert wurde (vgl. dazu (Auswahl): Rürup 2007; Stiftung Topographie des Terrors 2007; Nachama 2010).

Auf Grund dieser eklatanten Vorbelastung entschied man sich, obzwar eine Wiederherstellung angesichts nicht allzu starker Bombardementbeschädigung während des Zweiten

Weltkrieges durchaus möglich gewesen wäre, das einzige Gebäude Schinkels auf dem Gebiet West-Berlins zu sprengen (Guski und Schauermann 2000: 207). In diesem Kontext ist es als bedauerlich zu konstatieren, daß man die über zweihundertjährige Geschichte des Gebäudes, deren Ursprung nachweislich in einer seinerzeit sehr fortschrittlichen, tiefen Vaterliebe zu seiner Tochter zu suchen ist, auf eine relativ kurze Epoche des Hasses reduzierte und eine stellvertretende Destruktion vornahm. Der Vollständigkeit sei an dieser Stelle noch aufgeführt, daß ein gutes Jahrhundert nach den historischen Geschehnissen im Vorfeld des erzwungenen Hausbaus dieser Stoff zwei literarische Adaptionen fand. Wie wir nämlich aus den Lebenserinnerungen von Louis Schneider wissen, hatte dieser am 15. März 1851 einen aus Originalbriefen und Aktenstücken selbst verfaßten Aufsatz über die Bauumstände des Palais Vernezobre in seiner Eigenschaft als Hofvorleser König Friedrich Wilhelms IV. von Preußen vorgelesen, welcher daraufin geäußert haben soll: "*Das ist so hübsch, daß die Birch eigentlich ein Stück daraus machen müßte!*" (zit. n. Schneider 1879: 299). Mit der "Birch" war die damals recht populäre Schauspielerin und Schriftstellerin sowie nachmalige Leiterin des Züricher Stadttheaters Charlotte Birch-Pfeiffer gemeint, welche seit 1844 durch die Vermittlung des Intendanten Karl Theodor v. Küstner ein Engagement an der Königlichen Oper Unter den Linden in Berlin innehatte und eine Vielzahl von weiland sehr popuälren Theaterstücken schrieb (vgl. zu ihrer Person ausführlich: Evans 1985 sowie Hiort af Ornäs 1997). Diese war von der Idee sogleich lebhaft angetan und ließ sich darob nicht lange bitten, so daß das auf Grundlage des Aufsatzes von Schneider verfertigte Theaterstück "Wie man Häuser baut" (Birch-Pfeiffer 1851) bereits am 10. Mai 1851 von ihr vollendet wurde. Der preußische König befahl daraufhin in einer besonderen Ordre noch von Ludwigslust aus, wo er sich anläßlich der Taufe des späteren Großherzogs Friedrich Franz III. von Mecklenburg-Schwerin aufhielt, daß ihm Schneider das Stück gleich nach seiner Rückkehr nach Preußen vorlesen solle (Schneider 1879: 299). Die Nachfahren der Protagonisten, die im Lustspiel der Birch-Pfeiffer fast nachnamensgleich wie ihre historischen Vorbilder figurieren, waren alles andere als angetan, daß die Liebesgeschichte eine derart öffentlichkeitswirksame künstlerische Verarbeitung fand. Dies resultiert unzweifelhaft aus der Korrepondenz dieser Zeit zwischen Charlotte Birch-Pfeiffer und dem mit ihr befreundeten Heinrich Laube (vgl. zu seiner Person: Sträter 1960 sowie Itter 1989), der seit Ende 1849 als artistischer Direktor des Wiener Burgtheaters tätig war. So schrieb sie ihm wenige Monate nach der Fertigstellung ihres Lustspiels über die nicht unerheblichen Obstakel im Vorfeld der Aufführung:

> "[...] *Welche lächerliche Gerüchte die Kreuzzeitungspartei (die unserer jetzigen Theaterleitung sehr nahe zu stehen scheint – aber bitte:* **unter uns!!**) *über mein gefährliches Stück 'Wie man Häuser baut' verbreitet, wie sehr H. v. Hülsen diese durch Verschieben des Stücks in ihrem Unsinn unterstützte: daß ich auf Befehl des Königs ein demokratisches Stück geschrieben hätte (!!), wie dieses harmlose Lustspiel verdächtigt worden, kann Ihnen Louise erzählen. Alles, was denkbar ist, ein Stück zu stürzen, geschah (Sie kennen Berlin schon wie es war, wie es aber jetzt ist, wo eine gewisse Partei viel königlicher als der humane und liberale König, das wissen Sie nicht), und ich war schon auf das schlimmste gefaßt: Aber Gott Lob, er läßt keinen Schwaben verderben – gestern war die erste Vorstellung, und ich glaube sagen zu können, daß das Stück durchgeschlagen hat, des Lachens und Applaudierens war kein Ende. Alle gerufen, kurz, es ist ein Wunder geschehen, denn –* was *Wunder wollen wir denn – Kreuzzeitugnspartei! Wie werden noch viele so volle Häuser wie gestern darauf haben. Nun aber eine große Bitte an den alten Freund! Beweisen Sie mir, daß Sie es noch sind – Sie haben ja lange nichts Neues von mir gegeben. – Geben Sie das Stück bald, beeilen Sie es, daß es den Umtrieben dieser Partei, die es nicht ertragen will, daß die Gaspardt und ihr Sohn den Befehlen eines Königs trotzt, zuvorkommt und am Ende Ihr guter Wille gegen mich nicht durch Intrigen gehemmt werde und mir so einer meiner sehnlichsten Wünsche, unserer unvergleichliche, einzige Louise in dieser Rolle zu sehen, für die sie geboren ist, zu schanden werde – das mein Wunsch, meine Bitte, mein Anliegen! Und nun gebe ich das weitere Ihnen anheim.* [...]
>
> *Berlin, 29. Oktober 1851*" (Weilen 1917: 48–49)

Demnach schien die 1848 von ihrem Chefredakteur Herrmann Wagener als konservativchristliches Sprachrohr gegründete Kreuzzeitung (vgl. dazu: Bussiek 2002) und deren Umfeld sich wider die Aufführung des Stückes dezidiert verwahrt zu haben und der Birch-Pfeiffer unverhohlen nahelegt zu haben, daß es besser sei, auf die Darbietung desselben Verzicht zu üben (Pargner 1999: 156). Denn die Barrikadenkämpfe im Zuge der Märzrevolution von 1848, welche in Preußen das Erzwingen einer – obzwar oktroyierten und gegenüber dem Vorschlag der Nationalversammlung modifizierten – Verfassung zur Folge hatten, waren im Herbst 1851 noch stark im Bewußtsein der konservativen Kreise des preußischen Königsreichs gegenwärtig. Vor allem das Beipsiel von Frankreich, welches nach der Julimonarchie unter Königs Louis Philippe in eine Republik revolutioniert wurde, bewog die sogenannte Kreuzzeitungsparteiangehörigen zu einem heftigen Mißtrauen gegen alles, was auch nur im entferntesten antimonarchische oder – wie sich Charlotte Birch-Pfeiffer ausdrückt – "demokratische" Grundzüge enthalten könnte. Diese hypertrophe Haltung gegenüber einem historisierenden Rührstück führte wohl auch zum Aufführungsverbot in Potsdam. Die Verantwortung für die Spielpläne oblag Botho v. Hülsen, dem Nachfolger des genannten Theodor von Küstner, welcher erst seit 1. Juno 1851 auf Grund der Ernennung von König Friedrich Wilhelm IV. als Generalintendant der Königlichen Schauspiele zu Berlin fungierte (Otto 1985: 207). Ob dieser tatsächlich, wie von der Verfasserin gemutmaßt, den rechten Kreisen Preußens zuzurechnen war – wofür seine soziale Verortung als ehemaliger Leutnant und Sproß einer alten kurländischen Adelsfamilie mit einer gewissen Plausibilität spricht – und durch absichtliches Verschieben die Aufführung des Stückes bewußt hintertreiben und mithin verhindern wollte, vermag derweil nicht festgestellt zu werden. Nachdem sich die Darbietung durch den Wunsch des Königs nicht mehr verhindern ließ, schien ihm doch ein so großer Erfolg beschieden gewesen zu sein, daß auch Heinrich Laube sein Interesse für die Aufnahme desselben in den Spielplan des Burgtheaters in Wien nicht verhehlen konnte, wie sein Antwortschreiben beweist:

"*Wien, den 4. November 1851*

[...] *Es war mir eine also eine große Freude in 'Wie man Häuser baut' ein unbefangenes Thema zu finden, und abends um 9 hab' ich das Stück von Louisen erhalten, den anderen Morgen um 9 zum Ausschreiben gegeben. Das sogenannte Verbot nach der Potsdamer Aufführung hatte ich schon pariert, indem ich dem Herrn Oberstkämmerer einige kleinere Striche vorschlug, und spätestens übermorgen hoffe ich es austeilen und in 14 Tagen, drei Wochen geben zu können. Louise die Gasparde, Laroche Gundling. Haben Sie sonst was über Besetzung und Wirkung zu bemerken, so schreiben Sie mir umgehend. Forçade muß meines Wissens Forcade heißen!*

Rose – Haizinger
Germain – Dawison
Monteton – Devrient

[...]
Die Verleumdungen des 'Wie man Häuser baut' fürchte ich nicht. Ich käme sonst aus der Furcht nicht heraus, und wir wackeln nicht so leicht hier, wenn wir einmal zu etwas entschlossen sind. [...]" (Weilen 1917: 50)

Folglich machte Laube einige Konzessionen an die österreichischie Zensur und war gewillt, das Stück auf jeden Fall auf seine Wiener Bühne zu bringen. Die diesbezügliche Freude verbarg ihm die Birch-Pfeiffer nicht, so daß er bereits zwei Tage später eine Réplique erhielt, in welchen sie ihrer Freude unverhohlen Ausdruck gab, indes auch im besonderen über die Familie Forcade, Vernezobre und Monteton Wehklage übte, da diese ihre Aufführungspläne zu durchkreuzen drohten:

Berlin, den 6. November 1851

"Ihr Brief vom 4. d. M. hat mir unendlich wohl getan, liebster Laube, und alle Zweifel, die man mir eingeimpft hatte, mit einem Male totgeschlagen! Gottlob! – so kommen doch wieder warme Sonnenstrahlen durch die Nebel, und mir wird leichter. Die Familien V e r n e z o b r e n, M o n t e t o n und F o r c a d e (ganz richtig erinnern Sie Forkade auszusprechen, aber aus R ü c k s i c h t für diese Familie hatte ich Forçade gesetzt), die außer sich, daß ihrem v e r g e s s e n e n Namen neues Leben durch die Bühne werden sollte, haben alle die Manipulationen in der 'Kreuzzeitung' gegen mich ebenso v e r g e b l i c h losgelassen, als die Ultra-Montanen die ihrigen gegen Ihr 'Rokoko' – sie sind vom P u b l i k u m aufs schimpflichste in die Flucht geschlagen, denn wir haben auf die z w e i t e Vorstellung die größte Einnahme gemacht, die seit zwei Jahren gemacht wurde im Schauspielhaus, und mein königlicher Herr hat ihnen noch den l e t z t e n Stoß versetzt, indem morgen die vierte Vorstellung, a u f s e i n e n B e f e h l auf dem Z e t t e l bemerkt: a u f s e i n e n B e f e h l, nach Potsdam befohlen ist; so wird nun unser Hülsen (der noch s e h r g r ü n in seinem Amte und leicht zu erschrecken ist), auch Courage bekommen, er gibt es bereits am 9. zum fünften Mal. – Daß Sie das Stück geben, schlug h i e r dem Faß den Boden aus – die Kreuzzeitungshelden retten sich nun d a h i n t e r, daß sie sagen: Es ist noch nicht aufgeführt, wer weiß? – Darum doppelt und dreifachen Dank für Ihre freundschaftliche Eile! – [...]" (Weilen 1917: 50–51)

Demnach war den Abkömmlinge der weiland involvierten Familien besonders angelegentlich daran gelegen, Ihre Namen nicht in den Zusammenhang des Birch-Pfeifferschen Theaterstücks, welches damals vornehmlich von den gebildeten und gesellschaftlich arrivierten Kreisen eine weite Verbreitung fand, gebracht zu sehen. Einen der möglichen Gründe nannte die Schriftstellerin bereits selbst, indem sie darauf verwies, daß ihr Lustspiel als demokratisch motiviert taxiert wurde. Nun war insbesondere das Milieu der drei Familien äußerst wenig daran interessiert, für etwaige umstürzlerische Sympathiebewegungen instrumentalisiert zu werden. Dies ist jedoch nur die auswendig, politische Ebene. Mindestens ebenso vorstellbar für deren ablehnende Haltung war insbesondere die gesellschaftliche Dimension, so war, wie schon aufgezeigt, vorzüglich die Familie Vernezobre gegenüber ihrem einstmals besessenen und auch gelebten Reichtumg vollständig daniedergekommen. Von den ererbten Gütern und ihrem Glanz besaß sie rein gar nichts mehr. Selbst der Stammsitz Hohenfinow war nicht mehr im Eigentum der Familie befindlich. Somit nimmt es nicht wunder, daß der Hauptmann der preußischen Armee und Inspektor der Landesarmenanstalt in Prenzlau, Alexander Friedrich Vernezobre de Laurieux, der Vater von Clemens Friedrich Robert, welchem später der Adelsstand formal aberkannt werden sollte, wenig Neigung besaß, daß seine Familie wieder derart prominent ins Licht der Öffentlichkeit gerückt werden sollte, sintemal die Gerüchte über die Herkunft des Vermögens seines Urahn François Mathieu mit Sicherheit noch nicht in toto verstummt waren. Dieser Alexander Friedrich Vernezobre kommt als einziger in Frage, wider die Birch-Pfeiffer vorgegangen zu sein, da er im Jahr 1851 den letzten männlichen Repräsentanten verkörperte, welcher, außer seines weiland erst neunjährigen Sohnes Clemens Friedrich, von der Familie noch übrig geblieben war.

In bezug auf die Digeons de Monteton läßt sich konstatieren, daß deren seinerzeitiges Oberhaupt, der spätere Domherr zu Brandenburg sowie Kur- und Neumärkischer Haupt-Ritterschafts-Direktor Karl August Friedrich Digeon de Monteton (Crüger 1885: 35), welcher der Enkel des Einwanderers Jean-Jacques I. Digeon de Monteton war, damals seine Karriere im preußischen Staatsdienst verfolgte und dieserhalb gleichergestalt kaum ein Interesse daran gehabt haben konnte, seine Familie als Nutznießer eines königlichen "Kuhhandels" dargestellt zu bekommen, welcher auf der Grundlage der Insurrektion wider den königlichen Willen sowie einem auch für die damalige Zeit unvorstellbaren Gebahren gegen die Rollenverteilung im familiären Innenverhältnis basierte.

Die Forcades schließlich besaßen den geringsten Grund, das Theaterstück nicht coram publico gegeben zu wissen, wobei auch ihnen die Tatsache nicht sonderlich genehm gewesen sein dürfte, daß ihr Ahn als mehrfach abgewunkener Brautwerber selbst durch das Vorwort des Soldatenkönigs nicht zu seinem Begehr gelangte und ein veritables Vermögen in Form der Errichtung eines Stadtpalais aufgewendet wurde, um die Eheschließung mit ihm um jeden Preis zu verhindern, so daß er die äußere Ursache und das Skandalon für das gesamte Begebnis wurde.

Die besondere Stellung in den hatnäckigen Vereitelungsbemühungen der Birch-Pfeifferschen Darbietungspläne der beiden Geschlechter Vernezobre und Monteton offenbart sich vornehmlich in ihrem einige Wochen später verfaßten Antwortbrief an Heinrich Laube, in welchem sie sich gramvoll über die Haltung dieser beiden Familie beklagt, die immer noch mit allen Mitteln versuchten, den Intendanten v. Hülsen davon abzubringen, das bereits über die Grenzen Berlins bekannte Stück aufführen zu lassen:

> "*Berlin, 26. Januar 1852*
>
> [...] *Es ist ganz seltsam, was ich mit d i e s e m Stück gerade ('Häuser bauen') für Mißgeschick habe – h i e r stand es 24 Stunden so, daß ohne einen energischen B e f e h l des Köngis H. v. Hülsen es gewiß nicht gegeben hätte, so hatten ihn die Familien Vernezobre und Monteton in Schrecken gesetzt – das war der e r s t e Kampf! Bei Ihnen hatte ich das Unglück, daß Dawison abriß – und in Hamburg, wo zu aller Welt Verwunderung daß ruhige Zeigemälde eine solche Sensation machte, daß Maurice es in fünf Tagen dreimal, bei gestopft vollen Häusern gab, muß die vierte Vorstellung (wo fast alles ausverkauft war) wegen Erkrankung des Herrn Marr abgeändert werden,*" [...] (Weilen 1917: 54–55)

Dieses Beispiel eines an sich harmlosen Theaterstücks offenbart die gesteigerte Sensibilität der Jahre nach der Märzrevolution von 1848 an allem, was auch nur im entferntesten eine synmbolische Strahlkraft für Revolution und wider die monarchische Ordnung beinhalten könnte. Denn gerade das aufstrebende, auf Eigenleistung drängende Bürgertum hegte eine nicht unerhebliche Skepsis gegen die Überbleibsel der adligen Standesprivilegien, deren Repräsentanten besonders halsstarrig darauf achteten, daß diese nach Möglichkeit konserviert würden – sonderheitlich dann, wenn die wirtschaftliche Position immer schwächer wurde (vgl. dazu: Stulz-Herrnstadt 2002: v.a. 271–291). Auf diese Weise kam es zu der fast schon skurrilen Situation, daß diejenigen, deren Vorfahren unter dem absolutistischen Königswillen, welcher sich bis in die privatesten Bereiche ihres Lebens erstreckte und viel Kummer sowie Aufregung mit sich brachte, alles – aus höchstwahrscheinlich eigenützigen Motiven – daran setzten, diese Episode der Familiengeschichten vergessen zu machen. Doch das Lustspiel von Charlotte Birch-Pfeiffer sollte nicht die einzige literarische Bearbeitung des historischen Stoffes bleiben, denn zwei Jahre später veröffentlichte der durchaus egalitär eingestellte Schriftsteller Karl Ludwig Häberli (vgl. zu seiner Person: H.C.K.A.W. 1968: 279–280) unter dem Pseudonym H.E.R. Belani einen Roman unter dem Titel "*Hohe Liebe: Aus dem Leben des Freiherrn Friedrich von der Trenk*", in welchem die Liebesgeschichte zwischen der jungen Vernezobre und dem Capitain de Monteton gleichfalls an prominenter Stelle Raum griff (Belani 1853: 262–268).

Betrachtet man nunmehr die Entwicklung der Familie Vernezobre, die für das Verständnis der Zusammenhänge im Hinblick auf die Kontinuität und die Sicherung des Fortbestandes der Digeon de Monteton untrennbar mit selbiger verbunden ist, erzeigen sich drei Hauptgesichtspunkte: Zum einen fällt die – sonderheitlich für die damalige Zeit – ausgesprochen breit gefächerte geographische Mobilität auf, die ihren Niederschlag in der Ansiedlung in Großbritannien, Holland, Polen, Rußland, (Ost-)Preußen, Frankreich sowie den holländischen und englischen Kolonien. Allerdings vermag konstatiert zu werden, daß diese Migrationsbewegung nur sekundär religiös motiviert war, da sonderheitlich Danzig und Archangelsk für protestantische Religionsflüchtlinge nicht die "erste Wahl" verkörperten. Zum anderen ist signifikant, daß hingegen bei der Wahl der Ehepartner vornehmlich der calvinistischen Konfession eine äußerst hohe Priortät eingeräumt wurde und bei den Ehefrauen sogar eine nachweislich hohe Präferenz gegenüber den eigenen Familienmitgliedern und nahen

Anverwandten bestand, die darüber hinaus fast ausschließlich aus dem eigenen Kaufmannsstand entsprossen, was zusammengenommen den Befund einer dreifachen und damit besonders stark ausgeprägten Endogamie zeitigt. Ein sozialer Aufstieg ließ sich indes – trotz teilweise prosperierender Ansätze – auf Grund des damals noch sehr von den äußerst wechselhaften politischen Rahmenbedingungen dependenten Metiers des Kaufmanns, nicht realisieren. Schließlich findet sich im abgesonderten Zweig der Vernezobres de Laurieux in Preußen ein Sonderfall, der aus dem Verlauf der Familiengeschichte durch die erheblichen Spekulationsgewinne von François Mathieu exzelliert. Hätte dieser seine reputierlichen Gewinne aus der ersten protokapitalistischen Börsenhausse nicht verwirklichen und vorzüglich durch die Außerlandesschaffung konservieren können, wäre sein Lebensweg aller Voraussicht nach dem seiner Brüder nicht unähnlich gewesen. Mit der Erlangung des hereditären Adelsstandes und Freiherrentitels vermochte zwar nicht er selbst, aber sämtliche seiner Kinder sich mit alteingesessenen, gleichwohl protestantischen Adelsgeschlechtern zu verbinden und die erlangte Tradition der Nobilität bis zu ihrem aristokratischen Untergang fortzusetzen. Besonders der alte französischstämmige Adel der zutiefst protestantischen Digeons de Monteton war François Mathieu zur Festigung der gesellschaftlichen Position seiner eigenen Familie mit Sicherheit nicht unliebsam. Folglich hielten die Nachfahren des ersten Baron Vernezobre, mit Ausnahme der Ehepartnerpräferenz aus den eigenen Familienreihen, am Prinzip der Endogamie unter Berücksichtigung ihres neuen Standes eisern fest. Auf die Gründe des finalen Untergangs kann an dieser Stelle nicht rekurriert zu werden, es sei aber auf die sehr profunde Ursachenanalyse bei Hugo Rachel und Paul Wallich verwiesen (Rachel und Wallich 1967: 99–101) sowie auf Siefried Passow mit seinem die Gründe des Niedergangs konzise zusammenfassenden Satz: "*Die totale Verarmung des einst um seines Reichtums viel beneideten Geschlechts wurde durch den Siebenjährigen Krieg vorbereitet, durch mißlungene industrielle Unternehmungen befördert, durch die Unglücksjahre von 1806/08 beschleunigt und durch die Bauernbefreiung, vielleicht auch durch die Schwäche des letzten Vernezobre besiegelt und unabwendbar gemacht.*" (Passow 1907: 206).

Aus der recht breiten Untersuchung der wichtigsten familienbezogenen Aspekte der Vernezobres resultiert demnach ein recht umfangreiches Explikationspotential für die Erhellung der Umstände, welche zu einer Ansiedelung von François Mathieu Vernezobre in Berlin führten. Eine monokausale Deutung, welche die Wahl dieses neuen Lebensmittelpunktes allein mit der toleranten Einwanderungapolitik der preußischen Könige gegenüber den französischen Glaubenflüchtlingen erklärt, würde ebenso zu kurz greifen, wie der mit beträchtlichen Avancen versehene persönliche Wunsch Friedrich Wilhelm I., François Mathieu in seinem Staat anzusiedeln, denn dem mit einem so beträchtlichen liquiden Vermögen versehene Vernezobre hätte gleichsam in anderen europäischen Staaten eine im Hierarchiegfüge der jeweiligen Gesellschaft herausragende Stellung einnehmen können. Die vorrangig maßgeblichen Ursachen, die zu seiner Ausbildung im Bank- und Handelsgewerbe, seiner Bekanntschaft mit John Law und damit zur Erlangung seines Vermögens sowie der darauffolgenden Niederlassung in der preußischen Hauptstadt bei der Familie seiner Mutter Anne Fournier führten, sind bei dem starken innerfamiliären Bezug der Vernezobre eindeutig in den verwandtschaftlichen Beziehungen zu suchen.

Für die Digeons de Monteton selbst folgte durch diese spezifische Genese der Vernezobres nicht allein die Heirat zwischen Jean-Jacques I. mit Jeanne-Gasparde de Vernezobre-Laurieux und damit die rein genealogische Konsequenz, einen eigenen preußischen Zweig begründet zu haben, welcher als einziger bis heute fortbesteht (vgl. Anhang: B.12: 705), sondern zudem noch aus materiell-existenzieller Sicht die Grundsicherung des ökonomischen Fortbestands vermittelst des Allodialguts Priort als Mitgift der Baronesse Vernezobre. Darüber hinaus bedeutete der Besitz eines Gutes eine wesentliche Standeserhöhung innert der preußischen

Adelshierarchie und ein Distinktionsmerkmal gegenüber dem rein in der Administration oder der Armee dienenden Adel wie dem der Forcades.

2.3.3.6 Bewahrung des Hausvermögens trotz finanzieller und religiöser Krise

Zwar entstammt Jean-Jacques I. Digeon de Monteton einem Geschlecht, das über nicht unerheblichen Grundbesitz in Aquitanien verfügte, doch er selbst hätte auf die Erlangung von Ländereien in Form einer Herrschaft, in seiner Eigenschaft als jüngster von drei Söhnen in Anbetracht der sehr angespannten finanziellen Situation seiner Mutter Magdeleine Durège, wie aus deren Verkauf des bürgerlichen Gutes Saint-Sernin sowie der Aufstellung ihrer Verbindlichkeiten deutlich hervorgeht (vgl. Kap. 2.3.3.2: 203), niemals hoffen dürfen.

Obschon haben die Ehepartner Pierre IV. und Magdeleine Durège in ihrem Ehekontrakt vom 3. April 1690 ausdrücklich vereinbart haben, daß beide ihre jeweils gegenwärtigen und zukünftig zu erlangenden Immobilien nur einem ihrer männlichen Kinder vererben, wobei sie sich gegenseitig das Recht zustanden, eines davon auszuwählen; sollten sie keines bestimmen, erbte der älteste überlebende Sohn alles (vgl. Anhang: A.6: 640: Z. 207–218). Damit behielten sich die Eheleute in einer Klausel vor, das *droit ainesse* gegebenfalls zu abandonnieren. Eine solche Verfügung war damals insofern üblich, als man auf diese Weise verhindern wollte, daß das Hausvermögen zwar an den ältesten Sproß fiel, der aber möglicherweise in den ersten Stand wechselte, was zur Folge gehabt hätte, daß sein Erbe an die Kirche fiel. Dies wäre zwar bei den protestantischen Digeon de Monteton recht unwahrscheinlich gewesen, aber vermochte – zumindest offiziell, da der Ehevertrag ja fünf Jahre nach der Aufhebung des Edikts von Nantes geschlossen wurde – dennoch nie gänzlich ausgeschlossen zu werden. Außerdem versuchte man damit Vorsorge zu treffen, falls sich in der Person des Ältesten Obstakel unterschiedlichster Art manifestieren sollten, die einen Fortbestand des angestammten Familienbesitzes gefährdet oder gar verhindert hätten (vgl. Kap. 4.1.2: 415). Ob indes diese privatrechtliche Disposition tatsächlich im Falle der Nichtbeachtung des Ältestenrecht gegriffen hätte, wenn der erstgeborene Sohn rechtlich dagegen vorgegangen wäre, ist sehr zweifelhaft (vgl. zum seinerzeitigen Meinungsstreit in der Rechtswissenschaft: Panckoucke 1782: 244–259). Da die Eheleute aber selbst in ihrem Ehevertrag bei einer ausbleibenden anderen Verfügung dem Erstgeburtsrecht zur Geltung verschaffen gedachten, erzeigt es sich, daß sie die selbiges einschränkende Klausel als Vorsichtsmaßnahme und nicht aus Abandonnierungsabsicht getroffen hatten.

Im Zusammenhang der erbrechtlichen Bestimmungen im Heiratskontrakt fällt weiter besonders die Verfügung auf, daß die Güter lediglich an einen männlichen Sproß fallen sollten. Dies unterstreicht noch einmal die deutliche Absicht, das Familienerbe als ganzheitliche Entität, welches von Generation zu Generation tradiert werden und stets nur Besitz, niemals jedoch frei disponibles Eigentum eines Einzelnen werden sollte, in jedem Fall zu konservieren. In Ermangelung mehrerer immobiler Werte, stellte sich die Frage einer Verteilung durch die Eltern oder den präsumtiven Erben ohnehin nicht, da die Baronie Monteton ansonsten hätte geteilt werden müssen, was aus lehensrechtlicher Perspektive nicht möglich war und sich aus dem ökonomischen Betrachtungswinkel als wenig sinnstiftend offenbart hätte (vgl. Kap. 4.2.2: 438). Doch auch wenn weitere Herrschaften als Erbe unter den Brüdern hätten alloziert werden können, wäre es im vorliegenden Fall, nach der Emigration von Jean-Jacques I. und dem Mittleren der Brüder, Pierre VI., nicht möglich gewesen, diese zu bedenken. Denn, wie bereits an obiger Stelle ausgeführt wurde, war es den Eltern protestantischer Auswanderer, die keine ausdrückliche Genehmigung für das Verlassen Frankreichs aufweisen konnten, nicht gestattet, diesen irgendwelche Vermögenswerte, sei es durch Schenkung oder Erbe, zukommen zu lassen (vgl. Kap. 2.3.2.4: 164).

Diese staatliche Restriktion figuriert auch deutlich in der Formulierung des Testamentes von Magdeleine Durège, der Mutter von Jean-Jacques I. Digeon de Monteton. Darin heißt es nämlich ausdrücklich:

> "[...] *je dit avoir été jointe en mariage avec ledit feu seigneur de Monteton duquel mariage sont provenus Pierre, autre Pierre, Jean-Jacques, Marie, Victoire et Jeanne Digeon, mes enfants et filles, six en nombre desquels ledit Pierre, second, et Jean-Jacques longtemps avant la mort dudit seigneur de Monteton, leur père, sous prétexte de voyage auraient quitté notre maison et auraient passé dans les pays étrangers sans mon consentement ni de feu leur père, c'est pourquoi je déclare les déshériter comme je les déshérite par mon présent testament pour avoir contrevenu à la volonté du Prince et à la nôtre,* [...]" (Anhang: A.8.1: 658: Z. 34–42)

Entscheidend ist hierbei die Formulierung "*contrevenu à la volontè du Prince et à la nôtre*" (Z. 41–42). Auf Grund der Tatsache, daß die beiden Söhne Pierre VI. und Jean-Jacques II. unter dem Vorwand einer Reise ("*sous prétexte de voyage*" Z. 38) – ohne das Einverständnis der Mutter und des Vaters eingeholt zu haben – das elterliche Haus verließen und sich im Ausland ansiedelten, machten sie sich in doppelter Weise strafbar, indem sie einmal gegen den Willen ihrer Altvordern und darüber hinaus wider den des Prinzregenten, respektive Königs verstießen, was die zwingende Konsequenz nach sich zog, daß sie förmlich enterbt wurden. Diese zeithistorischen Umstände waren Otto Digeon v. Monteton offenbar nicht bekannt, da er Magdeleine Durège unter den Soupçon einer rabenhaften, kaltherzigen und vorzüglich katholischen Mutter stellte, die sogar davor nicht zurückschreckte, zwei ihrer eigenen Kinder zu verleugnen (Digeon v. Monteton 1892: 15). Bei Licht betrachtet läßt sich aber genau das Gegenteil nachweisen, denn zum einen entstammte sie einem dezidiert calvinistischen Geschlecht, deren einzelne Vertreter, wie bereits aufgezeigt, auf Grund des Festhaltens an der *Religion prétendue réformée* zum Tode verurteilt wurden (vgl. Kap. 2.3.3.2: 197). Und zum anderen läßt sich anhand einer Aufstellung der zum Katholizismus Neukonvertierten des Ortsgeistlichen von Monteton von 1699 nachweisen, wie unrichtig Otto Digeon mit seiner Einschätzung hinsichtlich des Glaubens der Mutter der beiden Auswanderer lag, denn dort heißt es: "*27 nouveaux convertis dont le seigneur, noble Pierre de Digeon, qui assiste aux offices, mais non sa femme.*" (zit. n. Bourrachot 1969: 57–58). Demgemäß wohnte lediglich Pierre IV. Digeon de Monteton, nicht aber seine Frau Magdeleine Durège der katholischen Messe von Monteton bei; mithin blieb selbige ihrer protestantischen Konfession stets treu. Zudem hätte sie beim Verfassen des Testaments keine Möglichkeit gehabt, etwas anderes zu schreiben, denn hätte sie auch nur einen kleinen Zweifel daran erkennen lassen, daß sie mit der Auswanderung der beiden Brüder einverstanden gewesen wäre, hätte dies sehr wahrscheinlich dazu geführt, daß das Erbe automatisch an die Verwaltung der Güter religiöser Flüchtlinge gefallen wäre.

Mithin eröffnet das bisher gezeichnete Bild der Verhältnisse von 1715, in welcher sich die drei männlichen Geschwister aus der Ehe von Pierre IV. Digeon de Monteton und Magdeleine Durège befanden, den Rückschluß, daß die beiden Brüder Jean-Jacques I. und Pierre VI. mitnichten aus rein religiösen Motiven ihrer aquitanischen Heimat den Rücken zukehrten, wie bereits Lucile Bourrachot mutmaßte (Bourrachot 1969: 58). Diese These erhält zusätzlich Nahrung dadurch, daß zum einen bei beiden persönliche Motive sichtbar werden, so bei Pierre VI., der wohl einer unliebsamen Ehe mit der Schwester seiner Schwägerin Ségur aus dem Weg gehen wollte, und bei Jean-Jacques I. eine gewisse Abenteuerlust (vgl. Kap. 2.3.3.4: 263). Zum anderen dürfte auch die Perspektive auf eine ökonomisch und beruflich schwierige

Situation in ihrer angestammten Heimat Frankreich die Motivationslage angereichert haben, denn für Angehörige eines urprotestantischen Geschlechts war eine Karriere im Staatsdienst oder der Armee ohne erstklassige Beziehungen schwerlich zu realisieren, zumal angesichts der depravierten Finanzlage der eigenen Familie sowie das privisible Ausbleiben einer die standesgemäße Existenz sichernden Erbschaft. Die Tatsache, daß religiöse Verfolgung als alleiniger Auswanderungsgrund ausscheidet, beweist schließlich ohne Zweifel, daß der Erstgeborene Pierre V. Baron de Monteton in Frankreich verblieb – trotz aller Schwierigkeiten in bezug auf die Ausübung seiner Konfession.

Mithin ist es nur als folgerichtig anzusehen, daß Madeleine Durège die im Ehevertrag von 1690 mit ihrem Ehemann Pierre IV. Digeon de Monteton getroffenen Vereinbarungen hinsichtlich des Familienbesitzes einhielt und in ihrer letzwilligen Verfügung vom 26. Januar 1745 den ältesten männlichen Sproß aus der gemeinsamen Eheverbindung zum Universalerben und Testamentsvollstrecker bestimmte:

> "[…] *j'ai gagné par le prédécès dudit feu sieur de Monteton, mon mari, comme ayant pouvoir d'en disposer en conséquence du contrat de mariage de sieur Pierre Digeon, mon fils aîné, je déclare instituer et nomme pour mon héritier général et universel ledit Pierre Digeon, mon fils aîné, à la charge d'accomplir et exécuter icelui mon présent testament* […]" (Anhang: A.8.1: 658: Z. 68–73)

Mit dem solchermaßen materiell ausgestatteten Alleinerben sollte die Filiation denn auch trotz der Auswanderungen seiner beiden jüngeren Brüder kontinuiert werden: Pierre V., ließ sich mit Elisabeth de Ségur-Boirac, welche die Baronie von Saint-Aigulin (17), situiert in der Saintogne, sowie den Landsitz Vilette mit in die Ehe brachte, auf ausdrücklichen, mutualen Wunsch reformiert trauen. Die Ségurs, deren Seigneurien Pardaillan et Seyches in unmittelbarer Nachbarschaft zur Baronie Monteton befindlich lagen, waren nicht nur nahe Nachbarn der Digeons, sondern gleichergestalt mit ihnen bereits durch die Ehe zwischen Peyronnelle de Ségur und Jean I. Digeon de Boisverdun verbunden (vgl. Kap. 2.3.2.2: 133). Darüber hinaus vermachte Adélaïde Marie Digeon d'Autramat das Château de Pechalbet ihrer Nichte Coralie Catherine de Chadois, welche am 26. September 1828 mit dem Comte Louis Isaac de Ségur-Bouzely den Lebensbund einging (vgl. Kap. 2.3.1.3: 112 sowie zu den weiteren verwandtschaftlichen Beziehungen mit den Ségur: Anhang: B.11: 704).[142]

Elisabeth wurde als Tochter von Léonor-François de Ségur, Baron de Saint-Aigulin, Coseigneur de Cabanac und Sieur de Vilette, und der Rose de Feytis in eine gleichergestalt dezidiert protestantische Familie hineingeboren. Außer der bereits genannten Tochter Marie-Rose, welche mit ihrem Cousin ersten Grades François II. de Ségur verheiratet wurde, hatte das Paar noch eine Tochter Isabeau, welche im Alter von fünf Jahren verschied. In Ermangelung männlicher Stammhalter wurde die Filiation des Zweiges der Ségur-Boiracs vom jüngeren Bruder der Léonor-François, Jacques benamt, kontinuiert.

Letztgenannter ging zusamt seinem älteren Bruder aus der zweiten Ehe seines Vaters François I. mit Marie de Morin, Tochter von Jacques, Seigneur de Jaure, und der Isabeau de Cadroy hervor. Namensgebend und konstituierend für den Zweig der Ségur-Boiracs sollte indes der erste Lebensbund von François I. mit Marie de Boirac werden, welche ihm die Baronie Boirac als Aussteuer einbrachte. Dieser Tatsache kam nicht zuletzt vor dem Hintergrund eine nicht unerhebliche Bedeutung zu, daß François I. als zweiter Sohn von Bérard de Ségur, Vicomte de Cabanac, Seigneur de Petit-Puch et Blanquefargue, und der Esther de Polignac, lediglich mit einem überschaubaren Erbe kalkulieren konnte (Saint-Saud 1992: 91). Esther de Polignac war Tochter von François, Chevalier, Seigneur de Fontaines und

---

142 A.D.47, 5 E 3 (Agnac, Tables décennales, 1802–892).

Saint-Aigulin, und der Louise de Lanes (vgl. Kap. 2.3.2.2: 127), deren Familie das Marquisat von la Roche-Chalais besaß. Gänzlich mittellos wurde er jedoch nicht in die Ehe entlassen, so erhielt er durch seinen Vater die Seigneurie Grand-Puch sowie Sauveterre und von seiner Mutter, welche keine verwandtschaftlichen Relationen zu dem bereits erwähnten und späterhin in den Herzogstand erhobenen Geschlecht Polignac unterhielt (vgl. Kap. 2.3.2.3: 146 sowie weiterführend: Polignac 1975). Ihren Namen hatte dieses 1587 von "Poulignac" in "Polignac" modifiziert (Courcelles 1827: 20 (Anm. 1); Lainé 1850: 29–30 sowie Sénemaud 1860: 56 (Anm. 2)). Hinzu kam die Baronie Saint-Aigulin (17). Selbige war vom Marquisats von la Roche-Chalais, welches über zwei Jahrhunderte eine Hochburg des Calvinismus war und nach der Aufhebung des Edikts von Nantes unter der repressiven orthodoxen Rekatholisierung besonders litt (vgl. dazu weiterführend: Saint-Saud 1938), abgeteilt worden, was zur Folge hatte, daß die Ségurs einen Teil ihrer Einkünfte an den Marquis de la Roche-Chalais abgeben mußten. Darüber hinaus schien die Mitgift der ersten Frau von François I. auch noch hinreichend zum Erwerb des besagten adligen Hauses Vilette gewesen zu sein, welches er mit dem Kaufvertrag vom 19. Juli 1654 von Jean-Louis de Cardaillac für 5.600 Livres erwarb (vgl. zur Transkription des Kaufkontrakts sowie des "Plan du logis von Vilette" ARHSA 1987: 73; 75–77).[143] Letztgenannter veräußerte diesen Besitz in seiner Eigenschaft als Chef seiner Frau Isabeau Martel, welche diesen als Enkelin einer Polignac zum gemeinsamen Ehegut beigesteuert hatte.

Aus der Ehe von Pierre V. Digeon de Monteton und Elisabeth de Ségur-Boirac ist lediglich die Existenz zweier überlebender Kinder tradiert, Magdeleine Victoire II. und Jean-Jacques II., der denselben Vornamen trug wie sein 1717 ausgewanderter Onkel.

Erstgenannte heiratete mit Vertrag vom 4. August 1747 im Alter von 21 Jahren Louis III. de Briançon, Sohn von Louis II. de Briançon, Seigneur de Perrou, Baron de Montcuq, und der Jeanne de Cassieux. Die kirchliche Heiratszeremonie erfolgte am 6. November 1748 (und nicht am 2. November 1748, wie O'Gilvy unrichtig behauptet O'Gilvy 1856: 168) in der Kirche Saint-Vincent de Gensac (33), seit 1807 Pessac-sur-Dordogne (33), durch den Pfarrer Ducasse.[144]

Zu den Briançons, deren Ursprünge sowie verwandtschaftlichen Beziehungen zu den Escuyers (vgl. Kap. 2.3.2.1: 118) sowie Le Berthons (vgl. Kap. 2.3.3.1: 179) bereits berleuchtet wurden, bestand seitens der Digeons de Monteton auch noch darüber hinaus eine Relation über die Durèges. Die Tante von Louis II. Briançon, Marie de Briançon war nämlich mit Prosper Durège, Sieur de Vigouroux et de Ribebon, verheiratet (Guinodie 2004: 94). An diesen Familienbanden läßt sich deutlich die Verortung im protestantischen Milieu nachweisen, welchem die Digeons de Monteton in ihren Heiraten auch nach über sechs Jahrzehnten nach der Revokation des Edikts von Nantes in der sogenannten *Eglise du Désert* (vgl. zu diesem Begriff grundlegend: Hugues 1872: 25–356 sowie eine moderne Analyse: Ligou und Joutard 1977) treu blieben. Die Blutsbande zwischen den Digeons und den Briançons erstreckten sich nicht allein auf das Innenverhältnis der Familie, sondern auch auf die in der Nachbarschaft der Briançons angesiedelten Geschlechter. So waren selbige zusamt den bereits apostrophierten Fonvielles (vgl. Kap. 2.3.3.2: 207) Coseigneurs der Baronie von Montcuq. In concreto bedeutete dies, daß nachdem sich Louis II. de Briançon nach der Hochzeit seines Sohnes auf die Domaine de Pessiaud zurückgezogen hatte und dort 1765 verschieden war, daraufhin Louis III. alleiniger Herr über die zu Moncuq zugehörige Herrschaft Perrou wurde und damit direkter Nachbar von Hilaire de Fonveille, Sieur de Monboucher, de Mensignac und de Rouillas (Marsac 1972: 71). Da dieser mit Madeleine de Bacalan-Maugarnit, wie im

143 A.D.33 G 105.
144 A.D.33, E DEPOT 3129 (GG 3).

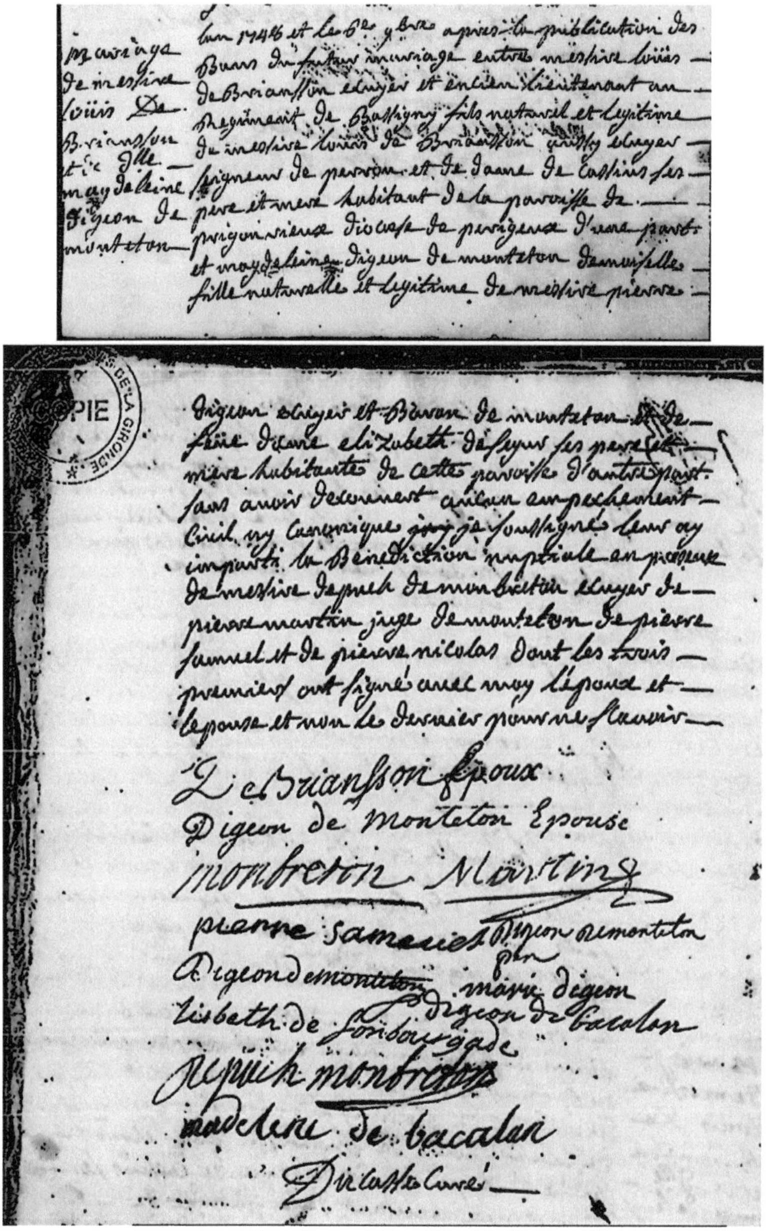

bre 1748 et le 6e 9bre apres la publication des bans du futur mariage entre messire louis de Brianson ecuyer et ancien lieutenant au regiment de Bassigny fils naturel et legitime de messire louis de Brianson [illegible] ecuyer seigneur de [illegible] et de Jeanne de [illegible] ses pere et mere habitant de la paroisse de [illegible] diocese de perigueux d'une part et magdeleine digeon de monteton damoiselle fille naturelle et legitime de messire pierre digeon ecuyer et baron de monteton et de feue dame elizabeth de [illegible] ses pere et mere habitantes de cette paroisse d'autre part sans avoir decouvert aucun empechement civil ny canonique jay je soussigné leur ay imparti la benediction nuptiale en presence de messire Joseph de monbreton ecuyer de pierre martin juge de monteton de pierre samuel et de pierre nicolas dont les trois premiers ont signé avec moy l'epoux et l'epouse et non le dernier pour ne scavoir

(Marginal note:) mariage de messire louis De Brianson et de Dlle magdeleine Digeon de monteton

L de Brianson Epoux
Digeon de Monteton Epouse
monbreton Martin
pierre samuel Digeon de monteton
Digeon de monteton [illegible] marie digeon
lisbeth de [illegible] digeon de bacalan
[illegible] monbreton
madelene de bacalan
[illegible] Curé

Abb. 2.40: Kirchenregistereintrag der Heirat von Magdeleine Victoire II. Digeon de Monteton und Louis III. de Briançon am 6. November 1748 [A.D.33, E DEPOT 3129 (GG 3), Archivphotographie]

Zusammenhang mit den Bacalans dargelegt wurde, den Bund des Lebens eingegangen war, schloß sich in ihrer Person wieder der Kreis zu den Digeons de Monteton, denn sie war die Tochter von Pierre d.Ä. Bacalan de Maugarnit und der Jeanne Digeon de Monteton. Über die sonstige Vita von Louis III. de Briançon ist kaum mehr bekannt, außer einer Transaktion vom

3. Februar 1753 mit Pierre V. Digeon de Monteton, seinem Schwiegervater, die Nachfolge von Léonor-François de Ségur, Baron de Saint-Aigulin betreffend.[145]

Die von Louis III. de Briançon und Magdeleine Victoire II. Digeon de Monteton geschlossene Ehe war mit der reichen Schar von acht überlebenden Kindern gesegnet (O'Gilvy 1860: 168): Der Erstgeborene, Louis IV., geboren am 21. Juli 1748, starb unvermählt im Château de Perrou bereits mit 24 Jahren im Oktober 1772, wessentwegen er die Filiation nicht fortzusetzen vermochte. Sein jüngerer Brüder François Léonard heiratete qua Ehevertrag vom 8. April 1782 Marguerite des Roches, Dame du Pierrail bei Sainte-Foy (24), Tochter des François-Pierre des Roches, Écuyer und ehemaliger Hauptmann der Infanterie, und der Jeanne de Bergeon. Der kirchliche Eheschluß erfolgte am 1. Oktober 1782 und wurde im Klandestinen nach protestantischem Ritus vom Pfarrer Jean Dumas vollzogen, wie sich anhand der protestantischen Register der Gemeinde von Gensac nachweisen läßt.[146]

Zu diesem Zeitpunkt führte der protestantische Curé bereits seit vier Jahren im Geheimen "*registres provisoires des naissances et sépultures des non catholiques ainsi que de leurs mariages depuis le premier décembre 1790 jusque et y compris le vingt-un november 1792*" (Valette 1987: 5). Diese provisorischen Register wurden auch nach dem Toleranzedikt vom 17. November 1787, welches von König Ludwig XVI. auf Betreiben seines Ministers Chrétien-Guillaume de Lamoignon de Malesherbes erlassen wurde und den protestantischen Kultus zwar weiterhin nicht ausdrücklich erlaubte, aber den Hugenotten die Bürgerrechte zurückgab (Strasser-Bertrand 1975: 172), weitergeführt, wobei es ab 1787 als Grundlage für die rückwirkende Anerkennung der personenstandsrechtlichen Eintragungen durch das Parlament von Bordeaux diente.

Das Château de Perrou sollte noch bis 1830 im Besitz der Nachfahren von François Léonard de Briançon verbleiben, bis es an die Nachkommen des Ehemanns seiner jüngeren Schwester Jeanne fiel, welche sich am 5. April 1771 mit Simon deMadaillan deMontataire, Seigneur du Cauze et de Costy, Sohn von Gabriel de Madaillan und der Marianne de Guy verheiratet hatte (Campagne 1900: 342). Simon de Madaillan war katholisch getauft und vollzog die Eheschließung nach katholischem Ritus. Klandestin lebte er indes protestantisch, so daß alle Kinder aus dieser Ehe sich zur *Religion prétendue réformée* bekannten, mit Ausnahme des Erstgeborenen, welcher im Zuge seiner Heirat katholisch wurde (Woelmont de Brumagne 1931–1935: 328). Die Madaillans behielten den Besitz Perrou bis zum Tode von Amaury de Madaillan de Montataire im Jahr 1995. Hernach wurde das Gut im Jahr 2002 an die Familie Ponton d'Amécourt veräußert.

Die zweitälteste Tochter Marie-Élisabeth de Briançon sollte sich kurz darauf am 11. Juli 1771 mit Jean de La Barde, Seigneur de La Barde, de Sallebrune und de La Mothe verehelichen, wobei auch aus dieser Verbindung Kinder hervorgingen. Anders verhielt es sich bei der dritten Tochter, Suzanne de Briançon, die unvermählt und kinderlos am 26. August 1838 in Sainte-Foy abberufen wurde. Die vierte, Marie-Rose de Briançon sollte durch ihren Lebensbund mit Pierre-Marie de Boudet de Montplaisir, Sieur de Consort, Sohn des Jean de Boudet de Montplaisir, Écuyer und ehemaliger schwarzer Musketier der Leibgarde des Königs, und einer unbekannten Frau, in eine alte Familie des Périgord einheiraten, die sich, originär der Gegend um Fleix entstammend, seit dem 16. Jahrhundert nachweisen läßt (Chaix d'Est-Ange 1907: 50 Froidefond de Boulazac 1891: 97 (Bd.1)) und zur *noblesse de robe* gezählt wurde (vgl. Kap. 4.2.1: Nr. 6: 427). Auch die zweitjüngste der acht Geschwister, Magdeleine-Victoire de Briançon, benannt nach ihrer Mutter, schloß am 25 Pluviôse des Jahres VI (13. Februar 1798) mit einem Perigourdin den Heiratsbund,

145 A.D.33, 9 J 60, p. 61.
146 A.D. E DEPOT 2272 (GG 8).

indem sie die Frau von Bertrand Carrier du Roc wurde, dessen Familie der Gemeinde Faux (24) entstammte. Dieser war höchstwahrscheinlich der Sohn von Marc-Antoine de Carrier, Sieur de Saint-Marc, Hauptmann in einem Regiment von Bigorre und Pensionär des Königs, wohnhaft im adligen Haus von Roc. Wie aus einem Gesuch eines im Ruhestand befindlichen Hauptmanns der Infanterie von 1780 hervorgeht, versuchte dieser, die Aufnahme seiner beiden Söhne Bertrand und Martial de Carrier du Roc, 18 und 20 Jahre alt, in die *compagnie des gentilhommes* der Kolonien zu erwirken, womit ihm kein Erfolg beschieden war und seine beiden Sprößlinge abgewiesen wurden.[147] Die jüngste der Töchter sollte schließlich im selben Jahr 1798 mit Elie de La Burthe in den Stand der Ehe eintreten. Die La Burthe waren als Seigenurs de Pailhas, d'Orteillan und de Bérail ursprünglich im Condomois beheimatet und vermochten ihren Adel am 20. Märs 1666 unter Claude Pellot im Rahmen der Adelsprüfungen nachzuweisen (Lainé 1846: 22).

Faßt man die einzelnen Eheschließungen der Kinder von Louis III. de Briançon und Magdeleine Victoire II. Digeon de Monteton zusammen, so fällt einesteils die Homogenität des protestantischen Milieus auf, da, mit Ausnahme des ältesten Sohnes von Simon de Madaillan de Montataire, die Nachkommen allesamt bekennende Protestanten waren, sowie die Tatsache, daß die Ehemänner der Töchter zwar größtenteils alteingesessenen Familien der Guyenne entstammten, jedoch – mit Ausnahme der Madaillans de Montataire – mit abnehmendem Geburtsalter der Töchter nur mehr Vertreter weniger begüteter und klein- respektive amtsadliger Geschlechter verkörperten, insbesondere bei Heiraten nach der Revolution von 1789. Mit Sicherheit kam dabei dem eklatanten Vermögensverlust durch die Französische Revolution sowie der hohen Anzahl weiblicher Kinder, die allesamt mit einer Mitgift aus liquiden Mitteln ausgestattet werden mußten, eine nicht unerhebliche Rolle zu.

2.3.3.7 Durch eine Ehe im calvinistischen Kaufmannsmilieu zum Machtzenit

Die Problematik der Existenzsicherung, vorzüglich aber der Sicherung der gesellschaftlichen Stellung der eigenen Familie, was besonders beim erstgeborenen Sohn zum Tragen kam, stellte sich in gravierender Form auch bei den französischen Digeons de Monteton, denn so gut sich die wirtschaftliche Situation des preußischen Zweiges durch die Heirat von Jean-Jacques I. mit Jeanne-Gasparde de Vernezobre-Laurieux konsolidiert hatte, so beengt schienen die monetären Verhältnisse der in Frankreich verbliebenen Verwandten gewesen zu sein. Augenscheinlich konnten die Schulden, welche Madeleine Durège von ihrem Ehemann geerbt hatte, auch von ihrem ältesten Sohn gleichwohl nicht nennenswert reduziert zu werden. Denn in einem Brief aus Berlin, datiert auf das Jahr 1754, erteilte Jean-Jacques I. Digeon de Monteton seinem älteren Bruder Pierre V. eine abschlägige Antwort auf dessen Bitte um einen Kredit, wünschte ihm aber viel Glück bei dem Ansinnen, seinen Sohn mit einer reichen Erbin zu verheiraten (Bourrachot 1969: 64). Und tatsächlich war dem Bemühen ein ganz außergewöhnlicher Erfolg beschieden: Am 14. Mai 1754 verheiratete Pierre V. Digeon de Monteton, seinen einzigen Sohn Jean-Jacques II. in der Kirche von Saint-André de Cestas mit Suzanne Pellet, welche die Tochter des Pierre Pellet und der Jeanne Nairac war (Bourrachot 1969: 65) und nicht, wie von Woelmont de Brumagne in seinen "Notice généalogiques" behauptet, von Jean-François de Narbonne-Pelet und der François-Hélène de Pierre de Bernis (Woelmont de Brumagne 1930: 701). Die Braut sollte in dem Heiratskontrakt kontinuierlich als "Suzanne de Narbonne-Pelet" apostrophiert werden, ein Umstand, auf welchen im Nachfolgenden noch gesondert zu rekurrieren sein wird. Die Braut

147 ANOM E 165.

brachte die reputierliche Mitgift von 160.000 Livres mit in die Ehe ein.[148] Damit war sie es, welche zum Wohlstand der Digeons maßgeblich beitrug und welche die Grundlagen für den Aufstieg des durch Schuldenlast gedrückten Provinzaristokratengeschlechts zu einem der einflußreichsten und wohlhabendsten Geschlechter Südwestfrankreichs Anfang des 19. Jahrhunderts legte.

Neben materieller Sicherheit und Wohlstand erwuchs aus der ehelichen Verbindung auch ein reicher Kindersegen und damit die Kontinuität der Filiation, denn Suzanne Pellet schenkte ihrem Mann außer den fünf Töchtern Jeanne-Rose, Marthe, Marie, Elisabeth und Marie Rose noch einen Sohn namens Philippe, der nachmalige Comte Dijon sowie letzte Vertreter des französischen Zweiges der Digeon de Monteton.

Hauptschöpfer des Vermögens war der genannte Pierre Pellet, Vater von Suzanne Pellet, welcher als Sohn eines Kaufmanns aus Millau Anfang des 18. Jahrhunderts zunächst als Großhändler in Martinique, hernach als Reeder und Kaufmann in Bordeaux sehr erfolgreich tätig war. Sein Lebensweg verlief fast kongruent mit dem seines jüngeren Bruders Jean Pellet, mit dem er auch nach Beginn seiner geschäftlichen Unternehmungen eng verbunden blieb. Über dessen Biographie sind wir dank einer umfangreichen Ausarbeitung von Jean Cavignac sehr gut unterrichtet (Cavignac 1967). Es bietet sich also an, nicht zuletzt da wir zur Vita von Pierre Pellet derzeit hauptsächlich auf Informationen über seinen Bruder zurückgreifen müssen, am Beispiel der Brüder Pellet die wesentlichen Stationen des sozialen Aufstiegs in den französischen Adel kurz nachzuzeichnen, weil auf diese Weise nicht allein die genealogischen Verbindungen sondern gleichergestalt einige exemplarische Aspekte des französischen Adelsrechts und der realen Adelskultur gewonnen zu werden vermögen (vgl. zu den verwandtschaftlichen Beziehungen der Pellets A.: B.13: 706). Nachdem die Brüder ein beträchtlich liquides Vermögen durch ihre weitverzweigten Handelsgeschäfte, die sich über die französischen Kolonien, Großbritannien, Portugal, Spanien, Italien, die Niederlande (vgl. dazu v.a. Butel 1967), Rußland sowie die deutschen Hansestädte – vor allem Hamburg mit den Boué als Handelspartner – erstreckte, erwirtschaftet hatten, entschlossen sie sich, da Grundbesitz im 18. Jahrhundert, neben der Erlangung von Ämtern und Hofchargen, auch unter Handelsleuten einen hohen Stellenwert einnahm, dieses Mittels des gesellschaftlichen Avancements zu bedienen (vgl. dazu Pacteau de Luze 1999: 105–106 sowie weiterführend: Butel 1974a).

So erfolgten seit Beginn der 1730er Jahre sukzessive Ankäufe von erheblichem Landbesitz durch Jean und Pierre Pellet, wobei sie – dem Vorbild der Pariser Kaufmannschaft folgend – die aus den Handelsgeschäften gezogene Liquidität auch in einträglichen Pachtimmobilien und Renten anlegten. Als besonders hervorzuhebende Akquisition ist der im Juno 1738 getätigte Ankauf der Seigneurie von d'Anglade in der Prévoté von Izon zu nennen. Dieser Grundbesitz befand sich seit 1578 in den Händen der Familie Pontac, die dafür die *Hommages* am 28. April 1692 und am 10. April 1726 leisteten. Das Stammgeschlecht ist uns bereits im Zusammenhang mit Catherine d'Anglade begegnet, welche mit dem Bruder von Françoise de la Perche dit Verdun, Jean II. de la Perche dit Verdun, der Ehefrau von Pierre Digeon verheiratet war (vgl. Kap. 2.2: 61). Joseph de Pontac, der letzte Seigneur d'Anglade sah sich schließlich auf Grund seiner erheblichen Verschuldung, die sich bei seinem Tod auf 83.000 Livres bezifferte, gezwungen, die Herrschaft von d'Anglade am 2. Juli 1738 für 145.400 Livres zu verkaufen.[149] Auf diese Weise wurde Jean Pellet Besitzer der traditionsreichen Seigneurie von Anglade und, nachdem auch das feudalrechtliche Prozedere, wie *aveu* und *dénobrement*, vollzogen war,[150] durfte er sich als "Seigneur d'Anglade" betiteln.

148 A.D.38, DM 52.
149 A.D.33, 3 E 24054.
150 A.D.33, C 4164.

Abb. 2.41: Hôtel Pellet in Bordeaux (rechts), Place de la Bourse, weiland Place Royal, 2009 [Eyquem (2012)]

Neben diesen Landkauf erwarb Jean Pellet noch ein halbes Dutzend an Gütern, darunter Pizany, die Grafschaft Talmont, die bis Ende des 16. Jahrhunderts Eigentum des Hauses la Trémoille war (vgl. Kap. 2.2: 63) und welche er François Emmanuel de Crussol d'Uzès (vgl. Kap. 2.3.2.3: 140), *brigadier des armées du Roi*, 1741 für 75.000 Livres abkaufte, ferner die Herrschaft Breuil d'Arces, die am 5. Mai 1746 für 20.000 von der Gräfin le Mastin in seinen Besitz überging, sowie schließlich die Seigneurie von Maisonneuve, die am 10. Mai 1746 für 120.000 Livres von Isaac de Bacalan (vgl. Kap. 2.3.3.2: 205) sein Eigentum wurde (Cavignac 1967: 306).

Jenseits dieser Ankäufe von adligen Gütern sowie einer Vielzahl von Grundstücken und Häusern in Bordeaux lag Jean Pellet auch daran, eine eigene repräsentative Wohnstatt zu erwerben. Zu diesem Zweck ließ er das bis heute bestehende Palais an der Place Royale (vgl. Abb. 2.41: 302), dem heutigen Place de la bourse, errichten, dessen rechten Flügel er mit seiner Familie bewohnte (Braudel 1982: 151). Der eigentliche Wohnbereich umfaßte 30 Räume, wobei das Erd- und Untergeschoß für die Dienerschaft und die zweite Etage für die Kinder vorgesehen war. Der erste Stock mit den höchsten Zimmerdecken war dem Hausherren vorbehalten, wobei er sich den überwiegenden Teil der Zeit in seinem mit braun bemalten Tannenholz vertäfelten Arbeitszimmer aufhielt.[151]

Trotz dieser ambitionierten Versuche, sich durch Anschaffungen aller Art ein auswendig adliges Gepränge zu verleihen, evozierte diese Mühwaltung mitnichten das von Pellet gewünschte Resultat, da die Reputation der Pellets sich nicht kongruent zu ihrem Vermögen verhielt.

Oberflächlich betrachte war den Pellets der gesellschaftliche Aufstieg durchaus gelungen, denn die Söhne von Jean Pellet aus dessen Ehe mit Marie-Thérèse Coutant verkehrten in der sogenannten "arrivierten" Gesellschaft von Bordeaux, bestehend aus Notabeln, Vertretern der wohlhabendenen Handelsaristokratie sowie den einflußreichen *parlamentaires*

151 Vgl. dazu das Inventar, A.D.33, 3 E 24054.

(vgl. zu einer ausführlichen Stammfolge: A.D.N.F. 1909: 210–213). So hielt sich Jacques Pellet vorzugsweise im literarischen Salon der Jeanne Sophie Pignatelli, Comtesse d'Egmont auf. Diese stand als Ehefrau von Casimir Pignatelli, Fürst von Gavre, Herzog von Bisaccia, Marquis de Renty, Comte d'Egmont, Grande von Spanien sowie Baron de Serignan, und Tochter des Marschalls Louis François Armand de Richelieu, welcher uns bereits im Zusammenhang mit den Vernezobres begegnet ist (vgl. Kap. 2.3.3.4: 259), und der Élisabeth Sophie de Lorraine einer ausgesucht feinsinnigen Runde vor. So konnte Jacques Pellet dort auch voll der Bewunderung den Worten Voltaires lauschen (Grellet-Dumazeau 1897: 249). Desgleichen sein Bruder Jean-Jacques Pellet frequentierte häufig die gesellschaftlichen Zirkel, so suchte er regelmäßig den Salon der Madame Duplessy auf, welche als Jeanne-Marie-Françoise Chazot, Tochter eines Steuereinnehmers, im Jahr 1724 die Ehefrau von Claude Michel du Plessis, Parlamentsrat in Bordeaux, wurde und seinerzeit in ihrem prächtigen, am Jardin-Public gelegenen Palais in Bordeaux einen der bekanntesten und angesehensten Salons führte, in welchem neben einer humorvollen Atmosphäre auch ein freier Geist und Zungenschlag herrschte (Adams 2000: 225).

Es paßt gut in das Bild dieser Treffen, daß dort eines Tages eine Liste erstellt wurde, in welcher die bekannten Persönlichkeiten von Bordeaux den Titel einer Komödie als Beinamen bekamen. Bezeichnenderweise verlieh man Jean-Jacques Pellet das Kognomen "*le Bourgeois gentilhomme*" als Anspielung auf die gleichnamige Komödie von Moliere (Grellet-Dumazeau 1897: 260).

Dieserhalb war das an der gesellschaftlichen Oberfläche zur Schau getragene Emporkommen in der Perzeption der Zeitgenossen nicht wirklich substanziell. Einen nicht unbeträchtlichen Anteil hatten daran das höchlichst ambitionierte Verhalten der Pellets, ihre Abkunft auf den Hochadel zurückzuführen.

Offenkundig war es den Pellets nicht ausreichend, daß sie durch ihren Kauf des Amtes eines Sekretärs des Königs (*secrétaire du roi*), welches Jean Pellet 1735 für 200.000 Livres[152] und sein Bruder Pierre fast zwei Jahrzehnte später 1754[153] erwarben (vgl. weiterführend: Favre-Lejeune 1986: 1057–059), sofort den Status eines Blutsadligen und aufgrund eines besonderen Vorrechts, welches allein den *secrétaires du roi* vorbehalten war, von denselben Würden und Vorteilen profitierten wie Adlige, deren *noblesse* bereits mindestens vier Generationen umspannte (vgl. dazu ausführlich: Kap. 4.2.2: 430).

Sonderheitlich Jean Pellet wollte mehr: Er beabsichtigte seinen Stammbaum mit hochadeligen Vorfahren zu ornamentieren. Dabei kam ihm der Zufall zu Hilfe, daß eine seinem Namen gleichlautende Familie existierte, welche in der Tat zu den erlauchtesten und ältesten Geschlechtern des Languedoc zählte, da sie bereits seit dem 11. Jahrhundert, beginnend mit Raymond Berenguier Pelet, Sohn von Berenguier, Vicomte de Narbonne, in ununterbrochener, nachweisbarer Stammfolge auf die verschiedensten politischen und militärischen Belange im tiefen Süden Frankreichs Einfluß genommen hatten. Auch ist ihre Teilnahme am ersten Kreuzzug durch Raimond Pelet, der zusammen mit Isnard, dem Grafen von Die sowie Gerard de Roussillon, Guillaume de Montpellier und Guillaume-Amanieu d'Albret (vgl. Anhang: B.1: 694) ins Heilige Land zog und dort am 16. Mai 1097 bei der Niederlage des Sultans Kiliç Arslan I., bei der Belagerung von Nicäa und dem Sieg in der Schlacht von Antiochia am 28. Juno 1098 mitkämpfte, gut dokumentiert (vgl. zu den Narbonne-Pelet ausführlich: Courcelles 1827: 53–65 (Art. Pairs de France)). Die Tatsache, daß das Haus Pelet neben einem den Marquis- und Grafentitel führenden Zweig noch einen herzöglichen hervorbrachte, dürfte Jean Pelet zwar äußerst willkommen gewesen sein, entscheidend für ihn war jedoch die Möglichkeit,

152 A.N., V2, 41.
153 A.N., V2, 43.

seine Vorfahren an die bereits bestehende Stammfolge der Pelet "anzuhängen". Da er es vermochte, seine Abstammung bis in die Mitte des 16. Jahrhunderts zurückzuverfolgen, fügte er dieser die der hochadeligen Pelet an und versuchte diesen Glauben zu machen, sie hätten einen entfernten Cousin aus dieser Zeit. Dabei mußte er nicht nur den Namen "Narbonne" dem seinigen zufügen, da sich die Pelet, nachdem Ludwig XIV. deren Baronie von Combas durch *lettre patente* vom August 1699 vermittelst einer *érection de la terre* (vgl. dazu: Kap. 4.2.1: 425) zur Vicomté "*Narbonne-Pelet*" erhoben hatte (Anselme 1733b: 790), um deren uradlige Abstammung von den Vicomtes de Narbonne öffentlich zu manifestieren, sondern gleichergestalt noch ein "L" aus seinem Namen streichen, denn die Familie von Jean Pellet schrieb sich stets mit einem doppelten "L". Diese Maßnahme erfolgte prompt und veranlaßte die Zeitgenossen zu mancherlei spöttischen Bemerkungen, darunter Jean-François de Tortaty, Rat am Parlament zu Bordeaux, zu dem Ausspruch, daß die Pellet sich wohl so hoch in die Lüfte erhoben hätten, daß ihnen dabei ein Flügel abhanden gekommen wäre.[154] Dieses Bonmot spielt nicht nur auf das im französischen Wort "aile" vorhandenen "L" an, sondern gleichwohl auf dessen "L"-Form.

Jean Pellet zögerte nicht, um seine Abkunft zu beweisen und damit auch zu legitimieren, diverser Urkunde und Heiratskontrakte zu fälschen, und besaß darüber hinaus noch die Unverfrorenheit, diese manipulierten Unterlagen 1739 Louis-Pierre d'Hozier, dem *Juge des armes* von Frankreich vorzulegen (vgl. Kap. 2.3.1.3: 110).

Zunächst schienen sich hieraus keine weiteren Verwicklungen ergeben zu haben, denn die Behörde von d'Hozier prüfte stets gründlich, so daß daraus nicht zuletzt auf Grund der disparaten Aufbewahrung der einzelnen Dokumente in den einzelnen Landesteilen ein langwieriges Prozedere resultierte. Pellet hinwider beabsichtigte nicht, sich allein auf die gefälschten Urkunden zu verlassen, sondern ihm lag daran, seine vermeintliche Blutsverwandtschaft zu den Narbonne-Pelet durch schriftlich fixierte Bekundungen von Mitgliedern dieser Familie zu untermauern.

Diese Bemühungen sollten nicht ohne Erfolg verbleiben, so daß es Jean Pellet schließlich gelang, den Chef des Gesamthauses Narbonne-Pelet, Claude Raymond, als Gewährsmann für die gemeinsame Abstammung zu gewinnen. Allerdings basierte dieses Entgegenkommen weniger auf inhaltlichen als vielmehr auf monetären Motivationsgrundlagen. Denn es ist ein sehr bezeichnendes Schreiben des Claude Raymond Vicomte de Narbonne-Pelet erhalten geblieben, in welchem er Jean Pellet mitteilt, daß diese dreiunddreißig gemeinsamen Ahnen wenig Wert hätten, wenn sie nicht wenigstens 1.000 Écu pro Familienmitglied darstellten, sonderheitlich, wenn man sich ihnen ohne tiefgründige Untersuchungen oder Beglaubigungen sowie ohne andere Kosten zugesellen würde. Dies sei seiner Meinung nach das Beste, das man tun könne, um der Öffentlichkeit das Maul zu stopfen.[155] Pelet zögerte nicht, das Angebot, welches ihn durch das gewichtige Wort des Familienchefs der Narbonne-Pelet in seinen Ambitionen ein beträchtliches Stück avancieren ließ, anzunehmen.

Allerdings sollte es sich dergestalt verhalten, daß nicht die ganze Familie dem *chef de nom et armes* (vgl. dazu: Kap. 4.1.2: 410) in seiner Entscheidung, Jean Pellet als vollwertigen Verwandten und Mitglied des Hauses Narbonne-Pelet folgen sollte. Denn der aus dem Zweig Montmirat stammende Brigadeoffizier und nachmalige General François Raymond Joseph de Narbonne-Pelet, Baron de Montmirat, Seigneur de Cannes und Seigneur de Vic, welcher seit dem 12. Januar 1734 mit Marie Diane Antoinette de Rosset de Fleury-Perignan verheiratet, diese eine Tochter des 1. Herzogs von Fleury Jean Hercule de Rosset de Rocozel, Marquis de Rocozel, Baron de Pérignan, und der Marie Rey (La Roque 1972a: 395 (Bd. 1)), opponierte heftig gegen diesen aus seiner Sicht höchlichst unwillkommenen

154 ANOM, 5 APC 14.
155 ANOM, 5 APC 14.

Familienzuwachs, so daß er schließlich am 8. Juli 1745 ein Vollmachtschreiben vom "committimus du grand sceau" (vgl. dazu: Gibiat 2006: 231–232) erwirkte, in welchem dieses an Königsstatt zivilrechtliche Entscheidungen treffende Gremium Pellet vor die Petitionskammer des Palais de Paris vorlud.[156] Es ist interessant zu sehen, daß hier der ansonsten erhebliche Einfluß des Familienchefs seine Grenzen fand und dem Prinzip der Legitimität im Adelsrecht auch über dessen Autorität hinaus zum Recht verholfen wurde. Möglicherweise war die Stellung von François Raymond Joseph de Narbonne-Pelet auch besonders dadurch gefestigt, daß sein Schwiegervater in hoher Gunst bei Ludwig XV. stand und ein prätentiöses "Kuckucks-Kind" à la Jean Pellet dem Renomée der Familien Pelet und damit auch Fleury im Wege gestanden wäre.

Pellet erkannte die aus dem Vorgehen von François Raymond Joseph de Narbonne-Pelet resultierenden Gefahren für sein gesellschaftliches Prestige und reiste unversehens ins Languedoc und in die Provence, um sich mit anderen Mitgliedern der Familie Narbonne-Pelet in Verbindung zu setzen. Zwar erreichte er am 17. Juli, daß ihn Claude, das Familienoberhaupt der Seitenlinie Moreton der Narbonne-Pelet (vgl. zu diesem Zweig: Moreri 1759b: 162) nach Durchsicht der gefälschten Urkunden, anerkannte, doch änderte diese Mühwaltung nichts an der Tatsache, daß die Petitionskammer und das Palais de Paris Jean Pellet sowie seinen Sohn Jean-Jacques am 18. März 1746 rechtskräftig verurteilte: Der Gerichtshof und die Kammer ordneten aufgrund einer Beurteilung der Anfrage von François Raymond Joseph de Narbonne-Pelet und in Anerkennung der mangelhaften Beweisführung der Beschuldigten, bedingt durch das Fehlen des Berechtigungsnachweises der Titel seiner Familie, an, daß mit vorliegendem Urteils und ohne weitere rechtsinstanzliche Anrufung die genannten Beschuldigten aufgefordert würden, ihren alten Namen Pellet wieder zu führen, und folglich der Antragsteller befugt sei, entsprechende Streichungen der fälschlich usurpierten Namensrechte in allen Urkunden vornehmen zu lassen, in denen die Beschuldigten diese in Anspruch genommen haben könnten. Zu diesem Zwecke würden Notare und andere Justizbeamte Anmerkungen in den Originalurkunden beifügen, die auf Grund des vorliegenden Urteils und dessen amtlicher Veröffentlichung notwendig erscheinen könnten. Fernerhin wurde verfügt, daß Vater und Sohn Pellet an ihren Wappenschildern die Wappen der echten Pelet überall, wo sie bei ihnen in Gebrauch seien, entfernen sollten und auch deren Uniform abzulegen hätten, sollten sie sich diese angeeignet haben (Cavignac 1967: 329).

So umfassend und eindeutig diese Kontumazentscheidung auch war, fühlten sich die Pellet augenscheinlich mitnicht daran gebunden und nannten sich auch fürderhin "Pelet" respektive "Narbonne-Pelet", wie sich beispielsweise am Hochzeitskontrakt von Jacques Pellet mit Thérèse de Louppes vom 14. März 1754 illustrieren läßt.[157] Damit fand sich das alteingesessene Geschlecht der Pelet nicht ab, so daß die Familie am 6. Oktober 1756 ein Memorandum an den *Juge des armes* verfaßte, wessentwegen sich dieser veranlaßt sah, nunmehr von Seiten des *Cabinet des Titres* tätig zu werden. Mithin forderte er die Pellets abermalen auf, ihre Abstammung von den adligen Narbonne-Pelet zweifelsfrei zu belegen. Nachdem diese indes erneut lediglich gefälschte Tauf- und Heiratsurkunden als Beweise anzuführen im Stande waren, überführte sie d'Hozier mit Leichtigkeit der Usurpation und des Betruges. Infolgedessen erfolgte eine Vorladung für Jean Pellet, damit dieser zu den Vorwürfen Stellung beziehen sollte. Mithin reiste er 1757 nach Paris, um sowohl die Ungültigkeit der gerichtlichen Vorladung als auch die erhobenen Anwürfe zu entkräften. Dabei ließ er sich von Sébastien Gautier de la Pommeraye, Staatsanwalt am Obersten Gerichtshof vertreten und von diesem sogar noch ein Memorandum ("*il vaut mieux exciter l'envie que la*

156 ANOM, 5 APC 14.
157 A.D.33, 3 E 24385.

compassion") zu seinen Gunsten verfassen, in welchem vorzüglich auf die bereits apostrophierten Briefe des Familienoberhaupts der Narbonne-Pellet rekurriert wurde. Einen weiteren Verbündeten fand er in der Person des Abbé Antoine Marie, der ihm eine Geschichte des Geschlechts der Pelet widmete, wobei er unbefangen zugab, daß er jemanden suchte, der dem er – mutmaßlich gegen klingende Münze – die Früchte seiner Arbeit widmen könnte (Cavignac 1967: 330). Doch all diese Maßnahmen liefen ins Leere, denn das *Cabinet des Titres* zeigte sich von der aporetischen Beweisführung Pellets unbeeindruckt und schloß sich dem bereits ergangenen Berufungsurteil an, dabei wurde es als besonders ruchlos und tadelnswert angesehen, daß sowohl Jean-Jacques als auch Jacques Pellet höchstselbst im Justizwesen als Gerichtsräte tätig waren.

Bemerkenswert erscheint hierbei, daß den Usurpationen eines zwar eindeutig adligen, aber nach höherem und angesehenerem Adel strebenden Geschlechts sowohl von gerichtlicher als auch von Seite des *Juge des armes* unabhängig voneinander konsequent Einhalt geboten wurde. Dieser Umstand vermag durchaus als indiziell dafür angesehen werden, daß es in der alten Monarchie Frankreichs – entgegen der späterhin häufig kolportierten Annahme (vgl. dazu z.B. Haddad 2011: 164) – nicht ohne weiteres möglich war, Adelsanmaßungen vorzunehmen. An diesem Befund ändert auch die Tatsache nichts, daß im vorliegenden Fall die Blutsverwandtschaft zu einer bereits bestehenden Familie usurpiert wurde und sich das betreffende Geschlecht, zumindest in Teilen, massiv dagegen gewehrt hat, denn die Sicherungen gegenüber dem fälschlicherweise beanspruchten Adel waren gesellschaftlicher und systemischer Natur. Zum einen griffen soziale Kontrollmechanismen, da in einer gelebten Adelskultur wie der in Frankreich bis 1789 von der Gesellschaft vorzüglich aufstrebende Persönlichkeiten einer besonders kritischen Prüfung unterzogen wurden, schließlich gehörten die Prinzipien Legitimität und Anciennität zu den entscheidenen Komponenten des Sozial- und Adelsprestiges (vgl. Kap. 4.1: 405). Anderenteils war der Adel immer noch mit besonderen Prärogativen versehen, was sonderheitlich in steuerlichen Belangen zum Tragen kam (vgl. Kap. 4.1: 405). Dadurch war es auch bei einer adligen Lebensweise (*vivre noblement*) notwendig, daß nicht nur die Behörden keinen Widerspruch einlegten, sondern gleichfalls auch der ortsansässige Adel (vgl. in diesem Zusammenhang die *noblesse d'agrégation*, Kap. 4.2.1: 428). Folglich griffen hier die Kontrollmechanismen durch Gesellschaft und Staat eng ineinander. Eine gänzliche Willkür und fortdauernde Usurpation war damit schwierig.

Nichtsdestotrotz arbeiteten die Söhne von Jean Pellet mit Eifer daran, ihre Ambitionen doch noch Realität werden zu lassen. So beabsichtigte Jean-Jacques Pellet in den Jahren 1758 und 1759 seinen Ländereien in Maisonneuve zur Vicomté von Pelet erheben zu lassen. Das Ansinnen ausgerechnet den Titel eines Vicomte zu erlangen, war mitnichten dem Zufall geschuldet, sondern sollte über den Umweg der *érection de la terre* eine von außen kaum zu entdeckende Kongruenz zwischen dem Oberhaupt, das sich Vicomte de Narbonne-Pelet titulierte und dem auf den Titel eines Vicomte de Pellet hoffenden Jean-Jacques suggerieren. Die Verwaltung der Königsreich durchschaute dieses Manöver und erteilte eine abschlägige Antwort. In der Begründung heißt es, daß der Name Pellet zu neu in der Provinz erscheint, um als solches Qualifikationskennzeichen der Würdigung eines Landbesitzes zu gelten.[158] An dieser Stelle sind gewisse Parallelen zu der sogenannten "Zweiten Gesellschaft" erkennbar, wie sie sich in Österreich im 19. Jahrhundert und teilweise, wie auch von Voltaire beschrieben, im Ancien Régime, herausbildete (vgl. Gollwitzer 1964: v.a. 280–284).

Fast schon ironisch mutet die Tatsache an, daß, als die Pellets gerade im Begriff waren, von der Gesellschaft als vollwertige Mitglieder des Adels, nicht zuletzt bedingt auch durch ihre

158 A.D.33, C 2369.

Heiraten mit arrivierten Adelsfamilien, anerkannt zu werden, die Aristokratie mit Ausbruch der Revolution zunehmend kriminalisiert wurde. Ausgerechnet Jacques Pellet, der zusamt seinem Vater und Bruder Jean-Jacques vehement für seine vermeintliche Zugehörigkeit zum Hause Narbonne-Pelet gestritten hatte, fiel dem Terror der Revolution zum Opfer. Im fortgerückten Alter von 75 Jahren verurteilte ihn die *commission militaire de Bordeaux* am 6 nivôse des Jahres 2 (26. Dezember 1793) als "*aristocrate mis hors la loi*" (Proudhomme 1796: 246). Man warf ihm unter anderem vor, er habe aristokratisches Gedankengut verbreitet, da man ein Lied bei ihm fand, das einen royalistischen Refrain hatte "*Pére des Bourbons, patron des lys, veille sur nous, sauve Louis, sauve la Reine et son fils*" (vgl. zum Prozeß gegen Jean-Jacques Pellet ausführlich: Vivie 1886 sowie eine sehr interessante Zusammenstellung von Zeitzeugenberichten Mathan 2002: 167–168). Trotzdem sollte es seine Deszendenz als *Pellet d'Anglade* sein, welche bis heute fortblüht (A.D.N.F. 1909: 212)

Die gesellschaftlichen Ambitionen von Jean Pellet und seiner Söhne auf eine hochadelige Herkunft, nachdem sie ein umfangreiches Vermögen akkumuliert hatten, widerspiegeln nicht allein die ungeschriebenen Wertmaßstäbe des vorrevolutionären Sozialsystems Frankreichs, sondern erzeigen gleichwohl, daß die durch Urkundenfälschungen, Stammbaummanipulationen sowie Bestechung äußerst nachdrückliche Verfolgung dieser Ziele nicht den erhofften raschen Erfolg einbrachten, auch wenn am Ende dieser Mühwaltungen die grundsätzliche Anerkenntnis als vollwertiges Mitglied des Erbadels stand.

Der Lebensweg von Pierre Pellet, der ältere Bruder von Jean, bietet nicht nur einen bloßen Gegenentwurf zu dessen exaltierten Lebensstil, sondern gibt darüber hinaus zum einen Auskunft, wie sich ein sozialer Aufstieg auch erfolgreich vollziehen konnte, und zum anderen, welche Schlüsselrolle ihm und seiner Frau hinsichtlich der weiteren Entwicklung des Hauses Digeon zukam.

Bereits die Wahl der Ehefrau des Großbürgers und Händlers Pierre Pellet unterscheidet sich von der seines Bruders: So heiratete er am 17. Mai 1729 die fünzehnjährige Jeanne Nairac, Tochter von Philippe Nairac und der Marthe Guiraut (auch: Guiraud), in der Kathedrale Saint-Michel in Bordeaux. Aus dem vom Notar Henri Bernard am 24. Oktober 1728 beglaubigten Ehevertrag ist ersichtlich, daß der Bräutigam von seinem Vater unabhängig war, da er über ein Vermögen von 200.000 Livres verfügte, das vornehmlich aus Wechseln sowie Gewinnen aus beweglichen Gütern bestand. Die Braut erhielt von ihrem Vater 40.000 Livres, die umgehend ausgezahlt und vom Notar quittiert wurden. Die zukünftigen Eheleute einigten sich auf eine reine Zugewinngemeinschaft, welche, wie im heutigen Rechtsverständnis, bedingte, daß beide Ehepartner zu gleichen Teilen von den Zugewinnen, die sie während der Zeit ihrer Verheiratung erzielen würden, profitierten.[159] Mithin war Jeanne Nairac gleichberechtigte Teilhaberin an den geschäftlichen Gewinnen und verfügte bei Transaktionen über ein Mitspracherecht, wessentwegen sie sich intensiv in die Geschäftsmaterie einarbeitete. Die Heirat von Pierre Pellet und Jeanne Nairac selbst geschah mit der Einwilligung der Eltern, allerdings mit Ausnahme der ihrer Mutter, welche sich aus religiösen Gründen nicht in Frankreich aufhielt, wie vom Pfarrer schriftlich vermerkt wurde (Coudroy de Lille 1988: 157).

Als Tochter von Jean Guiraut, einem bordelaisischen Großbürger und Kaufmann, und der Isabeau Vidalis war Marthe Guiraut den Bund des Lebens mit dem bereits apostrophierten Philippe Nairac 1704 eingegangen. 1715 emigrierte sie mit ihren weiland vier minoren Kindern nach Amsterdam (Desgraves 1993: 44). Maßgeblich für diesen Schritt waren religiöse, wohl aber auch wirtschaftliche Motive, da sie dort mit dem Einverständnis ihres Mannes ein Handelshaus gründete.[160] Dieser Unternehmung war ein nicht unbeträchtlicher Erfolg

159 A.D.33, 3 E 13551.
160 FA Nairac, 2.

beschieden, denn Guillaume Nairac, einer ihrer Söhne und nachmaliger Ehemann von Anne Marie Boué, Tochter von Pierre Boué und der Marie Jacobée Bardewisch, baute als Mitgesellschafter das mütterliche Geschäft aus und avancierte zu einem der angesehensten Bankiers von Amsterdam (Richard 1996: 189 sowie: Braudel 1982: 150).

Auffallend ist in diesem Zusammenhang, daß drei von vier überlebenden Töchter von Marthe Guiraut im protestantischen Händlermilieu der Niederlande verheiratet wurden. So ehelichte ihre noch 1714 in Bordeaux geborene Tochter Marthe am 24. März 1739 den aus Bergerac stammenden Pierre Eyma, welcher aus ähnlichen Gesichtspunkten wie seine Schwiegereltern als Protestant seinem Heimatland den Rücken zugewandt und in Holland ein erfolgreiches Handelsunternehmen gegründet hatte, das von seinen Nachkommen fortgeführt werden sollte (Sarrazin 2000: 94). Auch die älteste Tochter Susanne heiratete mit Joseph Chion (auch: Thion), 1733 in Amsterdam einen protestantischen Händler aus Montpellier, und die jüngste, Elisabeth, schloß mit dem Händler und Verleger Pieter de Hondt den Lebensbund.[161]

Philippe Nairac hätte sich gewünscht, daß zumindest sein Sohn aus den Niederlanden zurückkehrte, seine Frau lehnte dies jedoch ab. Sie beabsichtigte im Gegenteil, nicht zuletzt aus religiösen Gründen, daß ihr Mann ihr nachfolgen sollte, um die Familie wieder zu vereinen. Aus einem Brief seines Schwiegersohnes d'Hondt geht hervor daß sich Marthe Guiraut erhoffte, ihre ganze Familie wieder zusammen zu sehen in diesem Land der Freiheit, allerdings sollte dem Ansinnen keine Erfüllung beschieden sein. Allein Jeanne wurde wieder in Bordeaux ansässig. Marthe hielt ihren Gatten nicht nur über ihre gewöhnlichen Geschäfte im Weinhandel auf dem Laufenden, sondern diskutierte mit ihm auch Ehefragen. Eben solche nehmen in diesem Briefwechsel jener Zeit viel Raum ein: man komparierte die Vorzüge der Heiratskandidaten, man besprach die Hochzeiten, die zwischen den Familienmitgliedern stattfanden, und man berechnete die Vermögen. Für die protestantischen Kaufmannsfamilien spielte die Vermögensfrage eine äußerst wesentliche Rolle für die Versorgung der Kinder sowie die Aufrechterhaltung des gemäß ihrer Vorstellung durch Gottes Gnade erreichten sozialen Prestiges. Neben dieser inwendigen religiösen Frage standen indes die konfessionellen Belange nie im Hintergrund: In diesem Punkte zeigte man sich gänzlich kompromisslos. Eine ansehnliche Mitgift war zweifelsohne eine angenehme und erstrebenswerte Angelegenheit, mitnichten jedoch, wofern sie katholischer Provinienz war (Bourrachot 1969: 66).

Hieraus erklärt sich die endogame Heiratspolitik der Eltern Nairac, deren kollektive protestantische Identität vornehmlich in privaten Belangen – trotz systembedingter Scheinkonzessionen – ausgelebt wurde. Diese Notwendigkeit, sich mit dem herrschenden Verhältnissen zu arrangieren, wurde für die Protestanten besonders bei der Vermögensübertragung qua Todesfall virulent, noch dazu, wenn sich Erblasser und Erben in unterschiedlichen Ländern befanden. Davon war auch die am 26. November 1758 in Amsterdam abberufene Marthe Guiraut betroffen, die ihr Testament gemäß den niederländischen Rechtsvorschriften aufgesetzt hatte, was eine Begünstigung ihrer in Bordeaux lebenden Tochter Jeanne erschwerte. Daher gaben ihre Kinder Guillaume und Jeanne einander das Versprechen, sich hinsichtlich der Erbfolge ihrer Mutter an der Gesetzeslage von Bordeaux zu orientieren und zwar dergestalt, daß sie auf Grund aller Vorteile, welche ihnen ihre Mutter zuteil werden ließ, die für sie bestimmte Erbschaft in fünf gleichen Teilen zwischen ihren Geschwistern aufteilen wollten. Umgekehrt waren wider den Willen des französischen Souveräns im Ausland lebende Protestanten und deren Angehörige von der Erbfolge in Frankreich ausgeschlossen (vgl. Kap. 2.3.2.4: 164), so daß, wie seinerzeit Magdeleine Durège, die ihre nach Preußen geflohenen Söhne Jean-Jacques I. und Pierre VI. offiziell enterbt hatte (vgl. Kap. 2.3.3.6: 294), es ihr Philippe Nairac gleichtat und seinen in

161 Vgl. ausführlich zur Genealogie der in Amsterdam befindlichen Nairac und ihrer Nachfahren: FA Nairac, 1.

Holland lebenden Sohn Guillaume, sowie dessen Geschwister formal enterbte. Infolgedessen machten Jeanne Nairac und ihr Mann Pierre Pellet am 23. September 1749 ihrem Vater und Schwiegervater einen schriftlichen Vorschlag, sich unter keinen Umständen an das Testament zu halten, welches am selben Tage von ihm zugunsten seiner Tochter Jeanne als alleiniger Erbin verfasst wurde. Stattdessen proponierten sie, bedeutende Vermächtnisse an die Kinder ihrer in Holland lebenden Geschwister de Hondt, Chion und Eyma sowie von Guillaume Nairac zu veranlassen, um auf diese Weise die direkte und illegale Begünstigung der in Ungnade gefallenen protestantischen Flüchtlinge zu umgehen. Dies wurde dann auch dergestalt von Philippe Nairac verfügt. 1760 fanden sich allerdings einige Mäßigungen hinsichtlich der Anwendung der Gesetze gegen die Protestanten. So verfasste Philippe Nairac ein Kodizill, welches seinen Sohn Guillaume direkt ermächtigte, sich der Nutznießung des Vermächtnisses von 40.000 livres an den Sohn desselben, Jean Philippe, zu erfreuen (Bourrachot 1969: 67). Ungeachtet dieser partiellen Erleichterungen, sollte die konfessionelle Zugehörigkeit der Nairac noch bis 1786 ein Obstakel verkörpern; denn in diesem Jahr verweigerte man ihnen die Nobilitierung auf Grund ihres Bekenntnisses zur reformierten Kirche. Nur der zum Katholizismus konvertierte Zweig der Nairac de Ferrières sollte geadelt werden und in dieser Eigenschaft auch einen Deputierten im Rahmen der Einberufung der Generalstände im Jahr 1789 des Zweiten Standes für Castres, die Ursprungsregion der Nairac, stellen (Meller 1896: 66).

Die letztwilligen Verfügungen von Philippe Nairac und Marthe Guiraut sollten auch noch Jahre nach dem Tode der jeweiligen Erblasser fortwirken, nicht zuletzt, da die Rechtssituation in Frankreich gegenüber den Protestanten einem stetigen Wandel unterzogen war (vgl. zur Entwicklung zwischen 1760 und dem Toleranzedikt von 1787 weiterführend: Adams 1991: v.a. 197–306). So gab die Witwe von Pieter de Hondt, Elisabeth Nairac, in einer am 6. April 1769 vor dem Notar Jan van Someren in Utrecht erfolgten Vereinbarung, ihrer Nichte Suzanne Pellet, verheiratete Digeon de Monteton, die Vollmacht, sie bezüglich des Erbes ihrer Eltern in Bordeaux zu vertreten.[162]

Neben dieser Tochter Suzanne gingen aus der Ehe von Pierre Pellet und Jeanne Nairac zwei weiterer Töchter und ein Sohn hervor: Jeanne-Elisabeth und Elisabeth sowie Étienne-Philippe (vgl. Anhang: B.14: 707). Erstgenannte verschied bereits im Kindesalter von zehn Jahren und wurde gemäß den Registern der Protestanten in Bordeaux am 28. April 1744 zu Grabe getragen.[163] Ihre ältere Schwester Elisabeth heiratete am 24. Oktober 1754 Jean Simon I. de Sorbier de Jaure, Chevalier, Seigneur de Lespinassat, Coseigneur de la châtelenie de Creysse, Sohn von Jacques de Sorbier de Jaure, Seigneur de Lespinassat, und der Anne de Villepontoux de Jaure, Dame de Corbiac. Die Namensmehrung "de Jaure" erfolgte mithin durch die Heirat der Eltern, wiewohl eine eigenständige Familie "de Jaure", wie wir bei der Behandlung der Ségur-Boiracs gesehen haben, existierte (vgl. Kap. 2.3.3.6: 296). Der Beweis einer direkten Verbindung des Zweiges der Sorbiers de Jaure zu dem übrigen Haus Sorbier steht bis dato noch aus, jedoch ist es als äußerst unwahrscheinlich anzusehen, daß Jean Simon de Sorbier aus der bereits im Zusammenhang mit den Timbrunes de Valence erwähnten Familie Sorbier stammte (vgl. Kap. 2.3.2.3: 156) und sein Vater einen eigenständigen Zweig in der Gegend um Bergerac begründet hatte (vgl. weiterführend zu den Sorbier: Magny s. a.). Denn auch wenn die Similiarität des Wappens und darüber hinaus die Tatsache, daß Jean Simon I. de Sorbier de Jaure und Joseph de Sorbiers de la Tourrasse in einem freundschaftlichen Verhältnis zueinander standen und beide, ob ihrer vermeintlichen Verwandtschaft die gemeinsamen Ursprünge untersuchten (Sorbiers de La Tourrasse u. a. s. a.: 24–25), zunächst für eine Verwandschaft zu sprechen scheinen, ist jedoch die Vorfahrenschaft der Sorbiers de Jaure für diesen Befund

162 A.U. U248a009.
163 A.M.B. GG 810.

kontraindiziell (es sei an dieser Stelle darauf hingewiesen, daß die von Joseph und Léonel Sorbiers de La Tourrasse sowie Marie de Sorbiers de Maubois gemachte Angabe, es handele sich bei dem 1768 mit Joseph de Sorbiers de la Tourrasse in Kontakt gestandenen Sorbier de Jaure um Jacques de Sorbier de Jaure, insofern unzutreffend ist, da dieser gemäß eines Nachweises der Abstammung seines einzigen Sohnes und Erben Jean Simon I. de Sorbier de Jaure bereits am 27. Mai 1754 aus dem Leben geschieden war.[164] Folglich muß es sich um Jean Simon I., den Sohn von Jacques de Sorbier de Jaure gehandelt haben). Wie nämlich Michel Combet in seinem profunden Aufsatz über die berühmte Bibliothek von Jean Simon I. Sorbier de Jaure aufgezeigt hat, handelte es sich beim Großvater väterlicherseits des Genannten um Zacharie Sorbier, von Beruf Arzt, der seit 1703 verheiratet war mit Élise Eyma, einer mutmaßlichen Verwandten von Pierre Eyma. Auch dessen Bruder Pierre Sorbier de Fongravières, verheiratet seit 1703 mit Claude Labonne, ging dieser Profession nach. Beide waren als Söhne von Jacques Sorbier ebenfalls Mediziner, welcher 1669 Elisabeth Lavergne geheiratet hatte, definitiv nicht adlig, denn es war Angehörigen des Zweiten Standes im Ancien Régime untersagt, einer Erwerbstätigkeit (mit Ausnahme des Glasbläsers) nachzugehen (vgl. die genealogische Übersicht: Combet 2006: 142). Folglich sprechen die dem Notabeln-Milieu zuzurechnenden Berufe sowie die stets bürgerlichen Eheschließungen der Vorfahren der Sorbiers de Jaure gegen eine gemeinsame Abstammung mit den altadligen Sorbier de la Tourasse. Als besonders gewichtig darf in diesem Zusammenhang angesehen werden, daß die sofort adelnde Charge eines *secrétaires du roi* (vgl. dazu ausführlich: Kap. 4.2.2: 430) erst von Zacharie Sorbier, dem Großvater von Jean Simon I. Sorbier de Jaure, Anfang des 18. Jahrhunderts käuflich erworben wurde, wie aus einem Rechtsstreit derWitwe des Erstgenannten, Élise Eyma, im Jahr 1727, resultiert.[165] All diese Hinweise in ihrer Gesamtheit sprechen mithin gegen eine Zugehörigkeit zum Geschlecht der Sorbiers de la Tourasse sowie eine alte, adlige Abstammung.

Aus der Ehe von Elisabeth Pellet sowie Jean Simon I. de Sorbier de Jaure sollten zwei Töchter, Jeanne sowie Anne hervorgehen: Letztgenannte heiratete Jean Sarrain de Durfort-Boissières, Sohn von Joseph de Durfort-Boissières, Seigneur de Pile, und der Madeleine de Turenne d'Aynac, nachdem die Eltern des Bräutigams dem ersten Heiratswunsch ihres Sohnes, die Elsässer Bürgerstochter Marguerite Croissille zu ehelichen, eine Absage erteilt hatten.[166] Möglicherweise war diese Entscheidung dafür ursächlich, daß der gemeinsamen Verbindung kein Kindersegen beschieden sein sollte. Die ältere Tochter Jeanne trat mit Jacques Armand Henry d'Augeard de Virazel vor den Altar. Sie schenkte ihrem Mann zwei Töchter, Marie Henriette und Marie Anne, bevor sie am 29. Juli 1800 eine zweite Ehe mit Gabriel Romain Filhot de Marans einging.

Sowohl aus der Ehe von Marie Henriette und ihrem Mann Charles Félix de Rousse, Baron de Gondreville, als auch Marie Anne, welche die Ehefrau von Charles Marie Magon de La Gervaisais, Sohn von Nicolas II. Magon, Marquis de La Gervaisais, und der Marie Flore de la Bourdonnaye-Montluc, Schwägerin des bekannten politischen Publizisten Nicolas III., Marquis de la Gervaisais, wurde, gingen keine weitere Nachkommen hervor, wessentwegen die Deszendenz von Élisabeth Pellet mit ihnen in der ersten Hälfte des 19. Jahrhunderts erlosch. Nachdem diese im Alter von 25 Jahren am 24. Oktober 1756 gestorben war,[167] band sich ihr Mann ein zweites Mal und ehelichte 1765 Anne Marie Pétronille Angélique de Marsoulier de Montaut, welche ihm einen männlichen Nachkommen, Jean François schenkte (Combet 2006: 140–141). Auch dessen erste Heirat, die er am 12. April 1792 mit Henriette Rocaute de Bussac, Tochter

164 A.D.24, B 1792.
165 A.D.24, B 1763.
166 A.D.24, B 1845.
167 A.M.B. GG 792.

von Pierre Simon Rocaute de Bussac und der Élisabeth Teulon schloß, blieb der Kinderwunsch versagt.[168] Selbiger erfüllte sich erst, als er zwei Monate nach dem Tod seiner ersten Frau, am 20. November 1794, Charlotte, genannt Carolin de Meslon (vgl. zu den Meslons: Kap. 2.3.2.2: 133), Tochter von Pierre de Meslon und der Jeanne Escot de Meynardie, geehelicht hatte: 1795 erblickte Jean Simon II. de Sorbier de Jaure das Licht der Welt, wurde aber im zweiten Lebensjahr abberufen (Fornallaz 1976: 104). Demgemäß blieb auch der Halbbruder von Jeanne und Anne de Sorbier de Jaure ohne Nachkommen.

Im Gegensatz zu seinem Bruder Jean, beendete Pierre Pellet seine Tätigkeit als Händler – vorzüglich mit den Antillen, wo er auch von 1718 an einen Teil des Jahres verbracht hatte – erst 1750 und zog sich dann vollständig aus dem geschäftlichen Leben zurück. In diese Zeit fiel auch das Abfassen seiner letztwilligen Dispositionen. So ließ er am 14. April 1750 vor dem königlichen Notar Martin Rauzan sein Testament aufsetzten, worin er verfügte, daß die Nutzung all seiner Güter an seine Frau übergehen sollte. Dies knüpfte er jedoch an die Bedingung, daß sie die drei gemeinsamen Kinder Étienne Philippe, Elisabeth und Suzanne ernähren und unterhalten sollte. Als Haupterbe fungierte sein einziger Sohn Etienne Philippe, welchem die Hälfte seines gesamten Vermögens und seinen beiden Töchtern die andere Hälfte zugesprochen wurde.[169] Nichtzueltzt auf Grund dieser Verfügungen nimmt es nicht wunder, daß seine beiden Töchter Susanne und Elisabeth, welche beide mit einer Mitgift von jeweils 150.000 Livres ausgestattet wurden, zu den begehrtesten Partien von Bordeaux zählten. Nachdem Pierre Pellet am 19. August 1756 verstorben und im protestantischen Ritus in Bordeaux beigesetzt worden war,[170] bezifferte man seinen Nachlaß auf die sagenhafte Summe von 2.029.314 Livres (vgl. Tab. 2.2: 311). Dieser Wohlstand hatte neben der rein materiellen Komponente noch einen religiösen Aspekt für den Verstorbenen: Als überzeugter Calvinist sah Pierre Pellet in den irdischen Gütern höchstwahrscheinlich eine besondere Gnade Gottes, die ihm zu Lebzeiten zuteil geworden war.

Table. 2.2: Nachlaß von Pierre Pellet (1756), Übersicht [eigene Darstellung, basierend auf: Coudroy de Lille 1988: 158]

Vermögensgegenstände	**Wert (in livre)**
zwei Häuser in der Region La Grave	26.317
fünf Häuser in Caillau	42.272
Hotel von Nicolas Beaujon	53.000
angelegtes Kapital	201.289
Silber, Wertpapiere, Schuldverschreibungen und bewegliche Güter	1.706.436
Gesamtsumme	**2.029.314**

Bei dieser Aufstellung des Vermögens von Pierre Pellet zum Zeitpunkt seines Todes fällt auf, daß die Immobilisierung relativ gering war, das heißt, den sieben Häusern sowie seinem Hauptwohnsitz im Hotel Beaujon (heute: 11 Rue Parlement Saint-Pierre), welches er 1754 von Nicolas Beaujon, dem nachmaligen Banquier Ludwigs XV. von Frankreich und Eigentümer des Elysée Palastes abgekauft hatte (Marzagalli 2000: 21–22), steht ein sehr hoher Kapitalanteil von circa 1,7 Millionen Livres gegenüber. Demgemäß hatte Pierre Pellet bis zu seinem Ableben, im Gegensatz zu seinem Bruder Jean, keinerlei Landbesitz erworben. Grundsätzlich wäre dies im Ancien Régime auch für Bürgerliche möglich gewesen, adlige Güter zu erwerben,

168 A.M.B. GG 814.
169 A.D.33, 3 E 21665.
170 A.M.B. GG 792.

allein, wie bereits im Zusammenhang mit den *droit de franc-fief* aufgezeigt wurde (vgl. Kap. 2.3.1.2: 94), wäre die Rendite auf Grund der nicht unerheblichen Besteuerung sowie das soziale Prestige recht überschaubar gewesen. Darob ist es nur verständlich, daß Pierre Pellet sich noch kurz vor seinem Tod, nachdem er eine Bescheinigung erbracht hatte, daß er tatsächlich kein Einzelhandelsgeschäft mehr führte, um die Charge eines *secrétaire du Roi* bemühte, welche ihm durch die Nachfolge von Jacques-Bernard Haréague am 3. Mai 1754 zuteil wurde (Favre-Lejeune 1986: 1058). Die bereits oben bemerkte Tatsache, daß das Bekleiden dieses sofort mit dem hereditären Adelsstand und der Gleichstellung mit Blutsadligen der vierten Generation einhergehende Amt erst rund zwanzig Jahre nach der Übernahme derselben Funktion durch seinen Bruder Jean erfolgte, erklärt sich nur zum Teil aus den länger ausgeübten Handelsgeschäften. Dank der Korrespondenz von Etienne-Philippe Pellet mit einem seiner Freunde, einem gewissen Soulliers, sind wir darüber unterrichtet, daß Pierre Pellet auf den Erwerb einer Stelle als geheimer Sekretär des Königs zunächst dieserhalb verzichtete, dieweil er nicht den Schikanen ausgesetzt sein wollte, welche man ihm aufgrund seiner reformierten Konfession bereitete (Bourrachot 1969: 65). Er selbst sollte dieses nobilitierende Amt nur circa zwei Jahre bekleiden, so daß es seine Frau Jeanne Nairac war, die dadurch ebenso adlig wurde wie seine drei Kinder und welche die rechtlichen Vorteile aus dem neuen Stand zu realisieren vermochte. Nach allen Berechnungen und Abzügen belief sich ihr Anteil der Errungenschaftsgemeinschaft, derzufolge ihr die Hälfte der Zugewinne zustanden, auf 1.089.657 Livres.

Folglich wurde die Witwe Pellet, wie sie seit dem Tod ihres Mann genannt wurde, an die Spitze der Verwaltung eines beträchtlichen Vermögens gestellt. Dabei führte sie die Geschäfte ihres Ehemanns weiter, indem sie Wechsel eintrieb, Frachten verkaufte, vorzüglich mit Amsterdam, und neue Frachtkontrakte aushandelte. Fraglos waren bei dieser Unternehmung ihr familiäres Umfeld, welches fast ausschließlich sowohl mütterlicher- als auch väterlicherseits aus Händlern bestand, aber gleichergestalt ihre verwandtschaftlichen Verbindungen nach Amsterdam äußerst wertvoll, denn zu Beginn des 18. Jahrhunderts florierte der bordelaisische Handel mit Holland. In großen Mengen kauften die Holländer leichten Likörweißwein aus der Region, wessenthalben auch Magdeleine Durège ihr süßweinproduzierendes Gut Saint-Sernin gewinnbringend zu verkaufen mochte (vgl. Kap. 2.3.3.2: 204). Aber auch Branntweine aus den Weinbaugebieten Entre-deux-mers und Côtes de Duras fanden neben getrockneten Pflaumen aus dem Agenais einen exzellenten Absatz (vgl. dazu weiterführend: Butel (1967) sowie immer noch grundlegend: Butel 1974b).

Interessant wäre es zu erfahren, auf welche Weise sie das französischen Aristokraten auferlegte Handelsverbot umging, schließlich mußte ihr verstorbener Mann noch ausdrücklich nachweisen, daß er keinerlei Handelsgeschäfte mehr tätigte. Um ihre Gewinne aus den Handelsgeschäften zu thesaurieren, entschied sie sich, von ihrem neuen Recht der Akquisition adligen Grundbesitzes Gebrauch zu machen und erwarb Schlösser, Ländereien sowie Häuser im beträchtlichen Umfang (vgl. Tab. 2.3: 312).

Table 2.3: Erwerbungen der Witwe Jeanne Pellet zwischen 1756 und 1767 (Übersicht) [eigene Darstellung]

Vermögensgegenstände	**Wert (in livre)**
1756 das Château von Mirebeau, Gemeinde von Martillac	35.000
1758 Weinbaugebiet Dehès in Blanquefort	115.000
1758 Marquisat Pouy, Sénéchaussée Condom, mit den Ländereien von Roquelaure, Bellemont und Ligardes sowie den Schlössern von Carrejélart und Roquelaure	260.000
1758 Grafschaft Lasserre	180.000
1756–767 17 Häuser in Bordeaux	362.126
Gesamtsumme	**952.126**

Dabei ist besonders der Ankauf des Marquisats von Pouy (32) sowie der Grafschaft Lasserre (47) hervorzuheben. Erstgenannte, im Gers bei Lectoure (32) gelegene Herrschaft, bestehend aus dem 1672 erbauten Château, Feldern, Gärten, Taubenschlägen, einer Vielzahl von Pachthöfen sowie einer Wassermühle, war angestammter Sitz des Zweiges der Roquepine aus dem Hause Bouzet, welches zu den ältesten und mächtigsten des Armagnac gezählt werden kann. Das Geschlecht, dessen *noblesse chevalaresque* (vgl. Kap. 4.1: 405) zweifelsfrei belegt ist, dieweil es mit Guillaume-Arnaud *del ou deu Boset*, der als Zeuge von Vézian, Vicomte de Lomagne, anläßlich einer Transaktion zugunsten des Abtes von Saint-Marie de la Grand Selve im Jahre 1198 figurierte und Angang der sicheren Filiation ist (Bénac 1907: 39), teilte sich im Laufe seiner Geschichte in mehrere Zweige, von denen für die vorliegende Untersuchung vorzüglich der de Castera, de Roquepine sowie der aus diesem hervorgegangene Podenas von Relevanz ist. Daneben brachte es eine Reihe von Generälen, Feldmarschällen, Bischöfen, Ordensrittern, Festungskommandanten und Demoiselles von Saint-Cyr, einen Superintendanten des "Maison de Saint-Denis" und weitere Würdenträger hervor. Auch die Wahl der Eheverbindungen zu den Familien Luppé, Biran, Roquelaure, Faudoas, Lustrac, Polastron, Tascher de la Pragerie, Ségur, Catelbajac und Rochechouart unterstreichen die exzellierende Stellung des Hauses Bouzet in der Geschichte des Südwesten Frankreichs (vgl. für eine weiterführende Übersicht: Chaix d'Est-Ange 1907: 292–296).

Bei demjenigen, welcher sich als erster des Hauses von Bouzet als Marquis von Pouy bezeichnen konnte, handelte es sich um Gilles du Bouzet de Roquepine, Sohn von Pons du Bouzet de Roquepine und der Anne d'Affis, Schwester des Bischofs von Lombez (32), Jean d'Affis (Du Fourny 1724: 223–224). Der Generalleutnant der Armeen des Königs, Gilles du Bouzet, Gouverneur von la Capelle, stand in besonderer Gunst bei Ludwig XIII. und Ludwig XIV., da er sich bei der Niederschlagung der Fronde ausgezeichnet hatte. Mit den Vorbereitungen, die der Erhebung seiner Herrschaften zum Marquisat vorausgingen, begann er mutmaßlich bereits am 21. Juno 1662, als er seine Domaine von Bière an Charles de Mondenard gegen die von Roquelaure eintauschte. Ähnlich verfuhr er, als er sich am 28. Januar 1670 der Seigneurie von Belmont bemächtigte und sich dafür der Herrschaften von Gourraignes und du Platé in der Nähe von Condom (32) benahm. Diese Transfers waren für Gilles du Bouzet notwendig, um eine kohärente Herrschaftsentität schaffen zu können. Daneben war es allerdings gleichwohl erforderlich, das Alter und die Würde, das heißt die besonderen Verdienste der Familie um Frankreich sowie Heiratsallianzen zu alteingesessenen Familien durch entsprechende Originaldokumente nachzuweisen. Zu diesem Behufe bat Gilles du Bouzet vom Chef des Hauptzweiges, dem Baron de Castera um notariell beglaubigte Dokumente, welche für diese Beweise zweckdienlich seien. Am 23. Mai 1665 erhielt er die gewünschten Unterlagen, darunter Lehensteilungen aus dem Jahr 1303 von Barrau und Gauthier du Bouzet. Dergestalt aufgestellt legte er die Schriftstücke bei Claude Pellot vor und stellte darüber hinaus noch den Antrag, seine beiden Lehen Pouy und Roquelaure fusionieren zu dürfen. Pellot beauftragte einen Kommissar, die eingereichten Dokumente sowie die rechtlichen Gegebenheiten zu prüfen. Dieser erteilte ein positives Gutachten, so daß die beiden Seigneurien am 17. August 1669 vereint wurden. Auch die Magistrate der beiden Gerichtsbezirke verweigerten ihre Zustimmung nicht, so daß – nachdem auch noch die Besitzungen Belmont und Ligardes der neugeschaffenen Herrschaft Pouy-Roquelaure eingegliedert wurden – die vier Lehen durch *lettres patentes* von König Ludwig XIV. von Frankreich im Januar 1671 zum Marquisat von Pouy erhoben wurden. Die Briefe trugen die eigenhändige königliche Unterschrift und sind von Louis Phélypeaux, Seigneur de La Vrillière, Marquis de Châteauneuf and Tanlay, dem französischen Staatsminister und Minister für protestantische Angelegenheiten gegengezeichnet worden. Damit sie ihre volle Rechtswirksamkeit entfalten konnten, wurden die Dokumente sowohl bei der *chambre de comptes* in Paris als auch beim *parlement* und dem *bureau de finances* von Bordeaux registriert. Nachdem allen rechtlichen Formvorschriften Genüge getan war, vermochte Gilles du Bouzet am 23. Februar 1674 sein Dénombrement, eine detaillierte Aufstellung seines Besitzes sowie einer Auflistung sämtlicher Bewohner und Leibeigener (vgl. dazu: Wettlaufer 1999: 217–218) für die Ländereien, zu verfertigen, welche seinen neuen Titel konstituierten (Noulens 1863: 169–171). Zwar waren diesem finalem Rechtsakt noch eine Reihe feudalrechtlicher Prozeßstreitigkeiten vorausgegangen, so zum Beispiel mit Jean-Jacques de Narbonne, Marquis de Fimarcon, die Gilles du Bouzet jedoch allesamt zu seinen Gunsten entscheiden konnte. An dieser Stelle vermag annotiert zu werden, daß dieser Vorgang in adelsrechtlicher und praktisch-prozeduraler Hinsicht als paradigmatisch für eine *érection de la terre* (vgl. dazu: Kap. 4.2.1: 425) betrachtet werden kann. Nicht unerheblich hilfreich waren dabei mit Sicherheit seine verwandtschaftlichen Beziehungen. Denn er hatte mit Claude-Antoinette de Cassagnet, Tochter von Gabriel de Cassagnet, Gouverneur von Bapaume sowie Brisach (1652), und der Madeleine Le Tellier, deren Vater Michel Le Tellier Kanzler von Frankreich war (dessen Sohn François-Michel Le Tellier, uns bereits im Zusammenhang mit den Brüdern Jean I. und Mathieu I. Vernezobre begegnet ist) den Lebensbund geschlossen (vgl. Kap. 2.3.3.4: 219). Somit hat er eine Frau geheiratet, deren Verwandtschaft eine nicht unwesentliche Rolle in der Politik und Staatsverwaltung Frankreichs spielte. Allerdings sollte dem Erfolg von Gilles du Bouzet, für sich und seine Nachkommen ein Marquisat geschaffen zu haben, keiner Nachhaltigkeit beschieden sein. Denn aus der Ehe mit Claude-Antoinette de Cassagnet gingen zwar die beiden Söhne François Jules und Charles Maurice hervor, doch sollte der Erstgeborene, welcher mit Louise Madeleine Brulart, Tochter von Pierre Brulart und der Catherine Bavyn, Witwe von André Goissard, Seigneur de Gravelle, verheiratet war, kinderlos bleiben. Zu Beginn des Spanischen Erbfolgekrieges (1701–714) im Jahr 1701 wurde er abberufen (Anselme 1730: 535). Daraufhin fiel das Erbe an seinen einzigen und jüngeren Bruder Charles Maurice, welcher jedoch die Weihen des geistlichen Standes erhalten hatte und als *abbé commendataire* (Kommendatarabt, vgl. dazu: André und Condis: 442–444) des Klosters Saint-Nicolas d'Angers seinerzeit eine gewisse Berühmtheit erlangte. Als Erbe eines beträchtlichen Grundbesitzes und Vermögens ließ er sich nicht laisieren, sondern versuchte seinen Besitz möglichst gewissenhaft zu verwalten. Dabei unterstützte er Anfang des 18. Jahrhunderts eine Reihe von industriellen Unternehmungen, so zum Beispiel die Errichtung einer Steingutfabrik in Samadet (40), die zu einiger Bekanntheit avancieren sollte (Labadie 1907: 334). Bevor der Abbe de Roquepine im betagten Alter von 92 Jahren am 7. Dezember 1752 verschied, machte er verschiedentliche Verfügungen (Bosquet 1783: 305), setzte allerdings als Haupterben mit einer jährlichen Rente von 52.000 Livres seinen Neffen Louis Comte d'Astorg, Seigneur d'Aubarède, de Barbasan, le Pérouse und Montaigu, verheiratet seit dem 15. Februar 1744 mit Marie Louise de Boufflers, ein. Dies knüpfte er jedoch an die Bedingung, daß d'Astorg seinen Namen sowie sein Wappen zu übernehmen habe, da er nicht wünschte, daß diese beiden Distinktionsmerkmale vom Grundbesitz getrennt wurden (La Chesnaye-Desbois 1864b: 700). Diese Vorkehrungen waren nicht ohne Grund vom Erblasser getroffen worden, denn eingie Jahre nach seinem Tod, boten die Erben einen nicht unbeträchtlichen Teil seines Besitzes zum Verkauf feil, darunter auch das Marquisat von Pouy. Eingeleitet dadurch, daß Jeanne Nairac einem Herrn Davignon, *secrétaires du roi*, am 30. Januar 1758 eine Prokuration erteilte, sie in allen Belangen hinsichtlich der Aquisition des Besitzes zu vertreten,[171] wurde sie circa einen Monat später am

171 A.D.33, 3 E 24392.

3. März 1758 für 260.000 Livres Eigentümerin des Marquisats und den mit ihm verbundenen Ländereien (SAHG I 1876: 1). Damit war der Titel des Marquis de Pouy für die Bouzet verloren, da selbiger mit dem Lehen untrennbar verbunden war.

Bei dieser Akquisition sollte es dieWitwe Pellet jedoch nicht belassen, so daß sie noch im selben Jahr ein weiteres *fief de dignité* (vgl. Kap. 4.2.1: 425) erwarb: die Grafschaft Lasserre (47), welche sich seit vielen Generationen im Besitz der d'Esparbès de Lussan befand. Die Bouzet standen mit diesen in einer verwandtschaftlichen Beziehung, denn der Zweig der Bouzet der Barons de Castera heiratete zweimal in das Haus d'Esparbès de Lussan aus: Einmal in der der Person von Anne du Bouzet de Castera – Tochter von Jean Charles du Bouzet de Castera und der Catherine Henriette de Basabat-Pordeac –, welche im Jahr 1638 François d'Esparbès de Lussan, Seigneur de Feuga und Saint-Mézard, ehelichte und zum anderen durch ihre Halbschwester, Catherine Henriette – Tochter aus zweiter Ehe ihres Vaters mit Marie de Labalme –, welche am 13. Juno 1664 mit Sylvestre d'Esparbès de Lussan du Gout, Baron de La Mothe-Bardigues und de Balignac den Lebensbund schloß (B.H.F. 1891: 407; 409).

Die d'Esparbes gehörten wie die Bouzet zu den sehr alten und exzellierenden Geschlechtern im Südwesten Frankreichs. Erste urkundliche Erwähnung fanden sie in der Gestalt von Géraud d'Esparbès (lat. *de Espaveriis*), Prior von Saramond im Jahr 1150, wobei die sichere Stammreihe mit Hermanius de Esparveriis, seit 1418 mit Honorée de Giscard verheiratet, ihren Angang nahm. Ausgehend von dieser Verbindung teilte sich das Geschlecht in mehrere Zweige, wobei sonderheitlich der von Lasserre d'Aubeterre sowie der von d'Aubeterre de Jonzac im Nachfolgenden zum Tragen kommen wird. Die d'Esparbès de Lussan sollten sich in vielfacher Weise für Frankreich auszeichnen, indem sie zwei Marschälle von Frankreich (1620 und 1783), sechs Generalleutnants sowie eine Viezahl von Provinzgouverneuren, Festungskommandanten und Offizieren – darunter mehrere Kommandeure des Ordens Saint-Louis und anderer königlicher Orden, 19 Ritter, vier Kommandeure sowie zwei Großpriore (Saint-Gilles) des *Ordre de Saint-Jean de Jérusalem* – stellten. Auf Grund ihres Alters sowie ihrer herausragenden Dienste für die Krone Frankreichs gab es für sie keine Obstakel, die *Honneurs de la Cour* zu erlangen, welche sie 1751, 1762 und 1786 empfingen (B.H.F. 1891: 403). Über die Anfänge der Herrschaft Lasserre ist bis dato wenig auf uns gekommen. Nur bruchstückhaft sind wir darüber unterrichtet, daß eine Seigneurie Lasserre bereits im 13. Jahrhundert existiert haben muß, da im Jahren 1259 die beiden Ritter Arnaud und Odon de Lasserre, welche beide dem mächtigen Geschlecht der de Cannes entstammten, im Rahmen verschiedener Lehenshuldigungen figurierten (Mussot-Goulard 1971: 247). Ebenso werden im 14. Jahrhundert die Brüder Chevalier Arnaud Loup de La Serre, und Géraud de La Serre (vgl. zu seiner Person: Albe 1904: 98) in einer Lehensangelegenheit gegenüber dem Bischof von Agen erwähnt, in welcher sie vereinbarten, diesem den vierten Teil des Zehnten von Lasserre bei Moncreabeau zurückzuzahlen ("*Item plus continetur qualiter dominus Arnaldus Lupi de La Serra, miles, et Geraldus de La Serra, frater ejus, resignaverunt domino nostro Agennensi episcopo, totam quartam partem quam habebant in decima de la Serra propre Montem Caprelli.*" zit. n. Bourrousse de Laffore 1882: 83). Erst Ende des 15. Jahrhunderts läßt sich die gesicherte Abfolge der einzelnen Herren, Barone und Grafen von Lasserre nachweisen (vgl. dazu die Übersicht bei: Tholin 1900: 291–292). In diesem Zusammenhang liegt die Mutmaßung nahe, daß durch die Virulenz des Hundertjährigen Krieges auch der diese Familie betreffende betreffende Archivbestand zerstört wurde. Erst mit dem Verkauf der Seigneurie von Bérard de Lasserre an Arnaud Amanieu, Sire d'Albret, am 1. Oktober 1390 und der Schenkung von Alain d'Albret, dem Vater des nachmaligen Königs von Navarra, Jean III., an Louis de Montaigu am 18. Februar 1487 sind wir über die Besitzverhältnisse und -modifikationen unterrichtet (Dubois 1913: 97). Die Montaigu sollten bis zur Heirat von Catherine Bernarde de Montaigu, einziges Kind von Jean de Montaigu und Jeanne de

Goyrans, am 16. April 1570 mit Jean-Paul d'Esparbès, Seigneur de Lussan, Besitzer der Seigneurie von Lasserre bleiben (Anselme 1733a: 456). Durch diesen Ehebund, mit der besagten Herrschaft als Brautgabe, begründete sich das rund 180 Jahre umfassende Eigentumsverhältnis der Esparbès. Als siebentem Sohn von Bertrand d'Esparbès und der Louise de Saint-Félix war Jean-Paul eine Militärkarriere beschieden. So diente er unter dem Befehl von Blaise de Montluc, wobei er sich besonders bei der Belagerung von Sienna im Jahr 1554 auszeichnete und durch weitere militärische Leistungen auch die Gunst von Heinrich III. von Frankreich erwarb, dem er bei der Verteidigung von Condom gegen Heinrich III. von Navarra (nachmalig Heinrich IV. von Frankreich) wertvolle Dienste erwies. Nachdem er weiter in königlichen Militärdiensten stand, lag ihm daran, seinen Herrschaftsrechte auszudehnen, so daß er 1582 für 4.325 Livres den Anteil des Bischofs von Condom (33) an der direkt neben Lasserre befindlichen Seigneurie von Francescas (47) und den damit verbundenen Rechten der niederen, mittleren und hohen Gerichtsbarkeit abkaufte. Die Einwohner und der Magistrat von Francescas begrüßten diesen Schritt, dieweil sie es vorzogen, einen mächtigen Nachbarn als Herrn über sich zu haben, der ihren Anliegen mehr Nachdruck zu verleihen versprach, als der wesentlich weiter entfernte Bischof in Condom (Tholin 1900: 194–195). Francescas verfügte seit dem Mittelalter über die Besonderheit, daß es sich bei dieser Herrschaft um eine sogenannte *coseigneurie* handelte, das heißt, Seigneur war einesteils der Bischof von Condom – nach dem Verkauf dann der jeweilige Herr von Lasserre – und anderenteils der französische König, was eine besondere Auszeichnung für die in einer Bulle Alexanders III. aus dem Jahr 1163 erstmals erwähnte Herrschaft ("*ecclesiam de Franciscano et villam cum omnibus suis appenditiis*" zit. n. Barrère 1874: 56) bedeutete. Mithin war es auch der jeweilige Graf von Lasserre, welcher die Richter, Staatsanwälte und Beamte in seiner Herrschaft ernannte und sich regelmäßig Rapport von Ihnen erstatten ließ.[172] Als äußeres Erkennungszeichen dieser besonderen Herrschaftsteilung war am Rathaus für jedermann sichtbar das französische Königswappen, das der Stadt von Francescas sowie dasjenige der d'Esparbès de Lussan d'Aubeterre als Grafen von Lasserre in Stein gemeißelt, wie aus einer Zahlungsanweisung in Höhe von 12 Livres an die Gräfin von Lasserre aus dem Jahre 1658 resultiert, welche die Steinmetzarbeiten dafür in Auftrag gegeben hatte.[173] Heutigentags findet sich eine solchermaßen geteilte Herrschaftsspitze nur noch im *Coprinzipat* von Andorra.

Als Jean Paul d'Esparbès 1586 vom französische König zum Gouverneur von Blaye (33) ernannt worden war, wobei er auch die Pfründe von der dort ansässigen Abtei Saint-Saveur de Blaye erhielt, schien er über die Mittel verfügt zu haben, um in dem zur Baronie avancierten Lasserre eine ihm passend erscheinende Wohnstatt zu errichten: das Schloß von Lasserre (vgl. Abb. 2.42: 316).

Bei selbigem handelte es sich um ein im Rennaissance-Stil errichtetes Gebäude, das äußerlich an das Palais de Luxembourg in Paris erinnert. Erbaut wurde es zwischen 1595 und 1602 von dem Pariser Architekten Marin de Lavallée, zu dessen Hauptwerk der Umbau sowie die Vergrößerung des Hotel de Ville von Paris zwischen 1625 und 1628 zählte (vgl. dazu sowie seinem übrigen Wirken: Nordberg 1958). Noch heute findet sich über dem Eingangsportal des Schlosses die nachfolgende Inschrift auf einer Marmortafel gemeißelt:

> "M. DE LAVALLEE
> Me MASSON
> A PARIS. MA
> FAICTE. 1596."

172 Vgl. z.B. dazu: A.D.47, E Sup. 2673 (FF 2).
173 A.M.A., CC 234.

Abb. 2.42: Château de Lasserre, um 1970 [unbekannte Photographie]

Nachdem Jean-Paul d'Esparbès de Lussan am 16. November 1616 abberufen wurde, fiel Lasserre an seinen Sohn François I., der dem Vater als Gouverneur und Sénéschall des Agénais et Condomois bereits Januar 1613 nachgefolgt war und der duch seine am 15. April 1597 geschlossene Ehe mit Hippolyte Bouchard die Vicomté d'Aubeterre erlangte: Denn die Braut war das einzige Kind aus der Verbindung von David Bouchard d'Aubeterre, Gouverneur des Périgord, und der Renée de Boudeille, Tochter von André de Bourdeille und der Jacquette de Montberan. David Bouchard d'Aubeterre kehrte, um seine Güter in Frankreich zu behalten, aus dem Genfer Exil zurück und konvertierte zum Katholizismus (Beauchet-Filleau und de Chergé 1891: 642–643). Die Vicomté d'Aubeterre wurde kurze Zeit nach der Hochzeit für François I. d'Esparbes de Lussan zum Marquisat erhoben (vgl. ausführlich zu dieser Herrschaft: Babinet de Rencogne 1880 sowie in neuster Zeit: Perruchon 1996) Aus der ehelichen Verbindung von François I. d'Esparbès de Lussan und Hippolyte Bouchard d'Aubeterre ersproß ein reicher Kindersegen: Insgesamt wurden sieben Söhne und fünf Töchter geboren, wobei zwei der männlichen Nachkommen im Kindesalter beziehungsweise unverheiratet verstarben. Eine der Töchter, Isabelle benamt, wurde durch ihre Heirat mit Pons de Salignac, Comte de Fénelon, die Mutter des berühmten Schriftstellers und Erzbischofs von Cambrai, François de Salignac de La Mothe-Fénelon (vgl. weiterführend: Kraus und Calvet 1953 sowie: Spaemann 1990).

So unproblematisch sich die Nachfolge von Jean-Paul d'Esparbès zu seinem Sohn François I. hinsichtlich Lasserre vollzog, so schwierig für sie in bezug auf dessen Söhne, denn er hatte verfügt, daß sein Erbe unter den fünf übrigen Söhne aufgeteilt werden sollte, wobei er seinem vierten Sohn Louis die Baronie Lasserre übertrug. Dies führte zu erheblichen Auseinandersetzungen mit dem Erstgeborene Pierre, welcher das Marquisat Aubeterre erhielt, aber mit der Aufteilung des Erbes grundsätzlich nicht einverstanden war und sich Lasserre zeitweise mit Waffengewalt bemächtigte. Er war auch für eine Reihe von Exzessen und Massakern gegen die Bevölkerung von Francescas während der Zeit der Fronde verantwortlich, so versuchte er, die Konsuln von Francescas zu ermorden, als er diese jedoch nicht vorfand, töte er deren Frauen und Kinder. Ein Eingreifen der Provinzadministration kam zu spät (Tholin 1900: 197).

Nachdem Pierre d'Esparbès de Lussan ins Exil gedrängt worden war, konnte sein jüngerer Bruder Louis wieder die Herrschaft über Lasserre und Francescas sowie Ligardes übernehmen. Er war auch derjenige, für welchen Lasserre von der Baronie zur Grafschaft erhoben wurde. Wie sein Vater sowie seine beiden älteren Brüder bekleidete er das Amt des Seneschall des Agenais und Condomais (Andrieu 1893: 89 (Fn. 1, Bd. 2)). Diese Funktion übernahm er 1658, wie sein Einzug nach Agen dokumentiert,[174] wobei er sie drei Jahrzehnte, bis 1688 ausüben sollte. Zuvor zeichnete er sich als Offizier insbesondere bei den militärischen Kampagnen von Rocroy und Nordlingen sowie in Katalonien aus, so daß er am 12. Dezember 1659 im Range eines Generalleutnants seinen Abschied nahm (vgl. zu seinem militärischen Werdegang: Susane 1853: 127–128). Er verstarb im Alter von 77 Jahren am 13. Juno 1693 in Clignancourt bei Paris (vgl. Babinet de Rencogne 1880: 265 dazu auch: Table Gazette de France 1766: 219). Aus seiner Verbindung mit Catherine de Tierceline-Saveuse, Tochter von Charles de Tiercelin-Saveuse, Seigneur de Saveuse und der Marie de Vienne, ging lediglich ein Sohn, François III., welcher jung in Portugal fiel, wahrscheinlich im Zuge des Spanischen Erbfolgekrieges, sowie die Tochter Marguerite-Louise hervor. Selbige gehörte wohl auf Grund ihres auswendigen Erscheinungsbildes nicht zu den begehrtesten Partien. Erst durch die Vermittlung von Daniel de Cosnac, Bischof von Valence (späterhin Erzbischof von Aix-en-Provence), konnte in Françios, Marquis de Cosnac ein Bräutiam gefunden werden, den das Antlitz wenig zu schrecken schien, zumal angesichts einer erheblichen Mitgift, so daß die Hochzeit am 24. Juno 1674 im Château de Lasserre gefeiert werden konnte (Riesbey 1861: 589).

Sehr lange sollte sich der frischvermählte Ehemann nicht in der Guyenne aufhalten, da ihn Ludwig XIV. im sich abzeichnenden Holländischen Krieg zu den Waffen rief. Dort zeichnete er sich aus, so daß es nicht fern lag, daß das einzige Kind aus seiner Ehe, Marie-Angélique zur Festigung der Beziehungen zwischen den spanischen Niederlanden und Frankreich, mit einem holländischen Edelmann verehelicht würde: Procope-François, Comte d'Egmont, Fürst von Gavre, Marquis de Renty, Seigneur d'Armentières, Ritter des Ordens vom Goldenen Vlies und Grande von Spanien Procope-François war Sohn von Philippe-Louis, Comte d'Egmont und Berlaymont, Fürst von Gavre, Seigneur d'Armentières, Ritter des Ordens vom Goldenen Vlies, Grande von Spanien der ersten Klasse sowie Vizekönig von Sardinien, und der Marie-Ferdinande de Croÿ, Marquise de Rently. Der Bräutigam Procope-François stammte folglich aus einem mächtigen Hause, welches zwischen 1423 und 1538 das Herzogtum Geldern besessen hatte (vgl. weiterführend zu dieser Familie: Dek 1958). Nachdem aus der Verbindung keinerlei Nachwuchs entsproß, verfügte Procope-François in seinem Testament, daß all seine Rechte an den Herzogtümern Geldern und Juliers, der Grafschaft Egmont und der souveränen Herrschaften Arckel und Meurs sowie anderer Seigneurien an König Philippe V. von Spanien übergehen sollten. Er verstarb 38jährig am 16. September 1707 in Fraga, Katolonien. Sein Herz wurde nach katholischem Ritus in einer Bleikustode verwahrt. Das Mausoleum befand sich zusamt dem Epitaph in der ehemals zum Schloß Lasserre gehörigen Kapelle:

> "*Ci-gît le cœur de très haut et très puissant seigneur François-Procope, comte d'Egmont, prince de Grave et du St-Empire, duc de Gueldres et de Juliers, seigneur du pays d'Arkel, chevalier de la Toison-d'Or, lieutnant général de S.M.C., mort à Fraga, en Espagne.*" (Riesbey 1861: 590)

Sein Vermögen, welches er von seiner Mutter geerbt hatte, vermachte er dem Sohn Procope Marie Antonin Pignatelli seiner Schwester Marie Claire Angélique d'Egmont, Herzogin von Bisaccia (auch: *Bisacha*) Procope war mit Henriette Julie de Durfort de Duras, (vgl. zu dieser Familie: Kap. 2.1: 53) verheiratet. Deren Sohn Casimir fand bereits im Zusammenhang mit

174 A.M.A., BB 61.

dessen Frau Jeanne Sophie Pignatelli, Comtesse d'Egmont, in deren Salon in Bordeaux die Pellets häufig verkehrten (vgl. Kap. 2.3.3.7: 302), Erwähnung (Leuridan 1897: 10–11).

Die zuvor erwähnte Marie-Angélique de Cosnac sollte ihren Ehemann Procope-François noch um zehn Jahre überleben, bevor sie 1717 abberufen wurde. Während dieser Zeit residierte sie vorzüglich auf Lasserre, wovon immer noch ein *chambre de la princesse* Zeugnis abgibt. Nachdem sowohl sie als auch ihr Bruder François III. kinderlos verschieden, fiel die Grafschaft Lasserre an den Zweig der Esparbès de Lussan d'Aubeterre de Jonzac, welcher vom älteren Bruder von Louis d'Esparbès de Lussan, François II. Bouchard d'Esparbès d'Aubeterre, Vicomte d'Aubeterre, Marquis de Bonnes, Generalleutnant der Armeen des Königs, begründet wurde. Aus dessen Ehe mit Marie de Pompadour ging sein einziger Sohn Pierre Bouchard d'Esparbes de Lussan, Comte d'Aubeterre et de Jonzac, Marquis d'Ozillac hervor, der die Grafschaft Jonzac vermittelst seiner Frau Julie Marie Michelle de Saint-Maure, Comtesse de Jonzac, erhielt und welcher zum Zeitpunkt des Todes von François II. d'Esparbes de Lussan, das heißt zwischen 1701 und 1714, Oberhaupt seines Zweiges war (Anselme 1733a: 458).

Es ist an dieser Stelle kein Raum der Frage nachzugehen, wie sich genau der Transfer des Erbes der Esparbes de Lussan de Lasserre d'Aubeterre zum Zweig der Jonzacs vollzog, doch darf davon ausgegangen werden, daß Pierre Bouchard d'Esparbes de Lussan d'Aubeterre de Jonzac anläßlich der Hochzeit seines einzigen Sohnes Louis Pierre Joseph Bouchard mit Marie Françoise Hénault d'Armorézan – Schwester des berühmten Président Charles-Jean-François Hénault (vgl. immer noch grundlegend: Lion 1903) und Tochter von Jean-Rémy Hénault, *sécretair du roi*, sowie der Françoise Ponthon – die Grafschaft von Lasserre Louis Pierre Joseph überließ, damit dieser sie unter seinen drei Söhnen François Pierre Charles, Louis Henri Théophile und Baptiste Charles Hubert aufteilen könne (vgl. Abb. 2.43: 319).

Demgemäß wurde auch verfahren, und der Zweitgeborene, Louis Henri Théophile, erhielt die Comtè von Lasserre zugesprochen. Allerdings sollte Pierre Bouchard d'Esparbès d'Aubeterre, welcher im Alter von 91 Jahre am 16. Januar 1748 abberufen wurde (Table Gazette de France 1766: 220), seine beiden Enkel, Louis Henri Théophile und Baptiste Charles Hubert überleben, die beide bei Kampfhandlungen 1746 und 1747 ums Leben kamen (vgl. ausführlich zu deren militärischen Werdegängen Perruchon 1996: 85). Als ihm zwei Jahre später, am 3. Juno 1750, auch sein Sohn Louis Pierre Joseph in den Tod nachfolgte (Rainguet 1971: 324), verblieb als einziger männliche Erbe der Erstgeborene François Pierre Charles, verheiratet seit dem 6. Februar 1736 mit Elisabeth-Pauline-Gabrielle Colbert, Tochter von Charles-Éleonor Colbert, Comte de Seignelay – und Enkel des Staatssekretärs des königlichen Haushalts unter Ludwig XIV., Jean-Baptist Colbert d.Ä. –, und der Anne de la Tour et Taxis de Valsassine.

Darob ist es als unwahrscheinlich anzusehen, daß es sich beim Verkäufer von Lasserre an Jeanne Nairac im Jahr 1758 um Louis Pierre Joseph handelte, wie von Georges Tholin behauptet (Tholin 1900: 292), da dieser zu diesem Zeitpunkt bereits verstorben war. Der Verkauf selbst erfolgte vermittelst Versteigerung (*adjudication*) durch die Kammer der Staatsanwälte von Paris, wobei keinerlei Indizien bis dato festgestellt werden konnten, die auf einen Verkauf auf Grund finanzieller Unpäßlichkeiten schließen lassen. Die Heirat von François Pierre Charles d'Esparbès de Lussan d'Aubeterre de Jonzac mit einer Urenkelin des großen Colbert scheint dieser Mutmaßung zuwider zu laufen. Die Besitznahme der Grafschaft durch Jeanne Nairac vollzog sich nach traditionellem Brauch, das heißt, ihr Bevollmächtigter, ein gewisser Monsieur Regnard, betrat jeden einzelnen Pachthof, an dessen Tür der Schlüssel im Schloß steckte, entfachte nach dem Eintritt das Feuer im Kamin, nahm von jedem Feld eine Schaufel Erde, die er späterhin in alle Windrichtungen verteilte und sprach in der Kapelle von Francescas ein Gebet (Riesbey 1861: 591). Dies war im 18. Jahrhundert die Usance, eine neue

Abb. 2.43: Gemälde "Cinq sens" von Jacques Philippe Lescrinier (1727). Die fünf Sinne werden durch die fünf Kindern von Louis Pierre Joseph Bouchard d'Esparbès de Lussan d'Aubeterre und der Marie Françoise Hénault d'Armorézan repräsentiert: Louis Henri Théophile, Comte de Lasserre (Tasten), François Pierre Charles, Comte de Jonzac d'Aubeterre (Sehen), Baptiste Charles Hubert, Chevalier de Jonzac (Schmecken), Marie-Françoise (Riechen) und Michelle Julie (Hören) [von links nach rechts, Le Corfec 2012: 19]

Herrschaft zu übernehmen. Der rechtliche Akt der Lehenshuldigung von Jeanne Nairac für Francescas vollzog sich mit der Hommage vom 6. Februar 1761.[175] Im darauffolgenden Jahr erfolgte die formale Anerkennung des Könifs sowie der Herrschaft über Francescas durch den Magistrat der Stadt, indem durch selbigen eine Deputation in das Schloß von Lasserre zu Jeanne Nairac entsandt wurde.[176]

Zählt man diese einzelnen Erwerbungen zusammen, hatte sie eine beachtliche Menge an adligem Grundbesitz erworben. Neben dem rein ökonomischen Aspekt der Rendite sowie der Absicherung vor der zunehmenden Entwertung des französischen Livres spielte mit Sicherheit noch die Überlegung des Ausbaus der gesellschaftlichen Stellung – welcher als konstanter Maßstab vorzüglich die Größe der Länderein und Herrschaften diente – einen nicht untergeordnete Rolle. Dabei stand wohl weniger der individuelle Aufstieg im Vordergrund, als vielmehr die Absicht, ihrem einzigen Sohn Étienne-Philippe eine möglichst komfortable Ausgangssituation zu verschaffen. Ihm galten daher die diversen Akquisitionen und vornehmlich auch ihr geschäftliches Streben. Betrachtet man die Auflistung ihres Nachlasses (vgl. Tab. 2.4: 321), welche am 8. Februar 1768 unter der Aufsicht eines Anwalts erstellt wurde, so wird ersichtlich, wie ungemein erfolgreich sie darin war: Nach diversen Arbrechnungen für uneintreibbare Schulden und Verluste sowie Abzügen aus nicht eindeutig indentifizierbaren Wechseln, blieb

175 A.D.33, C 4147.
176 A.D.47, E Sup. 2619 (BB 20).

Table 2.4: Nachlaß Jeanne Pellet, geb. Nairac (1767), Übersicht [eigene Darstellung, basierend auf: Cavignac 1967: 300]

Vermögensgegenstände	**Wert (in livre)**
Laufendes Konto mit Monsieur Isaac Couturier, bordelaisischer Händler, aus dem Jahre 1766 – Wechsel, Bons, Banknoten, Gold und Silber	865.995
Schulden bei der Versicherungskammer in Paris	37.986 (–)
Möbel und Silberwaren in Bordeaux	60.000
Bewegliche Güter aus Pouy	31.000
Bewegliche Güter aus Lasserre	42.191
Ländereien Dehès in Blanquefort	115.000
Konto für Monsieur de Jaure, ihren Schwiegersohn	86.618
Konto für Madame de Monteton, ihre Tochter	100.000
22 Häuser in Bordeaux	404.398
Ländereien und Schlösser des Marquisats Pouy (mit Ligardes)	259.000
Schloß, Ländereien von der Grafschaft Lasserre und die Coseigneurie (zusammen mit dem französischen König) von Francescas	272.908
Gesamtsumme	**2.199.124**

eine reputierliche Summe von 2.057.919 Livres übrig. Innerhalb von elf Jahren, zwischen 1756 und 1757, als Witwe hatte sie demgemäß ein Vermögen erwirtschaftet, das so groß war, wie dasjenige, über welches sie zum Zeitpunkt des Todes ihres Ehemanns verfügte. Mithin hatte sie ihren Anteil, das heißt die Hälfte der Errungenschaftsgemeinschaft, verdoppelt.

Ihre Absichten hinsichtlich der Weitergabe ihres Vermögens an Etienne-Philippe sollten indes enttäuscht werden, da dieser acht Jahre vor ihr am 6. Oktober 1759 in Lasserre unverheiratet und kinderlos durch eine Tuberkulose-Erkrankung abberufen wurde. Man begrub ihn, dieweil dem überzeugten Protestanten eine kirchliche Bestattung, wie auch seiner vor ihm verschiedenen Schwester Elisabeth, verweigert wurde, in der Umwallung des Schlosses von Lasserre.[177] Mit hoher Wahrscheinlichkeit empfing seine Mutter entweder dessen Erbanteil von 500.000 Livres in voller Höhe, welchen dieser von seinem Vater post mortem erhalten hatte, wenigstens aber neben ihren beiden Töchtern einen nennenswerten Betrag davon.

Am 18. Juli 1767 machte sie vor dem Notar Martin Rauzan ihr Testament, weil sie sich, wie es in den Quellen heißt, ein wenig unpäßlich fühlte.[178] Insgesamt stand ein Vermächtnis im Gesamtwert von 2.550.000 Livres zur Disposition. Die Kaufkraft dieser Summe vermag man sich zu vergegenwärtigen, wofern man als Beispiel den Verkauf der zum Herzogtum avancierten Baronie Retz, welche bereits im Zusammenhang mit den Montmorency-Laval Erwähnung fand (vgl. Kap. 2.3.2.5: 168), hinzuzieht. 1778 kaufte Alexandre, Marquis de Brie-Serran die Duché de Retz, bestehend aus 21 Lehen, darunter die Hauptstadt Machecoul sowie zehn weitere kleinere Städt, für 1.400.000 Livres (Mourain de Sourdeval 1877: 436). Darob wäre es der Witwe Pellet gleichwohl auch möglich gewesen ein Herzogtum zu erwerben, welches sich aus einem ganzen Landstrich zusammensetzte. Die eigentliche Aufteilung des Erbes erfolgte dahingehend, daß sie, nach dem Tod ihrer Tochter Elisabeth, verheiratete Sorbier de Jaure, den beiden Enkelinnen Jeanne sowie Anne insgesamt 850.000 Livres zusprach, darunter das Marquisat von Pouy mit den Ländereien von Blanquefort und Ligardes. Ihre jüngste Tochter Suzanne Dijon de Monteton sollte mit 1.700.000 Livres,

177 A.D.47, E Sup. 2619 (BB 20).
178 A.D.33, 3 E 21687.

darunter die Grafschaft Lasserre sowie die Coseigneurie Francescas, bedacht werden (Meller 1900: 155). Die Ursache dieser Ungleichverteilung im Verhältnis ⅓ zu ⅔ zugunsten ihrer jüngeren Tochter lag darin begründet, daß diese neben fünf Töchtern auch den einzigen Enkel, Philippe benamt, geboren hatte. Auf diese Weise trat er an die Stelle von Étienne-Philippe Pellet. Darüber hinaus war er der einzige, welcher nach dem Aussterben der Linie Digeon de Boisverdun (vgl. Anhang: B.9: 702) die Kontinuität des jüngeren Zweiges Digeon de Monteton aufrecht erhalten konnte. Dieserhalb rechtfertigte sich in den Augen von Jeanne Nairac die Bevorzugung von Suzanne.

Am 11. August 1767 verstarb die Witwe Pellet im Alter von 53 Jahren in Bordeaux, jedoch blieb ihr, wie ihrem Sohn und ihrer Tochter Elisabeth, ein kirchliches Begräbnis zunächst verwehrt. Dieses konnte erst realisiert werden, als ihr Vertrauter, der bordelaisische Händler Richard von den Zivil- und Gerichtsbehörden der Stadt eine Genehmigung für die Beerdigung erhielt. Mithin wurde sie doch noch im Rahmen einer protestantischen Zeremonie neben ihrem Mann beigesetzt, worüber sich in den protestantischen Kirchenbüchern von Bordeaux ein Vermerk findet.[179]

Zusammenfassend läßt sich hinsichtlich ihres Stellenwertes für die Digeon de Monteton festhalten, daß es hauptsächlich ihrem erfolgreichen ökonomischen Streben undWirken, im Verbund mit einer die Digeons begünstingenden Familienkonstellation geschuldet war, daß der französische Zweig der Dijon vor seinem Erlöschen noch einen erheblichen Zuwachs an Grundbesitz und Einfluß gewinnen konnte.

Ohne Zweifel war das Fundament dieser verwandtschaftlichen Allianz, neben den gesellschaftlichen und ökonomischen Gesichtspunkten, die protestantische Konfession. Diese wird es auch gewesen sein, welche die Heirat zwischen Jean Jacques II. Digeon de Monteton und Suzanne Pellet überhaupt erst ermöglicht und darüber hinaus auch befördert haben dürfte. Denn trotz der unvermeidlichen, oberflächlichen Konzessionen an das Gesetz jener Zeit waren die Digeons ebenso wie die Pellets und die Nairacs streng protestantisch geblieben. Besonders deutlich wird diese Repugnanz zwischen inwendigem Religionsbekenntnis und auswendiger Anpassung an die staatlichen Maßgaben im administrativen Alltag der Güter, wo es fast schon zu bizarr anmutenden Situationen kam, etwa als der dezidierte Protestant Jean-Jacques II. Digeon de Monteton den königlichen Notar und Richter von Cambès (47) und Saint-Avit (47), Jean Delarieux, zum neuen Richter seiner Baronie von Monteton ernannte und diese Entscheidung unter anderem mit dessen "*bonne vie et mœurs de religion catholique apostolique et romaine*"[180] begründete (vgl. Abb. 2.44: 323 sowie: Abb. 2.45: 324).

Prima facie könnte diese Formulierung als eine standartisierte Phrase der französischen Rechtssprache des 18. Jahrhundert angesehen werden, tatsächlich aber mußte der jeweilige Kandidat zur Erlangung der gewünschten Position einen förmlichen Nachweis des zuständigen Gemeindepfarrers oder Vikars einholen, daß er der römisch-katholischen Religion treu ergeben war (vgl. dazu: La Mare 1722: 328). Demgemäß war der klandestin protestantisch gebliebene Herr von Monteton gezwungen, den guten, sittlichen Lebenswandel in Bezug auf die katholische und apostolische Kirche Roms zum Mitkriterium der Ernennung seines Richters zu machen.

Sehr lange sollte Jean-Jacques II. Digeon de Monteton indes nicht mit diesen die Verwaltung seines Besitzes mit sich bringenden Antagonismen befaßt sein, denn bereits im Alter von

179 A.M.B. GG 792.
180 A.D.47, 5 J 155.

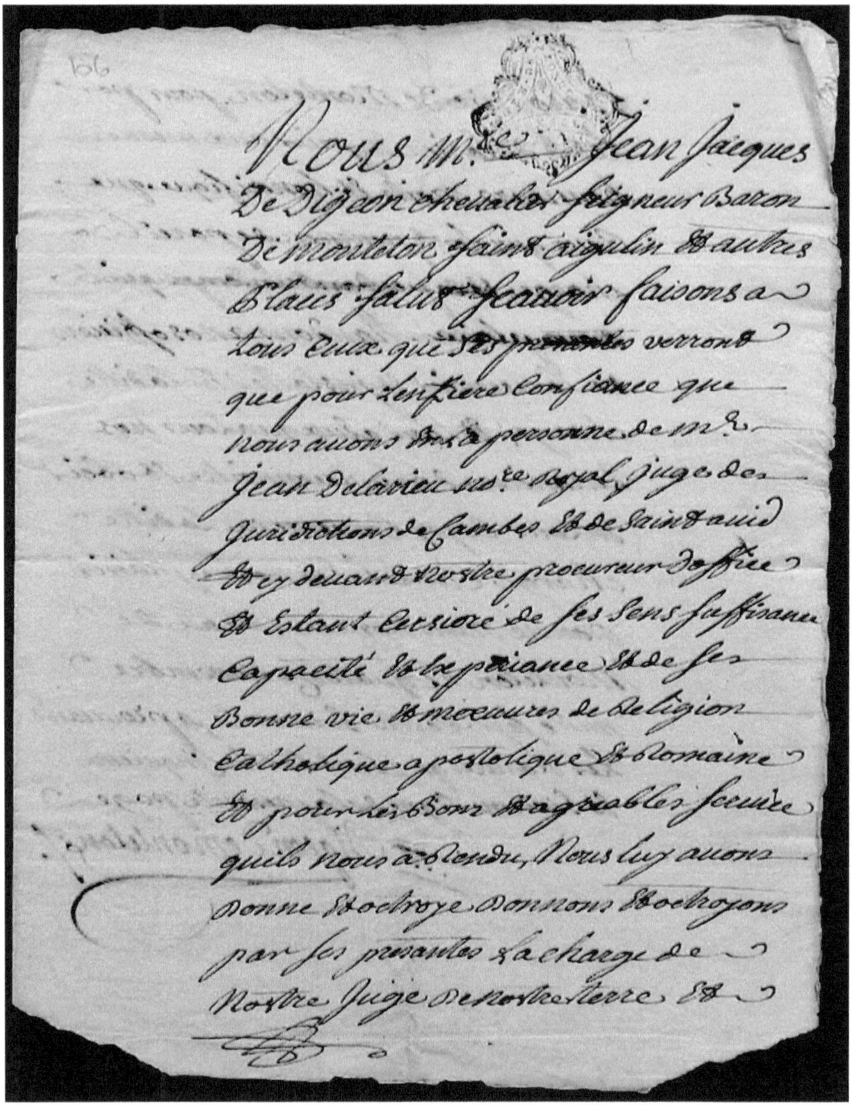
Nous Mre Jean Jacques
De Digeon chevalier seigneur Baron
De Monteton et saint aigulin et autres
places salut scavoir faisons a
tous ceux qui ces presentes verront
que pour lentiere confiance que
nous avons en la personne de Mre
Jean Delarieu nore royal juge des
jurisdictions de Cambes et de Saint avid
[illegible] devant nostre procureur doffice
et estant certioré de ses sens suffisance
capacité et experiance et de ses
bonne vie et moeurs de religion
catholique apostolique et romaine
et pour les bons et agreables services
quils nous a rendu, Nous luy avons
donné et octroye donnons et octroyons
par ces presantes la charge de
Nostre juge de nostre terre et

Abb. 2.44: Ernennungsurkunde (Vorderseite) für Jean Delarieux, königlicher Notar zum Richter der Baronie von Monteton durch Jean-Jacques II. Digeon de Monteton (14. November 1760) [eigene Photographie, A.D.47, 5 J 155]

35 Jahren, am 16. November 1763, verstarb er – wie sein Schwager Etienne-Philippe an der Tuberkolose, wie anhand einer zeitgenössischen Obduktion der beiden nachgewiesen wurde. Da er sich vorzüglich auf seiner mütterlich ererbten Baronie Saint-Aigulin (17) in der Saintonge aufhielt (vgl. dazu: Kap. 2.3.3.6: 296) hatte er sein Testament auf seinem dortigen Schloß Vilette am 6. Juno 1760 verfaßt. Demzufolge wurde seiner Frau Suzanne der Nießbrauch seines gesamten Nachlasses (vgl. Tab. 2.5: 325) sowie die Vormundschaft über seine sechs minores Kinder zugesprochen.

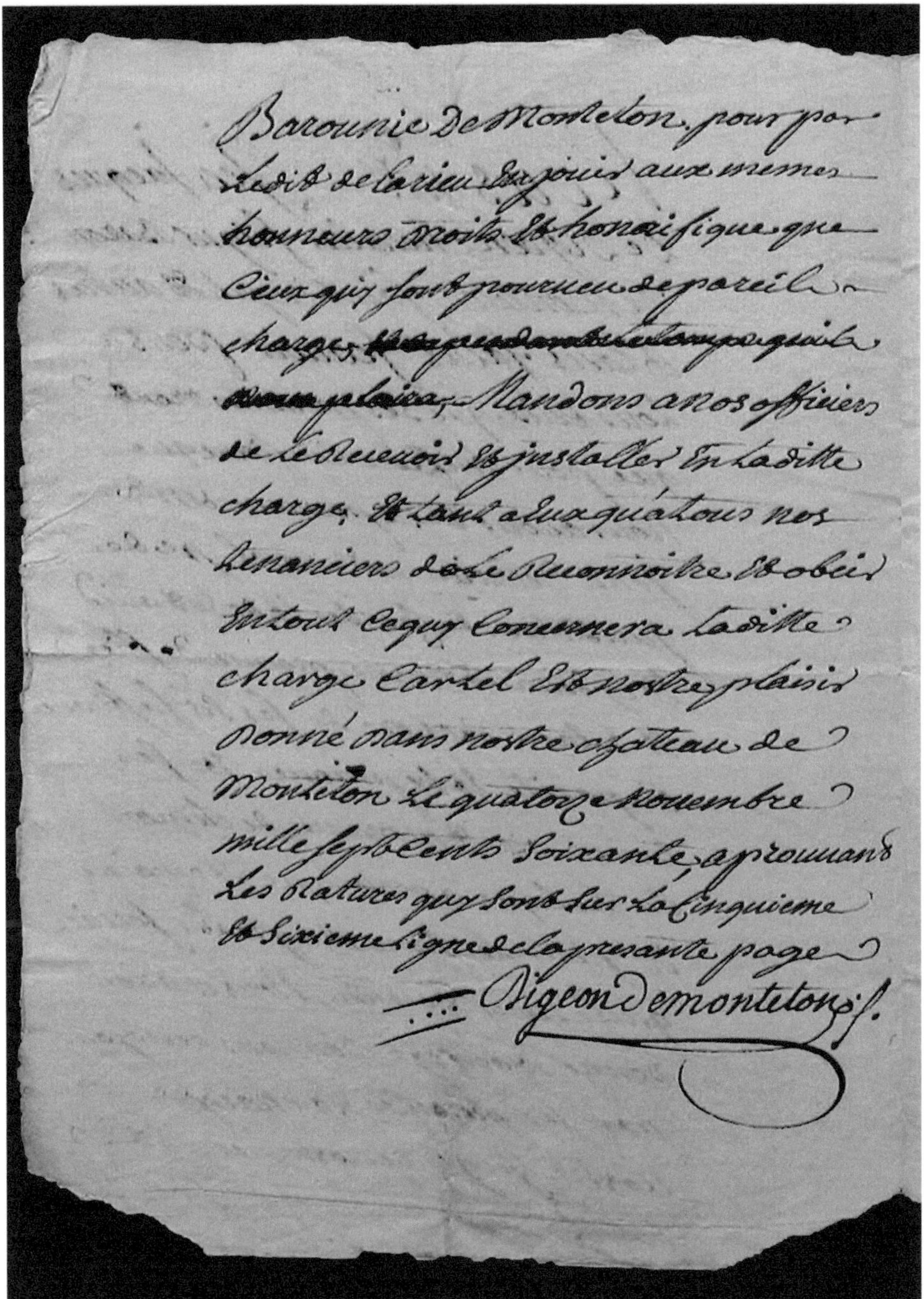
Barounie de Monteton, pour par
ledit de larieu jouir aux memes
honneurs droits et honorifique que
Ceux quy sont pourveu de pareil
charge, ~~[illegible]~~
~~[illegible]~~ Mandons a nos officiers
de le Recevoir et installer en laditte
charge et tant a ceux qu'a tous nos
tenanciers de le Reconnoitre et obeir
En tout Ce quy Concernera laditte
charge Car tel est nostre plaisir
Donné dans nostre chateau de
Monteton le quatorze novembre
mille sept cents soixante, aprouvant
Les Ratures quy sont sur la cinquieme
et sixieme ligne de la presante page
Digeon de Monteton

Abb. 2.45: Ernennungsurkunde (Rückseite) für Jean Delarieux, königlicher Notar zum Richter der Baronie von Monteton durch Jean-Jacques II. Digeon de Monteton (14. November 1760) [eigene Photographie, A.D.47, 5 J 155]

Tab. 2.5: Nachlaß Jean-Jacques II. Digeon de Monteton (1763), Übersicht [eigene Darstellung, basierend auf: Bourrachot 1969: 64]

Vermögensgegenstände	**Wert (in livre)**
Maison noble de Vidasse et du Ribet	84.000
Baronie de Monteton	105.000
Zwei Häuser in Bordeaux	38.000
Gesamtsumme	**227.000**

Mit den Erbschaften ihres Bruders, ihrer Mutter und ihres Mannes war Suzanne Pellet mit 31 Jahren als Witwe vor ein äußerst beträchtliches Vermögen von rund 2.000.000 Livres gestellt, welches sie neben der Erziehung ihrer sechs minderjährigen Kinder zu verwalten hatte. Damit sie diese Aufgabe nicht allein schultern mußte, bestimmte sie als "Ehrenvormund" Jean-Jacques d.Ä. Cournuaud de Fonbourgade, den Schwager ihres Schwiegervaters Pierre V. Digeon de Monteton. Mit der Vertretung sämtlicher rechtlicher Angelegenheiten beauftragte sie einen Vertrauten, Bernard Poisebiran de Soubiran. Dieser fungierte gleichzeitig auch als Pflichtvormund ihrer Kinder und späterhin, nach ihrem Tode, als Geschäftsbevollmächtigter in allen Außenvertretungsangelegenheiten ökonomischer und rechtlicher Natur. Zunächst war er im Parlament von Bordeaux als Advokat tätig und schien dann all seine juristischen Tätigkeiten aufgegeben zu haben, um sich den Interessen der Familien Pellet und Digeon zu widmen. Seine Briefe, aus welchen indes kaum etwas über Person zu Tage tritt, erzeigen, daß er sich auch der Kinder von Suzanne Pellet in persönlichen Angelegenheiten annahm. Sehr lange lebte er in Lasserre in der Nähe seines Schülers Philippe, welcher ihn manchmal als "*mon cher petit papa Soubiran*" bezeichnete (Bourrachot 1969: 67–68).

Es ist anzunehmen, daß dieser auch der bevollmächtigte Rechtsvertreter beim Kauf des Marquisats von Poudenas (auch: *Podenas*) im Jahr 1769 war. Denn Suzanne Pellet setzte die Politik des Erwerbs von renditebringendem Landbesitz ihrer verstorbenen Mutter Jeanne Nairac fort. Poudenas gehörte zum Zeitpunkt der Akquise, wie auch das Marquisat von Pouy, dem Hause Bouzet. Dieses war jedoch mitnichten der erste Besitzer, denn die Baronie von Poudenas war seit dem Einsetzen der Überlieferung, das heißt der zweiten Hälfte des 11. Jahrhunderts, Eigentum der gleichnamigen Familie Podenas. Deren erste urkundliche Erwähnung nimmt ihren Angang mit Odon de Podenas, welcher im Rahmen einer Urkunde des Grafen von Armagnac, datiert auf den 5. Oktober 1062 (nicht 1070, wie häufig angegeben wird, z.B. A.D.N.F. 1855: 172 sowie Noulens 1862: 462), zusamt dem Vicomte de Lomagne, Odon de Pardaillan, Bernard de Galard und Gailard de Billères figuriert (Cazauran 1890: 29). Mit diesen besonders alten Ursprüngen einerseits, andererseits ihren Heiratsallianzen zu den Häusern d'Albret, Armagnac, Montesquiou, Foix, Pardaillan, Durfort, Montlezun, Faudoas und anderen sowie dem Empfang der *Honneurs de la Cour* im Jahr 1775 und 1784 (Courcelles und Viton de Saint-Allais 1820b: 411) gehörten die Podenas bis zu ihrem Aussterben in Frankreich Ende des 19. Jahrhunderts zu den bedeutenden Geschlechter des Südwesten Frankreichs. Seit dem 13. Jahrhundert teilte es sich in drei Hauptlinien, von denen die erste diejenige der Seigneurs de Podenas, die zweite der Seigneurs und Barone von Peyrusse, welche häufig unter diesem Namen geführt wurden, und schließlich die dritte, welche die Seigneurs de Marambat bildete. Letztgenannte erlosch mit ihrem letzten männlichen Vertreter Thomas de Podenas, welcher bei der Schlacht von Renty gegen die Spanier am 13. August 1554 fiel. Der zweiten Linie sollte bereits im 14. Jahrhundert in Ermangelung männlicher Nachkommen kein Fortbestand beschieden sein, so daß lediglich der erste Zweig fortblühend war (A.D.N.F. 1855: 173–174). Dieser verblieb letztlich im Besitz der Herrschaft Poudenas, an der alle drei Äste des Geschlechts Besitzanteile ihr Eigen nannten, doch läßt sich bereits früh nachweisen, daß sie bereits Mitte des 13. Jahrhunderts an Aftervasallen belehnt wurde. Dies resultiert aus einer Hommage von Sancius Anerius de Filartigue an Alphonse v. Poitiers, Graf v. Toulouse, aus dem Jahre 1259 (vgl. dazu Kap. 3.3: 375 sowie Kap. 2.3.2.1: 115):

> "*Ego Sancius Anerii de Filartigua, domicellus, confiteor vobis magistro Bono Tozeti, judici Agennensi pro illustri domino comite Tholosano et de mandato nobilis viri Guilllelmi de Balneolis, militis, senescalli Agennensis et Caturcensis, presenti et requirenti, me tenere in feodum a dominio comite, terras quas habeo in castro de Podanas et de Andiranno, et illud quod habeo in episcopatu Agennensi, excepta decima de Siosa et terra ad dictam decimam pertinente, quam teneo de domino Willelmo de Podanas, et excepta caslania de Podanas, et propter hoc debeo ei facere unum militem d'ost et homagium.* [...] *Hujus rei sunt testes magister B. Gaitapui, magister Willelmus Mota, B. de Vulpibus.*" (Tholin und Fallieres 1897: 22–23)

Diese Urkunde gibt nicht allein Auskunft über die Besitz- und Lehensverhältnisse sowie die ökonomischen Auflagen (z.B. die *caslania*, vgl. dazu: Du Cange 1954b: 223), sondern belegt mit der ersten Nennung des *castrum de Podanas* (vgl. Abb. 2.46: 326) auch erstmalig das Vorhandensein einer Burg, welche mit ihren heutigentags nicht mehr vorhandenen Türmen und Wehrgängen im Mittelalter als eine der am stärksten befestigten Verteidigungsanlagen des Agenais galt, nicht zuletzt da sich seine Stufenmauern bis zu dem am Hang gelegenen Dorf in mehreren Verteidigungslinien fortsetzten (Tholin 1897: 147 vgl. zur Geschichte weiterführend: Nadaillac 1992).

Poudenas wurde, nicht zuletzt auf Grund seiner militärischen Bedeutung, Ende des 13. Jahrhunderts von Bernard VI., Graf v. Armagnac, zusammen mit drei weiteren Herrschaften von Edelleuten seines Hofes zur Baronie erhoben (Cazauran 1890: 29). Daran erzeigt sich deutlich die zu diesem Zeitpunkt noch ausgesprochen schwache und dezentrale Stellung des Königtums, denn erst im 15. Jahrhundert gehörten Nobilitierungen zum alleinigen Prärogativ des französischen Monarchen (vgl. immer noch grundlegend dazu: Contamine 1976a). Die Poudenas blieben – zumindest in Hinblick auf die Ländereien von Poudenas – nicht ohne Unterbrechungen alleinige Herren der gleichnamigen Herrschaft, da Arnaud II. de Podenas, Seigneur de Marambat seinen Anteil an der Baronie im September 1372 an Jean I., Graf v. Armagnac, Sohn von Bernard VI. und der Cécile de Rodez verkaufte.[181] Die weitere

Abb. 2.46: Château de Poudenas, um 1980 [eigene Photographie]

181 A.D.64, E 282.

historische Genese von Poudenas bis zur Neuzeit ist bis dato kaum erforscht. Es ist lediglich tradiert, daß die Herren von Podenas eine nicht unwesentliche Rolle im Hunderjährigen Krieg (1337–453) spielten, und sich König Karl VII. von Frankreich im Mai 1437 im Zuge der Rückeroberung der Guyenne im Château de Poudenas aufgehalten hatte (Bellecombe 2011: 227). Die Podenas blieben sowohl in dieser Zeit der kriegerischen Auseinandersetzung, als auch während der Konsolidierung der französischen Herrschaft in Aquitanien Eigentümer von Schloß und Baronie von Poudenas, bis hin zu Gaston de Podenas, welcher als Sohn von Jean III. noch zwei weitere jüngere Brüder hatte, von welchen der jüngste, Gabriel, die Gelübte als Malteserritter im Großpriorat Toulouse ablegte und der ältere von beiden, Guillaume, als Gouverneur von Riscle im Armagnac, Begründer des Zweiges der Seigneurs de Castéra-Préneron und Villepinte wurde. Von diesem stammten alle weiteren Abkömmlinge des Hauses Podenas bis zu ihrem Aussterben Ende des 19. Jahrhunderts ab (vgl. Kap. 3.4.2: 393), denn der älteste, Gaston, Baron de Poudenas und Coseigneur von Andiran, verheiratet mit Françoise de Barrau, Tochter von Pierre de Barrau, Seigneur de Andiran, und der Jeanne de Bezolles, verschied um 1577 ohne Hinterlassenschaft von überlebenden Kindern. Zuvor hatte er in seinen testamentarischen Verfügungen vom 21. November 1548 bestimmt, daß sein posthum geborenes Kind, da seine Frau zu diesem Zeitpunkt guter Hoffnung war, sein Erbe antreten sollte. Für den Fall, daß dieses vor seiner Mutter stürbe, sollte seine gesamte Hinterlassenschaft an die Genannte zurückfallen. Tatsächlich überlebte das Kind nicht und seine Mutter, Françoise de Barrau vermachte den gesamten, von ihrem Ehemann ererbten Besitz ihrer Nichte und Patenkind Françoise de Caubios, welche ihren ersten Ehemann, François de Marrast vorzeitig verloren hatte. Am 10. April 1581 ging diese eine zweite Verbindung mit Jean IV. du Bouzet de Roquepine, Sohn von Jean III. du Bouzet, Seigneur de Roquepine et Pouycarrégelard, und der Bernardine de Montlezun, Dame *en partie* du Pouy, ein (Noulens 1862: 469).

Mithin gelangten die Bouzet durch diese Eheverbindung in den Besitz des Schlosses und der Ländereien von Poudenas. Dieses besaß wie die Baronnie Monteton die niedere, mittlere und hohe Gerichtsbarkeit, was mit dem Recht einherging, Staatsanwälte und Richter zu ernennen (vgl. Kap. 2.3.3.7: 322). Da es zudem aber auch aus den fünf Gemeinden Sainte-Estephe, Saint-Antoine, Sainte-Catherine, Arbussan und Andiran bestand, letztgenannte die Mitgift von Françoise de Barrau Bouzet –, wurde es Ende des 17. Jahrhunderts zugunsten von Pierre Gaston du Bouzet de Poudeans, Comte de Castelnau, des Urenkels von Jean IV. du Bouzet de Roquepine, zum Marquisat erhoben (Noulens 1863: 54).

Auch bei ihm vollzog sich die Weitergabe der Herrschaft, wie bei seinen Vorfahren, vom jeweiligen Oberhaupt des Zweiges du Bouzet de Poudenas auf den ältesten Sohn. Aus seiner am 20. Juno 1687 geschlossene Verbindung mit Françoise d'Espaignet sollten die zwei Söhne Jean V. und Jean-Félix hervorgehen. Zunächst erschien es, daß sich die Filiation von Jean V. gesichert kontinuieren würde, denn nachdem er am 13. November 1723 mit Marie de Dulong den Lebensbund eingegangen war, entsprossen dieser Allianz die drei Söhne Jean-François, Marie Jean Henri und Charles-Maurice. Weil alle drei zum Zeitpunkt des Abfassens seiner letztwilligen Verfügung am 14. April 1747 unverheiratet und kinderlos waren, bestimmte er zum Hauptlegataren seinen ältesten Sproß, jedoch mit der Auflage, daß, sollte er ohne legitime Kinder abberufen werden, sein jüngerer Bruder Marie Jean Henri zum Erbe avanciere. Für den Fall, daß auch dieser ohne Nachkommen aus einer legitimen Hochzeit stürbe, sollte das Vermächtnis dem Jüngsten, Charles-Maurice, zufallen. Bei Ausbleiben von Kindersegen auch bei diesem sei der ererbte Besitz an die Söhne seines Onkels väterlicherseits, Jean-Félix du Bouzet de Poudenas, vermachen (vgl. zum genauen Wortlaut des Testaments von Jean V. du Bouzet de Poudenas: Dubouzet vs. Dijon 1807: 27–28). Die Absicht dieser unter der Maßgabe einer graduellen und immerwährenden Substitution verfaßten testamentarischen Verfügung tritt klar zutage: Das Vermögen der Bouzet de Poudenas sollte innert der Filiation

Abb. 2.47: Château de Poudenas, Salle des gardes (um 1915) [Postkarte: unbekannter Provinienz]

des Zweiges thesauriert werden. Als zusätzlich Absicherung gegen eine potentielle Veräußerung fungierte die spezifische Rechtsform des Fideikomiß für das Marquisat de Poudenas, das heißt, die Nachfolge war derart festgelegt, daß es selbst dem Familienoberhaupt und mithin nach den inwendigen Familiensukzessionregeln der Primogenitur dem rechtmäßigem Eigentümer nicht verstattet war, das Marquisat zu verkaufen (vgl. zur Situation in Frankreich während des Ancien Régime ausführlich: Merlin 1828: 98–266).

Diesem Punkt sollte eine exzellierende Relevanz zukommen, denn nachdem Jean-François sowie kurz hernach sein jüngerer Bruder verstorben waren, fiel das gesamte Erbe mit Poudenas an den Jüngsten, Charles-Maurice. Dieser wurde durch die aufwendige Lebenshaltung am französischen Hofe in Versailles finanziell solchergestalt ruiniert, daß Poudenas durch Erlaß vom 1. März 1769 des *Palais de la Justice* von Paris zwangsversteigert werden mußte. Den Zuschlag erhielt für 400.000 Livres Suzanne Dijon de Monteton, geborene Pellet (Dubouzet vs. Dijon 1807: 1).

Die Rechtsfolgen dieses Vermögenstransfers sollten bis in das 19. Jahrhundert reichen, denn am 15. März 1805 versuchten die Erben von Jean-Félix, der die Nachfolge des 1780 verstorbenen Charles-Maurice als Chef des Zweiges der du Bouzet de Poudenas angetreten hatte, das Eigentumsrecht von Philippe Dijon de Monteton an Poudenas, des Hauptvermächtnisnehmers seiner Mutter Suzanne Pellet, streitig zu machen (Noulens 1863: 56–58). Letztlich scheiterten die Bouzets mit ihrem rechtlichen Vorstoß in allen Instanzen, nicht zuletzt, da das Gericht erklärte, daß das Zwangsversteigerungsprozedere in aller Transparenz und Rechtmäßigkeit vonstatten gegangen sei und die Mutter von Philippe Dijon sämtliche Schritte zum Erwerb des Marquisats in rechtlich einwandfreier Form vollzogen hätte. Da hier nicht der Raum ist, diesen Prozeß in allen Details abzubilden, sei auf die *Consultation pour M. Dubouzet de Poudenas contre M. Dijon*. [Factum] von 1807 (Dubouzet vs. Dijon 1807) und 1808 verwiesen.[182] Mithin verblieb Philippe Dijon de Monteton bis zu seinem Tode 1835 im Besitz von Poudenas. Beerbt

182 B.M.D., Saverot 17(1).

wurde er von seiner Nichte Stéphanie de Virieu, nach deren Tod 1872 verkauften ihre Nachlaßnehmer Poudenas an die Nachfahren des bereits genannten Guillaume de Podenas, Gouverneur von Riscle, so daß sich die Stammseigneurie nach fast 300 Jahren wieder in den Händen ihrer ursprünglichen Eigentümer befand. Allerdings sollte dieser Besitzstand nicht von langer Dauer sein, denn mit dem frühen Tod des letzten Repräsentanten des Hauses, Michel de Podenas, im Jahr 1891, endete die tausendjährige Familientradition dieses Geschlechts.Das angestammte Haus sollte letztendlich an die Nachkommen des Neffen der Großmutter väterlicherseits von Michel de Podenas fallen, an Athenaïs du Pouget de Nadaillac (vgl. ausführlich zu diesem sehr alten und angesehenen Haus: Lainé s. a. sowie: Courcelles 1822a: 1–18 (Art. du Pouget de Nadaillac)), in deren Besitz es sich bis zum heutigen Tage befindet.

Rechtliche Auseinandersetzungen waren jedoch nicht nur Graf Philippe Dijon de Monteton, sondern gleichwohl bereits seiner Mutter Suzanne Pellet beschieden, denn, um mit dem französischen König zusammen über Francescas die hohe, mittlere und niedere Gerichtsbarkeit auszuüben, bedurfte es einer eingehenden, lehens- und adelsrechtlichen Prüfung gleichermaßen durch das Parlament von Bordeaux und das Justizpalais in Paris, denn es war mitnichten einem beliebigen Adligen oder gar einem Bürgerlichen gestattet, dieser Ehre zuteil zu werden. Demgemäß erfolgte durch ein Schreiben vom 28. Februar 1772 die Aufforderung (vgl. Abb. 2.48: 330), sämtliche Dokumente, darunter Lehenshuldigungen, Aufstellungen der Herrschaft sowie ihren rechtmäßigen Besitzanspruch hinsichtlich der Grafschaft Lasserre, mit welcher die Coseigneurie verbunden war, vorzulegen, um den Nachweis zu erbringen, daß die formaljuristischen Erfordernisse für dieses Privileg erfüllt wären.[183]

Dies gelang ihr, nicht zuletzt auf Grund ihres Rechtsbeistandes Bernard Poisebiran de Soubiran, ohne weitere Schwierigkeiten, so daß es nicht Wunder nimmt, wenn Jules de Bourrousse de Laffore ausführlich darüber berichtet, daß er eine Vielzahl von Rechtsakten gesehen habe, die mit einem zweigeteilten Sigel mit der französischen Königskrone versehen waren: Der eine Teil stellte das Wappen Frankreichs dar, der andere das der Familie Dijon de Monteton. Bourrousse de Laffore besaß auch selbst eine mit diesem Doppelwappen gesiegelte Rechtsurkunde, datiert auf den 21. November 1781, unterschrieben von Viven, Rat und Staatsanwalt des Königs am Gerichtssitz von Francescas.

Es sei an dieser Stelle fernerhin angemerkt, daß die Übernahme der mit dem Lehen verbundenen Titel nur deswegen möglich war, da Suzanne Pellet dem adligen Stand angehörte. Denn der Erwerb einer *fief de dignité* (vgl. Kap. 4.2.1: 425) konnte nur dann mit dem zugehörigen Titel ohne ausdrückliche Genehmigung des Königs geführt werden, wenn der Erwerber adlig war. Dabei war es gänzlich unerheblich, ob die Lehensübertragung durch Kauf, Erbe, Schenkung oder sonstige Erwerbungswege in den Besitz der jeweils adligen Familie gelangt war. Dieser tolerante Umgang mit betitelten Lehen lag einesteils darin begründet, daß bei der äußerst großen Zahl von Transfers in ganz Frankreich eine je eigenes Prüfungs- und Genehmigungsverfahren schlecherdings unmöglich gewesen wäre, und anderenteils, daß dadurch die Zugehörigkeit zum Zweiten Stand in toto unberührt blieb. Das heißt, die Rangqualität der jeweiligen Person änderte sich praktisch nicht, da es im Ancien Régime kaum eine wirkliche Hierarchie der Titel gab (vgl. Kap. 4.1.3: 422), und die Steuerbefreiung alle als adlig anerkannten Personen betraf. Zudem entstand durch ein mit dem Titel verbundenes Lehen keine "Titel-Flut", wie in den deutschen Gebieten, da in Frankreich durch die Unteilbarkeit des Lehens grundsätzlich nur ein Träger des Titels existierte (vgl. Kap. 4.2.2: 438) und es keine Übertragung desselben auf sämtliche Kinder gab (vgl. Kap. 4.2.2: 438). Des Weiteren wurde es als Leistung angesehen, überhaupt im Stande zu sein, ein Lehen und den darin

183 A.D.33, C 4154.

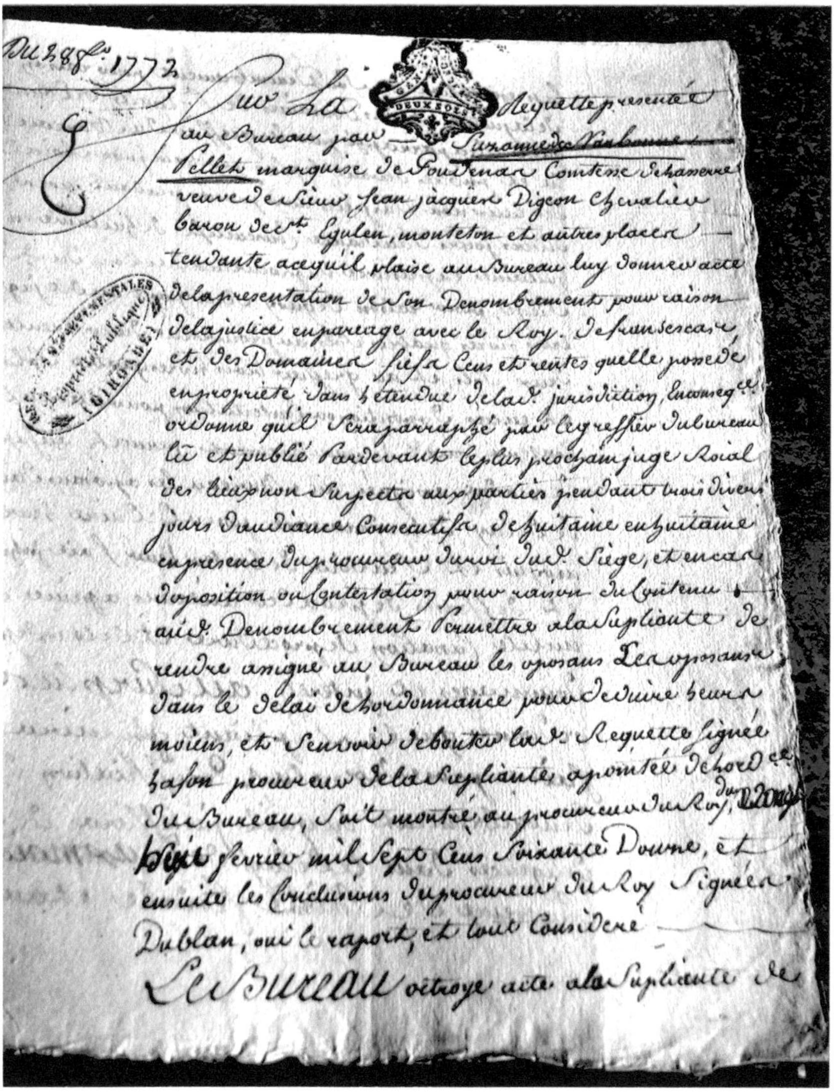

Du 28 f.er 1772

Vu La Requette presentée au Bureau par Suzanne de Narbonne Pellet marquise de Poudenas Comtesse de Lasserre veuve de Sieur Jean jacques Digeon Chevalier baron de St Eulen, montelon et autres places tendante a ce quil plaise au Bureau luy donner acte de la presentation de son Denombrement pour raison de la justice en parage avec le Roy de francescas et des Domaines fiefs Cens et rentes quelle possede en propriété dans l'etendue de lad. jurisdiction, Encores ordonne quil sera paraphé par le greffier du bureau lu et publié pardevant le plus prochain juge Roial des lieux non suspects aux parties pendant trois divers jours d'audiance consecutifs de huitaine en huitaine en presence du procureur du roi dud. Siege, et en cas d'opposition ou contestation pour raison du contenu aud. Denombrement permettre a la supliante de rendre assigné au Bureau les oposans Les oposans dans le delai de lordonnance pour deduire leurs moiens, et se voir debouter lad. Requette signée Lafon procureur de la supliante, apointée de lord. du Bureau, soit montré au procureur du Roy, du douze fevrier mil sept cens soixante douze, et ensuite les conclusions du procureur du Roy signées Dublan, oui le raport, et tout Considere

Le Bureau octroye acte a la supliante de

Abb. 2.48: Aufforderung an Suzanne Pellet, Comtesse de Lasserre und Marquise de Poudenas, sämtliche lehensrechtlichen Nachweise zu erbringen, um die Voraussetzungen zu erfüllen, mit dem König in der Coseigneurie von Francescas die hohe Gerichtsbarkeit auszuüben, 1. Seite, 28. Februar 1772 [A.D.33, C 4154, eigene Photographie]

inbegriffenen Landbesitz zu erwerben. Der Titel spielte auf Grund der anderen die Adelsqualität bestimmenden Parameter, wie vor allem das Adelsalter, lediglich eine untergeordnete Rolle (vgl. Kap. 4.2.2: 428). Levesque hat diesen Aspekt der französischen Adelskultur poientiert zu Papier gebracht:

> "[…] *car, au point de vue utile, le titre ne donnait au noble rien de nouveau; le changement de qualification n'opérait pas changement de qualité; il n'introduisait pas dans une classe, dans un ordre différent*

celui qui se l'était permis; la noblesse, si l'on peut ainsi parler, était le tissu, le titre la broderie, et, plus ou moins brillante, la broderie ne changeait pas la nature du tissu." (Levesque 1866: 120)

Diese Form der Usurpation, respektive die daraus resultierende "Autonobilitierung" – die alleinige Ausnahme bildete der Titel des *duc* – (vgl. Kap. 4.3: 445), war kein seltenes Phänomen, wenn man sich die Familiengeschichte einzelner Adelsgeschlechter betrachtet (Sémainville 1860: 580). Ein prominentes Beispiel hierfür wäre die im nachfolgenden noch zu erörternde Causa des Marquis de Sade (vgl. Kap. 4.3: 444). Der Beweis für einen solchen Verdacht auf unzulässige Aneignung läßt sich relativ rasch erbringen, wenn sich in kein Nachweis für die *érection de la terre* (vgl. Kap. 4.3: 426) auffinden läßt, da ein solcher Vorgang stets genaustens von Seiten des Staates, allein schon durch die Registrierungen und Gegenzeichnungen der jeweiligen Parlamente, dokumentiert wurde. Gewissermaßen legitimiert wurde diese Aneignungspraxis vorzüglich, wenn sich sehr angesehene und alte Adelsfamilien ihrer bedienten, durch einen von Laroque irrtümlich Tertullian zugesprochenen Rechtsgrundsatz: "*Traditio est: nihil quaeras amplius*" (La Roque de La Lontière 1994: cap. XXVI). Tatsächlich findet sich dieses Diktum bei Johannes Chrysostomos in der dritten Homilie zum zweiten Brief an die Thessalonicher: Παράδοσίς ἐστι, μηδὲν πλέον ζήτει. Chrysostomus: in epistulam II ad Thessalonicenses 1862: cap. 3). Das bedeutet, daß eine über Generationen geübte Praxis einer alteingessenenen Adelsfamilie ein "historisches Kapital" darstellt, dem vom eigenen Stand und der Krone nicht widersprochen wurde, da es keinerlei rechtliche Auswirkungen in sich barg, wiewohl auch besonders in den eigenen adligen Reihen die rechtliche und historische Aporie des beanspruchten Titels durchaus bekannt war.

2.3.3.8 Errosion der Endogamie durch Einheiraten in katholische Häuser

In diese Zeit ihrer Lehensakquise fielen für Suzanne Pellet auch einige persönliche Schicksalsschläge, denn obzwar aus ihrer Ehe mit Jean-Jacques II. Digeon de Monteton die sechs Kinder Jeanne-Rose, Philippe, Marthe, Marie, Elisabeth und Marie-Rose hervorgegangen waren (vgl. Anhang: B.11: 704), verlor sie am 29. Januar 1771 die vierzehnjährige Marthe, wie ein Kondolenzschreiben des Magistrats von Francescas aufzeigt,[184] und fast genau ein Jahr später, am 21. Januar 1772, die erst neun Jahre alte Marie Rose.[185] Auch Suzanne Pellet selbst sollte nach diesem letzten Todesfall kein längeres Leben beschieden sein. Am 9. November 1772 verstarb sie in Paris, wobei wir über ihre Todesursache nicht unterrichtet sind.[186] Damit wurden ihre Kinder endgültig unter die Vormundschaft des Parlaments von Bordeaux gestellt.[187]

Es ist davon auszugehen, daß sie den Ehebund ihrer ältesten Tochter Jeanne Rose, welcher vertraglich am 10. Februar 1773 mit Henry d'Asnières de la Chasteigneraye, Marquis d'Aizenay, Baron de Palluau, Seigneur de Gorce, Pleuville et Gueuche (Alloue) geschlossen wurde, noch arrangiert hat. Die Hochzeitszeremonie selbst wurde in Paris gefeiert. Der Bräutigam von Jeanne-Rose stammte als Sohn von Louis Henri d'Asnières, Chevalier, Seigneur de Lucques et Saint-Marsault, und der Henriette de la Tour-d'Aizenay, Tochter von Henri August, Marquis d'Aizenay, und der Jeanne Le Maistre, aus einer in ununterbrochener Filiation seit dem 15. Jahrhundert nachweisbaren Familie des Poitou, deren Stammlehen Asnières circa sechs Kilometer südlich der Stadt Pons (17) situiert ist.

---

184 E Sup. 2650 (BB 21).
185 A.M.B. GG 811.
186 E Sup. 2650 (BB 21).
187 A.D.38, DM 70.

Unter anderem aus dieser geographischen Nähe leitete der Neffe von Henry, Jean-Baptiste d'Asnières de la Chasteigneraye seinen Anspruch ab, von dem illustren *Sires de Pons* abzustammen (vgl. zu diesem Haus: Courcelles 1824: Art. Pons). Dieser Anspruch evozierte seinerzeit einen veritablen Eklat, denn die letzte Vertreterin dieses Hauses, Augustine Elénore de Pons, verheiratet mit Charles Louis Yves du Bouchet, Marquis de Tourazel, ging juristisch dagegen vor und hatte mit ihrer Unterlassungsklage in allen Instanzen bis hin zum Kassationsgerichtshof von Paris umfassenden Erfolg: Mit seinem Urteil von 1834 wurde den d'Asnières endgültig untersagte, zu behaupten, im Besitz einer Abstammung oder agnatischen verwandtschaftlichen Beziehung zu den de Pons zu sein (Borel d'Hauterive 1841b: 362). Tatsächlich lassen sich auch bei einer gründlichen Prüfung der gesamten Prozeßunterlagen keinerlei Anhaltspunkte für die von Jean-Baptiste d'Asnières vertretene Ansicht, ein Abkömmling der de Pons zu sein, auffinden.[188] Mithin verbleiben uns die Beweggründe dieses Beharrens auf seiner Position in finaler Konsequenz opak, sintemal dieser durch seine Heirat mit Hermessinde Octavie Hélène de Narbonne-Lara eine Repräsentantin des hohen und sehr alten Adels Frankreichs geehelicht hatte. Die Braut war (vgl. Kap. 2.3.3.7: 303) Tochter von Joseph Augustin de Narbonne Lara und Hortense de Bauffremont-Courtenay, diese wiederum Tochter des Joseph de Bauffremont-Courtenay, Fürst de Listenois. Der Familie der Hermessinde Octavie Hélène de Narbonne-Lara war darüber hinaus vom französischen Hofgenealogen Bernard Chérin bei zwei Gelegenheiten Ende des 18. Jahrhunderts ein hervorragendes Zeugnis ihrer Adelsqualität ausgestellt worden, nicht zuletzt auf Grund des Alters des Geschlechts, welches mit Poincy in der zweiten Hälfte des 14. Jahrhunderts die sichere Stammreihe beginnt: zum einen anläßlich der Zulassung zu den *Honneurs de la Cour* für die Jahre 1782, 1783 und 1785[189], zum anderen als für Jean, den einzigen und jüngeren Bruder von Henry d'Asnières de la Chasteigneraye und Vater des genannten Jean-Baptiste, die in seinem Eigentum befindliche Stadt La Châtaigneraie, die Baronnie Petit-Château sowie die sechs *châtellenies* Menomblet, Bourg-Batard, La Tardière, Saint-Pierre-du-Chemin, Saint-Marsaud, Marillet im Juli 1776 durch *lettres patentes* vereint und zum Marquisat d'Asnières-la-Chasteigneraye erhoben wurden,[190], wodurch die gängige Vorgabe der Anzahl von Lehen für eine solche *érection de la terre* erfüllt war (vgl. Kap. 4.3: 426). Diese Auszeichnung erfolgte "*en consideration de ses services et de son origine très haute et très ancienne*".[191]

Allerdings sei an dieser Stelle angemerkt, daß Henri Beauchet-Filleau und Charles de Chergé in ihrem *Dictionnaire historique et généalogique des familles du Poitou* dezidiert darauf hinweisen, daß es den Asnières mitnichten gelang, ihre Abstammung vom ersten Haus Asnières, dessen Genealogie sich vom 12. bis Mitte des 14. Jahrhunderts nachweisen läßt, zu belegen. Sie gehen davon aus, daß die Filiation des ersten Repräsentanten des Geschlechts, Poincy d'Asnières, zu seinem Enkel Seguin, die auch in den *lettres patentes* bei der Erhebung des Marquisats aufgeführt wird, auf der Grundlage eines gefälschten Testaments von Poincy d'Asnières[192] beruht (Beauchet-Filleau und de Chergé 1891: 126). Leider ist es in Ermangelung von Literaturoder Quellenhinweisen derzeit nicht möglich, die These beider Autoren einer Überprüfung zu unterziehen. Allerdings läßt das sehr angelegentliche Bemühen von Jean-Baptiste d'Asnières de la Chasteigneraye, seinen Stammbaum mit dem Haus de Pons, dessen lückenlose Stammreihe im 11. Jahrhundert ihren Angang nahm, zu verknüpfen, die Darlegung von Beauchet-Filleau und Chergé als nicht unplausibel erscheinen, schließlich ist das Kriterium der

188 A.D.85, 11 J 6.
189 A.D.85, 11 J 2 sowie B.N.F., Fonds Chérin, 9.
190 A.D.85, 11 J 1.
191 Ibid.
192 A.D.85, 11 J 2.

Anciennität das gewichtigste bei der Qualifizierung eines französischen Adelsgeschlechts (vgl. Kap. 4.1: 405). Auf jeden Fall würde es sich – gesetzt den Fall, diese Vermutungen wären zutreffend – um einen der äußerst seltenen Fälle handeln, in welchem der ansonsten mit höchster Gründlichkeit recherchierende und unbestechliche *généalogiste du Roi* getäuscht worden wäre.

Aus der ehelichen Verbindung von Jeanne Rose Digeon de Monteton und Henry d'Asnières de la Chasteigneray ging außer der Tochter Marie, welche am 12. August 1774 in Pleuville (16) – mitsamt dem Schloß im Besitz der d'Asnières – das Licht der Welt erblickte, keinerlei Nachkommen hervor (Beauchet-Filleau und de Chergé 1891: 129). Über das weitere Schicksal dieser Tochter ist nichts auf uns gekommen, so daß die Mutmaßung naheliegt, daß sie bereits im Kindesalter abberufen wurde. Über den weiteren Verlauf der Ehe ihrer Eltern sind wir kaum im Bilde: Als gesichert vermag lediglich zu gelten, daß Henry d'Asnières eine militärische Karriere verfolgte, im Zuge derer er zum Ritter des königlichen Ordens Saint-Louis (vgl. Abb. 2.18: 107) ernannt wurde. Der von Ludwig XVI. unterzeichnte Ernennungsbrief ist auf den 28. Dezember 1776 ausgestellt.[193] Bis zum Jahr 1789 diente er im Range eines *Maréchal de camp*. In Folge der weiteren Radikalisierung der Revolution verließ er schließlich Frankreich, um als einfacher Soldat im Emigrantenheer von Louis V. Joseph de Bourbon-Condé gegen die Revolution zu kämpfen, woraufhin sein gesamter mobiler und immobiler Besitz nationalisiert wurde. Dies hatte auch erhebliche Auswirkungen auf sein Privatleben. Denn seine Ehe mit Jeanne-Rose wurde *pour cause d'émigration* um 1794 geschieden (Journal du Palais 1823: 495). Ob sich diese Auflösung des ehelichen Bundes tatsächlich allein auf Grund der Auswanderung von Henry d'Asnières vollzog oder Zerrüttungen im familiären Innenverhältnis die tatsächlichen Ursachen verkörperten, vermag derweil nicht bestimmt zu werden. Davon unabhängig zog die Scheidung auch eine Reihe rechtlicher Folgen nach sich, so beispielsweise die Forderung von Jeanne Rose nach Rückerstattung ihrer Mitgift in Höhe von 390.000 Livres. Henry d'Asnières war, nachdem ihm nur ein sehr kleiner Teil – darunter ein kleines Stadtpalais in Paris – seines ursprünglich auf 1.500.000 Livres geschätzten Vermögens verblieben war, lediglich im Stande, in einer Transaktion vom 4. August 1807 von der erhaltenen Mitgift 138.000 Francs in Form von Grundbesitz auszuzahlen (Journal du Palais 1823: 496). Entschädigungen für die Emigranten waren noch lange nicht beschlossen (Schulze 1993: v.a. 22–24). Folglich bestand seitens der Dame Digeon eine Restschuldforderung, die, wie im Transaktionsvertrag festgehalten wurde, durch eine mögliche Rückgabe des 350 Hektar umfassenden Waldes von Aizenay getilgt werden sollte. Allerdings fand sich dieser noch im Besitz des Regierung. Dies sollte sich erst mit dem Gesetz des 5. Dezember 1814 ändern lassen, auf dessen Grundlage der Wald von Aizenay zurückgegeben wurde. Indes war Henry d'Asnières am 22. Januar 1814 verstorben und hatte seinen jüngeren Bruder Jean zum Universalerben eingesetzt, so daß Jeanne Rose versuchte, von diesem den restlichen Teil der Vebindlichkeiten zu erhalten. Als dieser sich weigerte, für die Schulden seines verstorbenen Bruders aufzukommen, kam es zum Rechtsstreit bis hin zu einer höchstinstanzlichen Dezision des Kassationsgerichtshofs von Paris, welcher auf Grund des paradigmatischen Charakters der Causa ein Grundsatzurteil gegen Jeanne-Rose fällte (vgl. ausführlich dazu: (Journal du Palais 1823: 494–501) Dalloz und Dalloz 1850: 559–560).

Zwischenzeitlich, um das Jahr 1797, hatte sich Philippe Dijon de Monteton, eines Großteils der enteigneten Güter seines Schwagers Henry d'Asnières durch Kauf vom französischen Staat bemächtigt (Courcelles 1824: 92 (Anm. 1) Art. Pons), darunter auch des Schlosses und der Ländereien von Palluau (vgl. Abb. 2.49: 335 sowie Abb. 2.50: 336). Über die Motive von Philippe Dijon hinsichtlich dieser Ankäufe sind wir leider nicht unterrichtet, das heißt es ist nicht ersichtlich, ob er seinem Schwager zunächst einen Gefallen zu erweisen gedachte, oder

193 A.D.85, 11 J 1.

Abb. 2.49: Frontansicht des Château de Palluau (Zeichnung, 18. Jahrhundert) [Privatbesitz]

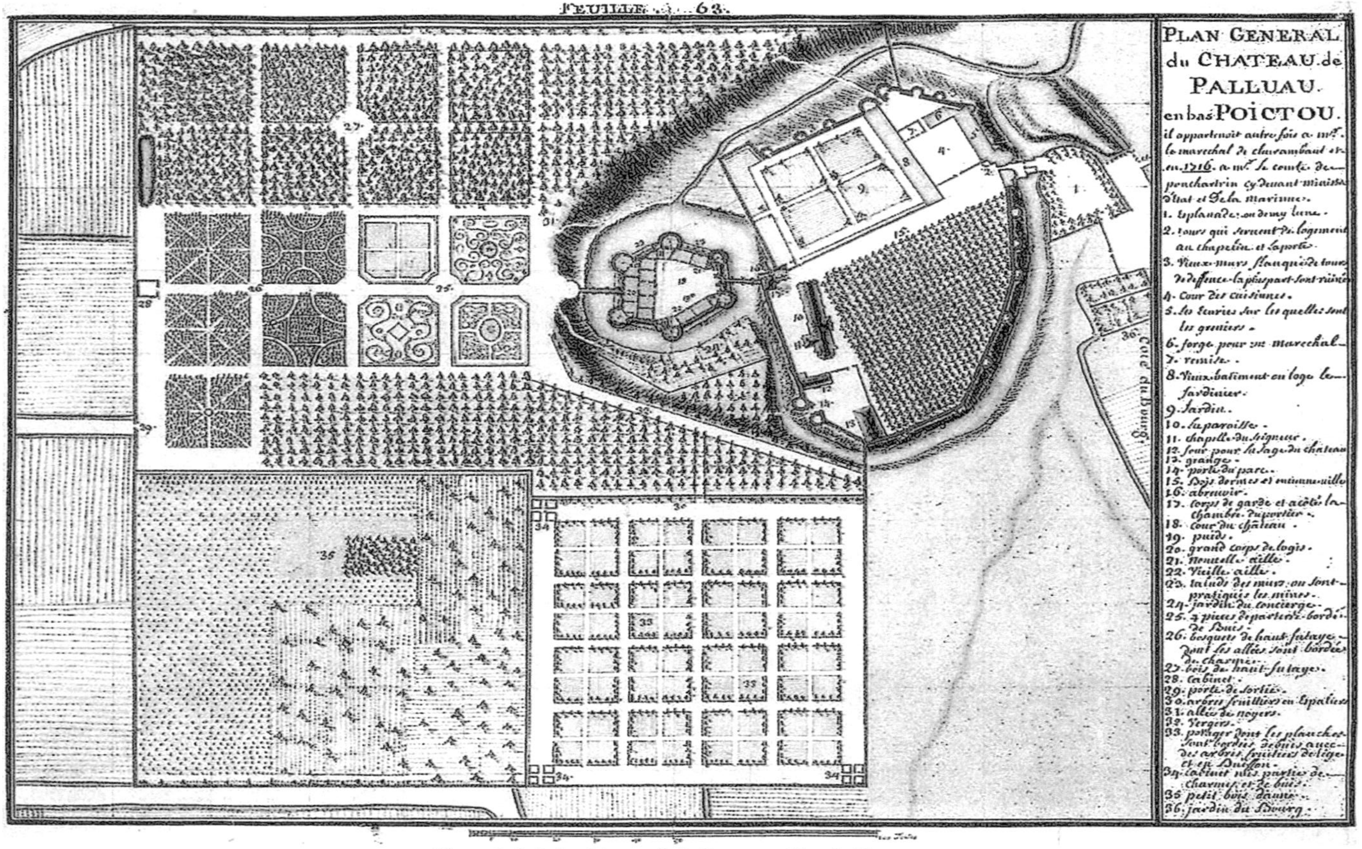

Plan général du château de Palluau par Claude Masse.

Abb. 2.50: Ichnographie des Château de Palluau von Claude Masse (18. Jahrhundert) [Privatbesitz]

ob er möglicherweise aus ökonomischen Gesichtspunkten handelte. Die Tatsache jedoch, daß er auch noch nach er Rückkehr von Henry d'Asnières nach Frankreich Eigentümer von Palluau blieb, spricht dafür, daß ihm an einer Hilfe für seinen ehemaligen Schwager wohl nicht gelegen war.

Über den genauen Todeszeitpunkt von Jeanne Rose Dijon de Monteton sind wir vermöge eines Eintrages in das Zivilstandsregister unterrichtet: Demgemäß wurde sie am 8. August 1832, um 5 Uhr abends im Alter von 77 Jahren im Schloß ihres Bruders in Palluau abberufen und hat damit ihren Ehemann um fast zwei Dekaden überlebt.[194]

Ungleich genauer sind wir über die Lebensumstände ihrer jüngeren Schwester Elisabeth Digeon unterrichtet, welche als nächste den Bund der Ehe eingegangen war: Mit dem am 21. Januar 1781 von König Ludwig XVI. und seiner Familie unterzeichneten Vertrag heiratete sie François-Henri (Chastellux 1875: 73), Comte de Virieu, Sohn von Louis François René und der Hofdame von Madame Victoire (Victoire Louise Marie-Thérèse de France), Armande Ursule du Bouchet de Sourches. Erwähnt sei, daß deren Eltern Louis du Bouchet, Groß- und Schloßvogt (*Grand prévôt de France et Prévôt de l'Hôtel*) von Frankreich, dessen Familie diese Ämter über fünf Generationen zwischen 1642 und 1792 bekleidete, und Charlotte Antonine de Gontaut-Biron waren.[195]

Wie ihre Schwester Jeanne Rose, repräsentierte Elisabeth die erste Generation der Digeon de Monteton, welche Männer aus dem dezidiert katholischen Milieu zum Ehepartner wählten und auch vermittelst Konversion in den Schoß der Una Sancta zurückkehrten. Im Falle von Elisabeth Digeon de Monteton erfolgte der Abschwur von den "Irrlehren Calvins" kurz vor ihrer Hochzeit im *couvent des Dames de Bellechasse* in Paris (Leflaive 1947: 19). Gleichergestalt auffallend sind die geographischen Abweichungen hinsichtlich der Wahl der Lebenspartners der Digeon de Monteton, welche seit der Ehe von Jeanne-Rose nicht mehr im unmittelbaren Umfeld der Guyenne beheimatet waren: So läßt sich die Spur der Familie von François Henri de Virieu seit nunmehr 1.000 Jahren in der Dauphiné verfolgen, wobei sich die gleichnamige Seigneurie mit dem Stammschloß, welches 1655 für Nicolas de Prunier in ein Marquisat erhoben wurde (Martin und Lecocq 1977: 240 sowie Poncet 1998: 346), seit Mitte des 14. Jahrhunderts für mehrere Jahrhunderte nicht mehr im Besitz des Geschlechts befand. In dieser Zeit trennte sich das Haus in drei Zweige: Faverges (heute unter dem Namen *Beauvoir* firmierend), Torchefelon, welcher in dem dritten de Pupetières aufging (A.D.N.F. 1904: 229, vgl dazu auch: A.D.N.F. 1855: 283–284). Nicht zuletzt durch ihre im Dienst mit der Waffe sowie in der Administration erworbenen Meriten vieler Generationen, zählten die Virieus zu den bedeutenden und alteingesessenen Adelsgeschlechtern im Südosten des französischen Königreichs. Demgemäß leicht war es für sie, die *Honneurs de la Cour* zu empfangen (vgl. Kap. 4.1.3), welche ihnen insgesamt sieben Mal (1753, 1763, 1765, 1766, 1774, 1780 und 1781) zuteil wurde.[196] So auch Elisabeth Digeon de Monteton – verheiratet mit Nicolas Alexandre de Virieu de Beauvoir –, Vicomte de Virieu welche gemäß dem *Mercure de France* am 4. März 1781 durch eine Verwandte ihres Mannes, Claudine de Maleteste Vicomtesse de Virieu, dem Königspaar Ludwig XVI. und Marie Antoinette sowie der königlichen Familie vorgestellt wurde (Mercure de France 1781: 124, vgl. dazu auch: Courcelles und Viton de Saint-Allais 1820b: 425). Claudine de Maleteste war *dame pour accompagner Madame Sophie de France* und sechste Tochter von König Ludwig XV. und der Marie Leszczynska.

In dieser Zeit entstand auch das Gemälde, für welches sie bei Elisabeth Vigée-Lebrun Modell saß (vgl. Abb. 2.51: 338).

---

194 A.D.85, 2 E 169/5.

195 A.N., 121 AP.

196 B.N.F., Collection Clairambault, 212.

Abb. 2.51: Elisabeth Digeon, Comtesse de Virieu (um 1785), Stahlstich von Héliog Dujardin nach einem Gemälde von Elisabeth Vigée-Lebrun, um 1890 [Costa de Beauregard 1892: 37]

Die Tatsache, daß die Einführung der Brautleute bei Hofe recht unkompliziert vonstatten ging, war vorzüglich der Tatsache geschuldet, daß die Virieus in Versailles sowohl auf verwandtschaftliche als auch freundschaftliche Verbindungen zuzugreifen im Stande waren. Dabei nahm die Familie der Ehefrau von René de Virieu, nicht allein durch das generationenübergreifende Bekleiden des Großvogtenamts eine Schlüsselrolle ein, denn aus der zweiten Eheverbindung ihres Vaters Louis du Bouchet de Sourches mit Marguerite Henriette Desmartes, ging ihr Halbbruder Louis François hervor, der am 8. April 1764 mit Louise Elisabeth de Croÿ, Marquise (ab 1816 Duchesse) de Tourzel, letzte *gouvernante des enfants royaux* (1789–792) der vorrevolutionären französischen Monarchie und Tochter von Louis Ferdinand Joseph de Croÿ, 6. Duc d'Hervé, und der Marie Louise Cunegonde de Montmorency-Luxembourg, vor den Altar trat.

Der Kreis zu den d'Asnières schließt sich in dem bereits oben apostrophierten gemeinsame Sohn Charles Louis Yves du Bouchet, welcher der Eheman von Augustine Elénore de Pons war, welche gegen die Prätentionen der d'Asnières, zum Hause de Pons zu gehören, gerichtlich vorgegangen war (vgl. Kap. 2.3.3.8: 332). Insbesondere in schicksalhaften Krisensituationen vermochte auf dieses Netzwerk rekurriert zu werden, was sich daran erzeigt, daß François Henri de Virieu, welcher, wie seine Frau selbst, bereits im Kindesalter Vollwaise wurde. Neben seiner Großmutter väterlicherseits, Jeanne Louise Lucréce de La Tour du Pin Gouvernet deMontauban, oblag die hauptsächliche Obhut der Charlotte Emilie de Crussol, Duchesse de Rohan, Tochter von Charles-Emmanuel de Crussol, 8. Duc d'Uzès und der Émilie de La Rochefoucauld. Die Herzogin von Rohan und Mutter von François Henri verband eine tiefe Freundschaft bis zum Tode der letztgenannten (Lôo 2005: 252), welche soweit ging, daß die Rohans, welche selbst keine Kinder besaßen, das junge Ehepaar wie ihre eigenen Nachkommen behandelten (Leflaive 1947: 19).

Auf Grund der liberalen und gebildeten Geisteshaltung, welche im Hause der Rohan vorherrschte, genoß der junge Virieu eine umfassende und feinsinnige Bildung, die ihm späterhin eine ausdifferenzierte Beurteilung der Staatsadministration ermöglichte, wie seine Abhandlung (*Rapport sur l'organisation des monnaies de France, fait au nom du comité des monnaies à la séance du jeudi soir, 17 mai 1791*), welche er in seiner Eigenschaft als Deputierter des Zweiten Standes in der Nationalversammlung verfaßte, illustriert (A.N.C. Comité des monnaies 1790). Daneben wandte er sich – wie nicht wenige seiner Standesgenossen seiner Zeit, so auch der Onkel zweiten Grades seiner Frau in Preußen, Louis Fréderic Digeon de Monteton (Gerlach: 157) – bereits in jungen Jahren der Freimaurerei zu, wurde Mitglied der martinistische Loge "La Bienfaisance" und nahm 1782 am Konvent von Wilhelmsbad teil, wo er an der Ausarbeitung freimaurerischer Riten mitwirkte (Gaudart de Soulages und Lamant 1981: 573). Daraus läßt es sich möglicherweise erklären, daß er in Glaubensfragen eine recht tolerante Haltung an den Tag legte – nicht zuletzt durch den der Freimaurerei zu Grunde liegenden Relativismus als Erkenntnistheorie – und dieserhalb auch eine Frau aus dem dezidiert protestantischen Milieu ehelichte. Katholiken war es, gemäß der Bulle "*Providas Romanorum Pontificum*" vom 18. Mai 1751 durch Papst Benedikt XIV., unter der Tatstrafe ("ipso factu") der Exkommunikation interdiziert, in eine Freimaurerloge als Mitglied einzutreten (Kottmann 2009: 154). Der Ehe von François Henri de Virieu und Elisabeth Digeon de Monteton, war ein reicher Kindersegen beschieden. So erblickte am 7. Januar 1782 zunächst der Erstgeborene Paul Émilie Louis Henri in Paris das Licht der Welt, verstarb aber bereits im Säuglingsalter von 19 Monaten am 20. Juli 1783 (Chastellux 1875: 73). Seine jüngere Schwester Stéphanie wurde am 14. Juli 1785 in der Nähe von Paris in Saint Mandé geboren, im Jahr darauf folgte am 25. Dezember 1786 Marie Émilie Nathalie und schließlich am 18. Mai 1788 mit Aymon Gabriel Henri der ersehnte männliche Nachkomme (Lôo 2005: 254–257). Die Situation, in welcher sich die Familie nach Ausbruch der Revolution am 14. Juli 1789 befand, war aufgrund des niedrigen Alters der Kinder – zwischen 14 Monaten und vier Jahren – schwierig. Daher gab man zunächst die beiden Mädchen in die Obhut der Schwester eines Skulpteurs, während Aymon noch bei seinen Eltern verblieb (Morin 1998: 77). François Henri de Virieu, nachdem seine politischen Bemühungen in der Constituante, deren Präsident er bis zu seinem Rücktritt vom 27. bis 29. April 1790 war, mit der Abschaffung der Monarchie endgültig gescheitert waren, begleitete im Jahr 1792 zunächst Madame Victoire auf ihrer Flucht nach Turin, hernach zog er im Verbund mit einigen anderen kommandierenden Offizieren der königstreuen Armeeteile, wie Stanislas Marie Adélaïde, Comte de Clermont-Tonnerre, gegen die Revolutionsheere zu Felde und fiel schließlich bei der Belagerung von Lyon, unter der Führung von Louis François Perrin, Comte de Précy, in der Nacht auf den 9. Oktober 1793, als die Königstreuen der feindlichen Übermacht erlagen (Rochas 1856: 483). Relativ schnell entwickelte sich seitens der Royalisten eine Art Heldenmythos um seine Person, der noch lange Zeit nach diesen Begebnissen nachwirkte und schließlich Charles-Albert Marquis Coasta de Beauregard (vgl. zu seiner Person: Bordeaux 1895) Ende des 19. Jahrhunderts veranlaßte, eine romaneske Biographie über François Henri de Virieu zu schreiben, die 1892 unter dem Titel "*Le roman d'un royaliste sous la Révolution*" (Costa de Beauregard 1892) publiziert wurde (vgl. die Rezension: Rocheterie 1892). Dieses Werk enthält gleichergestalt eine Reihe von Anmerkungen, welche auf historisch fundierten Tatsachen beruhen.

Über das weitere Schicksal seiner Frau in dieser revolutionären Zeit ist wenig auf uns gekommen. Es vermag lediglich gemutmaßt zu werden, daß sie sich zunächst noch an der Seite ihres Mannes befand, wobei es unklar ist, ob sie ihn auch noch 1791 bei seiner Reise nach Koblenz begleitete, wohin er auf Befehl von Madame Elisabeth Philippine Marie Hélène de Bourbon entsandt worden war, um den dortigen französischen Emigranten und Fürsten die tatsächliche Situation in Frankreich zu schildern (Robert und Cougny 1891: 540; vgl. dazu Kap. 2.3.1.3: 108) Auf jeden Fall verharrte sie während der Belagerung von Lyon in der Stadt und entkam nach deren Erstürmung nur um Haaresbreite dem Schafott durch eine wagemutige Flucht. Späterhin sollte sie sich im Jahr 1821 mit 600 Francs zur Errichtung eines Denkmals in Lyon, welches an die Opfer diese Blutbads gemahnte, beteiligen (Journal de Lyon 1821: 3).

In der unmittelbaren Folge ihrer Flucht aus Lyon irrte Elisabeth als Bettlerin camoufliert in den Bergen der Dauphiné umher, in der falschen Hoffnung verharrend, daß ihr Mann bald zu ihr stoßen würde, da sie von seinem Soldatentod noch nichts wußte. Schließlich übergab sie ihren sie begleitenden Sohn Aymon einer ihr treu ergebenen Bäuerin, welche ihn über Fontaine und Grenoble nach Lausanne verbrachte, und überquerte im Anschluß daran die Grenze nach Deutschland (Lamartine 1849: 368). Aller Wahrscheinlichkeit nach ging sie zunächst in das royalistische Zentrum von Koblenz, bis nach der Schlacht von Fleurus in Belgien am 26. Juno 1794 – im Zuge des Ersten Koalitionskrieges –, der Weg zum Rhein für die französische Revolutionsarmee offen lag. Koblenz wurde am 24. Oktober desselben Jahres von dieser unter General François Séverin Desgraviers-Marceau eingenommen (vgl. weiterführend: Bátori 1993). Elisabeths Spur läßt sich dann erst in der preußischen Exklave von Erlangen wiederentdecken. Zeitgleich mit ihr befand sich dort der entfernte Cousin Charles Armand Digeon d'Autremat (vgl. Kap. 2.3.1.3: 107), wobei es als unwahrscheinlich anzusehen ist, daß sie davon Kenntnis besaß und zu diesem Kontakt unterhielt, denn ansonsten wäre ihre Situation nicht solchergestalt schwierig gewesen: Gemäß der Darstellung von Louis Blanc in seiner *Histoire de la révolution française*, mußte sie sich unter ärmlichsten Verhältnissen als Gehilfin einer Näherin verdingen (Blanc 1862: 242–243). Blanc nennt seine Quelle zwar nicht, allerdings läßt sich doch der Ursprungstext dieser Ausführungen eruieren, denn selbiger wurde 1798 in der Schrift "*Voyages et aventures des émigrés français, depuis le 14 juillet 1789 jusqu'a l'an VII*" unter dem Pseudonym "L.M.H." erstmalig publiziert:

> "*La comtesse de Virieu, dont la vie dissipée à Paris, ne lui avait acquis d'autre talent que celui de briller dans le bals et les sociétés, fut obligée de se mettre en apprentissage chez une ravaudeuse. Un mauvais grabat pour se reposer, une nourriture grossière et dégoûtante, des reproches amers sur mal-adresse, qui, selon les propos intéressés de sa maîtresse, lui enlevaient une partie de son gain, lui firent payer cher son apprentissage. Enfin, le desir de jouir de cette liberté, qui lui parut alors si précieuse, la stimula tellement, qu'au bout de peu de tems elle fut assez instruite pour se procurer quelques pratiques particulières. On voyait cette femme établie sous un auvent délabré, ayant autour d'elle le chétifs étalage du métier. Trop heureuse encore lorsque quelques malheureux venaient alimenter son industrie! Sa douceur, sa résignation lui attiraient une certaine compassion respectueuse, qui paraissait lui faire supporter son état avec assez de patience.*" (H. 1798: 37)

Auch wenn es bis dato nicht möglich war, den Decknamen des Autors aufzulösen, der diese Ereignisse ob des Detailreichtums sowie der genauen Kenntnisse der örtlichen Gegebenheiten größtenteils selbst vernommen haben muß, so vermag doch klar seine Verortung im royalistischen Milieu erkannt zu werden. Damit verzerrt sich der Kernaussagengehalt kaum, denn insbesondere die verwitweten Ehefrauen der französischen Aristokraten waren während ihres Exils in einer finanziell äußerst prekären Situation, denn die mitgebrachten liquiden Mittel waren zumeist nach nicht allzu langer Zeit aufgebraucht, schließlich waren aus den in der Heimat enteigneten Gütern keine Einkünfte zu erwarten und darüber hinaus vermochten sonstige, die tägliche Existenz sichernden Einkommensquellen kaum realisiert zu werden, so daß monetäre Probleme zunehmend virulent wurden und viele keine andere Möglichkeit sahen, als sich als Ungelernte in Handwerks- und Dienstbotenverhältnisse mit einer sehr geringen Vergütung zu begeben. Die daraus erwachsenden Schwierigkeiten für diese Damen, welche sich aus der vollständigen Umkehrung der hierarischen Verhältnisse

Abb. 2.52: Stéphanie de Virieu, Selbstporträt (um 1795) [Gemäldephotographie (2011), Sammlung Château de Virieu (38)]

ergaben, liegen auf der Hand. Es mag fast schon einer gewissen Ironie nicht entbehren, daß sie damit gezwungen waren, genau das zu tun, was nach den adelsrechtlichen Regeln des Ancien Régime zum Verlust des Adels führte, nämlich einer nicht standesgemäßen Lohnarbeit nachzugehen (vgl. Kap. 4.4: 446). Daneben drängt sich angesichts der existentiellen Notlage von Elisabeth Digeon de Monteton die Frage auf, wessenthalben sich die emigrierte Verwandtschaft in Preußen nicht ihrer annahm. Zu dieser Zeit war Louis Fréderic Digeon de Monteton Herr auf Priort und reflektierte über den Neubau seines Gutshauses (Krünitz u. a. 1793: 583–588), so daß es sehr nahegelegen hätte, seiner französischen Cousine zweiten Grades zu helfen, sintemal Erlangen eine preußische Exklave war und die preußischen Digeon über die revolutionären Geschehnisse mit ihren Ausschreitungen in Frankreich im Bilde gewesen sein mußten. Gleichwohl ist es nicht explizierbar, wessenthalben sich die hilfebedürftige Verwandte nicht an ihre Angehörigen an Priort gewandt zu haben scheint, denn es kann abenso als ausgeschlossen angesehen werden, daß sie nicht über deren Lebensumstände und -mittelpunkt unterrichtet war, schließlich trug ihr Vater Jean-Jacques den Namen seines nach Preußen ausgewanderten Onkels. Für Elisabeth Digeon de Monteton waren diese Erfahrungen, gänzlich auf sich alleine gestellt zu sein, fraglos prägend und könnten ebenso die Erziehung sowie das Verhältnis zu ihrer Tochter Stéphanie beeinflußt haben, die sich zeit Lebens an keinen Mann zu binden gedachte, um sich ganz der Sorge um Mutter und Familie in einem Dasein religiöser Frömmigkeit zu ergeben.

Dabei ging sie aber auch eigene Wege als Bildhauerin und Malerin, wozu sie bereits im Alter von fünf Jahren durch den Maler Jacques Louis David ermuntert worden war. Diese frühkindliche Erfahrung sollte pfadbestimmend werden, denn sie nahm, nachdem sie 1798 wieder mit ihren Geschwistern in Paris vereint war, Unterricht bei dem David-Schüler Delavoipierre (Delécluze 1983: 415), um dann im Atelier von Albert Grégorius und hernach bei David selbst zu arbeiten. Dort verblieb sie jedoch nicht lange, sondern wechselte schließlich in das private Atelier von Elisabeth Suzanne de Jaucourt des Preuille, welche unter ihrem Ehenamen du Cayla in Künstlerkreisen Bekanntheit erlangte und nachmalig Schwiegermutter von Zoé Talon, Comtesse du Cayla, Vertraute und Mätresse von König Ludwig XVIII. von Frankreich wurde (vgl. zur Vita von Stéphanie de Virieu; weiterführend: Leflaive 1947 sowie der Nachruf auf sie: Du Boys 1874). Daneben entwickelte sich zwischen ihrem Bruders Aymon und Alphonse Marie Louis Prat de Lamartine, dem Dichter und nachmaligen Außenminister der Zweiten Republik, eine tiefe Freundschaft, die Ausdruck fand in der Übernahme des Patenamtes für Aymons Sohn Alphonse (Morin 1993: 63) sowie in einer intensiven, aus 343 Briefen bestehenden Korrespondenz zwischen 1808 und 1821 (vgl. Lamartine und Virieu 1987a). Diese enge Beziehung zwischen den Virieu und Lamartine erstreckte sich über die gesamte Familie, so auch Stéphanie, welche der Dichter in seinen Briefen häufig als "*la Romaine Phanie*" bezeichnete (Leflaive 1947: 122), so daß sie sich veranlaßt sah, den weiland noch recht unbekannte Schriftsteller und Dichter zu porträtieren (Gemälde abgedruckt in: Leflaive 1947: 185).

Ähnliches gilt für den savoyardischen Theoretiker der Politik, Joseph de Maistre, zu dessen Familie die Virieus in sehr engem Kontakt standen, und dessen Konterfei Stéphanie während einer Reise nach Italien über Turin, wo ihr Bruder als französischer Botschaftssekretär ab 1821 tätig war, gleichergestalt malte, wie aus einer brieflichen Korrespondenz (Morin 1993: 63–64) mit ihrem Bruder aus dem Jahr 1823/24 zu ersehen werden vermag. Dieweil es Maistre zum Zeitpunkt der Tätigkeitsaufnhame von Aymon gesundheitlich bereits schlecht ging, sind wir durch diese Schriftstücke über die Details zu seinem Tode unterrichtet (Barthelet 2005: 764).

Darüber hinaus verkehrte Stéphanie de Virieu mit einer Reihe von Personen des französischen Künstler- und Intelektuellenmilieus der ersten Hälfte des 19. Jahrhunderts, darunter

Abb. 2.53: Château de Pupetières um 1920 [Postkarte: Cliché Jayet]

Alexandre Dumas d.Ä., welchen sie ebenfalls porträtierte, sowie die russischen Mystikerin Madame Anne Sophie Swetchine, mit welcher sie eine jahrelange, enge Freundschaft verband, wie aus einem umfangreichen Briefwechsel hervorgeht (vgl. dazu Falloux 1866: 1–103).

Bevor sich die verwitwete Elisabeth Digeon de Monteton sowie die beiden Kinder ihren künstlerischen und beruflichen Aufgaben zu widmen vermochten, mußte erst im nachrevolutionären Frankreich eine neue Existenz komplett organisiert werden. Dafür kaufte Elisabeth Digeon de Monteton zunächst das kleine Château de Lemps in der gleichnamigen Gemeinde Grand-Lemp (38), welches unweit des bis dahin angestammten Schlosses Pupetières der Virieus lag, durch die Verwüstungen der Revolutionäre aber zerstört und unbewohnbar geworden war (vgl. Abb.).

Erst von ihrem Sohn und Enkel vermochte es wiederaufgebaut zu werden. Zur Beschaffung der notwendige finanziellen Mittel veräußerte sie einen Großteil ihrer Juwelen und bat ihren Bruder Philippe Dijon de Monteton, eine Anzahlung auf ihre Mitgift an sie auszufolgen, was auch geschah. In diesem Zuhause für sich und ihre beiden minoren Kinder empfing sie neben Lamartine auch Joseph und Xavier de Maistre sowie Massimo d'Azeglio und Cesare Alfieri di Sostegno (Leflaive 1947: 107 u. 110). Folglich führte sie, neben ihrem von Trauer ob des frühen Todes ihres Mannes geprägten, recht kontemplativen Leben, auch ein gesellschaftliches, das sowohl Stéphanie als auch ihrem Sohn ermöglichte, gewisse Verbindungen zu knüpfen. Allerdings waren diese zunächst nicht ausreichend, um Aymon einen Posten in der Diplomatie zu verschaffen. Daher legte sie große Hoffnungen in ihren Bruder Philippe Dijon de Monteton, welcher seit der Restauration als Deputierter des Département Lot-et-Garonne in der Nationalversammlung von Paris saß und, auf Grund der finanziell angeschlagenen Situation seiner Familie, Aymon de Virieu ein standesgemäßes Leben in Paris ermöglichte. Darüber hinaus ersuchte sie den Bruder, seinen Einfluß beim französischen Außenminister Armand Emmanuel du Plessis, Herzog von Richelieu, sowie bei Maximilien Gérard, Comte de Rayneval, weiland erster Botschaftssekretär und Generalkonsul von London, geltend zu machen. Wie Philippe Dijon de Monteton seine Neffen in einem Brief vom 24. Januar 1820 annocierte, hatte er sich auch tatsächlich für ihn verwendet, zunächst bei Rayneval und dann auch bei Étienne-Denis Pasquier. Allerdings war dem kein nachhaltiger Erfolg beschieden, was wohl vorrangig daran lag, daß weder der eine noch der andere aus dem Südwesten Frankreichs stammte und eine Beziehung zu diesen mithin weder in verwandtschaftlicher noch in regionaler Hinsicht bestand (Lamartine und Virieu 1987a: 341 (Anm. 1)). Möglicherweise wandte sich der Graf v. Dijon dieserhalb auch an Élie, Herzog von Decazes und Glücksberg, den mit den Digeons, wie bereits aufgezeigt wurde, eine Verwandtschaft verband (vgl. Kap. 2.3.3.1: 178), und der darüber hinaus aus Saint Martin de Laye (33) in der Gironde gebürtig war. Dessen Stern war jedoch nach einem kometenhaften Aufstieg genau im Januar 1820 durch den Ausbruch der spanischen Revolution und kurz darauf, insbesondere durch die Ermordung des Herzogs von Berry am 13. Februar 1820, im Sinken begriffen, wessentwegen er wohl kaum noch über die notwendigen Kapazitäten verfügte, den Neffen eines Verwandten zu protegieren (Bertier de Sauvigny 1991: 144).

Daneben versuchte Elisabeth Digeon de Monteton ihrem Sohn über eine Jugendfreundin, der Fürstin Géneviève de Trémoille (vgl. Kap. 2.2: 63), mit welcher zusammen sie unterrichtet worden war, zu helfen. Die Fürstin, eine geborene Andrault de Langeron war in erster Ehe verheiratet mit Louis Marie François de Saint-Mauris, Fürst von Montbarrey, Sohn des Kriegsministers Alexandre Marie Léonor de Saint-Mauris de Montbarrey, nach dessen Tod sie sich mit Louis de Trémoille, Sohn von Jean-Bretagne, Duc de La Trémoïlle und de Thouars, erneut in den Ehestand begab (La Trémoïlle 1901: 194). Elisabeth Digeon de Monteton fühlte sich lebenslang freundschaftlich und eng mit ihr verbunden, so daß sie hoffte, daß diese ihrem Sohn den Eintritt in den diplomatischen Dienst zu ermöglichen im Stande sei. Doch zunächst fruchtete keine dieser Bemühungen, so daß auch Stéphanie beschloß, sich für ihren Bruder Aymon zu verwenden und eine Chance ihm zu helfen in ihrer Verwandtschaft mit Félice du Bouchet de Sourches de Montsoreau erblickte, welche 1814 Pierre Louis Jean Casimir, Herzog von Blacas und Botschafter Frankreichs in Rom, zum Ehemann genommen hatte. Diesen Hoffnungsschimmer teilte sie gleichwohl auch der Freundin ihrer Mutter, der Fürstin de la Trémoille mit, wobei diese eine eher ernüchternde Einschätzung des verwandtschaftlichen Gewichts gab:

> "*Votre parentè avec Félicie, je dis celle qui est bonne et simple, peut aussi nuire à Aymon, comme je ne doute pas qu'elle ait nui à des plus proches parents*" (Lamartine und Virieu 1987b: 63 (Anm. 1))

Sicherlich war die Einschätzung der Fürstin zutreffend, daß der Verwandtschaftsgrad gegenüber der angeheirateten Herzögin de Blancas zwar unleugbar vorhanden war, schließlich war der Vater der Braut, Yves Marie du Bouchet de Sourches, Comte de Montsoreau, der Neffe der genannten Herzogin von Tourzel – die letzte Gouvernante der königlichen Kinder –, welche wiederum eine entferntere Tante von Aymon und Stépahnie de Virieu war, doch vermochte aus dieser Relation mitnichten eine solchergestalt enge Familienverbinung taxiert zu werden, daß daraus ein verbürgtes "Sich-ins-Mittel-Legen" resultieren würde. Statt dessen wäre es wesentlich wahrscheinlicher gewesen, daß die Mühwaltung von Philippe Dijon, des direkten Onkels von Aymon Früchte getragen hätte. Es ist an dieser Stelle interessant zu sehen, daß selbst sehr enge, blutsverwandtschaftliche Verflechtungen für sich genommen keine Garanten mehr verkörperten, adhoc einen gesicherten Platz im Bereich der französischen Außenbeziehungen zu erlangen. Darin liegt ein beträchtlicher Unterschied zu den noch im Ancien Régime geltenden Sozial- und Aufstiegsgesetzmäßigkeiten im Kontext einer mannigfaltigen, fragmentierten Macht- und Prestigeordnung (vgl. dazu: Jouanna 1988 sowie immer noch grundlegend: Elias 2002). Ohne dieser nicht unwesentlichen Frage unter der Annahme weiter nachgehen zu können, daß der Fall von Aymon de Virieu durchaus als repräsentativ für die Epoche der Bourbonischen Restauration angesehen zu werden vermag, soll hier lediglich die These geäußert werden, daß es die mit der französischen Revolution begonnene und ab 1814 über das Erste Kaiserreich manifest gewordene, zunehmende Emanzipation des Bürgertums – im Kontext eines gänzlich modifizierten Institutionengefüges und einer veränderten Politikkultur ohne dezidierte Parteienunterstützung, vorzüglich mit einer gewissen "Hausmacht" versehen – zunehmend aussichtsloser erscheinen ließ, allein auf das Abstammungsprinzip einer bestimmten Adelsfamilie zu vertrauen, um rasch zu einer gewünschten Stellung zu gelangen. So sollte es schließlich der Ehemann von Géneviève de la Trémoille sein, der erst nach mehreren Jahren für Aymon, welcher zunächst eine befristete Charge bei der Legation des Herzogs von Luxembourg in Brasilien innehatte, die entscheidende Wende herbeiführte: Durch seine enge Beziehung zu Mathieu, Herzog de Montmorency-Laval, seit 1821 Außenminister und schließlich Kabinettspräsident unter Karl X. von Frankreich, verschaffte er ihm eine Position als Botschaftssekretär in München (Lamartine und Virieu 1987b: 137 (Anm. 4)), von welcher er dann weiter im diplomatischen Dienst avancierte. Seine Mutter sollte diesen Weg noch eine ganze Zeit begleiten können, bis sie im Alter von 78 Jahren in Grand-Lemps am 18. Januar 1837 entschlief (Séché 1911: 90 (Anm. 2)).

Auch um die dritte seiner überlebenden Schwestern, die gemäß der Kopie eines Auszugs ihres Taufregisters[197] am 4. Dezember 1758 in Bordeaux geborene Marie (vgl. Abb. 2.54: 344), kümmerte sich Philippe Dijon de Monteton und hielt engen Kontakt zu ihr. Durch ihre am 26. Mai 1780 geschlossene Verbindung mit Jean d.J. d'Estutt, Comte de Solminihac de

197 A.D.47, 5 J 155.

Abb. 2.54: Marie Digeon de Monteton, verheiratete Comtesse d'Estutt de Solminihac, um 1810 [eigene Gemäldephotographie (2009), Château de Mouchac (33)]

Boisverdun, Hauptmann in einem Kavallerie-Regiment in der Dauphiné und Sohn des Pierre d'Estutt, war sie die dritte Digeon innert eines Jahrhunderts, welche einen Vertreter der d'Estutt de Solminihac zum Ehemann nahm (vgl. Kap. 2.3.2.5: 174 sowie: Kap. 2.3.3.2: 193). Die Eltern des Bräutigams waren Pierre d'Estutt, Baron de Saint-Pardoux, Eymet, Seigneur de Saint-Barthélemy, genannt der Marquis de Solminihac, und Marie-Anne Henriette de Ségur, diese wiederum Tochter des Grafen Jean de Ségur, Seigneur du Grand-Puch (vgl. Kap. 2.3.2.5: 176 sowie Kap. 2.3.3.6: 296) und der Marie-Louise Le Maistre du Marais,

Die Eheschließung der Schwiegereltern von Marie Dijon de Monteton am 4. April 1758 vollzog sich gleich der ihrigen in Paris unter besonderem Glanz und Aufwand, was insbesondere durch die 40 den Ehekontrakt signierenden Trauzeugen illustriert wurde. Schloß und Baronie von Saint-Barthélmy kaufte Pierre d'Estutt de Solminihac für 231.200 Livres von Alexandre Jean-Marie de Larrard. Dieser hatte die Herrschaft von seinem Vater Alexander ererbt, dem es als *secrétaire du Roi* (vgl. Kap. 4.2.2: 430) nach Erlangung dieser Charge erstmalig möglich war, überhaupt Grundbesitz mit adligen Rechten zu erwerben (Favre-Lejeune 1986: 788, vgl. irrtümlich zur Abstammung der Larrard vom Hause "de Lara": O'Gilvy 1858: 224). Zum damaligen Zeitpunkt wußte Pierre d'Estutt noch nicht, wie genau sein eigener Nachname lautete und nannte sich lediglich Solminihac. Allerdings beschäftigte ihn diese Ungewißheit und zunehmende Varianz nicht unerheblich, so daß er in seiner Eigenschaft als Familienchef eine Versammlung sämtlicher Mitglieder seines Geschlechts einberief und es daraufhin am 25. Juli 1771 notariell aktenkundig machen ließ, daß sein veritabler Name *Solmigniac* lauten würde, da dieser solchergestalt in seinem Taufeintrag figuriere und nicht *Solvigniac*, wie sein Vater stets unterschrieben habe. Diesen Rechtsakt vollzog er im Beisein sämtlicher Cousins seines Namens und den Anverwandten de Saint-Ours (vgl. Kap. 2.3.2.5: 176) sowie Jean de Gastebois (Saint-Saud u. a. 1905: 119–120). Etwa zur selben Zeit gab es auch in der Familie der nicht von den d'Estutts abstammenden Solminihacs Bestrebungen, die Zugehörigkeit gegenüber den einzelnen Zweigen klar zu belegen. So bemühte sich die verwitwete Marie-Marguerite du Roy de Beauséjour, geborene de Solminihac de Chaune, ihren beiden Neffen Arnaud und Alain über die

Offenlegung der Genealogie der Solminihac, insbesondere durch die vewandtschaftliche Beziehung zum im Seligsprechungsverfahren befindlichen Alain de Solminihac (vgl. Kap. 2.3.2.5: 174), hilfreich sein zu können; denn weniges in der katholischen Adelshierarchie Europas versprach einen derartigen Prestigegewinn, wie einen Selig- oder gar Heiliggesprochenen zu seinen Vorfahren zählen zu können. Demgemäß nahm Madame du Roy de Beauséjour 1776 Kontakt zu Abbé Prunis auf, welcher der gleichen Kongregation wie der zunächst 1783 von Pius VI. "verehrungswürdig" gesprochene Alain angehörte (vgl. Kap. 1.2.2.1: 23) und ersuchte ihn, sich beim französischen Klerus für die Kanonisierung Alains als Heiligen einzusetzen. Allerdings waren diese Bemühungen abgesehen von der Inaussichtstellung eines Porträts des Bischofs von Cahors durch Prunis keinerlei Erfolg beschieden. Seliggesprochen wurde Alain 1981 von Papst Johannes Paul II. Bei diesem Ansinnen wurde darüber hinaus auch offenbar, daß die Witwe de Beauséjour weder in der Lage war, genaue Auskunft über ihr Verwandtschaftsverhältnis zu Alain de Solminihac zu geben, noch es vermochte, die Genealogie ihres eigenen Zweiges de Chaune gegenüber den übrigen Linien der Solminihacs belegbar darzustellen. In dieser aporetischen Lage wandte sie sich auch an die Solminihacs de Boisverdun in der Person des Schwiegervaters von Marie Digeon de Monteton, Pierre, dessen konfessionelles Bekenntnis ihr indes gar nicht zusagte ("*Ils* [les d'Estutt de Solminihac de Boisverdun, Anm. v. A.] *sont huguenots de père en fils …Alain n'aimait pas les huguenots; s'ils eussent été ses parents, il les eût convertis*" Saint-Saud u. a. 1905: 3). Doch auch Pierre d'Estutt de Solminihac vermochte der Dame de Beauséjour keine wirklichen, ihrem Zweck dienlichen Angaben zum Verwandtschaftsverhältnis geben, woraufhin er auf eigene Faust Nachforschungen anstellte. Dieses Unterfangen, welches hier in seinem gesamten Facettenreichtum und Komplexität nicht abgebildet zu werden vermag, offenbart ein äußerst interessantes Bild der genealogischen Nachforschungen einer Adelsfamilie gegen Ende des Ancien Régime, deren Oberhäupter und sonstige Mitglieder eine gegenseitige Abstammung anzweifelten, dabei gegeneinander intrigierten und sogar durch die Weigerung der Herausgabe von Archivgut, Nachweise und Stammbaumerstellung zu torpedieren versuchten, um einen der seinerzeitigen Sozialhierarchie geschuldeten Vorteil durch eine illustre Ahnentafel auf jeden Fall zu unterbinden (vgl. dazu die sehr aufschlußreiche Darlegung des Grafen Saint-Saud: Saint-Saud u. a. 1905: 1–10). Im Zentrum dieser Auseinandersetzung standen neben Madame du Roy de Beauséjour noch Nicolas II., Marquis de Fayolle de Tocane, Seigneur de Puycheny, Saint-Apre, Saint-Vincent de Connezac, Beauséjour, Bellet etc. (Viton de Saint-Allais 1817: 304), der als Enkel des letzten Vertreters des ältesten Zweiges der de Solminihacs de Bellet nicht allein Erbe von dessen Herrschaften, sondern gleichergestalt auch von den diesen Zweig betreffenden Dokumenten und Urkunden geworden war. So weigerte er sich zunächst, irgendetwas davon an seine Cousine Beauséjour herauszugeben, und zweifelte sogar die gemeinsame Verwandtschaft an. Nachdem es jedoch vermöge seines eigenen Archivbestandes klar belegbar war, daß die Solminihac de Belet und die Linie de Chaune blutsverwandt waren, schaltete sich Jean-Baptiste de Solminihac de Chaune, der Bruder der vorgenannten du Roy de Beauséjour in die Angelegenheit ein, welcher Anstoß daran nahm, das die Solminihac de Boisverdun auf eigene Faust versuchten, genealogische Nachforschungen anzustellen, und dabei sehr bestrebt war, eine gemeinsame Abstammung auch von höchlichst offizieller Seite widerlegt zu wissen. Daher wandte er sich in einem Schreiben vom 19. März 1785 kurz vor dessen Tod direkt an den französischen Genealogen Bernard Chérin:

"*Monsieur de Solvignac de Boisverdun, seigneur de Saint-Barthélemy et d'Aymet, dont le fils est capitaine dans Dauphin-Cavalerie, m'a fait part qu'il croioit que son vrai nom est celui de Solminihac, et qu'à ce titre nous sommes de la même famille. Mais vous savés mieux que peronne que dans ces matières tout le mérite des liaisons résulte de leur exacte vérité établie par preuves. En conséquence il fut convenu que nous nous rendrions chez M. de Fayolle qui, en qualité de petit-fils de l'héritière de la branche aînée des Solminihac, en a tous les titres, et que nous vérifierions ensemble la descendance réclamée par Mr de Solvignac. Ce projet n'a point été effectué, et j'apprens qu'après avoir eu communication de plusieurs des titres déposés dans les mains de M. de Fayolle ..., Mr de Solvignac s'est rendu à Paris pour y solliciter l'admicion des preuves qu'il pense avoir de sa descendance masculine des Solminihacs. Je d'entens point les lui contester puisque j'avoue que je ne les connais pas, et en conséquence je crois être fondé à demander à les connaitre; et M. de Solvignac lui-même doit désirer l'aveu de quelqu'un intéressé à la discussion. Comme je ne doute pas, Monsieur, que les titres ne soient soumis à votre examen, et que tout le monde connait votre scrupuleuse attention, je crois pouvoir vous demander d'engager M. de Solvignac à me communiquer ses preuves afin que je puisse y donner un consentement éclairé. J'ai l'honneur d'être ...*" (Saint-Saud u. a. 1905: 9)

Aus diesem Schriftstück ist einesteils die klare Intention von Jean-Baptiste de Solminihac de Chaune erkennbar, Informationen von Chérin bezüglich der tatsächlichen verwandtschaftlichen Beziehungen zwischen den Solminihacs de Chaune und Solminihacs de Boisverdun zu erlangen, anderenteils, die Letztgenannten in einen gewissen Zugzwang zu bringen, ihre Nachforschungen offenzulegen, um im besten Falle zu erreichen, daß diese zu konzedieren gezwungen wären, nicht in direkter männlicher Linie von den Solminihac abzustammen (zu den tatsächlichen Verhältnissen, vgl. Kap. 2.3.2.5: 173), denn dann wäre der Weg für den Zweig de Chaune und damit für Jean-Baptiste de Solminihac frei, die Nachfolge der älteren Linie der Solminihacs de Belet anzutreten und mithin Oberhaupt des Gesamthauses zu werden.

Tatsächlich waren diese Ansprüche nicht von der Hand zu weisen (vgl. Kap. 4.1.2: 414), jedoch kam es zu keiner diesbezüglichen Auseinandersetzung mit den Solminihacs de Boisverdun mehr. Denn Jean d.J. d'Estutt de Solminihac de Boisverdun machte im Rahmen seiner Nachforschungen in Paris kurz Bekanntschaft sowohl mit dem königlichen Kavallerie-Hauptmann Philippert-Marie d'Estutt, Comte d'Assay, welcher am 11. Juno 1775 als Page von Marie-Antoinette deren Schleier anläßlich ihrer Krönung in Reims zur Königin trug (vgl. zu den d'Estutt d'Assay: Kap. 2.3.2.5: 172), als auch vor allem mit dem bereits erwähnten Antoine Louis Claude d'Estutt, Comte de Tracy, Chevalier, Seigneur de Paray-le-Fraisil etc., durch die Jean d.J. erfuhr, daß sein veritabler Familienname nicht Solminihac, sondern *d'Estutt* lautete. Diese Namensverwirrung ist ein besonders anschauliches Exempel für die Situation, welche durch den Artikel 201 des Codes Michaud nicht wirklich wirksam bekämpft wurde (vgl. Kap. 4.1.1: 409), und sich im Laufe der Jahrhunderte in einer gänzlichen Unkenntnis der eigenen Wurzeln manifestierte.

Abgesehen von dieser sehr wesentlichen Erkenntnis herrschte auf beiden Seiten eine nicht unerhebliche Freude über die gemeinsame Abstammung, so daß Jean d.J. d'Estutt de Solminihac von seinem Vetter de Tracy herzlich in der Familie empfangen wurde. Dies sollte sich insofern als besonderer Glücksfall erweisen, da dessen Stellung bei Hofe eine absolut glänzende war. Denn bereits der Vater von Antoine Louis Claude d'Estutt de Tracy, ein in vielen Schlachten meritierter Offizier, stand bei Ludwig XV. in besonderer Gunst, was sich sonderheitlich daran erzeigte, daß sein Ehekontrakt vom 15. April 1753 mit Marie-Émilie de Verzure, Tochter von Nicolas-Bonaventure de Verzure, Écuyer, Sécretaire du Roi und Syndikus der *Compagnie des Indes* (vgl. Kap. 2.3.3.4: 256), sowie der Maire Pamier d'Orgeville, mit dem Einverständnis von König Ludwig XV., der Königin, des Dauphins und der Töchter des Königs geschlossen wurde, was diese durch ihre jeweilige Unterschrift bekundeten. Daneben figurierten eine Reihe von Persönlichkeiten als Trauzeugen, darunter Louis, Comte de Montal, Ritter verschiedener königlicher Orden und Generalleutnant, François de Damas, Marquis d'Anlezy, Generalleutnant, Claude-Louis Regnier, Comte de Guerchy, Generalleutnant sowie Henry Charles Arnauld de Pomponne, Doyen des Staatsrats, Kanzler, Siegelbewahrer und Superintendent der Finanzen, und weitere Generäle und Würdenträger aus Klerus und Administration (Guère 1885: 123). Anhand dieser qualitativ wie quantitativ exzellierenden Auswahl an Persönlichkeiten läßt sich sowohl trefflich die soziale Stellung des Brautpaars ablesen, als auch ihre Nähe zum französischen Hof, da jeder der vorgenannten Gruppen in einem direkten Verhältnis zum König stand. Dieses Abbild der gesellschaftlichen Wirklichkeit, in der sich die d'Estutt de Tracy bewegten, hatte gleichwohl einen nicht unerheblichen Einfluß auf ihre Zulassung bei Hofe, denn das von Bernard Chérin 1773 erstellte Gutachten verkörperte mitnichten einen dezidiert positiven Bescheid:

> "*Walter, ou Gautier, Thomas, Jean et Guillaume Stud, frères, écuyers écossais, quittèrent leur patrie et passèrent en France sous le règne de Charles VII. Le premier servit ce monarque en qualité d'archer de sa garde et obtint en récompense, vers 1447, la terre d'Assay, située en Berry. Il eut un fils mort ainsi que lui avant l'année 1476. Thomas, le second, fut aussi archer de la garde du roi Louis XI, devint seigneur d'Assay avec ses deux frères puînés après la mort de son neveu et fut naturalisé par lettres du mois de février 1474. Il est le premier auteur connu de M. de Tracy. On voit par l'exposé qu'il manque 74 ans à sa preuve. C'est au Roi seul à décider si l'origine étrangère de sa famille, son attachement au service de la France, dès l'instant où elle y est passée, et sa noblesse constatée à l'époque de son émigration sont des motifs assez puissants pour le faire dispenser de l'exécution des règlements de S.M.*"[198]

Allerdings spricht sich der königliche Hofgenealoge auch nicht expressis verbis wider einen Empfang der *honneurs de la Cour* aus und obläßt in dieser etwas indifferent anmutenden Haltung die finale Dezesion seinem Souverän. Hierbei überrascht, daß Chérin zwar die Ursprünge der d'Estutts zutreffend skizziert, sie aber mitnichten in einem historischen Gesamtkontext verortet. Schließlich vermag es als nahezu ausgeschlossen zu gelten, daß sie, ohne Adlige zu sein, der schottischen Leibgarde des französischen Königs angehörten, deren Anfänge sich bis ins Jahr 882 verorten lassen, als ein Kontingent adliger Schotten für Karl III. von Frankreich die erste Wache bildete (Glozier 2004: 32 mit weiterführenden Quellen- und Literaturangaben).

Hinzu kommt, daß seinerzeit Thomas die Seigneurie d'Assay von seinem kinderlosen älteren Bruder Walter II. erbte, wobei Letztgenannter bereits eindeutig als Adliger galt, da er neben dem bloßen Landbesitz auch die Hohe Gerichtsbarkeit, wie ein seinerzeitiger Prozeß belegt, ausübte, was ein Vorrecht verkörperte, das einzig von Aristokraten wahrgenommen werden konnte (vgl. Kap. 2.3.2.5: 171). Das heißt, eine isolierte Betrachtungsweise des Naturalisierungsbriefs, ohne eine Berücksichtigung der belegbaren Lebensumstände der d'Estutts, greift zu kurz. Möglicherweise fand dieser Aspekt in der Gesamtschau der erfolgten militärischen Dienste sowie der Eheallianzen des Geschlechts bei Ludwig XVI. Berücksichtigung, als dieser Antoine Louis Claude d'Estutt, Comte de Tracy 1773 die *honneurs de la Cour* zubilligte und ihn als auswendiges Zeichen dieser Ehre in die königliche Kutsche steigen ließ (Chaix d'Est-Ange 1915: 21). Allerdings war er nicht der erste, welcher offiziell der königlichen Familie vorgestellt wurde: Auch seiner Mutter war diese Ehre durch Einführung bei Hofe seitens einer Verwandten, der Herzogin von Luynes, geborene Henriette Nicole d'Egmont-Pignatelli, zuteil geworden (Guère 1885: 124). Eine genaue Überprüfung sämtlicher Originalurkunden für ein vollständiges Gutachten erfolgte bei dieser Präsentation nicht,[199] was möglicherweise damit erklärbar ist, daß der König selbst wünschte, die Gräfin d'Estutt kennenzulernen, schließlich hatte sie in der Herzogin eine sehr einflußreiche Fürsprecherin. Diese bereits arrivierte Situation der d'Estutts in Versailles fand ihre finale Festigung durch die Ehe des jungen Antoine Louis Claude d'Esutt de Tracy, denn dieser ging eine Verbindung ein, welche füglich mit dem etwas landläufigen Begriff "Parti" qualifiziert zu werden vermag: Mit Vertrag vom 6. April 1779, geschlossen vor dem Notar Maigret in Paris, heiratete er Émilie Louise de Durfort-Civrac, Tochter des verstorbenen François Aimery de Durfort-Civrac, Cousin des Herzogs von Civrac, selbst Comte de Blaignac, Seigneur de Certes, Rigault, La Marche en Bourgogne und anderer Orte, *menin surnuméraire* de Dauphin (vgl. dazu: (Artaud de Montor 1842: 537)) sowie *maréchal de champ* der Armee des Königs, und der

198 B.N.F., Fonds Chérin, 191.
199 B.N.F., Fonds Chérin, 191.

Marie Françoise de Pardaillan-d'Antin, diese ihrerseits Tochter von Louis, Herzog von d'Antin, und der Françoise Gillonne de Montmorency-Luxembourg.

Die gesamte königliche Familie unterzeichnete den Ehevertrag und Marie Adélaide de Bourbon, genannt Madame Adelaïde, Tochter Ludwigs XV., gab der Braut eine Mitgift in Höhe von 50.000 Livres in Anerkennung der Dienste ihrer Mutter, der Gräfin Civrac, welche ihr als Ehrendame gedient hatte. Der Eherechtsakt wurde unter der Autorisation ihres Ehrenvormunds, des Monseigneur François-Emmanuel de Crussol, Herzog d'Uzés, erster Pair von Frankreich, vollzogen (vgl. Kap. 2.3.3.7: 301). Daneben figurierten unter anderem als Trauzeugen dessen Ehefrau Madeleine Julie Victoire de Pardaillan d'Antin, Tante der Braut, sowie ihr Bruder, der Graf de Civrac, der Graf d'Ecquevilly und dessen Frau, ihre zwei Schwestern und der Marquis de Clermont-Tonerre. Obschon dieser Heirat insgesamt drei Kinder entsprossen, sollte der Erstgeborene und einzige Sohn, Alexandre César Victor Charles, nachmaliger französischer Marineminister im Dezember 1848, den letzten Repräsentanten seines Stammes de Tracy verkörpern, welcher mit ihm im Jahr 1864 erlosch. Denn aus dessen 1816 geschlossener Ehe mit Sarah Newton, Witwe des verstorbenen Divisionsgenerals Louis Michel Letort de Lorville und Nachfahrin des zelebren Mathematikers Isaac Newton, erwuchs lediglich eine Tochter.

Die Dezendenz des Begründers der Ideenlehre sollte zumindest in einer seiner beiden Töchter, der jüngeren Schwestern von César Victor Charles fortblühen. Françoise Émilie trat nämlich am 5. Oktober 1780 mit Georges Washington Motier de la Fayette, einziger Sohn des Generals Marie-Joseph du Motier, Marquis de la Fayette, und der Marie Adrienne Françoise de Noailles, zweiter Tochter von Jean-Louis-Paul-François de Noailles, Herzog d'Ayën, vor den Altar. Ihre Kinder sollten ihnen eine stattliche Zahl an Enkeln und Urenkeln hervorbringen. Die Nachkommenschaft der Jüngsten, Augustine, welche am 29. August 1787 Emanuel Comte de Laubespin, ehelichte, erlosch mit dem Enkel Antoine im Jahr 1870 (Guère 1885: 125–127).

Betrachtet man nunmehr diese verzweigten genealogischen Relationen zusammenfassend, so wird signifikant, daß sich der Zweig der d'Estutt de Tracy seit über zwei Generationen im Milieu des hohen französischen Hofadels bewegte, so daß es nicht wunder nimmt, daß, vermöge dieser Verbindungen und Verwandtschaftsverhältnisse, der Ehemann von Marie Digeon de Monteton in seinem neuentdeckten Cousin d'Estutt de Tracy eine einflußreiche Persönlichkeit fand, um beim französischen Monarchen in Versailles eingeführt zu werden, so daß Jean d.J. d'Estutt de Solminihac am 8. Mai 1786 von seinem Vetter, dem Grafen de Tracy, der königlichen Familie präsentiert wurde – zwei Jahre später, am 20. Januar 1788 auch Marie Digeon de Monteton von de Tracys Frau. Im Zuge dessen stieg Jean d.J. d'Estutt in eine der königlichen Karossen und begleitete Ludwig XVI. auf die Jagd (Courcelles und Viton de Saint-Allais 1820b: 390). Aus diesen Umständen ist ersichtlich, daß das rein dem Prozeduralismus der Vorschriften zu den *honneurs de la Cour* geschuldete Gutachten Chérins seine Grenzen nicht nur de facto und de jure in letzter Konsequenz im Willen des Souveräns fand. Daneben muß der Komponente, welche – in modernen Termini gesprochen – die "Vernetzung" darstellte, eine mindestens ebenso große Bedeutung zugesprochen werden. Denn ungeachtet der Tatsache, daß der Adel der d'Estutts, legt man die Kriterien der Eheallianzen, des Dienstes gegenüber der Krone sowie der Anciennität und des jeweils aktuellen Lebensstils zu Grunde, durchaus im oberen Drittel der französischen Nobilität zu taxieren war, wären die Chancen, ohne Verbindungen zum Hochadel in Versailles dorten Zutritt zu erlangen, sehr wahrscheinlich marginal gewesen.

DesWeiteren hatte die Vorstellung der d'Estutt de Solminihac zur Folge, daß es Nicolas Chérin nunmehr möglich war, 1786 eine vollständige Genealogie des Hauses d'Estutt zu erstellen.[200] Dabei wird es ihm nicht verborgen geblieben sein, daß sowohl die d'Estutts de

200 B.N.F., Collection Clairambault, 75.

Solminihac als auch die Digeons de Monteton bis dahin stets dem protestantischen Glauben treu geblieben waren und immer nur dann Konzessionen an die religionspolitischen Verhältnisse machten, wenn es sich schlechterdings nicht mehr vermeiden ließ. Als umso erstaunlicher ist es anzusehen, daß die Trauungszeremonie nach streng katholischem Ritus in der Kirche Saint-Roch vollzogen wurde. Eine Erklärung für diesen, doch mit einer gewissen Außenwirkung versehenen Entschluß, findet sich kaum. Möglicherweise hatte sich der damalige Zeitgeist der Aufklärung bereits soweit manifestiert, daß ein beständiges Festhalten an den protestantischen Glaubenssätzen seitens Jean d.J. d'Estutt de Solminihac keine allzu hohe Priorität mehr eingeräumt wurde und er zum Zeitpunkt seiner Eheschließung im Jahr 1780, immer noch in dem Glauben verhaftet, ein Solminihac zu sein und mithin den berühmten Bischof von Cahors, Alain de Solminihac zu seinen Vorfahren zählen zu können, dazu bewogen wurde, sich der katholischen Konfession wieder zuzuneigen. Hinzu könnte der Umstand getreten sein, daß sich auch seine Frau Marie Digeon de Monteton durch den Einfluß ihrer älteren Schwester Jeanne Rose dem Katholizismus angenähert hatte, dieweil diese die erste der Digeons de Monteton verkörperte, welche mit einem Katholiken, Henry d'Asnières vor den Altar getreten war und dabei selbst dem Calvinismus abgeschworen hatte, um in die Una Sancta zurückzukehren. Kurz darauf sollte schließlich auch die Konversion der jüngsten, Elisabeth Digeon de Monteton erfolgen (vgl. Kap. 2.3.3.8: 334), was dafür spricht, daß sich die Schwestern untereinander sehr wahrscheinlich über Glauben und Konfession austauschten. Endlich gibt auch die Liste derjenigen, welchen den Ehevertrag der beiden Brautleute d'Estutt de Solminihac und Digeon de Monteton mit ihrer Signatur versahen, einen Hinweis, daß eine katholische Trauung als zumindest naheliegend erscheint, denn zusamt Paul Florent Alain d'Estutt de Solminihac aus dem zum Katholizismus konvertierten Zweig der d'Estutt de Solminihac de Labilhac – dieser war *abbé commendataire* des berühmten Klosters Notre-Dame de Cadouin bei Le Buission (24) (vgl. weiterführend dazu: Gardelles 1982 sowie Delluc u. a. 1990), Generalvikar des Bistums von Cahors sowie Stiftsherren-Kanzler der Kathedrale ebendortselbst (vgl. zu seiner Person: Saint-Saud u. a. 1905: 126–128) – befand sich unter den Trauzeugen auch ein höherer Vertreter der katholischen Kirche. Demgemäß wäre es denkbar, daß die d'Estutts de Solminihac ihre Zugehörigkeit zu den Solminihacs nicht durch eine Brüskierung desjenigen, der namensgleich mit dem venerablen Bischof von Cahors war, zu unterminieren beabsichtigen. In diesem Zusammenhang ist es augenfällig, daß sich in der Generation der drei Schwestern Digeon de Monteton, neben den eigentlichen katholischen Ehemännern, auch eine Reihe weiterer katholischer Edelleute befanden, was Zeugnis liefert, daß diese das streng protestantische Milieu verlassen hatten. So waren neben dem Ehrenvormund von Marie, Jacques Comte de Vassal-Montviel, dem zweiten Vormund Jacques Alexandre Laffon de Ladébat, den Verwandten der Ségurs in Person der Dame Sophie Louise de Montléard, Ehefrau von Alexandre Joseph Comte de Ségur, dessen Vater Philippe-Henry, Marquis de Ségur, sowie zweier weiterer Cousins dieses Geschlechts, dem Marquis und der Marquise d'Asnières, das heißt der Schwester Jeanne Rose und ihrem Schwager, sowie auch noch Louis Pierre Comte de Jaucourt, zugegen (Saint-Saud u. a. 1905: 120).

Diese Liste wäre noch um einige Namen zu ergänzen, welche sich dezidiert zur römischen Kirche bekannten, so daß bei einer zusammenfassenden Betrachtung der Zusammensetzung der Hochzeitsgesellschaft unter konfessionellen Gesichtspunkten deutlich eine "Erosionserscheinung" im protestantischen Glauben der Digeons de Monteton konstatiert zu werden vermag. Denn sowohl Jeanne-Rose als auch Elisabeth heirateten in das katholische Milieu des französischen Adels aus, und Marie, die zwar als einzige, gemäß dessen familiären Abkunft und Taufe, einen ursprünglichen Protestanten geehelicht hatte, entfernte sich zusamt ihrem Mann spätestens durch ihre Hochzeit vom Glauben der Vorväter. Bedenkt man, daß die Revokation des Edikts von Nantes zum Zeitpunkt der Eheschließung noch keine 100 Jahre zurücklag und eine Reihe von Vertretern der Zweige Digeon de Boisverdun und Digeon de Monteton auch auf Grund ihres calvinistischen Glaubens bis 1720 aus Frankreich emigriert waren (vgl. Kap. 2.3.2.5: 174 sowie Kap. 2.3.3.3: 208), erscheint dieser Befund als bemerkenswert.

Angaben über das weitere Leben der Brautleute Jean d.J. d'Estutt und Marie Digeon de Monteton sind nur äußerst spärlich auf uns gekommen: So sind wir lediglich in Kenntnis darüber gesetzt, daß Jean d.J., noch vor der Revolution, im Jahr 1788 das ursprünglich den Caumonts la Force gehörende Marquisat und Schloß von Tombeboeuf von Bénigne-Henri de Sacriste, Baron de Samazan, für 281.000 Livres erworben hat (Saint-Saud u. a. 1905: 151). Es ist zu vermuten, daß er diesen Kauf durch eine Teil der Mitgift seiner Frau bestritt, welche sich auf die reputierliche Summe von 376.396 Livres 14 Sols und 4 Deniers belief und die zusätzlich mit der Morgengabe in Höhe einer Rente von 3.000 Livres versehen war, denn er selbst erhielt von seinen Eltern zwar 30.000 Livres und die Herrschaft von Saint-Barthélemy als Heiratsgut (Guère 1885: 39–40), aber die liquiden Mittel für diesen Ankauf hätte er ohne seine Frau mutmaßlich nicht aufbringen können. Lange sollte die feudale Herrschaft über den neuerworbenen Besitz indes nicht dauern, da mit der Revolution auch für die d'Estutts de Solminihac die Ära des Ancien Régime ihr Ende fand. Es ist uns nicht bekannt, ob die Eheleute gemeinsam oder alleine Frankreich verließen. Fest steht lediglich, daß sie zumindest einen Teil ihres Besitzes in Gestalt von Boisverdun zu thesaurieren vermochten. Allerdings sollte ihnen ein überlebender Erbe versagt bleiben, da der einzige, am 29. Juli 1783 geborene Sohn Henry Philippe, der aus der Ehe entsproß, bereits im Alter von 20 Jahren kinderlos verschied. Dieserhalb sollten Jeanne Rose Sophie, die am 15. Mai 1781 als Älteste das Licht der Welt erblickte, und ihre am 19. Januar 1790 geborene Schwester Sophie Rose Aglaé das Erbe des Hauses der d'Estutt de Solminihac antreten (vgl. den Stammbaum im Anhang: B.14: 707). Die Erstgenannte heiratete Alexandre Louis, Marquis de Rossane, Sohn von Jean Louis de Rossane, Comte du Fleix, und der Suzanne Rigaud de Grandfont. Die gemeinsame Tochter Nathalie Rose sollte durch ihre Ehe mit Louis-Adolphe Gustave Lemercier de Maisoncelle-Vertille, Vicomte de Richmont, Deputierter des Départements von Lot et Garonne zwischen 1837 und 1848 sowie 1852 und 1869, Senator des Zweiten Kaiserreichs, das Château und die Ländereien von Boisverdun in die Ehe einbringen, welcher endlich auf Grund eigener Kinderlosigkeit nach ihrem Tode 1878 dem Großneffen ihres Mannes, Albert Louis de Maisoncelle-Vertille, Vicomte de Richmont, zufallen sollte (Boisserie de Masmontet 1906: 11), im Eigentum von dessen Nachfahren es sich bis zum heutigen Tag befindet. Louis-Adolphe Gustave Lemercier de Maisoncelle-Vertille war Vertreter der ursprünglich aus Guadeloupe stammenden und 1734 nobilitierten Familie Lemercier (vgl. dazu: A.D.N.F. 1870: 442),

Sophie Rose Aglaé festigte mir ihrer Heirat die bereits seit der Ehe von Henriette Digeon de Monteton mit Paul de Gervain de Roquepiquet bestehenden Verwandtschaftsverhältnisse mit dem Hause de Gervain (vgl. Kap. 2.3.3.2: 193), indem sie am 28. August 1810 mit Henri Louis Baron de Gervain de Roquepiquet – dieser ein Sohn von Pierre, Seigneur de Roquepiquet, und Anne Louise de Ligonier de Montcuquet – vor den Altar trat (Bourrousse 1879: 387).

2.3.3.9 Der letzte seines Stammes in Frankreich: Philippe Dijon de Monteton

Mit Philippe, dem einzigen Sohn der gemeinsamen Kinder von Suzanne Pellet und Jean-Jacques II. Digeon deMonteton, sollte der Zweig der Digeon deMonteton in Frankreich sein Ende nehmen (vgl. Abb. 2.55: 352).

Über seine Kindheit ist wenig auf uns gekommen. Es ist lediglich bekannt, daß er am 13. September 1756 in der Kathedrale Saint-André in Bordeaux getauft wurde[201] und, wie

201 A.D.33, 9 J 60, p. 64 sowie Anhang: A.10: 666: Z. 28–29.

Abb. 2.55: Philippe Comte Dijon de Monteton, um 1810 [Eigene Gemäldephotographie (2010), Château de Nerac (47)]

seine Schwestern, eine gründliche und dem vorherrschenden liberalen Geist innert des Parlaments von Bordeaux entsprechende Erziehung genossen hat (Figeac und Mao 2004: v.a. 272–273). Mit 21 Jahren, das heißt 1777 schien er vom Parlament für großjährig erklärt worden zu sein, denn aus demselben Jahr datiert ein *Aveux et dénombrements d'Armagnac, Philippe Digeon, baron de Monteton, pour le marquisat de Poudenas* (vgl. dazu: Kap. 2.3.3.7: 313). Demnach trat er zu diesem Zeitpunkt das beträchtliche Erbe seines Vaters Jean-Jacques II., seiner Mutter Suzanne Pellet, seiner Großmutter Nairac sowie des Onkels mütterlicherseits Étienne Philippe Pellet an und vereinigte diese Nachlaßteile allesamt in seiner Person (vgl. Kap. 2.3.3.7 321), was ihn zu einem der wohlhabendsten Männer Südfrankreichs werden ließ. Anhand des feudalrechtlichen Vorgangs des 200 Seiten umfassenden Dénombrements des Marquisats von Poudenas, welcher in der *chambre des comptes, aides et finances* des Parlaments von Navarra registriert, von zwei Feudalrechtlern begleitet – darunter sein ehemaliger Vormund Bernard Poisebiran de Soubiran – und vor dem königlichen Notar von Mezin (47) Lanusse beglaubigt sowie schließlich von einem unabhängigen Dritten kontrolliert wurde, sind wir auch über seine offizielle Titulatur im Bilde:

> "*Messire*
> *Philippe Dijeon, chevalier, baron de Monteton, seigneur,*
> *haut justicier des terres de Villette, Saint-Egullin et en*
> *pareage avec sa majesté de la ville et juridiction*
> *de Francescas, comte de Lasserre, marquis de Poudenas*
> *et autres lieux*, [...]" (Anhang: A.11: 678: Z. 27–31)

Demgemäß besaß er neben der Stammbaronie Monteton noch von seinem Vater die Güter Vilette und Saint-Aigulin sowie von seiner Großmutter die Grafschaft Lasserre, womit die mit dem französischen König geteilte Coseigneurie Francescas verbunden war, und schließlich das Marquisat Poudenas, das er von seiner Mutter ererbt hatte. Um von der Steuerlast für seine Lehensbesitzungen befreit zu sein, mußte er jedoch zuvor im Rahmen einer Untersuchung vor der *Cour des aides et finances de Guyenne* seinen Adel beweisen, denn nur diejenigen Personen, die tatsächlich zum französischen Adel gehörten, blieben auch bei einem Lehenstransfer von den staatlichen Abgaben bereit (vgl. dazu Kap. 4.1: 405):

> *"Pour justifier que messire Philippe Digeon est noble de race et d'une noblesse si ancienne que l'on ne peut pas remonter jusques à son origine, par une continuité de noblesse transmise par mâles de génération en génération sans interruption par aucun acte de dérogeance et que ses ancêtres ont toujours été qualifiés des titres de noblesse et d'écuyers, on rapporte les titres dont l'énumeration s'ensuit par extrait qui font en même temps sa filiation."* (Anhang: A.10: 666: Z. 5–13)

Demnach war es für ihn nicht weiter schwierig, den Nachweis seiner sehr guten Adelseigenschaft, die *par aucun acte de dérogance* an Qualität und Reputation einbüßte, durch die Zusammenstellung verschiedener amtlicher Urkunden zu erbringen.

Abgesehen von Poudenas, Lasserre und Palluau, besaß er gleichwohl noch das von seinem Vater ererbte Stammschloß seiner Familie: Monteton mit seinem Dorf und Ländereien. Dies resultiert aus einer Zeichnung (vgl. Abb. 2.56: 353), die er seinem preußischen Vetter Friedrich Dijon von Monteton auf Priort Anfang des 19. Jahrhunderts zukommen ließ, mit dem er in Briefkontakt stand (vgl. Anhang: A.13: 691).

Neben der Verwaltung dieser Besitzungen verfolgte Philippe Dijon de Monteton in dieser Zeit einen militärischen Werdegang, so daß er, wie sämtliche seiner Ahnen, bereits in jungen Jahren Dienst in der Armee tat. Er trat dazu in eine Kompagnie der *mousquetaire du Roi* ein, da ihm auf Grund seiner schwächlichen Gesundheit zunächst eine den Körper stärkende Ausbildung zuteil werden sollte. Nach der Erlangung des Offiziersrangs avancierte er zur *aide de camp* von François Alexandre Frédéric de La Rochefoucauld, Herzog von Liancourt, der seit 1770 als Oberst ein nach ihm benanntes Dragonerregiment kommandierte. 1785 erhielt er dann in Nevers als Hauptmann selbst eine Kompagnie im Kavallerieregiment *Royal Piémont* unter dem Kommando von Jean-Laurent de Durfort-Civrac, Duc de Lorge (Roussel 1785: 370). Die Revolution verhinderte es, daß er in seiner Militärkarriere weiter progredierte. Nur einmal, als in Orléans revolutionäre Unruhen ausbrachen, er dabei zum provisorischen Kommandanten der Stadt eingesetzt wurde und mit einer Eskadron Gendarmen die Aufrührer bekämpfte, vermochte er seine Tapferkeit im Waffengang unter Beweis zu stellen (Samazeuilh 1857b: 573).

Abb. 2.56: Zeichnung des Châteaus de Monteton durch Philippe Dijon vor dem Umbau im 19. Jahrhundert [Digeon v. Monteton 1892: 12]

Ihr Ende nahm seine militärische Laufbahn wenige Zeit später am *Journée du 10 août 1792*, im Zuge dessen er zum *colonel* der Nationalgarde befördert wurde (nicht zum *lieutenant-colonel* wie irrtümlich von Lamartine und Virieu 1987a: 316 (Anm. 2) sowie Andrieu 1886: 238 berichtet).[202] König Ludwig XVI. dankte ihm persönlich für seinen Einsatz und riet ihm, Frankreich nicht zu verlassen (Bourrousse 1879: 86). Diesen Rat beherzigte er und dank des vollständigen Vorhandenseins seiner *certificats des résidences* läßt es sich gut nachweisen, daß er nicht emigrierte und sich zwischen 1791 und 1794 definitiv in Frankreich aufhielt. Dabei ist erstaunlich, wie gründlich sämtliche administrativen Vorgaben erfüllt wurden und wie viele Zeugen den Verbleib an den diversen Wohnorten des Grafen mit ihrer Unterschrift bestätigten: Bis 1792 hielt er sich auf dem Schloß Pupetières seines Schwagers Virieu auf (vgl. Kap. 2.3.3.8: 342), um dann abwechselnd in Bordeaux, seinen Schlössern Poudenas und Vidasse (wo sein Aufenthalt von seinem Verwandten Jean Durège attestiert wurde) sowie Paris seine Wohnstatt aufzuschlagen. So befand er sich bis zum 16. August 1793, das heißt noch nach Ausbruch der revolutionären Terrorherrschaft in Paris.[203] Diesen akribisch geführten Dokumentationen ist es geschuldet, daß Philippe Dijon de Monteton lückenlos belegen konnte, daß er nicht zu den Emigranten[204] zu zählen sei und es ihm demzufolge gelang, sein Vermögen in toto zu bewahren. Die häufigen Wechsel seines Aufenthaltsortes waren fraglos dem Selbstschutz geschuldet und wären mit einer Ehefrau sowie Kindern nur schwerlich zu bewältigen gewesen. Demgemäß war die Ehelosigkeit von Philippe Dijon de Monteton sicherlich ein Vorteil, die kruden Revolutionszeiten als französischer Aristokrat zu überleben. Die Frage nach einer Heirat stellte sich lediglich einmal, als die Möglichkeit in Erwägung gezogen wurde, daß er Mademoiselle de Caumont la Force heiraten sollte, was selbst für einen Grafen Dijon eine sehr gute Partie bedeutet hätte. Doch es schien gerade dieser Glanz gewesen zu sein, der ihn davor zurückschrecken ließ, denn eine derartige Verbindung hätte sonderheitlich vor der Revolution einesteils die Verpflichtung einer erheblichen Repräsentation mit sich gebracht, anderenteils wäre er gleichergestalt wohl gezwungen gewesen, bei Hofe zu verkehren und damit einhergehend eine Wohnungstatt in Paris zu nehmen. Statt dessen zog er das einfache, unprätentiöse und vor allem rurale Leben auf seinen Gütern dem urbanen und höfischen vor.

Trotz dieser partiellen Desozialisierung bemühte er sich rege um das Gemeinwohl, war darüber hinaus bestrebt, in bestimmter Weise nützlich zu sein und einen Teil seines Vermögens wohltätig zu verwenden, sintemalen er für sich selbst wenig benötigte. So stattete er beispielsweise die wenig bemittelten Töchter aus und erschuf in seiner Mühle in Vialère eine Spinnerei, um der armen Landbevölkerung in der schlechten Jahreszeit eine Arbeit zu geben. Außerdem ließ er die Pfarrhäuser im Umkreis wiederherstellen und in der Umgebung von Lasserre einige Volksschulen errichten (Bourrachot 1969: 68–69). Seine Philanthropie ging soweit, daß er neben Straßen, zum Beispiel die Verbindungstrecke zwischen den beiden großen Straßen von Nérac und Condom, welche er zu dreiviertel bezahlte, und Brücken, wie die über die Baise bei Nerac, die er ganz auf seine Kosten errichten ließ,[205] auch sein Schloß Lasserre Bedürfigen zur Verfügung stellte und in Francescas eine reformpädagogische Schule des gegenseitigen Lernens nach Andrew Bell und Joseph Lancaster errichtete (Sanchez-Calzadilla 1993: 486). Diese Wohltätigkeit beförderte, daß sich eine Art Legende um ihn und seine ritterlicher Tournüre bildete, die auf verschiedene Weise im kollektiven Bewußtsein seiner Heimat ebenso wie bei seinen deutschen Vettern erhalten blieb (Noulens 1861 sowie Anonymus 1908). So war es zum Beispiel eines seiner größten Vergnügen, in ärmlicher Kleidung zu Fuß

202 A.D.33, 3 L 189.
203 Ibid.
204 A.D.47, 1 Q 280.
205 A.D.47, E Sup. 2650 (BB 21).

umherzuziehen und sich gleich Hārūn ar-Rašīd um das Leben der Bauern zu kümmern, insbesondere um das seiner zahlreichen Pächter, welche ihn zumeist nie zuvor gesehen hatten. So tauchte er urplötzlich auf, beobachte dabei und lauschte aufmerksam den Gesprächen seiner Umgebung, um dann schließlich als Helfer all jener in Erscheinung zu treten, die er dessen für würdig hielt, oder aber, um Vergeltung denjenigen gegenüber zu üben, welche ihre Macht ungerecht mißbrauchten und Schwächere damit zurücksetzten.

Sicherlich verhält es sich so, daß es dem Historiker, wie Hans-Joachim Gehrke in Regreß auf Thukydides bemerkt, auf jeden Fall aufgegeben ist, Legenden zu zerstören und mitnichten an ihrer Fort- oder gar Neubildung zu mitzuwirken, da dies seiner ureigensten Aufgabe, eine kritische Aufklärung gegenüber der intentionalen Geschichtsauffassung zu liefern, diametral entgegengesetzt wäre (Gehrke 1994: 264 (Anm. 61), vgl. dazu auch den hervorragenden Beitrag von Bringmann 2006). Doch kann dies im Umkehrschluß mitnichten bedeuten, daß man sämtliche Legenden ins Reich der fiktionalen Literatur sowie der puren Vergangenheitskonstruktion verbannt und somit als Geschichtswissenschaftler in toto ignoriert. Vielmehr vermag die Legendenbildung sowie deren Inhalt selbst als Explikationsauxiliar für historische Tatsachen hinzugezogen werden.

Im vorliegenden Fall erscheint es daher angebracht, eine kurze Zusammenfassung einer im Agenais kursierenden Legende über den Grafen Dijon, wie sie sich sogar bei seinen deutschen Vettern erhalten hat, zu geben, welche sowohl Aufschluß über die Sichtweise auf seine Person gibt, als auch zur Erklärung dafür hinzugezogen werden kann, warum ihm selbst bei einer für ihn nicht ungefährlichen Situation im revolutionären Frankreich keine Nachteile entstanden, was nachfolgend noch aufzuzeigen sein wird.

Wie bereits geschildert, gehörte zu den Vorlieben von Philippe Dijon de Monteton, zu Fuß und in sehr einfacher Kleidung, seinen Landbesitz und die zugehörige Vielzahl an Pacht- und Meierhöfen zu kontrollieren, um sich durch diese teils Wochen hinziehenden Reisen ein authentisches Bild der Situation seines Eigentums vor Ort zu machen. So wanderte er auch noch in bereits fortgerücktem Alter Anfang des 19. Jahrhunderts auf der Route Imperial N[1]. Nach einiger Zeit setzte er sich ermüdet und mit Staub bedeckt auf eine Rasenbank, um Rast zu machen, als kurz darauf ein Fuhrmann mit einem Frachtwagen des Weges kam, mit dem er sich nach dem Austauschen der Grußformeln rasch ins Gespräch vertiefte, bis dieser ihn, nachdem sich offenbart hatte, daß beide in der an dieser Straße gelegenen, einsamen Meierei übernachten wollten, auf seinem Wagen vorn an der Deichsel mit ihm zusammen Platz nehmen ließ. Der Graf entdeckte ihm nicht, daß diese Meierei ihm selbst gehörte und er gewann im weiteren Verlauf der Unterhaltung die Überzeugung, daß sein Reisegefährte eine Wohltat an einem vermeintlich armen Schlucker wie ihm zu verüben gedachte, so beschloß er, sich weiterhin nicht zu erkennen zu geben und abzuwarten. Die Meierei besaß einen Ausspann und den Pächtersleuten war der Graf v. Dijon in seiner persönlichen Erscheinung unbekannt. Da dieser jedoch das wahre Wesen dieser Leute zu ergründen dachte, ließ er sich von dem Fuhrmann als bedürftiger Reisender dort einführen und hielt seine Rolle abermalen bei. Die Gesinnung der Wirtsleute entsprach jedoch mitnichten dem empathischen Charakter seines Mitreisenden und die Meiersfrau machte eine Reihe von sehr absprecherischen Bemerkungen über solches Vagabundenpack wie ihn, das nur faulenzte und stets die Zeche schuldig bliebe. Dementsprecht erklärte sie im bestimmten Ton, daß sie weder Kost noch Logis für solche Buschklepper wie ihn bereitzustellen bereit wäre. Der Fuhrmann hinwieder, welcher an der Unterhaltung mit seinem Reisekompagnon Gefallen gefunden hatte und dessen Gegenwart nicht entbehren wollte, legte sich für ihn ins Mittel, damit er zumindest am Tisch sitzen bleiben durfte. Als die Meierin das Abendessen auftischte, stellte sie demonstrativ keinen Teller und Löffel für den Grafen bereit, woraufhin dieser stumm und trist mit langem Gesicht auf seinem Platz verharrte. Die Rohheit der Frau führte dazu, daß sie selbst beim Essen kräftig zulangte und sich um die bittend-hungrige Miene sowie stille

Entsagung des unbewirtet gebliebenen Gastes nicht im Geringsten bekümmerte. Schließlich ergriff den Fuhrmann das Erbarmen und er sagte der Frau, daß er für seinen Gefährten zu zahlen gedächte. Äußerst freudig labte sich der Graf an dem ihm nunmehr dargebotenen Mahl und unterhielt seinen Gönner prächtig. Als es um die Schlafstatt ging, wiederholte sich die Szene des Abendessens fast deckungsgleich und die Wirtin wies Philippe Dijon zunächst die Tür, bis schließlich der barmherzige Fuhrmann erneut für ihn aufkam und mit auf dem Heuboden sein Nachtlager aufschlagen ließ. Nachdem er solchergestalt das hospitium des wahrlich nicht mit Üppigkeiten gesegneten Fuhrmanns genießen durfte, baute er, am nächsten Tag wieder mit ihm auf der Deichsel sitzend, ein Luftschloß, indem er ihn mit der Vorstellung nährte, wie schön es doch sei, selbst Pächter der Meierei zu sein. Bei dieser Gelegenheit erkundigte er sich nach seinem Namen, Wohnort sowie seinen Verhältnissen, Kenntnissen und Wünschen. Nachdem er sich für die ihm erwiesenen Benedeiungen herzlich bedankt und verabschiedet hatte, machte er sich spornstreichs zum Maire des vom Fuhrmann angegebenen Ortes auf und holte Erkundigungen über ihn ein. Der Bürgermeister erteilte seinem Wohltäter sowie dessen Familie ein gutes Leumundszeugnis. Als er wieder bei sich zu Hause angelangt war, ließ er sich die Papiere hinsichtlich der Meierei bringen und erblickte voller Genugtuung, daß der Pachtvertrag im nächsten Jahr auslief und mit den Pächtern noch nicht erneuert worden war. Der Graf ließ sämtliche Dokumente für die Übergabe an den Fuhrmann vorbereiten, so daß schriftlich alles mit diesem vereinbart war. Der Graf behielt sich vor, bei der Pachttransaktion persönlich zu erscheinen. Als Begründung für diese unerwartete Wohltat wurde dem Fuhrmann vom Rentamt des Grafen mitgeteilt, daß dessen Gutherzigkeit gegenüber einem im Dienste des Grafen befindlichen, unteren Beamten die erste Veranlassung gegeben hätte, ihm die Pacht anzubieten. Vor der Reise zur Meierei hatte sich Philippe Dijon de Monteton wieder bei seinem Gönner des Vorjahres in demselben abgewetzten und ärmlichen Habit eingefunden und diesem erzählt, der Graf käme höchstselbst und würde die Kaution für ihn bezahlen, indes hätte er den Auftrag, ihn zu bitten, ganz genau wie bei der ersten Zusammenkunft mit dem Gast in der Meierei zu erscheinen. So geschah es auch und die Meiersfrau erkannte in dem Augenblick den Bettler des Vorjahres, als der Rentmeister in das Zimmer tritt und mit tiefer Devotion zum Grafen sagte: "Monsieur le comte, il est servi!". Die Szene endete theatralisch, indem die Meierin in Ohnmacht und der Fuhrmann aus allen Wolken fiel (Digeon v. Monteton 1892: 17–18).

Diese Legende, welche, zieht man das bereits erwähnte Engagement des Grafen Dijon für das Allgemeinwohl in Betracht, mit Sicherheit eines wahren Kerns nicht entbehrte, erzeigt einen sehr volksnahen und dank seiner Position der Gerechtigkeit zum Sieg verhelfenden Charakter, dessen Bild sich solchergestalt in das kollektive Gedächtnis seiner Zeitgenossen und der Nachwelt eingravierte. Dieser Reputation entsprechend war auch seine Position innerhalb der Stammregion seines Hauses, des Agenais, eine sehr gefestigte. Dies sollte ihm dahingehend von Nutzen sein, da er sich während der 100 Tage umfassenden Herrschaft Napoléons I. in eine gefährliche Konfliktsituation mit dem Regime begeben hatte. Die Kenntnis hierüber resultiert aus einer kleinen Handschrift von zwei Blättern, die sich aufgeklebt auf einem der Deckblätter einer alten Ausgabe der 1815 erschienenen "Mémoires" (La Rochejaquelein (1815)) der Marie Louise Victorine Marquise de La Rochejaquelein befinden (vgl. dazu immer noch grundlegend: Nettement 1858 sowie: Grégoire 2010). Letztgenannte überreichte dieses Buch einem Verwandten, dem Alexandre-Urbain de Laffitte-Perron, dem sie zu Dankbarkeit verpflichtet war, da er zwei ihrer Töchter Zuflucht gewährt hatte ("*appartient à Mr Delafitte de Perron à qui Madame la marquise d'Onissan en a fait don*" Pairaudeau 1995: 22), wie aus der nachfolgenden Notiz im Originalwortlaut resultiert:

> "*En 1815 les 100 jours du retour de l'ile d'Elbe a Waterloo. En 1815 Mr le Cte Dijon très riche propriétaire vendéen et voisin de campagne de Madame la M^quise^ de Donissan, née de Durfort de Civrac, mère*

de Mme la M^{quise} de Larochejaquelein vint quelque temps en son château de Lasserre (Francescas) ou il reçut la visite de sa voisine accompagnée de ses deux petites filles Laurence et Louise de La Rochejacquelein, âgées d'une dizaine d'années. Pendant leur séjour à Lasserre il y eût en Vendée un soulèvement en faveur des Bourbons et les hôtesses de M. Dijon furent immédiatement inquiétées. On les rechercha activement et Madame de Donnissan fut mise en réclusion à Nerac. Tandis que pour échapper à la prison, ses petites filles trouvaient asile chez des personnes dévouées. Elles furent d'abord recueillies au Château de Casteron chez les de Laverny d'Amblard grands parents maternels de Mme de Rozec. Puis craignant qu'elles n'y fussent découvertes, elles vinrent prendre l'hospitalité au château de Perron, chez Mr de Lafitte-Perron grands-parents de Mme de Rozec où elles restèrent environ 3 mois. Pendant ce temps, grâce à la discrétion des domestiques on ignora leur présence dans leur nouveau gîte. Le soir on les faisat promener dans les charmilles et le jardin entouré de murs; elles habitaient la tour de l'est. Leur grande distraction était d'élever des oiseaux à qui elles rendirent la liberté le jour même où elles apprirent qu'elles pouvaient sans danger revenir dans leur famille." (zit. n. Pairaudeau 1995: 22–24)

Der Text gibt zunächst darüber Auskunft, daß es sich bei der Dame, welche mit ihren beiden Enkelinnen Laurence und Louise Zuflucht bei ihrem Nachbarn, dem Grafen Dijon in dessen Schloß Lasserre fand, um Madame de Donnissan, eine geborene Durfort-Civrac handelte. Genauer läßt sie sich als Marie Françoise de Donnissan identifizieren, welche als Tochter von Emeric Joseph de Durfort, Herzog von Civrac und der Anne de Lafaurie de Monbadon am 26. Januar 1760 Guy Joseph de Donnissan, Marquis de Citran geheiratete, welcher als einer der bedeutenden Generäle der Vendée gegen die französischen Revolutionstruppen in die Annalen eingehen sollte (Gabory 1989: 1424–425). Hinsichtlich ihrer Nachbarschaft zu Philippe Dijon deMonteton vermag derweil lediglich spekuliert zu werden. Eventuell sind damit die Besitzungen des Hauses Durfort (vgl. Kap. 2.1: 53) gemeint, die sich über ganz Aquitanien bis hin zur Atlantikküste der westlichen Südbretagne zogen. Gleichsam möglich wäre aber auch, daß sich diese Aussage im Manuskript auf Grundeigentum der Donnissans in der Vendée, welche möglicherweise an die Länderein von Palluau, die Philippe Dijon seit den späten 1790er Jahren besaß, angrenzten. Ebenso läßt sich der Grund der Reise der Marquise de Donnissan in den Südwesten Frankreich nur vermuten. Es spricht einiges dafür, daß sie Eugène François d'Arnauld, Baron de Vitrolles, den nachmaligen Staatsminister (Schom 1993: 48), welcher während der ersten Restaurationszeit eine bedeutende politische Rolle spielte, bei seinem auf Geheiß König Ludwigs XVIII. veranlaßten Auftrag, den royalistischen Widerstand in Agen zu organisieren, unterstützen sollte. Bei diesen Treffen nahm mit Sicherheit auch Philippe Dijon de Monteton in einer Eigenschaft als dezidierter Monarchist und Anhänger des Hauses Bourbon teil. Dadurch könnte es erklärlich sein, daß er die Marquise de Donnissan auf sein Schloß Lasserre einlud. Die Tatsache, daß sie sich in Begleitung ihrer ältesten, elf und zwölf Jahre alten Enkelinnen befand, expliziert sich daraus, daß ihre Tochter, die Verfasserin der genannten "Memoires", zusammen mit ihren zwischen neun Jahren und wenigen Monaten alten sechs Kindern in dem Moment nach Oyarzun, in der Nähe von San Sebastian im spanischen Baskenland, abreiste, als ihr Ehemann Louis du Vergier de la Rochejaquelein beschloß, König Ludwig XVIII. nach Belgien nachzufolgen. La Rochejaquelein war der Bruder des berühmten Generals der royalistisch-katholischen Truppen in der Vendee, Henri du Vergier de la Rochejaquelein (vgl. eine genealogische Übersicht bei: La Rochejaquelein 2010: 464). Allerdings handelte es sich bei ihm nicht um den ersten Mann der Marie Louise Victorine Marquise de La Rochejaquelein, denn sie war von 1791 bis 1793 mit einem anderen Kommandanten der königstreuen Armee der Vendée, ihrem Cousin Louis-Marie de Salgues, Marquis de Lescure durch die Ehe verbunden. (vgl. zu seiner Person: Aubrée 1936). Dieser war Sohn von Marie Louis Joseph und der Jeanne de Durfort-Civrac, Schwester der Marie Françoise de Durfort-Civrac Er diente unter seinem Onkel de Lorge im vorgenannten Dragoner-Regiment *Royal Piémont* in Nevers, in welchem auch der Graf Dijon als Hauptmann stand, von 1782 bis 1785 als *sous-lieutenant de remplacement*, so daß sich die beiden spätestens 1785 begegnet sein müssen (Courcelles 1829: 26 (Art. Lescure) sowie die Rangliste Roussel 1785: 371).

Dank der makropolitischen Ereignisse um die Aufstände in der Vendée im Zuge der erneuten Machtergreifung Napoleons I. konnte Jean Pierre Pairandeau das Datum ihres Besuchs bei Philippe Dijon de Monteton recht genau bestimmen. Offiziell unbehelligt hielt sie sich demnach, legt man die Abreise Ludwigs XVIII. nach Belgien Ende März 1815 zu Grunde, wohl ab Anfang April im Agenais auf. Um den 10. Mai 1815 brachen Unruhen und Revolten in den Vendée aus, so daß davon auszugehen ist, daß sie, als die Nachrichten darüber einige Tage später in den Südwesten gelangten, wahrscheinlich ab dem 15. Mai behördlicherseits gesucht wurde und sich dann in dem zu dieser Zeit als Schafstall genutzten Schloß Lasserre verbarg, wo es als unwahrscheinlich seitens der Royalisten angesehen werden konnte, daß sie dort aufgespürt würde. Denn der Name "La Rochejaquelein" besaß auch noch nach der Niederschlagung der Vendée-Aufstände ein beträchtliches politisches Drohpotential für das kaiserliche Regime, so daß die auf massives Betreiben hin dann doch erfolgte Verhaftung der Marquise de Donnissan auf dem Schloß Lasserre kurze Zeit eine gewisse nationale Bedeutung erhielt (Pairaudeau 1995: 22–23). Der Zugriff erfolgte nicht sogleich, sondern zog sich bis zur Nacht des 13. Juno 1815 hin.

Es ist hier nicht der Raum, auf die einzelnen Obstakel im Rahmen der administriellen Transformation von der ersten Restauration der Bourbonen hin zur Hundert-Tage-Herrschaft Napoléon I. im Département Lot et Garonne näher einzugehen (vgl. dazu die chronologische Darstellung bei: Proché 1883), jedoch sei annotiert, daß sich der durch *Décret imperial* am 6. April 1815 neu von Napoléon ernannte Präfekt Alexandre Jean Denis Rouen des Mallets (Jourdan 2001: 602), ein Protegé des Ministers der Polizei Joseph Fouché (Savant: 317), schwer tat, die Situation im Département Lot et Garonne im Sinne Bonapartes unter Kontrolle zu bringen, da sich ein erheblicher passiver Widerstand gegen das neue Regime formiert hatte. Dabei lief die Neubesetzung der Verwaltungsschlüsselpositionen in den Augen des Kaisers alles andere als rasch an, so daß er in einem Brief aus Paris am 5. Mai 1815 an seinen Innenminister Lazare Comte Carnot sogar die Absetzung Rouen des Mallets androhte, sollte dieser sich nicht schnell genug auf seinen neuen Posten begeben ("*On m'assure que M. Rouen des Malets, préfet de Lot-et-Garonne, nommé le 6 avril, est encore aujourd'hui 5 mai à Paris, et que plusieurs fonctionnaires sont dans ce cas. S'il est vrai que ce préfet soit en retard à ce point et qu'il ne soit pas parti cette nuit, il faut le destituer*" (Napoléon I. 1919: 436)). Dementsprechend erklärlich sind auch die Verzögerungen hinsichtlich der Verhaftung der Marquise de Donnissan. Zudem war die Unterpräfektur des Arrondissements von Nérac, zu dessen Einflußgebiet der Ort und das Schloß Lasserre gehören, bis zur Ernennung von Auguste Bonnal nicht besetzt. Dieser recht junge und unerfahrene Mann wurde Rouen des Mallets in Paris durch einige Freunde und Bekannte wärmstens empfohlen, jedoch verhielt er sich, nachdem die Marquise ausfindig gemacht worden war, recht zögerlich und abwartend, so daß er unmittelbar vor dem Zugriff in seinem Bericht vom 9. Juno 1815 an Rouet des Mallets zwar auf die Gefahren der Anwesenheit einer potentiell nahen Verwandten der La Rochejaquelein hinwies aber expressis verbis auf weitere Anordnungen warten wollte. Diese erfolgten dann in der Form, daß der Präfekt den Befehl erteilte, sie in einem Hotel garni in Nérac auf eigene Kosten unter polizeiliche Bewachung zu stellen. Sollte sie sich weigern, würde sie unversehens ins Gefängnis gesperrt werden. Sollte es sich tatsächlich um eine nahe Verwandte handeln (Frau, Tochter, Schwester oder Mutter), müßte ebenfalls eine sofortige Verhaftung erfolgen. Demgemäß war die Identität der Frau zum Zeitpunkt des Zugriffs nicht eindeutig geklärt und lediglich der Name "Rochejaquelein" war den Kundschaftern des Regimes bekannt. Parallel informierte sich der Präfekt, um seine Anordnungen auf eine bessere Grundlage zu stellen, über die Identität sowie die Ansichten der Gastgeber der Marquise, dabei erfolgte auch eine

Einschätzung zur Person von Philippe Dijon de Monteton, wie aus dem Bericht Rouen de Mallets an den Minister Fouché vom 15. Juno 1815 hervorgeht:

> [...] *deux petites filles y étaient également:* [...] *le château qu'elles habitaient est si grand et si délabré, qu'il leur a été facile de s'échaper, d'autant qu'on ne les y savait pas.* [...] *C'est* [Philippe Dijon de Monteton, Anm. v. A.] *le plus riche propriétaire de ce département; il a également de très grandes propriétés dans la Vendée: il joint à sa fortune la bienfaisance et la sagesse la plus étendue, ce qui de tous les temps lui a concilié l'estime et la considération dans tout le pays.* [...] *P.S.* [...] *und des plus chauds royalistes de toute la division.* (zit. n. Sanchez-Calzadilla 1995: 31)

Abgesehen davon, daß es bemerkenswert erscheint, daß den beiden Enkelinnen der Marquise beim Zugriff auf ihre Großmutter, auf Grund der Größe und der Baufälligkeit des Schlosses von Lasserre, die Flucht zunächst zum Château de Casteron der Lavernys d'Amblard und schließlich zum Schloß Perron der Lafitte-Perrons gelingen konnte, wird deutlich, daß der Präfekt einesteils die ob dessen Wohltätigkeit besonders gut beleumundete Stellung des Grafen Dijon evoziert, anderenteils aber auch auf dessen ultraroyalistische Gesinnung hinweist, was sich gut in dessen landläufiges, teilweise legendenunterlegtes Bild einfügt. Umso erstaunlicher ist, was in seinem Rapport keine Erwähnung findet: Nämlich die Eigenschaften, Absichten und der familiäre Hintergrund der Marquise de Donnissan. Einerseits hatte sie nämlich als Mitglied des im Südwesten weitverzweigten Hauses Durfort einen materiell sowie sozial sehr guten Stand, war mit vielen mächtigen Familien alliiert. So war beispielsweise ein Durfort de Lorge, ein naher Verwandter, Kommandeur der Nationalgarde von Lot-et-Garonne (vgl. dazu La Rochejaquelein 1984: 509 (Anm. 2)). Andererseits verkörperte es ein offenes Geheimnis – spätestens nach Erscheinen der vorgesagten *Memoires*, welche in erster Auflage bereits 1814 publiziert wurden (La Rochejaquelein 1814), auf Grund einiger Indisktretionen als Manuskript aber bereits früher verbreitet worden waren –, daß sie vom Grafen Artois und nachmaligen Karl X. persönlich beauftragt worden war, die royalistische Aktion im Südwesten Frankreichs voranzubringen (Sanchez-Calzadilla 1995: 32). Diese Aporie an übermittelten Informationen an das Polizeiministerium seitens Rouen des Mallets läßt sich nicht allein mit einer inkremental-retardierten Arbeitsweise, wie man durch seinen zögerlichen Dienstantritt mutmaßen könnte, oder gar durch Nachlässigkeit erklären, vielmehr ist der ausnehmend schwierigen Situation Rechnung zu tragen, in welcher er sich durch die bereits erwähnten Komplikationen der Herrschaftstransformation in Lot et Garonne befand. Zudem war dieses Départmenet in seiner aufgeheizten Stimmung, seiner nicht funktionierenden Administration sowie der permanenten Gefahr von royalistischen Revolten mitnichten seine angestammte Heimat, wessentwegen wir seinen unvollständigen Bericht durchaus strukturell erklären können. Denn unabhängig, ob die Unterrichtung über die Familienbande durch Kundschafter oder die *Mémoires* selbst erfolgten, hätte ein von ihm verfaßter Bericht, allein durch die Nennung des in der gesellschaftlichen Vernetzung der Schwiegermutter des Vendée-General Louis du Vergier de la Rochejaquelein liegenden Soupçons eines sehr wahrscheinlichen Geheimauftrags zur Beförderung der royalistischen Résistance durch den Grafen von Artois höchstselbst, zu einer sofortigen Arretierung der Marquise in einem Gefängnis, möglicherweise auch zu einem Abtransport in eine außerhalb des Südwesten Frankreichs gelegene Stadt geführt. Für die ohnehin sehr geschwächte Position Rouen des Mallets hätte das unkalkulierbare Risiken mit sich gebracht. Folglich entschied er sich für eine abwartend-deeskalierende Strategie, die am ehesten durch die Bewachung in einem Hotel garni in Nérac gewährleistet werden konnte. Diese Mutmaßung deckt sich mit der anerkennenden Einschätzung, welche der Historiker Alphonse Paillard in seiner Geschichte des *Hotel de la préfecture d'Agen* von der Person des Präfekten vornahm:

> "*Placé au milieu des événements les plus difficiles, entre une population hostile et des amis dangereux, il sut rester bienveillant pendant le court trimophe de l'Empereur, fidèle après la défaite, calme avec*

énergie, habile sans faiblesse, et ce sera pour lui un éternel honneur que d'être, pendant plus d'un mois, demeuré au sein d'une cité subjuguée par ce grand courage, le représentant impassible, sans peur et sans colère, d'une cause définitivement perdue, qui, triomphante ou vaincue, n'en était pas moins celle de la patrie." (Paillard de Saint-Aiglan 1863: 104)

Die Reaktion des Grafen Dijon auf die Verletzung seiner Gastfreundschaft durch die Verhaftung der Marquise de Donnissan ist dank einer diarischen Quelle in Form der *Cryptographie Agenaise ou Journal secret d'Agen depuis le 1er mars 1814 jusques à pareil jour 1817* von Jean-Florimond Boudon de Saint-Amans auf uns gekommen. Dieser kannte die regionalen und politischen Verhältnisse des Départements ausnehmend gut, da er seit 1800 mit einigen Unterbrechungen bis 1831 als Präsident der *assemblée départementale* vorsaß (Bonnat 1913: 95). Gemäß seinen Aufzeichnungen, in welchen er ein weniger positives Bild des Präfekten zeichnet (Boudon Saint-Amans 1914: 45–46) und die Arretierung auf den 15. Juno 1815 datiert wird, woraus resultiert, daß sie ab diesem Zeitpunkt der Öffentlichkeit publik wurde, habe sich die Marquise bei Philippe Dijon de Monteton ein paar Tage aufgehalten, "([...] *où elle s'était arrêtée quelques jours en se rendant aux eaux des Pyrénées*" (Boudon Saint-Amans 1914: 44)). Als Dijon dies dem Präfekten erzählte, habe Letztgenannter dessen Begründung für den Aufenthalt der Donnissan schlecht aufgenommen, wessentwegen die nicht weiter genannten Freunde des Grafen um seine Sicherheit fürchteten. Sie konzedierten zwar auch, daß ihm sein Engagement für die Armen einen gewissen Schutz gewährten, doch sei sein Eifer für den König allgemein bekannt, so daß er mitnichten vor einem Willkürakt sicher sei. Darob riet man ihm, sich auf sein Schloß zurückzuziehen. Doch dabei sollte er es nicht belassen, denn zwei Tage später am 17. Juno 1815 wurde er erneut beim Präfekten vorstellig. Bei dieser zweiten Gelegenheit fand er bei Rouen des Mallets bessere Aufnahme, ohngeachtet seiner Beharrlichkeit, mit der er einesteils seine royalistische Attitüde offen nannte und sich auf die Meinungsfreiheit berief, deren Unabhängigkeit man schützen müsse, anderenteils aber auch seine Subordination unter die etablierte Regierung zum Ausdruck brachte. Trotz der deutlichen Wort schien das Gespräch ein konziliantes Ende genommen haben, dieweil der Präfekt Philippe Dijon de Monteton einlud, seiner Frau einen Besuch abzustatten. Dieser Einladung leiste er jedoch mit dem Hinweis keine Folge, daß er von den Interessen und dem Schicksal seiner Freundin, welcher er Gastfreundschaft gewährte und ganz und gar davon vereinnahmt sei, weshalb er es vorzöge, nach Nérac zurückzukehren (Boudon Saint-Amans 1914: 44–45).

Dieses zweifache Aufsuchen des Präfekten fiel in die Zeit großer makropolitischer Ereignisse (vgl. dazu weiterführend: Sellin 2001), wie der endgültigen Niederlage Napoléon I. bei Waterloo am 18. Juno 1815, von denen im Agenais zunächst keinerlei Kenntnis herrschte. Der uneingeschränkte Sieg der Alliierten wurde erst gegen den 24. Juno bekannt, wie aus den Aufzeichnungen von Saint Amans hervorgeht (Boudon Saint-Amans 1914: 51). Auch der Tod ihres Schwiegersohnes Louis de la Rochejaquelein, der sich am 3. Juno 1815 auf dem Schlachtfeld Mathes bei Saint-Hilaire-de-Riez (85) in de Vendée ereignet hatte (Gabory 1989: 823–824), drang erst am 22. Juno in das Agenais durch (Boudon Saint-Amans 1914: 48). Für die Marquise de Donnissan waren diese Begebnisse folglich nicht maßgeblich, als es darum ging, daß sie am 19. Juno auf Drängen des Generals Edme Aimé Lucotte vor der Militärkommission in Périgeux erscheinen sollte (Sanchez-Calzadilla 1995: 33). Dazu kam es indes nicht, da die Marquise seit der Nachricht des gewaltsamen Todes ihrer Freundin Marie-Louise de Bourbon, Fürstin von Lamballe, geborene Savoyen-Carignan, regelmäßig von Nervenanfälle heimgesucht wurde, so daß die zu Rate gezogenen Ärzte von Nérac erklärten, daß ihr Alter von 70 Jahren sowie ihr Gesundheitszustand jeden Ortswechsel verböten. Trotzdem verblieben die Alguazils, welche sie bis dato aus entfernter Distanz im Auge behielten, von nun an in ihrem Vorzimmer. Auf diese Weise sollten konspirative Besuche von insurrektionsbereiten Royalisten verhindert werden (Boudon Saint-Amans 1914: 46). Gleichzeitig schalteten sich einflußreiche Männer in Paris für das Wohl der Marquise ein. Drunter auch Charles Jacques Nicolas Comte Duchâtel, seines Zeichens *directeur général de l'administration de l'Enregistrement et des Domaines* (vgl. zu seiner Biographie: Massaloux 1989: 343–357), welcher durch einen Brief der Donnissan an seine Frau über ihr Schicksal informiert, sich unverzüglich beim Polizeiminister Fouché für sie einsetzte und bewirkte, daß Letztgenannter am 27. Juno ein Schreiben an Rouen des Mallets richtete, in dem er ihm dahingehend Instruktionen erteilte, daß die Marquise in die Freiheit zu entlassen sei, da sie durch die empfehlenswertesten Personen beansprucht würde, darüber hinaus sei der Grund des Festhaltens ihrer Person weggefallen. Mithin würde es gänzlich genügen, sie wieder in die Überwachung mit Vorsichtsmaßnahmen zu übergeben, wie bereits in Agen durchgeführt, wohin sie zwischenzeitlich transportiert worden war. In seiner am 4. Juli erfolgten Antwort teilte der Präfekt Joseph Fouché mit, daß er Madame de Donnissan bereits freigelassen habe, indes habe sie das dortige Hotel garni, in welches man sie verbrachte hatte, nicht verlassen (Sanchez-Calzadilla 1995: 33). Es ist davon auszugehen, daß Fouché, der ab 22. Juno 1815 als Präsident zusammen mit Carnot einer Übergangsregierung vorstand (Markham 2008: 57), kein besonderes Interesse daran hegte, seine Vorbereitungen der zweiten Rückkehr Ludwigs XVIII. dadurch zu derrangieren, daß er der Schwiegermutter eines la Rochejaquelein Schwierigkeiten bereitete oder diese gar weiterhin unter sichtbaren Arrest hielte. Abschließend löste sich die Situation für die Gefangene mithin dahingehend, daß sie durch den Kollaps des bonapartistischen Regimes und die damit einhergehende Flucht des Präfekten Rouen des Mallets am 21. Juli 1815 endgültig sämtlicher staatlicher Kalamitäten enthoben und wieder mit ihren beiden Enkelinnen vereint war.

Für Philippe Dijon de Monteton bildete die Wiedererrichtung der Bourbonen-Monarchie nach der finalen Exilierung Napoléons I. gleichergestalt eine Zäsur, denn zwei Monate, nachdem er sich für die Marquise de Donnissan beim Funktionsträger Rouen des Mallets verwandt hatte, übernahm er selbst ein politisches Amt. Am 22. August 1815 zog er als gewählter Deputierter des Départements Lot et Garonne in die berühmte *chambre introuvable* ein (vgl. zur Zusammensetzung Backouche 2000: 31 sowie weiterführend grundlegend: Bertier de Sauvigny 1977), wo er bis zu deren Auflösung am 5. September 1816 tätig war (Sanchez-Calzadilla 1993: 486). Parallel saß er auch dem *college electorale de Lot et Garonne* als Präsident vor. Seine Wohnstatt in Paris bildete damals das Hotel Mazarin in der gleichnamigen Straße (Dulac 1817: 583).

Die "unauffindbare Kammer" wurde häufig von ihren Kritikern – und noch bis heute – von Teilen der Forschung als ultraroyalistisch oder "königstreuer als der König selbst" charakterisiert (auch für andere: Verneuil 2008: 28), was dahingehend sachlich falsch ist, da sie mit ihrer Politik paradoxerweise gegen eine starke Machtstellung des Königs opponierte. Mithin war focht sie aus den unterschiedlichsten ideologischen Gründen einen Kampf *im Namen des Königs*, um die eigenen politischen Vorstellungen von einem schwachen, eher repräsentativen König an der Staatsspitze, in einem legitimen und stabilen Umfeld zur Geltung zu bringen. Sehr zutreffend qualifizieren Emmanuel de Waresquiel und Benoî Yvert diese prima vista kontradiktorische Vorgehensweise der zweiten Kammer des französischen Parlaments darob als "*combat politique à front renversé*" (Waresquiel und Yvert 1996: 165). Zu dieser Einschätzung gelangte auch der nachmalige, langjährige französische Außenminister François Guizot, welcher aus diesem Phänomen maßgebliche Anregungen für seine Theorie der Repräsentation schöpfte (Guizot 1851: 14–15). Demgemäß müßte der pauschal und ohne Nachweis einer Referenzquelle erhobene Vorwurf von Jean Pierre Pairaudeau, den er wider Philippe Dijon de Monteton lautwerden läßt, daß dieser "*avec la chambre 'introuvable', votera tous les textes répressifs qui lui seront proposés*" (Pairaudeau 1995: 22), en detail geprüft werden, denn gemäß dem – durch die vorgenannten Quellen aufgezeigten – Handeln sowie der Einschätzung unabhängiger Dritter, wie beispielsweise der Präfekt von Lot et Garonne Rouen des Mallets, verkörperte der Graf

Dijon tatsächlich einen veritablen Royalisten, dessen Intention mitnichten in einer Scheinloyalität gegenüber dem in seinen Augen legitimen Monarchen Frankreichs lag. Allerdings finden sich doch Belege, daß diese königstreue Attitüde von einer etwas höheren Vehemenz in den Jahren 1815 und 1816 geprägt war, wie der Bericht des Präfekten von Lot et Garonne, Augustin Musnier de la Conserverie, im Rahmen der Départements-Wahl von 1820, die Philippe Dijon de Monteton noch einmal mit 197 zu 380 Stimmen zu seinen Gunsten entschied, offenlegt:

> "*Les royalistes de toutes les nuances le verraient avec confiance près la cour royale d'Agen présider le collège, les seuls ultra-libéraux en seraient fâchés.* [...] *Il a déjà présidé le collège 1815 et 1816. 30.000 francs de rente. Vivant d'une manière très honorable. De l'esprit, de l'énergie et beaucouop d'activité. Il montra de l'exaltation en 1815 et 1816, mais il paraît revenu à des principes plus modérés. Aussi beaucoup des royalistes des deux nuances se réunissent-ils pour porter à la prochaine législature.*" (Voilliot 2005: 139)

Folglich wird ihm zwar das Vorwalten einer gewissen sthenischen Affektiertheit in seinen monarchistischen Überzeugungen attestiert, doch resultiert gleichergestalt aus dem Rapport, daß er diese nach 1816 beigelegt hat und darüber hinaus eine solche Mäßigung seiner politischen Ansichten an den Tag zu legen, daß sich Royalisten aller Strömungen hinter ihm versammelten, da es anderenfalls nicht erklärlich wäre, daß er von solch einem breiten Spektrum dieser politischen Kraft sowohl für die kommende Legislaturperiode unterstützt würde als auch, daß sie ihn als Vorsitzender am Gerichtshof von Agen wünschten, was wohl allein an der Opposition der Ultraliberalen scheiterte. Auch ansonsten stellte ihm die Schilderung das Zeugnis einer sehr ehrenwerten Lebensweise aus, die von einem wachen, elanvollen Geist sowie grundsätzlicher Aktivität geprägt war. Daneben wird hervorgehoben, daß seine 30.000 Francs Rente auf jeden Fall ausreichend sind, die 1.000 Francs an Kontribution für das passive Wahlrecht zu begleichen (Pölitz 1999: Charte constitutionnelle 1814, Art. 38).

Fernerhin fällt ins Auge, daß Graf Dijon als "verfassungsmäßiger" Abgeordneter, welcher sowohl 1815, wie bereits dargelegt, als auch bei der Wahl 1816 durch die Ernennung König Ludwigs XVIII. (vgl. Abb. 2.57: 364) den Vorsitz des Wahlkollegiums inne hatte (Voilliot 2007: 66), dem Innenminister Joseph Jérôme Comte Siméon, zu schließen aus der Kürze der Nachricht, die ihm der Präfekt widmete, bereits hinlänglich bekannt war und es demgemäß nicht notwendig erschienen war, die Vorzüge des Kandidaten Dijon in extenso darzulegen (Voilliot 2005: 140).

Inhaltlich widmete sich Philippe Dijon de Monteton, trotz seiner monarchistischen Weltanschauung, in seiner parlamentarischen Tätigkeit jedoch nicht Politikfeldern, die mit dieser Überzeugung in enger Kohärenz standen. Vielmehr versuchte er die Belange seines Départements im speziellen und die der Landwirtschaft im allgmeinen zu stärken, wie sein Plädoyer für eine Einfuhr-Besteuerung des behandelten Korks erzeigt:

> "*Mais* [...] *si vous ne déterminez pas le fabricant à venir chercher dans l'interieur de la France le liège qu'il va prendre en Espagne vous n'aurez rien fait en faveur de l'agriculture. Il est indispensable que vous établissiez une taxe quelconque sur le liége en planche; elle montrera aux cultivateurs que le gouvernement a les yeux sur eux, et les engagera a étendre une culture qui pourroit un jour couvrir l'immensité de nos landes, depuis le basin d'Arcachon jusqu'à Bayonne.*" (zitiert nach Chas 1819: 189)

Auf diese Weise sollten den Fabrikationsstätten des Midi die Mittel an die Hand gegeben werden, sich wider die spanische Konkurrenz aus Katalonien zu behaupten. Endlich wurde seinem Antrag von den Abgeordneten stattgegeben. In forstwirtschaftlichen Belangen hatte er eine dezidierte Meinung zum Erhalt der staatlichen Wälder, die seiner Meinung nach nicht zur Deckung der öffentlichen Schulden hinzugezogen werden sollten. Statt dessen forderte er eine gänzlich andere, auf Nachhaltigkeit und Respekt gegenüber dem Tradierten

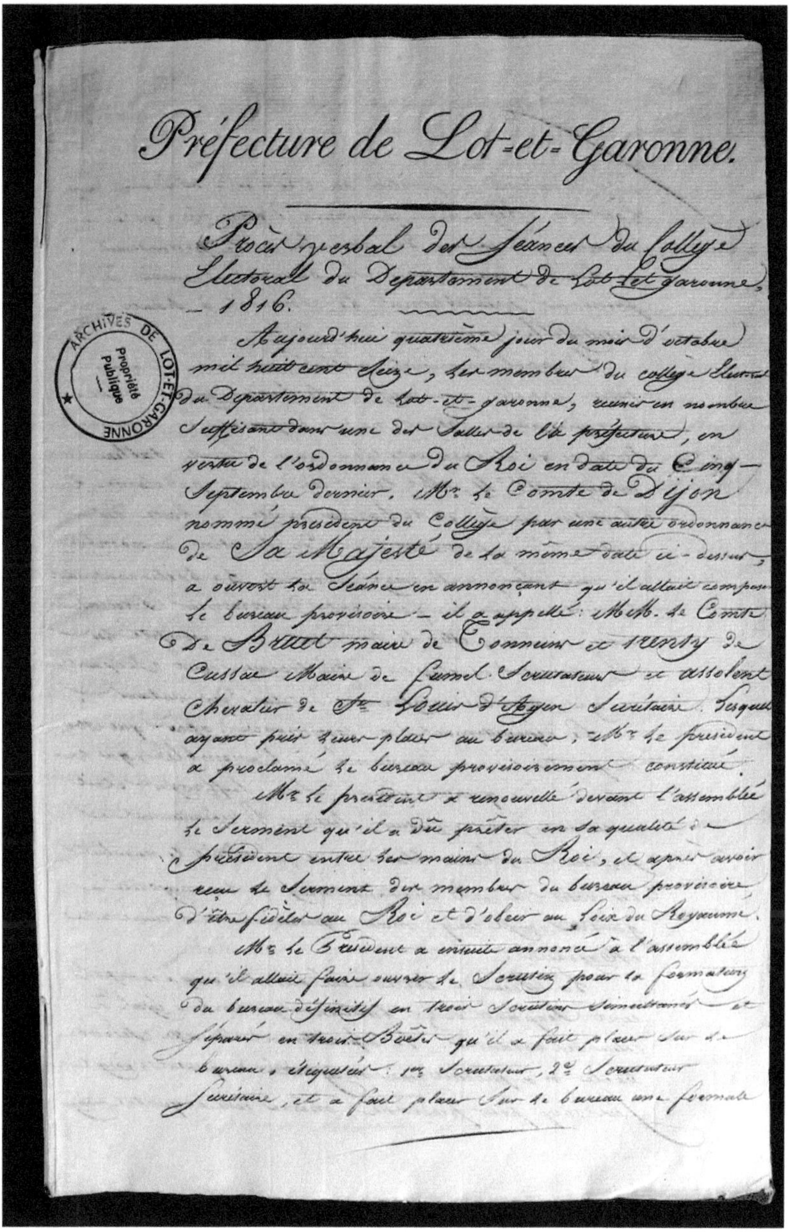
Préfecture de Lot-et-Garonne.

Procès verbal des Séances du Collège Electoral du Département de Lot-et-Garonne, 1816.

Abb. 2.57: Procès verbal des séances du college electorale du département Lot et Garonne (14 octobre 1816), A.D.47, 3 M 13 [eigene Photographie]

abzielende Forstpolitik. Diese Forderungen wurden in der "*Opinion de M. le Comte Philippe de Dijon, député de Lot-et-Garonne, sur les bois de l'état*" (Dijon de Monteton s. a.) kenntnis- und detailreich von ihm selbst dargelegt. Eine Abhandlung über die Forstwirtschaft blieb jedoch unpubliziert. In seinem Garten ließ er seltene sowie exotische Bäume pflanzen und akklimatisierte erfolgreich Pflanzen wie die Rose aus Bengalen und die Zeder des Libanon. Auf Grund dessen benannte ein gewisser Tourrès, Gärtner aus Lot et Garonne diesen Baum nach ihm: "*Cedrus libani 'Comte de Dijon'*" (Basseville u. a. 1858: 155). Grundlage dieser botanischen Erfolge waren ausgedehnte Reisen während des Ersten Kaiserreichs nach Dänemark und Brabant, wo er die Urbarmachung und Kultivierung unfruchtbarer Böden studierte und sich im Heideland rund um Poudenas und vor allem sein Schloß Lasserre um die Verbreitung der Zucht von Merino-Schafen bemühte, welche er auf ausgedehnten Fußreisen nach Spanien zusammengesucht hatte. Sein Eintreten für die Belange der Landwirtschaft geschah deshalb keinesfalls zufällig.Der Senator Mathieu Comte Depère berichtet über seine Reise im Sommer 1809 in den Südwesten Frankreichs ausführlich von der Merino-Schafzucht des Grafen Dijon (Depère 1810: 71–72). Dieser beließ jedoch nicht nur bei der bloßen Zucht, sondern ließ die Wolle der Schafe in Poudenas in zwei Spinnereien, welche die modernsten ihrer Art in Lot et Garonne waren, weiterverarbeiten, wie der vorgesagte Saint-Amans in seinem *Coup d'oeil sur le département de Lot-et-Garonne* erwähnt hat (Boudon de Saint-Amans 1828: 39–40). Doch auch bei der Seidengewinnung ging Philippe Dijon innovative Wege, da er zusammen mit dem bereits genannten Elie, Herzog von Decazes (vgl. Kap. 2.3.3.1: 178), sowie einem Monsieur Vielcastel eine von drei Seidenraupenzuchten im Libournais mit medaillenprämierten Maulbeerbäumen betrieb, wobei seine und die von Vielcastel ihre Ursprünge in der Regierungszeit König Heinrichs IV. von Frankreich hatten (Trimoulet 1864: 425). Späterhin sollten seine Verdienste um die französische Landwirtschaft dahingehend meritiert werden, daß er von Ludwig XVIII. mit Zertifikat vom 11. September 1819 zum Offizier der Ehrenlegion ernannt wurde.[206] Möglicherweise war hierbei auch das öffentliche Demonstrieren seiner Verbundenheit mit dem Haus Bourbon ein nicht unwesentlicher Faktor für die Ernennung, denn er schenkte sowohl dem *conseil général* in Agen als auch jedem *conseil d'arrondissement*, also dem von Agen, Marmande, Nérac und Villeneuve ein Porträt des Königs (Courcelles 1826: 283).

Offiziell verließ Philippe Dijon am 24. Dezember 1823 die Deputiertenkammer, jedoch nahm er sein Mandat im Rahmen der Veränderungen des Wahlgesetzes und der damit verbundenen deutlichen Erhöhung der Abgeordneten wohl bereits ab November 1820 nicht mehr wahr und verließ die Zweite Kammer im Zuge der "*série sortante*" (Robert und Cougny 1890: 388).

Nach seinem Ausscheiden aus der Politik machte er sich daran, einen lange gehegten Wunsch, die Errichtung einer Statue König Heinrichs IV. von Frankreich und Navarra in Nérac, der seinen beiden Schlössern Lasserre und Poudenas am nächsten gelegenen Verwaltungsstadt, zu veranlassen (vgl. sehr ausführlich dazu: Coustet 1987). Mit der Ausführung beauftragte er den Künstler Nicolas-Bernard Raggi, der zu den "*sculpteurs les plus distingués*" (Duseigneur 1862: 536) seiner Zeit gezählt wurde (vgl. zu einer Werkübersicht: Gabet 1831: 577–578) König Ludwig XVIII. selbst kontributierte die auf lateinisch gehaltenen Inschrift, eingemeißelt auf dem Sockel der Statue:

> "*Alumno*
> *Mox patri nostro*
> *Henrico Quarto*" (Lubis 1848: 136)

Die Kosten für die Herstellung, das Postament sowie die Positionierung der Statue in Höhe von 150.000 Francs trug der Graf vollumfänglich selbst (Courcelles 1826: 283). Die Einweihung am 13. Mai 1829 wurde von allerlei Festivitäten für die Bevölkerung begleitet, allerdings sollten auch kulturell-musische Aspekte nicht vernachlässigt werden,

206 A.D.38, DM 81.

so daß die *Société d'agriculture, sciences et arts d'Agen*, deren langjähriges Mitglied Philippe Dijon de Monteton als *membre non-résidant* war, wie einer Liste aus dem Jahr 1798 zu entnehmen ist (Lauzun 1900: 58), einen Preis in Höhe von 300 Francs sowie eine Goldmedaille für das beste Gedicht auslobte, welches dem patriotischen Akt der Errichtung der Statue vor dem Schloß von Nérac am besten huldigen würde (Lauzun 1900: 133–134). Daraus wurde ein reicher Reigen an musisch-lyrischer Darbietung auch jenseits des ausgeschriebenen Preises: Unter den Klängen der Komposition eines Monsieur Coq, der aus Nérac enstammte, sang ein Chor, und es wurden Gedichte, die dem Präfekten von Lot et Garonne sowie dem Grafen Dijon gewidmet waren, rezitiert (zu finden in der Anthologie *La Guirlande des Marguerites* Faugère-Dubourg 1876: 207). Daneben kam eine Ode, eine Elegie, eine Kantate sowie eine Epistel zu Gehör (Coustet 1987: 198–199), so daß die gesamte Veranstaltung – auch politisch – unter dem Rubrum einer Hommage an das Haus Bourbon in Gestalt ihres beliebtesten Königs stand.

Das dergestalt eingeweihte Monument sollte zunächst unmittelbar vor dem ehemaligen Königsschloß von Nérac seine Aufstellung finden, doch wurde es im Jahr 1872 auf Veranlassung von Armand Falliere, seinerzeit Bürgermeister von Nérac und ab 1906 der neunte Präsident der französischen Republik, im Rahmen von Umgestaltungsarbeiten des Schloßplatzes und der angrenzenden Brücke über die Baïse zur Place Mercadieu (heute: Place Général Leclerc) transferiert (S.H.P.F. 1928: 344 sowie Courcelles 1826: 200).

So detaillreich die Geschichte der Statue von Heinrich IV. in Nérac derweil erforscht ist, so wenig ist bekannt, daß sich ihr Pendant (vgl. Abb. 2.58: 366) bis zum heutigen Tag in Paris in der *salle des conférences* im Palais Bourbon, dem Sitz der Nationalversammlung, befindet.

Dies mag seine Ursache darin haben, daß die regionalgeschichtliche Forschung von den Geschehnissen in Paris keine Kenntnis hatte und sich in der dem Künstler Raggi gewidmeten Literatur keinerlei Hinweise darauf auffinden lassen. Umso mehr überrascht, daß von deutscher Seite die Existenz dieser aus Bronze gegossenen Statue in der französischen Hauptstadt durchaus bekannt war, wie aus einer Notiz im "Morgenblatt für gebildete Stände" von 1820 hervorgeht, die auf die Errichtung des Piedestals Bezug nimmt (Kunst-Blatt 1820: 316), welches die nachfolgend zitierte Postamentsbeschriftung erhielt:

> "*Donné a la chambre*
> *par M. Le Comte Ph. Dijon,*
> *Député de Lot-et-Garonne*
> *1820*" (Véron 1857: 232)

Diese Danksagung beweist, daß die zweite Statue nicht, wie 1834 im "Journal des Artistes" vermutet, für einen Weitertransport nach Nérac bestimmt war ("*On n'explique pas comment elle se trouve encore à Paris.*" Journal des artistes 1834: 388). Statt dessen wurde sie der Deputiertenkammer ausdrücklich vom Grafen Dijon geschenkt (Baudoin-Matuszek 2007: 208).

Ebenso wie im Falle der zweiten Statue in Paris, findet sich in der Literatur kaum eine Referenz hinsichtlich des letzten Versuchs von Philippe Dijon de Monteton aus dem Jahr 1834, erneut in die französische Deputiertenkammer gewählt zu werden. Er trat weiland gegen Armand François Maximilien de Lau de Lussignan an, der als Grundbesitzer in Nérac bereits in den Koalitionskriegen des Ersten Kaiserreichs auf der Seite Napoleons gefochten hatte und gleichergestalt einen sehr guten Namen in der Provinz besaß, was nicht zuletzt daran lag, daß er matrilinear den letzten direkten Nachfahren von Jean Poton de Xaintrailles, seines Zeichens einer der bedeutenden Hauptleute Jeanne d'Arcs (vgl. zu seiner Person: Tholin 1902), verkörperte (Mullié 1851: 243–244). Seit 1831 hatte er das Amt des Deputierten von Lot et Garonne inne und verteidigte es schließlich auch 1834 mit 304 Stimmen von 459 Stimmen gegen 144, die auf seinen Herausforderer Dijon fielen. Dabei vermochte Letztgenannter auch in seinem

Abb. 2.58: Statue von Henri IV. im Salle des Conférences *des Palais Bourbon, 2010 (Assemblée Nationale de France), Paris [eigene Photographie]*

Heimatarrondissement Nérac keine Mehrheit mehr auf seine Person zu vereinigen: Auf ihn fielen lediglich 98 von 325 Stimmen, wohingegen Lussignan mit 181 Stimmen auf fast die doppelte Anzahl kam.[207] Es ist hier nicht der Ort, den genauen Gründen für diese Wahlniederlage des Grafen Dijon nachzuspüren, doch könnte ein möglicher Faktor in der Tatsache zu finden sein, daß er als erster Deputierter der Restauration recht symbolhaft für das alte Regime stand, das auch in den Regionen des Südwestens von Frankreichs zunehmend an Rückhalt verlor, da es den gesellschaftlichen und ökonomischen Umbrüchen zu wenig Rechnung trug (vgl. dazu ausführlich weiterführend: Piette 1993)

Bei der Durchsicht der Wahlunterlageng, wie Sanchez-Calzadilla erstmals entdeckt hat (Sanchez-Calzadilla 1993: 486), sticht ein Stimmzettel aus besagtem Urnengang zur Wahl des Deputierten im Arrondissement Nérac 1834 wegen eines Phantasienamens hervor: "*Marquis de Carabas*", der erwartungsgemäß als ungültig taxiert wurde.[208]

Allerdings läßt sich trotzdem eine klare Zuordnung dieses Namens hin zum Kandidaten Dijon vornehmen – in einer Romanfigur der Schriftstellerin George Sand. Diese ließ sich durch seine höchlichst eigene Lebensführung sowie seine ausgeprägt spezielle Persönlichkeit

207 A.R.47, 3 M 48.
208 A.R.47, 3 M 48.

in ihrem Romandebüt *Rose et Blanche ou La comédienne et la réligieuse* von 1831, das sie zusammen mit ihrem Geliebten Jules Sandeau unternommen hatte, inspirieren und setzte so Dijon im Protagonisten des Romans, dem Marquis de Carabas, ein literarisches Denkmal (Sandeau und Sand (1831)).

Den Nachweis, daß sich George Sand und Philippe Dijon de Monteton gekannt haben müssen, läßt sich zum einen dahingehend erbringen, daß die Literatin zu diesem Zeitpunkt mit Casimir Dudevant (vgl. zu seiner Person: Samazeuilh 1857a: 250–251), dem illegitimen, aber voll anerkannten Sohn von Jean-François Baron Dudevant, verheiratet war. Letztgenannter, der einer Kaufmannsfamilie des Bordelais entstammte und sich im Arrondissement in Nérac angesiedelt hatte, bekleidete zwischen 1809 und 1814 sowie während der 100-Tage-Herrschaft Napoleons I. das Amt des Deputierten von Lot et Garonne (Samazeuilh 1857a: 249–250 sowie (Pujos 1961: 101)). Er war der unmittelbare Vorgänger des Grafen Dijon in dieser Position. Zum anderen hatte Georges Sand das Neracois bereist, wie aus der *Itinéraire de Bordeaux à Tarbes* von Jean-François Samazeuilh hervorgeht, denn die besondere Stimmung desWäldchens von Guillery (47), das ihr Schwiegervater gepflanzt hatte, wurde, neben der Person Dijons, ebenfalls in ihrem Erstlingsroman verarbeitet (Samazeuilh 1836: 30). Dieser kleine Hain lag nur wenige Kilometer von einer alten Templerkommanderie, der Tour d'Avance, entfernt, der sich im Besitz von Philippe Dijon de Monteton befand (vgl. dazu sehr ausführlich: Clemens 1970 sowie Bourrachot 1983). Ein persönliches Verhältnis zu Dijon wird aus der Angabe klar ersichtlich, wonach George Sand in der Tour d'Avance in dessen Zimmer einen Brief für ihn hinterlegte:

> "*Mme Dudevant (George Sand) visita la Tour d'Avance durant son séjour à Guillery. On la vit, devançant à cheval nos plus hardis chasseurs, courre les émotions à travers ces forêts et s'y jouer des ondées et de l'orage. Sa main, dit-on, déposa dans la Tour, et sur le seul lit vermoulu que renfermait ce vieux manoir, une lettre à l'adresse de M. le comte Dijon, propriétaire de ces ruins.*" (Samazeuilh 1856: 164 (Anm. 2))

Für die damalige Zeit war es recht ungewöhnlich, daß eine verheiratete Dame einen Brief auf dem Bett eines unverheirateten Herrn deponierte.

Neben George Sand inspirierte die Personage des Grafen Dijon sowie dessen dem romantischen Zeitgeist sehr entsprechenden Ruinen der Templerkommanderie auch den Schriftsteller Joseph Vicomte du Gout d'Albret zu dessen einzigen Roman "Le solitaire de la Tour d'Avance" (Gout d'Albret 1863).

So wie die Relation der Literatur zu Philippe Dijon de Monteton eine fruchtbare war, so war er dieser selbst auch ausgesprochen zugetan. In seinem Schloß Poudenas nannte eine beachtliche Bibliothek sein Eigen, welche er beständig durch Werke in den klassischen Sprachen sowie in Englisch, Italienisch und Spanisch ergänzte und auch Schriften über Kunst erwarb.

Über die ihm verbleibenden anderthalb Jahre nach seiner Niederlage zu den Deputierten-Wahlen von 1834 ist nichts auf uns gekommen. Gesichert gilt lediglich die Tatsache, daß er im Beisein seines treusten Dieners am Morgen des 23. Dezember 1835, um 11 Uhr in seinem Schloß Palluau verschied, wie aus der Todesurkunde (vgl. Abb. 2.59: 368) des État Civil von Palluau ersichtlich ist.[209] Dabei fällt ins Auge, daß das Lebensalter des Grafen vom Standesbeamten unrichtig mit "*soixante huit ans*" angegeben wurde. Tatsächlich hatte Philippe Dijon de Monteton bereits das 79. Lebensjahr erreicht, wie sich anhand des oben zitierten Taufbucheintrags aus dem Jahr 1756 nachweisen läßt (vgl. Kap. 2.3.3.9: 351)

Kurze Zeit nach Bekanntwerden seines Ablebens erfolgte die Veröffentlichung einer Reihe von Nekrologen, deren umfassendster sich bei Jean-François Samazeuilh wiederfindet, der die

209 A.D.85, 2 E 169/5.

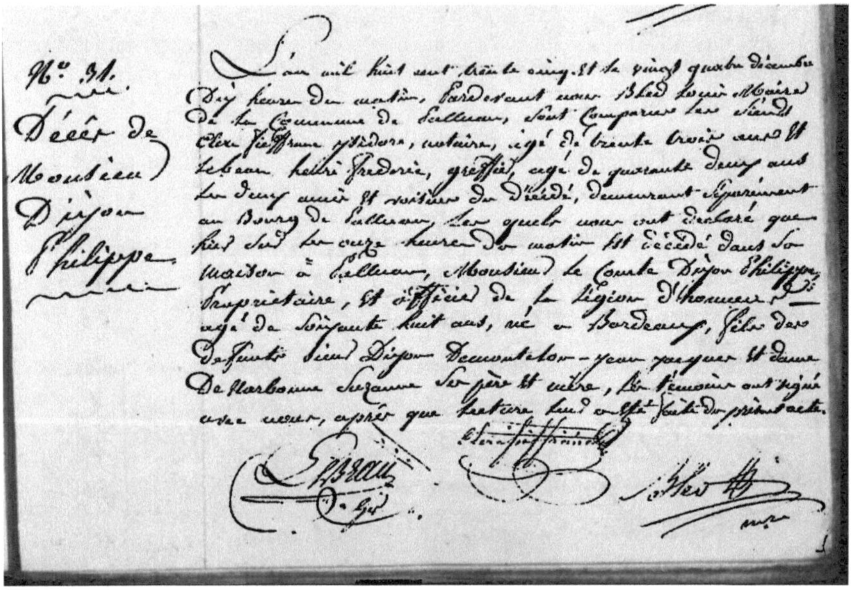
N° 31.
Décès de Monsieur Dijon Philippe

L'an mil huit cent trente cinq et le vingt quatre décembre dix heures du matin, pardevant nous [illegible] Maire de la Commune de [illegible], sont comparus les Sieurs [illegible], notaire, âgé de trente trois ans et [illegible], greffier, âgé de quarante deux ans [illegible] deux amis et voisins du décédé, demeurant séparément au Bourg de [illegible], lesquels nous ont déclaré que hier à onze heures du matin est décédé dans sa maison à [illegible], Monsieur le Comte Dijon Philippe, propriétaire, et officier de la Légion d'honneur, âgé de soixante huit ans, né à Bordeaux, fils des défunts sieur Dijon [illegible] et dame de Narbonne Suzanne ses père et mère, les témoins ont signé avec nous, après que lecture leur a été faite du présent acte.

Abb. 2.59: Todesurkunde von Philippe Comte Dijon de Monteton vom 24. Dezember 1835, A.D.85, 2 E 169/5 [Archivphotographie]

Personage des Grafen Philippe Dijon de Monteton wie folgt konkludiert: "*En un mot, c'est un des hommes, qui ont le plus honoré notre pays.*" (Samazeuilh 1857b: 575)

Mit seinem Tod erlosch der Zweig der Digeons de Monteton in Frankreich im Mannesstamm. Die daraus resultierenden Folgen sollten jedoch bis in die Gegenwart Fortbestand haben: So fiel sein Vermögen in Gestalt von Grundbesitz, Immobilien und Kapital an die Nachfahren seiner Schwestern Elisabeth, verheiratete Virieu und Marie d'Estutt de Solminihac (vgl. Anhang: B.14: 707), deren Nachfahren einen beträchtlichen Teil dieser Erbmasse bis zum heutigen Tag zu thesaurieren vermochten.[210] Der immaterielle Part hinwieder, in Form der Weitergabe der Rechte des Namens zusamt den Titeln sowie der Bekleidung des *chef de noms et des armes* (vgl. Kap. 4.1.2: 410), wurde von Philippe Dijon de Monteton indes anders geregelt, wie aus einem von ihm verfaßten Brief vom 1. Mai 1831 an seinen preußischen Cousin Friedrich Dijon de Monteton hervorgeht:

> "*N'ayant pas eu le bonheur d'avoir des successeurs, et du fait que la famille de mon cher cousin Charles-Armand Dijon est restée sans fils, c'est à vous que je remets donc, après ma mort, les droits se rapportant à mon nom. Grâce à vos deux fils, j'aurai l'espoir que notre nom subsiste.*" (Anhang: A.13: 691: Z. 25–30)

Folglich setzte er in Aporie eigener Nachkommen sowie der Kinderlosigkeit des Zweiges von Charles-Armand Digeon d'Autramat seine preußischen Vettern in die Rechte seines Namens vollumfänglich ein, da er offenkundig kein Interesse daran hatte, daß der französische Zweig nach rund 400 Jahren ununterbrochener Filiation in der Guyenne ohne Nachfolge verbliebe, und er überdies Hoffnung haben konnte, daß die beiden Söhne Hellmuth und Adolf seines in Preußen ansässigen Vetters die patrilineare Abfolge des Hauses kontinuieren sollten

210 A.D.47, 5 J 604.

(vgl. Anhang: B.12: 705). Wessentwegen allerdings die Dijons de Monteton auf Priort mit keinerlei materiellem Erbe bedacht wurden, vermag derweil nicht erhellt zu werden.

Mit der im apostrophierten Brief von 1831 getroffenen Disposition des letzten Repräsentanten und Familienchefs der Dijon de Monteton, ging auch die Übertragung des französischen Grafentitels einher, welche von preußischer Seite vom seinerzeitigen Monarchen Friedrich Wilhelm III. im Grundsatz anerkannt wurde (vgl dazu weiterführend: Kap. 3.4.2: 399). Damit setzte die preußische Linie der Dijons de Monteton, an das französische Erbe anknüpfend, auch äußerlich die Kontinuität ihrer französischen Cousins fort, was heutigentags zusätzliche Akzentuierung dadurch erfährt, da das derzeitige Oberhaupt der Familie, Hubertus Graf Dijon de Monteton, Anfang der 1990er Jahre die Entscheidung traf, sich wieder in der alten Heimat seines Geschlechts, dem Agenais, anzusiedeln.

Nachdem mit der Darstellung des letzten Mitglieds des Zweiges der Digeons de Monteton die drei einzelnen Hauptlinien des Hauses Digeon abgeschlossen ist, fallen die Differenzen insbesondere in Hinblick auf die Auswanderung ins Auge: Die Digeons de Boisverdun verließen Frankreich geschlossen unmittelbar im Zuge der Aufhebung des Edikts von Nantes im Jahr 1685 (vgl. Kap. 2.3.2.4: 166 sowie: Kap. 2.3.2.5), wohingegen die Digeons de Monteton und ihr jeweiliges Oberhaupt definitiv auf ihrer ererbten Baronie Monteton verblieben. Möglicherweise war dafür der jahrzehntelange Prozeß gegen die de Vins ursächlich (vgl. Kap. 2.3.3.1: 188), da sie ihr eigenes Bemühen nicht durch eine Emigration ad absurdum zu führen gedachten und dieserhalb der Konfession nicht den Vorzug gegenüber dem Thesaurieren des Hausvermögens einräumten. Mit ihrem Verbleib in Frankreich und den damit verbundenen Notwendigkeiten eines, wenn auch nur zum Schein, eingegangenen Friedens mit der katholischen Staatskirche, verließen sie die Pfadabhängigkeit gegenüber dem Protestantismus erstmals. Darin unterscheidet sich der Zweig Digeon de Monteton von dem älteren de Boisverdun grundlegend. Mit dem Ausbreiten der Aufklärung sollten die Konfessionsbindungen innert des Geschlechts dann immer stärker erodieren, was vorzüglich in den Ehen der Schwestern von Philippe Dijon de Monteton mit dezidiert katholischen Ehemännern und damit verbundenen Konversionen zum Ausdruck kommt. Darin findet sich eine Parallele zu den Digeons d'Autramat: Charles-Armand ehelichte mit Marie Marguerite Niderehe eine Katholikin nach katholischem Ritus.

Betrachtet man abschließend die wirtschaftliche Entwicklung der Digeons de Monteton, so fällt auf, daß in zwei aufeinanderfolgenden Generationen zwei Ehen mit Partnern aus rezent nobilitierten, protestantischen Geschlechtern sowohl in Frankreich als auch Preußen eingegangen sind, die darüber hinaus noch über erhebliche finanzielle Mittel aus Handelsvermögen verfügten. In Frankreich führte dieses Verlassen einer streng adligen Endogamie zu einer Konsolidierung und einem Ausbau an Lehensbesitz, der sich indes nur über zwei Generationen, bis zum Erlöschen im Mannesstamm durch Philippe Dijon de Monteton, zu manifestieren vermochte. Mit dem Einsetzen der preußischen Vettern in die Rechte seines Namens hat dieser jedoch in seiner Eigenschaft als *chef de noms et des armes* für die Kontinuität der namentlichen Familientradition durative Vorsorge getragen, was die Digeons de Boisverdun in ähnlicher Weise durch ihre Schwäger, die d'Estutts de Solminihac arrangierten, so daß der Name in der Form "d'Estutt de Solminihac de Boisverdun" bis zu deren Aussterben fortbestehen sollte.

"And as the power, so also the honour of the sovereign, ought to be greater than that of any or all the subjects. For in the sovereignty is the fountain of honour. The dignities of lord, earl, duke, and prince are his creatures. As in the presence of the master, the servants are equal, and without any honour at all; so are the subjects, in the presence of the sovereign. And though they shine some more, some less, when they are out of his sight; yet in his presence, they shine no more than the stars in presence of the sun."

(Hobbes LEVIATHAN 1670: part II, cap. XVIII)

3. Ein Name mit Kontroversen: Etymologie, Heraldik und Graphie

3.1 Irrwege einer Schreibung: Digeon vs. Dijon

Bereits bei der flüchtigen Auseinandersetzung mit der Familie springt ein Umstand allsogleich ins Auge: Die unterschiedliche (man ist fast geneigt zu sagen: willkürliche) Graphie des Namens, einmal mit "ge" und ein anderes Mal mit "j" geschrieben. Dem Leser des 20. Jahrhunderts, der sich dank Konrad Duden stets der hunderprozentigen Orthographie sicher weiß, irritiert diese Handhabung à la française. Dabei herrschte nicht nur im französischsprachigen Raum keine durchweg einheitliche Schreibung, sondern gleichsam bei den deutschen Adelsfamilien (z.B. Maltzahn und Maltzan oder Moltcke und Moltke). Bei der Familie Digeon de Monteton sollte der kontingenten Graphie des Namens indes bereits vor über 180 Jahre ein Ende bereitet werden, denn der damalige *chef de nom et d'armes de la famille* (vgl. Kap. 4.1.2: 410) legte notariell fest, daß der Familienname sich mit "j" und definitiv nicht mit "ge" zu schreiben habe.[211] Dabei ist es gleichsam auffallend, daß dem kinderlosen Grafen Philippe de Dijon de Monteton so viel daran lag, seinen Namen anders zu schreiben, als es ein beträchtlicher Teil seiner Ahnen getan hatte. Über die Gründe vermag lediglich spekuliert zu werden. Doch gibt es eine Reihe von Hinweisen, die eine solche aktenkundige Festlegung aus dem historischen Kontext heraus durchaus sinnstiftend erscheinen lassen. Einesteils könnte ihm daran gelegen gewesen sein, daß beim Transfer der Titel auf die preußische Linie, das heißt die nächsten männlichen Blutsverwandten, für diese nach seinem Ableben Klarheit hinsichtlich der Schreibung herrschte. Anderenteils gab es noch eine Familie "Digeon", die sich während der Napoleonischen Feldzüge in höchste militärische und politische Ämter aufgeschwungen hatte: zum einen den zum Baron d'Empire nobilitieren General und Inspektor der Kavallerie Alexandre Elisabeth Michel Digeon, Träger des Großkreuzes der Ehrenlegion, der nach der Restauration sogar zum Staatsminister und Pair von Frankreich (verbunden mit der Ernennung zum "Vicomte") avancierte, zum anderen dessen jüngeren Bruder, seines Zeichens ebenfalls General, Armand Joseph Henri, Großoffizier der Ehrenlegion und von Napoleons Gnaden zum "Baron" geadelt. Beide entstammten einer bäuerlichen Familie um Paris und weisen keinerlei verwandtschaftliche Verbindungen zu den Digeon de Monteton auf (Courcelles 1826: 280–282). Nun fiel die Zeit des Aufstiegs der zunächst noch nicht adligen Digeon in die selbe Zeit, in welcher sich Philippe de Dijon politisch zu engagieren begann: Denn 1815 wurde er, wie im vorangegangenen Kapitel dargelegt (vgl. Kap. 2.3.3.9: 361), zum ersten Mal als Deputierter seines Départements Lot et Garonne in die Nationalversammlung nach Paris entsandt. Am 10. Mai 1820 ernannte ihn König XVIII. zum Offizier der Ehrenlegion (Courcelles 1826: 282–283). Man vermag sich lebhaft vorzustellen, daß es dem letzten Repräsentanten des französischen Zweiges der Digeon de Monteton in seiner Eigenschaft als Legitimist alles andere als behagt haben muss, mit bonarpatistischen Generälen und Politikern, die noch dazu in seinen Augen "Parvenüs" gewesen sein dürften, zu einer Familie gezählt zu werden. Damit wäre den rezent nobilitierten Offizieren doch zuviel Anschein von Anciennität verliehen worden, die sie schlechterdings nicht für sich reklamieren konnten.

---

211 Vgl. A.P.F.G., Constatation de Philippe Comte Dijon de Monteton, députe du parlement de Lot-et-Garonne, faite par-devant un notaire, pour justifier que son veritable nom est "Dijon" et non "Digeon" (13. novembre 1820).

Dank der Familienchronik von Jean Digeon, der über die bürgerlichen Digeons in Frankreich geforscht hat, wissen wir, auf welch mannigfaltige Art und Weise sich der Familienname in den Archiven des Départements Somme geschrieben findet: *Divio, Dijion, Diion, Dijon, Digion, Digon, Dision, Disjon, Diggon* und *Pigeon* (Digeon 1992: 8–9). Sonderheitlich die letzte Schreibweise läßt aufmerken.

3.2 Die Etymologie des Wortes *Digeon*

Das Wort *Pigeon*, das sowohl im Englischen als auch Französischen mit "Taube" (*columba domestica*) übersetzt wird, scheint folglich auch mit einem "D", wie *Digeon* geschrieben worden zu sein. Wie Paul Barbier in seinem Artikel über die Herkunft des Wortes *Pigeon* und seine dialektalen Abwandlungen in Form von *Vigeon, Digeon* und *Gingeon* herausgearbeitet hat, besteht ein deutlicher Zusammenhang zwischen der Etymologie von *Pigeon* und einer Reihe von Enteneigennamen (Barbier 1925: 325). So bedeutet in diversen französischen Dialekten sowohl *Digeon* als auch *Dijon* schlicht Ente (Verrier und Onillon 1970: 162), respektive Pfeifente (*anas penelope*). Das Hauptcharakteristikum dieses Tieres ist das "pfeifen" (von frz. **vi(u)geon* bzw. nordfranz. **ouigeon*), wessentwegen bereits das französische Etymon onomatopoetische Ursprünge aufzeigt. Darob rekonstruiert Barbier von **dio-io(-onis)* einen lautmalerischen Stamm **diu*. parallel zu romanisch **piu- *wiu- *miu-* und dem Suffix *-io* von lateinisch *plumbio* > *plongeon* wiederum zu lateinisch *pipio (āre*, piepen) (Barbier 1925: 325–327). Interessant ist hierbei auch besonders der Stamm **dig* ("stechen") zu normannisch *digoné*, das seine Entsprechung im englischen *dig* findet; die Forschung vermutet auch hier den Ursprung als Schallwort (Mayer-Lübke 1935: 240). Dabei verbleibt durch das beträchtliche Alter des Wortes die Schwierigkeit des "Brückenschlags" zwischen den lateinischen Formen und den französischen Stämmen. Dies resultiert aus der aporetischen Überlieferung von Textzeugnissen zwischen der lateinischen Epoche und dem Mittelalter. Möglicherweise läßt sich gemäß Leo Spitzer die historische Bresche mittels des Englischen überwinden. Sofern man nämlich supponiert, daß das Verb **digeonner* (pfeifen) von *digeon* kommt, kann dadurch das englische *dudgeon* (*dagger* oder *knife*) erklärt werden (zum ersten Mal 1380 belegt). Dabei handelt es sich um eine Art Messer, das ein rasselndes Geräusch erzeugt, da sein Heft nicht fest an der Klinge befestigt ist. Hierbei schließt sich wieder in einer Parallele zu englisch *whew* (von onomatopoetisch **viu*) der Kreis zu den oben dargelegten romanischen Stämmen (Spitzer 1945: 510). Also vermag anhand der Etymologie des Wortes Digeon ein Zusammenhang mit dem Familiennamen erkannt werden, welcher einen zumindest nicht abwegigen Erklärungsansatz für den Wappenvogel bietet (vgl. Abb. 3.5: 384 bzw. Abb. 3.6: 384). Denn auch wenn der Adelsbeweis von 1666 und damit die älteste offizielle Tradierung des Wappens einen Brachvogel (*courbigeau*) und keine Pfeifente, franz. *Digeon* bzw. engl. *Wigeon*) festgeschrieben hat, bleibt davon die eigentliche Herkunft des Familiennamens, ungeachtet des erst späterhin getragenen Vogels im Wappen (vgl. dazu weiterführend: Kap. 3.4), unberührt. Insofern kann anhand der Herkunft des Wortes Digeon konstatiert werden, daß es sich mit hoher Wahrscheinlichkeit um einen aus einem Schallwort entlehnten und auf einen Vogel zurückzuführenden Namen handelt.

3.3 Die Etymologie des Wortes *Monteton*

Im Gegensatz zur Wortherkunft von *Digeon*, lassen sich die Ursprünge von *Monteton* relativ einfach determinieren. Es existieren dazu zwei Erklärungsansätze. In der ersten, nicht unumstrittenen Theorie wird von einer Zusammensetzung aus mont – von lateinisch *mons* – und

Abb. 3.1: Die Ausdehnung des Frankenreichs 481 bis 814 (nach: Shepherd 1911: 53)

teton aus dem germanischen Sprachraum ausgegangen. Dabei bezeichnet *teto(n)* die angelsächsische Form des Namens Edward, was zu einer Übersetzung von "Berg des Edward" (Mon(s)-Tedo) führt. Der zweiten Theorie zufolge könnte es sich mit *Monteton* auch schlicht um einen Diminutiv von *Mons* handeln (Dauzat und Rostaing 1963: 470). Für die Plausibilität dieser Lesart spricht zunächst, daß es als recht unwahrscheinlich gelten kann, daß die circa 100 Meter umfassende Erhöhung, auf welcher sich der Ort erstreckt, nach einer einzelnen Person germanischer Provinienz benannt wurde. Schließlich erhielten die meisten geographischen Bezugspunkte dieser Region ihren Namen aus der fast ein halbes Jahrtausend umfassenden römischen Besetzung und Besiedlung. Selbst als ab 418 die Westgoten Aquitanien beherrschten, betrug der Anteil der germanischen Bevölkerung nicht mehr als 5%. Nachdem die Franken unter Chlodwig die Westgoten und deren König Alarich II. besiegt hatten, wurde Aquitanien fränkisch. Die römische Munizipalverfassung sowie Verwaltung wurde nicht angetastet und bestand unverändert bis ins 7. Jahrhundert fort. Der senatorische Adel sowie die römische Oberschicht wurden zur wichtigsten Stütze des Frankenreiches (Claude 1999: 829). Vertreter der zweiten Theorie sehen es somit nicht als wahrscheinlich an, daß eine Änderung von einem ehemals lateinischen in einen germanischen Eigenname erfolgte, ebenso wenig wie die Vermutung, daß die Anhöhe während des halben Milleniums unter römischer Verwaltung namenlos geblieben und erst innerhalb der hunderjährigen westgotischen Herrschaft benamt worden wäre.

Die Differenzen in der sozialen und kulturellen Genese lassen eine Trennung zwischen dem Süden und Norden Galliens während des Übergangs von der Spätantike zum Frühmittelalter signifikant werden. Dies findet sonderheitlich seinen Niederschlag in einer unterschiedlichen Sprachentwicklung. Mithin entwickelte sich, im Zuge der politischen Umwälzungen und der fränkischen Okkupation Aquitaniens, aus dem Vulgärlatein das Okzitanische, die sogenannte "Langue d'Oc". Dabei ist interessant zu sehen, daß die Varietäten, das heißt, die dependenten Teilsprachen des Südens, anders als im Norden, fast überhaupt nicht vom fränkischen

Superstrat beeinflusst wurden (weiterführend: Lenz und Mattheier 2005). Sie veränderten sich lautlich weniger rasch und intensiv. Folglich konservierte sich eine größere Ähnlichkeit zu den übrigen romanischen Sprachen (weiterführend: Blanchet und Schiffman 2004). Damit trat der relativ seltene Fall ein, daß das Fränkische nicht das Vulgärlatein als Substratssprache verdrängt, sondern lediglich beeinflußt hat (Kremnitz 1981).

Bezüglich der Etymologie des Wortes Monteton erscheint der erneute Rückschluß räsonabel, daß der Einfluß des Lateinischen über den Zeitraum der römischen Besatzung hinaus äußerst dominant blieb und darob eine lateinisch-germanische Toponymie in Form von "Berg des Edward" als zumindest fraglich erscheint. Wirft man nun einen genauen Blick auf die Karte (Abb. 3.2: 375), wird ersichtlich, daß Monteton genau auf der Dialektgrenze zwischen der "Langue d'oc" und dem Gascognischen befindlich ist. Insofern sollte auf diesen Dialekt, der von einem Teil der Forschung als eigene Sprache angesehen wird, noch einmal kurz der Fokus gesetzt werden.

Das Gascognsche stammt aus dem Galloromanischen, das unter der Bezeichnung Aranesisch noch heutigentags im Arantal im Nordwesten Kataloniens, dem Gebiet der historischen Provinz Gascogne im Südwesten Frankreichs, gesprochen wird. Es weist gegenüber den anderen okzitanischen Dialekten phonetische, lexikalische sowie syntaktische Unterschiede auf. In jedem Fall verfügt das Gascognische über dieselben Eigenarten, die es von den anderen okzitanischen Dialekten unterscheidet. Als potentieller Explikator hierfür fungiert die Existenz eines aquitanischen Substrats. Das Aquitanische, welches in der Gascogne vor der Romanisierung Einzug hielt, verband eine enge Verwandtschaft mit dem Baskischen, das wiederum selbst zu keiner indogermanischen, uralischen oder turkischen Sprachfamilie gehört und mithin isoliert ist. Dieserhalb kann das Baskische als Adstrat auf Grund seiner Interferenzen zum Aquitanischen angesehen werden (weiterführend: Rohlfs 1977).

Folgt man dieser sprachhistorischen Genese, spricht wenig für eine Namensgebung nach dem angelsächsischen "Tedo". Was die Theorie des Diminutivs betrifft, so kommt eigentümlicherweise der stärkste Hinweis zu deren Erhärtung von einem Linguisten aus der Mitte des 19. Jahrhunderts im heutigen Sachsen-Anhalt: August Friedrich Pott spricht in seinem Werk "Die Personennamen. Insbesondere die Familiennamen und ihre Entstehungsarten; auch unter Berücksichtigung der Ortsnamen" von 1859 bei Monteton expressis verbis von einem "doppelten Diminutivsuffix (*-et* und *-on*)" (Pott 1859: 370), was zu einer Übersetzung von "sehr kleiner Berg" führt (Nègre 1991: 1173).

Um die inzelnen Theorien einer genauen Überprüfung zu unterziehen und den Versuch zu unternehmen, die Entwicklung des Namens zu rekonstruieren, ist es notwendig, möglichst frühe Belegstellen des Namens in den Quellen ausfindig zu machen. Ein recht frühes Textzeugnis, verfaßt in lateinischer Sprache, verkörpert eine Hommage des seinerzeitigen Feudalherren von Monteton, Anissan II. de Caumont, an Alphonse v. Poitiers, Graf v. Toulouse aus dem Jahre 1259:

> "*Ego Anisancius de Cavomonte, dominus de Sancta Basilia, confiteor* [...] *judici Agennensi pro illustri viro domino comite Tolosano,* [...] *me tenere in feudum a domino comite, quicquid habeo* ***in castro de Monteto*** [Herv. d. d. A.] [...]" (Tholin und Fallieres 1897: 12).

An dieser Stelle wird ersichtlich, daß sich aus der vorliegenden Quelle kaum Differenzen gegenüber der heutigen Schreibweise des Ortsnamens erkennen lassen. Das fehlende "-n" resultiert aus den Erfordernissen des *Ablativus locativus*. Vergleicht man nun diese Lehnshuldigung mit zwei Briefen des englischen Königs Eduard II., adressiert aus dem Westminster-Palast an Jean de Bouglon, Seigneur de Monteton, vom 18. März 1325 und 25. Februar 1326, fällt ein Unterschied allsogleich ins Auge: "[...] *Rex nobili viro & fideli suo, Johanni Boglonio, Domino* ***Montis Totonis*** [Herv. d. d. A.] [...], *salutem*." (Rymer und Sanderson

Abb. 3.2: Das Sprachgebiet mit den einzelnen Dialekte der "Langue d'Oc" (13. Jahrhundert) (OccitaNet 2012)

1821: 133, 151–152). Darin zeigt sich, daß der Name in zwei Worte zerfällt, nämlich in lateinisch "Berg" (*Mons*) und das germanischstämmige "Totonis". Dabei ist besonderes Augenmerk auf diesen zweiten Teil zu legen. Eine etymologische Herleitung dieses offenkundigen Genetivs liefert der Name der lothringischen Stadt "Thionville" (deutsch: Diedenhofen), welcher sich aus "Totonis" und "villa" zusammenfügt. *Totonis* kommt nach Jakob Grimm von althochdeutsch *dodan*, altsächsisch *thiodan* beziehungsweise *theodan*, was soviel bedeutet wie König, Herrscher. Das *o* oder besser *ô* in der ersten Silbe offenbart ein verengtes *iu, io* (Grimm 1858: 49). Dies führt dann zur Bildung von *Thionisvilla*. Diese Ableitungen und Zusammensetzungen zeigen, daß das Wort einer "hohen", möglicherweise rechtlichen Sphäre angehört (Haubrichs 2004: 200). Auf Grund der fränkischen Besiedlung Aquitaniens erscheint eine aus Vorgelegtem resultierende Namensgebung wie "Berg des Theodan" durchaus im Bereich des Möglichen. Hinweise auf einen angelsächsischen Ursprung in Form von *Teto* oder *Tedo* als Derivate vom englischen Edward lassen sich demnach aus *Totonis* schlechthin nicht erkennen.

Fast zeitgleich, im Jahr 1328 findet sich in einer Aufstellung der Erzdiakonie von Vésalmes der Name in einer Weise, welche der Theorie des doppelten Diminutivs Rechnung trägt (vgl. zur damaligen Gliederung der Diözese von Agen: Tholin 1919: 354): "[…] *prior de* ***Montetone*** [Herv. d. d. A.] […]" (AHDG 1879b: 200).

Damit ist der Beweis erbracht, daß die Orthographie des Ortsnamens in derselben zeitlichen Epoche divergierte und beide Etymologien tatsächlich existierten. Nur vier Jahrzehnte späterfindet sich in der Langue d'Oc eine weiland dritte Variante des Wortes "Monteton" in einem offiziellen Dokument, dem Testament von Géraud de Picon, datiert auf den 6. März 1366:

> "[…] *Laquals dita caperania lodeyt testayre a donnat et laysat perpetuaument et a tot temps al bicary qui ara et per temps sera de la gleysa de* ***Monteton***, [Herv. d. d. A.] *per que lodit caperan, bicary, sia tengut de pregar Diu per la sua arma* […]" (AHDG 1879c: 505).

In diesem frommen Vermächtnis des Écuyers de Picon, der einen beträchtlichen Teil seines Vermögens der Kirche vermachte und eine Vielzahl von Vikarsstellen (*chapellenies*) schuf, damit für sein Seelenheil gebetet und regelmäßig dieMesse gelesen werde, vorwiegend in Saint-Emillion, Sainte-Croix-du-Mont und Monteton (AHDG 1879c: 501), begegnet der Ortsname in der heutigentags noch gebräuchlichen Form. Damit ist jedoch lediglich der Nachweis erbracht, daß in der ersten Hälfte des 14. Jahrhunderts alle drei Namensformen nahezu nebeneinander existierten. Nicht zuletzt bedingt durch die endgültige Expellation der Engländer aus der Guyenne nach der Schlacht bei Castillon (1453), setzte sich schließlich im romanischen Sprachgebrauch die Schreibweise "Montetone" und letztendlich "Monteton" durch, was für die Plausibilität der Theorie des doppelten Diminutiv spricht. Denn sowohl in der Lehnshuldigung an den Grafen von Toulouse, als auch im Testament von Géraud de Picon und der Aufstellung der Erzdiakonie von Vésalmes erscheint "Monteton" ungetrennt in einem Wort. Anders hinwider beim Absender aus London. Dort hatte man aus dem Wort wohl den unbestrittenen Teil des Wortes "Berg" herausgehört, indessen nicht die aus den romanischen Sprachen geläufigen Diminutivsuffixe (*-et* und *-on*). Stattdessen schien man auf Grund der eigenen, germanischen Sprachherkunft den zweiten Part des Wortes in einem Eigennamen zu suchen, was dann zu *Montis Totonis*, "Berg des Theodan" führte.

Allerdings bleibt der bisherige Befund dahingehend aporetisch, daß durch ihn nicht mit Bestimmtheit die These mit dem Diminutiv bevorzugt und die namentliche Herleitung verworfen werden kann. So erscheint es sinnstiftend, auch eine Überprüfung etwaiger geistlicher Quellen vorzunehmen, denn die Kirche von Monteton ist als romanischer Sakralbau ohne Zweifel das älteste Gebäude vor Ort und könnte bereits vor der Seigneurie und der Burg Erwähnung gefunden haben. Behufs dessen ist es erforderlich, sich die Entwicklung der kirchlichen Gebietsstruktur, welcher Monteton zugehörig war, vor Augen zu führen: Bereits im 8. Jahrhundert siedelten sich Benediktienermönche in der fruchtbaren Umgebung der südlichen Dordogne an und gründeten in Sarlat (24) ein Kloster, welches im Laufe der Jahrhunderte auf über einhundert dependente Prioreien anwuchs.

Eines dieser Töchterklöster mit Kirche befand sich auch in Monteton und war der Mutterabtei zu Sarlat zugehörig (Beaunier 1910: 119), bis es – möglicherweise im Zuge der Erhebung dieser Abtei zur Diözese durch den aus Cahors (47) stammenden Papst Johannes XXII. im Jahr 1317 und der im folgenden Jahr erfolgten Diözesanneustrukturierung mit der Schaffung des Bistums Condom zu Lasten des Bistums Agen – als eines von 23 Prioraten in die Erzdiakonie von Vérsalmes, Teil der letztgenannten Diözese, eingegliedert wurde (Bourrousse 1854: 89). Das genaue Gründungsdatum der Mutterabtei ist auf Grund der mangelhaften Quellenlage nicht genau zu beziffern, jedoch kann es als äußerst wahrscheinlich angesehen werden, daß es kaum vor der ersten Hälfte des 9. Jahrhunderts anzusetzen ist, obzwar in der Chronique Jean Tardes aus dem 17. Jahrhundert, einer der Hauptquellen zur Geschichte der Diözese von Sarlat, Chlodwig I. als Gründer expressis verbis genannt wird und daneben Pippin III., benamt der Kurze, und Karl der Große als Förderer und Patrone aufgeführt werden (Tarde 1887: 12). Diese Aussage vermag deswegen in Zweifel gezogen werden, da 817 Sarlat bei der Auflistung der Klöster Aquitaniens im Rahmen des Aachener Konzils keine Erwähnung fand, was bedeutet, daß es erst nach diesem Zeitpunkt gegründet worden sein kann. Hinweise zur näheren Datierung liefert eine Bulle Papst Eugens III. aus dem Jahr 1153, an Raymond de Félenon (eigentlich: Fénelon), 11. Abt von Sarlat, wahrscheinlich aus der mächtigen Familie de Salignac-Fénelon stammend (Tarde 1887: 60), wobei sich ein direkter Hinweis in den Genealogien nicht auffinden läßt (vgl. hierzu v.a. Lainé 1844b). In dieser Urkunde werden ausdrücklich die zwei "principes" Pippin und Karl als Gründer genannt:

Eapropter, dilecte in Domino fili Raymundo abbas, tuis justis postulationibus gratum impertientes assensum, Sarlatense monasterium cui Deo auctore praesides, sub beati Petri et nostra protectione suscipimus, et praesentis scripti privilegio communivimus; statuentes ut idem locus sicut ab ejus fundatoribus nobilis memoriae Pipino et Carolo principibus institutum est, quietus et ab omni exactione seu gravamine liber in perpetuum perseveret. (GC 1873: Instr. 496 B)

Gaston Marmier zieht hieraus den Schluß, daß es sich bei Pippin nur um Pippin I. von Aquitanien handeln kann, da dieser von 817 bis 838 als König über Südwestfrankreich herrschte und damit nach der Erstellung besagter Liste als Gründer der Abtei in Frage käme (Marmier 1882: 545). Diese Folgerung erscheint jedoch etwas voreilig, da neben Pippin I. auch sein Sohn und Nachfolger Pippin II., welcher zwar mit Unterbrechungen und einer immer weiter schwindenden Machtstellung regierte, indessen ebenso die Gründung hätte veranlassen können.

Auch bei der Identifikation des zweiten Namens, zieht Marmier nicht sämtliche Möglichkeiten in Erwägung, denn er sieht einzig in Karl III., genannt der Dicke, den zweiten Gründer, da Jean Tarde in seiner Chronik von einem Gnadenakt desselben aus dem Jahr 886 in Form von Geld sowie mehreren Reliquien berichtet, die Sarlat, das noch als "Dorf" (*vicus*) firmierte, zu Gute kamen ("*in honorem Salvatoris mundi in vico Sarlatensi, qui est situs in pago Petragoricensi*" (Tarde 1887: 46)). Das Originalschriftstück ist leider nicht auffindbar, so daß wir allein über das Sekundärzitat von Jean Tardes verfügen. Zwar findet sich genau dieselbe Phrase zitiert in der Heiligenvita des Sacerdos, Bischof von Limoges und Patron von Sarlat, geschrieben von Hugues de Sainte-Marie, Mönch in Fleury (AA. SS. Maii II 1680: cap. XIII, col. 17 D), welche dieser in den Jahren zwischen 1107 und 1108, also lange nach dem vermeintlichen Dekret Karls des Dicken, verfaßte. Die Passage figuriert hier allerdings in einem gänzlich anderen Kontext und gibt keinen Hinweis auf einen Zusammenhang mit einer etwaigen Huldgabe an besagten Monarchen. Demgemäß darf die Existenz dieser Urkunde mit einem gewissen Fug angezweifelt werden, da sie außer bei Tarde von niemand sonst erwähnt wird. Neben dem von Marmier gemutmaßten Karl III. käme noch Karl das Kind sowie Karl II. als westfränkische Herrscher in Betracht, obschon der Erstgenannte trotz seiner Einsetzung als Unterkönig von Aquitanien 855 nicht mit wirklichen Machtbefugnissen ausgestattet worden zu sein scheint, da weder Urkunden noch andere Nachrichten über eine Kanzleitätigkeit tradiert sind. Hinzu kommt, daß Pippin II. noch zwischen 854 und 864 in Aquitanien die Macht teilweise wiedererlangte, so daß Karl das Kind seine dortigen Machtbefugnisse nur zwei Jahre lang bis zu seinem Tod 866 hatte ausüben können. Anders ist der Fall bei Karl dem Kahlen gelagert, welcher spätestens 848 mit der Absetzung seines Neffen Pipin II. die nominelle und tatsächliche Oberhoheit über Südwestfrankreichs erlangte und bis zu seinem Tod 877 innehatte. Mithin spricht die gleiche Plausibilität für ihn als Gründer Sarlats wie für Karl den Dicken. Eine endgültige Klärung dieser Frage kann derzeit jedoch nicht geleistet werden.

Als gleichfalls nicht uneingeschränkt gesichert gilt, daß die Abtei vor dem Jahr 936 errichtet wurde. Zwar existiert eine Urkunde, die besagt, daß sie zu diesem Zeitpunkt in die säkularen Hände von Bernard, des Grafen v. Périgord gefallen war, welcher darin niederlegt, daß er diesen irregulären Zustand zu beenden trachte und daher das gesamte Kloster von Sarlat Odon v. Cluny (dem berühmten Reformabt) und dessen Stellvertreter Adacius übereigne. Ziel war es, im Konvent die Regel des Heiligen Benedikt durchzusetzen und darüber hinaus die Mönche der direkten Oberhoheit des Königs zu unterstellen (GC 1873: col. 595). Indessen gehörte Sarlat nie zum Klosterverband von Cluny, sondern behielt seine Eigenständigkeit stets unter dem unmittelbaren Schutze des Stuhles Petri bei, so daß das wahre Verhältnis zwischen Cluny und Sarlat derzeit nicht geklärt zu werden vermag (Remensnyder 1995: 308). Robert Folz geht davon aus, daß die Schenkungsurkunde im 12. Jahrhundert gefälscht wurde, da zu diesem Zeitpunkt die Mythen einer Gründung durch die Hand Karls des Großen erstmals aufkamen (Folz 1937: 90). Dieser Rückschluß, es handle sich auch dabei um eine Fälschung, überzeugt schlechthin nicht (Bénéjeam 2005–2006: 223), da die *subscriptio* der Urkunde dieselben Namen als Zeugen aufweist, wie eine Schenkung Bernards an das Kloster Saint-Pierre de Brantôme.[212] Demnach wäre es erforderlich gewesen, dieses Urkunde gleichergestalt zu fälschen, was einen nicht unerheblichen, darüber hinaus unwägbaren Aufwand bedeutet hätte und mithin als unwahrscheinlich verworfen werden kann. Weit mehr im Bereich des Möglichen befindlich ist die Vermutung, daß Bernard v. Périgord nicht in der Lage war, seine Schenkungsabsicht durchzusetzen, da sich die politische Situation Südwestfrankreichs dahingehend geändert hatte, daß das Haus Toulouse ab 923 mit dem Herzogtum Aquitanien belehnt wurde und sich antagonistisch zu den Ambitionen der Grafen von Périgord und Angoulême verhielt, da diese dem neuen König Rudolf, aus der Partei der Robertiner, nicht gehuldigt hatten (vgl. weiterführend: Dillange 1995: 324–336).

Somit war weniger die weltliche Hand für den Aufstieg und die Prosperität des Klosters entscheidend, sondern das Zusammenspiel der Etablierung als wichtiger Pilgerort durch die Ausstellung der Reliquien des Heiligen Sacerdos mit der Unterstellung unter den besonderen Schutz des Papstes. Auf diese Weise war Sarlat nicht mehr den schwankenden Machtverhältnissen einzelner weltlicher und kirchlicher Feudalherren ausgesetzt. Mit diesem ersten belegbaren Akt kann das Errichtungsdatum der Abtei enger auf das Ende des 9. respektive den Anfang des 10. Jahrhunderts eingegrenzt werden. Trotz äußerst aporetischer Quellenlage ist es als unwahrscheinlich anzusehen, daß schlechterdings gar keine älteren Dokumente, welche valide Hinweise auf ein frühere Bestehen des Klosters liefern könnten, auf uns gekommen sind. Daran ändert auch die Tatsache nichts, daß in der Papsturkunde Eugens III. auf einen Pippin und Carlo als Gründer rekurriert wird; der zeitliche Abstand Mitte des 12. Jahrhunderts gegenüber den im Ungewissen liegenden Anfängen ist hinreichend, um bereits eine diesbezügliche Legendenbildung zu vermuten.

Auch wenn eine genauere Datierung derweil nicht zu leisten ist, gibt der ungefähre Gründungszeitraum der Abtei von Sarlat doch Hinweise auf die Wortgeschichte von "Monteton". Denn auf diese Weise können gleichergestalt Rückschlüsse auf den wahrscheinlichen Errichtungszeitpunkt der Klosterfiliationen und damit auch des Priorats Monteton sowie auf dessen Namensherkunft gezogen werden. In den kunsthistorischen Darstellungen der Kirche von Monteton herrscht ein breiter Konsens darüber, daß es als Prioratskirche im 12. Jahrhundert erbaut wurde (z.B. Tholin 1883: 43 sowie Durengues 1894: 582). Legen wir die Annahme zu Grunde, daß sich die Töchterklöster von der Mutterabtei allmählich nach Westen ausbreiteten und Monteton circa 100 Kilometer westlich von Sarlat entfernt befindlich ist, kann es als durchaus möglich angesehen werden, daß sich dieser Vorgang über zwei Jahrhunderte hinzog, bis es zur Gründung des Priorats von Monteton kam. Vermochte bis dato der Beweis für diese Vermutungen nicht erbracht werden und ließen sich darüber hinaus keinerlei schriftliche Zeugnisse für das Wort "Monteton" vor dem Jahr 1259, als Anissan II. de Caumont seinem Lehensherrn huldigte, entdecken, findet sich der entscheidende Beleg in einer Kopie der bereits erwähnter Papsturkunde Eugens III. vom 3. Mai 1153. Die Abschrift dieser seinerzeit in Sarlat befindlichen Urkunde erfolgte jedoch nicht, wie von Marmier behauptet (Marmier 1884: 467), für den Band 37 der Collection Périgord durch Abbé Lespine, nachmaliger Directeur des École des Chartes (vgl. zu seiner Vita B.G.P. 2000: 167),[213] denn dort existiert lediglich ein Hinweis auf einen "Extrait de la Bulle de protection accordée par le pape Eugène IV. [sic!] au monastére de Sarlat (1153)",[214] der wiederum auf die Gallia Christiana referenziert. Statt dessen läßt sich die Urkunde in der gesamten Collection Périgord allein in einer Kopie aus dem 18. Jahrhundert, den "Mémoires historiques sur les abbés et les évêques de Sarlat,

212 B.N.F. Coll. Périgord, tom. 77 (Kopie Lespine) nach einem Manuskript von Claude Estiennot de la Serre, B.N.F., F.H.A., Mss. lat. 12765, tom. 3, fol. 289–294.

213 A.D.24, Coll. Manuscrits 118, N°26.

214 B.N.F. Coll. Perigord, tom. 37, fol. 275vo.

par Tarde"[215] nachweisen. Sie weist im Textkorpus eine hohe Kongruenz mit der Ausgabe auf, die in der Gallia Christiana (GC 1873: Instr. col. 496–497) respektive in der Patrologia Latina (PL 1965: col. 1591–1593) von Migne ediert wurde. Allerdings finden sich weder in diesen genannten Urkundensammlungen (vgl. dazu auch Jaffé 1956: Nr. 9718) noch in den Kopien von Tardes "Mémoires" die Variationen, wie sie sich in den bereits erwähnten "Chroniques" des Kanonikers Jean Tarde als Kopie aus der ersten Hälfte des 17. Jahrhunderts nachweisen lassen.[216] Dies ist für die vorliegenden Fragestellung dahingehend besonders relevant, da die Kirche "*Sancta Maria de Montetonio*" allein in besagter Historiographie der Abtei und Diözese von Sarlat erwähnt wird (vgl. Kap. A.1: 613: Z. 37). Die Kirche figuriert mit einer Reihe weiterer Gotteshäuser in einer Aufzählung, welche dazu angetan ist, die Besitzungen der Abtei von Sarlat vollständig zu erfassen, damit selbige möglichst vollumfänglich unter dem Schutz des Papstes zu stehen vermochte. Es kann auf Grund der Tatsache, daß Tarde seinerzeit, da heißt Ende des 16. und Anfang des 17. Jahrhunderts, noch über einen Zugriff auf die Originaldokumente, wie sie im Diözesesanarchiv von Sarlat befindlichen waren, verfügte, seiner Kopie der Papstbulle Eugens III. eine höhere Authentizität eingeräumt werden als den übrigen genannten.

Folglich vermögen wir füglich davon ausgehen, daß sich *Montetonio* als früheste Nennung des Ortes Monteton aus Berg ("*Mons*") und Antonius ("*Antonio*") zusammensetzt. Die Vermutung, daß eine ältere Kultstätte zu Ehren eines Heiligen dieses Namens zum namensgebenden Nucleus für diesen Ort wurde, erscheint als ein dem historischen Kontext Rechnung tragender, plausibler Deutungsansatz. In Betracht kommt vor allem der ägyptische Anachoret, sei es als Urvater und Lehrer des Mönchtums oder als Schutzpatron gegen die in Aquitanien wohl bereits ab dem 10., in der Guyenne etwas später epidemisch auftretende Krankheit des Antoniusfeuers (*feu de Saint-Antoine*). Die späterhin erfolgte Gründung eines Benedektinerpriorats zusamt einer Burg und die Weihung der Kirche an die Mutter Jesu Christi depraviert diese These nicht. Im Zuge des im 12. Jahrhunderts zunehmenden Marienkults fanden eine Reihe von kirchlichen Umbenennungen statt. (zu Antonius: Athanasius VITA SANCTI ANTONII 1986: cap. XIV sowie Vogüé 2004: 17–19). Das sogenannte Antoniusfeuer, war eine Vergiftung durch Mutterkornalkaloide im Roggengetreide, die oft zu einem besonders langwierigen und schmerzhaften Tod führte (zur Ausbreitung in der Guyenne vgl.: (Hirsch 1881: 458)).

Die Kirche von Monteton findet jedoch nicht nur in einer Urkunde Eugens III. Erwähnung, sondern wird gleichwohl in einer auf den 8. März 1170 datierten Bulle Papst Alexanders III. genannt.[217] Allerdings ist uns diese ebenfalls nur als Kopie aus dem 18. Jahrhundert vom Abbé Leydet, welche dieser aus den Beständen der Abtei von Sarlat abgeschrieben hat, überliefert worden. Aus der *salutatio* erfahren wir, daß es sich bei dem Adressaten um den Abt Garinus handelt (vgl. Anhang: A.2: 615: Z. 1–2), welcher mit dem 12. Abt von Sarlat, Garinus de Comarque, identifiziert zu werden vermag (Tarde 1887: 67). Er entstammt derselben Familie wie Gédeon de Commarque, welcher Marie, die Cousine ersten Grades von Louise de Trévey geheiratete, die wiederum Etienne de Digeon d'Autramat zur Frau nahm (vgl. Kap. 2.3.1.2: 97). Die Bulle Papst Alexanders III. weist fast den gleichen Wortlaut wie die Bulle Eugens III. auf und bestätigt der Abtei dieselben Vorrechte und Privilegien wie es das Schriftstück seines Vorgängers auf dem Stuhle Petri tat. Die Kirche von Monteton wird hier jedoch als "*ecclesiam sancte Mariae de Montelon*" aufgeführt (vgl. Anhang: A.2: 616: Z. 44), was allein auf einen Übertragungsfehler Lespines zurückzuführen ist, dieweil ein anderes Gotteshaus schlechthin nicht gemeint sein kann, da die Liste die Aufzählungsreihenfolge der Bulla Eugens III. exakt

215 B.N.F. Coll. Perigord, tom. 3, fol. 150–153.
216 B.M.T., ms. 729, fol. 18vo–198vo.
217 B.N.F. Coll. Perigord, tom. 12, fol. 162vo–163.

beibehält: Die Kirche "*Montelon*" steht nach "*sancti Stephani de Borset*" (vgl. Anhang: A.2: 616: Z. 43–44) und vor "*sancti Hilarii de Monasterio*" (vgl. Anhang: A.2: 616: Z. 45). Eine solch gravierende Namensmodifikation innerhalb von 17 Jahren ist schlechterdings unvorstellbar (vgl. zu den Varianten der beiden Bullen die synoptische Übersicht von Jean Maubourguet: Maubourguet 1988: 61–64).

Zusammenfassend vermag trotz dieser letzten Abweichung in der Graphie des Namens die Etymologie von "Monteton" nunmehr einer sehr wahrscheinlichen Klärung zugeführt werden: Denn berücksichtigt man die historischen Gesamtumstände, das heißt vor allem die Gründung des Filiationspriorats der Mutterabtei von Sarlat auf dem Berg von Monteton mit der dazugehörigen Kirche, erscheint die Namensgebung als Berg des Antonius ("*Montetonio*") sonderheitlich vor dem Hintergrund der frühesten Erwähnung in der Kopie der Bulla Papst Eugens III. aus dem Jahr 1153, nachgerade zwingend. Eine isolierte, rein philologische Betrachtungsweise von "*Berg des Theodan*" (*Montis Totonis*), wie sie Anfang des 14. Jahrhunderts von englischer Seite auf uns gekommen ist, endet in ihrer explikativen Reichweite genauso aporetisch wie die Annahme des doppelten Diminutivs in Form von "*Montetone*". An dieser Stelle zeigt sich erneut, wie überaus eng die Geschichte eines Wortes mit dem Kontext der historischen Begleitumstände seines Auftretens verbunden ist.

3.4 Das Wappen: Variationen über Ländergrenzen

3.4.1 Versuch einer Blasonierung

Grundsätzlich muß festgehalten werden, daß zwei sehr verschiedene Wappen des Hauses Digeon existieren. Zum einen das der Digeon sd'Autramat (Abb. 3.3: 381) sowie zum anderen dasjenige der jüngeren Linie Digeon de Boisverdun, respektive Digeon de Monteton (Abb. 3.4: 381). Da kaum eine Gemeinsamkeit zwischen den beiden feststellbar ist und beide Zweige sich in der Person von Pierre de Digeon vereinen, vermag daraus der Rückschluß gezogen werden, daß die Digeons d'Autramat, welche von Pierres erster Frau Jeanne de Trevey abstammten, das ursprüngliche, väterliche Wappen behielten, während durch den Eintritt der zweiten Frau von Pierre, Françoise de la Perche dit Verdun eine erhebliche Wappenveränderung beziehungsweise Mehrung vorgenommen wurde.

Da derzeit keine Informationen über die im *Armorial général de France* von Charles d'Hozier erfolgte kurze Blasonierung ("*Digeon d'Autramat porte d'argent a trois bandes de gueules*"[218]) des Wappens der Digeon d'Autramat vorliegen, wird im Nachfolgenden ausschließlich auf dasjenige der Digeons de Boisverdun oder Digeons de Monteton rekurriert werden. So fällt bei diesem prima vista auf, daß die Wappendarstellungen der Digeons de Monteton in Preußen (vgl. Kap. (Abb. 3.5: 384) und Frankreich (vgl. Abb. 3.6: 384) in einigen wesentlichen Punkten divergieren. Am auffälligsten ist, neben der unterschiedlichen Farbgebung, die Differenz hinsichtlich der beiden Kreuze. In der französischen Darstellung erscheinen sie in der Form von Andreaskreuzen, die deutsche weist dawider Tatzen- bzw. Ordenskreuze auf. Abgesehen davon, daß aus naheliegenden Gründen das französische Wappen mehr Ursprünglichkeit für sich zu reklamieren vermag, fällt gleichsam auf, daß sich die deutsche Seite durchweg mit der genauen Blasonierung recht schwer tat und diese auch erst spät erfolgte. So schweigt sich beispielsweise das "Adelslexicon der Preussischen Monarchie" des Freiherrn von Ledebur über eine Wappenbeschreibung der Familie gänzlich aus

218 B.N.F., ms. fr. 32162, p. 1130 (N° 180).

Abb. 3.3: Wappen der Digeons d'Autramat [eigene Darstellung gemäß dem Armorial général de France von d'Hozier (1696), Guyenne II, tom. XVII, p. 1130, B.N.F., ms. fr. 32162]

Abb. 3.4: Wappen der Digeons de Monteton [eigene Darstellung gemäß dem Armorial général de France von d'Hozier (1696), tom. XIII (Guyenne), p. 106, B.N.F., ms. fr. 32240]

Abb. 3.5: Wappen der Familie Digeon v. Monteton (Preußen) [eigene Darstellung]

Abb. 3.6: Wappen der Familie Digeon de Monteton (Périgord) [eigene Darstellung]

(Ledebur 1855: 117). Auch weitere Lexika zum preußischen Adel machen zunächst keinerlei Angaben zum Familienwappen (vgl. u. a. Kneschke 1865: 343–344).

Erst mit dem Erscheinen des Verzeichnisses "Illustrirte deutsche Adelsrolle des neunzehnten Jahrhunderts" 1858, also circa 150 Jahre nach Auswanderung der ersten Familienmitglieder aus Frankreich, findet sich erstmals eine Blasonierung des Wappens von deutscher Seite. Diese ist allerdings äußerst verworren und zum Teil auch widersprüchlich, da sich Angaben nur auf ein Handschreiben der Familie beziehen, dem lediglich der Siegelabdruck von Jean-Jacques I., dem mutmaßlich ersten Emigranten der Monteton-Linie, zu Grunde lag. Es heißt darin:

> "*In Silber ein schrägrechter rother Balken, oben von einem sechsstrahligen goldenen Sterne und einer schwarzen Merlette, unten von zwei schwarzen Kreuzen beseitet.... Schildhalter: zwei nach aussen gekehrte Greife.... Nach anderen Fam.- Nachrichten wäre der Schrägbalken nicht roth, sondern golden und der obere Theil des Schildes nicht silbern, sondern blau.*" (I.D.A. 1858)

Zunächst läßt sich hieraus lediglich der Rückschluß ziehen, daß seit der Flucht aus Frankreich keine kolorierte Fassung des Wappens vorlag, sich mithin die Farberläuterungen mehr auf Mutmaßung denn auf Wissen stützten. Bei genauerer Betrachtung fällt jedoch auf, abgesehen von der recht laienhaften Sprache bezüglich der Positionierung der einzelnen Gemeinen Figuren sowie der Verletzung elementarer heraldischer Regeln vorwiegend im Hinblick auf die Tinkturen, wie zum Beispiel, daß Farbe nicht auf Farbe und Metall nicht auf Metall folgen darf (hier: goldener Stern auf silbernem Grund) (Neubecker 1977: 7) und daß als Wappenvogel eine schwarze "Merlette", sprich Amsel, genannt wird. Letztgenanntes ist dahingehend von Belang, da dabei erstmalig das Digeonsche Wappentier mit einer Schwarzdrossel identifiziert wurde, was für die weiteren Wappenbeschreibungen und die lyrische Ausgestaltung der Wappensage, wie nachfolgend noch zu zeigen sein wird, maßgeblich werden sollte. Auch die Beschaffenheit und Nennung der Sechsstrahligkeit des Sterns erfolgte recht genau, wobei das Siegel Jean-Jacques auf dessen Ehevertrag bei Lichte besehen nur einen Stern mit fünf Zacken und ohne Strahlen aufwies.[219]

Diese eher tentativen Bemühungen um eine Beschreibung des Wappens in der "Illustrirten deutschen Adelsrolle des neunzehnten Jahrhunderts" wurden ein Jahr später mit der dort genannten zweiten Variante in den von Friedrich von dem Knesebeck verfaßten "Rittermatrikeln der Altmark" aufgegriffen:

> "*Durch einen goldenen Balken schrägrechts getheilt; oben in Blau ein silberner Vogel und über demselben ein goldener Stern; unten in Roth zwei kleine silberne Ordenskreuze neben einander.*" (Knesebeck 1859: 42)

Darob vermag konstatiert zu werden, daß sich damit seit 1858 die in Preußen vorherrschende Wappendarstellung des emigrierten Familienteils der Digeons de Monteton hinsichtlich der heraldischen Farben und Formen durchgesetzt hatte. Denn diese Art der Darlegegung des Wappens fand ihre Fortschreibung mit dem ersten Eintrag in das "Gothaische genealogische Taschenbuch der freiherrlichen Häuser" von 1866, allerdings erfolgte die Deskription vorsichtiger, weniger spezifisch und vor allem salvo errore et omissione:

> "*[...] durch einen schrägerechten goldenen Balken getheilt; oben in Blau ein silberner Vogel, der von einem goldenen Stern überhöht ist; unten in Roth zwei kleine silberne Ordenskreuze, nebeneinander. Schildhalter: zwei Greife. (Eine genauere Wappenbeschreibung bleibt vorbehalten.)*" Gotha 1866: 647

So wurde dieses Mal nur von einem "silbernen Vogel" gesprochen, das Aussehen des Sterns nicht weiter ausgeführt und die Tinkturen erneut fast vollständig modifiziert. Diese Aporie an Genauigkeit kontinuiert sich auch 1878 in Siebmachers Großem Wappenbuch:

> "*B. und R. durch einen g. Schrägrechtsbalken getheilt, oben ein g. Stern vor einem w. Vogel, unten 2 w. Ordenskreuze schrägrechts gestellt. Den Schild deckt eine Krone.*" (Siebmacher 1878: 269 sowie Taf. 320)

Demnach wird evident, daß die Angaben aus dem Gotha übernommen wurden, ergänzt allein um die fast schon banale Aussage, daß der Schild von "einer" Krone bedeckt wird. An besagter, relativ unpräziser Blasonierung änderte sich auch in den nachfolgenden Jahrzehnten nichts (u.a. Gotha 1939: 95). In Rietstaps "Illustriertem Allgemeinen Wappenbuch" firmieren beispielsweise drei unterschiedliche Wappenabbildungen unter dem Namen Digeon de Monteton, zwei davon vom preußischen Familienzweig (Rietstap 1954a: Pl. CCV sowie Rietstap 1954b: Pl. CCXXXV). Darunter wird der Vogel beim Zweig "Digeon de Monteton" (Guyenne)

219 GStA PK VI. HA Familienarchive und Nachlässe, FA Familie Digeon v. Monteton, Nr. 1.

eindeutig als Rabe, der bei "Dijon de Monteton" (Preußen) als Ente und der von "Monteton" (Preußen, urspr. Guyenne) als Amsel illustriert, so daß man fast schon von einer als amüsant anmutenden "Vogelhochzeit" zu sprechen berechtigt wäre. Der Amsel auf preußischer Seite kam eine ganz exzellierende Bedeutung zu, da sie Einzug in die lyrische Bearbeitung der Wappensage durch Georg Hesekiel (1819–1874) hielt, in welcher es unter anderem heißt:

> "[...] *Ein Silbersternlein funkelt*
> *Im blauen Wappenfeld,*
> *Der Nordwind rauscht, es dunkelt*
> *Am blauen Himmelszelt.*
> *Doch unbekümmert strebet*
> *dem Stern die Amsel zu,*
> *Ihr läßt, so lang sie hebet*
> *Den Flug, der Stern nicht Ruh;* [...]
>
> *Wie blinkten hell die Schilde*
> *Mit Stern und Amsel drauf.*
> *Auf manchem Feld so blutig*
> *Die schwarze Amsel sang,*
> *Das tönt wie Lanzensplittern,*
> *Das tönt wie Schwerterklang.* [...]
>
> *Drei Amseln sind geflogen*
> *Wohl über Meer und Land,*
> *Nur einer kehrte wieder*
> *Zu der Garonne Strand.* [...]
>
> *So geht die alte Sage,*
> *Und sie hat tiefen Sinn.*
> *Von Digeon's Amselwappen*
> *Und den zwei Kreuzen drin.*" [...]
>
> (Hesekiel 1905: 76–78).

Folglich übernahm der "Gotha" bis zum letzten Eintrag der Familie die Amsel als Wappentier (GHdA 2008: 19) durch einen Verweis auf die genaue Wappenbeschreibung, wie sie im "Adelslexikon des Genealogischen Handbuchs des Adels" zu finden ist (Adelslexikon 1974: 488).

Nun verbleibt die Frage, wie sich diese unterschiedliche Darstellungsformen der Vögel erklären lassen, sonderheitlich aber wessenthalben im französischen (Ur-)wappen vorwiegend ein Rabe figuriert und im Preußischen eine Amsel oder – wie bei Rietstap – eine Ente. Zur Klärung dieser Frage bietet es sich an, den französischen Quellen eine nähere Untersuchung angedeihen zu lassen. Die uns vorliegende französische heraldische Literatur divergiert hier voneinander und spricht hauptsächlich von *corbeau* (Rabe), vereinzelt von *canard* (Ente) oder *canette* (kleine Ente), jedoch nie von *merle* (Amsel). Als beispielhaft vermag an dieser Stelle das Armorial des Vicomte de Magny angesehen zu werden:

> *"De Gueules, à la bande d'or, accompagnée en chef d'une étoile du même, surmontant un corbeau d'argent, et en pointe de deux flanchis du dernier émail."*[220] (Magny 1861: 213; vgl. ebenso: Chaix d'Est-Ange 1915: 77; Jougla de Morenas 1935: 197)

220 Siehe auch: A.D.33, 9 J 60, p. 15; sowie: A.D.47, Fonds de Raymond, tom. 13, fol. 1.

Mit marginalen Abweichungen findet sich diese Beschreibung auch bei Pierre Meller wieder:

> *"De Gueules, à la bande d'or, accompagnée en chef d'une étoile d'or, soutenue d'un corbeau d'argent, et en pointe de deux sautoirs de même en bande."* (Meller 1978: 31 (Bd. 2))

Eine erwähnenswerte Differenz findet sich im Ausdruck *sautoir*, der von Meller statt *Flanchis* verwendet wird. Hierauf wird im nachfolgenden zu rekurrieren sein. Als wesentlich gravierender entpuppt sich die in der Familiengeschichte der Solminihacs vom Marquis de Guére dargelegte Blasonierung des Wappens der Digeons bzw. Digeons de Monteton, das sich wie folgt darstellt (Abb. 3.7: 385):

> *"Tranché d'azur et d'argent, à la bande d'or accompagnée au canton dextre deux crois de sable, l'une au-dessus de l'autre, et au canton senestre d'une cannette d'or surmontée d'une etoile de même."* (Guère 1885: 30, 38)

Einesteils fällt die unterschiedliche Farbgebung auf, die sich mit der Einteilung Blau und Silber deutlich sowohl von der späteren preußischen als auch übrigen französischen Kolorierung abhebt. Gleiches gilt für die Farbe der beiden Kreuze, welche in ihrer Terminologie (*croix*) nicht weiter determiniert sind und mit der Farbe schwarz (*sable*) attributiert werden. Am auffallendsten ist der Unterschied des Wappenvogels. Statt eines Rabens taucht bei Guére erstmalig eine Ente (*canette*) auf. Dabei handelt es sich nach Jean-Marie Thiébaud um ein kleines Exemplar dieser Gattung, dessen Größe nicht genau bestimmt ist und nach rechts gewendet ohne Füße abgebildet wird (Thiébaud 1982: 30). Auch wenn die Apostrophierung anderer Wappenvögel in der Literatur rein quantitativ überwiegt, vermag die Ente nichtzuletzt dessentwegen eine gewisse Plausibilität für sich zu beanspruchen, da – wie bereits dargelegt – die Etymologie des Wortes "Digeon" eine solche Darstellung explizieren würde (Kap. 3.2: 372). Demgemäß würde es sich in diesem Fall um ein sogenanntes "redendes Wappen" handeln (Filip 2000: 61).

Nun wäre es wenig sattsam, die Analyse allein mit dem fast schon trivialen Befund zu beschließen, daß die einzelnen Zweige der Familie sowohl in Frankreich als auch in Preußen

Abb. 3.7: Wappen der Familie Digeon de Monteton gemäß der Blasonierung des Marquis de la Guére (Guère 1885: 30, 38)

divergierende Wappenmerkmale aufwiesen (vgl. zum Beispiel: Guère 1885 oder Saint-Saud 1924). Vielmehr soll der Versuch unternommen werden, das Ursprungswappen auf Grund einer besseren Quellenlage von französischer Seite aus zu rekonstruieren. Tatsächlich findet sich im Nachweis des Adels und der Titel für Charles III. Digeon de Boisverdun eine Beschreibung des Digeonschen Wappens. Diese Urkunde mußte im Zuge einer Verfügung der Ratsversammlung Ludwigs XIV. vom 22. März 1666 (vgl. Kap. 4.3: 443) erbracht werden und wurde von Pierre Dupuy, königlicher Berater und Richter am Landgericht von Condom, erstellt:

> "*... porte d'argent à deux sautoirs de gueules partagée d'une bande d'or, et à l'autre coté 'porte d'azur au corbigeau d'argent marbré et béqueté de gulles à une étoile d'or posée en chef', ...*" (Anhang: A.4: 628: Z. 17–20)

Dieses Dokument wies demnach einen rechtsverbindlichen Charakter auf und besaß öffentlichen Glaubensschutz (vgl. Kap. 4.3: 442). Das bedeutete, daß Charles III. Digeon de Boisverdun als Oberhaupt seines Zweiges, wenn er für sich, seine Kinder sowie seine Cousins Pierre II. Digeon de Monteton sowie Henri Digeon de Peyrières die Beschaffenheit des Familienwappens darlegte (vgl. Anhang: A.4: 628: Z. 15), dieses so lange Rechtsgültigkeit besaß, bis der Souverän oder ein späterer Familienchef etwas anderes verfügte. Folglich nimmt die vorliegende Urkunde einen besonders gewichtigen Stellenwert bei der Klärung der Digeonschen Wappenfrage ein. Es ist hierbei interessant zu sehen, wie die andereren Wappenbeschreibungen in Preußen und Frankreich von dieser, seinerzeit verbindlichen Form divergieren. Vor allem hinsichtlich des Vogels ist der Unterschied frappant: Denn bei einem "corbigeau" handelt es sich mitnichten, wie mein vielleicht zunächst vermeinen sollte, um eine Abwandlung von "corbeau", was den französischen Blasonierungen Rechnung trüge, sondern um eine idiomatische Variation von "courlis", was mit "Brachvogel" (*Numenius*) zu übersetzten ist. Das Wort findet sich in den einzelnen Sprachregionen Frankreichs in äußerst unterschiedlicher Ausprägung wieder: So lautet sein Name, jenseits des verbreiteten "courlis", in der Champagne "turlu", "corbigeau", in der Bretagne "corbichet", in der Picardie "turlui" oder "corleru" und schließlich "corlui" in der Normandie (Bertrand 1846: 132). Diese sprachlich-regionalen Differenzen liefern zusätzliche Hinweise für die Ursprünge der Digeons. Denn bedenkt man, daß der Adelsnachweis in der Guyenne von einem dort ansässigen Beamten, benamt Pierre Dupuy, erbracht und dorten auch niedergeschrieben wurde (vgl. Anhang: A.4: 628: Z. 2–5), hätte es näher gelegen, das allgemein verbreitete "courlis" zu verwenden, als das idiomatisch spezifischere und auf die Bretagne weisende "corbigeau". Somit vermag die Wappenvogelbezeichnung als nichtkontingenter Terminus für eine tentative geographische Verortung aufgefaßt zu werden.

Der Vogel selbst verkörpert als "Großer Brachvogel" (*Numenius arquata*), vornehmlich in sumpfigen und küstennahen Gebieten innerhalb der europäischen Breitengrade domiziliert, eine Gattung aus der Familie der Schnepfenvögel (*Scolopacidae*). Hauptcharakteristikum ist ein langer, schmaler und abwärts gebogenen Schnabel sowie ein monokolor braun gehaltenes Gefieder, welches im Laufe des Jahreszeitwechsels keine Veränderungen aufweist. Dem langen Schnabel kommt die Funktion zu, gleich einer Pinzette, diverses Weichgetier wie Schnecken und Muscheln aus ihren Schalen zu befördern (N.D.H.N. 1817: 302–303). Die Stimme ist ein lauter, leidvoller Ruf, welcher wie "kurili" klingt, was zum französischen "courlis" und zum englischen "curlew" führte. Es handelt sich folglich in beiden Sprachen um onomapoetische Namensursprünge (vgl. weiterführend: Frisch 1964). Ob sich eine etymologische Beziehung zwischen Familienname und dem Brachvogel herstellen läßt, wie sie zwischen Digeon und der Pfeiffente aufgezeigt, vermag zum derzeitigen Stand der Forschung nicht geleistet zu werden (vgl. Kap. 3.2: 372).

Was die eigentliche Ausgestaltung des Wappens konzerniert, fällt sogleich ins Auge, daß es mit keiner der in den einzelnen genealogischen Werken auffindbaren Beschreibungen – weder von deutscher noch von französischer Seite – kongruent geht: Zwar existieren prima facie gewisse Ähnlichkeiten zu der Wappenabbildung des Marquis de la Guére (vgl. Abb. 3.7: 385), doch erzeigen sich durch die beiden roten Kreuze unten rechts auf Silber, geteilt durch einen goldenen Schrägbalken und goldenen Stern, dessen Zackenzahl gleichfalls nicht weiter determiniert wird, und durch den rot beschnäbelten Brachvogel in Silber auf blauem Grund (vgl. Abb. 3.8: 386) gewisse Differenzen vornehmlich in bezug auf die Farben des *sautoir* und des Vogels. Doch sind diese zu gravierend, als daß sie lediglich unter dem Rubrum einer "Minimalabweichung" subsumiert zu werden vermögen. Darüber hinaus ist augenfällig, daß im ebenfalls über einen offiziellen Gehalt verfügenden *Armorial Général de France* – welches 1696, dreißig Jahre nach dem Adelsnachweis, durch einen Erlaß Ludwigs XIV. von Charles René d'Hozier begründet wurde (Clark 1995: 169–170 sowie dazu: Kap. 2.3.1.3: 110) – die Wappendarstellung divergiert. Dort findet sich nämlich unter dem Namen "N. Digeon de Peyriére" eine fast identische Wappenabbildung – mit der Ausnahme, daß die beiden Kreuze schwarz statt rot sind und der Schnabel des Vogels nicht eingefärbt ist.[221] Der dort apostrophierte Wappenträger läßt sich als Henri Digeon de Peyrières bestimmen, obschon selbiger drei Jahre vor Erscheinen des *Armorial général* verstorben war. Auf Grund der testamentarischen Verfügung seines fast zwei Jahrzehnte vor ihm heimgegangenen Bruders Pierre II. war er als Baron de Monteton investiert worden und mithin zum Chef des Zweiges Digeon de Monteton avanciert (vgl. Kap. A.5: 638). Es liegt jedoch nahe, daß dieser zeitlebens seinen originären Namen "Digeon de Peyrères" behielt, darob auch nach seinem Tod mit diesem identifiziert wurde und erst dessen Sohn Pierre IV. den Namen "Digeon de Monteton" fortführte. Demgemäß vermag der Rückschluß gezogen werden, daß die einzelnen Familienmitglieder, wenngleich lediglich mit sublimen Variationen, durchaus im Kolorit divergente

Abb. 3.8: Wappen der Familie Digeon de Boisverdun und Monteton gemäß dem Adelsbeweis für Charles III. Digeon de Boisverdun (vgl. A.4: 628), Zeichnung von Dr. Moritz Graf v. Strachwitz (A.P.D.M.)

221 B.N.F. Mss. fr. 32240, p. 106.

Wappen führten. Daneben erhärten sich mit der sehr detailreichen, fast schon ornamentalen Expression, sonderheitlich durch den roten Schnabel des Brachvogels, die Anzeichen, daß es sich bei dieser Blasonierung vom Dezember 1666 mitnichten um das originäre Wappen, wie von Pierre de Digeon im Spätmittelalter geführt, sondern um eine dem barocken Zeitgeist geschuldete, "verschmuckte" Version handelt, denn der Zweig der Digeons d'Autramat als der ältesten Linie führte ein wesentlich stärker der mittelalterlichen Heraldik entsprechendes Wappen (vgl. Abb. 3.3: 381), wie anfangs dargelegt.

Auf Grund der Nennung einer Reihe von Fachbegriffen in den vorgenannten französischen Wappendarstellungen, erscheint die Annotation geboten, daß diese Heraldik in Terminologie und Schematik zwar Ähnlichkeiten zur deutschen aufweist, in einigen Punkten jedoch signifikant von jener unterschieden ist. Mithin soll an dieser Stelle der Versuch einer Blasonierung unternommen werden. Hierzu ist die Auseinandersetzung mit den wichtigsten Grundbegriffen, die in der obigen Beschreibung des *Ecu* (Schild) Verwendung finden, wie *Gueules, Sautoir* bzw. *Flanchis* oder *Bande* etc., sowie ferner eine Klärung der Partitionierung eines Wappenschildes von Nöten. Grundsätzlich erschließt sich der Sinn eines Wappens durch die Betrachtung von unten, über die mittlere Ebene bis zur Augenhöhe. Die Beschreibung selbst erfolgt stets aus Perspektive desjenigen, welcher den Schild "hält". Die Einteilung wird zumeist in neun gleiche Quadraten (*Equipolé*) vorgenommen, wobei das Schildhaupt als "chef" bezeichnet wird (Abb. 3.9: 388).

Die Wappenzeichen werden in zwei Gruppen eingeteilt, die Heroldsbilder (*pièces héraldiques*) und die gemeinen Figuren (*meuble*). Wappen ohne Motive und Figuren werden unter dem Begriff "ledig" (*plain*) subsumiert. Unter den *Pièces honorables* werden sämtliche regulären Figuren aufgefaßt, die sich in einem proportionalen Verhältnis zum Ecu befinden. Zu ihnen werden, neben Teilungen in Form von Balken, Pfählen bis hin zu Sparren und

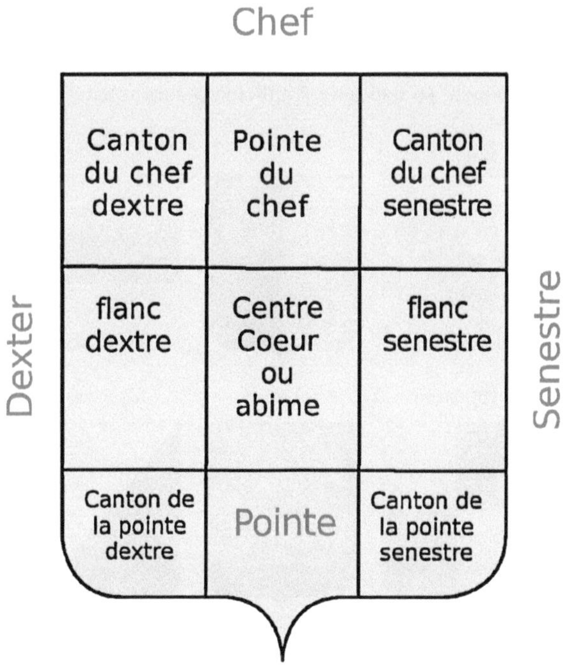

Abb. 3.9: Die grundsätzliche Aufteilung eines französischen Wappens [eigene Darstellung]

Spitzen, auch das "Andreaskreuz", das normale "Kreuz" sowie dreizehn weitere Symbole gezählt. Bezüglich der Anordnung gibt es einige Regeln, die an dieser Stelle auszuführen nicht der Raum ist. Die "Ehrenzeichen" tauchen in den Wappen der ältesten Familien auf und waren aller Wahrscheinlichkeit nach die ersten Unterscheidungsmerkmale, die auf die Schilde gesetzt wurden (Duhoux d'Argicourt 1896: VI; 90). Vermöge diverser Divisionslinien innerhalb des Ecus evozieren sie eine Wechselwirkung von Farben und Metallen. Exemplarisch wären die waagrechten Teilungen, teils einfach (*Coupé*, Abb. 3.10(e)) und stets in der Schildmitte, teils mehrfach, zu nennen. Man spricht von "zweimal geteilt", sofern der Schild drei unterschiedliche Farben oder Metalle aufweist, von einem "Balken" (*Fascé*), wenn es nur eine Farbe oder Metall aufweist (Abb. 3.10(d)). Senkrechte einfache und mehrfache Teilungen im Ecu lassen von "gespalten" (*Partí*, Abb. 3.10(c)) sprechen, schräge werden als *Tranché* (Abb. 3.10(i)) bezeichnet. Dabei kann die Teilung auch Zacken aufweisen (*Emanché*, Abb. 3.10(h)), die wiederum in unterschiedlichen Partitionierungen (Partí, Coupé etc.) des Ecus ihren Ausdruck finden kann. Ansonsten wären noch die Schachbretteilungen (*Échiqueté*, Abb. 3.10(j)), quadratische Vierungen (*Ecartelé*, Abb. 3.10(g)), Spitzen (nach unten gerichtet: *Chaussé*, Abb. 3.10(f)), Schräglinksbalken (*Barré*, Abb. 3.10(b)) und Schrägrechtsbalken (*Bandé*, Abb. 3.10(a)) als häufig vorkommende Heroldsbilder zu nennen (Filip 2000: 53–56; Viton de Saint-Allais 1816a: 306).

Letztgenannter Balken, der diagonal vom Schildhaupt zum Schildfuß unten links (*point senestre*) führt, findet sich in goldener Farbe auch im Digeonschen Familienwappen (Abb. 3.5: 384 und Abb. 3.6: 384). Balken fungieren als Hauptteile eines Wappens und umgeben meist andere Heroldsbilder. Sie stehen für die Schärpe des mittelalterlichen Ritters, welche dieser über die Schulter gelegt trug (Grandmaison 1852: 41–42).

Dieses Heroldsbild befindet sich vor dem Hintergrund des Schildkolorits, welcher im Falle der französischen Digeons mit *gueules* angegeben wird. Selbige ist eine von fünf Blasonierungsfarben und wird im allgemeinen mit rot übersetzt. Über die Etymologie des Wortes herrscht kein einhelliges Vernehmen. Einige nehmen an, daß es vom lateinischen *gula* kommt, da einige Ritter ihre Felle, die rot gefärbt waren, über die Schilder zogen, so daß die Wappenfelder deren Farbe annahmen, so daß eine Ähnlichkeit zum roten Tierrachen entstand. Eine

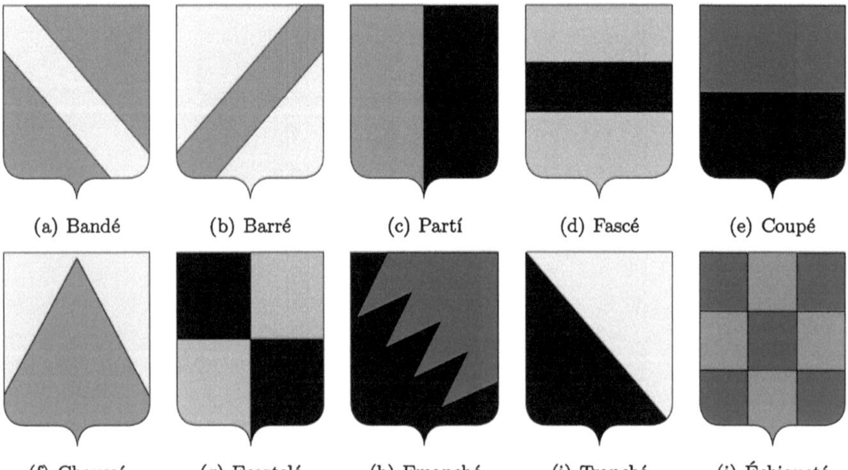

(a) Bandé (b) Barré (c) Partí (d) Fascé (e) Coupé

(f) Chaussé (g) Ecartelé (h) Emanché (i) Tranché (j) Échiqueté

Abb. 3.10: Beispiele unterschiedlicher Partitionierungen in einem Wappen [eigene Darstellung]

andere Theorie stellt die Vermutung an, es käme vom persischen *gul*, das mit rosa zu übersetzen ist; es wurde in einer Epoche geprägt, in welcher der Einfluß des Orients noch als ausgesprochen gering anzusehen ist (Grandmaison 1852: 461). Als wesentlich wahrscheinlicher kann die Deutung angesehen werden, daß der Ausdruck direkt vom roten Rachen der Tiere herrührte (Duhoux d'Argicourt 1896: 63–64). Die Farbe *gueules* steht in der Heraldik für Großzügigkeit, Mut, Tapferkeit und Unerschrockenheit (Viton de Saint-Allais 1816a: 496).

Schließlich finden sich im Digeonschen Familienwappen noch die beiden Kreuze (*Sautoirs*). Bei diesen handelt es sich um Ehrenbilder (*pièces honorifiques*), die an einem Balken in Form eines Andreaskreuzes angeordnet ist. Die kleineren Entsprechungen werden "flanchis" genannt und treten zumeist in der Zahl von zwei oder drei auf; selten findet sich ein einzelnes Kreuz auf einem Ecu. Es sei an dieser Stelle expressis verbis darauf hingewiesen, daß es sich bei den Kreuzen schlechthin nicht um "Kreuzchen", sondern stets um schräggekreuzte Elemente handelt. Man findet sie vornehmlich in den Niederlanden beziehungsweise im Norden Frankreichs (Scheibelreiter 2006: 87), was gleichermaßen zum vermuteten Kontext eines nordfranzösischen Ursprungs der Familie passen würde (Kap. 2.1: 55).

In der Literatur wird davon ausgegangen, daß unter anderem ein Teil der "Sautoirs" in den einzelnen Wappen auf die Konflikte zwischen den beiden Häusern Orléans und Burgund zu Beginn des 15. Jahrhunderts zurückgeht, nachdem Karl VI. für geisteskrank und mithin regierungsunfähig erklärt wurde (weiterführend: Märtl 2005, Markale (1994)). So wird angenommen, daß diejenigen Edelleute, welche für Burgund Partei ergriffen, die Andreaskreuze in ihre Wappen aufnahmen; allerdings zeigt sich, das dies nicht für alle gleichgesinnten Parteigänger gegolten haben kann. Ebenso wird supponiert, daß die *Sautoirs* auch in die Wappen von ritterstämmigen Familien Aufnahme fanden, die ihren Ursprung auf die Zeit der Kreuzzüge zurückführten (Viton de Saint-Allais 1816a: 398–399).

So wurden auch die beiden Wappenkreuze der Familie Digeon als Symbol für die Teilnahme an zwei Kreuzzügen gedeutet, respektive als Sinnbild für zwei von drei Brüdern gedeutet, die am ersten Kreuzzug unter Gottfried von Bouillon teilgenommen hatten, von denen aber nur einer zurückkehren sollte, welcher dann – der Erzählung nach – zum Urvater des nachfolgenden Geschlechts avancieren sollte. Eine Abwandlung dieser Darstellung findet sich im Gotha von 1866 (Gotha 1866: 647).

In diesen Überlieferungsstrang paßt sich die eingangs dargelegte Überlieferung von den drei im "Crusade Cycle" genannten Rittern namens Hernaus alias Renaus, Hues und Gerars de Digon füglich ein (vgl. Kap. 2.1: 52). Zudem hatte sich die Kreuzzugsteilnahme in der mündlichen Tradierung der Familie lange konserviert. Gegen eine selbstgefällige Eigenlegendenbildung, die sich späterhin auch schriftlich in der genannten Chronik von Otto Digeon v. Monteton manifestieren sollte (Digeon v. Monteton 1892: 4), spricht als valides Argument zum einen die Tatsache, daß die Familie bis dato noch nicht mutmaßen konnte, daß ihre Ursprünge aller Voraussicht nach in der Gegend um Aumale zu verorten sind (Kap. 2.1: 55), zum anderen der Umstand, daß die Teilnahme am ersten Kreuzzug unter Gottfried von Boullion, wie der unteren Karte zu entnehmen ist (Abb. 3.11: 391), durchaus als wahrscheinlich anzusehen ist, da der Aufruf dazu von Peter von Amiens nur wenige Kilometer entfernt davon erfolgt war (vgl. weiterführend: Flori 1999). Anderenfalls hätte die Vermutung wesentlich näher gelegen, daß das Geschlecht am ersten Befreiungskrieg unter Raimond IV. von Toulouse partizipierte, der aus Südwestfrankreich aufgebrochen war und erst später in Konstantinopel zu den übrigen Kreuzfahrerheeren stieß.

Demzufolge erscheint eine Beteiligung am ersten Kreuzzug unter Gottfried von Bouillon aus den dargelegten Gründen als sehr wahrscheinlich.

Konkludierend kann die Blasonierung des Digeonsschen Wappen schlechthin nicht als abgeschlossen betrachtet werden, dieweil eine Untersuchung der geschichtlichen Entwicklung

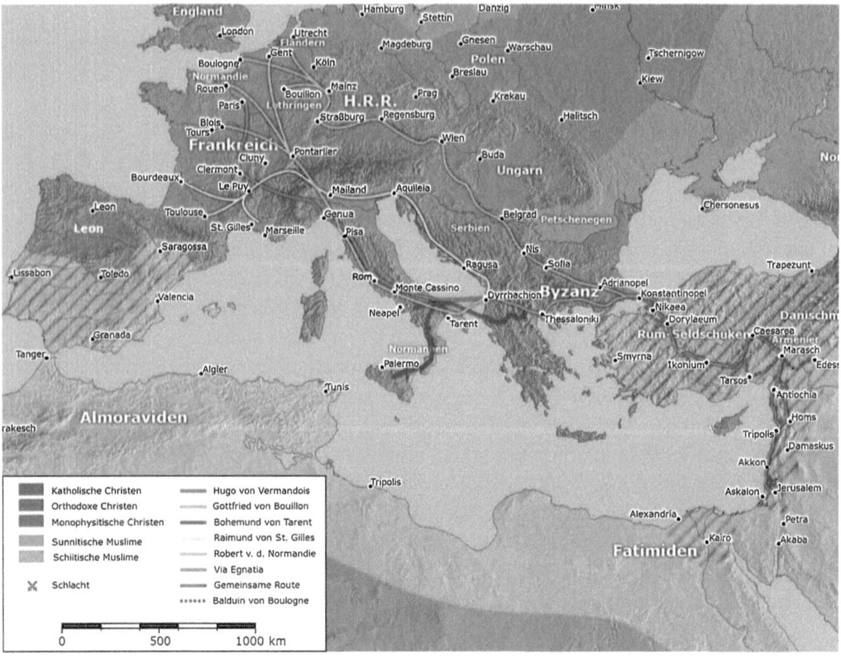

Abb. 3.11: Karte des 1. Kreuzzuges, aus: Martens 2012

des Wappens des ältesten Zweiges Digeon d'Autramat auf Grund der mangelhaften Quellenlage nicht zu leisten ist, doch verdichten sich die Hinweise auf:

1. eine nordfranzösische Herkunft der Familie;
2. einen Zusammenhang zwischen dem Familiennamen "Digeon" und dem Wappenvogel, einem Brachvogel (*corbigeau*);
3. eine Mehrung des Wappens in Form eines (fünfzackigen) Sterns durch die Heirat Pierres mit Françoise de Verdun;
4. den ritterlichen Ursprung durch den Schräglinksbalken und die Wappenfarbe *gueules sowie*
5. eine Beteiligung am ersten Kreuzzug durch die beiden Ehrenzeichen *flanchis*.

Im Hinblick auf die preußische Abänderung des französischen Ursprungswappens muß festgehalten werden, daß es im Grunde kein wirklich valides Argument dafür gibt, daß mit Überschreiten einer Landesgrenze ein über Jahrhunderte tradiertes Wappen unvermittelt von einem nachgeborenen Sohn modifiziert werden darf. Wahrscheinlich beruhten die Abänderungen auf mangelnder Kenntnis der tatsächlichen Heroldsbilder und Farben als auf einer intendierten Veränderung.

3.4.2. Die Rangkrone: Ein Fegefeuer der Eitelkeiten?

Wurde und wird in Deutschland höchlichst genau darauf geachtet, daß Titel und Wappenkrone unter keinen Umständen in Divergenz zueinander stehen, das heißt ein Freiherr darf gemeinhin keine Grafenkrone über seinem Wappen tragen, finden wir in Frankreich eine gänzlich andere Situation vor: So unterscheiden sich zum einen die Art und Weise der Rangkronen in Frankreich von den in Deutschland vorherrschenden Formen erheblich, wobei es nie eine einheitliche Kodifizierung über die genaue Ausgestaltung der einzelnen Darstellungselemente gegeben hat und zum anderen stimmten die Rangkrone und der jeweils geführte Titel nur selten miteinander überein. Teilweise existierte überhaupt keine Berechtigung die jeweils über dem Wappen figurierende Rangkrone zu führen. An dieser Praxis änderte auch das Dekret vom 13. August 1663 (Erneuerung am 8. Dezember 1699) nichts, wonach die ordnungsgemäße Führung der Titel und die damit verbundenen Rangkronen vom Hof jeweils verifiziert werden mußten. Eine unberechtigte Führung wurde unter Strafe von 1.500 Livres gestellt, da es dazumals vorkam, daß auch Bürgerliche Marquisate, Comtate und Baronate besaßen und sich nach diesen unrechtmäßig zu titulieren pflegten (Courcelles und Viton de Saint-Allais 1820a: 369).

Es ist nämlich evident, daß in Frankreich – mit Ausnahme der des Königs und der Prinzen von Geblüt – keine einzige Rangkrone nicht usurpiert wurde, eingeschlossen die der Herzöge. Je mehr Erlässe, Strafandrohungen und Reglementarien von königlicher Seite erlassen wurden, um dem Mißbrauch von Titel- sowie Kronenanmaßung einzudämmen, umso häufiger und bereitwilliger erfolgte deren Verletzung (Chassant 1857: 194–196).

Demgemäß amüsierte sich darüber bereits im Jahr 1703 der Herzog von Saint-Simon, ein profunder, wenn auch von persönlichen Ressentiments nicht ganz freier Kenner der französischen Adelskultur, welcher während der Blütezeit des Hofes von Ludwig XIV. (vgl. weiterführend: v.a. Le Roy Ladurie 2001: 1–8) den inflationären und unrechtmäßigen Gebrauch sämtlicher Rangkronen pointiert aufzeigte:

> "*Qui pourroit dire maintenant qui a commencé l'usurpation des couronnes. Il n'est si petit compagnon qui n'en porte une et les sont tombées à la plus nouvelle robe. Il est pourtant vrai que cet n'a pas cinquante ans et qu'un peu auparavant nul homme de robe portoit aucune sorte de couronne.*" (Saint-Simon 1856: 481)

Demnach wollte sonderheitlich die zunehmend an politischem und sozialem Einfluß gewinnende *noblesse de robe* (vgl. Kap. 4.2.1: Nr. 6: 427) dem ritterbürtigen Adel nacheifern und schoß dabei in den Augen Saint-Simons wahrscheinlich aus Vanität ein wenig über das "Ziel" hinaus. Diese Entwicklung scheint vornehmlich ab der zweiten Hälfte des 17. Jahrhunderts ihren Angang genommen zu haben, denn ab ad gelang es den französischen Monarchen, vermehrt Teile des aufstrebenden Bürgertums in führende Positionen der Regierungsadministration zu inkludieren und sich auf diese Weise der Gefolgschaft einer vom übrigen Adel emanzipierten, speziell ihnen selbst ergebenen sozialen Gruppe zu versichern (vgl. dazu in Auseinandersetzung mit Norbert Elias' "Die höfische Gesellschaft" (Elias 2002) den Beitrag von Leonhard Horowski (Horowski 2008) sowie zur *noblesse de robe* allgemein weiterführend: Jouanna (1996)).

Eine Erklärung mit bloßer Dünkelhaftigkeit auf französischer Seite und andererseits einer deutschen Ordnungsmentalität, die am besten mit dem "Apothekersyndrom", das heißt einem intrinsisch deutschen Bedürfnis nach Sortierung sämtlicher Adelsfamilien in graue, rote und grüne "Gothas" metaphrasiert zu werden vermag, greift indes nicht weit genug, da sie sich als zu monokausal und oberflächlich entpuppt. Vielmehr liegt nahe, den Grund der etwas laxen Handhabung der Rangkronenpraxis in Frankreich in der von Deutschland deutlich differenten Adelskultur und den daraus resultierenden divergenten und inhärenten Systemlogiken zu suchen (siehe Kap. 4.2.2: 428): Da bis zum Ende des Ancien Régime der Titel beim Landadel zumeist mit einer Herrschaft verbunden war, ist es durchaus nachvollziehbar, daß die nachgeborenen Söhne ihr Wappen nicht jeweils abänderten, wenn sie den Titel des Familienoberhaupts nicht erbten, oder unter Umständen nur einen niedrigeren. Ein Beispiel mag das illustrieren: Der Comte Bigot de Valmont, Vicomte der Saint Petrus, Baron de Cardaillac, hinterließ drei Söhne und zwei Töchter, als er starb. Letztgenannte erbten auf Grund der *lex Salica* keinerlei Titel, von den Söhnen erhielt der erste den Grafentitel, der an die Herrschaft Valmont geknüpft war (als *fief de dignité*, vgl. Tab. 4.3: 426), der zweite den des Vicomtes von Saint Petrus und der dritte wurde Baron von Cardaillac. Würde man einer strengen Logik Folge leisten, so müßten, mit Ausnahme des Erstgeborenen, welcher die Grafenkrone (Abb. 3.12(g)) zu führen berechtigt war, alle übrigen Söhne in ihrem Wappen die Rangkrone anpassen, das heißt, derjenige, der die Vicomté von Saint Petrus erbte, hätte mithin die Krone des Vicomtes (Abb. 3.12(f)) auf sein Wappen übernehmen, hingegen der jüngste Sproß die französische Barons- (Abb. 3.12(c)) oder siebenperlige Krone (Abb. 3.12(d)) adaptieren müssen.

Außerdem kam es im Ancien Régime ausgesprochen häufig vor, daß eine Seigneurie vermöge Heirat, Erbfalls oder Verkaufs ihren Besitzer wechselte. Dementsprechend änderten sich die Titulaturen, was blieb, war indes der Familienname. So verkaufte, wie bereits oben aufgezeigt, ein "Bouzet" das Marquisat Poudenas an Jeanne Nairac (vgl. Kap. 2.3.3.7: 325). Strenggenommen hätte dies zum Verlust des Rechtes geführt, sich "Marquis de Poudenas" zu nennen, doch *in praxi* kümmerte sich niemand um derartige Sublimitäten des Adelsrechts. Dementsprechend führt Henry de Woelmont in seinem Standardwerk über die Marquis von Frankreich die Bouzets noch als Marquis de Poudenas (Woelmont de Brumagne 1919: 115). Auch die de Podenas selbst, welche bereits Ende des 16. Jahrhunderts ihren angestammten Besitzes Poudenas qua Erlöschen der Hauptlinie verloren hatten (vgl. Kap. 2.3.3.7: 327) und die späterhin zu Fürsten (in männlicher Transmission nach den Regeln der Primogenitur) von Cantalupo (6. Mai 1842 durch päpstliches Brevet)

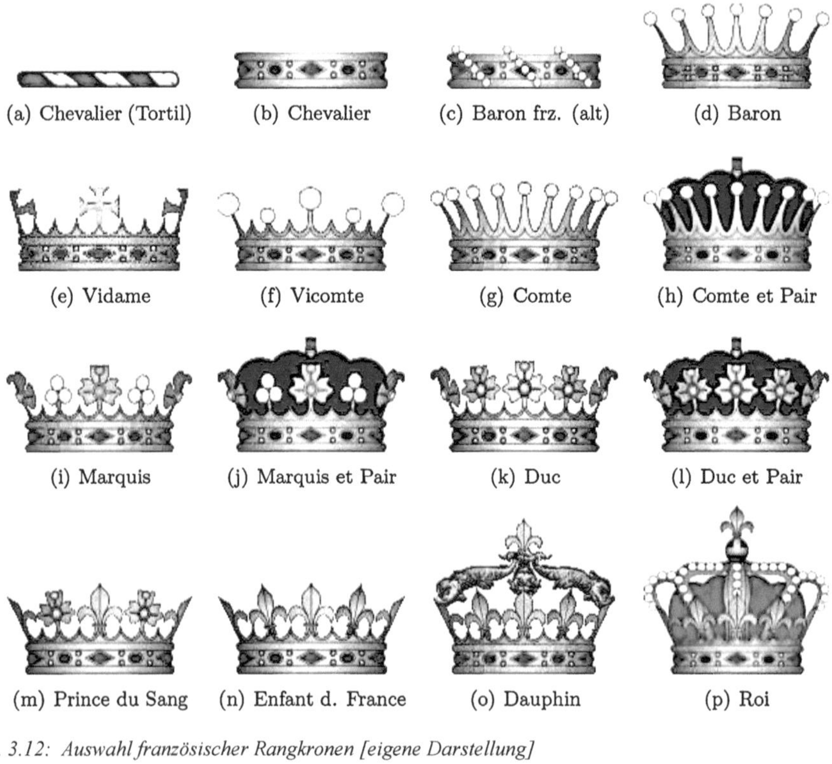

(a) Chevalier (Tortil) (b) Chevalier (c) Baron frz. (alt) (d) Baron

(e) Vidame (f) Vicomte (g) Comte (h) Comte et Pair

(i) Marquis (j) Marquis et Pair (k) Duc (l) Duc et Pair

(m) Prince du Sang (n) Enfant d. France (o) Dauphin (p) Roi

Abb. 3.12: Auswahl französischer Rangkronen [eigene Darstellung]

avancieren sollten, stellten den Fürstentitel ihrem Geburtsnamen voran und nannten sich fortan “Princes de Poudenas”, wobei die eigentliche Bezeichnung des Fürstentums Cantalupo mithin ignoriert wurde (Magny 2004: 62–63; SGAF 1973: XXIII) und bis 1870 kein Antrag der Familie bei der *Grande chancellerie de France* eingegangen war, den ausländischen Titel in Frankreich anerkennen zu lassen (A.D.N.F. 1870: 129). Bezeichnenderweise führten sie neben dem Fürstenmantel die französische Herzogskrone (Abb. 3.12(k)) imWappen (Siebmacher 1975: Taf. 302; Noulens 1865: 53). Allerdings nahm auf Grund ihrer herausragenden Stellung in der Adelshierarchie und des besonderen Alters sowie der Würde ihres Hauses niemand an dieser Vorgehensweise Anstoß, wiewohl anderen, weniger angesehenen Geschlechtern eine solche Titelerhöhung durch die Gunst des Papstes wahrscheinlich nachteilig ausgelegt worden wäre. Hieran erzeigt folglich wieder das Gewicht des “historischen Familienkapitals”.

Abgesehen von diesen grundsätzlichen Erwägungen tritt noch ein entscheidender Aspekt hinzu: Im Rahmen einer “Rangkronenselbsterhöhung” von teilweise ausgesprochen neuadligen Familien, wie die Repräsentanten der oben erwähnten *noblesse de robe* oder der *noblesse d’office*, gerieten alte Geschlechter in eine Art “Zugzwang”, wollten sie nicht hinter den, in ihren Augen, Parvenüs zurückstehen. Folgerichtig findet sich im Gegensatz zu anderen europäischen Ländern häufig der paradoxe Befund, daß Titel und Wappenkrone um bis zu fünf Stufen divergieren.

Im Falle der Digeons mutet das Tragen der französischen Grafenkrone sonderheitlich von deutscher Seite als besonders irritierend an, denn im Gegensatz zur französischen Praxis und den Besonderheiten des dort Geltung besitzenden Adelsrechts (vgl. Kap. 4.1: 404), ging die Rangkrone des Wappens stets mit dem jeweils geführten Adelstitel kongruent, da sich der Titel – außer es wurden von der nobilitierenden Instanz davon abweichende Regelungen getroffen, wie beispielsweise bei einer Titelübertragung durch Primogenitur – zumeist auf sämtliche weibliche und männliche Kinder transmittierte. Bereits 1858, als die Digeons de Monteton erstmals eigenständig für die “Illutrirte Deutsche Adelsrolle des Neunzehnten Jahrhunderts” Angaben zu ihrer Wappenkrone machten, offenbarte sich das Problem der Diskrepanz zwischen dem geführten Titel eines Barons respektive Freiherrn, der eigentlich eine siebenzackige oder französische Baronskrone als Wappenkrone bedeutet hätte, und der tatsächlich im Wappen befindlichen neunzackigen Grafenkrone. Sie versuchten das Festhalten an der höheren Rangkrone mit den Nachfolgerechten auf den Grafentitel zu begründen, dessen sich die Familie bei der Emigration aus der Guyenne durch die Brüder Pierre VI. und Jean-Jacques I. begeben hätte. Einen Abschnitt weiter legitimieren sie aber gerade den Besitz der Grafenkrone mit eben diesen Sukzessionsrechten, was als in sich nachgerade logisch inkosistenz angesehen werden muß (“*Den Schild deckt eine Grafenkrone (wegen der Dijon’schen Succesionsrechte)*.” (I.D.A. 1858: 58)). Zieht man zusätzlich noch in Betracht, daß die Grafschaft Lasserre erst durch den Tod der Ehefrau Pierre Pellets im Jahr 1767 an die Digeons fiel, das heißt ein halbes Jahrhundert nach der Auswanderung von Jean-Jacques I. (Kap. 2.3.3.7: 321), entbehren die apostrophierten Ausführungen der Sinnhaftigkeit. Der daraus folgenden Unsicherheit ist wohl die Tatsache geschuldet, daß bis zum Eintrag der Familie ins Genealogische Handbuch des Adels im Jahr 1957 für die Rangkrone die Formulierung “*Französ. Baronskr. bzw. Gfnkr*.” erfolgte (Weimarer Gotha 1912: 113 sowie GHdA Bayern 1982: 278).

So sehr die materiale Dimension um die Digeonsche Rangkrone in der vorgenannten Argumentation opak bleibt, zeigt sich bei näherer Betrachtung, vor allem unter Einbeziehung der französischen Quellen, ein durchaus schlüssiges Gesamtbild: Denn bedenkt man, daß sowohl Pierre V., welcher als Ältester und Erbe der väterlichen Güter in Frankreich verblieb, als auch dessen jüngerer Bruder Jean-Jacques I., Begründer des preußischen Zweiges (vgl. Anhang:

B.12: 705), die Grafenkrone in ihrem Wappen führten,[222] wird ersichtlich, daß dies nicht auf Grund gewisser Sukzessionsrechte erfolgte, sondern die Rangkronenführung allen Mitgliedern in gleicher Weise zukam. Wann genau die Familie Digeon eine Grafenkrone über ihr Wappenschild stellten, vermag zum derzeitigen Zeitpunkt nicht genau gesagt zu werden, sintemal sich im Adelsbeweis von 1666 für Charles III. Digeon de Boisverdun keinerlei Angaben dazu auffinden lassen (vgl. Anhang: A.4: 628). Jedoch geben die oben ausgeführten allgemeinen Gründe, wie eine allseitige Rangkronenerhöhung des Adels, welche nicht mit den jeweils geführten Titeln einherging, als auch das erhöhte Bedürfnis der *noblesse de robe*, ihren neu erlangten zweiten Stand mit usurpierten, höheren Rangkronen zu unterstreichen, um sich auf diese Weise vom Stigma des verpönten "Neuadels" zu befreien(vgl. Kap. 4.1: 405), auch im Fall der Digeons eine vorläufige, aber plausible Explikation.

In Bezug auf die apostrophierte "französische Baronskrone" (vgl. Abb. 3.12(c)) erzeigt sich die Faktenlage eindeutiger: So findet sie in den gesichteten Quellen in Frankreich nirgendwo Verwendung, sondern figuriert erstmalig zu Beginn des 19. Jahrhunderts auf den Amtssiegeln der Grundherrschaft des Ritterguts Priort,[223] die durch den Schwiegervater Jean-Jacques' I. Digeon de Monteton, den Baron den Vernezobre-Laurieux, im Jahr 1742 in den Besitz des preußischen Zweigs der Digeons gelangte.[224] Möglicherweise erforderte es die Ausübung der grundherrschaftlichen Rechte, daß die Wappenkrone mit dem in Preußen geführten Titel eines Barons kongruent gehen mußte. Die Bestätigung des Freiherrentitels erfolgte nämlich angeblich am 6. Oktober 1820 für Karl August Friedrich Digeon de Monteton, Herr auf Priort (Gotha 1866: 648). Weder eine Abschrift noch die Originalurkunde vermochte bisher in den öffentlichen oder privaten Archiven aufgefunden zu werden. Dies verwundert insofern wenig, als daß bereits im Jahr 1843, rund zwei Jahrzehnte nach der Bestätigung des Freiherrentitels, die Geheime Kriegscanzlei in Preußen, welche seit ihrer Errichtung 1630 unverändert auch für die Erstellung der Ranglisten des preußischen Heeres zuständig war (Alten 1912: 105), ein "*Verzeichniß der Offiziere, welche jetzt mit dem Freiherren Praedikat und auch einige Offiziere ähnlichen Namens, welche mit dem Prädikat als Baron in den Ranglisten ihrer Truppentheile aufgenommen werden*"[225] aufstellte, das in einem Brief des Geheimen Regierungsrats des Königlichen Hausministeriums und Direktors des Geheimen Staatsarchivs, Georg Wilhelm von Raumer (vgl. zu seiner Person: Leesch 1992: 476) an den Archivrat Köhne vom 19. März 1843 (vgl. Abb. 3.13: 396) als recht defizitär qualifiziert wurde und auch hinsichtlich der Digeons de Monteton Angaben enthielt, die ein rechtmäßiges Tragen des Freiherrentitels als bezweifelbar erscheinen ließen:

> "*Wenn die KriegsCanzlei sich an den Staats Calender hält – in dem man früher namentlich bei den Kammerherren sehr leicht* [mit Freiherrentiteln] *hingegangen ist – so mehren sich die Irrthümer immer mehr. Die Liste enthält viele Namen, denen das Prädicat theilweise* [sic!] *unbedenklich zusteht, z.B. Goltz, Canitz, Monteton, Putlitz, Stillfried-Rattonitz, Vin*[c]*ke; andere sind zweifelhaft und einige sind nicht zuzugestehen, z.B. Hanstein, Nagel.*"[226]

Diese Ausführungengeben keinen Hinweis, welcher der aufgeführten Familien jetzt der Freiherrentitel mit recht zusteht, was den Stellenwert der in dieser Zeit editierten Ranglisten nicht

222 Für Pierre V. Digeon de Monteton: A.D.33 7 B 2084 sowie A.D.33 7 B 2099 und für seinen nach Preußen emigrierten jüngeren Bruder Jean-Jacques I. gleichfalls den bereits zitierten Ehekontrakt: GStA PK VI. HA Familienarchive und Nachlässe, FA Familie Digeon v. Monteton, Nr. 1.

223 Vgl. z.B. GStA PK VI. HA Familienarchive und Nachlässe, FA Familie Digeon v. Monteton, Nr. 29.

224 Vgl. zum Kaufvertrag: BLHA Rep. 23A, Nr. 387, Acta Possesionis des Ritter-Guthes Priort, pp. 34–61.

225 GStA PK Berlin, I. HA Rep. 100, Nr. 3758, fol. 26.

226 GStA PK Berlin, I. HA Rep. 100, Nr. 3758, fol. 27.

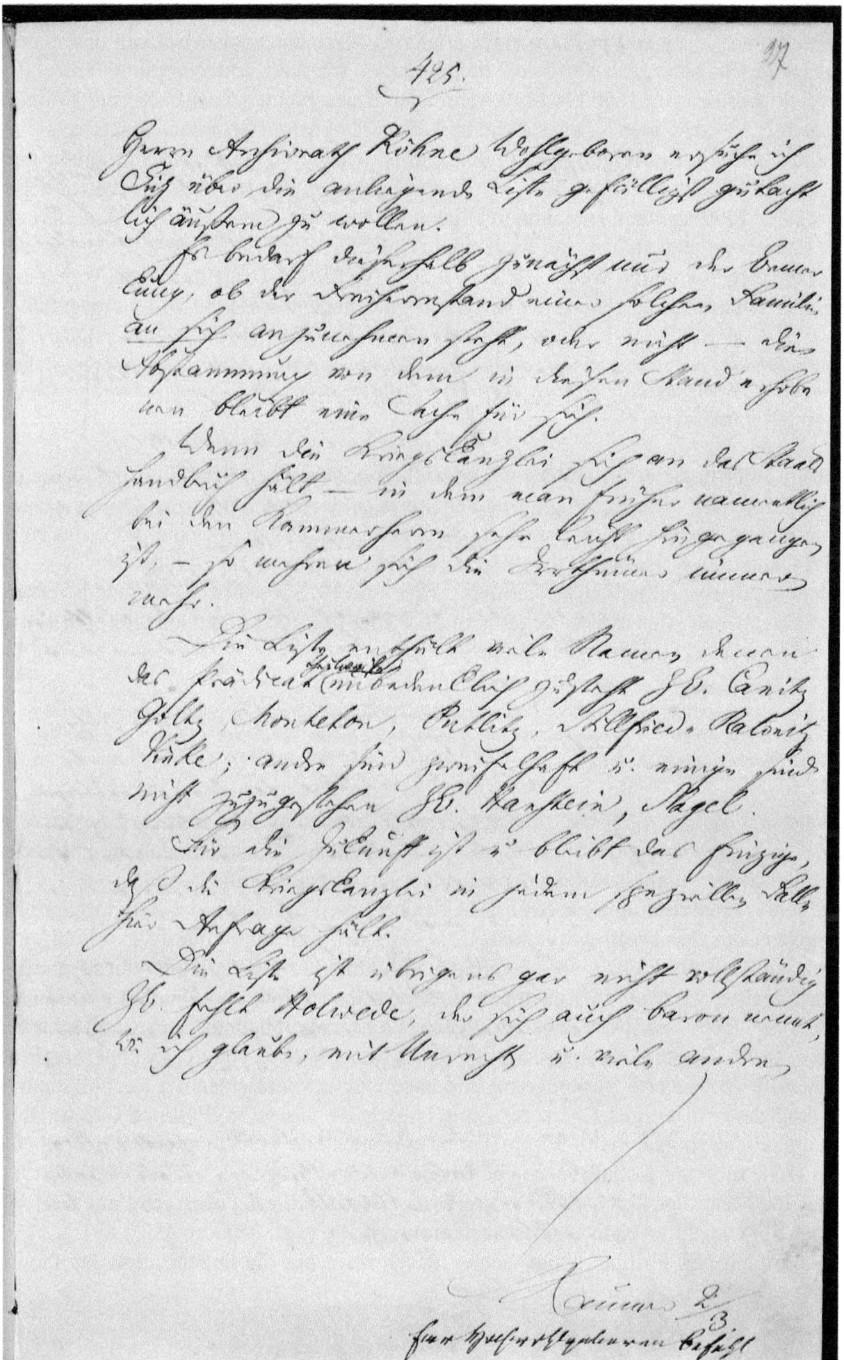

Abb. 3.13: Brief des Geheimen Regierungsrats Georg Wilhelm v. Raumer an den Archivrat Köhne vom 19. März 1843 [GStA PK Berlin, I. HA Rep. 100, Nr. 3758, fol. 27, Archivphotographie 2012]

unbeträchtlich einschränkt. Darüber erlaubt die Wortwahl "zustehen" keinerlei Rückschluß auf einen landesherrlichen Akt in Form eines Diploms. Wäre ein solcher bekannt und damit auffindbar gewesen, hätte sich ein derart mehrdeutiger Wortlaut schlechterdings erübrigt. Und tatsächlich: Aus der von 1886 bis 1899 währenden Korrespondenz zwischen dem Königlichen Heroldsamt, der Geheimen Kriegscanzlei und dem Königlichen Geheimen Staatsarchiv ist klar ersichtlich, daß die Bestätigung des Freiherrentitels vom 6. Oktober 1820 in keiner der drei genannten Behörden auffindbar war.[227] In einem Schreiben des Heroldsamtes aus Berlin vom 5. Dezember 1899 an einen Hauptmann Digeon v. Monteton, stationiert im Infanterieregiment 167 in Kassel, welcher sich als der nachmalige Generalmajor Fritz Dijon v. Monteton identifizieren läßt (Bredow und v. Wedel 1972: 507–508), wurde die Frage nach dem Vorhandensein der Freiherrenbestätigung seitens der Behörden abschließend wie folgt zusammengefaßt:

> "*Wir haben also nur zu wiederholen, daß die im Taschenbuch der Freiherrlichen Häuser angezogene 'preußische Bestätigung des Freiherrentitels vom 6. Oktober 1820' nach den stattgehabten Ermittlungen nicht ertheilt worden ist.*"[228]

Fernerhin erbat das Heroldsamt eine weiterführende Mitarbeit der Dijon de Monteton, da "*nur mit Hülfe der Familie*"[229] die Angelegenheit geklärt werden könne. Die Tatsache, daß die Causa nicht weiter verfolgt wurde, liegt sehr wahrscheinlich in einem durch das Heroldsamt der Geheimen Kriegskanzlei bezeichneten Schreiben vom 14. Oktober 1887 (Nr. 1075), in welchem auf eine Allerhöchste Kabinettsorder vom 10. September 1887 Bezug genommen wurde: Davon betroffen waren diejenigen 30 Fälle, die noch einer letztgültigen Entscheidung, welcher Titel von ihnen zu führen sei, harrten:

> "[...] *während einige wenige andere Fälle bis zur endgültigen Klärung vorläufig auf sich beruhen bleiben. Hierher rechnen wir beispielsweise die Standesbezeichnung der Familie Digeon v. Monteton, von welcher vier Mitglieder sich Barone, fünf als Freiherren bezeichnen.*"[230]

Aus welchen Gründen die Sache zunächst zu ruhen hatte, geht nicht aus dem zitierten Wortlaut hervor. Doch unabhängig davon, wird aus dem Vorgenannten deutlich, daß die Freiherrenanerkennung seinerzeit allein auf den Angaben der jeweiligen Familie beruhte.

Betrachtet man zusammenfassend die Unsicherheiten bezüglich der Rangkronenführung, die engstens mit der Titelfrage verknüpft ist, darf der weiterführende Rückschluß gezogen werden, daß sich diese aus einer gewissen Unkenntnis der in Frankreich vorliegenden Verhältnisse speiste, genauso aber auch aus einer nicht sonderlich vorteilhaften Position, in der sich der preußische Familienzweig der Digeons de Monteton befand, um seine Rechte durchzusetzen: Denn einesteils existierte bezüglich des französischen Ursprungwappens in Preußen keine schriftlich tradierte Blasonierung und anderenteils vermochten die Rechte, die mit der Verfügung des seinzeitigen Chefs der Linie Digeon de Monteton, Philippe Comte Dijon de Monteton, einhergingen, keine Wirkmacht zu entfalten. Dieser hatte in einem Schreiben vom 1. Mai 1831, rund viereinhalb Jahre vor seinem Tod (vgl. Kap. 2.3.3.9: 368) dezidiert festgelegt, daß die Nachfolge als *chef de nom et d'armes de la famille* der oben erwähnte Karl August Friedrich als Cousin zweiten Grades übernehmen sollte (vgl. Anhang A.13: 691: Z. 23–30). Die Anordnung von Philippe Dijon betraf jedoch nicht nur die Organisation des familiären

227 GStA PK Berlin, I. HA Rep. 176, Nr. 157, p. 12, 16 u. 22.
228 GStA PK Berlin, I. HA Rep. 176, Nr. 157, p. 19.
229 Ibid.
230 GStA PK Berlin, I. HA Rep. 176, Nr. 157, p. 14–15.

Innenverhältnis, in welchem bis zu einer anderweitigen Verlautbarung des jeweiligen Familienchefs stets der erstgeborene Sohn in dieser Funktion nachfolgen sollte, sondern darüber hinaus auch öffentlich-rechtliche Belange, so daß das Oberhaupt der preußischen Digeons in der Person von Karl August Friedrich für die Rechtsgültigkeit dieses in Frankreich erfolgten Vorgangs seinen Monarchen um Erlaubnis bitten mußte. Dank eines in Privatbesitz befindlichen Briefes von König Friedrich Wilhelm III. v. Preußen an den Ritterschaftsrat Karl August Friedrich Digeon de Monteton vom 18. Februar 1836 aus Berlin sind wir darüber unterrichtet, daß Letztgenannter tatsächlich den Versuch unternahm, die ihm zugedachten Namensrechte genehmigen zu lassen und mithin geltend zu machen:

> "*Ich habe aus Ihrem Schreiben vom 15ten d. Mts.*
> *ersehen, daß Sie Ihren kinderlos verewigten Vetter*
> *in Frankreich zu beerben gedenken und dabei*
> *auch seinen Titel eines Grafen zu führen begehren.*
> *Ich will dem im Grundsatz nicht entgegen treten*
> *und geruhe Ihrem Anliegen eingedenk der*
> *dem Lande geleisteten Verdienstlichkeiten und*
> *unveränderter Thätigkeit Ihrer Familie wohlgefällig*
> *zu entsprechen, so Sie Mir zweifelsfrei den Beweis*
> *erbringen, daß Ihr Vetter den Grafen-Titel mit*
> *vollem Recht zu tragen befugt war.*
>
> *Berlin, den 18ten Februar 1836*   *Friedrich Wilhelm*"[231]

Demnach war der preußische König eindeutig bereit, die Übertragung des Grafentitels auf die preußischen Cousins zu gewähren, knüpfte seine Bewilligung allerdings an die Bedingung, daß die preußischen Digeons de Monteton die Validität der Titelführung des Philippe Comte Dijon de Monteton mit Dokumenten zu beweisen hätten. Dies ist insofern besonders interessant, als daß König Friedrich Wilhelm III. als souveräner Monarch seine Entscheidung von einem ausländischen adelsrechtlichen Status, in diesem Falle einem französischen, abhängig machte. Dabei hatte er als Maßgabe wahrscheinlich die Zeit des Ancien Régime vor Augen, denn nach 1789 war der französische Adel durch die verschiedenen Adelssysteme der einzelnen monarchischen Ausprägungen nicht mehr in ein Feudalsystem eingebunden und wurde auch nicht mehr als Stand restituiert, was dazu führte, daß sämtliche Titel, vergleichbar Orden, lediglich ein persönliches Dekorum verkörperten (vgl. ausführlich zu diesem Gesichtspunkt: Sémainville 1860: 159–162).

Dieser Beweis konnte in den letzten 175 Jahren nicht erbracht werden, denn so detailvoll und umfangreich wir heutigentags über die genauen Umstände, welche zu einer unbestreitbaren Rechtmäßigkeit der Grafentitelführung bezüglich des letzten Vertreters des Zweiges der Digeons de Monteton ins Bild gesetzt sind, vorzüglich im Hinblick auf den Erwerb der Grafschaft Lasserre und die dem zu Grunde liegende Intention (vgl. Kap. 2.3.3.7: 314), war im Jahr 1836 der Zugang zu den Informationen und damit auch den Beweismitteln fast unmöglich. Denn einesteils verfügten die preußischen Digeons mit dem Tod von Philippe Dijon de Monteton am 23. Dezember 1835 über keinen unmittelbar verwandten Ansprechpartner mehr. Anderenteils hätten dessen französischen Erben – vor dem Hintergrund eines etwaigen Erbprozesses – wenig Veranlassung gehabt, ihren deutschen Anverwandten Zugang zum Familienarchiv der Digeons de Monteton zu gewähren, zumal die ehemalige Grafschaft Lasserre zur Erbmasse gehörte und kein Testament des Erblassers bekannt war. Diese Vermutung

231 Privatbesitz.

erhält zusätzliche Plausibilität dadurch, daß sich, wie der Zeitzeuge Otto Digeon de Monteton berichtet, unmittelbar nach dem Tod des Grafen Philippe Dijon de Monteton ein Virieu, dessen Mutter die Schwester des letzten französischen Digeons de Monteton war, tatsächlich von Frankreich auf den Weg nach Berlin gemacht hat, um dort den Tod seines Onkels anzuzeigen und darüber hinaus zu klären, ob letztwillige Verfügungen seines Onkels einem vollumgänglichen Erbantritt im Wege stünden. Dabei habe er versicherte, daß jedweder Wunsch des Vorstorbenen mit größter Genauigkeit und Eifer Erfüllung finden sollte (Digeon v. Monteton 1892: 19). Aus dem Umstand der langen Reise des Grafen v. Virieu nach Berlin läßt sich schlußfolgern, daß wohl nicht alle offenen Fragen restlos geklärt waren.

Anderenteils befand sich der preußische Zweig der Familie in einer sehr schwierigen ökonomischen Situation, wie die seit Anfang des 19. Jahrhunderts auf dem Gut lastenden, hohen Hypotheken deutlich belegen.[232] Gründe hierfür waren nicht zuletzt die napoleonischen Einquartierungen sowie der Rückgang des primären Wirtschaftssektors. Eine Reise ins seinerzeit völlig Ungewisse zu den Archivalien im 1.800 Kilometer von Berlin entfernten Château de Poudenas hätte 1836 mit der Postkutsche mehrere Wochen gedauert und erhebliche Kosten verursacht. Ein solches Unterfangen erscheint vorwiegend vor dem Hintergrund, daß man mitnichten wissen konnte, ob man überhaupt Zutritt zum Archiv erhalten würde und an welchem Ort überhaupt die gewünschten Urkunden zu finden wären, wenig sinnstiftend.

Jenseits dieser unmittelbaren Obstruktionen war die weitere historische Entwicklung des französisch-deutschen Verhältnisses mitnichten dazu prädestiniert, das Entgegenkommen der französischen Verwandtschaft zu befördern, dieweil die preußischen Dijons de Monteton drei Mal (1870, 1914 und 1940) – zum Teil an vorderster Front – gegen ihre ursprüngliche Heimat Frankreich sowie ihre erweiterte Familie in Angriffskriegen mitgekämpft haben. Die daraus resultierende, nachvollziehbare Trübung des Verhältnisses zeigte sich besonders plastisch daran, daß Hans Friedrich Dijon de Monteton, der unter anderem in Frankreich während des Zweiten Weltkriegs stationierte Vater des derzeitigen Oberhaupts der Familie, Hubertus Dijon de Monteton, 1943 in Poudenas nicht empfangen wurde (vgl. Anhang B.12: 705), da er über keine Zivilkleidung verfügte und darob gezwungen war, die deutsche Uniform eines Rittmeisters zu tragen.

Es ist daher nur folgerichtig, daß die preußischen Dijons diese Kalamitäten und Schwächen nicht offenlegten und bereits in ihrem Beitrag in der "Illustrierten Deutschen Adelsrolle des neunzehnten Jahrhunderts" aus dem Jahr 1858, 27 Jahre nach Verfassen des Briefes, als Erklärung für ihren mangelnden Erfolg die Auswanderung anführten: Bezeichnenderweise verweisen sie in Ermangelung des materiellen Erbes und des Titels auf das Wappen der Grafen Dijon de Monteton, das sie führen würden. Dabei ist es in sich nicht logisch konsistent zu behaupten, sich der Sukzessionsrechte auf Grund der Emigration begeben zu haben, aber trotz dessen das Wappen der Grafen Dijon inklusive der Grafenkrone zu führen ("[...] ***führt aber*** [Herv. d. d. A.] *das Wappen derselben.*" (I.D.A. 1858: 58)).

Tatsächlich verhält es sich so, daß die preußischen Dijons de Monteton nie ein anderes-Wappen geführt haben als ihre französischen Vorfahren und Verwandten, sieht man von einigen sublimen Differenzen in der Ausgestaltung ab. Es ist insofern nicht zutreffend zu sagen, daß sich die preußische Linie der Digeon de Monteton "*mit der Auswanderung ihrer Nachfolgerechte benahm*" (I.D.A. 1858: 58), sondern das Verlassen ihrer französischen Stammlande hatte zur Folge, daß die praktische Durchsetzungsfähigkeit ihrer Rechte nicht mehr gegeben war. Demgemäß haben die Dijons de Monteton in Preußen Ursache und Wirkung nicht klar genug voneinander geschieden. Denn per se ist es zwar richtig, daß die Auswanderung dazu

232 BLHA, K II, AG Nauen, GB Priort, Bd. 2, Nr. 532, S. 468.

führte, daß sie ihre Rechte nicht mehr geltend machen konnten, weil sie eben tausende von Kilometern vom Ort des Geschehens entfernt waren und nach Verlassen Frankreichs auch keine Zugriffsmöglichkeit auf ihr Familienarchiv hatten, aber der Akt des Außerlandesgehens bedeutete keinen Verlust auf die Namensrechte.

Denn abgesehen davon, daß dies zwar für eine besitz- und herrschaftsrechtliche Dimension während des Ancien Régime zutreffend war, da, wie sich am Testament der Magdeleine Durège, der Mutter der beiden Emigranten der Linie Digeon de Monteton, erzeigt, Flüchtlinge, die wider den Willen des Königs Frankreich verlassen hatten, enterbt werden mußten(vgl. Anhang A.8.1: 658), blieben indes die innerhalb der Familie geltenden salischen Erbfolgeregeln davon gänzlich unberührt. Hinzu tritt, daß im Jahr 1831, in welchem die Einsetzung der preußischen Cousins in die Rechte des Familienchefs erfolgte, diese Restriktionen der alten Monarchie nach den Revolutionen von 1789 und 1830 vollständig obsolet wurden (Ungern-Sternberg 2008: 22–23).

Betrachtet man die Frage der Rangkronen der Dijons de Monteton resümierend, so vermag sie zwar in der hinsichtlich des Ursprungs nicht gänzlich beantwortet zu werden. Die eigentümliche, adelsrechtlich nachvollziehbare französische Tradition der nicht mit der Titelrang einhergehenden Wappenkronen – im Kontext der selektiven Titeltransmission auf nur bestimmte Nachkommen sowie der Abgrenzung der alten aristokratischen Familien vom neueren Amts- (*noblesse de robe*) und Briefadel (*noblesse de lettres*, vgl. Kap. 4.2.1: Nr. 6: 427) – bietet einen validen Erklärungsansatz dafür, daß die Digeons de Monteton zu einer Zeit, als sie noch keine Grafschaft ihr Eigen nannten, bereits eine diesem Rang entsprechende Krone über dem Wappenschild führten. Gegenwärtig stellt sich diese Frage auf Grund der Kongruenz von Titelführung und Wappenrangkrone aus adelsrechtlicher Sicht nicht mehr, da der preußische König die Titeltransmission vom Oberhaupt des französischen Zweiges der Digeons de Monteton auf seinen preußischen Vettern nachweislich billigte und seine Bedingung nunmehr auf Grund der heutigen Zugangsmöglichkeiten zu den Archivalien unschwer erfüllbar ist.

"Und wenn sie gar von Abstammungen schwärmen, wie hochadlig einer sei, der sieben reiche Ahnen aufzählen könne, so glaubt er ein blödes und kurzsichtiges Lob zu hören, das von Leuten stammt, die nur auf ganz unwesentliche Dinge schauen und die aus Mangel an Bildung nicht imstande sind, allezeit auf das Ganze zu blicken und zu berechnen, daß ja ein jeder zahllose Scharen von Ahnen und Vorfahren hat, unter denen es Reiche und Bettler, Könige und Sklaven, Barbaren und Hellenen gibt, ein jeder abertausende. Und wenn es Leute gibt, die schon auf einen Stammbaum von fünfundzwanzig Vorfahren stolz sind und ihn auf Herakles, den Sohn des Amphitryon zurückführen, so erscheint ihm das als ein unangebrachtes Wichtigtunmit Kleinigkeiten. Denn daß der Fünfundzwanzigste vor Amphitryon, und also der Fünfzigste vor ihm selbst, ein ganz zufälliger Mensch war - das bringt ihn zum Lachen, weil sie sich das nicht selbst ausrechnen und damit die Aufgeblasenheit aus ihrer unvernünftigen Seele vertreiben können."

(Platon THEAITETOS 1974: 174e–175c)

4. Titel und Adelsbeweise: Das französische Adelsrecht

4.1 Die Ursprünge und Grundlagen des historischen französischen Adelsrechts

Bevor man den Versuch unternimmt, die Fundamente des historischen französischen Adelsrechts zu ergründen, sollte zunächst die methodische Vorgehensweise aufgezeigt werden. Es bietet sich in diesem Zusammenhang an, auf die "Juristische Methodenlehre" Friedrich Carl von Savignys, wie sie dank der akribischen Vorlesungsmitschrift der Gebrüder Grimm auf uns gekommen ist (Savigny 1951), zu rekurrieren. Zentrales Element dieser Lehre ist das sogenannte "genetische Prinzip", welchem die Vorstellung zu Grunde liegt, daß jedwede Kultur aus einer naturhaften, organischen Genese resultiert, ergo auch das Recht als etwas Gewordenes und mitnichten als Kreation angesehen wird. Demgemäß ist das ganze positive Recht ist – cum grano salis – das Ergebnis einer vormaligen Gesetzgebung (vgl. weitergührend Schmidt-Wiegand 1987). Nun besteht im vorliegenden Fall die Schwierigkeit, daß das Adelsrecht, wie im Nachfolgenden noch aufzuzeigen wird, nur rudimentär in Form von Gewohnheitsrecht schriftlich fixiert wurde und sich nicht durch ein Kontinuum einzelner Gesetze analysieren läßt. Dennoch erscheint es fruchtbringend, die Interpretation des Adelsrechts nach einer tripartiten Weise zu strukturieren:

1. Logisch, wobei die materiale Ebene des Gesetzes in seinem Genesekontext einer Analyse unterzogen wird: Folglich handelt es sich hierbei um die entwicklungsgeschichtliche Darlegung des Gesetzesgedankens.
2. Philologisch, da ohne das Medium der Sprache eine Rechtstradition unmöglich verstanden werden kann.
3. Historisch, indem der Versuch unternommen wird, die Prämissen eines Gesetzes, wie sie sich im historischen Kontext widerspiegeln, situationsdependent explizieren zu können.

Demgemäß nähert man sich auf Grundlage dieser philologisch-historischen Methode der tradierten Rechtswirklichkeit an (Schmidt-Wiegand 2006: 144–145). Es sei jedoch bereits an dieser Stelle darauf verwiesen, daß im ganz spezifischen Fall des Adelsrechts der Monarch stets – auch zu Zeiten, in denen sein Recht der Nobilitierung von mächtigen Kronvasallen usurpiert wurde – nach dem auf den römischen Juristen Ulpian zurückgehenden Satz *princeps legibus solutus est* (D. 1962: lib. 1, 3.31) zu agieren vermochte und selbst zu Zeiten seiner größten Schwächung nie Bractons Lehrmeinung, daß das Gesetz über dem König stehe (*lex facit regem*) zur Anwendung kam (Schulz 1945: 144). Denn der Wille des Königs war im Bereich des Adels alleiniges Gesetz; nirgendwo sonst konnte der König so uneingeschränkt verfahren wie gegenüber "seinem Adel".

Das Phänomen einer führenden Schicht findet sich seit Anbeginn der menschlichen Geschichte. Schon in den frühen Hochkulturen der kosmologischen und mythopoetischen Monarchien, wie beispielsweise bei den Ägyptern, Babyloniern und Assyrern, hatte sich durch eine arbeitsteilige Ausdifferenzierung in Priester, Krieger und Versorger bereits eine Führungsschicht herausgebildet, welche in verschiedenen Ausprägungen zu Tage trat und mit dem modernen Verständnis vom Adel als einem herrschenden Stand, welcher seine Vorrangstellung entweder auf Geburt, Besitz und Leistung sowie einen gemeinsames Ethos gründet, durchaus vergleichbar ist (Dumézil 1947: 207).

Darüber hinaus lassen sich Parallelen hinsichtlich der dem Adel immanenten Heterogenität als soziale Grupppe gleichfalls im antiken Kontext nachweisen; so mußte sich sowohl die griechische als auch römische Nobilität – zumindest bis zu ihrem Niedergang – stets in einem kompetitiven Umfeld im Ringen um Tugend (*virtus*), was in einem wesentlich umfangreicheren Sinne als heutigentags zu verstehen war und auch Talent und Geschick beinhaltete, behaupten (Stahl 1987: 91). Dies barg die Folge in sich, daß die innere Kohärenz dieser Schicht genau so wenig vorhanden war, wie in späteren Jahrhunderten beim europäischen Adel in toto.

Was den nun hier vorliegenden Fall des französischen Adels betrifft, so sind seine Ursprünge von jeher — nicht erst seit der Gobineauschen These, wonach der plebejische Part der französischen Gesellschaft den Galliern und die französische Aristokratie den germanischen Franken entstamme (Gobineau 1855: 229) – kontrovers diskutiert worden, wobei es den Rahmen dieser Arbeit sprengen würde, wollte man auch nur die wichtigsten Thesen des derzeitgen Forschungsstandes nachzeichnen (immer noch grundlegend: Jouanna 1988).

Bedingt durch die Tatsache, daß es weder eine "Stunde Null" im Sinne eines fest zu umreißenden Initialdatums gab, wäre es ebenso verfehlt, von einer "Pfadabhängigkeit" eines römischen Adels zu sprechen, welcher nach der fränkischen Eroberung seine Fortsetzung gefunden hätte. Denn einesteils wies der römische Adel in seiner ganzen Standeslogik erhebliche Differenzen auf, welche sich durch Eigenschaften wie *dignitas* und *auctoritas* charakterisieren lassen, die der herkömmlichen Vorstellung eines Glaubens an "übernatürliche Kräfte" des Blutes sowie einer den Naturgesetzen geschuldeten Erhöhung gegenüber den anderen und damit den modernen Assoziationen von Adel vollständig zuwiderliefen. Denn Adel im ursprünglich römischen Sinne bestand kaum aus einem an beliebig viele Generationen vererbbaren, abstrakten Besitzstand, sondern manifestierte sich hauptsächlich als Reaktion der Öffentlichkeit, wie diese die Person, welche die Adligkeit für sich in Anspruch nahm, wahrnahmen. Bemessungsgrundlage war dabei hauptsächlich die Eigenleistung, welche wiederum an den Taten der Vorfahren gemessen wurde (Bleicken 2008: 43–44). Möglicherweise wäre es daher zielführender und präziser, von einer römischen "Meritokratie" zu sprechen.

In diesem Kontext ist darauf hinzuweisen, daß nicht davon ausgegangen werden darf, daß die römischen Traditionen auf salfränkischem Gebiet adaptiert wurden, nachdem Chlodwig I., vermittelst seiner Eroberungen und dem Sieg über den letzten eigenständigen gallo-römischen Herrscher Syagrius im Jahr 486, faktisch und administrativ die Macht übernommen und den Regierungsmittelpunkt seines Reichs in das einstmalige römische Kerngebiet Galliens verlegt hatte (Henning 1999: 302–303).

Denn bei den nachfolgenden Teilungen unter den Söhnen Chlodwigs, an welchem ein jeder einen Anteil an dem römischen Syagriusreich und dem ehemaligen Westgotenreich als Erbe zugesprochen bekam, nahm man wie auch bei den Folgeteilungen durch Erbschaften keinerlei Rücksicht mehr auf diese Strukturen. Demgemäß erscheint es weit plausibler, mit Wolfgang Haubricht und anderen einen multifaktoriellen und im Ergebnis integralen Akkulturationsvorgang zu unterstellen (Haubrichs 1994 und Kleiber 1998). Dabei lassen sich drei Hauptelemente ausmachen: Erstens ein politisches, welches sich einesteils in der Reichseinigung unter einem König und anderenteils in der Identifikation mit dem Reich ausdrückte, sodann ein kirchliches, das durch die Annahme des katholischen Christentums erfolgte und schließlich ein sprachliches, welches sich in weitläufigen, bilingualen Landesteilen unter einem Primat der romanischen Sprache, zeitgleich jedoch mit einer "Germanisierung" der Personennamen manifestierte (vgl. Kap. 3.3: 373). Darüber hinaus ist diese Akkulturation mitnichten das Ergebnis eines Vorgangs "über Nacht" oder gar eines intendierten Verfügungsakts des Souveräns, sondern ist auf weit länger zurückliegende Vorgänge zurückzuführen, denn große fränkische Bevölkerungsteile standen seit langem in römischen Diensten und zeigten sich einer Romanisierung gegenüber äußerst aufgeschlossen. Diese Haltung fand ihren Ausdruck gleichergestalt in der fränkischen Historiographie, wo teilweise zwar, wenn auch recht rar, zwischen *Franci* und *Romani* differenziert, indes nirgends ein Franken-Romanen-Gegensatz, geschweige denn ein Germanen-Romanen-Antagonismus emphasiert wurde (Goetz 2004: 561). So wurden Herrschaften von germanischen Minoritäten über die romanische Majoritätsbevölkerung von dieser durchaus akzeptiert. Demzufolge fand noch zu Anfangs des 5. Jahrhunderts die vom Historiker und Theologen Orosius propagierte *Romanibarbari-Ideologie* in dieser spätantiken Realität keinen Niederschlag. Selbst wenn sich hieraus die Prozesse der "Ethnogenese" frühmittelalterlicher Stämme aus Volksgemischen explizieren und damit aus moderner Sicht auch entproblematisieren, verhält es sich hinwieder mit der kontrovers diskutierten Frage nach der Inklusion der *Leges Francorum* in diese Akkulturationsvorgänge anders. Deren Beantwortung, vermag aus geschichtswissenschaftlicher Perspektive schlechthin nicht geleistet zu werden, auch wenn ein allgemeiner Konsens darüber herrscht, daß die *Leges* nicht allein als Bewahrer eines alten, tradierten germanischen Rechts fungierten und auf Grund königlichen Geheißes gemäß dem römischen Beispiel schriftlich fixiert wurden. Evident ist, daß dabei älteres Gewohnheitsrecht eingeflossen sein muß, dessen Alter sich aber einer Datierung vollständig entzieht. Es ist dieserhalb mit Fug davon auszugehen, daß im Zuge eines Transformationsprozesses, welcher – wie dargelegt–alle Bereiche der Gesellschaft ergriffen hatte, auch die rechtliche Sphäre davon nicht ausgenommen war. Mithin sollte weniger von einem antagonistischen Verhältnis zwischen germanischem und römischen Recht aus materialer Sicht ausgegangen werden, welches auch inskünftige Analysen stets in der Aporie der Quellenlage hinsichtlich des germanischen Gewohnheitsrechts stagnieren ließe, als vielmehr von der übergeordneten Absicht, das existierende Recht allgemein verbindlich auf Reichsebene zu kodifizieren und damit in ein Reichsrecht zu überführen. Legt man diese Intention zu Grunde, ist es auch erklärbar, wessentwegen sich die "Lex Salica" expressis verbis mit den *Romani* befaßte und auch die einzelnen Unterschiede in den Rechtsgewohnheiten berücksichtigte. Dem trägt fernerhin Rechnung, daß der Begriff *Franci* nicht mehr als ethnische Abstammungsmerkmal Verwendung fand, sondern auf die Zugehörigkeit in einem supragentilen "Frankenreichs" abzielte. Darob ist das "Recht der Franken" als "Reichsrecht" anzusehen, dem eine exzellierende Bedeutung zur Begründung von Staatlichkeit zukam (Goetz 2006: 541–542). Ein Gedanke, wie ihn Orosius in einem Zitat des Westgotenkönigs Athaulf (Lotter 2003: 95) tradierte, daß nämlich die Barbaren nicht in der Lage seien, sich dem Gesetz als der Grundlage einer jedweden staatlichen Ordnung zu subordinieren (… *at ubi multa experientia probauisset neque Gothos ullo modo parere legibus posse propter effrenatam barbariem neque reipublicae interdici leges oportere, sine quibus respublica non est respublica* … (Orosius 1882: lib. 7, 42,6)). Wie wirkmächtig diese Einsicht nicht allein für die politische Philosophie werden sollte, offenbart sich nicht zuletzt bei Immanuel Kant, welcher im zweiten Teil seiner Rechtslehre in der Metaphysik der Sitten die Erkenntnis, daß positives Recht erst die Staatlichkeit konstitutiert, zum Ausgangspunkt seiner weiteren Überlegungen machte: "*Ein Staat (civitas) ist die Vereinigung einer Menge von Menschen unter Rechtsgesetzen*" (Kant AA 1969: 313).

Zu der oben dargestellten rechtlichen Transformation im Rahmen der Kodifizierung der "Lex Salica" traten die spätantiken Umbrüche der Eroberungen und Verwaltungsreformen sowie die Folgen der Völkerwanderung, so daß sich im Frankenreich früh eine funktionsbedingte Teilung von Befugnissen herauskristallisierte, welche trotz des zunächst gewohnten Miteinanders von römischen und fränkischen Administrationsinstitutionen dann doch in eine Neuschaffung von Ämtern mündete (Mundschenk, Marschall, Kämmerer, Truchseß, *comes palatii* als Hofrichter, der mächtige *maior domus* und weitere Amtsträger der Hofkanzlei), die über beträchtlichen Einfluß verfügten und stets von herausragenden Persönlichkeiten bekleidet wurden, die bereits über ein gewisses Ansehen und einen Namen verfügten (Martin 2001: 196). Auch wenn die Sozialstrukturen des fränkischen Merowingerreichs ein vieldiskutiertes Thema darstellen, herrscht in der Forschergemeinschaft doch Einhelligkeit dahingehend, daß kein Adel als geschlossene Gruppe mit ererbten Vorrechten bekannt war (einen sehr guten Überlick bietet: Irsigler 1969: 39–81). Begriffe wie *optimates, potentes, maiores, inferiores* und *nobiles* belegen zwar zweifelsfrei die Existenz einer führenden Schicht, jedoch ist deren rechtliche Verortung sowie deren Genese und Entwicklung zum mittelalterlichen Feudalalter nach wie vor opak, denn der *Pactus Legis Salicae* (vgl. Kap. 4.1.2: 410), als der älteste Rechtskodex des Merowingerreichs, datiert auf den Anfang des 6. Jahrhunderts und kennt, abgesehen von Funktionsträgern, über den freien Franken (*ingenuus Francus*) keine soziale Gruppe, welche sich durch spezifische Privilegien charakterisierte (Magnou-Nortier 1997: 501–502). Der *Pactus* nennt expressis verbis nur zwei Statusgruppen: "Freie" und "Unfreie", seien sie Franken oder Romanen. Sämtliche übrigen Unterschiede, zum Beispiel hinsichtlich des Wehrgelds, wurden durch situative Spezifikationen oder Funktionen (Kriegszug, Dienste für den Herrscher) begründet und schlechterdings nicht hereditär, sondern allein "ad personam" zuerkannt (Siegmund 2000: 314–315). Folglich vermag durchaus festgehalten werden, daß es im Frankenreich einen Adel als Schicht mit Einfluß und Privilegien de facto durchaus gab, jedoch mitnichten auf erblicher Basis. Cum grano salis könnte man Parallelen im heutigen Elitensystem der Vereinigten Staaten von Amerika erkennen (Siwert und Zettl 2007: 351–357). Eingedenk dieser Faktizität erscheint es dieserhalb wenig fruchtbringend, wenn Heike Grahn-Hoeck in ihrem fast schon rabulistischen Ansatz feststellt, daß aus der Perspektive des positiven Rechts das Vorhandensein eines Adels im Sinne einer rechtlich priviligierten Entität zu verneinen sei (Grahn-Hoek 1976: 118).

In der weiteren Entwicklung des Frankenreichs sollte der Usus der Unvererberkeit des Adels indes Erosionsprozessen unterzogen sein, so daß sich allmählich der im klassischen Sinn verstandene Feudaladel herausbildete. Damit ging die Formierung einer dreigliedrigen Standesgesellschaft (aus Klerus, Adel und Bürger-/Bauerntum) mit dem König an der Spitze einher, welche zusätzlich noch – jenseits der Stände – als vierte und das Gros der Bevölkerung ausmachende Gruppe die Leibeigenen aufwies. Erst mit der funktionalen Herrschaftsausübung der Vasallen und Aftervasallen war der Grundstein gelegt, aus dem sich die Erblichkeit der Ämter und damit der Titel herausbildete. Eine Hierarchisierung der französischen Titel Seigneur, Chevalier, Baron, Vicomte, Comte, Marquis, Prince und Duc konnte bis zum Ende des Ancien Régime nicht vorgenommen werden. Dies hatte seine Ursächlichkeit einesteils darin, daß mit Ausnahme der Herzogswürde sämtliche Titel usurpiert wurden, man als anerkannter Aristokrat altadligen Ursprungs, sollte man die "Honneurs de la Cour" einmal erlangt haben, nachgerade gefragt wurde, mit welchem Adelsrang man beim König vorgestellt zu werden wünschte (Kap. 4.1.3: 422). Anderenteils ging mit den einzelnen Titeln kein Zugewinn an Rechten einher, daher waren Anmaßungen allein der persönlichen Eitelkeit geschuldet und wurden, wenn man auch anfänglich laxe Bemühungen unternahm, dies zu unterbinden, stillschweigend geduldet, vor allem, wenn es sich um alte und angesehene Geschlechter handelte (vgl. Kap. 4.3: 444). Einzig der Herzogstitel war mit besonderen Rechten undWürden verbunden und wurde, im Gegensatz zur Herzogskrone über dem Wappen, nie unrechtmäßig beansprucht (Sémainville 1860: 145–147). Im Grundsatz gingen mit der Feudalisierung nämlich bestimmte Privilegien wie die partielle Steuerfreiheit, sonderheitlich die der Kopfsteuer (*taille*), die Freistellung von der Fronarbeit, Sonderregelungen bei Straf- und Zivilrechtsangelegenheiten sowie eine Vielzahl weiterer herrschaftlicher Sonderrechte (*droits seigneuriaux*) einher, die neben der etwaigen Ausübung der niedrigen, mittleren und hohen Gerichtsbarkeit zum Kernbestand der adligen Prärogativen gehörten (Noirfontaine 2000: 426–429).

Seit jeher war es alleiniges Regal der Krone zu nobilitieren (Viollet 1966: 221). Die ersten nachweisbaren Standeserhebungen qua Adelsbrief (*lettres de noblesse*) sind Ende des 13. und in der ersten Hälfte des 14. Jahrhunderts belegt. Die erste bekannte Adelung geht auf Philippe den Schönen zurück und erfolgte zwischen 1270 und 1285 für seinen Silberschmied Raoul, dann seinen Barbier Pierre Labrosse (Brissaud 2001: 299 (Anm. 3)). Doch im Zuge der zunehmenden Schwächung der französischen Monarchie, welche nach dem Willen der mächtigen Territorialfürsten als Quelle der eigenen Legitimation aufrechterhalten werden sollte, begannen auch diese, sich des besagten Vorrechts zu bedienen (vgl. Kap. 2.3.3.7: 327). Sukzessive eroberte das Königtum seine Macht zurück und vermochte es auch diese zu sichern, indem es die einzelnen, fast selbständig verstaatlichten Territorialherrschaften der Krondomäne, bis 1678 mit der Freigrafschaft Burgund, vollständig einverleibte (Planhol 1994: 113).

Aus dem 13. Jahrhundert stammt ein Entscheid des Pariser Parlaments, welches den großen Feudalherrn, so dem Graf von Flandern, Champagne und Artois, trotz offensichtlich gegenteiligen Brauchs verbot, einen Freibauern zu nobilitieren. Seither forderten die Rechtsberater für den König ständig das exklusive Recht zur Adelung ein. Trotzdem erhoben die Herzöge Burgunds noch im 14. Jahrhundert Bürgerliche in den Adelsstand, und so sind Adelsbriefe erhalten geblieben, welche die Herzöge der Bretagne noch im 15. Jahrhundert ausstellten. Damit war nicht allein der Grundstein für die verschiedenen Arten der Nobilitierung gelegt. Hieraus resultierte auch eine Hierarchisierung innerhalb des Standes, welche vorrangig durch das Alter aber auch die Art der Adelserwerbs determiniert wurde (vgl. Tab. 4.1: 406). Grundsätzlich läßt sich der französische Adel nämlich in drei Kategorien taxieren, welche durch alle Zeiten und in sämtlichen Ausprägungen der monarchischen Staatsform sowohl vor als auch nach der Revolution Geltung besaßen.

1. der Blut- oder Geburtssadel,
2. der Adel durch Nobilitierung sowie
3. der Adel durch Eheschließung.

Dem Blutsadel zugehörig können diejenigen Familien betrachtet werden, deren Ahnen einst auf Grund verdienstvoller Taten, der Bekleidung hoher Ämter, ihrer besonderen Stellung oder ihres Vermögens in den Zweiten Stand erhoben wurden.

Daneben findet sich bis heute eine darüber hinausgehende Unterteilung (Valette 1989: 22), welche einzig dem Alter des Adels Rechung trägt, die allerdings in ihrer Sinnhaftigkeit dahingehend Defizite aufweist, da eine solche einesteils auf einer willkürlichen Einteilung beruht, welche sich nicht an historischen Epochen orientiert, sondern an einer numerischen Klassifizierung (z.B. das Jahr 1400 als Scheidepunkt zwischen einer *noblesse d'ancienne extraction* und einer *noblesse d'extraction chevaleresque*; vgl. Tab. 4.1: 406). Anderenteils supponiert eine solch vermeintlich "klare" Taxierung einer Adelsfamilie, daß eine gleichergestalt offenkundige und vollständige Dokumentenlage vorliegt. Nun sind die Beispiele aber durchaus Legion, die, in Anbetracht eines Hundertjährigen Krieges, religöser Erhebungen, mehrerer Revolutionen und zweier Weltkriege, eine solche Bewertungsgrundlage mitnichten absolut zulassen: So wurde bereits aufgezeigt, daß beispielsweise bei den Tréveys, deren urkundliche Belege erst Ende des 15. Jahrhunderts ihren Ausgang nehmen, ein wesentlich älterer Ursprung angesetzt werden muß, nichtzuletzt auf Grund der seinerzeitigen Nachforschungen (vgl. Kap. 2.3.1.2: 96).

Jedoch vermag die dargestellte Kategorisierung keine allgemeine, geschweige denn verbindliche Gültigkeit für sich zu reklamieren, da Überschneidungen nicht nur inhärent logisch waren, folglich eine *Noblesse d'extraction féodale* gleichermaßen auch eine *Noblesse d'extraction*

Table 4.1: Die Einteilung des französischen Adels nach Ursprungsepochen (noblesse d'extraction) *[eigene Darstellung]*

Bezeichnung	**Klassifikationsbedingungen**	**Beispielfamilien**
Noblesse d'extraction immémorial	Adel, welcher sich im Dunkel der Zeit ergeht	Capet, Foix, La Rochefoucauld
Noblesse d'extraction féodale	Adel belegt durch Lehen im 13. Jahrhundert	Caumont, Madaillan, Durfort de Duras
Noblesse d'extraction chevaleresque oder auch *noblesse d'epée*	1.) dem Ritterstand zugehörig 2.) Adel vor dem Jahr 1400 in Besitz	Virieu, Bouzet, Ségur, d'Abzac
Noblesse d'extraction ancienne	Adel vor dem Jahr 1500 in Besitz	Verdelon, Basire
Noblesse d'extraction simple	Adel vor dem Jahr 1600 oder später in Besitz	d'Hauteville, Salve

chevaleresque sein konnte, sonderheitlich wenn man berücksichtigt, daß nicht alle nachgeborene Söhne stets belehnt wurden. Umgekehrt konnte es sich bei der *Noblesse d'extraction chevaleresque* durchaus auch um einen Lehnsadel in Form von Afterlehen handeln. Fernerhin ist der Begriff *Noblesse d'extraction féodale* in der Enge seiner hier gebrauchten Bedeutung recht vage, da das Feudalsystem Frankreichs sich nicht nur auf das Mittelalter erstreckte, sondern bis zum Jahr 1789 – zumindest formal – Bestand hatte, folglich bis zum Ende des Ancien Régime eine Lehnshuldigung und ein Lehnszensus der königlichen Administration in Form des Provinzintendanten nachgewiesen werden mußte (vgl. Anhang: A.11: 678)

Neben der *noblesse d'extraction* gliederten sich die nobilitierten Familien nachfolgend in den Adel:

- des Ancien Régime (bis 1789)
- des Premier Empire (1808–1814)
- der Restauration (1814–1830)
- der Juli-Monarchie (1830–1848)
- des Zweiten Kaiserreichs (1852–1870)
- des Papstes (bis 1964)
- der Republik (seit 1870, sehr selten, so z.B. der Fall von Antoine de Lévis-Mirepoix, 5. Herzog von San Fernando Luis, welchem durch Präsidialdekret vom 24. August 1961 erlaubt wurde, den Titel "duc" in Frankreich zu führen (Le Pas de Secheval 1994: 207))

4.1.1 Der Adelsname und das "Particule"

Bei den Partikeln, welche im Zusammenhang des französischen Adelsrechts von Interesse sind, handelt es sich um die Präpositionen "de", "du", "de la" und "des". Wenn wir zu den Ursprüngen der französischen Sprache zurückkehren, zur *langue d'oc* und *langue d'oïl* (OC-Sprache und OÏL-Sprache), wird ersichtlich, daß die genannten Partikel auf diese zurückzuführen sind (Coseriu 2003: 103). Indes darf dieser Befund nicht über die Tatsache hinwegtäuschen, daß durchaus auch lateinische Elemente eingeflossen sind, sonderheitlich ein Rest der Deklination, die lediglich über zwei Casus verfügte, nämlich den Nominativ und den Akkusativ, wobei der Erstgenannte das Subjekt kennzeichnete und der Letztgenannte das Objekt. Die Präposition "de" konnte mithin nicht exprimiert werden, denn der Genetiv als Kasus des Besitzes existierte weder als Fall der Deklination noch mit der Präposition "de". Demnach war diese Präposition, welche späterhin als das Erkennungszeichen par exellence fungieren sollte, in der Frühzeit der Adels schlechterdings noch nicht in Gebrauch (Breuil 1903: 11).

Aber ein Bedarf, welcher dem Sinn für Klarheit und Genauigkeit entsprang, machte sich schließlich doch bemerkbar. Denn in zunehmendem Maße wurden die Präpositionen in die französische Alltagssprache integriert und bildeten bald eine eigeneWortklasse, welche schließlich bis zu 18 Verhältnisfälle ausdrücken sollte. Darob war ihre Zuordnung weit davon entfernt einheitlich zu sein. So sagte man unterschiedslos: Jean de Toulouse, Graf von Toulouse, Arbeiter von Toulouse, Erzbischof von Toulouse, Henker von Toulouse. Die meiste Zeit steht das "de" einfach für die Markierung des Genitivs, des Besitzes. Aber selbst wenn man konzidiert, daß selbiges außerdem die Herkunft bezeichnet, wofür im Lateinischen stets der Ablativ steht, ist es interessant zu sehen, daß dem "de" die Kennzeichnung als "Adelspartikel" zugeeignet wird, wofern es die erste Silbe eines Namens bildet.

Mit Fug läßt sich in diesem Kontext die Frage aufwerfen, wessentwegen das Kennzeichen des Genitivs "de", "du" oder "des" mehr Adligkeit für sich zu reklamieren im Stande sein sollte, als das des Dativs "à". Die Erklärung, daß es sich im einem Fall um einen Partikel handelt und im anderen um eine einfache Präposition, scheint wenig zu persuadieren. Schließlich sah nicht allein die Nobilität eine Notwendigkeit darin, sich voneinander zu scheiden, sondern auch Bürgerliche, Leibeigene und Bauern griffen auf zusätzliche Namen zurück, denn mitunter leiteten sie diese vom Ort, aus dem sie stammten oder vom Land, an welches sie gebunden waren, ab. Mithin lassen sich hier Parallelen zum Zweiten Stand erkennen, daß nämlich die Erde den zusätzlichen Namen zum Taufnamen gab. Selbige waren also durch die Partikel "de" als Ortsbezeichnung miteinander konnektiert. Aber während die Herren an ihre Vorherrschaft, die sie über ihre Ländereien besaßen, erinnerten, drückten die Bauern nur den Ort ihrer Herkunft oder ihres Wohnortes aus. Der Partikel "de" am Anfang des Eigennamens hatte also einen hoch divergenten Wert sowie eine unterschiedliche Bedeutung, jeweils davon dependent, ob diese Namen, sofern sie ins Lateinische übertragen wurden, die Form des Genitivs , also "Herr dieses einen Ortes", oder die Form des Ablativs "geboren in diesem Ort" annahmen (Breuil 1903: 76). In letztgenanntem Fall konnte es sogar häufig geschehen, daß ein Leibeigener ein "de" vor seinem Namen trug, welches auf seine Knechtschaft, das heißt seine Bindung an die Scholle hinwies, was folglich recht weit von jeglicher Verbindung zum Adel, mithin dem Vorhandensein von Freiheit, entfernt lag. Das zeigt sich nicht zuletzt an der Bedeutungsvielfalt, wie sie seinerzeitig an der Tagesordnung war: Pierre du Bois, Paul de la Chênaie und Jean du Val vermochten folgendes bedeuten: Pierre, Eigentümer des Waldes, Paul geboren im Eichenhain und Jean, gebunden an das Tal (Cousin 1905: 39–40).

Betrachtet man nun die Ursprünge der Weitergabe adliger Namen, so übernahm der älteste Sohn der adligen Kinder das Lehen mit seinem Namen, die Nachgeborenen gebrauchten den Namen des Gebiets, welches ihnen zugesprochen wurde oder das ihnen die eigene Frau als Mitgift in die Ehe einbrachte. Hereditär wurden Namen erst Mitte 13. Jahrhunderts, wobei die Namen der adligen Herren ohne Unterschiede auf alle Kinder des Eigentümers der Ländereien tradiert wurden (Lallier 1890: 26). Der daran gebundene Adelstitel war mit dem Lehen für das älteste männliche Kind reserviert (vgl. Kap. 4.1.2: 410). Es gab also adlige Namen, die wie bürgerliche von der "Länderei" übernommen wurden und denen der Partikel vorausging. Des weiteren trugen einige Edelleute weder einen Namen in Anlehnung an ihre Herrschaft, noch den Partikel; sie benannten sich nach einer Gewohnheit, einer moralischen oder physischen Besonderheit oder Ähnlichem: es handelte sich daher um eine Art des römischen "cognomen" (zum Beispiel "Le Veneur", "Le Loup") (Gerhards 2003: 87). Außerdem wurden Fälle apostrophiert, bei denen Familien von archaischer Abstammung ihre Namen aus präfeudaler Zeit bewahrt hatten, um das Alter ihres Adels herauszustellen. So erscheinen darüber hinaus manche Namen prima vista teilweise bürgerlich, sind aber im Gegenteil ein Hinweis auf Lehnshoheit, wie beispielsweise das Wort Danse, welches man in Namen wie

"Danse de Froissy", und "Danse de Villoison", wiederfindet. Bei "Danse" handelt es sich um eine Kontraktion von lateinisch "dominus", was im vorliegenden Fall so viel wie "Herr von Froissy" oder "Herr von Villoison" bedeutet (Coston 1867: 44). In der weiteren Entwicklung der Adelsnamen läßt sich erkennen, daß viele Edelmänner dazu übergingen, den Namen ihrer Ländereien vom eigentlichen Familiennamen abzusondern, so daß dieser mitunter sogar zur Gänze in Vergessenheit geriet (Loyseau 1613: 58), was eine Identifikation ex post teilweise erheblich erschwerte. Demnach wäre die Identifikation des Seigneur de Boisverdun im "Livre de Raison" des Renaud II. de Lidon kaum zu leisten gewesen, da dieser nie mit seinem Familiennamen genannt wurde, hätte man nicht gewußt, daß die Digeons seit Jahrhunderten mit der Seigneurie de Boisverdun belehnt waren (vgl. Kap. 2.3.2.1: 123). Auf diese Weise vermag expliziert zu werden, daß sich nach und nach der Partikel "de" bei den Mitgliedern des Zweiten Stand als vermeintlich unverkennbares Erkennungszeichen ihrer Nobilität mehr und mehr durchzusetzen begann. Ein nachgerader paradoxer Verlauf bei einer Noblesse, welcher es in hohem Maße daran gelegen war, sich ihrer alten Wurzeln zu rühmen und die auf diese Weise den originären Ahnnamen häufig totschwieg.

Aber wenn die Adligen den Adel ihrer Vorfahren wider den Klang der Lehnshoheit austauschten, waren die ländlichen Namen für die Bürgerlichen, welche nicht selten den Namen der Ländereien annahmen, die sie gekauft hatten, nicht unwesentlich. Denn diejenigen, welche kein Lehen besaßen, sowohl Adlige als auch Bürgerliche, taten gut daran, den Namen irgendeines bestimmten Stückes Land zu übernehmen, sei es auch nur ein Feld, das sie ihr Eigen nannten, ganz der Hoffnung verschrieben, solchergestalt entweder den Adelsstand zu suggerieren oder zu unterstreichen. Diese Art der Adelserschleichung in Form der eigenmächtig vollzogenen Namensänderung war ein nicht unerheblicher Quell für Irrungen und Verwirrungen, so daß sich Heinrich III. im Artikel 9 seines Edikts von Amboise am 26. März 1555 veranlaßt sah, allein ihm als obersten Lehnsherrn und König das Recht zu belassen, Modifikationen des Namens zu genehmigen. Dieser Erlaß galt für jeden Untertan seines Königreichs, unbenommen der Tatsache, ob dieser bürgerlichen oder adligen Standes waren. Er schloß in diese Interdiktion nicht nur jede Veränderung oder Hinzufügung eines Partikels mit ein, sondern auch das Wappen. Dabei wurden Zuwiderhandlungen mit einem Pönalgeld von 1.000 Livres geahndet und der Deliquent wurde darüber hinaus wie ein Fälscher bestraft; auch wurden diesem sämtliche Adelsvorzüge entzogen (Chassant 1857: 178). Von dieser Regierungsentscheidung unberüht blieb das Hinzufügen von tatsächlich erworbenen Lehen an den Familiennamen.

So ambitioniert und wohlüberlegt dieses Edikt auch war, um die neuen namentlichen Unklarheiten zu beseitigen, so wurde es doch dadurch nivelliert, daß es weder registriert wurde, noch je zur Anwendung kam. Erst die Beschwerdehefte der Generalstände von 1579 und von 1614 bezeugten Fortschritte wider diesen Namensmißbrauch.

Gleichfalls wider die Namensverwirrungen war der Artikel 201 des Codes Michaud (Code Michaud 1829) von 1629 gerichtet, der es jedwedem Edelmann untersagte, nur mit dem Namen seines Lehens oder seiner Lehnshoheit zu unterschreiben, ohne diesem den Familiennamen voranzustellen (Caplan 2001: 56). In der Tat konnte es vorkommen, daß, sollte ein Adliger nur mit dem Namen seines Lehens signieren, dieser Name mit dem eines anderen Geschlechts kongruent war, weil die betreffende Herrschaft möglicherweise einmal im Besitz besagter Familie gewesen war und somit auch der Familienname anderer Familien sein konnte (z.B. bei den Bouzet de Poudenas und den Podenas). Dieserhalb lassen sich zwei Rechtsgrundsätze konstatieren: Erstens, daß niemand seinen Namen ohne die ausdrückliche Erlaubnis des Herrschers ändern durfte und zweitens, daß man einen anderen gleichergestalt nicht ohne dessen Einwilligung anzunehmen berechtigt war, um der Verletzung von Namensrechtern Dritter vorzubeugen.

4.1.2 Das Ältestenrecht und die Rechtsstellung des "chef de nom et d'armes"

Das Erstgeburtsrecht (*droit d'aînesse*) nimmt nicht allein mit der Übervorteilung Esaus durch Jakobs Linsengericht (HEILIGE SCHRIFT 2003: Gen. 25) eine herausragende Stellung in der theologischen, soziologischen und rechtswissenschaftlichen Rezeptionsgeschichte ein, sondern gehört seit jeher zu einem der wesentlichsten Rechtsinstitute des Adelsrechts schlechthin, da es den integralen Bestandteil der Nachfolgeregelung in sich birgt. Dabei ist auffallend, daß bereits die alte germanische Parentelenordnung deutliche Parallelen hinsichtlich der männlichen Erbnachfolge zum israelischen Erbrecht aufweist, (HEILIGE SCHRIFT 2003: Num. 27, 7–11.), denn auch bei den Germanen wurden, nach dem Bericht des Tacitus, in Ermangelung eigener Kinder die Brüder sowie die Onkel mütterlicher- und väterlicherseits als Erbnehmer begünstigt (*heredes tamen successoresque sui cuique liberi, et nullum testamentum. si liberi non sunt, proximus gradus in possessione fratres, patrui, avunculi* [...] (Tacitus GERMANIA 1971: cap. 20,5)). Noch deutlicher wird die männliche Nachfolge bei den Griechen artikuliert: Isaeus konstatiert in seiner Schrift "Über das Erbe des Pyrrhos" ausdrücklich, daß es dem Familienoberhaupt zwar im Grundsatz frei gestellt wäre, über das Vermögen zu befinden, sollten jedoch männliche Kinder vorhanden sein, so müsse er diese in jedem Fall als Erben einsetzen und Mädchen ausdrücklich vom Erbe exkludieren, es sei denn, der betreffende Familienvater besäße ausschließlich Töchter. Diesen stünde dann das Erbe zu; die Adoption eines Sohnes, welcher das Erbrecht der Töchter beschneiden könnte, wäre ausgeschlossen: ‘Ο γὰϱ νόμος διαϱϱήδην λέγει ἐχεῖναι διαθέσθαι ὅπως ἂν ἐθέλη τις τὰ αὑτοῦ, ἐὰν μὴ παῖδας γνησίους χαταλίπη ἂϱϱενας· ἄν δὲ θηλείας χαταλίπη, σὺν ταύταις. (Isaeus ORATIONES 1983: Pyrrhus, § 68). Ebenso im Hinblick auf die kollaterale Nachfolge, wenn keine erbberechtigten Kinder hinterlassen wurden, zeigte sich das Athener Erbrecht erstaunlich wegweisend für die in späteren Jahrhunderten geltenden Bestimmungen, wie sie für den okzidentalen Teil Europas maßgeblich sein sollten. Denn wie bei den Germanen, wurde in einem solchen Fall der Kinderlosigkeit auf die Verwandtenordnung hinsichtlich derjenigen Onkels und Cousins rekurriert, welchen in der Generationenfolge auf demselben Grad befindlich waren. Das heißt, der jeweils jüngere Familienzweig rückte als Erbnehmer nach; die Angaben des Gesetzestextes bezogen sich in ihren Regelungen auf Erbfolgen bis zu Vettern zweiten Grades (ἀνεψιῶν παῖδες). In Ermangelung weiterer Verwandter innerhalb der Geschlechtsverwandtschaft (ἀγχιστεία) fiel das Vermögen gewohnheitsrechtlich entweder an die Phratrie oder die Sippe (Demosthenes ORATIONES 1990: con. Macartatum (XLIII), 51), so daß der Sinn des Gesetzes stets auf den Erhalt des Besitzes für den Stamm abzielte (Dareste 1968: 122–123).

Da hier nicht Raum ist, die Ursprünge und rechtshistorisch-interkulturellen Beziehungen des Erstgeburtsrechts in seiner ganzen Vielfalt gebührlich und erschöpfend darzustellen, sei nur knapp auf die einschlägige Literatur verwiesen, wie sie bei Herbert Höldrich ausführlich zu finden ist (Höldrich 1992: 76–84).

Beginnend mit dem Mittelalter und fast durchweg seit der Neuzeit, unterzog man die bis dahin auf mündlicher Tradierung und Gewohnheitsrechten basierenden Nachfolgeregelungen für die herrschenden Dynastien einer schriftlichen Fixierung. Was damals zunächst für die souveränen Herrscherhäuser an Bestimmungen zum Tragen kam, das Bemühen, die Erbfolge nach salischem, semi-salischem Recht (sämtliche männliche Nachfahren, auch der kollateralen Familienzweige, werden berücksichtigt), Primogenitur oder kognatischen Ordnungen zu regeln (Bogdanor 1995: 42), findet sich im kleinen auch bei den übrigen adligen Häusern Frankreichs wieder – dort zumeist allerdings nur in den Ausprägungen der männlichen

Primogenitur und nur sehr selten, wie im Barrois oder der Champagne, in der “uterinen Primogenitur” gemäß des “jure uxoris” (vgl. Kap. 4.2.2: 432, weiterführend: Barthélémy 1861).

Will man sich nunmehr einen Eindruck hinsichtlich der Systemlogik des Ältestenrechts im Hinblick auf seine Bedeutung für das französische Adelsrecht verschaffen, erscheint es fruchtbringend, selbiges zunächst definitorisch zu bestimmen. Gemäß der herrschenden Meinung wird das Ältestenrecht in Frankreich als dasjenige Vorrecht angesehen, welches – in Anlehnung an den “pater familias” in Rom – durch Gesetz dem ältesten Vertreter der ältesten Linie eines adligen Hauses,als dem Chef der Familie, einräumt, (*chef de nom et d'armes*), um über die Belange seiner Familie vollumfänglich zu befinden (Liebs 2004: 119–120), beschränkt nur durch positives Recht des Souveräns (Bibliothèque Sacrée 1823: 336).

Soweit wie die “patria potestas” des römischen Familienvaters, das heißt bis zu einer autokratischen Verfügungsgewalt, welche nicht nur das Hausvermögen mit einschloß (Gaius 2004: 2, § 87; 3, § 163, 4, § 75), sondern – bis Konstantin dem Großen – sogar das Leben eines jeden Mitglieds der Familie (*ius vitae necisque* (Gellius 1990: lib. 5, cap. XIX, 9)), reichte die des Chef eines adligen Hauses in Frankreich zwar nicht, doch hatte er immerhin das Recht, über die Belange eines jeden innerhalb des Familienverbandes zu befinden, sofern sie das Interesse des gesamten Geschlechts betrafen (Bleicken 2008: 44). Seine Befugnisse hinsichtlich der Außenwirkung sowie der grundsätzlichen Lenkung der Geschicke seiner Familie waren bis ins 20. Jahrhundert – teils kodifiziert, teils gewohnheitsrechtlich tradiert – beträchtlich. In den genealogischen Nachschlagewerken des französischen Adels wird daher seit jeher bis zum heutigen Tag der Name des “chef de nom et d'armes” expressis verbis genannt (z.B. Du Puy de Clinchamps 2005–2009).

Als Rechtsquelle, sonderheitlich für den französischen Adel, nahm die bereits erwähnte Lex Salica (*Pactus Legis Salicae* Pactus legis Salicae (1962)) eine fundamentale Stellung ein (vgl. für einen forschungsgeschichtlichen Überblick: Roll 1972). Sie wurde zwischen 507 und 511 auf Geheiß des Merowingerkönigs Chlodwig I. verfaßt. Ihr Name leitet sich vom fränkischen Stamm der Saalfranken ab. Die Sammlung verkörpert eines der ältesten Gesetzbücher auf der Grundlage germanischer Stammesrechte, die auf uns gekommen sind (Springer 1997: 72–73). Dabei bewahrt sie weit mehr originär germanisches Rechtsbrauchtum als die wahrscheinlich etwas älteren Gesetzessammlungen “Codex Euricianus” und “Lex Burgundionum”, da die Romanisierung der Franken zum Zeitpunkt der schriftlichen Fixierung noch ziemlich gering war (Kroeschell 2008: 22).

Die gesetzlichen Bestimmungen des salischen Rechts erstrecken sich, vor allem in der karolingischen Fassung der Lex Salica (Lex Salica 1969), über sämtliche in der Lebensrealität denkbaren Rechtsstreitigkeiten, so auch in Bezug auf die Erbfolge. In Anlehnung an diese Erbrechtsbestimmungen wurde später in vielen europäischen Herrscherhäusern die Thronfolge festgelegt, daß Frauen nicht die Krone erben konnten, selbst dann nicht, wenn keine männlichen Erben existierten, gemäß dem allgemein formulierten Rechtssatz “*in terram salicam mulieres ne succedant*”. Diese Bestimmung, eigentlich im Zusammenhang mit der Landgüterübertragung formuliert (“*De terra vero Salica nulla portio mulieri veniat, sed ad virilem sexum tota terrae hereditas perveniat.*” (Lex Salica 1969: Tit. 62, § 6)), wird heute oft als das Salische Recht schlechthin verstanden, war aber bereits Anfang des 14. Jahrhunderts in seiner Wirkrichtung umstritten, denn man argumentierte, daß sich die Lex Salica nur auf das Gebiet Sachsens bezogen hätte, was die Franken weiland eroberten und nicht auf das Territorium Frankreichs (Kintzinger 2006: 66). Die Frage nach der salischen Erbfolge wurde damals daher so relevant und kontrovers diskutiert, weil 1316 Johann I. der Posthume, Sohn Ludwigs X., im Säuglingsalter verstarb und mit Philippe V. erstmalig in der Geschichte des Hauses Capet nicht ein Sohn als nächster Verwandter des Königs in der Thronfolge nachrückte, da Ludwig X. als einziges verbliebenes Kind nur eine Tochter hinterlassen hatte. Daher nimmt es nicht

Wunder, daß Philipp V. allsogleich nach seiner Salbung zum König in Reims das salische Erbfolgerecht, welches Frauen von der Thronfolge ausschloß, durch die Generalstände 1317 als einzig gültiges Nachfolgegesetz bestätigen ließ (Kintzinger 2006: 65).

Dieses kam mit größerer Relevanz zum Tragen, als einige Zeit später Karl IV. söhnelos verstarb und sein Nachfolger Philippe VI. als erster Valois den Thron bestieg und damit die vierhundertjährige Herrschaft der Capets beendete. Als der König von England, Eduard III., als Nachkomme einer Schwester Karls IV., gleichwohl Ansprüche auf den Lilienthron anmeldete, war dies nicht nur ein Ausgangspunkt für den darauffolgenden Hundertjährigen Krieg, sondern auch ein Aufeinandertreffen zwei diametral entgegengesetzter Nachfolgeordnungen: auf der französischen Seite die streng salische, Frauen samt und sonders von der Thronsukzession exkludierende Regelung und auf der englischen Seite eine auch von dem meisten anderen seinerzeitigen Monarchien gepflegte Ordnung, welche die Stellung der Frau dahingehend stärkte, indem der Nähe der Abstammung zum Erblasser eine höhere Präferenz eingeräumt wurde als dem männlichen Supremat (weiterführend: Viennot 2006). So konsequent die salische Erbfolge de iure in Frankreich Anwendung fand, wurde sie de facto durch die praktische Alleinherrschaften von Katharina und Maria de Medici sowie späterhin von Anne d'Autriche durchaus durchbrochen (Wunder 1997: 33). Anderwärts fand sie sogar in Regierungsformalakten ihre Berechtigigung, als durch die Pragmatische Sanktion Kaiser Karls VI. die Linealprimogenitur und die subsidiäre weibliche Erbfolge für die habsburgischen Erblande eingeführt wurde (Brauneder 1988: 51–52).

In Entsprechung der Erbfolgebestimmungen auf dynastischer Ebene, kamen ebenso auch bei den übrigen Adelsfamilien diese auf Tradierung beruhenden Gesetze zur Anwendung. In Frankreich fanden sie sich in den einzelnen Gewohnheitsrechten (*coutumiers*) wieder, welche dem Ältesten einesteils das Präzipuum und anderenteils einen großen Part des zu vererbenden Lehens zusprach; indes in Details wichen die Bestimmungen regional voneinander ab. Dies hatte seine Ursächlichkeit darin, daß im Norden Frankreichs das auf dem fränkisch-germanischen Gewohnheitsrecht basierende *droit coutumier* Anwendung fand, während der Süden auf Grund der römischen Okkupation Galliens mehr vom römischen Recht, dem sogenannten *droit écrit*, beeinflußt war. Daran änderte auch die im 11. und 12. Jahrhundert wiederaufkommende römische Rechtswissenschaft kaum etwas, da das fränkische Gewohnheitsrecht mitnichten dadurch verdrängt wurde: Im Süden Frankreichs blieb es mithin beim Dominat des römischen Rechts, so im Agenais (vgl. dazu: Ourliac 1962), dieweil es im Norden nur wenig rezipiert wurde, und auch nur dann, wofern das dortige Gewohnheitsrecht keine oder lediglich eine unbefriedigende Lösung erbot. Erst Mitte des 15. Jahrhunderts befahl Karl VII., das bis dahin vor allem auf mündlicher Tradierung fußende Gewohnheitsrecht des französischen Nordens in die Schriftlichkeit zu überführen. Dies leistete seinen Beitrag dazu, daß das Gewohnheitsrecht gegenüber dem römischen Recht sein Supremat behalten sollte. Gleichzeitig näherten sich *droit écrit* und *droit coutumier* einander an und leiteten die Herausbildung des gemeinfranzösischen Gewohnheitsrechts (*droit coutumier commun*) ein. Ebenfalls zur Angleichung trug die Rechtsprechung des Gerichtshofs von Paris bei. Das Pariser Coutume, bestehend aus 362 Artikeln, wurde 1510 auf Geheiß von Ludwig XII. kodifiziert, 1580 modifiziert und fand dann schon bald überall dorten Anwendung, wo die übrigen Regionalrechte Lücken aufwiesen (Hilaire 1990: 260). Dies hatte zur Folge, daß das "Coutume de Paris" mit Ausnahme von Bordeaux, Languedoc, Sole, Béarn, Burgund und Flandern, welche dem *droit écrit* folgten, zur Anwendung kam (eine gute bibliographische Übersicht über die einzelnen "Coutumes" Frankreichs bieten Caswell und Sipkov: (Caswell und Sipkov 1978).

Dennoch gab es bestimmte allgemeine Prinzipien, die sich in fast sämtlichen Gewohnheitsrechten auffinden lassen – trotz der bereits erwähnten sublimen, regional-spezifischen Differenzen. Grundsätzlich wurde zwischen Erbfällen bei Bürgerlichen und Adligen unterschieden, welche jeweils eigenen Gesetzmäßigkeiten Folge leisteten. Das Erbe der Bürgerlichen wurde zwischen den Ältesten und den Jüngsten zu gleichen Stücken geteilt; das Erstgeburtsrecht galt nur für den Adel und dann nur für das Lehen und die Freigüter.

Das Erstgeburtsrecht bestand aus:

1. dem Präzipuum, den das Gewohnheitsrecht dem Ältesten der männlichen Nachkommenschaft zubilligte;
2. dem größten Teil des Lehens sowie den adligen Freigütern, abgesehen vom Präzipuum.

Der Paragraph 13 des Pariser Gewohnheitsrechts erklärt ausführlich die Bedeutung des Präzipuums, welche es dem Erstgeburtsrecht beimißt, wonach ein Schloß im Lehen nach seiner Wahl, sofern es mehrere in der Erbschaft gab, mit allen Nebengebäuden, Gehöften, umfriedeten Grundstücken und den Gärten bis zum letzten Morgen dem ältesten Sohn gehörten. Jedoch mußte dieser die jüngeren Brüder mit einem Landstück des gleichen Lehens auszahlen, soweit noch verteilbare Erbmasse vorhanden war, ansonsten war er gehalten, andere Landstücke seines Erbanteils nach der freien Wahl seiner Brüder abzugeben. Mitnichten konnte er sie wider ihren Willen mit Geld statt Land entschädigen (Laurière 1777: Art. 13 (Bd.1)). Falls es etwa Taubenschläge, Wildkaninchengehege, oder Fischteiche auf dem Territorium des Präzipuum gab, mußte der Älteste seine jüngeren Brüder damit entlohnen (Laurière 1777: Art. 13 (Bd.1)). Die Rechte des Lehnsherrn, die das Lehen mit der Eröffnung der Erbschaft betrafen, wie zu zahlende Verkaufsgebühren, ein Relief etc. (Bouchard 1971: 72), waren nicht Bestandteil des Präzipuums; aber weil diese zum Lehen gehörten, wurden sie wie das Lehen geteilt, und der Älteste hatte den gleichen Anteil davon, wie beim Lehen selbst, abgesehen vom Präzipuum. Falls es keinerlei Schlösser oder Herrenhäuser als Erbe zu verteilen gab, erhielt der Älteste, gemäß Paragraph 18 des Pariser Gewohnheitsrechtes, einen Morgen des Landes an dem Ort, welchen er sich nach freiem Belieben auszuwählen vermochte (Laurière 1777: Art. 18 (Bd.1)).

Wenn lediglich ein Lehen der Erbschaft zu Grunde lag und dieses allein aus dem bestand, was nach Pariser Gewohnheitsrecht unter das Präzipuum fiel, gehörte das Lehen in seiner Gesamtheit, gemäß Paragraph 17, dem Ältesten. Sollte das zu verebende Eigentum zu klein sein, um die Grundbedürfnisse der Mutter sowie der jüngeren Geschwister abzusichern, würde dem Ältesten ein zur Deckung dieses Bedarfes notwendiger Part seines Erblehens genommen (Laurière 1777: Art. 17 (Bd.1)). Es sei in diesem Zusammenhang annotiert, daß sogenannte *fiefs de dignité,* das heißt Grafschaften, Marquisate und Herzogtümer sowie die meisten Baronien und Châtellenies, sofern sie direkt vom König vergeben wurden, grundsätzlich – ausgenommen eine förmliche Genehmigung des Monarchen – nicht teilbar waren. Dies traf beim überwiegenden Teil der drei erstgenannten Herrschaftsentitäten zu, lediglich bestimmte Baronien und Seigneurien waren nur mittelbar der königlichen Gewalt unterstellt, so daß diese unter Umständen divisibel waren (Ferriere 1734: 783). Niemals jedoch konnte der Titel, welcher mit einem Lehen verbunden war, auf mehrere Söhne verteilt werden (vgl. zur Teilbarkeit der Lehen Sémainville 1860: 269–281). Darin unterscheidet sich der französische Adel fundamental vom deutschen und österreichischen.

Das Pariser Gewohnheitsrecht bestimmte im Paragraph 15 den Erstgeborenenerbteil nach der Anzahl der Kinder. Wenn nur zwei vorhanden waren, wurden dem Ältesten zwei Drittel der Erbmasse zugewiesen, abgesehen vom Präzipuum, welches er dessen ungeachtet für sich in Anspruch nehmen konnte; auf den Jüngeren wurde dann das restliche eine Drittel aufgeteilt (Laurière 1777: Art. 15 (Bd.1)). Gab es drei oder mehr erbberechtigte Kinder, verteilte das Pariser Gewohnheitsrecht, gemäß Paragraph 16, die Hälfte des Landes und der Lehen an die Jüngeren (Laurière 1777: Art. 16 (Bd.1)).

Hatte der Erblasser nur weibliche Nachkommen als Erbnehmer, existierte kein Erstgeburtsrecht zwischen ihnen, doch teilten sie gleichfalls das Lehen sowie das Land (Laurière 1777:

Art. 19 (Bd.1)). Die Absage an ein weibliches Ältestenrecht war dadurch begründet, daß die Herrschaftsausübung durch eine unverheiratete Frau über das Lehen de jure nur sehr eingeschränkt bis gar nicht möglich war. Deswegen ging es bei dieser Bestimmung mehr darum, die Würde und das Ansehen der betreffenden Familie zu erhalten.

Die Kinder, seien sie männlich oder weiblich, welche ihren Vater als den ältesten Sohn überlebten, traten die Nachfolge ihres Vorfahren oder ihrer Vorfahrin an, indem sie ihren Vater in dessen Ältestenrecht sukzedierten; und gab es nur Töchter, repräsentierten sie das Ältestenrecht ihres Vaters alle zusamt gleich einem Haupt, obzwar es kein Erstgeburtsrecht unter ihnen gab (Laurière 1777: Art. 27 (Bd.1) und 324 (Bd.3)). Die Ausweitung dieser Verfahrensart für ähnlich gelagerte Fälle, bei denen das Ältestenrecht von den Töchtern als Kollektiv, in Ermangelung eines männlichen Erben, wahrgenommen werden konnte, wurde seinerzeit kontrovers diskutiert und in der jeweils herrschenden Meinung absprechend beurteilt. Eine genaue Widergabe dieser Forschungsdebatte findet sich im "Traité de répresentation" von François Guyné (vgl. dazu weiterführend: Guyné 1698).

Als Grundsatz kann festgehalten werden, daß, wenn es in einer Erbfolge sowohl Frauen als auch Männer gab, der männliche Erstgeborene über das Erstgeburtsrecht verfügte. Für denn Fall jedoch, daß der Erstgeborene auf sein ihm zustehendes Ältestenrecht Verzicht übte, entweder umsonst oder durch Schenkung, gab es kein Erstgeburstrecht zwischen den jüngeren Geschwistern (Laurière 1777: Art. 27 (Bd.1) sowie 310 (Bd.3)). Eine Transmission des *droit d'aînesse* sah das Pariser Gewohnheitsrecht nur dann vor, wofern der Älteste auf Grund eines Verbrechens, christlicher Gelübde oder der Enterbung nicht in der Lage war, sein Erstgeburtsrecht zu erhalten. In einer dieser Konstellationen erhielt es der ihm altersmäßig nachfolgende Bruder, denn der Älteste wurde dann gleichsam für tot oder nicht existierend betrachtet (Ferriere 1758: 72–73).

Bezüglich unehlicher Geburten läßt sich festhalten, daß die Legitimation ex post kein Erstgeburstrecht dem Ältesten gewährte, wofern er als uneheliches Kind das Licht der Welt erblickt hatte, auch wenn seine Geburt späterhin für ehelich erklärt wurde, weil die Legitimation keinen Rückwirkungseffekt auf den Nachteil gewährte, welcher ihm seit der Geburt anhaftete. Allerdings genoß der Bastard, welcher durch spätere Heirat als ehelich anerkannt wurde, das Erstgeburstrecht über seine Brüder, die nach dieser legitimierenden Hochzeit zur Welt kamen, nicht aber über diejenigen, welche aus einer anderer legitimen Ehe hervorgingen. Denis Le Brun spricht sich in seinem "Traité des Successions" zwar gegen diese Ansicht aus (Le Brun 1775: lib. 2, cap. II, Abt. 1, Nr. 15), steht mit seiner Meinung aber gegen den erheblichen Teil des Schrifttums (so z.B. Brodeau 1669: Art 13 de la Coutume de Paris).

Was schließlich die Erbfolge im weiteren Familienkreis innert eines adligen Hauses betrifft, so fand das Ältestenrecht seine logische Fortsetzung (Laurière 1777: Titre XV (Bd.3)); denn durch die Festsetzung materieller Verfügungen bei der Nachfolge zugunsten des Erstgeborenen untermauerte das Pariser Gewohnheitsrecht nicht nur dessen bevorzugte Stellung innerhalb der Familie (Laurière 1777: Art. 326 iVm. Art. 336 und 340 (Bd.3)), sondern setzte ihn damit an die Spitze des Geschlechts, wobei es ihn gleichzeitig an seine indispensablen Gesetze band (Ferrière 1770: 412–414). Dieserhalb fand, im Gegensatz zu England, auch die Rechtsmaxime: *pater paternis mater maternis* in Frankreich keine Anwendung, außer es wurde ausdrücklich im Ehevertrag fixiert, daß das mütterliche Erbe den Nachfahren mütterlicherseits zufallen solle (Mirow 1993: 51). Im Grundsatz galt, daß die Mitgift der Frau und alles, was sie erben sollte, in das Hausvermögen des Geschlechts ihres Mannes einfloß (vgl. Kap. 4.1.2: 415)

Auch für den Fall, daß der Erblasser ohne männliche Nachkommen verstarb, fand das Pariser Gewohnheitsrecht, in Entsprechung des oben erwähnten antiken Erbrechts, insofern klare Regelungen, als daß es die einzelnen Grade der "Parenté" auch im Hinblick auf das kanonische Recht genau berücksichtigte. Das verhalf dem Prinzip der kollateralen Verwandtschaft unter dem Primat der Konsanguinität zur strikten Durchsetzung. Wenn also das Oberhaupt des ältesten Familienzweiges söhnelos abberufen wurde, fiel das Hauserbe an den jeweils Erstgeborenen der jüngeren Linie etc.; dies hatte auch umgekehrte Geltung, daß wenn nämlich der jüngere Ausläufer des Geschlechts im Mannesstamm erlosch, dieser vom ältesten Zweig beerbt wurde, so daß alles wieder zur "Wurzel" zurückkehrte (Guyné 1698: 350).

Abschließend läßt sich über diese Praxis des Erstgeburtsrechts im Kontext des historischen Adelsrechts bemerken, daß man in einer Zeit, in welcher der Wunsch nach Gleichheit und Gleichberechtigung fest im Bewußtsein etabliert ist, geneigt wäre, diese einseitige Bevorzugung, evoziert durch den Zufall der Natur, als äußerst ungerecht zu qualifizieren; indes übersieht dieses Urteil möglicherweise die Sachzwänge und Pfadabhängigkeiten, in welchen sich Familien befanden, die nicht auf eine ausdifferenzierte und relativ unbestechliche Judikatur eines modernen Rechtstaates rekurrieren konnten. Denn es entsprach weiland den Gepflogenheiten, daß der Erstgeborene der jeweiligen (Haupt-)Linie eines Hauses dem selbigen vorstand, seinem Lehensherrn beziehungsweise König in den Krieg folgen mußte und dafür die Aufwendungen selbständig zu tragen hatte, was die Konsequenz nach sich zog, daß er weit größere Expensarien zu bewältigen hatte, als seine jüngeren Brüder. Dank dieses Vorrechts war es dem Geschlecht in toto zumeist möglich, sein Ansehen zu verfestigen und an die Nachkommen als andenkungswürdige und anspornende Erinnerung zu übermitteln (Ferriere 1758: 602–603). Auch wenn die Gebräuche in den einzelnen Regionen und im Zusammenhang der jeweiligen Zeit durchaus Differenzen aufwiesen, so läßt sich als Grundkonsequenz doch konstatieren, daß einer Spaltung der Familie durch tradierte und ubiquitäre Erfolgeregelungen im Grundsatz zunächst vorgebeugt war. Denn wenn die Position des Ältesten als Inhaber und Bewahrer des Titels und des Wappens qua natu prädisponiert und im Kern unabänderlich war, sind zwar nicht sämtliche Erbstreitereien a priori exkludiert, indes hatte sie eine zumindest rechtsnomierende Funktion. Frühere Zeiten stellten die Hierarchie zwischen Erstgeborenem und nachgeborenen Söhnen noch auswendiger zu Schau, indem nur der älteste Zweig der Familie das Recht besaß, die "armes pleines", das heißt, das volle Wappen zu tragen; die Jüngeren (*cadets*) führten zumeist ein unvollständiges oder mit einem Bruch als Zeichen der Unterlegenheit versehenes Wappen (Cheruel 1855: 300). Darüber hinaus verband sich mit dem Ältestenrecht der Wunsch nach einer immerfortwährenden Kontinuität der Familie, die selbst dann nicht durchbrochen werden konnte, wenn die ältere Linie ausstarb, denn dann fiel das Hauserbe, welches auf einen gemeinsamen Blutursprung, das heißt Vorfahren, zurückgeführt wurde, an den Erstgeborenen der jüngeren Linie, etc (Coquille 1863: 259–260).

Es kommt dabei deutlich zum Tragen, daß das Vermögen eines Hauses nicht als Eigentum einer Einzelperson angesehen wurde, so daß das ererbte Gut selbst dem Chef der Familie nicht zur freien Disposition stand, sondern er sich den Gesetzmäßigkeiten zum Erhalt des Eigentums für sein Haus fügen mußte. Das heißt, die auf Blutsbande und der männlichen Primogenitur fußenden Nachfolgeregelungen, deren Ursprung im römischen, salischen und göttlichen Recht, das heißt einer überpositiven Normsetzung, die nach Auffassung der die Rechtsordnung beherrschenden Religion auf die Rechtssetzung einer göttlichen Instanz zurückgeht, zu verorten ist, sind nach dem historischen Adelsrecht bis 1789 unabdingbar. Nachdem im Zuge der Revolution die Vorrangstellung des französischen Adels und seine ihm immanenten Bestimmungen suppremiert wurden, existierte zunächst ein Regelungsvakuum, welches erst durch den "Code Napoléon" (C.N. (2001)) vollständig geschlossen wurde. Indes richteten sich die dort festgelegten Gesetze wider den Kerngedanken des Erhalts des ererbten Familiengutes auf Grundlage des Ältestenrechts, da Paragraph 745 des Code Napoleón die egalitäre Behandlung aller Kinder im Erbfall festlegte. Ausgenommen von gegenwärtigen Regelungen waren die natürlichen Abkömmlinge noch nicht mit den ehelichen gleichgestellt. Auch wenn die Bestimmung, alle Kinder in gleichem Maße zu bedenken, prima vista als recht und billig erscheint, hatte dies für den adligen Besitz, welcher bis dahin zum Teil über Generationen hinweg von Vater- zu Sohneshand übereignet wurde und nie als Privatbesitz eines einzelnen Individuums angesehen wurde, zur Folge, daß sich dieser nicht nur verkleinerte sondern teilweise auch vollständig depraviert wurde, da in den seltensten Fällen hinlängliche liquide Mittel zur Verfügung standen, um die übrigen Geschwister zu gleichen Teilen auszubezahlen. Demgemäß wandelte sich die Auffassung von einem kollektiven, ideellen und materiellen Vermögen hin zum frei zur Disposition stehenden Privateigentum, welches nicht mehr dem Geist des unantastbaren Ahnvermögens folgte und den nachgeborenen Geschwistern des erstgeborenen Sohnes die Pflicht auferlegte, aus eigener Kraft und Motivation zu einem die eigene Familie erhaltenen Wohlstand zu gelangen (Magnitot 1866: 204–205).

Heutigentags ist es eine Frage der jeweiligen Zivilrechtsordnung sowie des autonomen Willens des Familienoberhaupts, ob den oben skizzierten Regelungen, welche über Jahrhunderte in durchaus schwierigen Zeiten dem materiellen und immateriellen Erhalt des Geschlechts dienten, Folge geleistet wird.

4.1.3 Die "Honneurs de la Cour"

Die sogenannten "Honneurs de la Cour" verkörperten im 18. Jahrhundert eine Auszeichnung für diejenigen Personen, welche am Hofe des französischen Königs formal zugelassen wurden und in seine Karossen steigen oder ihn bei der Jagd begleiten durften, was eine Besonderheit des französischen Adelsrechts ausmachte. Diese liegt darin begründet, daß zum einen durch das dezidierte Kriterium, einzig niemals nobilierten Adligen und deren Frauen mit einer mindestens bis in das Jahr 1400 zurückreichenden Genealogie, eine äußerst restriktive Zugangsbeschränkung vorlag, zum anderen, daß diese strengen Vorschriften in praxi derart durch Exzeptionen aufgeweicht wurden, daß ihr Funktionsgehalt schlechterdings Fragen aufwirft. Die folgenden Überlegungen legen den Fokus hauptsächlich auf diejenigen Belange, die das historische Adelsrecht betreffen und sollen weniger die strukturellen Auswirkungen, besonders hinsichtlich der Machtstellung einer sozialen Gruppe, einer Untersuchung unterziehen (so z.B. Asch 2008: 230–231).

Von 1732 bis 1790 oblag es dem Ermessen des "Généalogiste du Roi", nach dem genannten Kriterium für alten Feudaladel die Zulassung zum Hof einer Prüfung zu unterziehen. Er stand dem "Cabinet des Ordres" vor, einer Institution, welche es bereits seit Ende des 16. Jahrhunderts gab und die direkt dem Befehl des Königs unterstand (Paulin 1908: 77), um zu prüfen, welche die Voraussetzungen für die Aufnahme von Edelmännern in die verschiedenen Orden zu prüfen, beispielsweise für den "Ordre du Saint-Esprit" (vgl. z.B. Kap. 2.3.2.1: 123) oder den "Ordre de Saint Lazare" (weiterführend: Hyacinthe 2003). Das Augenmerk dieser Hofgenealogen lag ausschließlich auf den genealogischen Beziehungen und der Validität der ihnen vorgebrachten Beweise, weniger auf heraldischen Fragen.

Table 4.2: Übersicht über die Amtszeit der Généalogistes du Roi *[eigene Darstellung]*

Zeitraum der Ernennung	**Name des *Généalogiste du Roi***
27. August 1698	Pierre de Clairambault (1651–1740)
31. März 1716	Nicolas-Pascal de Clairambault (1698–1762)
17. April 1758	Jean-Nicolas Beaujon (1722–1779)
Februar 1772	Bernard Chérin (1718–1785)
10. Januar 1787	Edme-Joseph Berthier (1737–1796) [interimsweise]
15. April 1787	Louis Nicolas Chérin (1762–1799)

Unterstellt war das “Cabinet des Ordres” dem “Juge des armes”, der bereits im Zusammenhang mit der Familie d’Hozier (vgl. Kap. 2.3.1.3: 110), welche dieses Amt mehrere Generationen hereditär innehatte, Behandlung fand und im Gegensatz zum “Généalogiste du Roi” aus einem altadligen Hause stammen mußte (Mousnier 1979: 119). Der erste Amtsinhaber war Pierre de Clairambault, welchem die Verantwortung am 27. August 1698 übertragen wurde. Er selbst sollte nie Beweise für den königlichen Hof ausfertigen. Am 31. März 1716 trat sein Neffe Nicolas-Pascal de Clairambault die Nachfolge an. Ihm sukzedierte Jean-Nicolas Beaujon, der vom 17. April 1758 bis zum Januar 1772 Ahnenforscher des Königs war. Im Folgemonat begann die Ära des berühmten Bernard Chérin ((Mauduit 1959)), welcher als der reputierteste Genealoge des Ancien Régime angesehen wird (weiterführend: Belin 1993 und Berce-Pathie 1959). Nach Chérins Tod (am 21. Mai 1785) erhielt am 10. Januar 1787 Edme-Joseph Berthier, dessen erster Assistent, formell die Aufgabe, die Vertretung des “Généalogiste du Roi” zu übernehmen, informell hatte er er sie bereits unmittelbar nach Chérins Tod ausgeführt (Lainé 1850: 14 (1) Artikel: “de Cornette”). Er übergab das Amt am 15. April 1787 an Louis Nicolas Chérin, den Sohn von Bernard Chérin und der letzte, welcher sich für die Einhaltung der genealogischen Prinzipien verantwortlich zeichnete (weiterführend: Guggenheim (1985); vgl. Kap. 2.3.1.3: 106). Bei dieser Aufstellung zeigt sich, daß die Würde des Hofgenealogen gleichsam wie die des “Juge des Armes” vererbbar war und teilweise auch in Vertretung ausgeübt wurde, bis das für die Nachfolge vorgesehene Familienmitglied das entsprechende Alter erreicht hatte.

Die bisherige Praxis wurde mit einem von Ludwig XV. höchstselbst in Versailles am 31. Dezember 1759 unterzeichneten “Règlement fait par le roi pour les Aspirans aux honneurs de la Cour et à la Présentation”[233] (vgl. Anhang: A.9: 664) verbindlich kodifiziert (Duindam 2003: 124). Dieser Erlaß, welcher sehr rigide in seinen Zulassungsanforderungen war, da er außer den Personen, welche ein hohes Hofamt bekleideten, keine Ausnahmen hinsichtlich der Adelsqualität zuließ (vgl. Anhang: A.9: 664, Z.: 41–44), offenbarte recht rasch eine Reihe von Unzulänglichkeiten, so daß sich Ludwig XVI. schließlich veranlaßt sah, einzuschreiten. Er selbst qualifizierte am 9. Juli 1774 das Reglement seines Vaters in einem Brief an Louis Marie Augustin d’Aumont de Rochebaron, Herzog von Aumont, den (*premier gentilhomme de la chambre*), als “mauvais”, da es zu viele Ungerechtigkeiten beinhalte: So fänden verdiente Persönlichkeiten, deren Taten als Ansporn anderen zu dienen hätten, keinerlei Berücksichtigung, wohingegen andere, die zwar eine exzellierende Abstammung vorzuweisen hätten, mitunter aber einen schlechten Lebenswandel führten, automatisch die Zulassung bei Hofe erhielten. Mithin hob er die als zu eng angesehenen Bestimmungen seines Vorgängers auf und verfügte, daß sämtliche Anersuchen, die *Honneurs de la Cour* zu erlangen, an den ersten Edelmann seiner Kammer zu richten seien und er selbst werde dann die Dossiers prüfen und seine Entscheidung treffen (Courcelles und Viton de Saint-Allais 1820b: 368).

Dieses Verfahren sollte bis zum Ende des Hofes im Jahre 1790 Gültigkeit haben, so daß sich, gemäß des Vicomte de Marsay, trotz der großen Interpretationsräume drei Kategorien von am Hofe zugelassener Familien erkennen lassen:

1. Familien mit altfeudaler oder zumindest ritterlicher Abstammung;
2. Familien der Marschälle von Frankreich, der großen Offiziere der französischen Krone, der Staatssekretäre, der allgemeinen Finanzprüfer, der Botschafter, der Ritter der königlichen Orden sowie derjenigen Personen, welche auf Grund bestimmter großer Dienste für den König bei Hof zugelassen waren;

233 A.N. M 608 11 (6) sowie MM 817 für eine Liste aller männlichen und weiblichen am Hofe zugelassenen Personen sowie weiterer Regelungen.

3. Familien, die einzig durch die Gunst des Souveräns zugelassen waren und keinen anderen Vorzug als dessen Gefallen besaßen (Marsay 1977: 124).

Der Chevalier de Courcelles eröffnet noch eine weitere Kategorie, in welcher die Bastarde des Königs und der Prinzen des königlichen Hauses auf Grund ihrer großen Verdienste und Chargen sowie bedeutender Eheverbindungen Aufnahme fanden (Courcelles und Viton de Saint-Allais 1820b: 370). Jedoch hatte diese Personengruppe durch ihre königliche Abstammung ohnehin eine gesonderte Stellung inne, so daß ein reguläres Prüfungsverfahren obsolet, respektive nicht opportun gewesen wäre. Sie einer gesonderten Einteilung zu unterziehen ist nichtzuletzt deswegen wenig sinnhaft, da sie entweder in die erste oder die zweite Kategeorie eingeordnet werden können.

So plausibel die Einteilung von Magny in nuce auch sein mag, vermag sie zwar die Grundsätze dieses Erlasses in der Theorie widerzuspiegeln, doch bleiben in praxi eine ganze Reihe von Fragen unberücksichtigt. Worin sollten beispielsweise die Familien Croismare oder Voyer d'Argenson taxiert werden, welche bereits vor 1400 nobilitiert wurden? War die Familie Gélas d'Ambres aufgrund der Tatsache, daß sie Nachfahren eines Marschalls waren, zuzulassen oder, weil ihre adlige Abstammung erst im 15. Jahrhundert begann, abzulehnen? Außerdem beinhaltete die Vorgabe des Königs keine Angaben, wo genau die Zugehörigkeit zu einer Hofcharge begann und wo sie endete, das heißt, was genau unter einem "großen Dienst am königlichen Hof" zu verstehen war.

Trotz dieser Einschränkungen soll im nachfolgenden der Aufgliederung von Marsay gefolgt und dabei der Versuch unternommen werden, die jeweiligen Zuordnungsschwierigkeiten aufzuzeigen und zu kommentieren. Von 942 zwischen 1715 und 1790 am königlichen Hof autorisierten Geschlechtern, davon 880 französische, vermochten es 462, einen aristokratische Ursprung zu belegen, welcher mindestens auf das Jahr 1400 zurückdatierbar war. Von diesen blühen bis dato 280 fort (Valette 1989: 25–202). Da die Zahl von 462 weder die souveränen Häuser noch die ausländischen Familien alter Abstammung inkludiert, verkörperte sie doch, zählt man selbige hinzu, die Majorität des am Hof empfangenen Adels als das vom König postulierte, altfeudale beziehungsweise ritterbürtige Ideal.

Allerdings mußten nicht alle adligen Häuser ein formales Adelszeugnis vorweisen. Ausgenommen waren die illustersten unter ihnen, wie die Caumonts, Rohans, Rohan-Chabots, Durforts, Gontaut-Birons, Lévis-Mirepoix, La Rochefaucaulds, Chabannes, Cossé-Brissacs, Polignacs sowie eine Vielzahl weiterer, welche von den einzelnen Hofgenealogen nachgerade als "Bezugsgrößen" für ihre Expertise herangezogen wurden. Geschlechter wie die Croÿ oder Narbonne-Lara, die keine französische Adelsabkunft aufwiesen, wurden gleichsam als "sakrosankt" angesehen und ohne Formalitäten dem König vorgestellt, da sie ob ihrer edlen Abstammung als europäische Bekanntheiten galten. So klar die Praxis in den genannten Fällen war, so opak blieb das Verfahren in den Fällen, in denen auf Grund eines Dienstverhältnisses zum König der Adelsnachweis dispensiert wurde. So hatten all diejenigen unter ihnen, die zwar ob ihres verhältnismäßig jungen Adels im Prinzip schlechte Voraussetzungen mitbrachten, doch gute Chancen, in die königlichen Kutschen steigen zu dürfen, sofern sie oder ihre Vorfahren Bedienstete der Krone gestellt hatten. Zu denken wäre beispielsweise an die Colberts de Seignelay, Demarets de Maillebois, du Prats, de Louvois und andere, welche zum Teil Staatssekretäre, Minister, Intendanten und Kontrolleure der Finanzen stellten. Doch sind selbst Fälle verbürgt, die bereits die "Honneurs" empfingen, ohne ein bedeutendes Amt innegehabt zu haben. So wurde ein Félix du Muy im Jahre 1775 Minister und Staatssekretär, doch wurde seine Familie bereits 1738 und 1745 bei Hofe ohne Nachweiszertifikat akzeptiert (Viton de Saint-Allais 1816c: 62).

In ebensolcher Weise konnten Geschlechter, die nur einmal ein exzellierendes Amt bekleideten, aber ansonsten durch Handel, also durch ein am Hofe durchaus verpöntes Metier, im

16. Jahrhundert zu Einfluß und Wohlstand gelangt waren, wie zum Beispiel die Baussets, welche den französischen Gesandten in Preußen stellten (Externbrink 2006: 63), bei Hofe zugelassen werden. Zu nennen wären in diesem Zusammenhang noch weitere Familien, die mit einem gänzlich unzulänglichen Alter ihres Adels oder gar einer Briefnobilitierung, aber dank eines Vorfahren, welcher "Chevalier du Saint-Esprit" (vgl. Kap. 2.3.2.1: 123) war, doch bei Hofe vorgelassen wurden (so z.B. Bésiade d'Avaray, de Monestay-Chazeron, de Caillebot de La Salle etc.). Als sicherstes "Eintrittskriterium" bei Hofe konnte indes die Würde eines "maréchal de France" gelten, wie zum Beispiel bei den Bazin de Bezons, de Chastenet de Puységur, de Contades, d'Estrades et al.

Ungeachtet dessen kamen mit wenigen Ausnahmen, wie der Fall der Raugrafen von Salm belegt, fast sämtliche Edelleute, deren Adel ausländischer Provenienz war, in den Genuß eines Dispenses von der genauen Adelsprüfung; zumeist reichte ein Erlaß des Staatsrates aus, um die betreffenden Familien zuzulassen; jedoch mußten die Bewerber ihren Adel nach den selben Gütekriterien in ihren jeweiligen Ursprungsländern prüfen und noteriell beglaubigen lassen, was sich sonderheitlich bei den Schweizern als schwierig oder kaum durchführbar erwies, da der Großteil der Kantone keinen Adel kannte. Zudem muß angemerkt werden, daß der Gütegehalt der zumeist aus zweiter oder gar dritter Hand stammenden Urkunden einer genauen Untersuchung kaum zugänglich war; schließlich war es dem "Généalogiste du Roi" nicht möglich, beispielsweise die Originalunterlagen eines Baron Pirch in Pommern oder eines Herrn von Stedingk in Schwedisch-Pommern zu konsultieren. Ein Nämliches gilt für Anwärter aus Schottland, der Lombardei, Litauen, Polen und Bayern, deren Adel nur recht obskur nachvollzogen werden konnte. Dieserhalb bedurfte eine Entscheidung über die Zulassung nicht-französischer Aristokraten stets des besonderen "Fingerspitzengefühls" des "Juge des armes" (Bluche 1957: 20–21).

Ähnlich mußte bei denjenigen Familien verfahren werden, welche vor 1400 eine Nobilitierung erhielten oder nah an das Jahr 1400 mit ihren Adelsbeweisen heranreichten, denn wie bereits aufgezeigt wurde, gab es durchaus Geschlechter, welche den Adel vor dem besagten Jahr erhielten und wiederum andere, die ihre sichere Stammreihe zwischen 1401 und 1500 begründen konnten. Schließlich wäre es mitnichten sinnstiftend gewesen, einer Familie, die ihren Adelsnachweis auf den 31. Dezember 1400 datieren konnte, die "Honneurs" zu erteilen, einer anderen hinwieder, welche einen Tag später Zeugnis ihrer Nobilität abzuliefern vermochte, diese zu versagen. Mithin war das Datum 1400 lediglich ein approximativer Richtwert, welcher einen Hinweis auf die Bewertung des Geschlechts im Grundsatz lieferte. Von umso größerer Gravität war das abschließende Votum des Hofgenealogen, wie das Beispiel der Familie Vauborel durch einen Brief Chérins an den Staatsmann Comte Maurepas anschaulich illustriert:

> "[Il sont] *d'une noblesse pure mais sans éclat* [...] *Je porte peut-être un peu loin la sévérité des maximes sur les preuves de noblesse des honneurs de la Cour, mais je pense, monseigneur, qu'en exigeant des familles qui n'ont pas l'éclat des services ni alliances une preuve stricte d'ancienneté, ce n'est pas mettre à trop haut prix l'avantage inestimable qui approche le sujet du souverain.*"[234]

Ludwig XVI. akzeptierte die Vauborels nicht an seinem Hof. An dieser Einschätzung zeigen sich zwei besondere Hauptmerkmale der Beurteilung durch das "Cabinet des Ordres". Erstens galt der Gesichtspunkt des Adelsalters nicht als ausschließlicher Bewertungsmaßstab – es wurden statt dessen die gegenwärtige und vergangene gesellschaftliche "Strahlkraft" der betreffenden Familie genauso einbezogen wie die eingegangenen Ehebündnisse und die dem König geleisteten Dienste. Zweitens ist zu erkennen, daß gerade letztgenanntes Kriterium

234 B.N.F. Fonds Chérin, 204.

die herausragendste Bedeutung für den Genealogen des Königs gehabt zu haben scheint, schließlich schreibt Bernard Chérin höchstselbst, daß er die Strenge hinsichtlich des Alters unterschiedlich zu gewichten vermag. Auch sein Sohn Louis Nicolas sollte ihm in dieser Haltung folgen ("*Quique plusieurs gentilhommes qui me répresentent leurs titres aient remonté à l'époque de 1400, j'ai grand soin d'observer, dans le mémoire que je dresse de leurs preuves généalogiques, s'ils y réunissent l'avantage des services et de alliances à celui de l'ancienneté.*"[235]). Damit wurde dem vermeintlichen "Ausschlußmerkmal" des kategorischen Datums 1400 die relativierende Variable der "services pour le roi" entgegengestellt. Folglich war es durchaus hilfreich, bereits über Verbindungen von Personen, welche gewisse Ämter bei Hofe innehatten, zu verfügen, was sicherlich auch die Zulassung von Elisabeth Dijon de Monteton erleichtert haben dürfte (vgl. Kap. 2.3.3.8: 337).

Doch selbst ein wohlwollender Bericht Chérins vermochte mitnichten als "Garantie" für eine Autorisation gelten, wenn keine Dienste für den König geleistet worden waren, wie der Fall des Grafen de La Tour-Landorte, welcher seine Abstammung bis ins 12. Jahrhundert zurückführte, verdeutlicht. Die Belege für eine lückenlose Genealogie reichten in seinem Fall bis ins Jahr 1441 zurück. Chérin erstellte einen zusprechenden Bericht. Der König indes lehnt den Antrag nicht ob fehlender Adelstitel von 41 Jahren ab, sondern, wie Maurepas in einem Brief an den Grafen mitteilt, vielmehr der Tatsache halben, daß er sich nicht oder noch nicht in seinem Dienst befände.[236] Auch an diesem Exempel erzeigt sich die besondere Bedeutung des im Dienststehen für den Monarchen unter Berücksichtigung des "Gesamterscheinungsbildes" eines Geschlechts. War dieses von einem besonderen Glanz geprägt, stellte es für Louis Nicolas Chérin 1789 auch keinerlei Schwierigkeit dar, das Merkmal des Alters signifikant hintan zu stellen, wie sein ins Mittel legen für die d'Harambures beweist, einem Haus, das seit 1227 bekannt, seine sichere Stammreihe erst mit dem Jahr 1480 zu belegen im Stande war:

> *"Le généalogiste des Ordres croit ne point sortir des bornes de son devoir s'il permet de répresenter qu'il est peu de circonstances plus favorables où il soit de la bonté du Roi de s'écarter de la rigueur des régles, en considération de l'ancienneté d'une race recommondabel par le caractére de son origine et le mérite de ses services, mais qui, d'ailleurs, se trouve privée des quelques titres nécessaires à la liaison des premiers degrés de sa généalogie.*"[237]

Durch die Verdienste sowie seine mutmaßlich alte Abstammung fielen die 80 Jahre fehlender "Anciennität" für den Hofgenealogen nicht weiter ins Gewicht, so daß er guten Gewissens ein positives Zeugnis ausstellte, das Ludwig XVI. gnädig aufnahm und die Zulassung auch zu den "Honneurs de la Cour" erteilte.

Trotz dieser durchaus deutlichen Formalisierung des Prüfungsprozesses gab es eine ganze Reihe von Fällen, in denen auch bei äußersten Zweifeln und Bedenken wider die Einschätzung des Hofgenalogen der König seine Gunst doch zu Teil werden ließ, so z.B. bei der Familie La Briffe. Bernard Chérin betrachtete die de La Briffe de Ferrières als Parvenüs aus dem Languedoc, welche durch eine Hofcharge 1638 in den Adelsstand erhoben worden waren. Die früheren Nachweistitel, die von der Familie vorgelegt wurden, erschienen Chérin suspekt. So bediente sich besagte Familie der Mithilfe von Kommissaren, die milder waren als die Ahnenforscher des Königs und die die alte adelige Abstammung der Familie La Briffe bezeugten. Chérins Bericht fiel weiterhin nicht zu ihren Gunsten aus, doch der König verlieh ihr einige

235 B.N.F. Fonds Clairambault, 935.
236 B.N.F. Fonds Chérin, 198.
237 B.N.F. Fonds Chérin, 103.

Jahre später doch die "Honneurs". Für diese königliche Huld wider die Statuten seines eigenen Reglements findet sich keine Erklärung, außer die punktuelle Gunstbezeugung des Monarchen für ein von ihm favorisiertes Geschlecht (Bluche 1957: 23).

Ohne Frage wäre es wenig sinnstiftend gewesen, wenn die Könige diejenigen Familien, die unter ihrem Schutz und in ihren Diensten standen, vom Hof auszuschließen, doch kann daraus in keiner Weise eine Nomothetik oder gar ein Automatismus hinsichtlich der Auswahl supponiert werden. Jede singuläre Entscheidung, jede nach den Regularien noch so ungerechtfertigte Bevorzugung einzelner kann weder als Präzedenzfall, noch als Depravierung des eigenen "Hofsystems" gewertet werden; denn der Monarch des Ancien Régime stand nicht nur an der Spitze der Adelshierarchie, sondern er war als souveräner Fürst und oberster Lehensherr derjenige, von dem jeder Adel gewährt und aberkannt werden konnte, wodurch er alleiniger "Nobilitator" seines Königreichs war. Außerdem war die ganze Struktur von Versailles auf seine Person zentral zugeschnitten, das heißt jedes neue Element am Hofe konnte nur Bestand haben, sofern es seinen Platz in Relation zum Innersten, also dem König, mit dessen Willen in Einklang stehend, erhalten hatte (Schultz 2002: 78). Somit bedurfte es nach der Systemlogik des Versailler Hofes nachgerade des stetigen Hinwegsetzens des Monarchen über Verfügungen, selbst wenn sie von ihm selbst stammten. Um in der Metapher des "Roi Solei" zu bleiben, könnte man sagen, die Sonne bescheint, wen sie will und wann sie will, selbst wenn sie nach ihren eigenen Gesetzmäßigkeiten zu bestimmten Zeiten eigentlich nicht scheinen durfte. Mithin läßt sich hieran eine Gesetzmäßigkeit nicht nur in bezug auf das französische Adelsrecht bis 1789, sondern epochengelöst auf sämtliche adelsrechtlichen Bestimmungen des Okzidents erkennen: Denn das von Plinius Secundus in der Antike gerühmte Bild eines idealen Herrschers, der nicht über, sondern unter dem Gesetz zu stehen habe ("*non est princeps supra leges, sed leges supra principem*" Plinius d.J. PANEGYRICUS 1985: LXV), läßt sich hinsichtlich des Verhältnisses von Monarch zu Adelsrecht genau gegenteilig formulieren: "*princeps supra leges (nobiles) semper est*". Der Monarch war stets Dreh- und Angelpunkt "seines" Adelsrechts (Hobbes LEVIATHAN 1670: part II, cap. XVIII). Erst als den europäischen Königen das Nobilitierungsrecht entweder ganz entzogen, wie im 19. Jahrhundert in Norwegen, Dänemark und den Niederlanden sowie in Schweden seit 1975 oder auf die unmittelbare Familie beschnitten wurde, änderte sich dieser Grundsatz dahingehend, daß die jeweilige Nobilität in adelsrechtlichen Fragen nicht mehr der uneingeschränkten königlichen Souveränität subordiniert ist, sondern derweil "neben" dem Monarchen existiert.

Im Hinblick auf die erwähnten Ausnahmen bei der Gewährung der "Honneurs" läßt sich konstatieren, daß sie für eine historische Analyse dieser besonders gelagerten Fälle ausnehmend ergiebig sind, denn sie werfen die Frage nach dem Verhältnis von Hochadel und Altadel auf. Insbesondere Adelshistoriker, die selbst dem zweiten Stand angehörten, wie auch der Vicomte de Marsay, identifizierten – fokussiert auf den Feudaladel und die Ursprünglichkeit einer Familie – den Beleg der Zugehörigkeit zum alten Adel vor 1400 mit der Inklusion in den Hochadel (Marsay 1977: 64). Diese Überzeugung entbehrt indes – jenseits der Tatsache, daß der französische Adel, vom "Duc" abgesehen, kaum eine Hierarchie innerhalb der einzelnen Titel kennt, sondern bei einer ersten Taxierung zunächst zwischen "Noblesse de robe" sowie "Noblesse d'épée" unterschieden wird (Hamoir 1974: 164–165) – der Berücksichtigung, daß es sich beim Verzeichnis der bei Hofe zugelassenen Geschlechter mitnichten um eine vollständige Matrikel des archaischen Adels handelt, sondern statt dessen um eine "Momentaufnahme" der gesellschaftlichen Wirklichkeit des 18. Jahrhunderts in Frankreich. Ein solches Verzeichnis wäre ohnehin kaum mehr als Makulatur, da mitnichten sämtliche der in Frage kommenden Geschlechter den Weg nach Versailles suchten, darunter ein Großteil der protestantischen Edelleute, die fast gar nicht am Hofe vertreten waren (vgl. dazu: Hugenotten-Verein 1963: Edikt von Fontainebleau (Art. 1 und 3)). Nicht zu vergessen auch diejenigen, denen ein Aufenthalt in Paris zu kostspielig war oder die aus purer Neugierde lediglich einmal in ihrem Leben zur Bestätigung des Alters ihres Adels aus der Provinz anzureisen gedachten und dafür nur einen kurzen Aufenthalt avisierten. So reiste ein "de Groing" auf seinen ausdrücklichen Wunsch hin nur kurz an, um der Ehre teilhaftig zu werden, in die königlichen Karossen steigen zu dürfen:

> *"M. le comte de Groing, monsieur, demande à avoir l'honneur de monter dans les carrosses du Roi et de suivre Sa Majesté à la chasse. Il m'a dit qu'il vous avait remis tous ses titres. Je vous prie de vouloir bien les examiner, et m'en rendre compte le plus tôt qu'il vous sera possible, parce que M. de Groing, qui n'est pas riche, désire s'en retourner dans sa province et éviter un long séjour à Paris, qui est toujours très coûteux."*[238]

In diesem Brief des Herzogs von La Vallière an Bernard Chérin vom 27. Februar 1771, als dieser noch erster Assistent war, erzeigt sich besonders deutlich, wie different die Motivationen waren, bei Hofe vorgestellt zu werden. Ganz offenkundig ging es La Groing weniger darum, eine glänzende Karriere zu machen, geschweige denn, sich ansonsten vermittelst des Glanzes von Versailles Vorteile zu verschaffen, was bei einem kurzen Aufenthalt kaum möglich gewesen wäre. Vielleicht ging es ihm neben der Saturierung des eigenen Ehrgefühls auch darum, seinen Status in der Provinz zu festigen oder ein Amt zu erlangen, für die der Nachweis der "Honneurs de la Cour" eine condition sine qua non war. Bei dem nämlichen de Groing handelt es sich um Charles Le Groing, der nicht das Oberhaupt des Gesamthauses verkörperte, wie Bluche vermeint (Bluche 1957: 27), sondern welcher der zweiten Linie vorstand und lediglich unter dem Titel "Comte" im November 1771 in Versailles eingeführt wurde (Woelmont de Brumagne 1928: 604). Jedem, welcher die "Honneurs" erhielt, stand es frei, mit dem Titel vorgestellt zu werden, welchen er wünschte. Ausgenommen war allein der des Herzogs, da mit ihm ganz besondere Ehren einherhingen und darob besonders auf ihn geachtet wurde. Dies war dieserhalb möglich, da es sich lediglich um bloße "Höflichkeitstitel" (*titres de courtoisie*) handelte, denn das Prestige einer Familie wurde mitnichten, wie bereits dargelegt wurde, von der Höhe des Titels bestimmt, sondern von mehreren anderen Faktoren, wobei dem Alter und der Art des Adels eine hohe Bedeutung zukam. Viele Geschlechter versuchten im 19. und 20. Jahrhundert diese Höflichkeitstitel in ihre Personenstandsurkunden eintragen zu lassen; indes meist erfolglos, da eine Registrierung bei den zuständigen Parlamenten im Zusammenhang mit der Zulassung bei Hofe fast nie erfolgte. So erhielten die d'Audiffret-Pasquiers ihren Herzogstitel erst von Napoleon III. im Jahre 1862 bestätigt, was allerdings eine Ausnahme darstellte Descheemaeker (1958). Viele Mitglieder der Le Groings führten die "Courtoisie-Titel" Marquis und Comte auch über mehrere Generationen hinweg, woran niemand Anstoß nahm, da das Geschlecht zu einem der ältesten des Bourbonnais seit 1142 gehörte und seine sichere Stammreihe im Jahr 1264 beginnen ließ (Woelmont de Brumagne 1928: 600).

Nachdem Louis Nicolas Chérin von seinem Vater das Amt des "Généalogiste du Roi" im Jahr 1787 übernommen hatte, sollten die gutachterlichen Vorschläge hinsichtlich derjenigen Personen, die zu Hofe zugelassen waren, nur noch drei Jahre andauern. Am 4. Juni 1790 erhielt Chérin ein äußerst knappes Schreiben vom seinerzeitigen Innenminister, dem Grafen de Saint-Priest, in welchem er ihn im Namen Seiner Majestät aufforderte, fürderhin keine genealogischen Nachforschungen mehr vorzunehmen und dem König keine Personen für die Zulassung bei Hofe mehr vorzuschlagen (Villequez 1863: 189). Seither gab es in Frankreich keine "Honneurs de la Cour" mehr. Schenkt man dem "Registre des dames présentés au roi" Glauben, wurden dem König zwischen dem 15. März 1789 und dem 2. Mai 1790 zuletzt 22 Damen

238 B.N.F. Fonds Chérin, 100.

präsentiert, indes ab Oktober 1789 nicht mehr in Versailles, sondern im *Palais des Tuiléries* (Anhang A.12: 690). Dieser Vorgang verkörpert die Konsequenz aus der Abschaffung der Vorrechte des Adels vom 4. August 1789 und bereitete die finale Supression sämtlicher Titel durch das Dekret der "Assemblée nationale" vom 19. Juni 1790 vor (Smith 2006: 254).

Die Kodifizierung von 1759, die das Erlangen der "Honneurs de la Cour" erschwerte, hatte paradoxerweise zur Folge, daß die Zahl der Anwärter beträchtlich anstieg und bald dazu führte, daß die ursprüngliche Bedeutung dieses Privilegs verfälscht wurde. Gründe waren die beträchtlichen finanziellen Vorteile, die mit einer fundamentalen Aufwertung des eigenen Sozialprestiges einhergingen. Zu denken wäre an vorteilhafte Heiraten oder lukrative Stellungen, welche erst mit dem Gunstbeweis, in die Karossen des Königs gestiegen zu sein oder ihn auf die Jagd begleitet zu haben, erlangbar waren. Die originäre Intention der "Honneurs", eine illustre Auslese der exzellierendsten Familien des Königreichs in Versailles zu versammeln, um auf diese Weise anderen ein Ansporn zu sein und den Glanz des Souveräns zu mehren, wurde auf diese Weise konterkariert, wie Beaujon in einem Brief an den Minister des königlichen Hauses vom 17. Juni 1763 lebhaft bedauerte.[239]

Gleichergestalt war dieses Zertifikat, welches die Zugehörigkeit zum alten Adel prima vista attestierte, für einige Edelmänner nicht allein ein Objekt des tatsächlichen Interesses, sondern auch der Ehre, wenn nicht gar der Eitelkeit. Darob handelte es sich bei den "Honneurs de la Cour" mehr als nur um ein Privileg, um in die königliche Gesellschaft zu gelangen, oder um ein Testat, welches zu Wohlstand und Karriere verhelfen konnte. Vielmehr fungierte es darüber hinaus als Bemessungsgrundlage und Abgrenzungsmerkmal für den Adel als sozialer Entität schlechthin, wie es späterhin sonderheitlich durch Adelslexika und -nachschlagewerke seinen besonderen Ausdruck finden sollte (Saint-Martin 2003: 71–84).

Betrachtet man abschließend die unterschiedlichen Funktionen der "Honneurs de la Cour" aus adelsrechtlicher Perspektive, so ist augenfällig, daß sich zwei Konsequenzen daraus ableiten lassen:

1. In Ermangelung von Adelsmatrikeln und den relativ weit zurückreichenden offiziellen Adelsprüfungen des 17. Jahrhunderts oblag es dem "Cabinet des Ordres" beziehungsweise dem "Juge des armes", gutachterlich die Prüfung der Adelsqualität vorzunehmen und Adelszertifikate auszufertigen.
2. Hieraus eine Dichtomoisierung in hohen und niedrigen Adel abzuleiten, greift insofern nicht, da mitnichten die Gesamtheit des französischen Adels untersucht wurde und das letzte Wort dem Souverän oblag, der selbst bei einem befürwortenden Votum des "Généalogiste du Roi", das sich auf eine vollständige Einhaltung aller Kriterien des Reglements von 1759 gründete, immer noch einen abschlägigen Bescheid zu erteilen vermochte.

Demzufolge handelte es sich bei den "Honneurs de la Cour" um ein selektiv-permeables System, daß als einzig ableitbare Nomothetik den Willen des Königs kannte und aus dem sich mitnichten prima facie die "Adelsqualität" einer Familie ableiten ließ. Statt dessen muß in jedem Einzelfall geprüft werden, ob es sich um einen bloßen Gunstbeweis des Monarchen handelte, welcher die Gesellschaftsrealität Frankreichs des 18. Jahrhunderts widerspiegelte, oder ob tatsächlich ein alter Adel zertifiziert wurde, welcher entweder einen altfeudalen oder einen weit zurückliegenden Nobilitierungsursprung hatte. Schließlich war die Reichweite der Aussage einer Auflistung derjenigen Geschlechter, welche die "Honneurs de la Cour" empfingen, relativ gering, berücksichtigt man die Tatsache, daß es sich beim Adel generell um eine zutiefst heterogene Gruppe handelte und so exzellierende Häuser, wie die Caumonts, Durforts,

239 B.N.F. Fonds Chérin, 102.

Clermont-Tonneres, d'Harcourts, Noailles oder die Rohans, mit bescheideneren Familien, wie den Groings, Beuzevilles, Curières oder den La Pallus, nichts gemein haben, außer, daß sie sämtlich einen guten Adel alten Ursprungs aufweisen können. Man ist fast geneigt zu behaupten, daß der Enkel eines nobilitierten Bankiers, wie beispielsweise der Präsident Bernard de Boulainvilliers, Lektor des Königs und dazu berechtigt, der Kammer beizuwohnen, weit mehr ein Mann des Hofes war, als die wenigen Edelmänner von veritabel altadliger Abstammung, welche die langweilige Erfahrung, in die königlichen Kutschen zu steigen, bereits gemacht hatten. Fernerhin ist der Einfluß derjenigen Familien, welche auch ohne Adelsbrief offiziell die "Honneurs de la Cour" erhielten, wie die Colberts, Dreux-Brézés, Forbins etc., auf die Geschichte der französischen Monarchie zuweilen weit größer als der von jenen Geschlechtern, welche über einen langen adligen Stammbaum verfügten, aber kaum im Dienste des Königs standen, über wenig Besitz verfügten und an ihre Ländereien in der Provinz gefesselt waren, wie der Fall "de Groing" anschaulich zu illustrieren vermag (Bluche 1957: 27).

4.2 Der Erwerb und die Transmission von Adelstiteln

4.2.1 Die erstmalige Erlangung des Adelsstatus

Mit der Revolution konnte der Adel in Frankreich im Sinne einer – wenn auch zuletzt äußerst eingeschränkten – Herrschaftsausübung im lehensrechtlichen Kontext nicht mehr erlangt und übertragen werden. Statt dessen vermochten bis zum Ende des Zweiten Kaiserreichs nur noch Titel zur Auszeichnung einer Person für besondere Verdienste erworben und transmittiert werden. Mehrere der alten Erwerbs- und Weitergabemöglichkeiten verschwanden mit den alten Institutionen des Ancien Régime. Titel wurden nur noch vermittelst Verleihung durch den Staatschef erlangt und nur noch vermöge Nachfolge und Eheschließung weitergegeben. Für die Titel der Epoche vor 1789, welche den Nachkommen des alten Adels erhalten geblieben sind, gelten die Bestimmungen des alten Rechts, sofern der Gesetzgeber diese nicht ausdrücklich und implizit geändert hat. Zweifellos gibt es einen großen Bedeutungs- und Wertunterschied zwischen denjenigen Adelstiteln, welche vor der Revolution erlangt wurden und denjenigen, die erst der Gnade Napoleons oder den Nachfolgemonarchien zu verdanken sind, denn die alten Titel brachten, sofern sie nicht der *noblesse de robe* oder der *noblesse de lettres* entstammten, die Verbindung des Herrn mit seinem Lehen zu Ausdruck. Sie waren Zeichen für einen privilegierten Besitz. Heutigentags, da fast kaum noch eine Familie auf den Gütern ihres angestammten Lehens lebt, sind die Titel nur noch ein namentliches Erkennungsmerkmal.

Dabei hatte es während des Restauration zunächst den Anschein, als ob mit Artikel 71 der Charte von 1814 ("*La noblesse ancienne reprend ses titres*" (Pölitz 1999)), beabsichtigt war, sie samt den alten Regeln wieder einzuführen. Allerdings wäre dies ohne eine Wiederherstellung des alten Feudalsystems und des Institutionenapparats schlechterdings nicht möglich gewesen, was mit den seinerzeitigen realpolitischen Prämissen mitnichten zu realisieren war (Rey 1902: 61–62), so daß die Titel, wie bereits zur Zeit des Ersten Empire, einzig nur noch den Charakter eines Dekorum hatten. Folglich paßten sich die Gesetzmäßigkeiten zur Transmission von Adelstiteln ab 1789 den jeweils herrschenden politischen Systemen an. Doch bevor auf die einzelnen Möglichkeiten der Titelübergabe zu rekurrieren sein wird, erscheint es zunächst fruchtbringend zu ergründen, auf welche Art man während des Anciem Régime als Bürgerlicher (*roturier*) in den Stand der *noblesse* Aufnahme finden konnte:

1. Durch den Besitz eines Lehens (*possesion d'un fief*). Diese Möglichkeit, in den Adelsstand einzutreten, fiel dereinst mit dem Inkrafttreten der *Ordonnance de Blois* von 1579

weg (Ordonnance de mai 1579 Blois: Art. 258, vgl. Kap. 4.3: 442). Unter eingeschränkten Bedingungen bestand sie jedoch in Béarn und Bigorre fort (Bush 1983: 36).

2. Durch die Errichtung eines Würdelehens, also einer Châtellenie, Baronie, Grafschaft etc. (*érection de terres en fief de dignité*, vgl. Tab. 4.3: 426). Sofern der Begünstigte nicht adlig war, was nur selten der Fall war, wurde er durch die Errichtung des Würdelehens geadelt, denn im Ancien Régime war es allein Adligen vorbehalten, Titel zu führen (Antoine 1998: 120). Dabei war es mitnichten notwendig, daß eine Erhebung stets in der nächsthöheren Hierarchiestufe zu erfolgen hatte, also von einer Baronie in eine Grafschaft oder von einer Grafschaft in ein Marquisat. Häufig wurden ein oder gar mehrere Ränge übersprungen. Dabei spielte es dann eine sehr nachgeordnete Rolle, ob die formalen Voraussetzungen zur Errichtung des Würdelehens streng eingehalten wurden, sondern entscheidend war die Bedeutung sowie der Einfluß der das Lehen besitzenden Familie und letztendlich der alleinige Wille des Monarchen, wie sich am Beispiel der Herrschaft d'Albret illustrieren läßt: Diese wurde erstmals am 29. April 1550 für Heinrich II. d'Albret, König von Navarra (vgl. Kap. 2.3.2.3: 155), von einer simplen Seigneurie (die ältere Literatur geht irrig von einer Baronie (Chauton 1963) oder Vicomté aus (Fonvielle 1840) zum Herzogtum erhoben (mit sehr detaillierten Quellenangaben bei: Levantal 1996: 262). Dieser Akt einer (*érection de terres* mußte, um volle Rechtsgültigkeit entfalten zu können, bei demjenigen souveränen Provinzparlament (Gerichtshof), in dessen administrativen Zuständigkeitsbereich die begünstige Herrschaft lag, registriert werden (Sémainville 1860: 759; 772–773).
3. Durch die Ausübung bestimmter Gemeindeämter in einigen Städten (*noblesse de cloche* oder *noblesse échevinale*). Diese Möglichkeit bestand bis zum Erlaß des Dekrets vom 14. Dezember 1789, durch welches die Munizipalreform, in der die existierenden Gemeinden abgeschafft und neue gegründet wurden, ihren Abschluß fand (Schönpflug 2002: 32). Es handelte sich dabei um die nachfolgenden Städte: Angers, Angoulême, Bourge, Lyon, Nantes, Paris, Poitiers, Toulouse, Arras, Cognac, Issoudun, La Rochelle, Le Mans, Niort, St. Jean d'Angély, Tours. Die Bedingungen für eine Adelung waren von Stadt zu Stadt divergent. Lediglich die ersten acht genannten Städte bewahrten sich dieses Privileg ganz oder partiell bis zum Ende des Ancien Régime, folglich verliehen 27 Gemeinden, verteilt auf die 16 genannten Städte, den Adel qua Amt (Chaussinand-Nogaret 2000: 45).
4. Bis 1789 durch Eintragung als adliger Bürger von Perpignan (*immatriculation comme citoyen noble*), limitiert auf jährlich zwei Bürger (immer noch grundlegend: Xaupi 1763).
5. Durch den Dienst an der Waffe (*noblesse militaire*). König Heinrich III. verfügte in seinem Edikt vom März 1583, daß nach zehn Jahren Dienst an der Waffe es einem Nichtadligen gestattet sei, von der Steuerfreiheit des Adels zu profitieren (Challamel 1873: 26).

Table 4.3: Voraussetzungen für die Erhebung in eine érection de terres en fief de dignité *nach dem Edikt vom 17. August 1579 [eigene Darstellung, basierend auf C.D.N. 1786: 72]*

Lehenstypus	**Bedingungen der Erhebung**
châtellenie	Hohe, mittlere und niedere Gerichtsbarkeit, Marktrechte, Kaufmannsrechte, Straßenzollrechte Ernennungsvorrecht in allen Kirchen der Herrschaft
baronnie	mindestens drei *châtellenies*
comté	mindestens zwei Baronien und drei *châtellenies* oder eine Baronie und sechs *châtellenies*
marquisat	mindestens drei Baronien und drei *châtellenies* oder zwei Baronien und sechs *châtellenies*
duché	gänzlich variabel und allein vom Willen des Königs dependent

Sein Nachfolger Heinrich IV. ging noch einen Schritt weiter und stellte das Gleichgewicht zwischen Militär und Rechtsbeamten, welche sich bereits im Genuß beachtlicher Privilegien befanden, dahingehend wieder her, daß er den Militärdienst zu einer Möglichkeit machte, in den Adelsstand aufzusteigen. Das Edikt von 1600 legte fest, daß demjenigen vererbbarer Adel zuteil wurde, welcher wie ein Adliger lebte und dessen Vater und Großvater mindestens 20 Jahre als Hauptmann, Leutnant oder Oberleutnant mit der Waffe gedient hatten. Dabei ist besonders zu annotieren, daß die Nachfahren eines im dritten Grad Geadelten dadurch, daß sie mit der Waffe im Dienste des Königs standen, selbst nicht dem Adel zugehörig waren (Sémainville 1860: 334). Seit dem Erlaß des Edikts vom November 1750 durch Ludwig XV., war für die Erlangung eines Offiziersranges oberhalb des *capitain* (Hauptmann), wie seinerzeit noch im Kopfsteueredikt vom Januar 1634 vorgeschrieben, keine Ahnenprobe von mindestens vier männlichen adligen Vorfahren oder 20 Jahren Dienst als Hauptmann in jeder Generation – gleichfalls ohne rückwirkenden Effekt – mehr erforderlich (Bluche und Durye 1962: 40–42). Damit fand die Schaffung eines veritablen "Militäradels" durch den Dienst an der Waffe (*acquisition par le service militaire*) ihren Abschluß und es kam auf diese Weise zunächst zu einer zumindest formalen Gleichstellung von adligen und bürgerlichen Bewerbern für eine Offizierslaufbahn auf der Grundlage des Leistungsprinzips (Gibiat 2006: 237). Mit dem Edikt von 1781 des Marschall de Ségur wurde die Vierahnenprobe jedoch wieder für diejenigen eingeführt, die ohne vorherigen Soldatendienst gleich das Offiziersbrevet erhalten wollten. Dies vermag als Gegenreaktion des alten Adels auf einen zunehmenden Kauf von Offizierstellen durch den neunobilitierten, wohlhabenden Amtsadel taxiert zu werden (vgl. dazu weiterführend: Bien 1974).

6. Durch die Ausübung eines adelnden Amtes (*noblesse de robe*), welches den Adel sofort mit dem Antritt oder über ein, zwei oder drei Generationen hinweg (*noblesse au premier, deuxième, ou au troisième degré*) nach einer bestimmten Dauer des Dienstes (meist 20 Jahre oder bei Tod als Amtsinhaber), verlieh (vgl. Kap. 4.4: 429). Betroffen waren zumeist Positionen im Rechtswesen, vorzüglich an den großen Gerichtshöfen (*parlements*), also Richterschaft, Staatsanwälte etc. (Salmon 1975: 102–103).
7. Durch ausgehändigte Nobilitierungsbriefe (*noblesse de lettres*). Diese "lettres patentes" des Königs konnten auf Anfrage erteilt werden oder auf Initiative des Herrschers als Belohnung für geleistete Dienste ausgestellt werden (Chérin 2002: 50–52).
8. Durch Ritterschlag (*acquisition par la chevalerie*). Bei dieser recht seltenen Form der Adelsverleihung handelte es sich um echten und vererbbaren Adel. Normalerweise adelte der Ritterschlag nämlich nicht, denn es handelte sich bei ihm mitnichten um einen Feudaltitel, sondern einzig um eine militärische Eigenschaft (Levesque 1866: 130). Somit war es auch ein Privileg anderer Lehensherren und nicht allein des Königs, Ritter zu schlagen, doch eine mit dem Ritterschlag einhergehende Nobilitierung mußte vom Monarchen selbst vollzogen werden. Zumeist erhielt der auf diese Weise Ausgezeichnete noch ein Ritterlehen verliehen oder der Souverän betraute ihn mit einem würdevollen Amt, an welches der Rang und der Titel des Ritters geknüpft war. Die Söhne des durch die Ritterschlagung Geadelten wurden dadurch gleichergestalt in den Stand ihres Vaters aufgenommen, doch ging der Titel des *chevalier* nicht automatisch auf sie über; zumeist betitelte man sie darob als "écuyer" (Barbier de Felcourt 1867: 88).
9. Durch Überprüfung (*noblesse d'agrégation*). Dabei handelte es sich um originär bürgerliche Geschlechter, welche es vermochten, einen adligen Lebensstil ("*vivre noblement*") zwischen zwei Untersuchungen wider die Ursupation des Adels so zu führen, daß sie nicht beanstandet wurden und auf diese Weise sukzessive in den Zweiten Stand Aufnahme fanden (Dioudonnat 1982: 15). Hinzu kam, daß der örtliche Adel durch die Akzeptanz einer

solchen Familie, vor allem vermittelst der Heirat, eine soziale Realität schuf, welche nicht mehr durch das formale Fehlen einer Adelsurkunde abandonniert werden konnte (Reinhard 2006: 317), wie z.B. bei den Cournuaud de Fonbourgade (vgl. Kap. 2.3.3.2: 199).

4.2.2 Die unterschiedlichen Arten der Transmission von Adel und Titeln

Zunächst erscheint es sinnstiftend, die wichtigsten Termini hinsichtlich der Übertragungsmodalitäten des Adels in Frankreich während des Ancien Régime einer Grundklärung zu unterziehen. Denn allzu häufig wurden Mißverständnisse ob einer zu unkonturierten Begrifflichkeit evoziert, die mitunter zu Verwechslungen und Doppelungen führten (vgl. Tab. 4.5: 431).

Wesentlich erscheint hier zunächst das Wort “transmissible”, das niemals, weder im Ancien Régime noch heute, mit “übertragbar” oder “vererblich” gleichzusetzen ist. Wörterbücher definieren “übertragbar” als etwas, das übertragen werden kann. In Hinblick auf den einfachen Adel (das heißt die Schildknappen) ist es sinnvoll, auf diesem Unterschied zu bestehen. Wenn auch nichts dagegen spricht, beim titulierten Adel, wie beispielsweise beim Baron, von einem vererbbaren Titel zu sprechen, obschon er auch nur von einer Person geführt werden kann, es sich aber bei einem Titelträger immer um ein Mitglied des Erbadels handelt, ist es beim einfachen Adel anders: Vom übertragbaren Adel profitierte stets nur eine Person, denn er war persönlich, während vom vererblichen Adel alle geborenen und ungeborenen Kinder profitierten.

Der persönliche Adel (*Noblesse personnelle*) wurde einer Person unabhängig von ihrem Landbesitz verliehen. Der Titel war also personengebunden und verlosch mit dem Tod des Geadelten. Der Titel bezog sich in diesem Fall direkt auf den Familiennamen. So zum Beispiel bei Herzögen oder Grafen, die kein Herzogtum oder keine Grafschaft besaßen: Sie wurden *duc, comte etc. à brevet* (in etwa “beurkundete Herzöge, Grafen” etc.) genannt.

Beim erlangten und übertragbaren Adel (*Noblesse acquise et transmissible*) handelte es sich um eine Eigenschaft, wie sie das erste Mal in dieser Kombination im “Règlement royal” über die Einberufung der Wahlversammlungen der Generalstände vom 24. Januar 1789 (Art. 16) zu finden war (Duvergier 1834: 5 u. 15). In diesem Kontext bedeutet “erlangt” noch nicht “endgültig erlangt”, was nach 20 Amtsjahren vererbbar heißen würde, denn sonst wäre das Wort “übertragbar” nicht nur überflüssig, sondern auch ungenau. Der erlangte und übertragbare Adel war demgemäß ein persönlicher Adel, welcher in den beiden bereits genannten Fällen (20 Jahre Amtszeit oder Verscheiden im Amt) auf die Nachkommen übertragen wurde und darob die Eigenschaft des vererbbaren Adels erhielt. Im engeren Sinne traf dies für den Adel ersten Grades oder für die zweite Generation des graduellen Adels zu. Legt man einen weiteren Bedeutungshorizont zu Grunde, inkludierte diese Bezeichnung die erste Generation des graduellen Adels. Dies war beispielsweise beim Amt des Schatzmeisters von Frankreich der Fall. Selbiger gehörte dem Corps der hohen Institutionen an, welches mit dem persönlichen Adel einherging. Die Finanzämter außerhalb von Paris übertrugen den Adel lediglich über den Großvater und den Vater (Guyot 1785: 296). Folglich schloß diese Bezeichnung die erste Generation des graduellen Adels nur im weiteren Sinne ein, weil die Situation der zweiten Generation erst nach Amtsübernahme der des Adels ersten Grades entsprach. Gemäß dessen vermochten die Verfasser der Vorschrift vom 24. Januar 1789 die erste Generation, das heißt einen beachtlichen Teil der Rechtsbeamten der höchsten Gerichte und Finanzämter, nicht aus dieser Definition herausnehmen, weil sie laut Edikt vom Juli 1766 adlig waren (Grandmaison 1852: 1032–1033).

Vereinzelt findet man auch die Bezeichnung “*noblesse héréditaire au premier degré*” (vererbbarer Adel ersten Grades), so zum Beispiel bei Chérin für das Parlament von Douai und im "*État de la magistrature en France de 1789*" für die französischen Schatzmeister von Paris (Duhamel 1789: 479). Diese könnte dahingehend Verwirrung stiften, daß es sich hierbei nicht um vererbbaren Adel, sondern um den gewöhnlichen Fall einer Vererbbarkeit nach 20 Jahren Amtszeit handelte. Gemeinhin war der Adel ersten Grades ein Adel *ad personam*. Eine Ausnahme bildeten die Sekretäre des Königs, auf welche noch en detail zu rekurrieren sein wird.

Eine beachtliche Zahl von Amtsinhabern erlangte keinen Adel, sondern genoß lediglich bestimmte Adelsprivilegien, zumeist eine Befreiung von der Kopfsteuer (vgl. Tab. 4.5: 431). Dabei handelte es sich um die Tischgenossen zweiten Ranges des Königs, der Königin und der Prinzen, Truppenoffiziere, Gemeindebeamten, Vögte, Oberleutnants, etc. Diese Differenzierung zwischen der tatsächlichen Adelserlangung und der Verleihung von einigen Adelsprivilegien ist von höchster Wichtigkeit. Man könnte sagen, daß der sukzessive Übertrag dieser adligen Vorrechte eine Art "Vorstufe" zur vollwertigen Nobilitierung bedeutete, was durchaus auch im Sinne einer "Bewährungsprobe" zu verstehen ist. Folglich mußte in jedem Fall einzeln und gründlich geprüft werden, ob die Adelsqualität tatsächlich gegeben war, oder ob sich der Anspruch auf Adligkeit nur aus zuerteilten Adelsprivilegien abzuleiten versuchte.

Table 4.4: Übertragungsmodi des französischen Adels [eigene Darstellung, basierend auf: (Guérin und Guérin 1978: 17)]

Art der Übertragung	**Erläuterung**
Vererbbarer Adel *(Noblesse héréditaire)*	Adel, den alle Familienmitglieder genossen. Der Erwerb vererbbaren Adels, sei es durch Adelsbriefe oder Amtsaufnahme (sofern die erforderliche Amtszeit abgeleistet wurde oder der Betreffende im Amt starb), betraf sowohl den Amtsinhaber als auch seine geborenen und ungeborenen Kinder.
Einfacher Adel *(Noblesse simple)*	Im Gegensatz zum betitelten Adel wie Grafen, Barone und Marquis, setzte sich die einfache Noblesse aus allen übrigen Seigneurs, wie vorrangig den Schildknappen (écuyer) zusammen.
Persönlicher Adel *(Noblesse personnelle)*	Adel, den nur der Inhaber eines nobilitierenden Amts genoß, welcher indes mitnichten auf seine Sprößlinge transmittiert werden konnte. Um von diesem Adel zu profitieren, mußte man die Auszahlung der Provisionen des Amtes und die Amtsaufnahme nachweisen.
Erlangter Adel *(Noblesse acquise)*	Dieser Begriff findet sich auch in den jährlichen Steuerbescheiden. Er grenzte den persönlichen Adel gegenüber den einfachen Adelsprivilegien ab.
Übertragbarer Adel *(Noblesse transmissible)*	Dieser erlangte Adel war übertragbar, wofern eine Amtszeit von mindestens zwanzig Jahren abgeleistet worden war oder der Amtsinhaber während der Ausübung seines Amtes verschied.
Erlangter und übertragbarer Adel *(Noblesse acquise et transmissible)*	Hier bedeutet "erlangt" noch nicht "endgültig", denn das würde nach 20 Amtsjahren vererbbar, heißen; ansonsten wäre das Wort "übertragbar" nicht nur überflüssig, sondern auch ungenau. Der erlangte und übertragbare Adel war mithin eine "*Noblesse ad personam*", die in den beiden oben genannten Fällen auf die Nachkommen übertragen wurde und auf diese Weise die Eigenschaft des vererbbaren Adels bekam.
Adel ersten, zweiten und dritten Grades *(Noblesse au premier, deuxième ou au troisième degré)*	Adel, der in der ersten, zweiten oder dritten Generation die Eigenschaft "vererbbar" erhielt.
Gradueller Adel ***Noblesse graduelle***	Synonym für den Adel zweiten oder dritten Grades

Es wurde dargelegt, wessentwegen die Rechtsbeamten der obersten Gerichtshöfe adlig waren und wie sie ihren persönlichen Adel übertrugen. Des Weiteren haben wir die Begriffe "erlangter Adel und "erlangter und übertragbarer Adel" definiert. In einem zweiten Schritt gilt es jetzt zu zeigen, daß die Einordnung der oben genannten Ämter in den zweiten Stand sinnstiftend war. Denn die Briefadelung (*noblesse de lettres*) schuf eine gegenwärtig leicht verständliche Situation: den gleichzeitigen Aufstieg des Geadelten und seiner Kinder in den Adelsstand. Die Adelung durch Amtsaufnahme wird hingegen häufig falsch interpretiert. Einige Autoren ziehen nämlich keine klare Grenze zwischen persönlichem Adel und einfachen Adelsprivilegien. Für andere gibt es keinen Unterschied. Sie gehen sogar so weit, zu behaupten, es habe keinen persönlichen Adel gegeben (Bluche und Durye 1962: 8 (Bd. 1)).

Der Grund dieser Unklarheiten liegt wahrscheinlich darin begründet, daß es sich beim zweiten Stand nicht um eine homogene Personengruppe handelte, in welcher alle denselben Rang und dieselben Würden innehatten und zumindest ähnliche Vorteile und Privilegien genossen. Zwischen einem Herzog sowie Pair der Krone und dem Schatzmeister Frankreichs, welcher das Amt in erster Generation ausführte und somit graduellen, noch nicht übertragbaren Adel besaß, gab es etliche Zwischenstufen: den Adel, der vor das Jahr 1400 zurückverfolgt werden konnte, erforderlich für die "Honneurs de la Cour" (vgl. Kap. 4.1.3: 416), ferner die neun Adelsgenerationen, um in den Ritterorden Saint-Lazar aufgenommen zu werden, sodann die vier Generationen, die bei der Militärschule vorausgesetzt wurden, das Alter des Adels, das für eine Teilnahme an den Adelsversammlungen in den Provinzen, den sogenannten "Pays d'Etats" erforderlich war (Jones 1995: 20), die kürzlich Geadelten und andere mehr.

Auch wenn es mehrere Möglichkeiten gab, adlig zu werden, vermag mit gutem Fug behauptet werden, daß keine andere so beachtlich war, wie die der Bekleidung des Amts des Sekretärs des Königs (*secrétaire du roi*). Denn diejenigen, welche mit einem solchen Officium betraut wurden, erhielten durch die Macht der Könige sofort den Status eines Blutsadligen; aufgrund eines Privilegs, welches ihnen allein vorbehalten war, profitieren sie von denselben Würden und Vorteilen wie Adlige der vierten Generation (Salmon 1975: 102–103).

Der Aufnahme in das Amt gingen mehrere Untersuchungen voraus, selbst wenn der Amtsanwärter bereits adlig war (was auf etwa 10% der Bewerber zutraf). Robin berichtet über Fälle, in denen der Bewerber abgelehnt wurde, weil seine Familie Tätigkeiten nachging, die

Table 4.5: Personengruppenspezifische Abgrenzung zwischen Inhabern von einzelnen Adelsprivilegien und veritablen Adligen [eigene Darstellung]

Personengruppe	**Privilegien**	**adlig**
Edelleute und Adlige, die Malteserritter, die Beamten der obersten Gerichtshöfe und Schatzmeister Frankreichs, die Sekretäre des Königs und Inhaber anderer, sofort den Adel übertragender Ämter	nicht nur von der Kopfsteuer befreit, sondern profitierten auch von einem Freibetrag der Erwerbssteuer im Wert eines Bauernhofs oder Pachtguts mit Ackerland für vier Pflüge	ja
Armeeoffiziere im Dienst	von der Kopfsteuer befreit; diejenigen, welche mit dem Ritterkreuz von Saint-Louis aus dem Dienst geschieden waren, genossen auch eine Befreiung von der Erwerbssteuer, die sich jedoch auf zwei Pflüge belief	nein
Bedienstete des Königshauses sowie königliche Tischgenossen	Befreiung von der Kopfsteuer, sofern sie keinen Adel erlangt hatten	nein
Gemeindebeamte, Vögte, Hauptmänner und stellvertretende Hauptmänner der Garde	nur von der Kopfsteuer befreit	nein

mit der Lebensweise eines Aristokraten als unvereinbar galten. Bisweilen mußten Aspiranten sogar umziehen, um einen ihrem Rang entsprechenden Wohnsitz vorweisen zu können (Robin 1933: 72).

Die Kosten für diese Ämter waren äußerst aufwendig: 1785 mußten 120.000 Livres für ein Amt in der großen Kanzlei und 80.000 für eines in einer kleinen ausgegeben werden, wobei die Preise stetig anstiegen (vgl. dazu beispielhaft: Abb. 4.1: 434). Zu diesen Kosten kamen weitere Expensarien hinzu: Abfindungszahlungen für aus dem Amt Scheidende (durch die der Wert der Ämter in den unterschiedlichen Kanzleien schwankte, obwohl es verboten war, die offiziellen Werte so in die Höhe zu treiben), Abgaben bei Amtsaufnahme, bei Versetzung sowie bei Amtszeitverlängerung, des weiteren eine Marc d'or, das heißt eine Abgabe für die Nobilitierung als auch eine Siegelgebühr und verschiedene weitere Provisionen. Fast man diese Zusatzkosten zusammen, war man mitunter gezwungen für ein Amt in den kleinen Kanzleien über 100.000 Livres zu begleichen. Vergleicht man diese Preise mit denen gegen Ende der Herrschaft von Ludwig XIV., so schlug das Amt des *secrétaire du roi* mit circa 20.000 livres noch verhältnismäßig günstig zu Buche (Doyle 1995: 84).

Es nimmt daher nicht wunder, daß die Erben eines gewissen Monsieur Godefroy, Sekretär des Königs, nach seinem Tod am 9. März 1770 sich nicht im Stande sahen, einen Nachfolger für das Amt ihres Vaters zu finden und deshalb darum ersuchten, die Kosten für diese Stellung nicht zu erhöhen.

Zweifellos waren die Ämter der großen Kanzlei kostspielig, denn man verband mit ihnen eine größere Würde und sie brachten zwei oder drei zusätzliche Vorteile mit sich. So waren die Amtsinhaber einer großen Kanzlei beispielsweise durch die Erklärung vom 16. August 1772 bei der Aufnahme eines weiteren adelnden Amts von der Marc d'or befreit. In Hinblick auf die wesentlichen Privilegien des Adels ersten Grades gab es jedoch keine Unterschiede.

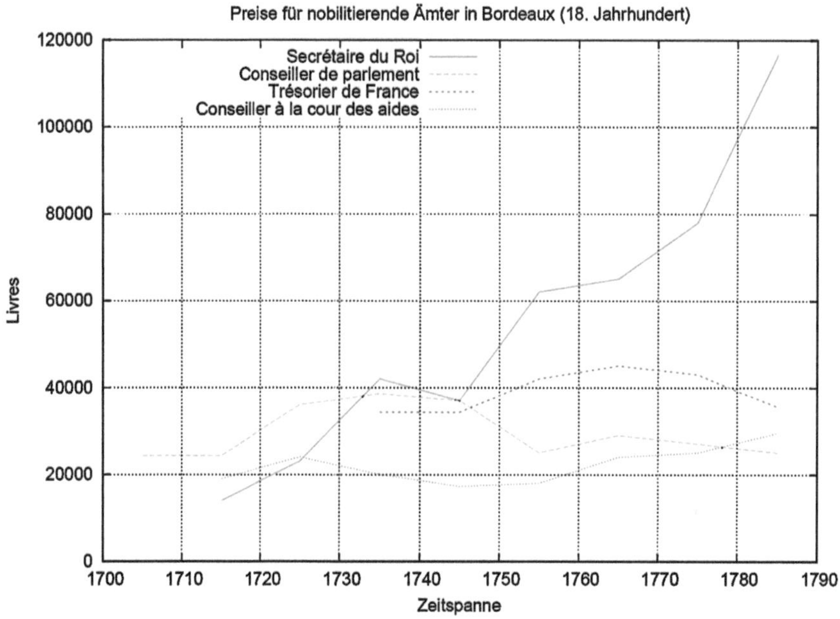

Abb. 4.1: Preise für nobilitierende Ämter in Bordeaux des 18. Jahrhunderts [eigene Darstellung, basierend auf: Doyle 1995: 77]

Es ist unrichtig, sofern geschrieben wird, die Sekretäre der kleinen Kanzleien, welche aus der Abtrennung von den großen entstanden, hätten nie vergleichbare Privilegien genossen. Insofern ist Bluche dezidiert zu widersprechen, wenn er seiner Studie "L'anoblissement par charge" die Behauptung vertritt, ein Sekretär des Königs sei bürgerlichen Standes gewesen (Bluche und Durye 1962: 40 (Anm. 9)).

Einige Autoren verfolgen eine ähnliche Stoßrichtung und versuchen, wie der Herzog von Saint-Simon, den auf diese Weise erworbenen Adel herabzusetzen, indem sie schreiben, daß es im Ancien Régime sehr leicht gewesen wäre, geadelt zu werden: Man habe lediglich das Amt eines Sekretärs des Königs aufnehmen müssen, welches von Saint-Simon ein wenig spöttisch als "*savonnette à vilain*" ("Toilettenseife für Bürgerliche") bezeichnet wurde (Dubé 1998: 128). Dies ist indes ein etwas vordergründiger Standpunkt: Schließlich galt es immerhin, das notwendige Kapital für dieses begehrte Amt aufzubringen, hierfür schlechterdings angenommen zu werden und darüber hinaus eine freie Position zu finden. Denn es existierten nur 760 dieser Ämter für 25 Millionen Einwohner. Obwohl es diese Institution mehr als 400 Jahre gab, existieren gegenwärtig lediglich noch 441 Adelsfamilien, welche seinerzeit vermittelst Bekleidung der Charge eines Sekretärs des Königs geadelt wurden, das heißt nur 12,5% der Adligen des Ancien Régimes (und 11% aller geadelten und Titelträger). Mithin würde es sich um einen ausgesprochen niedrigen Wert handeln, wofern es sich hierbei um ein Amt gehandelt hätte, welches jedem zugänglich gewesen wäre (Guérin und Guérin 1978: 29).

Die vorgenannte Aufzählung geht, den salischen Erbfolgegesetzen folgend (vgl. Kap. 4.1.2: 410), stets von der Erlangung und Bewahrung des Adels durch den Mann aus. Sofern eine Adlige einen Bürgerlichen heiratete, verlor sie ihre Adelszugehörigkeit, beziehungsweise ihr Adel "ruhte" während der gesamten Dauer der Ehe. Mithin vermochte es die Mutter nicht, ihren Adel während der Dauer ihrer Verheiratung auf ihre Kinder zu übertragen, indes war es in begrenztem juristischen und geographischen Umfang möglich, den Adel über die weibliche Linie zu erwerben, so kannte man vier Arten dieser *noblesse uterine*:

1. Den mütterlichen Adel königlichen Blutes (*sang royal*). Die Töchter des Königshauses übertrugen einen Adel von geringerer Bedeutung auf ihre Ehemänner, denn eine königliche Prinzessin verlor ihre Eigenschaft als Inhaberin königlichen Blutes niemals, da sie von so illustrer Geburt war, daß sie diese über alles exzellierende Eigenschaft auf keinen Fall durch die Heirat mit einem ihr niedriger gestellten Partner verlor (Sémainville 1860: 208).
2. Den mütterlichen Adel des Würdelehens (*dignité féodale*), welchen die Besitzerin bei Eheschließung ebenfalls auf den Mann übertrug. La Roque vertrat die Meinung, daß eine Frau, die ein adelndes Würdelehen besaß und einen hierarchisch schlechter Gestellten, ergo Bürgerlichen heiratete, ihren Adel nicht verlöre, da dieser an den Besitz eines solchen Lehens gebunden sei; der Ehemann würde durch den Besitz nobilitiert (La Roque de La Lontière 1994: cap. 43). Diese beiden Arten des Adels betrafen jedoch nicht die Kinder, so daß von einem mütterlichen Adel im eigentlichen Sinne des Wortes nicht die Rede sein kann. Der Adel wurde in diesen Fällen vom Vater, der ihn von seiner Frau übernommen hatte, auf die Kinder übertragen. Daher spricht Levesque auch präziser von einer *noblesse d'alliance* oder auch *noblesse uxorine* (Levesque 1866: 74).
3. Den in einer Spezialurkunde festgelegten mütterliche Adel (*noblesse utérine par charte spéciale*), der an alle Nachkommen eines Adligen weitergegeben wurde, independent davon, ob sie väterlicher oder mütterlicherseits von ihm abstammten (Barbier de Felcourt 1867: 79). Hierbei handelt es sich tatsächlich um einen mütterlichen Adel, welcher indes nicht zwangsläufig mit dem Blutsadel gleichzusetzen ist, dieweil er zu einem bestimmten und qua Dokument allseits bekannten Datum zuerkannt wurde. Es handelt sich also eher um eine Nobilitierung qua Adelsbrief.

4. Den mütterlichen Gewohnheitsadel (*noblesse utérine coutumière*), der nicht auf eine ausdrückliche Zuerkennung durch den Herrscher zurückging, sondern aus lokalen Gepflogenheiten resultierte, oder anders gesagt, auf einen uralten Brauch zurückzuführen war. Demnach sah es in zwei Provinzen, dem Barrois und der Champagne, das Gewohnheitsrecht vor, daß Mütter ihren Adel selbst im Fall einer Heirat mit einem Bürgerlichen auf ihre Kinder übertragen konnten (vgl. zu den einzelnen Gewohnheitsrechten Bonneserre de Saint Denis 1862: 251–252). Hierbei handelte es sich sehr wohl um Blutsadel, weil sein Ursprung zumeist nicht dokumentiert war.

Da diese Titelübertragung von der Frau auf den Mann dem Staat schaden konnte und desto schädlicher war, je besser der zu übertragende Name beleumundet und in der Gesellschaft angesehen war, trug man Sorge dafür, daß eine solche Situation nicht dem Spiel des Zufalls preisgegeben wurde und aus einer beliebigen Eheschließung sowie der Laune einer Frau entstehen konnte. Einen besonderen Schutz genoß dabei der Herzogtitel, sonderheitlich, wenn er mit der Pairswürde verbunden war, was immer mit der Ausübung eines Amtes oder zumindest mit außergewöhnlichen Privilegien gegeben war. Schließlich wurde die Weitergabe des Herzogtums über das weibliche Geschlecht durch das Edikt vom Mai 1711 eingeschränkt:

1. Töchter wurden für diesen Titel durch die Errichtungsurkunden von Nachfolgeansprüchen ausgeschlossen.
2. Sofern in den Urkunden ausdrücklich eine Weitergabe an weibliche Erben vorgesehen war, beschränkte das Edikt den Anspruch auf Frauen, die im Haus desjenigen lebten, welchem die Urkunden ausgehändigt worden waren, und die seinen Namen trugen.
3. Fiel eine Tochter aus den Bestimmungen des Edikts heraus und erbte ein Herzogtum, konnte ein erstgeborener, verwandter Nachkomme väterlicherseits desjenigen, zu dessen Gunsten das Herzogtum errichtet worden war, es gegen die Zahlung einer Entschädigung beanspruchen (Levantal 1996: 1151–1154).

Doch nicht nur die Fälle von femininer Titeltransmission fanden in den Gesetzen des Ancien Régime Berücksichtigung. In einer Zeit, in welcher die Hoffnung auf andere Umstände nicht vermittelst Kontrazeptiva und Ähnlichem zu derangieren war, stellte sich die Frage, wie mit den Kindern natürlicher Abstammung zu verfahren sei. Dabei galten für diese unehelichen Nachkommen eigene Regeln der Adelsübertragung, die nicht dieselben waren wie für die einer legitimen Ehe entstammenden. Dabei wurden die unterschiedlichsten Arten der unehelichen Geburt differenziert: etwa Kinder aus ungebundenen, das heißt nicht ehelichen Verbindungen, aus ehebrecherischen Verhältnissen, Kinder eines Presbyters (Priesters), Diakons oder Subdiakons (sakrilegische Verbindungen) oder Sprößlinge aus inzestuösen Verbindungen ("[…] *nati sunt ex soluto et soluta … spurii et vulgo quaesiti, vel adulterini, seu nati ex uxorato vel uxorata, vel ex prespytero, diacono et subdiacono sive incestuosi, qui ex consanguineis in gradu prohibito nati sunt.*" (La Roque de La Lontière 1994: cap. 126)). Die Letztgenannten konnten niemals von ihrem Erzeuger anerkannt werden und den Adel des Vaters oder der Mutter übertragen bekommen, da ein Vater rechtlich für diese nie existent war. Grundsätzlich konnten die übrigen von ihrem Vater im juristischen Sinn anerkannt werden, indes erforderte dies eine formale *légitimation*. Diese war durch drei Rechtsinstitute, welche sich auf das römische Recht zurückführen lassen, zu erlangen:

1. *per subsequens matrimonium* (nachfolgende Ehe),
2. *per oblationem curiae* (Übernahme des Amts als Gemeinderat) und
3. *per rescriptum principis* (fürstlichen Gnadenakt)

Von diesen Möglichkeiten fanden nur die erste und dritte im Ancien Régime praktische Anwendung. Die in den Rechtskommentaren zwar stets der Vollständigkeit halber apostrophierte *legitimatio per oblationem curiae* bezog sich auf eine nur in Rom übliche Übernahme eines Amts in den Munizipalsenaten (*curiae*), bei welchem der unehelich gezeugte Sohn den Status der Ehelichkeit erhielt, dabei jedoch auf Grund der Mitgliedschaft im Gemeinderat mit seinem gesamten Privatvermögen in der Haftung gegenüber dem Staat stand, denn die *curiales*, welche sich fast ausnahmslos aus der besitzenden Klasse rekrutierten, wurden von der kaiserlichen Regierung für die Leistung aller auf ihrem *municipium* liegenden Lasten sowie aller in ihnen zu erhebenden Abgaben persönlich verantwortlich gemacht. Mithin versuchten sich viele Bürger dieser zweifelhaften Ehre zu entziehen, so daß sich die Kaiser seit Theodosius II. und Valentinian II. verantwortlich sahen, eine dauerhafte Institution zu erschaffen, vermittelst derer unter bestimmten Voraussetzungen der Vater die Permission erhielt, die Kinder seiner Konkubine "*in solidum heredes scribere*", sprich den ehelichen Kindern erbrechtlich und schließlich allgemeinrechtlich gleich zu stellen, um auf diese Weise über hinreichend neues Rekrutierungspotential für die verhaßten Positionen in den Munizipalräten zu verfügen (vgl. dazu v.a. Meyer 1966: 135–139).

Die Legitimierung des vorehelich geborenen Kindes durch eine anschließende Heirat (*per subsequens matrimonium*) vermochte den Makel des Bastarden vollständig zu nivellieren. Allein das Vorrecht der Erstgeburt konnte auf diese Weise nicht uneingeschränkt erworben werden (vgl. Kap. 4.1.2: 414). Schließlich konnte die Legitimation noch *per rescriptum principis* erfolgen, welche als sich aus der Souveränität des Fürsten speisender Akt umfassende und unanfechtbare Rechtswirkung entfaltete (dazu immer noch grundlegend, v.a. auch hinsichtlich der teilweise konkurrierenden *legitimatio per rescriptum papae*: Kogler 1904). Diese formale Anerkennung und Gleichstellung mit ehelich geborenen Kindern vollendete die Feststellung einer natürlichen Abstammung und nahm allen Brüdern und Anverwandten des dergestalt als ehelich Anerkannten, inklusive des Vaters sowie des *chef de nom et armes* jede Widerspruchsmöglichkeit. Damit erzeigt sich auch hier, daß das paternalistische Moment und derWille des Monarchen in Adelsfragen die höchste Instanz darstellten. Interessant ist in diesem Zusammenhang zu sehen, daß eine solche Legitimierung qua Königsurkunde adelsrechtlich bis heute wie eine Briefadelung (*noblesse de lettres*, vgl. Kap. 4.2.1: Nr. 7: 427) behandelt wird, wie der Fall der Lustrac de Canabazès illustriert (Nouveau Nobiliaire 1998: 674; Valette 1989: 132 sowie Kap. 2.3.2.3: 137). Dies entbehrt bei einer äußerst formalistischen Sichtweise zwar nicht gänzlich der Sinnhaftigkeit, da die Adelserteilung, wenn sie nicht uno actu mit der ehelichen Geburt einherging, stets der Entscheidung des Königs oblag, doch rangiert die Adelsqualität eines selbst unehelichen Lustrac, welcher dasselbe Blut wie sein Vater und die kollateralen Zweiges seines Hauses aufwies, auf einem anderen Stufe als zum Beispiel ein erst kürzlich nobilitierter *roturier*. Demnach wäre es in Fällen, in denen eine *légitimation* durch den König bezüglich eines Hauses erfolgte, das zweifelsohne mindestens der *noblesse d'extraction chevaleresque* angehörte (vgl. Tab.: 4.1: 406), eher angebracht, von einer Bestätigung (*confirmation*) des Adels zu sprechen. Grundsätzlich durfte der König jede Form der Unehelichkeit ex post legitimieren. Es ist aber in der Literatur kein einziges Exempel bekannt, in welchem ein französischer König Sprößlinge aus inzestuösen oder gotteslästerlichen Verbindungen als ehelich anerkannt hat. Folglich erhielten nur Abkömmlinge von Freien (*ex soluto et soluta*) die königliche *légitimation* (Boutaric 1767: 477).

Bis in die Neuzeit konnten uneheliche Kinder, welche von ihren Erzeugern anerkannt wurden und wie Adlige lebten, als solche vollumfänglich angesehen werden (vgl. weiterführend zum seinerzeit maßgeblichen Rechtforschungsstand: Le Brun (1775)). Darin herrschte unter den seinerzeitigen Adelsrechtsexperten ein großer Konsens (Loyseau 1613: cap. V[61]), sonderheitlich in bezug auf die Befreiung unehelicher Kinder von der Kopfsteuer (*taille*), was von André Tiraqueau auf den einprägsamen Rechtsgrundsatz gebracht wurde:

"*Bastardi nobilium nobiles reputentur, sintque immunes a subsidiis popularibus; ut in universum potiantur privilegiis nobilium, praeterquam quod non succedunt.*" (Tiraqueau 1559: cap. XV, N° 25)

Lange Zeit richtete sich die "Cour des Aides" wider diese Sichtweise, mit dem Argument, daß *"l'ancien ordre multipliait trop cette sorte de noblesse* (La Roque de La Lontière 1994: cap. XXXVIII). Hieraus läßt sich der Schluß ziehen, daß der Finanzgerichtshof der alten Monarchie ein ausgesprochen geringfügiges Interesse daran gehabt haben muß, allzu vielen unehelichen Adelsnachkommen eine Steuerbefreiung zu gewähren. Demgemäß standen hierbei mehr ökonomisch-fiskalische Überlegungen als Aspekte des Sozialprestiges im Vordergrund.

Im Hinblick auf die Heraldik waren die unehelichen Kinder gehalten das Wappen ihres Vaters zu tragen, welches jedoch durch den charakteristischen Bruch gekennzeichnet war, ergo nicht dem vollen Wappen (*armes pleines*, vgl. Kap. 4.1.2: 415) zur Gänze entsprach (Levesque 1866: 99–100).

Möglicherweise ist das Erstarken der königlichen Zentralgewalt maßgeblich, daß sich die Rechtsmeinung des überwiegenden Teils der französischen *feudistes* nicht durchsetzte, sondern den fiskalen Interessen der *Cour des Aides* entsprochen wurde, denn mit dem Artikel 26 des "Reglement des tailles" vom März 1600 interdizierte man es unehelichen Kindern, den Titel und die Eigenschaft eines Edelmanns zu übernehmen, sofern der König ihnen keine Adelsbriefe ausstellt hatte (Réglement Tailles en mars 1600 1829: 234). Diese Entwicklung setzte sich fort, indem mit dem Artikel 197 der Ordonnanz vom 15. Januar 1629 (Code Michaud) unter Ludwig XIII. im Grundsatz jedes nicht in einer regulären Ehe geborene Kind weder die Titel noch die Qualität eines Aristokraten zugestanden und mithin als bürgerlich angesehen wurde – außer es wäre vom König selbst oder einem seiner Vorgägnger nobilitiert worden. Ferner durften diese Kinder nicht den Familiennamen ihrer Erzeuger tragen, wenn nicht sämtliche Angehörige des betreffenden Geschlechts hierzu ihre Erlaubnis gegeben hätten (Code Michaud 1829: Art. 197). Durch diese Verordnung zog die Krone nicht nur ein beträchtliches Mehr an Macht gegenüber dem Adel an sich, sondern verpflichtete gleichzeitig jedes nicht in einer legitimen Ehe geborene Kind zur Zahlung der *taille*. Jenseits dieser ökonomischen und sozialen Schlechterstellung führte auch der letzte Punkt zu Schwierigkeiten: Denn die Namensermittlung der unehelichen Kinder sollte sich bis in die heutige Zeit als schwierig erweisen, da ein allgemeiner Konsens über die Akzeptanz eines natürlichen Kindes innert einer Familie ob des sozialen Makels nur selten Aussicht auf Erfolg hatte und den betreffenden Sprößlingen zumeist nichts anderes übrig blieb, als entweder den Namen eines ihnen zugeteilten Landguts zu übernehmen oder sich eine gänzlich neue Bezeichnung ihrer Person zu suchen. Wider diese faktische Entrechtung unehelich geborener Adelskinder richtete sich dezidiert Loyseau, indem er die Auffassung vertrat, daß diese königlichen Bestimmungen dem gesamten französischen Gewohnheitsrecht diametral zuwiderliefen, da es bis dahin in der französischen Rechtstradition unmöglich war, daß der uneheliche Sohn eines Herzogs oder Grafen aus bedeutendem Hause wie der Dritte Stand zur Zahlung der *taille* verpflichtet werde. Dabei räumt er freilich ein, daß es zwischen dem Bastarden und dem ehelich zur Welt gekommenen Kind durchaus ein hierarchisches Gefälle geben müsse, weil die Würde und Ehre eines ehelich Gezeugten nicht mit der aus sündigen Fleischeslust hervorgegangenen Leibesfrucht gleichgesetzt werden könne. Statt dessen regte er an dergestalt zu verfahren, daß die unehelich Geborenen einen Grad unter den jeweils legitimen Sprösslingen rangieren sollten: Die Bastarde der Könige wären demgemäß Prinzen, die der Prinzen Seigneurs, die der Seigneurs einfache Edelleute, die der Edelleute sollten jedoch nur einen bürgerlichen Status erhalten (Loyseau 1613: cap. V, N° 63)

In der Tat galt das von Loyseau proponnierte Descrescendo der Adelsqualität sowohl für die unehelichen Kinder des Königs, welche formal eine Legitimation von ihm erfuhren als auch für die durch die königlichen Prinzen anerkannten. Weitere Abstufungen wie von Loyseau angeregt, existierten in praxi hinwieder nicht.

Dieselben Regeln kamen für die unehelichen, aber anerkannten Kinder einer Frau, sofern es sich um einen der seltenen Fälle handelte, in welchem der Adel über die Frau übertragen werden konnte, bis zur oben erwähnten "Reglement des tailles" von 1600 zur Anwendung. Ausnahmen von dieser Regel lassen sich indes in einzelnen Provinzen wie dem Artois, Flandern, Lothringen und dem Hainaut nachweisen, die erst nach dem Jahr 1600 mit dem Frankreich reuniert wurden (Sémainville 1860: 713).

Ein geringerer Konsens bestand in der französischen Adelsrechtsliteratur bei der Übertragung des Adels qua Adoption. La Roque spricht sich in seinem "Traité de la noblesse" apodiktisch dagegen aus. Er stützt seine Meinung auf die Überlegung, daß einem Adligen auf diese Weise indirekt das Recht zuerkannt würde, nach eigenem Belieben zu nobilitieren, wobei er sich damit am königlichen Exklusivrecht auf Adelungen vergreifen würde (La Roque de La Lontière 1994: cap. 17). Dagegen schließen sich die Juristen Chassanée und Renaud sowie Raymond dem Rechtsgrundsatz an: "*filius adoptivus vel adrogatus per patrem nobilem, efficitur nobilis*" (Rey 1902: 66–67). Dabei handelt es sich wahrscheinlich um eine Parallelisierung des aus den Digesten Justinians stammenden, römischen Rechtsgrundsatzes "*Per adoptionem dignitas non minuitur, sed augetur. Unde senator etsi a plebeio adoptatus est, manet senator: similiter manet et senatoris filius*" (D. 1962: lib. 1, 7.35). Es vermag jedoch bestritten zu werden, ob es sinnstiftend ist, selbigen im vorliegendem Zusammenhang zur Anwendung bringen zu wollen, weil, wie oben dargestellt wurde (vgl. Kap. 4.1: 402), der römische Senatorenstand kaum mit der Adelsqualität des Ancien Régime gleichgesetzt werden kann.

Ähnlich umtstritten war die Frage, ob Adel auf kollaterale Zweige einer Familie und deren Nachkommenschaft übertragbar war. Tiraqueaus bejaht diese Frage in Rückgriff auf Autoritäten wie Balde und andere: Seines Dafürhaltens geht der Adel auf Verwandte bis zum vierten Grad über ("*Transit nobilitas usque ad quartum gradum, in linea transversali.*" (Tiraqueau 1559: cap. XVII, N° 2)). Gleichwohl läßt sich diese Regel nicht auf Geadelte applizieren (*cum privilegium personale non egrediatur personam*). Jedoch geht dieser Grundsatz zu weit, schließlich würde er sämtliche Nachkommen des Nobilitierten exkludieren. Dies ist insofern abzulehnen, da die Adelung "das Blut und das Geblüt" in gleicher Weise berührt, denn damit wird die Zuerkennung der Noblesse zur "*virtus generis*" (Sémainville 1860: 102–103).

Eine vertragliche oder testamentarische Transmission des Adels hatte dieselbe Wirkung wie die Adoption. Es mußte also gewährleistet sein, daß der Verfügungsgeber adlig war. Um den Adel durch vertragliche oder testamentarische Verfügung weitergeben zu können, bedurfte es königlicher Briefe, da die Regalie des Nobilitierens ansonsten usurpiert worden wäre. Der offizielle Charakter einer solchen Adelung qua Adoption wurde zusätzlich dadurch unterstrichen, daß die Briefe – wie im übrigen alle *lettres patentes* die zur Nobilitierung führten – an der "*Chambre des comptes*" registriert und im Parlement veröffentlicht werden mußten (Mousnier 1984: 236–237).

Im klassischen Feudalismus waren Souveränität und Lehen unteilbar (Loyseau 1608: cap. VI, N° 14). Denn es galt im ganzen französischen Recht der Grundsatz: "*Nam proprie feudum individuum est, feudum impatiens, ut regnum, ducatus, marchia*" (Cujas 1588: cap. XXV, Tit. 2). Rare Ausnahmen dieser ansonsten kategorischen Regel waren vereinzelte Herrschaften im Südwesten Frankreichs, wo es noch bis zum Ende der alten französischen Monarchie Coseigneurien gab, wie auch die Coseigneurie von Francescas (vgl. Kap. 2.3.3.7: 315), bei welcher zusamt dem König die Herrschaft ausgeübt wurde, oder im Falle des Lehens von Pardaillan (vgl. Kap. 2.3.2.2: 127), auch dem von Autramat, das die Digeons seit dem 15. Jahrhundert mit den Tréveys als Mitherren innehatten (vgl. Kap. 2.3.1.1: 79). Ursächlich für solche speziellen lehensrechtlichen Erscheinungsformen war der Umstand, daß sich, sonderheitlich im Languedoc, noch Reste der westgotischen Rechtskultur bis ins Spätmittelalter erhalten hatten, welche, im Gegensatz zum Salischen Erbfolgerecht, gemeinhin eine egalitäre Aufteilung des Nachlasses unter allen ehelichen Söhnen vorsah (Debax 2003: 221).

Abgesehen von diesen Exzeptionen galt besagter Grundsatz, daß an einem Lehen nur ein einziger Titel hing und deshalb nur einmal übertragen werden konnte (*non bis idem*). Darin lag ein fundamentaler Unterschied zum deutschen Adel begründet, in welchem alle Kinder sowohl weibliche als auch männliche den oder die Titel ihres Vaters trugen, unabhängig, wem das Lehen zugesprochen wurde; ein Faktum, wie es im französischen Adelssystems schlechterdings unvorstellbar war. Etwas spöttisch bemerkt Tallemant des Reaux in seinen "Historiettes", daß bei einem Empfang, bei welchem mehrere Grafen von Hohenlohe zugegen waren und jeder einzelne als "Comte de Hohenlohe" annonciert wurde, eine große Langeweile bei den französischen Gästen aufgetreten sei (Tallemant des Réaux 1861: 100 (Bd.4)).

Schließlich war es in Frankreich üblich, daß zu Lebzeiten des Vaters dieser allein den an sein Lehen gebundenen Titel trug. Nach dessen Tod konnte dieser nur auf einen einzigen seiner Erben übergehen, und zwar in aller Regel auf den erstgeborenen Sohn. Das Anrecht des Erstgeborenen auf den Titel war – wie la Roque schreibt – ein Nachfolgerecht; hinzu kam, daß in den frühen Zeiten des Feudalismus einzig der Erstgeborene den Familiennamen weitertrug; die nachgeborenen Söhne nannten sich dann nach den Lehen, welche ihnen unter Umständen aus der Erbmasse zugesprochen wurden (La Roque de La Lontière 1994: cap. XXXII). Zu Lebzeiten des Vaters hatte dessen Erstgeborener ebenso wenig Anspruch auf den Titel wie seine anderen Kinder. Darob ist festzustellen, daß die Frage der Erstgeburt von größter Bedeutung war, wie bereits dargelegt wurde (vgl. Kap. 4.1.2: 410). Die anderen Kinder hatten weder Anspruch auf den Titel ihres Vaters noch auf einen rangniederen. Allerdings konnten Ausnahmen insofern erfolgen, als daß bei mächtigen Adelsfamilien, die mehrere Würdelehen zum Eigentum ihres Hauses zählten, der "*chef de nom et d'armes*" bereits zu Lebzeiten seinen Söhnen einzelne oder mehrere Lehen zusprach. Wenn beispielsweise Philippe Dijon, Comte de Lasserre, Marquis de Poudenas, Baron de Monteton, Seigneur de Villette et St. Aigulin und Coseigneur de Francescas, nicht kinder- und damit söhnelos verstorben wäre, sondern drei Söhne gehabt hätte, so wäre es ihm möglich gewesen, bereits zu Lebzeiten dem Ältesten durch Lehensübereignung den Titel Baron de Monteton zu geben, da es in der Familie seit Jahrhunderten Brauch war, daß diese Baronie stets vom Erstgeborenen des Stammes Digeon de Monteton ererbt wurde, wodurch ihr die Stellung des *maître-titre* zukommt, welche immer an den Erstgeborenen weitergegeben wurde, wie Levesque sich ausdrückt (Levesque 1866: 129). Des Weiteren wäre dem Zweitgeborenen möglicherweise das Marquisat Poudenas und dem Dritten die Seigneurien Villette und St. Aigulin zugesprochen worden. Dabei ging es mitnichten um eine "Hierarchie" von Titeln, bei welcher der Erstgeborene zwangsläufig den Titel unter dem Familienoberhaupt und die nachgeborenen Söhne jeweils eine Rangstufe unter diesem zuerkannt erhielten, denn erst ab dem 16. Jahrhundert setzte sich neben der "Noblesse simple" (Godet de Soudé 1788: XXIV) eine bestimmte Hierarchie der Titel durch (absteigend): Duc, Marquis, Comte, Vicomte, Vidame (vgl. zu diesem Titel weiterführend: Senn 1907) sowie Baron (vgl. zu diesem Titel weiterführend: La Barre de Raillicourt 1962a) und Seigneur. Es sei an dieser Stelle annotiert, daß es bis zu Revolution 1789 drei verschiedene Arten und Rängen des Titels "Duc" gab:

1. *duc à brevet*: Diese niedrigste Hierarchiestufe verkörperte nichts anderes als einen Privatakt des Königs (*acte privé du roi*), welcher es dem Begünstigten gestattete, sich Zeit seines Lebens als "Duc" zu betiteln. Dieser Titel durfte allein von dem so Distinktierten getragen werden und konnte ohne königliche Erlaubnis nicht auf die männlichen Nachfahren transmittiert werden. Mithin könnte man auch von einem Herzogtitel *ad personam* sprechen,

wobei dieser königliche Gnadenakt bei keinem der souveränen Gerichtshöfe registriert wurde, wie es ansonsten bei allen anderen Standeserhebungen zwingend vorgeschrieben war, damit sie ihre vollständige Wirksamkeit und Geltung entfalten konnten (vgl. Anhang A.7: 648). Alphonse Chassant unterscheidet noch zusätzlich den *duc à lettres*, welchen er nur als "lebenslangen Gnadenakt" des Königs ohne Weitergabemöglichkeit des Titels auffaßt und der wie der *duc non pair* zusätzlich noch das Recht besitzt, jederzeit Zugang zum Louvre und anderen Schlössern des Königs zu erhalten (Chassant 1857: 216). Chassant ist mit dieser Unterteilung in der Forschung jedoch ein Solitär geblieben.

2. *duc non pair*: Damit wurden alle diejenigen Herzöge zusammengefaßt, deren Herrschaft vom König in eine *duché* durch den Akt einer *érection de la terre* erhoben wurde (vgl. Kap. 4.2.1: 425), was darüber hinaus mit dem Recht verbunden war, zu den *honneurs de Louvre* sowie allen übrigen Palästen zugelassen zu werden. Der Verleihungsvorgang wurde von den souveränen Gerichtshöfen vermerkt. Der Titel konnte gemäß den Regeln der Primogenitur auf den jeweils ältesten Sohn übertragen werden.
3. *duc et pair*: Hierbei gilt es zu beachten, daß es sich bei der *Pairie* mitnichten um einen Titel, sondern um ein "Kronamt" (*office de la couronne*) handelt, welches seit dem 13. Jahrhundert in weltliche und geistliche Pairien geschieden wurde (vgl. weiterführend: Jackson 1971). Folglich sollte man eher von einer "Erweiterung" des Herzogtitels um die Pairswürde sprechen, als von einem "Herzog-Pairstitel". Diese distinguierende Ausdehnung schloß dieselben Privilegien ein, wie die des *duc non pair*. Zusätzlich gingen damit jedoch verschiedene Prärogativen einher, so die Teilnahme an den Sitzungen des Parlaments von Paris, das recht, bei einer Anklage nur von einem aus anderen *Pairs* bestehenden Gerichtshof zur Verantwortung gezogen werden zu können (*privilegium fori*), in Spanien die Teilhabe an den Ehrenbezeugungen der Granden dieses Königreichs, eine besonders exzellierende Anrede in Form von *Monseigneur, Votre Grandeur*, das Recht, in königlichen Briefen als *mon cousin* bezeichnet zu werden – was die Verwandtschaft und Nähe zur königlichen Familie zum Ausdruck bringen sollte – und schließlich die Aufnahme des Huts als Erkennungszeichen der Pairswürde in die Wappenrangkrone (vgl. Abb. 3.12(l): 392). Die Vererbbarkeit des Herzogtitels zusamt der Pairsdignität vollzog sich hier nach den Erbfolgeregeln der maskulinen Primogenitur (Cheruel 1855: 306).

Eine äußerst profunde Aufstellung aller weltlichen *Duchés-Pairies*, versehen mit einer den gesamten bisherigen Forschungsstand abbildenden Einführung, findet sich bei Christophe Levantal: "Ducs et pairs et duchés-pairies laïques à l'époque moderne (1519–1790)", einer veritablen "travail pharaonique" (Levantal 1996).

Ferner sei darauf verwiesen, daß der Titel Marquis erstmalig am 1. Februar 1505 zugunsten der Herrschaft "Trans" des Hauses "de Villeneuve" durch *lettres-patentes* von Ludwig XII. verliehen wurde (Woelmont de Brumagne 1919: 155).

Mit der Zeit, das heißt circa ab dem ausgehenden 18. Jahrhundert kam es jedoch zu gewissen Unregelmäßigkeiten, bei welchen die Befolgung der oben dargelegten ehernen Gesetzmäßigkeiten der Titeltransmission ausblieb. Jüngere Söhne, ohne daß ihnen ein Lehen übereignet worden wäre, ergänzten ihren Familiennamen durch Titel, welche denen ihrer Väter untergeordnet waren. Erstgeborene machten es zu Lebzeiten ihrer Väter ebenso. Auf dieses Weise entstand das bis heute übliche "Decrescendo" der Titel, in denen sich veritable und "Höflichkeitstiel" aus fünf Monarchien auf französischem Boden in aller Farbenvielfalt schillernd durchmischten.

Grundsätzlich hatten Frauen nur Anspruch auf den Titel, wenn es keine männlichen Nachkommen gab, wobei die Transmission den oben skizzierten Restriktionen oblag (vgl. Kap. 4.2.2: 432). Während die Titelübertragung auf Vorfahren unmöglich war, war sie auf erstgeborene

Nachkommen väterlicherseits des ersten Titelträgers nicht nur möglich, sondern nachgerade erwünscht, da man auf diese Weise verhindern wollte, daß würdevolle Namen (*d'ancienne roche*), welche seit Jahrhunderten zur Mehrung des Ruhmes von Frankreich beitrugen, vermittelst der manigfaltigen Launen der Natur verschwanden. Mithin wendete man die Übertragung von Titeln, wie bei der einfachen Adelsübereignung, bis zum vierten Verwandtschaftsgrad an (Levesque 1866: 137). Je näher die Verwandtschaft, umso höher der Anspruch auf die Nachfolge. Dies galt besonders dann, wenn ein Titel nicht von einem kollateralen Familienzweig beansprucht wurde, sondern innert des Zweiges. Denn nicht nur die einzelnen Linien eines Hauses, welche nicht allein qua gemeinsamen Blutes, Geschichte und Wappens miteinander verbunden waren, verfügten über ein Anrecht auf die Titelsukzession, sondern vorzüglich die nächsten männlichen Anverwandten innerhalb eines Zweiges (Sémainville 1860: 784). Im Fall der Digeons gründet der Nachfolgeanspruch demnach nicht nur auf die Zugehörigkeit zum selben Geschlecht, sondern gleichzeitig auch darauf, derselben Linie (Digeon de Monteton) im Verwandtschaftsverhältnis von Cousins zweiten Grades zugehörig zu sein (vgl. den Anhang B.12: 705). Der Gedanke, welcher bereits für den Erhalt des gemeinsamen Hausvermögens maßgeblich war, kommt in diesem Zusammenhang erneut zum Tragen (vgl. Kap. 4.1.2: 410 sowie: 415).

Wer immer dazu angehalten war, als ältester Nachkomme väterlicherseits des ersten Titelträgers einen Anspruch auf die Titelnachfolge geltend zu machen, benötigte Urkunden, die bestätigten, daß er tatsächlich in dieser Nachfolge stand, folglich mußten die maßgeblichen Personenstandsurkunden vorgelegt werden. Bei Trägern gleichen Namens sowie nahen Verwandten, wie Neffen und Cousins ersten, zweiten und dritten Grades, erfolgte der Nachweis weniger aufwändig, meist durch Zeugenaussagen. Erst nach dem Tod des letzten Mannessprosses war der Titel sozusagen herrenlos. Dann konnte er vom König nach Belieben neu vergeben werden.

Die voranstehenden Zeilen haben die Möglichkeiten aufgezeigt, wie im Ancien Régime Adel und Titel erworben und weitergegeben werden konnten. In der letzten Phase des alten Rechts war Adel eine besondere Eigenschaft einiger Familien, der durch das Blut weitergegeben wurde und vom Titel unabhängig war. Der Titel stellte nur eine Möglichkeit dar, jedem ins Gedächtnis zu rufen, daß man adliger Herkunft war, und um sich einige Rechte und Würden zuerkennen zu lassen, welche mit diesem in Verbindung standen. Unberücksichtigt blieb in der vorliegenden Betrachtung die Tatsache, daß es auch eine Vielzahl von französischen Familien gab, die vom Papst nobilitiert wurden oder einen höheren Adelstitel als ihren französisch-angestammten verliehen bekamen, wie beispielsweise die Podenas, welche, wie bereits an obiger Stelle dargelegt (vgl. Kap. 3.4.2: 393), in der Person von Jean-Baptist Charles Podenas am 6. Mai 1842 zu Fürsten von Cantalupo auf erblicher Grundlage erhoben wurden (La Barre de Raillicourt 1962a: 12).

4.3 Die Usurpation von Adelstiteln und Adelsstand

In der Zeit des Ancien Régime gebührten, wie bereits mehrfach dargelegt wurde, dem Adelsstand Privilegien, die heutigentags nicht mehr existieren; der Adelstitel, der überlebt hat, scheint dennoch dem Namen ein feudales Gepräge zu verleihen, weshalb es nicht erstaunlich ist, daß sowohl Stand und Titel in allen Epochen zu unrechtmäßigen Aneignungen verleitet haben.

Seit dem Zweiten Kaiserreich wurde der Tatbestand der unrechtmäßigen Aneignung und Bekanntmachung eines Adeltitels wie Marquis, Comte etc. als Straftat der unrechtmäßigen Führung einer Ehrenbenennung bewertet und bestraft anhand des seinerzeitigen Artikel 259 des Strafgesetzbuchs, in seiner Abwandlung durch das Gesetz vom 28. Mai 1858 (Cousin

1905: 176). Wir kennen also nur die Delikte der widerrechtlichen Aneignung von Adelstiteln, während im alten Herrschaftsregime zwischen zwei Fällen der widerrechtlichen Aneignung unterschieden wurde:

1. einerseits der unrechtmäßigen Anmaßung des Adelsstandes und
2. andererseits der unrechtmäßigen Führung allein des Titels.

Während Letzteres als eher harmlos galt, war das Erstere sehr schwerwiegend, denn da mit dem Adelsstand unabhängig von jeglichen Titeln zahlreiche Privilegien inbegriffen waren, insbesondere die Befreiung von der Hauptlast der Steuerpflicht, verringerten sich in dem Maße, im dem sich die Zahl der Adeligen vermehrte, die Steuereinnahmen und damit die Geldmittel des Staates. Die widerrechtliche Aneignung einer solche Vorteile verschaffenden Berechtigung mußte demnach verhindert werden. Auf der anderen Seite beschäftigte man sich weniger damit, von den Edelleuten die Einhaltung des Verbots des unrechtmäßigen Führens von Titeln zu verlangen, da dadurch im allgemeinen kaum Schaden für den Staatshaushalt und den Staat entstand (Vicomte d'E… 1858: 10).

Dennoch blieb das widerrechtliche Führen von Titeln und die unrechtmäßige Aneignung des Adelsstandes strafbar. Die Könige verschiedener Epochen erließen hierzu Verordnungen und Edikte und veranlassten öfters die Aufdeckung von Usurpatoren. Ludwig XI. unternahm die erste Verfolgung falscher Adeliger; im Laufe des 15., 16. und 17. Jahrhunderts erfolgten ähnliche Anstrengungen. Sowohl Heinrich II. im Jahre 1555 mit der Verordnung von Amboise und Karl IX. im Jahr 1560 mit der Provinz von Blois stellten die unrechtmäßige Aneignung des Adelsstandes unter Strafe. In einem Edikt von 1600 verbot Heinrich IV. jedermann, den Titel eines Écuyers zu führen, um sich widerrechtlich in die Welt des Adels einzugliedern. Ein Erlass von Ludwig XIII. vom Januar 1634 verbot denen, die nicht aus einem Adelshause stammten oder adelige Wurzeln hatten, jeden Anspruch auf den Rang eines Écuyers und auf das Tragen von Wappenabzeichen unter Androhung einer Strafe von 2.000 Livres. Die Tatsache, daß diese Verordnungen recht defizitär umgesetzt wurden, zeigt sich daran, daß die widerrechtliche Titelaneignung noch über etliche Dezennien hinweg fortbestand, denn am 8. Dezember 1699 erklärte Ludwig XIV., daß Bürgerliche, die von Ländereien, die sie besäßen, den Titel Marquis, Comte, Baron oder einen anderen Würdentitel übernähmen, mit einer Geldbuße von 100 Florins belegt würden (Barthélemy 1858: 45).

Unter Ludwig XIV. erreichte der Kampf gegen die Adels- und Titelusurpatoren einen Höhepunkt. Die Verordnungen vom 15. März 1633, vom 30. Dezember 1656 und vom 5. Juli 1664 verpflichteten Hilfskräfte an den Gerichtshöfen zur Aufdeckung falscher Adeliger in ihren jeweiligen Amtsbezirken. Eine Verfügung des Parlaments von Paris vom 13. August 1663 untersagte allen landbesitzenden Aristokraten, sich Baron, Comte oder Marquis zu nennen, es sei denn aufgrund beglaubigter Urkunden (Grandmaison 1852: 919–920). Trotz all dieser Maßnahmen wuchs die Unverfrorenheit der Adelsusurpatoren. Daraufhin wurde die Verfügung vom 22. März 1666 der Ratsversammlung des Königs erlassen (Arrêt 22. mars 1666 1829); Ludwig XIV. entzog den Helfern an den Gerichtshöfen die Zulassung zur Aufdeckung von Adelsusurpatoren und beauftragte die Verwalter der Provinzen sowie Spezialbeamte, diese Arbeit zu übernehmen und Listen zu erstellen mit den Namen, Vornamen, Wappen und Wohnsitzen der wahren Edelleute. In diese Zeit – Dezember 1666 – fiel auch der Adelsbeweis der Digeons (vgl. Anhang A.4: 628). 1674 wurde diese Arbeit durch die Kriege, die Frankreich in Europa führte, unterbrochen. Der Auftrag zur Aufdeckung von Usurpatoren wurde durch eine Verfügung der Ratsversammlung am 6. Januar 1674 widerrufen (Grandmaison 1852: 941), am 4. September 1696, aber erneut erteilt (R.A.L.F. 1829). Die große Hatz fand am 8. Oktober 1729 qua königlichen Dekrets ihr Ende. Indes nahm hernach wieder eine

Zeit der Konfusion ihren Angang: Verarmte Adelige hatten ihren Besitz an arrivierte Bürgerliche veräußern müssen, wie beispielsweise die Bouzets an die Pellets (vgl. Kap. 2.3.3.7: 328), außerdem nobilitierte die sich in Geldnöten befindende Regierung immer häufiger Vertreter des dritten Standes, und bürgerliche Landbesitzer maßten sich die höchsten Adelstitel an. Im Verlauf des 18. Jahrhunderts nahm darob die Anzahl der kürzlich adlig Gewordenen in beträchtlichem Maße zu (Hédouin 1900: 66).

Das Dekret vom 19. und 23. Juni 1790 hob die Adelstitel auf und verbot, andere Namen zu führen als den angestammten Familiennamen. Das Gesetz vom 6. Fructidor des Jahres II untersagte ausdrücklich Namensänderungen unter Androhung einer Haftstrafe von sechs Monaten und einer Geldstrafe in Höhe von einem Viertel des Einkommens.

Bis 1808 war aufgrund der Abschaffung der Adelstitel deren widerrechtliche Aneignung unmöglich, aber von 1808 bis 1810 machte die Kreierung kaiserlicher Ernennungen die Usurpation von Titeln wieder relevant. Das Gesetz vom Fructidor im Jahr II, das Strafen gegen Usurpatoren von Namen verhängte, wurde nunmehr auf die unzulässige Aneignung von Adelstiteln anwendbar. Dies war umso verständlicher, da das Oberhaupt der Regierung, welches seinerseits berechtigt war, einen Erbadel zu schaffen, zugleich auch die eine gesetzliche Verfügungsgewalt besaß, diesem Recht Respekt zu verschaffen. Es war an Kaiser Napoléon I., die Initiative zu dieser Reform zu ergreifen. Nachdem er zunächst die Adelstitel festgelegt hatte, ließ er in das Strafgesetzbuch die Disposition einfügen, welche die Usurpation von Adelstiteln dem unrechtmäßigen Tragen von Ehrenorden anglich.

Maßgeblich für die Wahrung der Rechte der Träger von Adelstiteln war der Artikel 259 des Strafgesetzbuches. Diese waren also vor Usurpatoren geschützt, während die Usurpation von Namen Nichtadeliger allein unter das Gesetz vom Fructidor des Jahres II fiel oder sogar straffrei blieb. Denn was der Artikel 259 des Strafgesetzbuches ahndete, war ausschließlich die widerrechtliche Aneignung kaiserlicher Titel, wohingegen die alten Adelstitel von Napoleon bei den revolutionären Gesetzen belassen wurden, die dem alten Adel das Recht auf seine Titel aberkannte. Das Statut vom 1. März 1808, Artikel 15, erneuerte die Verbote des Gesetzes vom 16. Oktober 1791, in welchem den Untertanen interdiziert wurde, sich Titel oder Qualifikationen anzueignen, die ihnen vom Kaiser nicht gewährt worden waren (Rey 1902: 120–121).

Nach der Rückkehr der Bourbonen wurde der gleiche Schutz problemlos auf die Qualifikationen des alten Adels ausgedehnt; von nun an fielen unrechtmäßige Aneignungen von alten und modernen Titeln unter Artikel 259 des Strafgesetzes. Das Gesetz von 1791 fand keine praktische Anwendung mehr.

Dies war die Gesetzeslage bis 1832; erst dann obließ der Artikel 259 nach einer Überarbeitung des Strafgesetzes die Frage nach der Usurpation von Titeln unbeantwortet: Im Zuge dessen wurde es für alle zulässig, einen Adelstitel zu tragen und wenn man sich zwar aus privatrechtlicher Sicht gegen die Eintragung dieses Titels in die Personalurkunden wehren konnte, so war es nicht weniger wahr, daß aus strafrechtlicher Sicht diese Eintragung nichts Rechtswidriges darstellte. Die Situation erscheint fast schon bizarr, einen König zu sehen, welcher Adelstitel verteilte, ohne deren Inhaber vor Usurpation zu schützen. Dennoch war der Geist, welcher bei der Abschaffung der früher durch Artikel 259 verordneten Strafbarkeit von Titel- und Adelsusurpationen herrschte, völlig im Einklang mit den neuen Ideen des "Frankreichs der Notabeln" (Demel 1995: 140); man empfand nämlich den besonderen Schutz als übertrieben, wie er vom Artikel 259 etwa Personen gewährt wurde, die ihren Titel möglicherweise nur qua Geburt erlangt hatten.

Im übrigen unternahm es die Zweite Republik im Jahr 1848, mit Erlassen vom 29. Februar und 2. März 1848 die Adelstitel abzuschaffen. Keine Strafe wurde denjenigen auferlegt, die von Titeln Gebrauch machten. Die Anwendung dieses Dekrets war allein durch eine ablehnende Haltung der Beamten des öffentlichen Dienstes gegen die Eintragung von Adelstiteln in Personenstandsurkunden gesichert. Lag eine solche Amtsattitüde nicht vor, konnte jeder beliebige Titel in die amtlichen Ausweispapiere Aufnahme finden.

Im zweiten französischen Kaiserreich wurden erneut Titel vergeben. Zugleich wurden Strafen gegen die zunehmende Anmassung von Titeln erlassen. Mithin gab das Gesetz vom 28. Mai 1858 dem alten Artikel 259 die völlige Gesetzeskraft zurück, die ihm das Gesetz von 1831 genommen hatte. Diese Regelung ist noch heutigentags in Kraft, obzwar der Schutz des Namens seit dem Gesetz des 11. Germinal des Jahres XI de facto aufgehoben ist, da mit selbigem jeder französische Staatsbürger das Recht hatte, seinen Namen unter Angabe eines wichtigen Grundes zu ändern. Bezeichnenderweise fügte man seinem eigenen Namen zumeist ein Particule hinzu. Gerne bediente man sich auch erloschener Adelsfamilien, um dem bürgerlichen Namen zu mehr Leuchtkraft zu verhelfen (Wagner-Kern 2002: 30). Ein prominentes Beispiel ist der ehemalige französische Staatspräsident, Valéry Giscard "d'Estaing", welcher dank einer erfolgreichen Namensänderung seines Vaters Edmond sowie dessen Bruders René vom 17. Juni 1922 an den Familiennamen mit dem Zusatz "d'Estaing" trug (Jérôme 1958: 104). Dabei bediente sich Edmond Giscard einer Vorfahrin mütterlicherseits, benamt Lucie-Madeleine Destaing, Tochter von Jean-Dominique Destaing und der Catherine Dabert. Ihr Vater hatte ihr denselben Vornamen gegeben wie der berühmten Lucie Madeleine d'Estaing, Dame de Ravel, Universalerbin der Familie d'Estaing, Maitresse Ludwig XV. und Schwester des berühmten Admiral Charles Henri d'Estaing (vgl. weiterführend zu den d'Estaings: Barrau 1853: 503–532).

Neben dieser recht transparenten Anmaßung sind die Fälle widerrechtlicher Titelführung bereits im Ancien Régime Legion, wobei als recht schillernder Fall der auf Grund seiner lasterhaften Ausschweifungen bekannte Donatien Alphonse François Marquis de Sade herauszustellen wäre: So trug der Vater des Autors der *120 Tage von Sodom* im allgemeinen Gesellschaftsverkehr den Titel eines Comte, der Sohn indes firmierte unter dem eines Marquis. Dies mag bei Betrachtung aus der hierarchiegewohnten deutschen Adelskultur heraus zumindest befremdlich erscheinen. Schließlich ist nach allgemeinem Verständnis der Marquis oberhalb des Grafen zu verorten. Es sei jedoch angemerkt, daß dies für Frankreich bis ins 19. Jahrhundert nicht zutraf, da dort durch in der gesellschaftlichen Wahrnehmung der Graf über dem Marquis stand: Obschon letztgenannter Titel grundsätzlich einem größeren Lehensverband vorstand (vgl. Tab. 4.3: 426), war er qua inflationären Gebrauchs im Mißkredit geraten. Das sollte sich erst ändern, als sich der Adel des Ancien Régime vom neu-nobilitierten Adel Napoleons abgrenzen wollte, der sämtliche Titel des alten Königreichs übernahm, mit Ausnahme des Marquis. Somit unterstrich man durch die Führung dieses Ranges, daß man zum "alten" zweiten Stand gehörte (vgl. zu der Entwicklung dieses Titels die fundierte Darstellung des Vicomte de Marsay: Marsay 1977: 202–213)).

Diese vermeindliche Inkonsistenz löst sich jedoch recht einfach auf, sofern man auch in diesem Falle der heterogenen Adelskultur Rechnung trägt. Zum einen wurde unterhalb des *duc* und *pair* jedweder Adelstitel ohne viel Zögerns vereinnahmt, zum anderen erfolgte die Verteilung der Titel nach festen Familientraditionen, wobei der *chef de nom et d'armes de la famille* die letzte Verfügungsgewalt behielt (vgl. Kap. 4.1.2: 410). So auch im Falle der Sades. Der Großvater des Libertin, Gaspard François de Sade war der erste, welcher den Titel eines Marquis für sich reklamierte, und zwar zunächst als "Marquis de Mazan"(Lély 1961: 15). Jedoch wurde kein einziger Hinweis für die adelsrechtliche Rechtmäßigkeit einer solchen Standeserhöhung gefunden, weder in Form einer *érection de terre*, das heißt der Erhebung der Seigneurie von Mazan in ein Marquisat für ihn sowie seine Nachkommen, noch als Registrierung beim zuständigen Parlament der Provinz, in dessen Zuständigkeitsbereich ein solcher Erhebungsakt gefallen wäre. Beides wäre indes notwendig gewesen, um die Titel nach streng legitimistischen Maßstäben führen zu dürfen. Gleiches gilt für das Nichtvorhandensein einer Bestätigung für das Führen des Titels "Comte" durch den Vater des Marquis de Sade. Zudem überschrieb der Vater, Jean Baptiste Joseph François, Graf de Sade, das Gut Mazan zusamt Saumane am 9. November 1740 der Kirche (Lély 1961: 16).

In der Perzeption der damaligen Zeit gehörte die Familie de Sade zu den ältesten und vornehmsten Familien des Königreichs, die ihre Abstammung direkt auf die Franken zurückführte und eindeutig zum ritterlichen Feudaladel, der sogenannten *noblesse d'épée* zu zählen sei. Die de Sades konnten ihre Herkunft lückenlos direkt auf Hugues de Sade zurückführen, dessen Existenz für das Jahr 1298 belegt ist, erwarben im Laufe der Jahrhunderte Meriten des Kriegsadels und waren mit den exzellierendsten Familien der Provence verschwägert: den Forbins, Cambis, Barbentanes, Simianes, Causans, Grimaldis, d'Astouauds sowie den Crillons – und nichtzuletzt mit den Medicis und Dorias. Demzufolge entbanden sie quasi ihre Anciennität, ihre Verbindungen mit den Familien von Rang, ihre Verdienste an den Höfen der Päpste in Avignon und den Grafen der Provence sowie ihre militärischen Erfolge von der Notwendigkeit, die Beweislast für ihre Adelstitel zu tragen (Lever 1998: 15–16). Mithin erfolgte in Aporie eines königlichen Gnadenaktes der Gebrauch der Titel allein *de rigueur*, was dem allgemeinen Usus durchaus entsprach. Darob gehörten die Sades zum hohen Adel Frankreichs, der fast nie über eine Nobilitierungsdiplom verfügte, wie es später für die Vertreter des Amtsadels *noblesse de robe* oder gar des Briefadels *noblesse de lettre* charakteristisch werden sollte (Kap. 4.2.1: Nr. 6: 427 u. Nr. 7: 427). Hierin gelangt ein besonderes Standesbewußtsein ans Licht, das eng verbunden mit der lange in Frankreich vorherrschenden Schwäche und Abwesenheit der königlichen Zentralgewalt sowie der damit einhergehenden autonomen Souveränitätsbestrebung der Feudalaristokratie war (Contamine 1976a: 236–237). Einzig hinsichtlich des Wappens akzeptierte die Familie zu Beginn ihrer Geschichte das Gratial eines Monarchen. Der zweitgeborene Sohn von Hugonin de Sade, Elzéar, Stallmeister und Mundschenk Papst Benedikts XIII. und Coseigneur von Les Essarts, erhielt als Dank für die von ihm sowie seinen Vorfahren dem Reich geleisteten Taten vermöge einer in Avignon ausgestellten und auf den 11. Januar 1416 datierten Urkunde das Privileg von Kaiser Sigmund von Luxemburg, den doppelköpfigen Kaiseradler in das Wappen seines Hauses aufnehmen zu dürfen (Lever 1998: 19–20).

Die Nachkommen der Familie legten den Marquis-Titel indes wieder ab und nannten sich fortan nur noch Comte de Sade, möglicherweise um eine Identifikation mit dem unliebsamen und weltberühmten Vorfahren zu umgehen oder auch, da der Titel des Marquis auf Grund der Usurpation einiger Träger mit zweifelhafter Abstammung generell weniger Ansehen genoß. Im Falle der de Sades wird ersichtlich, daß Usurpation nicht gleich Usurpation gesetzt werden darf. Denn es machte in der sozialen Wirklichkeit der französischen Adelskultur einen fundamentalen Unterschied, wer sich einen Titel anmaßte. Bei einer so illustren Familie wie den de Sade wäre es fast schon als "unpassend" empfunden worden, wenn ihre Mitglieder keinen Adelstitel geführt hätten, nicht zuletzt deswegen, da eine Vielzahl von wesentlich weniger bedeutenden und in der Adelshierarchie beträchtlich unter den de Sades stehenden Familien teilweise das gesamte Spektrum an Titeln – ob berechtigt oder nicht – führten.

Abschließend läßt sich noch festhalten, daß es bei der Usurpation des Adels grundsätzlich als weniger gravierend angesehen wurde, wenn auf Grund von Eitelkeit ein Stand angemaßt wurde und dem Staat somit Steuereinnahmen entgingen. Entscheidender war vielmehr die gesellschaftliche Ächtung, wenn die betreffenden Usurpatoren ihre Väter verleugneten und sich damit selbst indirekt zu Bastarden herabwürdigten, denn sie nahmen einen neuen Namen an, als wären sie die ersten ihres Geschlechts.

4.4 Der Verlust des Adels

Adel konnte man in Frankreich grundsätzlich auf zweierlei Arten verlieren:

1. Infolge einer unehrenhaften Verurteilung (*condamnation entraînant infamie*) oder
2. durch das Pflegen einer Lebensart, welche mit der Eigenschaft des Adels unvereinbar war.

Unehrenhafte Verurteilungen wurden wegen bestimmter Verbrechen ausgesprochen, wie beispielsweise Hochverrat und Majestätsbeleidigung (*lèse-majesté*). Die Kinder, die vor dem Verlust des Adels ihres Vaters geboren oder gezeugt wurden, blieben hingegen adlig (Loyseau 1613: cap. V, N° 99 et 100).

Der Verlust des Adels durch Verstoß gegen die Lebensart war eher eine Entsagung als ein Sturz im gesellschaftlichen Sinne. Die seinerzeitige juristische Literatur, welche sich mit dem Aberkennen des Adels (*dérogeance*) auseinandersetzte, war sehr umfangreich (vgl. dazu weiterführend: La Roque de La Lontière 1994: cap. CXXXV–CXL). Der Adelsverlust ging hauptsächlich mit handwerklichen oder maschinellen Tätigkeiten einher. Eine Ausnahme bildete die Profession des Glasmachers (vgl. dazu ausführlich: Guyot 1785: 443–459). Dabei war es nicht die Arbeit per se, durch welche man gegen die Prinzipien des Adels verstieß, sondern durch die ruchlose und schmutzige Absicht auf Gewinn ("[...] *c'est proprement le gain vil et sordide qui deroge à la noblesse, de laquelle le propre est de vivre de ses rentes, quoy que ce soit de ne point vendre sa peine & son labour.*" (Loyseau 1613: cap. V, N° 107)).

Es war allerdings umstritten, ob der Adel dann gänzlich verloren ging oder ob er während des Verstoßes lediglich "ruhte" (vgl. zur seinerzeitigen Diskussion: Levesque 1866: 108). Nicht in allen Provinzen herrschte derselbe Usus und mitunter war die gegebene Lösung auch nicht für alle Bereiche des Adels identisch.

Um den Adel, meist zusamt den enteigneten Gütern, wiederzuerlangen, bedurfte es der Gefälligkeit des Herrschers, die je nach Einzelfall Briefe der Rehabilitation (*lettres de réhabilitation*), welche mit der vollständigen Rückübertragung des Adels und der Güter einherging, Briefe der Rückerstattung (*lettres de restitution*), Briefe der Gerechtigkeit (*lettres de justice*) oder Briefe der Wiederverleihung der aberkannten Adelsprivilegien (*lettres de relief de dérogeance*) genannt wurden (Cousin 1905: 50).

Ein Sonderfall war im Falle der *dérogeance* gegeben, bei welchem lediglich die Vorrechte des Adels supprimiert wurden, die betreffende Familie also nicht wie bei einer *lettre de déchéance* in den Stand von Bürgerlichen zurückgesetzt wurden, sondern ihre angestammten Titel weiterführenden durfte (Vieuille 1739: v.a. 381 sowie 380–395). Das dergestalt bestrafte Geschlecht unterlag dann wieder der Zahlung der Kopfsteuer, der *taille* (Sémainville 1860: 360). Mithin war in diesem Fall eine klare Verortung in zweiten und dritten Stand nicht mehr gegeben. Vielmehr waren die betreffenden Familien in einer Art "Zwischenstand" zu verorten, der neben der sozialen Sanktion vor allem eine nicht zu unterschätzenden ökonomische Konsequenz nach sich zog.

Auch wenn diese Formen der Disziplinierung des französischen Adels nicht allzu häufig vorkamen, so finden sie sich zumeist nicht bei den höheren oder alteingesessenen aristokratischen Häusern (*noblesse de race*), deren Adel nach den Prinzipien des Blutes den Status von *indélébile* hatte (Viton de Saint-Allais 1816a: 17–18 sowie Pothier 1831: 160). Deren Stellung war zudem fest im Hierarchiegefüge verankert, denn sie bekleideten meist einflußreiche Positionen. Es wäre zu regionalen Destabilisierungen gekommen, wofern diesen Familien die adligen Prärogative aberkannt worden wären. Demgemäß waren von diesen Pressionen zumeist diejenigen betroffen, deren Noblesse noch über keine allzu lange Tradition verfügte (vgl. Tab. 4.4: 429) oder welche erst seit wenigen Generationen, beispielsweise aus der *noblesse de cloche, noblesse de robe* oder *noblesse de lettre* hervorgegangen waren (vgl. dazu auch den Fall der Forcade, Kap. 2.3.3.3: 209).

"Je ne mets aucun prix à ces vieux parchemins, ma noblesse ne date que de Montenotte ou du 18 brumaire; j'aime mieux être le fondateur que le descendant d'une race illustre; je veux être le Rodolphe de Habsbourg de ma famille."

NAPOLÉON I. BONAPARTE (Hugo 1836–1837: 9)

5. Schlußbetrachtung

Greift man in einer abschließenden Bewertung die eingangs aufgeworfenen forschungsleitenden Fragestellungen im Hinblick auf den Untersuchungsgegenstand und das damit verbundene Ziel, vermittelst eines "Kaleidoskops von Perspektiven" eine erste, ordnende Struktur der Geschichte des französischen Zweiges der Familie Digeon de Monteton im Kontext ihrer genealogischen Beziehungen und des französischen Adelsrechts als Ausgangspunkt für weitere Forschungen zu schaffen, fällt zunächst das hohe Maß an geographischer, sozialer und konfessioneller Kontinuität als signifikant ins Auge. Seit den urkundlich belegbaren Anfängen im Agenais Mitte des 15. Jahrhunderts sind die Mitglieder der beiden Hauptlinien Autramat und Boisverdun nicht allein Ehen mit Familien eingegangen, welche dort – teilweise bereits ab dem 12. Jahrhundert – sozialisiert wurden, wie beispielsweise den Ségurs, Ferrands, Pellegrues und Valence-Timbrunes, sondern sind seit der Reformation auch dem protestantischen Glaubensbekenntnis und seinem Sozialgefüge treu geblieben.

Die Perserveranz an religiöser Milieubindung erfuhr erst beim Zweig der Digeon de Monteton mit den Heiraten der Schwestern von Philippe Dijon in die katholischen Häuser Virieu und Asnières sowie wahrscheinlich auch in die konvertierte Familie der d'Estutt de Solminihac de Boisverdun erste Erosionserscheinungen. Die damit einhergehenden Konversionen stehen in einem dezidierten Gegensatz zu den noch circa einhundert Jahre zuvor erfolgten Emigrationen der beiden Brüder Pierre III. und Charles IV. Digeon de Boisverdun, deren Festhalten am Bekenntnis Calvins ein sehr maßgeblicher Grund für die Abkehr von der angestammten französischen Heimat gewesen war.

Am deutlichsten wird das Abrücken von der Väterreligion in der Person von Charles Armand Digeon d'Autramat, der als erster männlicher Sproß und nachmaliger Chef seiner Linie mit Marguerite Modeste Niderehe im Jahr 1795 nicht nur eine Bürgerliche, sondern gleichergestalt eine Frau aus einer sehr katholischen Familie ehelichte, nicht zuletzt da ihr Vater als Hofrat des Fürsterzbischofs von Trier in unmittelbaren Diensten eines katholisch-geistlichen Landesherrn stand.

Damit wird deutlich, daß der aufklärerische Zeitgeist sowie der jedwede Sozialschichtung und alle Bekenntnisse durchdringende Säkularismus seine Wirkmacht auch bei einem urprotestantischen Haus wie dem der Digeons voll entfaltete. Dies erhält eine deutliche Kontur nicht allein aus dem über Jahrhunderte hinweg erfolgten apodiktischen Bekenntnis zum Calvinismus, sondern vorzüglich aus der genealogischen Tradition eo ipso. Denn sowohl der Tod der "demoiselle de Graveron", der Großtante von Rubens de Béraud, welcher seiner Tochter Jeanne die Baronie von Monteton als Mitgift in ihre Ehe mit Charles II. Digeon de Boisverdun gegeben hatte, als auch der auf Grund seiner protestantischen Konfession ungesühnte Meuchelmord an Rubens de Béraud selbst durch die Hand von Jean Jacques Descars, Marquis de Montal, oder die Repressalien, welche Anne de Briquemault auf ihrem Schloß Monteton zuteil wurden, die dann schließlich zu ihrer Exilierung nach Lausanne führten, werden sich durch die gemeinsamen Blutsbande mit höchster Wahrscheinlichkeit im kollektiven Gedächtnis der Digeons manifestiert haben. Jedoch darf dieser Verbund aus gemeinsamen historischen Erfahrungen nicht dahingehend bewertet werden, daß sich aus ihm ohne eine durative Erinnerungskultur, welche sonderheitlich durch das Vorhandensein von lebenden Personen als Traditionsträger zu einem Tradierungskontinuum führte, ein sich perservierender Zustand ergab. Denn sowohl die Unmittelbarkeit existenzieller, individueller Belange als auch das erhebliche Verblassen der kommunen Vergangenheit bei einer Waisenschaft im Kindesalter, wie es beispielsweise bei den Sprösslingen von Suzanne

Pellet und Jean-Jacques II. Digeon de Monteton der Fall war, die später in die bereits apostrophierten katholischen Häuser Virieu und Asnieres ausheirateten, hatte zur Folge, daß die angestammten Bindungen an die protestantische Konfession aufgelöst wurden. Nun würde es zu kurz greifen, würde man diesen Prozeß allein den aufgeführten Faktoren zusamt den nicht unerheblichen Kontextbedingungen des Zeitgeistes im endenden 18. Jahrhundert in Europa zuschreiben. Denn einesteils muß hinsichtlich der protestantischen Situation in Frankreich während des 16., 17. und 18. Jahrhunderts deutlich differenziert werden, anderenteils darf auf keinen Fall der Rückschluß gezogen werden, daß sich das Haus Digeon zu allen Zeiten und in allen Zweigen gleich konsequent gegenüber dem Bekenntnis zur reformierten Religion verhielt. Vielmehr liegt der begründete Verdacht nahe, daß bei der sehr zeitnah zur Revokation des Edikts von Nantes (1685) erfolgten Emigration der Brüder Pierre III. und Charles IV. Digeon de Boisverdun neben religiösen vor allem auch persönliche Gründe, wie Ehescheidung, Karriereaussichten im Militär und Söhnelosigkeit für das Verlassen der Guyenne maßgeblich waren. Dabei erfolgte die Auswanderung nicht ohne Vorbereitung und angemessene finanzielle Absicherung, denn es konnte aufgezeigt werden, daß Pierre III. Digeon de Boisverdun über hinlänglich liquide Mittel verfügte, um einen Lebensstil zu führen, der über dem durchschnittlichen Niveau eines preußischen Offiziers lag und der darüber hinaus in der Lage war, größere Summen Geldes an Arme zu verschenken. Noch deutlicher trat die spezifische, von Sachzwägen und ökonomischen Gesichtspunkten geleitete Verhaltensweise gegenüber einem bedingungslosen, einzig die Auswanderung als Handlungsoption wählbaren Eintreten für die Religion der Vorväter bei den Digeons de Monteton zu Tage: So verblieb Pierre IV. Digeon de Monteton nicht nur in seiner ererbten Baronie Monteton während der Zeit der einsetzenden Gewalttaten gegen die Hugenotten, sondern auch noch nach dem Erlaß des Edikts von Fontainebleau. Im Gegensatz zu seiner Frau Magdeleine du Rege, welche auf Grund ihrer protestantischen Überzeugung überhaupt keinen katholischen Gottesdienst besuchte, wohnte er der Messe nur zum Schein bei, da er als Baron von Monteton in einer exponierteren Stellung befindlich war als seine Frau. Es liegt nahe, daß Pierre IV. mit dieser Haltung das Hausvermögen für seine Nachkommen bewahren wollte. Dies offenbart sich deutlich an der Tatsache, daß auch sein erstgeborener Sohn Pierre V. als Baron von Monteton in Frankreich verblieb und nicht auf Grund der Supression seiner Religion, wie seine beiden Onkel Digeon de Boisverdun und eine Reihe von Verwandten, ins protestantische Ausland emigrierte. Sehr sichtbar tritt der Aspekt der ökonomischen Kalamitäten und daraus resultierenden Auswanderungsintentionen bei seinen jüngeren Brüdern zu Tage, denn der jüngste, Jean-Jacques I., welcher rund 30 Jahre nach der Aufhebung des Toleranzedikts durch Ludwig XIV. Aquitanien gen Preußen verließ, hätte auf Grund der erheblichen Schuldenlast seiner Familie, wie aus dem Verkaufsersuchen seiner Mutter Magdeleine Durège bezüglich des Gutes Saint-Sernin zweifelsfrei hervorgeht, mit schlechterdings gar keinem Erbe rechnen können. Folglich bot sich bei ihm aus persönlichen Gründen eine Militärkarriere in fremden Diensten an. Bei seinem etwas älteren Bruder Pierre VI. war wahrscheinlich eine noch inwendigere Motivation dafür verantwortlich, daß er seiner Heimat den Rücken zukehrte, da er gemäß der Überlieferung eine unliebsame Ehe hätte eingehen müssen und zudem ebenfalls kaum auf ein ihn oder gar eine Familie ernährendes Erbe hätte hoffen dürfen.

Setzt man diese Gesichtspunkte und Bedingungen zu einem den Gesamtkontext der familiären und individuellen Situationen berücksichtigenden, qualifizierten Konstrukt zusammen, erzeigt sich ein differenziertes Bild: Waren die Auswanderungsmotive bei den Digeons de Boisverdun noch stärker von der repressiven Hugenottenpolitik König Ludwigs XIV. geprägt, lag der Fall bei den Digeons de Monteton deutlich anders. Hier waren es mit hoher Wahrscheinlichkeit individuell perspektivische und mithin strukturelle

Belange, die zum Verlassen Frankreichs führten, und weniger konfessionelle. Denn in beiden Fällen, sowohl bei den Digeons de Boisverdun als auch den Digeons de Monteton, läßt sich eine existenzielle und konkrete Bedrohung durch den französischen Staat auf Grund ihres Festhaltens am Bekenntnis zur reformierten Religion nicht nachweisen. Bei den Digeons de Monteton wird dies ganz besonders deutlich, da sie ein Besitzund Herrschaftskontinuum in Gestalt des in der Heimat verbliebenen Pierre IV. und dessen erstgeborenen Sohnes Pierre V. zur Zeit der unmittelbaren Eskalation der Repressions-Politik gegenüber den französischen Protestanten aufrechterhalten konnten und dabei sogar noch königstreu ihren Armeedienst in der Leibgarde des französischen Monarchen verrichteten. Somit läßt sich am Beispiel des Hauses Digeon demonstrieren, daß bei der Suche nach den tatsächlichen Emigrationsmotivationen des hugenottischen Adels eine detaillierte Analyse auf der familiären Mikroebene unerläßlich ist, da der pauschale Rückschluß Calvinismus gleich Auswanderungsgrund eindeutig zu kurz greift. Daher sollte der Analysefokus auch auf die genealogischen Beziehungen und die jeweilige adelsrechtliche Situation gelegt werden. Schließlich erklärt sich aus dem Erstgeburtsrecht im Verbund mit der potenten Stellung des *chef de nom et des armes* sowie den individuellen letztwilligen Verfügungen oftmals, wessentwegen der Religion eine eher nachgeordnete Rolle zukam.

Die profanen Gründe, die für eine Auswanderung sprachen, dürfen jedoch nicht dahingehend gewertet werden, daß sich die Familie in einem bloßen Opportunismus erging. Denn über mehr als ein Jahrhundert hinweg bekannte sie sich offen – ab 1685 klandestin bis zu den beschriebenen Aufweichungen ihrer Konfessionsbindung Ende des 18. Jahrhunderts – äußerst dezidiert zum Protestantismus und nahm auf diese Weise erhebliche Nachteile in Kauf. Eine Karriere im Staatsdienst war ihr grundsätzlich ebenso verwehrt wie ein erfolgreicher militärischerWerdegang, der über den Rang eines Hauptmanns hinausging. Ursächlich hierfür waren neben den Restriktionen, die aus dem calvinistischen Bekenntnis eo ipso resultierten, allerdings auch strukturelle Obstakel: Nach den Religionskriegen des 16. Jahrhunderts hatte sich das Entscheidungszentrum des französischen Staates vollständig nach Paris respektive Versailles verlagert, wohin die Digeons als Geschlecht des Südwestens keinerlei Bindungen hatten, sei es auf familiärer oder auf politischer Ebene. Dies zeigt sich vorzüglich auch an der Person von Philippe Dijon, der zwar selbst in der französischen Hauptstadt recht gut vernetzt war, nicht zuletzt durch seine Mutter, die dort jahrelang gelebt hatte, sowie die Verwandten seiner Schwäger, jedoch nicht über einen ausreichend nachhaltigen Einfluß auf die "classe politique" von Paris verfügte, um seinem Neffen Aymon Gabriel Henri de Virieu rasch und effektiv helfen zu können.

Gleichwohl bot die Verortung im protestantischen Milieu des französischen Königreichs auch nicht unerhebliche Vorteile, die quasi "aus der Not" entstanden waren und Parallelen zu ähnlich gelagerten Fällen von religiöser Ausgrenzung und damit verbundener staatlicher Repression aufwiesen: So war zum einen der Zusammenhalt innert des protestantischen Adels von Aquitanien besonders hoch, was sich nicht zuletzt anhand der Vielzahl von Eheverbindungen innerhalb dieser Konfession und Schichtung nachweisen läßt. Zum anderen profitierten die Digeons in ganz erheblichem Maße von dem ökonomischen Erfolg, welcher den Edelleuten des reformierten Bekenntnisses zumeist inhärent war. Hervorzuheben wäre in diesem Zusammenhang besonders die Ehe mit Catherine Auzanneau de Gastebois, welche die Umbauten des Château de Boisverdun veranlaßte, als auch Rubens de Béraud, der neben der Baronie Monteton ein aus einer beträchtlichen Menge an Schuldforderungen bestehendes Erbe an die Digeons de Monteton hinterließ, sowie Magdeleine Durège von deren Landbesitz das Geschlecht ebenso profitierte wie von der Herrschaft Saint-Aigulin mit dem Landsitz Vilette, den Elisabeth de Ségur-Boirac als Mitgift in die Ehe eingebracht hatte. Am höchsten ist jedoch der Anteil durch den Ehebund mit Suzanne Pellet zu taxieren, deren gesamtfamiliäres Vermögen zu Zweidrittel auf die Person ihres Sohnes Philippe Dijon de Monteton überging und ohne das der Aufstieg der Digeons de Monteton zu einem der bedeutenden Adelshäuser Südwest-Frankreichs schlechthin nicht möglich gewesen wäre.

Demgemäß barg die absolute Hinwendung zum Calvinismus seit der Reformation für die Digeon einerseits eine Art Einbahnstraße in die Isolation, fernab von Betätigungsmöglichkeiten im Staatswesen, auf der anderen Seite aber auch die erhebliche Chance zur stetigen Besitz- und Herrschaftsvergrößerung durch die Einheirat von materiell arrivierten und zugleich reformierten Adelsfamilien.

Abgesehen von diesen konfessionellen Pfadabhängigkeiten und der damit verbundenen Genese des Hauses Digeon, konnte hinsichtlich der Ursprünge nachgewiesen werden, daß die Guyenne als Herkunftsregion des Geschlechts ausscheidet. Dafür spricht zum einen das völlige Fehlen archivalischer Spuren und auch jeglicher sonstiger Anhaltspunkte innerhalb des genealogischen Gesamtverbundes des Adels von Aquitanien. Zum anderen ist eine Reihe weiterer Indizien anzuführen, wie die Erwähnung des Ritters Richard de Digeon im Jahr 1211, welcher das Lehen von Digeon in der Picardie besaß und als Doyen von Aumale der Abtei Saint Martin d'Auchy ein Stück Land schenkte, oder die Herkunft der ersten Ehefrau von Pierre de Digeon, Jeanne de Trévey, aus der Bretagne zu nennen. Weitere Hinweise liegen in der Tatsache, daß der Name Digeon auf Grund seiner onomatopoetischen Charakteristika als Bezeichnung einer Pfeifente auf eine nördlich von der Guyenne befindliche Küstenregion schließen läßt, und schließlich in der innert der Familie tradierten Kreuzzugsteilnahme unter Gottfried von Bouillon – nicht, wie es ein südwestfranzösischer Ursprung nahegelegt hätte, unter Raimund IV. von Toulouse. All diese Anhaltspunkte sprechen deutlich für eine nördliche Verortung des originären Herkunftsorts der Digeons. Es liegt demgemäß die begründete Mutmaßung nahe, daß diese Familie, wie eine Vielzahl anderer Familien, erst im Zuge des Hundertjährigen Krieges in den Südwesten des französischen Königreichs einwanderte, denn um 1450 setzt die quellenbasierte ununterbrochene Filiation ein.

Gleichwohl konnte anhand der Nennung von drei Brüdern namens Gerars, Hernaus und Hues de Digon im *crusade cycle* erstmalen der Nachweis erbracht werden, daß für die bislang allein auf der oralen Überlieferung im familiären Innenverhältnis basierende Kreuzzugsteilnahme dreier Mitglieder der Hauses Digeon tatsächlich eine quellengestützte Entsprechung existiert, welche sich, etwa durch die die beiden gefallenen Kreuzfahrer symbolisierenden Wappenkreuze, in den historischen Kontext einpassen. Dies war nicht zuletzt durch eine vollständige Blasonierung des Wappens des Hauses Digeon möglich, welche sowohl die historischen als auch die genealogischen Rahmenbedingungen berücksichtigte. Denn ohne den Ansatz, das Familiengeflecht mit den einzelnen Verwandtschaftsrelationen auch in heraldischen Fragen zu berücksichtigen, wären weder einzelne gemeine Figuren (*meubles*) des Familienwappens zu erklären, wie der Stern, der sehr wahrscheinlich durch die Ehe mit Françoise de la Perche dit Verdun auf das Schild gelangte, noch wäre die Erkenntnis möglich gewesen, daß das Haus Digeon über zwei sehr divergente Wappen verfügt: Das ältere der Digeons d'Autramat, welches durch wesentlich einfachere Heroldsbilder gekennzeichnet ist und das der Digeons de Boisverdun, respektive Digeons de Monteton, welches einzelne gemeine Figuren wie Stern und Brachvogel sowie die beiden Ehrenzeichen (*pièces honorifiques*) in Form der Kreuze (*flanchis*) aufweist.

Methodisch in gleicher Weise wurde verfahren, um sich der Namensherkunft des aus den beiden Wörtern "Digeon" und "Monteton" bestehenden Familiennamens anzunähern. Dabei fanden sowohl philologische Erwägungen als auch auf Mikro- und Makroebene der geschichtlichen Kohärenz Rechnung tragende Zugänge Anwendung, um durch möglichst unterschiedliche Analysegesichtspunkte eine valide Perspektive zu erhalten. Diese Vorgehensweise erzeigte sich besonders dahingehend fruchtbringend, daß zum einen der Name Digeon durch eine onomatopoetische Analyse mit dem Wappenvogel der Digeons de Boisverdun und Monteton in einen dezidiert probabilistischen Zusammenhang gebracht werden konnte. Zum anderen war es möglich, auch eine gewisse theoretische Präferenz für die Herkunft des Toponyms Monteton als eine Zusammenziehung aus Berg (*mons*) und Antonius zu finden, abgeleitet aus der latinisierten Namensform *Montetonio*, wie sie sich in einer Bulle Papst Eugens III. für das Benedektinerkloster Sarlat aus dem Jahr 1153 zum ersten Mal urkundlich belegen läßt. Die Vermutung, daß eine Kultstätte zu Ehren des Heiligen Antonius – gegen die im 12. und 13. Jahrhundert vorzüglich in Aquitanien epidemische Ausbreitung der Vergiftung durch Mutterkornalkaloide (*feu de Saint-Antoine*) – zum namensgebenden Nucleus für diesen Ort wurde, erscheint als ein dem historischen Kontext Rechnung tragender, plausibler Deutungsansatz. Die späterhin erfolgte Gründung eines Benedektinerpriorats zusamt einer Burg und die Weihung der Kirche an die Mutter Jesu Christi depraviert diese These nicht. Im Zuge des sich im 12. Jahrhunderts ausbreitenden Marienkults fand eine Reihe von kirchlichen Umbenennungen statt.

Dieser multiperspektivische Fokus barg auch für die Einordnung der Adelsqualität des Hauses Digeon valable Forschungserkenntnisse, denn hierbei greifen heraldische, adelsrechtliche, genealogische und historische Sphären ineinander. So sind die Digeon grundsätzlich, dieweil sie ihre lückenlose Stammreihe seit Mitte des 15. Jahrhunderts belegen können (vgl. Anhang: A.4: 628), ohne jemals einen Adelsbrief erhalten zu haben, und seit dieser Zeit mit Adelsherrschaften belehnt waren, zur *noblesse d'extraction ancienne* zu zählen (vgl. Tab. 4.1: 406): Es kann als fast unmöglich angesehen werden, daß der erste bekannte Repräsentant, Pierre de Digeon, in der ständischen Gesellschaft des Spätmittelalters mit Françoise de la Perche dit Verdun die Tochter des Barons von Cancon hätte heiraten können, ohne daß er selbst einer adligen, ritterbürtigen Familie entstammte. Dafür spricht bereits die Wahl der ersten Frau, mit der Pierre de Digeon verheiratet war, Jeanne de Trévey, Vertreterin eines Hauses, das – zurückgehend auf die Le Barbus – uradeligen, bretonischen Ursprungs war, sowie, daß der erste Ehepartner seiner zweiten Frau Françoise de la Perche als ein de la Roque du Gua ebenfalls zu einer einflußreichen und uradeligen Familie – hier des Bordelais – gehörte. Dessen Erbe wirkte dahingehend nach, daß einige Digeons ihren Familiennamen um "de la Roque" ergänzten, da sie die gleichnamige Herrschaft geerbt hatten und darauf einen eigenen Zweig begründeten. Auch der Ehepartner der Schwägerin von Pierre de Digeon, Jeanne, die mit Giovanni di Marbottino-Tornaquinci einen Edelmann aus Florenz ehelichte, dessen Geschlecht sich dort seit dem 11. Jahrhundert belegen läßt, verblieb in diesem altadeligen Milieu. Gleiches tat der Bruder Jean II. de la Perche dit Verdun, welcher als einziger Namensträger die Stammreihe fortsetzen sollte durch eine Heirat mit Catherine I. d'Anglade, die ebenfalls Mitglied eines alteingesessenen Rittergeschlechts der Guyenne war. Die d'Anglades, deren Nachfolge die de la Perche antraten, waren bereits durch Arnaud II. d'Anglade, der 1372 vom englischen König zum Gouverneur der Guyenne ernannt wurde, als arriviertes Geschlecht zu betrachten. Vermittelst der Ehe seines Vaters Pierre II. mit Rose I. d'Albret verbanden sie sich verwandtschaftlich mit dem englischen Königshaus, den Plantagenêts.

Allerdings widerspiegeln nicht allein die Heiraten der Kinder von Jean I. de la Perche dit Verdun die Verortung im altadeligen Gesellschaftsbereich, sondern vorzüglich durch seine zweite Frau Indie de La Roche- Andry, Tochter von Ybles III. de La Roche-Andry und der Persuye de La Trémoille aus dem nachmaligen Haus der Herzöge von La Trémoille, wird deutlich, daß sich Jean I. de la Perche selbst eine Vertreterin aus dem alten Feudaladel der Bretagne zur Frau genommen hatte. Denn seine Ehepartnerin stammte als Enkelin von Blanche de Machecoul in direkter Linie von Peter, Graf von Dreux benamt Mauclerc (auch: Peter von Braine) ab, welcher ex iure proprio seiner Frau Alix de Thouars, beziehungsweise des gemeinsamen Sohnes Johann I. des Roten, zwischen 1213 und 1237 Herzog der Bretagne war. Peter von Dreux wiederum war als zweiter Sohn des Grafen Robert II. von Dreux und der Yolande von Coucy durch seinen Urgroßvater väterlicherseits, König Ludwig VI. von Frankreich, ein Angehöriger der Kapetinger.

Aber auch die Digeons de Boisverdun und Digeons de Monteton sollten durch Ehebündnisse direkt mit dem Milieu des alten Adels verhaftet sein. Dies zeigt sich insbesondere an den Allianzen mit den Ségur-Pardaillans, Timbrunes de Valence, Ferrands und vor allem dem Haus Lustrac, das mit seinen verwandtschaftlichen Relationen zu den Durforts, Pellegrues, Galards und Fumels als einer der bedeutensten Heiratspartner der Digeons im 17. Jahrhundert angesehen zu werden vermag, so etwa im Falle von Jean II. Digeon de Boisverdun, welcher mit Anne de Lustrac vor den Altar getreten war, bei deren Mutter es sich um eine geborene Montesquiou-Dévèze handelte. Daneben ist noch die Ehe von Anne II. Digeon de Boisverdun mit Jean de Polastron besonders zu apostrophieren, da zum einen aus dem Geschlecht ihres Mannes Yolande de Polastron, die nachmalige Herzogin von Polignac und enge Freundin der Königin Marie-Antoinette hervorging und zum anderen der gemeinsame Sohn von Jean und Anne II., Charles Paul, die Anne de Bourbon-Lavedan heiratete, ein Mitglied der Bourbon-Lavedan-Basian, womit eine blutsverwandtschaftliche Beziehung zum regierenden Königshaus Frankreichs begründet wurde.

Das Einheiraten in alteingesessene Familien, vornehmlich Südwestfrankreichs, setzte sich im 18. Jahrhundert fort, wie sich anhand der Eheschlüsse zwischen den Digeons de Monteton und den Häusern d'Abzac, Briquemaut, Vassal-Montviel und Briancçon aufzeigen läßt. Allerdings wurde diese auf den ersten Blick ostentative Endogamie immer wieder punktuell durch Heiraten mit erst rezent nobilitierten oder aus dem Amtsadel stammenden Familien durchbrochen, wie den Pellets oder den Auzanneaus. Allerdings sollte doch ein Befund hinsichtlich der Endogamie dahingehend konstatiert werden, daß die Ehepartner der Digeons mit Ausnahme derjenigen Ehebündnisse (z.B. Virieu und Asnieres), die im Zuge der mit der Aufklärung Ende des 18. Jahrhunderts einhergehenden konfessionellen Erosionserscheinungen und einer größeren geographischen Mobilität geschlossen wurden, allsamt dem calvinistischen Bekenntnis zugehörig und fast ausnahmslos in Aquitanien angesiedelt waren.

Für den Zweig der Digeons d'Autramt vermag mutatis mutandis eine vergleichbare Feststellung getroffen zu werden, obzwar die Qualität der Ehebündnisse hinsichtlich des Adelsalters und der Stellung der Heiratspartner innert der Adelshierarchie nicht an die der Digeons de Boisverdun respektive Digeons de Monteton heranreichte. Eine mögliche Erklärung könnte in dem nicht so großen Lehensbesitz, wie er bei den Vettern der Boisverduns und der Montetons gegeben war, liegen, da sich dieser lange Zeit vornehmlich auf die Herrschaft Autramat beschränkte, bis in der zweiten Hälfte des 18. Jahrhunderts Pechalbet und schließlich die Baronie Fonroque hinzugelangten.

Mithin offenbart sich als weiteres Taxierungskriterium neben der Güte des Adelsalters der Ehepartner noch der Lehensbesitz. Diese beiden Faktoren standen in einer ambigen, sich mutual bedingenden Relation zueinander, da ein ausgedehenter adliger Landbesitz in aller Regel der Fälle mit einem gewissen Adelsalter einherging und nicht nur ein sehr valides Indiz für die Stellung des Geschlechts innert der Adelshierarchie lieferte, sondern es auch in der Intention der einzelnen Geschlechter lag, ihren Grundbesitz qua Eheschluß im besten Fall zu erweitern oder zumindest zu konservieren. Insofern war es sehr wesentlich, daß der jeweilige Partner einen similaren Sozialhintergrund mit in die Ehe einbrachte.

Hinsichtlich des Hauses Digeon bedeutet dies, daß die einzelnen Familienmitglieder bereits direkt nach ihrer Immigration in die Guyenne im 15. Jahrhundert mit Lehensbesitz (Boisverdun, Boisdomains und Autramat) versehen waren und darob zur Feudalaristokratie gehörten, stets am Heerbann partizipierten und somit bis zum letzten Vertreter der Zweige Autramat, Boisverdun und Monteton allesamt königstreu Militärdienst leisteten. Folglich ist diese Belehnung in Aquitanien prima facie als ein Vorgang ex nihilo anzusehen, wobei ein Adelskontinuum bereits mit Pierre de Digeon um das Jahr 1450 als gesichert angenommen werden kann, da, wie aufgezeigt, sein gesamtes Heirats- und Verwandtschaftsmilieu aus Uraristokratie bestand.

Als wirkmächtige Punkte, die für den weiteren Aufstieg sonderheitlich der Digeons de Monteton in der gesellschaftlichen Lehensstruktur des Ancien Régime maßgeblich waren, sind neben dem Erwerb der Baronie von Monteton Anfang des 17. Jahrhundert, die mit der niederen, mittleren und hohen Gerichtsbarkeit und damit dem Sitz eines Richters einherging, vornehmlich die Lehen, die Philippe Dijon de Monteton ab circa der Mitte des 18. Jahrhunderts auf sich zu vereinigen mochte: das Marquisat Poudenas und die Grafschaft Lasserre zusamt der mit dem König von Frankreich ausgeübten Herrschaft als Coseigneurs über Francescas sowie weitere Herrschaften (z.B. Vilette und Saint-Aigulin). Die Digeons de Monteton erlangten durch diese Kumulation an Land- und Lehensbesitz eine arrivierte Stellung innert der südwestfranzösischen Adelshierarchie.

Mithin ist es verständlich, daß Philippe Dijon de Monteton daran gelegen war, den Traditionsstrang seines Geschlechts, das im Ganzen durch die Kinderlosigkeit der vier Söhne von Louis-Joseph Digeon d'Autramat fast zeitgleich im Mannesstamm zu erlöschen drohte (vgl. Anhang: B.6: 699), durch Einsetzung des preußischen Cousins in seine Namensrechte fortzuführen (vgl. Anhang: A.13: 691). Jedoch hätten, ungeachtet dieses Schreibens, die Nachfolgeregeln des in der salischen Tradition stehenden französischen Adelsrechts in jedem Fall zu einem Eintreten der preußischen Linie in die Nachfolge der französischen Digeons geführt. Jedoch wären die Rechte von Philippe ohne seine Verfügung zunächst an die ältere Linie, die Autramats, gefallen, an deren Oberhaupt und letzten männlichen Repräsentanten, Charles Armand, welcher am 28. September 1846 verstarb. Spätestens dann wären nach den Regeln der Primogenitur die preußischen Cousins in Gestalt von Karl August Friedrich Baron Digeon de Monteton und seinen Söhnen als Träger des gemeinsamen Wappens und der engsten Blutzugehörigkeit in die Sukzession eingetreten (vgl. Kap. 4.1.2: 414).

In concreto bedeutet dies, daß jeweils der älteste Sohn bis hin zu Hubertus Dijon de Monteton das Erbe als *chef de noms et d'armes* angetreten hat (vgl. Anhang: B.12: 705). Allerdings mußte hinsichtlich der Titelübertragung auf die Digeons de Monteton in Priort die Permission des preußischen Monarchen eingeholt werden, da die Führung des Titels "Comte" respektive "Graf" nach preußischen Adelsrecht eine Standesmodifikation bedeutete, die der Genehmigung durch den Souverän bedurfte. Die grundsätzliche Autorisation erfolgte kurze Zeit nach dem Tod von Philippe Dijon de Monteton durch König Friedrich Wilhelm III. von Preußen qua Brief an den Ritterschaftsrat Karl August Friedrich Digeon v. Monteton vom 18. Februar 1836, allerdings vorbehaltich des Nachweises der rechtmäßigen Titelführung seines zu beerbenden Vetters Philippe Dijon de Monteton. Dieser Beweis konnte auf Grund des in weiten Phasen schwierigen Verhältnisses zwischen Preußen und Frankreich, wirtschaftlichen Obstakeln sowie der Tatsache, daß die im Privatbesitz befindlichen Familienarchive nicht zugänglich waren, erst in jüngster Zeit erbracht werden. Auf diese Weise traten das französische Adelsrecht der alten Monarchie mit dem in Preußen sich maßgeblich aus dem Allgemeinen Landrecht speisenden Adelsrecht in eine Verbindung ein über den aus Frankreich ausgewanderten Zweig der Digeons de Monteton.

Dabei galt auch in Frankreich der Grundsatz, daß die Stellung des Monarchen in allen adelsrechtlichen Fragen die einzig maßgebliche war. Besonders deutlich wird dies bei den "Honneurs de la Cour". Denn wie aufgezeigt wurde, war hierbei allein der Wille des Monarchen Gesetz, so daß er sich nach ganz eigenem Gutdünken sogar über die von ihm selbst verfügte Zulassungsordnung, wenn beispielsweise das hinsichtlich des Adelsalters geforderte Jahr 1400 als Mindestbeginn einer lückenlosen Stammfolge nicht erbracht zu werden vermochte, hinwegsetzen konnte. Es galt in Hinblick auf das französische Adelsrecht des Ancien Régime uneingeschränkt der Rechtsgrundsatz, welcher von Wilhelm II. als Kaiser des Deutschen Reichs am 8. September 1891 in das goldene Buch der Stadt München geschrieben wurde: "*Suprema lex regis voluntas!*" (zit. n. Gutsche 1991: 61). Das von Kaiserin Victoria sibyllinisch geäußerte Diktum, daß dies der Anfang vom Ende sei (Röhl 2000: 339), nachdem sie von der provokanten Eintragung ihres Sohnes Kunde bekommen hatte, läßt sich durchaus auch auf das vorrevolutionäre Frankreich der letzten beiden Bourbonenkönige übertragen. Allerdings darf nicht übersehen werden, daß es sich hier um einen vorkonstitutionellen Staat handelte, in welchem sowohl inwendig die *forma regiminis* als auch die bloß auswendige Staatsform (*forma imperii*) in einer absolutistischen Art und Weise kongruent gingen (vgl. zu dieser auf Kant zurückgehenden Einteilung der Herrschaftsformen: Kersting 1995). Darob müssen einesteils andere Maßstäbe bei der historischen Bewertung angelegt werden, und anderenteils sollte bedacht werden, daß das Adelsrecht sich, wie jedes Recht, in der jeweiligen Geschichte des Landes, wo es zur Anwendung kam, widerspiegelt. Das heißt, die alles dominierende Stellung des französischen Königs war mitnichten immer derart stark, daß er seine ihm in allen Zeiten formal zustehende Oberherrschaft über den gesamten ihm unterstellten Adel auch tatsächlich auszuüben vermochte. Dies zeigt sich sowohl in den Nobilitierungen, wie sie die mächtigen Vasallen (z.B. das Haus Armagnac bei den Podenas (vgl. Kap. 2.3.3.7: 327)) vollzogen haben, als auch in der Position des jeweiligen Familienchefs, dessen Verfügungsrechte mit dem Erstarken der königlichen Zentralgewalt zunehmends beschnitten wurden. Zu denken wäre in diesem Zusammenhang beispielsweise an Adoptionen und Wappenverfügungen, die in der Zeit einer geschwächten Monarchie noch ohne Genehmigung des Monarchen durchgeführt werden konnten. Somit läßt sich der Wandel des französischen Adelsrechts relativ genau mit der Zeit der Fronde, als die letzten veritablen Herrschaftseigenrechte von der Krone suppremiert wurden, bestimmen. Bis dahin kann in der Tat noch von einer adligen "Herrschaft" gesprochen werden. Trotz dieser zunehmenden Schwächung des französischen Adels in Herrschaftsbelangen, blieb dieses Kriterium doch wesentlich im Adelsrecht. Denn sonderheitlich mit den in diesem Adelssystem zunehmenden Ausdifferenzierungen, wie gradueller Adel als Derivat des Amtsadels (*noblesse de robe*) und Briefadel (*noblesse de lettre*), nahm derjenige Adel, welcher sich durch jahrhundertelangen Besitz einer Herrschaft in Form eines Lehens qualifizierte, eine exponierte Stellung ein.

Neben dem bloßen Alter, das theoretisch auch durch eine Nobilitierung qua Brief zu erreichen gewesen wäre, spielt hierbei die Similarität im Kleinen zum Königtum, dem Herrschen selbst, eine wesentliche Rolle. Da das Haus Digeon über eine diesbezügliche Tradition verfügte, welche sich im 18. Jahrhundert auf mindestens 300 Jahre beziffern ließ, dient dieses Faktum als Explikator dafür, daß es zu der höheren Nobilität der Guyenne zu zählen ist. Die Digeons hatten also in Gestalt der Baronie Monteton eine tatsächliche Befehlsgewalt ausgeübt, die bis zur Blutsgerichtsbarkeit ging; diese Herrschaft konnten sie in der Person von Philippe Dijon de Monteton durch die Ansammlung an Vermögen und Lehensbesitz über Teile des Nord-Agenais ausdehnen. An diese Stellung anzuknüpfen, war den nach Preußen ausgewanderten Digeons de Monteton mitnichten möglich, teilweise aus strukturellen Gründen, da die Grundherrschaft Priort nicht nur einen Bruchteil des Besitzes ihrer französischen Vettern verkörperte, sondern auch mit wesentlich weniger Herrschaftsrechten (z.B. keine hohe Gerichtsbarkeit, keinen Anspruch auf Frondienste etc.) einherging, teilweise aber auch, da sie als Einwanderer schlechterdings nicht über eine vollständige Integration in den einheimischen, märkischen Adel verfügten, der den ensprechenden Hintergrund geboten hätte, einen erhöhten Rang durch kontinuierlichen Lehensbesitzausbau, wie zum Beispiel durch Heiraten in avancierte Familien, zu erlangen. Kurz gesagt, fehlte ihnen das "historische Kapital". Damit war ihre Adelsqualität und demgemäß die Position innerhalb der preußischen Adelshierarchie, die zudem nach anderen Gesetzmäßigkeiten funktionierte, eine weit weniger bedeutende als die der Digeons de Monteton in der angestammten Heimat Frankreich.

Fraglos kam dabei auch dem für deutsche Ohren doch sehr fremdländisch anmutenden Namen eine nicht unerhebliche Rolle zu. Bemerkenswert ist, daß die Integration von ursprünglich ausländischen Familien in Frankreich zuweilen recht reibungslos gelang, was vorzüglich auch in der adels- und namensrechtlichen Möglichkeit begründet lag, über das belehnte Gut seinen Namen zu französisieren oder gar per letztwilliger Verfügung in die Namensrechte seines Schwiegervaters eingesetzt zu werden, wofern dessen Geschlecht oder Deszendenz im Mannesstamme zu erlöschen drohte. Zur Illustration bietet sich hierbei besonders der Fall der d'Estutts an, die, wie aufgezeigt wurde, sowohl die Namenssukzession "de Solminihac" als Erben der ältesten Linie antraten, dabei über die Jahrhunderte ihren eigentlichen Familiennamen schottischen Ursprungs vergaßen und sich fortan nur noch "de Solminihac" respektive "de Solvignac" bezeichneten, als auch durch hohe militärische Verdienste in die Gunst des Königs von Frankreich gelangten. Dabei wurden sie bei Hofe in Versailles zugelassen, obschon sie das geforderte Jahr 1400 an nachgewiesenem Adelsalter in Frankreich nicht erreichten. Dies war umso bemerkenswerter, da der betreffende Claude Louis Charles d'Estutt de Tracy mit einer Ehefrau den Lebensbund eingegangen war, deren Vater erst durch die Charge des *sécretaire du roi* in den sofort hereditären Adelsstand erhoben worden war (vgl. Kap. 4.2.2: 430). Darüber hinaus war es möglich, daß sich der aus der mit Marie-Émilie de Verzure eingegangenen Ehe hervorgegangene Sohn Antoine Louis Claude d'Esutt de Tracy mit Émilie Louise de Durfort-Civrac, der Tochter des Cousins des Herzogs von Civrac, verheiratete. Daraus wird deutlich, daß das französische Adelsrecht eine nicht unerhebliche Dynamik aufwies, die sowohl sozialen Realitäten gerecht zu werden vermochte, als auch gewisse Aporien an einem einzelnen Kriterium, wie dem Adelsalter, vermittelst einer anders gelagerten Gewichtung durch den König zu kompensieren vermochte. Das von Hobbes in seinem Leviathan zum Ausdruck gebrachte Bild, daß die Adligen, wenn ihr König zugegen ist, nicht mehr leuchten als die Sterne in der Gegenwart der Sonne (Hobbes LEVIATHAN 1670: part 2, cap. XVIII), vermag dahingehend aufgegriffen und modifiziert zu werden, daß es der Sonne, das heißt dem König sehr wohl gefallen konnte, die Sterne mehr oder weniger zum leuchten zu bringen, gleich welche Position sie von ihm aus betrachtet einnahmen. Die (Natur-)Gesetze weisen in diesem Falle nur eine sekundäre Relevanz auf.

Abgesehen von dieser absolutistischen Wandlung im französischen Adelsrecht, läßt sich bei der genealogischen Untersuchung des Hauses Digeon der häufig etwas pejorativ vorgebrachte Anwurf, in Frankreich seien Adelsusurpationen quasi eine naturgesetzliche Realität und Adelstitel der bloßen Willkür ausgesetzt gewesen, nicht bestätigen. Fraglos gab es zu allen Zeiten Anmaßungen des Standes, besonders aber, als der adlige Name und Titel in der Zweiten Republik nicht geschützt waren, jedoch muß bei der Adelsusurpation grundsätzlich zwischen einer Titel- und einer Adelsusurpation differenziert werden. Wurde erstgenannte Praxis in Frankreich wohlgemerkt bei alten und arrivierten Familien durchaus auch von staatlicher Seite geduldet, da sie weder einen nennenswerten Einfluß auf die innert der Adelshierarchie vorherrschenden Ranggefüge hatte, noch, was wesentlich entscheidender für den Staat war, auf die mit dem Adel einhergehende Steuerbefreiung sowie weitere Privilegien, war es für andere Familien wesentlich schwieriger und seltener, den Adelsstand als solchen erfolgreich und durativ unrechtmäßig zu beanspruchen. Dies lag zum einen an den durchaus großflächig durchgeführten Adelsprüfungen, wie beispielsweise derjenigen von 1666, bei welcher auch die Digeons den Nachweis ihres Adels erbringen mußten, zum anderen aber auch an der sozialen, engmaschigen Kontrolle des französischen Gesellschaftssystems überhaupt. Denn diese war derart auf Status und Privilegien ausgerichtet, daß die "Erschaffung" eines adligen Hintergrunds ex nihilo, selbst wenn man über immense finanzielle Möglichkeiten verfügte, nicht gelingen konnte. Der Fall des Sohnes des nobilitierten Großhändlers Pellet, dem in der Gesellschaft von Bordeaux das Attribut des an Moliere angelehnten "Le Bourgeois gentilhomme" zugesprochen wurde, gibt hiervon beredtes Zeugnis. Demgemäß war die jeweilige Nobilitierung (Amt, Brief etc., vgl. Kap. 4.2.1: 425) stets sehr gut dokumentiert und bekannt; bloße Phantasiegebilde wären nur schwerlich einer Überprüfung entgangen. Beim historischen Adel der *ancienne race* kam noch hinzu, daß der Adel Frankreichs, im Gegensatz beispielsweise zum deutschen, grundsätzlich in ein Lehenssystem einbezogen war – "*nulle terre sans seigneur*" – (Schmale 1986: 82), so daß selbst der Besitz einer Adelsherrschaft anhand der lehensrechtlichen Spezifikationen (wie der Entrichtung der Gebühr für das *droit de franc fief*) nicht ohne Weiteres zu einem adligen Stand führte. Folglich kam eine Usurpation des Adelsstands mit einer zunehmenden Verrechtlichung der französischen Administration, die bereits Ende des 17. Jahrhunderts weit fortgeschritten war, zwar immer wieder vor, war aber in einer relevanten Rechtsdimension kaum von Perserveranz. Zusätzlich existierten weitere "Kontrollmechanismen": Zu denken wäre an Eheallianzen, die fast immer sehr deutlich darüber einen Rückschluß zulassen, ob und wie ein Geschlecht in der Adelshierarchie zu verorten war. Dieserhalb kommt ihnen sowohl eine identifikatorische als auch eine legitimatorische Wirkung zu.

Demnach setzt sich die Taxierung und Überprüfung eines adligen Hauses aus mehren Gesichtspunkten zu einem kohärenten Gesamtbild zusammen. Diese einzelnen Facetten ließen sich anhand des historischen Zusammenhangs des Hauses Digeon in den einzelnen genealogischen Beziehungen im adelsrechtlichen Kontext der alten französischen Monarchie aufzeigen und auf jede zu untersuchende Adelsfamilie übertragen.

Mit dem AQVAS-Prüfungsschema, das aus den einzelnen den Adelsstatus bestimmenden Kriterien resultiert (vgl. Tab.: 5.1: 459), ist es mithin möglich, sämtliche Adelsfamilien einer Prüfung zu unterziehen und vorzüglich all diejenigen zu examinieren, deren Adelsstatus zweifelhaft oder ungewiß ist. Angelehnt ist es an das Untersuchungssprozedere der *généalogistes du Roi*, jedoch besteht ein wesentlicher Unterschied dahingehend, daß die Prüfung unter systematischhistorischen Gesichtspunkten und ohne spezifisch normative Gewichtung vorzüglich des Adelsalters des jeweiligen Geschlechts vorgenommen wird. Dafür findet insbesondere

Table 5.1: AQVAS-Prüfungsschema zur Qualifikation einer französischen Adelsfamilie [eigene Darstellung]

Adelskriterium	**Erläuterung**
Alter	Seit wie langer Zeit ist die Familie als adlig anerkannt, ab wann sind von ihr Quellen tradiert?
Qualität	Handelt es sich um eine Familie der *noblesse immemoriable, d'extraction ancienne*, um ein amtsadeliges (*noblesse de robe*) oder qua Adelsbrief (*noblesse de lettre*) nobilitiertes oder uradeliges Geschlecht etc.? Wodurch wird der Adelsstand begründet? Befinden sich darunter Berufe, die unvereinbar mit dem Adelsstand waren (z.B. Handwerks- und Handelsberufe sowie Notar, Staatsanwalt, Anwalt, Arzt etc.)? Existieren Rechtsunterlagen, die ein Aberkennen des Adels begründen?
Verdienste	Inwiefern haben sich die einzelnen Familienmitglieder um den französischen Staat (vornehmlich in Administration, Politik, Diplomatie und Militär) meritiert?
Allianzen	Welche Heiraten sind die einzelnen Familienmitglieder eingegangen? Bemessungsgrundlage für deren Qualität sind die vier übrigen, aufgelisteten Punkte.
Status des Geschlechts	Anzahl der im Familienbesitz befindlichen Herrschaften, sowie die Lehensart (Größe, Geschichte und Beschaffenheit)

der eingangs dargelegte Methodenpluralismus zusamt den einzelnen historischen Hilfswissenschaften Anwendung (vgl. Kap. 1.3.2: 40). Entscheidend ist dabei gleichergestalt, daß die Betrachtung keinesfalls isoliert nach den einzeln aufgelisteten Taxierungspunkten erfolgt, sondern vielmehr ist es das Ineinandergreifen derselben, das stets und verläßlich darüber Auskunft erteilt, ob es sich bei dem jeweils untersuchten Geschlecht um ein veritabel zum historischen Adel zu zählendes handelt oder ob hinreichende Indizien existent sind, die einen Anfangsverdacht rechtfertigen, um dann eine genauere, breiter angelegte Prüfung auf Primärquellenbasis zu unternehmen. Möglicherweise ist die Fischernetzmetapher von Marsilio Ficino (Kristeller 1972: 306) cum grano salis auch auf dieses Überprüfungsmodell übertragbar, denn selbiges verkörpert gleichwohl eine Vorrichtung, mit welcher sich der gesamte historische Adel Frankreichs – gänzlich unabhängig von fons et origio – "einfangen läßt". Damit ist dieses Analysewerkzeug in seiner Anwendung universal und nicht epochengebunden.

Für die moderne Anwendung des Adelsrechts in einem republikanischen und demokratisch regierten Staatswesen stellt sich indes das Problem, ob und inwieweit man den ihm zugrundeliegenden hauptsächlichen Gesetzmäßigkeiten, insbesondere dem Prinzip des Mannestammes in seiner Eigenschaft als historisches Recht, Folge zu leisten gedenkt. Freiherr Sigismund von Elverfeldt-Ulm pointiert die Anwort auf diese diffizile Frage in einem Aufsatz über das Adelsrecht dahingehend abschließend: Entweder man nehme – in Anlehnung an den jesuitischen Ausspruch "*Sint ut sunt aut non sint*" – das Adelsrecht in seiner historisch überlieferten Form in toto an oder man lehne es als Ganzes ab, was die Konsequenz nach sich zöge, daß Institutionen wie das "Genealogische Handbuch des Adels" oder der "Adelsrechtsausschuß" obsolet wären (Elverfeldt-Ulm 2001: 44–45).

Diese Haltung vermag zwar in ihrer Stoßrichtung eine konservative, das heißt die Traditionen und damit die Identifikationsstruktur des Adels bewahrenden Ansatz widerspiegeln, doch läuft er in gewisse Weise dem tragenden Prinzip des Adelsrechts zuwider und berücksichtigt allein die Frage, ob man das Adelsrecht auch heute noch anwenden solle, nicht aber die Frage, von wem. Denn ein Adelsrecht ohne einen Monarchen ist wie ein Körper, dem man den Hals abgeschlagen hat, mithin etwas Bizarres und in sich nicht Schlüssiges, da der Adel in seiner Gesamtheit dem König oder Kaiser adels- und lehensrechtlich unterstellt war. Auch wenn adelsrechtliche Entscheidungen auf der Vereinsebene verharrend als "Beanstandung" und "Nichtbeanstandung" erfolgen sowie unter dem Vorbehalt getroffen werden, daß sie nur bis zu einer etwaigen Restitution einer Monarchie Gültigkeit beanspruchen und dann einer erneuten Prüfung unterzogen werden sollen, sind sie doch mit jeder Entscheidung existentiell "rechtsschaffend". Dabei geht diese Ansicht zudem wie selbstverständlich davon aus, daß in einer neugeschaffenen Monarchie das Staatsoberhaupt das Recht besitzt, in Adelsfragen zu entscheiden (Linsingen 2012: 167–168). In den skandinavischen Königtümern Schweden, Norwegen und Dänemark ging dieses Regal teilweise schon im vorletzten Jahrhundert verloren. Die "Quellen des Adels" sind hier wandlungsfähiger, da mit Ausnahme der islamischen Monarchien und einiger weniger europäischer – zum Beispiel Liechtenstein – die weibliche Thronfolge fast überall Einzug gehalten hat. Auch in früheren Zeiten besaßen recht konservative Häuser, wie das Erzhaus Habsburg, durchaus hinlänglich viel Pragmatismus, um eine feminine Sukzession zuzulassen. Diese Notwendigkeit wird vermehrt für den Hochadel virulent und langfristig selbst für den Niederadel, da durch die Aporie an männlichen Nachfolgern im Verbund mit der Unmöglichkeit neuen Adel zu schaffen, das Erlöschen im Mannesstamm zwangsläufig ist. Auch dürfte es fraglich sein, ob dem zitierten jesuitischen Diktum – zugeschrieben u.a. dem Jesuitengeneral Ricci – eine Übertragbarkeit von der theologisch-rechtlichen auf die adelsrechtliche Sphäre zukömmlich ist. Denn was für die Bewahrung ewiger Wahrheiten aus Glaubensüberzeugungen sowie daraus abgeleiteter Ordnungen gilt, besitzt nicht unbedingt Richtigkeit hinsichtlich der Anwendung eines historisch "erstarrten" Rechts unter anderen gesellschaftlichen Bedingungen. Schließlich war das Adelsrecht selbst beständig einemWandel unterzogen und bot, wie im Falle des Gewohnheitsrecht in der Champagne oder dem Barrois, auch Raum für die "uterine Primogenitur" gemäß dem "jus uxoris".

Es würde wohl ein weiteres Forschungsvorhaben rechtfertigen, einigen Überlegungen nachzugehen, die das Dilemma, in dem sich der historische Adel mitsamt dem tradierten Adelsrecht gegenwärtig befindet, da es keine legimationsspendende oder korrigierende Institution, wie einen Monarchen oder gar eine unabhängige Adelsgerichtsbarkeit mit Berufungsinstanzen, gibt, im Ansatz einer Lösung zuführen könnten (vgl. dazu äußerst profund und konstruktiv: Linsingen 2012: v.a. 157–189).

Jenseits dieser das Adelsrecht betreffenden Belange, resultiert ein weiterführender Forschungsbedarf – das Haus Digeon in Frankreich selbst betreffend – aus der Vielzahl ungesichteter Archivalien, die sie sich disparat auf verschiedene Archives départementales und Privatarchive verteilen. So wäre es zielführend, den Anhaltspunkten einer nordfranzösischen Abstammung des Geschlechts weiter nachzugehen, um auf diese Weise eventuell den Konnex zwischen der Kreuzzugsteilnahme 1096, der Erwähnung der Ritters Richard de Digeon im Jahr 1211 und dem Begründer der lückenlosen Filiation Pierre de Digeon Mitte des 15. Jahrhunderts herzustellen. Daneben könnte es von nicht unerheblichem Interesse sein, die beiden protestantischen, aus dem Süden Frankreichs stammenden Kaufmannsfamilien Vernezobre und Pellet unter den Fragen zu untersuchen, was zu ihrem Niedergang in jeweils unterschiedlichen Ländern führte und wie sie sich trotz ihres calvinistischen Konfessionsbekenntnisses mit dem französischen Staat arrangierten, um Handelsgeschäfte abschließen zu können. In diesem Kontext könnte es auch erhellend sein, festzustellen, ob und, wenn ja, in welcher Beziehung François Mathieu de Vernezobre-Laurieux und François-Adam, Baron d'Holbach, Onkel des Aufklärers Paul Henri Thiry d'Holbach standen, da sie beide im Rahmen der *Compagnie des Indes* ihr Vermögen erlangten und in Form von Lehen thesaurierten (vgl. weiterführend: Naville 1967). Auch wurde François-Adam d'Holbach, fast genauso wie François Mathieu de Vernezobre-Laurieux, 1720 nobilitiert und 1728 schließlich zum Reichsfreiherrn erhoben (Sauter 1972: 2), so daß ein Vergleich der Werdegänge fruchtbringend erscheint.

Abschließend sei angemerkt, daß der Hoffnung Raum gegeben wird, daß durch die vorliegende Auseinandersetzung mit dem Haus Digeon in Frankreich im Kontext des Adelsrechts des Ancien Régime ein gewisses Fundament gelegt ist als Ausgangspunkt für darauf aufbauende Forschungen: Ad multos annos!

Quellen- und Literaturverzeichnis

Unveröffentlichte Quellen

Französische Archive

Archives Nationales de France

Archives privées (AP): Archives de personnes, de familles et de partis politiques

121 AP	Louis du Bouchet et son fils Louis, prévôts de l'hôtel du roi et grands prévôts de France : pièces sur leur charge et la police de Versailles entre 1714 et 1789; gestion des biens de leur famille, 1700–1747

Série JJ Trésor des chartes

JJ 191, Nr. 123, fol. 65	Rémission donnée en faveur de Jacques Punot, de Luçon, homme d'armes de la compagnie de Jean de Laperche, poursuivi pour le meurtre de Guillaume Morin, avec lequel il s'était querellé la veille à Luçon – Bourges. Juillet 1455
JJ 192, Nr. 63, fol. 45	Rémission pour Hélie Thibault, homme d'armes de Jean de Verdun, capitaine de Bourg-sur-Gironde: meurtre d'un meunier, qui lui refusait le blé qu'il devait à Raymonnin de Montréjeau, capitaine de Blagnac – Bourges. Février 1461
JJ 194, Nr. 22	Lettre du roi Louis XI. Don à Jean de Verdun de la terre et domaine de Gontault. – Issoudun. 4 mai 1465

Série O¹ Maison du Roi sous l'Ancien Régime

O¹ 829	Registres d'audiences royales. XVIIIᵉ

Sous-série R/1: Papiers des princes: apanage d'Artois

R/1/545* (a.c.: R/1/204*)	Registre des aveux des fiefs de la baronnie de Mervent. 1408–1445

Série TT: Affaires et biens des protestants

TT 182 32, fol. 561–568	Monteton (Madeleine du Rège, veuve de Seigneur de). Demande permission de vendre la terre qui elle posséde dans la paroisse de St. Sernin, Généralité de Bordeaux. 1732
TT 230 4	"État de ceux de la RPR et nouveaux convertis de la sénéchaussée d'Agen qui ont quitté le royaume, qui y possédaient des biens fonds, et des adjudications faites des

	revenus. Donne nom des fugitifs, lieux où ils résidaient, biens qu'ils possédaient, adjudications de leurs revenus". S.d. (XVIIe siècle)
TT 244 13, fol. 226–229	Jugement sur les assemblées de Gensac. Envoyée par M. Bezon le 1er mars 1692
TT 256 A 10, fol. 230–236	Monteton, Diocèse d'Agen. Partage intervenu entre les commisaires du roi au sujèt des contestations d'entre le syndic du clergé du diocèse d'Agen et la veuve du seigneur de Monteton au sujèt de l'exercise de la R.P.R. en son château. 20 juin 1683

Série M (Cartons): Ordres militaires et hospitaliers. Universités et collèges. Titres nobiliaires. Mélanges.

M 608	Honneurs de la Cour: présentations, demandes, correspondance. Arrêts et réglements concernant la noblesse. 1577–1791
M 742	Hommes illustres de l'Ordre de saint Benoît

Série MM (Registres et Rouleaux): Ordres militaires et hospitaliers. Universités et collèges. Titres nobiliaires. Mélanges.

MM 47	Actes capitulaires du Grand Prieuré de France. XIVe–XVIIIe siecle. Décisions des chapitres provinciaux (classement chronologique, avec quelques lacunes, notamment de 1426 à 1455 et de 1483 à 1508). 1355–1792
MM 812	Extraits des preuves de noblesse faits par les généalogistes des ordres du roi de 1765 à 1780
MM 813	Honneurs de la cour: Extraits semblables faits de 1733 à 1781
MM 817	Honneurs de la cour: Registre des entrée des carrosses du roi (1715–1788)

Série V2: Collège des secrétaires du roi

V2 41	Dossier de Jean Pellet (1735)
V2 43	Dossier de Pierre Pellet (1754)

Bibliothèque Nationale de France

Collection Périgord

tom. 3, fol. 150–153	Bulla Eugenii papae III. (1153), dans "Mémoires historiques sur les abbés et les évêques de Sarlat, par Tarde", copie XVIIIe siècle
tom. 11, fol. 1–96	Extrait du Trésor des chartes, et des archives de la Chambre des Comptes, avec table (1172–1667), copies XVIIIe siècle

tom. 12, fol. 162vo–163	Bulla Alexandri papae III. (1170). copie par l'abbé Leydet, XVIIIe ou XIXe siècle
tom. 37, fol. 265vo	Extrait de la Bulle de protection accordée par le pape Eugène IV. [sic!] au monastère de Sarlat (1153), copie par l'abbé Lespine, XVIIIe siècle
tom. 77, fol. 1–182	Chartes du Périgord – Copies de documents classés par ordre chronologique (360–1207) (copie par Lespine), XVIIIe siècle
tom. 163, fol. 30	Contrat de marriage de Marie d'Estutt de Solminihac et Pierre de Saint-Ours (17. août 1701) (copie par Lespine)
tom. 167, fol. 19	Testament de Guy de Solminihac (Montfaucon le 9. décembre 1471) – Copie en papier, XVIIIe ou XIXe siècle

Fonds Français

Ms. fr. 3942, fol. 56vo	Lettre de la reine-mére Catherine de Medici, pour restituer tous les biens de Philippe de Luns (13. janvier 1561)
Ms. fr. 20496, fol. 564	Mandement de Louis XI à Antoine Raguier de payer à Guérin le Groing, capitaine de 50 lances fournies de la garde du roi, les gages de Jean de la Perche, dit Verdun, et de ses quatre archers, pour les mois de mai, juin et juillet précédents. – 19. August 1468. Senlin
Ms. fr. 22237, fol. 2	Lettres de légitimation par le roi François II. en faveur de Jean de Lustrac, fils naturel de François de Lustrac (Février 1514)
Ms. fr. 30833. fol. 10	Copie en papier de l'acte de substitution du testament de Guillaume de Timbrune, du 30 septembre 1489 (Carrés d'Hozier, tom. 604)
Ms. fr. 32162	Armorial général de France. Dressé en vertu de l'édit de 1696 par Charles d'Hozier, tom. XVII (Guyenne II)
Ms. fr. 32240	Armorial général de France. Dressé en vertu de l'édit de 1696 par Charles d'Hozier, tom. 13 (Guyenne) [contenant les blasons coloriés]

Fonds Latin

Mss. lat. 12765	Donation de Bernard, comte de Périgord au Abbaye Saint-Pierre de Brantôme vers l'an 900 (Fragmenta Historica Aquitanicae, tom. 3, fol. 289–294)

Le Cabinet des Titres. Copies ou extraits d'actes divers (actes de baptêmess, contrats de mariage, testaments, contrats de vente, etc.) dressés au XVIIIe siècle (Mss. fr. 26485 à 33264)

Carrés d'Hozier

MF 254	Copie du contrat de mariage de Gabriel II. de Ferrand, Seigneur de Griffon et Charlotte de Digeon, passé devant Roussil, notaire royale à Cambes en Agenois (22 août 1645)

MF 227	Copie du testament de Pierre II. Digeon de Monteton (29 mai 1674) pour prouver la noblesse de Charles III. Digeon de Boisverdun (1701)

Fonds Chérin

1	(Digeon) d'Autramat: Certificat de noblesse délivrée pour le service militaire du 16 février 1782 et 5 juillet 1783
3	de Béon: Preuves pour les honneurs de la cour (1780 et 1782)
9	Asnières de la Chasteigneraye: Preuves pour les honneurs de la cour (1782, 1783 et 1785)
100	Lettre de Louis Phélypeaux duc de La Vrillière au Bernard Chérin du 27 février 1771
102	Lettre de Nicolas Beaujon au ministre de la maison du Roi, 17 juin 1763
103	Lettre de Nicolas Chérin au ministre du 14 février 1788
191	Généalogie d'Estutt par Nicolas Chérin (8 avril 1786)
197	Timbrune de Valence: Preuves pour les honneurs de la cour (1778 et 1785)
198	Lettre de Jean Frédéric Phélypeaux de Maurepas au comte de La Tour du 14. septembre 1779
204	Lettre de Bernard Chérin au Jean Frédéric Phélypeaux de Maurepas du 30. août 1776

Collection Clairambault

75	Destutt (olim Stut ou Estut): Preuves pour les honneurs de la cour (avant 1771, en 1773, 1779, 1786 et 1788)
159	de Polastron: Preuves pour les honneurs de la cour (1738, 1752, 1771, 1778 et 1780)
212	de Virieu: Preuves pour les honneurs de la cour (1753, 1763, 1765, 1766, 1774, 1780 und 1781)
935	Correspondance du généalogiste des Ordres avec le grand écuyer et avec les gentilshommes aspirant aux honneurs de la Cour. – XVIIIe siècle

Collection Dupuy

204, fol. 198	Aveu de Eustache de Boissière à Jean de Verdun, Seigneur de la Perche, Volvire, la Touche, Brilhac (2. janvier 1458)

Collections du département des Estampes et de la photographie: Série Q – Histoire

QB-370 (81) – FT 4, fol. 36	Élie Louis, duc Decazes et duc de Glücksberg, Lithographie de François Le Villain, vers 1815

Archives Départementales de la Dordogne

Collection de Manuscrits

Ms. 118, N° 26	Notes sur la biographie de l'abbé Lespine, relevées dans la Collection Périgord. – XIXe siècle

Série B: Cours et juridictions

B 1763	Dame Élise Eyma, veuve de messire Zacharie de Sorbier, conseiller secrétaire du roi, maison, couronne de France et de ses finances, demande à produire des attestants pour prouver qu'elle est en possession, depuis un temps immémorial, de prendre et percevoir le péage tant par eau que par terre en la ville de Bergerac, des bateaux montant sel sur la rivière de Dordogne vers la ville de La Linde, sous le devoir d'une quartière et demie de sel, pour raison duquel péage elle a le droit et la coutume de prendre un denier pour chaque charge de cheval ou autre bête chargée de sel, qui sort de la présente ville, et quatre sols par muid de sel qui monte par bateau vers la ville de La Linde. (1727)
B 1792	Enquête de notoriété à la requête de messire Jean-Siméon de Sorbier de Jaure, chevalier, seigneur de Lespinassat et autres lieux, habitant de la ville de Bordeaux, pour prouver qu'il est seul fils et unique héritier de feu messire Jacques de Sorbier, chevalier, seigneur de Lespinassat, son père, décédé à Bergerac le 27 mai 1754. (1765)
B 1837	Dame Marie de Solminihac, épouse de messire Pierre de Saintours, seigneur de Clermont, afin d'obtenir sa séparation de biens, son mari gérant fort mal ses affaires (1737) (copie du notaire)
B 1845	Messire Jean-Sarrain de Durfort, chevalier, mestre de camp du régiment de cavalerie de Chartres, demeurant ordinairement en la ville de Figeac en Quercy, âgé de 30 ans et voulant épouser demoiselle Marguerite Croissille, fille majeure de M. Louis Croissille, bourgeois de la ville de Metz, et de défunte dame Nicole Le Payen, parti sortable et avantageux pour lui, requiert l'autorisation de faire trois sommations respectueuses à messire Joseph-François-Armand de Durfort de Clermont-Boissière, chevalier, seigneur des terres de Pile en Périgord et de Puilonais en Quercy, et à dame Madeleine de Turenne Daynac, ses père et mère, qui refusent leur consentement au mariage. (1771)

B 2126	Noble Pierre de Verthamon, écuyer, seigneur de Saint-Fort, contre dame Marie de Solvignac, épouse de messire Pierre de Saint-Toux, seigneur de Clermont, et son mari (s.d.) (copie du notaire)

Sous-série E: Registres paroissiaux et de l'état civil (collection du greffe)

5 E 221/18	Canton de Sigoulès, commune Lamonzie-Saint-Martin – Naissances, décès (1863–1872)
5 E 336/4	Puyguilhelm – Naissances, mariages, décès (1833–1842)

Archives Départementales du Gard

Série E: Féodalité, communes, bourgeoisie, familles, notaires

E 617	Quittance de 200 livres faite par Antoinette de Saint-Bonnet, veuve de noble Pierre de Ranchin, sieur de Saint-Quentin, à Pierre Reboutier, sieur de Sueilhes, docteur en droits, habitant de Saint-Jean de Gardonnenque (16 november 1658)

Archives Départementales de la Gironde

Série B: Cours et juridictions

1 B Parlement de Bordeaux

1 B 45, fol. 19, 20	Enregistrement des lettres d'anoblissement de Joseph Dupin (16 janvier 1734)

7 B Fonds des négociants, archives des maisons de commerce en liquidation judiciaire

7 B 2084	Correspondence: Gabriel da Silva (Banquier), Bordeaux et Pierre V. Digeon de Monteton, Neuchâtel, Suisse (1740)
7 B 2099	Correspondence commercial: Digeon de Monteton, Pessac sur Dordogne (1735–1753)

Série C: Cours et juridictions

C 2334	Hommages de la généralite de Bordeaux par les vassaux – de l'Agenais: Pierre Digeon de Boisverdun (1682–1684)
C 2369	Demande par le seigneur Pelet d'Anglade, conseiller au parlement, de paroisses dont il est seigneur foncier, avec le titre de comté de Gontaut, puis de vicomté de Pelet (1758–1759)
C 4147	Jeanne de Nairac, veuve de Pierre de Narbonne Pelet, pour la seigneurie de Francescas (6 février 1761)
C 4154	Supplique de Francois Louis Parreau de Coissel aux président et trésoriers généraux de France [bureau des finances en Guyenne] (7 août 1733)

	Susanne Digeon de Monteton, née de Pellet, marquise de Poudenas, comtesse de Lasserre, pour la justice de Francescas, qu'elle tient en paréage avec le Roi (28 février 1772)
C 4164	Aveu et dénombrement de la maison noble d'Anglade, paroisse d'Izon, présenté par Jean Pellet, qui l'a acquise de Jean-François de Pontac, le 2 juillet 1738, par-devant Despiet, notaire à Bordeaux (XVIIIe siècle)

Série E: Féodalité, communes, bourgeoisie, familles, notaires

3 E Officiers publics et ministériels

3 E 13551	Copie du contrat de mariage de Pierre Pellet et Jeanne Nairac, passé devant Bernard, notaire royale à Bordeaux (22 octobre 1728)
3 E 17233	Testament clos de Jeanne Deschamps du 19 août 1762 (Roullet, notaire royale à Monségur)
3 E 21665	Copie du testament de Pierre Pellet du 3 septembre 1756 (Rauzan, notaire royale à Bordeaux)
3 E 24054	Inventaire du hôtel de Monsieur Jean Pellet, Place Royal (1765)
3 E 24392	Procuration de Jeanne Nairac, Veuve de Pierre Pellet, à Monsieur Davignon, secrétaire du Roi, pour l'acquisition du marquisat de Pouy (20. janvier 1758)
3 E 21687	Testament clos de Jeanen Nairac du 13 août 1767 (Rauzan, notaire royale à Bordeaux)
3 E 24861	Contrat de vente de la seigneurie et le château d'Anglade situé en Prévoté d'Izon entre Jean Pellet (le preneur) et Jean-François de Pontac (le vendeur) du 2 juillet 1736

Série G: Clergé séculier

G 105	Vente par Jean-Louis de Cardaillac, chevalier, seigneur de Saint-Servy, et de dame Isabelle Martel, en faveur de François de Ségur, chevalier, seigneur du Grand-Puch, de la maison noble de Villette, paroisse et juridiction de Sainl-Aigulin (1654)

Série J: Archives d'origine privée

9 J Fonds d'Arlot de Saint-Saud

9 J 60, pp. 15–67	Généalogie Digeon par le baron René de La Nauze. – XIXe siècle
9 J 166 und 317	La famille de Bardon de Segonzac

Sous-série 3 l: Actes des administrations départementales (1789–an VIII)

3 l 189	Certificates des résidences pour Philippe Dijon (1791–1794)

Le Dépôt communal

E DEPOT 2272 (GG 8)	Gensac, Registre Protestant. Baptêmes – Mariages – Sépultures (1778–1792)
E DEPOT 3129 (GG 3)	Pessac-sur-Dordogne, Cultes, instruction publique, assistance publique, Paroisse Saint-Vincent, Mariages – Décès (1725–1750)
E DEPOT 5297 (GG 14)	Saint-Pey-de-Castets, Cultes, instruction publique, assistance publique, Paroisses Saint-Pey, Saint-Martin de Civrac, Baptêmes – Mariages – Sépultures (1713–1717)

Archives Départementales Indre-et-Loire

Série E: Féodalité, communes, bourgeoisie, familles

E 861	Quatre lettres patentes ou mandements de Charles VII (22 mars 1454, vidimus de 1461), Louis XI (mars 1461) et 22 mai 1467 original), enfin Charles VIII (28 mars 1487 et décembre 1491, originaux) concernant la confiscation puis la restitution et la reconstruction du château de Lansac (1461–1467)

Archives Départementales de l'Isère

Fonds Digeon de Monteton (propriété de la famille de Virieu, fonds en cours de classement)

DM 5	Preuves de noblesse. Procès-verbal du commissaire délégue pour la vérification des titres de noblesse, à la requête de Charles III. Digeon de Boisverdun, et extrait des titres qui justifient sa noblesse (1666)
	Requête présentée à la Cour des aides et finances de Guyenne par Philippe Digeon, pour être maintenu dans sa noblesse (1777)
DM 52	Article et contrat de mariage (copie informe, s.d. et 31. juillet 1754)
DM 70	Constitution du conseil de tutelle – Requête présentée au parlement de Guyenne par Fonbourgade afin d'autoriser l'établissement du bureau de tutelle (1 décembre 1772)
	Arrêt du parlement portant confirmation du bureau de tutelle (3 décembre 1772)

DM 81	Légion d'honneur. Certificat (11 septembre 1819); procès verbal d'individualité (15 septembre 1820); imprimés (s.d.); correspondance (1819–1820)

Archives Départementales de Lot-et-Garonne

Série B: Cours et juridictions

B 30	Contrat de marriage de Etienne Digeon d'Autramat et Louise de Trévey (8. janvier 1591), copie du notaire
B 41	Contrat de marriage de Jean II. Digeon de Boisverdun et Anne de Lustrac de Canabazès (5. avril 1614), copie du notaire
B 63	Contrat de mariage de Charles III. Digeon de Boisverdun et Brandelize de Timbrune-Valence (4. juin 1644), copie du notaire
B 108	Contrat de mariage de Pierre IV. Digeon de Monteton avec Magdeleine Durège (3 avril 1690), copie du notaire
B 172	Donations entre vifs enregistrées au bureau d'Agen dans l'année 1755
B 213	Procès Bernard IV. de Ségur-Pardaillan contre Charles I. Digeon de Boisverdun (1605)
B 578	Charles Dyjon, écuyer, seigneur de Boisverdun, contre les tenanciers d'une moulin pour lequel ils doivent payer 16 sous, 4 gelines et une pippe de froment (1598)
B 802	Entérinements de requêts: Charles Digeon, seigneur et baron de Saint-Perdon et Boisverdun, contre noble Jean de Belrieu, seigneur et baron de Virazeil, et dame Charlotte Digeon, sa femme (1632), copie du notaire
B 825	Charles de Dijon contre Charles de Bruss [de Vins] (11. aout 1635)
B 999	Joseph de Vins, seigneur de Monteton, ayissant comme fils et héretier de Jeanne de Béraud, dame de Monteton, contre Charles Digeon, seigneur de Boisverdun (1674)
B 1405	Contrat de mariage de Fréderic de Foix, comte de Gurson et Fleix avec Charlotte de Caumont-Lauzun (23 juin 1611), copie du notaire

Série J: Archives d'érudits

5 J Fonds Dubois

5 J 30	Copie en papier du testament de Jehanne de Beauffret, habitant en la juridiction de Verteuil, instituant pour légataire universelle Françoise Delzon, épouse de François Digeon, écuyer (1576)

5 J 43	Pièces de procès opposant Pierre de Bilhon, comme père de Jean de Bilhon, Ã François Delzons, sieur de Favols (1642)
5 J 153	Digeon (archives de la famille de), seigneurs de Monteton. Contrat d'échange par lequel Jean-Frédéric de Foix, comte de Curson et du Fleix, grand sénéchal de Guyenne, donne la terre et baronnie de Monteton à Ruben de Beraud, écuyer, sieur de la Serpan, gouverneur de Meilhan, lequel lui cède la seigneurie de la Serpan, plus une somme de 50.000 livres (1618). Contestations au sujet de cet échange
	Plainte et mémoires contre Jacques Descars, de Montal, marquis de Merville, faite par la dame de Monteton puis par sa fille, Jeanne de Beraud, épouse de Charles Digeon, seigneur des Peyrières, par laquelle elles accusent le marquis de Merville d'avoir assassiné Ruben de Beraud (1623)
5 J 154	Procès au sujet de la terre de Monteton entre Pierre Digeon et Joseph de Vins, sieur de la Fluvie, frères utérins, nés des deux mariages successifs de Jeanne de Beraud, dame de Monteton (s.d.)
	Contrat de mariage de Henry Digeon, sieur de Peyrières et du Balet, habitant en la paroisse de Pompiac, fils de Charles, baron de Monteton et de Jeanne de Beraud, avec Elisabeth-Charlotte de Mehée, fille de Joseph, sieur de Montpezat, et de Marthe de Lespinasse (15 juillet 1664), copie du notaire
5 J 155	Certificat de nomination pour la charge de juge de la baronnie de Monteton par Jean Jacques II. Digeon de Monteton (14 novembre 1760)
	Extrait des registres de baptêmes de la paroisse Saint-André de Bordeaux, dépossée aux archives de la mairie, pour Marie Digeon de Monteton (8 juin 1825)
5 J 178	Copie en papier du testament mutuel de François des Escuyers, seigneur de Gandillac et de la maison noble de Berissac dans la juridiction de Tombeboeuf, et de Hélène de Carbonières, son épouse (1554)
5 J 484	Note de l'abbé Dubois en 1919
5 J 604	Lots des héritiers du Comte de Dijon (4 octobre 1846)

Série E: Féodalité, communes, bourgeoisie, familles, notaires

E 763	Procès Jean Sarrau, sieur de Boynes, et Martial de La Clergerie, sieur de Lalande contre Jeanne Cheval – 1623

Sous-Série 4 E et 5 E: État civil

4 E 3–3	Agnac, Baptêmes, Mariages, Sépultures (1744–1790)

4 E 3–3	Agnac, Tables décennales (An IV–An X)
4 E 3–3	Agnac, Naissances, Mariages, Sépultures (An IV–An X)
4 E 3–3	Agnac, Mariages (An XI–1812)
4 E 3–4	Agnac, Sépultures (An XI–1812)
5 E 3	Agnac, Tables décennales (1802–1892)

Sous-Série 3 P: Cadastre

3P A26 30	Bourgougnague, Séction TA, Plan napoléonien, atlas (1835) 3P A26 36 Bourgougnague, Séction D Saint-Laurent, Plan napoléonien, atlas (1835)

Archives communales déposées (E Sup et E dépôt)

E Sup. 1444	Agnac, Baptêmes, Mariages, Sépultures (1744–1775)
E Sup. 1454	Bourgougnague, Baptêmes, Mariages, Sépultures (1724–1741)
E Sup. 1455	Bourgougnague, Baptêmes, Mariages, Sépultures (1757–1766)
E Sup. 1455	Bourgougnague, Baptêmes, Mariages, Sépultures (1762–1769)
E Sup. 1455	Bourgougnague, Baptêmes, Mariages, Sépultures (1770–1774)
E Sup. 1455	Bourgougnague, Baptêmes, Mariages, Sépultures (1775–1780)
E Sup. 2619 (BB 20)	Jurades (Nérac). Le 6 octobre 1759, décés d'Étienne-Philippe de Pellet, en son château de Lasserre. Le consuls de Francescas érivent une lettre de condoléances à sa mère Députation envoyée au château de Lasserre auprès de M^{m} de Pellet, dame en paréage avec le Roi de la juridiction (1762)
E Sup. 2650 (BB 21)	Jurades (Nérac). Condoléances ces adressèes à Madame la Marquise de Monteton, à l'occassion du décès de sa fille, coseigneuresse avec le Roi de la juridiction (1771)
	Décès de la marquise de Monteton et Poudenas, comtesse de Lasserre. On adresse une lettre de condoléances au marquis de Monteton (1772)
	La jurade (Nérac) demande à l'intendant l'autorisation de faire un chemin rejoignant la grande route de Nérac à Condom. Déjà le marquis de Monteton a fait les trois quarts de cette route, il construit à ses frais un pont sur la Bayse (1777)
	Le comte Dijon, seigneur de Lasserre et de Francescas, propose de donner 1.000 livres pour la construction d'un pont sur la Bayse (1777)

E Sup. 2673 (FF 2)	Information faite par Jean Bigou, juye royal à Francescas, au nom du comte de Lasserre, co-seigneur de ladite ville, au sujet des ventes de bois faites par les consuls

Domaines nationaux de la Révolution

1 Q 129	Procès-verbal d'estimation du domaine national compris dans la soumission du citoyen Louis-Joseph Dijon habitant à Pechalbet, canton de la Sauvetat du Dropt (9. Thermidor IV = 27. Juli 1796)
1 Q 280	Liste des non emigrés (1790 et 1792)
1 Q 315	Indemnité en faveur des héritiers de Louis-Joseph Digeon d'Autramat. Exécution de la loi du 27 avril 1825 (12. Dezember 1825)

Fonds Raymond

tom. 13, pp. 1–45	Généalogie de la famille de Digeon, seigneurs de Torry, Fluxeaux de Rosay (Bourgogne, Beauce), Boisverdun, d'Autramat, de Peyrières, de Monteton, de Saint-Pardoux, Péchalvet (Agenais), Poudenas, Lasserre (Gascogne) (10 août 1882)

Élections, plébiscites et référendums

3 M 13	Procès verbal des séances du college electorale du département Lot et Garonne (14 octobre 1816)
3 M 48	Premier procès verbal des operations de l'assemblée electorale tenue a Nérac le 21 juin 1834 pour l'élection d'un deputé

Archives Départementales des Pyrénées-Atlantiques

Série B: cours et juridictions

B 5741	Aveux et dénombrements d'Armagnac, Philippe Digeon, baron de Monteton, comte de Lasserre, pour le marquisat de Poudenas. Publications et arrêt de vérification (1777–1778)

Série E: Féodalité, communes, bourgeoisie, familles, notaires

E 282	Jean I., comte d'Armagnac, achète à Arnaud de Podenas, seigneur de Marambat, la terre de Poudenas (Septembre 1372)

Registres paroissiaux et d'état civil

GG 16	Morlàas. Baptêmes Protestantes (1652–1685)

Registres paroissiaux et d'état civil: Collection communal

Rontignon	Baptêmes, mariages, sépultures (1683–1792)

Archives Départementales de Tarn-et-Garonne

Série 6 E: Registres d'état civil

6 E 008–28	Auvillar, Déces (1848)

Archives Départementales de la Vendée

Sous Série 2 E: État Civil

2 E 169/5	Décès de Dame Jeanne Rose Digeon, veuve de Henri Marquis d'Asnières (8 août 1832)
	Décès de Monsieur Philippe Comte de Dijon (23 decembre 1835)

11 J – Fonds d'Asnières-la-Châtaigneraie (1249–1902)

11 J 1	Lettres patentes du roi Louis XVI portant union des terres de La Châtaigneraie, Menomblet, Petit-Château, Bourg-Batard, La Tardière, Saint-Pierre-du-Chemin, Saint-Marsaud, Marillet et érection en marquisat sous le nom d'Asnièresla-Chastaigneraye en faveur de Jean d'Asnières, sous-lieutenant aux gardes françaises, chevalier de l'ordre royal et militaire de Saint Louis (juillet 1776)
	Lettre du roi Louis XVI adressée à Henry, marquis d'Asnières, ci-devant enseigne de la première compagnie des mousquetaires à cheval, lui annonçant qu'il vient de l'associer à l'ordre royal et militaire de Saint-Louis, et qu'il a commis le baron d'Espagnac, gouverneur des Invalides pour le recevoir à la dignité de chevalier de Saint-Louis (28 décembre 1776)
	Testament de Poincy d'Asnières, 1401
11 J 2	Mémoire sur les honneurs de la Cour présenté par M. le marquis d'Asnières-la-Châtaigneraye, 17 décembre 1782. Expédition sur parchemin extrait de la minute originale déposée aux Archives du royaume et délivrée par le garde général le 8 août 1823
11 J 6	Procès entre la marquise de Tourzel née Pons et le marquis de la Châtaigneraie au sujet des nom et titre de prince de Pons (1825–1867)

Archives Municipales d'Agen

Série BB: Finances, impôts et comptabilité

BB 61	Entrée du comte de Lasserre, sénéchal. (1658)

Série CC: Impôts et comptabilité

CC 234	A Madame de Lasserre 12 livres pour avoir fait les armoiries du roi, de la ville et du comte de Lasserre (1658)

Archives Municipales de Bordeaux

Série GG: Cultes, instruction publique, assistance publique

GG 792	Registre des actes de décès, "célébrès au Dèsert, dans les églises réformes de Bordeaux", du 16 septembre 1750 au 4 avril 1771
GG 810	Registre des actes du sépulture "célébrès au Dèsert, dans les églises réformes de Bordeaux", du 20 janvier 1737 au 16 septembre 1750
GG 811	Registre des actes de naissance, mariage et décès "célébrès au Dèsert, dans les églises réformes de Bordeaux", du 8 juin 1753 au 7 février 1782
GG 812	Registre des actes de décès, du 14 avril 1771 au 2 février 1788
GG 814	Registre des actes de naissance, mariage et décès "célébrès au Dèsert, dans les églises réformes de Bordeaux", du 10 février 1782 au 1 mars 1792

Fonds Manuscrits

Ms. 684	Fiches généalogiques Pierre Meller. – XIXe et XXe siècle

Fonds iconographique

XXI L 177	Vue reconstituée du Château Trompette (Aquarelle von A. Haon, um 1927)

Archives Municipales de Montségur

Série BB – Administration communale

BB 19, pp. 171–173	Lettres Patentes d'Anoblissement de Joseph Dupin (août 1733) – registre de la jurade de Monségur

Archives Nationales d'Outre-Mer

Personnel colonial ancien (XVIIe–XVIIIe)

E 165	Bertrand de Carrier Du Roc et Martial de Carrier Du Roc: demandent d'une place de cadetgentilshomme des colonies, non admis (1780)

Papiers Hulot de Collart

5 APC 14	Dossier Pellet

Archives Privées de la Famille Dijon de Monteton (Penne d'Agenais, Lot-et-Garonne)

DM 1	Lettre de Philippe Comte Dijon de Monteton au Frédéric Baron Dijon de Monteton, Seigneur de Priort (1. mai 1831)

DM 2 — Brief des preußischen Königs Friedrich Wilhelm I. an den Baron François Mathieu de Vernezobre-Laurieux (18. Dezember 1736)

DM 5 — Lucile Bourrachot: Une Famille Protestante de l'Agenais et ses Cousins Allemands: Les Digeon de Monteton, s.d., unveröffentliches Typoskript

Archives Privées de la Famille de Gervain (Château de Roquepiquet, Lot-et-Garonne)

(unklassifiziert) — Constatation de Philippe Comte Dijon de Monteton, députe de le parlement de Lot-et-Garonne, faite par-devant un notaire, pour justifier que son veritable nom est "Dijon" et non "Digeon" (13. novembre 1820)

Archives Privées de la Famille d'Estutt d'Assay (Château Tharoiseau, Yonne)

(unklassifiziert) — Demande de lettres de naturalité par Thomas Stutt, Seigneur d'Assay en Berry (1473) – original en parchemin

(unklassifiziert) — Enquête sur la propriété de la seigneurie d'Assay les 19 et 20 décembre 1477 entre Thomas d'Estutt, Seigneur d'Assay et Pierre Anquetilz, Seigneur de Courcelles devant le lieutenant du baili de Berry – original en parchemin (15. Jahrhundert)

Les Archives de l'Académie des sciences

Fonds René Antoine Ferchault de Reaumur

69 J 66/132 — L.a.s. de Vernezobre à Réaumur – (1744–1745)

Bibliothèque municipale de Dijon

Etude, fonds Patrimoine

Saverot 17(1) — [Factum] Consultation pour M. Dubouzet de Poudenas contre M. Dijon. (Question de Substitution). – (Paris, 1808. Mémoires en cassation, tome I, pièces 35–36)

Bibliothèque municipale de Toulouse

Ms. 729, fol. 18vo–19vo — Bulla Eugenii papae III. (1153), copie de la première moitié du XVIIe siècle par Jean Tarde, chanoine de Sarlat, se trouve dans son "Table chronologique de l'église de Sarlat, dicèse et pays Sarladois, monstrant le nom, ordre et suitte des prélatz qui y ont presidé, qui et quelz ont esté les princes et seigneurs qui y ont commendé, avec la fondation des villes, sièges, prinses et reprinses d'icelles et autres divers accidents, que ce pays a souferts jusques à présent."

Niederländische Archive

Familienarchiv Nairac (Museum Nairac, Barneveld)

Stukken van verschillende leden van de familie Nairac

1	Familieboek. Aantekeningen betreffende de familie Nairac geschreven door Anne Marie Boué, Guillaume Nairac, Elisabeth Jeanne Voute, Carel August Nairac en Carel Anton Willem Nairac (18e eeuw]–1935)
2	Akte van procuratie door Philippe Nairac te Bordeaux op Marthe Guiraud om hun zoon handlichting te laten verlenen. 1728. Vertaling uit de Franse taal. Met bijlagen, waarvan twee in de Franse taal (1728–1729)

Utrecht Archiv

34–4 Notarissen in de stad Utrecht 1560–1905

U248a009	Procuratie van Elisabeth Nairac, dochter van Philippe Nairac en Marthe Guiraut om haar belangen waar te nemen als mede-erfgename van haar ouders, speciaal om kwitantie te ondertekenen ten behoeve van Susanna Pelet weduwe Digeon baron de Monteten, dochter van Joanna Nairac in leven weduwe Pierre Pelet, Notaris: J. van Someren (6. april 1769)

Deutsche Archive

Brandenburgisches Landeshauptarchiv (Potsdam)

Provinz Brandenburg, Kurmärkische Stände, Ritterschaftliche Hypothekendirektion

Rep. 23 A, Nr. 387	Acta Possesionis des Ritter-Guthes Priort (1742), pp. 34–61.
Rep. 23 A, C 2380	Bescheinigung durch Etienne Du Trossel, Richter der französischen Kolonie zu Berlin, für Jean-Jacques I. Digeon de Monteton bezüglich der Einsetzung als Universalerbe seines verstorbenen Bruders Pierre VI. Digeon de Monteton, Berlin, (4. September 1750)

Landeskulturamt (Rezesse und Separationskarten)

Rep. 24 OH, Karte 102 G	Karte der Feldmark Priort, vermessen durch F.L. Schultz (1811)

(Adlige) Herrschafts-, Guts- und Familienarchive

Rep. 37, Hohenfinow, Nr. 3	Verkauf der Güter Hohenfinow, Tornow, Sommerfeld durch den Baron Karl August Friedrich Digeon v. Monteton an den Baron von Jakobi-Kloest (1833)

Zentrales Grundbucharchiv des Landes Brandenburg

K II, AG Nauen, GB Priort, Bd. 2, Nr. 532	Grundbuchakten des im havelländischen Kreise gelegenen Rittergutes Priort – 18. (Übertrag) und 19. Jahrhundert

Geheimes Staatsarchiv Preußischer Kulturbesitz (Berlin)

IV. HA, Preußische Armee, Geheime Kriegscanzlei

Rep. 1, Nr. 82	Offiziers-Nomenklatur, von der Geheimen Kriegskanzlei geführten Amtsbuchserie, Maas-Mert (19.–20. Jahrhundert)

I. HA, Hausministerum des Königlichen Hauses, Alte und Neue Reposituren

Rep. 100 Nr. 3750	Acta betreffend den Adelsverlust von Clemens Friedrich Robert Freiherr v. Vernezobre de Laurieux, Premierleutnant im Schlesischen Füsilier-Regiment Nummer 38 in der Kurmark (1867)
Rep. 100, Nr. 3758	Brief des Geheimen Regierungsrats und Direktor des königlichen Hausministeriums Georg Wilhelm v. Raumer an den Archivrat Köhne vom 19. März 1843, fol. 26–28
Rep. 176, Nr. 157	Standesbezeichnungen, Wappenfrage und Adelsstand die Digeon v. Monteton in Preußen betreffend. Korrespondenz zwischen dem Königlichen Heroldsamt, der Geheimen Kriegscanzlei und dem Königlichen Geheimen Staatsarchiv (1886–1899)

XX. HA Historisches Staatsarchiv Königsberg – Etatministerium (EM)

EM 74 a Nr. 29, fol. 44–51 und 69	Korrespondenz der ostpreußische Regierung betreffs das Bürgerrecht sowie Handeslangelegenheiten von Mathieu I. Vernezobre (1686–1701)

VI. HA Familienarchive und Nachlässe

FA Familie Digeon v. Monteton, Nr. 1	Ehekontrakt zwischen Jean-Jacques de Digeon Baron v. Monteton und Jeanne Henriette Gasparde v. Vernezobre, “mit allergnädigster Approbation Seiner Königlichen Majestät in Preußen”, Berlin 3. April 1738
FA Familie Digeon v. Monteton, Nr. 29	Separation zwischen Baron v. Monteton und dessen Untertanen von Priort, Priort (27. April 1812)

Hessisches Staatsarchiv Darmstadt

Großherzogliches Haus, Bestand D 4

376/4	Brief von Emanuel I. Vernezobre an Landgräfin Dorothea Sophie von Hessen-Darmstadt (um 1700)

Staatsbibliothek zu Berlin Preußischer Kulturbesitz

Handschriftenabteilung

Ms. boruss. fol. 314, pp. 43–62	Ausfertigungen und Abschriften von Offizierslisten der altpreußischen Armee, zusammengestellt von Ordensrat Anton Balthasar König (Collection Koenigiana), Anfang 19. Jahrhundert

Privatbesitz

Autographenkollektion eines privaten Sammlers

	Originalbrief König Friedrich Wilhelms III. v. Preußen an den Ritterschaftsrat Karl August Friedrich Digeon v. Monteton vom 18. Februar 1836

Veröffentlichte Quellen (mit Siglen)

[AA. SS. Maii II 1680] Henschenius, Godefridus; Papebrochius, Daniel: *Acta Sanctorum Maii collecta, digesta, illustrata, a Godefrido Henschenio et Daniele Papebrochio e Societate Iesu, Tomvs II, quo dies V, VI, VII, VIII, IX, X, XI continentur. Praemittuntur Hodoeporica sacra Ioannis Phocae et Antonini Placentini causa veritatis discernandae comparata inter se. Subiunguntur Acta Graeca, ad eosdem dies pertinentia.* Bd. 13. Antwerp: Michael Cnobarus, 1680.

[Adelslexikon 1974] Deutsches Adelsarchiv e.V. (Hrsg.): *Genealogisches Handbuch des Adels.* Bd. 2: *Adelslexikon. Boo-Don.* C. A. Starke Verlag, 1974. – bearbeitet unter Aufsicht des Ausschusses für adelsrechtliche Fragen der deutschen Adelsverbände.

[Adelslexikon 1975] Deutsches Adelsarchiv e.V. (Hrsg.): *Genealogisches Handbuch des Adels.* Bd. 3: *Adelslexikon. Dor-F.* C. A. Starke Verlag, 1975. – bearbeitet unter Aufsicht des Ausschusses für adelsrechtliche Fragen der deutschen Adelsverbände.

[AHDG 1862] Tréve entre le roi d'Angleterre et le sire d'Albret (N° CXXXII 19 Mai 1383). In: Société des archives historiques de la Gironde (Hrsg.): *Archives Historiques de Département de la Gironde* Bd. 3. Bordeaux, Paris: Aubry & Gounouilhou, 1862, S. 278–281.

[AHDG 1864] Lettre du président d'Affis au cardinal Mazarin (N° CIII 22 Janvier 1651). In: Société des archives historiques de la Gironde (Hrsg.): *Archives historiques du département de la Gironde* Bd. 6. Bordeaux, Paris: Aubry & Gounouilhou, 1864, S. 291.

[AHDG 1871 u. 1872a] Société des Archives Historiques de la Gironde (Hrsg.): *Archives historiques du département de la Gironde.* Bd. 13. Bordeaux: Charles Lefebvre, 1871 u. 1872.

[AHDG 1871 u. 1872b] Arrêt du parlement de Bordeaux condamnant à mort 579 protestants (N° CXLI 6 avril 1569). In: (AHDG 1871 u. 1872a), S. 399–420.

[AHDG 1871 u. 1872c] Note (en chiffre), sans signature, mais du duc d'Épernon, sans adresse et sans date, relative aux affaires de Bordeaux (N° CCIX 1650). In: (AHDG 1871 u. 1872a), S. 537–538.

[AHDG 1879a] Société des archives historiques de la Gironde: *Archives Historiques de Département de la Gironde.* Bd. 19. Bordeaux: Charles Lefebvre, 1879.

[AHDG 1879b] Société des archives historiques de la Gironde: Sequitur Archipresbyteratus de Vesalmes (N° CVIII). In: (AHDG 1879a), S. 200–202.

[AHDG 1879c] Société des archives historiques de la Gironde: Testament de Géraud de Picon (N° CXC 6 Mars 1366). In: (AHDG 1879a), S. 501–510.

[AHDG 1881] Société des archives historiques de la Gironde: [F° 40 v°. Sequntur quedam expense extraordinarie facte pro fratribus domini nostri archiepiscopi et eorum familiis ultra victualia; et etiam sequntur quedam liberationes sibi facte. (N° VIII). In: *Archives Historiques de Département de la Gironde* 21 (1881), S. 240–247.

[Anaximenes ARS RHETORICA 2000] Lampsacenus, Anaximenes: *Ars rhetorica – quae vulgo fertur Aristotelis ad Alexandrum.* 2. Auflage. Monachii; Lipsiae: De Gruyter Saur Verlag, 2000 (Bibliotheca scriptorum Graecorum et Romanorum Teubneriana). – herausgegeben von Manfred Fuhrmann.

[A.N.C. Comité des monnaies 1790] Assemblée nationale constituante. Comité des monnaies (Hrsg.): *Rapport du comité des monnoies, fait à l'Assemblée nationale, sur l'organisation des monnoies.* Paris: Imprimerie nationale, 1790.

[Anonymus 1789] Anonymus: *Observations d'un simple bachelier: Sur la Nobilite des terres, & sur l'indemnite annoncee par le supplement du mandat, que les Etats de la Province de Dauphine, ont donne a les Representants aux Etats-Generaux.* s.l.: s.ed., 1789.

[A.P.L. 1994] *Allgemeines Landrecht für die preußischen Staaten von 1794.* 2., erweiterte Auflage. Neuwied et al.: Luchterhand, 1994. – mit einer Einführung von Hans Hattenhauer und einer Bibliographie von Günther Bernert.

[Aquin DE ENTE ET ESSENTIA] Aquino, Thomas de: *Opera omnia. De principiis naturae, de aeternitate mundi, de motu cordis, de mixtione elementorum, de operationibus occultis naturae, de iudiciis astrorum, de sortibus, de unitate intellectus, de ente et essentia, de fallaciis, de propositionibus modalibus.* Bd. 43. Sancti Thomae Aquinatis Opera omnia iussu impensaque Leonis XIII P. M. edita. Romae: Typographia Polyglotta. – cura et studio fratrum praedicatorum.

[Aquin DE VERITATE 1986] Aquino, Thomas de: *De veritate (quaestio I). Von der Wahrheit.* Hamburg: Meiner Verlag, 1986 (Philosophische Bibliothek). – Ausgewählt, übersetzt und herausgegeben von Albert Zimmermann.

[Aquin SUMMA THEOLOGIAE 1888] Aquino, Thomas de: *Opera omnia. Pars prima summae theologiae a quaestione 1 ad quaestionem 49.* Bd. 4. Sancti Thomae Aquinatis Opera omnia iussu impensaque Leonis XIII P. M. edita. Romae: Typographia Polyglotta, 1888. – cura et studio fratrum praedicatorum.

[Aristoteles ANALYTICA POSTERIORA 1964] Aristoteles: *Analytica priora et posteriora.* Oxonii: Clarendon Press, 1964 (Scriptorum classicorum bibliotheca Oxoniensis). – recognovit brevique adnotatione critica instruxit W. D. Ross.

[Aristoteles DE ANIMA 1963] Aristoteles: *De anima.* Oxonii: Clarendon Press, 1963 (Scriptorum classicorum bibliotheca Oxoniensis). – recognovit brevique adnotatione critica instruxit W. D. Ross.

[Aristoteles DE GENERATIONE ANIMALIUM 1965] Aristoteles: *De generatione animalium.* Oxonii: Clarendon Press, 1965 (Scriptorum classicorum bibliotheca Oxoniensis). – recognovit brevique adnotatione critica instruxit H. J. Drossaart Lulofs.

[Aristoteles DE PARTIBUS ANIMALIUM 1868] Aristoteles: *Aristotelis De partibus animalium libri quattuor.* Lipsiae: Teubner, 1868 (Aristotelis Opera). – ex recognitione Bernhardi Langkavel.

[Aristoteles HISTORIA ANIMALIUM 2002] Aristoteles: *Cambridge classical texts and commentaries.* Bd. 1: *Historia Animalium. Books I–X: Text.* Cambridge and others: Cambridge University Press, 2002. – Edited by D. M. Balme. Prepared for publication by Allan Gotthelf.

[Aristoteles METAPHYSICA 1963] Aristoteles: *Metaphysica.* Reprint. Oxonii: Clarendon Press, 1963 (Scriptorum classicorum bibliotheca Oxoniensis). – recognovit brevique adnotatione critica instruxit W. Jaeger.

[Aristoteles PHYSICA 1982] Aristoteles: *Physica.* Reprint der Ausgabe 1956. Oxonii et al.: Oxford University Press, 1982 (Scriptorum classicorum bibliotheca oxoniensis). – recognovit brevique adnotatione critica instruxit W. D. Ross.

[Arrêt 22. mars 1666 1829] Françaises, depuis l'an 420 jusqu'à la Révolution de 1. Recueil général des anciennes lois: Arrêt du conseil portant réglement général pour la recherche des usurpateurs des titres de noblesse, et ordonnant (art. 17), qu'il sera fait un catalogue contenant les noms, surnoms, armes et demeures des véritables gentilshommes, pour être registré en chaque baillage. In: Jourdan, Athanase-Jean-Léger (Hrsg.); Decrusy, N.N. (Hrsg.); Isambert, François-André (Hrsg.); Taillandier, Alphonse-Honoré (Hrsg.): *Recueil général des anciennes lois françaises, depuis l'an 420 jusqu'à la Révolution de 1789: contenant la notice des principaux monumens des Mérovingiens, des Carlovingiens et des Capétiens, et le texte des ordonnances, édits, déclarations, lettres patentes, règlemens de la troisième race, qui ne sont pas abrogés, ou qui peuvent servir, soit à l'interprétation, soit à l'histoire du droit public et privé. Août 1661 – 31 Décembre 1671* Bd. 18. Paris: Belin-Leprieur et Vèrdiere; Plon, 1829, S. 73.

[Athanasius VITA SANCTI ANTONII 1986] ATHANASIUS, Alexandrinus: *Vita sancti Antonii*. Sankt-Benno Verlag, 1986. – Herausgegeben und mit einer Einleitung versehen von Adolf Gottfried. Übersetzt von Heinrich Przybyla.

[Bannerman 1904] BANNERMAN, Bruce W. (Hrsg.): *The Registers of St. Helen's, Bishopsgate, London*. London: Mitchel & Hughes), 1904 (Publications of the Harleian Society).

[Barbeyrac 1731] BARBEYRAC, Jean: *Recueil de discours sur diverses matières importantes. Traduits ou composez par Jean Barbeyrac qui y a joint un éloge historique de feu Mr. Noodt*. Amsterdam: P. Humbert, 1731. – 2 Bde.

[Bastard d'Estang 1862] BASTARD D'ESTANG, Henri Vicomte de (Hrsg.): *La Noblesse d'Armagnac en 1789, ses procès-verbaux et ses doléances*. Paris: E. Dentu, 1862.

[Berger de Xivrey 1843] BERGER DE XIVREY, Henry Jules (Hrsg.): *Recueil des lettres missives de Henri IV. 1585–1589*. Bd. 2. Paris: Imprimerie Royale, 1843.

[B.H.F. 1893] Notes d'État civil nobiliaire. Mariages du mois d'octobre. In: *Bulletin Héraldique de France ou Revue Historique de la Noblesse* 12 (1893), Octobre, Nr. 6, S. 609–622. – sous la direction de M. Louis de la Roque.

[BIBLIA SACRA 2007] *Biblia sacra. Iuxta Vulgatam versionem*. Editio Quintus emendatam retractatam – praeparavit Roger Gryson. Stuttgart: Deutsche Bibelgesellschaft, 2007. – Adiuvantibus B. Fischer, I. Gribomont, H. F. D Sparks,W. Thiele. Recensuit et brevi apparatu critico instruxit Robert Webe.

[Bligny Bondurand 1908] BLIGNY BONDURAND, Edouard (Hrsg.): *Collection de documents inédits sur l'histoire économique de la Révolution française*. Bd. 1: *Cahiers de doléances de la sénéchaussée de Nîmes pour les États généraux de 1789*. Nîmes: A. Chastanier, 1908.

[Blondel: Reductio Normanie 1893] HÉRON, Alexandre (Hrsg.): *Œuvres de Robert Blondel, historien normand du 15e siècle*. Bd. 2. Rouen: A. Lestringant, 1893.

[Bülow 1931] BÜLOW, Bernhard v.: *Denkwürdigkeiten. Jugend- und Diplomatenjahre*. Berlin: Ullstein, 1931. – herausgegeben von Franz von Stockhammern.

[Boudon Saint-Amans 1914] BOUDON SAINT-AMANS, Jean-Florimond: Cryptographie Agenaise ou Journal secret d'Agen depuis le 1er mars 1814 jusques à pareil jour 1817 (suite). In: *Revue de l'Agenais* 41 (1914), S. 35–71.

[Briant de Laubrière 1844] BRIANT DE LAUBRIÈRE, Louis-Marie-Désiré: *Armorial général de Bretagne, relevé des diverses réformations de la noblesse de cette province depuis 1400 jusqu'à 1668*. Paris: Dumoulin, 1844.

[Carriera 1793] CARRIERA, Rosalba: *Diario degli anni 1720 e 1721. Scritto di propria mano in Parigi da Rosalba Carriera dipintrice famosa. Posseduto, illustrato e pubblicato dal signor D.n Giovanni D.r Vianelli canonico della cattedrale di Chioggia*. Venezia: Coleti, 1793.

[Carriera 1865] CARRIERA, Rosalba: *Journal de Rosalba Carriera pendant son séjour à Paris en 1720 et 1721. Publié en italien par Vianelli. Traduits annoté et augmentée d'une biographie et de documents inédits sur les artistes et les amateurs du temps, par Alfred Sensier*. Paris: J. Techener, 1865.

[C.D.N. 1786] DENISART, Jean-Baptiste (Hrsg.): *Collection De Décisions Nouvelles Et De Notions Relatives A La Jurisprudence Actuelle*. Bd. 5. Kap. Comté, S. 72–75. Paris: Desaint, 1786.

[C.E.S.B. LXCII 1897] Sequitur Archipresbyteratus de Vesalmes (N° CVIII). In: Brutails, Jean-Auguste (Hrsg.): *Cartulaire de l'Église Collégiale Saint-Seurin de Bordeaux*. Bordeaux: G. Gounouilhou, 1897, S. 53.

[Chartier 1858] Chartier, Jean: *Chronique de Charles VII, roi de France*. Bd. 2. Nouvelle édition, revue sur les manuscrits. Paris: P. Jannet, 1858.

[Chérin 2002] Chérin, Louis-Nicolas-Hyacinthe: *Abrégé chronologique d'édits, déclarations, règlements, arrêts et lettres patentes des rois de France de la troisième race, concernant le fait de noblesse*. Reproduit l'édition de 1788 parue chez Royer avec une graphie moderne. Versailles: Mémoire & document, 2002. – Précédé d'un discours sur l'origine de la noblesse, ses différentes espèces, ses droits et prérogatives, la manière d'en dresser les preuves, et les causes de sa décadence.

[Chronique d'Escouchy 1863] Du Fresne de Beaucourt, Gaston (Hrsg.): *Publications de la Sociéte de l'Histoire de France*. Bd. 1: *Chronique de Mathieu d'Escouchy*. Nouvelle édition. Paris: Jules Renouard, 1863.

[Chrysostomus: in epistulam II ad Thessalonicenses 1862] Chrysostomus, Johannes; Montfaucon, Bernard de (Hrsg.): *Patrologiae cursus completus/Series Graeca. Tu en hagiois patros hēmōn Ioannu, archiepiskopu Konstantinupoleos, tu Chrysostomu ta heuriskomena panta. Quae exstant vel quae ejus nomine circumferuntur: ad MSS. codices gallicanos, vaticanos, anglicanos, germanicosque necnon ad Savilianam et Frontonianam editione castigata, innumeris aucta*. Bd. 62 (11). Editio novissima. Lutetiae Parisiorum: Migne, 1862.

[C.N. 2001] Napoléon: *Napoleons Gesetzbuch. Code Napoléon*. Faksimile-Nachdruck der Original-Ausgabe von 1808, Strasbourg. Stroemfeld, 2001. – herausgegeben im Auftrag des Instituts für Textkritik von K.D. Wolff.

[Cochin 1771] Cochin, Henri: *Œuvres de feu M. Cochin, écuyer, avocat au parlament, contenant le recueil de ses mémoires et consultations*. Bd. 1. Nouvelle Édition. Paris: J. Thomas Herissant fils, 1771. – avec approbation et privilege du roi.

[Code Michaud 1829] Ordonnance (Code Michaud) sur tes plaintes des états assemblés à Paris en 1614 et de l'assemblée des notables réunis à Rouen et à Paris en 1617 et 1626. In: Jourdan, Athanase-Jean-Léger (Hrsg.); Decrusy, N.N. (Hrsg.); Isambert, François-André (Hrsg.); Taillandier, Alphonse-Honoré (Hrsg.): *Recueil général des anciennes lois françaises, depuis l'an 420 jusqu'à la Révolution de 1789: contenant la notice des principaux monumens des Mérovingiens, des Carlovingiens et des Capétiens, et le texte des ordonnances, édits, déclarations, lettres patentes, règlemens de la troisième race, qui ne sont pas abrogés, ou qui peuvent servir, soit à l'interprétation, soit à l'histoire du droit public et privé. Mai 1610 – Mai 1643* Bd. 26. Paris: Belin-Leprieur et Vèrdiere; Plon, 1829, S. 223–344.

[Colyer-Fergusson 1916] Colyer-Fergusson, Thomas (Hrsg.): *Publications of the Huguenot Society of London*. Bd. 23: *The registers of the french church. Threadneedle Street. Volume IV*. London: Spottiswoode, Ballantyne, 1916.

[Crespin 1564] Crespin, Jean: *Actes des Martyrs deduits en sept livres, depuis le temps de Wiclef & de Hus, jusques à présent. Contenans un recueil de vraye histoire ecclesiastique, de ceux qui ont constamment enduré la mort ès derniers temps pour la verité du Fils de Dieu*. Genève: s.ed., 1564.

[Crespin 1887] Crespin, Jean: *Histoire des martyrs persecutez et mis à mort pour la verité de l'évangile, depuis le temps des apostres iusques à present (1619)*. Bd. 2. Toulouse: Société des livres religieux, 1887.

[Crüger 1885] Crüger, Hermann (Hrsg.): *Chronik des preussischen Herrenhauses. Ein Gedenkbuch zur Erinnerung an das dreißigjährige Bestehen des Herrenhauses.* Berlin: Puttkammer und Mühlbrecht, 1885.

[Cujas 1588] Cujas, Jacques: *De feudis. Libri Qvinqve; Qvorrm Primus est Gerardi Nigri, Secundus & Tertius Oberti de Orto, Quartus ex varijs & incertis auctoribus antiquis, Quintus Imperatorum Constitutiones, quae ad Feuda pertinent, complecitur; Cum duplici Indice, vno titulorum, alter verborum ac rerum locupletissimo.* Coloniae Agrippinae: Apud Ioannem Gymnicum, sub Monocerote, 1588.

[D. 1962] Iustinianus: *Digesta Iustiniani Augusti.* Bd. 1. Editio altera lucis ope expressa, 3. Nachdruck unter dem Titel: Iustinianus Augustus Digesta. Berolini: Weidmann, 1962. – recognovit adsumpto in operis societatem Paulo Kruegero, Teodoro Mommsen.

[d'Aubais und Menard 1759] d'Aubais, Charles M. (Hrsg.); Menard, Léon (Hrsg.): *Pièces fugitives pour servir à l'histoire de France.* Bd. 2. Paris: H.D. Chaubert, 1759. – Avec des notes historiques et géographiques.

[Decretum Gratiani 1879] Friedberg, Emil (Hrsg.): *Corpus iuris canonici. Decretum magistri Gratiani. Editio Lipsiensis secunda post Aemilii Ludovici Richteri curas ad librorum manu scriptorum et editionis Romanae fidem recognovit et adnotatione critica instruxit Aemilius Friedberg.* 2. Auflage. Leipzig: Bernhard Tauchnitz, 1879.

[Demosthenes ORATIONES 1990] Demosthenes: *Orationes. Private orations. XLI–XLIX.* Reprint. Cambridge, Mass.; London: Harvard University Press, 1990 (The Loeb classical library). – with an English translation by A. T. Murray.

[Descartes MEDITATIONEN 1959] Descartes, René: *Meditationen über die Grundlagen der Philosophie.* Neubearbeitung auf Grund der Ausgabe von Artur Buchenau neu herausgegeben von Lüder Gäbe. Hamburg: Meiner Verlag, 1959 (Philosophische Bibliothek).

[DGB 1992] Koerner, Bernhard (Hrsg.): *Deutsches Geschlechterbuch.* Bd. 51: *Deutsches Geschlechterbuch. Genealogisches Handbuch bürgerlicher Familien. Quellen- und Sammelwerk mit Stammfolgen deutscher bürgerlicher Geschlechter.* Limburg an der Lahn, 1992.

[Diogenes Laertius VITAE PHILOSOPHORUM 1964] Laertius, Diogenes: *Scriptorum classicorum bibliotheca Oxoniensis.* Bd. 2: *Vitae philosophorum.* Oxonii: Clarendon Press, 1964. – recognovit brevique adnotatione critica instruxit H. S. Long.

[Dubouzet vs. Dijon 1807]: *Conclusions motivées pour M. Dijon, défendeur, contre. M. Dubouzet, demandeur en tierce-opposition, et subsidiairement en requête civile [Signé: Gairal, avocat; Louault, avoué].* Paris: Desveux. 1807.

[Dugdale 1970] Dugdale, William; Caley, John (Hrsg.): *Monasticon anglicanum.* Bd. 5. a new ed. enriched by John Caley, repr. d. Ausg. London, 1817–1830. Farnborough: Gregg, 1970.

[Duhamel 1789] Duhamel, N.N.: *État de la magistrature en France.* Bd. 2. Paris: chez l'auteur, 1789.

[Duparc-Quioc 1976] Duparc-Quioc, Suzanne (Hrsg.): *La chanson d'Antioche.* 2 Bde. Paris: Geuthner, 1976 (Documents relatifs à l'histoire des croisades). – Édition du texte d'après la version ancienne et étude critique.

[Dutot 2000] Dutot, Nicolas: *Histoire du systême de John Law (1716–1720).* Paris: Institut National d'Etudes Démographiques, 2000 (Classiques de l'économie et de la population). – Publication intégrale du manuscrit inédit de Poitiers Du Tot. Établie et introduite par Antoin E. Murphy.

[Duvergier 1834] Duvergier, Jean-Baptiste: *Collection complète des lois, décrets, traités internationaux, arrêtés, circulaires. Avec un choix d'actes inédits, d'instructions ministerielles, et des notes sur chaque loi, indiquant, 1° les lois analogues, 2° les décisions et arrêts des tribunaux et du Conseil-d'Etat, 3° les discussions rapportées au Moniteur; suivie d'une table analytique et raisonnée des matières*. Bd. 1. 2e édition. Paris: Guyot et Scribe, 1834.

[E.A.K.B. 1978] Huber, Ernst Rudolf (Hrsg.): *Dokumente zur deutschen Verfassungsgeschichte. Deutsche Verfassungsdokumente 1803–1850*. Bd. 1. Kap. V. Beilage zur Verfassungsurkunde vom 26. Mai 1818, Titel V. § 4. (Edict über den Adel im Königreiche Baiern), S. 163–164. Stuttgart: Kohlhammer Verlag, 1978.

[Édit royal Nov. 1696] *Édit portant création d'une grande maistrise et des maistrises particulières pour connoistre des différends à l'occasion des armoiries et blasons. Registré en Parlement le 28 novembre, Chambre des Comptes le 26, et Cour des Aydes le 27 dudit mois 1696*. Paris: F. Muguet, 1696.

[Einsiedel 1902] Einsiedel, Horst Heinrich v.: *Gesetz, die Einrichtung eines Adelsbuches und die Führung des Adels und der Adelszeichen betreffend; nebst Verordnung zur Ausführung des Gesetzes die Einrichtung eines Adelsbuches und die Führung des Adels und der Adelszeichen betreffend; sowie Allerhöchste Verordnung die Anerkennung nichtsächsischer Adelsverleihungen betreffend, sämtlich vom 19. Sept. 1902*. Leipzig: Hirschfeld, 1902.

[Eyquem de Montaigne 2007] Eyquem de Montaigne, Michel: *Les essais*. Paris: Gallimard, 2007 (Bibliothèque de la Pléiade). – Édition des "Notes de lecture" et des "Sentences peintes", établie par Alain Legros.

[Fisquet 1868] Fisquet, Jean P.: *La France pontificale (Gallia christiana), histoire chronologique et biographique des archevêques et évêques de tous les diocèses de France depuis l'établissement du christianisme jusqu'à nos jours, divisée en 17 provinces ecclésiastique. Métropole d'Aix. Digne*. Bd. 2. Paris: Étienne Repos, 1868.

[Formey 1789] Formey, Johann Heinrich Samuel: *Souvenirs d'un citoyen*. Bd. 1. Berlin: François de La Gard, 1789.

[French Protestant Hospital 1876] French Protestant Hospital (Hrsg.): *The Charter and Bylaws of the Corporation of the Governor and Directors of the Hospital for poor French Protestants and Their Descendants, Residing in Great Britain*. London: Eyre & Spottiswoode, 1876. – Preface by A. G. Brownin.

[Froidefond de Boulazac 1873] Froidefond de Boulazac, Alfred de: *Liste chronologique des Maires de la ville et de la cité de Périgeux depuis 1200 jusqu'a nos jours*. Périgueux: Imprimerie de la Dordogne (Ancienne Dupontell), 1873. – Accompagnée de nombreuses notes historiques.

[Froissart 1967a] Froissart, Jean: *Œuvres de Froissart. Chroniques (1342–1346)*. Bd. 4. Osnabrück: Biblio, 1967. – Reproduction en fac-similé.

[Froissart 1967b] Froissart, Jean: *Œuvres de Froissart. Chroniques (1377–1382)*. Bd. 9. Osnabrück: Biblio, 1967. – Reproduction en fac-similé.

[Gaius 2004] Gaius: *Institutiones*. Darmstadt: Wissenschaftliche Buchgesellschaft, 2004 (Texte zur Forschung). – Herausgegeben, übersetzt und kommentiert von Ulrich Manthe.

[Galenus DE DIFFERENTIA PULSUM 1824] Galenus, Claudius: *Medicorum Graecorum opera quae exstant*. Bd. 8: *Klaudiu Galēnu hapanta. Claudii Galeni opera omnia*. editionem curavit Carolus Gottlob Kühn. Lipsiae: Cnobloch, 1824.

[GC 1873] Sainte-Marthe, Denis de (Hrsg.); Piolin, Paul (Hrsg.): *Gallia christiana in provincias ecclesiasticas distributa: qua series & historia archiepiscoporum, episcoporum &*

abbatum Franciae vicinarumque ditionum, ab origine ecclesiarum ad nostra tempora deducitur et probatur; ex authenticis instrumentis ad calcem appositis. Bd. 2. Parisiis: Palme et al., 1873. – Editio altera labore et curis Pauli Piolin.

[Gellius 1990] GELLIUS, Aulus: *Scriptorum classicorum bibliotheca Oxoniensis*. Bd. 1: *Noctes Atticae. Libri I–X*. Reissued (with corrections). Oxonii: Clarendon, 1990. – Recognovit breviqve adnotatione critica instruxit P. K. Marshall.

[Genealogie Le Bigot 1655] *Genealogie de la Maison des Seigneurs de Linieres du nom de Le Bigot*. 1655. – signiert: le prothonotaire de Longueil.

[GHdA 1957] STIFTUNG DEUTSCHES ADELSARCHIV (Hrsg.): *Genealogisches Handbuch des Adels*. Bd. 16: *Freiherrliche Häuser B II*. C. A. Starke Verlag, 1957. – bearbeitet unter Aufsicht des Deutschen Adelsrechtsaussschuß.

[GHdA 2004] STIFTUNG DEUTSCHES ADELSARCHIV (Hrsg.): *Genealogisches Handbuch des Adels*. Bd. 25: *Adelige Häuser B*. Limburg an der Lahn: C. A. Starke Verlag, 2004. – bearbeitet unter Aufsicht des Deutschen Adelsrechtsaussschuß.

[GHdA 2008] STIFTUNG DEUTSCHES ADELSARCHIV (Hrsg.): *Genealogisches Handbuch des Adels*. Bd. 24: *Freiherrliche Häuser*. Limburg an der Lahn: C. A. Starke Verlag, 2008. – bearbeitet unter Aufsicht des Deutschen Adelsrechtsaussschuß.

[GHdA Bayern 1982] BAYERN, Vereinigung des Adels in (Hrsg.): *Genealogisches Handbuch des in Bayern immatrikulierten Adels*. Bd. 14. Stegaurach: Wissenschaftlicher Kommissionsverlag, 1982.

[Goethe 1950] GOETHE, Johann Wolfgang v.: *Veröffentlichung des Staatsarchivs Weimar*. Bd. 1: *Goethes amtliche Schriften. Goethes Tätigkeit im geheimen Consilium. Die Schriften der Jahre 1776–1786*. Weimar: Böhlau Verlag, 1950. – herausgegeben von Willy Flach Willy.

[Goethe FAUST I 2005] GOETHE, Johann Wolfgang v.: *Faust. Texte*. Frankfurt am Main: Deutscher Klassiker-Verlag, 2005 (Deutscher Klassiker-Verlag im Taschenbuch). – Diese Ausgabe bietet die 6., revidierte Auflage von Bd 7,1.2 der Edition: Johann Wolfgang Goethe, Sämtliche Werke, Briefe, Tagebücher und Gespräche in 40 Bänden, Frankfurt am Main 1994.

[Goethe FAUST II 1970] GOETHE, Johann Wolfgang v.: *Faust. Der Tragödie zweiter Teil*. München: Prestel, 1970.

[Gotha 1866] GOTHA: *Gothaisches genealogisches Taschenbuch der freiherrlichen Häuser*. Bd. 16. Gotha: Perthes, 1866.

[Gotha 1893] GOTHA: *Gothaisches genealogisches Taschenbuch der freiherrlichen Häuser*. Bd. 41. Gotha: Perthes, 1893.

[Gotha 1927] GOTHA: *Gothaisches genealogisches Taschenbuch der freiherrlichen Häuser*. Bd. 77. Gotha: Perthes, 1927.

[Gotha 1939] GOTHA: *Gothaisches genealogisches Taschenbuch der freiherrlichen Häuser*. Bd. 89. Gotha: Perthes, 1939.

[Grillo 1994] GRILLO, Peter R. (Hrsg.): *The old French crusade cycle. The Jerusalem continuations. The London-Turin version*. Bd. 8. Tuscaloosa: University of Alabama Press, 1994.

[Guyot 1785] GUYOT, Joseph-Nicolas: *Répertoire universel et raisonné de jurisprudence civile, criminelle, canonique et bénéficiale*. Bd. 17. Paris: Visse, 1785.

[H. 1798] H., L.M.: *Voyages et aventures des émigrés français, depuis le 14 juillet 1789 jusqu'a l'an VII: époque de leur expulsion par différentes puissances de l'Europe, dans la Volhinie, le Gouvernement d'Archangel, la Sibérie, la Samojédie, le Kamtchatka, les îles Canaries, l'île de Mayorque, Minorque, le Canada, etc.: contenant la description historique, géographique de tous ces pays, suivie des moeurs, coutumes, usages des peuples qui les habitent, avec des observations sur la révolution de la Pologne, et les articles des traités de paix des différentes puissances qui se sont engagées à expulser les émigrés français: avec les noms d'un grand nombre d'emigrés remarquables par les événemens qu'ils ont éprouvés*. Bd. 1. Paris: Prudhomme, 1798.

[Hegel 1968] HEGEL, GeorgWilhelm Friedrich: *Gesammelte Werke. Jenaer kritische Schriften*. Bd. 4. Hamburg: Meiner Verlag, 1968. – Herausgegeben von Hartmut Buchner.

[HEILIGE SCHRIFT 2003] *Die Heilige Schrift*. 4. Auflage. Neuhausen-Stuttgart: Hänssler Verlag, 2003 (Hänssler Bibeln). – ins Deutsche übertragen von Naftali Herz Tur-Sinai.

[Hobbes LEVIATHAN 1670] HOBBES, Thomas: *Leviathan, sive de materia, forma, et potestate civitatis ecclesiasticae et civils*. Amstelodami: Blaeu, 1670.

[Hugenotten-Verein 1963] HUGENOTTEN-VEREIN, Deutscher (Hrsg.): *Das Edikt von Nantes. Das Edikt von Fontainebleau*. Flensburg: Gross Verlag, 1963 (Rechts-Urkunden zur Geschichte der Hugenotten). – mit einem Vorwort von Ernst Mengin.

[Isaeus ORATIONES 1983] ISAEUS: *Orationes*. Reprint der 1. Auflage (1927). Cambridge, Massachusetts et al.: Harvard University Press, 1983 (The Loeb classical library). – with an English translation by Edward Seymour Forster.

[Jaffé 1956] JAFFÉ, Philipp (Hrsg.): *Regesta pontificum Romanorum. Ab condita ecclesia ad annum post Christum natum MCXCVIII. A a. MCXLIII ad a. MCXCVIII*. Bd. 2. Unveränderter Abdruck der 1888 in Leipzig erschienenen 2. Auflage. Graz: Akademische Druck- und Verlags-Anstalt, 1956.

[Juškevič 1976] JUŠKEVIČ, Adolf P. (Hrsg.): *Quellen und Studien zur Geschichte Osteuropas*. Bd. 3: *Die Berliner und Petersburger Akademie der Wissenschaften im Briefwechsel Leonhard Eulers. Wissenschaftliche und wissenschaftsorganisatorische Korrespondenzen, 1726–1774*. Berlin: Akademie-Verlag, 1976.

[Kant 1922] KANT, Immanuel: *Kant's Gesammelte Schriften*. Bd. 12: Abt. 2: *Briefwechsel 1795–1803*. 2. Auflage. Berlin: Reimer, 1922. – herausgegeben von der Berlin-Brandenburgische Akademie der Wissenschaften.

[Kant AA 1969] KANT, Immanuel: *Kant's Gesammelte Schriften*. Bd. 6: Abt. 1: *Die Religion innerhalb der Grenzen der bloßen Vernunft. Die Metaphysik der Sitten*. Reprint der Ausgabe von 1907. Berlin, New York: Reimer, 1969. – herausgegeben von der Berlin-Brandenburgischen Akademie der Wissenschaften.

[Kant KrV 1973] KANT, Immanuel: *Kant's gesammelte Schriften. Kritik der reinen Vernunft*. Bd. 3: Abt. 1. Nachdruck der 2. Auflage 1787. Berlin: Verlag Georg Reimer, 1973. – herausgegeben von der Berlin-Brandenburgischen Akademie der Wissenschaften.

[Küntzel und Haas 1911] KÜNTZEL, Georg (Hrsg.); HAAS, Martin (Hrsg.): *Quellensammlung zur deutschen Geschichte*. Bd. 1: *Die politischen Testamente der Hohenzollern nebst ergänzenden Aktenstücken. Die Hofordnung Joachims II. Die politischen Testamente des Großen Kürfürsten von 1667 und Friedrich Wilhelms I. von 1722*. Leipzig; Berlin: B.G. Teubner, 1911.

[La Grange 1843] LA GRANGE, Édouard Lelièvre de (Hrsg.): *Mémoires authentiques De Jacques Nompar de Caumont, Duc De La Force ...Et De Ses Deux Fils, Les Marquis De Montpouillan Et De Castelnaut suivis de documents curieux et de correspondances inédites de Jeanne d'Albret ...; pour faire suite à toutes les collections de mémoires sur l'histoire de France*. Bd. 3. 1843: Charpentier, 1843.

[La Roche Chandieu 1563] LA ROCHE CHANDIEU, Antoin de: *Histoire des persecutions, et martyrs de l'Eglise de Paris. Depuis l'An 1557. iusques au temps du Roy Charles neufuiesm.*

Auec vne Epistre contenant la remonstrance des proffits qui reuiendront aux fideles de la lecture de ceste histoire. & vne exhortation à ceux qui nous ont persecutez, de reuoir nostre cause, & iuger derechef si ç'a esté à bon droit, qu'ilz ont fait mourir tant de seruiteurs de Dieu. Lyon: s.ed., 1563.

[La Rochejaquelein 1815] La Rochejaquelein, Marie Louise Victorine de Donnissan de Lescure de: *Mémoires de madame la marquise de La Rochejaquelein.* 2. édition, revue et corrigé. Paris: Michaud, 1815. – 2 Bde.

[La Rochejaquelein 2010] La Rochejaquelein, Marie Louise Victorine de Donnissan de Lescure de: *Mémoires de la marquise de La Rochejaquelein.* La Roche-sur-Yon: Centre vendéen de recherches historiques, 2010 (Mémoire de Vendée). – édition critique établie et présentée par Alain Gérard.

[La Roque de La Lontière 1994] La Roque de La Lontière, Gilles-André de: *Le traité de la noblesse: et de ses différentes espèces.* Paris: Mémoire & documents,, 1994. – avant-propos de Jean de Bodinat, Président e la Commission des preuves de l'ANF. Présenté et annoté par H.-M. de Langle et J.-L. de Tréourret de Kerstrat et complété par les notes, observations et corrections inèdites de Charles d'Hozier, Conseiller et Généalogiste du roi, relevées sur son exemplaire personnel.

[Lamartine 1849] Lamartine, Alphonse de: *Les confidences.* Paris: Perrotin, 1849.

[Law 1705] Law, John: *Money and Trade Considered. With a Proposal for Supplying the Nation with Money.* Edinburgh: Andrew Anderson, 1705.

[Law 1934] Law, John: *Œuvres complètes. Le Système, 1716–1720. Les Mémoires justificatifs. L'Histoire des finances pendant la Régence.* Bd. 3. Paris: Sirey, 1934. – Publié pour la première fois par Paul Harsin.

[Le Brun 1775] Le Brun, Denis: *Traité des successions, divisé en quatre livres. Avec de nouvelles décisions et des remarques critiques, par Maître François-Bernard Espiard de Saux.* Nouvelle édition augmentée par M.*** [= J.-A. Sérieux], ancien avocat au Parlement. Paris: Knapen, 1775.

[Leibniz: CODEX JURIS GENTIUM DIPLOMATICUS 1747] Leibniz, Gottfried Wilhelm (Hrsg.): *Codex juris gentium diplomaticus. In quo tabulae authenticae actorum publicorum, tractatuum authenticae actorum publicorum, tractatuum aliarumque rerum majoris momenti per Europam gestarum pleraeque ineditae vel selectae, ipso verborum tenore expressae ac temporum serie digestae continentur; a fine sec. 11. ad nostra usque tempora aliquot tomis comprehensus: Quem ex manuscriptis praesertim bibliothecae Augustae Guelferbytanae codicibus, et monumentis Regiorum aliorumque Archivorum, ac propriis denique Collectaneis.* Guelferbyti: Meisner, 1747.

[Lex Salica 1969] *Lex Salica. Monumenta Germaniae Historica. Leges. Leges nationum Germanicarum.* Bd. 4,2. Hannoverae: Hahn Verlag, 1969. – herausgegebenn von Karl August Eckhardt.

[Loyseau 1608] Loyseau, Charles: *Traité des seigneuries.* Paris: A. L'Angelier, 1608.

[Loyseau 1613] Loyseau, Charles: *Traité des ordres et simples dignitez.* Paris: Veuve A. L'Angelier, 1613.

[Mariana 1619] Mariana, Juan de: *Ioannis Marianae historiae de rebus Hispanicis libri XXX.* Moguntiae: s.ed., 1619.

[Marmont du Hautchamp 1739a] Marmont du Hautchamp, Barthélemy: *Histoire du système des finances. Sous la minorité de Louis XV. Pendant les années 1719 & 1720. Précédée d'un abregé de la vie du Duc Régent, et du Sr Law.* Bd. 2. La Haye: Pierre de Hondt, 1739.

[Marmont du Hautchamp 1739b] Marmont du Hautchamp, Barthélemy: *Histoire du système des finances. Sous la minorité de Louis XV. Pendant les années 1719 & 1720. Précédée d'un abregé de la vie du Duc Régent, et du Sr Law*. Bd. 4. La Haye: Pierre de Hondt, 1739.

[Marmont du Hautchamp 1743] Marmont du Hautchamp, Barthélemy: *Histoire générale et particulière du visa. Fait en France pour la réduction & l'extinction de tous les papiers royaux & des actions de la Compagnie des Indes, que le système des finances avoit enfantez*. Bd. 1. La Haye: F.H. Scheurleer, 1743.

[Marmoy 1977] Marmoy, Charles F. (Hrsg.): *Publications of the Huguenot Society of London*. Bd. 53: *The French Protestant Hospital: Extracts form the archvies of "La Providence" relating to inmates and applicants for admission 1718–1957 and to recipients fo and applicants for the coqueau charity 1745–1901. Volume II: Entries L-Z, Appendices*. London: Huguenot Society of London, 1977.

[Mercure de France 1781]: *Mercure de France dédié au Roi*. Paris: Panckoucke. Mars 1781.

[Michault 1761] Michault, Jean-Bernard: *Mémoires pour servir à l'histoire de la vie & des ouvrages de Monsieur l'abbé Lenglet du Fresnoy*. Paris: Duchesne, 1761.

[Minet und Minet 1935] Minet, Wiliam (Hrsg.); Minet, Susan (Hrsg.): *Publications of the Huguenot Society of London*. Bd. 37: *Register of the church of Saint Martin Orgars with its history and that of Sawallow Street*. Frome: Butler & Tanner, 1935.

[Mondenard 1889] Liste des membres de la Noblesse de la Sénéchaussée Agen présents ou représentés à l'Assemblée de Mars 1789, après le procès verbal de l'Assemblée, tel qu'il a été publié Noubel en 1789. In: Mondenard, Adolphe Joseph de (Hrsg.): *Nos Cahiers de 1789. Cahiers de l'Agenois*. Villeneuve-sur-Lot: Vve Edouard Chabrié et Fils, 1889 (Études sur l'Ancien Régime), S. 425–438.

[Montesquieu LETTRES PERSANES 1954] Montesquieu, Charles-Louis de Secondat, Baron de: *Lettres persanes*. Genève: Droz, 1954 (Textes littéraires français). – Édition critique avec notes par Antoine Adam.

[Montluc 1870] Montluc, Blaise d.: *Commentaires et lettres de Blaise de Monluc, maréchal de France: édition revue sur les manuscrits et publiée avec les variantes pour la Société de l'Histoire de France*. Bd. 4. Paris: Vve de J. Renouard, 1870.

[Morin 1993] Morin, Marie-Renée (Hrsg.): *Une artiste en Italie: correspondance de Stéphanie et Aymon de Virieu (1823–1824) et récit du voyage en Italie*. Paris: Diffusion Librairie Nizet, 1993 (Cahiers d'études sur les correspondances du XIXe siècle).

[Myers 1981] Myers, Geoffrey M. (Hrsg.): *The old French crusade cycle. Les chétifs*. Alabama: University of Alabama Press, 1981.

[Mylius 1738] Mylius, Christian Otto (Hrsg.): *Corporis constitutionum Marchicarum continuatio ..., oder Königlich-Preußische und Churfürstlich-Brandenburgische in der Chur- und Marck-Brandenburg auch incorporirten Landen publicirte und ergangene Ordnungen, Edicta, Mandata, Rescripta etc.*. Bd. 2 (2. Teil 1. Abteilung). Berlin; Halle: Buchladen des Waysenhauses, 1738.

[Mylius 1750] Mylius, Christian Otto (Hrsg.): *Anhang des Corporis Constitutionum Marchicarum Sechsten Theils in sich haltend die von dem Etablissement derer Frantzösischen Colonien, ihren Gerechtsamen, Jurisdiction, Freyheiten, Process-Ordnung, etc. oder sonst zum Nutzen derer Colonien und schuldigen Observantz in Französischer Sprache publicirten, oder in Frantzösische auctoritate publica übersetzten Odnungen, Edicta, Mandata und Rescripta nebst einem Register über die Materien und angehengter Discipline Ecclesiastique welche in Frankreich von denen Reformirten Kirchen beobachtet worden, und obgedachten Colonien zur Richtschnur dienen soll*. Bd. 6 (Anhang). Berlin; Halle: Buchladen des Waysenhauses, 1750.

[Napoléon I. 1919] Napoléon I.; Chuquet, Arthur (Hrsg.): *Inédits napoléoniens*. Bd. 2. Paris: E. de Boccard, 1919.

[Nelson 1985] Nelson, Jan A. (Hrsg.): *The old French crusade cycle. Le Chevalier au cygne and La fin d'Elias*. Bd. 2. Tuscaloosa: University of Alabama Press, 1985.

[Nelson 1992] Nelson, Jan A. (Hrsg.): *The old French crusade cycle. La chanson de Jérusalem*. Bd. 6. Tuscaloosa: University of Alabama Press, 1992.

[Nelson 2003] Nelson, Jan A. (Hrsg.): *The old French crusade cycle. La chanson d'Antioche*. Bd. 4. Tuscaloosa: University of Alabama Press, 2003.

[NOVUM TESTAMENTUM 2006] *Novum Testamentum Graece*. 27. revidierte Auflage, 9. korrigierter Druck. Stuttgart: Deutsche Bibelgesellschaft, 2006. – post Eberhard Nestle, communiter ediderunt Barbara et Kurt Aland, Johannes Karavidopoulos, Carlo M. Martini, Bruce M. Metzger. Apparatum criticum novis curis elaboraverunt Barbara et Kurt Aland.

[North 2007] North, Dorothy (Hrsg.): *Huguenot Wills and Adminstrations in England and ireland 1617–1849*. London: Huguenot Society of Great Britain and Ireland, 2007 (Quarto Serie of the Huguenot Society of Great Britain and Ireland). – Compiled by Henry Wagner.

[Ordonnance de mai 1579 (Blois) 1788] *Ordonnance du roi Henry III, roi de France et de Pologne, sur les plaintes et doléances faites par les députéz des Estat de son royaume, convoqués et assemblez en la ville de Blois. Données à Paris, au ois de mai 1579. Avec des notes et l'Indication des ordonnances, edits, dèclarations, lettres-patentes, arrêts notables, &c.* Paris: Chez Leboucher, 1788 (Suite du Recueil manuel coutenant le tableau des succession).

[Ourliac 1962] Ourliac, Paul: Les coutumes de l'Agenais (XIIIe–XIVe siècles). In: *Annales du Midi* 74 (1962), S. 241–253.

[Pactus legis Salicae 1962] *Pactus legis Salicae. Monumenta Germaniae Historica. Leges. Leges nationum Germanicarum*. Bd. 4,1. Hannoverae: Hahn Verlag, 1962. – herausgegebenn von Karl August Eckhardt.

[Pailhès 2000] Pailhès, Claudine: *Collection de documents inédits sur l'histoire de France. Section d'histoire médiévale et de philologie*. Bd. 2: *Recueil des chartes de l'Abbaye de la Grasse. 1117–1279*. Kap. Introduction, S. I–CV. Paris: Comité des travaux historiques et scientifiques, 2000.

[Palais Vernezobre 1739] *Haupt-Grund der Gebäuden und des Gartens, des Herrn Geheimden Raths, Baron von Vernezober in Berlin. Plan General des Bâtimens et du Jardin de l'Hôtel de Monsieur de Conseiller Privé Baron de Vernezobre à Berlin*. Augusta Vindelicorum: Merz, 1739.

[Palencia 1904–1908] Palencia, Alfonso de: *Crónica de Enrique IV. Escrita en latin por Alonso de Palencia*. 4 Bde. Madrid: Tipografía de la "Revista de archivos", 1904–1908 (Colección de escritores castellanos. Historiadores). – traducción castellana por D. A. Paz y Melia.

[Palencia 1906] Palencia, Alfonso de: *Colección de escritores castellanos. Historiadores*. Bd. 3: *Crónica de Enrique IV. Escrita en latin por Alonso de Palencia*. Madrid: Tipografía de la "Revista de archivos", 1906. – traducción castellana por D. A. Paz y Melia.

[Paris 1848] Paris, Alexis P. (Hrsg.): *La chanson d'Antioche*. 2 Bde. Paris: J. Techener, 1848 (Li romans des douze pairs de France). – composée par le pelerin Richard. Renouvelée par Graindor de Douai.

[Passow 1907] Passow, Siegfried: *Ein märkischer Rittersitz. Aus der Orts- und Familien-Chronik eines Dorfes. Urkunden und Dokumente zur Orts- und Familiengeschichte von Hohenfinow und Tornow*. Bd. 2. Eberswalde: Verlag Rudolf Schmidt, 1907.

[de Pêna 1977] Pêna, Nicole de (Hrsg.): *Documents sur la maison de Durfort: XIe–XVe siècle*. 2 Bde. Bordeaux: Fédération historique du Sud-Ouest, 1977 (Etudes et documents d'Aquitaine). – avant-propos de Charles Higounet.

[Petitot 1822] Petitot, Alexandre (Hrsg.): *Collection complète des mémoires relatifs à l'histoire de France, depuis le règne de Philippe-Auguste, jusqu'au commencement du dixseptième siècle: avec des notices sur chaque auteur, et des observations sur chaque ouvrage*. Bd. 20. Paris: Foucault, 1822.

[Pilatte 1885] Pilatte, Léon (Hrsg.): *Edits, déclarations et arrests concernans la réligion P. réformée, 1662–1751. Précédés de l'Edit de Nantes, réimprimés pour le deuxième centenaire de la révocation de l'Edit de Nantes. (Août 1885)*. Paris: Fischbacher, 1885. – Le faux titre porte: "Recueil concernant les religionnaires".

[Piossens 1729] Piossens, Chevalier de: *Mémoires De La Régence De S. A. R. Mgr. Le Duc D'Orleans, Durant La Minorite De Louis XV. Roi De France*. Bd. 3 Bde. van Duren: van Duren, 1729.

[Piossens 1749] Piossens, Chevalier de: *Mémoires de la régence*. Bd. 5. Nouvelle édition, considérablement augmentée par Nicolas Lenglet Du Fresnoy. Amsterdam: s.ed., 1749.

[PL 1965] Migne, Jacques Paul (Hrsg.): *Patrologiae cursus completus/Series Latina. Seu bibliotheca universalis, integra, uniformis, commoda, oeconomica, omnium SS. Patrum, doctorum scriptorumque ecclesiasticorum, sive Latinorum, sive Graecorum, qui ab aevo apostolico ad aetatem Innocentii III (ann. 1216) pro occidentalibus, et ad Photii tempora (ann. 863) pro orientalibus, floruerunt. Epistolae et privilegia. Eugenii III. Romani pontificis epistolae et privilegia*. Bd. 180. Reprint der Ausgabe von 1855. Turnholti: Brepols, 1965.

[Platon THEAITETOS 1974] Platon: *Die Bibliothek der Alten Welt. Griechische Reihe*. Bd. 1: *Spätdialoge I. Theaitetos, der Sophist, der Staatsmann, Kratylos*. Zürich, München: Artemis-Verlag, 1974. – Eingeleitet von Olof Gigon. Übertragen von Rudolf Rufener.

[Plinius d.J. PANEGYRICUS 1985] Plinius Caecilius Secundus, Gaius: *Panegyrikus. Lobrede auf den Kaiser Trajan*. Darmstadt: Wissenschaftliche Buchgesellschaft, 1985 (Texte zur Forschung). – Herausgegeben, übersetzt und mit Erläuterungen versehen von Werner Kühn.

[Plotinus ENNEADES 1977] *Scriptorum classicorum bibliotheca Oxoniensis*. Bd. 2: *Plotini Opera. Enneades IV–V*. ediderunt Paul Henry et Hans-Rudolf Schwyzer (editio minor). Oxonii: Clarendon Press, 1977.

[Plotinus ENNEADES 1982] *Scriptorum classicorum bibliotheca Oxoniensis*. Bd. 3: *Plotini Opera. Enneas VI*. ediderunt Paul Henry et Hans-Rudolf Schwyzer (editio minor). Oxonii: Clarendon Press, 1982.

[Pölitz 1999] Pölitz, Karl Heinrich L. (Hrsg.): *Die Europäischen Verfassungen seit dem Jahre 1789 bis auf die neueste Zeit. Mit geschichtlichen Erläuterungen und Einleitungen. Die Verfassungen Frankreichs, der Niederlande, Belgiens, Spaniens, Portugals, der italienischen Staaten und der jonischen Inseln enthaltend*. 2., neugeordnete, berichtigte und ergänzte Auflage, Nachdruck der Ausgabe Leipzig 1833. Hildesheim: Olms, 1999.

[Polybios HISTORIAE 1962] Polybios: *Bibliotheca scriptorum Graecorum et Romanorum Teubneriana*. Bd. 2: *Historiae. Libri IV–VIII*. Editio stereotypa editionis prioris. Stutgardiae: Teubner, 1962. – editionem a Ludovico Dindorfio curatam retractavit Theodorus Buettner-Wobst.

[R.A.L.F. 1821–1833] Jourdan, Athanase-Jean-Léger (Hrsg.); Decrusy, N.N. (Hrsg.); Isambert, François-André (Hrsg.); Taillandier, Alphonse-Honoré (Hrsg.): *Recueil général des anciennes lois françaises, depuis l'an 420 jusqu'à la Révolution de 1789: contenant la notice des principaux monumens des Mérovingiens, des Carlovingiens et des Capétiens, et le texte des ordonnances, édits, déclarations, lettres patentes, règlemens de la troisième race, qui ne sont pas abrogés, ou qui peuvent servir, soit à l'interprétation, soit à l'histoire du droit public et privé. Mai 1610– Mai 1643*. 29 Bde. Paris: Belin-Leprieur et Vèrdiere; Plon, 1821–1833.

[R.A.L.F. 1829] Déclaration qui ordonne la recherche des usurpateurs des titres de noblesse. In: JOURDAN, Athanase-Jean-Léger (Hrsg.); DECRUSY, N.N. (Hrsg.); ISAMBERT, François-André (Hrsg.); TAILLANDIER, Alphonse-Honoré (Hrsg.): *Recueil général des anciennes lois françaises, depuis l'an 420 jusqu'à la Révolution de 1789: contenant la notice des principaux monumens des Mérovingiens, des Carlovingiens et des Capétiens, et le texte des ordonnances, édits, déclarations, lettres patentes, règlemens de la troisième race, qui ne sont pas abrogés, ou qui peuvent servir, soit à l'interprétation, soit à l'histoire du droit public et privé. Mai 1610 – Mai 1643* Bd. 20. Paris: Belin-Leprieur et Vèrdiere; Plon, 1829, S. 274–277.

[Reichsverfassung 1871] BUNDES-GESETZBLATT DES DEUTSCHEN BUNDES: *Reichsverfassung*. Berlin. Ausgabe 4–18 1871.

[Reinbeck 1730] REINBECK, Johann Gustav: *Umständliche Nachricht, Von dem Erschrecklichen Brande In der Königl. Residentz-Stadt Berlin, Durch welchen in der Nacht zwischen dem zweyten und dritten Pfingst-Tage dieses 1730sten Jahres nicht nur der an der St. Petri-Kirchen neuerbaute und bald fertige, aber mit seinem völligen Gerüste noch versehene Hohe Thurm, nachdem der Blitz ihn dreymahl nacheinander gerühret und entzündet hatte, sondern auch die Kirche, das Gymnasium, 2 Prediger- und mehr als 40 andere Häuser, innerhalb 4 Stunden in einen Stein- und Aschen-Hauffen sind verwandelt worden. Nebst einer Beschreibung gedachter Kirchen, Mit verschiedenen Kupffern versehen und herausgegeben Von Johann Gustav Reinbeck, Consistorial-Rath, Probst und Inspector*. Berlin: Johann Andreas Rüdiger, 1730. – Enthält außerdem: Woltersdorff, Johann: Anhang. Die grosse Macht des Zorns, der Güte und Allmacht Gottes, bei der am 12. August 1720 von Gott verhängten Zerspringung eines Pulver-Thurms in der Königl. Preußischen Residentz zu Berlin.

[Réglement Tailles en mars 1600 1829] Edit portant réglement général sur les tailles, sur les usurpations du titre de noblesse, les bâtards, la rescision des ventes de biens communaux et usagers. In: JOURDAN, Athanase-Jean-Léger (Hrsg.); DECRUSY, N.N. (Hrsg.); ISAMBERT, François-André (Hrsg.); TAILLANDIER, Alphonse-Honoré (Hrsg.): *Recueil général des anciennes lois françaises, depuis l'an 420 jusqu'à la Révolution de 1789: contenant la notice des principaux monumens des Mérovingiens, des Carlovingiens et des Capétiens, et le texte des ordonnances, édits, déclarations, lettres patentes, règlemens de la troisième race, qui ne sont pas abrogés, ou qui peuvent servir, soit à l'interprétation, soit à l'histoire du droit public et privé. Mai 1610 – Mai 1643* Bd. 15. Paris: Belin-Leprieur et Vèrdiere; Plon, 1829, S. 226–238.

[Richelieu 1793] RICHELIEU, Louis-François-Armand de Vignerot Du P.: *Mémoires du maréchal duc de Richelieu, pour servir à l'histoire des cours de Louis XIV, de la minorité et du règne de Louis XV, etc. etc.*. Bd. 3. 2. Aufl. Paris: Buisson, 1793.

[Rymer und Sanderson 1821] RYMER, Thomas (Hrsg.); SANDERSON, Robert (Hrsg.): *Foedera, conventiones, litterae, et cuiuscunque generis acta publica. Inter reges Angliae, et alios quosvis imperatores, reges, pontifices, principes, vel communitates, ab ineunte saeculo duodecimo, viz. ab Anno 1101. Ad nostra usque tempora, habita aut tractata. 1327–1344*. Bd. 2,2. London: Eyre & Strahan, 1821.

[SAHG CII 1871–1872] Société des archives historiques de la Gironde: EXTRAITS et analyse des actes d'hommages rendus aux archéveques de Bordeaux. In: *Archives Historiques de Département de la Gironde (N° CII, 1264–1727)* 13 (1871–1872), S. 210–240.

[SAHG CIX 1868] Société des archives historiques de la Gironde: MONTRE et REVUE faites à Nerac par le marquis de Lansac sénéchal d'Albret. In: *Archives Historiques de Département de la Gironde (N° CIX, 24 Juin 1703)* 10 (1868), S. 265–273.

[Schönemann 1730] Schönemann, Daniel: *Eylfertige und wohlmeynende Gedancken über den brennenden Petri-Thurm*. Berlin: Johann Andreas Rüdiger, 1730.

[Senate of the State of New York 1861] Senate of the State of New York (Hrsg.): *Journal of the Legislative Council of the Colony of New York. Began the 8th Day of December, 1743; and Ended the 3rd of April, 1775*. Albany: Weed, Parsons & Company, 1861.

[Seneca DE TRANQUILLITATE ANIMI 1927] Seneca, Lucius Annaeus: De tranquillitate animi. Leipzig: Teubner, 1927 (Eclogae Graecolatinae). - herausgegeben von Oskar Häger.

[Seneca EPISTULAE MORALES 1995] Seneca, Lucius Annaeus: *Philosophische Schriften. Ad Lucilium epistulae morales I–LXIX*. 4., gegenüber der 2. und 3. unveränderte Auflage. Darmstadt: Wissenschaftliche Buchgesellschaft, 1995. – übersetzt, eingeleitet und mit Anmerkungen versehen von Manfred Rosenbach. Lateinischer Text von François Préchac].

[Shaw 1923] Shaw, William A. (Hrsg.): *Publications of the Huguenot Society of London*. Bd. 27: *Letters of Denization and Acts of Naturalization for Aliens in England & Ireland, 1701–1800*. London: Sherratt and Hughes, 1923.

[State of New York 1864] State of New York (Hrsg.): *The colonial laws of New York from the year 1664 to the Revolution, including the charters to the Duke of York, the commissions and instructions to colonial governors, the duke's laws, the laws of the Dongan and Leisler assemblies, the charters of Albany and New York and the acts of the colonial legislatures from 1691 to 1775 inclusive*. Bd. 4. Albany: James B. Lyon, 1864. – transmitted to the Legislature by the Commissioners of Statutory Revision, pursuant to Chapter 125 of the laws of 1891.

[Tacitus ANNALES 1956] Tacitus, Cornelius: *Annales ab excessu divi Augusti*. Reprint. Oxonii: Clarendon Press, 1956 (Scriptorum classicorum bibliotheca Oxoniensis). – recognovit brevique adnotatione critica instruxit C. D. Fisher.

[Tacitus GERMANIA 1971] Tacitus, Cornelius: *Germania*. 2. Auflage. Leipzig: Dietrich Verlag, 1971 (Sammlung Dieterich). – übertragen und erläutert von Arno Mauersberger.

[Tarde 1887] Tarde, Jean: *Les chroniques de Jean Tarde, chanoine théologal et vicaire général de Sarlat: contenant l'histoire religieuse et politique de la ville et du diocèse de Sarlat, depuis les origines jusqu'aux premières années du XVIIe siècle*. Paris: H. Oudin, 1887. – annotées par le Vicomte Gaston de Gérard.

[Tiraqueau 1559] Tiraqueau, André: *De nobilitate et iure primigeniorum*. Tertia hac, eademque postrema editio. Lugduni: Apud Gulielmum Rovillium, 1559.

[Vautier 1824] Vautier, Charles: *Extrait du registre des dons, confiscations, maintenues et autres actes faits dans le duché de Normandie pendant les années 1418, 1419 et 1420 par Henri V, roi d'Angleterre, contenant les noms des Anglais auxquels ce prince y donna des terres, ceux des familles qui les perdirent, et les noms des propriétaires qui conservèrent leurs biens*. Paris: Lord Byron, 1824.

[Vieuille 1739] Vieuille, Pierre: *Nouveau traité des élections, contenant l'origine de la taille, aides, gabelle octrois, et autres impositions, leurs différences ...les rangs ...desdits officiers, les privilèges des ecclésiastiques, de la noblesse*. Paris: Au Palais chez Rouy, 1739.

[Vitae paparum Avenionensium 1916] Baluze, Étienne (Hrsg.); Mollat, Guillaume (Hrsg.): *Vitae paparum Avenionensium hoc est historia pontificum Romanorum qui in Gallia sederunt*. Bd. 1. Nouveau édition d'après les manuscrits par G. Mollat. Paris: Letouzey et Ané, 1916.
[Vitae paparum Avenionensium 1927] Baluze, Étienne (Hrsg.); Mollat, Guillaume (Hrsg.): *Vitae paparum Avenionensium hoc est historia pontificum Romanorum qui in Gallia sederunt*. Bd. 2. Nouveau édition d'après les manuscrits par G. Mollat. Paris: Letouzey et Ané, 1927.
[Weilen 1917] Weilen, Alexander v. (Hrsg.): *Charlotte Birch-Pfeiffer und Heinrich Laube im Briefwechsel auf Grund der Originalhandschriften dargestellt*. Berlin: Selbstverlag der Gesellschaft für Theatergeschichte, 1917 (Schriften der Gesellschaft für Theatergeschichte).
[Weimarer Gotha 1912] Pickl von Witkenberg, Wilhelm: *Weimarer historisch-genealoges Taschenbuch des gesamten Adels jehudäischen Ursprunges (Hebraici et conversi et de genere Juda); Aufsammlung all' der im Mannesstamme aus jüdischem Geblüt, d.h. aus dem echt orientalischen Rassentypus der [eigentlich unrichtig Israeliten genannten] Juden oder Hebraeer hervorgegangenen Adelsfamilien von einst und jetzt, ohne sonderliche Ansehung ihrer eventuell derzeit christlichen Konfession oder etwaiger Blutzumischungen durch Einheirat arischer Frauen – vom Rassenstandpunkte aus besehen*. Bd. 1. Weimar: Kyffhäuser-Verlag, 1912.
[Wolff 1914] Wolff, Richard (Hrsg.): *Vom Berliner Hofe zur Zeit Friedrich Wilhelms I. Berichte des Braunschweiger Gesandten in Berlin 1728–1733*. Berlin: Verlag des Vereins für die Geschichte Berlins, 1914 (Schriften des Vereins für die Geschichte Berlins).

Internetquellen

[Eyquem 2012] Eyquem, Christophe: *Hotel Pellet (Bordeaux)*. 2012. – URL http://www.freemages.fr/browse/show.974.html. – letzter Besuch: 19.9.2012.
[Martens 2012] Martens, Kilian (Hrsg.): *Karte des 1. Kreuzzuges*. 2012. – URL http: //www.projekt-erster-kreuzzug.de/rechts/galerie/kreuzzug1.jpg. – letzter Besuch: 7.9.2012.
[OccitaNet 2012] van den Bossche, Matthias (Hrsg.): *Das Sprachgebiet der "Langue d'Oc" mit dem Gascognischen*. 2012. – URL http://occitanet.free.fr/fr/index.html. – letzter Besuch: 15.9.2012.
[SPLAF 2012] Site sur la Population et les Limites Administratives de la France (Hrsg.): *Karte des Départements Lot et Garonne mit Cancon (1:500.000)*. 2012. – URL http://splaf.free.fr/. – letzter Besuch: 14.9.2012.

Bibliographie

[Abbate 2000] Abbate, Janet: *Inventing the Internet*. 3. Auflage. Cambridge, Massachusetts et al.: MIT Press, 2000 (Inside technology).

[Abegg 2005] Abegg, Andreas: Was ist evolutorische Rechtstheorie? – dargestellt am Beispiel der Evolution der Vertragsfreiheit. In: *Zeitschrift für Schweizer Recht* 1 (2005), S. 435–454.

[Abegg 2006] Abegg, Andreas: Evolutorische Rechtstheorie. In: Buckel, Sonja (Hrsg.); Fischer-Lescano, Andreas (Hrsg.): *Neue Theorien des Rechts*. 2. Auflage. Stuttgart: Lucius & Lucius, 2006 (UTB Rechtswissenschaft, Philosophie, Politologie, Soziologie), S. 401–422.

[Adams 2000] Adams, Christine: *A taste for comfort and status. A bourgeois family in eighteenth-century France*. University Park, Pa.: Pennsylvania State University Press, 2000.

[Adams 1991] Adams, Geoffrey: *The Huguenots and French opinion, 1685–1787: The Enlightenment Debate on Toleration*. Waterloo, Ont: Wilfrid Laurier University Press, 1991 (Editions SR).

[A.D.N.F. 1855] Borel d'Hauterive, André-François-Joseph: *Annuaire de la noblesse de France et des maisons souveraines de l'Europe*. Bd. 12. Paris: Dentu & Diard, 1855.

[A.D.N.F. 1861] Borel d'Hauterive, André-François-Joseph: *Annuaire de la noblesse de France et des maisons souveraines de l'Europe*. Bd. 18. Paris: Honoré Champion, 1861.

[A.D.N.F. 1867] Borel d'Hauterive, André-François-Joseph: *Annuaire de la noblesse de France et des maisons souveraines de l'Europe*. Bd. 24. Paris: Dentu & Diard, 1867. – Bis 1848 unter dem Titel "Annuaire de la pairie et de la noblesse de France ..." erschienen.

[A.D.N.F. 1870] Borel d'Hauterive, André-François-Joseph: *Annuaire de la noblesse de France et des maisons souveraines de l'Europe*. Bd. 27. Paris: Dentu & Diard, 1870. – Bis 1848 unter dem Titel "Annuaire de la pairie et de la noblesse de France ..." erschienen.

[A.D.N.F. 1881] Borel d'Hauterive, André-François-Joseph: *Annuaire de la noblesse de France et des maisons souveraines de l'Europe*. Bd. 37. Paris: Honoré Champion, 1881. – continué sou la direction du Vicomte Albert Révérend.

[A.D.N.F. 1904] Borel d'Hauterive, André-François-Joseph: *Annuaire de la noblesse de France et des maisons souveraines de l'Europe*. Bd. 62. Paris: Honoré Champion, 1904. – continué sou la direction du Vicomte Albert Révérend.

[A.D.N.F. 1909] Borel d'Hauterive, André-François-Joseph: *Annuaire de la noblesse de France et des maisons souveraines de l'Europe*. Bd. 65. Paris: Honoré Champion, 1909. – continué sou la direction du Vicomte Albert Révérend.

[A.D.N.F. 1911] Borel d'Hauterive, André-François-Joseph: *Annuaire de la noblesse de France et des maisons souveraines de l'Europe*. Bd. 67. Paris: Honoré Champion, 1911. – continué sou la direction du Vicomte Albert Révérend.

[Aebli 1833] Aebli, Johann Peter: *Die Schlacht auf der Landschaft Basel am 3. Aug. des Jahres 1833*. Sursee: Schnyder, 1833.

[A.G.T. 1866] Carré de Busserolle, Jacques-Xavier: *Armorial Générale de La Tourraine*. Bd. 18. Tours: Ladevèze, 1866. – Publié par la Société archéologique de Touraine.

[Ahnert 1982] Ahnert, Rainer: *Friedrich und Katte. Der Kronprinzen-Prozeß*. Friedberg: Podzun-Pallas, 1982.

[AIDR 1864] Archäologischen Institut des Deutschen Reiches: Allgemeiner Jahresbericht. In: *Archäologischer Anzeiger. Zur Archäologischen Zeitung* 182 A (1864), S. 145–152.

[Albe 1903] Albe, Edmond: Prélats originaires du Quercy. Suite et fin. In: *Annales de Saint Louis des Français* 8 (1903), S. 279–366.

[Albe 1904] Albe, Edmond: *Autour de Jean XXII. Hugues Géraud, évêque de Cahors, l'affaire des poisons et des envoûtements en 1317*. Cahors: J. Girma, 1904. – Extrait du "Bulletin de la Société des études littéraires, scientifiques et artistiques du Lot", t. XXIX.

[Albiousse 1906] Albiousse, Lionel d': *Les Fiefs nobles du château ducal d'Uzès*. Uzès: Malige, 1906.

[Alexander 1990] Alexander, John T.: Favourites, Favouritism and Female Rule in Russia, 1725–1796. In: Bartlett, Roger P. (Hrsg.): *Russia in the age of the enlightenment. Essays for Isabel de Madariaga*. London: Macmillan Studies, 1990 (Studies in Russia and East Europe), S. 106–124.

[Alis 1887] Alis, Raymond Louis: *Notice sur le château, les anciens seigneurs et la paroisse de Mauvezin (près Mauvezin) précédée d'une description Archéologique et accompagnée de nombreaux dessins par Charles Bouillet, architecte*. Agen, Mauvezin: Michel et Médan, 1887.

[Alis 2003] Alis, Raymond-Louis: *Histoire de la ville, du château et des seigneurs de Caumont*. Nîmes: C. Lacour, 2003. – Reprint der Ausgabe von 1898.

[Allen 2001] Allen, Larry: *The global financial system 1750–2000*. London: Reaktion Books, 2001.

[Aloy 1880] Aloy, Antoine: *Notice sur la ville et juridiction de La Sauvetat-de-Caumont, aujourd'hui La Sauvetat-du-Drot*. Agen: V. Lenthéric, 1880.

[Alten 1912] Alten, Georg v. (Hrsg.): *Handbuch für Heer und Flotte. Enzyklopädie der Kriegswissenschaften und verwandter Gebiete. G-Idstedt*. Bd. 4. Berlin et al.: Bong, 1912.

[Amburger 1936] Amburger, Erik: *Die van Brienen und ihre Sippe in Archangel aus dem Leben einer Kolonie*. Berlin: Selbstverlag des Verfassers, 1936.

[Amburger 1964] Amburger, Erik: Hugenottenfamilien in Rußland. In: *Der Herold* 5 (1964), April-September, Nr. 6/7, S. 125–136.

[Amburger 1966] Amburger, Erik: *Geschichte der Behördenorganisation Russlands von Peter dem Grossen bis 1917*. Leiden: Koninklijke Brill NV, 1966 (Studien zur Geschichte Osteuropas).

[Amburger 1986] Amburger, Erik: *Deutsche in Staat, Wirtschaft und Gesellschaft Russlands. Die Familie Amburger in St. Petersburg 1770–1920*. Wiesbaden: Harrassowitz, 1986 (Veröffentlichungen des Osteuropa-Institutes München: Reihe Geschichte).

[Anderson 1867] Anderson, William: *The Scottish nation: or The surnames, families, literature, honours. Dal-Mac*. Bd. 2. Edinburgh: A. Fullarton & Co., 1867.

[André und Condis] André, Michel; Condis, Pierre: *Dictionnaire de droit canonique et des sciences en connexion avec le droit canon ou le dictionnaire de André et Condis*. Bd. 1. 3. Auflage. Paris: Walzer. – Revu, corrigé, considérablement augmenté et actualisé par J. Wagner.

[Andrian-Werburg 1979] Andrian-Werburg, Klaus Freiherr v.: Die Nobilitierung preußischer Untertanen in Sachsen-Coburg und Gotha. In: *Archivalische Zeitschrift* 75 (1979), S. 1–15.

[Andrieu 1885] Andrieu, Jules: Capchicot. Légende & Histoire. In: *Revue de l'Agenais et des anciennes provinces du Sud-Ouest* 12 (1885), S. 160–174.

[Andrieu 1886] Andrieu, Jules: *Bibliographie générale de l'Agenais et des parties du Condomois et du Bazadais incorporées dans le département de Lot-et-Garonne: Répertoire alphabétique de tous les livres, brochures, journaux, etc. dus à des auteurs de la région, imprimeés dans ce pays ou l'interessant directement; avec des notes littéraires & biographiques*. Bd. 1 (A-K). Paris: A. Picard, 1886.

[Andrieu 1893] Andrieu, Jules: *Histoire de l'Agenais*. Bd. 1. 2 Bde. Paris: Picard et al., 1893.

[Anonymus 1758] Anonymus: Samenspraak tuffchen Maria Josepha van Oostenryk, Gemalinne van Frederik Augustus den III, koning van Polen, keurvorst van Sachsen; Sophia Dorothea van Hannover, Douariere van Fredrik Willem, koning van Pruissen, keurvorst van Brandenburg, moeder van den thans regeerenden koning en keurvorst, Karel Fredrik den III; en Lodewyk, Willem, Jan, Maximilian, Graaf van Ostein, broeder van den tegenwoordigen Keurvorst van Mentz. In: *Maandelyksche berichten uit de andere waereld, of de spreekende dooden. Bestaande in redeneeringen tusschen allerhande verstorven potentaaten en personagiën van rang, zo van den degen, tabbaard, letteren, enz.* (1758), Juni, S. 579–668.

[Anonymus 1864] Anonymus: Wie man Häuser baut. In: *Berliner Revue* 38 (1864), 3. Quartal, S. 304–309.

[Anonymus 1908] Anonymus: L'Invité de la Mariée. In: *Almanach Catholique de Roubaix* 19 (1908), S. 90–100.

[Anselme 1728] Anselme, Pére: *Histoire généalogique de la maison royale de la France et des grands officiers de la couronne*. Bd. 4. 3. Auflage. Paris: Compagnie des Libraires, 1728.

[Anselme 1730] Anselme, Pére: *Histoire généalogique de la maison royale de la France et des grands officiers de la couronne*. Bd. 6. 3. Auflage. Paris: Compagnie des Libraires, 1730.

[Anselme 1733a] Anselme, Pére: *Histoire généalogique de la maison royale de la France et des grands officiers de la couronne*. Bd. 7. 3. Auflage. Paris: Compagnie des Libraires, 1733.

[Anselme 1733b] Anselme, Pére: *Histoire généalogique de la maison royale de la France et des grands officiers de la couronne*. Bd. 8. 3. Auflage. Paris: Compagnie des Libraires, 1733.

[Antoine 1998] Antoine, Annie: *Terre et paysans en France aux XVIIe et XVIIIe siècles*. Gap: Ophrys, 1998 (Documents histoire).

[A.P.N.F. 1845] Borel d'Hauterive, André-François-Joseph: *Annuaire de la pairie et de la noblesse de France et des maisons souveraines de l'Europe*. Bd. 13. Paris: Au bureau de la Revue Pittoresque, 1845.

[Archaintre 1825] Archaintre, Nicolas Louis: *Histoire genealogique et chronologique de la maison royale de Bourbon. Contenant les naissances, actions mémorables, alliances, et décès de tous les princes et princesses de cette illustre maison, avec leurs descendances directes, depuis Robert le Fort jusqu'à nos jours, d'après les monuments et les traditions les plus authentiques*. Bd. 1. Paris: Mansut Fils, 1825.

[ARHSA 1987] ARHSA (Hrsg.): *Histoire de Saint-Aigulin en Double Saintongeaise*. Jonzac: Charentes Imprimerie, 1987.

[Armaillé 1865] Armaillé, Marie Célestine Amélie d': *Catherine de Bourbon, soeur de Henri IV. 1559–1604*. Paris: Didier et Cie, 1865.

[Artaud de Montor 1842] Artaud de Montor, Alexis-François (Hrsg.): *Encyclopédie des gens du monde. Répertoire universel des sciences des lettres et des arts; avec des notices sur les principales familles historiques et sur les personnages célèbres, morts et vivans*. Bd. 17. Paris: Treuttel & Würtz, 1842.

[Asch 2008] Asch, Ronald G.: *Europäischer Adel in der Frühen Neuzeit. Eine Einführung*. Köln, Weimar, Wien: Böhlau Verlag, 2008 (Geschichte).

[Asche 2007] Asche, Matthias: Huguenot Soldiers in Brandenburg-Prussia under Friedrich Wilhelm and Friedrich Of (1640–1713): The State of Research in German Military, Migration and Confessional History. In: (Glozier und Onnekink 2007), S. 175–194.

[Assmann 2007] Assmann, Jan: *Das kulturelle Gedächtnis. Schrift, Erinnerung und politische Identität in frühen Hochkulturen*. 6. Auflage. München: C. H. Beck, 2007 (Beck'sche Reihe).

[Aubigné 1999] Aubigné, Théodore Agrippa d': *Textes littéraires français*. Bd. 10: *Histoire universelle. 1620–1622*. Paris: Droz, 1999. – édité avec une introduction par André Thierry.

[Aubin 1989] Aubin, Gérard: *La Seigneurie en Bordelais au XVIIIe siècle d'après la pratique notariale*. Rouen: Publications de l'Université de Rouen, 1989 (Publications de l'Université de Rouen).

[Aubrée 1936] Aubrée, Étienne: *Le Général de Lescure*. Nouvelle édition. Paris: Perrin, 1936.

[Audierne 1857] Audierne, François-Georges Abbé: *Ban et arrière-ban de la sénéchaussée de Périgord en 1537, ou la Noblesse de cette province au XVIe siècle*. Périgueux: Dupont, 1857.

[Audigier 1894] Audigier, Pierre: *Histoire d'Auvergne*. Bd. 1. Clermont-Ferrand: L. Bellet, 1894.

[Auerbach 2003] Auerbach, Inge: *Der hessische Löwe und der russische Bär.* Marburg: Jonas-Verlag, 2003 (Edition HERUS).

[Auroux 1989] Auroux, Sylvain: Introduction. In: Auroux, Sylvain (Hrsg.): *Histoire des idées linguistiques. La naissance des métalangages en Orient et en Occident* Bd. 1. Liège et al.: Mardaga, 1989, S. 13–37.

[Avout 1943] Avout, Jacques d': *La querelle des armagnacs et des bourguignons*. Auflage. Paris: Gallimard, 1943.

[Baberowski 2005] Baberowski, Jörg: *Der Sinn der Geschichte. Geschichtstheorien von Hegel bis Foucault*. München: C. H. Beck, 2005 (Beck'sche Reihe).

[Babinet de Rencogne 1880] Babinet de Rencogne, Gustave: Le Marquisat d'Aubeterre. In: *Bulletin de la Société archéologique et historique de la Charente* 3 (1880), S. 247–278.

[Backouche 2000] Backouche, Isabelle: *La monarchie parlementaire, 1815–1848. De Louis XVIII à Louis-Philippe*. Paris: Pygmalion, 2000 (Histoire politique de la France).

[Bannerman 2005] Bannerman, W. B. (Hrsg.): *Elibron Classics*. Bd. 4: *Miscellanea Genealogica Et Heraldica*. Brighton: Adamant, 2005. – Unabridged facsimile of the edition published in 1912 by Mitchell Huges and Clarke.

[Baradat de Lacaze 1892] Baradat de Lacaze, Jean-Charles: Les religionnaires d'Agenais émigrés en 1685. In: *Revue de l'Agenais et des anciennes provinces du Sud-Ouest* 19 (1892), S. 321–334.

[Barbiche 1993] Barbiche, Bernard: De la commission à l'office de la Couronne: les Gardes des sceaux de France du XVIe au XVIIIe siècle. In: *Bibliotheque de l'école des chartes* 151 (1993), Nr. 2, S. 359–390.

[Barbiche 2001] Barbiche, Bernard: *Les institutions de la monarchie française à l'époque moderne XVIe–XVIIIe siècle*. 2. édition revue et corrigée. Paris: Presses Universitaires de France, 2001.

[Barbier 1925] Barbier, Paul: Franç. PIGEON; franç. dial. VIGEON (et VINGEON), DIGEON, GINGEON, noms de canards. In: *Revue de Linguistique Romane* 1 (1925). – publiée par la Société de Linguistique Romane.

[Barbier de Felcourt 1867] Barbier de Felcourt, Roger: *Faculté de droit de Paris. Droit romain: Du colonat. Droit français: Des titres de noblesse et des noms dits nobiliaires. Thèse pour le doctorat soutenue le 10 avril 1867*. Paris: C. de Mourgues frères, 1867.

[Barckhausen 1869] Barckhausen, Henri: *Notice sur les registres des grands jours de Bordeaux de 1456 et 1459. Extrait du tome IX des "Archives historiques du département de la Gironde"*. Bordeaux: Gournouilhou, 1869.

[Bardeleben 1909] Bardeleben, Curt v.: Drei Ranglisten der Königlich-Preußischen Armee aus den Jahren 1701, 1703 und 1707. In: *Militär-Wochenblatt: Beiheft* 11 (1909), S. 400–444.

[Bardy 1854] Bardy, Henri: Les Suédois dans le Sundgau (1632–1648). Suite (IV.). In: *Revue d'Alsace* 5 (1854).

[Barker 2007] Barker, Juliet: *Henry V and the battle that made England.* New York et al.: Back Bay Books, 2007.

[Barrau 1853] Barrau, Hippolyte de: *Documens historiques et généalogiques sur les familles et les hommes remarquables du Rouergue, dans les temps anciens et modernes.* Bd. 1. Rodez: N. Ratery, 1853.

[Barrau 1860] Barrau, Hippolyte de: *Documens historiques et généalogiques sur les familles et les hommes remarquables du Rouergue, dans les temps anciens et modernes.* Bd. 4. Rodez: N. Ratery, 1860.

[Barrett 2001] Barrett, Eileen: Huguenot integration in late 17th- and 18th-century London: insights from records of the French Church and some relief agencies. In: Vigne, Randolph (Hrsg.); Littleton, Charles (Hrsg.): *From strangers to citizens: the integration of immigrant communities in Britain, Ireland and colonial America, 1550–1750.* Brighton et al.: Sussex Academic Press, 2001, S. 375–382.

[Barrère 1874] Barrère, Joseph: La Seigneurie de Francescas. In: *Revue de Gascogne* 15 (1874), S. 56–61.

[Barthelet 2005] Barthelet, Philippe: *Joseph de Maistre.* Lausanne: L'Âge d'Homme, 2005 (Les dossiers H).

[Barthélemy 1858] Barthélemy, Édouard de: *La noblesse en France avant et depuis 1789.* Paris: Librairie nouvelle, 1858.

[Barthélémy 1861] Barthélémy, Anatole de: *Recherches sur la noblesse maternelle.* Paris: A. Aubry, 1861.

[Basseville u. a. 1858] Basseville, N.N. u. a.: Expositions de 1857. Rapport de la commission d'organisation. In: *Journal de la société impériale et centrale d'horticulture* 4 (1858), S. 97–175.

[Baudoin-Matuszek 2007] Baudoin-Matuszek, Marie Noëlle: *Le patrimoine de l'Assemblée Nationale.* Paris: Attique, 2007.

[Bauer 1961] Bauer, Wilhelm: *Einführung in das Studium der Geschichte.* 2., verbesserte Auflage. Unveränderter Nachdruck der Ausgabe: Mohr, Tübingen 1928. Frankfurt am Main: Minerva Verlag, 1961.

[Böckenförde 2006] Böckenförde, Ernst-Wolfgang: *Geschichte der Rechts- und Staatsphilosophie. Antike und Mittelalter.* 2., überarbeitete und erweiterte Auflage. Tübingen: Mohr Siebeck, 2006 (UTB Rechtswissenschaft).

[Beauchet-Filleau und de Chergé 1891] Beauchet-Filleau, Eugène Henri E.; Chergé, Charles de: *Dictionnaire historique et généalogique des familles du Poitou.* Bd. 1. Paris: Oudin, 1891.

[Beaunier 1910] Beaunier, André: *Archives de la France monastique.* Bd. 3: *Abbayes et prieurés de l'ancienne France. Recueil historique des archevêchés, évêchés, abbayes et prieurés de France. Provinces ecclésiastiques d'Auch et de Bordeaux.* Ligugé: Abbaye Saint-Martin et al., 1910.

[Beck 2005] Beck, Hans: *Karriere und Hierarchie. Die römische Aristokratie und die Anfänge des cursus honorum in der mittleren Republik.* Berlin: Akademie-Verlag, 2005.

[Becker 2006] Becker, Thomas: *Der Niederrhein zwischen Xanten und Nijmegen.* Stuttgart: Theiss Verlag, 2006 (Führer zu archäologischen Denkmälern in Deutschland).

[Beiderbeck 2005] Beiderbeck, Friedrich: *Zwischen Religionskrieg, Reichskrise und europäischem Hegemoniekampf. Heinrich IV. von Frankreich und die protestantischen Reichsstände*. Berlin: Berliner Wissenschafts-Verlag, 2005.

[Beik 1997] Beik, William: *Urban Protest in Seventeenth-century France: The Culture of Retribution*. Cambridge u.a.: Cambridge University Press, 1997.

[Belani 1853] Belani, H. E. R. (Pseud.): *Hohe Liebe. Aus dem Leben des Freiherrn Friedrich von der Trenk. Historischer Roman mit Genrebildern aus Friedrich's des Grossen Hof- und Kriegsleben*. Bd. 1. Leipzig: C. L. Fritzsche, 1853. – H.E.R. Belani d.i. Karl Ludwig Häberlin.

[Belin 1993] Belin, Jean-Yves: *Bernard Chérin, généalogiste des ordres du roi, 1718–1785: biographie*. Chatou: J.Y. Belin, 1993.

[Bellecombe 1915] Bellecombe, André de: Le général Valence (1757–1822. In: *Revue de l'Agenais* 42 (1915), S. 3–15.

[Bellecombe 2011] Bellecombe, André de: *Histoire de Montpezat: depuis l'origine jusqu'à la fin du XVI^e^e siècle*. Montpezat d'Agenais: Syndicat d'initiative Bayac, 2011 (Éditions du Roc de Bourzac). – Reproduction en fac-similé de l'édition d'Auch: Imprimerie L. Cocharaux, 1898 sous le titre: "Histoire du château, de la ville et des seigneurs et barons de Montpezat et de l'abbaye de Pérignac".

[Bellenbaum 1999] Bellenbaum, Mira: *Hochgelahrte Studien zur Erforschung dessen, was die Welt im Innersten zusammenhält und darüber hinaus der Weltweisheit vorletzter Schluß*. Bd. 1¾: *Strategien und Ansätze auf der Suche nach der Autopoiesis der Welteinsicht von einer Doctrix universalis in spe*. Lachheim: Baceoli Editiones, 1999. – Zugleich: Dissertationsschrift (Universität Altdorf), 1988 – Mit einem Vor-, Zu- und Nachwort von S. Emper-Vinolentus.

[Bellier de La Chavignerie 1885] Bellier de La Chavignerie, Émile: *Dictionnaire général des artistes de l'École française depuis l'origine des arts du dessin jusqu'à nos jours: architectes, peintres, sculpteurs, graveurs et lithographes. Uuvrage commencé par Émile Bellier de La Chavignerie; continué par Louis Auvray*. Bd. 2 (inkl. Ergänzungsband). Paris: Librairie Renouard, 1885.

[Bem 2002] Bem, Kazimierz: Hugunots 18th century Poland. Refuge in a Catholic country of limited tolerance. In: *Bulletin of the Huguenot Society of South Africa* 39 (2002), S. 207–213. – Proceedings of the 3rd International Huguenot Conference.

[Bem 2004] Bem, Kazimierz: 'The world ist not big enough': the Vernezobre family in the refuge. In: *Proceedings of the Huguenot Society* XXVIII (2004), Nr. 2, S. 187–198.

[Benedetti 2003] Benedetti, Jean: *The real Bluebeard. The life of Gilles de Rais*. Stroud: Sutton, 2003.

[Benquet 2001] Benquet, Daniel: *Les grandes heures de Caumont: histoire des seigneurs, du village et du château*. Marmande: Au jardin d'Ausonne, 2001.

[Bercé 1974] Bercé, Yves-Marie: *Mémoires et documents publiés par la Société de l'École des chartes*. Bd. 1: *Histoire des croquants. Étude des soulèvements populaires au XVIIe siècle dans le Sud-Ouest de la France*. Genève; Paris: Droz, 1974.

[Bercé 1996] Bercé, Yves-Marie: *The birth of absolutism – a history of France, 1598–1661*. New York: St. Martin's Press, 1996.

[Berce-Pathie 1959] Berce-Pathie, Françoise: *Les généalogistes des Ordres du Roi au XVIIIe siècle*. Paris, Ecole nationale des Chartes, thèse manuscrite, 1959.

[Berger 1974] Berger, Michael: Theorie der Geschichte bei Karl Marx. In: *Marx und Marxismus heute*. Hamburg: Hoffmann und Campe, 1974 (Standpunkt), S. 41–61.

[Berghaus 1865] Berghaus, Heinrich: *Landbuch des Herzogtums Pommern – Schilderung der Zustände dieser Lande in der zweiten Hälfte des 19. Jahrhunderts. Teil II: Landbuch des Herzogtums Stettin, von Kammin und Hinterpommern; oder des Verwaltungsbezirks der Königlichen Regierung zu Stettin. Randowscher Kreis und Allgemeines über die Kreise auf dem linken Oder-Ufer*. Bd. 2. Anklam: W. Dietze, 1865.

[Bernard 2003] Bernard, Anna: *Die Revokation des Edikts von Nantes und die Protestanten in Südostfrankreich (Provence und Dauphiné) 1685–1730*. München: Oldenbourg Verlag, 2003 (Pariser historische Studien). – Zugleich: Disseration (Universität Frankfurt am Main), 1998.

[Bernard 1646] Bernard, Charles: *Histoire du roy Louis XIII*. Paris: Augustin Courbe, 1646.

[Bernheim 1908] Bernheim, Ernst: *Lehrbuch der historischen Methode und der Geschichtsphilosophie. Mit Nachweis der wichtigsten Quellen und Hilfsmittel zum Studium der Geschichte*. 5. und 6., neu bearbeitete und vermehrte Auflage. Duncker & Humblot, 1908.

[Bernoulli 1781] Bernoulli, Jean: *Johan Bernoulli's Sammlung kurzer Reisebeschreibungen und anderer zur erweiterung der länder- und Menschenkenntniss dienender Nachrichten*. Bd. 2. Berlin: Bey dem Herausgeber, 1781.

[Berthelot du Ferrier 1719] Berthelot du Ferrier, N.N.: *Traité de la connoissance des droits et des domaines du Roy, et de ceux des Seigneurs particuliers qui relèvent médiatement ou immédiatement de Sa Majesté. Et Des moyens utiles & nécessaires tant pour faire reconnoître les Droits féodaux et seigneuriaux, censuels et casuels, & plusieurs autres Droits, que pour agir avec ordre à la confection des Papiers Terriers desdits Domaines, & faire le recouvrement des Droits qui en dépendent. Avec La procédure & les formules de foy & hommage, aveus & dénombremens, &c.* Paris: Jacques Collombat, 1719.

[Bertier 1973] Bertier, Jean de: Les fiefs donnant droit d'entrée aux États de Béarn (XVIe–XVIIIe siècles). In: *Revue de Pau et du Béarn* 1 (1973), S. 231–256.

[Bertier de Sauvigny 1977] Bertier de Sauvigny, Guillaume de: *La Restauration 1815–1830*. Paris: Hachette, 1977 (Nouvelle histoire de Paris).

[Bertier de Sauvigny 1991] Bertier de Sauvigny, Guillaume de: L'image de la Révolution Française dans "Le Conservateur". In: Dufraisse, Roger (Hrsg.): *Revolution und Gegenrevolution 1789–1830: Zur geistigen Auseinandersetzung in Frankreich und Deutschland*. München: R. Oldenbourg, 1991 (Schriften des Historischen Kollegs), S. 143–156. – unter Mitarbeit von Elisabeth Müller-Luckner.

[Bertin-Roulleau 1994] Bertin-Roulleau, Pierre: *Sainte-Foy-la-Grande: vieilles maisons, vieux documents*. Chaulnes: Office d'édition & de diffusion du livre d'histoire, 1994 (Monographies des villes et villages de France). – réimpression de l'édition de 1927.

[Bertrand 1846] Bertrand, Léon: *Dictionnaire des forêts et des chasses, publié par le "Journal des chasseurs"*. Paris: Bureau du "Journal des chasseurs", 1846.

[B.G.P. 2000] Rouméjoux, Anatole de; de Bosredon, Philippe; Villepelet, Ferdinand: *Bibliographie générale du Périgord*. Bd. 2. Périgueux: Archives départementales de la Dordogne, 2000. – Reproduction de l'édition de: Périgueux: imprimerie de la Dordogne (anc. Dupont et Cie), 1897–1901. 4 vol. (Publications de la Société historique et archéologique du Périgord).

[Béguin 1999] Béguin, Katia: *Les princes de Condé: rebelles, courtisans et mécènes dans la France du Grand Siècle*. Seyssel: Editions Champ Vallon, 1999.

[B.H.F. 1891] Esparbès de Lussan. In: *Le Bulletin Héraldique de France* 4 (1891), Juillet, S. 404–416.

[Böhm 2010] Böhm, Manuela: *Sprachenwechsel. Akkulturation und Mehrsprachigkeit der Brandenburger Hugenotten vom 17. bis 19. Jahrhundert*. Berlin et al.: Walter de Gruyter, 2010 (Studia linguistica Germanica). – Teilweise zugleich: Disserationsschrift (Universität Potsdam), 2008.

[Bibliothèque Sacrée 1823] Aînesse. In: Richard (Hrsg.); Giraud (Hrsg.): *Bibliothèque sacrée ou Dictionnaire úniversel historique, dogmatique, canonique, géographique et chronologique des sciences ecclésiastiques* Bd. 1. Paris: Méquignon Fils Ainé, 1823, S. 336–340.

[Bidot-Germa 2008] Bidot-Germa, Dominique: *Un notariat médiéval: droit, pouvoirs et société en Béarn*. Toulouse: Presses universitaires du Mirail, 2008 (Histoire notariale). – Zugleich: Dissertationsschrift (Université de Pau et des Pays de l'Adour), 2004 unter dem Titel: Les notaires de la principauté de Béarn à la fin du Moyen âge.

[Bien 1974] Bien, David D.: La réaction aristocratique avant 1789. L'exemple de l'armee. In: *Annales* 29 (1974), S. 23–48, 505–534.

[Birch-Pfeiffer 1851] Birch-Pfeiffer, Charlotte: *Wie man Häuser baut. Locales Zeitgemälde in vier Akten, mit freier Benutzung einer historischen Anekdote*. Ausgabe als Manuskript gedruckt und Eigenthum der Verfasserin. F. W. Gubitz, 1851.

[Blanc 1862] Blanc, Louis: *Histoire de la révolution française*. Bd. 12. Paris; Berlin: Pagnerre & Furne, 1862.

[Blanc 1975] Blanc, René: *Monteton ou monographie d'un pays sans histoire*. Eigenpublikation. 1975. – Monteton, ancienne paroisse du diocése de Sarlat. Ancienne juridiction de la sénéchaussée d'Agenois. Commune du canton de Lévignac puis de Seyches, arrondissement de Marmande, département de Lot-et-Garonne.

[Blanchet und Schiffman 2004] Blanchet, Philippe; Schiffman, Harold: Revisiting the sociolinguistics of Occitan: a presentation. In: *International Journal of the Sociology of Language* 169 (2004), S. 3–24.

[Bleckwenn 2000] Bleckwenn, Hans; Kroener, Bernhard R. (Hrsg.); Koch, Bodo (Hrsg.): *Altpreußische Offizierportäts – Studien aus dem Nachlaß. Mit Miniaturen von Bodo Koch*. Osnabrück: Biblio, 2000. – Im Auftrag des Militärgeschichtlichen Forschungsamts.

[Bleek und Garber 1982] Bleek, Klaus; Garber, Jörn: Nobilitas: Standes- und Privilegienlegitimation in deutschen Adelstheorien des 16. und 17. Jahrhunderts. In: *Daphnis* 11 (1982), Nr. 1–2, S. 49–114.

[Bleicken 2008] Bleicken, Jochen: *Die Verfassung der Römischen Republik. Grundlagen und Entwicklung*. 7., völlig überarbeitete und erweiterte Auflage, unveränderter Nachdruck der Ausgabe von 1995. Paderborn: Schöningh Verlag, 2008 (UTB).

[Bleuel 2001] Bleuel, Jens: Zitation von Internet-Quellen. In: Hug, Theo (Hrsg.): *Wie kommt Wissenschaft zu Wissen* Bd. 1. Hohengehren: Schneider Verlag, 2001, S. 383–398.

[Bloch 1978] Bloch, Jean-Richard: *L'anoblissement en France au temps de François Ier. Essai d'une définition de la condition juridique et sociale de la noblesse au début du XVIe siècle*. Genève: Mégariotis, 1978. – Reproduction en fac-similé de l'édition de F. Alcan, Paris, 1934 (Bibliothèque de la Revue historique).

[Bloch 1994] Bloch, Ralph Howard: *God's plagiarist. Being an account of the fabulous industry and irregular commerce of the Abbé Migne*. Chicago et al.: University of Chicago Press, 1994.

[Bluche 1957] Bluche, François: *Les honneurs de la cour*. Bd. 1. Paris: Les Cahiers Nobles, 1957.

[Bluche 1960] BLUCHE, François: *Les magistrats du Parlement de Paris au XVIIIe siècle, 1715–1771*. Paris: Les Belles Lettres, 1960 (Annales littéraires de l'Université de Besançon). – Zugleich: Dissertationsschrift (Faculte des lettres (Sorbonne) Paris), 1956.

[Bluche und Durye 1962] BLUCHE, François; DURYE, Pierre: *Les cahiers nobles*. Bd. 2: *L'anoblissement par charges avant 1789*. Paris: Imprimerie Centrale de l'ouest, 1962.

[Bluche und Solnon 1983] BLUCHE, François; SOLNON, Jean-François: *La Véritable hiérarchie sociale de l'ancienne France. Le tarif de la première capitation (1695)*. Genève: Droz, 1983 (Travaux d'histoire éthico-politique).

[Bömelburg 1995] BÖMELBURG, Hans-Jürgen: *Zwischen polnischer Ständegesellschaft und preussischem Obrigkeitsstaat. Vom Königlichen Preussen zu Westpreussen (1756–1806)*. München: Oldenbourg Verlag, 1995 (Schriften des Bundesinstituts für Ostdeutsche Kultur und Geschichte). – Zugleich: Dissertationsschrift (Universität Mainz), 1993.

[Bénac 1907] BÉNAC, Abbé Jean: *Les Martyrs du diocèse d'Auch en septembre 1792*. Auch: L. Cocharaux, 1907.

[Bénéjeam 2005–2006] BÉNÉJEAM, Mireille: Les vestiges romans de l'ancienne abbaye de Sarlat (Dordogne). In: *Archéologie du midi médieval* 23–24 (2005–2006), S. 221–246.

[Boase 1928] BOASE, Alan-Martin: Montaigne annoté par Florimond de Raemond. In: *Revue du seizième siècle* (1928), Nr. 15, S. 237–278.

[Boehm 1979] BOEHM, Laetitia: *Geschichte Burgunds. Politik, Staatsbildungen, Kultur*. 2., erg. Auflage. Stuttgart u.a.: Kohlhammer, 1979.

[Bogdanor 1995] BOGDANOR, Vernon: *The monarchy and the constitution*. Oxford: Clarendon Press, 1995.

[Bogucka 2006] BOGUCKA, Maria: Religiöse Koexistenz – Ausdruck von Toleranz oder von politischer Berechnung? Der Fall Danzig im 16. und 17. Jahrhundert. In: BAHLCKE, Joachim (Hrsg.): *Konfessionelle Pluralität als Herausforderung. Koexistenz und Konflikt in Spätmittelalter und Früher Neuzei. Winfried Eberhard zum 65. Geburtstag*. Leipzig: Leipziger Universitäts-Verlag, 2006, S. 521–532.

[Boisserie de Masmontet 1906] BOISSERIE DE MASMONTET, Jean-Edmond: *Rigaud ou Rigault de Granfont, Du Marchet, Des Baratons, Du Mineur, de Lartigue, Des Guignards, de Cazenac, de La Bourguette, Des Mingauds, de La Capelle, etc., etc., en Guienne*. Paris: Aux bureaux de la "Revue héraldique", 1906.

[Boissonnade 1893] BOISSONNADE, Prosper: *Histoire de la réunion de la Navarre à la Castille. Essai sur les relations des princes de Foix-Albret avec la France et l'Espagne (1479–1521)*. Paris: Picard, 1893.

[Bondois 1924] BONDOIS, Paul-Marie: L'héritage d'une des victimes de l'Assemblée de la rue Saint-Jacques. In: *Bulletin de la Société de l'Histoire du Protestantisme Français* 73 (1924), S. 118–120.

[Bonnat 1913] BONNAT, René: Introduction. Cryptographie Agenaise ou Journal secret d'Agen depuis le 1er mars 1814 jusques à pareil jour 1817. In: *Revue de l'Agenais* 40 (1913), S. 93–107.

[Bonnell 1888] BONNELL, Waldemar: Wie man Häuser baut. In: *Der Bär von Berlin* 15 (1888), Nr. 6, S. 58–60 sowie 71–73.

[Bonner 1999] BONNER, Elizabeth: Scotland's "auld alliance" with france, 1295–1560. In: *History* (1999), S. 5–31.

[Bonneserre de Saint Denis 1862] BONNESERRE DE SAINT DENIS, Émile Charles Alexandre: De l'origine de la noblesse et des anoblissements (suite). In: *Revue nobiliaire, héraldique et biographique* 1 (1862), S. 249–262.

[Bonney 1997] Bonney, Richard J.: France's 'war by diversion'. In: Parker, Geoffrey (Hrsg.): *The Thirty Years War*. 2. Auflage. London, New York: Routledge & Kegan Paul, 1997, S. 129–137.

[Bordeaux 1895] Bordeaux, Henry: Portraits contemporains: Le marquis Costa de Beauregard. In: *Revue politique et littéraire* 3 (1895), S. 709–714.

[Borel d'Hauterive 1841a] Borel d'Hauterive, André-François-Joseph: Notices et tablettes généalogiques. DE Pas de Beaulieu et de Feuquières. In: *Revue historique de la noblesse* 1 (1841), S. 122–135.

[Borel d'Hauterive 1841b] Borel d'Hauterive, André-François-Joseph: Tablettes généalogiques et nobiliaire. In: *Revue historique de la noblesse* 2 (1841), S. 361–364.

[Borowsky 1989] Borowsky, Peter: *Studienbücher moderne Geschichte*. Bd. 1:. 5., überarbeitete und aktualisierte Auflage. Opladen: Westdeutscher-Verlag, 1989.

[Borrmann 1893] Borrmann, Richard: *Die Bau- und Kunstdenkmäler von Berlin. Mit 28 Lichtdrucktafeln, zahlreichen Abbildungen und 3 Plänen*. Verlag Julius Springer, 1893. – Mit einer geschichtlichen Einleitung von P. Clauswitz.

[Bosman 1994] Bosman, Lex: *Nieuw Amsterdam in Berbice (Guyana)de planning en bouw van een koloniale stad, 1764–1800*. Hilversum: Verloren, 1994 (Zeven Provincien reeks).

[Bosquet 1783] Bosquet, N.N.: *Dictionnaire raisonné des domaines et droits domaniaux, & des Droits de Contrôle des Actes des Notaires, & sous-Signatures privées, Insinuations-Laïques, Centième Denier, Petit-Scel, Contrôle des Exploits, Formule, Greffes, Droits réservés, Francs-Fiefs, Amortissement, & Nouvel Acquêt. Ouvrage dans lequel on a établi les principes de chaque matière, dévelopé leurs conséquences & fait connaître la Jurisprudence actuelle.*. Bd. 3. 2. Auflage. Rennes: Vve de François Vatar, 1783.

[Bost 1961] Bost, Charles: *Histoire des protestants de France*. 6. Auflage. Carriéres-sous-Poissy: La Cause, 1961.

[Bouchard 1971] Bouchard, Léon: *Système financier de l'ancienne monarchie: administration générale, recettes, dépenses, contrôle*. Nachdruck der Ausgabe Paris, 1891. New York: Burt Franklin, 1971 (Burt Franklin research and source works series).

[Boudon de Saint-Amans 1828] Boudon de Saint-Amans, Jean-Florimond: *Coup d'oeil sur le département de Lot-et-Garonne, ou Rapide aperçu de l'état de son agriculture, de sa population et de son industrie en 1828*. Agen: P. Noubel, 1828. – Titre alternatif: Rapide aperçu de l'état de son agriculture, de sa population et de son industrie en 1828.

[Bouillet 1848] Bouillet, Jean B.: *Nobiliaire d'Auvergne*. Bd. 3. Clermont-Ferrand: Perol, 1848.

[Bouillet 1851] Bouillet, Jean B.: *Nobiliaire d'Auvergne*. Bd. 5. Clermont-Ferrand: Perol, 1851.

[Boulenger 1942] Boulenger, Jacques: *Rabelais*. Paris: Éditions Colbert, 1942 (Les flambeaux d'or).

[Boulliot 1830] Boulliot, Jean B.: *Biographie Ardennaise ou histoire des Ardennais qui se sont fait remarquer par leurs écrits, leurs actions, leurs vertus ou leurs erreurs*. Paris: Chez L'Editeur, 1830.

[Bourloton 1900] Bourloton, Edgar: La Seigneurie de Vouvant (Suite). In: *Revue du Bas-Poitou* 13 (1900), S. 415–430.

[Bourrachot 1969] Bourrachot, Lucile: Une Famille Protestante de l'Agenais et ses Cousins Allemands: Les Digeon de Monteton. In: *Annales du Midi. Revue archéologique, historique et philologique de la France Méridionale* 81 (1969), S. 55–71.

[Bourrachot 1983] Bourrachot, Lucile: Une seigneurie rurale dans le Lande au XVIIe: La commanderie de la Tour d'Avance. In: *Revue de l'Agenais* 110 (1983), S. 2–15.

[Bourrachot 1992] Bourrachot, Lucile: Le registre du consistoire de La Sauvetat de Caumont, un document sur le protestantisme aux limites de l'Agenais et du Périgord (1644–1680). In: Régionales, Fédération historique du Sud-Ouest. Congrès d'études (Hrsg.): *Bergerac et le Bergeracois: Actes du XLIIe Congrès d'études régionales de la Fédération historique du Sud-Ouest. Organisé par la Société historique et archéologique du Périgord, Bergerac (21 et 22 avril 1990)*. Bordeaux: la Nef, 1992, S. 271–289.

[Bourrousse 1854] Bourrousse de Laffore, Jules de: Divisions ecclésiastiques de l'Agenais du XIe au XVIe. In: *Recueil des travaux de la Société d'agriculture, sciences et arts d'Agen* Bd. 7. Agen: Prosper Noubel, 1854, S. 86–112.

[Bourrousse 1879] Bourrousse de Laffore, Jules de: *Notes Historiques sur des Monuments Féodaux ou Religieux du Département de Lot-et-Garonne*. Agen: P. Noubel – D. Lamy, Sucesseur, 1879.

[Bourrousse 1881] Bourrousse de Laffore, Jules de: Les Lusignans du Poitou et de l'Agenais. In: *Revue de l'Agenais et des anciennes provinces du Sud-Ouest* 8 (1881), Janvier-Février, S. 403–429.

[Bourrousse 1885] Bourrousse de Laffore, Jules de: État de la Noblesse et des Vivants noblement de la Sénéchaussée d'Agenois, 1717. Suite de Gentilshommes. In: *Revue de l'Agenais et des anciennes provinces du Sud-Ouest* 12 (1885), S. 289–304.

[Bourrousse 1886] Bourrousse de Laffore, Jules de: État de la Noblesse et des Vivants noblement de la Sénéchaussée d'Agenois, 1717. Suite de Gentilshommes. In: *Revue de l'Agenais et des anciennes provinces du Sud-Ouest* 13 (1886), S. 33–48.

[Bourrousse de Laffore 1882] Bourrousse de Laffore, Jules de: *Notes Historiques sur des Monuments Féodaux ou Religieux du Département de Lot-et-Garonne. Les Lusignans du Poitou et de l'Agenais*. Agen: Ve Lamy, 1882.

[Boutaric 1767] Boutaric, Françcois de: *Traité des droits seigneuriaux et des matières féodales*. Nouvelle édition revue et considérablement augmentée par M. [Sudre], Avocat au Parlement de Toulouse. Toulouse: Jean-François Forest, 1767.

[Boutell 1863] Boutell, Charles: *Heraldry, historical and popular*. London: Winsor & Newton, 1863.

[Boysson 1920] Boysson, Richard: L'Invasion Calviniste en Bas-Limousin, Périgord et Haut-Quercy après la Révovation de l'Edit de Nantes. In: *Bulletin de la Société scientifique, historique et archéologique de la Corrèze* 42 (1920), Janvier-Mars, S. 9–43.

[Brandt 2007] Brandt, Ahasver v.: *Werkzeug des Historikers. Eine Einführung in die Historische Hilfswissenschaften*. 17. Auflage. Stuttgart: Verlag W. Kohlhammer, 2007 (Kohlhammer-Urban-Taschenbücher). – Mit aktualisierten Literaturnachträgen und einem Nachwort von Franz Fuchs.

[Braudel 1982] Braudel, Fernand: *The Wheels of Commerce. Civilization & Capitalism 15th–18th Century*. Bd. 2. New York et al.: Harper & Row, 1982.

[Brauneder 1988] Brauneder, Wilhelm: Die Pragmatische Sanktion als Grundgesetz der Monarchia Austriaca von 1713 bis 1918. In: Valentinitsch, Helfried (Hrsg.): *Recht und Geschichte. Festschrift Hermann Baltl zum 70. Geburtstag*. Graz: Leykam Verlag, 1988, S. 51–84.

[Bredow und v. Wedel 1972] Bredow, Claus v.; Wedel, Ernst v.: *Historische Rangund Stammliste des deutschen Heeres*. Osnabrück: Biblio Verlag, 1972 (Bibliotheca Rerum Militarium). – Um ein Geleitwort erweitert sonst unveränderter photomechanischer Nachdruck der Ausgabe in einem Berlin, Scherl, 1905.

[Breuil 1903] Breuil, Michel: *De la Particule dite nobiliaire (étude historique et juridique), thèse pour le doctorat juridique*. Paris: L. Larose, 1903.
[Brüggemann 1784] Brüggemann, LudewigWilhelm (Hrsg.): *Ausfuehrliche Beschreibung des gegenwaertigen Zustandes des Koenigl. Preussischen Herzogthums Vor- und Hinter-Pommern. Des zweiten Theils erster Band, welcher die Beschreibung der zu dem Gerichtsbezirk der Königl. Landescollegien in Stettin gehörigen Hinterpommerschen Kreise enthält*. Bd. 1/2. Stettin: H. G. Effenbart, 1784.
[Brüggemann 1779] Brüggemann, LudwigW.: *Ausführliche Beschreibung des gegenwärtigen Zustandes des Königlich Preußischen Herzogthums Vor- und Hinter-Pommern. Erster Theil. Beschreibung des Preußischen Vorpommern*. Bd. 1. Stettin: H. G. Effenbart, 1779.
[Brianson 1985] Brianson, Arnaud de: La Révocation de l'Edit de Nantes à Montcaret. In: *Bulletin de la Société Historique et Archéologique du Périgord* 112 (1985), S. 306–313.
[Brien 1932] Brien, Manson M.: Lenglet du Fresnoy: a Biography. In: *Papers of the Michigan Academy of Science Arts and Letters* 18 (1932), S. 457–478.
[Bringmann 2006] Bringmann, Klaus: Herodot und Thukydides. Geschichte und Geschichtsschreibung im 5. Jahrhundert v. Chr. In: Hein, Dieter (Hrsg.): *Historie und Leben. Der Historiker als Wissenschaftler und Zeitgenosse. Festschrift für Lothar Gall zum 70. Geburtstag*. München: Oldenbourg, 2006, S. 3–14.
[Béringuier 1888] Béringuier, Richard: Ueber die Familie von Vernezobre. In: *Der Bär von Berlin* 15 (1888), Nr. 6, S. 432–433.
[Brioist u. a. 2002] Brioist, Pascal; Drévillon, Hervé; Serna, Pierre: *Croiser le fer. Violence et culture de l'épée dans la France moderne (XVIe–XVIIIe siècle)*. Seyssel: Champ Vallon, 2002 (Epoques).
[Brissaud 1975] Brissaud, Désiré: *Les Anglais en Guyenne: l'administration anglaise et le mouvement communal dans le Bordelais*. Genève: Slatkine, 1975.
[Brissaud 2001] Brissaud, Jean: *A history of French public law*. Reprint der Ausgabe von 1915 bei Little, Brown and Company, Boston. Washington, DC.: Beard Books, 2001.
[Broadhead 1858] Broadhead, John R.: *Documents relative to the colonial history of the State of New York. Paris documents: IX–XVII, 1745–1774*. Bd. 10. Albany: Weed, Parsons and Company, 1858.
[Brodeau 1669] Brodeau, Julien: *Coustume de la prévosté et vicomté de Paris commentée. Ensemble les Coustumes notoires du Chastelet de Paris et les Décisions de messire Jean Des Mares*. 2. édition. Paris: D. Béchet, 2 Bde. 1669.
[Broglie 2003] Broglie, Gabriel de: *Le général de Valence ou l'insouciance et la gloire d'après les papiers inédits de Mme de Montesson, de Mme de Genlis, du général et de la comtesse de Valence*. Réédition de 1972. Paris: Perrin, 2003.
[Brown 1998] Brown, Michael: *The Black Douglases, War and Lordship in Late Medieval Scotland*. East Linton: Tuckwell press, 1998.
[Bruhns 2006] Bruhns, Hinnerk: Max Webers 'Grundbegriffe' im Kontext seiner wirtschaftsgeschichtlichen Forschungen. In: Lichtblau, Klaus (Hrsg.): *Max Webers 'Grundbegriffe'. Kategorien der kultur- und sozialwissenschaftlichen Forschung*. Wiesbaden: VS Verlag für Sozialwissenschaften, 2006, S. 151–183.
[Brumwell 2002] Brumwell, Stephen: *Redcoats. The British Soldier and War in the Americas, 1755–1763*. Cambridge et al.: Cambridge University Press, 2002. – Teilweise zugleich: Dissertationsschrift (Universität Leeds), 1998 unter dem Titel: The British soldier in the Americas, 1755–1763.

[Brunet 2009] Brunet, Serge: "Haro sur le seigneur!" Affrontements religieux et résistances anti-seigneuriales dans le sud-ouest de la France (vers 1560–1562). In: Brunel, Ghislain (Hrsg.); Brunet, Serge (Hrsg.): *Luttes anti-seigneuriales dans l'Europe médiévale et moderne. "Haro sur le seigneur" – Actes des XXIXes journées Internationales d'Histoire de l'Abbaye de Flaran, 5 et 6 octobre 2007*. Toulouse: Presses Universitaires du Mirail, 2009 (Flaran), S. 167–186.

[Bryson 1999] Bryson, David: *Queen Jeanne and the Promised Land. Dynasty, homeland, religion and violence in Sixteenth-Century France*. Köln et al.: Brill, 1999 (Brill's studies in intellectual history).

[B.S.A.S.A. 1886a] L.A.: Questions et Réponses. N° 330, t. V., 381 – La Giraud, Estray, Barrau, La Leigne, Les Granges, fiefs des Méhée. In: *Bulletins de la Société des Archives Historiques de la Saintonge et de l'Aunis* 6 (1886), S. 65–67.

[B.S.A.S.A. 1886b] Lafaye, N.N. de: Questions et Réponses. N° 330, t. V., p. 65. In: *Bulletins de la Société des Archives Historiques de la Saintonge et de l'Aunis* 6 (1886), S. 332–336.

[Büsch 1962] Büsch, Otto: *Militärsystem und Sozialleben im alten Preussen, 1713–1807*. Berlin: Walter de Gruyter, 1962 (Veröffentlichungen der Berliner Historischen Kommission beim Friedrich-Meinecke-Institut der Freien Universität Berlin). – Zugleich: Dissertationsschrift (Freie Universität Berlin), 1952 unter dem Titel: Die soziale Militarisierung im alten Preußen am Beispiel der Agrarverhältnisse – ein Beitrag zur Genesis der preußisch-deutschen Gesellschaft.

[Bátori 1993] Bátori, Ingrid: *Geschichte der Stadt Koblenz. Von der französischen Stadt bis zur Gegenwart*. Bd. 2. Stuttgart: Theiss, 1993.

[Bues 2001] Bues, Almut: *Das Herzogtum Kurland und der Norden der polnisch-litauischen Adelsrepublik im 16. und 17. Jahrhundert. Möglichkeiten von Integration und Autonomie*. Giessen: Litblockín, 2001. – Zugleich: Habilitationssschrift (Universität Warschau), 2001.

[Bullock 1962] Bullock, Kenneth C.: *A genealogy of McGee Harris, Latter Day Saint pioneer*. Utah: Provo, 1962.

[Bunz 2009] Bunz, Mercedes: *Vom Speicher zum Verteiler. Die Geschichte des Internet*. 2. Auflage. Berlin: Kulturverlag Kadmos, 2009 (Copyrights).

[Burchert und Sohr 2008] Burchert, Heiko; Sohr, Sven: *Praxis des wissenschaftlichen Arbeitens. Eine anwendungsorientierte Einführung*. 2., aktualisierte und ergänzte Auflage. München: Oldenbourg Verlag, 2008 (Studien- und Übungsbücher der Wirtschafts- und Sozialwissenschaften).

[Burke 1833] Burke, John Bernard: *A Genealogical and Heraldic History of the Commoners of Great Britain and Ireland*. Bd. 1. London: Henry Colburn, 1833.

[Burke 2001] Burke, John Bernard: *Burke's landed gentry of Great Britain together with members of the titled and non-titled contemporary establisment*. 19. Auflage. London: Fitzroy Dearborn, 2001. – 18. Auflage unter dem Titel: Genealogical and heraldic history of the landed gentry – unter Zuarbeit von: Peter Beauclerk Dewar.

[Bush 1983] Bush, Michael L.: *Noble privilege*. Manchester: Manchester University Press, 1983 (The European nobility).

[Bush 1988] Bush, Michael L.: *Rich noble, poor noble*. Manchester et al.: Manchester University Press, 1988 (The European nobility).

[Bussiek 2002] Bussiek, Dagmar: *"Mit Gott für König und Vaterland!" die Neue Preußische Zeitung (Kreuzzeitung) 1848–1892*. Münster; Hamburg; London: Lit Verlag, 2002 (Schriftenreihe von Stipendiatinnen und Stipendiaten der Friedrich-Ebert-Stiftung). – Zugleich:

Dissertationsschrift (Universität Kassel), 2000 unter dem Titel: "Vorwärts mit Gott für König und Vaterland!".

[Butel 1967] Butel, Paul: Bordeaux et Hollande au XVIIIe siècle: l'example du négociant Pellet 1694–1772. In: *Revue d'Histoire Économique et Sociale* 45 (1967), Nr. 1, S. 58–86.

[Butel 1974a] Butel, Paul: Armateurs bordelais et commissionnaires londoniens au XVIIIe siècle. In: *Revue Historique de Bordeaux* 23 (1974), S. 151–161.

[Butel 1974b] Butel, Paul: *Les Négociants bordelais, l'Europe et les Îles au XVIIIe siècle*. Paris: Aubier, 1974 (Collection historique). – Zugleich: Dissertationsschrift (Universität Paris 1), 1973 unter dem Titel: "La croissance commerciale bordelaise dans la seconde moitié du XVIIIe siècle".

[B.W.N. 1799] Chalmot, Jacques Alexandre de: *Biographisch woordenboek der Nederlanden: Bevattende de levensbeschrijvingen van voorname staatsmannen, krygshelden, geleerden in allerleije vakken van wetenschappen, digters, schilders en andere konstenaren*. Bd. 6. Amsterdam: Johannes Allart, 1799.

[Caillet 1975] Caillet, Louis: *La Papauté d'Avignon et l'église de France. La politique bénéficiale du Pape Jean XXII en France (1316–1334)*. Paris: Presses Universitaire de France, 1975 (Publications de l'Université de Rouen).

[Caillet 1998] Caillet, Louis: La perception de la frontière chez un intendant d'Aquitaine à la fin du XVIIe siècle: Bazin de Bezons. In: Lafourcade, Maïté (Hrsg.): *La frontière francoespagnole: lieu de conflits interétatiques et de collaboration interrégionale. Actes de la journée d'étude du 16 novembre 1996 organisée par le Centre d'études basques de l'Université de Pau et des Pays de l'Adour, Faculté pluridisciplinaire de Bayonne-Anglet-Biarritz*. Bordeaux: Presses universitaires de Bordeaux, 1998, S. 17–32.

[Calinge 2007] Calinge, Ronald S.: Leonhard Euler: Life and thought. In: Bradley, Robert E. (Hrsg.); Sandifer, C. E. (Hrsg.): *Leonhard Euler. Life, work and legacy*. Amsterdam; Boston: Elsevier, 2007 (Studies in the history and philosophy of mathematics), S. 5–60.

[Camilli 2012a] Camilli, Philippe: Le château de Monteton. In: *Revue de l'Agenais* 139 (2012), Nr. 3, S. 519–530.

[Camilli 2012b] Camilli, Philippe: L'église de Monteton. In: *Revue de l'Agenais* 139 (2012), Nr. 3, S. 549–556.

[Campagne 1900] Campagne, Maurice: *Histoire de la maison de Madaillan. 1076 à 1900*. Bergerac: J. Castanet, 1900.

[Campagne 1905] Campagne, Maurice: *Histoire des Bacalan du XVe au XXe*. Bergerac: J. Castanet, 1905.

[Candé 1906] Candé, Jean-Louis: Daillon et Talhouët. Une alliance peu connue. In: *Revue historique et archéologique du Maine* 60 (1906), S. 146–151.

[Canguilhem 2001] Canguilhem, Georges: *Wissenschaftsgeschichte und Epistemologie*. 2. Auflage. Frankfurt am Main: Suhrkamp Verlag, 2001 (Suhrkamp-Taschenbuch Wissenschaft). – herausgegeben von Wolf Lepenies; aus dem Französischen übersetzt.

[Caplan 2001] Caplan, Jane: "This or That Particular Person": Protocols of Identification in Nineteenth-Century Europe. In: *Documenting individual identity. The development of state practices in the modern world*. Princeton (New Jersey) et al.: Princeton University Press, 2001, S. 49–66.

[Carriera 1997] Carriera, Rosalba: *Journal pendant mon séjour à Paris en 1720 et 1721*. Dijon: les Presses du Réel, 1997. – traduit de l'italien par Alfred Sensier. Notes de Xavier Douroux.

[Carrière 1936] Carrière, Victor: *Bibliothèque de la société d'histoire ecclésiastique de la France*. Bd. 3: *Introduction aux études d'histoire ecclésiastique locale. Questions d'histoire générale à développer dans le cadre régional ou diocésain*. Paris: Letouzey et Ané, 1936.

[Carroll 1998] Carroll, Stuart: *Noble power during the French wars of religion. The guise affinity and the catholic cause in Normandy*. Cambridge et al.: Cambridge University Press, 1998 (Cambridge studies in early modern history).

[Caswell und Sipkov 1978] Caswell, Jean (Hrsg.); Sipkov, Ivan (Hrsg.): *The coutumes of France in the Library of Congress*. Washington D.C.: U.S. Government Printing Office, 1978.

[Cavignac 1967] Cavignac, Jean: *Jean Pellet. Commercant de Gros 1694–1772. Contribution a l'étude du négoce bordelais du XVIIIe siècle*. Paris: S.E.V.P.E.N., 1967.

[Cazauran 1890] Cazauran, Jean-Marie: Les Feudistes dans les Landes au XVIIIe siècle. In: *Bulletin de la Société de Borda* 15 (1890), S. 1–36.

[Cellard 1996] Cellard, Jacques: *John Law et la régence: 1715–1729*. Paris: Plon, 1996.

[C.E.S.B. XXVI 1897] Restitution d'un cens de 6 deniers par Guillaume Ferrand. 3 décembre 1088 (N° XXVI). In: Brutails, Jean-Auguste (Hrsg.): *Cartulaire de l'Église Collégiale Saint-Seurin de Bordeaux*. Bordeaux: G. Gounouilhou, 1897, S. 28.

[Chaix d'Est-Ange 1903–1929] Chaix d'Est-Ange, Gustave: *Dictionnaire des familles françaises anciennes ou notables à la fin du XIXe siècle*. Évreux: Charles Hérissey, 1903–1929. – 20 Bde. – Werk nicht fertiggestellt; endet bei "Gau".

[Chaix d'Est-Ange 1906] Chaix d'Est-Ange, Gustave: *Dictionnaire des familles françaises anciennes ou notables à la fin du XIXe siècle. Bou-Bré*. Bd. 5. Évreux: Charles Hérissey, 1906.

[Chaix d'Est-Ange 1907] Chaix d'Est-Ange, Gustave: *Dictionnaire des familles françaises anciennes ou notables à la fin du XIXe siècle. Bou-Bré*. Bd. 6. Évreux: Charles Hérissey, 1907.

[Chaix d'Est-Ange 1908] Chaix d'Est-Ange, Gustave: *Dictionnaire des familles françaises anciennes ou notables à la fin du XIXe siècle. Bré-Bur*. Bd. 7. Évreux: Charles Hérissey, 1908.

[Chaix d'Est-Ange 1914] Chaix d'Est-Ange, Gustave: *Dictionnaire des familles françaises anciennes ou notables à la fin du XIXe siècle. Cun-Des*. Bd. 13. Évreux: Charles Hérissey, 1914.

[Chaix d'Est-Ange 1915] Chaix d'Est-Ange, Gustave: *Dictionnaire des familles françaises anciennes ou notables à la fin du XIXe siècle. Des-Dug*. Bd. 14. Évreux: Charles Hérissey, 1915.

[Chaix d'Est-Ange 1922] Chaix d'Est-Ange, Gustave: *Dictionnaire des familles françaises anciennes ou notables à la fin du XIXe siècle. Fel-For*. Bd. 18. Évreux: Charles Hérissey, 1922.

[Chaix d'Est-Ange 1913] Chaix d'Est-Ange, Gustave: *Dictionnaire des familles françaises anciennes ou notables à la fin du XIXe siècle. Cos-Cum*. Bd. 12. Évreux: Charles Hérissey, 1913.

[Challamel 1873] Challamel, Augustin: *Mémoires du peuple français, depuis son origine jusqu'à nos jours*. Bd. 8. Paris: Hachette, 1873.

[Chanteux-Vasseur 1935] Chanteux-Vasseur, Marguerite: *Etude géographique et historique sur le comté de Guines des origines à 1283*. 1935. – Positions de thèses, École des Chartes (unveröffentlicht.

[Charbonneau 1979] Charbonneau, Jean: Un château-frontière aux confins du nord-est de l'Agenais. In: *Revue de l'Agenais* 106 (1979), Juillet-Septembre, Nr. 3, S. 189–193.

[Charondas 2001] Charondas: *Le Cahier Noir*. Réédition. Paris: L'intermediaire des chercheurs et curieux, 2001. – présentation par Antoine Bouch.

[Chas 1819] CHAS, Jean: *Biographie spéciale des Pairs et des députés du Royaume, session de 1818–1819. Contenant la vie politique de chacun d'eux jusqu'à ce jour. On y a joint, sous le titre de supplément, une notice historique sur les nouveaux députés élus. L'ouvrage est terminé par un tableau des députés réélus mis en parallèle avec les deputés non-réélus.* Paris: Beaucé, 1819.

[Chassant 1857] CHASSANT, Alphonse: *Les Nobles et les vilains du temps passé, ou Recherches critiques sur la noblesse et les usurpations nobiliaires.* Paris: A. Aubry, 1857.

[Chastellux 1875] CHASTELLUX, Henri-Paul-César Comte de: Notes prises aux archives de l'état-civil de Paris. In: *Revue historique nobiliaire et biographique* 10 (Nouvelle Série) (1875), S. 25–81.

[Chaussinand-Nogaret 1970] CHAUSSINAND-NOGARET, Guy: *Les Financiers de Languedoc au XVIIIe siècle.* Paris: S.E.V.P.E.N., 1970 (Affaires et gens d'affaires).

[Chaussinand-Nogaret 1975] CHAUSSINAND-NOGARET, Guy: *Une histoire des élites 1700–1848. Recueil de textes présentés et commentés.* Paris: Mouton, 1975 (Le savoir historique).

[Chaussinand-Nogaret 2000] CHAUSSINAND-NOGARET, Guy: *La noblesse au XVIIIe siècle. De la féodalité aux Lumières.* Bruxelles: Édition Complexe, 2000 (Historiques). – Présentation d'Emmanuel Leroy Ladurie.

[Chauton 1963] CHAUTON, Charles de: L'erection de la baronnie d'Albret en duché-pairie. In: *Bulletin de la Société de Borda* 87 (1963), S. 25–33.

[Cheruel 1855] CHERUEL, Adolphe: *Dictionnaire historique des institutions, moeurs et coutumes de la France.* Bd. 1. Paris: L. Hachette, 1855.

[Chesne 1631] CHESNE, André and Sébastien Cramoisy du: *Histoire généalogique des maisons de Guines, d'Ardres, de Gand, et de Coucy, et de quelques autres familles illustres qui y ont été alliées.* 2 Bde. Paris: s. ed., 1631.

[Chodowiecki 1923] CHODOWIECKI, Daniel: *Von Berlin nach Danzig. Eine Künstlerfahrt im Jahre 1773. 108 Lichtdrucke nach den Originalen in der Akademie der Künste in Berlin.* Leipzig: Insel-Verlag, 1923. – Mit erläuterndem Text und einer Einführung von Wolfgang v. Oettingen.

[Chodowiecki 1994a] CHODOWIECKI, Daniel: *Die Reise von Berlin nach Danzig. Das Tagebuch.* Berlin: Nicolai, 1994 (Deutsche Bibliothek des Ostens).

[Chodowiecki 1994b] CHODOWIECKI, Daniel: *Die Reise von Berlin nach Danzig. Die Bilder.* Berlin: Nicolai, 1994 (Deutsche Bibliothek des Ostens).

[Chérin 1784] CHÉRIN, Bernard: *Généalogie de la maison de Montesquiou-Fezensac, suivie de ses preuves.* Paris: Imprimerie de Valade, 1784.

[Christiaens 2012] CHRISTIAENS, Daniel: Les Digeon de Monteton en Agenais sous Louis XIV entre résistance et allégance. In: *Revue de l'Agenais* 139 (2012), Nr. 3, S. 531–548.

[Clark 1995] CLARK, Samuel: *State and status: the rise of the state and aristocratic power in Western Europe.* Montreal et al.: McGill-Queen's University Press, 1995.

[Claude 1999] CLAUDE, Dietrich: *Aquitanien in Spätantike und Frühmittelalter.* Bd. 1. S. 829–830. Siehe (LdMA 1999).

[Clemens 1970] CLEMENS, Jacques: La désertion de la Tour d'Avance. In: *Annales du Midi* 82 (1970), S. 237–258.

[Colas Des Francs 2008] COLAS DES FRANCS, Nathalie: *Madame de Polignac et Marie-Antoinette. Une amitié fatale.* Paris: les 3 orangers, 2008 (Dans les pas de).

[Colbert, Jean Baptiste 1861] COLBERT, JEAN BAPTISTE: *Lettres, instructions et mémoires.* Bd. 1. Paris: Imprimerie Impériale, 1861. – publié d'aprés les ordres de l'empereur par Pierre Clément.

[Colleville und Saint-Christo 1925] Colleville, Ludovic comte de; Saint-Christo, François: *Les Ordres de rois. Répertoire général contenant les noms et qualités de tous les chevaliers des ordres royaux militaires et chevaleresques ayant existé en France de 1099 à 1830, d'après les brevets originaux des Archives nationales, avec une histoire des ordres du Saint-Esprit, de Saint-Michel, de Saint-Louis, etc.* Paris: Jouve et Cie., 1925.

[Collins 1995] Collins, James B.: *The State in Early Modern France*. Cambridge u.a.: Cambridge University Press, 1995.

[Colnat 1979] Colnat, Jean: L'Association Paternelle des Chevaliers de Saint Louis et son activité en Moselle sous la Restauration. In: *103ème Congrès national des Sociétés Savantes, Nancy-Metz, 10–15 avril 1978* Bd. 2. Paris: Comité des travaux historiques et scientifiques, 1979, S. 89–105.

[Combet 2006] Combet, Michel: Une belle bibliothèque des lumières en Périgord: la bibliothèque du château de Lespinassat (Bergerac). Actes des Rencontres d'Archéologie et d'Histoire en Périgord les 23, 24 et 25 septembre 2005. In: Cocula, Anne-Marie (Hrsg.); Combet, Michel (Hrsg.): *Château, livres et manuscrits: IXe–XXIe*. Bordeaux: Ausonius, 2006 (Scripta varia), S. 139–157.

[Communay 1889] Communay, Armand: *Essai Généalogiqe sur les Montferrand de Guyenne*. Bordeaux: Veuve Moquet, 1889. – suivi de pièces justificatives.

[Comninel 1990] Comninel, George C.: *Rethinking the French revolution. Marxism and the revisionist challenge*. London: Verso, 1990.

[Consentius 1911] Consentius, Ernst: *Alt-Berlin. Anno 1740*. 2. vermehrte Auflage. Berlin: Verlag Gebrüder Paetel, 1911.

[Contamine 1972] Contamine, Philippe: *Guerre, état et société à la fin du moyen âge. Études sur les armées des rois de France (1337–1494)*. Paris et al.: Mouton, 1972 (Civilisations et sociétés).

[Contamine 1976a] Contamine, Philippe: De la puissance aux privilèges: doléances de la noblesse française envers la monarchie aux XIe et XVe siècles. In: *La noblesse au moyen age. XIe–XVe siècles. Essais à la mémoire de Robert Boutruche*. (Contamine 1976b), S. 235–260.

[Contamine 1976b] Contamine, Philippe (Hrsg.): *La noblesse au moyen age. XIe–XVe siècles. Essais à la mémoire de Robert Boutruche*. Paris: Presses Universitaires de France, 1976.

[Contamine 1992] Contamine, Philippe: Kap. Scottisch Soldiers in France in the Second Half of the Fifteenth Century. Mercenaries, Immigrants, or Frenchmen in the Making?, S. 13–60. In: Simpson, Grant G. (Hrsg.): *The Scottish Soldier abroad, 1247–1967. Papers delivered at the Second Mackie Symposium for Historical Study of Scotland's Overseas Links, held at the University of Aberdeen in September, 1990*. Edinburgh: Donald, 1992 (Mackie Monographs).

[Cook und Grillo 1978] Cook, Robert F.; Grillo, Peter R.: Un manuscrit composite de cycle épique: le cycle de la Croisade dans les manuscrits de Londres. In: *Revue d'Histoire des Textes* 8 (1978), S. 223–246.

[Cook 1980] Cook, Robert F.: *"Chanson d'Antioche", chanson de geste le cycle de la croisade est-il épique?* Amsterdam: Benjamins, 1980 (Purdue University monographs in Romance languages).

[Coquille 1863] Coquille, Jean Baptiste Victor: *Les légistes. Leur influence politique et religieuse*. Paris: Durand & A. Bray, 1863.

[Coseriu 2003] Coseriu, Eugenio: *Geschichte der romanischen Sprachwissenschaft. Von den Anfängen bis 1492*. Bd. 1. Tübingen: Narr Verlag, 2003. – herausgegeben und bearbeitet von Reinhard Meisterfeld.

[Costa de Beauregard 1892] Costa de Beauregard, Charles Albert: *Le roman d'un royaliste sous la Révolution. Souvenirs du Cte de Virieu.* Paris: E. Plon, 1892.
[Coston 1867] Coston, Adolphe de: *Origine, étymologie et signification des noms propres et des armoiries, par le Bon de Coston.* Paris: A. Aubry, 1867.
[Coudroy de Lille 1988] Coudroy de Lille, Pierre: Une femme d'affaires au XVIIIe siècle: la Veuve Pellet. In: *Revue Archéologique de Bordeaux* 79 (1988), S. 157–161.
[Courcelles und Viton de Saint-Allais 1820a] Courcelles, Jean Baptiste de; Viton de Saint-Allais, Nicolas: *Dictionnaire universel de la noblesse de France.* Bd. 2 (M-Z). Paris: Au Bureau général de la noblesse de France, 1820. – Ire. Série.
[Courcelles und Viton de Saint-Allais 1820b] Courcelles, Jean Baptiste de; Viton de Saint-Allais, Nicolas: *Dictionnaire universel de la noblesse de France.* Bd. 1 (A-L). Paris: Au Bureau général de la noblesse de France, 1820. – Ire. Série.
[Courcelles und Viton de Saint-Allais 1821] Courcelles, Jean Baptiste de; Viton de Saint-Allais, Nicolas: *Dictionnaire universel de la noblesse de France.* Bd. 3 (A-M). Paris: Au Bureau général de la noblesse de France, 1821. – Ire. Série.
[Courcelles 1822] Courcelles, Jean Baptiste de: *Dictionnaire universel de la noblesse de France.* Bd. 5 (Coss-Exc). Paris: Au Bureau général de la noblesse de France, 1822.
[Courcelles 1822a] Courcelles, Jean Baptiste de: *Histoire Généalogique et Héraldique des Pairs de France. Des Grands Dignitaires de la Couronne, des Principales Familles Nobles du Royaume, et des Maisons Princières de l'Europe, Prècèdèe de la Généalogie de la Maison de France.* Bd. 2. Paris: Arthus Betrand, 1822.
[Courcelles 1824] Courcelles, Jean Baptiste de: *Histoire Généalogique et Héraldique des Pairs de France. Des Grands Dignitaires de la Couronne, des Principales Familles Nobles du Royaume, et des Maisons Princières de l'Europe, Prècèdèe de la Généalogie de la Maison de France.* Bd. 4. Paris: Arthus Betrand, 1824.
[Courcelles 1825a] Courcelles, Jean Baptiste de: *Histoire Généalogique et Héraldique des Pairs de France. Des Grands Dignitaires de la Couronne, des Principales Familles Nobles du Royaume, et des Maisons Princières de l'Europe, Prècèdèe de la Généalogie de la Maison de France.* Bd. 5. Paris: Arthus Betrand, 1825.
[Courcelles 1826] Courcelles, Jean Baptiste de: *Histoire Généalogique et Héraldique des Pairs de France. Des Grands Dignitaires de la Couronne, des Principales Familles Nobles du Royaume, et des Maisons Princières de l'Europe, Prècèdèe de la Généalogie de la Maison de France.* Bd. 6. Paris: Arthus Betrand, 1826.
[Courcelles 1827] Courcelles, Jean Baptiste de: *Histoire Généalogique et Héraldique des Pairs de France. Des Grands Dignitaires de la Couronne, des Principales Familles Nobles du Royaume, et des Maisons Princières de l'Europe, Prècèdèe de la Généalogie de la Maison de France.* Bd. 8. Paris: Arthus Betrand, 1827.
[Courcelles 1828] Courcelles, Jean Baptiste de: *Histoire Généalogique et Héraldique des Pairs de France. Des Grands Dignitaires de la Couronne, des Principales Familles Nobles du Royaume, et des Maisons Princières de l'Europe, Prècèdèe de la Généalogie de la Maison de France.* Bd. 9. Paris: Arthus Betrand, 1828.
[Courcelles 1829] Courcelles, Jean Baptiste de: *Histoire Généalogique et Héraldique des Pairs de France. Des Grands Dignitaires de la Couronne, des Principales Familles Nobles du Royaume, et des Maisons Princières de l'Europe, Prècèdèe de la Généalogie de la Maison de France.* Bd. 10. Paris: Arthus Betrand, 1829.
[Courcelles 1825b] Courcelles, Jean-Baptiste-Pierre: *Généalogie de la maison de Lur-Saluces.* Paris: Imprimerie de Plassan, 1825.

[Courcelles 1822b] Courcelles, Jean Baptiste Pierre de: *Dictionnaire historique et biographique des généraux français, depuis le onzième siècle jusqu'en 1820*. Bd. 4 (Carr-Cors). Paris: L'auteur, Arthus Betrand & Treuttel et Wurtz, 1822.

[Courcy 1859] Courcy, Pol de: Études archéologiques. Itinéraire de Saint-Pol à Brest. Premier Partie. In: *Revue de Bretagne et de Vendée* 6 (1859), S. 17–32.

[Court de Gébelin 1781] Court de Gébelin, Antoine: *Monde primitif, analysé et comparé avec le monde moderne. Considéré dans divers objets concernant l'histoire, le blason, les monnoies, les jeux, les voyages des phéniciens autour du monde, les langues américaines, etc. ou dissertations mêlées*. Paris: Chez l'auteur, 1781.

[Courteault 1906] Courteault, Henri: *Le livre des syndics des Etats de Béarn*. Bd. 2. Paris: Champion, 1906.

[Cousin 1905] Cousin, Henri: *Des Noms de noblesse et des titres nobiliaires spécialement depuis la Révolution*. Dijon: Barbier-Marilier, 1905. – Thèse pour le doctorat (Sciences juridiques) soutenue devant la faculté de droit de l'université de Dijon le jeudi 13 juillet 1905.

[Coustet 1987] Coustet, Robert: In: Fédération historique du Sud-Ouest (Hrsg.): *De Nérac à Condom. Actes du XXXVe Congrès d'études régionales tenu à Condom, [Valencesur-Baïse, abbaye de] Flaran et Nérac, les 17, 18 et 19 juin 1983, organisé par la Fédération historique du Sud-Ouest*. Agen: Société académique d'Agen, 1987, S. 189–203.

[Couyba 1900] Couyba, Louis: *Études sur la Fronde en Agenais et ses origines*. Bd. 2. Villeneuve-sur-Lot: R. Leygues, 1900.

[C.R.P.G. 1769] Anonymus: *Coutumes du ressort du parlement de Guienne. Avec un commentaire pour l'intelligence du texte; & les arrests rendus en interprétation: par deux avocats au même parlement*. Bd. 2. Bordeaux: Labottière frères, 1769.

[Cruse 1971] Cruse, Karl Wilhelm: *Curland unter den Herzögen*. Hannover-Doehren: Hirschheydt Verlag, 1971. – Enthält Band 1 und 2 – Reprographischer Nachdruck der Ausgabe Mitau: Reyher, 1833–1837.

[Curry 2000] Curry, Anne: *The Battle of Agincourt. Sources and interpretations*. Woodbridge et al.: Boydell, 2000 (Warfare in history).

[Curry 2005] Curry, Anne: *Agincourt. A new history*. Stroud: Tempus, 2005.

[Cuttler 1981] Cuttler, Simon H.: *The law of treason and treason trials in later medieval France*. Cambridge et al.: Cambridge University Press, 1981 (Cambridge studies in medieval life and thought). – Teilweise zugleich: Dissertationsschrift (Universität Oxford, 1978).

[DAF 1835] Académie française (Hrsg.): *Dictionnaire de l'Académie française*. Bd. 1. 6. Auflage. Paris: Firmin Didot Frères, 1835.

[Dalloz und Dalloz 1850] Dalloz, Victor Alexis Désiré; Dalloz, Armand: *Répertoire méthodique et alphabétique de législation, de doctrine et de jurisprudence en matière de droit civil, commercial, criminel, administratif, de droit des gens et de droit public*. Bd. 20. Paris: Bureau de la Jurisprudence générale du royaume, 1850.

[Dalloz u. a. 1857] Dalloz, Victor Alexis Désiré; Dalloz, Armand; Thiercelin, Henri: *Répertoire méthodique et alphabétique de législation, de doctrine et de jurisprudence en matière de droit civil, commercial, criminel, administratif, de droit des gens et de droit public*. Bd. 38. Paris: Bureau de la Jurisprudence générale du royaume, 1857.

[Dalton 1865] Dalton, Hermann: *Geschichte der reformirten Kirche in Rußland. Kirchenhistorische Studie*. Gotha: Rudolf Besser, 1865.

[Daniel-Lacombe 1895] DANIEL-LACOMBE, Henri: *L'Hôte de Jeanne d'Arc à Poitiers, maître Jean Rabateau, président au Parlement de Paris*. Paris: E. Lechevalier, 1895.

[Danty 1978] DANTY, Pierre: Une famille béarnaise au service de la Prusse: LES FORCADE-BIAIX. In: *Revue de Pau et du Béarn* 6 (1978), S. 269–272.

[Dareste 1968] DARESTE, Rodolphe: *La science du droit en Grèce: Platon, Aristote, Théophraste*. Nachdruck der Ausgabe von 1893. Amsterdam: Rodopi, 1968.

[Dartigue-Peyrou 1934] DARTIGUE-PEYROU, Charles: *Un petit pays souverain au XVIe siècle. La vicomté de Béarn sous le règne d'Henri d'Albret (1517–1555)*. Le Puy: La Haute-Loire, 1934. – Zugleich: Dissertationsschrift (Universität Straßburg) 1934.

[Daussy 2002] DAUSSY, Hugues: *Les Huguenots et le roi. Le combat politique de Philippe Duplessis-Mornay (1572–1600)*. Genève: Droz, 2002 (Travaux d'humanisme et renaissance).

[Dauzat und Rostaing 1963] DAUZAT, Albert; ROSTAING, Charles: *Dictionnaire étymologique des noms de lieux en France*. Paris: Larousse, 1963.

[Davenport und Paullin 2004] DAVENPORT, Frances Gardiner (Hrsg.); PAULLIN, Charles Oscar (Hrsg.): *European treaties bearing on the history of the United States and its dependencies: 1650–1697. Edition in continuation of the work of the late Frances Gardiner Davenport by Charles Oscar Paullin*. Bd. 2. Clark, New Jersey: The Lawbook Exchange, 2004. – Reprint of the edition: Washington, DC: Carnegie Institution of Washington, 1917–1937.

[de Pêna 1999] PÊNA, Nicole de: *Durfort*. Bd. 3. S. 1475. Siehe (LdMA 1999).

[Debax 2003] DEBAX, Hélène: *La féodalité languedocienne XIe–XIIe siècles. Serments, hommages et fiefs dans le Languedoc des Trencavel*. Toulouse: Presses Université du Mirail, 2003 (Tempus).

[Dek 1958] DEK, Adriaan W.: *Genealogie der heren en graven van Egmond*.'S-Gravenhage: Adriaan Willem Eliza Dek, 1958.

[Delaborde 1879] DELABORDE, Jules C.: *Gaspard de Coligny*. Bd. 1. Paris: Librairie Sandoz et Fischbacher, 1879.

[Delécluze 1983] DELÉCLUZE, Etienne Jean: *Louis David, son école & et son temps*. Nouvelle édition. Paris: Macula, 1983 (Collection Vivants Piliers). – Nachdruck der Ausgabe: Paris 1855.

[Delluc u. a. 1990] DELLUC, Brigitte und Gilles; LAGRANGE, Jacques; SECRET, Jean: *Cadouin: une aventure cistercienne en Périgord*. Nouvelle édition revue et augmentée. Le Bugue: PLB éditions, 1990 (Fleur de lys (Le Bugue)).

[Delteil 1969] DELTEIL, Franck: Une Famille Protestante de l'Agenais et ses Cousins Allemands: Les Digeon de Monteton. Extrait des Annales du Midi, t. 87, n° 91, janvier 1969; Ed. Privat éd., Toulouse, 187. In: *Bulletin de la Société de l'Histoire du Protestantisme Français* 115 (1969), Janvier-Février-Mars, S. 679–682.

[Demel 1995] DEMEL, Walter: Von den Notabeln von 1787/88 zu den Großnotabeln des Bürgerkönigtums. Ein Beitrag zur Frage der Elitentransformation in Frankreich zwischen Ancien Regime und Julimonarchie. In: ALBRECHT, Dieter (Hrsg.); ARETIN, Karl Ottmar Freiherr v. (Hrsg.); SCHULZE, Winfried (Hrsg.): *Europa im Umbruch 1750–1850. Zum 70. Geburtstag von Eberhard Weis*. München: Oldenbourg-Verlag, 1995, S. 137–154.

[Demel 2005] DEMEL, Walter: *Der europäische Adel. Vom Mittelalter bis zur Gegenwart*. München: Verlag C. H. Beck, 2005 (C. H. Beck Wissen in der Beck'schen Reihe).

[Demiau 1890] DEMIAU, Henri Martial Edmond Manceaux: *Historique du 5e régiment d'infanterie de ligne (1569–1890). Rédigé, conformément aux ordres de MM. les colonels Livet et Guasco*. Caen: E. Brulfert, 1890.

[Demps 1994] Demps, Laurenz: *Berlin-Wilhelmstraße. Eine Topographie preußisch-deutscher Macht*. Berlin: Christoph Links Verlag, 1994.

[Demps 2007] Demps, Laurenz: Ein Prestigeobjekt stirbt, ein neues Stadtviertel entsteht: König Friedrich Wilhelm I. und die Erweiterung der Friedrichstadt. In: Berlin, Landesarchiv (Hrsg.): *Berlin in Geschichte und Gegenwart. Jahrbuch des Landesarchivs Berlin*. Berlin: Gebrüder Mann Verlag, 2007, S. 33–54.

[Depère 1810] Depère, Mathieu Comte: Suite de l'extrait d'un voyage agronomique fait dans l'été de 1809 au sud-ouest de la France. In: *A.A.F.* 42 (1810), S. 63–77.

[Derville 2002] Derville, Alain: *Les villes de Flandre et d'Artois (900–1500)*. Villeneuve d'Ascq (Nord): Presses Universitaires du Septentrion, 2002.

[Descheemaeker 1958] Descheemaeker, Jacques: *Les titres de noblesse en France et dans les pays étrangers*. Bd. 1. Paris: Les Cahiers Nobles, 1958. – ouvrage sans pagination.

[Desgraves 1993] Desgraves, Louis: *Bordeaux au XVIIIe siècle (1715–1789)*. Bordeaux: Éditions Sud-Ouest, 1993 (Sud-Ouest université).

[Desplat und de Mazerolles 2005] Desplat, Christian; de Mazerolles, Lenfant: *Catholiques & protestants de Béarn. Essai sur la coexistence confessionnelle au XVIIIe siècle*. Pau: Princi Negue, 2005.

[Desroches 1856] Desroches, Jean-Jacques: *Annales civiles, militaires et généalogiques du pays d'Avranches, ou de la toute basse Normandie*. Caen: A. Hardel, 1856.

[Devienne d'Agneaux 1862] Devienne d'Agneaux, Jean-Baptiste: *Histoire de la ville de Bordeaux. L'histoire de l'église de Bordeaux, et les moeurs et coutumes des Bordelais*. Bd. 2. Bordeaux: Lacaze, 1862.

[Devilleneuve 1850] Devilleneuve, L. M. (Hrsg.): *Pasicrisie, ou, Recueil général de la jurisprudence des cours de France et de Belgique en matière civile, commerciale, criminelle, de droit public et administratif*. Livourne, Leipeig: Meline, Cans et Comp^e, 1850.

[DeVries 1996] DeVries, Kelly: *Infantry Warfare in the Early Fourteenth Century: Discipline, Tactics, and Technology*. Woodbridge, Suffolk, UK: Boydell Press, 1996.

[Dewitz 1991] Dewitz, Hasso v.: Deutsches Adelsrecht. Einige Schlaglichter. In: Stiftung Deutsches Adelsarchiv (Hrsg.): *Genealogisches Handbuch des Adels. Fürstlichen Häuser* Bd. 2. Limburg an der Lahn: C. A. Starke Verlag, 1991, S. XIX–XXXV. – bearbeitet unter Aufsicht des Deutschen Adelsrechtsaussschuß.

[DHAP 1919] Societé des Antiquaires de Picardie (Hrsg.): *Dictionnaire Historique et Archéologique de la Picardie. Arrondissement d'Amiens. Cantons d'Oisemont, Picquigny, Poix et Villers-Bocage*. Bd. 3. Amiens: A. Picard, 1919.

[DHV 1980] Deutscher Hugenotten-Verein (Hrsg.): *"Die Kolonie. Organ für die äußeren und inneren Angelegenheiten der französisch-reformirten Gemeinden." Berlin: 1875–1877, 1880–1882 Inhaltsverzeichnis*. Sickte: Verlag des Deutschen Hugenotten-Vereins e.V., 1980. – bearbeitet von Walter Mogk.

[Dickinson 1955] Dickinson, Joycelyne Gledhill: *The congress of Arras, 1435. A study in medieval diplomacy*. Oxford: Clarendon Press, 1955.

[Diderot und d'Alembert 1779] Diderot, Denis (Hrsg.); d'Alembert, Jean Le Rond (Hrsg.): *Encyclopédie, Ou Dictionnaire Raisonné Des Sciences, Des Arts Et Des Métiers. FOR-GEN*. Bd. 15. 3. Auflage. Genève: Jean-Léonard Pellet, 1779.

[Diefendorf 1991] Diefendorf, Barbara B.: *Beneath the Cross: Catholics and Huguenots in Sixteenth-Century Paris*. New York: Oxford University Press, 1991.

[Dienne und Dubois 1906] Dienne, Édouard de; Dubois, Jean: Rôle d'une Compagnie d'Hommes d'Armes et d'Archers en Agenais 1580. In: *Revue de l'Agenais et des anciennes provinces du Sud-Ouest* 33 (1906), S. 312–340.

[Digeon 1992] Digeon, Jean: *Les Digeons*. 1992. – unveröffentliche Familienchronik.

[Digeon v. Monteton 1892] Digeon v. Monteton, Otto Baron: *Über die Familie Digeon von Monteton*. Berlin: Vaterländische Verlags-Anstalt, 1892.

[Dijon de Monteton s. a.] Dijon de Monteton, Philippe Comte de: *Opinion de M. le Comte Philippe de Dijon, député de Lot-et-Garonne, sur les bois de l'état. [Février 1817]*. Paris: P. Gueffier, s. a.

[Dilcher und Distler 2006] Dilcher, Gerhard (Hrsg.); Distler, Eva-Marie (Hrsg.): *Leges-Genta-Regna. Zur Rolle von germanischen Rechtsgewohnheiten und lateinischer Schrifttradition bei der Ausbildung der frühmittelalterlichen Rechtskultur*. Berlin: Erich Schmidt Verlag, 2006.

[Dillange 1995] Dillange, Michel: *Les Comtes de Poitou, Ducs d'Aquitaine (778–1204)*. Mougon: Geste éditions, 1995.

[Dioudonnat 1982] Dioudonnat, Pierre-Marie: *Encyclopédie de la fausse noblesse et de la noblesse d'apparence*. Nouvelle édition: les 2 tomes en 1 volume. Paris: Sedopols, 1982 (Noblesses d'hier et d'aujourd'hui).

[Dölemeyer 2006] Dölemeyer, Barbara: *Die Hugenotten*. Stuttgart: Kohlhammer, 2006 (Urban-Taschenbücher).

[Dolidse 2002] Dolidse, Tina: Der Begriff der Bewegung in der Gotteslehre Plotins und Gregors von Nyssa. In: Kobusch, Theo (Hrsg.): *Selbst – Singularität – Subjektivität. Vom Neuplatonismus zum deutschen Idealismus*. Amsterdam et al.: Verlag B.R. Gründer, 2002, S. 41–76.

[Dossat 1999] Dossat, Yves: *Duras*. Bd. 3. S. 1471. Siehe (LdMA 1999).

[Douen 1894a] Douen, Emmanuel-Orentin: *La rèvocation de l'édit de Nantes à Paris*. Bd. 3. Paris: Fischbacher, 1894.

[Douen 1894b] Douen, Emmanuel-Orentin: *La rèvocation de l'édit de Nantes à Paris*. Bd. 2. Paris: Fischbacher, 1894.

[Doyle 1995] Doyle, William: *Officers, nobles and revolutionaries. Essays on eighteenthcentury France*. London et al.: Hambledon, 1995.

[Déribier du Chatelet 1856] Déribier du Chatelet, Jean B.: *Dictionnaire statistique: ou, Histoire, description et statistique du département du Cantal*. Bd. 4. Aurillac: Picut et Bonnet, 1856.

[Drion 1855] Drion, Charles: *Histoire chronologique de l'église protestante de France: jusqu'à la révocation de l'édict de Nantes*. Bd. 2. Paris et al.: Berger-Levrault, 1855.

[Drouyn 1876] Drouyn, Leo: *Izon. Essai Historique et Archéologique*. Bordeaux: G. Gounouilhou, 1876.

[Drouyn 1880] Drouyn, Leo: Variétés girondines ou Essai historique et archéologique sur la partie de l'ancien diocèse de Bazas renfermée entre la Garonne et la Dordogne (suite). In: *Actes de l'Académie nationale des sciences, belles-lettres et arts de Bordeaux* 42 (1880), Nr. 3, S. 557–726.

[Drouyn 1881] Drouyn, Leo: Variétés girondines ou Essai historique et archéologique sur la partie de l'ancien diocèse de Bazas renfermée entre la Garonne et la Dordogne (suite). In: *Actes de l'Académie nationale des sciences, belles-lettres et arts de Bordeaux* 43 (1881), S. 231–394.

[Droysen 1868] Droysen, Johann Gustav: *Grunriß der Historik*. Leipzig: Veit Verlag, 1868.

[Du Boys 1874] Du Boys, Albert: *Mademoiselle Stéphanie de Virieu*. Lyon: Vingtrinier, 1874.

[Du Cange 1954a] Du Cange, Charles du Fresne: *Glossarium mediae et infimae latinitatis: sequuntur glossarium Gallicum, tabulae, indices auctorum et rerum, dissertationes – conditum a Carolo Du Fresne domino Du Cange, auctum a monachis ordinis S. Benedicti, cum supplimentis integris D. P. Carpenterii, Adelungii, aliorum, suisque, digessit G. A. L. Henschel. [L-N]*. Bd. 5. Photomechanischer Nachdruck der Editio nova – aucta pluribus verbis aliorum scriptorum a Léopold Favre. Graz: Akademische Druck- und Verlags-Anstalt, 1954.

[Du Cange 1954b] Du Cange, Charles du Fresne: *Glossarium mediae et infimae latinitatis: sequuntur glossarium Gallicum, tabulae, indices auctorum et rerum, dissertationes – conditum a Carolo Du Fresne domino Du Cange, auctum a monachis ordinis S. Benedicti, cum supplimentis integris D. P. Carpenterii, Adelungii, aliorum, suisque, digessit G. A. L. Henschel. [C-F]*. Bd. 2. Photomechanischer Nachdruck der Editio nova – aucta pluribus verbis aliorum scriptorum a Léopold Favre. Graz: Akademische Druck- und Verlags-Anstalt, 1954.

[Du Fourny 1724] Du Fourny, Honoré: *Histoire genealogique de la maison de Faudoas, dressée sur les titres originaux des archives de cette famille, sur les registres des chartes du Roy, du Parlement, de la chambre de comptes de Paris, de la trésorerie de Montauban & sur les cartulaires des abbayes d'Uzerche, de Grandselve & de Belleperche & autres actes*. Montauban: F. Descaussat, 1724.

[Du Fresne de Beaucourt 1863] Du Fresne de Beaucourt, Gaston: Introduction. In: Du Fresne de Beaucourt, Gaston (Hrsg.): *Chronique de Mathieu d'Escouchy* Bd. 1. Nouvelle édition. Paris: Jules Renouard, 1863, S. I–XLI.

[Du Fresne de Beaucourt 1885] Du Fresne de Beaucourt, Gaston: *Histoire de Charles VII. Le réveil du roi 1435–1444*. Bd. 3. Paris: Libraire de la Société Bibliographique, 1885.

[Du Fresne de Beaucourt 1890] Du Fresne de Beaucourt, Gaston: *Histoire de Charles VII. Le roi victorieux 1449–1453*. Bd. 5. Paris: A. Picard, 1890.

[Du Puy de Clinchamps 2005–2009] Du Puy de Clinchamps, Patrice: *Dictionnaire et armorial de la noblesse. Recueil des familles nobles ou titrées en France subsistantes au XXIe siècle donnant les armes et la filiation des familles anoblies sous l'Ancien Régime et la Restauration ou titrées sous l'Empire*. Paris: Du Puy, 4 Bde., 1 Supplement 2005–2009.

[Dubé 1998] Dubé, Jean-Claude: Vraies et fausses généalogies: Étude de quelques cas reliès à la Nouvelle-France. In: Vachon, August (Hrsg.): *Genealogica & Heraldica. Actes du 22e congrès international des sciences généalogique et héraldique à Ottawa 18–23 août 1996*. Ottawa: Ottawa University Press, 1998, S. 127–133.

[Dubé und Julien-Laferrière 1988] Dubé, Jean-Claude; Julien-Laferrière, Pierre: *Les Bigot, du XVIe siècle à la Révolution. Évolution d'un lignage*. Louiseville: Éditions Fides, 1988 (Collection Fleur de lys).

[Dubois 1910] Dubois, Jean: L'exécution de l'édit de Nantes, en Agenais. In: *Revue de l'Agenais et des anciennes provinces du Sud-Ouest* 37 (1910), S. 362–371.

[Dubois 1913] Dubois, Jean: Inventaire des titres de la maison d'Albret. In: *Recueil des travaux de la Societe d'Agriculture, Sciences et Arts d'Agen* 16 (1913), S. 1–212.

[Dubois 1919] Dubois, Jean: La nobilité du château de Roquepiquet à Verteuil-d'Agenais (1470–1657). In: *Revue de l'Agenais et des anciennes provinces du Sud-Ouest* 46 (1919), S. 328–332.

[Duby 1962] Duby, Georges: *L'economie rurale et la vie des campagnes dans l'Occiedent médiéval*. Bd. 2. Paris: Aubier, 1962.

[Ducas 1843] Ducas, Johann L.: *Nobiliaire universel de France ou Recueil général des généalogies historiques des maisons nobles de ce royaume: ou Recueil général des généalogies historiques des maisons nobles de ce royaume*. Bd. 21. Paris: Bureau du Nobiliaire Universel de France, 1843. – begründet von Nicolas Viton de Saint-Allais.

[Duchhardt 1985a] Duchhardt, Heinz: *Der Exodus der Hugenotten: die Aufhebung des Edikts von Nantes 1685 als europäisches Ereignis*. Kap. Die Konfessionspolitik Ludwig XIV. und die Aufhebung des Edikts von Nantes, S. 29–52. Köln; Wien: Böhlau Verlag, 1985 (Archiv für Kulturgeschichte: Beihefte zum Archiv für Kulturgeschichte).

[Duchhardt 1985b] Duchhardt, Heinz: *Der Exodus der Hugenotten: die Aufhebung des Edikts von Nantes 1685 als europäisches Ereignis*. Kap. Einleitung, S. 1–8. Köln; Wien: Böhlau Verlag, 1985 (Archiv für Kulturgeschichte: Beihefte zum Archiv für Kulturgeschichte).

[Ducourneau 1842] Ducourneau, Alexandre: *La Guienne historique et monumentale*. Bd. 1/2. Bordeaux: P. Coudert, 1842.

[Duden Fremdwörterbuch 2007] Dudenredaktion, Wissenschaftlicher R. der (Hrsg.): *Das große Fremdwörterbuch*. 4. aktualisierte Auflage. Mannheim; Leipzig; Wien; Zürich: Dudenverlag, 2007.

[Dufau du Maluquer 1893] Dufau du Maluquer, Armand (Hrsg.): *Armorial de Béarn 1696–1701: Extrait du recueil officiel dressé par ordre de Louis XIV*. Bd. 2. Pau: Vve Léon Ribaut., 1893. – texte publié d'après les manuscrits de la Bibliothèque nationale et annoté.

[Duhoux d'Argicourt 1896] Duhoux d'Argicourt, Louis A.: *Alphabet et Figures de tous les Termes du Blason*. Paris: Librairie L. Joly, 1896.

[Duindam 2003] Duindam, Jeroen F.: *Vienna and Versailles. The courts of Europe's dynastic rivals, 1550–1780*. Cambridge University Press, 2003 (New studies in European history). – Includes bibliographical references and index.

[Dulac 1817] Dulac, Henry: *Almanach des 25,000 adresses des principaux habitans de Paris pour l'année 1817: Contenant les noms et demeures de tout ce que Paris renferme de personnes distinguées par leur rang ou par leurs fonctions et de celles connues par leurs professions, états ou métiers qu'elles exercent, ainsi que des renseignements sur les objets d'utilité, d'instruction, de curiosité ou de plaisirs qu'il présente: suivi d'une liste alphabétique de MM. les membres de la Chambre des pairs et de deux listes de MM. les membres de la Chambre des députés, dont l'une indique les nominations par départemens, et l'autre les noms de MM. les membres, classés par ordre alphabétique, et d'une table raisonnée des matières: ouvrage utile aux habitans et aux étrangers*. Bd. 3. Paris: C.L.F. Panckoucke, 1817.

[Dumont 1976] Dumont, François (Hrsg.): *Arrêts du Conseil privé (1578–1610). Inventaire des arrêts du Conseil privé (règnes de Henri III et de Henri IV). 1606-mai 1608*. Bd. 2,3. Paris: Éditions du Centre national de la Recherche scientifique, 1976.

[Dumonteil 1887] Dumonteil, Fernand: Une ville seigneuriale en 1789, Saint-Amand-Montrond (avec 18 cahiers dressés à Saint-Amand en 1789). In: *Mémoires publiés par la Société historique littéraire, artistique et scientifique du Cher* 3 (1887), S. 1–286.

[Dumoulin 1981] Dumoulin, Christian: *Alain de Solminihac au service de Dieu et de sa gloire*. Paris: Téqui, 1981.

[Dumézil 1947] Dumézil, Georges: *Tarpeia. Essais de philologie comparative indo-européenne*. Paris: Gallimard, 1947 (Les mythes romains).

[Dunnigan 1996] Dunnigan, Brian L.: *Siege–1759: the campaign against Niagara*. Youngstown, N.Y.: Old Fort Niagara Association, 1996.

[Dupont-Ferrier 1974] Dupont-Ferrier, Gustave: *Les Officiers royaux des bailliages et sénéchaussées et les institutions monarchiques locales en France à la fin du moyen age*. Genève: Slatkine Reprints, 1974 (Bibliothèque de l'École des Hautes Études, Sciences Historiques et Philologiques). – Nachdruck der Ausgabe von 1902.

[Duquenne 1996] Duquenne, Georges: *Aumale. Son Comté, son Duché. Histoire de sa Seigneurie*. Abbeville: F. Paillart, 1996.

[Durengues 1894] Durengues, Antoine: *L'Église d'Agen sous l'Ancien Régime. Pouillé historique du Diocèse d'Agen pour l'année 1789*. Agen: Ferran frères, 1894.

[Duseigneur 1862] Duseigneur, Jean Bernard, dit "Jean Du Seigneur": Nécrologie. In: *Revue universelle des arts* 15 (1862), S. 535–541.

[Duvernoy 1986] Duvernoy, Jean: *Le catharisme. L'histoire des cathares*. Bd. 2. réimpression de l'édition de 1979. Toulouse: Privat, 1986.

[Eckardt u. a. 2005] Eckardt, Hans Wilhelm; Stüber, Gabriele; Trumpp, Thomas: *Paläographie – Aktenkunde – archivalische Textsorten. "Thun kund und zu wissen jedermänniglich"*. Neustadt an der Aisch: Degener & Co., 2005 (Historische Hilfswissenschaften bei Degener & Co.).

[Eckert 2008] Eckert, Jörn: . Bd. 1. Kap. Ahnenprobe, S. 106–107. In: Cordes, Albrecht (Hrsg.); Lück, Heiner (Hrsg.); Werkmüller, Dieter (Hrsg.); Schmidt-Wiegand, Ruth (Hrsg.): *Handwörterbuch zur deutschen Rechtsgeschichte* Bd. 1. Berlin: Erich Schmidt Verlag, 2008.

[Edgington 1998] Edgington, Susan B.: Albert of Aachen and the Chansons de Geste. In: France, John (Hrsg.); Zajac, William G. (Hrsg.): *The Crusades and their sources: essays presented to Bernard Hamilton*. Aldershot: Ashgate, 1998, S. 23–37.

[Ehrle 1889] Ehrle, Franz: Der Nachlaß Clemens V. und der in Betreff desselben von Johann XXII. In: *Archiv für Literatur- und Kirchengeschichte des Mittelalters* 5 (1889), S. 1–158.

[Ehrlich u. a. 2007] Ehrlich, Lothar (Hrsg.); Schildt, Judith (Hrsg.); Specht, Benjamin (Hrsg.): *Die Bildung des Kanons. Textuelle Faktoren – kulturelle Funktionen – ethische Praxis*. Köln; Weimar; Wien: Böhlau Verlag, 2007 (Stiftung Weimarer Klassik).

[Eickstedt 1860] Eickstedt, Carl August Ludwig Freiherr v.: *Familien-Buch des dynastischen Geschlechts der v. Eickstedt in Thüringen, Pommern, den Marken und Schlesien*. Ratibor: V. Wichura, 1860.

[Eisenhart 1886] Eisenhart, Johann August Ritter v.: Mylius, Christian Otto. In: Historischen Kommission bei der Bayerischen Akademie der Wissenschaften (Hrsg.): *Allgemeine Deutsche Biographie* Bd. 23. Leipzig: Duncker & Humblot, 1886, S. 139–142.

[Elffers-van Ketel 1991] Elffers-van Ketel, Els: *The historiography of grammatical concepts. 19th and 20th century changes in the subject-predicate conception and the problem of their historical reconstruction*. Amsterdam et al.: Rodopi, 1991.

[Elias 2002] Elias, Norbert: *Die höfische Gesellschaft. Untersuchungen zur Soziologie des Königtums und der höfischen Aristokratie; mit einer Einleitung: Soziologie und Geschichtswissenschaft*. Frankfurt am Main: Suhrkamp Verlag, 2002 (Gesammelte Schriften).

[Ellscheid 1968] Ellscheid, Günter: *Das Problem von Sein und Sollen in der Philosophie Immanuel Kants*. Köln; Berlin; Bonn; München: Heymann Verlag, 1968 (Schriftenreihe Annales Universitatis Saraviensis: Rechts- und wirtschaftswissenschaftliche Abteilung). – Zugleich: Dissertationsschrift (Universität Saarbrücken), 1967.

[Elverfeldt-Ulm 2001] Elverfeldt-Ulm, Sigismund Freiherr v.: Adelsrecht im deutschsprachigen Raum. In: Elverfeldt-Ulm, Sigismund Freiherr v. (Hrsg.): *Adelsrecht. Entstehung – Struktur – Bedeutung in der Moderne des historischen Adels und seiner Nachkommen*.

Limburg an der Lahn: C.A. Starke Verlag, 2001 (Aus dem Deutschen Adelsarchiv), S. 11–45.

[Elwood 2008] ELWOOD, Christopher L.: La théologie ecclésiale de Calvin et le salut de l'être humain. In: BENEDICT, Philip (Hrsg.); HIRZEL, Martin E. (Hrsg.): *Calvin et le calvinisme. Cinq siècles d'influences sur l'Église et la Société*. Genève: Labor et Fides, 2008, S. 143–164.

[Emich 2006] EMICH, Birgit: *Geschichte der Frühen Neuzeit studieren*. Geschichte der Frühen Neuzeit studieren: UVK-Verlags-Gesellschaft, 2006 (UTB: Basics).

[Endres 1993] ENDRES, Rudolf: *Adel in der frühen Neuzeit*. München: Oldenbourg Verlag, 1993 (Enzyklopädie deutscher Geschichte).

[Epple u. a. 2005] EPPLE, Angelika (Hrsg.); HABER, Peter (Hrsg.); JUCKER-KUPPER, Patrick (Hrsg.): *Vom Nutzen und Nachteil des Internet für die historische Erkenntnis*. Zürich: Chronos Verlag, 2005 (Geschichte und Informatik).

[Erman 1786] ERMAN, Jean Pierre: *Mémoires Pour Servir À L'Histoire Des Réfugiés François Dans Les Ètats Du Roi. Tableau Des Militaires Et Des Nobles Appartenans Aux Colonies Françoises Des Etats Du Roi Depuis L'Epoque Du Refuge*. Bd. 5. Berlin: Frédéric Barbiez, 1786.

[Erman 1799] ERMAN, Jean Pierre: *Mémoires Pour Servir À L'Histoire Des Réfugiés François Dans Les Ètats Du Roi. Tableau Des Militaires Et Des Nobles Appartenans Aux Colonies Françoises Des Etats Du Roi Depuis L'Epoque Du Refuge*. Bd. 9. Berlin: Frédéric Barbiez, 1799.

[Eschavannes 1844] ESCHAVANNES, Jouffroy d': *Armorial universel, précédé d'un traité complet de la science du blason, et suivi d'un Supplément*. Paris: L. Curmer, 1844.

[Esselborn-Krumbiegel 2008] ESSELBORN-KRUMBIEGEL, Helga: *Von der Idee zum Text. Eine Anleitung zum wissenschaftlichen Schreiben*. 3., überarbeitete Auflage. Paderborn; München; Wien; Zürich: Schöningh Verlag, 2008 (Bachelor-Bibliothek – Schlüsselkompetenzen, Kernkompetenzen).

[Eurich 2007] EURICH, Amanda: 'Speaking the King's language': the Huguenot magistrates of Gastres and Pau. In: MENTZER, Raymond A. (Hrsg.); SPICER, Andrew (Hrsg.): *Society and culture in the Huguenot world. 1559–1685*. Cambridge et al.: Cambridge University Press, 2007, S. 117–138. – Reprint der Ausgabe von 2002.

[Evans 1985] EVANS, Catherine Anne: *Charlotte Birch-Pfeiffer. Dramatist*. Ann Arbor, (Michigan): University Microfilms International, 1985.

[Evans und Kleijwegt 1992] EVANS, Richard J.; KLEIJWEGT, Marc: Did the Romans Like Young Men? A Study of the lex Villia annalis: Causes and Effects. In: *Zeitschrift für Papyrologie und Epigraphik* 92 (1992), S. 181–195.

[Externbrink 2006] EXTERNBRINK, Sven: *Friedrich der Große, Maria Theresia und das Alte Reich. Deutschlandbild und Diplomatie Frankreichs im Siebenjährigen Krieg*. Berlin: Akademie-Verlag, 2006. – Zugleich: Habilitationsschrift (Universität Marburg), 2003 unter dem Titel: Das Deutschlandbild der französischen Diplomatie im Siebenjährigen Krieg.

[Falloux 1866] FALLOUX, Alfred Frédéric Pierre de [. (Hrsg.): *Lettres inédites de Madame Swetchine*. Paris: Didier, 1866.

[Faugère-Dubourg 1876] FAUGÈRE-DUBOURG, Joseph Guillaume Anatole: *La Guirlande des Marguerites, sonnets dédiés à la ville de Nérac*. Nérac: L. Durey, 1876.

[Faure 1977] FAURE, Edgar: *La banqueroute de Law: 17 juillet 1720*. Paris: Gallimard, 1977 (Trente journées qui ont fait la France).

[Favre-Lejeune 1986] Favre-Lejeune, Christine: *Collection noblesses d'hier et d'aujoud'hui*. Bd. 2: *Les secrétaires du Roi de la grande chancellerie de France. Dictionnaire biographique et généalogique (1672–1789)*. Paris: Sedopols, 1986.

[Füchtner 1998] Füchtner, Jörg: Die Genealogie in der DDR. In: *Genealogie* 47 (1998), S. 193–208.

[Fehrenbach 1997] Fehrenbach, Elisabeth: *Politischer Umbruch und gesellschaftliche Bewegung. Ausgewählte Aufsätze zur Geschichte Frankreichs und Deutschlands im 19. Jahrhundert*. München: Oldenbourg Verlag, 1997. – herausgegeben von Hans-Werner Hahn und Jürgen Müller.

[Fenster 1983] Fenster, Aristide: *Adel und Ökonomie im vorindustriellen Russland. Die unternehmerische Betätigung der Gutsbesitzer in der großgewerblichen Wirtschaft im 17. und 18. Jahrhundert*. Wiesbaden: Steiner Verlag, 1983 (Beiträge zur Wirtschafts- und Sozialgeschichte). – Zugleich: Dissertationsschrift (Universität Frankfurt am Main), 1981.

[Ferriere 1734] Ferriere, Claude-Joseph de: *Nouvelle introduction à la pratique, ou dictionnaire des termes de pratique, de droit, d'ordonnances et de coutumes. Avec les jurisdictions de France*. Bd. 1. Paris: Saugrain, 1734.

[Ferriere 1758] Ferriere, Claude-Joseph de: *Dictionnaire de droit et de pratique. Contenant l'explication des termes de droit, d'ordonnances, de coutume & de pratique; avec les jurisdictions de France*. Bd. 1. 4. édition. Paris: Saugrain, 1758.

[Ferrière 1770] Ferrière, Claude-Joseph de: *Nouveau commentaire sur la coutume de la prévoté et vicomté de Paris*. Bd. 2. Nouvelle édition. Paris: Chez les libraires associés, 1770. – revue, corrigée et augmentée par Sauvan d'Aramon.

[Fetz 1981] Fetz, Reto Luzius: *Whitehead: Prozessdenken und Substanzmetaphysik*. Freiburg im Breisgau; München: Verlag Karl Alber, 1981 (Symposion). – Zugleich: Habilitationsschrift (Universität Freiburg <Schweiz>), 1978.

[Feuchter 2007] Feuchter, Jörg: *Ketzer, Konsuln und Büßer. Die städtischen Eliten von Montauban vor dem Inquisitor Petrus Cellani (1236/1241)*. Tübingen: Mohr Siebeck, 2007 (Spätmittelalter und Reformation. Neue Reihe). – Zugleich: Dissertationsschrift (Universität Berlin), 2006.

[Fidicin 1860] Fidicin, Ernst: *Die Territorien der Mark Brandenburg oder Geschichte der einzelnen Kreise, Städte, Rittergüter, Stiftungen und Dörfer in derselben als Fortsetzung Landbuchs Kaiser Karl's IV.* Bd. 3. Berlin: J. Guttentag, 1860.

[Figeac und Mao 2004] Figeac, Michel; Mao, Caroline L.: Le Parlement de Bordeaux et la cité, de la Fronde à la veille de la Révolution. In: Chaline, Olivier (Hrsg.); Sassier, Yves (Hrsg.): *Les Parlements et la vie de la cité, XVIe–XVIIIe siècle. Actes des premières Journées d'études de l'Association du palais du Parlement de Normandie, les 7 et 8 novembre 2002, Rouen*. Mont-Saint-Aignan: Publications de l'Université de Rouen, 2004 (Publications de l'Université de Rouen), S. 249–276.

[Fikentscher 1975] Fikentscher, Wolfgang: *Methoden des Rechts in vergleichender Darstellung. Frühe und religiöse Rechte: romanischer Rechtskreis*. Bd. 1. Tübingen: Mohr Verlag, 1975.

[Filip 2000] Filip, Václav V.: *Historische Grundwissenschaften in Einzeldarstellungen*. Bd. 3: *Einführung in die Heraldik*. Stuttgart: Steiner Verlag, 2000.

[Fischer 1931] Fischer, Hermann: Die Abiturienten der Stadtschule zu Wehlau von 1740–1810. In: *Altpreußische Geschlechterkunde* 2 (1931), S. 12–18.

[Flaig 1995] Flaig, Egon: Entscheidung und Konsens. Zu den Feldern der politischen Kommunikation zwischen Aristokratie und Plebs. In: Jehne, Martin (Hrsg.): *Demokratie in Rom?*

Die Rolle des Volkes in der Politik der römischen Republik. Stuttgart: Steiner Verlag, 1995 (Historia Einzelschriften), S. 77–127.

[Flavigny 1873] FLAVIGNY, Félicité Vicomte de: *Abrégé historique des chevaliers et officiers commandeurs de l'ordre du Saint-Esprit depuis son institution jusqu'à la révolution de 1789, suivi de la liste des personnes admises aux honneurs de la Cour*. Genève: Imprimerie de J.G. Fick, 1873.

[Flori 1999] FLORI, Jean: *Pierre l'Ermite et la première croisade*. Paris: Fayard, 1999.

[Folz 1937] FOLZ, Robert: Aspects du culte liturgique de saint Charlemagne en France. In: BRAUNFELS, Wolfgang (Hrsg.): *Karl der Grosse. Lebenswerk und Nachleben. Das Nachleben* Bd. 4. Düsseldorf: Schwann-Verlag, 1937, S. 77–99.

[Fontana 2008] FONTANA, Biancamaria: *Montaigne's Politics: Authority and Governance in the Essais*. Princeton, N.J. et al.: Princeton University Press, 2008.

[Fonvielle 1840] FONVIELLE, Abbé N.N. de: Albret (maison. In: GLAIRE, Jean B. (Hrsg.); VICOMTE DE WALSH, Joseph Alexis (Hrsg.): *Encyclopédie catholique répertoire universel et raisonné des sciences, des lettres, des arts et des métiers, formant une bibliothèque universelle. A-Alex* Bd. 1. Paris: Parent-Desbarres, 1840, S. 639.

[Forbes-Leith 1882] FORBES-LEITH, William: *The Scots Men-at-Arms and Life-Guards in France. From their formation until their final dissolution, A. D. 1418–1830*. Edinburgh: W. Paterson, 1882.

[Fornallaz 1976] FORNALLAZ, Daniel-Amédée: *Mémoires inédits de Daniel-Amédée Fornallaz*. Lausanne: Payot, 1976 (Etudes et documents pour servir à l'histoire de l'Université de Lausanne). – publiés avec une introduction, des notes et des appendices par Louis Junod.

[Forst de Battaglia 1948] FORST DE BATTAGLIA, Otto: *Wissenschaftliche Genealogie. Eine Einführung in ihre wichtigsten Grundprobleme*. Bern: Francke Verlag, 1948 (Sammlung Dalp).

[Forsyth de Fronsac 1903] FORSYTH DE FRONSAC, Frederic Gregory Vicomte de: *Memorial of the family of Forsyth' de Fronsac*. Boston: Press of S. J. Parkhill & company, 1903.

[Foss 1870] FOSS, Edward: *Biographia juridica. A biographical dictionary of the judges of England from the conquest to the present time, 1066–1870*. Boston: Little, Brown, 1870.

[Fossier 1976] FOSSIER, Robert: La noblesse picarde au temps de Philippe le Bel. In: (Contamine 1976b), S. 105–128.

[Foucault 2003] FOUCAULT, Michel: *Die Ordnung der Dinge*. Frankfurt am Main: Suhrkamp Verlag, 2003 (Suhrkamp-Taschenbuch Wissenschaft). – Aus dem Französischen von Ulrich Köppen.

[Foucault 2007] FOUCAULT, Michel: *Die Archäologie des Wissens*. Nachdruck der 1. Auflage. Frankfurt am Main: Suhrkamp Verlag, 2007 (Suhrkamp-Taschenbuch Wissenschaft).

[Fourmont 1864] FOURMONT, Hyacinthe-D. d.: *L'Ouest aux croisade*. Bd. 3. Nantes: Vve Forest et E. Grimaud, 1864.

[Frain de la Gaulayrie 1909] FRAIN DE LA GAULAYRIE, Patrick: *Les majorats depuis le premier Empire jusqu'à nos jours: thèse pour le doctorat. Présentée et soutenue le 4 mai 1909*. Rennes: Eugène Prost, 1909.

[Franke 1919] FRANKE, Willibald (Hrsg.): *Daniel Chodowieckis Künstlerfahrt nach Danzig im Jahre 1773. Des Künstlers Tagebuch dieser Reise in deutscher Übertragung und das Skizzenbuch in getreuer Nachbildung mit einer Einleitung*. Berlin et al.: Harz, 1919 (Comenius-Bücher).

[Franz 2005] FRANZ, Eckhart Goetz: *Das Haus Hessen. Eine europäische Familie*. Stuttgart: Kohlhammer, 2005 (Urban-Taschenbücher).

[Franz 1999] FRANZ, Michael: *Von Gorgias bis Lukrez. Antike Ästhetik und Poetik als vergleichende Zeichentheorie*. Berlin: Akademie Verlag, 1999 (Historische und systematische Studien zu einer vergleichenden Zeichentheorie der Künste).

[Frayssenge 1990] FRAYSSENGE, Jacques: *Millau, une ville du Rouergue sous l'ancien régime(1668–1789). Société catholique et société protestante*. Millau: Trémolet, 1990.

[Früchtel 2005] FRÜCHTEL, Edgar: Einige Überlegungen zum Schicksalsbegriff in der Antike. In: *Perspektiven der Philosophie: Neues Jahrbuch* 31 (2005), S. 149–176.

[Frege 1892] FREGE, Gottlob: Über Sinn und Bedeutung. In: *Zeitschrift für Philosophie und philosophische Kritik* 100 (Neue Folge) (1892), S. 25–50.

[Fridländer 1888] FRIDLÄNDER, Ernst (Hrsg.): *Publicationen aus den Königlich Preußischen Staatsarchiven*. Bd. 2: *Ältere Universitäts-Matrikeln: I. Universität Frankfurt a.O. (1649–1811)*. Leipzig: S. Hirzel, 1888.

[Friedländer 1881] FRIEDLÄNDER, Julius: *Markgraf Karl Philipp von Brandenburg und die Gräfin Salmour. Mit Benutzung archivalischer Quellen*. Berlin: Reimer, 1881.

[Friedrich II. 1851] FRIEDRICH II., König von Preußen: *Œuvres de Frédéric le Grand. Correspondance de Frédéric II, Roi de Prusse*. Bd. 18. Berlin: R. Decker (Imprimerie Royale), 1851.

[Frisch 1964] FRISCH, Otto v.: *Der grosse Brachvogel. Numenius arquatqa*. Wittenberg: Ziemsen, 1964 (Die Neue Brehm-Bücherei).

[Froidefond de Boulazac 1891] FROIDEFOND DE BOULAZAC, Alfred de: *Armorial de la Noblesse du Périgord*. Périgueux: Imprimerie de la Dordogne (Ancienne Dupontell), 2 Bde. 1891.

[Fry 1894] FRY, Edward Alexander: The Autobiography of the Rev. Elias Rebotier, Rector of Arbridge, Somerset. In: *Proceedings of the Somersetshire Archaeological and Natural History Society* (1894), S. 91–112.

[Furet 1978] FURET, François: *Penser la Révolution française*. Paris: Gallimard, 1978 (Bibliothèque des Histoires).

[Gabet 1831] GABET, Charles: *Dictionnaire des artistes de l'école française au XIXe siècle*. Paris: Mme Vergne, 1831.

[Gabory 1989] GABORY, Émile: *Les Guerres de Vendée*. Paris: R. Laffont, 1989 (Bouquins).

[Gadamer 1995] GADAMER, Hans-Georg: *Gesammelte Werke. Hermeneutik im Rückblick*. Bd. 10. Tübingen: Mohr Siebeck, 1995.

[Gadamer 2010] GADAMER, Hans-Georg: *Gesammelte Werke. Wahrheit und Methode. Grundzüge einer philosophischen Hermeneutik*. Bd. 1. 7. durchgesehene Auflage. Tübingen: Mohr Siebeck, 2010.

[Gaillard 2007] GAILLARD, Albert: *La Baronnie de Saint-Magne d'après des documents inédits*. Paris: Office d'édition & de diffusion du Livre d'Histoire, 2 Bde. 2007. – Unter Mitarbeit von Baron Émile Oberkampff de Dabrun – Nachdruck der Ausgabe Bordeaux: Michel et Forgeot, 1911.

[Galent-Fasseur 1997] GALENT-FASSEUR, Valérie: *L'épopée des pèlerins. Motifs eschatologiques et mutations de la chanson de geste*. Paris: Presses Universitaire de France, 1997 (Perspetives littéraires).

[Ganshof 1931] GANSHOF, François L.: Saint-Bertin et les origines du comté de Guines. In: *Revue belge de philologie et d'histoire* 10 (1931), S. 541–555.

[Ganshof 1977] GANSHOF, François L.: *Was ist das Lehnswesen?* 5. unveränderte deutsche Auflage. Darmstadt: Wissenschaftliche Buchgesellschaft, 1977.

[Gardeau 1954] GARDEAU, Leonie: Les Comtes de Foix-Gurson et la cause royale au XVIe siècle. In: *Bulletin de la Société Historique et Archéologique du Périgord* 81 (1954), S. 120–129.

[Gardeau 1956] GARDEAU, Leonie: Le Testament du Marquis de Trans. In: *Bulletin de la Société Historique et Archéologique du Périgord* 83 (1956), S. 125–132.

[Gardeau 1966] GARDEAU, Leonie: La destruction du château de Gurson et des carreaux armoriés. In: *Bulletin de la Société Historique et Archéologique du Périgord* 93 (1966), S. 163–173.

[Gardelles 1981] GARDELLES, Jacques: *Guyenne, Gascogne, Béarn, Pays basque, Aveyron, Dordogne, Gers, Gironde, Landes, Lot, Lot-et-Garonne, Pyrénées-Atlantiques, Tarn-et-Garonne*. Paris: Berger-Levrault, 1981 (Dictionnaire des châteaux de France).

[Gardelles 1982] GARDELLES, Jacques: L'abbaye de Cadouin. In: SOCIÉTÉ FRANÇAISE D'ARCHÉOLOGIE (Hrsg.): *Congrès archéologique de France. 137e session. Périgord Noir. 1979*. Paris: Musée des monuments français: Société française d'archéologie, 1982, S. 146–178.

[Garnier 1999] GARNIER, Robert: *Dunois: le Bâtard d'Orléans, 1403–1468*. Paris: F. Lanore, 1999.

[Gaudart de Soulages und Lamant 1981] GAUDART DE SOULAGES, Michel; LAMANT, Hubert: *Dictionnaire des francs-maçons français*. Paris: Éditions Albatros, 1981 (Lumière et tradition).

[Gause 1965] GAUSE, Fritz: *Ostmitteleuropa in Vergangenheit und Gegenwart*. Bd. 1: *Die Geschichte der Stadt Königsberg in Preussen. Von der Gründung der Stadt bis zum letzten Kurfürsten*. Köln et al.: Böhlau Verlag, 1965. – herausgegeben vom Herder-Institut e.V., Marburg.

[Gause 1968] GAUSE, Fritz: *Ostmitteleuropa in Vergangenheit und Gegenwart*. Bd. 2: *Die Geschichte der Stadt Königsberg in Preussen. Von der Königskrönung bis zum Ausbruch des Ersten Weltkrieges*. Köln: Böhlau Verlag, 1968.

[Gehrke 1994] GEHRKE, Hans-Joachim: Mythos, Geschichte, Politik – antik und modern. In: *Saeculum* 45 (1994), S. 239–264.

[Geiseler 1998] GEISELER, Udo: "Daß ich nicht allein sein Vater, sondern auch sein König und Herr sey." – Die Beziehungen der Markgrafen von Brandenburg-Schwedt zu den Hohenzollernkönigen im 18. Jahrhundert. In: HAHN, Peter-Michael (Hrsg.); LORENZ, Hellmut (Hrsg.): *Pracht und Herrlichkeit. Adlig-fürstliche Lebensstile im 17. und 18. Jahrhundert*. Potsdam: Verlag für Berlin-Brandenburg, 1998 (Quellen und Studien zur Geschichte und Kultur Brandenburg-Preussens und des Alten Reiches), S. 45–94.

[Genicot 1968] GENICOT, Léopold: *Le XIIIe siècle européen*. Paris: Presses Universitaires de France, 1968.

[Gennes 1865] GENNES, Charles de: Notice sur la famille de Brilhac. In: *Bulletins de la Société des antiquaires de l'ouest* 10 (1865), S. 314–317.

[Geoffray 2004] GEOFFRAY, Stéphane: *Répertoire des Procès-Verbaux des preuves de noblesse des Jeunes Gentilhommes admis aux Écoles Royales Militaires (1751–1792)*. Réédition de 1894, A. Le Vasseur et Cie. Versailles: Mémoires & Documents, 2004.

[Geoghegan 2008] GEOGHEGAN, Patrick M.: *King Dan: The rise of Daniel O'Connell, 1775–1829*. Dublin: Gill & Macmillan, 2008.

[Gerhards 2003] GERHARDS, Jürgen: *Die Moderne und ihre Vornamen. Eine Einladung in die Kultursoziologie*. Wiesbaden: Westdeutscher Verlag, 2003.

[Gerlach] GERLACH, Karlheinz: *Quellen und Darstellungen zur europäischen Freimaurerei. Bd. 1: Die Freimaurer im Alten Preußen 1738–1806. Die Logen zwischen mittlerer Oder und Niederrhein*. Innsbruck; Wien et al.: Studien-Verlag.

[GHVG 2001] GHVG (Hrsg.): *Verdun-sur-Garonne au fil de son histoire: des origines à la fin du XVIIIe siècle*. Montauban: CDDP de Tarn-et-Garonne, 2001 (Pages d'histoire en pays de Tarn-et-Garonne.).

[Gibert 1996] GIBERT, Louis-François: *Communautés rurales du moyen age au XIXe siècle à travers l'exemple du pays de Berbiguières en Périgord Noir*. Bayac: Editions du Roc de Bourzac, 1996.

[Gibiat 2006] GIBIAT, Samuel: *Hiérarchies sociales et ennoblissement. Les commissaires des guerres de la maison du roi (1691–1790)*. Paris: École des Chartes, 2006 (Mémoires et documents de l'École des Chartes). – Teilweise zugleich: Dissertationsschrift (Ecole Pratique des Hautes Etudes, Paris) unter dem Titel: "Hiérarchies sociales et ennoblissement au XVIIIe siècle, l'exemple des commissaires des guerres de la maison du roi (1691–1790)".

[Gieraths 1964] GIERATHS, Günther (Hrsg.): *Die Kampfhandlungen der brandenburgisch-preussischen Armee 1626–1807. Ein Quellenhandbuch*. Berlin: Walter de Gruyter, 1964 (Veröffentlichungen der Historischen Kommission zu Berlin beim Friedrich-Meinecke-Institut der Freien Universität Berlin).

[Ginet 1770] GINET, N.N.: *Manuel de l'arpenteur où l'on traite des opérations principales de l'arithmétique, des fractions décimales & des proportions: la planimétrie pratique, trigonométrie, géodésie, stéréométrie; du jaugeage, la manière de lever les plans d'une ville, l'ensemble d'un fief; du plan visuel & du nivellement, avec un sommaire alphabétique des termes les plus usités dans l'arpentage, la coupe des bois & droits seigneuriaux; des formules de procès-verbaux d'arpentage & bornage, & plusieurs tables de réduction des mesures servant à l'arpentage*. Paris: Jombert, 1770.

[Giraud 1966] GIRAUD, Marcel: *Histoire de la Louisiane française. L'époque de John Law. (1717–1720)*. Bd. 3. Paris: Presses Universitaires de France, 1966.

[Glasenapp 1897] GLASENAPP, Eugen v.: *Vollständige Genealogie des alt-hinterpommerschen Geschlechts der Erb-, Burg- und Schlossgesessenen von Glasenapp*. Berlin: Vossische Buchhandlung (Strikker), 1897 (Beiträge zu der Geschichte des Geschlechts von Glasenapp).

[Gleichen-Rußwurm 1929] GLEICHEN-RUSSWURM, Alexander Freiherr v.: John Law. In: *Politik und Gesellschaft* 15/16 (1929), Mai, S. 46–54.

[Glozier 2004] GLOZIER, Matthew: *Scottish soldiers in France in the reign of the Sun King. Nursery for men of honour*. Leiden et al.: Brill, 2004 (History of warfare).

[Glozier und Onnekink 2007] GLOZIER, Matthew (Hrsg.); ONNEKINK, David (Hrsg.): *War, religion and service. Huguenot soldiering, 1685–1713*. Aldershot et al.: Ashgate, 2007 (Politics and culture in north-west Europe, 1650–1720).

[Gobineau 1855] GOBINEAU, Arthur de: *Essai sur l'inégalité des races humaines*. Bd. 4. Paris: Firmin-Didot, 1855.

[Godet de Soudé 1788] GODET DE SOUDÉ, François: *Dictionnaire des ennoblissemens, ou Recueil des lettres de noblesse depuis leur origine, tiré des registres de la Chambre des comptes et de la Cour des aides de Paris*. Bd. 1. Paris: Palais marchand, 1788.

[Goertz 1995] GOERTZ, Hans-Jürgen: *Umgang mit Geschichte. Eine Einführung in die Geschichtstheorie*. Reinbeck bei Hamburg: Rowohlt Verlag, 1995 (Rowohlts Enzyklopädie).

[Goetz 2004] GOETZ, Hans-Werner: Die romanisch-germanische (Kultur-)Synthese in der Wahrnehmung der merowingischen Geschichtsschreibung. In: HÄGERMANN, Dieter

(Hrsg.); HAUBRICHS, Wolfgang (Hrsg.); JARNUT, Jörg (Hrsg.); GIEFERS, Claudia (Hrsg.): *Akkulturation. Probleme einer germanisch-romanischen Kultursynthese in Spätantike und frühem Mittelalter*. Berlin, New York: Walter de Gruyter, 2004 (Ergänzungsbände zum Reallexikon der germanischen Altertumskunde), S. 547–570.

[Goetz 2006] GOETZ, Hans-Werner: Gens-Regnum-Lex: das Beispiel der Franken. In: (Dilcher und Distler 2006), S. 537–542.

[Gollwitzer 1964] GOLLWITZER, Heinz: *Die Standesherren. Die politische und gesellschaftliche Stellung der Mediatisierten 1815–1918. Ein Beitrag zur deutschen Sozialgeschichte*. 2. durchgesehene und ergänzte Auflage. Göttingen: Vandenhoeck & Ruprecht, 1964.

[Goltz 1853] GOLTZ, Alexander Freiherr von der: Beiträge zur Geschichte der evanglischlutherischen Gemeinde in Elberfeld. Nach handschriftlichen Nachrichten. In: *Monatsschrift für die evangelische Kirche der Rheinprovinz und Westphalens* 24 (1853), Januar-Juni, S. 57–79.

[Goslinga 1985] GOSLINGA, Cornelis C.: *The Dutch in the Caribbean and in the Guianas*. Assen; Dover: Van Gorcum, 1985 (Anjerpublikaties).

[Gossen 1970] GOSSEN, Charles T.: *Grammaire de l'ancien Picard*. Paris: Klincksieck, 1970 (Bibliothèque française et romane: Sér. A, Manuels et études linguistiques). – Nouvelle edition, corrigée.

[Gough 1888] GOUGH, Henry: *Scotland in 1298. Documents relating to the campaign of King Edward the First in that year, and especially to the battle of Falkirk*. London: Paisley A. Gardner, 1888.

[Goulon Sigwalt 1994] GOULON SIGWALT, Edouard: Die Vernezobre in Villemagne. Ein Beitrag zu ihrer Geschichte. In: *Der deutsche Hugenott* 58 (1994), S. 111–119. – Übersetzung von Sophie Luise Stoll.

[Gout d'Albret 1863] GOUT D'ALBRET, Joseph Vicomte du: *Le solitaire de la Tour d'Avance*. Paris: E. Dentu, 1863.

[Grab 2003] GRAB, Alexander: *Napoleon and the transformation of Europe*. Basingstoke et al.: Palgrave, 2003 (European history in perspective).

[Grahn-Hoek 1976] GRAHN-HOEK, Heike: *Die fraenkische Oberschicht im 6. Jahrhundert. Studien zu ihrer rechtlichen und politischen Stellung*. Sigmaringen: Thorbecke, 1976 (Vorträge und Forschungen. Konstanzer Arbeitskreis für Mittelalterliche Geschichte: Sonderband). – Zugleich: Dissertationsschrift (Universität Marburg), 1968.

[Grandmaison 1852] GRANDMAISON, Charles: *Nouvelle Encyclopédie Théologique ou Nouvelle Série de Dictionnaires sur toutes les Parties de la Science Religieuse*. Bd. 13: *Dictionnaire Héraldique. L'Explication et la Description des Termes et Figures Usités dans le Blason*. Paris: J.-P. Migne, 1852.

[Granier 1895] GRANIER, Hermann: Die Kronprinzlichen Schulden Friedrich des Großen. In: *Forschungen zur brandenburgischen und preußischen Geschichte* 8 (1895), Nr. 1, S. 220–226.

[Géraud 1680] GÉRAUD, Jean): *Traité des droits seigneuriaux, avec les nouvelles décisions des principales questions sur les matières Féodales & Emphitéotiques, & la valeur des Monnoyes qui n'ont point de cours, mentionnées dans les anciens Titres des Seigneurs*. Toulouse: Jean Pech, 1680.

[Grawert 1973] GRAWERT, Rolf: *Staat und Staatsangehörigkeit. Verfassungsgeschichtliche Untersuchung zur Entstehung der Staatsangehörigkeit*. Berlin: Duncker & Humblot, 1973 (Schriften zur Verfassungsgeschichte). – Zugleich: Habilitationsschrift (Universität Bielefeld), 1972.

[Greengrass 2007] GREENGRASS, Mark: *Governing passions. Peace and reform in the French Kingdom, 1576–1585*. Oxford; New York et al.: Oxford University Press, 2007.
[Grellet-Dumazeau 1897] GRELLET-DUMAZEAU, André: *A. Grellet-Dumazeau. La Société bordelaise sous Louis XV et le salon de Mme Duplessy*. Bordeaux: Féret et fils, 1897.
[Grégoire 2010] GRÉGOIRE, Ménie: *Victoire de La Rochejaquelein: héroïne de la guerre de Vendée: la "Marquise aux pieds nus"*. Paris: de Fallois, 2010.
[Grillon des Chapelles 1864] GRILLON DES CHAPELLES, Amador: *Esquisses biographiques du département de l'Indre*. Paris: Ve Duprat, 1864.
[Grimm 1858] GRIMM, Jakob: Zu den altdeutschen Gesprächen. In: *Germania. Vierteljahrsschrift für Deutsche Altertumskunde* 3 (1858), S. 48–51.
[Gritzner 2000] GRITZNER, Maximilian: *Handbuch der Ritter- und Verdienstorden aller Kulturstaaten der Welt innerhalb des XIX. Jahrhunderts*. Leipzig: Reprint-Verlag-Leipzig, 2000. – Reprint der Originalausgabe von 1893.
[Grolée-Virville 1978] GROLÉE-VIRVILLE, Alain: *Les d'Hozier. Juges d'Armes de France*. Paris: Éditions Cardinales, 1978. – Mit einem Vorwort von Michel Poniatowski.
[Grondin 1994] GRONDIN, Jean: *Hermeneutische Wahrheit? Zum Wahrheitsbegriff Hans-Georg Gadamers*. 2. verbesserte Auflage. Weinheim: Beltz Verlag, 1994.
[Grose 1789] GROSE, Francis: *The antiquities of Scotland*. Bd. 1. London: S. Hooper, 1789. – Each volume is furnished with a four page index, and vol. 1 contains a two leaf addendum (*Xx2) numbered 173*–176*.
[Grotefend 2007] GROTEFEND, Hermann: *Taschenbuch der Zeitrechnung des deutschen Mittelalters und der Neuzeit*. 14. Auflage. Hannover: Hahnsche Buchhandlung, 2007.
[Gütther 1750] GÜTTHER, Christian Heinrich: *Leben und Thaten Herrn Friederichs des Ersten, Königes in Preußen, Markgrafen zu Brandenburg, des Heil. Röm. Reichs Erzkämmerers und Churfürsten [et]c. [et]c. [et]c.. Aus bewährten Urkunden, sonderlich aus Münzen und Schaustücken, in einer chronologischen Ordnung abgefasset*. Breßlau: Korn, 1750.
[Guenée 1991] GUENÉE, Bernard: *Between Church and State: The Lives of Four French Prelates in the Late Middle Ages*. Chicago u.a.: University of Chicago Press, 1991. – übersetzt von Arthur Goldhammer.
[Guenée 2008] GUENÉE, Bernard: *Du Guesclin et Froissart. La fabrication de la renommée*. Paris: Tallandier, 2008.
[Guggenheim 1985] GUGGENHEIM, Laetitia: *Bernard et Louis Chérin, génealogistes des Ordres du Roi*. Paris, Université de Paris IV, mémoire de maîtrise dactylographié, 1985.
[Guibert 1787] GUIBERT, Jacques Antoine Hippolyte: *Éloge du roi de Prusse. Par l'auteur de l'Essai général de tactique*. London (i.e. Paris): s. ed., 1787.
[Guiffrey 1915] GUIFFREY, Jules: *Histoire de l'Académie de Saint Luc*. Paris: Champion, 1915 (Archives de l'Art français).
[Guigue 1857–1858] GUIGUE, C.: Guinamundus. Architecte et. In: *Archives de l'Art Français. Recueil de Documents inédits relatifs a l'Histoire des Arts en France* 5 (1857–1858), S. 30.
[Guillaumie 1927] GUILLAUMIE, Gaston: *Contribution à l'étude du glossaire périgourdin (canton de Saint-Pierre-de-Chignac), précédée d'une essai de délimitation phonétique des parlers de la Dordogne*. Paris: Picard, 1927.
[Guillemain 1962] GUILLEMAIN, Bernard: *La cour pontificale d'Avignon (1309–1376). Étude d'une société*. Paris: Boccard, 1962 (Bibliothèque des Écoles Françaises d'Athènes et de Rome).
[Guillot de Suduiraut 1999] GUILLOT DE SUDUIRAUT, Bertrand: *Une fortune de haute mer: François Bonnaffé, un armateur bordelais au dix-huitième siècle et sa descendance*. Bordeaux: Éditions Confluences, 1999.

[Guinodie 2004] GUINODIE, Raymond F.: *Monographies des villes et villages de France*. Bd. 3: *Histoire de Libourne et des autres villes et bourgs de son arrondissement. Accompagnée de celle des monuments religieux, civils et militaires*. Reproduction en fac-similé de le deuxième édition Libourne, 1876. Paris: le Livre d'histoire, 2004.

[Guizot 1851] GUIZOT, François: *Cours d'histoire moderne (1820–1822)*. Bd. 2: *Histoire des origines du gouvernement représentatif en Europe*. Paris: Didier, 1851.

[Guère 1885] GUÈRE, Marie Arthur Austrégégésile Pantin Marquis de la: *Génèalogie de la Maison de Stutt. Marquis de Solminiac, Comtes d'Assay, Marquis de Tracy*. Bourges: Pigelet et Tardy, 1885.

[Guérin und Guérin 1978] GUÉRIN, Guy; GUÉRIN, Élisabeth: *Législation et jurisprudence nobiliaires*. 5e tirage revu et augmenté. Saint-Yrieix: Fabrègue, 1978.

[Guski und Schauermann 2000] GUSKI, Britta; SCHAUERMANN, Ingo: Topographie des Terrors. Der Neubau Peter Zumthors auf dem Prinz-Albrecht-Gelände in Berlin. In: MARTINI, Wolfram (Hrsg.): *Architektur und Erinnerung*. Göttingen: Vandenhoeck & Ruprecht, 2000 (Formen der Erinnerung), S. 205–230.

[Gut 2002] GUT, Marie-Josèphe: Les armoiries des communautés ecclésiastiques de la généralité de Châlons-en-Champagne définies par l'Armorial de France de 1696. In: *M.S.A.M.* 117 (2002), S. 49–60.

[Gutsche 1973] GUTSCHE, Willibald: *Aufstieg und Fall eines kaiserlichen Reichskanzlers. Ein politisches Lebensbild: Theobald von Bethmann Hollweg 1856–1921*. Berlin: Akademie-Verlag, 1973.

[Gutsche 1991] GUTSCHE, Willibald: *Wilhelm II. Der letzte Kaiser des Deutschen Reiches. Eine Biographie*. Berlin: Deutscher Verlag der Wissenschaften, 1991.

[Gutzwiller 1981] GUTZWILLER, Hellmut: *Die Entwicklung der Schrift vom 12. bis ins 19. Jahrhundert. Dargestellt an Hand von Schriftstücken des Solothurner Staatsarchives*. Solothurn: Staatsarchiv, 1981 (Veröffentlichungen des Solothurner Staatsarchives).

[Guyné 1698] GUYNÉ, François: *Traittez de la Representation, du Double lien, et de la Regle paterna paternis, materna maternis. Par rapport à toutes les coutumes de France.* Paris: Simon Langlois, 1698.

[Gwynn 2001] GWYNN, Robin: The Huguenots in Britain, the « Protestant International » and the defeat of Louis XIV. In: VIGNE, Randolph (Hrsg.); LITTLETON, Charles (Hrsg.): *From strangers to citizens: the integration of immigrant communities in Britain, Ireland and colonial America, 1550–1750*. Brighton et al.: Sussex Academic Press, 2001, S. 412–424.

[Haag 1846] HAAG, Eugène und Emile: *La France Protestante ou Vies des Protestants Français, qui se sont fait un nom dans l'histoire depuis les premiers temps de la réformation jusqu'à la reconnaissance du principe de la liberté des cultes par l'assemblée nationale. Abbadie – Baschi*. Bd. 1. Paris, Genève: Joël Cherbuliez, 1846.

[Haag 1847] HAAG, Eugène und Emile: *La France Protestante ou Vies des Protestants Français, qui se sont fait un nom dans l'histoire depuis les premiers temps de la réformation jusqu'à la reconnaissance du principe de la liberté des cultes par l'assemblée nationale. Basnage – Brodeau*. Bd. 2. Paris, Genève: Joël Cherbuliez, 1847.

[Haag 1852] HAAG, Eugène und Emile: *La France Protestante ou Vies des Protestants Français, qui se sont fait un nom dans l'histoire depuis les premiers temps de la réformation jusqu'à la reconnaissance du principe de la liberté des cultes par l'assemblée nationale. Brossier – Coliveau*. Bd. 3. Paris, Genève: Joël Cherbuliez, 1852.

[Haag 1853] Haag, Eugène und Emile: *La France Protestante ou Vies des Protestants Français, qui se sont fait un nom dans l'histoire depuis les premiers temps de la réformation jusqu'à la reconnaissance du principe de la liberté des cultes par l'assemblée nationale. Colla – Essen*. Bd. 4. Paris, Genève: Joël Cherbuliez, 1853.

[Haag 1856] Haag, Eugène und Emile: *La France Protestante ou Vies des Protestants Français, qui se sont fait un nom dans l'histoire depuis les premiers temps de la réformation jusqu'à la reconnaissance du principe de la liberté des cultes par l'assemblée nationale. Huber – Lesage*. Bd. 6. Paris, Genève: Joël Cherbuliez, 1856.

[Haag 1858] Haag, Eugène und Emile: *La France Protestante ou Vies des Protestants Français, qui se sont fait un nom dans l'histoire depuis les premiers temps de la réformation jusqu'à la reconnaissance du principe de la liberté des cultes par l'assemblée nationale. Nagel – Rosenstiel*. Bd. 8. Paris, Genève: Joël Cherbuliez, 1858.

[Haag 1859] Haag, Eugène und Emile: *La France Protestante ou Vies des Protestants Français, qui se sont fait un nom dans l'histoire depuis les premiers temps de la réformation jusqu'à la reconnaissance du principe de la liberté des cultes par l'assemblée nationale. Rossel – Zorn*. Bd. 9. Paris, Genève: Joël Cherbuliez, 1859.

[Haag 1888] Haag, Eugène und Emile: *La France Protestante ou Vies des Protestants Français, qui se sont fait un nom dans l'histoire depuis les premiers temps de la réformation jusqu'à la reconnaissance du principe de la liberté des cultes par l'assemblée nationale. Easme – Gasparin*. Bd. 6. 2. Auflage. Paris: Sandoz & Fischbacher, 1888.

[Haas 1996] Haas, Stefan: Philosophie der Erinnerung. Kategoriale Voraussetzungen einer mnemistischen Geschichtsschreibung. In: Wischermann, Clemens (Hrsg.): *Die Legitimität der Erinnerung und die Geschichtswissenschaft*. Stuttgart: Steiner Verlag, 1996 (Studien zur Geschichte des Alltags), S. 31–54.

[Haase 2004] Haase, Marco: *Grundnorm, Gemeinwille, Geist. Der Grund des Rechts nach Kelsen, Kant und Hegel*. Tübingen: Mohr Siebeck, 2004. – Teilweise zugleich Dissertationsschrift (Humbolt-Universität Berlin), 2001.

[Haber 2005] Haber, Peter: "Google-Syndrom". Phantasmagorie des historischen Allwissens im World Wide Web. In: (Epple u. a. 2005), S. 73–89.

[Habermas 1968] Habermas, Jürgen: *Erkenntnis und Interesse*. Frankfurt am Main: Suhrkamp Verlag, 1968 (Theorie).

[Haddad 2011] Haddad, Elie: The Question of the Imprescriptibility of Nobility in Early Modern France. In: Romaniello, Matthew P. (Hrsg.); Lipp, Charles (Hrsg.): *Contested spaces of nobility in early modern Europe*. Farnham et al.: Ashgate, 2011, S. 147–166.

[Hahn 1991] Hahn, Peter-Michael: Aristokratisierung und Professionalisierung. Der Aufstieg der Obristen zur militärischen und höfischen Elite in Brandenburg-Preußen von 1950–1725. In: *Forschungen zur Brandenburgischen und Preußischen Geschichte* NF 1 (1991), Nr. Heft 2, S. 161–208.

[Haigneré 1875] Haigneré, Daniel: *Dictionnaire historique et archéologique du Pas-de-Calais. Arrondissement de Montreuil*. Bd. 9. Arras: Sueur-Charrey, 1875. – publié par la commission départementale des monuments historiques.

[Haigneré 1884] Haigneré, Daniel: *Dictionnaire historique et archéologique du Pas-de-Calais. Arrondissement de Saint-Pol*. Bd. 3. Arras: Sueur-Charrey, 1884. – publié par la commission départementale des monuments historiques.

[Halfwassen 1999] Halfwassen, Jens: *Hegel und der spätantike Neuplatonismus. Untersuchungen zur Metaphysik des Einen und des Nous in Hegels spekulativer und geschichtlicher*

Deutung. Bonn: Bouvier Verlag, 1999 (Hegel-Studien). – Zugleich: Habilitationsschrift (Universität Köln), 1995/96.

[Haller 1814] HALLER, Carl Ludwig v.: *Was sind Unterthanen-Verhältnisse?* s. l.: s. ed., 1814.

[Halter 2002] HALTER, Didier: *Ministère pastoral et théologie: identité personnelle et identité de fonction*. Genève, Université de Genève, Faculté autonome de théologie protestante, Dissertation, 2002.

[Hamel 1858] HAMEL, Ernest: *Les principes de 1789 et Les titres de noblesse*. Paris: Ledoyen, 1858.

[Hamoir 1974] HAMOIR, Eric: *Qualité princière et dignités nobiliaires. Essai comparatif sur les distinctions de dignités au sein du second ordre dans divers pays*. Bruxelles: Les Éditions de la Libraire Encyclopédique, 1974.

[Hanlon 1989] HANLON, Gregory: *L'univers des gens de bien: culture et comportements des élites urbaines en Agenais-Condomois au XVIIe siècle*. Talence: Presse universitaires de Bordeaux, 1989.

[Hansen 2008] HANSEN, Frank-Peter: *Nicolai Hartmann – erneut durchdacht*. Würzburg: Königshausen & Neumann, 2008.

[Harms 1993] HARMS, Detlev: Das Edikt von Potsdam vom 29. Oktober 1685. Die Integration und der soziale Aufstieg von Ausländern in der preußischen Armee des 17. und 18. Jahrhunderts. In: KROENER, Bernhard R. (Hrsg.): *Potsdam. Staat, Armee, Residenz in der preußisch-deutschen Militärgeschichte*. Frankfurt am Main; Berlin: Propyläen, 1993, S. 159–172.

[Harris 2008] HARRIS, Jean-Pierre: *Antoine d'Estutt de Tracy l'éblouissement des Lumières*. Précy-sous-Thil: Éditions de l'Armançon, 2008.

[Harris 1994] HARRIS, Robin: *Valois Guyenne. A study of politics, government and society in late medieval France*. London: Royal Historical Society, 1994 (Royal Historical Society studies in history).

[Hartmann 1940] HARTMANN, Nicolai: *Der Aufbau der realen Welt. Grundriß der allgemeinen Kategorienlehre*. Berlin: Walter de Gruyter, 1940.

[Hartmann 1965] HARTMANN, Nicolai: *Grundzüge einer Metaphysik der Erkenntnis*. 5. Auflage. Berlin: Walter de Gruyter, 1965.

[Haubrichs 1994] HAUBRICHS, Wolfgang: Über die allmähliche Verfestigung von Sprachgrenzen. Das Beispiel der Kontaktzonen von Germania und Romania. In: HAUBRICHS, Wolfgang (Hrsg.); SCHNEIDER, Reinhard (Hrsg.): *Grenzen und Grenzregionen. Frontières et régions frontalières*. Saarbrücken: Saarbrücker Druckerei und Verlag, 1994 (Veröffentlichungen der Kommission für Saarländische Landesgeschichte und Volksforschung), S. 99–129.

[Haubrichs 2004] HAUBRICHS, Wolfgang: *Theodiscus*, Deutsch und Germanisch – drei Ethnonyme, drei Forschungsbegriffe. Zur Frage der Instrumentalisierung und Wertbesetzung deutscher Sprach- und Volksbezeichnungen. In: BECK, Heinrich (Hrsg.) u. a.: *Zur Geschichte der Gleichung "germanisch-deutsch"* Bd. 34. Berlin: Walter de Gruyter, 2004, S. 199–227.

[Haudrere 2005] HAUDRERE, Philippe: *La Compagnie Française des Indes au XVIIIe siècle (1719–1795)*. 2. édition revue et corrigée. Paris: Les Indes savantes, 2005. – 2 Bde.

[Hauptmann 2005] HAUPTMANN, Peter: *Rußlands Altgläubige*. Göttingen: Vandenhoeck & Ruprecht, 2005.

[H.C.K.A.W. 1968] H.C.K.A.W. (Hrsg.): *Allgemeine deutsche Biographie. Gruber – Hassencamp*. Neudruck der 1. Auflage von 1879, 2., unveränderte Auflage. Leipzig: Duncker & Humblot, 1968.

[Hédouin 1900] HÉDOUIN, Joseph: *De l'Usurpation des titres nobiliaires*. Paris: A. Rousseau, 1900. – Zugleich: Dissertationsschrift (Université de Paris), 1899.

[Hegel 1833] HEGEL, Georg Wilhelm Friedrich: *Georg Wilhelm Friedrich Hegel's Sämtliche Werke. Grundlinien der Philosophie des Rechts oder Naturrecht und Staatswissenschaft im Grundrisse*. Bd. 8. Berlin: Duncker & Humblot, 1833. – herausgegeben von Eduard Gans.

[Heidegger 2004] HEIDEGGER, Martin: Anmerkungen zu Karl Jaspers "Psychologie der Weltanschauungen". In: HERRMANN, Friedrich-Wilhelm v. (Hrsg.): *Gesamtausgabe (Martin Heidegger)* Bd. 9. 3. Auflage. Frankfurt am Main: Verlag Vittorio Klostermann, 2004, S. 1–44.

[Heijer 1994] HEIJER, Henk den: *De geschiedenis van de WIC*. Zutphen: Walburg Pers, 1994.

[Heilmann 1972] HEILMANN, Johann v.: *Die Kriegskunst der Preußen unter König Friedrich dem Großen*. Bd. 2. Krefeld: Verlag Heere der Vergangenheit Olmes, 1972. – Durch eine Einführung erweitert, sonst unveränderter photomechanischer Nachdruck der Ausgabe Leipzig, Goedsche 1852–53.

[Heit 2007] HEIT, Helmut: *Der Ursprungsmythos der Vernunft. Zur philosophiehistorischen Genealogie des griechischen Wunders*. Würzburg: Königshausen & Neumann, 2007 (Contradictio).

[Held 1864] HELD, Johann: Lehnwesen und Lehnrecht. In: ROTTECK, Karl v. (Hrsg.); WELCKER, Karl T. (Hrsg.): *Das Staats-lexikon: Enzyklopädie der sämmtlichen Staatswissenschaften für alle Stände: in Verbindung mit vielen der angesehensten Publicisten Deutschlands* Bd. 9. 3. umgearbeitete, verbessert und vermehrte Auflage. Leipzig: F. A. Brockhaus, 1864, S. 469–489.

[Hellbach 1825] HELLBACH, Johann Christian v.: *Adels-Lexikon oder Handbuch über die historischen, genealogischen und diplomatischen, zum Theil auch heraldischen Nachrichten vom hohen und niedern Adel, besonders in den deutschen Bundesstaaten, so wie von dem östreichischen, böhmischen, mährenschen, preußischen, schlesischen und lausitzischen Adel. A bis K*. Bd. 1. Ilmenau: Friedrich Voigt, 1825.

[Hellot 1881] HELLOT, Amédée: Introduction. In: HELLOT, Amédée (Hrsg.): *Les Cronicques de Normendie (1223–1493)*. Rouen: C. Métérie, 1881, S. V–XXIII.

[Helmer und Dörpinghaus 2006] HELMER, Karl; DÖRPINGHAUS, Andreas: Rhetorik. Eine historische und systematische Übersicht. In: HELMER, Karl (Hrsg.): *Ars rhetorica. Beiträge zur Kunst der Argumentation*. Würzburg: Königshausen & Neumann, 2006, S. 13–28.

[Henning 1999] HENNING, Dirk: *Periclitans res publica. Kaisertum und Eliten in der Krise des weströmischen Reiches 454/5–493 n. Chr.* Stuttgart: Steiner Verlag, 1999 (Historia: Einzelschriften). – Zugleich: Dissertationsschrift (Universität Marburg), 1997/98.

[Henning 2000] HENNING, Eckart: Die Historischen Hilfswissenschaften – historisch gesehen! In: BECK, Friedrich (Hrsg.): *Vom Nutz und Frommen der historischen Hilfswissenschaften. Beiträge der gemeinsamen Tagung des Herold mit seiner Fachgruppe "Historische Hilfswissenschaften" anläßlich ihres fünfjährigen Bestehens am 5. Oktober 1999 im Museum Europäischer Kulturen in Berlin-Dahlem*. Neustadt a.d. Aisch: Degener Verlag, 2000 (Herold-Studien), S. 11–22.

[Henning 2005] HENNING, Eckart: Genealogie. In: DIEDERICH, Toni (Hrsg.); OEPEN, Joachim (Hrsg.): *Historische Hilfswissenschaften. Stand und Perspektiven der Forschung*. Köln; Weimar; Wien: Böhlau Verlag, 2005, S. 89–106.

[Henry 1853] HENRY, Paul: Philippina Graveron geb. von Lüns. In: PIPER, Ferdinand (Hrsg.): *Evangelisches Jahrbuch für 1850* Bd. 1. Zweite verbesserte Auflage. Berlin: Verlag von Wiegandt und Grieben, 1853, S. 157–163.

[Henry 2007] Henry, Yann: La fouille du convent des cordeliers de Penne-d'Agenais: premier billan. In: Cocula, Anne-Marie (Hrsg.); Combet, Michel (Hrsg.): *Château et stratégies familiales. Actes des Rencontres d'archéologie et d'histoire en Périgord, les 22, 23 et 24 septembre 2006*. Bordeaux; Paris: Ausonius, 2007 (Scripta varia), S. 15–27.

[Herbst 2004] Herbst, Ludolf: *Komplexität und Chaos. Grundzüge einer Theorie der Geschichte*. München: C. H. Beck, 2004 (Beck'sche Reihe).

[Hervé 1901] Hervé, Gustav: Les Écossais en France. In: *Revue de l'École d'Anthropologie de Paris* 11 (1901), Juilette, S. 206–210.

[Hesekiel 1873] Hesekiel, Georg: Preußens Königliche Schlösser. Das Prinz Albrecht's Palais. In: *Leipziger Zeitung* (1873), S. 221–222.

[Hesekiel 1905] Hesekiel, George: *Wappensagen*. 2. Auflage. Halle, Saale: Eugen Strien Verlag, 1905.

[Heussi 1932] Heussi, Karl: *Die Krisis des Historizismus*. Tübingen: Mohr Verlag, 1932.

[Heuvel 1988] Heuvel, Gerd van den: *Ancien Régime, Aufklärung und Revolution*. Bd. 10:. München: Oldenbourg Wissenschaftsverlag, 1988.

[Höfer 1986] Höfer, Anette: Financier, Banquier, Capitaliste. In: Reichardt, Rolf (Hrsg.): *Handbuch politisch-sozialer Grundbegriffe in Frankreich 1680–1820. Critique* Bd. 5. München: Oldenbourg Verlag, 1986, S. 27–60.

[Höfner 2004] Höfner, Eckhard: "Kulturwissenschaft denken": Wissenschaftskommunikation und Diskurs-Übersetzung zwischen wissenschaftlichen Disziplinen. In: Kittsteiner, Heinz D. (Hrsg.): *Was sind Kulturwissenschaften? – 13 Antworten*. München: Fink Verlag, 2004, S. 99–134.

[Higounet 1978] Higounet, Charles: *Wege der Forschung*. Bd. 1:. Kap. Bastiden und Grenzen, S. 173–192. In: Stoob, Heinz (Hrsg.): *Herrschaft und Gemeinverfassung. Altständisches Bürgertum* Bd. 1. Darmstadt: Wissenschaftliche Buchgesellschaft, 1978. – Originaltitel: Bastides et frontières.

[Higounnet 1999] Higounnet, Charles: *Armagnac*. Bd. 1. S. 959–962. Siehe (LdMA 1999).

[Hilaire 1990] Hilaire, Jean: La coutume droit non écrit, voire non formulé, à partir de l'évolution coutumière des pays de droit écrit aux XIVe et XVe siècles. In: Vanderlinden, Jacques (Hrsg.): *La coutume. Europe occidentale médiévale et moderne* Bd. 2. Bruxelles: De Boeck, 1990, S. 251–270.

[Hildesheimer 1997] Hildesheimer, Françoise: *Les archives de France. Mémoire de l'histoire*. Paris: Champion, 1997 (Histoire et archives).

[Hinner 2003] Hinner, Kajetan: *Wissenschaft im Zeitalter des Internet*. Berlin: Logos-Verlag, 2003. – Zugleich: Dissertationsschrift (Universität Rostock), 2002.

[Hinrichs 1936] Hinrichs, Carl: *Der Kronprinzenprozeß. Friedrich und Katte*. Hamburg: Hanseatische Verlags-Anstalt, 1936.

[Hiort af Ornäs 1997] Hiort af Ornäs, Ingrid: *"In meinem Lottchen ist doch halt ein Junge verloren". Charlotte Birch-Pfeiffer als Dramatikerin. Eine Studie zu Erfolgs- und Trivialdrama des 19. Jahrhunderts*. Stockholm: Germanistisches Institut, 1997 (Schriften des Germanistischen Instituts Universität Stockholm). – Zugleich: Disssertationsschrift (Universität Stockholm), 1997.

[Hirsch 1881] Hirsch, August: *Handbuch der historisch-geographischen Pathologie. Die allgemeinen acuten Infectionskrankheiten vom historisch-geographischen Standpunkte und mit besonderer Berücksichtigung der Aetiologie*. Bd. 1. 2., vollständig neue Bearbeitung. Erlangen: Enke, 1881.

[Höldrich 1992] Höldrich, Herbert: *Das Erstgeburtsrecht beim Adel. Das Primogeniturprinzip und seine Auswirkungen auf die Adelsbezeichnungen*. München: Ars Una, 1992 (Deutsche Hochschuledition).

[Hölkeskamp 1987] Hölkeskamp, Karl-Joachim: *Die Entstehung der Nobilität. Studien zur sozialen und politischen Geschichte der Römischen Republik im 4. Jh. v. Chr.* Stuttgart: Steiner-Verlag-Wiesbaden-GmbH, 1987. – Teilweise zugleich: Dissertationsschrift (Universität Bochun), 1984.

[Hölkeskamp 2004] Hölkeskamp, Karl-Joachim: *Senatus populusque Romanus. Die politische Kultur der Republik – Dimensionen und Deutungen*. Stuttgart: Steiner Verlag, 2004 (Alte Geschichte).

[Hoensch 2004] Hoensch, Jörg K.: *Die Luxemburger. Eine spätmittelalterliche Dynastie gesamteuropäischer Bedeutung 1308–1437*. Stuttgart; Berlin; Köln: Kohlhammer, 2004 (Urban-Taschenbücher).

[Holt 1995] Holt, Mack P.: *The French Wars of Religion 1562–1629*. New York: Cambridge University Press 1995, 1995 (New Approaches to European History 36).

[Hopkins und Burton 1983] Hopkins, Keith; Burton, Graham: Political Succession in the Late Republic (249–50 BC). In: Hopkins, Keith (Hrsg.): *Death and renewal*. Cambridge et al.: Cambridge University Press, 1983 (Sociological studies in Roman history), S. 31–119.

[Horowski 2008] Horowski, Leonhard: Hof und Absolutismus. Was bleibt von Norbert Elias' Theorie? In: Schilling, Lothar (Hrsg.): *Absolutismus, ein unersetzliches Forschungskonzept? Eine deutsch-französische Bilanz*. München: Oldenbourg Verlag, 2008 (Pariser historische Studien), S. 143–171.

[Horsetzky 1894] Horsetzky, Adolf v.: *Kriegsgeschichtliche Übersicht der wichtigsten Feldzüge der letzten 100 Jahre*. 4. verbesserte Auflage. Wien: Seidel, 1894. – Ab 6. Auflage unter dem Titel: "Kriegsgeschichtliche Übersicht der wichtigsten Feldzüge in Europa seit 1792".

[Horstschäfer 1998] Horstschäfer, Titus M.: *"Über Prinzipien". Eine Untersuchung zur methodischen und inhaltlichen Geschlossenheit des ersten Buches der "Physik" des Aristoteles*. Berlin; New York: Walter de Gruyter, 1998 (Quellen und Studien zur Philosophie). – Teilweise zugleich: Dissertationsschrift (Universität Freiburg im Breisgau) unter dem Titel: "Peri archōn", 1997.

[Howell und Prevenier 2004] Howell, Martha C.; Prevenier, Walter: *Werkstatt des Historikers. Eine Einführung in die historischen Methoden*. Köln; Weimar; Wien: Böhlau Verlag, 2004 (UTB Wissenschaft: Geschichte).

[Hoye 1996] Hoye, William J.: Die Wahrheit des Irrtums. Das Gewissen als Individualitätsprinzip in der Ethik des Thomas von Aquin. In: Aertsen, Jan A. (Hrsg.); Speer, Andreas (Hrsg.): *Individuum und Individualität im Mittelalter*. Berlin; New York: Walter de Gruyter, 1996 (Miscellanea mediaevalia), S. 419–435.

[Hozier 1741] Hozier, Louis Pierre d': *Armorial général de France, ou Registres de la noblesse de France*. Paris: Prault père, 1741.

[Hozier und d'Hozier de Sérigny 1868] Hozier, Louis Pierre d'; Sérigny, Antoine Marie d'Hozier de: *Armorial général de la France*. Bd. 7 (complémentaire). Paris: F. Didot et frères et fils, 1868. – publié sous les auspices de Firmin-Didot pour servir de supplément à l'Armorial général de 1738–1768.

[Héron 1893] Héron, Alexandre: Introduction. In: Héron, Alexandre (Hrsg.): *Œuvres de Robert Blondel, historien normand du 15e siècle* Bd. 1. Rouen: A. Lestringant, 1893, S. I–XLIV.

[Huet 1895] Huet, Paul: *Ferrand de Mauvezin en Périgord*. Paris: Conseil héraldique de France, 1895.

[Hugo 1836–1837] Hugo, Abel: *Histoire de l'empereur Napoléon*. Paris: Bureau central du "Magasin universel", 1836–1837.

[Hugues 1872] Hugues, Edmond: *Antoine Court. Histoire de la restauration du protestantisme en France au XVIIIe siècle. D'après des documents inédits*. Bd. 1. 2. Auflage. Paris: M. Lévy frères, 1872.

[Hurt 2002] Hurt, John J.: *Louis XIV and the parlements. The assertion of royal authority*. Manchester et al.: Manchester University Press, 2002.

[Hyacinthe 2003] Hyacinthe, Rafaël: *L'Ordre de Saint-Lazare de Jerusalem au Moyen Age: Milites Christi*. Bd. 1. Millau: Conservatoire Larzac Templier et Hospitalier, 2003.

[Hylton 2005] Hylton, Raymond: *Ireland's Huguenots and their refuge, 1662–1745. An unlikely haven*. Brighton et al.: Sussex Academic Press, 2005.

[Ichijo 2004] Ichijo, Atsuko: *Scottish nationalism and the idea of Europe concepts of Europe and the nation*. London et al.: Routledge, 2004 (British politics and society).

[I.D.A. 1858] Kap. Die Freiherren Dijon von Monteton, S. 51. In: *Illustrirte Deutsche Adelsrolle des Neunzehnten Jahrhunderts: Vollständigste Sammlung der Wappen des deutschen Adels in authentischen Abdrücken von den Original-Wappensiegeln nebst den Wappen der Fürsten, welche seit 1800 in Deutschland regiert haben. Mit kurzen Erläuterungen*. Leipzig: Verlag von Ernst Schäfer, 1858.

[Ideler und Nolte 1825] Ideler, Ludwig: Nolte, Johann Wilhelm Heinrich: *Handbuch der französischen Sprache und Literatur oder Auswahl interessanter, chronologisch geordneter Stücke aus den klassischen französischen Prosaisten u. Dichtern; nebst Nachrichten von den Verfassern und ihren Werken. Prosaischer Theil*. 7. Auflage. Berlin: G. G. Nauck, 1825.

[Iggers 1997] Iggers, Georg G.: *Deutsche Geschichtswissenschaft. Eine Kritik der traditionellen Geschichtsauffassung von Herder bis zur Gegenwart*. Vom Autor durchgesehene und erweiterte Ausgabe. Wien; Köln; Weimar: Böhlau Verlag, 1997 (Böhlau-Studienbücher).

[Irsigler 1969] Irsigler, Franz: *Untersuchungen zur Geschichte des frühfränkischen Adels*. Bonn: Röhrscheid, 1969 (Rheinisches Archiv). – Zugleich: Dissertationsschrift (Universität Saarbrücken), 1968.

[Israel 2006] Israel, Jonathan I.: *Enlightenment contested. Philosophy, modernity, and the emancipation of man 1670–1752*. Oxford et al.: Oxford University Press, 2006.

[Itter 1989] Itter, Ellen von: *Heinrich Laube: ein jungdeutscher Journalist und Kritiker*. Frankfurt am Main et al.: Peter Lang Verlag, 1989 (Europäische Hochschulschriften). – Zugleich: Dissertationsschrift (Universität Düsseldorf), 1988 unter dem Titel: Heinrich Laube als jungdeutscher Journalist und Redakteur.

[Jackson 1971] Jackson, Richard A.: Peers of France and Princes of the Blood. In: *French Historical Studies* 7 (1971), Nr. 1, S. 27–46.

[Jailliot 1904] Jailliot, Jules-Louis: Le protestantisme dans le Rethélois & dans l'Argonne jusqu'à la révocation de l'Edit de Nantes. In: *Revue d'Ardenne et d'Argonne* 11 (1904), S. 1–21.

[Janssen 1969] Janssen, Petrus W.: *Les origines de la reforme des carmes en France au XVIIe siècle*. La Haye: Martinus Nijhoff, 1969 (Archives internationales d'histoire des idees).

[Jany 1905a] Jany, Curt: *Die alte Armee von 1655–1740. Formation und Stärke*. Berlin: Mittler, 1905 (Urkundliche Beiträge und Forschungen zur Geschichte des preußischen Heeres 7).

[Jany 1905b] JANY, Curt: *Die Dessauer Stammliste von 1729.* Berlin: Mittler, 1905 (Urkundliche Beiträge und Forschungen zur Geschichte des preußischen Heeres 8).

[Jaspers 1990] JASPERS, Karl: *Psychologie der Weltanschauungen.* unveränderter Nachdruck der 6. Auflage. Berlin et al.: Springer Verlag, 1990.

[Jaspers 1991] JASPERS, Karl: *Was ist Philosophie? Ein Lesebuch.* 6. Auflage, ungekürzte Ausgabe. München: Deutscher Taschenbuch Verlag, 1991.

[Jaurgain 1879] JAURGAIN, Jean de: *Nobiliaire de Béarn.* Paris: C. Blot, 1879.

[Jaurgain 1907] JAURGAIN, Jean de: Corisande d'Andoins, Comtesse de Guiche et Dame de Gramont. In: *Revue Internationale des Études Basques* 1 (1907), S. 105–140; 302–319 (Appendices).

[Jenks 2001] JENKS, Stuart (Hrsg.): *Internet-Handbuch Geschichte.* Köln; Weimar; Wien: Böhlau Verlag, 2001.

[Jeziorowski und Luczak 1993] JEZIOROWSKI, Tadeusz; LUCZAK, Jaroslaw: *Order Wojenny Virtuti Militari. Katalog zbiorów.* Poznan: Muzeum Narodowe w Poznaniu, 1993.

[Jäger 2003] JÄGER, Thomas: *Frankreich – eine Privilegiengesellschaft.* Wiesbaden: Deutscher Universitätsverlag, 2003 (Kulturwissenschaft). – Zugleich: Dissertationsschrift (Universität Erlangen-Nürnberg), 2002.

[Jones 1995] JONES, Percy M.: *Reform and revolution in France. The politics of transition, 1774–1791.* Cambridge: Cambridge University Press, 1995.

[Jordan 2009] JORDAN, Stefan: *Theorien und Methoden der Geschichtswissenschaft.* Paderborn; München; Wien; Zürich: Schöningh, 2009 (Bachelor-Bibliothek – Orientierung Geschichte).

[Jouanna 1988] JOUANNA, Arlette: Die Legitimierung des Adels und die Erhebung in den Adelsstand in Frankreich (16.–18. Jahrhundert). In: SCHULZE, Winfried (Hrsg.): *Ständische Gesellschaft und soziale Mobilität.* München: Oldenbourg Verlag, 1988 (Schriften des Historischen Kollegs), S. 165–178.

[Jouanna 1996] JOUANNA, Arlette: Noblesse, Noblesse. In: BÉLY, Lucien (Hrsg.): *Dictionnaire de l'Ancien Régime. Royaume de France XVIe–XVIIIe siècle.* Paris: Presses Universitaire de France, 1996, S. 887–893.

[Jouanna 2007] JOUANNA, Arlette: *La Saint-Barthélémy – les mystères d'un crime d'État – 24 août 1572.* Paris: Gallimard, 2007 (Les Journées qui ont fait la France).

[Jougla deMorenas 1934] JOUGLA DE MORENAS, Henri: *Grand Armorial de France. Catalogue Général des Armoiries des Familles Nobles de France.* Bd. 1. Paris: Les Éditions Héraldiques, 1934.

[Jougla deMorenas 1935] JOUGLA DE MORENAS, Henri: *Grand Armorial de France. Catalogue Général des Armoiries des Familles Nobles de France.* Bd. 3. Paris: Les Éditions Héraldiques, 1935.

[Jougla deMorenas 1939] JOUGLA DE MORENAS, Henri: *Grand Armorial de France. Catalogue Général des Armoiries des Familles Nobles de France.* Bd. 4. Paris: Les Éditions Héraldiques, 1939.

[Jourda 1970] JOURDA, Pierre: *De Jean Lemaire de Belges à Jean Giraudoux mélanges d'histoire et de critique littéraire offerts à Pierre Jourda par ses collègues, ses élèves et ses amis.* Paris: Diffusion Librairie Nizet, 1970.

[Jourdan 2001] JOURDAN, Jean-Paul: *Le personnel de l'administration dans le Sud-Ouest aquitain de la fin de l'Ancien Régime aux années 1880. Les vicissitudes des carrières, les dispariteés de la société administrative.* Bd. 2. Villeneuve d'Ascq: Presses universitaires du Septentrion, 2001.

[Journal de Lyon 1821] ANONYMUS: Cinquième Liste des souscriptions et dons inscrits ou reçus depuis le 16 janvier inclusivement, jusqu'au 16 février 1810, pour la construction du Monument religieux à élever aux Broteaux, à la mémoire des victimes du siège de Lyon. In: *Journal de Lyon et du département du Rhône* 22 (1821), Nr. Mardi, 21 Février 1821, S. 3.

[Journal des artistes 1834] ANONYMUS: Palais de la chambre des députés. In: *Journal des artistes* 2 (1834), S. 385–389.

[Journal du Palais 1823] COUR DE CASSATION: *Journal du palais: présentant la jurisprudence de la Cour de Cassation et des Cours d'Appel de Paris et des département, sur l'application de tous les codes français aux questions douteuses et difficiles*. Paris: Bureau du Journal du Palais, 1823.

[J.P. 1775] Morts. In: *Journal Politique ou Gazette des Gazettes. Anné 1775* (1775), Mars. Seconde Quinzaine, S. 70.

[Jérôme 1958] JÉRÔME, L'Archiviste: *Dictionnaire des changements des noms de 1803 à 1956*. Paris: Librairie française, 1958. – Pseudonym von Henry Coston.

[Julg 2004] JULG, Jean: *Les évêques dans l'histoire de la France*. Paris: P. Téqui, 2004.

[Junker und Reisinger 1974] JUNKER, Detlef; REISINGER, Peter: Was kann Objektivität in der Geschichtswissenschaft heissen und wie ist sie möglich? In: *Historische Zeitschrift (Beiheft). Methodenprobleme der Geschichtswissenschaft* 3 (Neue Folge) (1974), S. 1–45.

[Kaiser 1994] KAISER, Gerhard: *Ist der Mensch noch zu retten? Vision und Kritik der. Moderne in Goethes "Faust"*. Freiburg im Breisgau: Rombach, 1994.

[Kalff 1930] KALFF, Samuel: Franschen in Suriname. In: *De West-Indische Gids* 11 (1930), Nr. 12, S. 316–334.

[Kaplan 1995] KAPLAN, Herbert H.: *Russian overseas commerce with Great Britain during the reign of Catherine II*. Philadelphia: American Philosophical Society, 1995 (Memoirs of the American Philosophical Society).

[Köbler 2010] KÖBLER, Ulrike: *Werden, Wandel und Wesen des deutschen Privatrechtswortschatzes*. Frankfurt am Main et al.: Peter Lang Verlag, 2010 (Rechtshistorische Reihe).

[Kellner 2004] KELLNER, Beate: *Ursprung und Kontinuität. Studien zum genealogischen Wissen im Mittelalter*. München: Fink Verlag, 2004. – Vollständig zugleich: Habilitationsschrift (Universität Dresden), 2000.

[Kerhervé 1993] KERHERVÉ, Jean: *Arthur de Richemont, connétable et duc. Entre guerre et politique, dans la France du XVe siècle, dans 2000 ans d'histoire de Vannes*. Vannes: Archives municipales de Vannes, 1993.

[Kerhervé 1999] KERHERVÉ, Jean: Une existence en perpétuel mouvement, Arthur de Richemont, connétable de France et duc de Bretagne, dans Viajeros, peregrinos, mercaderes en el Occidente Medieval. In: GARCÍA DE CORTÁZAR Y RUIZ DE AGUIRRE, José Angel (Hrsg.): *Viajeros, peregrinos, mercaderes en el Occidente Medieval: Actas de la XVIII Semana de Estudios Medievales de Estella. 22–26 de julio de 1991*. Nachdruck. Pamplona: Gobierno de Navarra;, 1999, S. 69–74.

[Kersting 1995] KERSTING, Wolfgang: "Die bürgerliche Verfassung in jedem Staate soll republikanisch sein". In: HÖFFE, Otfried (Hrsg.): *Immanuel Kant – Zum ewigen Frieden*. Berlin: Akademie-Verlag, 1995 (Klassiker auslegen), S. 87–108.

[Kettering 1986] KETTERING, Sharon: Patronage and Politics during the Fronde. In: *French Historical Studies* 14 (1986), Spring, Nr. 3, S. 409–441.

[Köhler 1997] Köhler, Bettina: *"Architektur ist die Kunst, gut zu bauen". Charles Augustin D'Avilers Cours d'Architecture qui comprend les Ordres de Vignole*. Zürich: gta, 1997 (Studien und Texte zur Geschichte der Architekturtheorie).

[Kähler 1898] Kähler, Otto August Johannes: *Einhundertundfünfzig Jahre des königlich preußischen Dragoner-Regiments Prinz Albrecht von Preußen (Litthauischen) Nr. 1. Seit seiner Errichtung am 1. Mai 1717 bis zum Jahre 1867. Nach urkundlichen Quellen*. unveränderter Abdruck der Ausgabe 1867. Berlin: Mittler, 1898.

[Kintzinger 2006] Kintzinger, Martin: Der Auftrag der Jungfrau. Das besetzte Frankreich im Hundertjährigen Krieg. In: Meumann, Markus (Hrsg.); Rogge, Jörg (Hrsg.): *Die besetzte Res publica. Zum Verhältnis von ziviler Obrigkeit und militärischer Herrschaft in besetzten Gebieten vom Spätmittelalter bis zum 18. Jahrhundert*. Münster: LIT-Verlag, 2006 (Herrschaft und soziale Systeme in der Frühen Neuzeit), S. 63–88.

[Kirn 1968] Kirn, Paul: *Einführung in die Geschichtswissenschaft*. 5. bearbeitete und ergänzte Auflage von Joachim Leuschner. Berlin et al.: Walter de Gruyter, 1968 (Sammlung Göschen).

[Klapheck 1915] Klapheck, Richard: *Die Baukunst am Nieder-Rhein*. Bd. 1. Düsseldorf: Kunst-Verein für die Rheinlande und Westfalen. Von der Baukunst des Mittelalters bis zum Ausgange des siebzehnten Jahrhunderts, 1915.

[Kleger 2006] Kleger, Heinz: *Toleranz und 'tolerantes Brandenburg'*. Münster: LIT-Verlag, 2006 (Region, Nation, Europa).

[Kleiber 1998] Kleiber, Wolfgang: Mosella Romana. Hydronymie, Toponymie und Reliktwortdistribution. In: Geuenich, Dieter (Hrsg.): *Die Franken und die Alemannen bis zur "Schlacht bei Zülpich" (496/97)*. Berlin, New York: Walter de Gruyter, 1998 (Ergänzungsbände zum Reallexikon der germanischen Altertumskunde), S. 130–155.

[Klempin und Kratz 1863] Klempin, Robert (Hrsg.); Kratz, Gustav (Hrsg.): *Matrikeln und Verzeichnisse der Pommerschen Ritterschaft vom XIV bis in das XIX Jahrhundert*. A. Bath, 1863. – Unveränderter Nachdruck der Ausgabe von 1863.

[Klesmann 2007] Klesmann, Bernd: *Bellum solemne. Formen und Funktionen europäischer Kriegserklärungen des 17. Jahrhunderts*. Mainz: Verlag Philipp von Zabern, 2007 (Veröffentlichungen des Instituts für Europäische Geschichte Mainz. Abteilung Universalgeschichte). – Zugleich: Dissertationsschrift (Universität Zürich), 2005.

[Klingebiel 2005] Klingebiel, Thomas: Die Hugenotten in der frühmodernen Migrationsgeschichte. In: Beneke, Sabine (Hrsg.): *Zuwanderungsland Deutschland – die Hugenotten. Ausstellungshalle des Deutschen Historischen Museums, 22. Oktober 2005 bis 12. Februar 2006*. Berlin: Deutsches Historisches Museum, 2005, S. 11–16.

[Kloosterhuis 1995] Kloosterhuis, Jürgen: Officiers, Cadets et Mousquetaires: Refugies in kurbrandenburgischen Diensten. In: *Zeitschrift für Heereskunde* (1995), Nr. 378, S. 128–137.

[Kämmerer 1978] Kämmerer, Jürgen: *Russland und die Hugenotten im 18. Jahrhundert (1689–1789)*. Wiesbaden: Harrassowitz, 1978 (Schriften zur Geistesgeschichte des östlichen Europa). – Zugleich: Dissertationsschrift (Universität München), 1976.

[Kneschke 1860] Kneschke, Ernst H. (Hrsg.): *Neues allgemeines deutsches Adels-Lexicon*. Bd. 2 (Bozepolski-Ebergassing). Leipzig: Friedrich Voigt, 1860.

[Kneschke 1861] Kneschke, Ernst H. (Hrsg.): *Neues allgemeines deutsches Adels-Lexicon*. Bd. 3 (Eberhard-Graffen). Leipzig: Friedrich Voigt, 1861.

[Kneschke 1863] Kneschke, Ernst H. (Hrsg.): *Neues allgemeines deutsches Adels-Lexicon*. Bd. 4 (Graffen-Kalau v. Kahlheim). Leipzig: Friedrich Voigt, 1863.

[Kneschke 1865] KNESCHKE, Ernst H. (Hrsg.): *Neues allgemeines deutsches Adels-Lexicon.* Bd. 6 (Loewenthal-Osorowski). Leipzig: Friedrich Voigt, 1865.

[Kneschke 1870] KNESCHKE, Ernst Heinrich (Hrsg.): *Neues allgemeines deutsches Adels-Lexicon. Steinhaus-Zwierlein.* Bd. 9. Leipzig: Friedrich Voigt, 1870.

[Knesebeck 1859] KNESEBECK, Friedrich Wilhelm Boldewin Ferdinand von dem: *Die Rittermatrikeln der Altmark nebst einer alphabetischen Uebersicht der Ritterschaft und der von derselben vertretenen Rittergüter.* Magdeburg: Gebrüder Heinrichshofen, 1859.

[Koß 1914] KOSS, Henning v.: *Die Schlachten bei St. Quentin (10.8.1557) und bei Gravelingen (13.7.1558). Nebst einem Beitrag zur Kenntnis der spanischen Infanterie im 16. Jahrhundert.* Berlin: Ebering, 1914. – Zugleich: Dissertationsschrift (Universität Gießen), 1914.

[Kogler 1904] KOGLER, Ferdinand: *Die legitimatio per rescriptum. Von Justinian bis zum Tode Karls IV.* Weimar: Böhlau Verlag, 1904.

[Kornmeier 2007] KORNMEIER, Martin: *Wissenschaftstheorie und wissenschaftliches Arbeiten. Eine Einführung für Wirtschaftswissenschaftler. Mit 3 Tabellen.* Heidelberg: Physica-Verlag, 2007 (BA kompakt).

[Kottmann 2009] KOTTMANN, Klaus: *Die Freimaurer und die katholische Kirche. Vom geschichtlichen Überblick zur geltenden Rechtslage.* Frankfurt am Main et al.: Peter Lang Verlag, 2009 (Adnotationes in ius canonicum). – Zugleich: Dissertationsschrift (Universität Bochum), 2008.

[Koziol 1965] KOZIOL, Klaus: *Kleine Chronik der St.-Petri-Kirche zu Berlin.* Berlin: Evangelische Verlags-Anstalt, 1965.

[Kraus und Calvet 1953] KRAUS, Johannes (Hrsg.); CALVET, Joseph (Hrsg.): *Fénelon. Persönlichkeit und Werk. Festschrift zur 300. Wiederkehr seines Geburtstages.* Baden-Baden: Verlag für Kunst und Wissenschaft, 1953.

[Kremnitz 1981] KREMNITZ, Georg: *Romanistische Arbeitshefte.* Bd. 23: *Das Okzitanische.* Tübingen: Niemeyer Verlag, 1981.

[Kriening 1991] KRIENING, Otto: Famille VERNEZOBRE(s). In: *Cahiers du Centre de Généalogie Protestante* 35 (1991), S. 151–156.

[Kristeller 1972] KRISTELLER, Paul Oskar: *Die Philosophie des Marsilio Ficino.* Frankfurt am Main: Klostermann Verlag, 1972 (Das Abendland).

[Kroeschell 2008] KROESCHELL, Karl: *UTB Rechtsgeschichte.* Bd. 1: *Deutsche Rechtsgeschichte: Bis 1250.* 13., überarbeitete Auflage. Köln; Weimar; Wien: Böhlau Verlag, 2008.

[Krünitz u. a. 1793] KRÜNITZ, Johann G.; FLÖRKE, Heinrich G.; KORTH, Johann Wilhelm D.: *Ökonomische Encyklopädie oder Allgemeines System der Staats-, Stadt-, Haus- und Landwirtschaft. Lahn-Landgut. In alphabetischer Ordnung.* Bd. 59. Berlin: Pauli, 1793.

[Kruse 2005] KRUSE, Wolfgang: *Die französische Revolution.* Paderborn; München; Wien; Zürich: Schöningh Verlag, 2005 (UTB Geschichte).

[Kruzik 2010] KRUZIK, Claudia: *Margarete von Österreich. Statthalterin der Niederlande und Tochter Kaiser Maximilians I. aus dem Blickwinkel der Korrespondenz mit ihrem Vater.* Wien, Universität Wien, Diplomarbeit, 2010.

[Kuhn 2003] KUHN, Thomas S.: *Die Struktur wissenschaftlicher Revolutionen.* 2., revidierte und um das Postskriptum von 1969 ergänzte Auflage; Sonderausgabe. Frankfurt am Main: Suhrkamp Verlag, 2003 (Suhrkamp Taschenbuch Wissenschaft).

[Kunst-Blatt 1820] ANONYMUS: Kunst-Blatt. Montag, 2. Oktober 1820. In: *Morgenblatt für gebildete Stände* 14 (1820), Oktober, Nr. 79, S. 315–316.

[Kutschera 1993] KUTSCHERA, Franz v.: *Die falsche Objektivität.* Berlin et al.: Walter de Gruyter, 1993 (Philosophie und Wissenschaft).

[La Barre de Raillicourt 1962a] La Barre de Raillicourt, Dominique de: *Les Titres pontificaux en France, du XVIe au XXe siècle, listes, notices, armorial*. Paris: chez l'auteur, 1962.

[La Barre de Raillicourt 1962b] La Barre de Raillicourt, Dominique de: *Les Titres pontificaux en France, du XVIe au XXe siècle, listes, notices, armorial. Blasons réalisés par Maria-Theresa Labarre de Raillicourt*. Paris: Chez l'auteur, 1962.

[La Barre de Raillicourt 1963–1967] La Barre de Raillicourt, Dominique de: *Titres réguliers des barons français contemporains. Titres français et étrangers portés par des Français, essai de répertoire et de classification avec listes, notices et armorial*. 4 Bde. Chez l'auteur, 1963–1967. – Armoiries réalisées par Maria-Teresa Labarre de Raillicourt.

[La Barre de Raillicourt 2004] La Barre de Raillicourt, Dominique de: *Les Titres authentiques de la noblesse en France. Dictionnaire raisonné*. Paris: Perrin, 2004. – Préface de Bertrand Galimard Flavigny.

[La Bigne de Villeneuve 1977] La Bigne de Villeneuve, Marcel de: *La Dérogeance de la noblesse sous l'Ancien régime*. Paris: Sedpols, 1977. – Thèse soutenue sous le titre: "Essai sur la théorie de la dérogeance de la noblesse considérée dans les rapports avec la constitution sociale de l'ancienne France" (Rennes), 1918.

[La Chesnaye-Desbois 1863a] La Chesnaye-Desbois, François Alexandre Aubert de: *Dictionnaire de la noblesse, contenant les généalogies, l'histoire & la chronologie des familles nobles de France, l'explication de leur armes, & l'état des grandes terres du royaume. Abadie-Audet*. Bd. 1. 3. Auflage. Paris: Schlesinger Frères, 1863.

[La Chesnaye-Desbois 1863b] La Chesnaye-Desbois, François Alexandre Aubert de: *Dictionnaire de la noblesse, contenant les généalogies, l'histoire & la chronologie des familles nobles de France, l'explication de leur armes, & l'état des grandes terres du royaume. Audibert-Bernardon*. Bd. 2. 3. Auflage. Paris: Schlesinger Frères, 1863.

[La Chesnaye-Desbois 1863–1876] La Chesnaye-Desbois, François Alexandre Aubert de: *Dictionnaire de la noblesse, contenant les généalogies, l'histoire & la chronologie des familles nobles de France, l'explication de leur armes, & l'état des grandes terres du royaume. Brancion-Chabot*. 3. Auflage. Paris: Schlesinger Frères, 1863–1876. – 19 Bde.

[La Chesnaye-Desbois 1864b] La Chesnaye-Desbois, François Alexandre Aubert de: *Dictionnaire de la noblesse, contenant les généalogies, l'histoire & la chronologie des familles nobles de France, l'explication de leur armes, & l'état des grandes terres du royaume. Bernardy-Brancher*. Bd. 3. 3. Auflage. Paris: Schlesinger Frères, 1864.

[La Chesnaye-Desbois 1864a] La Chesnaye-Desbois, François Alexandre Aubert de: *Dictionnaire de la noblesse, contenant les généalogies, l'histoire & la chronologie des familles nobles de France, l'explication de leur armes, & l'état des grandes terres du royaume. Brancion-Chabot*. Bd. 4. 3. Auflage. Paris: Schlesinger Frères, 1864.

[La Chesnaye-Desbois 1865] La Chesnaye-Desbois, François Alexandre Aubert de: *Dictionnaire de la noblesse, contenant les généalogies, l'histoire & la chronologie des familles nobles de France, l'explication de leur armes, & l'état des grandes terres du royaume. Doujat-Fèvre*. Bd. 7. 3. Auflage. Paris: Schlesinger Frères, 1865.

[La Chesnaye-Desbois 1866] La Chesnaye-Desbois, François Alexandre Aubert de: *Dictionnaire de la noblesse, contenant les généalogies, l'histoire & la chronologie des familles nobles de France, l'explication de leur armes, & l'état des grandes terres du royaume. Garreau-Guenant*. Bd. 9. 3. Auflage. Paris: Schlesinger Frères, 1866.

[La Chesnaye-Desbois 1867] La Chesnaye-Desbois, François Alexandre Aubert de: *Dictionnaire de la noblesse, contenant les généalogies, l'histoire & la chronologie des familles nobles de France, l'explication de leur armes, & l'état des grandes terres du royaume. Jablonowski-Levezou*. Bd. 11. 3. Auflage. Paris: Schlesinger Frères, 1867.

[La Chesnaye-Desbois 1868a] La Chesnaye-Desbois, François Alexandre Aubert de: *Dictionnaire de la noblesse, contenant les généalogies, l'histoire & la chronologie des familles nobles de France, l'explication de leur armes, & l'état des grandes terres du royaume. Levis-Malesset*. Bd. 12. 3. Auflage. Paris: Schlesinger Frères, 1868.

[La Chesnaye-Desbois 1868b] La Chesnaye-Desbois, François Alexandre Aubert de: *Dictionnaire de la noblesse, contenant les généalogies, l'histoire & la chronologie des familles nobles de France, l'explication de leur armes, & l'état des grandes terres du royaume. Malestroit-Montagnac*. Bd. 13. 3. Auflage. Paris: Schlesinger Frères, 1868.

[La Chesnaye-Desbois 1869a] La Chesnaye-Desbois, François Alexandre Aubert de: *Dictionnaire de la noblesse, contenant les généalogies, l'histoire & la chronologie des familles nobles de France, l'explication de leur armes, & l'état des grandes terres du royaume. Montagny-Noblet*. Bd. 14. 3. Auflage. Paris: Schlesinger Frères, 1869.

[La Chesnaye-Desbois 1869b] La Chesnaye-Desbois, François Alexandre Aubert de: *Dictionnaire de la noblesse, contenant les généalogies, l'histoire & la chronologie des familles nobles de France, l'explication de leur armes, & l'état des grandes terres du royaume. Noblet-Poisson*. Bd. 15. 3. Auflage. Paris: Schlesinger Frères, 1869.

[La Chesnaye-Desbois 1870] La Chesnaye-Desbois, François Alexandre Aubert de: *Dictionnaire de la noblesse, contenant les généalogies, l'histoire & la chronologie des familles nobles de France, l'explication de leur armes, & l'état des grandes terres du royaume. Poisson-Reviers*. Bd. 16. 3. Auflage. Paris: Schlesinger Frères, 1870.

[La Chesnaye-Desbois 1876] La Chesnaye-Desbois, François Alexandre Aubert de: *Dictionnaire de la noblesse, contenant les généalogies, l'histoire & la chronologie des familles nobles de France, l'explication de leur armes, & l'état des grandes terres du royaume. Tilly-Zur*. Bd. 19. 3. Auflage. Paris: Schlesinger Frères, 1876.

[La Marche 1825] La Marche, Oliver de: *Collection complète des Mémoires relatifs a l'Histoire de France*. Paris: Foucault, 1825. – augmentés d'un estat particulier de la maison du Duc Charles Le Hardy.

[La Mare 1722] La Mare, Nicolas de: *Traité de la police, où l'on trouvera l'histoire de son etablissement, les fonctions et les prerogatives de ses magistrats; toutes les loix et tous les reglemens qui la concernent*. Bd. 1. Seconde édition augmentée. Paris: Michel Brunet, 1722.

[La Plagne-Barris 1896] La Plagne-Barris, Cyprien: Seigneurs du Pays d'Angles. In: *Revue de Gascogne* 37 (1896), S. 246–254.

[La Rochejaquelein 1984] La Rochejaquelein, Marie-Louise-Victoire Marquise de: *Mémoires de la marquise de La Rochejaquelein, née Marie-Louise-Victoire de Donissan*. Édition présentée et annotée par André Sarazin. Paris: Mercure de France, 1984 (Le temps retrouvé).

[La Rochejaquelein 1814] La Rochejaquelein, Marie Louise Victorine de Donnissan de Lescure de: *Mémoires de Madame la marquise de La Rochejaquelein*. Bordeaux: Racle, 1814. – rédigés par M. le baron de Barante, avec deux cartes, dont l'une enluminée.

[La Roque 1972a] La Roque, Louis de: *Armorial de la noblesse de Languedoc. Généralité de Montpellier*. Réimpression de l'édition de Montpellier, 1860. Marseille: Laffite Reprints, 1972. – 2 Bde.

[La Roque 1972b] La Roque, Louis de: *Armorial de la noblesse de Languedoc. Généralité de Toulouse*. Réimpression de l'édition de Toulouse, 1863. Marseille: Laffite Reprints, 1972.

[La Roque und de Barthélemy 1865] La Roque, Louis de (Hrsg.); de Barthélemy, Edouard (Hrsg.): *Catalogue des gentilshommes de Languedoc (généralité de Montpellier): qui ont pris part ou envoyé leur procuration aux assemblées de la noblesse pour l'élection des députés aux Etats généraux de 1789*. Paris: A. Aubry, 1865.

[La Trémoïlle 1901] La Trémoïlle, Louis-Charles Duc de: *Souvenirs de la Révolution. Mes parents*. Paris: Société anonyme de publications périodiques, 1901.

[Labadie 1907] Labadie, Ernest: Notes et documents sur quelques Faïenceries et Porcelaineries de la Gascogne au XVIIIe siècle (Samadet, Bayonne, Saint-Maurice et Ligardes. Dax, Pontenx et Ciboure). In: *Revue de Gascogne* 7 (1907), S. 326–342.

[Lacombe 1999] Lacombe, Claude: *Jérôme de Périgueux. (1060?–1120) chapelain du Cid; évêque de Valence et de Salamanque; un moine-chevalier dans la Reconquista*. Périgueux: Fanlac, 1999.

[Lafage 2001] Lafage, Valérie: Montpellier et le siège de 1622. In: Cocula, Anne-Marie (Hrsg.); Boisson-Gabarron, Marie (Hrsg.): *Adhésion et résistances à l'état en France et en Espagne*. Pessac: Presses Universitaires de Bordeaux, 2001, S. 57–72.

[Lafont 1999] Lafont, Christophe: *Henri IV et Geoffroy de Vivans. Mémoires d'un fidèle serviteur*. Paris: Chez l'auteur, 1999.

[Lagarde 1861] Lagarde, Alphonse: Ancienne Eglise protestante de St-Berthoumieu (St-Barthélemy), en Agenais. In: *Bulletin de la Société de l'histoire du protestantisme français* 10 (1861), Aug.-Oct., Nr. 8, 9, 10.

[Lainé 1829] Lainé, Louis: *Archives généalogiques et historiques de la noblesse de France, ou Recueil de preuves, mémoires et notices généalogiques, servant à constater l'origine, la filiation, les alliances et les illustrations religieuses, civiles et militaires de diverses maisons et familles nobles du royaume*. Bd. 2. Paris: Louis Lainé, 1829.

[Lainé 1830] Lainé, Louis: *Archives généalogiques et historiques de la noblesse de France, ou Recueil de preuves, mémoires et notices généalogiques, servant à constater l'origine, la filiation, les alliances et les illustrations religieuses, civiles et militaires de diverses maisons et familles nobles du royaume*. Bd. 3. Paris: Louis Lainé, 1830.

[Lainé 1844a] Lainé, Louis: *Archives généalogiques et historiques de la noblesse de France, ou Recueil de preuves, mémoires et notices généalogiques, servant à constater l'origine, la filiation, les alliances et les illustrations religieuses, civiles et militaires de diverses maisons et familles nobles du royaume*. Bd. 9. Paris: Louis Lainé, 1844.

[Lainé 1844b] Lainé, Louis: *Généalogie de la maison Salignac-Fénelon. Extraite du neuvième volume des Archives généalogiques et historiques de la noblesse de France*. Paris: Hauquelin et Bautruche, 1844.

[Lainé 1846] Lainé, Louis: *Archives généalogiques et historiques de la noblesse de France, ou Recueil de preuves, mémoires et notices généalogiques, servant à constater l'origine, la filiation, les alliances et les illustrations religieuses, civiles et militaires de diverses maisons et familles nobles du royaume*. Bd. 10. Paris: Louis Lainé, 1846.

[Lainé 1850] Lainé, Louis: *Archives généalogiques et historiques de la noblesse de France, ou Recueil de preuves, mémoires et notices généalogiques, servant à constater l'origine, la filiation, les alliances et les illustrations religieuses, civiles et militaires de diverses maisons et familles nobles du royaume*. Bd. 11. Paris: Louis Lainé, 1850.

[Lainé s. a.] Lainé, Louis: *Du Pouget de Nadaillac*. s. l.: s. ed., s. a.

[Lallier 1890] Lallier, Joseph-Armand: *De la Propriété des noms et des titres. Origine des noms et des titres, procédure des changements de noms, protection de la propriété des noms et des titres, du nom commercial*. Paris: A. Giard, 1890.

[Lalou 1999] Lalou, Elisabeth: *Philippe IV. der Schöne*. Bd. 6. S. 2061–2063. Siehe (LdMA 1999).

[Lamartine und Virieu 1987a] Lamartine, Alphonse d.; Virieu, Aymon d.; Morin, Marie-Renée (Hrsg.): *Correspondance Alphonse de Lamartine – Aymon de Virieu*. 2 Bde. Paris: Presses Universitaires de France, 1987.

[Lamartine und Virieu 1987b] Lamartine, Alphonse d.; Virieu, Aymon d.; Morin, Marie-Renée (Hrsg.): *Correspondance Alphonse de Lamartine – Aymon de Virieu. 1816–1820*. Bd. 2. Paris: Presses Universitaires de France, 1987.

[Lambert 1862] Lambert, Charles Godefroy Alphonse: *Catalogue descriptif et raisonné des manuscrits*. Bd. 2. Carpentras: E. Rolland, 1862.

[Lambert 1990] Lambert, Jean-Louis: Rabelais en Agenais. In: *Les amis de Rabelais et de la Devinière* 4 (1990), Nr. 9, S. 348–349.

[Lambertus Ardensis 2001] Lambertus Ardensis: *The history of the counts of Guines and lords of Ardres*. Pennsylvania: University of Pennsylvania Press, 2001 (Middle Ages series). – Translated with an introduction by Leah Shopkow.

[Landré 1888] Landré, Charles: Les réfugiés huguenots dans la Guyane hollandaise. In: *Bulletin de la commission pour l'histoire des Églises Wallonnes* 3 (1888), S. 357–360.

[Langeron 1960] Langeron, Roger: *Decazes, ministre du roi*. Paris: Hachette, 1960.

[Langloix 1742] Langloix, Simon-François: *Principes généraux de la coutume de Paris, Où les Articles du Texte, & les Ordonnances qui y ont rapport, sont rangés dans un ordre méthodique, pour en faciliter l'usage*. Seconde édition, revûë, corrigée & augmentée. Paris: Prault père, 1742.

[Lauer 1911] Lauer, Philippe: *Bibliothèque Nationale. Collections Manuscrites sur l'histoire des Provinces de France. Inventaire*. Bd. 2 (Périgord-Vexin. Paris: Ernest Leroux, 1911.

[Laurière 1777] Laurière, Eusèbe-Jacques de: *Texte des coutumes de la prévoté et vicomté de Paris*. Paris: Nyon, 3 Bde. 1777. – "Avec approbation, & privilege du Roi" – "Avec beaucoup de notes nouvelles, trouvées après son decès, lesquelles ont pour objet principal de faire connoître le sens & l'esprit de chaque article.".

[Lauzun 1984] Lauzun, Philippe: *Lauzun en Agenais. Son Château, ses Seigneurs, son Eglise, son Histoire*. Villeneuve-sur-Lot: Louis Moulinie, 1984. – Réimpression de la Revue de l'Agenais (Bulletin de la Société Académique d'Agen).

[Lauzun 1900] Lauzun, Philippe: La société académique d'Agen. In: *R.T.S.A.* 14 (1900), S. 1–359.

[Lauzun 1906] Lauzun, Philippe: Armorial du Bordelais. In: *Revue de l'Agenais et des anciennes provinces du Sud-Ouest* 33 (1906), S. 183–185.

[Lawler 2002] Lawler, Michael G.: *Marriage and the Catholic Church: disputed questions*. Collegeville, Minnesota: Liturgical Press, 2002.

[Lüdicke 1933] Lüdicke, Reinhard: *Veröffentlichungen der Historischen Kommission für die Provinz Brandenburg und die Reichshauptstadt Berlin*. Bd. 1: *Geschichte der Berliner Stadtgrundstücke seit der Einführung der Grundbücher Ende des 17. Jahrhunderts nach den Hypotheken- und Grundbüchern. Berlin nr. 1–276 = Stralauer-, Königs-, Neue Friedrichs- und Burgstraße*. Berlin: Gsellius, 1933.

[LdMA 1999] LdMA: *Lexikon des Mittelalters*. Stuttgart, Weimar: J.B. Metzler, 6 Bde. 1999.

[Le Breton 1880] Le Breton, Charles: L'Avranchin pendant la guerre de cent ans, 1346–1450. In: *Mémoires de la Société des Antiquaires de Normandie* 30 (1880), S. 12–172.

[Le Corfec 2012] Le Corfec, Jean-Michel: *Visiter Jonzac*. Bordeaux: Éditions Sud-Ouest, 2012.

[Le Hardy 1912] Le Hardy, Gaston: *Du Principe aristocratique, de la noblesse et des noms patronymiques*. Nouvelle édition, corrigée et augmentée d'après les notes de l'auteur. Caen: L. Jouan, 1912.

[Le Pas de Secheval 1994] Le Pas de Secheval, chevalier Jean: Noblesse et nationalité. In: d'Acoz, Henri d'Udekem (Hrsg.); Hoogstoel-Fabri, Christiane (Hrsg.); Win, Paul de (Hrsg.): *Le droit nobiliaire et le Conseil héraldique (1844–1994)*. Bruxelles: Maison Larcier, 1994, S. 201–214.

[Le Roy 1769] Le Roy, Pierre Louis: *Erzählung der Begebenheiten vier rußischer Matrosen, die durch einen Sturm bis zur wüsten Insel Ost-Spitzbergen verschlagen worden, auf welcher sie sechs Jahre und drey Monate verlebt haben: Nebst einigen Anmerkungen über verschiedene in Rußland eingeführte Gewohnheiten, und über Sachen, welche die Religion dieses Landes betreffen*. Riga; Mietau: Johann Friedrich Hartknoch, 1769.

[Le Roy 1778] Le Roy, Pierre Louis: Kap. A Narrative of the extraordinary Adventures of four Russian Sailors, who were cast away on the Desert Island of East-Spitzberger, S. 150–160. In: Burke, Edmund (Hrsg.): *The Annual Register or a View of the History, Politics and Literature for the Year 1774*. London: J. Dodsley, 1778. – ins Englische übertragen von Sir Joseph Banks.

[Le Roy Ladurie 2001] Le Roy Ladurie, Emmanuel: *Saint-Simon and the court of Louis XIV*. Chicago et al.: University Chicago Press, 2001. – with the collaboration of Jean-François Fitou.

[Ledebur 1855] Ledebur, Leopold Freiherr v.: *Adelslexicon der Preussischen Monarchie*. Bd. 2 (L-S). Berlin: Ludwig Rauh Verlag, 1855.

[Lee 1936] Lee, Grace L.: *The Huguenot settlements in Ireland*. London et al.: Longmans, Green, 1936.

[Lee 2001] Lee, Sang-In: *Anamnesis im Menon. Platons Überlegungen zu Möglichkeit und Methode eines den Ideen gemäßen Wissenserwerbes*. Frankfurt am Main et al.: Peter Lang Verlag, 2001 (Europäische Hochschulschriften). – Zugleich: Dissertationsschrift (Universität Marburg), 1997.

[Leesch 1992] Leesch, Wolfgang: *Die deutschen Archivare 1500–1945. Biographisches Lexikon*. Bd. 2. München et al.: Saur, 1992.

[Lefebvre 1766] Lefebvre, N.N.: *Histoire generale et particuliere de la ville de Calais, et du Calaisis, ou pays reconquis: précédée de l'histoire des Morins, ses plus anciens habitans*. Paris: G.F. de Bure le jeune, 1766.

[Leflaive 1947] Leflaive, Anne: *Stéphanie de Virieu*. Paris: Editions du Pavois, 1947.

[Legardeur de Tilly 1891] Legardeur de Tilly, Hippolyte: La Saintonge sous la domination anglaise. In: *Bulletin de la Société archéologique et historique de la Charente* 1 (1891), S. 225–231.

[Lehmann 1889] Lehmann, Gustav: Zum 24. April 1889. Geschichte der Stiftung und der Formation des 1. Brandenburgischen Dragoner=Regiments Nr. 2 1689–1697. In: *Militär-Wochenblatt* 36 (1889).

[Lehr 1901] Lehr, Henry: *Les Protestants d'autrefois: vie et institutions militaires: les armées Huguenotes sous l'édit de Nantes aprés la révocation*. Paris: Librairie Fischbacher, 1901.

[Lenglet Du Fresnoy 1713] Lenglet Du Fresnoy, Nicolas: *Méthode pour étudier l'histoire: Où après avoir établi les principes & l'ordre qu'on doit tenir la lire utilement, on fait les remarques nécessaires pour ne se pas laisser tromper dans sa lecture: avec un catalogue des principaux historiens, & des remarques critiques sur la bonté de leurs ouvrages, & sur le choix des meilleures éditions*. Bd. 2 Bde. Paris: Jean Musier, 1713.

[Lenz und Mattheier 2005] LENZ, Alexandra N. (Hrsg.); MATTHEIER, Klaus J. (Hrsg.): *Variolingua*. Bd. 24: *Varietäten-Theorie und Empirie*. Frankfurt am Main u.a.: Peter Lang Verlag, 2005.

[Leonard 1966] LEONARD, Emile G.: *A history of protestantism. The Establishment*. Bd. 2. Thomas Nelson & Sons, 1966. – Originally published as "Histoire génèrale du protestantisme", Paris, Presses Universitaires, 1961.

[Lepingard 1894] LEPINGARD, Édouard: Etude sur les de Fortescu français. In: *Notice Mémoires et Documents* 12 (1894), S. 131–152.

[Les Cronicques de Normendie 1881] HELLOT, Amédée (Hrsg.): *Les Cronicques de Normendie (1223–1493)*. Rouen: C. Métérie, 1881.

[Leuenberger 1996] LEUENBERGER, Martin: *Frei und gleich ... und fremd. Flüchtlinge im Baselgebiet zwischen 1830–1880*. Liestal: Verlag des Kantons Basel-Landschaft, 1996 (Quellen und Forschungen zur Geschichte und Landeskunde des Kantons Basel-Landschaft).

[Leuridan 1897] LEURIDAN, Théodore: Statistique féodale du département du Nord: la Châtellenie de Lille (limitée à l'arrondissement actuel). In: *Bulletin de la Commission historique du département du Nord* 20 (1897), S. 1–232.

[Levantal 1996] LEVANTAL, Christophe: *Ducs et pairs et duchés-pairies laïques à l'époque moderne (1519–1790). Dictionnaire prosopographique, généalogique, chronologique, topographique et heuristique*. Paris: Maisonneuve & Larose, 1996 (Collections Mémoires de France). – Zugleich: Dissertationsschrift (Université Paris IV), 1992 unter dem Titel: Prosopographie et histoire des institutions, les ducs et pairs et les duchés-pairies laïques, 3 avril 1519–19/23 juin 1790.

[Levasseur 2006] LEVASSEUR, Michel: *Histoire des d'Albret et des rois de Navarre*. Biarritz et al.: Atlantica, 2006.

[Lever 1998] LEVER, Maurice: *Marquis de Sade. Die Biographie*. München: DTV, 1998. – aus dem Französischen von Wolfram Bayer, Dieter Hornig, Günther Seib und Josef Winiger.

[Levesque 1866] LEVESQUE, Alfred: *Du droit nobiliaire français au XIXe siècle*. Paris: H. Plon, 1866.

[Levoir und Pirez 1994] LEVOIR, Baptiste; PIREZ, Marie-Anne: *Les Ferrand ou Ferrant*. 2. Auflage. Paris: Archives & Culture, 1994 (Les dictionnaires patronymiques).

[Lewis 1985] LEWIS, Peter S.: Decayed and non-feudalism in later medival France. In: LEWIS, Peter S. (Hrsg.): *Essays in later medieval French history*. London et al.: Hambledon Press, 1985 (History series), S. 41–68.

[Lezeau 2007] LEZEAU, Nicolas Lefèvre sieur de: *La vie de Michel de Marillac (1560–1632). Garde des sceaux de France sous Louis XIII*. Québec: Presses de l'Université Laval, 2007.

[Liebs 2004] LIEBS, Detlef: *Römisches Recht*. 6. vollständig überarbeitete Auflage. Göttingen: Vandenhoeck & Ruprecht, 2004 (UTB).

[Lignereux 2003] LIGNEREUX, Yann: *Lyon et le roi de la "Bonne Ville" à l'absolutisme municipal (1594–1654)*. Seyssel: Champ Vallon, 2003 (Époques).

[Ligou und Joutard 1977] LIGOU, Daniel; JOUTARD, Philippe: Les Deserts (1685–1800). In: MANDROU, Robert (Hrsg.): *Histoire des protestants en France*. Toulouse et al.: Privat, 1977 (Univers de la France et des pays francophones), S. 189–215.

[Lindgren 1968] LINDGREN, Torgny: The first Swedish Bank Notes. In: *Revue international d'histoire de la banque* 1 (1968), S. 402–408.

[Linsingen 2012] Linsingen, Detlev Freiherr v.: *Die Königlich Westphälischen Baronate und die Entstehung und Entwicklung des Adels. Ein Beitrag zu aktuellen Themen des historischen deutschen Adels*. Augsburg: s. ed., 2012.

[Lion 1903] Lion, Henri: *Un Magistrat homme de lettres au XVIIIe, le président Hénault*. Paris: Plon-Nourrit, 1903.

[Livingstone und Witzel 2005] Livingstone, Marilyn; Witzel, Morgen: *The road to Crécy. The English invasion of France, 1346*. Harlow et al.: Pearson Longman, 2005.

[Lély 1961] Lély, Gilbert: *Leben und Werk des Marquis de Sade*. 2. Auflage. Karl Rauch, 1961.

[Lôo 2005] Lôo, Jean-François: *La Famille de Virieu. Un millénaire en dauphiné*. s. l.: Éditions Lettre de France, 2005. – Préfaces de Raoul, marquis de Virieu, et d'Olivier Auriol de Bussy.

[Lodge 1859] Lodge, Edmund: *The genealogy of the existing British peerage and baronetage, containing the family histories of the nobility. With the arms of the peers*. New and enlarged edition. London: Hurst and Blackett, 1859.

[Lombard 1969] Lombard, Alfred: *L'Abbé Du Bos. Un initiateur de la pensée moderne (1670–1742)*. Genève: Slatkine, 1969. – Réimpression: Paris, 1913.

[Lorenz 1994] Lorenz, Ulrich: *Das Projekt der Ideologie. Studien zur Konzeption einer "ersten Philosophie" bei Destutt de Tracy*. Stuttgart-Bad Cannstatt: Frommann-Holzboog, 1994 (Quaestiones).

[Losch 1934] Losch, Philipp: Langallerie und Bernold. Die Nebenfrauen des Landgrafen Carl von Hessen-Kassel. In: *Zeitschrift des Vereins für hessische Geschichte und Landeskunde* 59/60 (1934), S. 141–160.

[Lot und Fawtier 1958] Lot, Ferdinand; Fawtier, Robert: *Histoire des Institutions Francaises au Moyen Age. Institutions royales, les droits du Roi exercés par le Roi*. Bd. 2. Paris: Presses Universtaires de France, 1958.

[Lotter 2003] Lotter, Friedrich: *Völkerverschiebungen im Ostalpen-Mitteldonau-Raum zwischen Antike und Mittelalter (375–600)*. Berlin, New York: Walter de Gruyter, 2003 (Ergänzungsbände zum Reallexikon der germanischen Altertumskunde). – unter Mitarbeit von Rajko Bratož.

[Lottes 2006] Lottes, Günther: Versailles und Potsdam. In: Lottes, Günther (Hrsg.): *Hofkultur und aufgeklärte Öffentlichkeit. Potsdam im 18. Jahrhundert im europäischen Kontext*. Berlin: Akademie-Verlag, 2006, S. 13–28.

[Lüthy 1999] Lüthy, Herbert: *Les réimpressions des Éditions de l'École des hautes études en sciences sociales*. Bd. 1: *La banque protestante en France. De la Révocation de l'Édit de Nantes à la Révolution*. Paris: École des hautes études en sciences sociales, 1999.

[Lubis 1848] Lubis, F.-P. (Initialien nicht auflösbar): *Histoire de la Restauration*. Bd. 5. 2. Auflage. Parent-Desbarres, 1848.

[Luhmann 1973] Luhmann, Niklas: *Zweckbegriff und Systemrationalität. Über die Funktion von Zwecken in sozialen Systemen*. Frankfurt am Main: Suhrkamp Verlag, 1973.

[Luhmann 2002] Luhmann, Niklas: *Die Religion der Gesellschaft*. Frankfurt am Main: Suhrkamp Verlag, 2002 (Suhrkamp-Taschenbuch Wissenschaft). – herausgegeben von André Kieserling.

[Lur-Saluces 1855] Lur-Saluces, Henri de: *Notice généalogique sur la maison de Lur, suivie d'un Précis historique sur les derniers marquis de Saluces, et sur la cession du marquisat de Saluces à la France en 1560*. Bordeaux: Imprimerie de Durand, 1855.

[Lustrac 1940] Lustrac, Jean de: *Baron de Lustrac. Généalogie de la famille de Lustrac. Guyenne et Gascogne*. Bergerac: Imprimerie générale du Sud-Ouest, 1940.

[Luzacs 1789] Luzacs, Elias: *Betrachtungen über den Ursprung des Handels und der Macht der Holländer, die allmählige Zunahme ihres Handels Und ihrer Schiffahrt; die Wirkende Ursachen ihres Wachsthums und ihrer Abnahme; und die Mittel sie wieder zu heben, und zu ihrem ehemaligen Flor zu bringen*. Bd. 2. Nach der neuen veränderten, vermehrten und verbesserten holländischen Ausgabe des Reichtums von Holland ins Deutsche übersetzt. Greifswald: Anton Ferdinand Röse, 1789.

[Maas 1957] Maas, Paul: *Textkritik*. 3. verbesserte und vermehrte Auflage. Leipzig: B.G. Teubner Verlagsgesellschaft, 1957.

[MacDougall 2001] MacDougall, Norman: *An antidote to the English. The auld alliance, 1295–1560*. East Linton: Tuckwell Press, 2001 (The Scottish history matters series).

[Magen 1882] Magen, Adolphe: Deux montres d'armes du XVIe siècle (1568–1569). In: *Revue de l'Agenais et des anciennes provinces du Sud-Ouest* 9 (1882), S. 369–385.

[Magen 1887] Magen, Adolphe: *Faits d'armes de Geoffroy de Vivant publiès d'après le manuscrit original*. Agen: Michel & Médan, 1887.

[Magen und Tholin 1886] Magen, Adolphe; Tholin, Georges: Madame la Comtesse Marie de Raymond. In: *Revue de l'Agenais et des anciennes provinces du Sud-Ouest* 13 (1886), S. 276–288.

[Magnitot 1866] Magnitot, Albin Le Rat de: *De l'assistance et de l'extinction de la mendicité*. Paris: Firmin Didot Frères, 1866.

[Magnou-Nortier 1997] Magnou-Nortier, Elisabeth: Remarques sur la genèse du Pactus Legis Salicae et sur le privilège d'immunité (IVe–VIIe siècles). In: Rouche, Michel (Hrsg.): *Clovis. Histoire et mémoire. Le baptême de Clovis, l'événement* Bd. 1. Paris: Presses de l'Université de Paris-Sorbonne, 1997, S. 495–536.

[Magny 1861] Magny, Louis Vicomte de: *La Science du Blason Accompagnée d'un Armorial Général des Familles Nobles de l'Europe*. Paris: L'Institut Héraldique, 1861.

[Magny 2004] Magny, Louis Vicomte de: *Armorial des princes, ducs, marquis, barons et comtes romains en France, créés de 1815 à 1890, et des titres pontificaux conférés en France par les papes, souverains du Comtat-Venaissin*. Bd. 1. Versailles: Rééditions Mémoire et Documents, 2004. – Reproduction de l'édition de Paris: Archives de la noblesse, 1890.

[Magny 1869] Magny, Claude Drigon Marquis de: *De la Répression des usurpations de noms et titres de noblesse. Jurisprudence nobiliaire*. 3e édition. Paris: Librairie du "Petit journal", 1869.

[Magny 1858] Magny, Louis Vicomte de: *Le nobiliaire universel ou recueil général des généalogies historiques et véridiques des maisons nobles de l'Europe*. Bd. 5. Paris: Institut Héraldique, 1858.

[Magny s. a.] Magny, Louis Vicomte de: *Généalogie de la maison de Sorbier*. Paris: s. ed., s. a.. – Extrait du Nobiliaire universel. 2e vol., 1855.

[Mahul 1857] Mahul, Alphonse J.: *Cartulaire et archives des communes de l'ancien diocèse et de l'arrondissement administratif de Carcassonne Villes, Villages, Eglises, Abbayes, Prieurés, Chateaux, Seigneuries, Fiefs, Généalogies, Blasons, Métairies, Liex batis. – Quarties ruraux, Notes statistiques*. Bd. 1. Paris: Didron et al., 1857.

[Maison de Gastebois 1890] Anonymus: *Généalogie de la Maison de Gastebois*. Versailles: Cerf et fils, 1890.

[Malettke 1980] Malettke, Klaus: Ämterkauf und soziale Mobilität. Probleme und Fragestellungen vergleichender Forschung. In: Malettke, Klaus (Hrsg.): *Ämterkäuflichkeit.*

Aspekte sozialer Mobilität im europäischen Vergleich (17. und 18. Jahrhundert; internationales Colloquium in Berlin (1.–3. November 1978) veranstaltet im Rahmen des Forschungsprojektschwerpunktes "Soziale Mobilität im frühmodernen Staat: Bürgertum und Ämterwesen" am Fachbereich Geschichtswissenschaften der Freien Universität Berlin. Berlin: Colloquium Verlag, 1980 (Einzelveröffentlichungen der Historischen Kommission zu Berlin), S. 3–30. – unter der Mitarbeit von Adolf M. Birke.

[Marboutin 1917] MARBOUTIN, Jean-Raoul: Bibliographie. In: *Revue de l'Agenais et des anciennes provinces du Sud-Ouest* 44 (1917), S. 406–411.

[Marion 1976] MARION, Marcel: *Dictionnaire des institutions de la France aux XVIIe et XVIIIe siècles.* Paris: Picard, 1976. – Réimpression de l'édition originale de 1923.

[Markale 1994] MARKALE, Jean: *Isabeau de Bavière. Die Wittelsbacherin auf Frankreichs Thron.* München: Diederichs Verlag, 1994. – Aus dem Französischen übersetzt von Wieland Grommes.

[Markham 2008] MARKHAM, J. D.: *The road to St Helena. Napoleon after Waterloo.* Barnsley: Pen & Sword Military, 2008.

[Marmier 1882] MARMIER, Gaston Marie: De l'origine du monastère de Sarlat. In: *Bulletin de la Société historique et archéologique du Périgord* 9 (1882), S. 542–546.

[Marmier 1884] MARMIER, Gaston Marie: Le Chartrier du Monastère de Sarlat, IXe, X^{e}, XIe, XIIe Siècles. In: *Bulletin de la Société historique et archéologique du Périgord* 11 (1884), S. 450–481.

[Marsac 1972] MARSAC, Marthe: La Châtellenie et les seigneurs de Montcuq (suite et fin). In: *Bulletin de la Société Historique et Archéologique du Périgord* 99 (1972), S. 71–79.

[Marsay 1977] MARSAY, Jacques-Marie-Joseph Vicomte de: *De l'âge des privilèges au temps des vanités. Essai sur l'origine et la valeur des prétentions nobiliaires. Préface par M. le Duc de Lévis Mirepoix. Avec en outre un supplément en réponse à quelques critiques.* Paris: Editions Contrepoint, 1977.

[Martin 1991] MARTIN, Georges: *Histoire et Genealogie de la Maison de Segur.* La Ricamairie, Lyon: Chez l'Auteur, 1991.

[Martin 2005] MARTIN, Georges: *Histoire et généalogie de la maison de Montesquiou.* Lyon: Imprimerie Sud Offset, 2005.

[Martin 1865] MARTIN, Henri: *Histoire de France: depuis les temps les plus reculés jusqu'en 1789.* Bd. 9. 4. Auflage. Paris: Furne, 1865.

[Martin und Lecocq 1977] MARTIN, Henri-Jean; LECOCQ, Anne-Marie: *Centre de recherches d'histoire et de philologie de la 4e section de l'École pratique des Hautes Etudes.* Bd. 1: *Les Registres du libraire Nicolas (1645–1668).* Genève: Droz et al., 1977.

[Martin 2001] MARTIN, Jochen: *Spätantike und Völkerwanderung.* 4. Auflage. München: Oldenbourg Verlag, 2001. – Unveränderter Nachdruck der 3., überarbeiteten und erweiterten Auflage von 1995.

[Märtl 1996] MÄRTL, Claudia: *Kardinal Jean Jouffroy (1473). Leben und Werk.* Sigmaringen: Thorbecke, 1996 (Beiträge zur Geschichte und Quellenkunde des Mittelalters). – Zugleich: Habilitationsschrift (Universität Regensburg), 1994.

[Marzagalli 2000] MARZAGALLI, Silvia: De Grateloup à l'Elysée, en passant par Bordeaux: ascension sociale et mobilité de la famille Beaujon aux XVIIe–XVIIIe siècles. In: MARZAGALLI, Silvia (Hrsg.); BONIN, Hubert (Hrsg.): *Négoce, ports et océans, XVIe–XXe siècles: Mélanges offerts à Paul Butel.* Pessac: Presses universitaires de Bordeaux, 2000 (La mer au fil des temps), S. 15–28.

[Marzin 2001] Marzin, Gisela: "Das süße Gefühl, Gutes gestiftet zu haben". Erste Frauenvereine in Dinslaken. In: Marzin, Gisela (Hrsg.); Lauhof, Marianne (Hrsg.): *Der andere Blick. FrauenLeben in Dinslaken*. Essen: Klartext-Verlag, 2001 (Dinslakener Beiträge zur Geschichte und Volkskunde), S. 64–65.

[Massaloux 1989] Massaloux, Jean-Paul: *La Régie de l'enregistrement et des domaines aux XVIIIe et XIXe siècles*. Paris: H. Champion, 1989 (Hautes études médiévales et modernes).

[Massiou] Massiou, Daniel: *Histoire politique, civile et religieuse de la Saintonge et de l'Aunis depuis les premiers temps historiques jusqu'à nos jours*. Bd. 1. Paris: E. Pannier.

[Massip 1891] Massip, Lucien: *Histoire de la Ville et des Seigneurs de Cancon en Agenais. Depuis les Temps les Plus Reculés Jusqu'en 1789*. Agen: MM. Michel et Medan, 1891.

[Masson 1703] Masson, Alexandre: *Coutume de Paris, mise en nouvel ordre, avec des nottes et conférences*. Paris: G. Cavelier et M. Brunet, 1703.

[Mathan 2002] Mathan, Anne de (Hrsg.): *Mémoires de Terreur: l'an II à Bordeaux*. Pessac: Presses universitaires de Bordeaux, 2002 (Mémoires vives).

[Maubourguet 1988] Maubourguet, Jean: *Sarlat et le Périgord méridional. Le Périgord méridional des origines à l'an 1370. Étude d'histoire politiaque et religieuse*. Bd. 1. Bayac: Éditions du Roc de Bourzac, 1988. – Reproduction en fac-similé de "Le Périgord méridional des origines à l'an 1370", Cahors, Imprimerie A. Coueslant, 1926.

[Mauduit 1959] Mauduit, Henri: Bernard Chérin, 1718–1785. In: *Les Cahiers Haut-Marnais* 56 (1959), Nr. 1, S. 4–24.

[Mayer-Lübke 1935] Mayer-Lübke, Wilhelm (Hrsg.): *Romanisches Etymologisches Wörterbuch*. 3. vollständig neubearbeitete Auflage. Heidelberg: Carl Winter Universitätsbuchhandlung, 1935 (Sammlung romanischer Elementar- und Handbücher).

[Mazeau 1980] Mazeau, Roland: *La vie de Monseigneur Alain de Solminihac, Abbé de Chancelade, Évêque de Cahors 1593–1659*. Périgueux: Fanlac, 1980.

[Mazet 1898] Mazet, Fernand: Étude sur les status, actes des consuls & délibérations de jurade de la commune et juridiction de Villeneuve – d'Agenois (de Juin 1260 à Octobre 1785), Suite. In: *Revue de l'Agenais et des anciennes provinces du Sud-Ouest* 25 (1898), S. 478–488.

[Mecklenburg 2006] Mecklenburg, Michael: Väter und Söhne im Mittelalter: Perspektiven eines Problemfeldes. In: Keller, Johannes (Hrsg.); Mecklenburg, Michael (Hrsg.); Meyer, Matthias (Hrsg.): *Das Abenteuer der Genealogie: Vater-Sohn-Beziehungen im Mittelalter*. Göttingen: V&R unipress, 2006 (Aventiuren), S. 9–38.

[Meier 2007] Meier, Brigitte: *Friedrich Wilhelm II. König von Preußen (1744–1797). Ein Leben zwischen Rokoko und Revolution*. Regensburg: Pustet, 2007.

[Meller 1896] Meller, Pierre: *Les anciennes familles dans la Gironde*. Bd. 2. Bordeaux: Vve Riffaud, 1896.

[Meller 1900] Meller, Pierre: Pelet-Narbonne et Narbonne-Pelet. In: *L'intermédiaire des chercheurs et curieux* 42 (1900), S. 154–156.

[Meller 1902] Meller, Pierre: *Les familles protestantes de Bordeaux: d'après les registres de l'état civil avant 1793*. Bordeaux: Vve Riffcaud, 1902.

[Meller 1909] Meller, Pierre: L'état-civil des familles Bordelaises avant la révolution d'après les registres paroissiaux (suite et fin). In: *Revue historique de Bordeaux* 2 (1909), Janvier-Février, Nr. 1, S. 103–118.

[Meller 1978] Meller, Pierre: *Armorial du Bordelais. Sénéchaussées de Bordeaux, Bazas et Libourne*. Marseille: Laffite Reprints, 3 Bde. 1978. – Reprint der Ausgabe von 1906, erschienen bei H. Champion, Paris und Féret & Fils, Bordeaux.

[Menache 1998] MENACHE, Sophia: *Celement V*. Cambridge: Cambridge University Press, 1998 (Cambridge studies in medieval life and thought).

[Merlin 1828] MERLIN, Philippe Antoine: *Répertoire universel et raisonné de jurisprudence*. Bd. 32. 5. édition, réduite aux objets dont la connaissance peut encore être utile. Bruxelles: H. Tarlier, 1828.

[Mertens 2003] MERTENS, Melanie: *Berliner Barockpaläste. Die Entstehung eines Bautyps in der Zeit der ersten preußischen Könige*. Berlin: Gebrüder Mann Verlag, 2003 (Berliner Schriften zur Kunst). – Zugleich: Dissertationsschrift (Freie Universität Berlin), 1999.

[Meschwitz 1907] MESCHWITZ, Heinrich: *Geschichte des Königlich Sächsischen Kadettenund Pagen-Korps von dessen Begründung bis zur Gegenwart*. Dresden: Damm, 1907.

[Mesenhöller 2005] MESENHÖLLER, Mathias: Entwicklungspotentiale und -grenzen des Adelsparlamentarismus am Beispiel des polnischen Lehnsherzogtums/russischen Gouvernements Kurland. In: GEHRKE, Roland (Hrsg.): *Aufbrüche in die Moderne. Frühparlamentarismus zwischen altständischer Ordnung und monarchischem Konstitutionalismus (1750–1850): Schlesien – Deutschland – Mitteleuropa*. Köln; Weimar; Wien: Böhlau Verlag, 2005 (Neue Forschungen zur schlesischen Geschichte), S. 317–332.

[Metzke 2002] METZKE, Hermann: Genealogie. Vergangenheit – Gegenwart. In: *Genealogie* 51 (2002), S. 193–208.

[Meyer 1997] MEYER, Frédéric: *Pauvreté et assistance spirituelle les Franciscains récollets de la province de Lyon aux XVIIe et XVIIIe siècles*. Saint-Etienne: Publications de l'Université de Saint-Etienne, 1997. – Teilweise zugleich: Dissertationsschrift (Universität Lyon), 1995.

[Meyer 1966] MEYER, Paul M.: *Der Römische Konkubinat nach den Rechtsquellen und den Inschriften*. Neudruck der Ausgabe Leipzig 1895. Aalen: Scientia Verlag, 1966.

[Michaud 1827] MICHAUD, Louis-Gabriel (Hrsg.): *Biographie universelle, ancienne et moderne ou histoire, par ordre alphabétique, de la vie publique et privée de tous les hommes qui se sont fait remarquer par leurs écrits, leurs actions, leurs talents, leurs vertus ou leurs crimes; ouvrage entièrement neuf rédigé par une société de gens de lettres et de savants. TS-VAT*. Bd. 47. Paris: L. G. Michaud, 1827.

[Michel 1862] MICHEL, Francisque: *Les Écossais en France, les Français en Écosse*. Bd. 1. Londres: Trübner, 1862.

[Migliazzo 2007] MIGLIAZZO, Arlin C.: *To make this land our own: community, identity, and cultural adaptation in Purrysburg Township, South Carolina, 1732–1865*. Columbia, South Carolina: South Carolina Press, 2007 (The Carolina lowcountry and the Atlantic world).

[Migne 1851] MIGNE, Jacques P.: *Nouvelle encyclopédie théologique, ou deuxième série de dictionnaires sur toutes les parties de la science religieuse*. Bd. 9. Paris: Migne, 1851.

[Migne 1852] MIGNE, Jacques P.: *Nouvelle encyclopédie théologique, ou deuxième série de dictionnaires sur toutes les parties de la science religieuse*. Bd. 13. Paris: Migne, 1852.

[Milis 1978] MILIS, Ludo: Kap. La frontière linguistique dans le comté de Guînes: un problème historique et méthodologique, S. 249–262. In: NATIONALE, Bibliothèque (Hrsg.): *Actes du 101e congrès national des sociétés savant*. Lille: Bibliothèque nationale, 1978 (Section de geographie).

[Minvielle 2009] MINVIELLE, Stéphane: *Dans l'intimité des familles bordelaises: Les élites et leurs comportements au XVIIIe siècle*. Bordeaux: Éditions Sud-Ouest, 2009 (Histoire).

[Mirow 1993] MIROW, Matthew C.: Last wills and testaments in England 1500–1800. In: VANDERLINDEN, Jacques (Hrsg.): *Actes à cause de mort. Europe médiévale et moderne* Bd. 2. Bruxelles: De Boeck, 1993, S. 47–84.

[Müller 1997] MÜLLER, Michael G.: *Zweite Reformation und städtische Autonomie im königlichen Preußen. Danzig, Elbing und Thorn in der Epoche der Konfessionalisierung (1557–1660)*. Berlin: Akademie-Verlag, 1997 (Publikationen der Historischen Kommission zu Berlin). – Zugleich: Habilitationsschrift (Freien Universität Berlin), 1993.

[Müller-Heynen 1994] MÜLLER-HEYNEN, Brigitte: Zur Familiengeschichte der Vernezobre in den Französischen Kolonien von Königsberg (Pr.) und Danzig. In: *Der deutsche Hugenott* 58 (1994), S. 35–47.

[Mülverstedt 2006] MÜLVERSTEDT, Goerg Adalbert: *Die brandenburgisch Kriegsmacht unter dem Großen Kurfürsten. Quellemäßige Darstellung aller einzelnen, in der Zeit von 1640 bis 1688 bestehenden kurbrandenburgischen Regimenter und sonstigen selbständigen Truppenkörper nebst den Festungen, der Marine etc.* 2. Neudruck der Ausgabe Magdeburg 1888. Buchholz: LTR Verlag, 2006.

[Mohr 1976] MOHR, Walter: *Geschichte des Herzogtums Lothringen*. Bd. 2: *Niederlothringen bis zu seinem Aufgehen im Herzogtum Brabant (11.–13. Jahrh.)*. Saarbrücken: Die Mitte, 1976.

[Mondenard 1879] MONDENARD, Adolphe-Joseph de (Hrsg.): *Études sur l'ancien régime: la féodalité en Agénois en 1789, manuscrit d'un curé de campagne [Seguy, curé de Sauveterre d'Agen]*. Agen: Michel et Médan, 1879. – avec introduction et notes par A. de Mondenard.

[Monlezun 1846] MONLEZUN, Jean J.: *Histoire de la Gascogne depuis les temps les plus reculés jusqu'à nos jours*. Bd. 2. Auch: J.A. Portes, 1846.

[Montesquiou-Fezensac 1847] MONTESQUIOU-FEZENSAC, Raymond-Aimery-Philippe-Joseph Duc de: *Histoire de la maison de Montesquiou-Fezensac*. Paris: Imprimerie de Guiraud et C. Jouaust, 1847.

[Montgomery-Massingberd 1977] MONTGOMERY-MASSINGBERD, Hugh (Hrsg.): *Burke's Royal Families of the World. Europe & Latin America*. Bd. 1. London: Burke's Peerage, 1977.

[Morelle 1999] MORELLE, Laurent: *Picardie*. Bd. 6. S. 2126–2129. Siehe (LdMA 1999).

[Moreri 1725] MORERI, Louis: *Le grand dictionnaire historique ou Le mélange curieux de l'histoire sacrée et profane*. Bd. 1. Nouvelle édition et derniere édition revûe, corrigée et augmentée. Paris: Jean Baptiste Coignard, 1725.

[Moreri 1732] MORERI, Louis: *Le grand dictionnaire historique ou Le mélange curieux de l'histoire sacrée et profane*. Bd. 6. Nouvelle édition et derniere édition revûe, corrigée et augmentée. Paris: Le Mercier, 1732.

[Moreri 1759a] MORERI, Louis: *Le grand dictionnaire historique ou Le mélange curieux de l'histoire sacrée et profane*. Bd. 7. Nouvelle édition, dans laquelle on a refondu les Supplémens de M. l'abbé Goujet, le tout revu, corrigé et augmenté par M. Drouet. Paris: s. ed., 1759.

[Moreri 1759b] MORERI, Louis: *Le grand dictionnaire historique ou Le mélange curieux de l'histoire sacrée et profane*. Bd. 8. Nouvelle édition, dans laquelle on a refondu les Supplémens de M. l'abbé Goujet, le tout revu, corrigé et augmenté par M. Drouet. Paris: s. ed., 1759.

[Morin 1993] MORIN, Marie-Renée: Stéphanie de Virieu et Lamartine: un regard. In: BERNARD-GRIFFITHS, Simone (Hrsg.): *Relire Lamartine aujourd'hui. Actes du colloque international, Mâcon, juin 1990*. Paris: Diffusion Librairie Nizet, 1993, S. 53–68. – Centre de Recherches Révolutionnaires et Romantiques de l'Université Blaise-Pascal (Clermont II).

[Morin 1998] MORIN, Marie-Renée: Difficulté d'être dans la correspondance Lamartine-Virieu. Flux et reflux de l'âme (1808–1841). In: BERNARD-GRIFFITHS, Simone (Hrsg.): *Difficulté d'être et mal du siècle dans les correspondances et journaux intimes de la première moitié du XIXe siècle*. Clermont-Ferrand: Diffusion Librairie Nizet, 1998 (Cahiers d'études sur les correspondances du XIXème siècle), S. 75–90.

[Morize 1959] MORIZE, Jean: La Demoiselle de Graveron. In: *Revue Historique de Bordeaux et du Département de la Gironde* 8 (Nouvelle Série (1959), S. 31–38.

[Morvan 2004] MORVAN, Michel: *Noms de lieux du Pays basque et de Gascogne*. Paris: Bonneton, 2004.

[Moulenq 1991] MOULENQ, François: *Histoire du Tarn-et-Garonne*. Bd. 3. Paris: Res Universitatis, 1991. – Reproduction en fac-similé de "Documents historiques sur le Tarn-et-Garonne, diocèse, abbayes, chapitres, commanderies, églises, seigneuries, etc.", Montauban, E. Forestié, 1879–1894.

[Mourain de Sourdeval 1877] MOURAIN DE SOURDEVAL, Charles: La prise de possession du duché de Retz. In: *Revue de Bretagne* 2 (1877), S. 436–439.

[Mourin 1856] MOURIN, Ernest: *La réforme et la ligue en Anjou*. Paris: Auguste Durand, 1856.

[Mousnier 1974] MOUSNIER, Roland: *Histoire des institutions*. Bd. 1: *Les institutions de la France sous la monarchie absolue 1598–1789. Société et etat*. Paris: PUF, 1974.

[Mousnier 1979] MOUSNIER, Roland E.: *The institutions of France under the absolute monarchy 1598–1789. Society and the State*. Bd. 1. Chicago: University of Chicago Press, 1979.

[Mousnier 1984] MOUSNIER, Roland E.: *The institutions of France under the absolute monarchy 1598–1789. The organs of state and society*. Bd. 2. Chicago: University of Chicago Press, 1984.

[Märtl 2005] MÄRTL, Claudia: Herzog Ludwig VII. von Bayern-Ingolstadt (1368–1447) und seine Schwester Isabeau am französischen Königshof. In: SCHMID, Alois (Hrsg.); WEIGAND, Katharina (Hrsg.): *Bayern mitten in Europa. Vom Frühmittelalter bis ins 20. Jahrhundert*. München: Verlag C. H. Beck, 2005, S. 107–120.

[Mullié 1851] MULLIÉ, Charles: *Biographie des célébrités militaires des armées de terre et de mer de 1789 à 1850*. Bd. 2. Paris: Poignavant, 1851.

[Muret 1885] MURET, Eduard: *Geschichte der französischen Kolonie in Brandenburg-Preußen, unter besonderer Berücksichtigung der Berliner Gemeinde. Aus Veranlassung der 200 jährigen Jubelfeier am 29. Oktober 1885 im Auftrage des Konsistoriums der Französischen Kirche zu Berlin und unter Mitwirkung des hierzu berufenen Komitees auf Grund amtlicher Quellen*. Berlin: W. Büxenstein, 1885.

[Murphy 1997] MURPHY, Antoin E.: *John Law. Economic theorist and policy-maker*. Oxford: Clarendon Press, 1997.

[Murphy 2006] MURPHY, Antoin E.: John Law: financial innovator. In: POITRAS, Geoffrey (Hrsg.): *Pioneers of Financial Economics. Contributions prior to Irving Fisher* Bd. 1. Cheltenham et al.: Elgar, 2006, S. 100–115.

[Murphy 2007] MURPHY, Antoin E.: *John Law: économiste et homme d'état*. Bruxelles et al.: Peter Lang Verlag, 2007 (Économie et histoire).

[Murray 2000] MURRAY, Alan V.: *The Crusader Kingdom of Jerusalem. A dynastic history 1099–1125*. Oxford: Unit for Prosopographical Research, 2000 (Occasional publications of the Linacre Unit for Prosopographical Research).

[Mussot-Goulard 1971] MUSSOT-GOULARD, Renée: Les seigneurs de Moncrabeau dans la seconde moitié du XIIIe siècle. In: *Bulletin de la Société Archéologique Historique Littéraire et Scientifique du Gers* 72 (1971), S. 237–250.

[Mézeray 1845] MÉZERAY, François Eudes de: *Histoire de France sous le règne de Henri III*. Alais: J. Martin, 1845. – Réimpression séparée de l'histoire de ce règne extraite de "l'Histoire de France" François Eudes de Mézeray.

[Nachama 2010] NACHAMA, Andreas (Hrsg.): *Geländerundgang "Topographie des Terrors". Geschichte des historischen Orts Eine Begleitpublikation zur gleichnamigen Ausstellung präsentiert als Geländeinformationssystem mit Audioführung*. Berlin: Stiftung Topographie des Terrors, 2010.

[Nadaillac 1992] NADAILLAC, Philippe de: Le château de Poudenas. In: *Revue de l'Agenais* 119 (1992), S. 69–76.

[Nagl-Docekal 1982] NAGL-DOCEKAL, Herta: *Die Objektivitaet der Geschichtswissenschaft. Systematische Untersuchungen zum wissenschaftlichen Status der Historie*. Wien; München: Oldenbourg Verlag, 1982 (Überlieferung und Aufgabe).

[Nash 1978] NASH, Laura L.: Concepts of Existence. Greek Origins of Generational Thought. In: *Daedalus* 107 (1978), S. 1–21.

[Naughton 2001] NAUGHTON, John: *A brief history of the future. The origins of the internet*. 4. Auflage. London: Phoenix, 2001. – Originally published: London: Weidenfeld & Nicolson, 1999.

[Naumann 1782] NAUMANN, Gottlob: *Sammlung ungedruckter Nachrichten, so die Geschichte der Feldzüge der Preußen von 1740 bis 1779*. Bd. 1. Dresden: Walther, 1782.

[Naville 1967] NAVILLE, Pierre: *D'Holbach et la philosophie scientifique au XVIII*[e] *siècle*. Nouvelle édition revue et augmentée. Paris: Gallimard, 1967 (Bibliothèque des idées).

[N.D.H.N. 1817] *Nouveau dictionnaire d'histoire naturelle, appliquée aux arts, à l'agriculture, à léconomie rurale et domestique, à la médecine, etc. par une Société de Naturalistes et d'Agriculteurs*. Bd. 8. Nouvelle édition presqu' entièrement refondue et considerablement augmentée; avec des figures tirées des trois règnes de la nature. Paris: Deterville, 1817.

[Nederlandische Mercurius 1767] NAAMLYST der Overledenen die Begraven zyn binnen Amsterdam federt den 17 Juny 1767. voor zo verre men dezelve heeft konnen bekomen. In: *De Maandelykse Nederlandische Mercurius* 23 (1767), Juli-Dezember, S. 21–23.

[Neigebaur 1856] NEIGEBAUR, Johann Daniel Ferdinand: *Die Heirath des Markgrafen Carl von Brandenburg mit der Markgräfin Catharina von Balbiano. Nach Urkunden in dem königlichen Archive und in Privatarchiven zu Turin zusammengestellt von J. F. Neigebaur*. Breslau: Kern, 1856 (Zur Geschichte der europäischen Höfe).

[Nes 2009] NES, Harald van: *Hugenotten in Brandenburg-Preußen und der Soldatenberuf am Beispiel der Familie Digeon von Monteton*. 2009. – unveröffentlichtes Typuskript, 12 Seiten.

[Netscher 1888] NETSCHER, Pieter M.: *Geschiedenis van de koloniën Essequebo, Demerary en Berbice van de vestiging der Nederlanders aldaar tot op onzen tijd*. 's Gravenhage: Martinus Nijhoff, 1888.

[Nettement 1858] NETTEMENT, Alfred: *Vie de M*[me] *la marquise de La Rochejacquelein*. Paris: J. Vermot, 1858.

[Neubecker 1977] NEUBECKER, Ottfried: *Heraldik. Wappen, ihr Ursprung, Sinn u. Wert*. Frankfurt am Main: Krueger, 1977. – Mit Beitr. von J. P. Brooke-Little.

[Neugebauer 1993] NEUGEBAUER, Wolfgang: Das preußische Kabinett in Potsdam. Eine verfassungsgeschichtliche Studie zur fürstlichen Zentralsphäre in der Zeit des Absolutismus. In: *Jahrbuch für brandenburgische Geschichte* 43 (1993), S. 69–115.

[Neugebauer 2001] NEUGEBAUER, Wolfgang: *Der europäische Adel im Ancien Régime. Von der Krise der ständischen Monarchie bis zur Revolution (ca. 1600–1789)*. Kap. Der Adel in Preußen im 18. Jahrhundert, S. 49–76. Köln et al.: Böhlau Verlag, 2001.

[N.G.H.N. 1751] Nachricht von einigen jüngst verstorbenen merckwürdigen Stands-Personen. In: ED. S. (Hrsg.): *Neue Genealogisch-Historische Nachrichten von den Vornehmsten Begebenheiten, welche sich an den Europäischen Höfen zutragen, worinn zugleich*

Vieler Stands-Personen Lebens-Beschreibungen vorkommen Bd. 10. Leipzig: Johann Samuel Heinsii sel. Erben, 1751, S. 936–957.

[N.G.H.N. 1775] RANFT, Michael (Hrsg.): *Fortgesetzte neue genealogisch-historische Nachrichten von den vornehmsten Begebenheiten, welche sich an den europäischen Höfen zugetragen*. Bd. 157. Leipzig: Johann Samuel Heinsius, 1775.

[Nègre 1991] NÈGRE, Ernest: *Publications romanes et françaises*. Bd. 2: *Toponymie générale de la France [etymologie de 35.000 noms de lieux]. Formations non-romanes – formations dialectales*. Genève: Droz, 1991.

[Nicolai 1779] NICOLAI, Friedrich: *Beschreibung der Königlichen Residenzstädte Berlin und Potsdam und aller daselbst befindlicher Merkwürdigkeiten nebst Anzeige der jetzlebenden Gelehrten, Künstler und Musiker und einer historischen Nachricht, welche vom dreyzehnten Jahrhundert an, bis jetzt, in Berlin gelebt haben, oder deren Kunstwerke daselbst befindlich sind*. Bd. 1. Neue völlig umgearbeitete Auflage mit genauen Grundrissen der Städte Berlin und Potsdam, und einer Charte der Gegend um Berlin und Potsdam. Berlin: Friedrich Nicolai, 1779.

[Niethammer 1985] NIETHAMMER, Lutz (Hrsg.): *Lebenserfahrung und kollektives Gedächtnis. Die Praxis der "Oral History"*. Frankfurt am Main: Suhrkamp Verlag, 1985.

[Niggemann 2008] NIGGEMANN, Ulrich: *Immigrationspolitik zwischen Konflikt und Konsens. Die Hugenottenansiedlung in Deutschland und England (1681–1697)*. Köln; Weimar; Wien: Böhlau-Verlag, 2008 (Norm und Struktur). – Zugleich: Dissertationsschrift (Universität Marburg), 2007 unter dem Titel: "Immigrationspolitik im Konflikt".

[Noirfontaine 2000] NOIRFONTAINE, Françoise de: Les privilèges de la Vicomté de Turenne. In: BARDET, Jean-Pierre (Hrsg.); DINET, Dominique (Hrsg.); POUSSOU, Jean-Pierre (Hrsg.); VIGNAL, Marie-Catherine (Hrsg.): *État et société en France aux XVIIe et XVIIIe siècles: Mélanges offerts à Yves Durand*. Paris: Presses de l'Université de Paris-Sorbonne, 2000, S. 421–435.

[Nolte 1969] NOLTE, Hans-Heinrich: *Religiöse Toleranz in Russland 1600–1725*. Göttingen et al.: Musterschmidt, 1969 (Göttinger Bausteine zur Geschichtswissenschaft). – Zugleich: Dissertationsschrift (Universität Göttingen), 1968.

[Nordberg 1958] NORDBERG, Tord O.: Marin de la Vallée. In: *Konsthistorisk Tidskrift/ Journal of Art History* 27 (1958), Nr. 1.

[Noulens 1861] NOULENS, Joseph: Originaux de Gascogne. In: *Revue d'Aquitaine* 5 (1861), S. 186–187.

[Noulens 1862] NOULENS, Joseph: Le château et les seigneurs de Poudenas (ou Podenas). In: *Revue d'Aquitaine* (1862), S. 461–477.

[Noulens 1863] NOULENS, Joseph: *Maisons historiques de Gascogne, ou galerie nobiliaire de cette province. Notice du Bouzet*. Paris: J.-B. Dumoulin, 1863.

[Noulens 1864] NOULENS, Joseph: Le château de Laperche. In: *Revue d'Aquitaine* 8 (1864), S. 290–294.

[Noulens 1865] NOULENS, Joseph: *Maisons historiques de Gascogne, Guienne, Béarn, Languedoc et Périgord*. Bd. 1. Paris: Aubry et J.B. Dumoulin, 1865.

[Noulens 1866] NOULENS, Joseph: *Maisons historiques de Gascogne, Guienne, Béarn, Languedoc et Périgord*. Bd. 2. Paris: Aubry et J.B. Dumoulin, 1866.

[Nouveau Nobiliaire 1998] GARGAS, Louis d'Izarny; LARTIGUE, Jean-Jacques; VAULCHIER, Jean de: *Nouveau Nobiliaire de France. E-L. Recueil de preuves de noblesse*. Bd. 2. Versailles: Mémoire et Documents, 1998. – Préfacé par Henry-Melchior de Langle.

[O'Connor 1996] O'CONNOR, John T.: *Complots et Conjurations dans l'Europe Moderne. Actes du colloque international organisé par l'École Française de Rome, l'Institut de Recherches sur les Civilisations de l'Occident Moderne de l'Université de Paris-Sorbonne et le*

Dipartimento di Storia Moderna e Contemporanea dell'Università degli Studi di Pisa, Rome, 30 septembre-2 octobre 1993. Kap. Une conspiration chimérique tramée par un 'comte imaginaire', S. 411–421. Rom: École Française de Rome, 1996 (Collection de l'Ecole Française de Rome).

[O'Connor 1999] O'Connor, John T.: Exploitation and subversion of Utopian Ideals. The Schemes of Two French Exiles in the Netherlands. In: *EMF Studies in Early Modern France* 5 (1999), S. 42–59.

[Odyssee 2000] Homerus: *Odyssee. Griechisch und deutsch. Mit Urtext, Anhang und Registern*. 11. Auflage. Düsseldorf; Zürich: Artemis & Winkler, 2000 (Sammlung Tusculum). – Übertragen von Anton Weiher. Einführung von A. Heubeck.

[Oexle 1996] Oexle, Otto Gerhard: *Geschichtswissenschaft im Zeichen des Historismus. Studien zu Problemgeschichten der Moderne*. Göttingen: Vandenhoeck & Ruprecht, 1996 (Kritische Studien zur Geschichtswissenschaft).

[Oexle 2004] Oexle, Otto G.: Was ist eine historische Quelle? In: *Rechtsgeschichte. Zeitschrift des Max-Planck-Instituts für Europäische Rechtsgeschichte* 4 (2004), S. 165–186.

[O'Gilvy 1856] O'Gilvy, Henri G.: *Nobiliaire de Guienne et de Gascogne*. Bd. 1. Bordeaux: G. Gounouilhou, 1856.

[O'Gilvy 1858] O'Gilvy, Henri G.: *Nobiliaire de Guienne et de Gascogne*. Bd. 2. Bordeaux: G. Gounouilhou, 1858.

[O'Gilvy 1860] O'Gilvy, Henri G.: *Nobiliaire de Guienne et de Gascogne*. Bd. 3. Bordeaux: G. Gounouilhou, 1860.

[Opgenoorth und Schulz 2001] Opgenoorth, Ernst; Schulz, Günther: *Einführung in das Studium der neueren Geschichte*. 6., grundlegend überarbeitete Auflage. Paderborn; München; Wien; Zürich: Schöningh Verlag, 2001 (UTB Wissenschaft: Geschichte).

[Oppermann 2009] Oppermann, Ralf: *Der Widerschein der Herrlichkeit. Begleitbuch zum Kirchenjahr im Alten Ritus*. verbesserte Fassung. Berlin: epubli, 2009.

[Ormond 1993] Ormond, Thomas: *Richterwürde und Regierungstreue. Dienstrecht, politische Betätigung und Disziplinierung der Richter in Preußen, Baden und Hessen. 1866–1918*. Frankfurt am Main: Verlag Vittorio Klostermann, 1993 (Studien zur europäischen Rechtsgeschichte). – Zugleich: Dissertationsschrift (Universität Frankfurt am Main), 1993.

[Orosius 1882] Orosius, Paulus: *Corpvs scriptorvm ecclesiasticorvm Latinorvm*. Bd. 5: *Historiae adversum paganos libri VII*. Vindobonae: Gerold, 1882. – Recensuit et commentario critico instruxit Carolus Zangemeister.

[Ortenburg und Fiedler 1986] Ortenburg, Georg (Hrsg.); Fiedler, Siegfried (Hrsg.): *Kriegswesen und Kriegführung im Zeitalter der Kabinettskriege*. Augsburg: Bernhard & Graefe Verlag, 1986 (Heerwesen der Neuzeit).

[Ostwald 1924] Ostwald, Hans: *Kultur- und Sittengeschichte Berlins*. 2. Auflage. Berlin: Klemm, 1924.

[Othmer 1970] Othmer, Sieglinde C.: *Berlin und die Verbreitung des Naturrechts in Europa. Kultur- und sozialgeschichtliche Studien zu Jean Barbeyracs Pufendorf-Übersetzungen und eine Analyse seiner Leserschaft*. Berlin: Walter de Gruyter, 1970 (Veröffentlichungen der Historischen Kommission zu Berlin beim Friedrich-Meinecke-Institut der Freien Universität Berlin). – Zugleich: Dissertationsschrift (Universität Hamburg), 1967 unter dem Titel: "Jean Barbeyrac als Pufendorf – Übersetzer in Berlin 1693–1710" – Mit einem Vorwort von Gerhard Östreich.

[Otto 1985] Otto, Werner: *Die Lindenoper: ein Streifzug durch ihre Geschichteein*. 3., verbesserte und erweiterte Auflage. Berlin: Henschelverlag, 1985.

[Pabsch 1998] PABSCH, Matthias: *Zweimal Weltstadt. Architektur und Städtebau am Potsdamer Platz*. Berlin: Reimer Verlag, 1998.

[Pacteau de Luze 1999] PACTEAU DE LUZE, Séverine: *Les protestants et Bordeaux*. Bordeaux: Mollat, 1999.

[Pailhès 1996] PAILHÈS, Claudine: *Histoire de Foix et de la haute Ariège*. Toulouse: Édition Privat, 1996.

[Pailhès 2006] PAILHÈS, Claudine: *Le comté de Foix. Un pays et des hommes. Regards sur un comté pyrénéen au Moyen Âge*. Cahors: La Louve, 2006.

[Paillard de Saint-Aiglan 1863] PAILLARD DE SAINT-AIGLAN, Alphonse: Histoire de l'hotel de la préfecture d'Agen. In: *Recueil des travaux de la Societe d'Agriculture, Sciences et Arts d'Agen* 1 (1863), S. 70–123.

[Painter 1969] PAINTER, Sidney: *The Scourge of the clergy: Peter of Dreux, Duke of Brittany*. New York: Octagon Books, 1969.

[Pairaudeau 1995] PAIRAUDEAU, Jean Pierre: Le Cent Jours en Albret. In: *Bulletin de la Société Archéologique et Historique de L'Albret* 17 (1995), S. 22–27.

[Pajol 1886] PAJOL, Charles Pierre Victor: *Les guerres sous Louis XV. Guerre de sept ans (1759–1763) de la paix de Paris à la mort du roi (1763–1774)*. Bd. 5. Paris: Firmin-Didot, 1886.

[Palladini 2007] PALLADINI, Fiammetta: Farewell to Berlin: Two newly discovered letters by Jean Barbeyrac (1674–1744). In: *History of European Ideas* 33 (2007), S. 305–320.

[Panckoucke 1782] PANCKOUCKE, Charles-Joseph (Hrsg.): *Encyclopédie Méthodique. Ou Par Ordre De Matières. Par Une Société De Gens De Lettres, De Savans Et D'Artistes*. Bd. 1. Paris: Panckoucke, 1782.

[Pargner 1999] PARGNER, Birgit: *Zwischen Tränen und Kommerz: das Rührtheater Charlotte Birch-Pfeiffers (1800–1868) in seiner künstlerischen und kommerziellen Verwertung. Quellenforschung am Handschriften-Nachlaß*. Bielefeld: Aisthesis-Verlag, 1999. – Zugleich: Dissertationsschrift (Universität München), 1998.

[Passow 1907] PASSOW, Siegfried: *Ein märkischer Rittersitz. Aus der Orts- und Familien-Chronik eines Dorfes. Orts- und Familiengeschichte von Hohenfinow-Tornow*. Bd. 1. Eberswalde: Verlag Rudolf Schmidt, 1907.

[Paul 1964] PAUL, Jean: *Flegeljahre*. Frankfurt am Main et al.: Fischer Bücherei, 1964 (Exempla classica). – Mit einem Nachwort von Dieter Kartschoke.

[Paulin 1908] PAULIN, Edmond Baron Du Fornel Du Roure de: *Le Juge d'armes de France et les généalogistes des ordres du Roi*. Paris: E. Daragon, 1908.

[Pelletier 1990] PELLETIER, Monique: *La carte de Cassini. L'extraordinaire aventure de la carte de France*. Paris: Presse de l'Ecole Nationale des Ponts et Chaussées, 1990.

[Peragallo 1987] PERAGALLO, Jacques: L'Enigme de Trevey. In: *Héraldique & Génealogique. Revue nationale de Genealogie, d'heraldique et de Sigillographie* 102 (1987), Janvier-Fevrier, S. 269.

[Perier 1908] PERIER, Arsène: Hugues Aubriot. Prévot de Paris. In: *Mémoires de la Société Bourguignonne de Géographie et d'Histoire* 24 (1908), S. 3–249.

[Périn 1863] PÉRIN, Jean: Nouvelles Archéologiques et correspondance. In: *Revue Archéologique* 7 (1863), S. 206–216. – nouvelle série.

[Perruchon 1996] PERRUCHON, Jacques: *De Saintonge à la Cour. La saga des Bouchard d'Aubeterre*. Paris: Le Croît vif, 1996 (Collection Documentaires).

[Petitfils 1987] PETITFILS, Jean-Christian: *Lauzun ou l'insolente séduction*. Paris: Librairie Académique Perrin, 1987.

[Petot 2009] PETOT, Patrick: *Alain de Solminihac (1593–1659), prélat réformateur. 1593–1659: de l'abbaye de Chancelade à l'évêché de Cahors parcours et portrait d'un prélat réformateur du premier XVIIe siècle*. 2 Bde. Turnhout: Brepols Publishers, 2009 (Bibliotheca Victorina). – Zugleich: Dissertationsschrift (Université de Limoges), 1952 unter dem Titel: 593–1659: de l'abbaye de Chancelade à l'évêché de Cahors, parcours et portrait d'un prélat réformateur du premier XVIIe siècle.

[Petry 2006] PETRY, Christine: *"faire des Sujets du Roi": Rechtspolitik in Metz, Toul und Verdun unter französischer Herrschaft (1552–1648)*. München: Oldenbourg Verlag, 2006 (Pariser historische Studien). – Zugleich: Dissertationsschrift (Universität Trier), 2002.

[Piette 1993] PIETTE, Christine: Die Vermittlung der revolutionären Tradition im Frankreich der Restauration. In: GERSMANN, Gudrun (Hrsg.): *Frankreich 1815–1830. Trauma oder Utopie? Die Gesellschaft der Restauration und das Erbe der Revolution*. Stuttgart: Steiner, 1993, S. 81–96.

[Pigeon 1981] PIGEON, Abbé Émil-Auber: *Le diocèse d'Avranches: sa topographie, ses origines, ses évêques, sa cathédrale, ses églises, ses comités et ses châteaux*. Réimpression de l'édition de Coutances. Marseille: Lafitte Reprints, 1981.

[Pillorget 1985] PILLORGET, René: *Der Exodus der Hugenotten: die Aufhebung des Edikts von Nantes 1685 als europäisches Ereignis*. Kap. Die juristischen, finanziellen und familiären Auswirkungen des Edikts von Fontainebleau in Frankreich, S. 53–68. Köln; Wien: Böhlau Verlag, 1985 (Archiv für Kulturgeschichte: Beihefte zum Archiv für Kulturgeschichte).

[Place 1836] PLACE, Pierre de la: *Choix de chroniques et mémoires sur l'histoire de France, avec notices biographiques par J.-A.-C. Buchon. Pierre de La Place: Commentaire de l'estat de la religion et république. L. Regnier de La Planche: Histoire de l'estat de France; Livre des marchands. Théodore Agrippa d'Aubigné: Mémoires. François de Rabutin: Commentaires des dernières guerres en la Gaule Belgique*. Kap. Commentaires de l'état de la religion et de la république sous les rois Henri & François seconds & Charles neuvième, S. 23–421. Paris: Desrez, 1836.

[Plaisse 1994] PLAISSE, André: *La grande chevauchée guerrière d'Édouard III en 1346: à travers le Cotentin*. Cherbourg: Edouard Isoète, 1994.

[Planhol 1994] PLANHOL, Xavier de: *An historical geography of France*. Cambridge: Cambridge University Press, 1994 (Cambridge studies in historical geography).

[Planté 1889–1890] PLANTÉ, Adrien: Une Grande Baronnie de Béarn. In: *Bulletin de la Société des Sciences, Lettres et Arts de Pau* 19 (IIme Série (1889–1890), S. 2–284.

[Plassmann 2000] PLASSMANN, Max: *Krieg und Defension am Oberrhein. Die vorderen Reichskreise und Markgraf Ludwig Wilhelm von Baden (1693–1706)*. Berlin: Duncker & Humblot, 2000 (Historische Forschungen).

[Plattard 1968] PLATTARD, Jean: *The life of François Rabelais*. London: Cass, 1968.

[Polignac 1975] POLIGNAC, Jean Héracle Duc de: *La Maison de Polignac*. Le Puy: Éditions Jeanne d'Arc, 1975.

[Poncet 1998] PONCET, Olivier: *Pomponne de Bellièvre (1529–1607). Un homme d'état au temps des guerres de religion*. Paris: École des Chartes, 1998 (Mémoires et documents de l'École des Chartes).

[Popper 1973] POPPER, Karl R.: *Logik der Forschung*. 5. Auflage, Nachdruck der 4., verbesserten Auflage. Tübingen: Mohr Verlag, 1973 (Die Einheit der Gesellschaftswissenschaften).

[Postma 1990] POSTMA, Johannes Menne: *The Dutch in the Atlantic slave trade 1600–1815*. Cambridge et al.: Cambridge University Press, 1990.

[Pothier 1831] POTHIER, Robert J.; DUPIN, André Marie Jean-Jacques (Hrsg.): *Oeuvres de R.-J. Pothier. Contenant les traités du droit Français*. Bd. 5. Nouvelle édition. Bruxelles: H. Tarlier, 1831.

[Potier de Courcy 1862] POTIER DE COURCY, Pol: *Nobiliaire et armorial de Bretagne*. Bd. 2. Nantes: Forest et Grimaud, 1862.

[Poton 1996] POTON, Didier: Le consistoire de l'eglise reformee de Saint-Jean-du-Gard au XVIIe siecle: election et composition sociale (1605–1685). In: FOUILHERON, Joël (Hrsg.); LE THIEC, Guy (Hrsg.); MICHEL, Henri (Hrsg.): *Sociétés et idéologies des temps modernes: hommage à Arlette Jouanna* Bd. 1. Montpellier: Presses Universitaire de Montpellierx, 1996, S. 247–257.

[Pott 1859] POTT, August F.: *Die Personennamen. Insbesondere die Familiennamen und ihre Entstehungsarten; auch unter Berücksichtigung der Ortsnamen*. 2., durch ein Register vermehrte Ausgabe. Leipzig: F.A. Brockhaus, 1859. – Eine sprachliche Untersuchung.

[Potter 2001] POTTER, David: The French Protestant Nobility in 1562: The Associacion de Monseigneur le prince de Condé. In: *French History* 15 (2001), Nr. 3, S. 307–328.

[Poull 1991] POULL, Georges: *La maison ducale de Lorraine devenue la maison impériale et royale d'Autriche, de Hongrie et de Bohême*. Nancy: Presses Universitaires de Nancy, 1991.

[Power 2004] POWER, Daniel: *The Norman Frontier in the Twelfth and Early Thirteenth Centuries*. Cambridge: Cambridge University Press, 2004.

[Preußische Generalstab 1836] PREUSSISCHE GENERALSTAB: Die Felbmarschälle der Brandenburgisch-Preußischen Armee von der dreitägigen Schlacht bei Warschau bis auf die neueste Zeit (Fortsetzung). In: *Militär-Wochenblatt* 6 (1836), 6. Februar, S. 22–24.

[Preuss 1832a] PREUSS, Johann David Erdmann: *Friedrich der Große. Eine Lebensgeschichte*. Bd. 2 (Mit einem Urkundenbuche). Berlin: Nauck, 1832.

[Preuss 1832b] PREUSS, Johann David Erdmann: *Friedrich der Große. Eine Lebensgeschichte*. Bd. 1 (Mit einem Urkundenbuche). Berlin: Nauck, 1832.

[Preuss 1834] PREUSS, Johann David E.: *Die Lebensgeschichte des großen Königs Friedrich von Preußen ein Buch für Jedermann. In zwei Theilen*. Bd. 1. Berlin: Nauck, 1834.

[Priesdorff 1937a] PRIESDORFF, Kurt v.: Friedrich Wilhelm Quirin von Forcade Marquis de Biaix. In: *Soldatisches Führertum*. (Priesdorff 1937c), S. 354–356.

[Priesdorff 1937b] PRIESDORFF, Kurt v.: Johann Quirin von Forcade Marquis de Biaix. In: *Soldatisches Führertum*. (Priesdorff 1937c), S. 114–115.

[Priesdorff 1937c] PRIESDORFF, Kurt v. (Hrsg.): *Soldatisches Führertum*. Bd. 1. Hamburg: Hanseatische Verlagsanstalt, 1937.

[Proché 1883] PROCHÉ, Noël-Joseph: Annales de la ville d'Agen (suite) par M. N.-J. Proché publiées et annotées par M. Ad. Magen. In: *Revue de l'Agenais* 10 (1883), S. 32–57; 104–126; 197–227; 356–382; 443–469.

[Proudhomme 1796] PROUDHOMME, Louis M.: *Dictionnaire des individus envoyés a la mort judiciairement, révolutionnairement et contre-révolutionnairement pendant la révolution, particulièrement sous le règne de la convention nationale*. Bd. 2. Paris: s. ed., 1796.

[Prouzeau 1972] PROUZEAU, Pierre: Les seigneurs de Chaillé-Les-Marais. In: *Revue du Bas-Poitou et des provinces de l'ouest* 83 (1972), S. 347–356.

[Pujos 1961] PUJOS, Charles: George Sand en Agenais. In: *Revue de l'Agenais* 87 (1961), S. 101–134.

[Delcer de Puymège 1939–1968] PUYMÈGE, Maurice Albert Léo Comte Delcer de: *Les vieux noms de la France méridionale Comte Delcer de Puymège*. 3 Bde. Paris: A La Vieille France, 1939–1968.

[Rachel und Wallich 1967] RACHEL, Hugo; WALLICH, Paul: *Berliner Großkaufleute und Kapitalisten. Die Zeit des Merkantilismus 1648–1806*. Bd. 2. Berlin: Walter de Gruyter & Co, 1967.

[Radbruch 1973] RADBRUCH, Gustav: *Rechtsphilosophie*. 8. Auflage. Stuttgart: K.F. Koehler Verlag, 1973.

[Rahlf 1999] RAHLF, Thomas: Herausbildung und historische Entwicklung von Finanzmärkten. In: HARTWIG, Karl-Hans (Hrsg.); BELKE, Ansgar (Hrsg.): *Finanzmärkte: Funktionsweise, Integrationseffekte und ordnungspolitische*. Stuttgart: Lucius & Lucius, 1999 (Schriften zu Ordnungsfragen der Wirtschaft), S. 3–24.

[Rainguet 1971] RAINGUET, Pierre-Damien: *Biographie saintongeaise: ou Dictionnaire historique de tous les personnages qui se sont illustrés par leurs écrits ou leurs actions dans les anciennes provinces de Saintonge et d'Aunis formant aujourd'hui le département de la Charente inférieure depuis les temps les plus reculés jusqu'à nos jours*. Genève: Slatkine, 1971. – Reproduction en fac-similé de l'édition de Paris Saintes, Niox, 1851.

[Randeck 1984] RANDECK, Jean-Henry de: *Les Plus anciennes familles du monde. Répertoire encyclopédique des 1.400 plus anciennes familles du monde, encore existantes, originaires d'Europe*. Bd. 2 (L-Z). Genève: Slatkine, 1984.

[Ranft 1759] RANFT, Michael i.: *Neue genealogisch-historische Nachrichten von den vornehmsten Begebenheiten, welche sich an den europäischen Höfen zugetragen*. Bd. 103. Leipzig: Johann Samuel Heinsius, 1759.

[Raymond 1863] RAYMOND, Paul: *Dictionnaire topographique du Département des Basses-Pyrénées*. Paris: Imprimerie Imperiale, 1863.

[Raymond 1999] RAYMOND, Paul: *Dictionnaire topographique Béarn, Pays basque*. Pau: Princi Néguer, 1999. – Reproduction en fac-similé de l'édition: Paris: Imprimerie impériale, 1863. Paru sous le titre: "Dictionnaire topographique du département des Basses-Pyrénées".

[Reichardt 1985] REICHARDT, Rolf: Einleitung. In: REICHARDT, Rolf (Hrsg.); SCHLIEBEN-LANGE, Brigitte (Hrsg.): *Handbuch politisch-sozialer Grundbegriffe in Frankreich 1680–1820. Allgemeine Bibliographie. Einleitung. Die Wörterbücher in der Französischen Revolution* Bd. 1. München: Oldenbourg Verlag, 1985, S. 39–148.

[Reinhard 2006] REINHARD, Wolfgang: *Lebensformen Europas: eine historische Kulturanthropologie*. 2. Auflage. München: Verlag C. H. Beck, 2006.

[Reinle 2003] REINLE, Christine: Fehden im Spannungsfeld von Landesherrschaft, Adel und bäuerlicher Bevölkerung. In: RÖSENER, Werner (Hrsg.): *Tradition und Erinnerung in Adelsherrschaft und bäuerlicher Gesellschaft* Bd. 17. Göttingen: Vandenhoeck & Ruprecht, 2003, S. 173–194. – Beiträge der Konferenz vom 22. bis 23. März 2001 in Gießen, Deutschland.

[Remensnyder 1995] REMENSNYDER, Amy G.: *Remembering kings past. Monastic foundation legends in medieval southern France*. Ithaca; London: Cornell University Press, 1995.

[Rey 1902] REY, Charles: *De la Noblesse et de la législation nobiliaire en France depuis la Révolution, thèse pour le doctorat juridique*. Paris: A. Rousseau, 1902.

[Reyer 1855] REYER, Charles: *Histoire de la colonie française en Prusse*. Paris: J. Cherbuliez, 1855.

[Röhl 2000] RÖHL, John C. G.: Defizite des Kaiser-Konzepts. Wilhelm II. im Wandel der politischen Institutionen und Politikfelder nach Bismarcks Entlassung. In: REIF, Heinz (Hrsg.): *Adel und Bürgertum in Deutschland. Entwicklungslinien und Wendepunkte im 19. Jahrhundert* Bd. 1. Berlin: Akademie-Verlag, 2000, S. 331–355.

[Ribadieu 1881] RIBADIEU, Henry: *Un procès en Guienne sous Louis XIV*. Paris: E. Dentu, 1881.

[Richard 1996] RICHARD, Michel-Edmond: *Notables protestants en France dans la première moitié du XIXe siècle*. Caen: Editions du Lys, 1996.

[Richer 1622] RICHER, Jean: *Mercure Francois ou suite de l'histoire de nostre temps, sous le regne Auguste du tres-chrestien roy de France et de Navarre, Louys XIII*. 1622.

[Richer 1623] RICHER, Jean: *Mercure Francois ou suite de l'histoire de nostre temps, sous le regne Auguste du tres-chrestien roy de France et de Navarre, Louys XIII*. 1623.

[Riesbey 1861] RIESBEY, N.N.: Château et Seigneurie de Lasserre. In: *Revue d'Aquitaine* (1861), S. 586–592.

[Rietstap 1954a] RIETSTAP, Johann B.: *Illustriertes Allgemeines Wappenbuch*. Bd. 2 (C-F). Lyon: Sauvegarde Historique, 1954. – bearbeitet von Victor und Henri Roland.

[Rietstap 1954b] RIETSTAP, Johann B.: *Illustriertes Allgemeines Wappenbuch*. Bd. 4 (L-O). Lyon: Sauvegarde Historique, 1954. – bearbeitet von Victor und Henri Rolland.

[Riley-Smith 1997] RILEY-SMITH, Jonathan: Families, Crusades and Settlement in the Latin East, 1102–1131. In: MAYER, Hans E. (Hrsg.): *Die Kreuzfahrerstaaten als multikulturelle Gesellschaft. Einwanderer und Minderheiten im 12. und 13. Jahrhundert*. München: Oldenbourg Verlag, 1997 (Schriften des Historischen Kollegs), S. 1–12. – unter Mitarbeit von Elisabeth Müller-Luckner.

[Ritter 1959] RITTER, Raymond: *Corisande d'Andoins Comtesse de Guiche. Une dame de chevalerie*. Paris: Albin Michel, 1959.

[Robbins 1997] ROBBINS, Kevin C.: *City on the Ocean Sea. La Rochelle, 1530–1650. Urban society, religion, and politics on the French Atlantic frontier*. Leiden et al.: Brill, 1997 (Studies in medieval and reformation thought).

[Robert und Cougny 1890] ROBERT, Adolphe; COUGNY, Gaston: *Dictionnaire des parlementaires français. Comprenant tous les membres des assemblées françaises et tous les ministres français depuis le l^er mai 1789 jusqu'au l^er mai 1889, avec leurs noms, état civil, états de services, actes politiques, votes parlementaires, etc. Cay-Fes*. Bd. 2. Paris: Bourloton, 1890.

[Robert und Cougny 1891] ROBERT, Adolphe (Hrsg.); COUGNY, Gaston (Hrsg.): *Dictionnaire des parlementaires français, comprenant tous les membres des assemblées françaises et tous les ministres français, depuis le 1er mai 1789 jusqu'au 1er 1889, avec leurs noms, état civil, états de services, actes politiques, votes parlementaires, etc*. Bd. 5. Paris: Bourloton, 1891.

[Roberts 2004] ROBERTS, David: *Shipwrecked on the top of the world: four against the Arctic*. London: Little, Brown, 2004. – Originally published as: Four against the Arctic. New York: Simon & Schuster, 2003.

[Robin 1933] ROBIN, Pierre: *La compagnie des secrétaires du Roi (1351–1791)*. Paris: Recueil Sirey, 1933.

[Rochas 1856] ROCHAS, Adolphe: *Biographie du Dauphiné. Contenant l'histoire des hommes nés dans cette province qui se sont fait remarquer dans les lettres, les sciences, les arts etc. Avec le catalogue de leurs ouvrages et la description de leurs portraits. Accarias de Serionne, Jacques-Juvenis, Raymond de*. Bd. 1. Paris: Charavay, 1856.

[Roche 1998] ROCHE, Daniel: *France in the enlightenment*. Cambridge, Massachusetts; London: Harvard historical studies, 1998 (Harvard historical studies).

[Rocheterie 1892] ROCHETERIE, Maxime de la: Recension: Le Roman d'un royaliste sous la Revolution. Souvernir du comte d Virieu. In: *Polybiblion. Revue bibliographique universelle* 36 (1892), S. 452–453.

[Rohlfs 1977] Rohlfs, Gerhard: *Beihefte zur Zeitschrift für romanische Philologie*. Bd. 85: *Le gascon: études de philologie pyrénéenne*. 3. erw. Auflage. Tübingen: Niemeyer u.a., 1977.

[Roll 1972] Roll, Hans-Achim: *Zur Geschichte der Lex Salica-Forschung*. Aalen: Scientia Verlag, 1972 (Untersuchungen zur deutschen Staats- und Rechts-Geschichte). – Zugleich: Dissertationsschrift (Universität Kiel), 1972.

[Roquefeuil 2005] Roquefeuil, Fulcran de: *Anoblissement et révocation de la noblesse. Aux XVIe, XVIIe et XVIIIe siècles*. Paris: P. du Puy, 2005.

[Rosen 2002] Rosen, Laurent Tahon v.: *Ducs de France: les 32 quartiers des ducs français et de leurs épouses en 1789 ayant une descendance; essai de généalogie et d'héraldique critique*. Paris: Maisonneuve & Larose, 2002.

[Rotenhan 1895] Rotenhan, Hermann Freiherr v.: *Philippe de Gentils Marquis de Langalerie, französischer Generalleutnant, österreichischer General der Cavalerie, angeblich Kaiser von Madagaskar, polnischer General der Cavalerie etc. 1661 bis 1717 und Geschichte der Familie Gentils de Langalerie*. München: Hafner, 1895.

[Rothacker 1972] Rothacker, Erich: *Einleitung in die Geisteswissenschaften*. unveränderter reprografischer Nachdruck der 2., durch eine ausführliche Vorrede ergänzte Auflage, Tübingen, 1930. Darmstadt: Wissenschaftliche Buchgesellschaft, 1972.

[Roumejoux 1902] Roumejoux, Anatole de: Essai sur les guerres de religion en Périgord (1551–1598) Suite. In: *Bulletin de la Société Historique et Archéologique du Périgord* 29 (1902), S. 336–399.

[Roussel 1785] Roussel, Jacques de: *État militaire de France pour l'année 1785*. Bd. 27. Paris: Onfroy, 1785.

[Rouvière 1974] Rouvière, François: *Histoire de la Révolution française dans le département du Gard. La Législative: 1791–1792*. Bd. 2. Marseille: Laffitte, 1974. – Reproduction fac-similé de l'édition de Nîmes: A. Catélan, 1887–1889.

[Rürup 2007] Rürup, Reinhard (Hrsg.): *Topographie des Terrors. Gestapo, SS und Reichssicherheitshauptamt auf dem "Prinz-Albrecht-Gelände". Eine Dokumentation*. 17. überarbeitete und erweiterte Auflage. Berlin: Verlag Willmuth Arenhövel, 2007.

[Runkehl und Siever 2001] Runkehl, Jens; Siever, Torsten: *Das Zitat im Internet. Ein electronic style guide zum Publizieren, Bibliografieren und Zitieren*. 3. korrigierte Auflage. Hannover: Revonnah-Verlag, 2001.

[SAHG I 1876] Société des Archives Historiques de la Gironde: Coutumes de Pouy-Carréjelart. In: *Archives historiques du département de la Gironde* 17 (1876), S. 1–47. – Archives de M. Jules Delpit. Copie authentique écrite sur papier au XVe siècle. Transcrit et analysé par Monsieur Octave Beylot.

[Sahlins 2004] Sahlins, Peter: *Unnaturally French. Foreign citizens in the Old Regime and after*. Ithaca (New York) et al.: Cornell University Press, 2004.

[Saint-Aulaire 1889] Saint-Aulaire, Anatole Beaupoil de: *Le Père Anselme, par le Cte A. de Saint-Aulaire. Un cicerone. – L'Amour polyglotte. – La Croix de corail. – L'Agilité*. Paris: V. Havard, 1889.

[Saint-Gérand 2005] Saint-Gérand, Jacques-Philippe: Rezension: Bio-Bibliographisches Handbuch zur Sprachwissenschaft des 18. Jahrhunderts. Die Grammatiker, Lexicographen und Sprachtheoretiker des deutschsprachigen Raums mit Beschreibungen ihrer Werke. Band 8: Schu-Z (2005). Herausgegeben von Herbert E. Brekle, Edeltraud Dobnig-Jülch, Hans Jürgen Höller, Helmut Weiß (Jacques-Philippe Saint-Gérand). In: *Beiträge zur Geschichte der Sprachwissenschaft* 15 (2005), Nr. 1, S. 173–174.

[Saint-Martin 2003] SAINT-MARTIN, Monique de: *Der Adel. Soziologie eines Standes*. UVK Verlagsgesellschaft, 2003 (Édition Discours. Klassische und zeitgenössische Texte der französischsprachigen Humanwissenschaften). – - aus dem Französischen von Jörg Ohnacker.

[Saint-Saud 1898] SAINT-SAUD, Aymard Comte d'Arlot de: *Généalogies Périgourdines*. Bergerac: J. Castanet, 1898.

[Saint-Saud 1924] SAINT-SAUD, Aymard Comte d'Arlot de: *Famille de Ségur en Bordelais et Périgord*. Bergerac: J. Castanet, 1924. – Extrait des "Généalogies périgoudines". 2e Série.

[Saint-Saud 1938] SAINT-SAUD, Aymard Comte d'Arlot de: *Essai de monographie. Le Marquisat de La Roche-Chalais*. Bergerac: H. Trillaud, 1938.

[Saint-Saud 1992] SAINT-SAUD, Aymard Comte d'Arlot de: *Le Marquisat de La Roche-Chalais*. Bayonne: Editions Libro Liber, 1992. – Réimpression de l'édition 1938.

[Saint-Saud u. a. 1905] SAINT-SAUD, Aymard comte de; MARQUIS DE FAYOLLE, Gérard; HUET, Paul de: *La Famille et les origines du vénérable Alain de Solminihac: généalogie, par le Comte de Saint-Saud et Paul Huet. Étude critique, historique et archéologique, par le Marquis de Fayolle*. Paris: H. Daragon, 1905.

[Saint-Simon 1856] SAINT-SIMON, Louis de Rouvroy duc de: *Mémoires complets et authentiques du duc de Saint-Simon sur le siècle de Louis XIV et la Régence*. Bd. 2. Paris: Hachette, 1856. – collationnés sur le manuscrit original par M. Chéruel.

[Salmon 1975] SALMON, John H. M.: *Society in crisis: France in the sixteenth century*. London: Benn, 1975.

[Salmon 2002] SALMON, John H. M.: A Second Look at the Noblesse Seconde: The Key to Noble Clientage and Power in Early Modern France? In: *French Historical Studies* 25 (2002), Autumn, Nr. 4, S. 575–593.

[Salvaing 1731] SALVAING, Denis de: *Traité de l'usage des fiefs et autres droits seigneuriaux*. Avignon: Charles Giroud, 1731.

[Salvaire 1997] SALVAIRE, Élie: *Relation sommaire des désordres commis par les camisards des Cévennes*. Montpellier: Les Presses du Languedoc, 1997. – Présentation et notes de Didier Poton.

[Samaran 1907] SAMARAN, Charles: *La maison d'Armagnac au XVe siècle et les dernières luttes de la féodalité dans le Midi de la France*. Paris: Picard, 1907 (Société de l'École des Chartes: Mémoires et documents).

[Samaran 1926] SAMARAN, Charles: La Chronique latine inédite de Jean Chartier (1422–1450) et les derniers livres du Religieux de Saint-Denis. In: *Bibliothèque de l'école des chartes* 87 (1926), S. 142–163.

[Samazeuilh 1836] SAMAZEUILH, Jean-François: *Itinéraire de Bordeaux à Tarbes*. Auch: L.-A. Brun, 1836.

[Samazeuilh 1856] SAMAZEUILH, Jean-François: Les Lugues, vallées du Ciron et de l'Avance. In: *R.A.A.B.* 18 (1856), S. 141–188.

[Samazeuilh 1857a] SAMAZEUILH, Jean-François: *Biographie de l'arrondissement de Nérac*. Bd. 1. J. Bouchet, 1857.

[Samazeuilh 1857b] SAMAZEUILH, Jean-François: Le comte Dijon. In: *Revue d'Aquitaine* 2 (1857), S. 573–575.

[Samazeuilh 1980] SAMAZEUILH, Jean-François: *Histoire de l'Agenais du Condomois et du Bazadais*. Marseille: Laffitte Reprints, 2 Bde. 1980.

[Sanchez-Calzadilla 1993] SANCHEZ-CALZADILLA, Hervé-Yves: *Georges Sand: Rose et Blanche ou La comédienne et la réligieuse*. Kap. Postface, S. 485–489. Nérac: Amis du vieux Nérac, 1993.

[Sanchez-Calzadilla 1995] SANCHEZ-CALZADILLA, Hervé-Yves: Nerac, Juin 1815. L'arrestation de Madame de Donnissan. In: *Bulletin de la Société Archéologique et Historique de L'Albret* 17 (1995), S. 28–35.

[Sandeau und Sand 1831] SANDEAU, Jules; SAND, Geoge: *Rose et Blanche ou La comédienne et la religieuse*. 5 Bde. Paris: B. Renault, 1831.

[Santi 1921] SANTI, Louis de: Quelques points obscurs de la vie de Rabelais. Rabelais à Toulouse. In: *Revue du seizième siècle* 8 (1921), S. 42–62.

[Sarrazin 2000] SARRAZIN, Hélène: *Papistes et parpaillots en Aquitaine: Les querelles religieuses du 16e au 18e siècle*. Bordeaux: Dossiers d'Aquitaine, 2000 (Collection "Mémoires de France").

[Saulnier 1970] SAULNIER, Verdun-Louis: Marguerite de Navarre et le baron de Jarnac D'après une correspondance inédite de la reine. In: JOURDA, Pierre (Hrsg.): *De Jean Lemaire de Belges à Jean Giraudoux. Mélanges d'histoire et de critique littéraire offerts à Pierre Jourda*. Paris: Editions A.-G. Nizet, 1970, S. 93–109.

[Saurer 2004] SAURER, Edith: Auf der Suche nach dem Kontext. Diskussionen und Probleme in der Geschichtswissenschaft. Am Beispiel der nie abgesandten Briefe Otto Leichters an seine Frau Käthe Leichters (Paris 1938/1939). In: PANAGL, Oswald (Hrsg.): *Text und Kontext. Theoriemodelle und methodische Verfahren im transdisziplinären Vergleich*. Würzburg: Königshausen & Neumann, 2004, S. 219–233.

[Sauter 1972] SAUTER, Hermann: *Der pfälzische Baron Paul Tiry von Holbach, eine Zentralfigur der französischen Aufklärung*. Speyer: Literarischer Verein der Pfalz, 1972 (Sondergabe für die Mitglieder des Literarischen Vereins der Pfalz).

[Savant] SAVANT, Jean: *Les Préfets de Napoléon*. Paris: Hachette.

[Savigny 1951] SAVIGNY, Friedrich Carl v.: *Juristische Methodenlehre nach der Ausarbeitung des Jakob Grimm*. Stuttgart: Koehler Verlag, 1951.

[Sazerac de Forge 1845] SAZERAC DE FORGE, Paul: Notice sur les seigneurs et le château de la Roche-Chandry. In: *Bulletin de la Société archéologique et historique de la Charente* 1 (1845), S. 50–65.

[Séché 1911] SÉCHÉ, Léon: *Études d'histoire romantique*. Bd. 1: *Les amitiés de Lamartine. Documents inédits portraits et autographes: Louis de Vignet, Eléonore de Canonge, Marianne-Elisa Birch, Caroline Angebert*. Paris: Mercure de France, 1911.

[Schalk 1996] SCHALK, Ellery: *L'épée et le sang. Une histoire du concept de noblesse (vers 1500-vers 1650*. Seyssel: Champ Vallon, 1996 (Époques). – traduit de l'anglais par Christiane Travers.

[Scheibelreiter 2006] SCHEIBELREITER, Georg: *Oldenbourg historische Hilfswissenschaften*. Bd. 1: *Heraldik*. Oldenbourg Verlag, 2006.

[Schiller 2003] SCHILLER, René: *Vom Rittergut zum Grossgrundbesitz. Ökonomische und soziale Transformationsprozesse der ländlichen Eliten in Brandenburg im 19. Jahrhundert*. Berlin: Akademie Verlag, 2003 (Elitenwandel in der Moderne). – Zugleich: Dissertationsschrift (Technische Universität Berlin), 2001.

[Schilling 2005] SCHILLING, Lothar: *Normsetzung in der Krise. Zum Gesetzgebungsverständnis im Frankreich der Religionskriege*. Frankfurt am Main: Klostermann, 2005.

[Schissler 1980] SCHISSLER, Hanna: Die Junker. Zur Sozialgeschichte und historischen Bedeutung der agrarischen Elite in Preußen. In: PUHLE, Hans-Jürgen (Hrsg.); WEHLER, Hans-Ulrich (Hrsg.): *Preußen im Rückblick*. Göttingen: Vandenhoeck & Ruprecht, 1980 (Geschichte und Gesellschaft: Sonderheft 6), S. 89–122.

[Schleinert 2001] SCHLEINERT, Dirk: *Die Gutswirtschaft im Herzogtum Pommern-Wolgast im 16. und frühen 17. Jahrhundert*. Köln; Weimar; Wien: Böhlau-Verlag, 2001 (Veröffentlichungen der Historischen Kommission für Pommern). – Zugleich: Dissertationsschrift (Universität Greisfwald), 1999.

[Schlüter 2001] SCHLÜTER, Gisela: Toleranzidee. In: GLASER, Horst A. (Hrsg.); VAJDA, György M. (Hrsg.): *Die Wende von der Aufklärung zur Romantik 1760–1820: Epoche im Überblick*. Amsterdam, Philadelphia: Benjamins, 2001 (A comparative history of literatures in European languages), S. 251–258.

[Schmale 1986] SCHMALE, Wolfgang: *Bäuerlicher Widerstand, Gerichte und Rechtsentwicklung in Frankreich. Untersuchungen zu Prozessen zwischen Bauern und Seigneurs vor dem Parlament von Paris (16.–18. Jh.)*. Frankfurt am Main: Klostermann, 1986 (Ius commune: Sonderhefte, Texte und Monographien). – Zugleich: Dissertationsschrift (Universität Bochum), 1984.

[Schmidt 1966] SCHMIDT, Eberhard: Friedrich der Große als Kronprinz vor dem Kriegsgericht. In: GEERDS, Friedrich (Hrsg.); NAUCKE, Wolfgang (Hrsg.): *Beiträge zur gesamten Strafrechtswissenschaft. Festschrift für Hellmuth Mayer zum 70. Geburtstag am 1. Mai 1965*. Berlin: Duncker & Humblot, 1966, S. 13–32.

[Schmidt und Schnitter 1985] SCHMIDT, Thomas; SCHNITTER, Helmut: Die Hugenotten in der Brandenburgisch-Preußischen Armee. In: *Militärgeschichte* 23 (1985), Nr. 3, S. 233–239.

[Schmidt-Wiegand 1987] SCHMIDT-WIEGAND, Ruth: *Jacob Grimm und das genetische Prinzip in Rechtswissenschaft und Philologie*. Marburg: Hitzeroth, 1987 (Marburger Universitätsreden: Reihe A, Veröffentlichungen des Präsidenten).

[Schmidt-Wiegand 2006] SCHMIDT-WIEGAND, Ruth: Sprache, Recht, Rechtssprache bei Franken und Alemannen vom 6. bis zum 8. Jahrhundert. In: (Dilcher und Distler 2006), S. 141–158.

[Schmitter 2003] SCHMITTER, Peter: *Historiographie und Narration. Metahistoriographische Aspekte der Wissenschaftsgeschichtsschreibung der Linguistik*. Tübingen: Narr et al., 2003.

[Schmoller und Stolze 1908] SCHMOLLER, Gustav von; STOLZE, Wilhelm: *Acta Borussica*. Bd. 4,2: *Die Behördenorganisation und die allgemeine Staatsverwaltung Preußens im 18. Jahrhundert. Akten von Anfang Januar 1726 bis Ende December 1729. Akten von Anfang Januar 1726 bis Ende December 1729*. Berlin: Parey, 1908.

[Schnackenburg 1887] SCHNACKENBURG, Ernst: *Beitrag zur Geschichte des Ordens pour le mérite*. Berlin: Mittler, 1887 (Militär Wochenblatt (Beiheft 1 = S. 1–33)).

[Schneider 1879] SCHNEIDER, Louis: *Aus meinem Leben*. Bd. 2. Berlin: Ernst Siegfried Mittler und Sohn, 1879.

[Schneider 1870] SCHNEIDER, Ludwig: Das Palais Sr. K. H. des Prinzen Albrecht von Preußen. Wilhelmsstraße Nr. 102. In: *Schriften des Vereins für die Geschichte der Stadt Berlin* 3 (1870), S. 1–61.

[Schnerb 2009] SCHNERB, Bertrand: *Armagnacs et Bourguignons: la maudite guerre, 1407–1435*. Paris: Perrin, 2009.

[Schnitter 1986] SCHNITTER, Helmut: Unter dem brandenburgischen Adler – Hugenotten in der brandenburgischen Armee. In: *Blätter für Heimatgeschichte: Studienmaterial* 4 (1986), S. 51–55.

[Schnitter 2007] SCHNITTER, Helmut: The refugees in the army of Brandenburg-Prussia: 'those unfortunate banished people from France'. In: (Glozier und Onnekink 2007), S. 145–159.

[Schönpflug 2002] SCHÖNPFLUG, Daniel: *Der Weg in die Terreur. Radikalisierung und Konflikte im Straßburger Jakobinerclub*. München: Oldenbourg Verlag, 2002 (Pariser historische Studien). – Zugleich: Dissertationsschrift (Technische Universität Berlin), 1999.

[Schom 1993] SCHOM, Alan: *One hundred days. Napoleon's road to Waterloo*. New York; Oxford: Oxford University Press, 1993.

[Schoppenhauer 1839] SCHOPPENHAUER, Johanna: *Jugendleben und Wanderbilde*. Bd. 1. Braunschweig: George Westermann, 1839.

[Schulte Beerbühl 2007] SCHULTE BEERBÜHL, Margrit: *Deutsche Kaufleute in London. Welthandel und Einbürgerung (1600–1818)*. München: Oldenbourg Verlag, 2007 (Veröffentlichungen des Deutschen Historischen Instituts London). – Zugleich: Habilitationsschrift (Universität Düsseldorf), 2006.

[Schultz 2002] SCHULTZ, Uwe: *die Sonne Frankreichs*. München: Verlag C. H. Beck, 2002.

[Schulz 1945] SCHULZ, Fritz: Bracton on Kingship. In: *The English Historical Review* 60 (1945), May, Nr. 237, S. 137–176.

[Schulz 1984] SCHULZ, Paul (Hrsg.): *Der Kreis Saatzig und die kreisfreie Stadt Stargard. Ein pommersches Heimatbuch*. Rautenberg: Rautenberg, 1984.

[Schulze 1993] SCHULZE, Winfried: "Vous voulez donc Faire le procés á la révolution?" Über den Umgang mit der Revolution in der Debatte um die Entschädigung der Emigranten 1825. In: KOHLE, Hubertus (Hrsg.); GERSMANN, Gudrun (Hrsg.): *Frankreich 1815–1830*. Stuttgart: Steiner, 1993, S. 15–27.

[Schumpeter 2008] SCHUMPETER, Joseph A.: *Konjunkturzyklen. Eine theoretische, historische und statistische Analyse des kapitalistischen Prozesses*. Neuausgabe. Göttingen: Vandenhoeck & Ruprecht, 2008. – englische Originalausgabe unter dem Titel: Business Cycles. A Theoretical, Historical, and Statistical Analysis of the Capitalist Process, New York, 1939.

[Schunka 2005] SCHUNKA, Alexander: Glaubensflucht als Migrationsoption. Konfessionell motivierte Migration in der Frühen Neuzeit. In: *Geschichte in Wissenschaft und Unterricht* 56 (2005), S. 547–564.

[Schwab 1822] SCHWAB, Johann Samuel Gottlob: *Phaedri Augusti liberti Fabulae aesopiae. Ex editione J.G.S. Schwabii cum notis et interpretatione in usum Delphini, variis lectionibus, notis variorum, recensu codicum et editionum et indice locupletissimo accurate recensitae*. London: A.J. Valpy, 1822 (Delphin and variorum classics).

[Schwérer 1912] SCHWÉRER, Alban: *Mes Origines*. Besançon: Imprimerie de l'Est, 1912.

[Segal 1980] SEGAL, Lester Abraham: *Nicolas Lenglet du Fresnoy (1674–1755): a study of historical criticism and methodology in early eighteenth-century France*. Ann Arbor (Michigan): University Microfilms International, 1980. – Xerox reproduction of doctoral dissertation, Columbia University, 1968.

[Seidel 1995] SEIDEL, Horst: *Beiträge zu Aristoteles' Naturphilosophie*. Amsterdam et al.: Rodopi, 1995 (Elementa-Texte).

[Sellin 2001] SELLIN, Volker: *Die geraubte Revolution. Der Sturz Napoleons und die Restauration in Europa*. Göttingen: Vandenhoeck & Ruprecht, 2001.

[Sellin 2005] SELLIN, Volker: *Einführung in die Geschichtswissenschaft*. Erweiterte Neuausgabe. Göttingen: Vandenhoeck & Ruprecht, 2005.

[Semichon 1862a] SEMICHON, Ernest: *Histoire de la ville d'Aumale (Seine-Inférieure) et ses Insitutitions depuis les temps anciens jusqu'a nos jours*. Bd. 1. Paris: Auguste Aubry, 1862.

[Semichon 1862b] SEMICHON, Ernest: *Histoire de la ville d'Aumale (Seine-Inférieure) et ses Insitutitions depuis les temps anciens jusqu'a nos jours*. Bd. 2. Paris: Auguste Aubry, 1862.

[Semiotto 2002] Semiotto, Michel: Famille de la Roque du Gua. In: *Héraldique et Généalogie* 34 (2002), Octobre-Novembre, Nr. 165, S. 334–335.

[Senkowska-Gluck 1971] Senkowska-Gluck, Monika: Das Herzogtum Warschau. In: Sieburg, Heinz-Otto (Hrsg.): *Napoleon und Europa*. Köln; Berlin: Kiepenheuer & Witsch, 1971 (Neue wissenschaftliche Bibliothek), S. 221–230.

[Senn 1907] Senn, Félix: *L'institution des vidamies en France*. Paris: A. Rousseau, 1907.

[Seréville und Saint-Simon 1977] Seréville, Étienne de; Saint-Simon, Fernand de: *Dictionnaire de la noblesse française. Supplément*. Paris: Éditions Contrepoint, 1977.

[Settipani 2004] Settipani, Christian: *La noblesse du Midi carolingien études sur quelques grandes familles d'Aquitaine et du Languedoc du IXe au XIe siècles. Toulousain, Périgord, Limousin, Poitou, Auvergne*. Oxford: Prosopographica et Genealogica, 2004 (Occasional publications of the Oxford Unit for Prosopographical Research).

[Setton 1984] Setton, Kenneth Meyer: *Memoirs of the American Philosophical Society*. Bd. 4: *The papacy and the levant (1204–1571). The sixteenth century from Julius III to Pius V*. Philadelphia: American Philosophical Society, 1984.

[Seyssel 2009] Seyssel, Claude de: *Les louenges du roy Louys XIIe de ce nom, 1508. Édition critique de Patricia Eichel-Lojkine et Laurent Vissière*. Genève: Droz, 2009 (Les classiques de la pensée politique). – Contient une notice biographique sur Claude de Seyssel et, en annexe, le texte anonyme "Aux gentilshommes françois" qui figure dans les éditions Corrozet (1558) et Du Puy (1587).

[SGAF 1973] Société du Grand armorial de France (Hrsg.): *Le second ordre*. Paris: Éditions du Palais-Royal, 1973.

[Ségur-Cabanac 1908] Ségur-Cabanac, Victor Comte de: *Histoire de la maison de Ségur dès son origine, 876. Marquis, comtes et vicomtes de Ségur en Limousin, en Guienne, en Périgord, en l'Ile de France, en Champagne, en Autriche et en Hongrie*. Brünn: G. Karafiat, 1908.

[Shahabuddeen 1978] Shahabuddeen, Mohamed: *Constitutional development in Guyana, 1621–1978*. Georgetown, Guyana: Shahabuddeen, 1978.

[Shepard 2003] Shepard, Jonathan: The 'muddy road' of Odo Arpin from Bourges to La Charitesur-Loire. In: Edbury, Peter W. (Hrsg.): *The Experience of Crusading. Defining the crusader kingdom* Bd. 2. Cambridge: Cambridge University Press, 2003, S. 11–28.

[Shepherd 1911] Shepherd, William: *Historical Atlas*. New York: Henry Holt and Company, 1911.

[S.H.P.F. 1928] S.H.P.F.: Assemblées de la société à l'occasion du 4e Centenaire de Jeanne d'Albret. In: *Bulletin de la Société de l'Histoire du Protestantisme Français* 77 (1928), S. 343–372.

[Sieber 1959] Sieber, Helmut: *Schlösser und Herrensitze in Pommern. Nach alten Stichen und Vorlagen*. Frankfurt am Main: Weidlich, 1959 (Burgen, Schlösser, Herrensitze).

[Siebmacher 1878] Siebmacher, Johann: *J. Siebmacher's grosses und allgemeines Wappenbuch*. Bd. 3/2 (M-Z. Nürnberg: Bauer und Raspe Verlag, 1878. – bearbeitet von G. A. v. Mülverstedt, illustriert von Ad. M. Hildebrandt.

[Siebmacher 1975] Siebmacher, Johann: *Siebmacher's großes Wappenbuch*. Bd. 5: *Die Wappen der europäoschen Fürsten*. Bauer und Raspe, 1975. – Nachdr. von Bd. 1, Abt. 3, R. 3, C.

[Siegmund 2000] Siegmund, Frank: *Alemannen und Franken*. Berlin et al.: Walter de Gruyter, 2000 (Ergänzungsbände zum Reallexikon der germanischen Altertumskunde). – Teilweise zugleich: Habilitationsschrift (Universität Göttingen), 1996.

[Sievers 1954] Sievers, Johannes: *Bauten für die Prinzen August, Friedrich und Albrecht von Preussen*. Berlin: Deutscher Kunstverlag, 1954.

[Simpkin 2008] SIMPKIN, David: *The English aristocracy at war from the Welsh wars of Edward I to the Battle of Bannockburn*. Woodbridge: The Boydell Press, 2008 (Warfare in history).

[Siwert und Zettl 2007] SIWERT, Markus B.; ZETTL, Christian: Politische Eliten. In: JÄGER, Wolfgang (Hrsg.); HAAS, Christoph M. (Hrsg.); WELZ, Wolfgang (Hrsg.): *Regierungssystem der USA*. 3. überarbeitete und aktualisierte Auflage. München, Wien: Oldenbourg Verlag, 2007 (Lehr- und Handbücher der Politikwissenschaft), S. 347–359.

[SLSAA 1850] SOCIÉTÉ DES LETTRES, SCIENCES ET ARTS DE L'AVEYRON (Hrsg.): *Mémoires de la Société des lettres, sciences et arts de l'Aveyron*. Bd. 7. Rodez: N. Ratery, 1850.

[Sémainville 1860] SÉMAINVILLE, Pierre-Alexandre Parrin comte de: *Code de la noblesse française, ou Précis de la législation sur les titres, la manière d'acquérir et de perdre la noblesse, les armoiries, les livrées, la particule*. 2. Auflage. Paris: Les principaux libraires, 1860.

[Smith 1909] SMITH, Henry A. M.: Purrysburg. In: *The South Carolina Historical and Genealogical Magazine* 10 (1909), Oktober, Nr. 4, S. 187–219.

[Smith 2006] SMITH, Jay M.: The Making of an Aristocratic "Reactionary": The Comte d'Escherny, Noble Honor, and the Abolition of Nobility. In: SMITH, Jay M. (Hrsg.): *The French nobility in the eighteenth century. Reassessments and new approaches*. University Park, Pa.: Pennsylvania State University Press, 2006, S. 253–277.

[Sénemaud 1860] SÉNEMAUD, Edmond: Inventaire des meubles de Marguerite de Rohan, comtesse d'Angouleme (1497). In: *Bulletin de la Société archéologique et historique de la Charente* 12 (1860), S. 48–83.

[Société des Archives Historiques de la Gironde 1874] SOCIÉTÉ DES ARCHIVES HISTORIQUES DE LA GIRONDE: Mémoire des gentilshommes de la généralité de Bordeaux qui font faire dans leurs maisons et châteaux l'exercice de la religion prétendue réformée. In: *Archives historiques du département de la Gironde* 15 (1874), S. 492–498.

[Soehlke 1896] SOEHLKE, Ernst: *Das Dragoner-Regiment Ansbach. 1. Brandenburgisches Dragoner-Regiment Nr 2. 1689–1896. Ein Beitrag zur Geschichte der Dragoner*. Berlin: Greve, 1896. – Textband.

[Sorbiers de La Tourrasse u. a. s. a.] SORBIERS DE LA TOURRASSE, Joseph de; SORBIERS DE LA TOURRASSE, Léonel de; SORBIERS DE MAUBOIS, Marie de: *Généalogie de la maison de Sorbiers*. Paris: H. Dragon, s. a.

[Soulé 1942] SOULÉ, François Pierre: *Le Duché de Fronsac des premiers vicomtes aux ducs de Richelieu*. Bordeaux: François Pierre Soulé, 1942.

[Souza Filho 2005] SOUZA FILHO, José Alexandrino de: *Civilisation et barbarie en France au temps de Montaigne*. Lille: Atelier national de reproduction des thèses, 2005. – Zugleich: Dissertationsschrift (Universität Bordeaux III), 2003.

[Spaemann 1990] SPAEMANN, Robert: *Reflexion und Spontaneität. Studien über Fénelon*. 2., erweiterte Auflage. Stuttgart: Klett-Cotta, 1990.

[Spicer 2003] SPICER, Andrew: 'Qui est de Dieu, oit la parole de Dieu': the Huguenots and their temples. In: MENTZER, Raymond A. (Hrsg.); SPICER, Andrew (Hrsg.): *Society and culture in the Huguenot world 1559–1685*. Reprinted from the first edition 2002. Cambridge et al.: Cambridge University Press, 2003, S. 175–192.

[Spiegelberg und Bickhardt 2004] SPIEGELBERG, Karl; BICKHARDT, Peter: *Samuel von Marschall – Diener zweier Könige*. 2., präzisierte Auflage. Berlin: Viademica-Verlag, 2004.

[Spitzer 1945] SPITZER, Leo: Anglo-French Etymologies. In: *Modern Language Notes* 60 (1945), Nr. 8, S. 503–521.

[Springer 1997] Springer, Matthias: Gab es ein Volk der Salier? In: Geuenich, Dieter (Hrsg.): *"Nomen et gens". Zur historischen Aussagekraft frühmittelalterlicher Personennamen*. Berlin et al.: Walter de Gruyter, 1997 (Ergänzungsbände zum Reallexikon der germanischen Altertumskunde), S. 58–83.

[Spuhler u. a. 1994] Spuhler, Gregor (Hrsg.) u. a.: *Vielstimmiges Gedächtnis. Beiträge zur oral history*. Zürich: Chronos, 1994.

[Stabenow 1901] Stabenow, Hans: *Die Schlacht bei Soor*. Frankfut am Main: s. ed., 1901. – Zugleich: Dissertationsschrift (Universität Berlin), 1901.

[Stahl 1987] Stahl, Michael: *Aristokraten und Tyrannen im archaischen Athen. Untersuchung zur Überlieferung, zur Sozialstruktur und zur Entstehung des Staates*. Stuttgart: Franz-Steiner-Verlag, 1987. – Teilweise zugleich: Habilitationsschrift (Technische Universität Berlin), 1984.

[Stein-Hölkeskamp 1989] Stein-Hölkeskamp, Elke: *Adelskultur und Polisgesellschaft. Studien zum griechischen Adel in archaischer und klassischer Zeit*. Stuttgart: Steiner-Verlag, 1989. – Teilweise zugleich: Dissertationsschrift (Universität München), 1985.

[Stengel 1976] Stengel, Edmund: *Chronologisches Verzeichnis französischer Grammatiken vom Ende d. 14. bis zum Ausgang des 18. Jahrhunderts nebst Angabe der bisher ermittelten Fundorte derselben*. Neu herausgegeben mit einem Anhang von Hans-Josef Niederehe. Amsterdam: John Benjamins, 1976 (Amsterdam studies in the theory and history of linguistic science). – Reprint der Ausgabe von 1890. Mit Nachtrag 1976.

[Stiftung Topographie des Terrors 2007] Stiftung Topographie des Terrors (Hrsg.): *Die Wilhelmstraße – Regierungsviertel im Wandel Wilhelmstraße – The Government Quarter through the Centuries Ein Begleitkatalog zur gleichnamigen Ausstellung*. Berlin: Stiftung Topographie des Terrors, 2007.

[Strasser-Bertrand 1975] Strasser-Bertrand, Otto Erich: Die evangelische Kirche in Frankreich. In: Moeller, Bernd (Hrsg.): *Geschichte des Protestantismus in Frankreich und den Niederlanden. Ein Handbuch*. Göttingen: Vandenhoeck & Ruprecht, 1975 (Die Kirche in ihrer Geschichte), S. 135–192.

[Straubel 2010] Straubel, Rolf: *Adlige und bürgerliche Beamte in der friderizianischen Justiz- und Finanzverwaltung ausgewählte Aspekte eines sozialen Umschichtungsprozesses und seiner Hintergründe (1740–1806)*. Berlin: Berliner Wissenschafts-Verlag, 2010 (Veröffentlichungen des Brandenburgischen Landeshauptarchivs).

[Streckfuß 1886] Streckfuss, Adolf: *500 Jahre Berliner Geschichte: vom Fischerdorf zur Weltstadt. Geschichte und Sage*. Bd. 1. 4. Auflage. Berlin: Albert Goldschmidt, 1886.

[Sträter 1960] Sträter, Lothar: *Burgtheaterdirektor Heinrich Laube und sein Publikum*, Universität Wien, Dissertation, 1960.

[Stulz-Herrnstadt 2002] Stulz-Herrnstadt, Nadja: *Berliner Bürgertum im 18. und 19. Jahrhundert. Unternehmerkarrieren und Migration. Familien und Verkehrskreise in der Hauptstadt Brandenburg-Preußens. Die Ältesten der Korporation der Kaufmannschaft zu Berlin*. Berlin et al.: Walter de Gruyter, 2002 (Veröffentlichungen der Historischen Kommission zu Berlin).

[Susane 1851] Susane, Louis: *Histoire de l'ancienne infanterie française*. Paris: J. Corréard, 1851.

[Susane 1853] Susane, Louis: *Histoire de l'ancienne infanterie française*. Bd. 8. Paris: J. Corréard, 1853.

[Sutherland 1984] Sutherland, Nicola M.: *Princes, politics and religion 1547–1589*. London: Hambledon Press, 1984 (History series).

[S.V.G. 1923] S.V.G.: Bermont. In: *Recueil de généalogies vaudoises* 1 (1923), S. 53–56.

[Szczech 2009] SZCZECH, Nathalie: "Delivrer de la gueule des loups, infinies ames". Polémique calvinienne et identité confessionnelle dans la France des années 1543–1562'. In: COTTRET, Bernard (Hrsg.); MILLET, Olivier (Hrsg.): *Calvin et la France*. Genève et al.: Droz, 2009 (Bulletin de la Société de l'Histoire du Protestantisme Français: études, documents, chronique littéraire), S. 77–99.

[Table Gazette de France 1766] *Table ou Abrégé des cent trente-cinq volumes de la Gazette de France. Depuis son commencement en 1631 jusqu'à la fin de l'année 1765*. Paris: Gazette de France, 1766.

[Tallemant des Réaux 1861] TALLEMANT DES RÉAUX, Gédéon: *Les Historiettes de Tallemant des Réaux. Mémoires pour servir à l'histoire du 17. siècle*. Bd. 3/4. 3. édition. Paris: Garnier, 1861.

[Tamizey de Larroque 1869] TAMIZEY DE LARROQUE, Philippe: *Histoire de la commune de Hautesvignes*. Paris: Prosper Noubel, 1869.

[Tamizey de Larroque 1872] TAMIZEY DE LARROQUE, Philippe: *Notice sur la ville de Marmande*. Villeneuve-sur-Lot: X. Duteis, 1872. – Extrait de "La revue des questions historiques". – Préfecture de Lot-et-Garonne. Monographies historiques publiées sous les auspices du Conseil général.

[Tamizey de Larroque 1875] TAMIZEY DE LARROQUE, Philippe: Documents inédits relatifs à l'histoire d'Agenais: 1254–1687. In: *Recueil des travaux de la Societe d'Agriculture, Sciences et Arts d'Agen* 4 (1875), S. 171–465.

[Tamizey de Larroque 1893] TAMIZEY DE LARROQUE, Philippe: *Deux Livres de Raison de l'Agenais. Suivis d'extraits d'autres registres domestiques*. Paris: Alphonse Picard, 1893. – d'une liste récapitulative des livres de raison publiées ou inédits.

[Tamizey de Larroque 1897] TAMIZEY DE LARROQUE, Philippe: Une centaine de documents inédits pour servir a l'histoire de la ville de Gontaud (1532–1789). In: *Recueil des travaux de la Société d'agriculture, sciences et arts d'Agen* (1897), S. 367–444.

[Tarnogrocki 1882] TARNOGROCKI, Otto: Geschichte der französischen Kolonie zu Strasburg i.U. (Fortsetzung). In: *Die Kolonie. Organ für die äusseren und inneren Angelegenheiten der französisch-reformierten Gemeinden* 6 (1882), März, S. 23–26.

[Taylor 2000] TAYLOR, Craig: Brittany and the French Crown: The Legacy of the English Attack upon Fougères (1449). In: MADDICOTT, John R. (Hrsg.): *The medieval state. Essays presented to James Campbell*. London et al.: Hambledon Press, 2000, S. 243–257.

[Tepper 1979] TEPPER, Michael (Hrsg.): *New world immigrants. A consolidation of ship passenger lists and associated data from periodical literature*. Bd. 1. Baltimore: Genealogical Publishing, 1979.

[Terrier 1998] TERRIER, Didier: *Histoire économique de la France d'Ancien Régime*. Paris: Hachette, 1998 (Carré histoire).

[Texier 1988] TEXIER, Alain: *Qu'est-ce que la noblesse?* Paris: Tallandier, 1988.

[Theuerkauf 1997] THEUERKAUF, Gerhard: *Einführung in die Interpretation historischer Quellen. Schwerpunkt: Mittelalter*. 2. Auflage (unveränderter Nachdruck der Ausgabe von 1997). Paderborn: Schöningh Verlag, 1997 (UTB Wissenschaft: Geschichte).

[Thezan 1868] THEZAN, Denis de: La commanderie de la Cavalerie (Gers). In: *Revue d'Aquitaine et du Languedoc* 12 (1868), S. 106–123.

[Thiébaud 1982] THIÉBAUD, Jean-Marie: *Petit dictionnaire des termes du blason*. Lons-le-Saunier: Marque-Maillard, 1982.

[Thiou 2003] THIOU, Éric: *Dictionnaire des titres et des terres titrées françaises sous l'Ancien régime: principautés, marquisats, comtés, vicomtés, baronnies*. Versailles: Mémoire & documents, 2003.
[Tholin 1897] THOLIN, George: Notes sur la Féodalité en Agenais au Milieu du XIIIe Siècle (suite). In: *Revue de l'Agenais et des anciennes provinces du Sud-Ouest* 24 (1897), Janvier-Février, S. 47–58; 144–156; 257–265.
[Tholin 1899] THOLIN, George: Notes sur la Féodalité en Agenais au Milieu du XIIIe Siècle (suite et fin). In: *Revue de l'Agenais et des anciennes provinces du Sud-Ouest* 26 (1899), Janvier-Février, S. 62–78; 173–185.
[Tholin 1902] THOLIN, George: Documents intéressant le maréchal de Xaintraille. In: *Bulletin historique et philologique* 1 (1902), S. 85–94.
[Tholin und Fallieres 1897] THOLIN, George; FALLIERES, Olivier: Hommages des Seigneurs de l'Agenais au Comte de Toulouse en 1259. In: *Recueil des travaux de la Société d'agriculture, sciences et arts d'Agen* 13 (1897), S. 11–61. – editiert von George Tholin und Olivier Fallieres.
[Tholin 1883] THOLIN, Georges: *Supplément aux "Études sur l'architecture religieuse de l'Agenais"*. Extrait du "Recueil des travaux de la Société d'agriculture, sciences et arts d'Agen", Tom. VIII, 2e série. Agen: Vve Lamy, 1883.
[Tholin 1900] THOLIN, Georges: Le Château de Lasserre. In: *Revue de l'Agenais et des anciennes provinces du Sud-Ouest* 27 (1900), S. 97–106, 193–201; 289–305; 440–446.
[Tholin 1919] THOLIN, Georges: Les Bastides en Agenais. In: *Revue de l'Agenais et des anciennes provinces du Sud-Ouest* 46 (1919), S. 348–365.
[Thompson 2005] THOMPSON, James: *The Wars Of Religion In France 1559 To 1576: The Huguenots, Catherine De Medici And Philip II*. Kessinger Publishing, 2005. – Reprint der Ausgabe von 1959.
[Tighe 1990] TIGHE, Carl: *Gdańsk. National identity in the Polish-German borderlands*. London et al.: Pluto Press, 1990.
[Tilich 1991] TILICH, Paul: *Der Mut zum Sein*. unveränderter photomechanischer Nachdruck des XI. Bandes (Sein und Sinn) der "Gesammelten Werke" von Paul Tilich, erschienen 1969 im Evangelischen Verlagswerk, Stuttgart. Berlin et al.: Walter de Gruyter, 1991.
[Tümmler 1956] TÜMMLER, Hans: Goethes politisches Gutachten aus dem Jahre 1778. In: *Goethe: Neue Folge des Jahrbuchs der Goethe-Gesellschaft* 18 (1956), S. 89–105.
[Tollin 1887] TOLLIN, Henri: *Geschichte der französischen Colonie von Magdeburg. Jubliäumsschrift*. Bd. 2. Halle an der Saale: Verlag Max Niemeyer, 1887.
[Tollin 1889] TOLLIN, Henri: *Geschichte der französischen Colonie von Magdeburg. Jubliäumsschrift. Urkundenbuch der französischen Colonie zu Magdeburg*. Bd. 3 (Abt. 2. Halle an der Saale: Verlag Max Niemeyer, 1889.
[Tollin 1894a] TOLLIN, Henri: *Geschichte der französischen Colonie von Magdeburg. Jubliäumsschrift. Die Kirche der Refuge insbesondere in Magdeburg*. Bd. 3 (Abt. 1c). Halle an der Saale: Verlag Max Niemeyer, 1894.
[Tollin 1894b] TOLLIN, Henri: *Geschichte der französischen Colonie von Magdeburg. Vom Nutzen des Refuge insbesondere in Magdeburg*. Bd. 3 (Abt. 1b). Magdeburg: Faber, 1894.
[Tollin 1895] TOLLIN, Henri: Die wallonisch-französischen Colonieen zu Oranienburg und Umgegend. In: *Geschichtsblätter des Deutschen Hugenotten-Vereins* 4 (1895), Nr. 7–8, S. 3–35.
[Tollin 1896] TOLLIN, Henri: Der hugenottische Lehrstand, Wehrstand und Nährstand zu Frankfurt a. d. Oder. In: *Geschichtsblätter des Deutschen Hugenotten-Vereins* 5 (1896), Nr. 7–9, S. 3–64.

[Toulgoët-Tréanna 1895] Toulgoët-Tréanna, Émile Le Goazre Comte de: Nobiliaire du Berry. Généalogie de la maison Le Roy. In: *Mémoires de la Société des antiquaires du Centre* 20 (1895), S. 270–332.

[Töpfer 2009] Töpfer, Armin: *Erfolgreich Forschen. Ein Leitfaden für Bachelor-, Master-Studierende und Doktoranden*. Berlin; Heidelberg: Springer Verlag, 2009 (Springer-Lehrbuch).

[Treasure 2003] Treasure, Geoffrey: *The Making of Modern Europe, 1648–1780*. London u.a.: Routledge, 2003.

[Tricoire 1890] Tricoire, Gabriel: *Le Château d'Ardenne et la seigneurie de Moulidars en Angoumois: généralité de La Rochelle. Histoire, généalogies, archives, avec des notices sur quelques seigneuries voisines ou unies historiquement à Moulidars*. La Rochelle: N. Texier, 1890.

[Trimoulet 1864] Trimoulet, Henry: État actuel de la séricículture et description du nid d'un bombyx exotique. In: *Actes de la société linnéenne* 25 (1864), S. 415–427.

[Trinius 1887] Trinius, August: *Märkische Streifzüge*. Zweite vermehrte und verbesserte Auflage. Minden in Westfalen: J.C.C. Bruns, 1887.

[Trinquet 1956] Trinquet, Roger: L'ordre des essais de Montaigne. In: *Bibliothèque d'humanisme et renaissance. Travaux et documents* 18 (1956), S. 7–36.

[Troeltsch 1977] Troeltsch, Ernst: *Gesammelte Schriften. Der Historismus und seine Probleme*. Bd. 3. 2. Neudr. der Ausgabe Tübingen 1922. Aalen: Scientia Verlag, 1977. – Lizenzausgabe des Verlags Mohr (Paul Siebeck), Tübingen.

[Tréourret de Kerstrat 1997] Tréourret de Kerstrat, Jean-Louis de: *Des qualifications nobiliaires. La jurisprudence nobiliaire par les textes et par l'exemple, annales de la noblesse*. Versailles: Mémoire et documents, 1997.

[Turner 2005] Turner, Ralph V.: *King John. England's evil king?* Stroud: Tempus, 2005 (English monarchs).

[Ungern-Sternberg 2008] Ungern-Sternberg, Antje v.: *Religionsfreiheit in Europa. Die Freiheit individueller Religionsausübung in Großbritannien, Frankreich und Deutschland – ein Vergleich*. Tübingen: Mohr Siebeck, 2008. – Zugleich: Dissertationsschrift (Universität Münster), 2007.

[USGL 1823] Une Société de Gens de Lettres (Hrsg.): *Biographie Toulousaine ou Dictionnaire Historique*. Bd. 2. Paris: L. G. Michaud, 1823.

[Uslar 2005] Uslar, Detlev v.: *Leib, Welt, Seele. Höhepunkte in der Geschichte der philosophischen Psychologie: von den Anfängen bis zur Gegenwart*. Würzburg: Königshausen & Neumann, 2005.

[Valette 1987] Valette, Jean: *Les Registres paroissiaux protestants de Gensac (1778–1787)*. Bordeaux: Archives départementales de la Gironde, 1987 (Recueil d'études et de documents pour servir à l'histoire du département de la Gironde et des départements voisins. Série inquarto).

[Valette 1989] Valette, Regis: *Catalogue de la noblesse française*. Paris: Robert Laffont, 1989.

[Vanek 2007] Vanek, Klara: *"Ars corrigendi" in der Frühen Neuzeit*. Walter de Gruyter, 2007 (Historia Hermeneutica). – Zugleich: Dissertationsschrift (Universität Düsseldorf), 2006.

[Vansina 1961] Vansina, Jan: *De la tradition orale. Essai de méthode historique*. Tervuren: Musée Royal de l'Afrique Centrale, 1961.

[Vansina 1985] Vansina, Jan: *Oral tradition as history*. Madison, Wisc.: University of Wisconsin Press, 1985.

[Vehse 1851] VEHSE, Carl E.: *Geschichte der deutschen Höfe seit der Reformation. Abt. 1, Geschichte des preußischen Hofs und Adels und der preußischen Diplomatie*. Bd. 2. Hamburg: Hoffmann und Campe, 1851.

[Verneuil 2008] VERNEUIL, Christophe: *Histoire politique de la France de 1814 à 1914*. Paris: Ellipses, 2008 (Optimum).

[Vernezobre 1776] VERNEZOBRE, Emanuel: *Cours Académique De La Langue Françoise: Ouvrage Théoretique Et Pratique, Comprenant un Systême complet des Règles de la Grammaire, avec des Thêmes instructifs en Langue allemande, pour être traduits en françois, d'après les Règles qui les précédent. Par Emanuel Vernezobre, Maître de Langue des Eleves de l'Ecole miiitaire*. Dresden: Georg Konrad Walther, 1776.

[Vernezobre und Benard 1750] VERNEZOBRE, Emanuel (Hrsg.); BENARD, Abraham Henri (Hrsg.): *Les Fables imitées d'Esope par Phèdre revues et corrigées à l'usage de la Compagnie de Gentilshommes Cadets de Saxe*. Repetitio an 1748. Dresden: Frédéric Hekel, 1750.

[Vernezobre 1766] VERNEZOBRE, Emmanuel: *Academische Uebungen in der französischen Sprache, nach ihren Anfangsgründen und den Regeln ihrer Wortfügung nebst hinzugesetzten deutschen Aufgaben, die nach den gegebenen Regeln ins Französische zu übersetzen sind. Theoretischer und practischer Theil zum Gebrauch der Anfänger, auf der churfürstl. sächsisch. Ritter-Academie, herausgegeben von Emmanuel Vernezobre*. Dresden: Georg Konrad Walther, 1766.

[Verrier und Onillon 1970] VERRIER, Anatole J.; ONILLON, Réne: *Glossaire étymologique et historique des Patois et des Parlers de l'Anjou*. Genf: Slatkine Reprints, 1970. – comprenant le glossaire proprement dit des dialogues, contes, récits et nouvelles en patois le folklore de la provence.

[Vic und Joseph Vaissète 1872] VIC, Claude de; JOSEPH VAISSÈTE: *Histoire générale de Languedoc. Avec des notes et les pièces justificatives*. Bd. 4. Toulouse: Édouard Privat, 1872.

[Vic und Joseph Vaissète 1876] VIC, Claude de; JOSEPH VAISSÈTE: *Histoire générale de Languedoc. Avec des notes et les pièces justificatives*. Bd. 13. Toulouse: Edouard Privat, 1876.

[Vicars 1897] VICARS, Arthur (Hrsg.): *Index to the Prerogative Wills of Ireland, 1536–1810*. Dublin: Edward Ponsonby, 1897.

[Vicomte d'E…1858] VICOMTE D'E…: *Des Usurpations de titres nobiliaires, au double point de vue de l'histoire et du droit pénal*. Paris: E. Dentu, 1858.

[Viel 1882] VIEL, Jules: Les nouveaux convertis, Déliberation du conseil général de Saint-Jean-du-Gard 1686. In: *Bulletin de la Société de l'Histoire du Protestantisme Français* (1882), S. 273–279.

[Viennot 2006] VIENNOT, Éliane: *La France, les femmes et le pouvoir, Volume 1, L'invention de la loi salique (V^e^–XVIe siècle)*. Bd. 1. Paris: Librairie Académique Perrin, 2006.

[Vigne 2002] VIGNE, Randoph: 'A monument of the piety of their ancestors' The Origin and Early History of the French Hospital, London 1708–1740. In: *Bulletin of the Huguenot Society of South Africa* 39 (2002), S. 196–207. – Proceedings of the 3rd International Huguenot Conference.

[Vignier 1877] VIGNIER, Jacques: De quelques familles anciennes de Langres. In: *Revue de Chamapgne et de Brie* 2 (1877), S. 52–57.

[Vignolles 1869] VIGNOLLES, Bertrand de: *Mémoires des choses passées en Guyenne (1621–1622)*. Paris: Pittet-Champeau, 1869 (Collection Méridionale). – avec une introduction et des notes par Philippe Tamizey de Larroque.

[Villain 1911] VILLAIN, Jules: *La France moderne. Dictionnaire généalogique, historique et biographique*. Bd. 3,1. Saint-Etienne 42: Imprimerie Thomas., 1911.

[Villequez 1863] VILLEQUEZ, François-Ferdinand: Étude Historiques sur les Substitutions Prohibées. Deuxième Partie. In: *Revue historique de droit français et étranger* 9 (1863), S. 189–214.
[Vincent und Binns 1926] VINCENT, Louis; BINNS, Clare: *Gilles de Rais the original Bluebeard*. London: Philpot, 1926.
[Vindry 1901] VINDRY, Fleury: *Dictionnaire de l'état-major français au XVIe siècle. Premiere Partie: Gendarmerie*. Paris: Cabinet de l'Historiographe, 1901.
[Vindry 1910] VINDRY, Fleury: *Les parlementaires français au XVIe siècle. Parlaments d'Aix (Réimpression), Rouen, Rennes, Turin*. Bd. 1. Paris: Honoré Champion, 1910.
[Viollet 1966] VIOLLET, Paul: *Histoire du droit civil français. Accompagnée de notions de droit canonique et d'indications bibliographiques*. Réimpression de la 3. édition Paris 1905. Aalen: Scientia Verlag, 1966.
[Viton de Saint-Allais 1814] VITON DE SAINT-ALLAIS, Nicolas: *Nobiliare universel de France, ou recueil général des généalogies historiques des maisons nobles de ce royaume*. Bd. 1. Paris: Bureau du Nobiliaire Universel de France, 1814.
[Viton de Saint-Allais 1816a] VITON DE SAINT-ALLAIS, Nicolas: *Dictionnaire Encyclopédique de la Noblesse de France*. Bd. 2. Paris: Chez l'Auteur, 1816.
[Viton de Saint-Allais 1816b] VITON DE SAINT-ALLAIS, Nicolas: *Nobiliare universel de France, ou recueil général des généalogies historiques des maisons nobles de ce royaume*. Bd. 9. Paris: Bureau du Nobiliaire Universel de France, 1816.
[Viton de Saint-Allais 1816c] VITON DE SAINT-ALLAIS, Nicolas: *Nobiliare universel de France, ou recueil général des généalogies historiques des maisons nobles de ce royaume*. Bd. 8. Paris: Bureau du Nobiliaire Universel de France, 1816.
[Viton de Saint-Allais 1817] VITON DE SAINT-ALLAIS, Nicolas: *Nobiliare universel de France, ou recueil général des généalogies historiques des maisons nobles de ce royaume*. Bd. 10. Paris: Bureau du Nobiliaire Universel de France, 1817.
[Viton de Saint-Allais 1818] VITON DE SAINT-ALLAIS, Nicolas: *Nobiliare universel de France, ou recueil général des généalogies historiques des maisons nobles de ce royaume*. Bd. 14. Paris: Bureau du Nobiliaire Universel de France, 1818.
[Viton de Saint-Allais 1820] VITON DE SAINT-ALLAIS, Nicolas: *Nobiliare universel de France, ou recueil général des généalogies historiques des maisons nobles de ce royaume*. Bd. 17. Paris: Bureau du Nobiliaire Universel de France, 1820.
[Viton de Saint-Allais 1839] VITON DE SAINT-ALLAIS, Nicolas: *L'Ordre de Malte: Ses grands maîtres et ses chevaliers*. Paris: Delaunay, 1839.
[Viton de Saint-Allais 1872] VITON DE SAINT-ALLAIS, Nicolas: *Nobiliaire universel de France, ou Recueil général des généalogies historiques des maisons nobles de ce royaume*. Bd. 1. Réimpression de l'édition de 1814. Paris: Bachelin-Deflorenne, 1872.
[Viton de Saint-Allais 1876] VITON DE SAINT-ALLAIS, Nicolas: *Nobiliare universel de France, ou recueil général des généalogies historiques des maisons nobles de ce royaume*. Bd. 15. Paris: Bureau du Nobiliaire Universel de France, 1876.
[Vivie 1877] VIVIE, Aurélien: *Histoire de la Terreur à Bordeaux*. Bd. 2. Bordeaux: Feret et Fils, 1877.
[Vivie 1886] VIVIE, Aurélien: Une audience de la commission militaire de Bordeaux en 1793 (MM. de Pelet d'Anglade, Bernada et Chevalier. Souvenirs historiques). In: *Actes de l'Académie nationale des sciences, belles-lettres et arts de Bordeaux* 48 (1886), S. 5–41.
[Vivier 1998] VIVIER, Nadine: *Propriété collective et identité communale. Les biens communaux en France 1750–1914*. Paris: Publications de la Sorbonne, 1998 (Histoire de la France aux XIXe et XXe siècles).

[Vogüé 2004] Vogüé, Adalbert de: *Patrimoines: Christianisme*. Bd. 1,1: *Histoire littéraire du mouvement monastique dans l'antiquité. De la mort d'Antoine à la fin du séjour de Jérome à Rome (356–385)*. Paris: Cerf, 2004.

[Voigt 1986] Voigt, Günther (Hrsg.): *Deutschlands Heere bis 1918. Ursprung und Entwicklung der einzelnen Formationen: Kavallerie: Kürassiere und Dragoner*. Bd. 6. Osnabrück: Biblio-Verlag, 1986.

[Voigtlaender 1994] Voigtlaender, Heinz: *Löhne und Preise in vier Jahrtausenden*. Speyer: Numismatischen Gesellschaft Speyer, 1994 (Schriftenreihe der Numismatischen Gesellschaft Speyer e.V.).

[Voilliot 2005] Voilliot, Christophe: *La Candidature officielle. Une pratique d'État de la Restauration à la Troisième République*. Rennes: Presses universitaires de Rennes, 2005 (Collection Carnot).

[Voilliot 2007] Voilliot, Christophe: Ce que gagner (une élection) veut dire. Les candidats à la députation de 1816. In: *Revue d'histoire du XIX*e *siècle* 35 (2007), Nr. 2, S. 51–68.

[Volz 1924] Volz, Gustav B. (Hrsg.): *Friedrich der Große und Wilhelmine von Baireuth. Jugendbriefe 1728–1740*. Bd. 1. Leipzig: Koehler, 1924. – herausgegeben und eingeleitet von Gustav Berthold Volz.

[Von-Maszewski 1997] Von-Maszewski, Wolfram M.: *German emigration ships to New Orleans 1865–1869*. Pasadena, Texas: Tortuga Press, 1997.

[Vorländer 1990] Vorländer, Herwart (Hrsg.): *Oral history. Mündlich erfragte Geschichte*. Göttingen: Vandenhoeck & Ruprecht, 1990 (Kleine Vandenhoeck-Reihe).

[Véron 1857] Véron, Louis: *Quatre ans de règne. Où en sommes-nous?* Paris: Librairie nouvelle, 1857.

[Wade Labarge 1980] Wade Labarge, Margaret: *Gascony, England's first colony. 1204–1453*. London: Hamish Hamilton, 1980.

[Wagner-Kern 2002] Wagner-Kern, Michael: *Staat und Namensänderung. Die öffentlichrechtliche Namensänderung in Deutschland im 19. und 20. Jahrhundert*. Tübingen: Mohr Siebeck, 2002 (Beiträge zur Rechtsgeschichte des 20. Jahrhunderts). – Zugleich: Dissertationsschrift (Universität Bayreuth), 2001.

[Walch 1998] Walch, Agnès: Le choix du conjoint idéal selon l'Église catholique en France à l'époque moderne. In: *Annales de démographie historique* N° special "Le mariage, règles et pratiques" (1998), S. 7–23.

[Walter 1981] Walter, Jürgen: *Wilhelmine von Bayreuth: die Lieblingsschwester Friedrichs des Großen*. München: Nymphenburger Verlag, 1981.

[Ward 1924] Ward, William Henry: The Family of Rebotier. In: *Proceedings of the Huguenot Society of London* 12 (1924), S. 382–407.

[Waresquiel und Yvert 1996] Waresquiel, Emmanuel d.; Yvert, Benoît: *Histoire de la restauration, 1814–1830. Naissance de la France moderne*. Paris: Perrin, 1996.

[Warnkönig u. a. 1848] Warnkönig, Leopold August; Warnkönig, Theodor Adolf; Stein, Lorenz von: *Geschichte der Rechtsquellen und des Privatrechts*. Bd. 2: *Französische Staats- und Rechtsgeschichte*. Basel: Schweighausersche Buchhandlung, 1848.

[Waterhouse 1989] Waterhouse, Richard: *A new world gentry the making of a merchant and planter class in South Carolina, 1670–1770*. New York: Garland Publications, 1989.

[Weber 2010] Weber, Klaus: Zwischen Religion und Ökonomie: Sepharden und Hugenotten in Hamburg, 1580–1800. In: Jürgens, Henning P. (Hrsg.): *Religion und Mobilität. Zum Verhältnis von raumbezogener Mobilität und religiöser Identitätsbildung im frühneuzeitlichen Europa*. Göttingen: Vandenhoeck & Ruprecht, 2010 (Veröffentlichungen des Instituts für Europäische Geschichte Mainz: Beiheft 81), S. 137–167.

[Weber 1904] WEBER, Max: Die "Objektivität" sozialwissenschaftlicher und sozialpolitischer Erkenntnis. In: *Archiv für Sozialwissenschaft und Sozialpolitik* 19 (1904), S. 22–87.

[Weber 1988] WEBER, Max: *Gesammelte Aufsätze zur Wissenschaftslehre*. 7. Auflage. Tübingen: Mohr Verlag, 1988. – herausgegeben von Johannes Winckelmann.

[Wedel 1908] WEDEL, Heinrich v.: König Friedrich Wilhelm I. als abgewiesener Brautwerber. In: *Deutsches Adelsblatt* 26 (1908).

[Wehler 1980] WEHLER, Hans-Ulrich: *Historische Sozialwissenschaft und Geschichtsschreibung. Studien zu Aufgaben und Traditionen deutscher Geschichtswissenschaft*. Göttingen: Vandenhoeck & Ruprecht, 1980.

[Wehler 1987] WEHLER, Hans-Ulrich: *Deutsche Gesellschaftsgeschichte. Vom Feudalismus des Alten Reiches bis zur Defensiven Modernisierung der Reformära 1700–1815*. München: Verlag C. H. Beck, 1987.

[Weiß 2008] WEISS, Stefan: *Herrscher- und Fürstentestamente im westeuropäischen Mittelalter*. Kap. Vorgänger und Nachfolger. Die Testamente von Clemens V. und Johannes XXII., S. 621–633. Köln; Weimar; Wien: Böhlau Verlag, 2008 (Norm und Struktur. Studien zum sozialen Wandel in Mittelalter und früher Neuzeit).

[Weil und Schunkert 2006] WEIL, Joachim; SCHUNKERT, Heribert: Pathophysiologie der chronischen Herzinsuffizienz. In: *Clinical Research in Cardiology* 95 (Supplément 4 (2006), S. 1–17.

[Weill 1989] WEILL, Isabelle: Les procédures d'énonciation dans une chanson de geste tardive: Le Bâtard de Bouillon. In: BUSCHINGER, Danielle (Hrsg.): *La croisade, réalités et fictions. Actes du colloque d'Amiens 18–22 mars 1987*. Göppingen: Kümmerle, 1989 (Göppinger Arbeiten zur Germanistik), S. 251–262.

[Weis 1971] WEIS, Eberhart: Der französische Adel im 18. Jahrhundert. In: KLUXEN, Kurt (Hrsg.); VIERHAUS, Rudolf (Hrsg.): *Der Adel vor der Revolution. Zur sozialen und politischen Funktion des Adels im vorrevolutionären Europa*. Göttingen: Vandenhoeck & Ruprecht, 1971 (Kleine Vandenhoeck-Reihe), S. 29–40.

[Weiss 1885] WEISS, Nathanaël: Aux Galères. Lettre de David de Caumont, Baron de Montbeton 1689 ? In: *Bulletin de la Société de l'Histoire du Protestantisme Français* 34 (1885), S. 463–471.

[Wenneker 2001] WENNEKER, Erich: Formey, Johann Heinrich Samuel (Jean Henri Samuel). In: BAUTZ, Traugott (Hrsg.): *Biographisch-bibliographisches Kirchenlexikon* Bd. 19. Hamm (Nordrhein-Westfalen: Bautz, 2001, S. 419–427.

[Wesolowski 1992] WESOLOWSKI, Zdzislaw P.: *The Order of Virtuti Militari and its cavaliers: 1792–1992*. Miami, FL: Hallmark Press, 1992.

[West 1966] WEST, Francis: *The justiciarship in England (1066–1232)*. Cambridge: Univ. Pr., 1966 (Cambridge Studies in Medieval Life and Thought: New Series).

[Wettlaufer 1999] WETTLAUFER, Jörg: *Das Herrenrecht der ersten Nacht. Hochzeit, Herrschaft und Heiratszins im Mittelalter und in der frühen Neuzeit*. Frankfurt et al.: Campus Verlag, 1999 (Historische Studien). – Zugleich: Dissertationsschrift (Universität Kiel), 1998.

[Wilke 1997] WILKE, Jürgen: *Johann Peter Süßmilch. Die königliche Residenz Berlin und die Mark Brandenburg im 18. Jahrhundert. Schriften und Briefe*. Berlin: Akademie-Verlag, 1997.

[Willan 1968] WILLAN, Thomas Stuart: *The Early History of the Russia Company 1553–1603*. Reprint der Ausgabe Manchester: University Press, 1956. New York: Kelley, 1968.

[Willer u. a. 2005] WILLER, Stefan; PARNES, Ohad; VEDDER, Ulrike; WILLER, Stefan: "Eine sonderbare Generation". Zur Poetik der Zeugung um 1800. In: WEIGEL, Sigrid (Hrsg.): *Generation. Zur Genealogie des Konzepts – Konzepte von Genealogie*. München: Fink Verlag, 2005 (Trajekte), S. 125–156.

[Woelmont de Brumagne 1919] WOELMONT DE BRUMAGNE, Henry Baron de: *Les Marquis Francais*. Paris: Ancienne Honoré Champion Édouard Champion, 1919.

[Woelmont de Brumagne 1927] WOELMONT DE BRUMAGNE, Henry Baron de: *Notices généalogiques*. Bd. 5. Paris: Georges Saffroy, 1927.

[Woelmont de Brumagne 1928] WOELMONT DE BRUMAGNE, Henry Baron de: *Notices généalogiques*. Bd. 1,2. Paris: Georges Saffroy, 1928.

[Woelmont de Brumagne 1930] WOELMONT DE BRUMAGNE, Henry Baron de: *Notices généalogiques*. Bd. 7. Paris: Édouard Champion, 1930.

[Woelmont de Brumagne 1931–1935] WOELMONT DE BRUMAGNE, Henry Baron de: *Notices généalogiques*. Bd. 8. Paris: Georges Saffroy, 1931–1935. – ce volume comprend la table des mille deux cents généalogies parues dans les huit séries.

[Wohlbrück 1827] WOHLBRÜCK, Siegmund Wilhelm: *Versuch einer Geschichte des Ordens de la Générosité und des daraus entstandenen Ordens pour la Mérite*. Berlin: s. ed., 1827.

[Wolf 1980] WOLF, Leonard: *Bluebeard: The Life and Crimes of Gilles De Rais*. New York: Clarkson N. Potter, 1980.

[Wolff 2006] WOLFF, Jörg: Christian Otto Mylius – nicht nur ein preußischer Militärjurist. In: WALLERATH, Maximilian (Hrsg.): *Fiat iustitia, Recht als Aufgabe der Vernunft. Festschrift für Peter Krause zum 70. Geburtstag*. Berlin: Duncker & Humblot, 2006 (Schriften zum Öffentlichen Recht), S. 551–569.

[Wunder 1997] WUNDER, Heike: Herrschaft und öffentliches Handeln von Frauen in der Gesellschaft der Neuzeit. In: GERHARD, Ute (Hrsg.): *Frauen in der Geschichte des Rechts. Von der Frühen Neuzeit bis zur Gegenwart*. München: Verlag C. H. Beck, 1997, S. 29–54.

[Xaupi 1763] XAUPI, Joseph: *Recherches historiques sur la noblesse des citoyens honorés de Perpignan et de Barcelone, connus sous le nom de citoyens nobles; pour servir de suite au Traité de la noblesse de La Roque*. Paris: Nyon, 1763.

[Yardeni 1986] YARDENI, Myriam: Refuge und Integration. Der Fall Erlangen. In: THADDEN, Rudolf v. (Hrsg.); MAGDELAINE, Michelle (Hrsg.): *Die Hugenotten: 1685–1985*. 2. verbesserte Auflage. München: Verlag C. H. Beck, 1986, S. 146–159.

[Yvert 1991] YVERT, Jean Benoît: Decazes et la politique du juste-milieu: "Royaliser la Nation, nationaliser la Royauté" (1815–1820). In: DUFRAISSE, Roger (Hrsg.): *Revolution und Gegenrevolution 1789–1830: Zur geistigen Auseinandersetzung in Frankreich und Deutschland*. München: R. Oldenbourg, 1991 (Schriften des Historischen Kollegs), S. 193–209. – unter Mitarbeit von Elisabeth Müller-Luckner.

[Zala 2001] ZALA, Sacha: *Geschichte unter der Schere politischer Zensur. Amtliche Aktensammlungen im internationalen Vergleich*. München: Oldenbourg Verlag, 2001. – Zugleich: Disseration (Universität Bern), 1999.

[Zedlitz-Neukirch 1830] ZEDLITZ-NEUKIRCH, Leopold Freiherr v.: *Die Staatskräfte der preußischen Monarchie unter Friedrich Wilhelm III. Der Militairstaat*. Bd. 3. Berlin: Maurer, 1830.

[Zedlitz-Neukirch 1836] ZEDLITZ-NEUKIRCH, Leopold Freiherr v.: *Neues preußisches Adels-Lexicon oder genealogische und diplomatische Nachrichten von den in der preußischen*

Monarchie ansässigen oder zu derselben in Beziehung stehenden fürstlichen, gräflichen, freiherrlichen und adeligen Häusern. A-D. Bd. 1. Leipzig: Gebrüder Reichenbach, 1836. – bearbeitet von einem Vereine von Gelehrten und Freunden der vaterländischen Geschichte unter dem Vorstande des Freiherrn L. v. Zedlitz-Neukirch.

[Zedlitz-Neukirch 1837] Zedlitz-Neukirch, Leopold Freiherr v.: *Neues preußisches Adels-Lexicon oder genealogische und diplomatische Nachrichten von den in der preußischen Monarchie ansässigen oder zu derselben in Beziehung stehenden fürstlichen, gräflichen, freiherrlichen und adeligen Häusern. P-Z.* Bd. 4. Leipzig: Gebrüder Reichenbach, 1837. – bearbeitet von einem Vereine von Gelehrten und Freunden der vaterländischen Geschichte unter dem Vorstande des Freiherrn L. v. Zedlitz-Neukirch.

[Zedlitz-Neukirch 1839] Zedlitz-Neukirch, Leopold Freiherr v.: *Neues preußisches Adels-Lexicon oder genealogische und diplomatische Nachrichten von den in der preußischen Monarchie ansässigen oder zu derselben in Beziehung stehenden fürstlichen, gräflichen, freiherrlichen und adeligen Häusern.* Bd. 5 (Supplement-Band). Leipzig: Gebrüder Reichenbach, 1839. – bearbeitet von einem Vereine von Gelehrten und Freunden der vaterländischen Geschichte unter dem Vorstande des Freiherrn L. v. Zedlitz-Neukirch.

[Zimansky 1956] Zimansky, Curt A. (Hrsg.): *The critical works of Thomas Rymer*. New Haven: Yale University Press, 1956.

[Zink 2006] Zink, Michel (Hrsg.): *Froissart dans sa forge. Actes du colloque réuni à Paris du 4 au 6 novembre 2004*. Paris: De Boccard, 2006.

[Z.R.P.H. 1891] N.N.: Zwei Rang-Listen des Preußischen Heeres 1713 und 1740. In: *Militär-Wochenblatt: Beiheft* 8./9. (1891), S. 1–163.

Anhang

A. Transkriptionen

A.1. Bulla Eugenii III. papae (3. Mai 1153)

Bulla Eugenii papae III. qua fundatum a Pipino et Carolo principus monasterium Sarlatensae sub sancti Petri tutela recipit. Kopie des Kanonikers Jean Tarde (1561–1636) im Rahmen seiner "Chroniques" während der ersten Hälfte des 17. Jahrhunderts mit Variationen gegenüber den Texten in der Gallia Christiana GC 1873: Instr. 496–497 und bei Migne (PL 1965: 1591–1593), schwarze Tinte auf Papier, 3 Seiten beschrieben, B.M.T., ms. 729, fol. 18vo–19vo

Transkription:

[Seite 1]

Eugenius episcopus servus servorum Dei, dilecto filio Raymundo abbati Sarlatensis monasterii sancti Salvatorius, ejusque successoribus regulariter substituendis in perpetuum. Quotiès illud à nobis petitur

[Seite 2]

quod religioni et honestati convenire dignoscitur, animo nos decet liberali concedere et petentium desideriis congruum impertiri suffragium. Eapropter, dilecte in Domino fili Raymundo abbas, tuis justis postulationibus gratum impertientes assensum, Sarlatense monasterium cui Deo auctore praesides, sub beati Petri et nostra protectione suscipimus, et praesentis scripti privilegio communivimus; statuentes ut idem locus sicut ab ejus fundatoribus nobilis memoriae Pipino et Carolo principibus institutum est, quietus et ab omni exactione seu gravamine liber in perpetuum perseveret. Praeterea quascunque possessiones, quaecunque bona idem monasterium in praesenti juste et canonice possidet, aut in futurum concessione pontificum, largitione regum vel principum, oblatione fidelium, seu aliis justis modis, Deo propitio, poterit, adipisci, firma tibi tuisque successoribus et illibata serventur. In quibus haec propriis duximus exprimenda vocabulis, ecclesiam videlicet sancte Mariae de Mercato cum decimis et appendiciis suis, sancti Martini de Campaignaco, sancti Leontii cum appenditiis earum, sancte Mariae de Montignaco cum capella intra muros ipsius castri posita et caeteris appenditiis suis[i] ecclesias sancti Riberii cum appenditiis suis, sancti Petri de Corn, sancti Mundanae cum curiis de Marciliaco, de Calabro, sancti Simeonis de Gordonio, sancti Petri de Cadori, capellam sanctae Mariae de Carlux,

[i] var.: "et caeteris … suis" fehlt bei GC 1873: Instr. 496 C und PL 1965: 1591 C Sacerdotis de Aurenca cum appenditiis suis in ecclesiis

ecclesias sancti Amandi de Symeyrols, medietatem redituum ecclesiae sanctae Mariae de Pratis, sancti Jacobi de Trapa cum appenditiis suis, curtes de Siourac, ecclesiam sanctae Mariae de Moncuq, sanctae Mariae de capella cum plurimis ecclesiis et terris in vicaria de Cauves positis, ecclesias sancti Hilarii de Doissac, sanctae Mariae de Sales, ecclesiam sancti Sacerdotis de Aurenca cum appenditiis suis in ecclesiis sancti Vincentii, sancti Aviti, sancti Martini de Drot, sancti Petri de Auvert, ecclesiam sancta Maria[ii] de Valle, sancti Martini de Calviaco, cum appenditiis earum, ecclesiam sancti Desiderii, sancti Sartunini, sancti Martini de Cauzac[iii]. Ecclesia[iv] sancti Martini de Pertus, sancti Martini de Lenvilla, sancti Johannis de Podio Girolmi cum capella sancte Mariae Magdalenae, ecclesias sancti Martini de Saussignac[v], sancti Sartunini de Annac, sancti Stephani de Borchet, sancta Maria de Montetonio, sancti Hilarii de Monasterio[vi], sancti Aviti de Balares, ecclesiam de Somensac, sancti Juliani, sancti Petri de Roqueta, ecclesiam sancti Sulpitii de Pico, ecclesiam sancti Michaelis de Lantes, ecclesias sancti Germani de Ravanella cum appenditiis suis, sancti Petri de Nessa cum appenditiis suis; medietatem redituum ecclesiae sancti Amandi, – ecclesiam sancti Christophori cum appenditiis suis, monasterium Sigia- cense cum appenditiis suis, ecclesias sanctae Mariae de Mercato, sancta Maria[vii] de Aurevilla, sancti Severini, sancti Frontonis, sancti Petri de monasterio sanctae Crucis, sancti Perdulphi, sanctae Eulaliae, capellas sancta Maria[viii] de Monte, sancti Johannis de Agen, sancti Martini de Gardelas[ix], duas partes redituum ecclesiae sancta Maria[x] de Monsaguel, monasterium quoque de Fita cum ecclesiis sanctae Fidis, sancti Maria[xi] de la Esterna, sancti Mauritii, sancti Damiani, sancta Maria[xii] de Borbel, sancta[xiii] Maria de Rocella, sancta Maria[xiv] de Berrat cum decimis et earum appenditiis, et cum medietate redituum ecclesiae sancti Petri de Tounees[xv], vobis et per vos Sarlatensi

[Seite 3]

coenobio, confirmamusque ecclesias sancti Petri de Caviac, sancti Martini de Genebredo, sanctae Maria[xvi] de Sergiaco, cum pertinentiis earum. In par rochalibus autem ecclesiis quos tenetis, presbyteros eligatis et episcopo presentetis, quibus, si idonei fuerint, episcopus animarum curam committat, ut de plebis quidem cura episcopo respondeant ; vobis vero pro temporalibus ad ipsum monasterium pertinentibus debitam subjectionem exhibeant. Obeunte te nunc ejusdem loci abbate, vel tuorum quolibet

---

[ii] var.: Mariae GC 1873: Instr. 496 D und PL 1965: 1591 D [iii] var.: “Causac” GC 1873: Instr. 496 D und PL 1965: 1591 D [iv] var.: <ecclesiam> GC 1873: Instr. 496 D und PL 1965: 1591 D [v] var.: “Saussignaco” [vi] var.: “sancta Maria de Montetonio, sancti Hilarii de Monasterio” fehlt bei GC 1873: Instr. 496 D [vii] var.: Mariae GC 1873: Instr. 496 E und PL 1965: 1592 A [vii] var.: Mariae GC 1873: Instr. 496 E und PL 1965: 1592 A [ix] var.: “Gardelus” GC 1873: Instr. 496 E und PL 1965: 1592 A [x] var.: Mariae GC 1873: Instr. 496 E und PL 1965: 1592 A [xi] var.: Mariae GC 1873: Instr. 496 E und PL 1965: 1592 A [xii] var.: Mariae GC 1873: Instr. 496 E und PL 1965: 1592 A [xiii] var.: Mariae GC 1873: Instr. 496 E und PL 1965: 1592 A [xiv] var.: Mariae GC 1873: Instr. 496 E und PL 1965: 1592 A [xv] var.: Toules GC 1873: Instr. 496 E und PL 1965: 1592 A [xvi] var.: Mariae GC 1873: Instr. 496 E und PL 1965: 1592 B

successorum, nullus ibi qualibet subreptionis astutia seu violentia praeponatur, nisi quem fratres communi consensu, vel fratrum pars consilii majoris secundum Dei timorem, et B. Benedicti regulam providerint eligendum. Sepulturam quoque monasterii vestri[xvii] et locorum ad ipsum pertinentum sicut hactenus habuistis, secundum antiquam consuetudinem, liberam et quietam permanere censemus. Nec archiepiscopus vel episcopus aliquis, tam ipsum Sarlatense coenobium, quam Fitense et Isigiacense[xviii] monasteria, seu abbtis personam interdicere, vel excommunicare praesumat. Nemo inobedientes monachos contra abbatem manu teneat, nullus circa ecclesias seu monasteria vestra novas ecclesias vicinius solito fundare praesumat. Decernimus ergo ut nulli omnino hominum liceat praefatum monasterium temere pertubare, aut ejus possessiones auferre, vel ablatas retinere, minuere, seu quibusdam vexationibus fatigare. Sed omnia integra conserventur eorum pro quorum gubernatione, ac sustentatione concessa sunt, usibus omnimodis profutura. Ad indicium autem hujus a sede apostolica perceptae libertatis, de supradicto Sarlatensi monasterio aureum unum, de Fitensi vero alterum, de Issigiacensi alium, quotannis, nobis notrisque successoribus persolvetis. Si qua igitur in futurum ecclesiastica secularisve persona, hanc nostrae constitutionis paginam sciens contra eam – temere venire tetaverit, secundo, tertiove commonita, non satis-factione congrua emendaverit, potestatis honorisque seu dignitatis careat, reamque se divino judicio existere de perpetrata iniquitate cognoscat, et sacratissimo corpore et sanguine Dei et Domini – Redemptoris nostri Jesu Christi aliena fiat, atque in extremo examine districtae ultioni subjaceat; cunctis autem eidem loco sua jura servantibus, sit pax Domini nostri Jesu Christi, quatenus hic fructum bonae actionis percipiant, et apud districtum judicem praemia aeterna[xix] pacis inveniant, Amen. Ego Eugenius catholicae Ecclesiae episcopus, ego Conradus Sabinensis episcopus, ego Odo Dircadus Sancti Georgii ad Velum Aureum, ego Iacyntus diaconus card., sancta Maria in Cosm. – ego G. G. presbyter card. Calixti[xx], ego Guido presbyter card. sancti Grisogoni[xxi], ego Ismarus Tusculanus episcopus, ego Hugo Ostiensis episcopus. Datum Romae apud sanctum Petrum per manum Bosonis sancta Romana Ecclesia[xxii] scriptoris, V. nonas Maii. Indictione prima. Incarnationis Dominicae anno MCLIII, pontificatus vero Domini Eugenii (VIII[a]).

[xvii] var.: "vestri monasterii" GC 1873: Instr. 497 A und PL 1965: 1592 B [xviii] var.: "Issigiacense" GC 1873: Instr. 497 B und PL 1965: 1592 C [xix] var.: aeternae GC 1873: Instr. 497 C und PL 1965: 1593 A [xx] var.: Calisti GC 1873: Instr. 497 D und PL 1965: 1593 A [xxi] var.: Crisogoni GC 1873: Instr. 497 D und PL 1965: 1593 A [xxii] var.: sanctae Romanae Ecclesiae GC 1873: Instr. 497 D und PL 1965: 1593 A

A.2. Bulla Alexandri III. papae (8. März 1170)

Bulla Alexandri papae III. qua fundatum a Pipino et Carolo principus monasterium Sarlatensae sub sancti Petri tutela recipit. Kopie des Abbé Leydet aus der 2. Hälfte des 18. Jahrhunderts, schwarze Tinte auf Papier, 2 Seiten beschrieben, B.N.F., Collection Périgord, tom. 12, fol. 162vo–163

Transkription:

[Seite 1]

Alexander episcopus, servus servorum Dei dilectissimo Guarino abbati monasterii sancti Salvatoris Sarlatensis ejusque fratibus tam praesentibus quam futuris regularem vitam professuris in perpetuum. Effectuam justa postulantibus indulgere et vigor aequitatis et ordo exigit rationis praesertim quando petentium voluntatem et pietas adjuvat et veritas non relinquit. Quapropter dilecto in Domino filii vestris justis postulationibus clementer annuimas et ad exemplar patris et praedecessoris nostri sanctae recordationis Eugenii papae praefatum monasterium Sarlatense in quo divino estis obsequio mancipali sub beati Petri et nostra protectione suscipimus et praesentis scripti privilegio communimus imprimis si quidem statuentes ut ordo monasticus qui secundum Deum et beati Benedicti regulam in eodem monasterio institutum est ut dignoscitur perpetuis ibidem temporibus inviolabiliter observetur adjicientes etiam ut idem locus sicut ab ejus fundatoribus nobilis memoriae Pipino et Karolo principibus institutum est quietus et ab omni exactione seu gravamine in perpetuum liber perseveret. Praeterea quascumque possessiones quaecumque bona idem monasterium in presentiarum juste et canonice possidet aut in futurum concessione pontificum largitione regum vel principum oblatione fidelium seu aliis justis modis praestante Domino poterit adipisci firma vobis vestrisque successoribus et illibata permaneant. In quibus haec propriis duximus exprimanda vocabulis ecclesiam sanctae Mariae de Mercais cum appenditiis suis ecclesiam sancti Nicolai et sanctae Mariae de Anteniaco cum decimis et appenditiis suis ecclesiam sancti Martini de Campagniaco cum decimis et appenditiis suis ecclesiam sancti Leontii cum appenditiis suis ecclesiam sanctae Mariae de Montignaco cum appenditiis suis et capella infra muros ipsius castri posita ecclesiam sancti Riberii cum appenditiis suis ecclesiam sancti Petri de Corn et ecclesiam sanctae Mundanae cum curiis de Marcillaco et de Calabro ecclesiam sancti Simeonis de Gordonio ecclesiam sancti Petri de Cador capellam sanctae Mariae de Carlux ecclesiam sancti Amandi de Simeyrol medietatem ecclesiae sanctae Mariae de Pratis ecclesiam sancti Jacobi de Trapa cum appenditiis suis et ecclesiis sancti Vincenti sancti Aviti sancti Martini de Drot et sancti Petri de Auver ecclesiam sancte Mariae de

Valle et sancti Martini de Calviaco cum appenditiis earum ecclesiam sancti Desiderii ecclesiam sancti Saturnini ecclesiam sancti Martini de Caujac ecclesiam sancti Martini de Pertis sancti Martini de Lanvilla ecclesiam sancti Joannis de Podio Girolmi cum capella sancte Mariae Magdalenae ecclesias sancti Martini de Salgnac sancti Saturnini Daimet ecclesiam sancti Stephaniae de Borset ecclesiam sancte Mariae de Montelon ecclesiam sancti Hilarii de monasterio ecclesiam sancti Aviti de Balalas ecclesiam de Somensane ecclesiam sancti Juliani ecclesiam sancti Petri de Montau curies de Baneja medietatem redituum ecclesiam sancti Amandi ecclesiam sancti Christophori cum appenditiis suis monasterium Figiacense cum appenditiis suis et sancti Petri de Vespa cum appenditiis suis medietatem redituum sancti Pauli ecclesiae ecclesiam sancti Vincentii et sancti Severini ecclesiam sancti Frontonis ecclesiam sancti Petri de monasterio ecclesiam sanctae Crucis ecclesiam sancti Pardulfi ecclesiam sancte Eulaliae capellam sanctae Mariae de Monte sancti Joannis de Agen sancti Martini de Gardellas cum decimis et earum appenditiis et cum medietate redituum ecclesiae sancti Petri de Tonene ecclesiam sancti Petri de Camat ecclesiam sancti Martini de Genebredo ecclesiam sanctae Mariae de Sergiaco cum pertinentiis earum ex dono venerabilis fratris nostri Helie Aginnensis episcopi ecclesiam sanctae Mariae de Garalduno cum appenditiis suis ex dono venerabilis fratris nostri G. Caturcensis episcopi ecclesiam sancti Petri et sancti Saturnini de Calviaco medietatem ecclesiae de Ferioli. Sane novalium vestrarum quas etc. Datum per manus Gratiani sanctae romanae ecclesiae subdiaconi et notarii 8° idus martii indictione tertia incarnationis Domini anno millesimo centesimo septuagesimo pontificatus vero domini Alexandri papae tertii anno undecimo.

A.3. Echange de Monteton (6. janvier 1618)

A.D.47, Fonds Dubois, 5 J 153, Tauschvertrag der Baronnie Monteton gegen die Seigneurie de La Serpan sowie 50.900 Pfund zwischen Ruben de Béraud und Jehan Frédéric de Foix, comte de Gurson, baron d'Aymet, Levignac und anderen Orten vom 6. Januar 1618, Notarskopie, schwarze Tinte auf Papier, 13 Seiten beschrieben.

Transkription:

[Seite 1]

[i]6 janvier 1618[ii]

Saichant tous qu'il appartiendra que au jourduy cinquiesme du mois de janvier mil six centz dix huit, avant mydy, regnant souverain prince Louys par la grâce de Dieu, roy de France et de Navarre, dans le bourg du Fleix en Perigort, pardevant nous, notheres royaulx soubz signés, et presans les tesmoingtz bas nommés, ont estre presantz hault et puissant segneur monsieur Jehan Frehederic de Foix, compte de Gursson, du presant lieu du Fleix, baron d'Aymet, Levignat et aultres places, grand senneschal de Guyenne, d'une part, et Ruben de Beraud, escuyer, sieur de la Serpan, gouverneur pour le roy en la ville et chasteau de Milhan d'aultre, lesquelles parties de leur bon gré et volunté faisant leurs commodités melheures, tout dol et fraulde cessant, et tres bien centiorés de leurs droitz ont fait eschange et permutation des biens que s'en suyvent: Premierement ledit segneur compte de Gursson par ledit eschange a bailhé, ceddé et transporté à perpetuyté audit sieur de Beraud, presant et aceptant le chasteau, terre et segneurie, juridiction, baronnye, proclostures dudit chasteau de Monteton, siz et situé dans la sennéchauçée d'Agennois en tout droit de justice haulte, moyenne, basse mère et miste impère avecq tous ses droitz de ladicte justice, domaynes et forestz nobles, de tailhes et rentes, vignes, prédz, terres laborable et tout aultre domayne, cens, rantes, lotz, vantes, agrières, droitz de guet, four à ban, péage, plassage, mynage, droit de grepfe, tabellionage, baylli, prevoste, sy aulcungs en sont dheuz, droitz, rentes et debvoirs à cause du molin appellé du Drot et generallemant tous aultres droitz et debvoirs segneuriaulx, phéodaux, jurisdictionnaulx et aultrament, de quelle nature que ce soit, tous lieulx vacans, greppés et délaissés, arreyrages d'iceulx, droitz de prelation echeus et à eschoir, hommage et honneura quy en deppandent, tout amsin que le seigneur compte de Lausun les a donnés audit seigneur compte de Gursson et dame Charlotte de Caumont, son expouse, par leur contrat de mariage du vingt troiziesme juing mil six centz onze et

---

[i]1 als Randnotiz: "Echange de Monteton" [ii]1 mit blauem Bleistift auf der Seite oben rechts: "8", daneben mit schwarzer Tinte: "1"

[Seite 2]

[iii]comme ledit segneur compte de Lausun jouyssoit [de] laditte terre et segneurie de Monteton et aussy comme ses recepveurs et fermiers ont dheu ou peu vallablament jouyr conformemant à la tranxaction, passée entre ladicte dame contesse de Gursson et les tenantiers dudit Monteton en dacte du vingt troixiesme novembre dernier et reççue par Chabaneau, nothere royal de Levignat, laquelle tranxaction ledit segneur compte a eschangeur a promis faire antretenir de point en point suyvant sa forme et teneur sur les peynes contenus au present contrat, et aultrement comme ledit segneur compte de Gursson a le tout acquis à tiltre d'eschange de ladicte dame Charlotte de Caumont, son expouse, par le contrat d'eschange entre eulx fait, dacté du segond des presant mois et an, reççu par Salomon du Ret, nothere royal du present lieu, et generallament tous aultres droitz appartenantz à ladicte terre et segneurie de Monteton et deppandans d'icelle sans aulcune reservation, saufz la foy et l'hommage dheue au roy, nostre sire, à cause de son compté d'Agennois, lequel hommage ledit sieur de Beraud sera teneu faire sy apprès à sa majesté, icelle terre et segneurie de Monteton se confronte avecq la terre de la jurisdiction d'Allemans, avecq la terre et jurisdiction de Levignat, avecq la terre de Cambes et jurisdiction d'icelle, à la jurisdiction de Duras et Pardailhan, le fleuve du Drot entred d' eux, et la jurisdiction de Saint Avid et en ses aultres confrontations, et en recompance et contr'eschange ledit sieur de Beraud, a aussi bailhé, ceddé et transporté à perpetuytté à tiltre d'eschange audit seigneur compte de Gursson aussy comme dessus, estipullant et aceptant, la maison noble de la Serpan, conçistant en maisons, granges, pijonniers et aultres bastymans et pressoir à vin qui est dans l'une desdittes granges, terres laborables, prédz, vignes, bois tailhis et de haulte fustaie, payssages et generallemant toutes aultres pocessions appartenantz audit sieur de Beraud, siz en la jurisdiction de Levignat, deppendantz dudit domayne

[Seite 3]

de la Serpand, exempt pour se regard de rente, vallon l'homage que ledit sieur de Beraud en faisoit audit segneur compte de Gursson et pour les aultres biens acquis par luy ou ses aultheure, siz en la jurisdiction dudit Levignat, ledit sieur de Beraud les cèdde audit segneur compte avecq les charges et debvoirs segneuriaulx et servitudes d'iceulx dont ils peuvent estre tenuz qu'il n'a s'en exprimer, et de quoy ensemble dudit hommage ledit sieur de Beraud et les siens en demeurent deschargés par le presant contrat, se reservant toutepfoie ledit sieur de Beraud

---

[iii] 35 oben rechts auf der Seite mit schwarzer Tinte "2"

de tout ce que depsus deux journaulx de terres et ung de vigne qu'il a cy devant acquis de … [iv] Castaing, situé au lieu appellé de Canebelle, ensemble se reserve ung terre et dix escatz de préd appellé au Village des Bions[1], et lesquelz susditz biens eschangés par ledit sieur de Beraud et par luy ceddés audit segneur compte de Gursson se confronte du cousté du levant aulx appartenances des Peferins et les Ferbaulx, du mydy à la forestz antiennemant appellé de Legulhon à presant de Caubon, ruisseau entre d'eux, du couchant au grand chemin quy fand de Levignat à Sainte Bazelhe et du nord aulx pocessions de Bernard du Calles, de Jehan Lafitte et Jehan de Peyrethon, fousse entre d'eux, et en leurs aultres confrontations, antrées, yssues [et] appartenances quelconques, toutepfois les dictes parties respectyvement se reservent de retirer toutes sortes de meubles et utancilles qui sont dans lesditz biens eschangés, saufz toutepfois les beufz et charrettes qui suyvent lesditz biens, et de plus encore ledit sieur de Beraud par le present eschange cedde et transporte audit segneur compte par mesme tiltre d'eschange la dixme infeode en la parroisse de Levignat par ledit sieur de Beraud cy devant acquis dudit segneur compte pour la somme de quatre mille trois cens livres par contrat du quatriesme[v] mars

[Seite 4]

mil six centz neuf, reçeu par maistres Jehan le Camus et Noël le Semellier, notheres au chastellet de Paris, et d'aultant que ladicte terre et segneurie de Monteton, appandances et deppandances cy dessus ceddées audit sieur de Beraud, est de plus grande valleure que les biens par ledit sieur de Beraud ceddés audit segneur compte de Gursson, à ceste cause, icelluy, sieur de Beraud, pour toute plus valleure sera teneu comme a promis, rendre et payer audit segneur compte de Gursson la somme de cinquante mille neufz cens livres en desduction, de laquelle somme ledit segneur compte a confessé tenir pour reçeu dudit sieur de Beraud la somme de doutze mille neufz centz livres, scavoir ledit sieur de Beraud lui a payé presantemant et reallemant en pieces de setze soulz et aultre monoye la somme de dix mille cent cinquante livres et les deux mille sept cend cinquante livres restante, ledit segneur compte, Geraud du Pont et Micheau Cassareau les debvoit audit sieur de Beraud par deux obligations des vingt quatriesme mars mil six cens six et sixiesme janvier mil six cens unze, reçue par Pignat et Hugues Cassareau, notheres royaulx, et de ladicte somme

1 79 wahrscheinlich bei Arphy (30) im Languedoc-Roussilon gelegen.

[iv] 77 Lücke [v] 97 darunter: unleserlich und durchgestrichen

de doutze mille neufz cens livres les parties demeurent quit l'ung envers l'aultre en consequence du presant eschange, et lesditz obligations demeurent cancelles saufz de l'ypotecque et action premiere d'icelle que ledit sieur de Beraud se reserve pour la plus ferme querantie de ladicte terre et segneurie de Monteton, et le surplus qu'est la somme de trente huit mille livres, ledit sieur de Beraud les payera aulx conditions que s'ensuit, scavoir dans le quinziesme du mois d'apvril prochain la somme de vingt ung mil livres, et le surplus de ladicte somme qu'est dix sept mil livres ledit sieur de Beraud sera teneu les payer audit segneur compte dans le premier jour de l'année procheine que l'on comptera mil six cens

[Seite 5]

[vi]dix neufz et ce, au lieu de Levignat, et de laquelle somme de trente huit mille livres ledit seigneur compte de Gursson a declaré en voulloir employer la somme de trente mille livres au paymant de pareilhe somme par lui dheu aulx sieurs de Meyrignat et de Pontac, conseilhes du roy en la cour du parlement de Bordeaulx, pour les obligations du vingt sixiesme apvril et ...[vii] may mil six cenz quinze, ladicte somme ayant estre emprumpté par ledit segneur compte pour l'employer à payer partie de l'acquisition par luy faicte des sieurs de la Divise et Fontbrange de la terre et segneurie de Montpon et ledit payemant fait, ledit segneur compte sera teneu comme a promis fournir des quitances en bonne et dheue forme audit sieur de Beraud pour son assurance, consantant ledit segneur compte que ledit sieur de Beraud soit subrogé comme il demeure dès à present au lieu, place et priorité d'ippotheque desditz sieurs de Meyrignat et de Pontac, et toutes les lesdictes sommes revenant à la susdicte premiere somme entière de cinquante mille neufz centz livres de plus valleur estant achevés de payer aulx termes susditz, ledit sieur de Beraud et ses subcesseurs demeureront quites envers ledit segneur compte et les siens ores et pour l'advenir, et se sont lesdictes parties respectyvemant desmie et divestuy des susditz biens eschangés et contreschangés et s'en sont reciprocquemant investuy l'ung l'aultre par le bailh de ses presantes aveq promesse de s'en porter, chascung endroit soy, bonne et ferme guerantie ores et pour l'advenir oultre laquelle generalle guerantie promise par ledit segneur compte et sans prejudicier à icelle, d'aultant que ladicte segneurie de Monteton provient du dot de ladicte dame comtesse de Gursson, femme, expouse dudit segneur compte, laquelle

---

[vi] 128 oben rechts auf der Seite mit schwarzer Tinte "3" [vii] 133 Lücke

[Seite 6]

pourroit ung jour inquietter ledit sieur de Beraud en la pocession et jouyssance de ladicte terre et segneurie de Monteton, et a este conveneu et accordé par expres et aultremant le presant contrat neust este fait que en cas de trouble ou inquiettemant faict audit sieur de Beraud par ladicte dame comtesse de Gursson ou aultre, quy que ce soit en jugemant ou dehors en la pocession ou proprietté d'icelle que sans attandre aulcung evenemant deslors comme dès à presant ledit segneur compte vand audit sieur de Beraud, lui cedde et allienne tout ceste portion de la parroisse de Levignat qui confronte au grand chemin quy tand despuis le carrefour du village appellé du Fourguet[1] à la Réolle et Sainte Bazelhe du nort et coushant et du levant du long à long du grand chemin quy fand dudit carrefour jusque au pont d'Aguasse[2] et du mydy commençant du susdit grand chemin le long de la terre de Caubon[3] et foresz anterremant appellée de Legulhon et à present de Caubon[4], ruisseau entre d'eux, et aulx appartenans de Gilles Brunye aveq ses aultres confrontations, plus les parroisses par entier de Sainte Croix, Saint Pey et Syvert, le tout en tout droit de justice haulte, moyenne et basse, cens, rentes, lotz et vantes, houmages, droitz et debvoirs segneuriaulx estans dans lesdictes parroisses et susdicte portion de Levignat, confrontant lesdictes parroisses, scavoir, celle dudit Saint Pey, du nort à la terre de Duras[5], le fleuve du Drot entre d'eux, du levant à ladicte parroisse de Saint Brie, du mydy à la parroisse dudit Levignat[6], ung petit ruisseau entre d'eux[viii] appellé le ruisseau des Sauviatz, qui fait divisé desdictes parroisses de Levignat et Saint Pierre, et du couchant à la terre et jurisdiction de Tailhecavat[7], ung petit ruisseau entre d'eux, faisant divisé lesdictes terres et

[Seite 7]

[ix]ladicte parroisse de Syvert confronte du couchant à ladicte jurisdiction de Tailhecavat, le susdit ruisseau entre d'eux, et du mydy à la parroisse de Saint Geraud jusque au grand chemin quy va de Levignat à La Réolle, et du levant au susdit chemin et du nort à la parroisse dudit Levignat et ladicte parroisse

1 168 Fourguet bei Pardaillan (47)
2 170 Pont d'Agasse bei Lévignac-de-Guyenne (47)
3 172 heute: Caubon-Saint-Sauveur (47)
4 173 Le Caubon (Bachlauf)
6 182 heute: Lévignac-de-Guyenne (47)
7 185 Taillecavat (33)

[viii] 183 unleserlich durchgestrichen bis "appelé" [ix] 187 oben rechts auf der Seite mit schwarzer Tinte "4"

Monteton, à esté accordé neaulmoingtz que ledit sieur de Beraud sera teneu comme a promis de faire arpanter ladicte terre, exporter et recognoistre les tenantiers d'icelle, et iceulx convenir et poursuyvre pour faire lesdittes recognoissances et audit cas de repfuz appeller ledit segneur compte et ce, dans le temps et expace de deux ans à compter du jour et dacte des presantes pendant lesquelz ledit segneur

[Seite 10]

comte sera teneu de prendre la cause pour luy aulx cas cy dessus expeciffier contre lesditz tenantiers et iceulx poursuyvre jusqu'à jugemant deffinitifz du procès, et ledit temps escheu et passé, ledit seigneur compte sera deschargé de ladicte obligation de guerantie faict seullament pour raison de seulx que ledit sieur de Beraud n'aura poursuyvy et appellé ledit seigneur, sans toutepfois que pour raison desditz procèz, le payemant des sommes cy dessus promises par ledit sieur de Beraud puisse estre retardés aulx susditz parties, pourveu que ledit segneur compte ayt préallablemant rendeu les susditz tiltres et satipfait de sa part aulx choses cy dessus accordées, comme parelhement ledit sieur de Beraud sera teneu de delivrer audit segneur compte dans le susdit terme, tous et chascungs les tiltres et contratz d'acquizition concernant ledit dommayne de la Serpan et ses deppandances ou coppie d'iceulx en bonne et dheue forme, et neaulmoingtz se reserve son habitation et demeure pour luy et sa dicte familhe de ladicte maison noble, aultres bastymantz et jardins de la Serpan sans aultre jouyssance jusque à la fin du mois de juilhot prochain, et d'aultant que ledit segneur compte a jouy de toute ladicte terre de Monteton et peraie les fraiz et revenuz d'icelle jusque à present pour en recompanser ledit sieur de Beraud, icelluy segneur compte a ceddé par mesmes presantes audit sieur de Beraud la jouyssance entiere de l'année derniere mille six centz dix sept des cens, rentes, lotz, vantes et aultres droitz segneuriaulx et revenuz appartenantz audit segneur compte sur la moytié de la terre et segneurie de Virazel par luy acquise dudit segneur compte de Lausun, consantant que ledit sieur de Beraud se fasse payer desditz fruitz et revenuz, rentes, lotz, vantes, droitz de justice et aultres revenuz et debvoirs pour ladicte année seullemant, aussi

[Seite 11]

[xii]fasse rendre compte aulx recepveurs ou fermiers dudict lieu et les y constraindre par toutes les voyes qu'il appartiendra

[xii] 285 oben rechts auf der Seite mit schwarzer Tinte "6"

comme ledit seigneur compte heust fait ou peu faire avant sesdictes presantes, et pareilhemant a esté conveneu et accordé que pour le dezir que ledit segneur a, que le present contrat sorte son effet et que ladicte segneurie de Monteton demeure irrévocablemant acquise audit sieur de Beraud en cas qu'elle lui fust par droit de prelation ou droit de lignage ou que ledit sieur de Beraud fust constraint en payer lotz et vantes pour ladicte somme de cinquante mille neufz centz livres par luy rendeu de plus valleur à l'ung ou l'aultre desditz cas, ledict seigneur comte sera teneu, comme il a promis, payer et rendre audit sieur de Beraud la somme de six mille livres à laquelle par exprès ledit segneur compte de Gursson s'est volontremant condampné pour tous dommages et interetz que ledit sieur de Beraud pourroit pretandre pour ce regard sans pourtant que ladicte convantion puisse en rien prejudicier audit sieur de Beraud ny propfiter audit lignage pour luy servir d'aulcune descharge et en cas que ledit sieur de Beraud, eschangeur, fust inquietté par ladicte dame contesse ou aultre en la pocession et jouyssance dudit Monteton le pourroit pareilhemant estre par elle ou ses heretiers subcesseurs en l'uzusfruit des biens cy dessus à luy donner par ledit segneur compte par expecial yppotheque, à ceste cause a esté dit et accordé entre eulx que ledit cas advenant, ledit sieur de Beraud, eschangeur, sera renplassé pour ladicte jouyssance sur la terre du Fleix en pareilhe quantité et semblables debvoirs et honneurs que le susdit, le tout incontinant et sans delay et sans aulcune forme ny figure de procès avecq despans, dommages et interetz de la susditte plus valleur quy courront contre ledit seigneur ou les siens sans qu'il

[Seite 12]

soit besoingt lui faire aulcune sommation ny interpellation, et tout ce que dessus lesdictes parties respectivemant et chascung endroit soy, ont promis faire et entretenir de point en point et de jamais au contrere ne venir ny faire venir et ce soubz obligation et yppotheque de tous et ung chascungs leurs biens présans et advenir, et par exprès ledit sieur de Beraud a obligé et yppothequé pour le payemant desdittes sommes ladicte terre et segneurie de Monteton sur laquelle pour faultz desditz payemantz ledit segneur compte se pourra prendre ensemble sur tous et ung chascungs les aultres biens dudict sieur de Beraud amsin qu'il verra estre afferé et aulx fins susdictes, lesditz segneur compte et sieur de Beraud ont soubzmis tous et ung chascungs leursditz biens aulx rigueurs de justice et rénonce aulx rénontiations de droit à ce contrères, mesme ledit segneur compte a renoncé à l'exception des pièces non nombrés des sommes qu'il declaire avoir ressuz, le tout moyennant foy et serment par eulx faict à Dieu en presance de messieurs Jehan de Geneste et Theophille Charon[8], avocatz en la cour du parlemant de Bordeaulx, Laurent Quessard, juge des comptés de Gursson et du Fleix et de la chasteleny de Montpon, et Jehan Madran, grepfier du presant lieu, tesmoingtz cognuez, habitans scavoir ledit de Geneste de la jurisdiction de la Sauvetat de Caumont en Agennois, ledict Charon de la ville de Bergerat en Perigort, ledit Quessard du lieu de Montpon, aussy en Perigort et ledit Madran au presant lieu, qui ont signé à l'original des presantes aveq lesditz seigneur compte et sieur de Beraud, de ce requis.

[Signatur 1]

Coppie expedjé aux seigneur et
damoiselle de Monteton à la charge
qu'ils seront tenu fere signer la
presante à monsieur Salommon Deret, notère
du Fleix, qui a retenu ledit contrat aveq
moy.

[Signatur 2] Amelin, nothere royal

[Seite 13]

1618
Eschange de Monteton
avec la Serpan
Echange de Monteton
avec la Serpent
Contrat d'eschange
de Monteton
cinq …[xiii]
Pour Charles Digeon, seigneur
et baron de Monteton Peyrieres
demandeur
contre
le sieur comte de Gurson et monsieur
Estienne …[xiv] deffendeurs
Eschange de la terre de
Monteton avec
La Serpand

[Signatures]

8 Bruder von André Charon (vgl. Anm. 2: 632).

[xiii] 360 Lücke [xiv] 366 Lücke

A.4. Production de titres pour prouver la noblesse de Charles III. Digeon de Boisverdun (décembre 1666)

A.D.38, Fonds Digeon de Monteton, DM 5, Urkundenvorlage zur Überprüfung des Adels von Charles III. Digeon de Boisverdun, Seigneur de Boisverdun sowie seiner Neffen und Cousins vor Pierre Dupuy, königlicher Berater und Richter am Présidial von Condom, Dezember 1666, Abschrift aus dem 18. Jahrhunderts, schwarze Tinte auf Papier, 12 Seiten beschrieben.

Transkription:

[Seite 1]

L'an mil six cens soixante six et le …[i] decembre, a compareu par devant nous, Pierre Dupuy, cons(eill)er et procur(eur) du roy au pré(sidi)al de Condom, commissaire subdelegué pour la veriffication des titres de noblesse en ellection d'Agennois et Condomois pour monseigneur Pellot[1], cons(eill)er du roy en ses conseilz, m(aîtr)e de req(uet)es ordinaires de son hostel, intendant de la justice, police et finances en[ii] generalité de Guienne, noble Charles Digeon, escuyer, seigneur de Boisverdun et Saint Perdon, agé de …[iii] ans ou environ, habitant en son chasteau audit Boisverdun, parroisse et jurisdiction de Tombeboeufz, sen(echauss)ée et ellection d'Agennois, faisant tant pour luy que pour les enfans de noble Jean Digeon, seigneur de Saint Perdoux, son frere, et pour noble Pierre et Henry Digeon, seigneurs de Monteton et de Peyrieres, ses cousins germains, ayant pour armes porte d'argent à deux sautoirs de gueulles partagé à une bande d'or, et à l'autre costé porte d'asur au corbigeau d'argeant marbré et bequeté de gulles[iv] à une estoille d'or poscé en chef, acisté de m(aîtr)e Jean Brousse, son procu(reu)r à la maison et personne, duquel il a fait eslection de domicille, lequel pour satiffaire à l'assignation qui luy a esté donnée à la req(ue)te de m(aîtr)e Nicolas Cattel, commis à la recherche des uzurpateurs de noblesse, a represanté que tant ledit noble Charles Digeon, seigneur de Boisverdun que ledit feu noble Jean Digeon, seigneur de S(ain)t Perdoux, son frere, sont provenus de feu noble Jean Digeon, escuyer, seigneur

---

1 Claude Pellot, zweiter Comte de Trévières *1619, ⚭ Madeleine Colbert, †3. August 1683, Cousine von Jean-Baptiste Colberts (Colbert, Jean Baptiste 1861: 263 (Anm. 2) sowie Hurt 2002: 28)

[i] 2 Lücke [ii] 8 [la] [iii] 9 Lücke [iv] 19 <gueules>

[Seite 2]

de S(ain)t Perdoux, leur père, lequel avoit pour frère germain noble Charles Digeon, escuyer, seigneur de Peyrieres, duquel lesd(its) nobles Pierre et Henry Digeon, frères, seigneurs de Monteton et de Peyrieres sont aussy provenus et pareilhem(en)t ledit feu noble Jean Digeon, père dudit sieur produisant, et ledit feu noble Charles Digeon, seigneur de Peyrieres, son frère, sont provenus de feu noble Charles Digeon, seigneur de Boisverdun et S(ain)t Perdoux, ayeul tant dudit sieur produisant que dudit feu sieur de S(ain)t Perdoux, et desdits seigneurs de Monteton et de Peyrieres, ses cousins germains, tous lesquelz, à l'imittation des ancestres dont ils sont provenus, ont tousiours vesqu noblem(en)t et rendu leurs services à la couronne avec fidelité dans touttes les ocasions qui se sont offertes, sans avoir jamais faict acte qui desrogeai à leur noblesse, notament noble …[v], Digeon, oncle paternel dudit sieur produisant, capp(itai)ne dans le regiment de …[vi–1], qui feut thué en combatant pour sa majesté, pour lequel ledit feu seigneur de Boisverdun, son père, avoit donné et perdu la somme de doutze mille livres pour ladite compagnie, si bien que lesd(its) feus seigneurs de S(ain)t Perdoux et de Boisverdun, pere et ayeul dudit sieur produisant, estant venus à deceder, laissant icelluy produisant en tout bas aage, il se seroit joint en mariage aveq dame Brandelise de Timbrune de Valance, fille du feu seigneur de Valance, vivant capp(itai)ne au regiment des gardes du roy et gouverneur pour sa majesté de Pujol, et par le contrat entr'eux passé le quatorsieme juin mil six cens quarante quatre,

[Seite 3]

ledit seigneur produisant, à l'imittation du feu seigneur de Boisverdun, son ayeul, auroit pris la qualité de messire et, par clause expresse, fait donnation de la moittié de ses biens à lung des enfans masles qui proviendroit dudit mariage, duquel il ce seroit rezervé le choix, ainsin qu'il appert par la coppie dudit contrat que ledit seigneur de Boisverdun produict, retenu par Roussilhe, no(tai)re royal de Cambes, signé Boussetran, notaire royal, son collationnaire, escript

---

1 gemeint ist hier Charles I. Digeon de Boisverdun (*um 1550 † 6. August 1640) siehe dazu: Kap. B.8: 701

[v] 44 Lücke: [Charles]   [vi] 46 Lücke: [Navarre]

en papier, cotté par lettre A

Et pour justiffier et faire voir que non seulem(en)t dans ledit contrat de son mariage, mais aussy dans tous autres actze, ledit seigneur produis(an)t a eu droit de prendre les qualités de messire, noble et escuyer, comme pocedant des biens nobles, rentes et seigneuries en justice haute, moyenne et basse, il produit quatre pieces escriptes en parchemin, les trois premieres desquelles sont trois hommages par luy rendeus pardevant messieurs les tresoriers generaux de France en la generalité de Guienne pour raison desd(its) biens nobles, ranthes et seigneurie aveq justice par lui pocedés, et la quatriesme est le desnombrement des susd(its) biens nobles, renthes et seigneurie des septiesme avril et neufiesme may mil six cens quarante six, le tout signé Castera, greffier, cotté par lettre B

Comme aussy pour justiffier et faire voir que ledit sieur produisant et ledit feu sieur de Saint Perdoux,

[Seite 4]

son frère, sont provenus du legitime mariage d'entre noble Jean Digeon, escuyer, et Anne de Lustrac, dem(ois)elle, leurs père et mère, ledit s(ieu)r produis(an)t remet coppie du contrat de mariage de sesd(its) feus père et mère du cinquiesme avril mil six cens quatorze, duquel resulte que ledit feu sieur père dud(it) sieur produisant prist la qualité d'escuyer, et feu noble Charles Digeon, seigneur de Boisverdun, pere dudit noble Jean, et duquel il estoit acisté, celle de messire, et feut faict donnation par ledit noble Jean Digeon de la moittié de ses biens en faveur de l'ung de ses enfants provenant dudict mariage q(u'i)l se rezerve de choisir, signée de Perssy, no(tai)re royal de Monflanquin, escript en papier, cotté par lettre C

Encore pour justiffier et faire voir que lesditz feux nobles Jean et Charles Digeon, frères, père et oncle dud(it) sieur produisant, sont provenus du legitime mariage d'entre ledit feu noble Charles Digeon, seigneur de Boisverdun et S(ain)t Perdoux et Michelle Danta, dam(ois)elle, leurs père et mère, ledit sieur produisant remet coppie du contrat de mariage d'entre lesditz noble Charles Digeon et Mishelle Danta, ses ayeul et ayeulle, du vingt uniesme mars mil cinq cens huitante trois, duquel resulte que ledit sieur prist la qualité d'escuyer et qu'il estoit acisté de dam(ois)elle Catherine Auzaneau, sa mère, et que ladicte Danta se constitua tous ses biens en dot, retenu par Chambon, notaire royal de Castilhonnes, ayant l'extraction au pied du quinziesme juin mil six cent quarante …[vii],

[Seite 5]

de plus pour justiffier et faire voir que ledit sieur produisant et ledit feu noble Jean Digeon, seigneur de S(ain)t Perdoux, son frère, sont provenus desd(its) noble Jean Digeon, escuyer et Anne de Lustrac, dam(ois)elle, leurs père et mère, et que lesd(its) nobles Pierre et Henry Digeon, seigneurs de Monteton et Peyrieres, cousins germains dud(it) s(ieu)r produis(an)t, sont aussy provenus de noble Charles Digeon, seigneur de Peyrieres et dame Jeanne de Béraud, leur père et mère, comme aussy que lesdits nobles Jean et Charles Digeon, frères, sont provenus dudit feu noble Charles Digeon, seigneur de Boisverdun et S(ain)t Perdoux, leur père, led(it) sieur produis(an)t remet coppie du testament dud(it) noble Charles Digeon, seigneur de Boisverdun, son ayeul, par lequel il est fait mention tant desd(its) feux nobles Jean et Charles Digeon, ses enfans, que dud(it) s(ieu)r produis(an)t et du(dit) feu s(ieu)r de Saint Perdoux, son frère, ensemble desditz noble Pierre et Henry Digeon, seigneurs de Monteton et de Peyrieres, ses petitz filz, estant par expres porté par ledict testament q(ue) ledit seigneur produisant auroit et luy appartiendroit entre autres chozes la seigneurie de Saint Perdoux et maison noble de Boisverdun aveq leurs appartenances et despandances du vingt uniesme Juin mil six cent quarante retenu par feu Beneyteau, no(tai)re royal de Tombeboeufz, ayant l'extraction au pied, signée Beneyteau, pour avoir retiré l'original de Fraissinede et Sarciron, no(tai)res royaux, escrit en papier, coté par lettre D

Comme aussy pour justiffier et faire voir que outre la qualité de noble, prize par ledit feu noble Charles Digeon, seigneur de Boisverdun, ayeul dud(it) sieur produisant, il avoit cest advantage de son vivant de poceder noblem(en)t plusieurs biens et heritages à raison desquelz ayant esté inquiette pour le payement des tailles et justiffié de ces titres par sen(ten) ce, donnée par mon sieur … [viii] en la cour des aydes de Paris, commissaire,

[Seite 6]

… [ix] realité des tailles et arpantem(en)t general en pays d'Agenois, les susd(its) biens furent declarés nobles et subietz à la

[vii] 113 eine Zeile fehlt. [viii] 146 fehlt: [Nicolas de Netz, conseiller] [ix] 147 fehlt: [commis et député par le roi en ladite cour pour l'exécution des arrêts d'icelle, portant]

contribution du ban et arrière ban, ledit sieur produis(an)t remet coppie de la sen(tan)ce dud(it) sieur de Netz, dactée au commancement du vingt neufiesme avril mil six cent cinq, signée Robilhard, greffier, escripte en parchemin, cotté par letre F

Davantage pour justiffier et faire voir que led(it) feu noble Charles Digeon, seigneur de Boisverdun, ayeul dudit s(ieu)r produis(an)t, ayant esté recherché en son vivant pour le payeman des droitz de franq phief et justiffié amplem(en)t de sa noblesse par jugem(en)t, donné par messieurs les commissaires, deputés par le roy, il auroit esté deschargé du payement desd(its) droitz, led(it) s(ieu)r produisant remet coppie du susd(it) jugement du unziesme mars mil six cent six, signé Chevallier, escrit en parchemin, cotté par lettre G

D'abondant pour justiffier et faire voir que ledit feu sieur de Boisverdun, ayeul dud(it) sieur produisant, jouissoit noblement pand(an)t sa vie des biens et heritages, il rendit pour iceux l'ommage au roy, nostre sire, quoyque soit, Pard(evan)t mons(ieu)r de Charon[2], cons(eill)er du roy et lieutenant gen(er)al au siege de Bergerac, led(it) sieur produisant remet coppie de l'hommage rendeu par son d(it) feu ayeul du quatorziesme decembre mil six cent vingt trois, signé Charon[x] Piochoun, greffier, escrit en parchemin, cotté par lettre H

Et parce que ledit feu noble Charles Digeon, seigneur de Boisverdun, ayeul dud(it) s(ieu)r produis(an)t, feut receus à rendre ledit hommage à la sharge de fournir le desnombreman de ses biens, ledit feu seigneur de Boisverdun auroit remis le desnombreman de sesdits biens et heritages …[xi],

[Seite 7]

mil six cent vingt trois, signé Charon, lieuten(an)t gen(er)al et commissaire, et Piochoun, greffier, escrit en quarante cinq feuilletz de parchemin, cotté par lettre J

Pour justiffier aussy et faire voir que ledit noble Charles Digeon, seigneur de Boisverdun, ayeul dud(it) seigneur

---

2 Sohn von Bernard de Charon, Seigneur de Lelnos und dessen zweiter Ehefrau Marguerite de Chantemerle. Sein Vater wurde am 26. Oktober 1570 von Jeanne, Königin von Navarre, zum "vice-chancelier und garde des sceaux aux comtés de Perigord" ernannt, † 1612 (Magny 1858: 253–255). Er selbst folgte seinem Vater im Amt des Generalleutnants von Bergerac und wurde hernach von den reformierten Kirchen zum Präsident der *Chambre de l'edit de Guienne* gewählt. Er spielte zusamt mit seinem Bruder Théophile (vgl. Anm. 8: 626) eine wichtige Rolle bei der Entscheidungsfindung mit den Bewohnern von Bergerac im Jahr 1621, sich nicht gegen die Waffen von Ludwig XIII. zu stellen – trotz der Ersuchens des Marschalls von La Force (vgl. Kap. 2.3.1.1: 85). Darüber hinaus war er Deputierter des Dritten Standes bei der Versammlung der Generalstände 1614.

[x] 170 [et] [xi] 176 Lücke

produisant, est provenu du legitime mariage d'entre nobles Hugues Digeon, escuyer, seigneur de Boisverdun et dam(ois)elle Catherine Auzaneau, ses père et mère, led(it) sieur produisant remet coppie du contrat de mariage d'entre lesd(its) nobles Hugues Digeon et damoiselle Catherine Auzaneau, ses bisayeul et bisayeulle, du dix huitiesme fevrier mil cinq cens quarante huit, duquel resulte que ledit sieur prise la qualité d'escuyer et fis donnation de la tierce partie de ses biens en faveur de l'ung de ses enfans masles provenant dudit mariage, duquel il se reserve le choix, signé de Jasse, notaire royal de Lausun, escrit en parchemin, cotté par lettre K

Derechef pour justiffier et faire voir que ledit feu noble Charles Digeon, seig(neu)r de Boisverdun, ayeul dudit seigneur produisant, est provenu desdits noble Hugues Digeon et dam(ois)elle Catherine Auzaneau, ses père et mère, ledit sieur produisant remet coppie du testament dud(it) s(ieu)r Hugues Digeon, par lequel il prend la qualité d'escuyer, fait mention de lad(ite) Auzaneau sa femme, et resulte que noble Jean Digeon, son filz aisné, fut institué son heritier, auquel ledit feu noble Charles Digeon, seigneur de Boisverdun, ayeul dudict sieur produisant, fut substitué, escript en parshemin, signé Besse, no(tai)re royal, escript et ayant au pied l'acte d'insignuation, faicte pardevant l'ord(inai)re de Tombeboeufz du cinquiesme octobre mil cinq cens soixante deux et treiziesme avril mil cinq cens soixante quatre, ledit acte signé Villory, juge, et Vernejoul, greffier, cotté par lettre L

[Seite 8]

A mesmes fins pour justiffier et faire voir que ledit feu noble Charles Digeon, ayeul dudit sieur produisant, est proveneu desd(its) nobles Hugues Digeon et dam(ois)elle Catherine Auzaneau, ses père et mère, ledit sieur produis(an)t remet coppie de deux testamentz faitz par lad(ite) Auzaneau, dam(ois)elle, par lesq(ue)lz elle institue ledit noble Charles Digeon, escuyer, seigneur de Boisverdun, son filz, son heritier, des second de may mil cinq cens nonante et vingt cinquiesme jan(vi)er mil six cens doutze, le premier escript en papier, signé Duval, no(tai)re royal, et le second en parchemin, signé Fraissinede, aussy no(tai)re royal, attachés ensemble, cotté par lettre M

Encore pour justiffier et faire voir l'antiquité et noblesse des ancestres dudict sieur produisant et que ledit noble Hugues Digeon, qui est proveneu de noble Brandelis Digeon et Marguerite des Escuyers, ses père et mère, ayant recuilhy en partie l'heredité de Francine Verdun, son ayeulle paternelle, femme dudit noble Pierre Digeon, père dudit Brandelis, seroit tenu à division et partage de certaines rantes provenantz de ladite heredité aveq dame Charlotte de la Roche-Landry, faisant pour haut et puissant seigneur messire François de Caumon, chevallier, seigneur, baron de Lausun et Tombeboeufz, comme ayant le droit d'Antoine Digeon, filz de ladicte feu Francine, noble Jean de Trevey, s(ieu)r d'Autrama et autres, ledit sieur produisant remet coppie du contrat contenant ledit partage du penultiesme decembre mil cinq cens trente sept, escrit en parchemin, duquel resulte que ledit Hugues prist la qualité de noble, signé Delbosc, no(tai)re royal de Lausun, cotté par lettre N

[Seite 9]

…[xii], et noblesse des ancestres dudit s(ieu)r produis(an)t et que noble Brandelis Digeon, duquel ledit noble Hugues Digeon est provenu, se mariant aveq Marg(ueri)te des Escuyers, dam(ois)elle, prist la qualité de noble, ledit sieur produisant remet coppie du contrat de mariage d'entre lesd(its) noble Brandelis Digeon et Marg(ueri)te des Escuyers de l'an mil quatre cens nonante sept, escrit en parchemin et en latin au pied duquel il y a un paraffe en forme de croix, et à suitte est escript 'et me Petro de Campis clerico aut regis notare' et la suitte contresigné au pied, Brousse 'ne varictum', cotté par lettre O Davantage pour justiffier et faire voir l'antiquitté et noblesse des ancestres dudit sieur produisant et que par le partage qui feut fait des biens de l'heredité de ladicte Francine Verdun, femme dud(it) noble Pierre Digeon et mère dudit Brandelis Digeon, la qualité de noble feut donné aud(it) Brandelis, quoy que absent, ledit sieur produis(an)t remet coppie du contrat contenant ledit partage fait entre noble Tannequin de Trevey, comme mary de Marguerite de Huguot, fille du premier lit de ladite Francine, ledit noble Brandelis et autres Digeon, escript en latin sur du parchemin, du vingt deuxiesme aoust mil quatre cens nonante quatre, au pied duquel il y a aussy un paraffe en forme de croix et à suite est escrit, comme au precedent contrat de mariage, 'et me Petro de Campis' et la suitte, cotté par letre P Pour justiffier d'autant mieux l'antiquité et noblesse des ancestres dudit sieur produisant et qu'elle ne leur a esté jamais contestée, mais au contraire ont esté recognus pour nobles, traitant aveq les ancestres du seigneur comte de Lausun, originairement seigneur de

[xii] 237 eine Zeile fehlt

[Seite 10]

…[xiii], ledit seigneur produis(an)t remet coppie d'un contrat d'eschange, passé en l'année mil quatre cens nonante cinq entre haut et puissant seigneur messire Arnaud de Caumon, baron de Lausun, et noble Brandelis Digeon, trisayeul dud(it) seigneur produisant, duquel resulte que ladite qualité de noble feut prise par ledit Brandelis, escript en latin sur du parchemin, signé G. Sandamy[xiv], no(tai)re et commissaire, cotté par letre Q

De mesme pour justiffier et faire voir que ledit feu noble Brandelis Digeon, trisayeul dudit sieur produisant, et noble Antoine Digeon etoit frères qui ont tousiours pris la qualité de noble pendant leur vie en tous actes, led(it) seigneur produisant remet trois contratz, les deux premiers d'eschange des années mil quatre cens nonante quatre et mil quatre cens nonante six, et le troisiesme est une recognoissance faicte en lad(ite) année mil quatre cens nonante six, escripte en latin sur du parshemin, par lesq(ue)ls lesd(its) Brandelis et Antoine prindrent la qualité de noble, le premier signé Horery, no(tai)re, le second 'et me Petros de Campis' et le troisiesme 'et me Geraldo des Cassano, notario', atachés ensemble, cotté par letre R

Pareilleman pour justiffier et faire voir que la qualité de noble a esté toujours prize par ledit feu Brandelis Digeon, trisayeul dud(it) seig(neu)r produis(an)t, pend(an)t sa vie et recognu pour tel mesmes par les seigneurs de[xv] Cancon, desq(ue)ls ladite Francine de Verdun, mère dudit noble Brandelis Digeon, est provenue, led(it) seig(neu)r produis(an)t remet coppie d'une donnation faicte par noble Jean de Verdun, seigneur dud(it) Cancon et autres places, d'un moulin appellé Delport, scittué en la jurisdiction de Saint Barthelemy, en faveur dudit noble Brandelis Digeon du dix huitiesme juillet mil quatre cens nonante sept, escrit en latin sur du parchemin, au pied duquel il y a un grand paraffe en forme de croix à suitte duquel est escrit 'et me …[xvi]', cotté par letre S

[Seite 11]

Et pour justiffier et faire voir encore que les ancestres dudit seigneur produis(an)t, en conseq(uen)ce de leur noblesse, ont contribué de tous temps au banq et arriere ban, suivant q(ue) les nobles ont acoustume de faire, ledit seigneur produis(an)t remet un acte judiciairement faict pard(evan)t l'ordre de Lausun, le neufiesme juillet mil cinq cens treize à la requisition de noble Antoine Digeon faisant tant pour

---

[xiii] 267 eine Zeile fehlt [xiv] 273 <L>andamy [xv] 291 durchgestrichen: unleserlich [xvi] 300 Lücke

luy q(ue) pour ses frères, filz et heritiers de feu Pierre Digeon et Je …[xvii] de Trevey, quadruple ayeul dudit seigneur produisant, duquel resulte qu'il feut par eux contribué à mettre en estat un …[xviii], par eux envoyé[xix] servir audit ban et arrière ban coniointe …[xx] aveq noble Simon de Cursson[3], seigneur de Cailhavel[4], dans lequel acte est inceré l'acquit à eux donné pour ta …[xxi] dud(it) service de ban et arrière ban, le second febvrier mil quatre cens nonante, escript en parchemin, signé M. Desfargues, greffier, cotté par lettre T

Ay produit ledit seigneur de Boisverdun la genealogie de sa maison sur laquelle est empreint le cashet de ses armes aveq les blasons d'icelles, de luy signée et Brousse, son pro(cur)eur, cotté par lettre V

Lesquelz titres sus exprimés, ledit seig(neu)r de Boisverdun faisant comme dit et soustient veritables, suffisantz et cappables pour establir et le maintenir en sa noblesse et ses ditz nepveus et cousins germains.

[Seite 12]

1666 L'hommage rendu devant monsieur Pellot … [xxii] pour la noblesse devant le subdelegé ayen que produit les titres par … [xxiii] signé où les armories sont blasonées.

---

3 Eigentlich Simonet de Coursou, ⚭ Marie de Luziers, erster Vertreter des aus der Bretagne stammenden Rittergeschlechts Courson (Chaix d'Est-Ange 1913: 156-157).

4 Repaire Noble in der heutigen Gemeinde Pomport (Dordogne), nicht zu verwechseln mit der gleichnamigen, einstmaligen Katharerherrschaft im Département Aude (Duvernoy 1986: 134 (Anm. 110)).

[xvii] 307 unleserlich <anne> [xviii] 309 Lücke [xix] 310 [à] [xx] 310 fehlt: [ment] [xxi] 312 unleserlich [xxii] 326 unleserlich [xxiii] 329 unleserlich

A.5. Testament de Pierre II. Digeon de Monteton (29. mai 1674)

B.N.F. Carrés d'Hozier 227, Zusammenfassung (*copie informent*) des Testaments von Pierre II. Digeon de Monteton vom 29. Mai 1674 um den Adel von Charles III. Digeon de Boisverdun im Jahr 1701 vor Charles-René d'Hozier zu beweisen, schwarze Tinte auf Papier, 3 Seiten beschrieben.

Transkription:

[Seite 1]

Titre de Digeon
Du 29 mai 1674
Copie informent, papier[i]
Testament de m(essi)re Pierre Digeon, chev(alier),[ii]
seigneur, baron de Monteton en Agenois, demeurant
audit lieu de Monteton, fait le 29 de mai de l'an
1674, par lequel, etant sur le point de partir
pour aller à la guerre au service du roi, et
voulant mettre ordre à ses affaires,[iii]
au cas qu'il decede dans led(it) lieu
de Monteton, il elit sa sepulture près de celle
de ses père et mère dans une chapelle qu'il
avoit batie dans led(it) bourg et si c'etoit autre
part que ce fut dans un cimetiere de la
Religion pretendue reformée, il declare
[iv]avoir fait un testament[v], reçu par Philippot,[vi]
notaire royal de Castillonnes, par lequel il
avoit institué son frère germain et en cas
de deces sans hoirs legitimes substitué
Charles de la Clergerie, le sieur de Monleal
et m(essi)re de S(ain)t Perdon, ses cousins,
que depuis il s'etoit marié avec dame Anne
de Briquemault, dame de la juridiction de[vii]
Monteton de laquelle il n'avait eu[viii]
d'enfans, il lui donne l'usufruit de tous ses

[Seite 2]

biens meubles et immeubles, il declare
avoir reçu à Paris de sa d(ite) femme pour sa dot
la somme de 12000 livres en bon or ou argent manuel
[ix]4000 livres d'une
rente à elle appartenante sur l'hotel de
ville de Paris, laquelle somme il avait echangée
contre pareille somme par cession faite

---

[i] 3 auf der Seite oben rechts mir schwarzer Tinte "296" [ii] 4 als Marginalie (diagonal durchgestrichen): "Digeon" [iii] 9 durchgestrichen: "il élu sa sepulture" [iv] 16 Stempelung: "Bibliothèque Imperiale" [v] 16 darüber: "en l'an 1651 ou 1652" [vi] 16 als Marginalie: "P" [vii] 23 als Marginalie: "Briquemault" [viii] 24 durchgestrichen: unleserlich [ix] 29 durchgestrichen: "plus celle de 300 livres avec autres"

sur madame la marquise de Theobon, m(onsieu)r[x] Delaunai, con(seill)er du roi en la Cour de parliment[xi] et chambre dellois de Guyenne, plus 12000 livres aussi echangées contre pareille somme par cession sur monsieur Dandraut,[xii] conseiller du roi en la cour de parlement, m(essi)re Marc de Briquemaut, son beau frere, chev(alier), seigneur, baron de Ruere et de Tournai, il donne à d(emoise)lle Jeanne Devins de la Fleunie,[xiii] sa soeur uterine la so(m)me de 4000 livres, il declare avoir une soeur germaine no(m)mée Charlotte Digeon, d(am)e de Veiran, mariée avec le seigneur de Veiran, il legue à Bertrand Perrinal,[xiv] s(ieu)r de la Boirie la so(mm)e de 1000 livres, il donne à Charles de la Clergerie, son cousin, le s(ieu)r de[xv] Monleal la s(omm)e de 3000 livres, il institue son heritier universel Henri Digeon,[xvi] led(it) s(ieu)r de Rurieres, il veut que son d(it) frere, led(it) s(ieu)r de Pairieres,

[Seite 3]

jouisse de toutes les prétentions et redditions[xvii] de compte qu'il avoit et pouvoit avoir tant en principal interetz que depens contre Charles Digeon, son cousin, seigneur de Boisverdun. Ce testament passé dans le chateau [et] baronnie de Monteton en presence de m(aîtr)e Leonard du Pesquier, procureur, m(aîtr)e Pierre Jarry,[xviii] praticien, Simon Guilhon, clerc, Antoine[xix] Herial, m(aîtr)e maçon de la ville de Cassenoeuil[xx] sur la riviere de Lot en Agenois, et l'acte en sus reçu par n(ous), Guillon,[xxi] no(tai)re royal.

---

[x] 33 als Marginalie: "Théobon" [xi] 34 als Marginalie: "Delaunay" [xii] 37 als Marginalie: "D" [xiii] 41 als Marginalie: "Devins" [xiv] 45 als Marginalie: "P" [xv] 47 als Marginalie: "de la Clergerie" [xvi] 49 darüber: "son frère germain" [xvii] 51 auf der Seite oben rechts mir schwarzer Tinte "297" [xviii] 58 als Marginalie: "du Pesquier" [xix] 59 als Marginalie: "Jarry" [xx] 60 als Marginalie: "Herial" [xxi] 62 als Marginalie: "Guillon[,] notaire"

A.6. Contrat de mariage de messire de Monteton (3. avril 1690)

A.D.47, B 108, Ehevertrag von Pierre IV. Digeon de Monteton mit Magdeleine Durége vom 3. April 1690, Notarskopie, schwarze Tinte auf Pergamentpapier, 10 Seiten beschrieben.

Transkription:

[Seite 1]

Contrat de mariage de m(essi)re de Monteton Au nom de Dieu père et fils et saint esprit amen. Sachent tous qu'aujourd'huy, troisiesme du mois d'avril mil six cens quatre vingt dix après midy dans la maison noble de Vidasse, apartenant à Pierre de Rege, sieur du Riebet, parroisse de Pessac, jurisdiction de Gensac en Albret, pardevant moy, notaire royal soubsigné, reservé, pourveu par sa majesté, presans les temoins bas nommés, ont esté

[Seite 2]

présens, personnellem(en)t constitués en leurs personnes, messire Pierre Digeon, escuyer, seigneur de Monteton, fils naturel et legitime de messire Henry Digeon, aussy escuyer, seigneur dudit Monteton et de Peyriere et de feu dame Charlotte[i] Elisabeth de Mehers, demeurant ordinairem(en)t au chateau dudit Monteton, et damoiselle Magdeleine Durege, fille naturelle et legitime dudit sieur Pierre Durege, seigneur de la présente maison de Bidasse et Duribet et de feu damoiselle Jeanne

---

[i] 25 durchgestrichen: "et"

[Seite 3]

Dailhe, habitante de lad(it)e presente maison, lesquelles partyes de leur bon gré et agreable volonté, par l'avis, assistance et authorité, et consentement savoir ledit seigneur de Monteton dudit seigneur de Peyriere son père, de messire Charles de Belrieu[1], seigneur, baron de Virazel, Tirigant, S(ain)t Laurens et autres places, conseiller du roy au parlim(en)t de Guyenne, cousin second dudit seigneur de Monteton, de messire François de Balet, escuyer, seigneur de la Brousse, son oncle, de messire François du Guerit Duzech, escuyer, seigneur, baron Duzech et de S(ain)t Avid, son cousin, et autres

[Seite 4]

[ii]ses parans et amis, et lad(ite)[iii] demoiselle Durege de l'authorité et consentem(en)t dudit sieur de Rege son père et de l'avis de sieurs Daniel, Jean et Isaac Derege, sieurs de Bellevue, Duribet et de Blanquerye, led(it) sieur Duribet lieutenant de cavalery, ses oncles, sieur Louis Gros, sieur Duduc, lieutenant de cavalerye, sieur Helyas Gros, sieur du Mayne …[iv] Marguerite de Martin, demoiselle, Isabeau Durege, demoiselle, soeurs, sieur Jean Lachaud, de monsieur maistre Danyel Grenouilleau, advocat en parliment de Guyenne, de monsieur maistre

---

1 43 verheiratet mit Marie-Anne de Mulet de Voluzan (Cochin 1771: 35)

[ii] 55 Gestempelt: "Pap. Parch. Extra. Ordin." [iii] 55 auf der Seite oben links mit schwarzer Tinte: "21" [iv] 67 unleserlich

[Seite 5]

Guy Peyneau, aussi advocat aud(it) parliment, et de François Pierre Dorrgouilhon, seigneur de Peyfeye, ces cousins, et autres ses parens et amis, ont promis de solemniser le saint sacrement de mariage à la premiere requisition de l'une des partyes à peine de leurs depens, dommages et interets et pour en supporter les charges et faveurs et contemplation d'icelluy, ledit sieur Derege a constitué en dot à lad(ite) demoiselle sa fille la somme de trente mil livres, savoir dix mil livres en argent payables le jour de la benediction nuptialle et pareille somme de dix mil livres payable en mesme temps en obligations

[Seite 6]

[v]bonnes et valables, et pour lesd(its)[vi] dix mil livres restantes payables après le decès dudit sieur de Rege sans interets, et en outre, ledit sieur Durege a constitué à lad(ite) demoiselle sa fille toutes les renthes qu'il possede dans la cure et jurisdiction de Montravel et dans celle de la presente jurisdiction de Genssac, dans lesquelles renthes demeure comprinse celle à laquelle lad(ite) presente maison de Bidasse estoit originairem(en)t subiette. Laquelle constitution embrasse entierem(en)t tous les droits maternels et paternels qui pouroient appartenir

---

[v] 94 Gestempelt: "Pap. Parch. Extra. Ordin." [vi] 94 auf der Seite oben links mit schwarzer Tinte: "22"

[Seite 7]

à lad(ite) demoiselle future epouze, sans aucune reserv(ati)on, et il demeure accordé et convenue que laditte constitution sera employée au payement des hypotheques les plus anciens et les plus privilegiéz de lad(ite) terre et seigneurye dudit Monteton et que laditte demoiselle, future epouze, demeurera subrogée à la place des creanciers comme lesd(its) seigneurs de Peyriere et de Monteton la subrogent par ces presentes et en mesme faveur et contemplation dudit present mariage, ledit seigneur de Peyriere a elu et nommé ledit seigneur de Monteton son fils, pour recuillir l'effet de la donation contractuelle

[Seite 8]

[vii]de la moytié de tous les biens[viii] presens et avenirs, fait par son contract de mariage avec lad(ite) feu dame de Mehes du quinze Juillet mil six cens soix(an)te quatre, reteneu par Baritaud, notaire royal, ensemble pour recuilhir la moytyé de l'effet de toutes les instructions qu'il y[ix] pocède ausin dans la famille, à la charge que ledit seigneur de Monteton sera obligé d'entretenir les traittés que ledit seigneur de Peyriere, son père, voudra et pourra faire pour raison de ses substitutions et de sorte, que ledit seigneur de Monteton ne pourra prendre

[Seite 9]

que la moytié de la composition et du revenant bon, ledit seigneur

---

[vi] 132 Gestempelt: "Pap. Parch. Extra. Ordin." [viii] 132 auf der Seite oben links mit schwarzer Tinte: "23"
[ix] 141 <en>

de Peyriere aura reduit l'émolum(en)t desdittes substitutions de tous lesquels biens donnés et substitués, ledit seigneur de Peyriere se reserve la jouiss(an)ce pendant sa vie, sans comprendre neanmoins dans lad(ite) reserva(ti)on les(dites) terre et seigneurie dudit Monteton avec toutes les dependances et l'ameublement qui est dans le chateau, laquelle terre et seigneurye avec ledit ameublement ledit seigneur de Peyriere delaisse audit seigneur epouz, son fils, pour en jouir dans le moment de laditte benediction nuptialle, sans comprendre pourtant dans ledit delaissement la mesterye

[Seite 10]

[x]appellée Decouta[xi], attendu[xii] qu'elle a esté acquise par la feu dame de Monteton, et que ledit seigneur de Peyriere est obligé de rendre compte des jouissances qu'il en a faittes ou pourra faire dans la suitte, moyenant lequel delaissement l'interest desdittes vingt mil livres constitué des à présent à laditte demoiselle, future epouze, qui doivent estre employées au payem(en)t des charges et hypotheques, ausquels lad(ite) terre et seigneurye est subiette, seront et demeureront confondues dans lad(ite)

[Seite 11]

dans laditte jouissance et pour toutes les autres charges

---

[x] 171 Gestempelt: "Pap. Parch. Extra. Ordin." [xi] 171 Schreibweise unsicher [xii] 171 auf der Seite oben links mit schwarzer Tinte: "24"

et hypotheques ausquels lad(ite) terre et seigneurye de Monteton pourra estre subiette, ledit seigneur de Peyriere sera obligé d'en faire jouir quitte ledit seigneur de Monteton, son fils, affin que lesdittes charges et hypotheques ne fassent aucun empeschemens à lad(ite) jouissance, il demeure aussy convenu et arreté que toutes les bagues et joyaux qui seront données à lad(ite) dem(oise)lle future epouze avant et aprez son mariage luy seront propres et particuliers, lesquels dits seigneur et demoiselle futurs epoux font don et donation de la

[Seite 12]

[xiii] moytié de un et chacuns[xiv] leurs biens meubles et immeubles presens et avenirs en faveur de l'un de leurs enfans males, dont ils reservent chacun le choix et nomination et au cas qu'ils n'en fassent pas, l'ainé masle demeurere nommé, se sont lesdits seigneur et demoiselle, future epoux, associéz par moytié en tous les acquets que Dieu leur donnera à faire pend(an)t leur mariage et dans le cas de prédecès ledit seigneur, futur epoux, gagnera sur les biens de lad(ite) demoiselle, future epouze,

[Seite 13]

la somme de trois mil livres, et au contraire lad(ite) demoiselle, future

---

[xiii] 210 Gestempelt: "Pap. Parch. Extra. Ordin." [xiv] 210 auf der Seite oben links mit schwarzer Tinte: "25"

epouze, gagnera la somme de six mil livres sur les biens dudit seigneur, futur epoux, lesquels agancements et acquets demeureront ausdits enfans dudit mariage sans préiudice à chacun desdits epoux futurs, d'en avantager l'un plus que l'autre, les usufruits desd(its) acquets et agancement demeureront cepend(ant) reservés au survivant pend(ant) sa vie, comme aussy demeure accordé que tous les biens dudit seigneur de Peyriere, donnés ou non donnés, de mesme que les biens propres dudit seigneur

[Seite 14]

[xv]de Monteton seront suiets[xvi] au remboursement de toute la constitution dotalle de laditte demoiselle, future epouze, le cas de restitution arivant, ensemble le payement desdittes conventions matrimonialles et que jusque audit remboursem(ent) et payement entier, ledit cas de restitution arivant, laditte demoiselle future epouze jouira de tous les biens dudit futur epoux sans que lad(ite) jouissance luy puisse estre imputée sur le capital ny reputée à usure et pour faire insinuer portant que de besoin le présent contrat de leur mariage, lesdittes partyes donnent

[Seite 15]

pouvoir à leurs procureurs de le requerir et consentir par tout ou il sera necessaire

[xv] 249 Gestempelt: "Pap. Parch. Extra. Ordin [xvi] 249 auf der Seite oben links mit schwarzer Tinte: "26"

en vertu de presentes, promettent d'avoir pour agreable, ferme et stable tout ce qui sera geré et negotié par leurs dits procureurs ce concernant et pour l'entretenement de tous ce dessus, les partyes ont obligé tous leurs biens meubles et immeubles, présens et avenir qu'ils ont soumis à toute rigueurs de justice. Ainsi l'ont promis et juré à Dieu en présence de messire Guillaume Bonis[xvii], prestre et curé de la presente parroisse et François Cholet,

[Seite 16]

brossier, domestique dudit[xviii] sieur Derege, habitans en la présente paroisse, témoins connus et appellés, lesquels ont signé avec lesd(its) seigneur et demoiselle epoux et açistans, sauf ledit Cholet, qui a declaré ne savoir du faite requis et interpellé par moy, et signé Delacost, notaire royal.

---

xvii 285 Schreibweise unsicher

xviii 288 auf der Seite oben links mit schwarzer Tinte: "27"

A.7. Lettres Patentes d'Anoblissement de Joseph Dupin (aôut 1733)

Kopie des Adelsbriefs vom Joseph Dupin, registriert im Registre de la jurade de Monségur vom Oktober 1734. Schwarze Tinte auf Papier, 3 Seite beschrieben, A.C.M. BB 19, pp. 171–173

Transkription:

Louis par le grâce de dieu roy de France et de Navarre à tous presants et avenir salut. Nous avons toujours à l'example des roys nos predecesseurs regarde le privilege de la noblesse comme le plus precieux temoignage de nôtre estime et la plus glorieuse recompanse que peussent meriter ceux de nos sujets qui se distinguent par les services qu' ils rendent à nostre estat, cest dans cet esprit que nous avons honore en differens temps les maires et jurats de la ville de Bordeaux du titre et des prerogatives de la noblesse, et que nous voullons accorder aujourdhuy les mesmes avantages a nostre cher et bien aime le sieur Joseph Dupin avocat en parlement et un des jurats de laditte ville quy a succede a ses peres dans la profession d'avocat et quy ne sy est pas meme fait de reputation pars es talens et sa probite, quil sest acquis d'estime dans la place de jurat par la fermete, le zelle et la vigilance avec lesquels il a souteneu les droits et les interets de la ville de Bordeaux dans les affaires importantes dont il a eu la conduitte et ladministration et dans lesquelles il na rien lesse a desirer de la sagesse et de lhabilite necessaire a la place de jurat d'une des plus grandes et des plus florisantes villes de nostre royaume et dont les citoyens ne cessent de nous donner declatentes marques de leur attachement et de leut fidelite, en sorte que ledit sieur Dupin a pleinement merite les temoignages que nous sommes resoleus deluy donner de nôtre satisfaction par un privilege qu'il puisse transmetre a sa posteritte et quy conserve dans ses descendents le souvenir de des vertus et de ses bonnes qualites. A ses causes et pour autres considerations, nous avons de nôtre grâce specialles, pleine puissance et authorrite royale anobly et par ces presantes, signees de nostre main annoblissons ledit sieur Joseph Dupin et du titre et qualitte de noble et écuyer, l'avons decore et decorons, voullons et nous plait qu'il soit tenu cense et repute comme nous le tenons censons et reputons noble tout en jugement que dehors, ensemble ses enfens et descendans males et femelles nés et à naitre en legitime mariage que comme tels ils puissent prendre en tous lieux et en tous actes la qualite decuyer et parvenir a tous degres de chevalerie et autres dignites titres et qualites reserves a notre noblesse, qu'ils soient inscrits dans le cathalogue des nobles et et qu'ils jouissent et usent de tous les droits avec prerogatives privileges franchises libertes, avantages preminences, examptions, et immunites dont jouissent et ont accoutume de jouir les anciens nobles de notre royaume tant qu'ils vivront noblement et ne feront actes de derogeance, comme aussy quils puissent acquérir tenir et posseder tous fiefs terres et seigneuries nobles de quelques titres et qualitte quelles soient, permetons audit sieur Dupin et ses enfens posterite et descendans de porter des armoiries timbrees telles quelles seront reglees et blasonnees par le sieur d'Hozier juge d'armes der France et ainsi quelles seront peintes et figurees dans ses presentes auxquelles son acte de reglement sera attache sous notre contre scel avec pouvoir et liberte de les faire peindre, graver et insculter sy elles ne le sont dejà entels endroits de leurs maisons, terres et seigneuries que bon leur semblera, et tout de meme que sy ledit sieur Dupin ses enfens posterite et descendans estoient issus de noble et ancienne race sans que pour raison de tout ce que dessus ledit sieur Dupin ses enfens posterite et descendans puissent etre tenus de nous payer et à nos successeurs roys aucune finance ni indamnite dont a quelques sommes quelles puissent monter nous leur avons fait et faisons don par ces dittes presentes et sans qu'ils puissent etre troubles ni recherches pour quelque cause et occazion et pretexte que ce soit, a la charge par eux de vivre noblement et sans deroger, sy donnons en mandement a nos amez et seans conseillers les gens tenans notre chambre de comptes à Paris et Cour des Aydes a Bordeaux et a tous autres nos officiers et justissiers quil appartiendra que ces presentes ils ayent afaire registrer, et du contenu en icelles, jouir et uzer ledit sieur Dupin ensemble ses enfens posteritte et descendans males et femelles nes et a naître en légitime mariage pleinement et paisiblement et perpétuellement cessons et faisons cesser tous troubler et autres empechemens quelconques, nobostant tous édits et declarations, arrets et reglemens ace contraires auxquelles et aux derogatoires y contenües nous avons deroge et erogeons pour ce regard seulement et sans tirer a sonsequance comme. Tel est nostre plaisir, et afin que ce soit chose ferme et stable à toujours nous avons fait metre notre scel aux dittes presantes sauf en autres choses notre droit et lautruy et tout. Donné a Versailles au mois d'aoûst l'an de grâce 1733 et de notre regne le dix huitieme, signe Louis par le roi, Chauvelin, visa pour annoblissement à Jospeh Dupin, signe Chauvelin.

Expedies et enregistrees en la chambre des comptes du roi notre sire au registre des Chartres de ce temps, ouy le procureur general a sa majeste, information prealablement faite sur la vir moeurs, age et religion, catholique apostolique et romaine, extraction naissance, bien et facultés de l'impetrant par luy des conseillers maitres ordinaires en ladite chambre a ce commis pour jouir par ledit impetrant ses enfens et posterite des et a naître en legal mariage de l'effet et cotenue en icelles moyennant la somme de cinquante livres par luy payees, pour laquelle de le convertir et employer en aumones, le 17 novembre 1733. Signé Delabarre conseiller maître raporteur.

Louis Pierre Dozier, juge general d'armes de France chevalier de l'ordre du roy son conseiller maître ordonnance en sa chambre des comptes à Paris genealogiste de maison et des ecuries de sa majesté et de celles de la raine, apres avoir vû les lettres patantes en forme de charte donnes a Versailles au mois d'août de le presente annee 1733, ces lettres signees Louis et sur le reply par le roi Chauvelin, par lesquelles sa majeste anoblit le sieur Joseph Dupin avocat en parlement et l'un de jurats de la ville de Bordeaux, et anoblit aussy ses enfens et sa posterite male et femelle nee et a naître en legitime mariage, nous en execution de la clause contenue dans les dittes lettres et quy permet audit sieur Dupin de porter les armoiries timbrees telles quelles seront reglees et blazonnees par nous comme juge general d'armes de France et ainsy quelles seront peintes et figurees dans lesdittes lettres, avons regle pour ses armoiries a lavenir seavoir un ecu d'argent a deux pins de sinople poses sur une terasse de meme et cinq etoiles d'azur poses en orle, au chef de l'ecu, ledit ecu timbre d'un casque de profil orne de des lambrequins dazur d'argent et de sinople, et afin que se reglement que nous avons registre dans les registres des reglemens d'armoiries de ceux quil plait au roy d'anoblir puisse servir audit sieur Dupin, nous luy en avons donne le present acte pour être attache sous le contre sceau de la chancellerie, nous l'avons signe et nous y avons fait mettre lempreinte du sceau de nos armes, a Paris le judi 27 du mois d'août de l'an 1733,

signé d'Hozier.

Par mondit sieur, Jourdan, le 16 janvier 1734,

en consequance de l'arret de cejourd'huy les presantes ont ete enregistrees et registres de la cour pour y avoir recours quand besoin sera, fait a Bordeaux au greffe de ladite cour ledit jour mois et an que dessus,

signe Roger,

Contrôle le 25 janvier 1734

Registrees et registres de la cour des Aydes et finances de Guienne, en consequance de l'arret de ladite cour de cejourdhuy pour y avoir recours quand besoin sera et jouir par ledit sieur Dupin ses enfens nes et a naître de legitime mariage de l'effet et contenu aux susdites lettres.

Fait a Bordeaux audit greffe le 18 may 1734 par moy,

signe Leydet

greffier en chef de ladite cour, collationne

Enregistre et registres de lhotel commun de la ville et cite de Bordeaux en execution de l'appointement de cejourdhuy par nous Guilhaume Duboscq, écuyer conseiller clerc et secretaire ordinaire de laditte ville,

fait à Bordeaux le 10 juillet 1734,

signe Duboscq.

Je greffier secretaire de la communaute de la ville de Monsegur soussigne declare avoir fait le susdit enregistrement pris sur son original ny avoir ajoute ny diminue et dans l'instant ledit sieur Dupin a retire les susdites lettres patentes de son annoblissement a Monsegur le 3 du mois d'octobre 1734.

Villevielhe

secretaire de la communaute

A.8. Demande permission de Magdeleine Durége pour vendre les biens qu'elle possède dans la paroisse de Saint Sernin (1732)

A.N. TT 182 32, fol. 561–568, Schreiben des Intendanten Claude Boucher des Finanzbezirks Guyenne an das *Secrétaire d'État de la Religion prétendue réformée*, um Magdeleine Durège den Verkauf ihrer Güter im Kirchspiel Saint-Sernin zu erlauben; enthält ein Schreiben und eine Bittschrift von Magdeleine Durège sowie eine Aufstellung ihrer Verbindlichkeiten. Faltmappe aus Karton, schwarze Tinte auf Papier, 9 Seiten beschrieben.

Transkription:

[Vorderseite Faltmappe]

[i]Monteton (Madelaine du Rège, veuve du Sieur[ii] de)
Demande permission de vendre les biens qu'elle possède
dans la paroisse de Saint Sernin[1]

Généralité[iii] de Bordeaux
1732
4 pièces[iv] (numéros[v] 192–195)
180
TT 182 - XXXII[vi]
32

[Seite 1]

RPR[vii] à Bordeaux ce 12 May 1732

La Dame[viii] de Monteton
permission de vendre

Monseigneur

J'ai lhonneur de vous rénvoïee le Placet de la Dame
de Monteton qui demande la permission de vendre
[ix]les biens qu'elle possede dans la paroisse de Saint[x]
Sernin de valeur d'environ 40000 livres[xi] pour
s'acquitter envers les creanciers de la succession
de son mary; pour payer la legitime de ses trois
filles et une acquisition qu'elle a faite depuis peu
montant à 2000 livres[xii] je joints un memoire qui
m'a esté fourny par des personnes qui sont

---

1 3 im Kanton Duras gelegen

[i] 1 oben in der Mitte: "561–568" [ii] 1 Abkürzung: "Sr" [iii] 4 Abkürzung: "Gte" [iv] 6 Abkürzung: "p." [v] 6 Abkürzung: "n^os^" [vi] 8 darüber "180", darunter "32" [vii] 10 Archivvermerk "566" [viii] 11 Abkürzung: "De" [ix] 16 links daneben Archivstempel "Empire Français, Direction Générale des Archives" [x] 16 Abkürzung: "St." [xi] 17 Kürzel für "livres" [xii] 21 Kürzel für "livres"

Monseigneur[xiii] Le Garde des Sçeaux

[Seite 2]

[xiv]au fait des affaires de cette famille par lequel vous connoitrés que les dettes montent à la somme de 70177 livres 16 deniers 4 sols[xv] vous verrés aussi que cette dame ne doit recevoir du prix de la vente, que 35000[xvi] livres dans sept ans avec l'interets, et les 5000[xvii] livres restans sans interets.

On me marque que la famille de cette dame tiens une très bonne conduite par raport à la Religion; qu'elle vá assidüement à la messe et assiste aux offices divins; qu'on ne doit pas craindre que le prix de cette vente passe en Païs Etranger attendú les termes de païement que l'acquereur doit prendre et on ajoute que cette dame est d'ailleurs trop pressée par ses creanciers pour faire un mauvais usage du prix
En l'etat où les affaires de cette famille se trouvent;

[Seite 3]

[xviii]il me paroist qu'il n'y auroit pas de justice de priver cette Dame et ses Enfans des avantages que cette vente leur doit procurer, ainsi j'estime que la permission qu'elle demande luy doit être accordée aux conditions suivantes.

1° que le contract me será representé pour connoitre si les termes de païement seront les mêmes qu'on ma marqué, ainsy que les indications pour le païement des creanciers et des legitimes des trois filles.

2° qu'on me representerá les quittances que les creanciers donneront á mesure qu'on les payerá, le tout à peine de nullité. J'ai lhonneur d'etre avec un très profond respect

---

[xiii] 23 Abkürzung: "Mgr", darüber Archivvermerk "195" [xiv] 24 darüber Archivvermerk "567" [xv] 26 Kürzel für "livres", "deniers", "sols" [xvi] 28 Kürzel für "livres" [xvii] 29 Kürzel für "livres" [xviii] 41 darüber in der Mitte Archivvermerk "568"

Monseigneur
Vôtre tres humble et tres
obeissant serviteur

Boucher[xix]

[Seite 4]

Audouin

[Seite 5]

[xx]Etat des Dettes de la Dame
de Monteton

Au sieur de la Clargerie par transaction
du 6 decembre 1703 en capital
cy .... [xxi]4750. ".”

a la Dame Presidente
Daugeart[2] comme fille et
heritiere de feu Sieur President
de Virasel par transaction
de l'année 1704 .... 5764.16.4

Par contrat d'obligation
du 18 avril 1729 à un
particulier .... 12000. ".”

Cette somme fut empruntée pour payer
a la Dame de Mosnier celle de
[xxii]7780 et le surplus pour construire
un moulin à nef

La legitime de ses trois
filles reglée pour chacune
a 19000[xxiii] monte à 57000[xxiv]
sur quoi l'ainée qui est

22514.16.4

2 66 Catherine Belrieu de Virazel, geboren am 1. September 1702 in Pauillac (33), verheiratet mit 13 Jahren am 17. Dezember 1715 in Bordeaux mit Henri Daugeard, Parlementsvorsitzender, Tochter von Anne Mullet de Volusan (†1703) und von deren Ehemann Charles Belrieu de Virazel (†1718) im Jahre 1714 anerkannt (Minvielle 2009: 83).

xix 58 Unterschrift xx 60 darüber Archivvermerk "563" xxi 64 Kürzel für "livres" xxii 75 Kürzel für "livres" xxiii 79 Kürzel für "livres" xxiv 79 Kürzel für "livres"

[Seite 6]

l'autre part[xxv] 22514.16.4

mariée a réçu 12000[xxvi] reste .... pour 45000. "."

Les biens acquis depuis 1730 et dont le prix est deu[xxvii] qui monte à .... 2663. "."

70177.16.4

outre les dettes expliqués cy dessus il est deu beaucoup d'arrerages d'interets des deux premieres sommes, les creanciers pressent vivement pour être payés et ils pretendent qu'ils ont couru sans faire des commandements.

Les biens que la Dame de Monteton veut vendre éstoit cy devant de la valleur de 20000[xxviii]. Le feu Sieur[xxix] de Monteton avoit voulu le donner pour 18000[xxx] Mais sur la reputation des vins doux de Bergerac, ce bien se trouvant

[Seite 7]

[xxxi]aportée de Sainte[xxxii] Foy sur Dordogne, Cette dame est convenüe avéc celuy qui se propose de le luy achetter, qu'il luy en donnera 40000[xxxiii]. Savoir 35000[xxxiv] payables dans sept ans avéc l'interest et les 5000[xxxv] restantes sans interest

[Seite 8]

8 avril 1732[xxxvi] 132

Andouin

[xxv] 82 daneben Archivvermerk "564" [xxvi] 83 Kürzel für "livres" [xxvii] 86 "du" [xxviii] 96 Kürzel für "livres" [xxix] 96 Abkürzung: "Sr" [xxx] 97 Kürzel für "livres" [xxxi] 100 darüber Archivvermerk "565/1" [xxxii] 100 Abkürzung: "Ste" [xxxiii] 103 Kürzel für "livres" [xxxiv] 103 Kürzel für "livres" [xxxv] 105 Kürzel für "livres" [xxxvi] 106 darüber eine Abkürzung (unleserlich), darüber in der Mitte Archivvermerk "565/2" und darunter durchgestrichen eine Abkürzung (unleserlich) und "7 avril 1732"

La D[am]e de Monteton p[ermissio]n de vendre pour 40000 livres de biens

Monseigneur[xxxvii]

[xxxviii]Jay lhonneur de vous envoyer un placet, pour avoir la permission de vendre, un bien routurier qui reveve de monsieur le duc de Duras, qui me liberera des creanciers de feu mon mary qui me menacent de faire saisir, des biens asses considerables, qui me restent, et payer partie des legitimes de mes filles, jespere que votre grandeur aura egard à ma juste demande et de me croire avec beaucoup de respect

Monseigneur

de votre grandeur

[xxxix]Votre tres humble et

tres obeissante servante

M durege de monteton[xl]

à bourdeaux ce 31 mars

1732

[Seite 9]

Au Roy

[xli]Sire[xlii]

[xliii]Magdelaine Durege veuve du Seigneur de Monteton qui a eû l'honneur d'estre pendant vingt ans gendarme de la garde de vostre Majesté a servy en cette qualité pendant la guerre commencait en mil sis cens huitante huit. Suplie tres humblemant vostre majesté de luy accorder la permission de vendre le bien appellé de Saint Sernin, dans la paroisse de Saint Sernin, jurisdiction de Duras en Agenois, elle a besoin de cette permission, selon les ordonnances de vostre Majesté, ces ancestres ayant esté avant la dite ordonnance, de la religion pretendüe réformée, elle espere que vostre Majesté voudra bien lui accorder sa demande, en consideration des services de feu son mary, et de ceus de son fils ayné qui a servy en qualité de cornette, dans vostre regiment d'Hudicourt[xliv] cavallerie, depuis le quinze janvier mil sept censiv neuf, et a present lieutenant reformé à la suite de votre regimant de Lorraine du sisiesme octobre mil

[xxxvii] 110 darunter in der Mitte Archivstempel "Empire Français, Direction Générale Des Archives" [xxxviii] 111 links daneben Vermerk "V[euv]e Monteton" [xxix] 122 links daneben Archivvermerk "194" [xl] 124 Unterschrift [xli] 128 am linken Rand Archivvermerk "192" [xlii] 128 Archivstempel "Empire Français, Direction Générale Des Archives" [xliii] 129 Die Zeilenumbrüche sind auf Grund des Textsatzes im Folgenden nicht mit dem Original identisch. [xliv] 137 eigentlich: "Heudecourt"

sept cens quatorze, l'argent provenent de cette vante sera employé à payer des dettes que luy à laisser son mary, et payer un petit bien qu'elle a achetté, deus mil livres, le quatorze mars de cette année, et les legitimes de trois filles, dont l'une est mariée, et les deus autres restent avec la supliante, la vante de ce bien a esté fixée à la somme de quarante mil livres, la supliante est persuadée que cy elle avoit besoin du certifficat de monsieur le duc de Duras, de qui le bien releve, ainsy que de plusieurs autres, il ne feroit pas de difficultes de certiffier que l'employ de cest argent seroit employé selon les ordonnences de vostre Majesté; elle continuera ces veux pour la santé et prosperité de vostre majesté.

M durege de monteton[xlv]

A.8.1. Testament de Magdeleine Durège, veuve de Pierre de Digeon (26. janvier 1745)

A.D.38, Fonds Digeon de Monteton, DM 31, Testament von Magdeleine Durége, Witwe von Pierre IV. Digeon de Monteton (Original mit schwarzem Siegel auf Pergament), Zweitexemplar, schwarze Tinte auf Papier, 2 Seiten beschrieben.

Transkription:

[Seite 1]

[i]Au nom de Dieu soit fait[ii] le présent testament, amen. Je, dame Magdeleine Durege, veuve de messire Pierre Digeon, chevalier, seigneur, baron de Monteton, étant dans ma maison de Vidasse, paroisse de Pessac, juridiction de Gensac, un peu infirme, toute fois en mon bon sens, mémoire et entendement et dans cet état considérant qu'il ni a rien de plus certain que je dois mourir un jour et si incertain que l'heure de ma mort, et craignant de n'être prévenue sans avoir disposé des biens qu'il a plut à la divine providence de m'accorder en ce monde, et faire un règlement dans ma famille, j'ai fait [iii]mon testament de la manière qu'il suit, Premièrement j'ai recommandé mon âme à Dieu tout puissant, le priant par la mort de Jésus Christ son fils, de vouloir me pardonner des fautes et péchés que j'ai commis contre sa divine bonté, et que lors que mon âme sera séparée de mon corps vouloir me la recevoir dans son royaume et au nombre des biens-heureux, je donne et lègue aux pauvres de la terre et paroisse de Monteton la somme de trois cent livres, et aux pauvres de la présente paroisse de Pessac la somme de deux cent livres, lesquelles sommes je veux et entends leur être distribuées par mon héritier bas nommé dans l'an de mon décès, suivant l'indigence et le besoin d'un chacun, sans qu'il soit obligé d'en rapporté des quittances m'en rapportant soit pour le choix pour la distribution à la probité et conscience de mon dit héritier, item je donne et lègue à Magdeleine Lafargue septante-deux

[xlv] 147 Unterschrift [i] 1 Vermerk auf der Seite links oben: "103" [ii] 1 Stempel: "Deux Sols. G. de Bordeaux" [iii] 10 als Marginalie: "P"

livres, à Marie Lafargue, sa soeur, soixante livres, à son frère la somme de trente livres, à mademoiselle Barboutin quarante livres, à Jeanne Fontaine la somme de trente-six livres, à petit Jean dit Lemoine la somme de trente livres, qui sont tous mes domestiques et ce pour les bons et agréables services qu'ils m'ont rendus, payable lesdits légats à chacun de mes domestiques ainsi qu'il est dit ci-dessus par mon dit héritier un an après mon décès, et à l'égard de mon enterrement et honneurs funèbres je m'en remets à la volonté et discrétion de mon dit héritier bas nommé, espérant qu'il s'en acquittera dignement et suivant mon intention, item je dit avoir été jointe en mariage avec ledit feu seigneur de Monteton duquel mariage sont provenus Pierre, autre Pierre, Jean-Jacques, Marie, Victoire et Jeanne Digeon, mes enfants et filles, six en nombre desquels ledit Pierre, second, et Jean-Jacques longtemps avant la mort dudit seigneur de Monteton, leur père, sous prétexte de voyage auraient quitté notre maison et auraient passé dans les pays étrangers sans mon consentement ni de feu leur père, c'est pourquoi je déclare les déshériter comme je les déshérite par mon présent testament pour avoir contrevenu à la volonté du Prince et à la nôtre, item je dis avoir marié Marie Digeon, M. Durege de Monteton, testatrice

[Seite 2]

ma fille aînée, avec Jean-Jacques de Cournieaud, écuyer, sieur de Fonbourgade à laquelle j'aurais aussi constitué en dot de son chef à ladite fille la somme de six mille livres, laquelle a été payée audit sieur de Fonbourgade, outre et par dessus laquelle somme de six mille livres déjà payée, je donne et lègue à ladite Marie Digeon, ma fille aînée, la somme de quatre mille livres je veux et entends lui être payée par mon dit héritier bas nommé dans l'an après mon décès moyennant lesdites sommes, je fait et institue ladite Marie Digeon, ma fille, mon héritière particulière, item je dis et déclare avoir marié Victoire Digeon avec monsieur de Vassal de Monviel à laquelle j'ai constitué en dot de mon chef la somme de dix mille livres que je veux lui être payée, si fait n'a été par mon dit héritier et moyennant ladite constitution je fait et institue ladite Victoire Digeon mon héritière particulière, item je déclare avoir marié Jeanne Digeon, ma troisième fille, avec monsieur Bacalan de Maugarnit à laquelle j'ai également constitué en dot pareille somme de dix mille livres que je veux aussi lui être payée si fait n'a pas été par mon dit héritier et moyennant ladite somme de dix mille à elle constituée, je fait et institue ladite Jeanne Digeon, ma fille, mon héritière particulière, veux et entends que mes dites trois filles n'aient rien à demander ni à prétendre que les constitutions ou légats à elles ci-dessus faites, et au cas qu'elles voulussent prétendre autre chose, je déclare les réduire à un droit de légitime et au restant de tous et un chacun mes biens même et par express de l'agencement que j'ai gagné par le prédécès dudit feu sieur de Monteton, mon mari, comme ayant pouvoir d'en disposer en conséquence du contrat de mariage de sieur Pierre Digeon, mon fils aîné, je déclare instituer et nomme pour mon héritier général et universel ledit Pierre Digeon, mon fils aîné, à la charge d'accomplir et exécuter icelui mon présent testament que je veux être le mien dernier et disposition de dernière volonté, pour cet effet je casse etrévoque tout autres testament et disposition de dernière volonté que je pourrais avoir ci-devant fait, veux et entends que le présent soit le mien dernier, et que s'il ne peut valoir par testament qu'il vaille comme codicille, donation à cause de mort et autrement en la meilleure forme que de droit valoir pourra, et ne pouvant l'écrire moi même, j'ai prié le sieur Vernadet Listrac, notaire royal, en qui j'ai de la confiance, de l'écrire et après en avoir fait la lecture je l'ai signé au bas de chaque page et à la fin d'icelui pour être clos et cacheté et remis en mains dudit sieur Vernadet pour servir de loi et de règlement dans ma famille. Fait à Bidasse, le vingt-six du mois de janvier mil sept cent quarante-cinq.

M. Durege de Monteton, testatrice

[iv]Contrôlé et insinué à Gensac, le second mars 1748, reçu pour le contrôle 60 livres, pour l'insinuation des légats 4 livres 16 sols, comp les 4 sols,

Battar.

A.8.2. Zeugen für das Testament der Magdeleine Durége (26. janvier 1745)

A.D.38, Fonds Digeon de Monteton, DM 31, Zeugenbestättigung vom 26. Januar 1745 für das Testament der Magdeleine Durége, Witwe von Pierre IV. Digeon de Monteton, schwarze Tinte auf Papier, 1 Seite beschrieben.

Transkription:

[Seite 1]

Aujourdhuy, vingt sixiesme janvier mil sept cent quarante cinq au lieu [et] meçon noble de Vidasse, parroisse de Pessac, juricdiction de Gensac, duché d'Albret, apr(ès midi), pardevant le no(tai)re royal souz(sig)né et temoins bas nommés, a esté présente dame Madelayne Durege, veuve de noble Pierre de Dijéon, habitante de la presente meçon, laquelle en presence desdits temoins nous a representé le papier sur lequel nous escrivions dans lequel elle a dit avoir fait son testamend qu'elle a fais escrire par nous, dit no(tai)re, sur deux pages d'iceluy papier et signé au bas de chaque page et à la fin d'iceluy [i]après l'avoir lu et releu et l'avoir trouvé conforme à sa volonté et après l'avoir fait

---

[iv] 87 als vertikale Marginalie: "Contrôlé …Battar" [i] 8 als vertikale Marginalie: "Testament Clore de Madame de Monteton"

clore et cacheter avec un ruban noir et six cachets de sire noire, elle nous a requis de vouloir luy octroyer acte de la remise qu'elle nous en fait pour iceluy testament estre ouvert après sa mort par nous, dit no(tai)re, ou autres nos subrogés en présence de quelques parans seullement ou temoins numeraires dudit acte sans autre formalité de justice, ce que nous lui avons octrojé en presences de noble François de Chaumon, prêtre et curé de la Mongie y habitant, m(aîtr)e Arthemy Bertin, avocat en la Cour, habitant de la ville de S(ain)te Foy, Pierre Audebert, tonnelier, Elie Creu, meunier, Jean Creu, aussi meunier, son fils, Jean Labrousse, sargeur et Martial Richet, m(aîtr)e boucher, habitantz de cette parroisse, temoins requis qui ont signé avec ladite dame et nous,

[Signatures] M. Durege de Monteton Chaumon, curé de Lamongie

[Signatures] Bertin Pierre Audubert Hellie Cru

[Signatures] Jean Creu J. Labrousse Vernadet, notaire royal.

[Signatures] Martial Richet

Controllé à Genssac, le huit de fevrier 1745, resseu 12 sols

[Signature] J. Battar

A.8.3. Öffnung des Testaments vor Zeugen von Magdeleine Durége (20. février 1748)

A.D.38, Fonds Digeon de Monteton, DM 31, Öffnung des Testaments vor Zeugen von Magdeleine Durége am 20. Februar 1748, Witwe von Pierre IV. Digeon de Monteton, Kopie, schwarze Tinte auf Papier, 3 Seiten beschrieben.

Transkription:

[Seite 1]

Aujourd'huy, vingtiéme du mois de février mil sept cens quarante huit, avans midy dans la maison noble de Vidasse, parroisse de Pessac, jurisd(icti)on de Genssac, duché d'Albret, pardevant le no(tai)re royal en Guyenne soussigné et temoins bas nommés feus presens messire Pierre de Digeon, chevalier, seigneur, baron de Monteton de la présente maison et autres lieux, habitans de cette maizon, lequel nous a dit que dame Madelaine Durege, veuve de noble Pierre de Digeon, faisant son testamens clore qu'elle aurois remis à moy, no(tai)re, du vingt six jeanvier mil sept cens quarante cinq, suivans l'acte de remize dud(it) jour signé de mad(am)e dame de Durege de Monteton, Chaumon, curé de la Mongie, Bertin, Pierre Audubert, Hellies Creu, Jean Creu, Labrousse, Martial Richet et moy, dit no(tai)re, con(tro)llé à Gensac par Battar,

[Seite 2]

16 et qu'elle l'avoit fait clorre et cachetter avec un ruban
17 noir et six cachets de sire noire et comme mond(it)
18 seigneur a interet a faire proceder à l'ouverteure dud(it)
19 testamens attendeu le decès de mad(ame) feue dame de
20 Durege et qu'il y sera procedé en presence de quelques
21 parens ou temoins numeraires dud(it) acte sans autre
22 formalitté de justice, neanmoins mond(it) seigneur de
23 Monteton auroit fait inthimer messire François de
24 Vassal, seigneur de Pressac, et dame Madelaine
25 Victoire de Digeon, son epouze, aujourdhuy à dix heures du
26 matin, beaufrere et soeur de mond(it) seig(neu)r de Monteton,
27 pour etre presens à lad(ite) ouvertheure suivant l'exploit du
28 seize du courant, signé Br...[i], sergent royal, con(tro)llé à Genssac,
29 par Battar et quoy que lad(it)e heure de dix heure soit passée
30 et meme celle de onze, sans que ledit seig(neu)r de Vassal et
31 la dame son epouze se soient presentés, à cauze de quoy
32 mond(it) seigneur de Monteton nous a requis de
33 vouloir proceder à l'ouvertheure dud(it) testamens aux
34 formes ordinaires en l'absance dud(it) seigneur de Vassal
35 et de la dame de Digeon, son epouze, en presence de
36 noble Jean Jacques de Cournieaud, seigneur de Fonbourgade
37 et autres lieux, beau frere de mond(it) seig(neu)r de Monteton,
38 de Hellies et Jean Creu, pere et filz, Pierre Audubert,
39 Martial Richet, quatre des temoins numeraires dudit
40 acte de remize auxquelz ayant representé ledit
41 testamens et interpellés sy c'est le veritable saing

[Seite 3]

44 qu'ils apozerent lors de lad(ite) remize et sy c'est le
45 meme papier, ruban et cachets quy y furent apozer et sy
46 les saings de lad(ite) dame de Durege, de mess(ir)es de Chaumon,
47 Bertin et Labrousse autres temoins numeraires dud(it) acte de
48 remize sont les mêmes quy y furent apozer, lesquels
49 apres avoir examiné leurs saings ont eunanimement declarés
50 reconnoitre leurs saings et etre le même qu'ilz y apozerent
51 lors de lad(ite) remize et que les autres saings y aposés sont
52 aussy les mêmes et que c'est le même testament quy feut
53 remis à moy, dit no(tai)re, ruban et cachets en conséquence avons
54 fait ouvertheure dud(it) testamens aux formes ordinaires pour
55 en etre dellivré de l'expédition à qui il appartiendra
56 de quoy et de tous ce dessus mond(it) seigneur de Monteton
57 a requis acte qui a esté octroyé en presences de m(onsieur)

---

[i] 29 unleserlich

m(aîtr)e Pierre Daille, avocat en la cour et Jean …[ii] qui ont signé l'original avec mondit seigneur de Monteton, de Cournieaud et les autres temoins et moy, con(tro)llé à Genssac le 2ième mars 1748 par Battar, qui a reçeu 12 sols.

[iii]Vernadet, notaire royal

[iv]Testamend de
Madame de
[v]Monteton
26 janvier 1745

26 janvier 1745
Testament de
dame Magd(elein)e Durége
v(euv)e de m(onsieur) Pierre Digeon

[ii] 58 unleserlich bis "qui ont" [iii] 62 als Marginalie: "Copie" [iv] 63 [v] 64 darüber: "Mageleine Durége"

A.9. Règlement fait par le Roi pour les aspirants aux honneurs de la Cour et à la présentation (31 décembre 1759)

Königliches Règlement für die Aspiranten der Honneurs de la Cour vom 31. Dezember 1759. Der Text folgt einem Autographen Ludwig XV. Schwarze Tinte auf Papier, 1 Seite beschrieben, A.N. M 608

Transkription:

Règlement fait par le Roi pour les aspirants aux honneurs de la Cour et à la Présentation

[i]Sur les représentations qui nous ont été [ii]faites au sujet des présentations des femmes, nous avons ordonné qu'à l'avenir nulle femme ne nous sera présentée quelle n'ait préalablement produit devant le Généalogiste de nos ordres trois titres Sur chacun des Dégres de la famille de son Epoux, tels que Contrats de mariage, Testaments, Actes de Tutelles, partages, Donations, etc. Et par lesquels la filiation Sera établie clairement depuis quartoze cent. Défendons aud. Généalogiste d'admettre aucun des arrêts de notre Conseil, de nos cours Supérieures, ny des jugements rendus par nos différents Commissaires lors des diverses recherches de Noblesse faites dans notre Royaume, Et de ne recevoir, par quelque considération que ce puisse être, que des Originaux des titres de famille ou des Expéditions faites par les Notaires détenteurs des Originaux, Et voulant, à l'exemple des Roys nos Prédécesseurs, n'accorder qu'aux seules femmes de ceux qui sont Issus d'une Noblesse de race lhonneur de nous être présentées, Défendons également à notre à notre Généalogiste de délivrer aucun certificat lorsquil aura Connaissance que la Noblesse dont on voudra faire preuve a pris son principe dans l'exercice de quelque Charge de Robbe, et autre Semblable

---

[i] 3 links daneben: "à Bruler:" [ii] 4 daneben Archivstempel: "Archives Nationales"

exercice, ou par des Lettres d'anoblissement. Exceptant toute fois dans ce dernier cas, ceux dont de pareilles Lettres auraient été accordées pour des Services Signalés rendus a lEtat. Nous réservant au surplus d'excepter de cette règle ceux qui seraient pourvus de charges dela Couronne ou dans notre Maison.

fait à versailles Le 31. décembre 1759.

[iii]bon

[iii] 45 links daneben: "Ce mot bon [Wort unterstrichen, Hinw. d. d. A.] est de la main du Roi Louis XV."

A.10. Requête présentée à la Cour des aides et finances de Guyenne par Philippe Digeon, pour être maintenu dans sa noblesse (s.d.)

A.D.38, Fonds Digeon de Monteton, DM 5, Genealogisches Memorandum für Philippe Digeon, Aszendenz seiner Linie mit urkundlichen Personenstandsnachweisen, undatiert (wahrscheinlich um 1775), schwarze Tinte auf Papier, 10 Seiten beschrieben.

Transkription:

[Seite 1]

[i]Extrait des titres de messire
Memoire pour servir de généalogie
de messire Philippe Digeon, chevalier, seigneur,
baron de Monteton[ii]
Pour[iii] justifier que messire Philippe Digeon
est noble de race et d'une noblesse si ancienne
que l'on ne peut pas remonter jusques à son origine,
par une continuité de noblesse transmise par
mâles de génération en génération sans interruption
par aucun acte de dérogeance et que ses ancêtres ont
toujours été qualifiés des titres de noblesse et d'écuyers,
on rapporte les titres dont l'énumeration s'ensuit par
extrait qui font en même temps sa filiation.
Et comme le nom Digeon est ecrit differemment même dans
le corps des actes tantôt Digeon puis Digon, tantôt Dijon
et que le pere, dont le nom est ecrit Digeon, en faisant son
testament, appelle son fils et son heritier Dijon et la mere qui
se dit veuve Dijon fait heritier leur fils qu'elle nomme Digon,
il est evident que cette difference de nom ne provient
que de l'ignorance des scribes qui ont ecrit differament
le nom de cette famille dans le corps même des actes.
I degré
Philippe Digeon,
[iv]Jacques[v] Suzanne de Narbonne
Pelet
1756
Par l'extrait de batême de messire Philippe
Digeon en date du 13 septembre 1756, expedié par Bergey,
vicaire[vi] de Saint André de Bordeaux, il est qualifié fils
legitime de messire Jean-Jacques[vii] Digeon, baron de
Monteton et de dame Suzanne de Narbonne Pelet.
Cet acte seul prouve assés l'existence de la filiation

[i] 1 Vermerk auf Seite links oben "1/." [ii] 4 durchgestrichen: "Mémoire … Monteton" [iii] 5 Absatz diagonal durchgestrichen: "Pour … actes" [iv] 24 [fils de Jean-] [v] 24 [et] [vi] 29 diagonal durchgestrichen: "vicaire … prouve" [vii] 30 diagonal durchgestrichen: "Jacques …seul"

du produisant.

II degré

Jean-Jacques,

époux de Suzanne de Narbonne

Pelet fils

de …[viii] Pierre …[ix]

Pour justifier de la qualité et descendance de Jean-Jacques, son pere, on produit

1. Le contract de mariage dudit Jean Jacques Digeon avec Suzanne de Narbonne Pelet en datte du 3 juillet 1753, deposé

[Seite 2]

[x]parmi les minutes de m(aîtr)e Rauzan, notaire à Bordeaux, le 31 juillet 1754, expedié par ledit Rauzan, par lequel contract de mariage ledit Jean Jacques Digeon est nommé et qualifié messire Jean Jacques Digeon de Monteton, chevalier, fils legitime de messire Pierre Digeon, chevalier, baron de Monteton, seigneur de Pessac-sur-Dordogne et autres lieux, et de deffuncte dame Elizabeth de Segur.

2. Le testament mystique dudit messire JeanJacques de Digeon, datté à Villete le …[xi] juin 1760, souscrit le même jour par Sadou, notaire royal, ouvert devant ledit notaire le 27 novembre 1763, le tout controllé à Chalais, par[xii] lequel testament ledit messire Jean Jacques de Digeon, seigneur, baron de Monteton, declare etre marié avec dame Suzanne Narbonne Pelet, à laquelle il donne et legue l'usufruit et jouissance de ses meubles et immeubles, à la charge de nourrir et elever messire Philippe, son fils, dem(oise)lles Anne Roze, Marie Elisabeth, Jeanne et Elisabeth de Digeon, ses fils et filles et de ladite dame de Narbonne Pelet, et institue pour heritier général et universel ledit messire[xiii] Philippe de Digeon, son fils ainé, legue à chacune des dites quatre filles la somme de 20.000 livres.

3. On joindra le testament de ladite dame Suzanne de Narbonne Pelet.

III degré Pierre Digeon,

époux de Marie Elisabeth

de Boirac de Segur,

fils

d'autre Pierre

et de Magdelaine Durege

1724[xiv]

Pour prouver l'existence, qualité et descendance dudit Pierre

---

[viii] 37 Lücke ix37 Lücke [x] 42 Vermerk auf Seite links oben "2/." [xi] 50 Fleck <6.> [xii] 53 Abschnitt "par … livres" siebenmal diagonal durchgestrichen [xiii] 61 durchgestrichen: "messire … livres" [xiv] 70 Marginalie: sans testament

Digeon, pere de Jean Jacques, on produit

1. Le contract de mariage dudit Pierre Digeon avec dame Marie Elizabeth de Boirac de Segur, en datte du 2 septembre 1724, expédié par Commes et Sarrauste, notaires à Bordeaux, le …[xv] par lequel ledit Pierre Digeon est nommé et qualifié messire Pierre Digeon, ecuyer, fils naturel et legitime de messire Pierre Digeon, baron de Monteton et de dame Magdelaine Durege.

2. Un bail à fief d'une piece de terre et pré consenti par ledit Pierre Digeon à Jean Dunis praen.[xvi], le 21 juin 1750, devant Delarieu, no(tai)re royal, par lequel contract ledit Pierre Digeon est qualifié messire Pierre Digeon, chevalier, seigneur, baron de Monteton.

[Seite 3]

[xvii]3. Un autre bail à fief nouveau consenti par ledit Pierre Digeon à s(ieu)r Jean Douare, le 12 mars 1749 devant ledit Delarieu, no(tai)re royal, dans lequel contract ledit Pierre Digeon est aussi qualifié de messire, chevalier, baron de Monteton.

IV degré

Pierre Digeon,

époux de Madeléne

du Rege,

fils

d'Henry

et de Charlotte Elizabeth

de Mehée de Monpezat

1690

pour justifier que Pierre Digeon, epoux de Magdelaine du Rege, pere d'autre Pierre, est fils legitime d'Henry Digeon, et de dame Charlotte Elizabeth de Mehee, et qu'il a aussi toujours ete qualifie ecuyer, on produit

1. le contract de mariage dudit Pierre Digeon avec ladite demoiselle Magdelaine du Rege en datte du 13 avril 1690, reçu et expedie par Delacoste, notaire, dans lequel ledit Pierre Digeon est qualifie et nomme messire Pierre Digeon, ecuyer, seigneur et baron de Monteton, fils naturel et légitime de messire Henry Digeon, aussi ecuyer, seigneur dudit Monteton et de Peyriere et de[xviii] Elizabeth de Mehee.

…[xix]

…[xx] contemplation dudit mariage

…[xxi] a élu et nommé ledit seigneur

[xv] 75 zerrissen [xvi] 80 praen[obilis] [xvii] 84 Vermerk auf Seite links oben "3/." [xviii] 108 Faltung: <demoiselle Charlotte> [xix] 110 Loch [xx] 111 Loch [xxi] 112 Loch

de Monteton, s ...[xxii] et de la donation contractuelle d...[xxiii] ses biens presans et avenir faitte par son contrat de mariage avec ladite feue dame de Mehée du 15 juillet 1664, retenu par Bareytaud, notaire royal.

2. Le testament ...[xxiv] de dame Magdelaine du Rege veuve de messire Pierre Digeon en date du 26 janvier 1745 souscrit le même jour ...[xxv]. ouvert par devant ledit notaire le 2 ...[xxvi] 1748 ...[xxvii] expedié. Par lequel ...messire Pierre Digeon chevalier, seigneur, écuyer, baron de Monteton et institué pour heritier universel Pierre Digeon ...[xxviii] et dudit feu Pierre Digeon

3. L'inventaire ...[xxix] 1726 des meubles et effets délaissés par ...[xxx] Digeon en ...[xxxi] nommant et qualifient ainsi ...[xxxii] messire Pierre Digeon leur ...[xxxiii] Marie Digeon, épouse de Jean-Jacques de Fonbourgade,

[Seite 4]

[xxxiv]Magdelaine-Victoire de Digeon, Jeanne de Digeon, ses enfants soussignés, en présence de Paul de Gerves, écuyer, seigneur de Rocquepiquet et de Jean-Jacques de Courniaud, ecuyer, seigneur de Fonbourgade, ledit inventaire signé des parties.

V degré

Henry Digeon, epoux d'Elizabeth Charlotte de Mehée,

fils

de Charles

et de Jeanne de Beraud

1664

Pour prouver qu'Henry, pere de Pierre a toujours été qualifié écuyer et qu'il est fils legitime de Charles Digeon écuyer, seigneur de Mon...[xxxv] de Jeanne de Beraud on rapporte

1. le contract de mariage dudit Henry Digeon avec demoiselle Elizabeth Charlotte de Mehée, en date du 27 juin 1664, deposé pour minute à m(aîtr)e Baritaud, no(tai)re royal le 15 juillet de la même année, lu et publié à l'audience de la sénéchaussée présidiale d'Agenais, le 7 février 1665, dans lequel contract ledit Henry est qualifié et nommé messire Henry Digeon, écuyer, sieur de Peyrière et du Ballet, fils naturel et legitime des feus messire Charles Digeon,

---

[xxii] 113 Loch [xxiii] 114 Loch [xxiv] 118 Loch [xxv] 120 Loch [xxvi] 121 Loch [xxvii] 121 Loch [xxviii] 124 Loch [xxix] 125 Loch [xxx] 126 Loch [xxxi] 127 Loch [xxxii] 128 Loch [xxxiii] 129 Loch [xxxiv] 131 Vermerk auf Seite links oben "4/." [xxxv] 144 Faltung: [teton, et]

ecuyer, seigneur de[xxxvi] … baron de Monteton, Peyrière …[xxxvii]dame Jeanne de[xxxviii] fesant le …[xxxix] …[xl]er baron de Monteton, Peyrieres et aut[xli]

2. Le te…[xlii] …[xliii]Pierre Digeon, chevalier seigneur de Mon…[xliv] [xlv]yrieres et autres lieux, frère germain dudit Hen…[xlvi] [xlvii]te du 29 mai 1674 reçu et expedié par Guilh…[xlviii]royal, par lequel il declare etre conjoint …[xlix]avec dame Anne Briquemau, delaquelle il n'est p…[l] [li]fants, institut p…[lii]universel et général Henry Digeon, sieur de …[liii]son frere germain, …[liv] seigneur testateur que ledit sieur de Peyrieres, …[lv]ritier, jouisse incontinent après sa mort des …[lvi]et reddition de compte que ledit sieur …[lvii]avait tant en principal que inter …[lviii] [lix]arles Digeon, seigneur de Boisverdun, son …[lx]

3. …[lxi]581, devant Seguin, no(tai)re …[lxii]chevalier, seigneur de …[lxiii]institué par feu,

[Seite 5]

[lxiv]messire Pierre Digeon, chevalier, écuyer, seigneur, baron de Monteton, Peyrieres et autres lieux (son frère) et dame Anne de Briquemau, veuve dudit feu messire Pierre Digeon. Par laquelle transaction il est dit que ledit s(ieur) Henry Digeon, sieur de Peyrieres a prétendu qu'outre la jouissance à luy donnée par le testateur, il pouvait distraire de l'usufruit legué à ladite dame (de Briquemau) des biens substitués en sa faveur par le testament de feu Charles Digeon, son aïeul, du mois de juin 1640.

4. le testament de Jeanne de Beraud, dame de Monteton, veuve de Charles Digeon, ecuyer, seigneur de Peyrieres, remariée avec Charles de Vins, ecuyer, seigneur de Morival et de la Fleunie, par lequel elle declare que de son mariage avec ledit Charles Digeon sont provenus Pierre, Henry et Charlotte Digeon, datté ledit testament du 7 mars 1649, reçu par Bailhies, no(tai)re royal, expédié par Comeran, no(tai)re royal

VI degré

[xxxvi] 154 Loch und unleserlich [xxxvii] 155 <de> [xxxviii] 155 Loch [Béraud] [xxxix] 156 Lücke, ine Zeile fehlt [xl] 157 Loch [chevali] [xli] 158 Loch [res lieux.] [xlii] 159 Loch [stament] [xliii] 159 Loch [de] [xliv] 160 Loch [teton,] [xlv] 160 Loch [Pe] [xlvi] 161 Loch [ry igeon, en] [xlvii] 161 Loch [da] [xlviii] 162 Loch [em notaire] [xlix] 163 Loch [en mariage] [l] 164 Loch [pas provenu] [li] 164 Loch [d'en] [lii] 165 [our son héritier] [liii] 166 Loch [Peyrière,] [liv] 167 Loch [lv] 168 [hé] [lvi] 169 Loch [lvii] 170 Loch [lviii] 170 Loch [lix] 171 Loch [Ch] [lx] 172 Loch [lxi] 173 Loch [1] [lxii] 174 Loch [lxiii] 175 Loch [lxiv] 176 Vermerk auf Seite links oben "5/."

Charles, epoux de
Jeanne de Beraud,
fils
d'autre Charles
et de Michelle Dauta
1623

Pour justifier que Charles Digeon, père d'Henry, a toujours été qualifié ecuyer et qu'il est fils d'autre Charles Digeon et de dame Michelle Dauta on produit

1. Le contrat de mariage dudit Charles Digeon avec demoiselle Jeanne de Beraud, en datte du 23 fevrier et 27 avril 1623, reçu par Beneytaud, no(tai)re royal, expédié par Pauquet et Farciron, no(tair)es royaux,

dans lequel contrat de mariage ledit Charles Digeon est nommé et qualifié messire Charles Digeon, ecuyer, sieur de Peyrieres, fils de messire Charles Digeon, seigneur du chateau de Boisverdun, et fesant de licence et autorité dudit seigneur de Boisverdun, son père, lequel a donné audit Charles, son fils, epoux futur, la seigneurie de Peyrieres et …[lxv], et en outre la somme de dix huit mille livres en argent de la quatrieme partie de tous et chacun des biens meubles et immeubles, appartenant tant audit sieur de Boisverdun qu'à feue demoiselle Michelle Dauta, mère dudit epoux futur. Item ledit sieur de Boisverdun, pere, luy donne la charge du capitaine appointé, qu'il a plu au roi lui accorder pour recompense de la perte de la compagnie que le feu sieur de Vincet, son feu fils, commandait au regiment de Navarre, et de laquelle

[Seite 6]

[lxvi]charge ledit sieur pere avait fait expedier le brevet sous le nom dud(it) s(ieu)r de Peyrieres, consentant que doresnavant ledit s(ieu)r de Peyriere, epoux futur, en jouisse avec les appointements qui en dependent comme de sa chose propre.

2. Un contrat de transaction, passé le 5 août 1634, expédié par Demaury, no(tai)re royal, entre messire Charles Digeon, ecuyer, seigneur de Boisverdun et S(ain)t Perdon et autres places, tant en son nom que comme ayeul paternel et legitime administrateur des enfants de feu noble Charles Digeon, ecuyer et de dame Jeanne de Beraud de Monteton, avec noble Charles Devins, écuyer, seig(neu)r de Marivel, comme second mary de ladite Jeanne de Beraud, dame de Monteton, par le contract l'on voit que le pere et le fils sont nommés Charles Digeon et qualifiés ecuyers.

3. Testament mystique de Charles Digeon, seigneur de

[lxv] 203 Lücke [lxvi] 219 Vermerk auf Seite links oben "6/."

Boisverdun en datte du 12 mai 1631 souscrit le 23 dudit mois par Beneytaud, no(tai)re royal, par lequel il est qualifié à l'acte de souscription de messire Charles Digeon, ecuyer, declare que feue Michelle Dauta, demoiselle, sa femme, et luy auraient fait un testament solemnel conjointement en faveur des enfants qu'ils avaient lors qu'il a plu à Dieu retirer à foy depuis ledit testament, declare n'avoir pas fait d'inventaire des biens meubles et immeubles et obligations à luy delaissés par feue Catherine Auzaneau, demoiselle, sa mere, mais en avoir fait des lors un extrait erit et signé de sa main. Donne et legue à Henry et Charlotte Digeon, ses neveus, fils à feu Charles Digeon, sieur de Peyrieres, son fils, la somme de onze mille livres à chacun, payables par Pierre Digeon, leur frere ainé et son coheritier bas nommé. Institue ses heritiers particuliers lesdits Henry et Charlotte, leur prohibant de pouvoir demander autre chose en ses biens ni de ladite Dauta, leur ayeule, ni dudit feu sieur de Peyrieres, leur pere, soit en la donation que ledit testateur luy fit par son contract de mariage de la quatrieme partie de ses biens et acquets, ni agencemens, gagné par Jeanne de Beraud, dem(oise)lle, leur mere.

[Seite 7]

[lxvii]Institue heritiers universels et généraux Charles et Pierre Digeon, ses neveus. Comme aussi cas advenant que ledit Pierre Digeon decede sans hoirs de loyal mariage, lui substitue ledit Henry, son frère.

4. Une transaction passée le 6 juin 1660 devant Delafite, no(tai)re royal, entre Pierre Digeon, seigneur et baron de Monteton et Henry Digeon, ecuyer, s(ieu)r de Peyrieres, tous les deux frères, fesant mention du contract de mariage de Charles Digeon avec dem(oise)lle Jeanne de Beraut, leur pere et mere et du testament de Charles Digeon, leur ayeul.

5. Deux proces verbaux de publication de denombrements des terres et seigneuries de Peyrieres et de S(ain)t Perdon, faites devant le juge des bastilles et jurisdiction royale de S(ain)t-Sauveur, la Chapelle et Londres en Agenais, rendus par noble Charles Digeon, écuyer, seigneur de Boisverdun, Saint Perdon, Peyrieres et autres places, pardevant les tresoriers de France de la généralité de Guyenne, ayant rendu son hommage au roy, le 7 avril

[lxvii] 256 Vermerk auf Seite links oben "7/."

precedent en datte lesd(it)es publication des 15 mars 1646, signé Brunier, juge, Roussille, procureur dudit Digeon, et de Neufville, substitut.

VII degré

Charles, epoux
de Michelle Dauta,
fils
d'Hugues
et de Catherine
Auzaneau
1583[lxviii]

Pour preuve justificative que Charles Digeon, pere d'autre Charles, a toujours été qualifié écuyer et qu'il est fils légitime de Hugues Digeon et de Catherine Auzaneau on produit

1. Le contract de mariage1 dudit Charles Digeon avec demoiselle Michelle Dauta en datte du 26 mars 1583, expedié par Lapoujade, no(tai)re royal, collationnaire de P. Chambon, aussi no(tai)re royal, dans lequel contract ledit Charles est denommé et qualifié Charles Digeon, ecuyer, sieur de Vincet, faisant du vouloir et consentement de dem(oise)lle Catherine Auzaneau,

[Seite 8]

[lxix]Jean Digeon, ecuyer, s(ieu)r de Boyverdun, Jean de Navay, ecuyer, s(ieu)r de Beussesiege, Joseph de Lidon, ecuyer, s(ieu)r de S(ain)t-Legier, mere, frere, oncle et beau frere dud(it) si(eu)r de Vincet.

2. Le testament rapporté au § 3 du VI degré.

3. Le contract de retrocession faite par Charles Digeon, ecuyer, seigneur de Vincet, à Catherine Auzaneau, demoiselle, sa mere, veuve de feu Hugues de Digeon, ecuyer, seigneur de Boyverdun, acceptante, de la moitié de tous les fruits presens et avenir qui naitront et croitront pendant la vie de ladite Auzaneau, dans les biens qu'elle luy a donné dans le contract de mariage d'iceluy avec Michelle Dauta, dem(oise)lle, ensemble la propriété de la moitié desd(its) biens.

Ledit contract de retrocession en datte du 6ème juin 1583, reçu et expedié par Lafarrete, no(tai)re royal, lû et publié en l'audience de la sénéchaussée d'Agen, le 8 du même mois et an.

4. Le testament d'Hugues Dijon, ecuyer, seigneur du repaire noble de Boyverdun en datte du 5ème octobre 1562, reçu et expedié par Besse, no(tai)re royal, par lequel il donne et lègue à demoiselle Catherine Auzaneau, sa femme, l'usufruit de tous et chacun ses biens, donne et legue à Charles, Jacques et Héléne Dijon, ses enfants et fille legitimes, et à chacun d'iceux la somme de 1000 livres bordelaise

---

[lxviii] 286 als Randnotiz (kreuzweise durchgestrichen): "Celui-ci est collationné, va de la faute d'avoir l'original, les Lapoujade sont près d'…" [lxix] 297 Vermerk auf Seite links oben "8/."

et a institué heritier universel Jean Digeon, son fils ainé, tant en la tierce partie de ses biens, mentionnés en son contrat de mariage avec ladite Auzaneau, que généralement en tous et chacuns de ses autres biens, et en cas que ledit Jean Dijon decede sans enfants mâles de loyal mariage luy substitue ledit Charles Dijon.

VIII degré

Hugues, epoux epoux de Catherine Auzaneau, fils de Brandelin et de Marguerite des Escudiés

1548

pour prouver que Hugues Digeon, pere de Charles, est fils de Brandelin Dijon et de Marguerite des Escudiés, et qu'il a toujours été qualifié écuyer on produit

1. Le contract de mariage dudit Hugues Digeon avec Catherine Auzaneau, dem(oise)lle, en datte du 18 février 1548, reçu et expedié par Dejasse, no(tai)re royal, dans lequel contract ledit Hugues est nommé et qualifié Hugues Digon, ecuyer, seig(neu)r de Boysverdun.

2. Deux testamens de dem(oise)lle Catherine Auzaneau, le premier en datte du 2 may 1590, reçu et expedié par Duval, no(tai)re,[lxx] par lequel elle fait un legs à Héléne Dijon, femme de Joseph Lidon, ecuyer, s(ieu)r de S(ain)t Legier, sa fille, et de feu Hugues Dijon, ecuyer, en son vivant seigneur de Boysverdun, institue heritier universel Charles Digon, ecuyer,

[Seite 9]

[lxxi] sieur du Ballet et de …[lxxii], son fils, fait executeurs testamentaires Jean de Traveys, ecuyer, s(ieu)r de Flemerés et Antoine de Traveys, s(ieu)r de la Fourés.

Le second testament en datte du 25 janvier 1612, reçu et expedié par Fraissinede, no(tai)re royal, par lequel elle dit qu'elle veut être ensevelie dans l'église paroissiale de Tombebeuf et tombeaux de feu Hugues Dijon, ecuyer, en son vivant seig(neu)r de Boyverdun, son mary, legue à dame Héléne Dijon, veuve du feu sei(gneu)r de S(ain)t Legier, sa fille et dudit feu Hugues Dijon, son dit mary, la somme de cinq mille livres tournoises, outre et sans comprendre sa constitution de dot, institue heritier universel Charles Dijon, son fils, ecuyer, seig(neu)r de Boyverdun et de S(ain)t Perdoux.

3. Revente par m(aîtr)e Guillaume Besse en faveur de noble Hugues Digon, ecuyer, seig(neu)r de Boyverdun, d'un moulin à vent et fonds d'iceluy, vendu audit Besse par ledit Digon et Marguerite

---

[lxx] 338 durchgestrichen: "par l" [lxxi] 342 Vermerk auf Seite links oben "9/." [lxxii] 342 Lücke

des Escudiés les 28 juin 1536 et 14 février 1537 et ledit Dijon quitte et donne audit Besse tous arrerages de rente, ventes et acceptes. Ledit contract de revente datté du 20 octobre 1562, reçu et expedié par Giron, no(tai)re royal.

N(éanmoin)s il n'est pas dit dans le contract de revente que Hugues Digeon et Marguerite des Escudiés sont mere et fils, mais on va voir que Brandelin Digeon était mary de ladite des Escudiés en 1497 ainsi lors de la vente en 1536 et 1537, il est evident que ce ne devait être que la mere et le fils qui vendirent.

IX degré

Brandelis Digeon,
époux de Marguerite
des Escudiés
fils de Pierre et de Françoise de Verdun[lxxiii]

Pour justifier que Brandelin Digeon, pere d'Hugues, a toujours été qualifié écuyer et qu'il est fils de Pierre Digeon et de Françoise de Verdun on produit

1. Le contract de mariage de noble homme Brandelin Dijon avec noble Marguerite des Ecudiés en datte du penultieme avril 1497, reçu et expédié par Pierre de Campis, no(tai)re royal de Lausun.

2. Un contract d'échange, passé le 13 août 1496 devant

[Seite 10]

[lxxiv]de Campis, notaire royal, entre noble Brandelin Dijon et noble Antoine Dijon, frères, ledit Brandelin habitant du lieu de Tombebeuf et ledit Antoine habitant du repaire d'Autramat, juridiction de Lauzun, par lequel ledit Antoine donne audit Brandelin toute sa part du tenement de Boyverdun et ledit Brandelin donne audit Antoine toute sa part du repaire d'Autramat.

3. Autre contrat d'échange passé le 25 novembre 1494 devant Terery, no(tai)re royal, entre noble homme Brandelin Dijon, habitant de Tombebeuf, noble homme Tannequin de Travery, et noble femme Marguerite de Hugot, sa femme, habitans de Lauzun, par lequel lesdits conjoints delaissent audit noble Brandelin Dijon, frère de ladite Marguerite Hugot, tout le droit de …[lxxv] et justice que ladite Hugot avait par indivis avec ledit Brandelin, son frère, sur le village de Boyverdun, provenant de la succession de la feue Françoise de Verdun, mere de ladite Marguerite Hugot, et ledit Brandelin delaisse audits conjoints tout le droit, part et portion et succession que ledit Brandelin Dijon avait sur …[lxxvi], ou vente par indivis entre lesdits Travery et Hugot, conjoints, et …[lxxvii]

[lxxiii] 373 als Randnotiz: Testament de Brandelis Dijon [lxxiv] 382 Vermerk auf Seite links oben "10/." [lxxv] 393 schwarzer Tintenfleck [lxxvi] 398 schwarzer Tintenfleck [lxxvii] 399 schwarzer Tintenfleck: <ledit>

Brandelin, leur frere, mouvant de la fondalité noble des dites parties à raison de la succession de ladite feue Françoise de Verdun, mere de ladite Marguerite de Hugot et dudit Brandelin Dijon.[lxxviii]

4. Acte judiciaire fait le 9 juillet 1513 devant le juge de Lauzun, expedié par Desforges, greffier, duquel appert sur le narré fait par nobles personnes Antoine Digon tant pour luy que pour ses frères, fils et heritiers de Pierre Digon, et aussi Jean de Travey, en presence de noble hommes Symonet de Cursson seigneur de Cailhavet qu…[lxxix] longtemps aux ledit de Cursson et certains autres ont accoutumé un archer et l'envoyer au ban et arrière ban d'Agenais quant et …[lxxx] appelé et etait besoin et que lesdits Dijon et Travey ont baillé en aide audit de Cursson pour mettre au point …[lxxxi] et l'envoyer au ban et arriere ban, et vidimus est fait par cet acte de la decharge donné …[lxxxii] par Robert de Balsac, commissaire, le 2 février 1490, il est prouvé par cet acte qu'Antoine Digon est fils de …[lxxxiii] et comme ledit Antoine fait tant pour luy que pour ses frères, aussi fils de Pierre, et qu'au § 2 ci-dessus il est prouvé qu'Antoine et Brandelis étaient frères, il résulte que Brandelis était fils de Pierre Digon.

X degré

Pierre, epoux
de Françoise
de Verdun
1470

Pour prouver que Pierre Digeon, pere de Brandelis et d'Antoine, a toujours été qualifié ecuyer on produit

1. un bail à fief nouveau, consenti le 2 janvier 147…[lxxxiv]

[lxxviii] 402 als Randbemerkung (kreuzweise durchgestrichen): "Testament de noble Brandelis Dijon, habitant Tombeboeuf, par lequel il élit sépulture … [Lücke] d'Aut… [unleserlich]" [lxxix] 407 Loch [lxxx] 410 unleserlich: <ou> [lxxxi] 411 zerrissen [lxxxii] 413 unleserlich: <au susdit de Cursson> [lxxxiii] 415 schwarzer Tintenfleck: <Pierre> [lxxxiv] 426 Loch

A.11. Aveux et dénombrements d'Armagnac, Philippe Digeon, baron de Monteton, pour le marquisat de Poudenas (1777–1778) au Parlement de Navare

A.D.64, B 5741, Aveux et dénombrements d'Armagnac, Philippe Digeon, baron de Monteton, pour le marquisat de Poudenas (1777–1778), publications et arrêt de vérification: 212 Seiten in Buchbindung, 4 Einzelblätter (Copie du Extrait des registres du parlement de Navarre), schwarze Tinte auf Papier, 1 Siegel, hier: Buchvorderseite, Seite 1 bis 7 und Seite 1 bis 7 der Kopie des "Extrait des registres du parlement de Navarre"

Transkription:

[Buchvorderseite]

1777
Denombrement de la terre et
seigneurie de Poudenas
Souverbie
2 - B
6 juillet
1777
[i]f. E 1777 f 34
remis le douze juillet mil
sept cent soixante dix sept
scellé
produit le cinq aoust mil sept cent
soixante dix sept[ii]

[Seite 1]

[iii]Dénombrement[iv]
de la terre et
seigneurie
de
Poudenas[v]

[Seite 2]

F E 1777 folio 34
Remis le douze juillet mil sept[vi] premier feuillet
cent soixante-dix-sept
[vii]C'est laveu et Denombrement
que met et baille par devant vous nos seigneurs de parlement,

---

[i] 8 links daneben: blaue Archivstempelung: unleserlich (verblaßt) [ii] 13 in der linken Seitenecke mit Bleistift: "B" [iii] 14 nachfolgendes gedruckt: "Dénombrement …Poudenas" [iv] 14 darüber: Archivstempel: "Archives du Département des Basses-Pyrénées: Propriété Publique" [v] 18 darunter: Archivstempel: "'Archives du Département des Basses-Pyrénées: Propriété Publique" [vi] 20 Archivstempel (seitenverkehrt): "Extra Ordi - Gen. d'Auch" [vii] 22 gedruckt: "C'est …"denombrement"

chambre des comptes, aydes et finances de Navarre, pour raison de la terre, seigneurie et Marquisat de Poudenas, avec ses appartenances et dependances, Messire Philippe Dijeon, chevalier, baron de Monteton, seigneur, haut justicier des terres de Villette, Saint-Egullin et en pareage avec sa majesté de la ville et juridiction de Francescas, comte de Lasserre, marquis de Poudenas et autres lieux, heritier de dame Suzanne de Narbonne Pellet, sa mere, assisté de m(aîtr)e Bernard Poissebireau de Soubiran, avocat en parlement, demeurant à Bordeaux, rue du Petit Loup, paroisse S(ain)t [viii]Simeon, poursuitte et diligence de m(aît)re Bernard Soulié, feudiste, natif de la ville de Bordeaux et residant audit Poudenas, procureur fondé dudit sieur de Soubiran par acte du seise juin mil sept cent soixante dix sept, retenu et signé de m(aîtr)e Lanusse, n(otair)e royal de la ville de Mesin, con(tro)llée à Nérac le dix neuf du meme mois par Lassard, de laquelle seigneurie et marquisat dud(it) Poudenas ledit sieur Dijeon, denombrant, en a rendu hommage en lad(it)e cour le quatre septembre mil sept cent soixante treise et le dix juin mil sept cent soixante seise. Premièrement comme maître de ladite seigneurie et marquisat de Poudenas, ledit sieur Dijeon declare avoir la haute, moyenne et basse justice avec droit de créer juge, procureur d'office, greffiers, procureurs postulans et huissiers pour l'administration de la justice, ensemble le droit de créer et destituer des jurats qu'en bon lui semblera.

[signatures] Descomps, consul - Tartas, temoin - Saintbejart, huissier royal - …,[ix] temoin

[Seite 3]

Ladite terre, seigneurie et marquisat consistant en quatre paroisses: S(ain)t Antoine de Poudenas, Sainte Anne de Poudensan, Sainte Catherine et Saint Christoly d'Arbussan avec ses appartenances et dependances, fief, cens, rentes, lots et ventes à raison du denier huit ainsi que le tout sera plus amplement denombré. Laditte terre et marquisat confrontant du levant aux terres et juridictions de Mesin et Villeneuve, du midi aux juridictions dud(it) Mesin, Levesc, Fourcés, Montréal et Espeyroux, du couchant aux susdittes juridictions et à celle de S(ain)te Mere et de S(ain)t Martin et du nort à celle dudit Mesin, Levesc et S(ain)t Martin. En laditte qualité de seigneur ledit s(ieu)r denombrant declare avoir le droit de chasse et de peche et de le deffendre et empecher dans toute

---

[viii] 35 links daneben Archivstempel: "Archives du Département des Basses-Pyrénées: Propriété Publique"
[ix] 52 unleserlich

l'etendue de lad(ite) terre à toute sorte de personne.

De plus le droit de banalité de ses moulins et forges et ensemble le droit de mayade et tous autres droits et devoirs seigneuriaux.

De plus déclare posseder ledit sieur denombrant en sa dite qualité de seigneur une dixme inféodée dans les susd(ites) paroisses S(ain)t Anthoine[x] et S(ain)t Christoly et partie de Treignan, les biens nobles et les cens, rentes annuels en argent, poules, chapons et avoine et autres droits seigneuriaux cy après denombrés. Lesdits biens nobles exprimés et mentionnés dans le denombrement rendu au roy par messire Jean Olivier de Bouset, seigneur, marquis dud(it) Poudenas en datte du 17 mars 163[xi] et partie desd(its) biens nobles denombrés par noble Gaston de Poudenas le 25 février 1553 pour le ban et arrière ban, et mentionnés au cadastre de la communauté dud(it) Poudenas le 15 mars 1663, fait par Dumas et Lafargue, arpenteurs. S'en suivent lesdits biens nobles:

Premierement declare posseder et tenir ledit sieur denombrant le chateau de Poudenas, consistant en plusieurs appartements, chais, curies, menagerie, ecuries, cour, avant-cour, terrasses parterre, orangerie, jardin appellé le petit Jardin, vivier, terre labourable [xii]Darré la Tour et charmille, le tout en un tenant contenant quinze carterées, quatre quartons, deux picotins, six escats, confrontant du levant au chemin tendant du bourg de Poudenas à la croix du jardin, du midi au jardin de Joseph Daygues dit Gravette, au cimetière et église dudit Poudenas et laissant icelle eglise au levant, encore du midi aux jardins d'Antoine Serbat dit Jordy, de la veuve Joseph Carboné, maréchal ferrand, fossé entre d'eux et à celui de Guillaume

[Seite 4]

Tartas dit Cyprien, chemin[xiii] appartenant audit sieur denombrant entre d'eux et laissant au levant le jardin et maison desdits Tartas, veuve Carboné et Daygues encore du midy à la maison dud(it) Tartas et laissant encore icelle maison au levant, encore du midy à la rue tendant de l'églize au portail, du couch(an)t aux maisons et jardins de Joseph Lajus, d'Antoine Tartas d(it) Michot, d'Antoine Descompe d(it) Mourlan, de Jean Descudé ainé, du sieur Pierre Mendousse, du sieur Tartas, chirurgien, de Pierre Roussellet, de la veuve Lalibert et à la terre lab(ourabl)e des heritiers Soubiran dit Bassau, rocher entre d'eux, et du nort aux terres des heritiers Daniel Renard et desd(its) Descudé et Descompe, fosse entre d'eux et au chemin tendant du village de Bassau à la croix du jardin. Plus tient noblement led(it) sieur denombrant une métairie consistant en maison, grange, ayriaux, terre labourée et en friche et un jardin et vergé entouré de muraille, appellé le grand Jardin, et la metairie de Lalaboue contenant en tout seize carterées, cinq quartons, sept escats, conf(ron)te du levant aux terres labourables de monsieur de Tartas du midy à la rivière de Gélize, le chemin

[x] 70 Überschreibung [xi] 75 letzte Ziffer unleserlich, möglicherweise "8" [xii] 83 [applé] [xiii] 91 darüber Archivstempel: "Extra Ordi - Gen. d'Auch", daneben: "second feuillet"

tendant de Poudenas à Mezin entre d'eux, du couch(an)t à la terre desd(its) heritiers Soubiran et laissant icelle au midy et la terre dudit Tartas d(it) Cyprien, encore du couch(an)t à la terre de monsieur Laribau, curé dud(it) Poudenas, au jardin de Descoubet, Bouban et aud(it) chemin, et du nord à icelluy chemin tend(an)t dud(it) Poudenas à Mézin. Dans lesquelles confrontations non dans la presente contenance est comprise une piece de vigne appartenant aud(it) sieur de Tastas, contenant une carterée, quatre quartons, cinq picotins.

Plus tient noblem(en)t led(it) sieur dénombrant une pièce de terre labourable au lieu appelé au Pourtau, contenant deux carterées, cinq escats, conf(ron)te du levant au chemin tendant de Hillon au bourg dud(it) Poudenas, du midy à la terre labourable dudit sieur Pierre Mendousse et laissant icelle aud(it) levant, encore du midy à la terre de Bertrand Cassaignard, du couch(an)t au ruisseau de Poudensan et du nort à la terre labourable de ...[xiv]

Plus tient noblem(en)t led(it) sieur denombrant une piece de pré appelé le pred de la Couture, contenant quatre quartons, six picotins, trois escats, confrontant du levant, midy et nort au chemin quy conduit du portail à Poudensan et à Gelize et du couchant aud(it) ruisseau de Poudensan.

Plus tient noblement ledit sieur denombrant une auberge banale, boucherie, four et forge aussy banale, cour et chay au lieu appelé au Pont, contenant six picotins, un escat, conf(ront)e du levant à la maison de Jean Ducoumet dit Janet et au jardin et maison de Mathieu Coulouignac et à la rue tendant du parterre dudit sieur denombrant au pont, du midy à lad(ite) riviere de Gelise, led(it) chemin de Poudenas à Mezin entre d'eux, du couchant au chemin tendant du pont à Hillon et au jardin de Mathieu[xv] Lapeyrusse et du nort à icelluy jardin et maison dudit Lapeyrusse.

Plus tien noblement led(it) sieur denomb(ran)t une maison dans laquelle il y a un pressoir d'huile et jardin près lad(ite) rivière de Gelize,

[signatures]

[Seite 5]

contenant trois picotins, six escats, confrontant du levant à la rue tendant de Hillon au pont, du midy à une plaçe où passe le chemin de Sos à Mézin et laissant au couch(an)t le jardin dudit Cassaignard, encore du midy à icelluy jardin, du couch(an)t à la terre des dames religieuses de Mezin, et du nort au jardin et curies du sieur Joseph Destayer, lad(ite) maison servant anciennem(en)t de taverne.

Plus tient noblem(en)t led(it) sieur denombrant une autre maison dans ledit bourg de Poudenas, contenant quatre escats, conf(ron)te du levant à la rue tendante de l'eglize au moulin, du midy à la maison dud(it) Cassaignard, du couch(an)t à la maison et jardin d'Hippolyte Binet et du nort à la maison de Joseph Gregoire d(it) Miramont.

Plus tient noblem(en)t led(it) sieur denomb(ran)t une maison aud(it) bourg servant d'ecurie pour le service du meunier et jardin attenant, contenant trois picotins, un escat, conf(ron)te du levant au chemin du Barradas, du midy à la riviere de Gelize et au foulon, chemin public entre d'eux, du couch(an)t à la maison de Joseph Labrie et du nort au jardin de Mathieu Coulouignac et laissant icelluy au couch(an)t, encore du nort à la terre des

---

[xiv] 118 Lücke [xv] 129 Überschreibung

heritiers Joseph Gaillard, dépendante dud(it) moulin.

Plus possede noblem(en)t led(it) sieur denombrant le moulin banal et foulon attenant ledit moulin, consistant en trois meules, cours defaites des eaux et illes, appellé le moulin de Poudenas, situé sur la rivière de Gelize, contenant un quarton, quatre picotins, conf(ron)te de toutes parties à lad(ite) riviere de Gelize par un peu, du couch(an)t au chemin dud(it) moulin et par un peu du nort à la maison dependante et servante d'ecurie pour led(it) moulin, chemin entre d'eux.

Plus possede noblement ledit sieur denombrant[xvi] un autre moulin situé sur lad(ite) riviere de Gelize appelé Le Moulias et deux maiteries, concistant en maisons, granges, eyriaux, jardins, prairies, terres labourables, vignes, bois de haute futaye, terres en friche, roc et pasteng, le tout à un tenant appellé les maiteries d'Amanieu et Dutrouil et les vignes de Peinau, le tout traversé par trois chemins, contenant ensemble soixante six carterées, trois picotins, un escat, conf(ron)te du levant au restant des possessions dud(it) sieur denombrant dans la parr(oiss)e de Treignan, juridiction de Mezin, bornes entre d'eux, et à la terre labourable et surrede du sieur Labartere, chemin entre d'eux, du midy au ruisseau qui separe les juridictions de Mezin et de Poudenas, du couchant à la vigne de la veuve Daunis et laissant icelle au midy et la vigne de Jean Dignoscle, encore du couchant à la vigne de lad(ite) veuve Daunis et aux terres labourables de Jean Trezeguet d(it) Colin, de la veuve Dezalone dite Françon, chemin de service entre d'eux, d'Antoine[xvii] et Pierre Rausan et laissant au nort autre terre dud(it) Antoine Rausan, encore du couch(an)t à icelles terre[xviii] aux vignes de Soubiran dit Hauvardin, de François Bresque dit Renaud et à la terre de Joseph Duprat, ruelle entre d'eux et laissant au nord les terres labourables de ...[xix] Danglade, dudit Antoine Rausan et de Bertrand Martouret, chemin de service entre d'eux, autres terres desdits Duprat et Bresque, encore au couch(an)t à icelles terres et à celle de Joseph Descudé et du nort à la rivière de Gelize et laissant au levant autre terre dud(it) Antoine Rausan, encore du nort à icelle terre et à celles desd(its) Soubiran, Bresque et Duprat, de la veuve Duparant dite Marquise, chemin entre d'eux, et encore à lad(ite) riviere de Gelize. Dans lesquelles confrontations et non dans la presente contenance sont comprises deux pieces de terre la première dud(it) Antoine Rausan, contenant deux quartons, deux escats, et l'autre de Bern(ar)d Soubiran contenant un quarton, cinq escats.

[Seite 6]

Plus tient N.[xx] noblement ledit[xxi] sieur denombrant une piece de pred appelle au pred du Grabouille, contenant une carterée, sept quartons, six picotins, confronte du levant aux terres de Mathieu Coulouignac, de Bertrand Martouret et de Gregoire dit Miramont, du midy aux terres de Jean Planté et du sieur Pierre Mendousse, du couchant au chemin public et du nort à lad(ite) rivière de Gelize, chemin entre d'eux.

[xvi] 155 Überschreibung [xvii] 167 Überschreibung [xviii] <et> [xix] 171 Lücke [xx] 181 daneben: Archivstempel: "Extra Ordi - Gen. d'Auch" [xxi] 181 darüber: "troisieme feuillet"

Plus tient noblement ledit sieur denombrant une maiterie appelé La maiterie de Castille, consistant en maison, etable, parq, four, plaçe, sol, jardin, terre labourable, pred, vigne, pasteng et friche, contenant vingt deux carterées, quatre quartons, deux escats, ensemble une piece de pred appelle Le grand pred du Chateau, contenant dix carterées, deux picotins, le tout à un tenant et formant la contenance en total de trente deux carterées, quatre quartons, deux picotins, deux escats, conf(ront)e du levant au chemin tendant de Poudenas à Vidé, du midy à terre et vigne dudit sieur Destayer, chemin de service entre d'eux, partie du couchant et encore du midy au chemin public quy separe lesdites paroisses de Poudenas et S(ain)te Catherine, encore du couchant et encore du midy à une pièce dependante de la maiterie noble de Castille dans la par(ois)se de Sainte Catherine, du restant du midy à la terre de Jean Soumere, du restant du couchant au chemin quy va de Poudenas à Lerm, et du nort à lad(ite) rivière de Gelize, chemin entre d'eux. Tous lesd(its) articles si dessus denombrés sont situés dans lad(ite) paroisse de Poudenas.

Plus tient noblement led(it) sieur denombrant dans la paroisse S(ain)te Catherine les biens cy après denombrés, savoir une pièce de terre labourée dependante et attenante à la maiterie de Castille, contenant cinq carterées, cinq quartons, cinq picotins, un escat, confronte du levant et nort aux possessions de la maiterie noble de Castille, du midy aux terres dud(it) sieur Destayer, chemin en partie entre d'eux, du couchant à la terre dud(it) Antoine Rausan et laissant icelle au midy, et autre terre dud(it) sieur Destayer, encore du couchant à icelle derniere terre et à la vigne de Bertrand Cassaignard et à la terre dud(it) Soumere.

Plus tient noblem(en)t ledit sieur denombrant une métairie, consistant en maison, étable, grange, parq, four, sol, jardin, pred, terre, friche et pasteng tout à un tenant appellé La maiterie de Lerm, contenant seize carterées, sept quartons, cinq picotins, quatre escats, confronte partie du levant à la terre de Jean Marie Robert et laissant au nort les terres de Mathieu Coulouignac, de Bertrand Cassaignard et de Mathieu Miramont d(it) Marcassier, encore du levant à la terre des héritiers Joseph Gaillard et la laissant au nort et à la terre dud(it) Robert, encore du levant au chemin public, du midy au chemin quy conduit de Lerm à la Thuilerie, du couchant à la vigne de Jean Descudé ainé, à la terre en friche de Pierre Pouymonbrat et dud(it) Antoine[1] et du nort à lad(ite) riviere de Gelize, chemin entre d'eux dans la plus grande partie.

Plus tient noblem(en)t led(it) sieur denomb(ran)t une piece de terre laboura(bl)e, friche et roc appellé au camp de la Gleize de S(ain)te Catherine et terre et pasteng à la coste de Majoureau, le tout à un tenant dans lesquelles pieces passait anciennement un petit chemin de service tendant du lieu de Majoureau à l'églize S(ain)te Catherine, lesdites pieces de terre dependant des maiteries nobles de Lerm et de Guirautet, contenant ensemble trente carterées, six quartons, trois picotins, confronte du levant au chemin tend(an)t de Poudenas à S(ain)te Catherine et à Arbussan, du midy aux biens

[signatures] Descomps, consul - Tartas, temoin - Saintbejart, huissier royal - …,[xxii] temoin

---

1 gemeint ist "Rausan"

[xxii] 230 unleserlich

[Seite 7]

biens ruraux dud(it) sieur denombrant et laissant au couchant la terre de Bernard Lamarrege dit Tantia, encore du midy à icelle terre, à celle de Serbatfondet et à celle de la veuve Jean Coulouignac, encore du levant à icelle dernière terre et la laissant au nort, encore du levant aux possessions d'Augé Labarthe de Majoureau, du restant et du midy à la terre dud(it) Mathieu Coulouignac dit Matibat et au ruisseau de Majoureau qui separe S(ain)te Catherine et Arbussan, du couchant du restant du midy et du nort à une pièce de pasteng dud(it) Labarthe, du restant du couchant au grand ruisseau de la Tuilerie qui separe lesdits paroisses de S(ain)te Catherine et d'Arbussan et à la vigne et pasteng dud(it) Gregoire dit Miramont, aux terres dud(it) Robert et à la vigne dud(it) sieur Destayer, à celle dud(it) Gregoire et de Miramont dit Couché et au chemin public quy conduit de Poudenas à La Thuilerie. Dans lesquelles confrontations et non dans la presente contenance est compris l'églize et cimetiere de S(ain)te Catherine, conten(an)t un quarton, trois picotins, six escats.

Plus tient noblement led(it) sieur denombrant dans la paroisse S(ain)t Christoly d'Arbussan les biens ci-après denombrés:

En premier lieu une maiterie concistant en maison, grange, parqs, four, sol, jardin, pasteng, terre lab(ourabl)e, vignes, surredes, prés, bois, friche et thuilerie, le tout à un tenant appellé la maiterie de Guirautet et Atatentere, contenant quarante deux carterées, quatre quartons, six picotins, deux escats, confronte du levant au grand ruisseau de la Thuilerie qui sépare en partie S(aint)e Catherine et Arbussan, du midy aux biens ruraux dud(it) sieur denombrant et au bois dud(it) sieur Destayer et laissant au levant une piece de bois dudit sieur denombrant dependant de sa maiterie de Massaric, encore du midy à la vigne du sieur Clerdosse, chemin entre d'eux, du couchant et nort aux possessions dud(it) sieur denombrant, ancien chemin tendant de Poudenas à Gabarret entre d'eux.

Plus tient noblem(en)t led(it) sieur denombrant une piece de terre et pasteng à la Thuilerie, contenant quatre quartons, six picotins, confronte du levant à la riviere de Gelize et aud(it) ruisseau, du midy aud(it) chemin de Poudenas à Gabarret, du couchant à [la] terre dud(it) Jean Marie Robert et à celle dud(it) sieur denombrant, et du nort à lad(ite) riviere.

Plus tient noblement led(it) s(ieu)r denombrant une piece de terre en friche au lieu appellé à Larrousseau, contenant trois carterées, trois quartons, cinq picotins, confronte du levant à [la] terre dud(it) Robert, du midy à celle dud(it) sieur denombrant, depend(an)t de sa maiterie de Labourdasse, et du nort à ladi(te) riviere.

Plus tient noblement led(it) s(ieu)r denombrant une maiterie appelé la maiterie de Labourdasse, consistant en maison, grange, parcs, four, sol, plaçe, pasteng, jardin, terre labourable et en friches, vignes, preds, surredes, bois et roc, le tout à un tenant, contenant cinquante trois carterées, deux quartons, quatre picotins, confronte du levant aux possessions dud(it) sieur denombrant depend(an)te de sa maiterie noble de Guirautet, led(it) chemin tendant de Poudenas à Gabarret entre d'eux et laissant icelluy chemin au midy, encore du levant aud(it) chemin et à la surrede dud(it) s(ieu)r Clerdosse, du midy à icelle surrede et la laissant au couchant, encore du midy à icelui surrede et laissant au couchant les preds d'Arnaud et François Soubiran, encore du midy à iceluy.

[Seite 8 bis 212][2]

[Copie du Extrait des registres du parlement de Navarre]

[Seite 1]

Du 29 mai 1778
Finances
de Mosqueros R
Ep 8 écus sols
Casaubon sub(stitu)t 8 livres 12 sols
acte

Extrait[i] des registres du parlement de Navarre

Entre messire Philippe Dijon, chevalier, baron de Monteton, marquis de Poudenas, demandeur en veriff(icati)on de son denombrement, pour raison de la terre, seigneurie et marquisat de Poudenas, située en Armagnacq, et autrement d'une part, le directeur general de l'administration des domaines qui a fourny son dire, [ii]d'autre, le procureur general du roy, concluant d'autre Souverbie. Vu par la cour le procés l'expédition de l'hommage preté le 10 juin 1776 par m(aîtr)e Bernard Poissebireau de Soubiran, avocat au parlement, en qualité de tuteur honoraire dud(it) sieur Philippe Dijon pour raison de la terre et seigneurie de Poudenas, située en Armagnacq, et tous les fonds en dependants avec haute, moyenne et basse justice, rentes et autres droits seigneuriaux y

[Seite 2]

attachés et generalement de toutes les appartenances et dependances dud(it) marquisat. Le denombrement

2 Die darin enthaltene Aufzählung wurde nicht transkribiert

[i] 7 darüber: Archivstempel: "G. D. Auch" [ii] 17 links daneben Archivstempel: "Archives du Département des Basses-Pyrénées: Propriété Publique"

fourny pour raison de lad(ite) terre et marquisat par led(it) sieur Poissebireau, le 12 juillet 1777, contrôlé à Pau le 11. L'acte de remise d'iceluy faite au greffe led(it) jour, demandant et ordonne qu'il sera publié aux formes ordinaires. L'ordonnance de soit montré au procureur general du même jour. Les conclusions par lui données, l'arrêt rendu aussy le même jour, 12 juillet, au rapport de m(onsieu)r de Mosqueros, conseiller, qui ordonne la publication dud(it) denombrem(en)t aux formes ordinaires, les trois verb(au)x des publications d'iceluy faites les 20, 27 juillet et 3 août suivant, au lieu de Poudenas, duement controllées, l'inventaire fourny au greffe par led(it) sieur Dijon de Monteton, le 5 aoust avec 16 productions qui sont 1.° les lettres de chancellerie et la procuration aux fins de la prestation de l'hommage 2.° l'hommage dud(it) jour, 10 juin 3.° le denombrement 4.° l'arrêt dud(it) jour, 12 juillet qui en ordonne la publication 5.° les trois verbaux desd(ites) publications dont il

[Seite 3]

a été parlé 6.° un denombrement rendu à sa Majesté, le 17 mars 1736, veriffie le 17 mars 1738, signé de Laplaigne 7.° un extrait du cadastre de la communauté de Poudenas, fait par Dumas et de Lafargue, arpenteurs du 15 mai 8.° un extrait du terrier contenant les reconnoissances des tenanciers de lad(ite) terre et marquisat de Poudenas, commencé le 22 avril 1756 et finy le 14 juin 1758, contenant 188 reconnoissances, signées toutes de Descudé, notaire royal 9.° autre terrier, commencé le 6 août 1721 et finy le 30 décembre 1758, contenant 186 reconnoissances, signées de Legras, notaire royal 10.° autre terrier, commencé le 3 aoust 1600 contenant 173 reconn(oissan)ces, signées de Tartas, notaire 11.°

un autre terrier du 2 novembre 1592 où il manque plusieurs reconnoissances, signé de Gommier, notaire royal 12.° plus un autre terrier en latin de l'année 1492, contenant 122 reconnoissances, retenu par Massoyer, notaire royal 13.° un contrat

[Seite 4]

d'echange du 9 mars 1772, signé de Lanusse, notaire royal 14.° un autre contract d'echange dud(it) jour, 9 mars 1777 et un autre hommage preté par led(it) Dijon le 4 septembre 1773 pendant le règne du feu roy Lesquelles susdites pieces justifient la legitimité des droits compris dans le denombrement dont il s'agit. Led(it) Dijon narrant dans led(it) inventaire, qu'attendu qu'il n'y a point d'opp(osit)ion à son denombrement il se flate que la cour ne faira aucune difficulté à la vue de ses titres, de procéder à la veriff(icati)on d'iceluy. Concluant par ces raisons procéder à la veriffication du denombrement dont[iii] s'agit, maintenir led(it) Dijon dans la proprieté, possession et jouissance des droits denombrés, faire deffense à toutes personnes de luy troubler à peine de trois mille livres avec depens. L'acte fait aux dicttes de l'instance par led(it) sieur Dijon, le 22 aoust 1777. Narrant que le procés a resté tems suffisant au greffe sans qu'il soit apparu d'aucune opposition, demande qu'il soit procedé à la veriff(icati)on de

[Seite 5]

son denombrement et arret à p(résen)te acte et endroit. L'ordonnance du 22 dud(it) mois rendue sur les actes portant que le procés sera communiqué au receveur general des domaines

[iii] 101 <il>

pour fournir son dire et ensuite porté au procureur general du roy pour conclure. Le dire par lui fourny par lequel il n'empeche qu'il soit procedé à la veriffication dud(it) denomb(remen)t pour, par led(it) denombrant, jouir de lad(ite) terre et biens en dependants, conformement au denombrement, veriffié le 17 mars 1638, datté à Auch du 13 mars 1778, signé Poulon. Les conclusions dud(it) procureur general du roy du 28 avril suivant, la distribution faite au sieur de Mosqueros, conseiller, ouy son rapport, les actes dud(it) procés et le tout vu, dit a été que la cour a declaré et declare led(it) denombrement bien et duement lu et publié et procedant à la veriff(icati)on d'iceluy, a maintenu et gardé, maintient et garde le denombrant dans la proprieté, possession et jouissance de tous et chacun les biens et droits par lui denombrées pour en jouir, conformement au jugement du 17

[Seite 6]

mars 1738 à la charge de foy et hommage à chaque mutation de seigneur et de vassal et du service personnel le cas y echeant, le tout sans prejudice des droits du roy en autres choses et d'autruy en tout. Ordonne que l'original dud(it) denombrem(en)t et une expedition en forme du present arret seront deposés aux chartres de sa Majesté au chateau de la presente ville pour etre ajoutés à l'inventaire des titres et y avoir recours quand besoin sera et ce dans le mois à la diligence du denombrement à peine de saisie desdits biens et droits denombrés même d'être procédé à la réunion d'iceux au domaine de Sa Majesté, condamne le denombrant aux depens du present arret. Prononcé à Pau en parlement, chambre des finances, le vingt neuf may mil sept cent soixante dix et huit.

Collationné pour copie, le 19 septembre 1778,

[signature] Lacadé

[Seite 7]

Armagnacq

Du 29 may 1778

arret qui verifie le denombrement de monsieur le marquis de Monteton pour raison du marquisat de Poudenas en Armagnacq

N° 1132

[signature] Souverbie

N° 937

A.12. Registre des dames présentées au Roi (1789–1790)[3]

Register der letzten bei Hofe präsentierten Damen in Versailles und im Palais des Tuiléries (1789–1790). Schwarze Tinte auf Papier, 1 Seite beschrieben, A.N. O^{1} 829

Transkription:

Dames présentées au Roi en 1789
àcompter du 15. mars

Mad.^{e} la Ctesse de Luxembourg
Mad.^{e} la Ctesse de Rastignac
Mad.^{e} la Ctesse de Chauvigny de Blot
Mad.^{e} la Ctesse de Louis de Sainte Aldegonde
Mad.^{e} la M.^{ise} de Riantz
Mad.^{e} la Ctesse de Montmorency
Mad.^{e} la Ctesse de Lostanges
Mad.^{e} la Ctesse de Cordon, ambassadrice de Sardainge
Mad.^{e} la P.^{sse} de Carency
Mad.^{e} la M.^{ise} de Mesgrigny
Mad.^{e} la Ctesse de Bouthillier

[i]année 1790

Mad.^{e} la M.^{ise} de Careado
Mad.^{e} la Vicomtesse de Brosse
Mad.^{e} la Ctesse de Peisac
Mad.^{e} la Vicomtesse de Livron
Mad.^{e} la M.^{ise} de Conflans
Mad.^{e} la Vicomtesse de Montesquiou
Mad.^{e} la Ctesse Du Muy
Mad.^{e} la Ctesse d'Aunay-Rosambo
Mad.^{e} la Ctesse de Crénoles
Mad.^{e} la M.^{ise} de Cély

Le 2. Mai

Mad.^{e} la Vicomtesse de Canillac

---

3 Das Manuskript O^{1} 829 wurde bereits vom Vicomte de Marsay publiziert (Marsay 1977: 490–493), doch ließ es eine Reihe von Transkriptionsungenauigkeiten angemessen erscheinen, das Dokument erneut zu bearbeiten.

[i] 14 darüber Archivstempel: "Archives Nationales"

A.13. Lettre de Philippe Comte Dijon de Monteton au Fréderic Baron Dijon de Monteton, Seigneur de Priort (1. mai 1831)

A.P.D.M., Lettre de Philippe Comte Dijon de Monteton au Fréderic Baron Dijon de Monteton, Seigneur de Priort (1. mai 1831), 1 Blatt, schwarze Tinte auf Papier, 1 Siegel (gebrochen)

Transkription:

[Vorderseite]

Mon très cher cousin
c'est avec joie que j'ay reçu votre aimable lettre
du 3 avril, dans lequel vous m'assurez aller bien,
vous et votre famille. Vous m'y annoncez la
naissance de votre deuxième fils, Hellmuth, pour
laquelle je vous fais part, à votre épouse et vous même,
de mes félicitations les plus sincères. Je vous
remercie bien de vos souhaits de bonne santé
ainsi que de votre souci quant à ma santé.
Actuellement, je suis, grâce au Seigneur, en pleine
convalescence, et vais pouvoir rendre visite à ma soeur[1]
pendant l'été.
Votre supposition quant à nos origines est correcte
en ce qui concerne le fait que les deux lignées de Autr…[i]
et de Boisverdun, dont nous provenons, se rejoignent
avec Pierre Dijon. Toutefois, je ne parviens pas encore
à identifier sa descendance, mais vous assure néanmoins
que nos ancêtres sont de Bourgogne. A cette fin, j'ay pris
la liberté d'accompagner ces lignes d'explications
généalogiques telles qu'elles s'offrent à moi dans les
documents[2] que j'ay chez moi ainsi que dans les copies des
registres du XIIIe siècle. Celles ci pourraient vous être utiles
dans le cadre de vos propres recherches. Je souhaite
particulièrement en savoir plus quant aux liens de parenté
de mes cousins prusses. N'ayant pas eu le bonheur d'avoir
des successeurs, et du fait que la famille de mon cher cousin
Charles-Armand Dijon[3] est restée sans fils, c'est à vous que
je remets donc, après ma mort, les droits se rapportant
à mon nom. Grâce à vos deux fils, j'aurai l'espoir que
notre nom subsiste. Je serais heureux que les circons…[ii]
me permettent de vous accueillir bientôt chez moi,

1 gemeint ist Jeanne Rose, Marquise d'Asnieres, † 22. Januar 1844

2 möglicherweise diejenigen Urkunden, welche er auch zur Änderung seines Familienamens von "Digeon" in "Dijon" vorgelegt hat.

3 gemeint ist Charles Digeon d'Autramat, das Oberhaupt des Zweiges d'Autramat

[i] 14 Randstück fehlt [amat]   [ii] 30 Fleck [tances]

vous et votre famille, et que vous ne reculiez pas devant la difficulté de ce voyage, qui n'est pas des plus courts.

J'ay l'honneur d'être avec zèle et plus tendre dévouement

Votre très humble et très obéissant

cousin

Dijon

Poudenas, ce 1ere mai 1831

[Rückseite:]

Monsieur Fréderic Baron Dijon de Monteton

Seigneur de Priort

Prusse

[Siege l]

B. Genealogische Stammtafeln

B.1. d'Anglade – Generationen I bis VI

GUILLAUME
Chevalier
(* um 1215, † nach 1273)
⚭ um 1245 N.N.

PIERRE I.
Chevalier
(* um 1245 † nach 1300)
⚭ um 1275 N.N.

ARNAUD I.
(* um 1275 † vor 7. Februar 1317)
Damoiseau
1. ⚭ 3. Juno 1300 Jeanne Tidon de LORMON,
Tochter des Robert Tidon de Lormon,
Damoiseau und der Dame Marcese
2. ⚭ um 1310 Pelegrue de CURTON
(* um 1285, † um 1346)

PIERRE II.
(* um 1310 † um 24. August 1359)
Seigneur d'Anglade,
setzt Bérard d'Albret als Testamentsvollstrecker ein
⚭ um 1340, Rose I. d'ALBRET,
Tochter des Amanieu VII. d'Albret und der Rose de Bourg

JAMES
(* um 1275
† nach 1303)

ARNAUD II.
(* um 1340 † nach 1393)
Gouverneur der Guyenne, huldigt dem König v. England
in der Kathedrale St André am 9. Juli 1363
1. ⚭ um 1375 Catherine BOUCHARD d'AUBETERRE,
Tochter von Guy de Bouchard und der
Marie de Raymond, Dame d'Aubeterre
2. ⚭ um 1385 Marguerite de MONLAUR

PIERRE III.
(* um 1340 † nach 1408)
Erzbischof von Auch,
ernannt von Papst Urban VI.

BÉRARD
(* um 1340 † um 1400)
Chevalier des Ordens
"Jean de Jérusalem"

ANNE
(* um 1340
† um 1400)
⚭ um 1360
Guy de DURFORT

GUILLAUME AMANIEU
Seigneur d'Anglade, Chevalier, setzt 1428 David de Montferrand,
Erzbischof von Bordeaux als Testamentsvollstrecker ein
(* um 1375 † nach 9. September 1428)
⚭ um 1400 Jeanne de MONTFERRAND,
Tochter des Bertrand de Montferrand und der Rose II. d'Albret

PIERRE IV.
Écuyer
(* um 1375 † nach 1418)

BONNES
(* um 1375 † um 1420)
⚭ 24. Mai 1384 Gaillard de LA ROQUE,
Seigneur de Gua

GAILLARD
Écuyer
(* um 1385 † um 1420)
⚭ N.N.

B.2. d'Anglade – Generationen VI bis VIII

GUILLAUME AMANIEU
Seigneur d'Anglade, Chevalier, setzt 1428 David de Montferrand,
Erzbischof von Bordeaux als Testamentsvollstrecker ein
(* um 1375 † nach 9. September 1428)
∞ um 1400 Jeanne de MONTFERRAND,
Tochter des Bertrand de Montferrand und der Rose II. d'Albret

JEAN
Seigneur d'Anglade, Beleyron,
la Mothe-Génissac, Castelbel,
Laubesc etc., Chevalier,
unterzeichnet zusamt den
Seigneurs de Montferrant, Duras
Lansac etc. am 12. Juni 1451
ein Abkommen zum Anschluß des
Bordelais an König Karl VII.
(* um 1410 † nach 14. August 1474)
1. ∞ um 1445 Jeanne de LALANDE
2. ∞ nach 1466 Isabeau de FERRANHES

NAVARROT
Écuyer, Seigneur de Colombières
et de Savonières
(* um 1410 † 2. September 1489)
1. ∞ 8. Januar 1469 Madelaine de CHABOT,
Tochter von Louis de Chabot,
Seigneur de la Grève, und der
Jeanne de Coucillon
2. ∞ 8. Januar 1469 Françoise de VOLVIRE,
Tochter des Joachim de Volvire, Baron
de Ruffesc, und der Marguerite Harpedanne
de Belleville, verheiratet in erster Ehe mit
Joachim Rouault, Seigneur de Boisménard
et de Fronsac, Marschall v. Frankreich

N.N.
genannt der
"BASTARD d'ANGLADES"
Hauptmann über ein-
hundert Lanzenträger
(* um 1410 † um 1489)

Kinder des Jean:

PIERRE V.
Seigneur d'Anglade, Castel-Bel,
Laubesc et Baleyron, Chevalier,
einer der einhundert Edelleute
des Hauses von König Ludwig XI.
(* um 1445 † nach 15. Juli 1492)
1. ∞ 1478 Marguerite de BÉARN,
natürliche Tochter von
Gaston de Foix, Captal de Buch,
Comte de Benauges et de Longueville
2. ∞ 1478 Berne de VIGNE
[ohne Nachkommen]

CATHERINE I.
(* um 1445 † um 1507)
∞ um 1470 Jean II. de VERDUN II.,
Baron de Cancon, Seigneur de
Hautesvignes, Gontaut etc.
(* um 1440 † um 1480)
[mit männlichen Nachkommen]

ISABEAU
(* um 1445
† nach 12. Mai 1504)
∞ 1478 Jean de NAUJAN,
Seigneur de Naujan
et de Semens
*[ohne männliche
Nachkommen]*

SIMON
(* nach 1466 † nach 1530)
Seigneur de Sarrasan, Chevalier,
begründet den Zweig der
Seigneurs de Sarrasan
∞ 4. Dezember 1510 Isabeau de LUC
Tochter des Jean-Pierre du Luc,
Seigneur du Luc und der
Françoise de Lupé
(* um 1495 † um 1560)
[mit männlichen Nachkommen]

CATHERINE II.
(* um 1445 † um 1510)
∞ 20. Januar 1473
Jean-François LE BERTHON
Écuyer, Seigneur d'Aiguille,
Sohn von Barthélémy
LE BERTHON und der
Marguerite SEGUIN
*[mit männlichen
Nachkommen]*

GUILLAUME
(* nach 1466
† 1537) Hauptmann
einer Kompagnie
Gascogner

B.3. de Beraud – Generationen I bis V

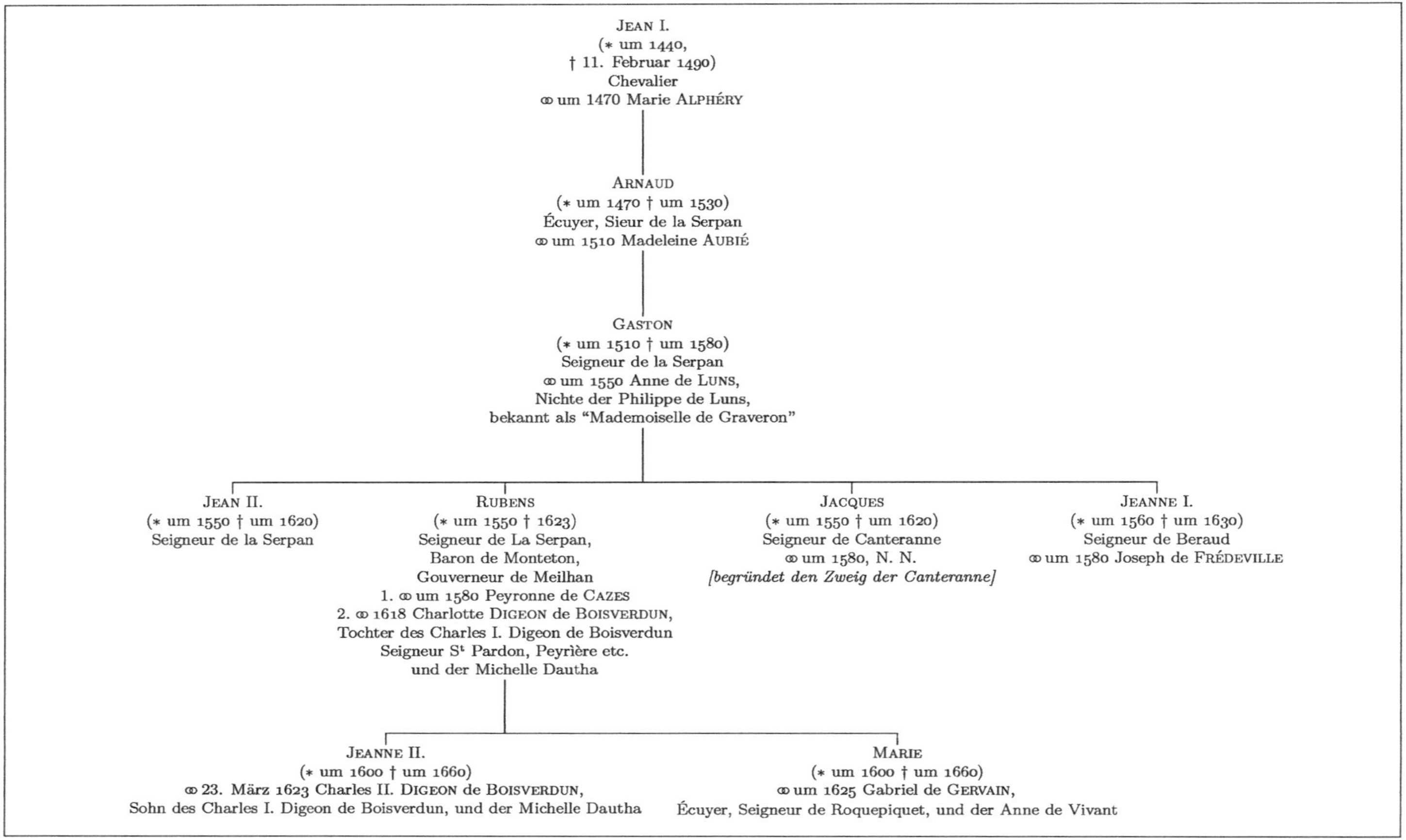

B.4. Digeon d'Autramat – Generationen I bis V

Pierre de Digeon
(* um 1400 † um 1480),
1. ⚭ Jeanne de Trévey
2. ⚭ 1467 Casseneuil Françoise de la Perche dit Verdun
(* um 1440, † vor dem 22. August 1494)
Tochter von Jehan I. de la Perche dit Verdun, Baron de Cancon, et de Marie d'Albano
1. ⚭ vor 1467 N.N. de la Roque du Gua, Chevalier

Antoine
(* um 1467 † vor 11. September 1521)
Junker, Seigneur d'Autramat,
zum Heerbann 1490 gerufen
⚭ N.N.

Brandelis
(* um 1470 † um 1530)
Junker, Seigneur de Boisverdun
⚭ 29. April 1497 Marguerite des Escuyers
v.i.

Louis
(* † um 1470)

Guillaume
Junker, Seigneur
de Boisdomains
(* um 1470
† um 1530)

Arnaud (Sohn von Antoine)
(* um 1500 † um 1570)
Junker, Coseigneur von Autramat, Leiter der Hofverwaltung des Baron de Lauzun, mehrfach ausgezeichnet
von François de Caumont, Baron de Lauzun
1. ⚭ Catherine de St. Martin
(* um 1510, † nach dem 24. Januar 1583)
2. ⚭ Etienne I. de Chadois

Gabriel
(* um 1530 † wahrscheinlich 1562)
Junker, Seigneur d'Autramat
Hauptmann der Infanterie, stirbt
mit Ausbruch der Religionskriege
bei der Belagerung von Angers
⚭ Catherine de Chadois
(* um 1540, † nach dem 2. November 1570)
Schwester von Mathurin und Fort de Chadois

Jean I.
(* um 1530 † nach dem 8. Januar 1591)
Junker, Seigneur de La Tour,
begünstigt qua Testament
seinen Neffen Etienne
⚭ Catherine d'Ardit

Gabriel
(* um 1530 † vor 1583)
"le jeune"

Jean
(* um 1530 † vor 1583)
"le jeune"

Charlotte
(* um 1540 † vor 1584)
⚭ 26. Juli 1568 Gabriel de Gastebois,
Junker, Sieur de Marignac,
Sohn von Gaston de Gastebois und
Gabrielle de Bruch de Preignac

Etienne (Sohn von Gabriel)
(* um 1560 † nach dem 9. August 1620)
Junker, Seigneur d'Autramat
⚭ 8. Januar 1591 Louise de Trévey
(* um 1570 † um 1630)
Tochter von Jean de Trévey, Seigneur de Fémauret,
und von Bourgine de Bouillaguet

Henrie (Tochter von Jean I.)
(* um 1560 † um 1630)
⚭ N.N. Sieur Marbotin
Mutter von Flotard Marbotin

Marie (Tochter von Jean I.)
(* um 1560 † um 1630)
⚭ Flotard de Curson,
Seigneur de Delpuch

Marguerite (Tochter von Jean I.)
(* um 1560 † um 1630)
⚭ David Richard,
Seigneur de Serres

B.5. Digeon d'Autramat – Generationen V bis IX

ETIENNE
(* um 1560 † nach dem 9. August 1620)
Junker, Seigneur d'Autramat
⚭ 8. Januar 1591 Louise de TRÉVEY
Tochter von Jean de TRÉVEY, Seigneur de Fémauret, und von Bourgine de BOUILLAGUET

PIERRE I.
(* um 1595 † um 1650)
Junker, Seigneur d'Autramat Hauptmann der Infanterie in einem Regiment des Marquis de CASTELNAU de la FORCE
⚭ Constance de MONTARD (auch: MOUTARD)
Tochter von Jean de MONTARD, Sieur de Campagnac, Margnac, le Bue etc., und Madeleine de BORDON de SÉGONZAC

CATHERINE
(* um 1595 † nach dem 9. August 1660)
⚭ Antoine LE ROY,
Seigneur du Tourret, Sohn von Jean LE ROY, Hauptmann von Lauzun, und Anne de TRÉVEY

JEAN II.
(* um 1620 † 24. Mai 1665)
Junker, Seigneur d'Autramat folgt 1635 seinem Vater nach, am 25. Mai begraben in der Kirche von Bourgognague (47)

CHARLES
(* um 1630 † vor dem 16. Oktober 1704)
Junker, Seigneur d'Autramat und Boisvert
⚭ 16. Mai 1685 Marguerite de CHAPELLE
† 15. Mai 1730, begraben am 19. Mai 1730 in der Kirche Notre-Dame de Bourgougnague
Tochter von Messire Pierre de CHAPELLE, Burgvogt von Bergerac, und Elix de VASSAL-LA-TOURRETTE

FRANÇOIS
(* um 1630 † nach dem 27. April 1667)
Junker, wird anläßlich der Adelsnachweise vom 27. April 1667 erwähnt

PIERRE II.
(* um 1685 † 20. August 1752)
Junker, Seigneur d'Autramat, La Souque, La Catusse etc., begraben in der Kirche von Bourgougnague,
⚭ Monségur 20. Mai 1724 Jeanne DESCHAMPS
Tochter des verstorbenen Sieur François DESCHAMPS und Françoise MOREAU

MARIE MARGUERITE
(* 2. April 1725 † 4. Juli 1785)
⚭ 15. November 1756 Jean-François DUPIN,
Sohn des Joseph DUPIN, Écuyer, und Valentine CAJUS

LOUIS-JOSEPH
(* 25. April 1726 † Château de Pechalbet 26. März 1807)
Junker, Seigneur d'Autramat, Pechalbet, La Souque, La Catusse, Baron von Fonroque etc.,
Erwirbt die Baronie Fonroque mit der hohen, mittleren und niederen Gerichtsbarkeit sowie allen Feudalrechten für 55.000 Livres,
vom König ernannter, erster Bürgermeister von La-Sauvetat-de-Caumont
⚭ 21. März 1755 Anne-Henriette de CARBONNIER,
(* um 1733 † 21. März 1802)
Tochter des François de CARBONNIER, Junkerm, und Dame Anne BAVIL

MARIE MARGUERITE
(* 4. September 1727
† um 1727)

B.6. Digeon d'Autramat – Generationen IX bis X

LOUIS-JOSEPH
(* 25. April 1726 † Château de Pechalbet 26. März 1807)
Junker, Seigneur d'Autramat, Pechalbet, La Souque, La Catusse, Baron von Fonroque etc., Erwirbt die Baronie Fonroque mit der hohen, mittleren und niederen Gerichtsbarkeit sowie allen Feudalrechten für 55.000 Livres, vom König ernannter, erster Bürgermeister von La-Sauvetat-de-Caumont ⚭ 21. März 1755 Anne-Henriette de CARBONNIER (* um 1733 † 21. März 1802)
Tochter des François de CARBONNIER, Junker, und der Dame Anne BAVIL

- JEAN-FRANÇOIS I. (* 7. November 1756 Château d'Autramat † Château de Pechalbet 1. September 1806) Junker, getauft am 7. November 1756 in der Kirche von Bourgougnague, emigrierte mit zwei Brüdern beim Ausbruch der Revolution
- HENRIE ANNE (* 12. Januar 1757 † Château de Pechalbet 16. Oktober 1758) in der Kirche von Bourgougnague begraben
- CHARLES-ARMAND ANTOINE (* 28. September 1761 Château de Pechalbet † 21. September 1846) Junker, getauft am 28. September 1761 in der Kirche von Agnac, war beim Ausbruch der Revolution Offizier in einem Regiment im Beauvaisis, emigrierte beim Ausbruch der Revolution, wurde unter der Restauration am 8. November 1815 zum Chevalier de St Louis ernannt, ⚭ Erlangen 5. September 1795 (katholisch) Marie Marguerite Modeste NIDEREHE, Tochter des Jean Baptiste NIDEREHE, Hofrat des Fürstbischofs von Trier sowie Konsul von Berncastell (Mosel), und der Marie-Madeleine MAURITZ (* 1771 † Château de Pechalbet 8. November 1839)
- ANNE I. (* 1762 † Château de Pechalbet 4. November 1798)
- JEAN-FRANÇOIS II. (* 9. Februar 1763 † Puyguilhem 15. September 1841) "Le Cadet", Junker, getauft am 10. Februar 1763 in der Kirche von Bourgougnague, emigrierte mit zwei Brüdern beim Ausbruch der Revolution, wurde unter der Restauration am 8. November 1815 zum Chevalier de St Louis ernannt
- GENEVIÈVE (* 17. Juno 1765 † nach 1789)
- ANNE GENEVIÈVE (* 28. April 1770 † Auvillar (82) 6. Januar 1848) ⚭ Agnac 1. November 1799 Henry-Thérèse DAVACH de THEZE-DELPHIN (* Auvillar 4. Juli 1769 † 29. Januar 1855) Sohn des Seigneur Jean DAVACH de THEZE-DELPHIN, und der Françoise de VEDEL de MALHÈS
- MARIE (* 29. August 1768 † Château de Pechalbet 31. Juli 1856
- JEANNE (* 18. Januar 1772 † nach 1789)
- ANTOINE (* 26. November 1774 † 2. Oktober 1776) Junker, einen Tag nach seinem Tod in der Kirche von Bourgougnague begraben
- ANNE II. (* 1772 † Château de Pechalbet 6. September 1772)
- ADÉLAÏDE MARIE (* 4. November 1777 † Château de Pechalbet 23. September 1827) vermachte das Château de Pechalbet ihrer Nichte Coralie Catherine de CHADOIS, ⚭ mit Comte Louis Isaac de SÉGUR-BOUZELY, Sohn des Comte Mathieu de SÉGUR-BOUZELY und der Marguerite de CHANCEAULME de FONTROSE ⚭ Agnac 9. März 1802 Guillaume de CHADOIS (* St Barthélemy 10. August 1779 † nach 1827) Sohn des Seigneur Etienne III. de CHADOIS und der Marie de CHARLOT

B.7. Digeon de Boisverdun – Generationen I bis IV

Brandelis
(* um 1470 † um 1530)
Junker, Seigneur de Boisverdun
⚭ 29. April 1497 Marguerite des Escuyers

Hugues
(* um 1510 † nach dem 5. Oktober 1562)
Junker, Seigneur de Boisverdun
⚭ 18. Februar 1548 Catherine Auzanneau
(* um 1530 † nach dem 21. Januar 1612)
Tochter des Jean d'Auzanneau, Seigneur de Gastebois,
Präsident des Parlaments v. Bordeaux

Arnaud
(* um 1510
† um 1570)
Junker, Seigneur
de La Roque,
machte am 12. Dezember
1541 eine Aufstellung
über alles, was er im
Gerichtsbezirk von
Tombeboeuf besaß
⚭ Anthonie des Homs

François
(* um 1525
† nach 1605)
Junker, Seigneur de
Boisdomains, machte
am 13. Mai 1555 eine
Aufstellung über seine
Besitzungen im
Gerichtsbezirk
Tombeboeuf,
wies 1605 das Alter
seines Adels nach

Jean I.
(* um 1540 † um 1587)
Junker, Seigneur
de Boisverdun
⚭ vor 1586 Peyronnette
de Ségur-Pardaillan
(* um 1560
† 4. März 1592)
Tochter des Messire
Bérnard de Ségur,
Baron de Pardaillan,
Théoban, Seyches
etc., und der
Jeanne de Cousinier
2. ⚭ 12. Dezember 1587
Messire André de Meslon,
Chevalier de l'ordre du roi,
Oberst eines Infanterieregiments,
Gouverneur von Montségur

Charles I.
(* um 1560
† September 1640)
Chevalier, Seigneur
de Boisverdun,
St Pardon, Peyrière etc.,
prozessierte 1605 gegen
Bernard de Ségur,
Baron de Pardaillan
1. ⚭ 6. März 1583
Michelle Dautha
(* um 1570 † um 1620)
2. ⚭ 17. Juno 1630
Jacquette de Chabans
(* um 1600 † um 1660)
v.i.

Hélène
(* um 1550 † nach 22. August 1598)
⚭ vor 1557
Messire Joseph de Lidon
Chevalier, Seigneur de
St Léger, Chevalier
de l'ordre du roi, Haupt-
mann von 50 bewaffneten
Männern, legte in seinem Testament vom
22. August 1598 auf
Château de St Léger,
Gerichtsbezirk Montastruc
fest, daß die Nutznießung
der Güter seiner Frau
obliege, als Universal-
erben setzte er die
Kinder aus dieser Ehe ein
(* um 1540
† nach 22. August 1598)

Jacques I.
Junker
(* um 1550
† um 1580)

François
(* um 1540
† vor 1604)
Junker, Seigneur de La Roque
⚭ Marguerite de Labat

Anne I.
(* um 1545
† nach 1604)

Françoise
(* um 1545
† nach 1604)

Percille
(* um 1570 † um 1630)
erhält von ihrer Großmutter
Anthonie des Homs mit
Vertrag vom 11. Oktober 1604
deren sämtliche Güter mit der
Auflage, an beiden Tanten,
Françoise und Anne jeweils 5
Sols zu bezahlen, Charles de
Digeon, Seigneur de Boisverdun
et de St Pardon fungierte
als Zeuge dieser Schenkung
⚭ Château La Roque 11. Oktober 1604
Messire Antoine de Boulet

Jeanne
(* um 1565
† vor 1604)

Anne II.
(* um 1565
† vor 1604)

Judith
(* um 1565
† vor 1604)

B.8. Digeon de Boisverdun – Generationen IV bis VI

Charles I.
(* um 1560 † September 1640)
Chevalier, Seigneur de Boisverdun, St Pardon, Peyrière etc., prozessierte 1605 gegen Bernard de Ségur, Baron de Pardaillan
1. ⚭ 6. März 1583 Michelle Dautha (* um 1570 † um 1620)
2. ⚭ 17. Juni 1630 Jacquette de Chabans (* um 1600 † um 1660)

- **Jeanne** (* um 1575 † vor 1640)
- **Jean II.** (* um 1575 † vor 1644) Chevalier, Seigneur de Boisverdun, St Pardon etc., übernahm die Prokuration über seine Mutter Michelle Dautha ⚭ Château de Canabazès 5. April 1614 Anne de Lustrac, Tochter des Messire Jean de Lustrac, Seigneur de Canabazès etc., und der Marthe de Montesquiou de Devèze
  - **Charles III.** (* um 1615 † 1673) Chevalier, Seigneur de Boisverdun, St Pardon etc., verfaßte die Aufstellung seines Besitzes Boisverdun am 9. Mai 1646 ⚭ Château de Cambes 4. Juni 1644 Brandelise de Timbrune, Tochter des Messire Julien de Timbrune, Chevalier, Seigneur de Valence, Castels, Cuq, Cambes, St Philippe etc., Gouverneur der Stadt und des Château de Puymirol, und der Dame Isabeau de Pellegrue
  - **Jean III.** (* um 1620 † nach 1700) Chevalier, Seigneur de Boisverdun, St Pardon etc., ⚭ Jeanne de Courbin
- **Pierre I.** (* um 1580 † nach 1620) Junker, erhält von seinem Vater 1620 die Güter seiner Mutter im Gerichtsbezirk von Castillones
- **Charles II.** (* um 1585 † 1629) Chevalier, Seigneur de Peyrierès, Baron von Monteton übernahm die Prokuration über seine Mutter Michelle Dautha ⚭ 27. April 1623 Jeanne Béraud, Tochter des Messire Ruben Béraud, baron de Monteton, Seigneur de La Serpent etc., und der Peyronne Decazes 2. ⚭ Joseph de Vins, Seigneur de la Fleunie
  - **Pierre II.** *v.i.*
  - **Henri** *v.i.*
  - **Charlotte** *v.i.*
- **Henri** (* um 1585 † vor 1640) Junker
- **Balthazard** (* um 1585 † vor 1640) Junker
- **Jacques II.** (* um 1590 † vor 1640) Junker, wohnte der Eheschließung seines Bruders Jean 1614 bei
- **Marie** (* um 1590 † um 1650) ⚭ 13. August 1606 Antoine de Badet, Junker, Sohn von Antoine, Seigneur de Badet et de Bellissac (Protestant)
- **Esther** (* um 1590 † um 1650) ⚭ 12. Oktober 1609 Bertrand des Homs, Junker Seigneur de Favols, Sohn des verstorbenen Hermand des Homs und der Louise de Chanier
- **Charlotte** (* um 1595 † um 1650) 1. ⚭ 27. November 1618 Ruben de Béraud 2. ⚭ 3. Mai 1629 Jean de Belrieu, Baron de Virazeil, Seigneur de Tiregan
- **Anne II.** (* um 1600 † um 1670) ⚭ 1640 Jean de Polastron
- **Catherine** (* um 1600 † um 1670) ⚭ Antoine de La Clergerie Seigneur de La Lande

B.9. Digeon de Boisverdun – Generationen VI bis VIII – Digeon de Monteton – Gen. I bis III

Charles II.
(* um 1585 † 1629)
Chevalier, Seigneur de Peyrierès, Baron de Monteton
übernahm die Prokuration über seine Mutter Michelle DAUTHA
⚭ 27. April 1623 Jeanne BERAUD
Tochter des Messire Ruben BERAUD
Baron de Monteton, Seigneur de La Serpent etc.
und der Peyronne DECAZES

- **Pierre II.**
  (* um 1625 † Monteton um 1670)
  Chevalier, Baron de Monteton, Gendarm in der "garde du roi", setzte seinen Bruder Henri als Universalerben ein
  ⚭ Anne de BRIQUEMAULT, Schwester des Messire Marc de BRIQUEMAULT, Baron de Ruère etc.

- **Henri**
  (* vor 1629 † 30. August 1693)
  Junker, Seigneur de Peyrières, nach dem Tod seines Bruders Baron de Monteton
  ⚭ 15. Juli 1664 Elisabeth de MÉHÉE

  - **Pierre IV.**
    (* um 1670 † vor 1732)
    Junker, Baron de Monteton, war Leutnant in einem Regiment in Lothringen, danach in der "garde du roi"
    ⚭ 3. April 1690 Magdeleine du RÈGE Tochter des Pierre du RÈGE, Seigneur de Vidasse et du Ribet, und der Jeanne DAILHE

  - **Henriette**
    (* um 1670 † um 1730)
    ⚭ 30. Januar 1696 Paul de GERVAIN Junker, Seigneur de Roquepiquet, Sohn des Jean de GERVAIN, Seigneur de Roquepiquet und der Marie FAURE de BOUQUET, Enkel von Gabriel, Seigneur de Roquepiquet, und Marie de BERAUD

  - **Jeanne**
    (* um 1670 † um 1750)
    ⚭ 29. November 1707 Jacquelin STUTT de SOLIMINIHAC, Écuyer, Sieur de Massec und de Labilhac, Sohn von Charles STUTT de SOLIMINIHAC, und der Jeanne de GERVAIN, Tochter von Gabriel de GERVAIN, Seigneur de Roquepiquet, und der Marie de Béraud
    2. ⚭ Magdeleine du RÈGE

  - **Anne Victoire**
    (* um 1670 † um 1750)
    ⚭ Château du Ballet 31. Januar 1714 Pierre d'ABZAC Seigneur de Ballet et de Campredon, Oberstleutnant eines Regiments in der Ile de France, Chevalier de St Louis, Sohn des Marc d'ABZAC und der Isabeau d'ABZAC de la BOISSIÈRE

- **Charlotte**
  (* 1626 † 11. November 1676)
  ⚭ 22. August 1645 Gabriel de FERRAND Junker, Seigneur de Veyran, Montastruc, la Montalbanie Sohn des Messire Henri de FERRAND und der Jeanne de FERRAND, Dame de Veyran, Montastruc etc.

Jean II.
(* um 1575 † vor 1644)
Chevalier, Seigneur de Boisverdun, St Pardon etc.,
übernahm die Prokuration über seine Mutter Michelle DAUTHA
⚭ Château de Canabazès 5. April 1614 Anne de LUSTRAC
Tochter des Messire Jean de LUSTRAC, Seigneur
de Canabazès etc., und der Marthe de Montesquiou de Devèze

- **Charles III.**
  (* um 1615 † 1673)
  Chevalier, Seigneur de Boisverdun, St Pardon etc., verfaßte die Aufstellung seines Besitzes Boisverdun am 9. Mai 1646
  ⚭ Château de Cambes 4. Juni 1644 Brandelise de TIMBRUNE, Tochter des Messire Julien de TIMBRUNE, Seigneur de Valence, Castels, Cuq etc., und der Dame Isabeau de PELLEGRUE

- **Jean III.**
  (* um 1620 † nach 1700)
  Chevalier, Seigneur de Boisverdun, de St Pardon etc.,
  ⚭ Jeanne de COURBIN

  - **Pierre III.**
    (* Boisverdun 16. Juno 1658 † Magdeburg 13. Juno 1743)
    Chevalier, Seigneur de Boisverdun etc., war bei der Hochzeit seiner Schwester Isabeau am 21. November 1684 anwesend, trat in preußische Dienste, nahm als Oberst seinen Abschied

  - **Charles IV.**
    (* um 1665 † Dez./Nov. 1729)
    Chevalier de Boisverdun, Obristwachtmeister im Kürrasier-Regiment du Portail, Nr. 12, "Leopold v. Anhalt-Dessau"
    ⚭ N.N. nicht näher bekannte Frau

  - **Isabeau**
    (* um 1655 † um 1730)
    ⚭ 21. November 1684 Jean d.Ä. STUTT, de SOLMINIHAC Seigneur de Bouniagues, Mazierès, la Baume etc., Sohn des Louis STUTT de SOLMINIHAC und Henrie de BERGUES

B.10. Digeon de Monteton – Generationen III bis V

Pierre IV.
(* um 1670 † vor 1732)
Junker, Baron de Monteton, war Leutnant in einem Regiment in Lothringen, danach in der "garde du roi"
∞ 3. April 1690 Magdeleine du Rège
(* um 1670 † 1748)
Tochter des Pierre du Rège, Seigneur de Vidasse
et du Ribet, und der verstorbenen Jeanne Dailhe

Pierre V.
(* 4. Mai 1692
† 25. October 1758)
"l'aine", Baron de Monteton,
Seigneur de Vidasse etc.,
getauft am 7. Mai 1692
∞ 2. September 1724
Marie de Ségur-Boirac
Tochter des Messire Léonnor-François
de Ségur-Boirac,
Baron de St Aigulin, Vilette etc.
und der Rose de Feytis; im Ehe-
vertrag wurde festgehalten, daß die
Heirat nach römisch-katholischem
Ritus vollzogen werde

Pierre VI.
(* 1698
† 29. Juli 1750)
"le cadet", Junker, Oberst
getauft am 7. Mai 1698
war am 15. Januar 1713 bei der
Hochzeit seiner
Schwester Marie-Elisabeth,
wanderte um 1715 über Holland
nach Preußen aus,
reüssierte in der Armee
bis zum Oberst des
Treskowschen Regiments,
Kommandant des
Forts Preußen zu Neiße

Marie Elisabeth
(* 24. Juni 1699
† um 1760)
∞ Château Vidasse
15. Januar 1713
Jean-Jacques d.Ä.
Cournuaud de
Fonbourgade Junker,
Seigneur de
la Bassecour et du Soula,
Chevalier de St Louis,
Sohn des Jean
Cournuaud de
Fonbourgade, Seigneur
du Soula, und der
Isabeau de Charles

Jean-Jacques I.
(* 24. Juni 1701
† 19. April 1765)
Junker, Grundherr
auf Priort,
Begründer des
preußischen Zweigs
∞ 2. April 1738
Jeanne Gaspard
de Vernezobre-Laurieux
(* 21. Dezember 1718
† 3. Juli 1770)
Tochter des Geheimrats
François Matthieu
de Vernezobre-Laurieux,
Seigneur de Chatelard,
Erbherr auf Hohenfinow,
Tornow, Sommerfelde,
Polßen, Kamikow und
Kruge-Gersdorf, und der
Marie Henriette de
Vernezobre-Laurieux

Madeleine Victoire I.
(* um 1710
† um 1770)
∞ 29. Juni 1734
Ste Eulalie de Bordeaux
Jean-Baptiste François
de Vasal-Montviel
Seigneur de Barraut,
Hauptmann in einem
Regiment in Bigorre,
Sohn des François
de Vasal-Montviel und
der Marie La Fargue

Jeanne
(* um 1715
† um 1770)
∞ 21. August 1736
Pierre de Bacalan
Seigneur de Maugarnit
et de La Roche Marais,
Sohn von Samuel de
Bacalan und der
Marie-Anne de Bacalan

Kinder von Pierre V.:

Magdeleine Victoire II.
(* 30. September 1726 † um 1770)
∞ 4. August 1747 Louis de Briançon
Chevalier, Seigneur de Perrou, Leutnant
im Regiment de Bassigny, Sohn des Louis
de Briançon, Seigneur de Perrou,
Baron de Montcucq, und der Jeanne de Cassieux

Jean-Jacques II.
(* 1728 † 16. November 1763)
Haut et puissant Seigneur,
Baron de Monteton, St Aigulin etc.
testierte am 4. März 1760, daß seine
Frau eine Nutznießung über die Güter erhalten
solle, als Vormund über seine Kinder setzte er
den Schwager seines Vaters, de Fonbourgade, ein,
sein Sohn Philippe wurde Universalerbe,
∞ 3. Juli 1753 Suzanne de Narbonne-Pelet
(* 1732 † Paris Dezember 1772)
Tochter des Pierre de Pelet, Kaufmann und Reeder,
Junker, Kammerherr des Königs, genannt
"de Narbonne-Pellet", und der Jeanne Nairac

B.11. Digeon de Monteton – Generationen V bis VI

JEAN-JACQUES II.
(* 1728 † 16. November 1763)
Haut et puissant Seigneur, Baron de Monteton, St Aigulin etc. testierte am 4. März 1760, daß seine Frau eine Nutznießung über die Güter erhalten solle, als Vormund über seine Kinder setzte er den Schwager seines Vaters de FONBOURGADE ein,
sein Sohn Philippe wurde Universalerbe, seine vier Töchter erhielten je 20.000 Livres
⚭ 3. Juli 1753 Suzanne de NARBONNE-PELET
(* 1732 † Paris 9. November 1772)
Tochter des Pierre de PELET, Kaufmann, Junker, Kammerherr des Königs, genannt “de NARBONNE-PELLET” und der Jeanne NAIRAC

JEANNE-ROSE
(* 31. Mai 1755
† 8. August 1832)
⚭ 10. Februar 1773
Henri d'ASNIÉRES
Haut et puissant Seigneur, Marquis d'Aisenay et LA CHÂTEIGNERAYE, Baron de Palluau, Chevalier de St Louis, Feldmarschall, Sohn des Louis d'ASNIERES, Seigneur de Lucques etc. und der Henriette-Catherine de la TOUR-d'AIZENAY

PHILIPPE
(* 13. September 1756
† 23. Dezember 1835)
Chevalier, Marquis de Poudenas, Comte de Lasserre Baron de Monteton, Vilette, coseigneur avec le roi de Francescas etc. pp., Kavallerieoberst vor der Revolution, Deputierter des Departements Lot-et-Garonne während der Restauration, Offizier der Ehrenlegion, Privatgelehrter und Philanthrop, setzte seine deutschen Cousins “in die Rechte seines Namens” ein

MARTHE
(* 7. November 1757
† 29. Januar 1771)

MARIE
(* 4. Dezember 1758
† Juli 1826)
⚭ 26. Mai 1780
Jean d.J. STUTT, Comte de SOLMINIHAC
(* 19. Januar 1759
† 9. September 1814)
Kavalleriehauptmann eines Regiments im Dauphin, Sohn des Pierre STUTT, Marquis de SOLMINIHAC, und der Marie Anne Henriette de SÉGUR

ELISABETH
(* 4. März 1760
† 19. Januar 1837)
getauft am 4. März zu St André de Bordeaux, empfing die *honneurs de la cour*
⚭ 21. Januar 1781
unterzeichnet von König Louis XVI.
François-Henri de Virieu, Comte de VIRIEU
(* 1754 † 1793)
Sohn des Louis-François, Marquis de VIREU, Oberst eines Grenadierregiments, und der Ursule du BOUCHET de SOURCHES

MARIE ROSE
(* 1762
† 21. Januar 1772)

B.12. Digeon de Monteton – Generationen III bis XII – Relation französischer und deutscher Zweig[1]

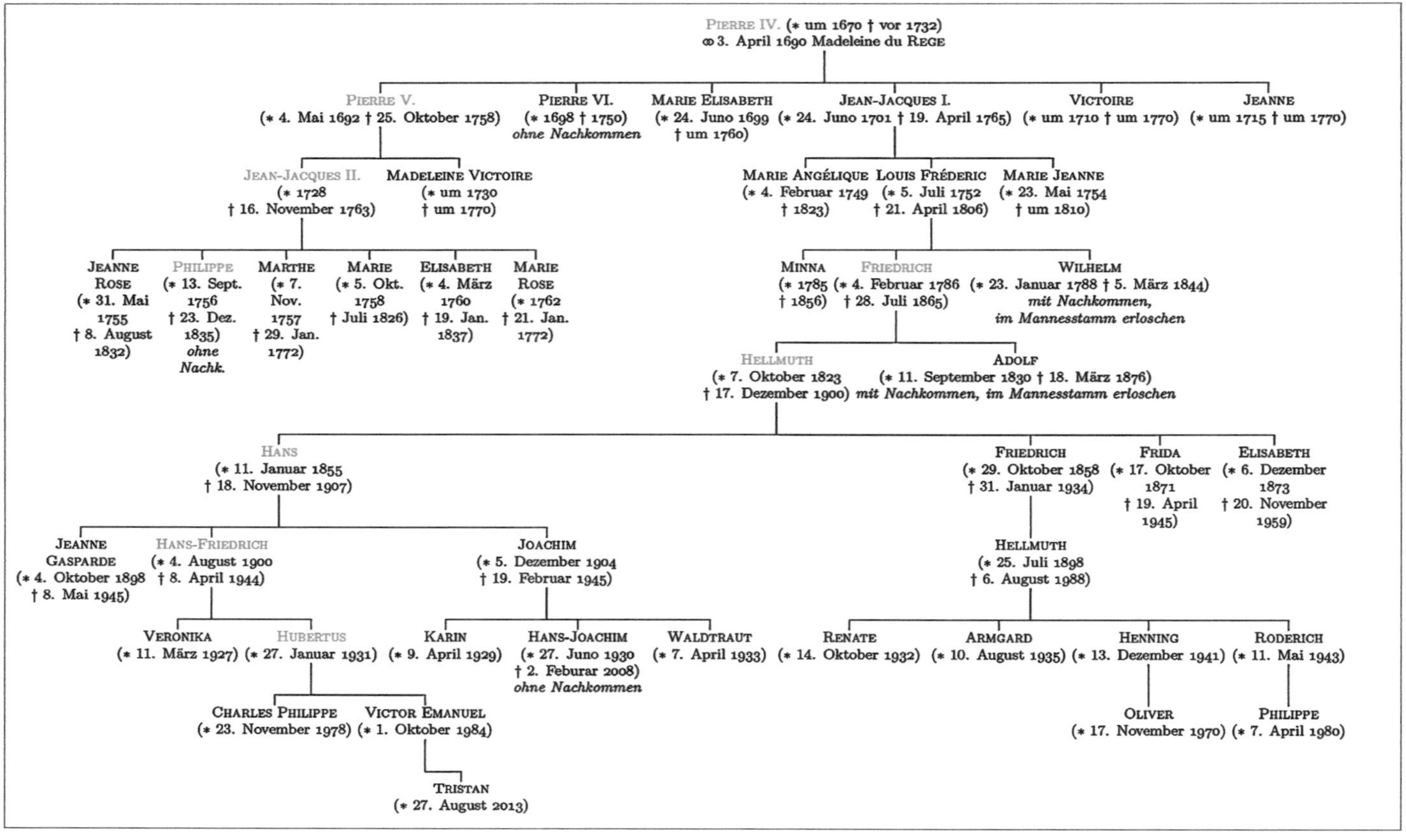

1 Das jeweilige Oberhaupt der Linie Dijon de Monteton – des Gesamthauses ab 1846 († Charles-Armand Digeon d'Autramat) – ist rot gekennzeichnet.

B.13. Pellet, genannt de Narbonne-Pellet – Generationen I bis III (männliche Deszendenz)

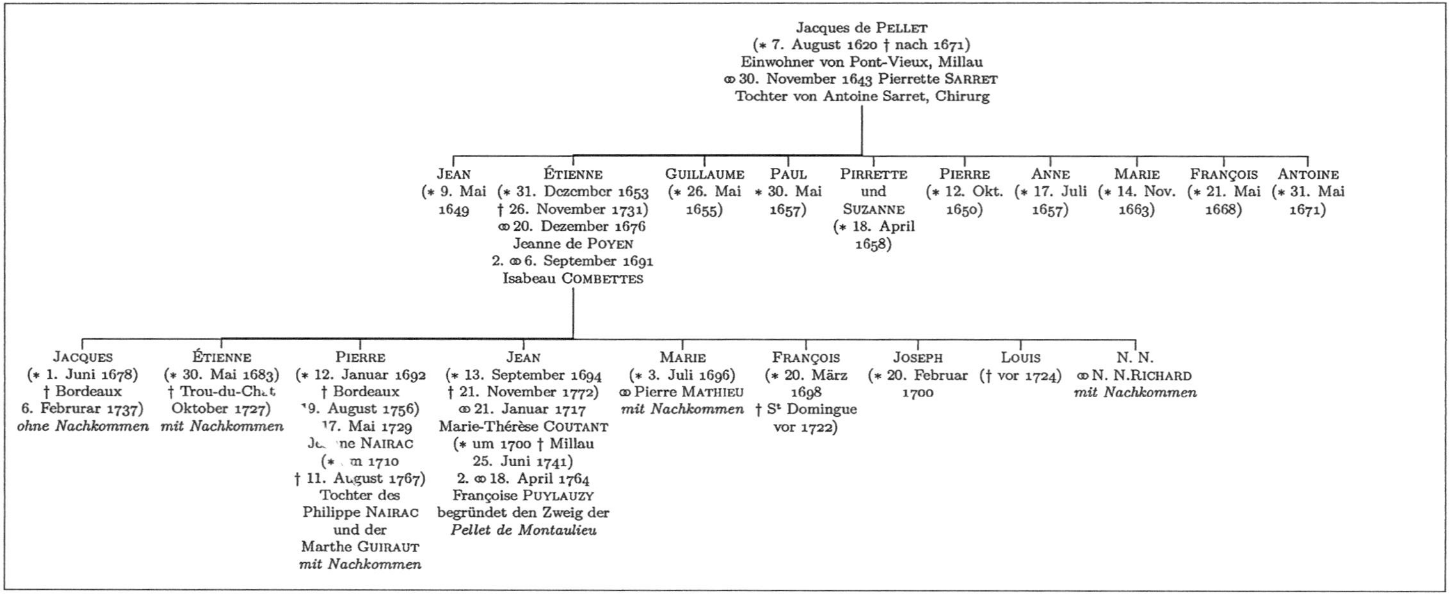

B.14. Pierre Pellet (Deszendenz) – Generationen III bis VII

- PIERRE (* 12. Januar 1692 † Bordeaux 19. August 1756) ∞ St Michel de Bordeaux 17. Mai 1729 Jeanne NAIRAC (* um 1714 † 11. August 1767) Tochter des Philippe NAIRAC und der Marthe GUIRAUT
  - ÉTIENNE PHILIPPE (* 1729 † 6. Oktober 1759)
  - ÉLIZABETH (* 9. September 1731 † 24. Oktober 1756) ∞ 26. Juli 1752 Jean Simon de SORBIER de JAURE 2. Anne Marie de MARSOULIER de MONTAUT
    - JEAN FRANÇOIS (aus zweiter Ehe des Vaters) 1. ∞ 12. April 1792 Henriette Rocaute de BUSSAC † September 1794) 2. ∞ 20. November 1794 Charlotte de MESLON
      - JEAN SIMON (* 1795 † 1797)
    - JEANNE (* 8. September 1756 ∞ 11. Juli 1770 Jacques Armand Henry d'AUGEARD de VIRAZEL 2. ∞ 29. Juli 1800 Gabriel Romain FILHOT de MARANS
      - MARIE HENRIETTE (* 19. Oktober 1774 ∞ 23. Juli 1789 Charles Félix de ROUSSE, Baron de Gondreville
      - MARIE ANNE († 7. Mai 1834) ∞ 15. Dezember 1799 Charles Marie MAGON de la GERVAISI
    - ANNE († 20. Sept. 1801) ∞ Jean Sarrain de DURFORT-BOISSIÈRES dit le Vicomte de Durfort-Clermont
  - JEANNE ÉLIZABETH (* 4. Februar 1734 beerdigt am 28. April 1744 in Bordeaux)
  - SUZANNE (* 29. August 1736 † Dezember 1772) ∞ St André de Cestas 3. August 1753 Jean Jacques DIGEON de MONTETON (* 1728 † 16. November 1763)
    - JEANNE-ROSE (* 31. Mai 1755 † 8. August 1832) ∞ 10. Februar 1773 Henri d'ASNIERES *Haut et puissant* Seigneur, Marquis d'Aisenay et LA CHÂTEIGNERAYE, Baron de Palluau, Chevalier de St Louis, Feldmarschall *mit Nachkommen*
    - PHILIPPE (* 13. September 1756 † 23. Dezember 1835) Marquis de Poudenas, Comte de Lasserre Baron de Monteton, Vilette, coseigneur avec le roi de Francescas etc. pp., Offizier der Ehrenlegion
    - MARTHE (* 7. Nov. 1757 † um 1820)
    - MARIE (* 1762 † Juli 1826) ∞ Boisverdun 26. Mai 1780 Jean d.J. STUTT, Comte de SOLMINIHAC (* 19. Januar 1759 † 1814)
      - JEANNE ROSE (* 15. Mai 1781 † um 1840) ∞ Alexandre Louis Marquis de ROSSANE
        - NATHALIE ROSE († 1878) ∞ Adolphe Gustave LEMERCIER de MAISONCELLE VERTILLE, Vicomte de RICHMONT *ohne Nachkommen*
        - JEAN († im Kindesalter)
      - HENRI PHILIPPE (* 29. Juli 1783 † 1803)
      - SOPHIE ROSE (* 16. Januar 1790 † 31. August 1851) ∞ 28. August 1810 Henri Louis de GERVAIN
        - EMILE († 20. April 1896) ∞ Louise CHOPIS de LA BRUYÈRE *ohne Nachkommen*
        - LEOPOLD (* 27. Mai 1824 † 3. Mai 1888) ∞ 26. Dezember 1861 Elisabeth COURTOIS 2. ∞ 1867 Jeanne de PORTAL *mit Nachkommen*
        - MARIE LEONTINE (* 1811 † 1881) ∞ RAYMOND de VÉDRINES *mit Nachkommen*
    - ELISABETH (* 4. März 1760 † 19. Januar 1837) ∞ 21. Januar 1781 François-Henri de Virieu, Comte de VIRIEU *mit Nachkommen*
    - MARIE RROSE (* 1762 † 21. Januar 1772)

B.15. de la Perche, gen. Verdun – Generationen I bis V

JEHAN I.
(* um 1400 † 1484) Baron von Cancon, Seigneur de Hautesvignes etc.
1. ⚭ vor 1440 Marie d'ALBANO eigentlich "du PUGET de St-ALBAN(O)"
2. ⚭ um 1440 Indie de LA ROCHE-ANDRY, veuve du Hélie du Bois, Chevalier
Seigneur de Chastelliers et Volvire, Tochter von Ybles III. de La Roche-Andry und
Persuye de La Trémoille, veuve de Jean de Brilhac, Seigneur de Mons en Loudunais

JEANNE
(* um 1420 † um 1480)
⚭ 20. Januar 1440, Lauzun,
Jean (Giovanni) de
MARBOTTINO-TORNAQUINCI
Kommandant eines Corps
von Kroaten im Dienste
Karls VII. von Frankreich

JEAN II.
(* um 1440 † um 1480)
Baron von Cancon,
Seigneur de Hautesvignes,
d'Anglade, de Podensac
Baleyron etc.
⚭ 1471 Catherine I. d'ANGLADES
Herrin von Lariveau
(* um 1445 † um 1507)

FRANÇOISE
(* um 1440, † vor dem
22. August 1494)
1. ⚭ vor 1467 N.N. de la
Roque du GUA, Chevalier
2. ⚭ 1467, Cassenueil, Pierre
de DIGEON, Chevalier
(* um 1430 † um 1490)

JEHAN III.
(* um 1470 † 24. März 1535)
Baron von Cancon,
Seigneur de Hautesvignes,
d'Anglade, de Podensac
Baleyron, de Gontaud,
de Fauillet, de Fronsac etc.
⚭ 1495 Agnès de CAUMONT
(* um 1480 † nach 1535)
Tochter des François de CAUMONT
und der Claude de CARDAILLAC

MARIE
(* um 1510 † um 1570)
⚭ 7. oder 8. November 1526
Charles de MONTFERRAND
Vicomte de Castelmoron
et de Foncaude,
Seigneur de Gironde,
Sohn des Jean de
MONTFERRAND, und
der Louise BOUFFIL de JUGE

FRANÇOISE
(* um 1500 † um 1560)
⚭ 1530 Antoine de MONTPEZAT
Chevalier, seigneur
de Laugnac, Sohn
des Baron von
Montpezat und Madaillan

GABRIELLE
(* um 1515 † um 1575)
⚭ 6. Februar 1535
François de FUMEL
Seigneur de la Caussade,
Edelmann und Kammerherr
des Königs, Gouverneur
von Marienburg, außergewöhnlicher
Botschafter von Konstantinopel,
Hauptmann der Pfortenwache
des Königs etc.

MARGUERITE
(* um 1515 † um 1575)
⚭ 1535 Jean de BALAGUIER
Seigneur de Montsalés

B.16. de Trévey – Generationen I bis V

TANNEQUIN
(* um 1450 † um 1510)
Écuyer, Seigneur de Buffrède
⚭ 4. August 1471
Marguerite de la ROQUE du GUA

JEAN I.
(* nach 1471 † um 1530)
Chevalier, Seigneur de Buffrède
⚭ 20. Juli 1505
Jacquette de GAIGNAC

ARNAUD
(* nach 1505 † um 1565)
Chevalier, Seigneur de Buffrède, ließ in einer juristischen Untersuchung im April 1545 in der herzöglichen Burgvogtei von Léon den bretonischen Adel *d'extraction* seines Vaters bestätigen
⚭ 15. Februar 1538
Jacquette de GAIGNAC

JEAN II.
(* nach 1538 † um 1600)
Chevalier, Seigneur de Buffrède
⚭ 26. Januar 1564
Françoise LE BIGOT,
Schwester des Barthélemi Le Bigot
Écuyer, Seigneur de Saint-Quentin

JEAN
(* nach 1538 † um 1610)
Chevalier, Seigneur de Frémauret
⚭ Bourgine de BOUILLAGUET

JEAN
(* nach 1538 † um 1615)
Chevalier, Seigneur de la Forest

JEAN III.
(* nach 1564 † nach 1628)
Chevalier, Seigneur de Buffrède et d'Autramat, erhielt angestrengt durch den Comte de Lauzun am 7. März 1628 einen Beschluß, daß er über die Noblesse *d'extraction* verfüge; der Graf wurde im Widerholungsfall zu 10.000 Livre Strafe verurteilt
⚭ 5. Dezember 1593
Charlotte de GORDIÈGES, Tochter des Jean de GORDIÈGES und der Antoinette de la TOUR

MARIE
(* nach 1564 † um 1620)
⚭ Gédéon de COMMARQUE, Seigneur de Beaumanoir, Sohne des Pierre de Commarque, Seigneur de Beaumanoir

LOUISE
(* um 1570 † um 1630)
⚭ 8. Januar 1591
Etienne de DIGEON,
Écuyer, Seigneur d'Autramat

ANTOINE
(* um 1570 † nach 1615)
Chevalier, Seigneur de la Forest

GABRIEL I.
(* nach 1597 † um 1670)
Vater von Jean-Baptiste, Vorfahre von Gabriel II. und Bertrand, die beide als Chevaliers et Barons de Charmail firmierten

PAUL
(* nach 1597 † um 1670)
⚭ 1641 Anne de CHABRIER
setzte den Stamm der Seigneurs de Buffréde und d'Autramat fort

JEAN IV.
(* nach 1597 † um 1660)
Chevalier, Seigneur de la Forest
⚭ 1615
Madeleine de PINS

FRANÇOIS
(* um 1640 † um 1700)
Seigneur d'Autramat

ETIENNE
(* um 1680 † um 1740)
Seigneur d'Autramat

JEAN V.
(* 7. November 1717 † nach 1755)
genannt Chevalier d'Autramat

Abbreviaturen- und Siglenverzeichnis

A.	Anhang
a.	anno
A.A.F.	Annales de l'Agriculture française
A.A.S.	Les Archives de l'Académie des sciences (Paris)
a.c.	ancienne côte
A.C.M.	Archives Communales de Monségur
a.d.	ante diem
A.D.24	Archives Départementales de la Dordogne
A.D.30	Archives Départementales du Gard
A.D.33	Archives Départémentales de la Gironde
A.D.37	Archives Départémentales de Indre-et-Loire
A.D.38	Archives Départémentales l'Isère
A.D.47	Archives Départementales de Lot-et-Garonne
A.D.64	Archives Départementales des Pyrénées-Atlantiques
A.D.82	Archives Départementales de Tarn-et-Garonne
A.D.85	Archives Départementales de la Vendée
a.d.H.	aus dem Hause
A.D.N.F.	Annuaire de la noblesse de France
a.e.	anni eiusdem
A.G.T.	Armorial Générale de La Tourraine
A.H.D.G.	Archives Historiques de Département de la Gironde
A.I.D.R.	Archäologisches Institut des Deutschen Reiches
A.L.P.	Allgemeines Landrecht für die preußischen Staaten von 1794
A.M.A.	Archives Municipales d'Agen
A.M.B.	Archives Municipales de Bordeaux
A.N.	Archives Nationales, Paris
A.N.C.	Assemblée nationale constituante
A.N.F.	L'Association d'Entraide de la Noblesse Française
a.O.	an der Oder
A.P.D.M.	Archives Privées de la Famille Dijon de Monteton (Penne d'Agenais)
A.P.F.G.	Archives Privées de la Famille de Gervain
A.P.N.F.	Annuaire de la pairie et de la noblesse de France
A.R.H.S.A.	Association Recherche Historique Saint Aigulin
A.U.	Archiv Utrecht
AA.SS.	Acta Sanctorum
Abb.	Abbildung
Abt.	Abteilung
AD	anno Domini
AG	Amtsgericht
anc.	anciennement
Anm.	Anmerkung
Anm. v. A.	Anmerkung vom Autor
ANOM	Archives Nationales d'Oure-Mer
Art.	Artikel
art.	articulus

B.G.P.	Bibliographie générale du Périgord
B.H.E.W.	Bulletin de la commission pour l'histoire des Églises Wallonnes
B.H.F.	Bulletin Héraldique de France ou Revue Historique de la Noblesse
B.M.D.	Bibliothèque Municipale de Dijon
B.M.T.	Bibliothèque Municipale de Toulouse
B.N.F.	Bibliothèque Nationale de France
B.S.A.S.A.	Bulletins de la Société des Archives Historiques de la Saintonge et de l'Aunis
B.W.N.	Biographisch woordenboek der Nederlanden
Baronskr.	Baronskrone
Bd.	Band
Bde.	Bände
betr.	betreffend
BLHA	Brandeburgisches Landeshauptarchiv (Potsdam)
bzw.	beziehungsweise
C.	Causa
c.	canon
C.B.v.D.	Consultation pour M. Dubouzet de Poudenas contre M. Dijon
C.D.N.	Collection De Décisions Nouvelles Et De Notions Relatives A La Jurisprudence Actuelle
C.E.S.B.	Cartulaire de l'Église Collégiale Saint-Seurin de Bordeaux
C.N.	Code Napoléon
C.R.P.G.	Coutumes du ressort du parlement de Guienne
cap.	capitulum
CDDP	Centre Départemental de Documentation Pédagogique
Ch.	Charlotte
col.	columna
Coll.	Collection
con.	contra
Cte	Comte
D.	Digesta Iustiniani
d. M.	des Monats
D.A.F.	Dictionnaire de l'Académie Française
D.H.A.P.	Societé des Antiquaires de Picardie
d.i.	das ist
d.J.	der Jüngere
d.M.	der Mittlere
d.Ä.	der Ältere
DAGV	Deutsche Arbeitsgemeinschaft Genealogischer Verbände
dc.	década
Decbr.	December
DGB	Deutsches Geschlechterbuch
DHV	Deutscher Hugenotten Verein
déc.	décembre
E.A.K.B.	Edict über den Adel im Königreiche Baiern
ed.	editor
eds.	editores
engl.	englisch
epis.	epistula

et. al.	et alii, aliae
Ew	Eure
F.H.A	Fragmenta Historica Aquitanicae
FA	Familienarchiv
Flle	Feuille
fol	folium, folia
fr	français
franz	französisch
Französ	Französische
G.H.d.A	Genealogisches Handbuch des Adels
g.i	gemeint ist
GB	Grundbuch
GC	Gallia Christiana
gen	genannt
Gfnkr	Grafenkrone
GHVG	Groupe d'histoire de Verdun-sur-Garonne
greg	gregorianisch
griech	griechisch
GStA PK	Geheimes Staatsarchiv Preußischer Kulturbesitz (Berlin)
H	Herr
h.c	honoris causa
H.C.K.A.W.	Historische Commission bei der Königlichen Akademie der Wissenschaften
HA	Hauptabteilung
Havelländ	Havelländisch
Herv. d. d. A.	Hervorhebung durch den Autor
Hinw. d. d. A.	Hinweis durch den Autor
HRR	Heiliges Römisches Reich
HStAD	Hessisches Staatsarchiv Darmstadt
Hw	Hochwürdige
I.D.A	Illustrirte Deutsche Adelsrolle
i.e	id est
i.U	in der Uckermark
ibid	ibidem
inkl	inklusive
Instr	Instrumenta
iVm	in Verbindung mit
J.S	Journal Politique ou Gazette des Gazettes
Joh	Johannes
julianisch	julianisch
K	Königlich(en)
Kgl	Königlich
KrV	Kritik der reinen Vernunft
Königl	Königlichen
L.a.s	Lettre autographe signée
L.d.M.A	Lexikon des Mittelalters
lat	latin
lett	lettre
lib	liber

liv	livre
M	Majestät
M.S.A.M	Mémoires de la Société d'Agriculture, Commerce, Sciences et Arts du département de la Marne
Maj	Majestät
MF	Microfiche
Mon	Monteton
Ms. boruss	Manuscripta borussica
Mss	Manuscrits
n	nach
n. Chr	nach Christus
N.D.H.N	Nouveau dictionnaire d'histoire naturelle
N.G.H.N	Neue Genealogisch-Historische Nachrichten
N.N	Nomen Nescio
n.s	non scio
Nov	November
Nr	Nummer
ob. serv	obéissant serviteur
od	oder
p	pagina
p	praemissis praemittendis
Pa	Pennsylvania
pag	pagina
par	pars, parte
pej	pejorativ
PL	Patrologia Latina
pp	paginae
Ps	Psalmus
Pseud	Pseudonym
q	quaestio
R.A.A.B	Recueil des actes de l'académie impériale des sciences, belles-lettres et arts de
Bordeaux	
R.A.L.F	Recueil général des anciennes lois françaises
R.P.R	Religion Prétendue Réformée
R.T.S.A	Recueil des travaux de la Société d'agriculture, sciences et arts d'Agen
Rep	Repertorium
resp	respektive
ro	recto
russ	russisch
S	Seine
s.a	sine anno
S.A.H.G	Société des Archives Historiques de la Gironde
S.G.A.F	Société du Grand Armorial de France
S.H.P.A	Société de l'Histoire du Protestantisme Français
S.L.S.A.A	Société des Lettres, Sciences et Arts de l'Aveyron
S.P.L.A.F	Site sur la Population et les Limites Administratives de la France
S.V.G	Société vaudoise de généalogie
s. ed	sine editore

s. l	sine loco
SBB-PK	Staatsbibliothek zu Berlin Preußischer Kulturbesitz
sc	scilicet
sel	selige(r)
Sept	September
seqq	sequens sequens
Sr	Seiner
St	Saint
Sup	Supplément
Thl	Thaler
tom	tomus
u	und
u.a	unter anderem
U.S.G.L	Une Société de Gens de Lettres
unpag	unpaginiert
V	Victoire
v	von
v. Chr	vor Christus
v. d	von der
v.a	vor allem
v.i	vide infra
v.t.h	votre très humble
var	variatio
verh	verheiratete
vgl	vergleiche
vo	verso
Z	Zeile
Z.R.P.H	Zwei Rang-Listen des Preußischen Heeres 1713 und 1740
zit	zitiert

Abbildungsverzeichnis

Tabellenverzeichnis

Personenverzeichnis

B

F

G

Monteton, wo ist deine Mauer?
Chalençon, wo ist dein Schwert?
Wo ist dein Turm, Tournefort?

www.ingramcontent.com/pod-product-compliance
Ingram Content Group UK Ltd.
Pitfield, Milton Keynes, MK11 3LW, UK
UKHW041828290926
8980IPUK00002B/146